KB041688

형법주해

[VIII]

각 칙 (5)

[제250조 ~ 제268조]

편집대표 조균석
편집위원 이상원
　　　　 김성돈
　　　　 강수진

박영사

머리말

「형법주해」는 법서 출판의 명가인 박영사의 창업 70주년을 기념하기 위하여 출간되는 형법의 코멘타르(Kommentar)로서, 1992년 출간된 「민법주해」에 이어 30년 만에 이어지는 기본법 주해 시리즈의 제2탄에 해당한다.

그런 점에서 「민법주해」의 편집대표인 곽윤직 교수께서 '머리말'에서 강조하신 아래와 같은 「민법주해」의 내용과 목적은 세월은 흘렀지만 「형법주해」에도 여전히 타당하다고 생각된다.

> "이 주해서는 각 조문마다 관련되는 중요한 판결을 인용해 가면서 확정된 판례이론을 밝혀주고, 한편으로는 이론 내지 학설을 모두 그 출전을 정확하게 표시하고, 또한 논거를 객관적으로 서술하여 민법 각 조항의 구체적인 내용을 밝히려는 것이므로, (중략) 그 목적하는 바는, 위와 같은 서술을 통해서 우리의 민법학의 현재수준을 부각시키고, 아울러 우리 민법 아래에서 생기는 법적 분쟁에 대한 올바른 해답을 찾을 수 있게 하려는 데 있다."

이처럼 법률 주해(또는 주석)의 기능은 법률을 해석·운용함에 있어 도움이 되는 정보를 제공함으로써 구체적 사건을 해결하는 실무의 법적 판단에 봉사하는 데 있다고 할 수 있다. 주해서를 통해서 제공되어야 할 정보는 1차적으로 개별 조문에 대한 문리해석이다. 이러한 문리해석에 더하여, 주해서에는 각 규정들의 체계적 연관관계나 흠결된 부분을 메우는 보충적 법이론은 물론, 법률의 연혁과 외국 입법례 및 그 해석에 대한 정보가 담겨 있어야 하고, 때로는 사회문제를 해결할 수 있는 입법론이 제시되어야 한다.

그러나 무엇보다도 실무에서 중요한 역할을 하는 것은 판례이므로, 판례의 법리를 분석하고 그 의미를 체계적으로 정리하는 일은 주해서에서 빠뜨릴 수 없는 중요한 과제이다. 다만 성문법주의 법제에서 판례는 당해 사건에서의 기속력을 넘어 공식적인 법원(法源)으로 인정되지는 않으며, 판례 자체가 변경되기도 한다. 이러한 점에서 주해서는 단순한 판례의 정리를 넘어 판례에 대한 비판을 통해 판례를 보충하고 대안을 제시함으로써 장래 법원(法院)의 판단에 동원될 수 있는 법적 지식의 저장고 역할도 하여야 한다.

그런데 형사판결도 결국 형법률에 근거하여 내려진다. 형법률에 대한 법관의 해석으로 내려진 판결 및 그 속에서 선광(選鑛)되어 나오는 판례법리는 구체적인 사안과 접촉된 법률이 만들어 낸 개별적 결과이다. 그러므로 또 다른 사안을 마주하는 법관은 개별 법리의 원천으로 돌아갈 필요가 있다. 법관이 형법률을 적용함에 있어, 개별 사안에 나타난 기존의 판결이나 판례를 넘어 그러한 판례를 만들어 내는 형법률의 체계인 형법을 발견할 때 비로소 개별 법리의 원천으로 돌아가는 광맥을 찾은 것이다. 「형법주해」는 이러한 광맥을 찾는 작업에도 도움이 되고자 하였다. 즉, 「형법주해」는 판례의 눈을 통해서 형법을 바라보는 것을 넘어 형법원리 및 형법이론의 눈을 통해서도 형법을 관찰하려고 하였다.

이러한 작업은 이론만으로 이룰 수 있는 것도 아니고, 실무만으로 이룰 수 있는 것도 아니다. 이 때문에 형사법 교수, 판사, 검사, 변호사 등 62명이 뜻을 함께하여, 오랜 기간 각자의 직역에서 형법을 연구·해석하고 또 실무에 적용해 오면서 얻은 소중한 지식과 경험, 그리고 지혜를 집약함으로써, 이론과 실무의 조화와 융합을 꾀하였다.

우리의 소망은 「형법주해」가 올바른 판결과 결정을 지향하는 실무가들에게 의미 있는 이정표가 되고, 형법의 원점을 찾아가는 형법학자들에게는 새로운 생각의 장을 떠올리게 하는 단초가 되며, 형법의 숲 앞에 막 도착한 예비법률가들에는 그 숲의 전체를 바라볼 수 있는 안목을 키울 수 있도록 도와주는 안내자가 되는 것이다.

「형법주해」가 이러한 역할을 다할 수 있도록 최선의 노력을 다하였지만 부족한 부분이나 흠도 있으리라 생각된다. 모자란 부분은 개정판을 거듭하면서 시정·보충할 예정이다. 또한, 장래에는 「형법주해」가 형법의 실무적 활용에 봉사하고 기여하는 데에서 한 걸음 더 나아가 보다 높은 학문적인 차원에서의 형법 이해, 예컨대 형법의 정당성의 문제까지도 포섭할 수 있는 방안을 모색해 나갈 것을 다짐해 본다.

「형법주해」는 많은 분들의 헌신과 지원으로 출간하게 되었다. 먼저, 충실한 옥고를 집필하고 오랜 기간 정성을 다해 다듬어 주신 집필자들에게 감사드린다. 그리고 책 전체의 통일과 완성도를 높이기 위하여 각칙의 일부 조문에 한정된 것이기는 하지만, 독일과 일본의 중요 판례를 함께 검토해 주신 김성규 한국외국어대학 교수(독일)와 안성훈 한국형사·법무정책연구원 선임연구위원(일본)에게도 고마움을 전한다. 그리고 창업 70

주년 기념으로 「형법주해」의 출간을 허락해 주신 안종만 회장님과 안상준 대표님, 오랜 기간 편집위원들과 협의하면서 시종일관 열정을 보여주신 조성호 이사님과 편집부 여러 분께도 깊은 감사의 말씀을 드린다.

2023년 9월

편집대표 **조 균 석**
위원 **이 상 원**
위원 **김 성 돈**
위원 **강 수 진**

범 례

Ⅰ. 조 문

- 본문의 조문 인용은 '제○조 제○항 제○호'로 하고, 괄호 안에 조문을 표시할 때는 아래 (예)와 같이 한다. 달리 법령의 명칭 없이 인용하는 조문은 형법의 조문이고, 부칙의 경우 조문 앞에 '부칙'을 덧붙여 인용한다.

  예   § 49②(iii)   ←   **형법 제49조 제2항 제3호**

          § 12의2   ←   **형법 제12조의2**

          부칙 § 10   ←   **형법 부칙 제10조**

Ⅱ. 일 자

- 본문의 년, 월, 일은 그대로 표시함을 원칙으로 한다. 다만, 판례의 판시내용이나 인용문을 그대로 인용할 경우 및 ( )안에 법령을 표시하는 등 필요한 경우에는 년, 월, 일을 생략한다.

  예   **(본문)**   **1990년 1월 1일**

                                 1953년 9월 18일 법령 제177호

  예   **(판시 또는 괄호)**   **"피고인이 1991. 1. 1. 어디에서 … 하였다."**

                                 기본법(1953. 9. 18. 법령 제177호)

Ⅲ. 재판례

1. 우리나라

    대판 2013. 6. 27, 2013도4279

        ← **대법원 2013년 6월 27일 선고 2013도4279 판결**

    대판 2013. 2. 21, 2010도10500(전)

        ← **대법원 2013년 2월 21일 선고 2010도10500 전원합의체판결**

대결 2016. 3. 16, 2015모2898

　　← **대법원 2016년 3월 16일 자 2015모2898 결정**

대결 2015. 7. 16, 2011모1839(전)

　　← **대법원 2015 7월 16일 자 2011모1839 전원합의체결정**

헌재 2005. 2. 3, 2001헌가9

　　← **헌법재판소 2005년 2월 3일 선고 2001헌가9 결정**

서울고판 1979. 12. 19, 72노1208

　　← **서울고등법원 1979년 12월 19일 선고 72노1208 판결**

* 재판례의 인용은 헌재, 대판(또는 대결), 하급심 순으로 하고, 같은 심급 재판례가 여 럿인 경우 연도 순으로 인용하되, 가급적 최초 판결, 주요 판결, 최종 판결 등으로 개 수를 제한한다.

2. 외 국

- 외국의 재판례는 그 나라의 인용방식에 따른다. 다만, 일본 판례의 경우에는 '연호'를 서기연도로 바꾸는 등 다음과 같이 인용한다.

  最判 平成 20(2008). 4. 25. 刑集 62·5·1559

  　　← **最判平成20. 4. 25刑集62卷5号1559頁**

  - **판례집: 刑錄(대심원형사판결록), 刑集(대심원형사판례집, 최고재판소형사판 례집), 裁判集(刑事)(최고재판소재판집형사), 高刑集(고등재판소형사판례집), 特報(고등재판소형사판결특보), 裁特(高等裁判所刑事裁判特報), 下刑集(하급 심재판소형사재판례집), 刑月(형사재판월보), 高刑速(고등재판소형사재판속 보집), 判時(判例時報), 判夕(판례타임즈), LEX/DB(TKC Law Library) 등**

Ⅳ. 문헌 약어 및 인용방식

* 같은 집필자라고 하여도 각주 번호는 조문별로 새로 붙인다.

1. 형법총칙/각칙 교과서

- 교과서 등 문헌은 가능한 한 최신의 판으로 인용한다.
- 각 조항의 주해마다 처음으로 인용하는 개소에서 판을 포함하는 서지사항을 밝히고, 그 후에 이를 다시 인용하는 경우에는 '저자, 면수'와 같은 형태로 한다.

[형법총칙]

　　김성돈, 형법총론(8판), 10

　　이재상·장영민·강동범, 형법총론(11판), §31/2

　　김성돈, 10(재인용인 경우)

[형법각칙]

　　이재상·장영민·강동범, 형법각론(13판), §31/2

　　이재상·장영민·강동범, §31/12(재인용인 경우)

2. 교과서 외 단행본

- 교과서 외 단행본은 각 조항마다 처음 인용하는 개소에서 제목, 판, 출판사, 연도를 포함하는 서지사항을 밝히고, 그 후에 이를 다시 인용하는 경우에는 '저자, 제목, 면수'와 같은 형태로 한다.

　　김성돈, 기업 처벌과 미래의 형법, 성균관대학교 출판부(2018), 259

　　양형위원회, 2022 양형기준(2022), 100

　　김성돈, 기업 처벌과 미래의 형법, 300(재인용인 경우)

3. 논 문

- 각 조항의 주해마다 처음으로 인용하는 개소에서 정기간행물 등의 권·호수 및 간행연도를 포함하는 서지사항을 밝히고, 그 후에 이를 다시 인용하는 경우에는 "필자(주 ○), 인용면수"와 같은 형태로 한다.

　　신양균, "과실범에 있어서 의무위반과 결과의 관련", 형사판례연구 [1], 한국 형사판례연구회, 박영사(1993), 62

　　천진호, "금지착오사례의 논증과 정당한 이유의 구체적 판단", 비교형사법연 구 2-2, 한국비교형사법학회(2000), 305

- 각 대학의 법학연구소 등에서 발간하는 정기간행물은 학교명의 약칭과 함께 인용하지만, 이미 학교명 내지 이에 준하는 표기를 포함하고 있는 경우에는 간행물 이름만으로 인용한다.

4. 정기간행물 약어

　　사논　　　　　사법논집

　　사연　　　　　사법연구자료

자료	**재판자료**
해설	**대법원판례해설**

5. 주석서

예 **주석형법 〔각칙(1)〕(5판), 104(민철기)**

6. 외국문헌

- 외국 문헌 등은 각국에서 통용되는 방식으로 인용하는 것을 원칙으로 한다.
- 외국 문헌의 경우 최초로 인용할 때에 간행연도 및 판수〔논문의 경우는, 정기간행물 및 그 권호수 등〕를 표시하고, 이후 같은 조항에서 인용할 때는 "저자〔또는 필자〕, 인용면수"의 방법으로 인용하되〔같은 필자의 문헌을 여럿 인용하는 경우에는 '(주 ○)'를 필자 이름 아래 붙인다〕, 저자의 경우는 성만 표기하는 것을 원칙으로 한다.
- 자주 인용되는 문헌은 별도로 다음과 같이 인용한다.
   大塚 外, 大コン(3版)(9), 113(河村 博) ← 大塚 外, 大コンメンタール 第3版 第9卷, 인용면수(집필자)

7. 학위논문 인용방식

예 **이은모, "약물범죄에 관한 연구", 연세대학교 박사학위논문(1991), 2**
   이은모, "약물범죄에 관한 연구", 10(재인용인 경우)

8. 다수 문헌의 기재 순서

- 교과서 등 같은 종류인 경우 '가, 나, 다' 순으로, 다른 종류인 경우 '교과서, 주석서, 교과서 외 단행본, 논문' 순으로 각 기재한다.

V. 법령 약어 및 인용방법

1. 법 률

(1) 본문

- 조항별로 처음 인용 시에는 법령의 제목 전체를 기재한다. 재차 인용 시에는 법제처 법령에 약칭이 있는 경우는 그 약칭을 인용하되, 처음 인용 법령을 아

래와 같이 한다.

* 현재 효력을 가지는 법률을 기준으로 작성하고, 폐지된 법률의 경우 법률명 다음에 '(폐지)'를, 조문만 변경된 경우에는 법률명 앞에 '구'를 붙인다.

예 **교통사고 처리특례법(이하, 교통사고처리법이라 한다.)**

(2) 괄호

• **일반법령(예: 의료법)을 쓰되, 약어(예시)의 경우 약어만을 인용한다.**
  약어(예시)

가폭	가정폭력범죄의 처벌 등에 관한 법률
경범	경범죄 처벌법
경직	경찰관 직무집행법
공선	공직선거법
교특	교통사고처리 특례법
군형	군형법
국보	국가보안법
도교	도로교통법
독점	독점규제 및 공정거래에 관한 법률
마약관리	마약류 관리에 관한 법률
마약거래방지	마약류 불법거래 방지에 관한 특례법
민	민법
민소	민사소송법
민집	민사집행법
범죄수익	범죄수익은닉의 규제 및 처벌에 관한 법률
법조	법원조직법
변	변호사법
보안	보안관찰법
보호관찰	보호관찰 등에 관한 법률
보호소년	보호소년 등의 처우에 관한 법률
부경	부정경쟁방지 및 영업비밀보호에 관한 법률
부등	부동산등기법
부수	부정수표 단속법
부실명	부동산 실권리자명의 등기에 관한 법률

부재특조	부재선고 등에 관한 특별조치법
사면	사면법
사법경찰직무	사법경찰관리의 직무를 수행할 자와 그 직무범위에 관한 법률
상	상법
성폭방지	성폭력방지 및 피해자보호 등에 관한 법률
성폭처벌	성폭력범죄의 처벌 등에 관한 법률
성충동	성폭력범죄자의 성충동 약물치료에 관한 법률
소년	소년법
아청	아동·청소년의 성보호에 관한 법률
아학	아동학대범죄의 처벌 등에 관한 특례법
여전	여신전문금융업법
전부	전자장치 부착 등에 관한 법률
정통망	정보통신망 이용촉진 및 정보보호 등에 관한 법률
집시	집회 및 시회에 관한 법률
출관	출입국관리법
치감	치료감호 등에 관한 법률
통비	통신비밀보호법
특가	특정범죄 가중처벌 등에 관한 법률
특경	특정경제범죄 가중처벌 등에 관한 법률
폭처	폭력행위 등 처벌에 관한 법률
헌	헌법
헌재	헌법재판소법
형소	형사소송법
형집	형의 집행 및 수용자의 처우 등에 관한 법률

2. 시행령 및 시행규칙은 법률의 예를 따르고, 괄호의 경우 일반법령(예: 의료법 시행령)을 쓰되, 법률약어의 경우 '령' 또는 '규'를 붙인다.

3. 부칙 및 별표는 법률명 뒤에 약칭 없이 '부칙', '별표'로 인용한다.

4. 외국법령의 조항 인용도 우리 법령의 인용과 같은 방식으로 한다.
   예   (괄호) 독형 §312-b①(iii)   ←   독일형법 제312조의b 제1항 제3호

참고문헌

1 형법총론(총론·각론 통합 포함) 교과서

저자	서명	출판사	출판연도
강동욱	강의 형법총론	박영사	2020
	강의 형법총론(제2판)	박영사	2021
김성돈	형법총론(제5판)	성균관대학교 출판부	2017
	형법총론(제6판)	성균관대학교 출판부	2020
	형법총론(제7판)	성균관대학교 출판부	2021
	형법총론(제8판)	성균관대학교 출판부	2022
김성천	형법총론(제9판)	소진	2020
김성천·김형준	형법총론(제6판)	소진	2014
김신규	형법총론 강의	박영사	2018
김일수·서보학	새로쓴 형법총론(제11판)	박영사	2008
	새로쓴 형법총론(제12판)	박영사	2014
	새로쓴 형법총론(제13판)	박영사	2018
김태명	판례형법총론(제2판)	피앤씨미디어	2016
김형만	형법총론	박영사	2015
김혜정·박미숙·안경옥·원혜욱·이인영	형법총론(제2판)	정독	2019
	형법총론(제3판)	정독	2020
류전철	형법입문 총론편(제3판)	준커뮤니케이션즈	2020
박상기	형법강의	법문사	2010
	형법총론(제9판)	박영사	2012
	형법학(총론·각론 강의)(제3판)	집현재	2018
박상기·전지연	형법학(총론·각론 강의)(제4판)	집현재	2018
	형법학(총론·각론)(제5판)	집현재	2021
배종대	형법총론(제12판)	홍문사	2016
	형법총론(제13판)	홍문사	2017
	형법총론(제14판)	홍문사	2020
	형법총론(제15판)	홍문사	2021
성낙현	형법총론(제3판)	박영사	2020

저자	서명	출판사	출판연도
손동권·김재윤	형법총론	율곡출판사	2011
손해목	형법총론	법문사	1996
신동운	형법총론(제10판)	법문사	2017
	형법총론(제12판)	법문사	2020
	형법총론(제13판)	법문사	2021
안동준	형법총론	학현사	1998
오영근	형법총론(제4판)	박영사	2018
	형법총론(제5판)	박영사	2019
	형법총론(제6판)	박성사	2021
원형식	판례중심 형법총론	진원사	2014
유기천	형법학 총론강의(개정판)	일조각	1980
이상돈	형법강의	법문사	2010
	형법강론(제2판)	박영사	2017
	형법강론(제3판)	박영사	2020
	형법강론(제4판)	박영사	2023
이영란	형법학 총론강의	형설출판사	2008
이용식	형법총론	박영사	2018
	형법총론(제2판)	박영사	2020
이재상·장영민·강동범	형법총론(제10판)	박영사	2019
	형법총론(제11판)	박영사	2022
이정원	형법총론(증보판)	법지사	2001
	형법총론	신론사	2012
이주원	형법총론	박영사	2022
	형법총론(제2판)	박영사	2023
이형국	형법총론	법문사	2007
이형국·김혜경	형법총론(제6판)	법문사	2021
임웅	형법총론(제10정판)	법문사	2018
	형법총론(제12정판)	법문사	2021
	형법총론(제13정판)	법문사	2022
정성근·박광민	형법총론(전정판)	성균관대학교 출판부	2012
	형법총론(전정2판)	성균관대학교 출판부	2015
	형법총론(전정3판)	성균관대학교 출판부	2020
정성근·정준섭	형법강의 총론(제2판)	박영사	2019
정영석	형법총론(제5전정판)	법문사	1987

참고문헌

저자	서명	출판사	출판연도
정영일	형법총론(제3판)	박영사	2010
	형법강의 총론(제3판)	학림	2017
	신형법총론	학림	2018
	형법총론(제2판)	학림	2020
	형법총론 강의(제3판)	학림	2020
	형법총론(신3판)	학림	2022
정웅석 · 최창호	형법총론	대명출판사	2019
조준현	형법총론(제4정판)	법문사	2012
주호노	형법총론(제2판)	법문사	2022
진계호	형법총론(제7판)	대왕사	2003
진계호 · 이존걸	형법총론(제8판)	대왕사	2007
천진호	형법총론	준커뮤니케이션즈	2016
최병천	판례중심 형법총론	피앤씨미디어	2017
최호진	형법총론	박영사	2022
하태훈	판례중심 형법총 · 각론	법문사	2006
	사례판례중심 형법강의	법원사	2021
한상훈 · 안성조	형법입문	피앤씨미디어	2018
	형법개론(제3판)	정독	2022
한정환	형법총론(제1권)	한국학술정보	2010
홍영기	형법(총론과 각론)	박영사	2022
황산덕	형법총론(제7정판)	방문사	1982

② 형법각론 교과서

저자	서명	출판사	출판연도
강구진	형법강의 각론 I	박영사	1983
	형법강의 각론 I (중판)	박영사	1984
권오걸	형법각론	형설출판사	2009
	스마트 형법각론	형설출판사	2011
김선복	신형법각론	세종출판사	2016
김성돈	형법각론(제5판)	성균관대학교 출판부	2018
	형법각론(제6판)	성균관대학교 출판부	2020
	형법각론(제7판)	성균관대학교 출판부	2021
	형법각론(제8판)	성균관대학교 출판부	2022

저자	서명	출판사	출판연도
김성천·김형준	형법각론(제4판)	소진	2014
	형법각론(제6판)	소진	2017
김신규	형법각론	청목출판사	2015
	형법각론 강의	박영사	2020
김일수	새로쓴 형법각론	박영사	1999
김일수·서보학	새로쓴 형법각론(제8판 증보판)	박영사	2016
	새로쓴 형법각론(제9판)	박영사	2018
김종원	형법각론 상	법문사	1973
	형법각론 상(제3정판)	법문사	1978
김태명	판례형법각론(제2판)	피앤씨미디어	2016
김혜정·박미숙·안경옥·원혜욱·이인영	형법각론(제2판)	정독	2021
	형법각론(제3판)	정독	2023
남흥우	형법강의(각론)	고려대학교 출판부	1965
도중진·박광섭·정대관	형법각론	충남대학교 출판문화원	2014
류전철	형법각론(각론편)	준커뮤니케이션즈	2012
빅강우	로스쿨 형법각론(제2판)	진원사	2014
박동률·임상규	판례중심 형법각론	경북대학교출판부	2015
박상기	형법각론(전정판)	박영사	1999
	형법각론(제8판)	박영사	2011
박찬걸	형법각론	박영사	2018
	형법각론(제2판)	박영사	2022
배종대	형법각론(제10전정판)	홍문사	2018
	형법각론(제11전정판)	홍문사	2020
	형법각론(제12판)	홍문사	2021
	형법각론(제13판)	홍문사	2022
	형법각론(제14판)	홍문사	2023
백형구	형법각론	청림출판	1999
	형법각론(개정판)	청림출판	2002
서일교	형법각론	박영사	1982
손동권	형법각론(제3개정판)	율곡출판사	2010
손동권·김재윤	새로운 형법각론	율곡출판사	2013
	새로운 형법각론(제2판)	율록출판사	2022
신동운	형법각론(제2판)	법문사	2018
	판례백선 형법각론 1	경세원	1999
	판례분석 형법각론(증보판)	법문사	2014

참고문헌

저자	서명	출판사	출판연도
심재무	형법각론강의 I	신지서원	2009
오영근	형법각론(제3판)	박영사	2014
	형법각론(제4판)	박영사	2017
	형법각론(제5판)	박영사	2019
	형법각론(제6판)	박영사	2021
	형법각론(제7판)	박영사	2022
	형법각론(제8판)	박영사	2023
원형식	형법각론(상)	청목출판사	2011
	판례중심 형법각론	동방문화사	2016
원혜욱	형법각론	피데스	2017
유기천	형법학(각론강의 상·하)(전정신판)	일조각	1982
이건호	형법학개론	고려대학교 출판부	1977
	신고형법각론	일신사	1976
	형법각론	일신사	1980
이영란	형법학 각론강의	형설출판사	2008
	형법학 각론강의(제3판)	형설출판사	2013
이용식	형법각론	박영사	2019
이재상·장영민·강동범	형법각론(제11판)	박영사	2019
	형법각론(제12판)	박영사	2021
	형법각론(제13판)	박영사	2023
이정원	형법각론(보정판)	법지사	1999
	형법각론	법지사	2003
	형법각론	신론사	2012
이정원·류석준	형법각론	법영사	2019
이형국	형법각론	법문사	2007
이형국·김혜경	형법각론(제2판)	법문사	2019
	형법각론(제3판)	법문사	2023
임웅	형법각론(제9정판)	법문사	2018
	형법각론(제10정판)	법문사	2019
	형법각론(제11정판)	법문사	2020
	형법각론(제12정판)	법문사	2021
	형법각론(제13정판)	법문사	2023

저자	서명	출판사	출판연도
정성근·박광민	형법각론(제4판)	삼영사	2011
	형법각론(전정2판)	성균관대학교 출판부	2015
	형법각론(전정3판)	성균관대학교 출판부	2019
정성근·정준섭	형법강의 각론	박영사	2017
	형법강의 각론(제2판)	박영사	2022
정영석	형법각론(제4전정판)	법문사	1980
	형법각론(제5전정판)	법문사	1992
정영일	형법각론(제3판)	박영사	2011
	형법강의 각론(제3판)	학림	2017
	형법각론	학림	2019
정웅석·최창호	형법각론	대명출판사	2018
정창운	형법학각론	정연사	1960
조준현	형법각론	법원사	2002
	형법각론(개정판)	법원사	2005
	형법각론(제3판)	법원사	2012
조현욱	형법각론강의 (Ⅰ)	진원사	2008
주호노	형법각론	법문사	2023
진계호	신고 형법각론	대왕사	1985
	형법각론(제5판)	대왕사	2003
진계호·이존걸	형법각론(제6판)	대왕사	2008
최관식	형법각론(개정판)	삼우사	2017
최호진	형법각론	준커뮤니케이션즈	2014
	형법각론 강의	준커뮤니케이션즈	2015
	형법각론	박영사	2022
한남현	형법각론	율곡출판사	2014
한정환	형법각론	법영사	2018
황산덕	형법각론(제6정판)	방문사	1986

③ 특별형법

저자(편자)	서명	출판사	출판연도
김정환·김슬기	형사특별법	박영사	2021
	형사특별법(제2판)	박영사	2022
박상기·신동운·손동권·신양균·오영근·전지연	형사특별법론(개정판)	한국형사정책연구원	2012

저자(편자)	서명	출판사	출판연도
박상기 · 전지연 · 한상훈	형사특별법(제2판)	집현재	2016
	형사특별법(제3판)	집현재	2020
박상기 · 전지연	형사특별법(제4판)	집현재	2023
이동희 · 류부곤	특별형법(제5판)	박영사	2021
이주원	특별형법(제5판)	홍문사	2018
	특별형법(제6판)	홍문사	2020
	특별형법(제7판)	홍문사	2021
	특별형법(제8판)	홍문사	2022

④ 주석서 · 실무서 등

저자(편자)	서명	출판사	출판연도
김종원	주석형법 총칙(상 · 하)	한국사법행정학회	1988, 1990
박재윤	주석형법 총칙(제2판)	한국사법행정학회	2011
김대휘 · 박상옥	주석형법 총칙(제3판)	한국사법행정학회	2019
김윤행	주석형법 각칙(상 · 하)	한국사법행정학회	1982
박재윤	주석형법 각칙(제4판)	한국사법행정학회	2006
김신 · 김대휘	주석형법 각칙(제5판)	한국사법행정학회	2017
한국형사판례연구회	형사판례연구 (1) – (30)	박영사	1993 – 2022
법원행정처	법원실무제요 형사 [Ⅰ] · [Ⅱ]		2014
사법연수원	법원실무제요 형사 [Ⅰ] · [Ⅱ] · [Ⅲ]		2022

⑤ 외국 문헌

저자(편자)	서명	출판사	출판연도
大塚 仁 外	大コンメンタール刑法 (第2版) (1) – (13)	靑林書院	1999 – 2006
	大コンメンタール刑法 (第3版) (1) – (13)	靑林書院	2013 – 2021
西田典之 外	注釈刑法 (1), (2), (4)	有斐閣	2010 – 2021

목 차

제24장 살인의 죄

제25장 상해와 폭행의 죄

목 차

제26장 과실치사상의 죄

제24장 살인의 죄

〔총 설〕

Ⅰ. 서 설

1. 조문 구성

본장은 살인의 죄에 대하여 규정하고 있는 바, 조문 구성은 아래 [표 1]과   1
같다.

[표 1] 제24장 조문 구성

조 문		제 목	구성요건	죄 명	공소시효
§250	①	살인	ⓐ 사람을 ⓑ 살해	살인1	배제
	②	존속살해	ⓐ 자기 또는 배우자의 직계존속을 ⓑ 살해	존속살해	배제

---

1 제250조 제1항의 살인죄에 대하여 강학상 '일반살인' 또는 '보통살인'으로 부르지만, 본장에서는 '공소장 및 불기소장에 기재할 죄명에 관한 대검찰청 예규'(2023. 1. 18 개정 제1336호) 형법 죄명표에 따라 살인죄로 통칭한다.

조 문		제 목	구성요건	죄 명	공소시효
§ 251[2]		영아살해	ⓐ 직계존속이 ⓑ 치욕 은폐, 양육할 수 없음 예상, 특히 참작할 만한 동기로 인하여 ⓒ 분만 중 또는 분만 직후의 영아를 ⓓ 살해	영아살해	10년
§ 252	①	촉탁, 승낙에 의한 살인 등	ⓐ 사람의 촉탁·승낙을 받아 ⓑ 그를 살해	(촉탁, 승낙)살인	10년
	②		ⓐ 사람을 교사·방조하여 ⓑ 자살하게 함	자살(교사, 방조)	10년
§ 253		위계 등에 의한 촉탁살인 등	ⓐ § 252의 경우에 ⓑ 위계 또는 위력으로써 ⓒ 촉탁·승낙하게 하거나 자살을 결의하게 함	(위계, 위력) (촉탁, 승낙)살인	배제
				(위계, 위력)자살결의	배제
§ 254		미수범	§ 250 내지 § 253의 미수	(§ 250 내지 § 253 각 죄명)미수	
§ 255		예비, 음모	ⓐ § 250, § 253의 죄를 범할 목적으로 ⓑ 예비, 음모	(§ 250, § 253 각 죄명) (예비, 음모)	10년
§ 256		자격정지의 병과	§ 250, § 252 또는 § 253의 경우 유기징역에 처할 때 10년 이하 자격정지 병과(임의적)		

2. 의의와 보호법익

2   살인의 죄(Homicide, Tötungsdelikt)는 고의로 사람을 살해하여 그 생명을 침해하는 범죄이다.

3   본장의 보호법익은 사람의 생명이다. 사람의 생명은 인간 생존의 기본 전제로서 헌법 제10조[3]에서 규정하고 있는 인간으로서의 존엄과 가치의 출발점이

---

2 2023년 8월 8일 형법 개정으로 저항 능력이 없거나 현저히 부족한 사회적 약자인 영아를 범죄로부터 두텁게 보호하기 위하여 영아살해죄를 폐지하였다(2024. 2. 9. 시행). 이에 대한 상세는 **제251조 주해** 부분 참조.

3 헌법 제10조는 "모든 국민은 인간으로서의 존엄과 가치를 가지며, 행복을 추구할 권리를 가진다. 국가는 개인이 가지는 불가침의 기본적 인권을 확인하고 이를 보장할 의무를 진다."라고 규정하고 있다. 우리 헌법과 달리 독일헌법(또는 기본법)은 생명권에 대하여 제2조 제2항 제1문에서 "누구든지 생명권과 신체를 훼손당하지 않을 권리를 가진다."라고 규정하고 있다[콘라드 헷

므로 헌법상 비록 명문으로 생명권을 규정하고 있지 아니하더라도 생명권은 헌법상의 기본권[4]으로 인정된다.[5]

    사람의 생명의 보호 정도는 침해범으로서의 보호이다.   4

3. 절대적 생명보호의 원칙

    사람의 생명은 형법의 보호법익 중에서 최상위의 법익일 뿐만 아니라 유일   5
성(唯一性)·절대적 평등성(絕對的 平等性)·불가교량성(不可較量性)·불가처분성(不可處分性)이라는 속성이 있다.[6] 따라서 사람의 생명은 다른 사람의 생명과의 관계에서 상대화될 수 없는 최상위의 가치를 지니고 있으며, 선별적으로 또는 비교형량을 통해서 보호하는 것이 아니라 동등하게 취급·보호하여야 하고, 어느 누구도 침해할 수 없고 누구도 포기할 수 없는 절대적 법익으로서 보호하여야 하는데, 이를 '절대적 생명보호의 원칙'(Grundsatz des absoluten Lebensschutzes)(또는 '생명보호 절대의 원칙')이라고 한다.[7] 절대적 생명보호의 원칙은 민주주의의 최대 요청인 '사람의 존엄'에 대한 형법상의 표현이며,[8] 살인죄는 절대적 생명보호 원칙의 핵심내용이다.[9]

    이에 반하여, ① 사형 규정을 두고 있는 우리나라 현실에서 절대적으로 생   6

세, 계희열 역, 통일 독일헌법원론(20판), 박영사(2001), 502].

4 성낙인, 헌법학(19판), 법문사(2019), 1053; 양건, 헌법강의(8판), 법문사(2019), 388; 이준일, 인권법(8판), 홍문사(2019), 18-19; 장영수, 헌법학(10판), 홍문사(2017), 595; 전광석, 한국헌법론(15판), 집현재(2020), 288; 정재황, 신헌법입문(11판), 박영사(2021), 340; 한수웅, 헌법학(10판), 법문사(2020), 618; 허영, 한국헌법론(17판), 박영사(2021), 381-382.
5 헌재 1996. 11. 28, 95헌바1. 이 사건의 쟁점은 사형제의 합헌 여부이지만 결정이유에 "인간의 생명은 고귀하고, 이 세상에서 무엇과도 바꿀 수 없는 존엄한 인간존재의 근원이다. 이러한 생명에 대한 권리는 비록 헌법에 명문의 규정이 없다 하더라도 인간의 생존본능과 존재목적에 바탕을 둔 선험적이고 자연법적인 권리로서 헌법에 규정된 모든 기본권의 전제로서 기능하는 기본권 중의 기본권"이라고 판시하고 있다. 같은 취지로는 헌재 2010. 2. 25, 2008헌가23.
6 김일수·서보학, 새로쓴 형법각론(9판), 12.
7 김일수·서보학, 11; 박강우, 로스쿨 형법각론(2판), 3; 손동권·김재윤, 새로운 형법각론, §2/1; 이상돈, 형법강론(3판), 417[다만, 이 원칙은 때로는 부당하게 축소(뇌사설)되고, 때로는 부당하게 확대(소극적 안락사의 불법화)되기도 한다]; 최호진, 형법각론 강의, 2; 한상훈·안성조, 형법입문, 375; 이형국, "살인죄의 문제점과 개선방향 – 형법개정과 관련하여 –", 동암 형법논문선, 삼우사(2008), 391.
8 주석형법 [각칙(상)], 488(김종원).
9 하태훈, 사례판례중심 형법강의, 382.

명을 보호하고 있다고 말하기 어렵다는 견해,[10] ② 절대적 생명보호의 원칙이란 생명은 모든 단계에서 동일하게 절대적인 것이 아니라 그 단계에 따라 최대한 보장하여야 한다는 의미로 이해할 수 있다는 견해,[11] ③ 형법학의 영역에서 인간 생명의 보호를 신학적 논거로 뒷받침하는 것은 합당치 못하며 형법상 생명은 절대적으로 보호되고 있지 못하고 과학적 담론에서 '절대적'이라는 용어는 피해야 할 것이라는 점을 고려하여, '절대적 생명보호의 원칙' 보다는 '최대한 생명보호의 원칙'이 더 적절하다는 견해,[12] ④ 사형수에 대한 생명침해 인정·회생가능성 없는 환자에 대한 연명치료중단 인정·뇌사자에 대한 생명침해 인정·전쟁상황에서 적군에 대한 생명침해 인정·정당방위 상황에서의 생명침해 인정·적법행위에 대한 기대불가능 상황에서의 생명침해 인정 등이 허용되고 있는 점에 비추어 '최대한 생명보호의 원칙'이 우리 형법에 부합한다는 견해,[13] ⑤ 형법 전에는 사형제도가 존치되어 국가의 사법살인이 허용되고 있을 뿐만 아니라 장기등 이식에 관한 법률은 뇌사자를 사람으로 보고 있으면서도 심장이식을 허용함으로써 뇌사자를 살해하는 것을 허용하고 있는 것은 생명보호의 절대성이 무너진 전형적인 현행법의 예라는 견해[14]도 있다.

7   또한 대법원[15]도 환자의 명시적인 수혈거부의사가 존재하는 경우에, 환자의 생명보호에 못지않게 환자의 자기결정권을 존중하여야 할 의무가 대등한 가치를 가지는 것으로 평가되는 때에는 이를 고려하여 진료행위를 하여야 하는 바, 의사가 자신의 직업적 양심에 따라 환자의 양립할 수 없는 두 개의 가치 중 어느 하나를 존중하는 방향으로 행위하였다면 이러한 행위는 처벌할 수 없다고

---

10 김태명, 판례형법각론(2판), 3; 박상기·전지연, 형법학(총론·각론 강의)(4판), 393; 배종대, 형법각론(14판), §9/1(우리나라에서 생명은 '절대적' 보호를 누리지 못하며 절대적으로 보호되어야 함에도 불구하고 '상대적 생명보호원칙'이 타당할 뿐이라고 설명한다.
11 김혜정·박미숙·안경옥·원혜욱·이인영, 형법각론(3판), 4. 이 견해에 따르면, 형법의 생명보호원칙은 상대적 생명보호의 원칙, 최대한 생명보호의 원칙, 최대한 평등보호의 원칙의 입장을 취하고 있다고 한다[이석배, "형법상 절대적 생명보호원칙", 한국형법학의 새로운 지평(심온 김일수 교수 화갑기념논문집)(2006), 683].
12 임웅, 형법각론(10정판), 10.
13 박찬걸, 형법각론, 4.
14 도중진·박광섭·정대관, 형법각론, 30-31.
15 대판 2014. 6. 26, 2009도14407. 이 판결에 대한 평석은 김영태, "의료행위와 환자의 자기결정권에 관한 고찰", 의료법학 15-2, 대한의료법학회(2014), 3-26.

판결하였다.

　　한편 '절대적 생명보호의 원칙'에서 말하는 절대성은 생명이라는 법익 자체　　8
가 원리적으로 절대적이어서 여러 생명들 사이의 이익교량(利益較量)이 불가능할
정도로 질적·양적 차이가 인정되지 않는다는 뜻으로 이해되어야 하며, 상대적
생명보호의 사상은 자칫 안락사의 광범위한 인정이나 사형제도의 합헌성을 당
연시할 위험이 있으므로 현행 헌법질서하에서 '생명보호의 상대화'라는 용어는
적절하지 않다는 견해[16]와 현재 우리나라는 실질적(사실상) 사형폐지국이 되었기
때문에 절대적 생명보호의 원칙이라고 해야 할 것이라는 견해[17]도 있다.

II. 연혁과 입법례

1. 연 혁

　　살인의 죄는 인류역사상 가장 오래된 범죄로서, 누구나 극악한 범죄로 여긴　　9
다. 살인에 대한 처벌규정은 고대 수메르 도시국가 우르남무 법전,[18] 고대 바빌
로니아의 함무라비 법전,[19] 고대 로마법, 중국 고대의 법전, 그리고 우리나라 고
조선의 팔조법금(八條法禁)[20] 등에서 찾아볼 수 있다.

16　이정원·류석준, 형법각론, 4.

17　조현욱, 형법각론강의 (I), 28.

18　우르남무 법전은 함무라비 법전보다 이전에 만들어진 법전(점토판)으로서, '살인을 범한 사람은
　　사형에 처한다'라고 규정되어 있다[한상수, 함무라비 법전, 인제대학교 출판부(2008), 129].

19　현재 프랑스 루브르(Louvre) 박물관에 소장되어 있는 함무라비 법전(돌기둥)에는 일반적인 살인
　　에 관한 명문규정은 없는데, 그 이유에 대하여 특수한 살인인 '치정에 의한 살인'을 가중처벌하
　　고 있는 점에 비추어 살인이 가장 중요하고 명백한 범죄라는 것이 사회 구성원들의 의식 속에
　　확고하게 자리잡고 있어 굳이 살인죄를 명문화할 필요가 없었기 때문이라는 견해가 있다(한상
　　수, 함무라비 법전, 128-129).

20　팔조금법(八條禁法)이라고도 하며, 그중 3조목이 한서지리지(漢書地理志)를 통하여 현재까지 전
　　해지고 있는데, ① 사람을 죽인 자는 즉시 죽인다(相殺以當時償殺), ② 상해를 입힌 경우에는
　　곡식으로 배상한다(相傷以穀償), ③ 도적질한 경우에 (그 도적이) 남자인 경우 적몰(籍沒)하여
　　그 집의 종(奴)으로 삼고, 여자인 경우 여종(婢)으로 삼되, 스스로 속량(贖良)하고자 하는 자는
　　1인당 50만 전(錢)을 내야 한다(相盜者男沒入爲其家奴　女子爲婢　欲自贖者　入五十萬)는 것이다
　　[김영수, 한국헌법사(수정증보판), 학문사(2001), 58-59].
　　　이러한 내용의 팔조법금은 우리 형법사의 시발로 파악할 수 있으며, '사람을 죽인 자는 즉시
　　죽인다'는 첫 구절은 생명권과 사형제도에 관한 우리 역사상 최초의 언급이라고 볼 수 있다[황
　　치연, "한국헌법사에서 있어서 생명권에 대한 인식", 한국에서의 기본권이론의 형성과 발전 - 정

2. 입법례

10   살인죄[21]에 대하여는 모살(謀殺)(또는 중살인)과 고살(故殺)(또는 단순살인)이라
는 두 가지 유형으로 분리하는 법제와 이를 구분하지 아니하는 법제로 나뉘어
발전해 왔는데, 다수의 입법례가 살인죄를 두 가지 유형으로 분리하여 형벌의
차이를 두고 있다.[22]

11   그러나 두 가지 유형으로 분리하여 규정하는 법제에서도 모살과 고살의 구
별기준이 반드시 일치하는 것은 아니다. 즉, 윤리적 요소에 의하여 구별하는 경
우와 심리적 요소에 의하여 구별하는 경우로 나뉜다.

12   고대 로마 왕정시대에는 존속살인(parrcidium)과 단순살인(homicidium)으로
구별하였으며, 또한 살인을 고살(故殺)과 과실살(過失殺)(엄밀하게 말하면 非故殺)로
구분하여 형사책임의 귀속을 달리하였는데, 누마 폼필리우스(Numa Pompilius)왕
은 살인죄에 관하여 누구든지 고의로 자유인(自由人)을 살해한 사람은 사형에
처할 것을 규정하였으며, 과실살인범은 피살자의 부모 또는 친족에게 숫양, 즉
속죄양(贖罪羊)을 제공함으로써 피해자의 조상이나 가신에게 속죄할 것을 규정
하였다.[23]

13   독일형법은 윤리적 요소에 의하여 모살(Mord)과 고살(Totschlag)을 구별하고
있는데, 모살자란 '살해욕, 성욕의 만족, 탐욕 또는 기타 비열한 동기에 의하여
간악하거나 잔인하게 또는 공공 위해의 수단에 의하여 다른 범죄를 가능하게
하거나 또는 은폐할 목적으로 사람을 살해한 자'를 말하며(§ 211②), 고살자는 '모
살자에 해당되지 아니한 자로서 사람을 살해한 자'를 말한다(§ 212①). 독일형법
에 의하면 모살자는 무기자유형에 처하지만, 고살자는 사안이 특히 중하지 아니

천 허영 박사 화갑기념논문집 간행위원회, 박영사(1997), 188-189]. 이와 관련하여, 팔조법금은
고대 원시법으로 응보형주의에 입각한 법규범이며, 자연법이고 민중법으로 파악된다는 견해[김
상용, 한국법사와 법정책, 피앤씨미디어(2014), 14]와 팔조법금은 중국의 영향으로 된 것이 아니
라 우리 민족 고유의 순박성에서 이룩된 것이라는 견해[이종항, "고대법사상", 한국사상대계 III,
정치·법제사상편(성균관대학교 대동문화연구원(1979), 480]가 있다.

21 영국, 미국, 프랑스, 독일, 일본에서의 살인죄 비교에 관하여는, 최민영 외 9인, Global Standard
   마련을 위한 쟁점별 주요국 형사법령 비교연구(II-2), 한국형사정책연구원(2020), 354-370 참조.
22 법무부, 독일형법(2008), 164; 한국형사정책연구원, 스위스 형법전(2009), 72; 법무부, 오스트리
   아 형법(2009), 56; 법무부, 프랑스형법(2008), 93-94.
23 조규창, 로마형법, 고려대학교 출판부(1998), 133-135.

                                              〔김 영 태〕

하는 한 5년 이상의 자유형에 처한다.[24]

　프랑스형법은 심리적 요소를 기준으로 보통살인(Meurtre)과 모살(Assassinat)
을 구별하는데, 보통살인은 '고의로 사람을 살해하는 행위'라고 규정(§ 221-1)하고
있음에 반하여, 모살은 '예모(豫謀, préméditation)[25]를 수반한 살인'이라고 규정(§
221-3)하고 있다. 보통살인은 30년의 징역형에 처하지만, 모살자는 무기징역형
에 처한다. 또한, 보통살인의 경우에도 다른 중죄(crime)[26]의 실행행위의 전후에
또는 실행행위 중에 고의로 사람을 살해하거나(§ 221-2①), 중죄나 경죄(delit)[27]의
준비 또는 실행의 편의, 중죄나 경죄의 정범 또는 공범의 도주원조 또는 처벌의
회피를 목적으로 고의로 사람을 살해한 경우에는 무기징역형에 처하도록 규정
(§ 221-2②)하고 있다.[28]

　영미의 커먼로(Common law)(또는 보통법)에 의하면 살인(homicide)죄를 크게
Murder(모살 또는 중살인)와 Manslaughter(고살 또는 경살인)로 구분한다. Murder는
악의(惡意)(malice aforethought)를 가지고 다른 사람의 생명을 죽이는 것을 의미하
며, Manslaughter는 미리 살인을 계획했다거나 악의 없이 다른 사람의 생명을
죽이는 경우이다.[29] 한편, 미국 법조인협회(American Law Institute)가 1961년 입안
한 모범형법전(Model Penal Code: MPC)은 '살인의 죄'(criminal homicide)를 모살
(murder)과 고살(manslaughter), 과실치사(negligent homicide)로 구별하고 있다.[30]

　한편, 일본형법과 중국형법은 모살과 고살을 구별하지 아니하고 있다. 일본
형법은 살인죄(§ 199), 살인예비죄(§ 201), 자살관여 및 동의살인죄(§ 202) 및 미수
죄(§ 203)에 대하여만 규정하고 있는데,[31] 살인죄의 법정형은 사형 무기 또는 5년

14

15

16

24　법무부, 독일형법(2008), 164.

25　프랑스형법 제132-72조는 예모에 대하여 '중죄나 특정 경죄의 실행행위 전에 수립된 구상'이라고
　　규정하고 있다[법무부, 프랑스형법(2008), 80].

26　장기 10년 이상의 징역형에 처하는 범죄로서, 13인의 배심원으로 구성되는 중죄법원에서 재판한
　　다. 중죄, 경죄 등의 구분은 각 법률에서 정한다[법무부, 프랑스 형사소송법(2011), 4].

27　장기 10년 이하의 징역형 또는 3,750유로 이상의 벌금형에 처하는 범죄로서 경죄법원에서 재판
　　한다[법무부, 프랑스 형사소송법(2011), 4].

28　법무부, 프랑스 형법(2008), 94.

29　사법연수원, 미국 형사법(2006), 114-116; 이경재, "미국형법상 살인죄의 유형과 그 내용", 홍익법
　　학 18-1(2017), 33-34; 조은향, 미국법 이해: 헌법 형법 계약법 불법행위법, 법문사(2008), 66-67.

30　법무부, 미국모범형법·형사소송규칙, 법무자료 50(1983), 95-96.

31　법무부, 일본 형법(2007), 80-81.

이상의 징역이다.[32] 중국형법은 살인죄에 대하여 사형, 무기징역 또는 10년 이
상의 유기징역에 처하며, 사안이 비교적 가벼운 경우, 3년 이상 10년 이하의 유
기징역에 처한다고 규정(§ 232)하고 있을 뿐이다.[33]

3. 우리 형법의 태도

17   서양법이 우리나라에 계수(繼受)되면서 1905(광무 9년)년 4월 29일 제정된 대
한제국 형법대전(刑法大全)에는 모살(§ 473)과 고살(§ 477)의 구별이 있었으나, 모두
교형(絞刑)이 규정되어 있어 구별의 실익이 없었다.[34] 한편, 일제 강점기 조선형
사령에 의하여 우리나라에 적용되었던 일본 구 형법[35]에도 모살과 고살의 구분
이 없었다.

18   1953년 9월 18일 법률 제293호로 제정되어 1953년 10월 3일부터 시행된
우리 형법은 모살과 고살을 구별하지 아니하였으므로 모살과 고살 여부는 양형
에서 고려될 뿐이다. 이와 관련하여 우리 형법도 살인죄를 유형화하여 모살과
고살을 구별할 필요가 있는지에 대하여, 이를 긍정하는 적극설(또는 필요설)[36]과
부정하는 소극설(또는 불필요설)[37]로 견해가 나뉜다.

---

32 참고로 2022년 6월 17일 일본형법 개정(법률 제67호)으로 징역형과 금고형이 '구금형'으로 단일
   화되어 형법전의 '징역', '구금', '징역 또는 구금'은 모두 '구금형'으로 개정되었고, 부칙에 의하여
   공포일로부터 3년 이내에 정령으로 정하는 날에 시행 예정이다. 그러나 현재 정령이 제정되지
   않아 시행일은 미정이므로, 본장에서 일본형법 조문을 인용할 때는 현행 조문의 '징역' 등의 용
   어를 그대로 사용한다.
33 법무부, 중국형사법(2008), 90.
34 허일태, "살인죄에 대한 정비방안", 한국형사법학의 오늘, 정온 이영란 교수 화갑기념논문집(2008),
   348-351.
35 강학상 '구 형법'이라고 부르기도 하지만, 우리나라의 구 형법이 아니라 '일본의 구 형법'이므로
   아래에서는 '의용형법'으로 부르기로 한다[오병두·김영중·이진수, 한국형법학의 초기형성사 연구,
   법문사(2019), 3].
36 김선복, 신형법각론, 27; 임웅, 12; 이형국(주 7), 393.
37 김신규, 형법각론, 25-26; 도중진·박광섭·정대관, 32; 박찬걸, 4(우리나라는 실질적인 사형폐지국의
   입장에 있으므로 사형제한론과 관련된 구별실익은 없다); 배종대, § 9/28(입법례의 좋고 나쁨을 말
   할 필요는 없으며 문제점이 있기는 마찬가지이고, 입법례의 차이는 각각의 문화적 배경에 따른
   것으로 이해하면 된다); 이재상·장영민·강동범, 형법각론(13판), § 2/3; 이정원·류석준, 6(다만,
   입법론적으로는 독일형법 제213조와 같은 경살인죄를 규정함으로써, 법관의 방만한 재량의 범
   위를 축소시킬 필요가 있다); 정성근·박광민, 형법각론(전정2판), 40(우리 형법은 모살과 고살의
   유형적 구별 없이 법관으로 하여금 양형의 조건을 고려하여 실정에 맞게 개별처우하도록 하였
   다); 진계호·이존걸, 형법각론(6판), 29; 이경재(주 29), 47-48(다만, 우리 형법상 살인죄의 유형
   을 단순화하고 존속살해죄와 같이 평등원칙에 반하는 형태의 살인죄를 폐지할 필요는 있다).

① 적극설은 우리 형법도 양형의 범위를 제한하고 죄형의 균형을 유지하기 19
위해서 모살과 고살의 유형별 구별이 필요하며, 구별을 통하여 살인죄의 법정형
에서 사형을 배제함으로써 살인죄에 대한 극형의 범위를 제한할 수 있고, 모살
또는 중살인죄를 신설할 경우 내란목적살인죄·강도살인죄 등을 별도로 둘 필요
가 없다고 한다. 이에 대하여, ② 소극설은 모살과 고살의 구별이 명확하지 아
니하며, 현행법상으로도 모살 또는 중살인죄에 해당하는 규정이 세분화되어 있
고, 모살 또는 중살인죄의 경우 구체적인 사정의 고려 없이 중형을 부과하게 되
므로 오히려 구체적 타당성이 결여될 수 있다고 한다.

한편 1992년 형법개정법률안 논의 당시 사형을 선고할 수 있는 중살인죄와 20
사형을 선고할 수 없는 보통살인죄를 구별하자는 의견이 제시되기도 하였으나,
입법화되지는 아니하였다.38

생각건대, 행위 및 행위자의 특별한 요인은 현행 형법상으로도 충분히 해결 21
할 수 있으며, 모살과 고살의 구별기준이 명확하지 아니한 점 등에 비추어, 위
②의 소극설이 타당하다. 다만 우리 형법도 독일형법의 모살에 해당하는 강간
살인, 강도살인 등의 범죄를 중형으로 규정하고 있기 때문에, 모살과 고살에 대
하여 범죄체계를 달리 하여서 일부 긍정하고39 있는 것으로도 볼 수 있다.40

Ⅲ. 구성요건의 규정 체계

1. 본장의 규정 체계

본장은 기본적 구성요건과 가중적 구성요건, 감경적 구성요건 및 독립된(또 22
는 변형된) 구성요건으로 구성되어 있다. 즉, 기본적 구성요건인 살인죄(§250①)
와 기본적 구성요건에 비하여 특별한 불법이나 책임표지로 인하여 형이 가중된
가중적 구성요건인 존속살해죄(§250②), 기본적 구성요건에 비하여 형이 감경된

---

38 법무부, 형법개정법률안 제안이유서(1992. 10), 119.
39 손동권·김재윤, §2/4.
40 이와 관련하여, 특정범죄 가중처벌 등에 관한 법률의 보복목적 살인규정(§5의9)은 각종의 특별
   형법이 만들어지는 가운데 생겨난 전형적인 모살규정으로서, 우리나라에 모살규정이 없다는 말
   은 더 이상 타당하지 않게 되었다는 견해가 있다(배종대, §9/27).

감경적 구성요건인 영아살해죄(§ 251)[41]와 촉탁·승낙살인죄(§ 252①),[42] 그리고 기본적 구성요건에 대한 독립된 구성요건인 자살교사·방조죄(§ 252②),[43] 위계·위력살인죄(§ 253)로 구성되며, 그 이외에 미수범(§ 254), 예비·음모죄(§ 255) 및 자격정지형의 병과(§ 256) 순으로 구성되어 있다.

23   한편, 우리 형법이 제정된 이후 1995년 12월 29일 형법 개정 시 제250조 제2항(존속살해)의 법정형에 '7년 이상의 유기징역'이 선택형으로 추가되었고, 2020년 12월 8일 형법 개정 시 제252조(촉탁, 승낙에 의한 살인 등)의 용어 일부가 알기 쉽게 변경되었다.[44]

2. 본장 이외의 규정체계

24   본장 이외에도 형법에는 내란목적살인죄(§ 88), 약취·유인·매매·이송 등 살인죄(§ 291①), 강간살인죄(§ 301의2), 인질살해죄(§ 324의4), 강도살인죄(§ 338)와 방화치사죄(§ 164②) 등 고의로 사람을 살해하는 행위에 대한 처벌규정이 있다.

25   또한, 형법 이외에도 특정범죄 가중처벌 등에 관한 법률(§ 5의9), 군형법(§ 53①) 등 특별법에서 살인의 죄 또는 살해행위를 구성요건의 일부로 삼아 별도의 구성요건과 법정형을 두고 있다.

IV. 특례 규정

1. 공소시효의 적용 배제

26   형사소송법 제249조는 형사범죄에 대한 공소시효의 기간을 각 범죄의 법정형에 맞추어 규정하고 있는데, 사형에 해당하는 범죄(본장에서는 살인죄, 존속살해죄 및 위계 등에 의한 촉탁살인죄가 이에 해당)의 공소시효는 1954년 9월 23일 형사소

---

41 2023년 8월 8일 형법 개정으로 저항 능력이 없거나 현저히 부족한 사회적 약자인 영아를 범죄로부터 두텁게 보호하기 위하여 영아살해죄를 폐지하였다(2024. 2. 9. 시행).
42 이에 반하여 '촉탁·승낙살인죄'를 살인죄에 대한 감경적 구성요건이 아닌 독립적 구성요건으로 보는 견해가 있다(박상기·전지연, 403).
43 이에 반하여 '자살교사·방조죄'를 살인죄의 감경적 구성요건으로 이해하는 견해가 있다(진계호·이존걸, 30).
44 구체적으로 제1항의 '촉탁 또는 승낙을 받어'가 '촉탁이나 승낙을 받아'로, 제2항의 '교사 또는 방조하여'가 '교사하거나 방조하여'로, '전항의 형과 같다'가 '제1항의 형에 처한다'로 개정되었다.

송법 제정 시부터 15년이었으나, 2007년 12월 21일 형사소송법 개정 시 공소시효가 25년으로 연장되었다. 동 개정법률은 2008년 1월 1일부터 시행되었으나, 2007년 개정 형사소송법은 소급적용에 관한 부칙규정이 없어 2007년 개정 이전의 사건에 대하여는 종전의 공소시효가 적용되었다.

그런데 2008년 이후 극악 무도한 성폭력범죄 등의 발생으로 인하여 개별 법률에 공소시효 적용을 배제하는 특례 규정이 신설되다가, 이른바 '태완이 사건'[45]에 대한 불기소처분을 계기로 2015년 7월 31일 형사소송법이 개정되어 공소시효와 관련된 중대한 예외 규정인 제253조의2 규정이 신설되었다. 　27

형사소송법 제253조의2는 "사람을 살해한 범죄(종범은 제외한다)로 사형에 해당하는 범죄에 대하여는 제249조부터 제253조까지에 규정된 공소시효를 적용하지 아니한다."고 규정하고 있으며, 동 조항은 형사소송법 부칙 제2조에 의하여 개정 형사소송법 시행 전에 범한 범죄로서 아직 공소시효가 완성되지 아니한 범죄에 대하여도 적용한다.[46] 이에 따라 사람을 살해한 범죄(종범은 제외)로 사형에 해당하는 범죄에 대하여는 공소시효가 폐지되었다. 　28

한편 형사소송법 제253조의2 규정은 본장의 살인죄 등에 한정되지 않고 강도살인, 강간살인 등 결합범과 특별형법위반 범죄에도 적용되지만, 강도치사, 유기치사 등 결과적 가중범에는 적용되지 않는다.[47] 　29

2. 그 밖의 특례 규정

(1) 특정강력범죄의 처벌에 관한 특례법에 의한 특례규정

본장의 죄 중 제250조(살인, 존속살해), 제253조(위계 등에 의한 촉탁살인 등) 및 제254조(미수범. 다만, §251 및 §252의 미수범은 제외)의 죄는 특정강력범죄의 처벌에 관한 특례법(이하, 특정강력범죄법이라 한다.)에서 규정하고 있는 특정강력범죄 　30

---

45 1999년 5월 20일 대구에서 발생한 피해자(만 6세)에 대한 황산 테러 살해 사건으로서 현재까지도 범인이 밝혀지지 아니하였다.

46 형사소송법 부칙 제2조는 '부진정 소급효 규정'에 해당하지만, 법치국가원리에 따른 이익형량 측면에 비추어보면 타당한 입법이라는 견해가 있다[홍찬기, "살인의 공소시효 폐지에 관한 평가와 과제", 형사법연구 27-3, 한국형사법학회(2015), 220].

47 홍찬기(주 46), 216-218. 다만, 부진정결과적 가중범인 현주건조물방화치사죄에 대하여는 입법적 보완이 필요하다고 한다.

(§2①)에 해당한다. 따라서 특정강력범죄법에서 정한 요건에 따라 ① 누범 가중에 대한 특례(§3), ② 소년에 대한 특례(§4①, ②), ③ 집행유예 결격기간에 대한 특례(§5), ④ 보석 및 구속집행정지에 대한 특례(§6), ⑤ 피의자의 얼굴 등 공개(§7), ⑥ 판결선고에 대한 특례(§13)가 적용된다.

31   한편, 특정강력범죄법 제3조(누범가중에 대한 특례)의 위헌성과 관련하여 대법원[48]과 헌법재판소[49]는 헌법에 위반되지 아니한다고 판단하였다.

(2) 전자장치부착 등에 관한 법률[50]에 의한 특례규정

32   본장의 죄 중 제250조(살인, 존속살해)·제251조(영아살해)[51]·제252조(촉탁, 승낙에 의한 살인 등)·제253조(위계 등에 의한 촉탁살인 등)·제254조(미수범)·제255조(예비, 음모)의 죄는 전자장치부착 등에 관한 법률에서 규정하고 있는 특정범죄(§2(i), (iii의2) 가목)로서, 동법에서 정한 요건에 따라 전자장치부착명령의 대상범죄가 된다.

(3) 디엔에이신원확인정보의 이용 및 보호에 관한 법률에 의한 특례 규정

33   본장의 죄 중 제250조(살인, 존속살해), 제253조(위계 등에 의한 촉탁살인 등) 및 제254조(미수범. 다만, §251, §252의 미수범은 제외)의 죄는 디엔에이신원확인정보의 이용 및 보호에 관한 법률(이하, 디엔에이법이라 한다.)에서 규정하고 있는 디엔에이감식시료채취 대상범죄(§5, §6)에 해당한다. 따라서 검사 또는 사법경찰관은 디엔에이법에서 규정하는 요건과 절차에 따라 수형인 또는 구속피의자 등으로부터 디엔에이감식시료를 채취할 수 있다.

34   한편, 헌법재판소[52]는 디엔에이감식시료의 채취규정인 제5조 제1항에 대하여 합헌결정을 하였다.

(4) 범죄수익은닉의 규제 및 처벌 등에 관한 법률에 의한 특례 규정

35   본장의 죄는 범죄수익은닉의 규제 및 처벌 등에 관한 법률에서 규정하고 있는 특정범죄(§2(i))이다. 따라서 본장의 죄의 범죄수익, 범죄수익에서 유래한

---

48 대판 2006. 5. 26, 2006도1640.
49 헌재 2010. 2. 25, 2008헌가20.
50 2020년 2월 4일 법률 제16923호로 개정되기 이전에는 '특정범죄자에 대한 보호관찰 및 전자장치부착 등에 관한 법률'이었다.
51 2023년 8월 8일 형법 개정으로 저항 능력이 없거나 현저히 부족한 사회적 약자인 영아를 범죄로부터 두텁게 보호하기 위하여 영아살해죄를 폐지하였다(2024. 2. 9. 시행).
52 헌재 2018. 8. 30, 2016헌마344, 2017헌마670.

재산 및 이들 재산과 그 외의 재산이 합쳐진 재산, 즉 '범죄수익등'(§2(iv))을 은닉 및 가장하거나(§3) 수수하는(§4) 행위를 처벌하고, 이를 몰수·추징할 수 있다(§§8-10의3).

〔김 영 태〕

제250조(살인, 존속살해)

① 사람을 살해한 자는 사형, 무기 또는 5년 이상의 징역에 처한다.

② 자기 또는 배우자의 직계존속을 살해한 자는 사형, 무기 또는 7년 이상의 징역에 처한다. 〈개정 1995. 12. 29.〉

Ⅰ. 살인죄(제1항)

1. 의 의

1　　본조는 고의로 사람의 생명을 빼앗는 행위를 처벌하기 위하여 마련된 규정으로, 제1항은 살인죄에 관하여, 제2항은 자기 또는 배우자의 직계존속을 살해하는 존속살해죄에 관한 규정[1]이다.

---

1 [관련 규정] 형법 제254조(미수범), 제255조(예비, 음모), 제256조(자격정지의 병과), 제88조(내란목적의 살인), 제119조 제1항(폭발물사용), 제2항[(전시, 비상시)폭발물사용], 제164조 제2항(현주건조물 등 방화 치사), 제172조 제2항(폭발성물건파열 치사), 제172조의2 제2항(가스·전기등 방류치사), 제172조의3 제3항(가스·전기등 공급방해 치사), 제177조 제2항(현주건조물등에의 일수 치사), 제188조(교통방해치사), 제194조(먹는 물 혼독치사), 제275조(유기등 치사), 제281조(체포·감금등의 치사), 제291조(약취, 유인, 매매, 이송 등 살인·치사), 제301조의2(강간등 살인·치사), 제338조(강도살인·치사), 제340조 제3항(해상강도 살인·치사), 국가보안법 제4조(목적수행) 제1항, 특정범죄 가중처벌 등에 관한 법률 제5조의2(약취·유인죄의 가중처벌) 제2항, 제5조의9(보복범죄의 가중처벌 등) 제1항, 특정강력범죄의 처벌에 관한 특례법 제2조(적용 범위) 제1항 제1호, 성폭력범죄의 처벌 등에 관한 특례법 제9조(강간 등 살인·치사), 디엔에이신원확인정보의 이용 및 보호에 관한 법률 제5조(수형인등으로부터의 디엔에이감식시료 채취) 제1항 제2호, 제6조(구속피의자등으로부터의 디엔에이감식시료 채취), 전자장치 부착 등에 관한 법률 제5조(전자장치 부착명령의 청

본죄(살인죄)는 자연범(自然犯)의 전형으로서[2] 형법상 살인에 관한 죄뿐만 아 　2
니라 각종 특별법상 살해범죄에 대한 기본적 구성요건이다.

2. 객관적 구성요건

(1) 주체

본죄의 주체는 피해자 이외의 모든 사람이므로 비신분범이다.[3] 법인[4] 또는 　3
법인격 없는 단체·조직은 주체가 될 수 없으며, 동물도 마찬가지이다.

피해자도 제3자를 이용하여 자기 자신을 살해할 수 있지만, 그러한 경우 제3 　4
자에 대하여는 촉탁·승낙살인죄(§252①) 또는 자살교사·방조죄(§252②)가 성립할
뿐이고, 피해자 자신은 구성요건해당성이 없으므로 본죄가 성립하지 아니한다.

(2) 객체

(가) 사람의 의의

본죄의 객체, 즉 살인행위의 범행대상은 사람이다. 사람이란 살아 있는 자 　5
연인(自然人)으로서 생존능력의 유무는 묻지 않는다. 빈사상태에 있는 병자, 조
산아, 기형아, 불구자, 무뇌아,[5] 낙태에 의하여 출생하여 생존능력은 없으나 아
직 살아 있는 미숙아,[6] 불치의 병에 걸려 있는 사람, 사형 판결이 확정된 사람,

구) 제3항, 형사소송법 제253조의2(공소시효의 적용 배제), 군형법 제42조(유해 음식물 공급) 제2항,
제53조(상관 살해와 예비, 음모), 아동·청소년의 성보호에 관한 법률 제10조(강간 등 살인·치사)
제1항, 장기등 이식에 관한 법률 제4조 제5호(살아있는 사람과 뇌사자의 정의), 제17조(뇌사추정자
의 신고 및 뇌사판정의 신청), 제18조(뇌사판정 등), 제21조(뇌사자의 사망원인 및 사망시각), 제45조
(벌칙), 제46조(벌칙), 호스피스·완화의료 및 임종과정에 있는 환자의 연명의료결정에 관한 법률
제2조 제5호(연명의료중단등결정의 정의), 제15조(연명의료중단등결정 이행의 대상), 제39조(벌칙),
범죄수익은닉의 규제 및 처벌 등에 관한 법률 제8조(범죄수익등의 몰수), 제10조(추징), 민법 제3
조(권리능력의 존속기간), 제1004조(상속인의 결격사유), 제1064조(유언과 태아, 상속결격자) 등.

2 한상훈·안성조, 형법입문, 375.

3 이에 반하여, 작위의 살인죄는 비신분범이지만 부작위에 의한 살인죄는 신분범이라는 견해가 있
다(박찬걸, 형법각론, 5; 최호진, 형법각론 강의, 3).

4 한편, 영국은 2007년 기업살인법(Corporate Manslaughter and Corporate Homicide Act, 2007)
을 제정하여 회사법인이나 정부부처, 경찰조직 등 각종 단체의 중대한 주의의무 위반으로 인한
사망의 결과에 대해 책임을 묻는 등 법인의 범죄능력을 폭넓게 인정한다고 한다(한상훈·안성조,
376 주 3).

5 무뇌아는 무뇌증(Anencephalie) 상태의 기형아로서 대뇌, 간뇌 그리고 중뇌가 없으므로 살아서
태어날 수는 있지만 생존할 가능성은 없고 태어나자마자 바로 죽게된다[김성천·김형준, 형법각
론(6판), 9].

6 대판 2005. 4. 15, 2003도2780. 이 판결에 대한 평석으로는 전지연, "낙태와 살인", 형사판례연

〔김 영 태〕　　　　**15**

자살을 결의하여 실행하고 있는 사람[7] 또는 이미 총격을 받아 확인사살의 대상
인 사람[8]도 본죄의 객체인 사람에 해당한다.

6   한편, 본죄의 객체인 사람은 타인(他人)을 의미한다. 자기 자신은 본죄의 객
체인 '사람'이 아니므로 자기 자신을 살해하는 자살은 살인죄나 그 미수죄에 해
당하지 아니한다. 다만, 다른 사람의 자살을 교사 또는 방조한 경우에는 자살교
사 · 방조죄(§ 252②)가 성립한다.

7   살인행위의 객체에 따라 법정형의 차이가 있다. 그 객체가 자기 또는 배우
자의 직계존속인 경우에는 형이 가중되고(§ 250②), 객체가 직계비속으로서 일정
한 경우에는 형이 감경된다(§ 251).

8   사람은 출생 후 사망에 이르기까지 본죄의 객체에 해당한다. 출생 전의 태
아(胎兒)도 생명을 가지지만 태아는 낙태의 죄(각칙 제27장)의 객체가 될 뿐이다.
또한, 사망하여 생명이 없어진 신체는 시체로서 시체오욕죄(§ 159) 또는 시체손
괴 · 영득죄(§ 161①)[9] 등의 객체가 될 뿐이다.

9   그렇다면 본죄를 검토함에 있어 사람이 언제 출생하였는지, 그리고 언제 사
망하였는지는 매우 중요함에도 불구하고 형법이나 다른 법률에 명문의 규정이
없어 견해가 나뉘어져 있다. 한편, 이러한 견해는 의학 및 의료기술의 발전과
더불어 변화 · 발전하고 있다.

(나) 사람의 시기(始期)

10   사람의 시기는 출생 시이며 출생은 생명이 태어남을 뜻한다. 출생은 출산
이라는 생리적인 계속적 현상에 의하여 이루어지는 바, 출산과정의 어느 시점을
출생시점으로 할 것인지에 따라 태아와 사람이 구별되고 그 보호 정도가 달라
지므로 이는 중요한 법률적 문제이다. 따라서 출생의 시점 문제를 전적으로 의

구 〔14〕, 한국형사판례연구회, 박영사(2006), 45-70; 최동렬, "인터넷 홈페이지의 상담게시판을
    이용한 낙태 관련 상담과 구 의료법 제25조 제3항의 '유인' 해당 여부", 형사판례연구 〔14〕, 한국
    형사판례연구회, 박영사(2006), 379-424.
7 대판 1948. 5. 14, 4281형상38.
8 대판 1980. 5. 20, 80도306(전)(전 중앙정보부장 내란목적 살인 사건). 이에 대하여는 반대의견
    이 있지만, 반대의견의 취지는 살인죄의 대상이 아니라는 것이 아니라 사망 여부에 대한 원심의
    심리가 부족하다는 것이다.
9 2020년 12월 8일 형법에 대한 국민의 접근성 및 신뢰성을 높이려는 이유로 이루어진 알기 쉬운
    형법 일부개정으로 제159조, 제161조 제1항 및 제163조의 각 규정 중 '사체'라는 용어가 '시체'로
    변경되었고, 죄명표상의 죄명도 시체오욕죄 등으로 바뀌었다.

16   〔김 영 태〕

학적으로만 결정할 것이 아니라, 사람의 생명을 보호하는 형법의 입법취지 등에 따라 그 시점을 결정함이 상당하다.

한편, 출생은 자연분만에 의한 출생과 인공분만(그중에서도 제왕절개수술)에 의한 경우로 구분할 수 있다.   **11**

(a) 자연분만의 경우

분만이란 자궁 근육의 규칙적인 수축이 점점 짧아지고 강해지면서 자궁경   **12** 부가 숙화(熟化)(ripening)되고 벌어져 태아가 자궁으로부터 나오려는 생리적 과정 이다.[10] 자연분만은 진통 → 태아 머리의 산모골반 내 진입 → 모체 내에서 태아 의 하강, 몸구부리기, 내회전, 몸펴기 → 태아 머리의 모체외 노출(일부 노출 또는 두 부 노출) 후 몸 회전 → 전부 노출 → 독립 호흡의 순으로 이루어진다고 하는데,[11] 그에 따라 출생의 시기를 바라보는 견해도 아래와 같이 다양하다.

1) 진통설

진통설(陣痛說)은 규칙적 진통을 동반하면서 태아의 분만이 개시된 때를 사   **13** 람의 시기라고 하는 견해[12]로서, 우리나라 형법학계의 통설이다.[13] 진통설은 분

---

10 대한산부인과학회, 산과학(5판), 군자출판사(2015), 117.
11 오영근, 형법각론(4판), 15. 한편 대한산부인과학회, 산과학(5판), 117-120은 분만의 단계를 휴지 기(분만 제1기), 진통의 준비기(분만 제2기), 진통의 진행기(분만 제3기) 및 산욕기(분만 제4기) 의 4단계로 구분하고 있는데, 그중 진통의 진행기는 다시 시간적 순서에 따라 태아의 만출을 위 해 자궁경부가 개대(開大)되는 분만진통의 제1기, 자궁경부가 10cm 열린 후부터 태아가 분만되 는 시기까지를 분만진통의 제2기, 태반과 태아막이 나오는 시기를 분만진통의 제3기라고 한다.
12 강구진, 형법강의 각론 I(중판), 20; 권오걸, 스마트 형법각론, 4; 김선복 신형법각론, 28; 김성돈, 형법각론(7판), 55-56; 김성천·김형준, 8-9〔진통설에서 말하는 진통은 분만개시가 있게 되는 주 기적인 진통(Eröffnungswehen)을 의미하므로 진통설과 분만개시설은 같은 학설이지만, 진통설 보다는 분만개시설이라는 표현이 더 정확하다〕; 김신규, 형법각론, 28; 김일수·서보학, 새로쓴 형법각론(9판), 14; 김종원, 형법각론(3정판), 29; 김태명, 판례형법각론(2판), 4; 김혜정·박미숙· 안경옥·원혜욱·이인영, 형법각론, 8; 도중진·박광섭·정대관, 형법각론, 35; 박강우, 로스쿨 형 법각론(2판), 5; 박상기·전지연, 형법학(총론·각론 강의)(4판), 395; 박찬걸, 6; 배종대, 형법각 론(14판), § 9/10; 백형구, 형법각론, 17; 서일교, 형법각론, 18; 손동권·김재윤, 새로운 형법각론, § 2/8; 신동운, 형법각론(2판), 535; 심재무, 형법각론강의 I, 8; 오영근, 15; 유기천, 형법학(각론 강의 상)(전정신판), 27; 원형식, 형법각론(상), 17; 원혜욱, 형법각론, 3; 이건호, 형법각론, 206; 이상돈, 형법강론(3판), 418; 이영란, 형법학 각론강의(3판), 23; 이용식, 형법각론, 86; 이정원·류 석준, 형법각론, 7; 이재상·장영민·강동범, 형법각론(13판), § 2/8; 이형국·김혜경, 형법각론(3판), 11; 임웅, 형법각론(10정판), 15(다만, 진통설보다는 분만개시설이 더 적합하다는 견해이다); 정성 근·박광민, 형법각론(전정2판), 43; 정영일, 형법강의 각론(3판), 4; 정웅석·최창호, 형법각론, 289; 정창운, 형법학(각론), 29; 조준현, 형법각론(개정판), 35; 주호노, 형법각론, 15; 진계호·이 존걸, 형법각론(6판), 32; 하태훈, 사례판례중심 형법강의, 383; 한남현, 형법각론, 5; 홍영기, 형

만개시설(分娩開始說)이라고도 하지만, 진통설과 분만개시설을 구분하는 견해[14]
도 있다.

2) 일부노출설

14   일부노출설(一部露出說)은 태아의 신체 일부가 모체에서 노출된 때를 사람의
시기라고 한다. 일본의 통설[15]과 판례[16]의 태도이다. 특히, 태아의 머리가 모체
에서 노출된 때 사람이 된다는 견해를 두부노출설(頭部露出說)이라고 한다.

15   그런데 일부노출설은 우리 형법과 부합되지 않는다. 우리 형법은 '분만 중'
또는 분만 직후의 영아살해죄(§ 251)를 규정하고 있는데,[17] 일부 노출되지 않은
'분만 중'의 영아를 살해한 경우에는 낙태가 아니고 영아살해죄가 성립하기 때
문이다. 일본형법에는 영아살해죄에 대한 규정이 없다.

3) 전부노출설

16   전부노출설(全部露出說)은 분만이 완성되어 태아가 모체로부터 완전히 분리된
때에 사람이 된다고 한다. 우리나라 민법학계에서의 통설로서,[18] 민법 제3조[19]

법(총론과 각론), § 51/4; 황산덕, 형법각론(6정판), 162.
13 이에 반하여, 의학적으로 진통의 과정에는 가성진통과 진성진통(개구진통과 압박진통을 포함하
   는 것으로 보인다)이 있는데, 가성진통 시에는 분만과정의 진행이 동반되지 않는 것이 보통이며
   가성진통이 진성진통으로 이행될 때까지의 기간이 매우 다양하고 불분명하므로 진통설에 의하
   여 실제로 출생의 시점을 획일적으로 결정하기가 매우 곤란하다는 견해가 있다〔김향미·손영수,
   의·생명과학의 법·윤리적 이해, 제주대학교 출판부(2013), 90〕.
14 유기천, 27(진통설과 분만개시설을 구분하여 단순히 진통만 가지고는 분만이 개시되었다고 볼 수
   없으나, 그 진통이 태아가 태반에서부터 이탈되는 것을 의미하는 주기적인 압박진통(Presswehen)
   인 경우에는 분만이 개시된 것이라고 볼 수 있다); 임웅, 15(이에 의하면 형법에 있어서의 사람
   이란 '분만의 완료'가 아니라 '분만의 시작'으로써 이미 인정된다).
15 大塚 外, 大コン(3版)(10), 246(金築誠志).
16 大判 大正 8(1919). 12. 13. 刑錄 25·1367. 산모인 피고인이 임신사실을 타인에게 숨기기 위하
   여 화장실에서 자궁으로부터 일부 노출된 A의 얼굴을 두 손으로 누르고 A가 변기통 안으로 분
   만되자 막대기로 A를 그 안으로 밀어 넣어 질식사하도록 한 사안에서 살인죄를 인정한 판결인
   데, 전부노출설에 의하더라도 살인죄로 인정될 수 있는 사안인 점에서, 비록 본 판결이 일부 노
   출되면 살인죄의 객체가 된다고 판시는 하였지만 일부노출설을 채택한 것인지에 대해서는 의문
   이라는 견해도 있다〔大塚 外, 大コン(3版)(10), 246(金築誠志)〕.
17 2023년 8월 8일 형법 개정으로 저항 능력이 없거나 현저히 부족한 사회적 약자인 영아를 범죄로
   부터 두텁게 보호하기 위하여 영아살해죄를 폐지하였다(2024. 2. 9. 시행). 영아살해죄의 폐지에
   따라 일부노출설이 우리 형법과 부합되지 않는다는 비판은 더 이상 타당하지 않게 되었다.
18 김형배·김규완·김명숙, 민법학강의(13판), 신조사(2014), 87; 지원림, 민법강의(18판), 홍문사
   (2021), 63; 민법주해 〔총칙(1)〕(2판), 박영사(2022), 468(김시철).
19 민법 제3조는 "사람은 생존(生存)한 동안 권리와 의무의 주체가 된다."라고 규정하고 있다.

해석상 사람의 시기는 권리의무의 주체가 될 수 있는 시기를 결정하는 의미를 가지기 때문이다.

그런데 전부노출설에 의하면 태아가 일부 노출되어 직접적인 공격 대상이 됨에도 불구하고 살인죄가 아닌 낙태죄로 의율해야 하는 문제점이 있으므로 일부노출설보다도 우리 형법에 부합되지 않는다. 17

4) 독립호흡설

독립호흡설(獨立呼吸說)은 태아가 모체에서 완전히 분리되어 태반에 의한 호흡 대신 폐에 의한 호흡을 독립적으로 할 때에 사람이 된다고 한다. 태아가 살아서 태어났는가 아니면 사산(死産)인가를 구별하기가 편리하다는 점 때문에 주장되었다. 18

영미법에서는 역사적으로 이 견해를 따르고 있는 것으로 판단된다. 즉, 사람이기 위하여는 태아가 '살아서 태어나' 독립하여 호흡을 하고 심장박동을 유지해야 한다. 이를 '생존출생설'(born-alive rule)이라고도 한다.[20] 19

5) 검토

살피건대, 생명이라는 법익이 중대한 점, 산모가 출산을 위해 주기적인 분만진통을 시작할 때 이미 태아로서의 지위를 벗어나 사람으로서 보다 강력한 보호를 받아야 한다는 점, 태아 생명의 보호와 관련하여 의사 등의 주의를 촉구한다는 목적론적 측면이 있는 점 등을 종합하면 위 1)의 진통설이 타당하다. 20

6) 개구진통과 압박진통

한편, 진통설에 따르더라도 어느 단계의 진통을 분만개시라고 할 것인지가 문제된다. 분만에 따르는 진통은 가진통(假陣痛)(false labor)(또는 가성진통)과 진진통(眞陣痛)(true labor)(또는 진성진통)의 순으로 진행되며, 진진통은 다시 개구진통(開口陣痛)[21]과 압박진통(壓迫陣痛)[22]의 순으로 진행된다. 개구진통에 의하여 자궁구와 자궁경부가 열리고, 압박진통에 의하여 태아는 모체 밖으로 배출된다. 따라서 개구진통을 기준으로 사람의 시기를 결정하는 견해[23]와 압박진통을 기준 21

20 이경재, "미국형법상 살인죄의 유형과 그 내용", 홍익법학 18-1(2017), 35.
21 분만진통의 제1기에 해당하는 것으로 판단되며, '개방진통(開放陣痛)'이라고도 부른다.
22 분만진통의 제2기에 해당하는 것으로 판단되며, '배출진통(排出陣痛)'이라고도 부른다.
23 김선복 28; 김성돈, 56; 김일수·서보학, 14; 배종대, §9/10; 손동권·김재윤, §2/8; 신동운, 535 (종전에는 압박진통을 기준으로 하는 견해가 유력하였으나, 의료기술이 발달하면서 개구진통이

으로 사람의 시기를 결정하는 견해[24]로 나뉘고 있다.

22   살피건대, 사람의 생명을 최대한 보호하려는 형법(§ 251)의 입법취지 등에 비추어보면, 개구진통을 기준으로 사람의 시기를 결정하는 견해가 타당하며 다수설이다. 한편, 개구진통이 자연적인 것인지 아니면 의약품 등에 의하여 인공적으로 유도되었는지는 문제되지 않는다.[25]

(b) 인공분만의 경우

23   자연분만이 아닌 인공분만,[26] 그중에서도 제왕절개수술에 의한 경우에 언제 출생하였는지가 문제될 수 있다.[27] 제왕절개수술을 하는 경우에도 분만 진통이 온 이후 제왕절개수술을 하는 경우와 분만 진통이 오지 아니하였음에도 불구하고 제왕절개수술을 하는 경우를 상정할 수 있는데, 전자의 경우에는 자연분만의 경우와 같이 진통설에 따라 판단하면 된다.

24   제왕절개수술은 복벽과 자궁벽의 절개(incision)를 통해 태아를 분만하는 것으로서, 일반적으로 복부 피부층 및 피하지방 절개 → 근막 절개 → 복막 절개 → 자궁 절개 → 태아 머리 적출 → 태아 전신 적출 → 탯줄 제거 및 태아 인계 → 태반 제거 → 자궁 봉합 → 자궁 장막 및 복막 봉합 → 복벽 봉합 → 피하 지방 및 피부층 봉합의 순으로 이루어진다.[28]

분만개시의 기준시점으로 인정되고 있다고 기술하고 있는 점에 비추어 개구진통 시를 사람의 시기로 판단하는 것으로 보인다); 이상돈, 418; 이정원·류석준, 8; 이재상·장영민·강동범, § 2/9; 이형국, 형법각론, 10[전통적인 견해에 의하면 압박진통(Presswehen)이 있을 때를 출생의 시점으로 보는 바, 이에 의하면 출생의 시점을 앞당겨 생명신체보호의 폭을 넓혀준다는 장점과 아울러 분만이 개시되지 아니하면서도 가능한 인공진통 또는 진통의 중단을 설명하기 어렵다는 단점이 있으므로 태반분리를 자극하는 계속적 과정의 시작으로서의 진통이 있을 때에 분만이 개시된 것으로 보는 견해가 타당하다]; 정성근·박광민, 43; 정웅석·최창호, 289; 하태훈, 383.

24 강구진, 37; 유기천, 27; 조준현, 35.

25 이정원·류석준, 8.

26 의학계에서는 이를 수술적 분만(Operative delivery)이라 하며 수술적 분만에는 수술적 질식분만(겸자분만 또는 진공흡입분만)과 제왕절개술(Cesarean delivery)에 의한 분만으로 구분, 설명하고 있으며 제왕절개수술의 빈도는 점차 증가하지만 수술적 질식분만의 빈도는 많이 감소하고 있는 바, 이는 의료소송의 부담, 환자의 반감, 숙련된 의사의 부족이 원인이라고 한다[대한산부인과학회, 산과학(5판), 407].

27 인공분만 중 의학계에서 수술적 분만으로 설명되는 수술적 질식분만(겸자분만 또는 진공흡입분만)에 의한 경우는, 분만 진통이 개시된 이후에 시술되는 것이므로 진통설(또는 분만개시설)에 따라 사람의 시기(始期)를 결정할 수 있다.

28 대한산부인과학회, 산과학(5판), 418-422.

〔김 영 태〕

이에 따라 ① 의학적으로 제왕절개수술이 가능하였고 규범적으로 필요한 시 25
기를 기준으로 사람과 태아를 구별해야 한다는 견해,[29] ② 산모의 복부피하층
절개가 개시된 시점을 기준으로 사람과 태아를 구별하여야 한다는 견해,[30] ③
자궁의 절개에 의하여 태아는 사람이 된다는 견해,[31] ④ 태아의 신체 일부가 노
출되는 시점이 사람의 시기라는 견해[32]가 있다.

살피건대, 사람의 생명보호라는 형법적 보호필요성에 비추어 자궁의 절개 26
로 인하여 분만의 과정이 돌이킬 수 없이 진행되는 점 등에 비추어 자궁의 절개
에 의하여 태아는 사람이 된다는 위 ③의 견해가 타당하며, 다수설이다.[33]

(c) 판례

먼저, 자연분만의 경우 대법원은 사람의 생명과 신체의 안전을 보호법익으 27
로 하고 있는 형법의 해석으로는 규칙적인 진통을 동반하면서 분만이 개시된
때(소위 진통설 또는 분만개시설)가 사람의 시기라고 봄이 타당하다고 판시함으로
써,[34] 진통설 또는 분만개시설의 입장을 취하고 있다.[35]

다음으로, 제왕절개수술의 경우 대법원은 '의학적으로 제왕절개수술이 가능 28
하였고 규범적으로 수술이 필요하였던 시기'는 판단하는 사람 및 상황에 따라

---

29 대판 2007. 6. 29, 2005도3832과 관련하여, 검사는 이러한 견해에 근거하여 조산사를 기소한 것
   으로 보이며, 신동운 교수는 이러한 견해를 '규범적 분만 개시설'이라고 설명한다(신동운, 535).
30 도중진·박광섭·정대관, 35; 류전철, 형법입문(각론편), 22(형법적 보호를 진통설과 균형을 맞춘
   다는 의미에서 '수술 착수시점'에 사람이 된다고 보는 것이 타당하다); 오영근, 16(이 견해에 의하
   면, 진통설 또는 분만개시설의 취지를 충실히 따른다면 제왕절개란 인공분만의 개시라고 할 수
   있으므로 산모의 복부피하층 절개가 개시된 시점부터는 태아를 사람이라고 해야 한다는 것이다).
31 권오걸, 4; 김선복, 28; 김성돈, 56; 김성천·김형준, 9(자궁이 인공적으로 열리기 시작할 때); 김
   신규, 28; 김일수·서보학, 14; 김혜정·박미숙·안경옥·원혜욱·이인영, 형법각론, 8; 박강우, 5
   (자궁이 인공적으로 열리기 시작한 때); 박상기·전지연, 395; 박찬걸, 7; 배종대, §9/10; 손동권·
   김재윤, §2/8; 원형식, 17; 원혜욱, 3; 이상돈, 418; 이재상·장영민·강동범, §2/9; 임웅, 15; 정성
   근·박광민, 43; 정영일, 5; 정웅석·최창호, 290; 조현욱, 31; 진계호·이존걸, 32; 하태훈, 383.
32 이정원·류석준, 9. 이 견해에 의하면 복부나 자궁의 절개가 항상 제왕절개수술의 목적으로만 이
   루어지는 것이 아니기 때문에 사람의 시기를 결정하는 기준으로는 부적절하며, 분만이 현실적으
   로 진행되지 아니하는 경우에 제왕절개수술을 위한 자궁의 절개시점을 제251조의 '분만 중'이라
   고 해석하는 것은 허용되지 않는 법률의 유추에 해당하여 죄형법정주의에도 반한다고 한다.
33 주석형법 [각칙(3)](5판), 133(김승주).
34 대판 1982. 10. 12, 81도2621; 대판 1998. 10. 19, 98도949; 대판 2007. 6. 29, 2005도3832.
35 독일 판례 중에는 피고인이 태아에 대해 이미 분만 전부터 영향을 미치고 있었는데, 본죄의 구
   성요건적 결과로서의 영아의 사망은 분만 후에서야 비로소 이루어진 경우에는, 본죄가 아니라
   낙태죄로 처벌될 뿐이라고 본 것이 있다(BGH, 02.11.2007 - 2 StR 336/07).

[김 영 태]

다를 수 있어, 분만개시 시점 즉, 사람의 시기도 불명확하게 되므로 이 시점을 분만의 시기로 볼 수는 없다고 판시하면서,[36] 양수가 터짐으로써 인위적으로 분만을 개시하여야 하는 경우 또는 제왕절개 수술의 방법으로 분만을 하는 경우 등과 같이 주기적 진통 여부와는 상관없이 분만하는 경우에는, 자연분만에 있어서의 분만개시에 준하는 분만 전 처치가 시작된 때를 분만개시시점이라고 할 수 있는데, 산모의 자궁문이 다소 열려 있었을 뿐 아직 분만의 개시라고 할 수 있는 진통은 시작되지도 아니하였으므로 태아가 아직 사람이 되었다고 볼 수 없다는 이유로 피고인에 대한 업무상과실치사의 점에 대하여 무죄를 선고한 항소심 판결[37]을 긍정하였다.[38]

---

36 대판 2007. 6. 29, 2005도3832. 이 사건은 처음에 '태아(V2)의 사망에 따른 산모(V1)의 제왕절개로 인한 치상'에 대하여 공소제기되었으나, 대판 2004. 3. 26, 2003도6570에 의하여 상당인과관계를 단정할 수 없다며 무죄 취지로 파기환송되었고, 그 후 원심에서 이전 공소사실이 ① 'V2를 자궁 내에서 사망하게 하여 V1에게 치료일수미상의 상해를 입게 한 것이다'(V2 사망에 따른 V1의 치상)로 변경되었고, ② 택일적으로 'V2 사망에 대한 업무상과실치사'를 추가하는 내용의 공소장변경신청이 허가되었는데, 원심은 피고인에 대하여 조산사로서의 과실은 인정하면서도 V1의 자궁 내에 있던 태아는 아직 '사람'이 되었다고 볼 수 없다는 이유로 ②의 V2에 대한 업무상과실치사죄는 물론 ①의 V1에 대한 업무상과실치상죄도 모두 무죄를 선고하였고(서울중앙지판 2005. 5. 12, 2004노1677), 이에 검사가 상고하였으나 대법원에서 상고가 기각된 것이다.

　　이 판결에 대한 평석으로는 김종덕, "태아에 대한 가해행위의 처벌과 한계", 형사법연구 20-1, 한국형사법학회(2008), 217-237; 김태명, "과실로 태아를 모체 내에서 사망하게 한 조산사의 죄책", 저스티스 108, 한국법학원(2008), 275-299; 류석준, "조산사의 과실로 사망한 태아반출을 위한 제왕절개시 상해의 결과귀속여부와 사람의 시기", 비교형사법연구 10-1, 한국비교형사법학회(2008), 389-408; 박혜진, "'분만 전 태아'의 법적 지위와 형법적 보호가능성", 비교형사법연구 10-1, 한국비교형사법학회(2008), 411-447; 조균석, "사람의 시기", 형법판례 150선(3판), 박영사(2021), 168-169; 하태영, "출산과정에서 발생한 의료과오의 형법상 제문제", 비교형사법연구 10-1, 한국비교형사법학회(2008), 449-477.

37 서울중앙지판 2005. 5. 12, 2004노1677. 본 판결에 대하여 검사는 제왕절개수술의 경우 임산부의 상태변화, 의료진의 처치경과 등 제반 사정을 토대로 '의학적으로 제왕절개 수술이 가능하였고 규범적으로 수술이 필요하였던 시기'를 사후적으로 판단하여 이를 분만의 시기로 볼 수 있는 바, 출산을 위해 피고인의 조산원에 입원할 당시, 두 번의 제왕절개 출산경험이 있는 37세의 고령의 임산부이었고, 분만 예정일을 14일이나 넘겨 태아가 5.2킬로그램까지 성장한 상태이어서 의학적으로는 자연분만이 부적절하여 제왕절개수술이 유일한 출산방법이었으므로 위 조산원 입원 시점을 분만의 시기로 볼 수 있다는 이유 등으로 상고하였다. 이에 대하여 대법원은 제왕절개 분만에서의 사람의 시기에 대한 명확한 기준은 밝히지 않은 채, 원심의 무죄 판단이 정당하다고 하면서 검사의 상고를 기각하였다.

38 위 2005도3832 판결과 관련하여, 산모와 태아의 상태로 판단할 때, 의학적 견지에서 인위적 분만이 불가피한 상황에 처해 있음을 인지하고, 태아의 분만을 위한 제왕절개시술을 곧바로 착수했거나 착수해야 하는 시점부터 태아를 사람으로 인정하여야 마땅하다고 하는 견해도 있다[허일태, "인위적 분만개시와 사람의 시기", 한국형사법학의 신전개, 지송 이재상 교수 정년기념논

(다) 사람의 종기(終期)

　　사람은 사망함으로써 시체로 변하게 된다. 시체는 생명보호의 대상이 아니   29
므로 더 이상 본죄의 객체가 되지 아니한다. 따라서 사람과 시체를 구별하는 사
망의 개념 및 그 시점은 매우 중요한 문제이지만 형법은 사망의 개념 및 그 시
기에 대하여 규정하고 있지 아니하다.

　　의학적으로 사람의 죽음을 어느 순간에 발생하는 사건(incident)이 아닌 어느   30
기간에 발생하는 과정(process)으로 이해하는 것이 타당하다고 한다. 이에 따르
면, 삶에서 죽음까지의 과정은 가사(假死, 전신의 생명기능이 극도로 약해져서 객관적
으로 살아 있다는 징후를 증명하기 어려운 상태), 장기사(臟器死)(organ death)(심장·폐·뇌
등 특정한 주요 장기의 불가역적인 기능 정지), 개체사(個體死) 및 세포사(細胞死)(개체에
속한 모든 세포의 기능이 완전히 정지되는 최종단계)의 순으로 진행된다.[39]

　　그런데 사람의 생명을 언제까지 보호하여야 하는지는 법률적인 문제이므로   31
의학적으로만 결정할 것이 아니라 생명보호에 대한 형법의 입법취지 등을 종합
적으로 고려하여 판단하여야 한다.

(a) 종래의 학설

1) 맥박종지설

　　맥박종지설(脈搏終止說)은 심장의 활동이 영구적으로 정지한 때를 종기로 보   32
는 견해[40]로, 우리나라의 다수설이다. 맥박종지설은 심장고동종지설, 심장사설
(心臟死說) 또는 심폐사설(心肺死說)이라고도 한다. 맥박종지설은 사망의 시기 판
정이 쉽고 확실하다는 장점이 있다. 그런데 종지(終止)란 단순한 정지가 아닌 '불
가역적 정지'(不可逆的 停止)(또는 '돌이킬 수 없는 정지')를 의미한다. 종래에는 맥박
종지설이 타당하였지만, 의학과 의료기술의 발달로 인하여 그 기능이 정지된 심

　　문집, 박영사(2008), 429].
39 이윤성, "뇌사와 심폐사", 임상윤리학(개정판), 서울대학교 출판부(2005), 330-332.
40 김성돈, 58(뇌사설이 기능하는 유일한 역할은 뇌사자로부터 장기적출을 가능하게 할 수 있는 일
　　인데 이러한 일은 뇌사설을 취하지 않고도 전통적인 죽음의 정의에 입각해서도 얼마든지 가능하
　　다. 즉, 사람의 생명에 대한 절대적인 의미를 어느 정도 상대화하여 생명의 다양한 가치를 인정
　　하는 태도를 취하면 뇌사설이 추구하는 공리주의적 결론을 확보하면서도 죽음의 정의에 관한 전
　　통적인 태도인 심장사설을 이탈하지 않을 수가 있다); 김일수·서보학, 15; 김종원, 30; 도중진·
　　박광섭·정대관, 36; 박찬걸, 8; 백형구, 18; 이상돈, 418; 정영일, 6(다만, 예외적으로 심폐소생술
　　이나 심장이식 등과 같은 특수한 경우에는 심폐사설의 보완이 필요하다); 진계호·이존걸, 32;
　　황산덕, 163.

〔김 영 태〕   **23**

장도 마사지나 전기쇼크 또는 인공호흡장치 등에 의하여 다시 움직일 수 있으므로, 맥박종지설만으로 사망의 시기를 결정하는 것은 충분하지 않게 되었다.

2) 호흡종지설

33   호흡종지설(呼吸終止說)은 호흡이 영구적으로 정지한 때를 사망으로 보는 견해이다. 그런데 폐는 심장보다 다시 기능할 수 있는 가능성이 더 높으므로 호흡종지설로 사망의 시기를 결정하는 것은 타당하지 않다.

3) 삼증후설

34   삼증후설(三症候說)은 호흡과 맥박의 영구정지 및 동공의 확대·고정을 기준으로 사람의 사망 여부를 결정하는 견해이다. 삼증후설은 일본의 다수설로서,[41] 삼징후설 또는 종합판정설이라고도 말한다.

35   이에 따르면 뇌사설의 경우에는 장기등 이식에 관한 법률이 제한적으로 인정하고 있는 경우를 제외하면, 뇌사 여부를 확실하게 판단할 수 있는 일반적 기준과 방법이 아직 갖추어져 있지 않으며, 나아가 심장박동과 호흡기능이 유지되고 있는 사람을 뇌사라는 이유로 사망자로 단정한다는 것은 일반인의 생활감정에 반하기 때문에 뇌사설을 전면적으로 인정하여 생명보호를 축소하는 것은 온당하지 못하며, 따라서 장기등 이식에 관한 법률이 규율하지 않는 그 밖의 영역에서는 종래의 학설에 따라 사람의 종기를 파악하는 것이 타당하지만 정지된 호흡이나 심장박동을 인공적으로 회복할 수 있으며, 인공심폐장치를 통해 그 기능을 유지할 수 있기 때문에 종래의 학설인 호흡종지설이나 맥박종지설도 사망의 시기에 대하여 명확한 기준을 제시하지 못하는 반면, 동공확산은 불가역적이기 때문에 삼징후설이 타당하는 것이다.[42]

(b) 뇌사설

1) 뇌사설의 의의와 등장 배경

36   뇌사설(腦死說)은 뇌기능의 종국적 훼멸, 즉 뇌사(Brain Death, Hirntod)에 이른 때에 사람이 사망하였다고 판단하는 견해로서, 독일의 통설이다.[43]

37   뇌사설은 1967년 12월 3일 남아프리카 공화국의 케이프 타운(Cape Town)

---

41 前田雅英 編, 条解刑法, 弘文堂(2012), 523.
42 신동운, 537.
43 박상기·전지연, 395; 이재상·장영민·강동범, § 2/13; 이정원·류석준, 10 참조.

대학 흉부외과 의사인 크리스챤 버나드(Christiaan N. Barnard, 1992. 11. 8. - 2001. 9. 2.) 박사에 의하여 세계 최초로 심장이식수술이 성공한 이후 뇌사자의 심장이나 그 밖의 장기를 이식함으로써 다른 사람의 생명을 구할 가능성이 높아졌으며, 의학과 의료기술의 발달로 인하여 정지된 심장도 인공호흡장치 등으로 다시 움직일 수 있게 할 뿐만 아니라 인공심장까지 개발되었으며, 불의의 사고 등으로 인하여 뇌의 활동이 정지된 사람에 대하여도 호흡과 맥박을 계속 유지할 수 있게 됨에 따라 종래의 학설(맥박종지설)로는 사람의 사망시점이 언제인지를 해결할 수 없게 되자 등장하게 되었다.

1968년 미국에서는 뇌사에 대한 의료계 내의 통일적인 기준을 마련하기 위 **38** 하여 하버드(Harvard) 의대에서 이른바 '하버드 기준'이 발표되었는데, 이에 따르면 '불가역적 혼수(不可逆的 昏睡)(irreversible coma)'가 사망의 새로운 기준이며 그 판단기준은 무호흡, 무반사, 무반응, 평탄뇌파 4개항이다. 그 후 1968년 8월 9일 호주 시드니(Sydney)에서 개최된 제22차 세계의학협회 총회에서 '시드니 선언'으로 하버드 기준이 뇌사의 기준으로 채택되었으며, 세계 각국에서도 하버드 기준을 모델로 각 나라의 뇌사기준이 제정되었다.[44] 또한 미국의 대부분의 주에서는, 커먼로(Common law)에 의하든 제정법에 의하던 간에 사망을 '호흡과 심장박동의 불가역적인 종지를 경험하거나 또는 (뇌의 일부가 아니라) 전뇌(全腦)가 기능을 영구적으로 상실하는 '뇌사'를 법률적 의미의 사망이라고 새롭게 정의하고 있다.[45]

우리나라도 1983년 대한의학협회의 '죽음의 정의 연구위원회'에서 작성한 **39** 뇌사판정기준안을 비롯하여 여러 가지 제안이 있었으며, 1993년 3월 4일 대한의학협회가 '사망은 심폐기능의 불가역적 정지인 심폐사 또는 뇌간을 포함한 전뇌기능의 불가역적 소실인 뇌사로 판단한다'는 내용의 '뇌사에 관한 선언'을 선포하고, '뇌사판정기준 및 뇌사자 장기이식 의료기관 요건'을 제정하였으며,[46] 2001년 4월 19일 대한의사협회가 의사윤리지침에 뇌사를 심장사와 더불어 죽음의 기준으로 인정한다고 규정함으로써 의학계에서는 뇌사가 공식 인정되었다.

---

44 김향미·손영수, 의·생명과학의 법·윤리적 이해, 167; 이인영, 생명의 시작과 죽음: 윤리논쟁과 법 현실, 삼우사(2009), 420; 최재천·박영호·홍영균, 의료형법, 육법사(2003), 265.
45 이경재(주 20), 36.
46 임웅, 17.

40   한편, 우리 형법학계에서도 뇌사설을 지지하는 견해[47]가 점차 다수설의 위
     치를 점해 가고 있는 것으로 판단된다.[48]

     2) 뇌사설의 구체적인 구분

41   뇌사설을 취하는 경우에도 세부적으로는 뇌파종지설(腦波終止說), 뇌간사설
     (腦幹死說), 대뇌사설(大腦死說), 전뇌사설(全腦死說)로 그 견해가 구분된다. 뇌파종
     지설은 뇌파(Brain Wave)가 영구적으로 정지하면 뇌사로 보는 견해이고, 뇌간사
     설은 뇌간이 생명현상의 중추이기 때문에 뇌간 전체의 기능이 불가역적으로 정
     지되었을 때를 뇌사로 보는 견해이며, 대뇌사설은 대뇌기능인 정신기능의 불가
     역적 소실을 뇌사로 보는 견해이고, 전뇌사설에 의하면 뇌간을 포함한 전뇌의
     기능이 소멸한 때를 뇌사로 보는 견해이다. 뇌사설을 택하는 견해들은 대부분
     전뇌사설[49]을 지지한다.

---

47 김선복, 29; 김성천·김형준, 12; 김신규, 30; 김혜정·박미숙·안경옥·원혜욱·이인영, 10; 박강
   우, 6; 박상기·전지연, 395(현대의학으로는 뇌사설에 입각하여 사망시기를 인정하는 것이 합리
   적인 상황이 되었다고 본다. 그러나 뇌사설을 취한다고 하더라도 뇌사판정에 대한 정확성이 전
   제되어야 한다); 손동권·김재윤, § 2/10(사람의 생명이 특별히 존중되는 이유는 인간으로서의 인
   격을 기초지우는 뇌의 활동에 있음에 반하여 맥박과 호흡에 관한 한 사람은 다른 동물과 다르지
   않으므로 이론적으로는 뇌사설에 의하여 사망의 시기를 결정하는 것이 가장 인간적이다); 심재
   무, 10(다만, 심장사 또는 뇌사 가운데 어느 하나라도 인정이 되면 형법적으로 사망한 것으로 보
   는 것이 바람직하다); 이정원·류석준, 11; 이형국·김혜경, 14(뇌사설의 적용에 있어서는 특별히
   뇌사판정과 관련하여 신중하여야 한다); 임웅, 17[다만, 통상의 죽음에 있어서는 심폐기능이 정
   지한 후 곧 뇌사가 뒤따르기 때문에 심폐사만으로 죽음을 확정하면 되고 엄격한 뇌사판정절차를
   거칠 필요가 없지만, 심폐기능이 활동 중인 뇌사자의 사망 확정이 필요한 때에는 뇌사설이 요구
   하는 신중한 판정절차(장기등 이식에 관한 법률상의 뇌사판정기준과 뇌사판정절차)를 거쳐야 한
   다]; 원형식, 18; 원혜욱, 3; 이재상·장영민·강동범, § 2/14; 정성근·박광민, 45(다만, 모든 사람
   의 사망에 대하여 뇌사판정을 할 수 없기 때문에 뇌사가 심폐사보다 앞선 경우에 한하여 의료기
   관의 뇌사판정절차를 거쳐서 사망을 확정할 수밖에 없고, 심폐사가 앞서는 일반 사망에 대해서
   는 심폐기능이 종지한 때에 뇌사가 있다고 확정하면 족할 것이다); 정웅석·최창호, 290(뇌사판
   정에 있어 아직은 난관이 있지만 뇌사설이 현재까지는 가장 유력한 견해라고 생각한다라고 설명
   되어 있는 점에 비추어 뇌사설을 지지하는 것으로 판단된다); 하태훈, 384(다만, 뇌사를 인정하
   면 뇌사자의 장기적출로 다수의 생명을 구할 수 있다는 공리적 관점의 논거는 생명보호가 절대
   적이라는 점과 인간 생명이 수단화된다는 점에서 뇌사설의 타당성 논거로 제시해서는 안된다);
   한남현, 5.
48 최호진, 5; 주석형법 〔각칙(3)〕(5판), 137(김승주).
49 김신규, 30; 김혜정·박미숙·안경옥·원혜욱·이인영, 10; 박강우, 6; 이형국·김혜경, 13; 임웅,
   17; 정성근·박광민, 45.

(c) 장기 등 이식에 관한 법률

1) 법률의 제정

1988년 서울대병원 외과 김수태 교수가 뇌사자의 간을 월슨병(Wilson disease) [42]
(간질환의 일종)을 앓고 있던 환자에게 성공적으로 이식 수술하면서부터 뇌사자의
장기이식을 위한 법제정 논의가 시작되었다.[50]

그에 따라 장기 등의 기증에 관한 사항과 사람의 장기 등을 다른 사람의 장 [43]
기 등의 기능회복을 위하여 적출 및 이식하는데 필요한 사항을 규정함으로써
장기 등의 적출 및 이식의 적정을 도모하고, 국민보건의 향상에 이바지함을 목
적으로 장기등 이식에 관한 법률(이하, 장기이식법이라 한다.)이 1999년 2월 8일 제
정되었으며, 2000년 2월 9일부터 시행되었다.

2) 장기이식법과 뇌사의 입법화

장기이식법은 '사람'을 '살아 있는 사람'과 '뇌사자'로 구분하고 있다. 여기서 [44]
'살아 있는 사람'은 '뇌사자'를 제외한 사람이고, '뇌사자'는 장기이식법에 의한 뇌
사판정기준 및 뇌사판정절차에 따라 뇌 전체의 기능이 되살아 날 수 없는 상태
로 정지되었다고 판정된 사람이라고 규정하고(§ 4(v)), 뇌사자로부터 장기 등(§ 4(i))
을 적출하여 이식할 수 있는 요건과 절차를 규정함으로써 뇌사의 입법화가 이
루어졌다.

이와 관련하여, 장기이식법이 뇌사설을 채택하였으며 뇌사자는 살아 있는 [45]
사람이 아니라 사망한 사람이라고 해석하는 견해(긍정설)[51]와 장기이식법이 뇌사
자의 장기이식을 법적으로 허용한다고 하더라도 이는 위법성조각사유를 규정한
것으로서 뇌사가 사람의 공식적 사망기준이 되는 것은 아니며 뇌사자가 뇌사설
에 따라 사망한 자로 인정하였다고 볼 근거도 없다는 견해(부정설)[52]로 나뉜다.

생각건대, 장기이식법은 뇌사자의 장기이식을 허용하기 위한 요건과 절차 [46]
를 규정한 것이지 뇌사설을 채택한 것으로 볼 수 없다는 후자의 견해(부정설)가
타당하다.

---

50 최재천·박영호·홍영균, 의료형법, 276.

51 김선복, 30; 이정원·류석준, 11-12.

52 김성돈, 58; 김태명, 10; 도중진·박광섭·정대관, 38; 박찬걸, 8; 배종대, § 9/23(장기이식법은 뇌
사자의 장기이식을 '합법화'하기는 하였지만 심장사설과 뇌사설 사이에서 어떤 결단을 내렸다고
말하기는 힘들다); 오영근, 18; 이재상·장영민·강동범, § 2/13; 조현욱, 32-33; 하태훈, 384.

3) 뇌사자의 사망시각과 장기이식법의 전부 개정

47   1999년 2월 8일 제정된 제정 장기이식법은 "뇌사자가 이 법에 의한 장기등의 적출로 사망한 때에 뇌사의 원인이 된 질병 또는 행위로 인하여 사망한 것으로 본다."라고만 규정(§ 17)하고 있어, 뇌사자의 사망시각이 언제인지에 관하여 문제가 되었다. 그에 따라 2010년 5월 31일 법률 제10334호로 장기이식법 전부개정 시 제17조의 규정을 제21조 제1항(뇌사자가 이 법에 따른 장기등의 적출로 사망한 경우에는 뇌사의 원인이 된 질병 또는 행위로 인하여 사망한 것으로 본다.)으로 변경하면서, 제2항에 "뇌사자의 사망시각은 뇌사판정위원회가 제18조제2항에 따라 뇌사판정을 한 시각으로 한다."는 내용을 신설하였으며, 동 개정 법률은 2011년 6월 1일부터 시행되었다.[53]

48   그런데 이와 관련하여 장기이식법 제21조 제2항의 규정은 장기이식법의 다른 규정과 모순되고 뇌사판정절차의 취지와도 모순이므로 삭제하여야 한다는 견해[54]가 있다.

49   살피건대, 뇌사판정시각과 장기 등의 적출로 인하여 실제 사망한 시간이 비록 짧기는 하지만 간격이 있으며, 위 조항으로 인하여 뇌사자의 사망시각이 (맥박종지설과 사회의 통념에 의한) 실제 사망시각 이전으로 소급되는 문제점이 발생하므로, 위 조항에 대한 심층 검토가 필요하다.

---

53 이와 관련하여, 피고인이 2010. 7. 23. 12:00-13:00경 피해자의 얼굴 등을 구타하여 피해자에게 외상성 경막하 출혈 등의 상해를 입게 하고 그로 인하여 피해자를 사망케 한 사건에서, 검사는 피해자의 사망시점을 주위적으로 뇌사판정시점(2010. 7. 24. 14:00경)으로, 예비적으로 최종적인 뇌사판정 이후 신장 및 간 적출 시점(2010. 7. 24. 19:30경)으로 의율하여 공소제기를 하였는데, 부산지방법원(2010고합511)은 주위적 공소사실에 대하여는 이유 무죄를 선고하고, 예비적 공소사실을 유죄로 인정하였으며, 부산고등법원(2010노875)은 이유 무죄 부분에 대한 검사의 항소를 기각하면서 "뇌사가 장기이식이나 연명치료 중단의 영역에서 일응 중요한 기준이 될 수 있음은 별론으로 하고, 이를 형법상 사망의 개념으로까지 인정할 수는 없으므로 피해자가 최종 뇌사판정 시점에 사망하였다고 볼 수도 없다."고 판시하였다. 한편, 부산고등법원 판결에 대하여 피고인이 상고하였으나 대법원(2011도1478)에서 상고기각됨으로써 부산지방법원 판결은 확정되었다. 위 부산지방법원 판결과 관련하여 판례는 뇌사자의 사망시기를 뇌사판정 시로 볼 수는 없다는 입장을 취하고 있다고 해석하는 견해가 있다(김태명, 10).

54 고형석, "뇌사자의 사망시기에 관한 연구", 비교사법 26-2, 한국비교사법학회(2019), 107-108(뇌사자를 사자로 인정하는 것과 장기이식은 선후의 문제가 아닌 별개의 문제이다); 서광민, "뇌사자의 사망시기", 법률신문 제4049호(2012).

4) 장기이식법에 의한 뇌사판정기준

장기이식법 시행령 [별표 1]은 장기이식법 제21조에 따른 뇌사판정의 기준 **50**
을 정하고 있는데, 6세 이상인 대상자에 대한 판정기준과 6세 미만의 대상자에
대한 판정기준으로 구별하고 있다.

뇌사판정을 하기 위하여는 먼저 선행조건이 충족되어야 한다. 즉 원인 질 **51**
환이 확실하고 치료될 가능성이 없는 기질적(氣質的) 뇌병변(腦病變)이 있어야 하
며, 깊은 혼수상태로서 자발호흡이 없고 인공호흡기로 호흡이 유지되어야 하고,
치료 가능한 약물중독(마취제·수면제·진정제·근육이완제 또는 독극물 등에 의한 중독)
이나 대사성(代謝性) 또는 내분비성 장애의 가능성이 없어야 하며, 저체온상태(직
장 온도가 섭씨 32도 이하)가 아니어야 하고, 쇼크상태가 아니어야 할 것 등이다.

다음으로, 구체적인 판정 기준은 다음과 같다. 외부자극에 전혀 반응이 없 **52**
는 깊은 혼수상태일 것, 자발호흡이 되살아날 수 없는 상태로 소실되었을 것,
두 눈의 동공이 확대·고정되어 있을 것, 뇌간반사(腦幹反射)(광반사·각막반사·안구
두부반사·전정안구반사·모양체척수반사·구역반사·기침반사 등)가 완전히 소실되어 있
을 것, 자발운동, 제뇌강직(除腦剛直), 제피질강직(除皮質剛直) 및 경련 등이 나타
나지 않을 것, 무호흡검사 결과 자발호흡이 유발되지 아니하여 자발호흡이 되살
아 날 수 없다고 판정되어야 하며, 재확인절차로서 위와 같은 판정 결과를 6시
간이 경과한 이후에 재확인하여도 그 결과가 동일할 것(다만, 생후 2개월 이상 1세
미만인 소아에 대한 재확인은 48시간 경과 후에 실시하고, 1세 이상 6세 미만인 소아에 대한
재확인은 24시간이 경과한 후에 실시), 재확인 후 뇌파검사를 실시하여 평탄뇌파가
30분 이상 지속될 것(다만, 생후 2개월 이상 1세 미만인 소아에 대해서는 뇌파검사를 재
확인 전과 후에 각각 실시) 등이다.

5) 장기이식법에 의한 뇌사판정절차 등

가) 뇌사추정자의 신고

뇌사로 추정되는 사람(이하, 뇌사추정자라 한다.)을 진료한 의료기관의 장은 장 **53**
기구득기관(臟器求得機關)의 장에게 알려야 하고, 통보를 받은 장기구득기관의 장
은 국립장기이식관리기관의 장에게 그 사실을 신고하여야 하며(§ 17①), 이를 위
반한 자에 대하여는 500만 원 이하의 과태료를 부과한다(§ 53②(ii)).

나) 뇌사판정의 신청

54 　뇌사추정자의 장기 등을 기증하기 위하여 뇌사판정을 받으려는 사람은 뇌사추정자의 검사기록 및 진료담당의사의 소견서를 첨부하여 뇌사판정기관의 장에게 뇌사판정 신청을 하여야 하며, 이 경우 뇌사판정을 신청할 수 있는 사람은 뇌사추정자의 가족 또는 뇌사추정자의 가족이 없는 경우에는 법정대리인 또는 진료담당의사(후자의 경우, 뇌사추정자가 장기등기증희망자인 경우로 한정)이다(§ 17②, ③).

다) 뇌사판정의 요청

55 　뇌사판정기관의 장은 뇌사판정 신청을 받으면 지체 없이 현장에 출동하여 뇌사판정대상자의 상태를 파악한 후 전문의사 2명 이상과 진료담당의사가 함께 작성한 뇌사조사서를 첨부하여 뇌사판정위원회에 뇌사판정을 요청하여야 한다(§ 18①).

56 　이 경우 전문의사 또는 진료담당의사가 뇌사조사서를 거짓으로 작성하여 뇌사자가 아닌 사람에게 뇌사판정을 하게 한 경우에는 1년 이상의 유기징역에 처하며(§ 46①), 그로 인하여 사람을 상해에 이르게 한 경우에는 2년 이상의 유기징역에 처하고(§ 46②), 사람을 사망에 이르게 한 경우에는 사형·무기징역 또는 5년 이상의 유기징역에 처한다(§ 46③).

57 　뇌사판정의 요청을 받은 뇌사판정위원회는 전문의사인 위원 2명 이상과 의료인이 아닌 위원 1명 이상을 포함한 과반수의 출석과 출석위원 전원의 찬성으로 뇌사판정을 하며, 뇌사판정을 위하여 필요하다고 인정하면 뇌사조사서를 작성한 전문의사와 진료담당의사를 뇌사판정위원회에 출석시켜 의견을 진술하게 할 수 있다(§ 18②, ③).

58 　뇌사판정위원회는 뇌사판정을 한 경우에는 출석위원 전원이 서명하거나 기명날인한 뇌사판정서 및 회의록을 작성하여 뇌사판정기관의 장에게 제출하여야 한다(§ 18④).

59 　뇌사판정기관의 장은 뇌사판정서 및 회의록을 제출받으면 그 사본과 자료를 국립장기이식관리기관의 장에게 보내야 하고, 뇌사판정 신청자에게는 뇌사판정서 사본을 보내야 한다(§ 18⑤).

(d) 검토

60 　종래에는 맥박종지설로 사람의 사망시기를 결정하여도 특별한 문제가 없었

다. 그러나 의학과 의료기술의 발달로 인하여 심폐기능의 인위적인 연장이 가능해짐에 따라 맥박종지설에 따라 사망의 시기를 결정하는 것이 쉽지 않게 되었다. 이에 반하여 뇌사판정을 받은 사람은 일정 시간이 지나면 틀림없이 맥박종지가 이루어지는 등 다시 살아나는 경우가 없는 점에서, 뇌사설이 맥박종지설보다 과학적이면서 더 확실한 사망기준이라 판단된다.

그러나 뇌사의 개념 자체가 아직 확실하게 정립되지 않고 있을 뿐만 아니라, 현재의 의학 및 의료기술 수준으로는 뇌사를 확정할 수 있는 신뢰할 만한 통일적 기준·방법이 없으며, 장기이식과 관련한 뇌사 인정은 악용될 수 있는 우려가 있으므로 뇌사설을 전면적으로 받아들이는 것은 문제가 있고, 뇌사설을 지지하는 견해 중에서도 맥박종지설에 의한 보완 또는 보충이 필요하다는 견해가 있으며, 장기이식법도 뇌사설을 사망의 기준으로 채택한 것으로는 보기 어려운 점 등에 비추어, 사람의 사망시기는 맥박종지설에 따라 판단함이 타당하다고 생각된다.[55] 다만, 입법론적으로는 맥박종지설과 뇌사설의 적절한 조화가 있어야 할 것이다.

(3) 행위

본죄의 행위는 살해(殺害)이다.

(가) 살해의 의의

'살해'란 고의로 사람의 생명을 자연적인 사기(死期)에 앞서서 끊는 것, 즉 사기를 단축하는 침해행위이다. 형법은 과실로 인하여 사람의 생명을 침해하는 것을 치사(致死)라고 표현하여 살해와 구별하고 있다. 따라서 사람의 생명을 자연적인 사기에 앞서서 단축시켰지만 고의가 아닌 과실인 경우에는, 본죄가 아니라 과실치사죄(§ 267) 등으로 의율하여야 한다.

(나) 살해의 방법

(a) 일반적인 살해의 방법

살해의 수단·방법·태양에는 아무런 제한이 없다.[56] 예모(豫謀)의 유무를 가

61

62

63

64

---

55 한편 뇌사설의 수용이 심폐사를 대체하는 새로운 죽음의 정의를 도입한 것이 아니라 단지 죽음에 대한 예전의 심폐사의 기준에다 뇌사라는 새로운 죽음의 척도를 인정하고 양자 중에서 선택적으로 취할 수 있다는 접근방법의 입법태도를 가진다면, 장기이식법의 모순을 미연에 방지할 수 있었을 것으로 본다는 견해도 있다[이인영, "뇌사설 수용 입법에 대한 비판적 분석", 형사법연구 26-4, 한국형사법학회(2014), 59].

56 과학기술의 발달로 인하여 무인항공기 또는 드론에 의한 살해방법도 등장하고 있다. 자세한 내용은 소재선·이창규, "무인항공기 표적살인(Targeted Killing)에 관한 고찰: 논쟁과 실행 정당성

리지 않으며, 타살(打殺)·사살(射殺)·교살(絞殺)·독살(毒殺)·자살(刺殺)·참살(斬殺)·
익살(溺殺)·추락사·교통사고 등과 같은 유형적·물리적 방법에 의한 경우는 당
연히 살인죄가 성립한다. 더욱이 대법원[57]은 살해방법이 특정되지 않더라도 일
정한 경우에는 본죄의 성립을 긍정하고 있다.

65   한편 에이즈(AIDS) 바이러스를 타인에게 감염시키는 행위가 살해방법의 일
종인지(또는 살해 고의를 인정할 수 있는지) 여부에 대하여, ① 살해방법으로 긍정하
는 견해,[58] ② 살해방법을 부정하고 본죄가 아닌 중상해죄 또는 중상해치사죄가
성립한다는 견해,[59] ③ 이러한 행위는 후천성면역결핍증 예방법(이하, 에이즈예방
법이라 한다.) 제19조[60]에 위반하는 행위로서 같은 법 제25조 제2항에 의하여 3
년 이하의 징역에 처해지므로 입법적으로 해결되었다는 견해[61]가 있다. 살피건
대, 구체적인 사정에 따라 본죄 외에 중상해죄, 중상해치사죄와 에이즈예방법위
반죄의 성립 여부를 살펴보아야 할 것이다.

(b) 무형적·심리적 방법에 의한 살해

66   정신적 고통이나 충격을 주는 무형적·심리적 방법에 의한 살해가 가능한지
여부에 대하여, ① 본죄의 성립이 가능하다는 견해[62]와 ② 살해행위의 행위불
법적 정형을 구비하지 못하고 있기 때문에 불가능하다는 견해[63]가 있다.

을 중심으로", 항공우주정책·법학회지 32-1, 53-81 참조.
57 대판 2008. 3. 27, 2008도507; 대판 2013. 6. 27, 2013도4172 등.
58 김성천·김형준, 12; 임웅, 22-23(살인죄와 1987년 제정된 에이즈예방법 제25조 제2호의 에이즈
   전파매개죄와 상상적 경합관계에 있으나, 실무상으로는 살인죄의 입증이 곤란할 것이기 때문에
   살인죄의 인정을 주저하게 될 것이다).
59 김신규, 33; 이형국·김혜경, 14; 정웅석·최창호, 292; 조준현, 37(살해의 고의 및 인과관계가 부
   정된다); 조현욱, 40; 진계호·이존걸, 35.
60 에이즈예방법 제19조(전파매개행위의 금지)는 "감염인은 혈액 또는 체액을 통하여 다른 사람에
   게 전파매개행위를 하여서는 아니 된다."라고 규정하고 있다.
61 박찬걸, 10.
62 강구진, 27; 김선복, 30; 김성돈, 59; 김성천·김형준, 12; 김신규, 31; 김일수·서보학, 16; 김혜정·박
   미숙·안경옥·원혜욱·이인영, 10; 도중진·박광섭·정대관, 38면; 배종대, §10/4; 신동운, 537;
   심재무, 11; 오영근, 18; 이영란, 26; 이정원·류석준, 12; 이재상·장영민·강동범, §2/18; 이형
   국, 15; 임웅, 20; 정성근·박광민, 46; 정영일, 6; 정웅석·최창호, 291; 조현욱, 39; 진계호·이존
   걸, 33; 최호진, 6면; 하태훈, 391; 황산덕, 163(무형적 방법에 의한 살해로서, 피해자의 미신적
   성격을 이용하여 처음부터 정신적 충격의 방법으로 피해를 살해하려고 저주하였더니, 과연 피
   해자가 저주되어 있음을 알고서 정신적인 충격을 받아 위장장해를 일으켜 사망한 경우에, 살인
   죄의 성립을 인정하는 것이 타당하다); 주석형법 〔각칙(3)〕(5판), 139(김승주).
63 권오걸, 6; 박상기·전지연, 396.

살피건대 무형적·심리적인 방법에 의한 경우에도 본죄의 성립을 긍정하는 **67**
위 ①의 견해가 타당하며, 다수설이다. 다만, 현실적으로 가해자의 고의, 가해자
의 행위와 피해자의 죽음과의 인과관계를 입증하는 것은 쉽지 않을 것이다.

그러나 저주, 기도 등으로 살해하려는 미신범(迷信犯)의 경우에는, 미신적 **68**
방법에 의한 행위가 살인의 의사를 실현하는 행위라고 평가할 수 없으며 인과
관계도 인정할 수 없으므로 살해행위에 해당하지 않는다는 견해[64]가 통설이고,
타당하다.

(c) 간접적인 방법에 의한 살해

살해는 직접적인 방법뿐만 아니라 간접적 방법에 의하여도 가능하다.[65] 따 **69**
라서 간접정범의 형태로 본죄를 행할 수 있다. 다만 피해자를 강제하거나 기망
하여 자살하게 한 경우, 법이론상 간접정범에 해당하지만 형법은 위계 등에 의
한 촉탁살인 등(§ 253)을 별도로 규정하고 있기 때문에 이 경우에는 간접정범이
성립하지 않는다는 견해[66]가 통설이며, 타당하다.

한편 제253조(위계 등에 의한 촉탁살인 등)의 '위계 또는 위력으로 자살을 결의 **70**
하게 한 때'란 위계 또는 위력의 방법으로 자살을 교사하는 경우로서 피해자 스
스로가 자살에 대하여 행위를 지배하고 있는 경우임에 반하여, 행위자가 피해자
의 자살에 대한 행위지배 즉, 강요지배 또는 착오지배에 의한 의사지배를 가지
고 있다면, 행위자는 제253의 죄가 아니라 본죄의 간접정범이며, 특히 피해자가
일반적으로 자살의 의미를 이해하지 못하는 유아나 정신병자 등 책임무능력자
인 경우이면 본죄의 간접정범이 되어야 한다는 견해[67]도 있다.

대법원은 7세, 3세 남짓된 어린자식들에게 함께 죽자고 권유하여 익사하게 **71**
한 사안에서, 비록 피해자들을 물속에 직접 밀어서 빠뜨리지는 않았다고 하더라
도 자살의 의미를 이해할 능력이 없고 피고인의 말이라면 무엇이나 복종하는

---

64 이재상·장영민·강동범, § 2/18.
65 독일 판례 중에는, 과거 구(舊) 동독의 국경경비대 병사에 의해 행해진 베를린 장벽에서의 일련
 의 사살행위에 관해, 당시의 독일사회주의통일당(SED) 중앙위원회의 정치국원에게 부작위에 의
 한 살인죄의 간접정범으로서의 책임을 인정한 것이 있다(BGH, 06.11.2002 - 5 StR 281/01).
66 김선복, 31; 김일수·서보학, 16; 배종대, § 10/5; 손동권·김재윤, § 2/12; 이재상·장영민·강동범,
 § 2/19; 정성근·박광민, 47; 정웅석·최창호, 291; 주석형법 〔각칙(3)〕(5판), 140(김승주).
67 이정원·류석준, 14. 이에 반하여, 자살의 의미를 이해할 수 없는 유아나 정신병자에 대해 강제나
 기망을 수단으로 하여 자살하게 한 경우에는 본죄의 직접정범이 된다는 견해도 있다(김성돈, 59)

어린 자식들을 권유하여 익사하게 한 이상 본죄의 범의는 있었음이 분명하다고 판시하면서, 본죄로 의율한 항소심 판단이 정당하다고 판결하였다.[68]

72　　일본 판례 중에는, ① 피해자가 통상적인 의사능력도 없고 자살의 의미도 알지 못하는 데다 피고인이 말하는 것은 무엇이든지 복종하는 것을 이용하여 목매다는 방법을 가르쳐 목매 달아 죽게 한 사안,[69] ② 따라 죽을 생각이 없음에도 따라 죽을 것처럼 가장하여 피해자를 속여 독약을 마시고 죽게 한 사안,[70] ③ 생명유지를 위하여 인슐린 투여가 필요한 제1형 당뇨병을 앓고 있는 피해자(7세)의 치료를 그 부모로부터 의뢰받은 피고인[자칭 '용신'(龍神)]이 인슐린을 투여하지 아니하면 피해자가 사망할 현실적인 위험성이 있음을 인식하면서도 자신을 신뢰하고 지시를 따르던 모친 A에게 집요하고 강도 높게 인슐린을 투여하지 못하도록 지시하고, 피고인의 치료법에 대하여 반신반의하고 있던 부친 B에 대해서도 A를 통하여 위와 같이 지시하여, A와 B로 하여금 피해자에게 인슐린을 투여하지 못하도록 함으로써 죽게 한 사안[71]에서, 본죄를 각 인정하였다. 또한, ④ 자동차 추락사고로 가장하여 피해자를 자살토록 하여 보험금을 타낼 목적으로 피해자를 폭행·협박하면서 절벽 위에서 차와 함께 바닷물 속으로 추락하여 자살하도록 집요하게 요구하여, 피해자로 하여금 바다로 뛰어 내리는 것 외는 선택지가 없다고 생각하는 정신상태에 빠지게 하여 차와 함께 바닷물 속으로 추락하게 하였으나, 피해자는 자살할 생각은 없이 탈출하여 살아날 가능성을 기대하고 있었으며 실제로 탈출하여 살아난 사안[72]에서, 살인미수죄를 인정한 것이 있다.

(d) 무고나 위증에 의한 살해

73　　무고나 위증의 방법으로 재판을 이용한 살인이 가능한지 여부에 관하여, ① 이를 긍정하는 견해[73]와 ② 부정하는 견해[74]가 있다.

---

68 대판 1987. 1. 20, 86도2395.

69 最決 昭和 27(1952). 2. 21. 刑集 6·2·275.

70 最判 昭和 33(1958). 11. 21. 刑集 12·15·3519.

71 最決 令和 2(2020). 8. 24. 刑集 74·5·517. 피고인에 대하여 본죄의 미필적 고의를 인정하여, A와의 사이에서 A를 도구로 이용하고, 보호책임자유기치사죄(일형 § 219, § 218)의 고의가 있는 B와 공모하여 피해자를 죽게 하였으므로 본죄가 성립한다고 판시하였다.

72 最決 平成 16(2004). 1. 20. 刑集 58·1·1.

73 김선복, 31; 김성돈, 60; 김성천·김형준, 20; 유기천, 26; 이정원·류석준, 14; 임웅, 20.

74 권오걸, 7; 김신규, 32; 김일수·서보학, 16; 김혜정·박미숙·안경옥·원혜욱·이인영, 10; 도중진·박광섭·정대관, 38; 박강우, 11; 박상기·전지연, 397; 박찬걸, 20; 배종대, § 10/5; 손동권·김재

위 ①의 긍정하는 견해에 따르면, 무고자나 위증자는 허위의 진술을 통해 [74] 그 허위성을 모르는 법원의 심리과정에 대해 의사지배를 할 수 있으며,[75] 이른 바 '말에 의한 살인', 예를 들면 시각장애인을 속여서 절벽으로 뛰어 들어가게 하는 행위 등은 살인행위로 볼 수 있는데, 이와 동일하게 평가될 경우에는 '위증에 의한 살인'(killing by perjury)이 가능하고,[76] 판사의 착오를 유발하는 경우는 착오지배를 통한 배후인의 행위지배가 가능하며, 판사나 그의 가족에 대한 살해 위협은 강요지배를 통한 행위지배가 충분히 인정될 수 있고,[77] 형사소송에서 실체적 진실발견주의가 지배한다고 하더라도 소송사기에서처럼 법원의 기망이 인정되는 이상 위증과 법원의 사형선고 사이에 인과관계가 입증될 것을 전제로 하여 본죄의 성립을 긍정할 수 있다[78]는 것이다.

그러나 실체적 진실을 밝혀야 하는 재판주체는 법원이고, 고발자나 증인은 [75] 재판과정을 지배하고 있다고 할 수 없으며, 무고나 위증을 살인행위와 동일시할 수 없기 때문에 부정하는 위 ②의 견해가 타당하다. 다만, 입법론적으로는 검토해 볼 필요가 있다.

(e) 부작위에 의한 살해

살해는 작위, 즉 적극적인 행위에 의하여 주로 실행되지만, 결과발생을 방 [76] 지하여야 할 의무가 있음에도 불구하고 결과발생을 방지하지 아니한 부작위[79] 에 의하여도 가능하다.

제18조는 "위험의 발생을 방지할 의무가 있거나 자기의 행위로 인하여 위 [77] 험발생의 원인을 야기한 자가 그 위험발생을 방지하지 아니한 때에는 그 발생된 결과에 의하여 처벌한다."라고 하여 부작위범의 성립요건을 별도로 규정하고 있다. 자연적 의미에서의 부작위는 거동성이 있는 작위와 본질적으로 구별되는

윤, § 2/12; 신동운, 538; 심재무, 12; 이재상·장영민·강동범, § 2/19; 이형국, 16; 정성근·박광민, 47; 정영일, 6; 정웅석·최창호, 291; 조준현, 37; 조현욱, 39; 진계호·이존걸, 33.

75 김성돈, 60.
76 유기천, 26.
77 이정원·류석준, 14.
78 김선복, 31; 임웅, 20.
79 대판 1992. 2. 11, 91도2951(조카 익사 방치 사건); 대판 1982. 11. 23, 82도2024(피감금자에 대한 위험발생을 방지함이 없이 방치하여 사망한 사건); 대판 2004. 6. 24, 2002도995(보라매병원 사건); 대판 2015. 11. 12, 2015도6809(전)(세월호 사건).

무(無)에 지나지 아니하지만, 위 규정에서 말하는 부작위는 법적 기대라는 규범적 가치판단 요소에 의하여 사회적 중요성을 가지는 사람의 행태가 되어 법적 의미에서 작위와 함께 행위의 기본형태를 이루게 되므로, 특정한 행위를 하지 아니하는 부작위가 형법적으로 부작위로서의 의미를 가지기 위해서는, 보호법익의 주체에게 해당 구성요건적 결과발생의 위험이 있는 상황에서 행위자가 구성요건의 실현을 회피하기 위하여 요구되는 행위를 현실적·물리적으로 행할 수 있었음에도 하지 아니하였다고 평가될 수 있어야 한다. 나아가 본죄와 같이 일반적으로 작위를 내용으로 하는 범죄를 부작위에 의하여 범하는 이른바 부진정부작위범의 경우에는, 보호법익의 주체가 법익에 대한 침해위협에 대처할 보호능력이 없고, 부작위행위자에게 침해위협으로부터 법익을 보호해 주어야 할 법적 작위의무가 있을 뿐 아니라, 부작위행위자가 그러한 보호적 지위에서 법익침해를 일으키는 사태를 지배하고 있어 작위의무의 이행으로 결과발생을 쉽게 방지할 수 있어야 부작위로 인한 법익침해가 작위에 의한 법익침해와 동등한 형법적 가치가 있는 것으로서 범죄의 실행행위로 평가될 수 있다.[80]

78   부작위범에서의 작위의무는 법령, 법률행위, 선행행위로 인한 경우는 물론, 신의성실의 원칙이나 사회상규 혹은 조리상 작위의무가 기대되는 경우에도 인정된다는 것이 통설[81]과 판례[82]이지만, 신의성실의 원칙이나 조리 등에 의한 작위의무는 부정되어야 한다는 견해[83]도 있다.

79   그런데 구체적인 경우에 어떠한 것이 작위이고 어떠한 것이 부작위인지 문제가 될 수가 있으므로, 구체적인 상황 등을 고려하여 작위와 부작위인지 여부를 판단하여야 할 것이다. 이와 관련된 주요 판례 사안을 살펴보면 아래와 같다.[84]

---

80 대판 2015. 11. 12, 2015도6809(전)(세월호 사건).
81 주석형법 〔각칙(3)〕(5판), 161(김승주).
82 대판 2015. 11. 12, 2015도6809(전)(세월호 사건).
83 오영근, 19.
84 그 밖의 사안으로, 국토연구원 부원장인 피고인이 그 숙소에서 내연관계에 있던 같은 기관 소속 여직원이 뇌출혈로 의식을 잃었는데도 119 신고 등의 조치를 취하지 않고 약 7시간 방치하는 방법으로 살해하였다고 기소된 사안이 있다. 이에 대하여 원심은, ① 피고인은 피해자와 특별한 개인적 신뢰관계에 있었고, 밤늦은 시간 피고인의 숙소에서 오직 둘만 있던 중 의식을 잃은 피해자가 건강이상 상태에 빠지게 되었으므로, 이를 인지한 피고인에게는 신의칙, 사회상규 혹은 조리에 따라 119 신고 등 구호조치를 할 의무가 있었고, ② 피고인이 119 신고 등 구호조치를 이행했더라면 피해자의 목숨을 건질 수 있는 개연성이 있었으므로, 피고인의 구호조치 의무 불

① 대판 1980. 4. 24, 79도1387(생모에 의한 수혈거부로 인하여 딸이 사망한 사건)[85]

생모인 피고인이 전격성간염에 걸려 장내출혈의 증세까지 생긴 만 11세 남 　　80
짓한 딸을 병원으로 데리고 다니면서 치료를 받게 함에 있어 의사들이 당시의
의료기술상 최선의 치료방법이라고 하면서 권유하는 수혈을 자신이 믿는 종교
의 교리에 어긋난다는 이유로 시종일관 완강히 거부하는 언동을 하여 그 딸로
하여금 의학상의 적정한 치료를 받지 못하도록 하여 동인을 유기하고 그로 인
해 장내출혈 때문에 실혈사하게 한 사안에서, 피고인이 질병으로 인하여 보호를
요하는 딸을 병원에 입원시켜 놓고 의사가 그 당시 국내의 의료기술상 최선의
치료방법이라는 수혈을 하려 하여도 이를 완강하게 거부하고 방해하였다면 이
는 결과적으로 요부조자를 위험한 장소에 두고 떠난 것이나 다름이 없다고 할
것이어서 그 행위의 성질로 보면 치거(置去)(내버려 두고 가버림)에 해당된다고 할
것이고, 비록 그 환자의 증세로 보아 회복의 가망성이 희박한 상태(그렇다고 하여
처음부터 회복의 전망이 전혀 없다고 단정하기에 족한 증거자료도 없음)이어서 의사가 권
하는 최선의 치료방법인 수혈이라도 하지 않으면 그 환자가 사망할 것이라는
위험이 예견가능한 경우에, 아무리 생모라고 할지라도 자신의 종교적 신념이나
후유증 발생의 염려만을 이유로 환자에 대하여 의사가 하고자 하는 위 수혈을
거부하여 결과적으로 그 환자로 하여금 의학상 필요한 치료도 제대로 받지 못
한 채 사망에 이르게 할 수 있는 정당한 권리가 있다고는 할 수 없는 것이며,
그때에 사리를 변식할 지능이 없다고 보아야 마땅할 11세 남짓의 환자 본인이
가사 그 생모와 마찬가지로 위 수혈을 거부한 일이 있다고 하여도 이것이 피고
인의 위와 같은 수혈거부 행위가 위법한 것이라고 판단하는 데 어떠한 영향을
미칠만한 사유가 된다고 볼 수는 없으므로, 같은 취지에서 피고인의 판시 소위가
유기치사죄에 해당한다고 판단한 항소심의 판결을 긍정하였다.

이행과 피해자의 사망 사이에 인과관계가 인정되고, ③ 피고인은 피해자와 내연관계 등이 드러
나 피고인의 명예나 사회적 지위 등이 실추될 것을 두려워한 나머지 피해자를 그대로 내버려 두
었으므로 미필적인 살해의 고의를 인정할 수 있다는 이유로 부작위에 의한 본죄를 인정하였고
(대전고판 2023. 1. 17, 2021노255), 대법원도 피고인의 상고를 기각하여 원심판결을 확정하였
다(대판 2023. 6. 29, 2023도1497).
85 '작위'에 의한 유기치사죄를 인정한 사례이다. 이 판결에 대한 평석은 최우찬, "유기치사죄와 부작
위에 의한 살인죄 및 양심범과의 관계", 형사판례연구 [1], 한국형사판례연구회, 박영사(1993),
95-112(대상사건은 부작위에 의한 살인죄에 해당하고, 위법·유책하다).

② 대판 1982. 11. 23. 82도2024(피감금자에 대한 위험발생을 방지함이 없이 방치하여 사망한 사건)[86]

81   피고인이 미성년자를 유인하여 포박·감금한 후 단지 그 상태를 유지하였을 뿐인데도 피감금자가 사망에 이르게 된 것이라면 피고인의 죄책은 감금치사죄에 해당한다 하겠으나, 피고인이 피해자를 아파트에 유인하여 양 손목과 발목을 노끈으로 묶고 입에 반창고를 두 겹으로 붙인 다음 양 손목을 묶은 노끈은 창틀에 박힌 시멘트 못에, 양 발목을 묶은 노끈은 방문손잡이에 각각 잡아매고 얼굴에 모포를 씌워 감금한 후 수차 아파트를 출입하다가 마지막 들어갔을 때 피해자가 이미 탈진 상태에 이르러 박카스를 마시지 못하고 그냥 흘려버릴 정도였고, 피고인이 피해자의 얼굴에 모포를 덮어씌워 놓고 그냥 나오면서 피해자를 그대로 두면 죽을 것 같다는 생각이 들었다면, 피고인이 위와 같은 결과발생의 가능성을 인정하고 있으면서도 피해자를 병원에 옮기지 않고 사경에 이른 피해자를 그대로 방치한 소위는 피해자가 사망하는 결과에 이르더라도 용인할 수 밖에 없다는 내심의 의사 즉 살인의 미필적 고의가 있으며, 나아가서 피감금자에 대한 위험발생을 방지함이 없이 포박감금상태에 있던 피감금자를 그대로 방치함으로써 사망케 하였다면, 피고인의 부작위는 본죄의 구성요건적 행위를 충족하는 것이라고 평가하기에 충분하므로 부작위에 의한 본죄를 구성한다고 판시하였다.

③ 대판 1992. 2. 11. 91도2951(조카 익사 방치 사건)[87]

82   살해의 의사로 위험한 저수지로 유인한 피해자(피고인의 조카, 10세)가 물에 빠지자 구호하지 아니한 채 방치하여 피해자가 사망한 사안에서, 피고인이 피해자를 살해할 것을 마음먹고 저수지로 데리고 가서 미끄러지기 쉬운 제방 쪽으로 유인하여 함께 걷다가 피해자가 물에 빠지자 그를 구호하지 아니하여 피해자를 익사하게 한 것이라면, 피해자가 스스로 미끄러져서 물에 빠진 것이고, 그 당시는 피고인이 본죄의 예비 단계에 있었을 뿐 아직 실행의 착수에는 이르지 아니하였다고 하더라도, 피해자의 숙부로서 익사의 위험에 대처할 보호능력이

---

86 이 판결에 대한 평석은 이용식, "승계적 종범의 성립범위", 형사판례연구 [15], 한국형사판례연구회, 박영사(2007), 101-123.

87 이 판결에 대한 평석은 이재상, "부진정부작위범의 성립요건", 형법기본판례 총론, 박영사(2011), 53-60; 장영민, "부진정부작위범의 성립요건", 형사판례연구 [2], 한국형사판례연구회, 박영사(1994), 37-45.

없는 나이 어린 피해자를 익사의 위험이 있는 저수지로 데리고 갔던 피고인으로서는 피해자가 물에 빠져 익사할 위험을 방지하고 피해자가 물에 빠지는 경우 그를 구호하여 주어야 할 법적인 작위의무가 있다고 보아야 할 것이고, 피해자가 물에 빠진 후에 피고인이 살해의 범의를 가지고 그를 구호하지 아니한 채 그가 익사하는 것을 용인하고 방관한 행위(부작위)는 피고인이 그를 직접 물에 빠뜨려 익사시키는 행위와 다름없다고 형법상 평가될 만한 살인의 실행행위라고 보는 것이 상당하다고 판시함으로써, 본죄로 의율·처단한 항소심의 판결을 긍정하였다.

④ 대판 2004. 6. 24, 2002도995(보라매병원 사건)[88]

공소사실의 요지는, 피고인 丁의 남편인 피해자는 술에 취한 상태에서 넘어져 머리를 다쳐 경막외출혈상을 입고 병원으로 응급 후송되어 수술을 받고 의식이 회복되고 있었으나 자가호흡을 할 수 없어 중환자실에서 호흡 보조장치를 부착한 채 치료를 받고 있었는데, 丁은 가족을 돌보지 않고 폭력을 행사하던 피해자가 차라리 사망하는 것이 낫겠다고 생각하고 피고인 甲(병원 신경외과 전담의사), 乙(병원 신경외과 3년차 수련의) 등에게 수회에 걸쳐 피해자를 퇴원시키겠다고 요청하였고, 甲과 乙은 丁에게 피해자를 인공호흡장치가 없는 집으로 퇴원시키면 호흡정지로 사망한다는 점을 설명하고 만류하였으나, 계속되는 丁의 퇴원요구를 받아들여 피해자를 퇴원시켰으며, 퇴원 시 乙은 피고인 丙(병원 1년차 수련의)에게 피해자를 집까지 호송하도록 지시하고, 丙은 피해자를 집까지 데리고 간 다음 丁의 동의를 받아 피해자에 대한 인공호흡 보조장치와 기관삽관을 제거하였으며, 피해자는 그 후 5분 이내에 사망하였다는 내용으로서, 검사는 피고인들(甲, 乙, 丙, 丁)을 작위에 의한 살인죄의 공동정범으로 의율하여 기소하였다.

제1심[89]은 피고인 甲, 乙, 丁에 대하여 부작위에 의한 살인죄로 의율하여

83

84

---

88 이 판결에 대한 평석은 김성룡, "치료행위중단에 있어서 작위와 부작위의 구별", 형사판례연구 [13], 한국형사판례연구회, 박영사(2005), 138-168; 박용철, "작위와 부작위의 구별", 형법판례 150선(3판), 박영사(2021), 46-47; 이재상, "작위와 부작위의 구별, 부진정부작위범의 정범과 공범", 형법기본판례 총론, 61-82; 이정원, "의학적 권고에 반한 퇴원으로 사망한 환자에 대한 형사책임", 비교형사법연구 6-2, 한국비교형사법학회(2004), 367-385; 조인호, "치료중단행위에 대한 의료형법적 고찰 - 의학적 충고에 반한 퇴원사례를 중심으로 -", 의료형법 9-1, 대한의료법학회(2008), 319-380.
89 서울지법 남부지판 1998. 5. 15, 98고합9. 이 판결에 대한 평석으로는 조상제, "의사의 응급의료

유죄판결을, 피고인 丙에 대하여는 피고인 甲, 乙의 보조자에 불과하다는 이유로 무죄판결을 각 선고하였으며, 항소심[90]은 제1심 판결을 파기한 다음 피고인 丁에 대하여 부작위에 의한 살인죄로, 피고인 甲, 乙에 대하여는 피고인 丁의 살인에 대한 작위에 의한 방조로 각 의율하여 유죄판결을 선고하였다.

85   대법원은 항소심의 판단이 정당하다고 판결하면서, 어떠한 범죄가 적극적 작위에 의하여 이루어질 수 있음은 물론 결과의 발생을 방지하지 아니하는 소극적 부작위에 의하여도 실현될 수 있는 경우에, 행위자가 자신의 신체적 활동이나 물리적·화학적 작용을 통하여 적극적으로 타인의 법익 상황을 악화시킴으로써 결국 그 타인의 법익을 침해하기에 이르렀다면, 이는 작위에 의한 범죄로 봄이 원칙이고, 작위에 의하여 악화된 법익 상황을 다시 되돌이키지 아니한 점에 주목하여 이를 부작위범으로 볼 것은 아니며, 나아가 악화되기 이전의 법익 상황이 그 행위자가 과거에 행한 또 다른 작위의 결과에 의하여 유지되고 있었다 하여 이와 달리 볼 이유가 없다고 판결하였다. 다만 항소심에서 피고인 甲, 乙에게 정범의 고의가 없다고 판단한 것은 잘못이지만, 피고인들에게는 공동정범의 객관적 요건인 이른바 기능적 행위지배가 흠결되어 있으므로, 피고인들이 피고인 丁의 부작위에 의한 살인행위를 용이하게 함으로써 이를 방조하였을 뿐이라고 본 항소심의 판단은 결론에 있어 정당하다고 판결하였다.

    ⑤ 대판 2015. 11. 12, 2015도6809(전)(세월호 사건)[91]

86   항해 중이던 선박의 선장인 피고인 甲, 1등 항해사인 피고인 乙, 2등 항해사인 피고인 丙은 배(세월호)가 기울어져 멈춘 후 침몰하고 있는 상황에서 피해자인 승객 등이 안내방송 등을 믿고 대피하지 않은 채 선내에 대기하고 있음에도 아무런 구조조치를 취하지 않고 퇴선함으로써, 배에 남아있던 피해자들을 익사하게 하고, 나머지 피해자들의 사망을 용인하였으나 구조되었다고 하여 살인

의무와 치료의무", 형사판례연구 [8], 한국형사판례연구회, 박영사(2000), 93-110.

90 서울고판 2002. 2. 7, 98노1310. 이 판결에 대한 평석은 허일태, "의학적 충고에 반한 퇴원조치와 의사의 형사책임(중환자에 대한 의사의 퇴원조치 및 산소호흡장치 제거조치가 살인죄 등에 해당될 수 있는지 여부)", 비교형사법연구 4-2, 한국비교형사법학회(2002), 633-655.

91 이 판결에 대한 평석은 김태명, "부작위에 의한 살인죄의 공동정범의 성립요건", 형사판례연구 [24], 한국형사판례연구회, 박영사(2016), 55-91; 장영민, "미필적 고의", 형법판례 150선(3판), 박영사(2021), 26-27.

및 살인미수로 기소된 사안에서, 선장의 권한이나 의무, 해원의 상명하복체계 등에 관한 해사안전법 제45조, 구 선원법(2015. 1. 6. 법률 제13000호로 개정되기 전의 것) 제6조, 제10조, 제11조, 제22조, 제23조 제2항, 제3항은 모두 선박의 안전과 선원 관리에 관한 포괄적이고 절대적인 권한을 가진 선장을 수장으로 하는 효율적인 지휘명령체계를 갖추어 항해 중인 선박의 위험을 신속하고 안전하게 극복할 수 있도록 하기 위한 것이므로, 선장은 승객 등 선박공동체의 안전에 대한 총책임자로서 선박공동체가 위험에 직면할 경우 그 사실을 당국에 신고하거나 구조세력의 도움을 요청하는 등의 기본적인 조치뿐만 아니라 위기상황의 태양, 구조세력의 지원 가능성과 규모, 시기 등을 종합적으로 고려하여 실현가능한 구체적인 구조계획을 신속히 수립하고 선장의 포괄적이고 절대적인 권한을 적절히 행사하여 선박공동체 전원의 안전이 종국적으로 확보될 때까지 적극적·지속적으로 구조조치를 취할 법률상 의무가 있으며, 또한 선장이나 승무원은 수난구호법 제18조 제1항 단서에 의하여 조난된 사람에 대한 구조조치의무를 부담하고, 선박의 해상여객운송사업자와 승객 사이의 여객운송계약에 따라 승객의 안전에 대하여 계약상 보호의무를 부담하므로, 모든 승무원은 선박위험 시 서로 협력하여 조난된 승객이나 다른 승무원을 적극적으로 구조할 의무가 있으므로, 선박침몰 등과 같은 조난사고로 승객이나 다른 승무원들이 스스로 생명에 대한 위협에 대처할 수 없는 급박한 상황이 발생한 경우에는 선박의 운항을 지배하고 있는 선장이나 갑판 또는 선내에서 구체적인 구조행위를 지배하고 있는 선원들은 적극적인 구호활동을 통해 보호능력이 없는 승객이나 다른 승무원의 사망 결과를 방지하여야 할 작위의무가 있으므로, 법익침해의 태양과 정도 등에 따라 요구되는 개별적·구체적인 구호의무를 이행함으로써 사망의 결과를 쉽게 방지할 수 있음에도 그에 이르는 사태의 핵심적 경과를 그대로 방관하여 사망의 결과를 초래하였다면, 부작위는 작위에 의한 살인행위와 동등한 형법적 가치를 가지고, 작위의무를 이행하였다면 결과가 발생하지 않았을 것이라는 관계가 인정될 경우에는 작위를 하지 않은 부작위와 사망의 결과 사이에 인과관계가 있으므로 선장인 甲에 대하여 부작위에 의한 살인죄가 성립한다고 판결하였다.[92]

---

92 다만 피고인 乙과 丙의 부작위에 의한 살인죄의 성부에 관하여 다수의견은, 乙과 丙은 간부 선원이기는 하나 나머지 선원들과 마찬가지로 선박침몰과 같은 비상상황 발생 시 각자 비상임무를

⑥ 일본 판례

87   일본 판례는 양육의무자가 피양육자의 생존에 필요한 음식을 주지 않아 사
망케 한 사안에서, 처음으로 부작위에 의한 살인죄를 인정하였다.[93] 이후 손바
닥으로 환자의 환부를 두드리면 에너지가 환자에게 들어가 자기치유력을 높이
는 독자적인 치료능력을 가졌다는 피고인이 뇌출혈로 병원에 입원한 피해자의
자녀들로부터 치료의뢰를 받은 다음 자녀들을 시켜 피해자를 병원에서 데리고
나오도록 하였는데, 그 상태로는 사망할 위험이 있음을 인식하였으므로 바로 생

수행할 현장에 투입되어 선장의 퇴선명령이나 퇴선을 위한 유보갑판으로의 대피명령 등에 대비
하다가 선장의 실행지휘에 따라 승객들의 이동과 탈출을 도와주는 임무를 수행하는 사람들로서,
임무의 내용이나 중요도가 선장의 지휘 내용이나 구체적인 현장상황에 따라 수시로 변동될 수
있을 뿐 아니라 퇴선유도 등과 같이 경우에 따라서는 승객이나 다른 승무원에 의해서도 비교적
쉽게 대체 가능하고, 따라서 승객 등의 퇴선을 위한 선장의 아무런 지휘·명령이 없는 상태에서
乙과 丙이 단순히 비상임무 현장에 미리 가서 추가 지시에 대비하지 아니한 채 선장과 함께 조
타실에 있었다거나 혹은 기관부 선원들과 함께 3층 선실 복도에서 대기하였다는 사정만으로, 선
장과 마찬가지로 선내 대기 중인 승객 등의 사망 결과나 그에 이르는 사태의 핵심적 경과를 계
획적으로 조종하거나 저지·촉진하는 등 사태를 지배하는 지위에 있었다고 보기 어려운 점 등
제반 사정을 고려하면, 乙과 丙이 간부 선원들로서 선장을 보좌하여 승객 등을 구조하여야 할
지위에 있음에도 별다른 구조조치를 취하지 아니한 채 사태를 방관하여 결과적으로 선내 대기
중이던 승객 등이 탈출에 실패하여 사망에 이르게 한 잘못은 있으나, 그러한 부작위를 작위에
의한 살인의 실행행위와 동일하게 평가하기 어렵고, 또한 살인의 미필적 고의로 피고인 甲의 부
작위에 의한 살인행위에 공모 가담하였다고 단정하기도 어려우므로, 乙과 丙에 대해 부작위에
의한 살인의 고의를 인정하기 어렵다고 한 원심의 조치는 정당하다고 판시하였다.
    이에 대하여 반대의견은 乙과 丙은 선박이 조난사고를 당한 비상상황에서 선장을 보좌하여 선
원들을 지휘하고 유사시 선장의 직무를 대행할 책임을 지고 있어 조난을 당한 승객 등의 생명·신
체의 안전을 보호할 법적 지위와 작위의무에서 선장에 준하는 것으로 평가되는 점, 사고 당시
긴박한 상황 전개와 甲의 모든 대응을 직접 목격함으로써 甲이 승객의 인명구조와 관련된 선장
의 역할을 전면적으로 포기·방기하는 비정상적 상황임을 인식한 점, 乙과 丙에게는 비상상황에
서 선장을 보좌하여 현장을 지휘할 의무 외에도 선장의 직무 포기라는 비정상적 상황이 지속됨
으로 인하여 선장을 대행하여 구조조치를 지휘할 의무가 현실적으로 발생한 점, 乙과 丙은 당시
상황에 부합하는 자신들의 의무를 이행함으로써 승객 등의 사망이라는 결과발생을 직접적으로
용이하게 저지할 수 있을 정도로 사태를 지배하고 있었음에도 어떠한 의무도 이행하지 않고 방
관한 점, 구조정이 도착한 이후에 승객 등에게 퇴선하라는 아무런 명령·조치도 없이 선내에 그
대로 방치한 채 선장 및 다른 갑판부 선원들과 함께 먼저 퇴선함으로써, 그 후 승객 등이 사망
할 가능성이 크지만 사망해도 어쩔 수 없다는 의사, 즉 결과발생을 인식·용인하였고, 이러한 乙
과 丙의 부작위는 작위에 의한 살인의 실행행위와 동일하게 평가할 수 있는 점, 甲의 부작위에
의한 살인행위에 암묵적, 순차적으로 공모 가담한 공동정범이라고 보아야 하는 점 등을 종합할
때, 乙과 丙은 부작위에 의한 살인 및 살인미수죄의 공동정범으로서의 죄책을 면할 수 없다고
하였다.
 93 大判 大正 4(1915). 2. 10. 刑録 21·90.

명유지에 필요한 의료조치를 받게 할 의무가 있었음에도 불구하고, 염증 제거나 링거 주사 등 생명유지를 위해 필요한 의료조치를 받지 못하도록 하여 염증에 의한 기도폐색으로 질식사하게 한 사안에서, 선행행위로 인한 작위의무와 미필적 고의를 인정하여 부작위에 의한 살인죄를 인정하였다.[94]

(4) 살해의 인정 여부[95]

(가) 합리적인 의심 없는 정도의 증명

사실의 인정은 증거에 의하여야 하며, 범죄사실의 인정은 합리적인 의심이 없는 정도의 증명에 이르러야 한다(형소 § 307). 이 경우 합리적인 의심이란 모든 의문, 불신을 포함하는 것이 아니라 논리와 경험칙에 기하여 요증사실과 양립할 수 없는 사실의 개연성에 대한 합리성 있는 의문을 의미하는 것으로서, 단순히 관념적인 의심이나 추상적인 가능성에 기초한 의심은 합리적 의심에 포함된다고 할 수 없다.[96]

88

그런데 살인사건의 경우에는 가장 강력한 증거인 피해자의 진술을 확보할 수 없을 뿐만 아니라, 살해장면을 목격한 증인 또는 살해장면이 촬영된 씨씨티브이 등 직접적인 증거를 확보하는 경우가 많지 않고, 간접증거 내지 간접사실에 의하여 살해사실을 증명하는 경우가 많으므로, 다른 범죄에 비하여 사실인정에 있어 어려움이 많다.[97] 즉 본죄 등과 같이 법정형이 무거운 범죄의 경우에도 직접증거 없이 간접증거만으로 유죄를 인정할 수 있으나, 그러한 유죄 인정에는 공소사실에 대한 관련성이 깊은 간접증거들에 의하여 신중한 판단이 요구되므로, 간접증거에 의하여 주요사실의 전제가 되는 간접사실을 인정할 때에는 증명이 합리적인 의심을 허용하지 않을 정도에 이르러야 하고, 하나하나의 간접사실 사이에 모순, 저촉이 없어야 하는 것은 물론 간접사실이 논리와 경험칙, 과학법칙에 의하여 뒷받침되어야 한다. 그러므로 유죄의 인정은 범행 동기, 범행수단

89

---

94 最判 平成 17(2005). 7. 4. 判時 1906·174.
95 살해의 인정 여부, 특히 간접사실에 의한 살인 사실의 인정에 관한 유형별 사례분석에 대하여는 김영태, "형사소송에서 자유심증주의에 관한 연구 - 간접사실에 의한 살인 사실의 인정을 중심으로 -" 고려대학교 박사학위논문(2022), 44-159.
96 대판 2011. 1. 27, 2010도12728; 대판 2011. 9. 29, 2010도5962; 대판 2013. 6. 27, 2013도4172 (여성 노숙자 살해 사건 재상고심); 대판 2017. 1. 25, 2016도15526(햄버거가게 살인 사건) 등.
97 김홍창, "간접증거에 의한 강력범죄 유죄 입증에 관한 연구", 성균관대학교 석사학위논문(2008), 83.

의 선택, 범행에 이르는 과정, 범행 전후 피고인의 태도 등 여러 간접사실로 보아 피고인이 범행한 것으로 보기에 충분할 만큼 압도적으로 우월한 증명이 있어야 한다.[98] 이러한 법리에 따라 피고인이 피해자를 살해하였을 것으로 의심되지만, 합리적인 의심을 배제할 정도는 아니라는 이유로 무죄판결을 선고하는 경우가 종종 있다.

(나) 구체적인 살해 방법에 따른 검토[99]

(a) 타살에 의한 경우

90   타살(打殺)이라 함은 때려서 죽이는 것을 말하며, 박살(撲殺)(손으로 쳐서 죽임)이라고도 한다. 일반적으로 폭행치사 또는 상해치사로 의율될 가능성이 높지만, 피고인이 범행에 이르게 된 경위, 범행의 동기, 준비된 흉기의 유무·종류·용법, 공격의 부위와 반복성, 사망의 결과발생가능성 정도, 범행 후에 있어서의 결과회피행동의 유무 등 범행 전후의 객관적인 사정(이하, '범행 전후의 객관적 사정'이라 한다.)을 종합하여 본죄로 의율될 수도 있다.

① 대판 2000. 8. 18, 2000도2231(긍정)[100]

91   인체의 급소(急所)를 잘 알고 있는 무술교관 출신의 피고인이 무술의 방법으로 피해자의 울대(성대)를 가격하여 사망케 한 사안에서, 본죄에서의 범의는 반드시 살해의 목적이나 계획적인 살해의 의도가 있어야만 인정되는 것은 아니고 자기의 행위로 인하여 타인의 사망의 결과를 발생시킬 만한 가능 또는 위험이 있음을 인식하거나 예견하면 족한 것이고, 그 인식 또는 예견은 확정적인 것은 물론 불확정적인 것이라도 이른바 미필적 고의로도 인정되는 것인데, 피고인이 살인의 범의를 자백하지 아니하고 상해 또는 폭행의 범의만이 있었을 뿐이라고 다투고 있는 경우에 피고인에게 범행 당시 살인의 범의가 있었는지 여부는, 위 범행 전후의 객관적 사정을 종합하여 판단할 수밖에 없다고 판시하면서,

---

98 대판 2023. 7. 27, 2023도3477(피고인이 남편에게 니코틴 원액을 넣은 미숫가루 음료, 흰죽, 찬물을 섭취하게 하는 방법으로 남편을 살해하였다는 혐의 등으로 기소된 사안에서, 피고인이 피해자를 살해하였다는 쟁점 공소사실이 합리적 의심을 배제할 정도로 증명되었다고 보기 어렵다는 이유로 피고인에 대하여 징역 30년을 선고한 원심판결을 파기환송한 사례).
99 살해사실 자체가 다투어지는 경우뿐 아니라 살해의 고의가 있었는지 여부가 다투어지는 경우가 많으므로 이를 모두 포함하여 검토한다.
100 이 판결에 대한 평석으로는 박상기, "고의의 본질과 대법원 판례의 입장", 형사판례연구 [10], 한국형사판례연구회, 박영사(2002), 42-61.

피고인에 대하여 살인의 범의가 있다고 판단하였다.

② **대판 2010. 4. 29, 2010도2023**(긍정)

피고인이 아버지인 피해자를 때려 살해한 사안에서, 피해자의 사인이 흉부 손상인 점, 피고인의 폭행으로 피해자의 왼쪽 제2 내지 9번 갈비뼈와 오른쪽 제 2 내지 7번 갈비뼈가 부러진 점, 피해자는 74세의 노인으로서 위암 판정으로 위 절제 수술을 받은 후 거동이 불편하였고 건강이 악화되어 빈혈 등으로 고생하고 있던 환자였으며 아들인 피고인은 이를 잘 알고 있었던 점과 피고인이 폭행한 부위 및 그 강도, 폭행의 수단 등을 종합하면, 피고인이 이 사건 범행 당시 자기의 행위로 인하여 피해자가 사망에 이를 가능성 또는 위험이 있음을 충분히 인식하거나 예견하였다고 봄이 상당하다고 판결하였다.　　92

(b) 사살에 의한 경우

사살(射殺)이라 함은 활이나 총포로 쏘아 피해자를 죽이는 것을 말한다.　　93

① **대판 1980. 5. 20, 80도306(전)**(전 중앙정보부장 내란목적 살인 사건)(긍정)

이미 총격을 받은 피해자에 대하여 확인사살을 한 사안에서, 무릇 본죄의 객체는 생명이 있는 이상, 생존기능의 유무는 불문한다 할 것이고, 독립행위가 사망의 결과에 원인이 된 것이 분명한 경우에는 각 행위를 모두 기수범으로 처벌한다고 하여 어떤 모순이 있을 수 없으므로, 이미 총격을 받은 피해자에 대한 확인사살도 본죄를 구성한다고 판결하였다.[101]　　94

② **대판 1991. 8. 27, 91도1637**(긍정)

피고인이 단일한 범의로 동일한 장소에서 동일한 방법으로 시간적으로 접착된 상황에서 처와 자식들을 살해하였다고 하더라도, 휴대하고 있던 권총에 실탄 6발을 장전하여 처와 자식들의 머리에 각기 1발씩 순차로 발사하여 살해하였다면, 피해자들의 수에 따라 수개의 본죄를 구성한다고 판결하였다.　　95

(c) 교살에 의한 경우

교살(絞殺)이라 함은 목을 졸라 죽이는 것이다. 교살된 피해자의 사인은 대　　96

---

[101] 이에 대하여 소수의견은 "피해자가 처음 총격을 받은 시간으로부터 25분 내지 30분이 지난 후에도 죽지 않고 그대로 신음하고 있는 것이라고 단정하기 어렵다고 할 것인데, 전문가로 하여금 그 사망시간을 감정시키는 등의 조치를 취한 바도 없이 피고인이 피해자를 확인사살할 당시 피해자가 무슨 소리를 하는 것 같이 느꼈다는 피고인의 진술 한 마디로써 내란목적살인죄를 유죄로 인정한다는 것은 납득할 수 없다."고 판시하였다.

부분 경부압박 질식사이다. 경부압박 질식사는 압박의 도구나 방법에 따라 의사 (縊死)(Hanging), 교사(絞死)(Ligature Strangulation), 액사(扼死)(Manual Strangulation)로 구분할 수 있다. 의사는 목에 두른 끈을 체중 또는 그 일부의 힘으로 졸라 목을 압박하여 사망에 이르게 하는 것을 말하고, 교사는 끈을 체중 이외의 힘으로 졸라 목을 압박하여 사망에 이르게 하는 것을 말하고, 액사는 손으로 목을 졸라 사망에 이르게 하는 것을 말한다. 교사에 의한 사망은 액사의 경우에서 보다 전형적인 질식의 형태를 띠는 경우가 많으므로 교흔 위쪽에서는 울혈, 부종 등의 소견이 두드러질 수 있으며, 얼굴이나 결막에 일혈점(溢血點)(내출혈로 인해 피부에 얼룩지게 나타난 점)이 나타나며 코와 귀에서 출혈을 할 수가 있으며, 액사는 가정에서 남성이 여성을 죽이는 경우나 성 관련 범죄 등에서 흔히 발생하며, 어린아이가 피해자인 경우도 흔하다. 질식사의 원인으로는 그 밖에도 산소 결핍, 코입 막음(비구폐색), 체위에 의한 질식, 흉부나 복부압박(외상성 질식사) 등과 같은 경우도 있다.102

① 대판 1990. 5. 8, 90도670(긍정)

97   강간범인이 피해자를 사망에 이르게 한 경우에 그 사망의 결과가 간음행위 자체뿐만 아니라 강간의 수단으로 사용한 폭행으로 인하여 초래된 경우에도 강간치사죄가 성립하는 것이나, 다만 범인이 강간의 목적으로 피해자에게 폭행을 가할 때에 살해의 범의가 있었다면 본죄와 강간치사죄의 상상적 경합범이 성립한다고 할 것이므로, 강간범인이 살해의 미필적 고의를 가지고 피해자의 입을 막고 경부를 눌러 피해자를 질식으로 인한 실신상태에 빠뜨려 강간한 후 그즈음 피해자를 경부압박으로 인한 질식으로 사망케 하였다면, 본죄와 강간치사죄의 상상적 경합범으로 보아 가장 무거운 살인죄에 정한 형으로 처벌한 항소심 판결은 정당하다고 판결하였다.

② 대판 2001. 3. 9, 2000도5590(긍정)

98   건장한 체격의 군인이 키 150cm, 몸무게 42kg의 왜소한 피해자를 상대로 폭력을 행사하였고, 특히 급소인 목을 15초 내지 20초 동안 세게 졸라 피해자의 설골(舌骨)(턱과 갑상선 연골 사이의 목의 앞부분 중간쯤에 있는 말발굽 모양의 뼈)이 부러

---

102 강대영 외 11인, 법의학, 정문각(2007), 221-234.

제24장 살인의 죄   § 250(살인, 존속살해)

지고 그로 인하여 사망한 사안에서, 피고인이 비록 범행 당시 살인의 범의는 없
었고 단지 상해 또는 폭행의 범의만 있었을 뿐이라고 다투는 경우에도, 폭력의
태양 및 정도에 비추어 보면 피고인에게 최소한 살인의 미필적 고의는 있었다
고 판단하여, 살인의 공소사실을 유죄로 인정한 항소심 판결은 정당하다고 판결
하였다.

　③ **대판 2002. 2. 8, 2001도6425**(긍정)[103]

　강도가 베개로 피해자의 머리 부분을 약 3분간 누르던 중 피해자가 저항을   99
멈추고 사지가 늘어졌음에도 계속하여 누른 행위에 대하여, 살해의 고의가 있었
다고 판결한 항소심의 판단을 수긍하였다.

　④ **대판 2003. 2. 26, 2001도1314**(치과의사 모녀 살인 사건 재상고심)(부정)

　공소사실의 요지는 피고인은 피해자(배우자)와 다투다가 아파트 베란다에 설   100
치된 커텐줄로 피해자를 목졸라 살해하고, 딸도 불상의 줄로 목을 졸라 살해한
후 피해자들의 시체를 욕조에 넣고, 안방 장롱 안의 옷에 불을 붙여 안방 천정
등으로 타 들어가게 하는 등 주거로 사용하는 아파트를 소훼하였다는 내용이다.

　이에 대하여 제1심[104]은 유죄판결을 선고하였으나, 항소심[105]은 제1심 판결   101
을 파기한 후 피고인에 대하여 무죄판결을 선고하였다.

　그런데 대법원[106]은 검사 상고를 받아들여 항소심 판결을 파기환송하면서,   102
공소사실에 부합하는 감정결과 중 일부분에 의문이 있다고 하여 감정결과 전부
의 증명력을 배척해서는 안 되며, 제3자 범행 가능성에 대하여 이 사건 감정내용
과 부합하지 아니하면 제3자 범행가능성이 희박한 증거자료들은 비록 정황증거
라고는 하나 피고인의 유죄에 대한 유력한 증거자료가 될 수 있다고 판시하였다.

　한편 위 환송사건을 심리한 파기환송심[107]은 거짓말탐지기 검사결과, 손톱   103
자국이나 커텐줄에 관한 수사내용, 피고인이 공소사실과 비슷한 내용의 비디오
테이프를 빌려본 사실 등 피고인이 이 사건 범인일 수 있다고 의심할 정황들이

---

103 이 판결에 대한 평석으로는 윤병철, "생명 침해범에 대한 양형 - 대법원 2002. 2. 8. 선고, 2001
　　도6425 판결을 중심으로 -", 형사판례연구〔12〕, 한국형사판례연구회, 박영사(2004), 122-155.
104 서울지법 서부지판 1996. 2. 23, 95고합228.
105 서울고판 1996. 6. 26, 96노510.
106 대판 1998. 11. 13, 96도1783. 이 판결에 대한 평석은 변종필, "간접증거에 의한 유죄인정", 비
　　교형사법연구 5-2, 한국비교형사법학회(2003), 385-407.
107 서울고판 2001. 2. 17, 98노3116.

있기는 하지만, 다른 한편으로는 피고인의 범행동기를 쉽게 인정할 수 없는 점, 사망시각 또는 사망시간대의 추정에 관한 증거들은 유죄의 증거가치를 부여하기에는 부족한 점, 이사건 화재가 피고인의 출근 이후 발생한 것으로 보이는 점, 피고인의 진술에 일관성이 없거나 거짓으로 보이는 일부 내용은 유죄의 증거로까지 인정하기에는 부족한 반면, 피고인에게 유리한 정황도 상당 부분 있는 점 등에 비추어 유죄의 정황만으로는 피고인이 범인이라고 단정하기에 의문점이 많을 뿐만 아니라, 제3자의 범행가능성도 완전히 배제할 수 없다고 판시하면서 피고인에 대하여 무죄판결을 선고하였으며 이에 검사가 재상고하였으나, 대법원(재상고심)은 공소사실을 인정할 직접적인 증거가 없고, 가장 중요한 간접증거인 피해자들의 사망시각에 관한 여러 증거의 증명력이 스위스 법학자의 증언이나 화재재현실험결과에 의하여 크게 줄어들었으며, 나머지 간접증거를 종합하더라도 공소사실을 인정하기에 부족하다는 이유로 검사 상고를 기각하였다.[108]

⑤ 대판 2013. 4. 26, 2012도15985(의사 만삭부인 살해 사건 재상고심)(긍정)

104　　　공소사실의 요지는 의사인 피고인이 자신의 집에서 피해자(피고인의 배우자)의 목을 졸라 살해하였다는 내용이다.

105　　　대법원[109]은, 피해자의 사망원인이 손에 의한 목눌림 질식사(액사)인지와 피고인이 사건 당일 오전 집을 나서기 전에 피해자를 살해하였다고 볼 수 있는 정황이나 증거가 존재하는지에 관하여 치밀한 검증 없이 여러 의문점이 있는 부검소견이나 자료에만 의존하여 공소사실이 합리적 의심을 배제할 정도로 증명되었다고 보아 유죄를 인정한 항소심[110] 판결에 형사재판에서 요구되는 증명의 정도에 관한 법리를 오해하여 필요한 심리를 다하지 아니하는 등 위법이 있다고 판시하면서, 항소심 판결을 파기환송하였다.

106　　　그러나 위 환송사건을 심리한 파기환송심[111]은, 피해자 사체에 대한 검안

---

108 피고인이 진범임을 가리키는 유력한 증거들이 있었음에도 불구하고, 피고인 측의 이른바 현장부재증명, 즉 알리바이에 관한 주장(피고인이 출근차 아파트를 나온 시간은 아침 7시경인데, 그 후에 누군가가 불을 놓았다는 취지)이 받아들여진 사안으로 평가되고 있다[주석형법 〔각칙(3)〕(5판), 149(김승주)].

109 대판 2012. 6. 28, 2012도231(의사 만삭부인 살해 사건).

110 서울고판 2011. 12. 23, 2011노2660. 제1심 판결에 대한 피고인(사실오인과 법리오해)과 검사(양형부당)의 항소를 모두 기각하였다.

111 서울고판 2012. 12. 7, 2012노1944.

및 부검과정에서 발견된 목 부위의 피부까짐, 지두흔(指頭痕)과 유사한 오른 턱뼈각 주변의 멍과 그 바로 밑 물렁조직층의 출혈, 오른 목빗근 근육 속 출혈, 방패연골 왼 위뿔 주변 물렁조직의 국소출혈 등은 타인에 의한 인위적인 외력의 흔적으로서 액흔(액사 특유의 소견)이라고 볼 수 있는 점, 피해자의 뒤통수 부위 외부상처와 내부출혈, 피해자의 얼굴 등에 난 여러 상처 등은 액사의 과정에서 입은 상처일 가능성이 크거나 피해자가 생전에 누군가와 다투는 과정에서 생긴 것으로 보이는 점, 이 사건 직후 피고인의 이마 부위 및 양팔 부위 등에서 발견된 상처는 피해자와의 물리적 다툼의 과정에서 생긴 것으로 봄이 타당한 점, 피해자가 실신하거나 욕조에서 낙상하였을 가능성을 완전히 배제할 수는 없으나, 위와 같은 여러 외상소견들 및 피해자가 발견될 당시 자세의 특이성 등에 비추어 피해자가 이 사건 당시 욕실에서 실신 등으로 이상자세에 의하여 질식사하였다고 볼 수 없는 점 등을 종합하면, 피해자의 사망원인이 액사(목눌림에 의한 질식사)라고 충분히 인정되며, 피고인의 현장부재 사실이 증명된다고 보기 어려운 점, 피해자의 평소 출근습관과 시체 발견 당시 피해자의 모습이 불일치하고, 이 사건 당일 아침 피해자의 행적에 대한 피고인 진술에 신빙성이 없는 점, 피해자의 시체 및 피고인에게서 발견된 각종 상처, 피고인과 피해자의 옷 등에서 발견된 혈흔 등 피고인과 피해자 사이에 물리적 다툼의 과정에서 생긴 것으로 보이는 여러 흔적이 발견되고, 그에 대한 피고인의 진술을 믿기 어려운 점, 피고인이 이 사건 당일 및 그 이후에 상당히 의심스러운 태도와 행적을 보였던 점, 이 사건 아파트의 구조와 보안시스템, 피해자의 평소 원한관계 여부 등에 비추어 피고인이 06:41경 집을 나간 이후 제3자가 침입하여 피해자를 살해하였다고 보기 어려운 점, 피해자의 사망장소나 시체이동 여부를 확정할 수 없다고 하더라도 이러한 사정만으로는 피고인이 집에서 피해자를 살해하였다는 사실 인정에 방해가 되지 않는 점, 피고인에게 피해자를 계획적으로 살해할 만한 특별한 동기가 없었더라도 순간적으로 격분하여 우발적·충동적으로 피해자의 목을 졸라 살해할 만한 동기는 충분히 있었던 것으로 보이는 점 등을 종합하면, 피고인이 피해자의 목을 졸라 살해한 사실이 합리적 의심의 여지 없이 충분히 인정된다고 판단하여 피고인에 대하여 유죄판결을 선고하였다.

이에 피고인이 상고하였으나 대법원(재상고심)은 위 파기환송심 판결이 피해

107

〔김 영 태〕 **49**

자의 사망원인이 액사이고 그 살해의 범인이 피고인이라고 판단함과 아울러, 이른바 이상자세에 의한 질식사의 가능성과 제3자에 의한 범행가능성을 배제한 것은 모두 정당하고, 상고이유와 같이 논리와 경험의 법칙을 위반하고 자유심증주의의 한계를 벗어나 사실을 오인하거나 형사재판에서 요구되는 입증의 정도에 관한 법리를 오해하는 등의 위법이 없으며, 다만 원심이 그 판시와 같은 사정들만으로 피고인에게 우발적·충동적 살해의 동기가 충분히 있었다고 본 것은 선뜻 수긍하기 어려우나, 그와 같은 동기를 배제하더라도 다른 간접증거들의 종합적 증명력에 의하여 피고인의 범행사실을 합리적 의심 없이 인정할 수 있는 데다가, 이 사건 범행은 피해자와 물리적 다툼을 벌이는 과정에서의 우발적·충동적인 범행에 가깝다고 보이는 점 등에 비추어 보면, 피고인에게 뚜렷한 살해의 동기가 발견되지 않는다고 하여 그러한 사정이 이 사건 유죄의 인정에 방해가 된다고 할 수 없다고 판시하면서 피고인의 상고를 기각하였다.

108   결국, 피고인에 대한 본죄의 유죄판결이 선고되어 확정되었다.

(d) 독살에 의한 경우[112]

109   독살(毒殺)이라 함은 독성물질을 사용하여 죽이는 것이다. 독성물질은 자연적으로 만들어진 독소(毒素)(toxin)와 인공적으로 만들어진 독물(毒物)(toxicant)로 구분되는데, 독물은 인체에 작용하는 방법에 따라 부식독(조직에 직접 작용하여 부식 혹은 괴사를 일으키는 것), 실질독(실질 장기에 흡수된 후 독작용을 나타내는 것), 효소독(특정 효소계의 기능장애를 초래하는 것), 혈액독(주로 적혈구의 장애를 초래하는 것), 신경독(주로 중추신경의 기능장애를 초래하는 것)으로 분류할 수 있으며, 그 이외에도 자연독(뱀독, 복어독, 독버섯) 등이 있다.[113] 독살은 1대 1의 대결이 아닌 상태로 상대를 살해할 수 있으므로, 힘이 약한 여성에 의하여 범해지는 경우도 드물지 않으며, 음식물에 독물을 넣는 경우에는 독물이 그 후에 알아서 상대의 목숨을 빼앗기 때문에 범인을 검거하기도 어렵다.[114]

---

112 프랑스형법은 '독물투여, 독살'에 대하여 보통살인죄가 아닌 별도 범죄로 규정하고 있다. 즉, 프랑스형법 제221-5조는 사망을 초래하는 물질을 사용하거나 투여하여 타인의 생명에 위해를 가하는 것은 독물투여죄에 해당하며, 독물투여죄는 30년의 징역형에 처하고, 독물의 투여가 제221-2조(중죄·경죄의 수행 중 보통살인), 제221-3조(모살) 및 제221-4조(가중보통살인)의 가중사유에 해당하는 때에는 무기징역형에 처한다고 규정하고 있다[법무부, 프랑스형법(2008), 96].
113 강대영 외 11인, 법의학, 194-206.
114 우에노 마사히코(上野正彦), 박의우 역, 독살, 살림출판사(2005), 242.

한편 치사량에 미달하는 극약으로 사람을 살해하려고 한 경우에는 본죄의 불 110
능미수가 되지만,[115] 그것이 피해자에 대하여는 치사량에 미달하였다고 하여도
일반적으로 사람을 살해할 수 있을 정도인 경우에는 본죄의 장애미수가 된다.[116]

① 대판 1998. 2. 24, 96도3102(부정)

피고인은 애인관계로 지내던 피해자에 대하여 A(동물병원 운영자)로부터 구 111
입하여 가지고 다니던 틸레타민과 졸라제팜이 혼합된 동물마취제인 '졸레틸 50'
이란 약품 250mg을 5cc 용액에 희석하여 그중 일부를 주사기에 담아 피해자에
게 피로회복제 등으로 오인시킨 다음 오른쪽 팔 부위에 주사하여 마취시킨 뒤,
이어 남은 위 졸레틸 희석액과 물에 희석한 동물안락사용 극약인 황산마그네슘
약 3.5g을 주사기로 피해자의 오른쪽 팔 부위에 수회 주사·투약하여, 그 무렵
그곳에서 피해자로 하여금 위 틸레타민과 졸라제팜 및 마그네슘 중독으로 살해
하였다는 내용으로 기소된 사안에서, 대법원은 ⓐ 피해자가 01:00경부터 06:00
경까지 사이에 사망하였고, 사망원인은 틸레타민과 졸라제팜에 의한 약물중독
사로 추정되고, ⓑ 위 시간대 사이에 사망하기 전에 피해자는 누군가에 의해 오
른쪽 팔에 28번의 주사가 놓아졌으며, ⓒ 그 놓아진 주사액은 '졸레틸'이나 '탈
레졸'과 같이 틸레타민과 졸라제팜이 혼합된 약물이고, ⓓ 피고인은 전에 A로부
터 개 안락사 명목으로 '졸레틸'과 주사기를 구입하였으며, ⓔ 피해자 사망 후 A에
게 약품구입사실을 다른 사람에게 말하지 말아달라고 부탁한 일이 있고, ⓕ 위
시간대의 상당 부분을 피고인과 피해자가 같이 있었던 사실은 인정되지만, 그
사실만으로 피고인이 나간 시각 이전에 피해자가 사망하였다고 단정할 수 없고,
피고인이 피해자를 살해할 만한 특별한 성격이나 동기를 인정할 만한 충분한
증거가 없으며, 피고인이 구입한 황산마그네슘 3.5g은 치료약의 범위 내로서 이
를 희석하여 3cc 주사기로 수회 나누어 투여하더라도 인체에 거의 해를 주지 않
는데다가 그것이 피해자에게 투여되었다고 인정할 충분한 증거도 없고, 또 피고
인이 구입한 '졸레틸 50' 1병 역시 피해자와 같은 건강한 청년으로 하여금 사망

115 대판 1984. 2. 14, 83도2967(농약 배춧국 사건). 이 판결에 대한 평석으로는 이재상, "불능미수
와 가능미수의 구별", 형법기본판례 총론, 229-239.
116 대판 1984. 2. 28, 83도3331. 이 판결에 대한 평석으로는 김호기, "살인죄에 있어서 불능미수와
장애미수의 구별(대법원 1984. 2. 28. 선고 83도3331 판결의 검토를 중심으로), 형사법연구 19-3,
한국형사법학회(2007), 569-586; 이재상(주 115), 229-239.

에 이르게 할 정도의 분량이라고는 볼 수 없으며, 피해자의 사망시각과 생전의 마지막 소변시각 사이의 시간과 위 '졸레틸'의 마약대용 가능성에 비추어 사고 사의 가능성을 배제할 수 없고, 피고인 이외의 피해자 일행 7명과 외부침입자의 범행가능성을 완전히 배제할 수는 없으며, 기타 사건 발생장소가 살해장소로서 부적합하고, 피로회복제로 속여 주사하였다는 범행방법이 부자연스럽다고 판단 하면서, 위 인정된 사실만으로는 합리적인 의심의 여지가 없이 피고인이 피해자 를 살해하였다는 확신이 들 정도의 증명이 있다고 할 수 없고, 달리 이 사건 공 소사실을 증명할 만한 증거가 없다는 이유로 제1심 판결[117]을 파기하고 무죄를 선고한 항소심 판결[118]은 정당하다고 판결하였다.

② 대판 2007. 5. 11, 2007도748(친딸 청산가리 살해 사건)(긍정)

112   공소사실의 요지는 피고인은 피해자인 친딸(9세) 명의로 보험에 가입한 다 음날 수영장에서 수영을 하던 피해자에게 청산가리가 든 음료수 또는 음식을 주어 먹게 함으로써 청산염 중독으로 피해자를 살해하였다는 내용이었는데, 피 고인은 공소사실을 극구 부인하였다.

113   제1심[119]은 피해자가 죽기 직전 피고인을 만났으며 그 후 언니와 사촌언니 에게 "맛있는 것 먹고 왔다."라고 이야기한 점, 피고인은 피해자의 부검을 반대 한 점, 피고인은 피해자가 사망하기 1일 전에 생명보험에 가입하였으며 피해자 사망 후 3개월 후에 보험금을 청구한 점, 수영장은 1인당 최고 1억 원의 책임보 험에 가입되어 있는 점, 피고인은 보험료가 없다며 보험모집원에게 대신 보험료 를 납부해 달라고 하였고, 피해자 사망 후 보험모집원으로부터 대신 납부한 보 험료를 달라는 요청을 받았을 때에도 피해자의 죽음에 대하여 이야기하지 아니 한 점 등에 비추어, 피고인이 보험가입 후 익사를 가장하여 수영장으로부터 보 상금 및 생명보험금을 노리고 피해자를 살해하였음을 인정할 수 있다고 판결하 였으며, 항소심[120]과 대법원은 피고인의 항소 및 상고를 각 기각하였다.

③ 대판 2011. 6. 30, 2011도3955(청산가리 살인 사건 재상고심)(긍정)

114   공소사실의 요지는 피고인이 자신의 배우자 A가 마시는 음용수에 청산가리

---

117 서울지법 서부지판 1996. 6. 5, 96고합2.
118 서울고판 1996. 11. 5, 96노1268.
119 창원지판 2006. 8. 16, 2005고합335.
120 부산고판 2007. 1. 10, 2006노556.

를 녹여놓아 A를 사망하게 하고, B와 C의 집 앞에도 마치 등산객이나 지인이 놓고 간 피로회복제인 것처럼 위장하여 청산가리가 든 캡슐을 올려놓아 이들을 사망하게 하였다는 내용이다.

대법원[121]은 청산가리의 입수 경위, 청산가리가 독극물로서 효능을 유지하고 있었는지 여부 및 B, C의 사망과 관련한 간접증거와 간접사실만으로는 위 각 살인 범행이 합리적인 의심을 할 여지가 없을 정도로 증명되었다고 보기 어렵다고 판시하면서 항소심 판결[122]을 파기환송하였다.   115

그런데 위 환송 사건에 대하여 파기환송심[123]은 피해자들의 집에서 발견된 신문지에 기재된 필적이 피고인의 필적이 아니라는 변호인의 주장을 배척하고, 피고인이 피해자들에 대한 살인의 도구로 청산가리를 사용한 일이 없다는 주장에 관하여, ⓐ 청산가리는 공기 중에 노출 시 조해(潮解)하면서 공기 중의 이산화탄소를 흡수하여 맹독성의 사이안화 수소를 방출하고 탄산칼륨이 되어 독성이 감소하는 경향이 있으나, 조해 시 수분 및 이산화탄소를 필요로 하므로 밀폐된 공간에서는 조해가 더 이상 진행되지 못하고, ⓑ 유리병 또는 일반적인 분유통 정도의 밀폐만으로도 외부 공기의 유입이 차단된 상태를 유지할 수 있고, 유리병 또는 분유통 안에 밀폐된 상태가 유지된 채로 놓여 있을 경우 수백 년 이상 그 독성을 유지할 수 있으며, ⓒ 뿐만 아니라 덩어리 형태로 된 경우에는 표면적이 적어 독성의 감소가 미미하므로, 덩어리 형태로 된 청산가리의 경우 일반적인 생활환경에 개방된 상태로 있다 하여도 표면에서는 독성의 감소가 일어나지만 내부에서는 독성의 변화가 일어나지 않게 되어 덩어리 전체의 독성은 수십 년 이상 유지될 수 있고, ⓓ 피고인에게 건네진 청산가리와 동일한 종류의 것으로 보이는 '검은 비닐봉지에 싼 청산가리'는 물론, D가 서울에서 안산으로 '삼성기계'를 이전할 때부터 16년 이상 보관하여 온 '유리병에 든 청산가리'에서도 모두 청산염 및 나트륨염이 검출되어 독성이 유지되고 있음이 밝혀졌는바, 위와 같은 사정에 비추어 보면, D가 피고인에게 교부한 청산가리는 독극물로서의 효능을 충분히 유지하고 있었던 것으로 인정된다고 판단한 다음, 피해자들의   116

---

121 대판 2010. 12. 9, 2010도10895(청산가리 살인 사건).
122 대전고판 2010. 8. 6, 2010노76.
123 대전고판 2011. 3. 24, 2010노597.

부검감정서를 조사한 결과, 위 피해자들 모두 혈액과 위 내용물에서 청산염(시안산염)이 검출되었고, 먹거나 마시는 방법으로 청산염이 투여된 것으로 밝혀진 점, 또한 피해자들이 사망 직전 마신 것으로 보이는 건강음료병 2개에 관하여 청산염의 확인시험 결과 청산염이 검출되지 않은 점, 또한 피해자들의 집에서 발견된 신문지에 기재된 필적이 피고인의 필적과 동일하고, 필기구 또한 피고인의 집에서 발견된 사인펜과 동일한 성분이라는 감정결과 및 피고인의 집에서 빈 캡슐이 발견된 점 등을 종합하여 보면, 피해자들이 피고인이 위 신문지에 놓아 둔 '피로회복제'로 위장한 '청산가리가 들어 있는 캡슐'을 먹고 사망하였다고 추론하는 것은 충분히 설득력이 있다고 판단한 다음 피해자들을 살해한 사실이 없다는 피고인의 항소를 기각하였으며, 대법원(재상고심)은 위 파기환송심의 판결은 정당하다고 판시하면서 피고인의 상고를 기각하였다.

④ 대판 2017. 10. 12, 2017도8814(긍정)

117   공소사실의 요지는 피고인은 학교 동창인 피해자의 남편 A와 내연관계를 이어오던 중 피해자의 집에 찾아가 함께 술을 마시자고 권유한 다음, 피해자로 하여금 피고인이 미리 준비한 청산가리를 희석한 소주를 마시게 하는 방법으로 피해자를 청산염 중독 등으로 인해 사망케 함으로서 살해하였다는 내용이다.

118   대법원은, 피고인은 피해자와 소주를 마신 사실은 있으나 청산가리를 타지는 않았으며 피해자가 자살하였거나 A가 살해하였을 가능성이 있다는 취지로 주장하였음에도 유죄판결을 선고한 제1심 판결[124]에 대한 피고인의 항소를 기각한 항소심 판결[125]에 대한 피고인의 상고를 기각하면서, ⓐ 피고인은 피해자를 살해할 만한 충분한 범행의 동기를 가지고 있었을 뿐만 아니라 범행 준비 정황, 범행 당일 및 범행 이후의 정황 등 피고인의 범행을 추단할 수 있는 적극적 사정들이 존재하고, ⓑ 피고인의 범행 이외의 다른 원인에 의한 피해자의 사망 가능성을 배제할 수 있으며, ⓒ 이러한 사정에 배치되는 피고인의 변소 역시 허위라고 판단되므로, 결국 피고인이 미리 준비하여 간 소주에 청산가리를 몰래 넣은 다음 피해자로 하여금 청산가리가 들어있는 소주를 마시게 하는 방법으로 피해자를 살해한 사실을 인정할 수 있다고 판시하였다.

---

124 서울동부지판 2016. 2. 5, 2015고합246.
125 서울고판 2017. 5. 24, 2016노627.

⑤ 대판 2018. 11. 29. 2018도11514(긍정)

공소사실의 요지는 피고인 甲과 乙이 공모하여 2016. 4. 22. 19:35경부터   119
23:25경까지 피해자(피고인 甲의 법률상 남편)의 주거지에서 다량의 졸피뎀과 니코
틴 원액을 불상의 방법으로 음용케 하여(예비적으로 이를 투여하여) 피해자를 니코
틴 중독 등으로 즉석에서 사망케 하였다는 내용이다.

대법원은, 피고인들은 공소사실의 표현이 지나치게 모호하고, 살해에 사용   120
된 도구가 니코틴 원액인지 니코틴 원액을 희석한 용액인지도 불확실하며, 졸피
뎀과 니코틴 원액이 투여된 시간적 간격, 투여의 방식 등이 지나치게 광범위하
고 개괄적이어서 공소사실이 특정되었다고 볼 수 없으며, 피고인 甲은 피해자의
부탁으로 피해자에게 수면제 2알만 주었을 뿐 니코틴을 투여한 사실이 없다고
주장함에도 불구하고 피고인들을 본죄의 공범으로 인정하여 유죄판결을 선고한
제1심 판결[126]에 대한 피고인들의 항소를 기각한 항소심 판결[127]은 정당하며,
항소심 판결에 공소사실의 특정 여부와 형사재판에서 요구되는 증명의 정도에
관한 법리 등을 오해하여 판결에 영향을 미친 잘못이 없다고 판시하면서 피고
인들의 상고를 모두 기각하였다.

(e) 자살에 의한 경우

자살(刺殺)이라 함은 칼 따위로 찔러 죽이는 것으로서, 척살(刺殺)이라고도   121
한다. 칼 따위로 피해자의 목이나 심장 등 중요 부위를 찔러 그로 인하여 피해
자가 사망하는 경우에는 특별한 사정이 없는 한 피고인의 살해의사를 인정할
수 있을 것이다. 그런데 그 이외의 신체 부위를 찔러 사망하게 한 경우에는 살
해 여부가 문제될 수가 있다.

① 대판 1982. 12. 28. 82도2525(긍정)

공소사실의 요지는 피고인이 길이 39센티미터, 너비 4.8센티미터의 식도로   122
피해자의 하복부를 찔러 직경 5센티, 깊이 15센티미터 이상의 자창을 입혀 복강
내 출혈로 인한 혈복증을 입게 하고, 그로 인하여 약 1개월 후 패혈증과 급성심
부전증의 합병증을 일으켜 사망케 하여 살해하였다는 내용이다.

---

126 의정부지판 2016. 9. 7, 2016고합419. 다만, 기소된 공소사실 중 예비적 공소사실을 유죄로 인
   정하였다.
127 서울고판 2018. 7. 6, 2017노2765.

123   이에 대하여, 일반적으로 내장파열 및 다량의 출혈과 자창의 감염으로 사망
의 결과를 발생하게 하리라는 점을 경험상 예견할 수 있으므로 살인의 결과에
대한 확정적 고의는 없다고 하더라도 미필적 인식은 있었다고 판결하였다.

        ② 대판 2002. 10. 25, 2002도4089(긍정)

124   공소사실의 요지는 피고인 2명이 피해자의 허벅지나 종아리 부위 등을 20
여회 가량 찔러 그로 인하여 피해자가 과다실혈로 사망케 하여 살해하였다는
내용이다.

125   대법원은, 살인죄의 범의는 자기의 행위로 인하여 피해자가 사망할 수도 있
다는 사실을 인식, 예견하는 것으로 족하지 피해자의 사망을 희망하거나 목적으
로 할 필요는 없고, 확정적인 고의가 아닌 미필적 고의로도 족하다고 하면서 비
록 머리나 가슴 등 치명적인 부위가 아니라고 하더라도 피고인 2명이 자기들의
가해행위로 인하여 피해자가 사망할 수도 있다는 사실을 인식하지 못하였다고
는 볼 수 없고, 오히려 살인의 미필적 고의가 있었다고 볼 수 있다고 판시하면
서 본죄의 성립을 인정하였다.

        ③ 대판 2017. 1. 25, 2016도15526(이태원 살인 사건)(긍정)

126   공소사실의 요지는 피고인[128]이 1997. 4. 3. 21:50경 이태원에 있는 햄버거
가게 화장실에서 A[129]와 공모하여 피해자의 목과 가슴 부위를 칼로 찔러 살해
하였다는 내용으로서, 피고인은 A가 범행하는 것을 우연히 목격하였으며 1997.
4. 3. 23:00경 A가 햄버거 가게 화장실에 버린 칼을 집어 들고 나와 하수구에
버렸을 뿐 A와 공모하여 피해자를 살해한 사실이 없다고 주장하였다.

127   제1심[130]은 피고인에 대하여 유죄판결(징역 20년)을 선고하였고, 항소심[131]은
피고인의 항소를 기각하였으며, 대법원도 피고인에 대한 유죄를 인정하였다. 대
법원은 ⓐ 피해자는 피고인과 A만 있던 햄버거 가게 화장실에서 칼에 찔려 사망
하였는데, 피고인과 A는 서로 상대방이 피해자를 칼로 찔렀고 자신은 우연히 그

---

128 피고인(미국인)은 범행 후 미국으로 도주하였으나 범죄인인도절차를 통하여 우리나라로 송환되
    어 재판을 받았다.
129 A는 이 사건 범죄사실과 기본적 사실관계가 동일한 범죄사실에 대하여 이미 무죄판결을 선고받
    아 그 판결이 확정되었다(대판 1998. 4. 24, 98도421).
130 서울중앙지판 2016. 1. 29, 2011고합1600.
131 서울고판 2016. 9. 13, 2016노562.

장면을 목격하였을 뿐이라고 주장하고 있으나, 범행 현장에 남아있는 혈흔 등에 비추어 보면, A의 주장은 특별한 모순이 발견되지 않으나, 피고인의 주장은 쉽사리 해소하기 힘든 논리적 모순이 발생하는 점, ⓑ 범행 이후의 정황에 나타난 사정들 즉, 피고인은 양손과 머리, 상의, 하의 등 온몸에 피해자의 피가 많이 묻었던 반면, A는 상의 이외에는 피해자의 피가 묻지 않았으며, 피고인은 햄버거 가게 화장실에서 나와 곧바로 4층 화장실로 올라가서 머리와 얼굴, 양 손에 묻은 피를 씻고, 피가 묻은 셔츠를 갈아입고 모자까지 빌려 쓴 다음 건물 밖으로 나왔으며, 그 과정에서 다른 사람들과 대화를 나누지 않았는데, 이러한 행동은 직전에 칼로 피해자를 9차례나 찔러 살해한 사람이라면 취했을 행동으로 볼 수 있는 반면, A는 자신의 상의에 묻은 피해자의 피를 닦으려고 하지 않고 오히려 B 등에게 범행을 자랑하면서 상의를 보여주었으며, 자신의 말을 들은 B가 범행 장소인 1층 화장실로 내려가 피해자를 확인하고 다시 4층으로 올라와 추궁할 때까지 건물에서 나가려는 태도를 보이지 않았는데, 이러한 행동은 직전에 칼로 피해자를 9차례나 찔러 살해한 사람의 태도라고는 보이지 않으며, 피고인은 C가 피고인의 피 묻은 셔츠를 불태우는 것을 내버려 두었고, 범행 도구인 칼을 하수구 도랑에 버리는 등 범인이 범행 후 증거를 인멸하는 것으로 받아들일 수 있는 행동을 하였던 반면, A는 옷을 갈아입지도 않은 채 D를 만나러 갔고, 이후 집으로 가서 옷을 벗어두어 어머니가 세탁하도록 한 것 외에는 범행 후 증거인멸로 평가할 만한 행동을 한 적이 없고, 피고인은 여자 친구인 E에게 같이 가자고 하였다가 피 냄새가 난다는 이유로 거절당하였는데도 자신의 무고함을 설명하지 않았으며, 피고인은 피해자의 사망 사실을 확인한 뒤에도 함께 있던 친구들에게 자신의 책임을 부정하려는 별다른 노력을 기울이지 않았고, 여자 친구인 E나 가장 친한 친구인 C로부터 질문을 받고서도 A가 범인이라는 변명을 하지 않았으며, 피해자를 칼로 찌른 사람이 A라면, 현장에 같이 있던 피고인으로서는 의심을 받을 수밖에 없는 상황이었는데도 피고인이 그와 같은 태도를 취하였다는 것은 납득하기 어려운 반면, A는 범행 현장을 확인하고 이를 추궁하는 B에게 자신이 한 일이 아니라고 범행을 부인하였고, 곧바로 D에게 가서 피고인이 칼로 찔렀다고 말한 점 등을 종합하여, 피고인이 피해자를 칼로 찔러 살해하였음이 합리적인 의심을 할 여지가 없을 정도로 충분히 증명되었다고 판단하였다.

〔김 영 태〕

④ 대판 2018. 3. 27, 2017도20697(약촌오거리 강도살인 사건)(긍정)[132]

128　　공소사실의 요지는, 피고인은 피해자가 운전하는 택시에 승차하여 가던 중 약촌오거리 버스정류장 앞에서 식칼을 피해자의 목에 겨누면서 돈을 요구하였으나 피해자가 놀라 도망치려고 하자 식칼로 피해자의 오른쪽 가슴 부위 등을 수회 찔러 피해자를 살해하였다는 것으로서, 피고인은 피해자가 운전하는 택시에 승차하지 아니하였으며 피해자를 살해한 사실도 없다고 주장하였다. 이에 대하여, 제1심[133]과 항소심[134]은 피고인의 주장을 모두 배척하였으며, 대법원도 피고인의 상고를 기각하였다.

⑤ 대판 2019. 1. 31, 2018도18389(긍정)

129　　피고인의 주거지에서 선배로부터 소개받은 피해자와 술을 마시다가 피해자가 반말을 하고 피해자로부터 뺨을 2회 맞자 주방 싱크대 도마 밑에 놓여 있던 부엌칼을 들고 피해자의 목 부위를 향해 3회 휘두르고 쓰러진 피해자의 왼쪽 후두부를 향하여 3회 부엌칼을 휘둘러 피해자를 살해하고자 하였으나, 도중에 피해자가 손으로 출혈 부위를 누르며 도주하는 바람에 피해자에게 치료일수 약 14일이 걸리는 왼쪽 목 부위, 후두부 자상 등을 가하였을 뿐 살해의 뜻을 이루지 못하고 미수에 그친 사안에서, 피고인의 살인에 관한 미필적 고의를 충분히 인정할 수 있다고 판결하였다.

---

132 이 사건은 원래 피고인이 아닌 甲(당시 15세)이 범인으로 공소제기되어 유죄판결이 확정되었다가 재심으로 인하여 무죄판결을 선고받은 사건(광주고판 2016. 11. 17, 2013재노3)과 같은 내용이다. 즉, 甲은 '오토바이를 타고 약촌오거리 방면으로 진행하다가 택시 운전자인 피해자로부터 욕설을 듣자 순간적으로 격분하여 오토바이에 보관 중인 식칼로 피해자의 등 및 가슴 부분을 수회 찔러 살해하였다'는 내용으로 공소제기되어 제1심(전주지법 군산지판 2001. 2. 2, 2000고합127)에서 징역 15년을 선고받았으며, 항소심(광주고판 2001. 5. 17, 2001노76)은 甲의 항소(양형부당)를 받아들여 제1심 판결을 파기한 다음 징역 10년을 선고하였고 甲의 상고취하로 인하여 항소심 판결이 확정되었으나, 2013년 4월 2일 甲의 재심 청구로 인하여 재심에서 무죄판결이 선고되었다. 재심은 甲의 경찰에서의 자백 진술은 객관적으로 합리성을 띠고 있다고 볼 수 없고, 자백의 동기나 이유, 자백에 이르게 된 경위, 그 밖의 객관적인 다른 증거들과 모순되는 점 등에 비추어 보면 신빙성이 없는 허위 자백이라고 판단되며, 甲의 자백내용을 들었다는 증인 A(甲의 계모)의 경찰에서의 진술은 '경찰관들의 폭행에 의한 甲의 허위 자백'에 근거한 것일 개연성이 매우 높아 보이므로 증인 A의 진술은 유죄의 증거로 사용되기 부족하며, 검사가 제출한 나머지 증거들만으로는 甲에 대한 공소사실이 합리적인 의심을 할 여지가 없을 정도로 진실한 것이라는 확신을 가지게 하기에 부족하다고 판시하였다.
133 전주지법 군산지판 2017. 5. 25, 2016고합170. 제1심은 피고인에 대하여 징역 15년을 선고하였다.
134 광주고법 전주재판부판 2017. 12. 1, 2017노92.

(f) 참살에 의한 경우

참살(斬殺)이라 함은 목을 베어 죽이는 것으로서, 참륙(斬戮)(칼로 베어 죽임)이   130
라고도 한다.

피고인이 화대를 지급할 만한 돈도 없이 윤락녀인 피해자의 방까지 따라   131
들어갔다가 피해자가 화를 낸다는 이유로 피해자의 목을 졸라 실신시킨 후 예
리한 연필깎이 칼로 피해자의 목을 수회 베어 살해하였다는 사안에서, 제1심[135]
은 이 사건 범죄의 죄질이 매우 중하며 피고인은 범행 후 피로 흥건한 피해자의
머리를 베개로 덮어 두어 범행사실을 쉽게 발각할 수 없도록 한 점도 보이지만,
주한미군 신병으로 우리나라에 와 교육훈련과 새로운 환경에 적응하는 과정에
서 심리적 긴장상태가 계속되어 있는 상황이었고, 심신미약의 상태에 이르지 않
았지만 술을 마신 상태에서 피해자로부터 욕설과 폭행을 당하자 순간적으로 이
사건을 저지르게 된 점 등을 종합하여 징역 15년을 선고하였으며, 이에 대하여
피고인(심신장애와 양형부당)과 검사(양형부당)가 각 항소하였는 바, 항소심은 피고
인의 양형부당 항소를 받아들여 제1심 판결을 파기하고 징역 10년을 선고하였
다. 항소심은, 피고인은 미국인으로서 이 사건 범행이 발생하기 불과 20여 일
전에 주한미군에 배속되어 와서 새로운 환경에 적응하느라 긴장된 심리상태가
계속되고 있다가 외박을 나가 자신의 주량을 넘는 과도한 술을 마시게 되어 이
사건 범행 당시 심신상실이나 심신미약의 상태에까지는 이르지 아니하였다고
하더라도 쉽게 자제력을 잃고 흥분된 상태에 빠질 수 있는 심신상태에 있었다
고 보여지고, 위와 같은 심신상태에서 피해자로부터 욕설을 듣고 뺨을 맞는 등
모욕을 당하자 순간 격분하여 자제력을 잃고 이 사건 범행에까지 이르게 된 것
으로 보여지며, 이 사건 범행 이후 자신의 잘못을 깊이 뉘우치고 있고, 제1심
판결 이후 미국 정부에서 피해자의 유족들을 위하여 금 79,848,943원을 배상하
여 주어 어느 정도나마 피해자의 유족들에 대한 피해를 위자하여 준 점을 비롯
하여 피고인의 연령, 성행, 성장환경, 전과 여부, 이 사건 범행의 동기, 수단 및
결과, 범행 후의 정황 등 원심이 적법하게 조사한 양형의 조건이 되는 여러 가
지 사항을 참작하면, 피고인의 양형부당 항소는 이유있다고 판시하였다.

---

135 서울지판 1997. 1. 16, 96고합1206.

(g) 익살(또는 익사)에 의한 경우

132   익살(溺殺)은 물에 빠뜨려 죽이는 것을 말하며, 익사(溺死)는 물에 빠져 죽는 것을 말한다. 익사는 대부분 피해자 또는 제3자의 과실에 의하여 발생하지만, 자살 등을 가장하여 사람을 살해하거나 살인사건을 은폐하는 수단으로 이용되는 경우도 종종 발생한다.

① 대판 1987. 1. 20, 86도2395(긍정)

133   7세, 3세 남짓된 어린자식들에게 함께 죽자고 권유하여 익사하게 한 사안에서, 비록 피해자들을 물속에 직접 밀어서 빠뜨리지는 않았다고 하더라도 자살의 의미를 이해할 능력이 없고 피고인의 말이라면 무엇이나 복종하는 어린 자식들을 권유하여 익사하게 한 이상 본죄의 범의는 있었음이 분명하다고 판시하면서, 본죄로 의율한 항소심 판단이 정당하다고 판결하였다.

② 대판 1992. 2. 11, 91도2951(조카 익사 방치 사건)(긍정)

134   살해의 의사로 위험한 저수지로 유인한 피해자(피고인의 조카, 10세)가 물에 빠지자 구호하지 아니한 채 방치하여 피해자가 물에 빠져 사망한 사안에서, 피해자의 숙부로서 익사의 위험에 대처할 보호능력이 없는 나이 어린 피해자를 익사의 위험이 있는 저수지로 데리고 갔던 피고인으로서는 피해자가 물에 빠져 익사할 위험을 방지하고 피해자가 물에 빠지는 경우 그를 구호하여 주어야 할 법적인 작위의무가 있다고 보아야 할 것이고, 피해자가 물에 빠진 후에 피고인이 살해의 범의를 가지고 그를 구호하지 아니한 채 그가 익사하는 것을 용인하고 방관한 행위(부작위)는 피고인이 그를 직접 물에 빠뜨려 익사시키는 행위와 다름없다고 형법상 평가될 만한 살인의 실행행위라고 보는 것이 상당하다고 판결하였다.

③ 대판 2007. 5. 11, 2007도748 판결(친딸 청산가리 살해 사건)(긍정)

135   피고인은 피해자인 친딸(9세) 명의로 보험에 가입한 다음날 수영장에서 수영을 하던 피해자에게 청산가리가 든 음료수 또는 음식을 주어 먹게한 다음 피해자로 하여금 수영을 하던 중 청산염 중독으로 사망케 하여 살해하였다는 내용으로 기소되었으며, 피고인은 공소사실을 극구 부인함에도 불구하고 1심과 항소심, 대법원은 피고인의 살해 사실을 인정하였다. 이 사건에서 피해자는 수영장에서 수영하다가 불상의 원인으로 사망하였는 바, 피고인의 부검반대 주장

에 따라 부검이 이루어지 아니하였다면 피해자는 청산염 중독으로 살해되었음에도 불구하고 수영 중 익사한 것으로 처리되어 내사종결되었을 것이다.

(h) 추락사에 의한 경우

추락사(墜落死)라 함은 높은 곳에서 떨어져 죽는 것을 말한다. 자살이나 과　　　**136**
실에 의한 경우가 대부분이지만, 자살 등을 가장하여 사람을 살해하거나 살인사건을 은폐하는 수단으로 이용되는 경우도 종종 발생한다.

추락사가 문제된 사안으로는 대판 1994. 11. 4, 94도2361(범의 부정)[136]가　　　**137**
있다.

공소사실의 요지는, 주위적으로 피고인은 피해자와 함께 호텔에 투숙한 다　　　**138**
음 결혼문제를 둘러싸고 다투던 중 피해자가 피고인과의 결혼을 거절하자 이에 격앙된 상태에서 손으로 피해자의 가슴을 때리고 멱살을 잡아 피해자의 머리를 벽에 부딪히게 하고 바닥에 넘어진 피해자의 가슴부위를 때리고 밟는 등 하여 피해자에게 늑골골절상 등을 가하고, 피해자가 빈사상태에 이르러 회생 기미가 없어 보이자 살해 범의를 가지고 투신 자살을 가장하기 위하여 피해자를 베란다 밑으로 떨어뜨려 살해하였다는 것이고, 예비적으로 피고인은 위와 같은 경위로 피해자가 빈사상태에 이르자 피해자가 사망한 것으로 오인하고 피해자가 자살한 것처럼 가장하기 위하여 피해자를 베란다 밑으로 떨어뜨려 사망하게 하였다는 것이다. 이에 대하여 피고인은 피해자가 실제 투신 자살하였다고 주장하였다.

제1심[137]은 피고인이 피해자에게 상해를 가한 사실, 피해자가 추락 전까지는　　　**139**
살아 있었던 사실 및 피고인이 피해자를 베란다 밑으로 떨어뜨린 사실, 그로 인하여 피해자가 사망한 사실은 충분히 인정되나, 피고인에게 살해의 범의가 있었다고 인정할 만한 확증이 없으며, 피고인과 피해자의 사회적 신분, 그동안의 두 사람 사이의 관계 등에 비추어 보더라도 피고인이 결혼문제로 인하여 피해자와 대립된 격앙된 상태에서 피해자에게 상해를 가하게 된 것까지는 수긍이 가지만, 더 나아가 피해자가 살아 있다는 사정을 알면서 피해자를 살해할 범의까지 갖게 되

---

136 이 판결에 대한 평석으로는 이재상, "소위 개괄적 과실의 처리", 형법기본판례 총론, 144-156; 장영민, "개괄적 과실(culpa generalis)? - 결과적 가중범에서의 결과귀속의 문제 -", 형사판례연구 [6], 한국형사판례연구회, 박영사(1998), 62-86; 조상제, "개괄적 과실(culpa generalis) 사례의 결과귀속", 형사판례연구 [10], 한국형사판례연구회, 박영사(2002), 62-80.
137 춘천지법 강릉지판 1994. 3. 25, 93고합336.

었다고 보는 것은 경험칙상 받아들이기 어렵다고 판시하면서 살인의 점에 대하여는 무죄판결을 선고하고, 상해치사에 대하여 유죄판결(징역 7년)을 선고하였다.

140   이에 대하여 피고인(사실오인, 법리오해)과 검사(사실오인, 법리오해, 양형부당)는 항소하였고, 항소심[138]은 피고인에 대한 다른 항소사건(업무방해)과 병합하면서 제1심 판결을 파기한 다음 피고인의 상해치사 및 업무방해 사건에 대하여 유죄판결(징역 8년)을 선고하였고 살인의 점에 대하여는 이유 무죄를 선고하였으며, 항소심 판결에 대한 피고인의 상고(채증법칙위반으로 인한 사실오인 등)는 대법원에서 기각되었다.

(i) 교통사고를 가장한 경우

141   교통사고는 교통상 발생하는 사고로서 과실범에 해당한다. 그런데 교통사고를 가장하여 피해자를 살해하는 경우가 종종 발생한다.

① 대판 2001. 11. 27, 2001도4392(긍정)

142   공소사실의 요지는 피고인은 교통사고를 가장하여 피해자들(친딸 2명과 조카딸 2명)을 살해하고 보험금을 수령하여 자신의 경제적 곤란을 해결하고 신변을 정리하는 한편, 그 범행을 은폐할 목적으로 피해자들을 승용차에 태운 후에 고의로 승용차를 저수지에 추락시켜 피해자들을 살해하고, 피고인과 건축대금 문제로 분쟁 중이던 또다른 피해자 A를 살해하려고 하였으나 미수에 그쳤다는 내용이다.

143   제1심[139]은 피고인에 대하여 사형을 선고하였으나, 항소심[140]은 피고인의 사실오인 주장을 배척하면서도 피해자들(친딸)의 어머니, 피해자들(조카딸)의 부모 등이 피고인의 처벌을 원하지 아니하고 있으며, 피고인의 나이, 성장과정, 성행, 가정환경, 경력 등에 비추어 볼 때 교화개선의 여지가 전혀 없어 보이지는 아니하는 점 등을 이유로 무기징역을 선고하였다.

144   대법원은, 피고인과 B의 불륜관계 및 이로 인한 가정의 파탄, 피고인의 채무규모와 경제적인 어려움, 피고인이 이 사건 발생 2일 내지 5일 전에 종전에 가입한 보험의 기본계약을 변경하고 실효된 보험을 부활시키는 한편 피해자인

---

138 서울고판 1994. 7. 27, 94노1060.
139 대전지법 서산지판 2000. 11. 18, 2000고합50.
140 대전고판 2001. 7. 27, 2000노710.

자녀들을 피보험자로 하는 4개의 보험에 가입한 경위, 피고인과 피해자 A 사이의 건물 신축공사를 둘러싼 다툼, 피고인의 이 사건 범행 당일의 행적(피해자인 자녀들과 조카들을 승용차에 태우고 다닌 경위, 범행 현장인 저수지 주변의 도로를 수차 왕복하면서 피해자 A를 승용차의 조수석에 동승시킨 경위 등), 위 사고가 발생한 도로와 저수지의 상태, 위 승용차가 저수지로 추락하기 직전의 상황, 위 승용차가 추락한 경위와 흔적, 피고인의 위 사고 직후 및 그 이후의 행적 등에 비추어 보면, 위 범행은 피고인의 운전 부주의로 승용차가 저수지에 추락하여 발생한 것이 아니라, 피고인이 교통사고를 가장하여 피해자인 자녀들을 살해하고 보험금을 수령하여 자신의 경제적 곤란을 해결하고 신변을 정리하는 한편, 그 범행을 은폐할 목적으로 보험의 피보험자인 자녀들 외에 조카들과 피해자 A를 승용차에 태운 후에 고의로 승용차를 저수지에 추락시켜 피해자들을 사망하게 한 것으로서 피해자들에 대한 살인의 범의가 인정된다고 판시하면서, 피고인의 상고(사실오인 및 양형부당)를 받아들이지 아니하였다.

② 대판 2012. 3. 29. 2012도219(재상고심)(부정)

공소사실의 요지는 피고인이 배우자인 피해자를 승용차 조수석에 태우고 운전하던 중 교통사고를 가장하여 살해하기로 마음먹고, 도로 옆에 설치된 대전차(對戰車) 방호벽의 안쪽 벽면을 차량 우측 부분으로 들이받아 피해자가 차에서 탈출하거나 저항할 수 없는 상태가 되자(1차 사고), 사고 장소로 되돌아와 다시 차량 앞 범퍼 부분으로 위 방호벽 중 진행방향 오른쪽에 돌출된 부분의 모서리를 들이받아(2차 사고) 피해자를 살해하였다는 내용이다.

대법원[141]은, 피고인이 범행을 강력히 부인하고 있고 달리 그에 관한 직접증거가 없는 사안에서, 제1심 판결[142]과 항소심 판결[143]이 들고 있는 간접증거

145

146

---

141 대판 2011. 5. 26, 2011도1902. 이 판결에 대한 평석으로는 김성룡, "과학적 증거에 의한 증명력 - 간접사실의 증명", 형사소송법 핵심판례 130선, 한국형사소송법학회, 박영사(2020), 132-133; 이상원, "감정서의 증거능력", 형사소송법 핵심판례 110선, 178-179; 이정봉, "'과학적 증거'의 증거법적 평가", 형사판례연구 [21], 한국형사판례연구회, 박영사(2013), 563-616.
142 의정부지판 2010. 4. 2, 2009고합260. 피고인에 대하여 징역 15년을 선고하였다.
143 서울고판 2011. 1. 20, 2010노1013. 제1심 판결에 대하여 피고인(증거능력에 관한 법리오해와 사실오인, 양형부당)과 검사(양형부당)가 각 항소하였는데, 항소심 과정에서 공소사실이 변경됨에 따라 항소심은 제1심 판결을 직권파기한 후 피고인의 정상참작 사유를 참작하여 징역 9년을 선고하였다.

와 그에 기초한 인정 사실만으로는 위 공소사실 인정의 전제가 되는 '살인의 범의에 기한 1차 사고'의 존재가 합리적인 의심을 할 여지가 없을 정도로 증명되었다고 보기 어려운데도, 피고인에게 본죄를 인정한 원심판결에 객관적·과학적인 분석을 필요로 하는 증거의 증명력에 관한 법리를 오해하거나 논리와 경험법칙을 위반한 위법이 있다고 판시하면서 피고인의 주장을 받아들여 항소심 판결을 파기하였다.

147   한편 위 환송사건을 심리한 파기환송심[144]은 '1차 사고'의 발생을 인정한 제1심 판결은 증거방법의 과학적 합리성에 수긍하기 어려운 점들이 있고, 검사가 '1차 사고'의 발생을 뒷받침하는 근거로 주장하는 간접사실 등에 대하여는 논리와 경험칙에 비추어 수긍하기 어려우므로 '1차 사고'가 존재하였음이 합리적인 의심을 할 여지가 없을 정도로 증명되었다고 보기 어렵다고 판시하면서 주위적 공소사실(살인죄, 1차 사고와 2차 사고 적시) 및 제1 예비적 공소사실(살인죄, 제1심 판결 당시의 공소사실, 1차 사고와 2차 사고 적시)에 대하여 각 이유 무죄를 선고하고, 제2 예비적 공소사실(교통사고처리특례법위반죄)을 유죄로 인정하여 금고 4년을 선고하였으며, 이에 대한 피고인(양형판단 및 양형판단 방법에 관한 법리오해)과 검사(법리오해 등)의 상고는 모두 기각되었다.

(j) 살해방법이 특정되지 아니한 경우

148   공소사실의 기재는 범죄의 시일, 장소와 방법을 명시하여 사실을 특정할 수 있도록 하여야 하는바(형소§254④), 이와 같이 범죄의 일시·장소와 방법을 명시하여 공소사실을 특정하도록 한 법의 취지는 법원에 대하여 심판의 대상을 한정하고 피고인에게 방어의 범위를 특정하여 그 방어권행사를 용이하게 하기 위한 데 있다.[145]

149   따라서 검사는 위 세 가지 특정 요소를 종합하여 다른 사실과의 식별이 가능하도록 범죄구성요건에 해당하는 구체적 사실을 기재하여야 한다. 그런데 후술하는 이른바 '시체 없는 살인 사건'의 경우와 같이 피해자의 시체가 없을 뿐만 아니라, 피고인이 살해 사실을 강력 부인하는 경우에는 살해방법을 구체적으로

144 서울고판 2011. 12. 9, 2011노1396.
145 대판 2000. 10. 27, 2000도3082; 대판 2006. 6. 15, 2005도3777; 대판 2011. 2. 10, 2010도16361; 대판 2011. 6. 9, 2011도3801; 대판 2014. 10. 30, 2014도6107 등.

특정하기 어렵다. 이 경우 살해방법을 어느 정도까지 특정하여야 하는지가 문제
되는데, 대법원[146]은 본죄에서 범죄의 일시·장소와 방법은 범죄의 구성요건이
아닐 뿐만 아니라 이를 구체적으로 명확히 인정할 수 없는 경우에는 개괄적으
로 설시하여도 무방하다고 판결하였다.

① 대판 2008. 3. 27, 2008도507(긍정)

피고인이 범행을 부인하고 직접적이고 유일한 단서인 피해자의 시체를 80여   150
조각으로 훼손하여 살점을 잘라 끓이고 믹서에 갈아 시신이 존재하지 않는 것
과 같이 볼 수 있을 정도로 피해자의 시신을 심각하게 훼손하여 그 살해방법을
구체적으로 규명할 수 없게 하고, 시체를 찾지 못하게 하기 위해 10여 곳 이상
의 장소에 유기한 사안에서, 간접증거를 상호 관련 아래 종합적으로 고찰하면
본죄를 인정할 수 있다고 판결하였다.

② 대판 2013. 6. 27, 2013도4172(여성 노숙자 살해 사건 재상고심)(긍정)[147]

공소사실의 요지는 피고인이 부산 불상의 장소에서 불상의 방법으로 여성   151
노숙자인 피해자를 살해하였다는 내용으로서, 피해자의 시체는 화장되었기 때
문에 사망원인 등을 확인할 수 없었다.

제1심[148]은 피해자가 돌연사나 자살하였을 가능성이 없는 반면, 피고인에게   152
는 피해자를 살해할 동기가 충분히 추정되며, 제3자에 의하여 살해될 가능성이
없고, 피고인이 피해자를 부산으로 데려온 경위와 피고인이 피해자를 응급실로
데려간 경위 등 당일의 행적, 피해자의 사망을 전후한 무렵의 피고인의 주장이
전혀 합리성이 없고 신빙할 수 없는 등 간접사실을 종합하여 유죄판결(무기징역)
을 선고하였으나, 항소심[149]은 피해자의 돌연사나 자살 가능성을 완전히 배제할
수 없다는 이유로 살인의 점에 대하여는 무죄판결을 선고하였고 시체은닉 등에
대하여만 유죄판결(징역 5년)을 선고하였고, 대법원[150]은 피고인의 살해 동기가
충분함에도 불구하고 피해자에게 돌연사나 자살 가능성이 있다는 이유로 살인

---

146 대판 1986. 8. 19, 86도1073.
147 이 사건에 대한 자세한 분석은 배문범, "시신없는 살인사건에 있어서 간접증거에 의한 사실인
   정", 동아법학 59(2013), 107-120.
148 부산지판 2011. 5. 31, 2010고합856.
149 부산고판 2012. 2. 8, 2011노335.
150 대판 2012. 9. 27, 2012도2658(여성 노숙자 살해 사건).

에 대하여 무죄판결을 선고한 것은 심리미진이라는 이유로 파기환송하였다.

153   한편 파기환송심[151]은 피해자에게 돌연사나 자살 가능성이 없으며, 피해자가 응급실에 왔을 당시의 가슴 쪽까지 흘러나온 많은 양의 타액의 흔적이 메소밀 중독사의 주요 증상과 일치하는 점 등을 종합하여 살인의 점에 대하여 유죄판결(무기징역)을 선고하였으며, 대법원(재상고심)은 범행시간이 2010. 6. 17. 02:30경부터 04:00경까지로 특정되어 있고, 피고인의 범행동기와 피고인이 연구한 살해방법과 피해자를 물색한 정황, 피해자와의 접촉 경위 등이 자세하게 적시되어 있어 이 사건 살인의 공소사실을 특정할 수 있으므로, 피고인의 방어권 행사에 지장이 있다고 볼 수 없어 공소제기의 효력에는 영향이 없을 뿐만 아니라, ⓐ 피고인에게 피해자를 살해할 만한 동기가 충분히 있었던 것으로 보이는 점, ⓑ 피고인이 이 사건 무렵 3개월여 전부터 경제적으로 매우 어려운 상황에서 거액의 월 보험료를 납입하면서까지 피고인을 피보험자로 하는 다수의 생명보험에 집중 가입하고, 여러 차례 독극물과 살인 방법, 사망신고절차, 사망보험금 등에 대해 알아보는 한편, 거짓말을 하면서까지 계획적으로 피해자에게 접근하였던 점, ⓒ 피고인은 피해자가 대구를 떠나 사망하기까지 사이에 피해자와 함께 있었던 유일한 사람인데, 피해자가 돌연사하였거나 자살하였을 가능성은 거의 없고, 제3자에 의하여 살해되었을 가능성도 없는 점, ⓓ 피해자의 시체에 어떠한 외력의 흔적이 없었던 점에 비추어 볼 때, 피해자가 타살되었다면 독극물에 의하여 사망할 가능성이 가장 큰데, 피고인이 이 사건 범행 무렵 여러 차례 독극물에 대해 인터넷 검색을 하였고(특히, 메소밀을 반복적으로 검색), 이 사건 발생일로부터 약 2주 후인 2010. 7. 초순경 메소밀을 소지하고 있었던 점, ⓔ 메소밀은 비교적 소량으로 짧은 시간 안에 사망에 이르게 할 수 있는 독극물로 물이나 맥주 등에 탈 경우 냄새나 색깔, 맛 등으로 쉽게 알아채기 어렵고, 피고인은 피해자를 데리고 응급실에 오기 직전까지 피해자와 맥주를 마셨다고 진술하고 있으며, 실제 응급실 도착 당시 피해자에게서 술 냄새가 날 정도로 피해자가 술을 마신 상태였던 점, ⓕ 피해자가 응급실에 실려 왔을 때 가슴 쪽까지 많은 양의 타액이 흘러나온 흔적이 있었는데, 이는 메소밀 중독 시의 주요 증상인 과

---

151 부산고판 2013. 3. 27, 2012노524.

도한 타액 분비와 일치하는 점, ⑧ 피해자 사망 직전·직후의 피고인의 행동 및 이후의 피고인으로 신분이 바꾸어진 피해자에 대한 사망신고, 보험금 청구 및 피해자 명의의 운전면허취득 과정 등에 비추어 볼 때, 피고인이 병원에서 피해자 사망사실을 확인한 후 갑자기 보험금을 청구하기 위하여 자신과 피해자의 신분을 바꾸었다기보다는 처음부터 치밀하게 계획을 세우고 이와 같은 일련의 행동 및 절차를 취하였다고 보여지는 점, ⓗ 이 사건 당일의 행적을 비롯하여 피해자의 사망 전후의 피고인의 행적에 대한 피고인의 변소를 믿기 어려운 점 등을 종합하면, 피해자의 사망이 살해의사를 가진 피고인의 행위로 인한 것임이 합리적인 의심의 여지 없이 충분히 증명되었다고 판시하면서, 피고인의 상고를 기각하였다.

(다) 시체 없는 살인 사건

(a) 의의

본죄에 있어서 시체는 살해행위의 수단 및 방법을 증명할 가장 중요한 직접 증거이다. 따라서, 전통적으로 피해자의 시체가 발견되지 아니한 경우에는 피해자의 사망사실을 확인할 수 없으므로 본죄의 성립이 어려웠다. 그러나 과학수사 기법의 발달로 인하여 시체가 없는 경우에도 간접사실 등에 의하여 사망사실을 확인할 수 있게 되었으며,[152] 그에 따라 본죄의 성립이 인정되는 경우가 있는데, 이를 이른바 '시체 없는 살인 사건'(또는 시신 없는 살인사건)(Murder without dead body)이라 부른다.   **154**

시체 없는 살인 사건은 실무상 시체가 발견되지 아니하여 사망 여부를 확인할 수 없거나, 또는 사망사실은 인정되지만 시체의 심한 부패·훼손 또는 화장(火葬)에 의한 장례진행 등으로 인하여 사망원인이 타살인지 여부 및 살해방법 등을 구체적으로 확인할 수 없는 경우로 구분할 수 있다.[153]   **155**

---

152 대판 1999. 10. 22, 99도3273.

153 이와 관련하여, 배문범(주 147), 117-120은 시신 없는 살인사건을 ① 범행의 수단 및 방법에 관한 어떠한 직접증거도 없는 사건이면서, ② 피고인이 살해사실을 인정하는 경우와 인정하지 않는 경우, 살해에 대한 자백이 있는 경우와 자백이 없는 경우, ③ 사망사실을 인지할 수 있긴 하지만 사망원인을 알 수 없는 경우와 사망사실 조차 인지할 수 없는 경우로서, 이 세 요소의 조합에 해당되는 유형들을 시신 없는 살인사건으로 부를 수 있다고 한다.

(b) 유죄판결이 확정된 경우

① 대판 1992. 12. 24, 92도2468

156   공소사실의 요지는, 피고인은 식당에서 직장동료와 함께 술을 마시던 중 술에 취한 피해자가 피고인에게 욕설을 한다는 이유로 시비 중, 피해자를 부근 공중화장실 공터로 끌고 가 주먹 등으로 때려 실신케 한 다음 현금 99만 원을 빼앗고, 범행을 은폐할 목적으로 피해자를 홍수로 범람한 폭 22미터의 철암천에 밀어 넣어 익사케 하여 살해하였다는 내용이다.

157   이에 대하여 제1심 및 항소심, 대법원은 피해자의 시체가 발견되지 아니하였으나 범행사실을 대체로 인정하고 있는 피고인의 진술과 목격자 진술 등에 의하여 유죄판결을 선고하였다.

158   한편 피고인은 피해자의 시체가 발견되지도 아니하였는데 강도살인죄로 의율하는 것은 사실오인 및 법리오해 라는 취지의 주장을 하였는데, 항소심은 술에 취한 피해자가 한밤중에 폭우로 범람하기 직전인 철암천에 빠져 급류에 떠내려간 사실은 피고인도 인정하고 있는 점, 피해자는 피고인과 함께 술집에서 나간 후 실종상태이고 피해자가 생존하고 있으면서도 행방을 감출만한 특별한 사정도 없는 점 등을 종합하면, 피해자의 시체가 발견되지 아니하였다고 하여도 피해자가 피고인의 범행으로 이미 사망하였다고 인정할 수 있다고 판단하였다.

② 대판 1999. 10. 22, 99도3273

159   공소사실의 요지는, 피고인은 호텔 신축공사현장 옆 공터에서 피해자가 A와 피고인의 만남을 방해하였다는 이유로 종류 불상의 흉기로 피해자의 불상의 신체급소를 심하게 가격하고, 약 1,500씨씨 가량의 혈액이 빠져나가게 하는 등으로 그 무렵 피해자를 사망케 하여 살해하였다는 내용이다.

160   피고인은 피해자가 달아났으며 피해자를 살해한 사실이 없다고 주장하고 있으며, 피해자의 시체는 발견되지 아니하였다.

161   제1심과 항소심, 그리고 대법원은 피고인의 주장을 받아들이지 아니하였으며, 피해자의 시체가 발견되지 아니하였지만 범행에 사용된 차량 안에 있던 피해자의 혈흔 등에 대하여 검증한 결과 약 1,500씨씨 가량의 혈액이 빠져나온 것으로 추정되고, 피해자의 신체 조건 등에 비추어 사망하였을 것으로 판단하였다. 이 사건은 피해자의 시체가 발견되지 아니하였으며, 피고인이 살해사실을

부인하고 있음에도 불구하고 과학적 방법에 의하여 피해자의 살해사실을 인정한 첫 사례로 평가된다.

③ 대판 2008. 6. 26, 2008도2792

공소사실의 요지는, 피고인이 아내인 피해자로부터 이혼소송을 당하자 주거지에서 불상의 방법으로 피해자를 살해하고 그 시체를 토막내어 쓰레기 봉투 등에 담아 불상의 장소에 버려 시체를 유기하였다는 내용이다. 피고인은 피해자를 살해하지도 않았으며, 시체를 유기한 사실도 없다고 주장하였다.   162

제1심[154]은 피해자가 사건 당일 엘리베이터를 타고 주거지로 가는 모습이 씨씨티브이에 촬영된 후 밖으로 나가는 모습이 없었으며, 그 후 피고인이 쓰레기봉투 등을 이용하여 밖으로 옮겼고, 피고인의 주거지 현관에서 채취한 혈흔과 욕실에서 채취한 혈흔 및 욕실 배수구에서 발견된 가루 형태의 뼈와 인체조직 등을 종합하면, 피해자의 시신이 발견되지 아니하였지만 피고인의 살해 사실 및 시체유기 사실이 인정된다고 판결하였다.   163

항소심[155] 및 대법원은 피고인의 항소 및 상고를 각 기각하였다.   164

④ 대판 2013. 7. 11, 2013도1007

공소사실의 요지는, 피고인은 동업관계에 있던 피해자로부터 투자금을 갚지 않으면 사기죄로 고소하겠다는 취지의 말을 듣고 격분하여 그의 급소를 가격하여 쓰러뜨린 후 깊은 구덩이에 밀어 넣은 다음 굴착기를 이용하여 다량의 흙을 부어 묻음으로써 피해자를 질식사하게 하였다는 내용이다. 피고인은 범행을 부인하고 있고, 피해자의 시체는 발견되지 않았으며, 이에 관한 직접증거도 없는 사안이다.   165

제1심은 피해자의 평소 생활태도, 가족 관계, 행적 등을 종합할 때 피해자는 일정 시점에 사망하였다고 보아야 하고, 피고인의 전(前) 동거녀로서 피고인에게서 '피해자를 살해하였다'는 말을 들었다는 증인의 전문진술은 그 진술이 특히 신빙할 수 있는 상태하에서 행하여진 것으로서 증거능력이 인정될 뿐 아   166

---

154 대전지판 2007. 11. 14, 2007고합165은 피고인에 대하여 징역 18년을 선고하면서, 그 양형이유로 피고인의 범행 부인은 형사소송과정에서의 방어권의 행사로 애써 선해하고, 이미 환갑을 훌쩍 넘긴 피고인의 나이와 그 기대여명 등까지도 종합적으로 고려하여, 적어도 피고인에게는 '종신형'이나 다름없는 유기징역형을 정하게 되었다고 판시하였다.

155 대전고판 2008. 3. 21, 2007노485.

니라, 증인의 법정 진술 내용이나 태도, 증인이 피고인의 범행을 신고한 경위, 피고인에게서 위와 같은 말을 들은 경위, 피고인에게서 들은 범행 동기 등 제반 사정에 비추어 신빙성이 있으며, 그 밖에 피고인이 피해자의 실종 이후 그의 옷 가지 등 소지품을 불태운 점, 피고인이 거의 매일 만나는 사이였던 피해자를 실종 이후 전혀 찾지 않은 점, 피고인이 증인에게 범행 사실을 털어놓은 후 증인과 함께 급히 중국으로 떠난 점 등 증인의 진술을 뒷받침하는 여러 간접사실을 종합할 때, 공소사실이 합리적 의심 없이 인정된다는 이유로 국민참여재판(배심원 평결: 살인 유죄 의견 9명 전원)을 거쳐 유죄판결을 선고하였다.

167   항소심과 대법원은 피고인의 항소 및 상고를 각 기각하였다.

(c) 무죄판결이 확정된 경우

① 대판 2008. 10. 9, 2008도6891(동거녀 언니 납치 살해 사건 재상고심)

168   공소사실의 요지는, 피고인은 동거녀의 언니인 피해자가 피고인과 헤어질 것을 종용한다는 이유로 피해자를 납치하여 불상의 방법으로 살해하였다는 내용이다. 피고인은 피해자를 납치하거나 살해한 사실이 없다고 주장하였다.

169   제1심은 피고인의 납치사실은 인정하면서도, 피해자의 시체가 발견되지 아니하여 사망하였음을 단정할 수 없고 살해 방법이 구체적으로 특정되지 아니하였음을 이유로 피고인의 살해 범행에 대하여는 무죄판결을 선고하였다. 그러나 항소심은 피해자의 평소 생활형태와 가족들과의 연락 관계, 사건 발생을 전후한 피고인의 휴대폰 통화내역, 실종신고 이후 가족들이 피해자의 집을 직접 방문하고 확인한 집안의 모습 등에 의하면 피해자는 생사불명인 상태로 근 2년이 경과한 시점에서 이미 사망했다고 밖에 볼 수 없으며, 피해자가 평소 피고인의 경제적 무능과 포악한 성격을 이유로 피해자의 동생과 동거하는 것을 반대하며 동생을 일본으로 떠나보내는 등 피고인과의 관계를 정리하려라는 데 대하여 피고인이 증오심을 품고 있었음이 분명하고, 자신보다 약한 여자를 상대함에도 공범자들을 다수 규합하려는 행동을 보였고, 피해자의 주변과 동태를 예의주시하고 범행을 준비한 점 등에 비추어, 피해자를 혼을 내주겠다는 의사를 넘어 살해하는 것도 용인할 의사까지 가지고 있었음이 넉넉히 인정되는 점 등을 종합할 때, 피해자에 대한 감금 범행에 이어 '불상의 방법으로' 피해자를 살해한 사실이 충분히 인정된다고 판결하였다.

이에 대하여 대법원[156]은, 피해자의 사망사실에 대하여는 항소심의 판단을 170
수긍하면서도, 피고인으로부터 살인 범행을 시인하는 내용의 진술을 들었다는
피해자 동생(피고인의 동거녀)의 진술은 "피고인이 피해자의 집 앞에서 피해자에
게 대화를 시도하려는데 피해자가 얼굴을 할퀴는 등의 반응을 보여 급작스럽게
대응하는 과정에서 한 차례 주먹으로 때렸는데 사망하였다."는 취지로서 피고인
이 살인의 고의를 가지고 피해자를 살해하였음을 인정하기 어렵고 그 신빙성이
크지 않으며, 피해자에 대한 살인의 범행방법이나 사망경위가 밝혀지지 않은 사
정 아래서 피해자의 사망이 피고인 또는 공범자들의 살해의사에 기초한 실행행
위에 의하지 아니하고 감금과정에 단순히 피해자의 반항을 억압하거나 도주를
방지하기 위한 폭행의 과정에서 발생하였을 가능성도 충분하다고 하면서, 비록
피고인에게 살해 동기를 인정하기에 충분한 객관적 사정이 존재하고, 피고인의
주도하에 치밀한 사전계획을 통하여 피해자가 납치되었으며, 이후 피해자가 사
망하였을 것으로 추정되는 시점 내지 그에 밀접한 시점에 피고인 또는 그 공범
자들이 피해자와 함께 있어 시간적·장소적 관련성이 존재하는 사정 등에 비추
어 피고인에게 유죄의 의심이 간다고 하더라도, 제출된 증거 및 정황만으로는
피해자의 시체가 발견되지 아니한 상황에서 살해의사를 가진 피고인 또는 그
공범자들의 행위로 인하여 피해자가 사망하였음이 합리적인 의심의 여지가 없
을 정도로 증명되었다고 보기 어렵다고 판시하면서 항소심 판결을 파기하였다.

이에 파기환송심은 피고인이 피해자를 살해한 것이 아닐까 하는 매우 강한 171
의심이 든다고 하면서, 피해자의 사망의 경위가 기재되어 있지 아니하고, 피해자
의 살해에 관한 피고인의 범행방법이나 피해자의 사망에 관여한 피고인의 구체
적인 행동이 나타나 있지 아니하며, 살해에 사용된 흉기 등 피고인의 사건 당일
행적과 피해자의 사망이 직접 관련되었음을 인정할 만한 물적 증거도 확보되지
아니하여, 피고인이 피해자를 살해하였다고 의심할 만한 정황만으로는 피고인이
고의로 피해자를 살해하였다는 공소사실이 합리적인 의심의 여지가 없을 정도로
증명되었다고 보기 어렵다고 판결하였고, 대법원(재상고심)은 위 파기환송심 판결
에 대한 검사 상고를 기각함으로써 피고인에 대한 무죄판결이 확정되었다.

---

156 대판 2003. 3. 13, 2007도10754.

② 대판 2013. 4. 11, 2011도3287

172   공소사실의 요지는, 피고인은 동거하던 피해자가 칵테일바에 근무하며 다른 남자들과 술을 마시고 집에 늦게 들어오는 것에 대하여 불만을 가지고 있던 중, 사건 발생 전날 피고인이 피고인의 친구들과 함께 술을 마신 후 노래방으로 자리를 옮긴 후 피해자에게 노래방으로 와달라고 하였음에도 피해자가 이를 거절한 채 술에 취한 상태에서 늦게 귀가하였다는 이유로 피해자와 다투다가 피해자의 집에서 피해자의 머리를 벽에 찧는 등의 방법으로 피해자를 살해하고, 불상의 장소에 시체를 유기하였다는 내용이다. 피고인은 피해자를 살해하거나 피해자의 시체를 유기한 사실이 없다고 주장하였다.

173   제1심은, 피고인은 피해자와 동거한 지 1달 남짓된 사이로서 피해자가 칵테일바에서 일을 하고 다른 남자들과 술을 먹고 늦게 들어온다는 이유로 화가나 다툴 수는 있지만 그러한 이유만으로 피해자를 살해하기로 마음먹었다고는 보기 어렵고, 피해자가 사망한 경위 또한 피고인이 흉기 등을 준비하여 피해자를 찌른 것이 아니라 피해자를 때리는 과정에서 피해자가 벽이나 침대 모서리에 머리 등 급소를 부딪혀서 우발적으로 사망한 것으로 보이는 점 등에 비추어 살해 범의를 인정하기 어렵다고 판단하면서 살인의 점에 대하여는 무죄판결을 선고하였고, 예비적 공소사실인 폭행치사의 점과 시체유기의 점에 대하여 유죄판결을 선고하였다. 한편, 제1심은 피해자를 집에까지 데려다 주었다는 피해자의 직장 동료의 진술, 피해자의 앞집과 옆집 거주자의 진술 등에 비추어 피해자가 귀가한 이후부터는 피해자와 피고인 둘만 있었다고 할 것이고, 피해자가 들어오는 소리에 잠에서 깬 피고인이 격분하여 욕설을 하고 2시간여에 걸쳐 피해자의 신체를 벽에 부딪히는 방법으로 폭행한 사실을 인정할 수 있으며, 피해자의 집에서 나던 남자의 욕설과 여자의 비명소리와 울음소리 등은 사건 당일 07:00경 그쳤고 그 이후로는 잠잠해졌으며 그 이후 피해자의 휴대폰으로 통화가 이루어진 내역이 없으며, 가족이나 친구들과도 연락이 두절되었으며 피해자의 행적을 알 수 없게 되었고, 피해자가 집에서 발견되거나 집밖으로 나간 흔적도 전혀 없으며 피해자가 실종된 이후 자신의 은행 예금 등을 인출해서 사용한 내역도 없는 점 등에 비추어 피해자가 살아 있었다면 사건 당일 새벽에 귀가한 이후 갑작스럽게 연락이 두절되고 그로부터 5년이 넘게 행적을 전혀 찾을 수 없는 상태

로 지낸다는 것은 경험칙상 있기 어려운 점[157] 등을 보태어 보면, 피해자의 시체가 발견되지는 않았지만 피해자의 사망사실은 합리적인 의심의 여지가 없이 증명되었다고 판단하였다.

그러나 항소심은 사건 당일 새벽 피해자가 집에 들어간 사실은 인정되지만, **174** 피해자의 집에서 싸우는 소리를 들었다는 앞집 및 옆집 거주자들의 진술은 추측 또는 과장되었을 가능성을 배제할 수 없으므로 공소사실을 뒷받침하기에 부족하고, 피해자의 집에서 발견된 혈흔은 피고인의 살해사실 또는 폭행치사 사실을 인정하기에 그 혈흔의 양이 너무 적을 뿐만 아니라, 피해자의 귀가 시 넘어져 다친 상처로 인한 가능성도 배제할 수 없는 점 등을 종합하면 피해자가 사망하였을 개연성이 매우 크기는 하지만 피해자가 사망하였음이 합리적인 의심의 여지가 없을 정도로 증명되었다고 보기 어려우며, 피고인의 살해 범행 및 폭행치사의 범행 역시 합리적인 의심의 여지가 없을 정도로 증명되었다고 보기 어렵다고 판시하면서 피고인에 대한 공소사실 모두에 대하여 무죄판결을 선고하였으며, 대법원[158]은 시체가 발견되지 아니한 상황에서 범행 전체를 부인하는 피고인에 대하여 폭행치사죄의 죄책을 인정하기 위해서는 피해자의 사망사실이 추가적·선결적으로 증명되어야 함은 물론, 그러한 피해자의 사망이 피고인의 폭행으로 인한 것임이 합리적인 의심의 여지가 없을 정도로 증명되어야 한다고 판시하면서 검사 상고를 기각하였다.

(라) 살해행위의 착수시기

살해행위의 착수시기는 행위자가 살의를 가지고 다른 사람의 생명을 위태 **175** 롭게 하는 행위를 직접 하였을 때이다. 다만 격리범은 원인행위의 개시 시에(절충설), 간접정범은 생명에 대한 위험이 구체적으로 나타난 때(객관적 위험설)에 실행의 착수가 인정된다.[159]

① **대판 1970. 6. 30, 70도861**(상관 살해 미수 사건)

피고인이 그 소속 중대장을 살해 보복할 목적으로 수류탄의 안전핀을 빼고 **176**

---

157 피고인은 경찰에서 피해자에 대한 실종사건의 용의자로 수사받던 중인 2005. 4. 13. 중국으로 출국하였다가, 2010. 3. 1. 귀국하여 수사기관에 자진 출석하였다(항소심 판결 내용 참조).
158 대판 2013. 4. 11, 2011도3287.
159 진계호·이존걸, 34.

그 사무실로 들어간 사안에서, 상관살인미수죄(군형 § 63, § 53①)에 해당한다고 판시하였다.

② 대판 1986. 2. 25, 85도2773

177   피고인이 격분하여 피해자를 살해할 것을 마음먹고 밖으로 나가 낫을 들고 피해자에게 다가서려고 하였으나 제3자가 이를 제지하여 그 틈을 타서 피해자가 도망함으로써 살인의 목적을 이루지 못한 사안에서, 피고인이 낫을 들고 피해자에게 접근함으로써 살인의 실행행위에 착수하였으며, 장애미수에 해당한다고 판결하였다.

③ 대판 2011. 12. 22, 2011도12927(소말리아 해적 사건)

178   공소사실의 요지는, 소말리아 해적인 피고인들이 공모하여 아라비아해 인근 공해상에서 대한민국 해운회사가 운항 중인 선박 '삼호주얼리호'를 납치하여 대한민국 국민인 선원 등에게 해상강도 등 범행을 저질렀다는 내용이다.

179   대법원은, 대한민국 해군의 제1차 구출작전 이후 이 사건 해적들 두목은 모든 해적들에게 해군의 공격이 또다시 시작되면 인질로 억류하고 있는 선원들을 윙브리지로 내몰아 세우라고 지시한 사실, 이에 따라 해군의 제2차 구출작전이 시작되자 해적들 중 한 명이 피해자 A 등 선원들을 윙브리지로 내몰아 세웠고, 당시 윙브리지는 해군의 위협사격에 의하여 총알이 빗발치는 상황으로 선원들을 윙브리지로 내몰 경우 선원들이 사망할 수 있다는 점을 당연히 예견하고 나아가 이를 용인하였다고 할 것이므로, 선원들을 윙브리지로 내몰았을 때 살해행위의 실행에 착수한 것으로 판단한 원심의 판단은 정당하다고 판결하였다.

(마) 미수

(a) 착수미수와 실행미수

180   착수미수는 살해행위에 착수하였으나 살해행위를 종료하지 못한 경우이며, 실행미수는 살해행위는 종료하였지만 사망의 결과가 발생하지 아니한 경우를 말한다.

(b) 중지미수와 장애미수

181   행위자가 자의(自意)로 실행행위를 중지하거나 그 행위로 인한 결과발생을 방지한 경우를 중지미수(또는 중지범)라고 하고(§ 26), 중지미수와 불능범 이외의 일반적인 미수를 장애미수라고 한다. 중지미수는 형을 감경 또는 면제함에 반하

여, 장애미수는 기수범보다 감경할 수 있으므로 구별의 실익이 있다.

　　한편 자의로 중지하였는지의 판정기준에 관하여 판례[160]는, 실행행위의 중 　　182
지가 일반 사회통념상 범죄를 완수함에 장애가 되는 사정에 의한 것이 아니라
면 중지미수에 해당한다고 한다. 중지미수가 문제된 대부분의 사안에서 판례는
중지미수를 부정하고 있다.[161]

　　① 대판 1997. 6. 13, 97도957[162]

　　공소사실의 요지는, 피고인은 아버지인 피해자가 주거로 사용하는 건물 중 　　183
피해자의 방에서 용돈을 주지 않는다는 이유로 라이터에 불을 붙여 장롱 안에
있는 옷가지에 불을 놓아 위 건물을 불태우려고 하였으나 불길이 치솟는 바람
에 겁을 먹고 물을 부어 껐다는 내용이다.

　　이에 대하여 대법원은, 피고인이 장롱 안에 있는 옷가지에 불을 놓아 건물 　　184
을 불태우려고 하였으나 불길이 치솟는 것을 보고 겁이 나서 물을 부어 불을 끈
것이라면, 치솟는 불길에 놀라거나 자신의 신체안전에 대한 위해 또는 범행 발
각 시의 처벌 등에 두려움을 느끼는 것은 일반 사회통념상 범죄를 완수함에 장
애가 되는 사정에 해당한다고 보아야 할 것이므로, 이를 자의에 의한 중지미수
라고는 볼 수 없다고 판결하였다.

　　② 대판 1999. 4. 13, 99도640[163]

　　피고인이 피해자를 살해하려고 그의 목 부위와 왼쪽 가슴 부위를 칼로 수 　　185
회 찔렀으나 피해자의 가슴 부위에서 많은 피가 흘러나오는 것을 발견하고 겁
을 먹고 그만두는 바람에 미수에 그친 것이라면, 많은 피가 흘러나오는 것에 놀

160　대판 1985. 11. 12, 85도2002; 대판 1993. 10. 12, 93도1851; 대판 1997. 6. 13, 97도957; 대판
　　1999. 4. 13, 99도640.

161　대판 2002. 6. 14, 2002도1429(피해자가 목이 졸려 기절하는 것을 보고 놀라거나 두려움을 느껴
　　끈을 풀어준 사례); 대판 2005. 6. 10, 2005도2718(피해자가 피를 흘리면 쓰러져 의식을 잃게 되
　　자 겁이 나서 칼을 버리고 가버린 사례); 대판 2008. 4. 11, 2008도1485, 2008감도5(피해자를 칼
　　로 찔러 피해자가 피를 많이 흘리고 아무런 움직임을 보이지 않자 두려움에서 더 이상의 실행행
　　위로 나아가지 아니한 사례).

162　이 판결에 대한 평석으로는 이재상, "중지미수의 자의성", 형법기본판례 총론, 216-228; 하태훈,
　　"중지미수의 성립요건-중지의 자의성", 형법판례 150선(3판), 박영사(2021), 92-93.

163　이 판결에 대한 평석으로는 박상기, "중지미수의 성격과 자의성 판단", 형사법연구 14, 한국형사
　　법학회(2000), 307-318; 이재상(주 162), 216-228; 정현미, "착수미수와 실행미수의 구별", 형사판
　　례연구 〔14〕, 한국형사판례연구회, 박영사(2006), 1-24.

라거나 두려움을 느끼는 것은 일반 사회통념상 범죄를 완수함에 장애가 되는 사정에 해당한다고 보아야 할 것이므로, 이를 자의에 의한 중지미수라고 볼 수 없다고 판결하였다.

(c) 불능미수와 불능범

186   실행 수단 또는 대상의 착오로 인하여 사망의 결과 발생이 불가능한 경우에는 불능범으로서 불가벌이다. 그러나 위험성이 있는 때에는 불능미수로 처벌하지만, 형을 감경 또는 면제할 수 있다(§ 27)

187   불능미수란 결과발생이 불가능하다는 점에서 결과발생이 가능한 장애미수와 구별되며, 위험성이 있다는 점에서 위험성도 없어 처벌되지 아니하는 불능범과도 구별된다.

188   불능범은 범죄행위의 성질상 결과발생 또는 범익침해의 가능성이 절대로 있을 수 없는 경우를 말하는 것이고,[164] 불능범의 판단기준으로서 위험성 판단은 피고인이 행위 당시에 인식한 사정을 놓고 이것이 객관적으로 일반인의 판단으로 보아 결과발생의 가능성이 있느냐를 따져야 한다(추상적 위험설).[165]

① 대판 1984. 2. 14, 83도2967(농약 배춧국 사건)[166]

189   공소사실의 요지는, 피고인이 남편인 피해자를 살해하기 위하여 배춧국 그릇에 농약인 종자소독약 유제 3호 8밀리리터그램 가량을 넣어 피해자에게 먹여 살해하려 하였으나 피해자가 토함으로써 그 목적을 이루지 못하였다는 내용이다. 한편, 농약 유제 3호는 동물에 대한 경구 치사량에 있어서 엘. 디.(L. D./lethal dose)50[167]이 킬로그램당 1,590밀리그램이라고 되어 있어 피고인이 사용한 양은 치사량에 현저히 미달하였다.

190   제1심과 항소심은 살인미수죄로 의율하여 유죄판결을 선고하였으나, 대법원은 피고인이 사용한 독의 양이 치사량 미달이어서 그 결과발생이 불가능한 경우도 있을 것이고, 한편 형법은 장애미수와 불능미수를 구별하여 처벌하고 있으므로 원심으로서는 이 사건 독약의 치사량을 좀 더 심리하여 피고인의 소위

---

164 대판 1998. 10. 23, 98도2313.
165 대판 1978. 3. 28, 77도4049; 대판 2019. 3. 28, 2018도16002(전).
166 이 판결에 대한 평석으로는 이재상, "불능미수와 가능미수의 구별", 형법기본판례 총론, 229-239.
167 피실험동물에 실험대상물질을 투여할 때 피실험동물의 절반이 죽게 되는 양을 말하며, 독성물질의 경우 해당 약물의 LD50을 나타낼 때는 체중 kg당 mg으로 나타낸다.

가 위 미수 중 어느 경우에 해당하는지 가렸어야 한다고 판시하면서, 항소심 판결을 파기하였다.

② 대판 1984. 2. 28, 83도3331[168]

농약의 치사추정량은 쥐에 대한 것을 인체에 대하여 추정하는 극히 일반적·추상적인 것이어서 마시는 사람의 년령, 체질, 영양 그 밖의 신체의 상황 여하에 따라 상당한 차이가 있을 수 있는 것이라면, 피고인이 요구르트 한 병마다 섞은 농약 1.6씨씨가 그 치사량에 약간 미달한다 하더라도 이를 마시는 경우 사망의 결과발생 가능성을 배제할 수는 없다고 판결하였다.

191

③ 대판 1990. 7. 24, 90도1149[169]

피고인이 A(원심 상피고인)에게 피해자를 살해하라고 하면서 준 원비 - 디 병에 성인 남자를 죽게 하기에 충분한 용량의 농약이 들어 있었고, 또 피고인이 피해자 소유 승용차의 브레이크호스를 잘라 브레이크액을 유출시켜 주된 제동기능을 완전히 상실시킴으로써 그 때문에 피해자가 그 자동차를 몰고 가다가 반대차선의 자동차와의 충돌을 피하기 위하여 브레이크 페달을 밟았으나 전혀 제동이 되지 아니하여 사이드브레이크를 잡아 당김과 동시에 인도에 부딪치게 함으로써 겨우 위기를 모면하였다면, 피고인의 위 행위는 어느 것이나 사망의 결과발생에 대한 위험성을 배제할 수 없다 할 것이므로, 원심이 피고인에게 각 살인미수죄로 의율한 것은 정당하다고 판결하였다.

192

④ 대판 2007. 7. 26, 2007도3687[170]

공소사실의 요지는, 피고인 甲과 乙은 거액의 보험금을 수령하기 위하여 甲의 남편인 피해자를 살해하여 재해 내지 질병에 의한 사망으로 위장하기로 공모하여, 甲은 乙로부터 일정량 이상을 먹으면 사람이 사망에 이를 수도 있는 '초우뿌리' 달인 물을 건네받아 피해자에게 "뼈가 아플 때 먹는 약이다."라는 취지로 속여 피해자로 하여금 이를 마시게 하는 등 피해자를 살해하려고 하였으나 피해

193

---

168 이 판결에 대한 평석으로는 김호기, "살인죄에 있어서 불능미수와 장애미수의 구별(대법원 1984. 2. 28. 선고 83도3331 판결의 검토를 중심으로), 형사법연구 19-3, 한국형사법학회(2007), 569-586; 이재상(주 166), 229-239.

169 이 판결에 대한 평석으로는 백원기, "불능미수와 위험성 - 차브레이크액유출 살인미수사건 - ", 형사판례연구 [5], 한국형사판례연구회, 박영사(1997), 104-128.

170 이 판결에 대한 평석으로는 이재상(주 166), 229-239.

자가 이를 토해버림으로써 그 뜻을 이루지 못하고 미수에 그쳤다는 내용이다.

194   대법원은 '초우뿌리'나 '부자'는 만성관절염 등에 효능이 있으나 유독성 물질을 함유하고 있어 과거 사약(死藥)으로 사용된 약초로서 그 독성을 낮추지 않고 다른 약제를 혼합하지 않은 채 달인 물을 복용하면 용량 및 체질에 따라 다르나 부작용으로 사망의 결과가 발생할 가능성을 배제할 수 없는 바, 이러한 '초우뿌리'나 '부자' 달인 물을 마시게 하여 피해자를 살해하려다 미수에 그친 행위가 불능범이 아닌 살인미수죄에 해당한다고 판결하였다.

(5) 사망의 결과발생과 인과관계

(가) 사망의 결과발생

195   본죄는 침해범 및 결과범이므로 사망의 결과가 발생한 때에 기수가 되고, 그와 동시에 범행이 종료된다.

196   한편 태아를 살해하기 위하여 약물을 투여하였으나 태아가 죽지 않고 출생한 다음 그 영향으로 사망한 경우와 같이 살해행위의 실행 시 본죄의 객체가 '사람'이어야 하는지 여부와 관련하여, 본죄의 객체가 사람임을 필요로 하는 시기는 행위 시나 결과발생 시가 아니라 행위가 그 객체에 작용하는 시점을 기준으로 한다는 견해[171]가 있다. 이에 따르면, 행위자의 살해행위가 객체에 작용하는 시점은 출생 이후 즉, 분만개시 이후인 경우에만 본죄가 성립하고, 태아가 출생한 후 더 이상 아무런 행위를 하지 아니한 경우에는 본죄가 성립하지 않는다.

(나) 인과관계

197   살인행위와 사망의 결과 사이에는 인과관계가 있어야 하며, 인과관계가 결여되면 미수가 성립한다.

(a) 인과관계의 인정기준

198   판례에 의하면, 살해행위와 사망의 결과 사이에는 상당인과관계가 있어야 한다.[172] 상당인과관계란 어느 행위로부터 어느 결과가 발생하는 것이 상당하다

---

171 김성천·김형준, 10; 김신규, 28; 이정원·류석준, 27.

172 대판 1978. 7. 11, 78도1331; 대판 1982. 12. 28, 82도2525; 대판 1988. 2. 23, 87도2358; 대판 1990. 5. 22, 90도580; 대판 1994. 3. 22, 93도3612; 대판 1995. 5. 12, 95도425; 대판 1996. 5. 10, 96도529; 대판 2002. 10. 11, 2002도4315; 대판 2014. 7. 24, 2014도6206 등. 이와는 달리 통설은 합법칙적조건설에 따른 인과관계와 객관적 귀속이 인정되어야 한다는 입장이다[이재상, 형법총론(11판), § 12/52].

고 판단될 때 인정되는 인과관계를 말한다.

① 대판 1988. 2. 23, 87도2358(대학생 고문치사 사건)(긍정)

대법원은, 두 손을 뒤로 결박당하고 양 발목마저 결박당한 피해자의 양쪽 199
팔, 다리, 머리 등을 밀어누름으로써 피해자의 얼굴을 욕조의 물속으로 강제로
찍어 누르는 가혹행위를 반복할 때에 욕조의 구조나 신체구조상 피해자의 목
부분이 욕조의 턱에 눌릴 수 있고, 더구나 물속으로 들어가지 않으려고 반사적
으로 반항하는 피해자의 행동을 제압하기 위하여 강하게 피해자의 머리를 잡아
물속으로 누르게 될 경우에는, 위 욕조의 턱에 피해자의 목 부분이 눌려 질식현
상 등의 치명적인 결과를 가져올 수 있다는 것은 우리의 경험칙상 어렵지 않게
예견할 수 있다 할 것이고, 나아가 피고인들의 위와 같은 가혹행위와 피해자의
사망과의 사이에는 상당인과관계가 있다고 판단한 항소심 판결을 수긍하였다.

② 대판 2002. 10. 11, 2002도4315(긍정)

공소사실의 요지는, 피고인 甲과 乙은 공동하여 피해자로부터 신내림굿을 200
해달라는 부탁과 그 비용을 받고 피해자를 상대로 굿을 하던 중 피해자를 약
4일간 감금함으로써 탈진상태 등으로 사망케 하였다는 내용이다.

제1심은 피고인들에 대하여 감금치사죄로 유죄판결(피고인 甲: 징역 4년)을 선 201
고하였고, 항소심은 甲의 항소(양형부당)를 받아들여 제1심 판결을 파기한 후 감경
한 징역형(2년 6월)을 선고하였다. 이에 甲은 사실오인 등을 이유로 상고하였다.

이에 대하여 대법원은, 4일 가량 물조차 제대로 마시지 못하고 잠도 자지 202
아니하여 거의 탈진상태에 이른 피해자의 손과 발을 17시간 이상 묶어 두고 좁
은 차량 속에서 움직이지 못하게 감금한 행위와 묶인 부위의 혈액 순환에 장애
가 발생하여 혈전이 형성되고 그 혈전이 폐동맥을 막아 사망에 이르게 된 결과
사이에는 상당인과관계가 있다고 인정하였다.

(b) 피고인의 행위가 다른 원인과 결합하여 피해자에게 사망의 결과를 발생하
게 한 경우

살인의 실행행위가 피해자의 사망이라는 결과를 발생하게 한 유일한 원인 203
이거나 직접적인 원인이어야만 되는 것은 아니다. 따라서 살인의 실행행위와 피
해자의 사망과의 사이에 다른 사실이 개재되어 그 사실이 사망의 직접적인 원
인이 되었다고 하더라도 그와 같은 사실이 통상 예견할 수 있는 것에 지나지 않

는다면, 살인의 실행행위와 피해자의 사망과의 사이에 인과관계가 있는 것으로[173] 보아야 한다.[174]

204   그런데 이와 관련하여, 사망의 결과가 피해자의 (고의적인) 자기위태화 행위에 의하거나 제3자의 책임영역에서 행한 고의 또는 과실행위에 '배타적으로' 귀속할 만한 경우에는 인과관계를 인정해서는 아니된다는 견해[175]가 있다.

     ① 대판 1982. 12. 28, 82도2525(긍정) ─ 자상행위로 인한 감염

205   피고인의 자상(刺傷)행위가 다른 원인과 결합하여 피해자의 사망의 결과를 야기한 사안에서, 피고인의 자상행위가 피해자를 사망하게 한 직접적 원인은 아니었다 하더라도 이로부터 발생된 다른 간접적 원인이 결합되어 사망의 결과를 발생하게 한 경우라도 그 행위와 사망 간에는 인과관계가 있다고 할 것인데, 이 사건 진단서에는 직접사인이 심장마비, 호흡부전, 중간선행사인 패혈증, 급성심부전증, 선행사인이 자상, 장골정맥파열로 되어 있으며, 피해자가 부상한 후 1개월이 지난 후에 위 패혈증 등으로 사망하였다 하더라도 그 패혈증이 위 자창으로 인한 과다한 출혈과 상처의 감염 등에 연유한 것인 이상, 자상행위와 사망과의 사이에 인과관계의 존재를 부정할 수 없다고 판결하였다.[176]

---

173 이와 관련하여 피고인이 2010. 7. 23. 12:00-13:00경 피해자의 얼굴 등을 구타하여 피해자에게 외상성 경막하 출혈 등의 상해를 입게 하고 그로 인하여 피해자를 사망케 한 사안에서, 검사는 피해자의 사망시점을 주위적으로 뇌사판정시점(2010. 7. 24. 14:00경)으로, 예비적으로 최종적인 뇌사판정 이후 신장 및 간 적출 시점(2010. 7. 24. 19:30경)으로 의율하여 공소제기를 하였고, 부산지방법원은 예비적 공소사실을 유죄로 인정하고, 주위적 공소사실에 대하여 이유 무죄를 선고하였다. 피고인은 피고인의 행위와 피해자의 사망이라는 결과 사이에 인과관계가 없다는 취지의 주장을 하였으나 부산지방법원(2010고합511)은, "피해자의 장기 적출로 인하여 그 사망에 이르는 시기가 다소 앞당겨지는 사정이 생긴 사실은 알 수 있으나, 뇌사상태에 빠진 피해자가 조만간 사망에 이를 것이 분명한 터에 피해자 측의 결단에 따라 적법한 절차를 거쳐 장기기증을 위한 장기적출을 하고, 그로 인해 확정적으로 사망에 이르게 된 것은 결국 피고인의 구타행위로 인한 것으로서 그 사망과 피고인의 행위 사이에 밀접한 관련성이 있어 상당인과관계가 인정된다."고 판시하면서 피고인의 주장을 받아들이지 아니하였고, 부산고등법원(2010노875) 및 대법원(2011도1478)도 피고인의 항소 및 상고를 각 받아들이지 아니하였다.

174 독일 판례 중에는 제3자가 동일한 결과를 향한 후행행위에 의해 고의로 그 결과를 야기하는 데에 관여한 경우에, 그 제3자가 단지 피고인의 행위를 이어받은 것이어서 피고인의 행위가 제3자의 개입의 조건이 된 때에는 피고인의 행위는 결과에 대해 여전히 원인력을 가진다고 본 것이 있다. 즉 피고인이 인식한 인과경과로부터의 이탈은, 그 이탈이 일반인의 경험칙에 비추어 예견가능한 범위 내에 있고, 행위에 대한 개별적인 평가를 정당화하지 않는 경우에는, 법적으로 중요하지 않다고 본 것이다(BGH, 30.08.2000 ─ 2 StR 204/00).

175 이상돈, 419.

176 같은 취지로는 대판 2012. 3. 15, 2011도17648.

② 대판 1984. 6. 26, 84도831(긍정) – 의사의 수술지연 등

피고인이 주먹으로 피해자의 복부를 1회 강타하여 장파열로 인한 복막염으　**206**
로 사망케 하였다면, 비록 의사의 수술지연 등 과실이 피해자의 사망의 공동원인
이 되었다 하더라도 피고인의 행위가 사망의 결과에 대한 유력한 원인이 된 이
상 그 폭력행위와 치사의 결과 간에는 인과관계가 있다 할 것이어서 피고인은
피해자의 사망의 결과에 대해 폭행치사의 죄책을 면할 수 없다고 판결하였다.

③ 대판 1994. 3. 22, 93도3612(긍정)[177] – 피해자의 과실

공소사실의 요지는, 조직폭력배인 피고인 甲은 乙 등과 공모하여 낫과 각목　**207**
등으로 피해자의 몸과 머리 등을 때리고 찌르는 등 하여 자상을 입게 하였는
바, 피해자는 위 자상으로 인하여 급성신부전증이 발생되어 치료를 받던 중 콜
라와 김밥 등을 함부로 먹다가 다시 폐염·패혈증·범발성혈액응고장애 등의 합
병증이 발생하여 사망하였다는 내용이다.

항소심은 피고인에 대하여 본죄를 적용하여 유죄판결(징역 15년)을 선고하였　**208**
으나, 피고인은 폭행과 사망의 결과 사이에 인과관계가 없다는 이유 등으로 상
고하였다.

대법원은 급성신부전증의 예후는 핍뇨형이나 원인질환이 중증인 경우에 더　**209**
나쁜데, 사망률은 30% 내지 60% 정도에 이르고 특히 수술이나 외상 후에 발생
한 급성신부전증의 경우 사망률이 가장 높고, 급성신부전증을 치료할 때에는 수
분의 섭취량과 소변의 배설량을 정확하게 맞추어야 하는데, 피해자는 외상으로
인하여 급성신부전증이 발생하였고 또 소변량도 심하게 감소된 상태였으므로
음식과 수분의 섭취를 더욱 철저히 억제하여야 함에도, 이와 같은 사실을 모르
고 콜라와 김밥 등을 함부로 먹은 탓으로 체내에 수분저류가 발생하여 위와 같
은 합병증이 유발됨으로써 사망하였다면, 피고인들의 이 사건 범행이 위 피해자
를 사망하게 한 직접적인 원인이 된 것은 아니지만, 그 범행으로 인하여 위 피
해자에게 급성신부전증이 발생하였고 또 그 합병증으로 위 피해자의 직접사인
이 된 패혈증 등이 유발된 이상, 비록 그 직접사인의 유발에 위 피해자 자신의
과실이 개재되었다고 하더라도 이와 같은 사실은 통상 예견할 수 있는 것으로

---

177 이 판결에 대한 평석으로는 이재상, "인과관계와 객관적 귀속", 형법기본판례 총론, 83-97; 최성
　창, "살인죄의 범의, 형사판례연구 〔3〕, 한국형사판례연구회, 박영사(1995), 131-143.

인정되므로, 위 피고인들의 이 사건 범행과 위 피해자의 사망과의 사이에는 인과관계가 있다고 보지 않을 수 없다고 판결하였다.

(c) 부작위에 의한 본죄에서의 인과관계

210   부작위에 의한 본죄에서의 인과관계에 대하여, 판례는 작위의무를 이행하였더라면 사망의 결과가 발생하지 않았을 것임이 입증되어야 인과관계가 인정된다고 판시하고 있다.

① 대판 2002. 1. 22, 2001도2254(부정)[178]

211   공소사실의 요지는, 산부인과 의사인 피고인은 A(임신 32주)의 승낙을 받아 자궁수축제인 나라돌과 마취보조제인 염산날부핀 및 바리움을 투여하여 A를 상대로 낙태시술을 하였으나, 낙태가 성공하지 못하고 피해자(약 2킬로그램 정도 미숙아)가 정상분만되었으며, 피해자는 낙태 시술 중 사용된 위 약품으로 인하여 심한 청색증을 보였음에도 A에게 인계하거나 대형병원으로의 후송 등 피해자 생존을 위한 조치를 취하지 아니함으로써 피해자를 살해하였다는 내용이다.

212   제1심은 피고인의 살인의 점에 대하여 유죄판결을 선고하였으나, 항소심은 피고인이 피해자를 대형병원에 후송하는 등 조치를 취하지 않은 사실만을 들어 피고인에게 살아서 태어난 피해자를 살해하려는 범의가 있었다고 추단할 수는 없는 것이고, 피고인에게 낙태수술의 실패로 태어난 피해자가 앞으로도 정상적으로 생존할 가능성이 있음을 인식하고서도 이를 살해하려는 새로운 범의에 의해 피해자를 방치하였다고도 보기 어렵다 할 것이며 그밖에 달리 살해의 범의를 인정할 만한 증거가 없으며, 피고인이 피해자에 대하여 대형병원에의 후송 등 조치를 하지 않은 행위와 피해자의 사망 간에 인과관계가 있다고 하기 위하여는 피고인이 그러한 조치를 취하였더라면 피해자가 사망하지 않았을 것임이 입증되어야 할 것인 바, 피고인이 피해자에 대하여 대형병원에의 후송 등 조치를 취하였을 경우 피해자가 생존가능하였다는 점을 인정할 만한 자료가 없으므로 피고인의 부작위와 피해자의 사망 사이에 인과관계를 인정하기도 어렵다는 이유로 제1심 판결을 파기하고 무죄판결을 선고하였으며, 대법원은 항소심 판결을 긍정하였다.

---

178 이 판결에 대한 평석으로는 하태영, "형법상 부작위범이 인정되기 위한 요건", 비교형사법연구 5-1, 한국비교형사법학회(2003), 535-563. 부작위의 행위반가치가 작위에 비하여 경미한 이상 부진정부작위범의 형을 임의적 감경사유로 규정하는 것이 타당하므로 제18조의 개정 필요성이 있다고 한다.

② 대판 2015. 11. 12. 2015도6809(전)(긍정)(세월호 사건)

대법원은, 세월호 사건에서 "선박침몰 등과 같은 조난사고로 승객이나 다른   213
승무원들이 스스로 생명에 대한 위협에 대처할 수 없는 급박한 상황이 발생한
경우에는 선박의 운항을 지배하고 있는 선장이나 갑판 또는 선내에서 구체적인
구조행위를 지배하고 있는 선원들은 적극적인 구호활동을 통해 보호능력이 없
는 승객이나 다른 승무원의 사망 결과를 방지하여야 할 작위의무가 있다 할 것
이므로, 법익침해의 태양과 정도 등에 따라 요구되는 개별적·구체적인 구호의
무를 이행함으로써 사망의 결과를 쉽게 방지할 수 있음에도 그에 이르는 사태
의 핵심적 경과를 그대로 방관하여 사망의 결과를 초래하였다면, 그 부작위는
작위에 의한 살인행위와 동등한 형법적 가치를 가진다고 할 것이고, 이와 같이
작위의무를 이행하였다면 그 결과가 발생하지 않았을 것이라는 관계가 인정될
경우에는 그 작위를 하지 않은 부작위와 사망의 결과 사이에 인과관계가 있는
것으로 보아야 할 것이다."고 판시하였다.

이에 따라, 선장인 피고인 甲이 해경 등 구조세력의 퇴선요청에 따라 퇴선   214
대피 안내방송을 실시하고 승객 등을 퇴선하기 좋은 외부 갑판으로 유도하거나
구호장비를 작동시키는 등 승객 등에 대한 구조조치를 하였다면, 적어도 승객
등이 사망에 이르지는 아니하였을 것으로 보이므로, 甲의 부작위와 익사자 303
명의 사망의 결과 사이에 인과관계가 인정된다고 하였다.

3. 주관적 구성요건

(1) 고의의 개념

본죄가 성립하기 위하여는 주관적 구성요건으로서 고의가 있어야 한다.   215

그런데 본죄의 고의(살의)의 개념에 대하여, ① 객관적 구성요건요소인 사람   216
을 살해한다는 인식과 인용을 의미한다는 견해,[179] ② 객관적 구성요건요소인
사람을 살해한다는 인식과 의욕을 말한다는 견해,[180] ③ 사람을 살해한다는 인
식과 의사를 의미한다는 견해,[181] ④ 자기의 행위로 인하여 타인의 사망의 결과

---

179 신동운, 538; 이형국, 16; 임웅, 20; 정웅석·최창호, 292.
180 김선복, 32; 배종대, §10/8; 심재무, 13; 이영란, 27.
181 김성돈, 61; 김신규, 32; 이상돈, 420('의사'를 '의욕' 또는 '사망용인의사'라고도 설명하는 것으로

를 발생시킬 만한 가능 또는 위험이 있음을 인식하거나 예견하면 족하다는 견해,[182] ⑤ 사람에 대한 인식이 있고 살해의 결과는 적어도 인용하거나 감수하는 정도이어야 한다는 견해,[183] ⑥ 객관적 구성요건의 실현을 의욕하거나 인용해야 한다는 견해[184] 등이 있다. 살피건대, 객관적 구성요건요소인 사람을 살해한다는 인식과 인용을 의미한다는 위 ①의 견해가 타당하다고 판단된다.

217   한편 판례[185]에 의하면, 본죄에서의 범의는 반드시 살해의 목적이나 계획적인 살해의 의도가 있어야만 인정되는 것은 아니고, 자기의 행위로 인하여 타인의 사망의 결과를 발생시킬 만한 가능 또는 위험이 있음을 인식하거나 예견하면 충분한 것이고, 그 인식 또는 예견은 확정적인 것은 물론 불확정적인 것이라도 이른바 미필적 고의로도 인정된다. 일본 판례 중에는 개괄적 살의[186]나 상대의 태도 여하에 따라서는 살해하겠다는 조건부 살의[187]를 인정한 것이 있다.

(2) 고의의 종류

(가) 미필적 고의

218   본죄의 고의는 확정적 고의뿐만 아니라 미필적 고의도 포함된다.

219   대법원[188]은 피고인 2명이 피해자의 허벅지나 종아리 부위 등을 20여 회가량 찔러 그로 인하여 피해자가 과다실혈로 사망한 사안에서, 본죄의 범의는 자기의 행위로 인하여 피해자가 사망할 수도 있다는 사실을 인식, 예견하는 것으로 족하지 피해자의 사망을 희망하거나 목적으로 할 필요는 없고, 확정적인 고의가 아닌 미필적 고의로도 족하다고 하면서, 비록 머리나 가슴 등 치명적인

보인다); 이재상·장영민·강동범, § 2/22; 이정원·류석준, 14-15; 정성근·박광민, 48; 조현욱, 39; 진계호·이존걸, 34; 한상훈·안성조, 377.

182 김일수·서보학, 17; 김혜정·박미숙·안경옥·원혜욱·이인영, 12; 박찬걸, 10; 정영일, 6; 천주현, 시민과 형법, 박영사(2019), 642; 하태훈, 387.

183 조준현, 38.

184 오영근, 20.

185 대판 2000. 8. 18, 2000도2231; 대판 2009. 2. 26, 2008도9867.

186 大判 大正 6(1917). 11. 9. 刑録 23·1261[A를 살해할 목적으로 A 이외에 여러 사람이 거주하는 집에 있던 철제 병 안에 염화수은[승홍(昇汞)]을 투입한 사례].

187 大判 大正 14(1925). 12. 1. 刑集 4·688; 最決 昭和 56(1981). 12. 21. 刑集 35·9·911(조직폭력단 간부인 피고인이 부하들에게 대립 중인 다른 폭력단 간부인 피해자 등이 두목의 집에 쳐들어오거나 싸움이 벌어지는 사태가 발생하면, 피해자를 살해해도 어쩔 수 없으나 그 판단은 현장에 있는 부하의 판단에 맡긴다고 한 사례).

188 대판 2002. 10. 25, 2002도4089.

부위가 아니라고 하더라도 피고인 2명이 자기들의 가해행위로 인하여 피해자가 사망할 수도 있다는 사실을 인식하지 못하였다고는 볼 수 없고, 오히려 살인의 미필적 고의가 있었다[189]고 판결하였다.[190]

또한 본죄의 고의는 반드시 살해의 목적이나 계획적인 살해의 의도가 있어야만 인정되는 것은 아니고, 순간적으로 발생하였다고 하여도 고의 성립에 방해가 되지 아니한다. 격정범이나 우발적 범행의 경우에도 사망의 결과발생에 대한 인식이 있으면 고의를 인정할 수 있다.   **220**

대법원[191]은 피고인이 성관계를 가졌던 피해자로부터 금품요구와 협박을 받아 오다가 피해자를 타이르던 중 순간적으로 두 손으로 피해자의 목을 졸라 질식사망케 한 사안에서, 살해의 결의가 순간적이었다고 하여도 피고인에게 살인의 확정적 범의가 있었음이 분명하다고 판시하였다.   **221**

(나) 개괄적 고의

행위자가 두 개의 행위 중 '제1 행위'를 통하여 구성요건적 결과를 발생시키려고 하였으나, 실제로는 '제2 행위'에 의해 구성요건적 결과가 발생한 소위 '웨버의 개괄적 고의' 사안과 관련하여, 발생된 결과의 고의 기수책임을 진다는 기수설[192]과 살인미수죄와 과실치사죄의 경합범을 인정하는 미수설[193]로 견해가 나뉘는 바, 기수설이 타당하다.   **222**

---

189 같은 취지로는 대판 1985. 3. 12, 85도198; 대판 1988. 2. 9, 87도2564; 대판 1994. 3. 22, 93도3612; 대판 1994. 12. 22, 94도2511; 대판 1998. 6. 9, 98도980; 대판 2000. 8. 18, 2000도2231; 대판 2001. 3. 9, 2000도5590; 대판 2001. 9. 28, 2001도3997; 대판 2002. 2. 8, 2001도6425; 대판 2002. 10. 25, 2002도4089; 대판 2004. 6. 24, 2002도995; 대판 2008. 3. 27, 2008도507; 대판 2015. 10. 29, 2015도5355; 대판 2018. 3. 29, 2017도21254 등.

190 일본 판례 중에는 노인홈에서 준간호사로 근무하던 피고인이 동료인 A와 B에게 몰래 수면도입제(睡眠導入劑)를 넣은 커피나 차를 마시게 한 후에 자동차를 운전하도록 만들어, A와 B가 운전 중 가면(假眠) 상태에서 마주 오던 차량과 각 충돌하는 교통사고를 일으켜 A는 죽고, B와 동승한 남편은 다치고, 상대방 차량 운전자 C, D도 다친 사안에서, "피고인의 행위는 교통사고를 일으킬 위험성이 높은 행위이고, 사고의 태양에 따라서는 A 등 운전자뿐 아니라 사고의 상대방을 사망케 하는 것도 구체적으로 상정할 수 있는 정도의 위험성이 있음에도, 피고인이 이러한 위험성을 인식하면서도 운전하도록 만든 것은 사고의 상대방이 사망하는 것도 어쩔 수 없다고 인식·인용하고 있었다."는 이유로 A에 대한 살인죄, B 내지 D에 대한 살인미수죄를 인정한 제1심판결은 정당하고, 상대방 운전자인 C와 D에 대하여 미필적 고의을 인정한 제1심 판결을 파기환송한 항소심의 판단은 부당하다고 판시한 것이 있다[最判 令和 3(2021). 1. 29. 刑集 75·1·1].

191 대판 1983. 9. 13, 83도1817.

192 진계호·이존걸, 36.

193 김성돈, 형법총론(7판), 252.

① 대판 1988. 6. 28, 88도650[194]

223   공소사실의 요지는, 피고인 甲은 피해자가 평소 약간 저능아인 자신의 처에게 젖을 달라는 등 희롱하는데 불만을 품고 있던 중, 피고인 乙 및 피해자와 술을 마시다가 분노가 폭발하여 피고인 甲과 乙은 피해자를 때려 넘어뜨리고, 甲은 피해자의 배 위에 올라타 돌멩이(가로 20센티미터, 세로 10센티미터)로 피해자의 가슴을 2회 내려치고, 乙도 이에 합세하여 돌멩이(가로 13센티미터, 세로 7센티미터)로 피해자의 머리를 2회 내려친 후, 다시 피해자를 일으켜 세워 乙이 피해자의 복부를 1회 때려 뒤로 넘어지게 하여 피해자가 뇌진탕 등으로 정신을 잃고 축 늘어지자, 그가 죽은 것으로 오인하고 그 사체를 몰래 파묻어 증거를 인멸할 목적으로 피해자를 그곳에서부터 약 150미터 떨어진 개울가로 끌고 가 삽으로 웅덩이를 파고 피해자를 매장하여 피해자로 하여금 질식하여 사망에 이르게 하였다는 내용이다.

224   이에 대하여 대법원은, 피해자가 피고인들이 살해의 의도로 행한 구타행위(제1 행위)에 의하여 직접 사망한 것이 아니라 죄적을 인멸할 목적으로 행한 매장행위(제2 행위)에 의하여 사망하게 되었다 하더라도, 전 과정을 개괄적으로 보면 피해자의 살해라는 처음에 예견된 사실이 결국은 실현된 것으로서, 피고인들은 본죄의 죄책을 면할 수 없다고 판결하였다.

225   한편, 개괄적 고의 사안이라는 특별한 개념을 인정할 필요는 없고, 이 사안을 사건진행과정의 착오의 한 유형으로 인정할 필요도 없다는 견해[195]가 있다. 이에 따르면, 위 사안의 경우 제1 행위는 살인미수죄와 과실치상죄의 상상적 경합범이고, 제2 행위는 사체은닉미수죄와 과실치사죄의 상상적 경합범이며, 제1 행위와 제2 행위는 다시 경합관계에 있다고 파악해야 한다는 것이다.

② 일본 판례

226   일본 대심원은, 후처가 전처의 자식을 살해하려고 끈으로 잠자는 자식의 목을 졸라(제1 행위) 움직이지 않자 죽은 것으로 생각하고 범행발각을 방지할 목적

---

194 이 판결에 대한 평석으로는 이용식, "소위 개괄적 고의의 형법적 취급", 형사판례연구 〔2〕, 한국형사판례연구회, 박영사(1994), 18-36; 이재상, "개괄적 고의의 형법적 취급", 형법기본판례 총론, 134-143.
195 박찬걸, 13-14.

으로 바닷가 모래 위로 운반하여 방치한(제2 행위) 채 귀가하였는데 자식이 모래를 흡입하여 사망한 사안에서, 사회생활상의 보통 관념에 비추어 제1 행위와 제2의 행위와 사이에 인과관계가 인정된다고 판시하였다.[196]

개괄적 고의의 사례와는 달리 제2 행위로 살해하려고 하였으나 이미 제1 행위로 사망한 '구성요건의 조기 실현'의 사례가 있다. 이에 대하여 일본 최고재판소는, 피고인 甲이 A 등에게 남편 B를 사고사로 위장하여 살해해 달라고 의뢰하여 A 등은 B를 마취시켜 실신시킨 뒤 자동차에 태워 익사시킬 계획을 세우고, B를 마취시킨 다음(제1 행위) 2시간 후 2킬로미터 떨어진 항구로 데리고 가 자동차에 태운 채 물에 빠뜨렸으나(제 2행위), 어느 행위로 사망하였는지 알 수 없는 사안에서, ⓐ 제1 행위는 제2 행위를 확실하고 용이하게 하기 위하여 필요불가분하였고, ⓑ 제1 행위에 성공한 경우 그 이후의 범죄계획을 수행하는데 장해가 될 특단의 사정이 없었고, ⓒ 제1 행위와 제2 행위는 시간적·장소적으로 근접하다는 점을 들어, 일련의 살인행위에 착수하여 목적을 성공하였으므로 살인의 고의가 인정된다고 판시하였다.[197]

③ 독일 판례

독일 연방대법원은, 피고인 甲 등 3명이 피해자에게 공기주사를 놓아 살해하려고 수건으로 입을 막고 안면을 구타하여 상해를 가한 뒤 피해자를 붙들고 주사를 놓아 사망케 하였는데, 공기주사가 아닌 후두부골절로 인한 출혈에 따른 질식사로 판명된 사안(공기주사사건)에서, 일련의 행위를 일체로 보아 인과경과의 일탈은 중요하지 않다고 하여 고의 기수범을 인정하였다.[198]

(다) 부작위에 의한 본죄에서의 고의

세월호 사건에서 대법원은 부진정부작위범의 고의에 대하여, 반드시 구성요건적 결과발생에 대한 목적이나 계획적인 범행 의도가 있어야 하는 것은 아니고 법익침해의 결과발생을 방지할 법적 작위의무를 가지고 있는 사람이 의무를 이행함으로써 결과발생을 쉽게 방지할 수 있었음을 예견하고도 결과발생을 용인하고 이를 방관한 채 의무를 이행하지 아니한다는 인식을 하면 족하며, 이

227

228

229

---

196 大判 大正 12(1923). 4. 30. 刑集 2·378.
197 最判 平成 16(2004). 3. 22. 刑集 58·3·187.
198 BGH NStZ 2002, 475.

러한 작위의무자의 예견 또는 인식 등은 확정적인 경우는 물론 불확정적인 경우이더라도 미필적 고의로 인정될 수 있다고 판시하고 있다.[199]

230   이때 작위의무자에게 이러한 고의가 있었는지는 작위의무자의 진술에만 의존할 것이 아니라, 작위의무의 발생근거, 법익침해의 태양과 위험성, 작위의무자의 법익침해에 대한 사태지배의 정도, 요구되는 작위의무의 내용과 이행의 용이성, 부작위에 이르게 된 동기와 경위, 부작위의 형태와 결과발생 사이의 상관관계 등을 종합적으로 고려하여 작위의무자의 심리상태를 추인하여야 한다.[200]

(3) 고의의 인정기준

231   본죄의 고의는 피고인을 본죄로 의율할 것인지, 아니면 상해치사죄(§ 269)나 폭행치사죄(§ 262), 또는 과실치사죄(§ 267) 등으로 의율할 것인지 여부를 결정하는 주요한 기준이다. 그런데 살인의 고의는 내심의 의사이므로 피고인이 이를 자백하지 아니하는 한 이를 객관적으로 입증하는 것은 쉽지 않다. 따라서 피고인이 살인의 범의를 부인하는 경우에 어떻게 살인의 범의를 인정할 수 있는지가 현실의 재판에서 문제가 된다.

232   헌법 제27조 제4항은 형사소송의 대원칙으로서 무죄추정의 원칙을 선언하고 있으며, 그에 따라 형사소송법은 유죄입증의 책임을 검사에게 부담시키고 있다. 한편, 형사소송법에 의하면 범죄사실의 인정은 합리적인 의심이 없는 정도의 증명에 이르러야 한다(형소 § 307②). 그런데 합리적 의심이란 모든 의문이나 불신을 말하는 것이 아니라 논리와 경험법칙에 기하여 증명이 필요한 사실과 양립할 수 없는 사실의 개연성에 대한 합리적인 의문을 의미하며, 단순히 관념적인 의심이나 추상적인 가능성에 기초한 의심은 합리적 의심에 포함되지 않는다.[201]

233   따라서 피고인이 범행 당시 살인의 범의는 없었고 단지 상해 또는 폭행의 범의만 있었을 뿐이라고 다투는 경우에 피고인에게 범행 당시 살인의 범의가 있었는지 여부는, 피고인이 범행에 이르게 된 경위, 범행의 동기, 준비된 흉기의 유무·종류·용법, 공격의 부위와 반복성, 사망의 결과발생가능성 정도 등 범행 전후의 객관적인 사정을 종합하여 판단할 수밖에 없다.[202] 그러나 형벌법규의

---

199 대판 2015. 11. 12, 2015도6809(전)(세월호 사건).
200 대판 2015. 11. 12, 2015도6809(전)(세월호 사건).
201 대판 2017. 1. 25, 2016도15526(이태원 살인 사건).
202 대판 2000. 8. 18, 2000도2231; 대판 2001. 3. 9, 2000도5590; 대판 2002. 2. 8, 2001도6425; 대

해석과 적용은 엄격하여야 하므로, 범행 결과가 매우 중대하고 범행 동기나 방법 및 범행 정황에 비난 가능성이 크다는 사정이 있더라도, 이를 양형에 불리한 요소로 고려하여 형을 무겁게 정하는 것은 별론, 그러한 사정을 이유로 살인의 고의를 쉽게 인정할 것은 아니고 이를 인정할 때에는 신중을 기하여야 한다.[203]

(가) 고의를 인정한 사례

① 대판 1983. 6. 28, 83도1269

과도를 부엌에서 가져와 피해자의 가슴과 배를 찔러 흉벽과 복부 자상 및 장천공이 생길 정도이었다면, 살해의 결과가 발생하리라는 인식이 있었다고 봄이 상당하다고 판결하였다.   234

② 대판 1990. 5. 8, 90도670

강간범인이 피해자를 사망에 이르게 한 경우에 그 사망의 결과가 간음행위 자체뿐만 아니라 강간의 수단으로 사용한 폭행으로 인하여 초래된 경우에도 강간치사죄가 성립하는 것이나, 다만 범인이 강간의 목적으로 피해자에게 폭행을 가할 때에 살해의 범의가 있었다면 본죄와 강간치사죄의 상상적 경합범이 성립한다고 할 것이므로, 강간범인이 살해의 미필적 고의를 가지고 피해자의 입을 막고 경부를 눌러 피해자를 질식으로 인한 실신상태에 빠뜨려 강간한 후 그즈음 피해자를 경부압박으로 인한 질식으로 사망케 하였다면, 본죄와 강간치사죄의 상상적 경합범으로 보아 가장 무거운 본죄에 정한 형으로 처벌한 원심판결은 정당하다고 판결하였다.   235

③ 대판 1997. 2. 25, 96도3364

총알이 장전되어 있는 엽총의 방아쇠를 잡고 있다가 총알이 발사되어 피해자가 사망한 사안에서, 범행의 도구로 사용된 엽총은 통상 사냥하기 직전에 총알을 장전하는 것인데도 사냥과는 전혀 관계없는 범행 당시 이미 총알이 장전되어 있었고, 실탄의 장전 유무는 탄창에 나타나는 표시에 의해서 쉽게 확인될   236

판 2006. 4. 14, 2006도734; 대판 2009. 2. 26, 2008도9867; 대판 2015. 10. 29, 2015도5355; 2018. 3. 29, 2017도21254; 대판 2023. 1. 12, 2022도11245, 2022보도52.
203 독일 판례 중에는 극도로 위험한 폭력행위에 있어서 살인의 미필적 고의는 이른바 고도의 저지문턱[저지역(沮止閾)]이 존재함에도 불구하고 어렵지 않게 상정되지만, 살인의 미필적 고의의 인정은 고의를 의심케 하는 모든 사정을 사실심 법관이 고려한 경우에만 법적으로 정당하다고 판시한 것이 있다(BGH, 27.08.2013 - 2 StR 148/13).

수 있어 총기에 실탄이 장전된 것인지 몰랐다고 하기 어려울 뿐 아니라, 안전장
치를 하지 않은 상태에서 방아쇠를 잡고 있었던 점 등과 관계 증거에 나타난 전
후 사정에 비추어, 피해자를 겁주려고 협박하다가 피해자의 접촉행위로 생겨난
단순한 오발사고가 아니라 살인의 고의가 있는 범죄행위였다고 본 원심판결을
수긍하였다.

④ 대판 2001. 9. 28, 2001도3997[204]

237   피해자 A에 대하여 위험한 물건인 과도로 위협하던 중 때마침 그곳을 지나
가던 피해자 B가 차를 세우고 일행들과 내려 A에게 "빨리 도망가라."고 하였다
는 이유로 피해자 B의 일행인 피해자 C의 머리채를 잡고 목에 과도를 들이대자
B가 쫓아와 만류하는 것에 격분한 나머지 오른손에 들고 있던 과도로 B의 좌측
목 부위를 찔렀으나 B가 도망감으로써 B에게 좌측 경부자상을 가하고, 계속하
여 C의 목에 과도를 들이대고 머리채를 잡아 약 50m를 끌고 가 피고인이 운전
하던 승용차 뒷좌석에 밀어 넣고 "너도 죽고 싶어."라고 위협하면서 C의 목 부
위를 과도로 1회 찌르고 이를 피하던 C에게 목 부분을 찔리게 하여 약 2주간의
치료를 요하는 안면열상 등을 가하였다는 사안에서, 범행의 수단이 사람의 생명
을 쉽게 빼앗을 수 있는 과도인 점, 피고인이 과도를 소지하게 된 동기와 경위,
B의 상해 부위가 생명과 직결되는 목부위인 점 등을 고려하여 피고인에게 살인
의 고의가 있었다고 인정한 원심판결은 정당하다고 판시하였다.

⑤ 대판 2005. 4. 15, 2003도2780[205]

238   공소사실의 요지는, 산부인과 의사인 피고인은 2001. 2. 22.경 A(23세)가 건
강에 아무런 이상이 없고 태아도 유전적 질환 등이 없어 정상이라는 사실을 알
면서도 낙태시술을 의뢰받고 이를 승낙한 다음 그녀로 하여금 임신 28주의 태
아를 낙태하게 한 후, 낙태된 아이가 울음을 터뜨리자 미리 준비하여 두었던 용
량 미상의 염화칼륨이 든 주사기를 아이의 심장에 꽂는 방법으로 염화칼륨을
주입하여 A의 아이를 살해하였다는 내용이다.

239   이에 대하여 대법원은, 염화칼륨 주입행위를 낙태를 완성하기 위한 행위에

204 이 판결에 대한 평석으로는 성낙현, "살인죄에 있어서의 대법원의 고의개념", 비교형사법연구
   4-1, 한국비교형사법학회(2002), 389-415.
205 이 판결에 대한 평석으로는 전지연(주 6), 45-70; 최동렬(주 6), 379-424.

불과한 것으로 볼 수 없고, 살아서 출생한 미숙아가 정상적으로 생존할 확률이 적다고 하더라도 그 상태에 대한 확인이나 최소한의 의료행위도 없이 적극적으로 염화칼륨을 주입하여 미숙아를 사망에 이르게 하였다면, 피고인에게는 미숙아를 살해하려는 범의가 인정된다고 판결하였다.

⑥ 대판 2011. 12. 22, 2011도12927(소말리아 해적 사건)

공소사실의 요지는, 소말리아 해적인 피고인들이 공모하여 아라비아해 인근 공해상에서 대한민국 해운회사가 운항 중인 선박 '삼호주얼리호'를 납치하여 대한민국 국민인 선원 등에게 해상강도 등 범행을 저질렀다는 내용이다. 240

대법원은 대한민국 해군의 제1차 구출작전 이후 이 사건 해적들 두목은 모든 해적들에게 해군의 공격이 또다시 시작되면 인질로 억류하고 있는 선원들을 윙브리지로 내몰아 세우라고 지시한 사실, 이에 따라 해군의 제2차 구출작전이 시작되자 해적들 중 한 명이 피해자 A 등 선원들을 윙브리지로 내몰아 세웠고, 당시 윙브리지로는 해군의 위협사격에 의하여 총알이 빗발치는 상황에서 선원들을 윙브리지로 내몰 경우 선원들이 사망할 수 있다는 점을 당연히 예견하고 나아가 이를 용인하였다고 할 것이므로, 살인의 미필적 고의 또한 인정되는 것으로 판단한 원심의 판단은 정당하다고 판결하였다. 241

⑦ 대판 2018. 3. 29, 2017도21254

피고인이 피해자의 목이 돌아가면서 뒷목 부위의 척추동맥이 파열될 정도로 피해자의 머리와 얼굴을 주먹으로 강하게 가격하였을 뿐만 아니라, 피해자의 목 부분의 심부근육을 포함한 여러 근육에서 출혈이 발생하여 결국 심정지까지 일으킬 정도로 피해자의 목 부분을 손으로 약 1분 이상 강하게 조르고 그로 인하여 피해자로 하여금 지주막하출혈 및 경부압박에 의한 질식으로 사망케 한 사안에서, 피고인에게 미필적으로나마 피해자에 대한 살인의 고의가 있다고 판결하였다. 242

⑧ 대판 2022. 4. 28, 2021도16719

양모(養母)인 피고인이 입양한 8개월 여아에 대하여 장기간에 걸쳐 상습적인 학대를 가하고, 지속적인 학대행위로 몸이 쇠약해진 피해 아동(당시 생후 16개월, 키 79cm, 몸무게 9.5kg)이 밥을 먹지 않는다는 등의 이유로 격분하여 복부 등을 무차별적으로 구타하여 피해 아동이 췌장이 절단되고 장간막이 파열되어 사망한 사안에서, 몸이 쇠약한 피해 아동의 복부에 강한 둔력을 가할 경우 피해 아 243

동이 사망에 이를 수도 있다는 사실을 인식하였으므로 살인의 고인을 인정한 원심이 정당하다고 판결하였다.

(나) 고의를 부정한 사례

① 대판 1984. 10. 5, 84도1544

244   수인이 가벼운 상해 또는 폭행 등의 범의로 범행 중 1인의 소위로 살인의 결과를 발생케 한 경우, 그 나머지 사람들은 상해 또는 폭행죄 등과 결과적 가중범의 관계에 있는 상해치사 또는 폭행치사 등의 죄책은 면할 수 없다고 하더라도, 위 살인 등 소위는 전연 예기치 못하였다 할 것이므로 그들에게 본죄의 책임을 물을 수는 없다.

② 대판 2000. 11. 7, 2000도3507(재상고심)

245   공소사실의 요지는, 피고인은 평소에 남편인 피해자와 사이가 좋지 않아 자주 부부싸움을 하여 왔는데, 피해자와 또다시 부부싸움을 하다가 피해자로부터 모욕적인 말을 듣고 나가려고 하는데 피해자가 뒤에서 잡자 순간적으로 이에 격분하여 피해자를 칼로 찔러 살해하기로 마음먹고, 출입구 쪽 도마 위에 있던 칼을 손에 들고 피해자의 왼쪽 가슴을 1회 깊이 찔러 피해자를 심장자창으로 사망하게 하여 살해하였다는 내용이다.

246   이에 대한 피고인 주장의 요지는, 피해자는 평소 피고인과 부부싸움을 하다가 칼을 드는 경우가 많았는데, 이 사건 당시에도 피고인이 피해자와의 말다툼 끝에 밖으로 나가려고 하자 방문 앞의 도마 위에 있던 칼을 집어 든 다음 피고인과 서서 마주 보는 자세로 오른손에 칼을 들고 왼손으로 피고인의 오른쪽 어깨 부분을 붙잡은 상태에서 피고인의 몸을 잡아끌며 그대로 뒷걸음을 치다가 뒤에 있던 책상에 부딪쳤고, 이에 피고인은 피해자에게 놓으라고 하면서 피고인의 오른쪽 어깨 부분을 잡고 있는 피해자의 왼손을 뿌리치면서 피해자의 손에서 칼을 빼앗았는데, 그 때 피해자가 빼앗기지 않으려고 힘을 주거나 저항이 없이 칼을 피고인에게 내주기에 피고인이 칼을 받아서 처음에 칼이 놓여 있던 도마 위에 이를 놓아두고 되돌아오는 순간 피해자가 가슴을 움켜쥐고 스르르 넘어진 사실이 있을 뿐이고, 피고인이 칼로 피해자를 찌른 사실이 없으며, 피고인이 칼을 피해자로 빼앗을 당시에도 서로 실랑이를 함이 없이 피해자가 칼을 주었으므로 그 과정에서 피해자가 찔린 것도 아니며, 피

고인으로서는 피해자가 피고인의 왼쪽 어깨를 붙잡고 뒷걸음을 치다가 책상에 부딪친 순간부터 피고인이 피고인의 오른쪽 어깨 부분을 잡고 있는 피해자의 왼손을 뿌리칠 때까지의 사이에 피해자가 칼에 찔렸을 가능성이 있다고 생각이 들기는 하나, 그 순간을 보지 못하여 어떻게 피해자가 칼에 찔린 것인지 알지 못한다는 내용이다.

항소심[206]과 파기환송심[207]은 피해자의 자살 가능성을 배제한 후, 피해자의 자창 부위, 자창의 모양과 칼날 방향, 피해자 신체의 상황 등 제반 사정을 비추어 보면 피고인이 피해자를 칼로 찔렀다고 인정할 수밖에 없고, 피고인이 칼로 피해자의 가슴을 찌른 이상 살인의 고의가 있었다고 판단하여 피고인에 대한 공소사실을 유죄로 인정한 제1심 판결[208]의 결론을 유지하였다. **247**

그러나 대법원[209]과 이에 대한 재상고심 대법원은 피고인과 피해자가 마주 **248** 선 상태에서 자창이 수평으로 나게 하려면 자세가 굉장히 어색해지며, 체격과 체력이 우월한 피해자가 아무런 저항이나 방어를 하지 않았다는 점 등을 종합하면, 우발적 사고의 가능성을 배제하고 살인의 고의를 인정하기 어렵다는 이유로 항소심과 파기환송심 판결을 각 파기하였다.

③ 대판 2001. 6. 29, 2001도1091

본죄로 공소제기된 공소사실에 대하여 항소심[210]은, 피고인과 피해자는 평 **249** 소 절친하게 지내던 직장 동료로서 이 사건 해변으로 놀러와서 이틀 동안 연이어 지나치게 과음하는 바람에 피해자의 술주정으로 싸움이 벌어져 서로 폭행을 주고받는 과정에서 우발적으로 피해자가 사망한 사고가 발생하게 되었고, 피고인에게 평소 피해자를 살해할 만한 특별한 동기가 있었던 것으로는 보여지지 아니하며, 피고인이 술에 취해 피해자와 싸우던 중 모래사장에 엎어진 피해자의 뒷머리를 잠시 누르기는 하였으나 위 싸움의 과정에서 흉기를 사용하지는 아니하였고, 그다지 심한 방법으로 반복하여 폭행을 가한 것도 아니었으며, 피고인이 위와 같이 피해자의 뒷머리를 누를 당시 술에 만취한 데다가 순간적으로 격

---

206 서울고판 1999. 11. 10, 99노1956. 피고인에 대하여 징역 8년을 선고하였다.
207 서울고판 2000. 7. 7, 2000노706.
208 서울지법 의정부지판 1999. 7. 1, 99고합99. 피고인에 대하여 징역 15년을 선고하였다.
209 대판 2000. 2. 25, 99도5350.
210 서울고판 2001. 2. 7, 2000노2546.

분한 상태였던 점을 감안하면 피해자가 사망할지도 모른다는 인식까지 한 것으로는 보여지지 아니하므로, 이러한 이 사건 범행 전후의 객관적인 사정들을 종합하여 보면 피고인에게 피해자를 살해하려는 범의가 있었던 것으로 쉽사리 단정하기 어렵다는 이유로 유죄를 선고한 제1심 판결을 파기하고 무죄를 선고하였는데, 대법원은 항소심의 무죄 판단은 정당하다고 판결하였다.[211]

(4) 사실의 착오

(가) 사실의 착오의 의의

250   사실의 착오란 인식사실과 발생사실이 불일치하는 경우를 말하며, 구성요건적 착오라고도 한다.[212]

(나) 객체의 착오와 방법의 착오

251   판례의 입장인 법정적 부합설에 의하면 구체적 사실의 착오의 경우 객체의 착오이든 방법의 착오(또는 타격의 착오)이든 고의가 인정되지만, 구체적 부합설에 의하면 구체적 사실의 착오 중 객체의 착오의 경우에는 고의가 인정되지만, 방법의 착오의 경우에는 인식사실의 고의미수범과 발생사실의 과실범의 상상적 경합으로 의율된다.[213]

① 대판 1968. 8. 23, 68도884

252   대법원은, 피고인이 A, B 부부를 살해할 의사로 농약 1포를 숭늉그릇에 투입하여 A의 식당에 두었는데 딸인 C가 마시고 죽었으나, C를 살해할 의사가 없었던 사안에서, A와 B에 대한 살인미수죄와 C에 대한 살인기수죄의 성립을 인정하였다.[214]

---

211 다만, 대법원은 항소심이 공소장변경 절차 없이 피고인에 대한 폭행치사를 인정한 것은 공소사실을 부인하고 있는 피고인의 방어권행사에 실질적인 불이익을 주는 것으로서 공소장변경의 요부에 관한 법리를 오해한 위법이 있다는 이유로 항소심 판결을 파기하였다.
212 신동운, 207.
213 주석형법 [각칙(3)](5판), 188(김승주).
214 이와 관련하여 우리나라에서는 별로 논의되고 있지 않지만, 일본에서는 법정적 부합설의 경우에도 ① 1개 고의설과 ② 수개 고의설이 대립한다. 위 판례 사례에서 고의가 1개라는 위 ①설에 의하면 C에 대한 살인죄(기수)가 성립하고, A와 B에 대해서는 과실치사의 미수로 불처벌이 되지만, 위 ②설에 의하면 C에 대한 살인죄(기수)와 A와 B에 대한 살인미수죄가 성립한다. 따라서 위 판례는 위 ②설의 입장이라고 볼 수 있다. 또한, 대판 1975. 4. 22, 75도727의 경우 제1, 2심 판결이 공간(公刊)되지 않아 명확하지는 않지만 죄명이 살인죄 및 상관살해미수죄로 되어 있는 점에 비추어 위 ②설의 입장으로 보인다. 한편 일본 판례도 위 ②설의 입장에서, 피고인이 순찰 중인 경찰관 A로부터 권총을 빼앗으려고 마음먹고, A에 대하여 살인의 미필적 고의를 가지고 개

② 대판 1975. 4. 22, 75도727

사람을 살해할 목적으로 총을 발사한 이상 그것이 목적하지 아니한 다른   253
사람에게 명중되어 사망의 결과가 발생하였다 하더라도 살의를 조각하지 않는
것이라 할 것이니, 피고인이 하사 A를 살해할 목적으로 발사한 총탄이 이를 제
지하려고 피고인 앞으로 뛰어들던 병장 B에게 명중되어 B가 사망한 본건의 경
우, B에 대한 살인죄가 성립한다고 하였다.

③ 대판 1984. 1. 24, 83도2813[215]

피고인이 먼저 피해자 A(피고인의 형수)을 향하여 살의를 가지고 소나무 몽   254
둥이(길이 85센티미터 직경 9센티미터)를 두 손에 집어 들고 힘껏 후려친 가격으로
피를 흘리며 마당에 고꾸라진 동녀와 동녀의 등에 업힌 피해자 B(피고인의 조카)
의 머리 부분을 위 몽둥이로 내리쳐 B를 현장에서 두개골절 및 뇌좌상으로 사
망케 한 사안에서, 피고인의 변호인은 B에 대하여는 살인의 고의가 없었으니
과실치사죄가 성립할 뿐 살인죄가 성립하지 아니한다고 주장하자, 소위 타격의
착오가 있는 경우라 할지라도 행위자의 살인의 범의 성립에 방해가 되지 아니
한다고 판결하면서 피고인의 주장을 받아들이지 아니하였다.[216]

(다) 인과관계의 착오

인과관계의 인식도 고의의 대상에 포함되지만, 상세한 인과과정을 인식할   255
필요는 없다. 즉, 문외한으로서의 소박한 인식이 있으면 충분하다.

그러나, 행위와 결과 사이에 본질적 차이가 있는 경우에는 이른바 인과과정   256
의 착오[217]로서 고의 성립에 영향을 줄 수 있다.

인과관계의 착오와 관련하여 논의되고 있는 이른바 개괄적 고의의 사례[218]   257
에 관해서는 **3. 주관적 구성요건** 부분에서 설명한 바와 같다.

조총으로 총알 1발을 발사하였는데, A는 총알을 맞고 부상을 당하였으나 30미터 전방 도로 반대
쪽에서 걸어가던 B도 명중하여 상해를 입은 사안에서, A에 대한 강도살인미수죄와 B에 대한 살
인미수죄의 성립을 인정하였다[最判 昭和 53(1978). 7. 28. 刑集 32·5·1068].

215 이 판결에 대한 평석으로는 김영환, "형법상 방법의 착오의 문제점", 형사판례연구 [1], 한국형
사판례연구회, 박영사(1993), 13-39.

216 같은 취지로는 대판 1954. 4. 27, 4286형상73; 대법원 1968. 8. 23, 68도884.

217 배종대, §10/10에 의하면 '정확하게는 인과과정의 사실에 대한 착오'라고 한다.

218 대판 1988. 6. 28, 88도650.

4. 위법성

(1) 일반적 위법성조각사유

258   본죄의 위법성조각사유는 사람의 생명이라는 법익의 절대성 및 중대성 때문에 다른 범죄에 비해 엄격한 제한이 있는데, 특히 일반적 위법성조각사유 가운데 긴급피난(§ 22), 자구행위(§ 23) 그리고 피해자의 승낙(§ 24)은 본죄에 적용되지 않는다.

(가) 긴급피난

259   사람의 생명은 절대적으로 보호를 받아야 하는 최고의 법익으로서 다른 법익과의 이익교량이 불가능하므로 긴급피난의 상당한 이유(즉, 우월한 이익의 원칙)라는 요건을 충족할 수 없기 때문에 긴급피난에 의한 위법성조각의 가능성은 없다.[219]

260   그러나 ① 방어적 긴급피난(또는 면책적 긴급피난)의 경우에는 위법성조각사유로 가능하다는 견해,[220] ② 부작위에 의한 본죄의 경우에는 부작위범에 있어서 의무의 충돌 법리에 따라 동가치한 의무의 충돌이 있으면 위법성이 조각될 수 있기 때문에 긴급피난에 의하여 위법성이 조각될 수 있다는 견해,[221] ③ 긴급피난이 본죄의 위법성조각사유로는 인정될 수 없지만 책임조각사유로는 인정될 수 있다는 견해[222]가 있다.

261   긴급피난과 관련하여 재판상 문제된 사건으로는 1884년의 영국 선박 미뇨네트(Mignonette)호 사건이 있다. 선박 난파 후 보트에 탄 4명 가운데 2명이 표류 중 물과 식량 등이 없게 되자 표류 20일째에 죽음이 임박한 소년선원 1명을 살해하여 살을 먹고 피를 마신 사건으로, 영국 법원은 정당방위 외에는 자기의 생명을 유지하기 위하여 타인을 살해하는 것은 정당화될 수 없다며 모살죄로 사형판결을 선고하였으나, 후에 6개월의 금고형으로 감형되었다. 그리고 일본 하급심 판례 중에는 긴급피난은 부정하였으나 과잉피난은 인정한 것이 있다. 오옴

---

219 김성돈, 62; 배종대, § 10/11; 오영근, 22; 이재상·장영민·강동범, § 2/23; 이정원·류석준, 15; 정웅석·최창호, 293.
220 김성천·김형준, 19; 김일수·서보학, 17; 박찬걸, 15.
221 김성돈, 62; 박찬걸, 15.
222 신동운, 540-541; 정성근·박광민, 49.

진리교의 전 신도인 피고인이 피해자 A와 함께 모친을 교단으로부터 구출하기 위하여 교단시설에 숨어 들어갔다가 발각되어 교단 신자들에게 둘러싸인 가운데 A를 죽이면 살려주겠다는 강요에 못 이겨 어쩔 수 없이 A의 목을 졸라 살해한 사안에서, 피고인 자신이 살해당한다는 구체적인 위험성이 크지는 않았으므로 피고인의 생명에 대한 현재의 위난은 인정되지 않지만, 피고인의 신체의 자유에 대한 현재의 위난을 피하기 위하여 어쩔 수 없는 행위로서 보충성과 상당성은 인정된다고 하면서, 다만 법익의 균형을 인정할 수 없어 과잉피난에 해당한다고 판시한 것이 있다.[223]

(나) 자구행위

자구행위는 청구권 보전을 위하여 인정되는 위법성조각사유이므로 본죄의 경우에 적용될 수 없으며, 이에 대하여는 이견이 없다.   **262**

(다) 피해자의 승낙

제24조의 규정에 의하여 위법성이 조각되는 피해자의 승낙은 개인적 법익을 훼손하는 경우에 법률상 이를 처분할 수 있는 사람의 승낙이어야 할 뿐만 아니라, 그 승낙이 윤리적·도덕적으로 사회상규에 반하는 것이 아니어야 한다.[224] 그런데 사람의 생명은 처분할 수 있는 법익이 아니기 때문에 피해자의 승낙을 받고 살해한 경우에도 승낙살인죄를 구성하며 위법성이 조각되지 아니한다.   **263**

한편, 안락사에 대하여 강학상 본죄에 대한 위법성조각사유로 설명하고 있지만 안락사는 본죄가 아닌 촉탁·승낙살인죄(§ 252①)에 대한 위법성조각사유로 설명하는 것이 타당하다고 판단된다. 따라서 안락사에 대하여는 촉탁·승낙살인죄의 위법성 해당 부분에서 구체적으로 살펴본다. 그러나 안락사의 경우에도 피해자의 촉탁·승낙이 아닌 피해자의 가족을 비롯한 제3자의 촉탁·승낙에 의한 경우는 촉탁·승낙살인죄가 아니라 본죄를 구성한다.   **264**

아래에서는 일반적 위법성조각사유 중에서 본죄에도 적용될 수 있는 정당방위와 정당행위에 대하여 살펴본다.   **265**

---

223 東京地判 平成 8(1996). 6. 26. 判時 1578·39(린치 살인 사건).
224 대판 1985. 12. 10, 85도1892 등.

(2) 정당방위

(가) 정당방위의 의의와 요건

266   자기 또는 타인의 법익에 대한 현재의 부당(不當)한[225] 침해를 방위하기 위한 행위는 상당한 이유가 있는 때에는 벌하지 아니하는데(§21①), 이를 정당방위라 한다. 타인의 부당한 침해를 전제로 하기 때문에 제한 없이 본죄에도 적용된다.

(a) 현재의 부당한 침해

267   현재의 부당한 침해를 부정한 판례로는 대판 1984. 10. 5, 84도1544가 있다.

268   대법원은 피고인 甲은 피해자 A가 법원의 주지직무집행 방해금지가처분결정에 따른 집달관의 강제집행에 의하여 신홍사 주지로 부임하기 위하여 그 수행원을 대동하고 법원 소속 집달관과 함께 신홍사 사천왕문을 향하여 걸어오다가 원심 공동피고인 乙의 제지를 받고 옥신각신 다투는 것을 보고 A와 그 일행을 살해하기로 마음먹고, A 일행에게 달려들어 소지하고 있었던 식칼로 A와 그 일행인 피해자 B 내지 G 등의 목과 가슴 등을 마구 찔러 피해자 B를 살해하고 그 밖의 나머지 피해자들에게 2주 내지 4개월간의 치료를 요하는 상해를 가한 사안에서, A가 신홍사 주지로 부임하기 위하여 그 수행원들과 함께 신홍사 경내로 들어가려고 한 것은 아무런 침해행위가 아님이 명백하므로 피고인의 행위를 정당방위 또는 과잉방위라는 주장은 독자적 견해로서 받아들이기 어렵다고 판결하였다.

(b) 방위행위

269   정당방위가 성립하려면 침해행위에 의하여 침해되는 법익의 종류, 정도, 침해의 방법, 침해행위의 완급과 방위행위에 의하여 침해될 법익의 종류, 정도 등 일체의 구체적 사정들을 참작하여 방위행위가 사회적으로 상당한 것이어야 하고, 정당방위의 성립요건으로서의 방어행위에는 순수한 수비적 방어뿐 아니라 적극적 반격을 포함하는 반격방어의 형태도 포함되나, 그 방어행위는 자기 또는

---

225 법문의 '부당한'은 입법의 오류로 보이고, '위법한'으로 고쳐야 하며, 그런 의미로 이해하는 것이 보편화되어 있다는 견해[배종대, 형법총론(13판), §63/8]도 있고, 여기서 '부당'은 '위법'을 의미하며, 위법은 형법적 불법뿐만 아니라 객관적으로 법질서 전체에 반하는 일반적 위법도 포함한다는 견해[이주원, 형법총론(2판), 박영사(2023), 157]도 있다.

타인의 법익침해를 방위하기 위한 행위로서 상당한 이유가 있어야 한다.[226] 한편 서로 공격할 의사로 싸우다가 피해자로부터 먼저 공격을 받고 이에 대항하여 가해한 경우에는, 그 가해행위가 방어행위인 동시에 공격행위의 성격을 가지고 있으므로 정당방위 또는 과잉방위행위라 할 수 없다.[227]

싸움의 경우에 정당방위를 부정한 판례로는 대판 2000. 3. 28, 2000도228[228] 이 있다.　　　　　　　　　　　　　　　　　　　　　　　　　　　　　　　270

공소사실의 요지는, 피고인이 피해자(피고인의 처남)의 집에서 피해자의 왼쪽 허벅지를 길이 21㎝가량의 과도로 1회 찔러 피해자에게 약 14일간의 치료를 요하는 좌측대퇴외측부 심부자상 등을 가하였다는 내용이다.　　　　271

피고인은 피해자가 술에 만취하여 누나인 A와 말다툼을 하다가 A의 머리채를 잡고 때렸으며, 당시 A의 남편이었던 피고인이 이를 목격하고 화가 나서 피해자와 싸우게 되었는데, 그 과정에서 몸무게가 85kg 이상이나 되는 피해자가 62kg의 피고인을 침대 위에 넘어뜨리고 피고인의 가슴 위에 올라타 목 부분을 누르자 호흡이 곤란하게 된 피고인이 안간힘을 쓰면서 허둥대다가 그곳 침대 위에 놓여 있던 과도로 피해자에게 상해를 가하였다는 취지로 주장하였다.　272

항소심은 이 사건의 발생 경위와 그 진행 과정을 고려하여 피고인의 행위는 피고인의 신체에 대한 현재의 부당한 침해를 방위하기 위한 행위가 그 정도를 초과한 경우인 과잉방위행위에 해당한다고 판단하였다.　　　　　273

그러나 대법원은 사실관계가 위와 같다 하더라도, 피고인의 행위는 피해자의 부당한 공격을 방위하기 위한 것이라기보다는 서로 공격할 의사로 싸우다가 먼저 공격을 받고 이에 대항하여 가해하게 된 것이라고 봄이 상당하고, 이와 같은 싸움의 경우 가해행위는 방어행위인 동시에 공격행위의 성격을 가지므로 정당방위 또는 과잉방위행위라고 볼 수 없다고 판결하였다.　　　　274

---

226 대판 1966. 3. 5, 66도63; 대판 1984. 6. 12, 84도683; 대판 1992. 12. 22, 92도2540.
227 대판 1971. 4. 30, 71도527; 대판 1993. 8. 24, 92도1329; 대판 1996. 9. 6, 95도2945; 대판 2000. 3. 28, 2000도228; 대판 2004. 6. 25, 2003도4934 등.
228 이 판결에 대한 평석으로는 정현미, "유책한 도발과 정당방위", 형사판례연구 [10], 한국형사판례연구회, 박영사(2002), 97-113; 최석윤, "방위의 의사 - 싸움과 정당방위", 형법판례 150선(3판), 박영사(2021), 56-57.

〔김 영 태〕　　　　　　　　　　　　　　　**99**

(나) 정당방위 주장을 긍정한 사례

275   정당방위를 인정한 사례로는 대판 1968. 5. 7, 68도370(카빙소총 발사 살해 사건)[229]이 있다.

276   초소근무를 명령받고 근무 중 다음번 근무를 하여야 할 상병 A와 교대시간이 늦었다는 이유로 언쟁을 하다가 피고인(상병)이 A를 구타하자 A가 소지하고 있던 카빙소총을 피고인의 등 뒤에 겨누며 실탄을 장전하는 등 발사할 듯이 위협을 하자 피고인이 뒤로 돌아서면서 소지하고 있던 카빙소총을 A의 복부를 향하여 발사하므로서 A를 사망케 한 사안에서, 피고인과 A와의 사이에 언쟁을 하고, 피고인이 동인을 구타하는 등의 싸움을 하였다 하여도, 다른 특별한 사정이 없는 한, 구타를 하였음에 불과한 피고인으로서는 A가 실탄이 장전되어 있는(초소 근무인만큼 실탄이 장전되어 있었음) 카빙소총을 피고인의 등 뒤에 겨누며 발사할 것 같이 위협하는 방위행위는 피고인이 당연히 예상하였던 상대방의 방위행위라고는 인정할 수 없으므로 이는 부당한 침해라고 아니할 수 없고, 피고인이 동인을 먼저 사살하지 않으면 피고인의 생명이 위험하다고 느낀 나머지 뒤로 돌아서면서 소지 중인 카빙총을 발사하였다는 행위는 현재의 급박하고도 부당한 침해를 방위하기 위한 행위로서 상당한 이유가 있는 행위라고 판시하면서, 정당방위를 인정하였다.

(다) 정당방위가 아닌 과잉방위를 인정한 사례

① 대판 1974. 2. 26, 73도2380

277   피고인이 1969. 8. 30. 22:40경 그의 처(31세)와 함께 극장 구경을 마치고 귀가하는 도중 피해자(19세)가 피고인의 조카딸(14세) 등의 소녀들에게 음경을 내놓고 소변을 보면서 키스를 하자고 달려드는 것을 피고인이 술에 취했으니 집에 돌아가라고 타이르자 도리어 피고인의 뺨을 때리고 돌을 들어 구타하려고 따라오는 것을 피고인이 피하자, 피해자가 피고인의 처를 땅에 넘어뜨려 깔고 앉아서 구타하여 피고인이 다시 제지하였지만 듣지 아니하고 돌로 피고인의 처를 때리려는 순간, 피고인이 그 침해를 방위하기 위하여 농구화 신은 발로 피해자의 복부를 한차례 차서 피해자로 하여금 외상성 12지장 천공상을 입게 하여

---

229 이 판결에 대한 평석으로는 이용식, "위법성조각사유의 전제사실의 착오에 대한 대법원판례의 이해구조 - 오상을 이유로 하는 위법성조각과 정당방위상황의 인정 - 판례의 시각에 대한 학계의 이해부족 - ", 형사판례연구 [24], 한국형사판례연구회, 박영사(2016), 157-198.

사망에 이르게 한 사안에서, 객관적인 사실에 의하여 볼 때 피고인의 행위는 과잉방위에 해당한다 할 것이고, 피고인의 위 행위는 당시 야간에 술이 취한 피해자의 불의의 행패와 폭행으로 인한 불안스러운 상태에서의 공포, 경악, 흥분 또는 당황으로 인한 것이라고 판시하였다.

② 대판 1986. 11. 11, 86도1862[230]

피고인의 오빠인 피해자는 어머니 등 가족과 함께 살면서 술주정과 행패를 계속해 오다가 교통사고를 당하여 머리에 큰 상해를 입어 입원치료를 받고 퇴원한 후에는 술에 취하지 않은 상태에서도 정신이상자처럼 욕설을 하거나 흉포한 행동을 할 뿐만 아니라 술에 취하면 행패를 부리는 정도가 더욱 심하여졌으며, 사건 전날에도 피해자는 술에 몹시 취하여 그의 가족들이 사는 집에서 집안팎을 들락날락하면서 퇴근하여 집에 돌아온 피고인에게 갖은 욕설을 퍼붓고 있다가 같은 날 24:00경 어머니가 장사를 마치고 집에 돌아오자 심한 욕설을 하면서 술값을 내놓으라고 요구하여 그의 버릇을 잘 아는 어머니로부터 "내일 아침에 돈 10,000원을 줄 테니 들어가서 자거라."는 대답을 듣고는 일단 수그러진 듯 그의 방에 들어갔으나 곧 그의 방에 있는 선풍기를 들고 다시 나오면서 "10,000원이 뭐냐, 100,000원을 줘야지, 이년들, 저희들은 새 선풍기를 쓰고 내게는 헌 선풍기를 줘."라고 소리치며 위 선풍기를 집어 던져 부수는 등 난동을 계속하므로 이에 겁을 먹은 어머니와 피고인 및 남동생이 모두 안방으로 피해 들어가 문을 잠그고 피해자가 잠들기를 기다렸으나 잠들기는커녕 오히려 더욱 거칠게 "문을 열라"고 고함치면서 안방 문을 주먹으로 치고 발로 차는가 하면, 문손잡이를 잡아 비틀고 힘을 주어 미는 등의 행패를 5시간가량 계속함으로써 다음 날인 같은 달 29. 05:00경에는 위 안방 문이 거의 부서질 지경에 이르렀으며, 이에 견디다 못한 어머니가 방문을 열고 마루로 나가자 피해자는 주방에 있는 싱크대에서 식칼을 찾아 꺼내어 왼손에 들고 어머니를 향해 가족들을 다 죽여버리겠다고 소리치며 달려들어 칼을 그녀의 얼굴 가까이 갖다 들이대자 어머니가 놀라서 기절하였고, 이를 방안에서 보고 있던 동생이 어머니의 생명이 위험하다고 느끼고 마루로 뛰어나감과 동시에 왼손으로는 어머니를 옆으로 밀치

---

230 이 판결에 대한 평석으로는 손동권, "(오상)과잉방위에 대한 책임비난", 형사판례연구 [8], 한국형사판례연구회, 박영사(2000), 27-46.

면서 오른손으로는 피해자의 왼손 목을 잡고 칼을 뺏으려 하였으나 피해자가 오히려 오른손으로 동생의 목을 앞에서 움켜쥐고 손아귀에 힘을 줌으로써 동생으로 하여금 숨쉬기가 곤란할 지경에 이르게 되었으며, 그때까지 겁에 질려 방 안에서 이를 보기만 하고 있던 피고인은 그대로 두면 동생의 생명이 위험하다고 순간적으로 생각하고, 그를 구하기 위하여 마루로 뛰어나가 피해자에게 달려들어 두 손으로 그의 목을 앞에서 감아쥐고 힘껏 조르면서 뒤로 밀자, 그가 뒤로 넘어지므로 피고인도 함께 앞으로 쓰러진 다음, 그의 몸 위에 타고 앉은 채로 두 손으로 계속 그의 목을 누르고 있던 중, 피고인의 도움으로 위기에서 풀려난 동생이 기절하여 쓰러져 있는 어머니의 상태를 살피는 등 약간 지체한 후에 피고인이 그때까지도 피해자의 몸 위에서 두 손으로 그의 목을 계속 누르고 있는 것을 비로소 알아차리고 "누나, 왜 이래"하고 소리치자 피고인은 그때서야 정신을 차린 듯 피해자의 목에서 손을 떼면서 일어났으나, 그때 이미 피해자는 피고인의 목졸임으로 말미암아 질식된 채 사망에 이르게 하였다는 사안에서, 피고인의 행위는 어머니와 동생의 생명, 신체에 대한 현재의 부당한 침해를 방위하기 위한 상당한 행위라 할 것이고, 나아가 위 사건 당시 피해자가 피고인의 위와 같은 방위행위로 말미암아 뒤로 넘어져 피고인의 몸 아래 깔려 더 이상 침해행위를 계속하는 것이 불가능하거나 또는 적어도 현저히 곤란한 상태에 빠졌음에도 피고인이 피해자의 몸위에 타고 앉아 그의 목을 계속하여 졸라서 누름으로써 결국 피해자로 하여금 질식하여 사망에 이르게 한 행위는 정당방위의 요건인 상당성을 결여한 행위라고 보아야 할 것이나, 극히 짧은 시간 내에 계속하여 행하여진 피고인의 일련의 행위는 이를 전체로서 하나의 행위로 보아야 할 것이므로, 방위의사에서 비롯된 피고인의 연속된 전후행위는 하나로서 과잉방위에 해당한다 할 것이고, 당시 야간에 흉포한 성격에 술까지 취한 피해자가 식칼을 들고 피고인을 포함한 가족들의 생명, 신체를 위협하는 불의의 행패와 폭행을 하여 온 불안스러운 상태하에서 공포, 경악, 흥분 또는 당황 등으로 말미암아 저질러진 것이라고 보아야 할 것이라고 판시하였다.

　(라) 오상방위에 관한 사례

279 　　앞서 살펴본 정당방위를 인정한 대판 1968. 5. 7, 68도370(카빙소총 발사 살해 사건)은 "가사 피해자 A에게 피고인을 상해할 의사가 없고 객관적으로 급박하고

부당한 침해가 없었다고 가정하더라도 원심이 인정한 사실자체로 보아도 피고인으로서는 현재의 급박하고도 부당한 침해가 있는 것으로 오인하는 데 대한 정당한 사유가 있는 경우(기록에 의하면, A는 술에 취하여 초소를 교대하여야 할 시간보다 한 시간 반 늦게 왔었고, 피고인의 구타로 코피를 흘렸다는 것이며, A는 코피를 닦으며 흥분하여 "월남에서는 사람 하나 죽인 것은 파리를 죽인 것이나 같았다. 너 하나 못 죽일 줄 아느냐."라고 하면서 피고인의 등 뒤에 카빈총을 겨누었다고 함)에 해당된다고 아니할 수 없음에도 불구하고, 원심이 위와 같은 이유로서 피고인의 정당방위의 주장을 배척하였음은 역시 오상방위에 관한 법리를 오해한 위법이 있다고도 아니할 수 없다."고 판시하였다. 위 판결은 오상방위라고 가정하더라도 오인에 정당한 사유가 있는 경우에 해당한다고 판시하면서도, 그 효과가 무엇인지, 즉 고의가 조각되는 것인지, 위법성이 조각되는 것인지 등에 관해서는 특별히 언급하고 있지 않다.[231]

(마) 정당방위 주장을 부정한 사례

① 대판 1971. 4. 30, 71도527

피고인은 피해자와 A가 싸우는 것을 노인인 B가 만류하자 피해자가 B를 무수히 구타하는 것을 보고 이를 나무래고 집에 돌아왔는데, 피해자가 흉기를 들고 피고인을 찾아다닌다는 말을 듣고 C의 집에 있는 피해자를 찾아가 왜 그러느냐고 묻자 소지하고 있던 송곳으로 피고인을 찌르려고 하여 피고인은 자기 집에 달려와 식도를 들고나와 피고인 집에서 약 150미터 가량 떨어진 곳에 가서 피해자와 만났는데, 피해자는 약간 높은 곳에서 왼손에는 드라이버를, 오른손에는 칼을 들고 서고, 피고인은 약간 낮은 곳에서 식도를 들고 서로 맞서 죽인다고 외치던 끝에 피해자가 먼저 드라이버로 피고인의 오른쪽 겨드랑을 찔렀고, 피고인은 앞으로 약간 쓰러졌다가 고개를 쳐드는 순간 다시 피해자가 오른손에 쥐고 있던 칼로 피고인의 안면을 향하여 찌르려 하자, 피고인은 이에 대항하여 오른 손에 들고 있던 식도로 피해자의 앞가슴을 한번 찔러 전흉부 절창에 의한 급성 출혈로 피해자를 사망케 한 사안에서, 피고인이 자기 집에서 식도를

280

---

231 다만 판례는, ① 정당행위에 관하여 오인에 정당한 이유가 있으면 위법성이 없다고 판시하면서 피고인에게 무죄를 선고하고(대판 1986. 10. 28, 86도1406), ② 명예훼손죄의 위법성조각사유(§310)와 관련하여 피고인이 실제로 허위의 사실을 진실한 사실로 오인한 경우, 그와 같이 믿는 데 객관적으로 상당한 이유가 있는 경우에는 위법성이 없다고 판시하고(대판 1996. 8. 23, 94도3191) 있다.

〔김 영 태〕　　　　　　　　　　　　　　　　　　　　　　　　**103**

가지고 나갈 때에는 비록 피해자를 살해할 의사까지는 없었다고 하여도 경우에
따라서는 공격할 의사가 있다고 아니 볼 수가 없고, 더구나 위 사건현장에서 서
로 흉기를 든 채 피해자와 맞서 서로 죽이라고 고함치던 끝에 피해자를 찌르게
된 것으로서, 피고인이 현장에서 피해자와 맞서지 아니하면 안 될 상황에 있었
다고는 보여지지 아니하므로, 결국 피고인이 피해자를 찌르게 된 것은 피해자의
일방적인 부정한 공격을 방어하기 위한 것이라기보다는 서로 공격할 의사로 싸
우다가 피해자로부터 먼저 공격을 받고 이에 대항하여 가해하게 된 것이라고
밖에 볼 수 없고, 이와 같은 싸움의 경우에는 가해행위는 방어행위인 동시에 공
격행위의 성격을 가진다 할 것이므로 정당방위 또는 과잉방위행위라 할 수 없
다고 판시하였다.

② 대판 1983. 9. 13, 83도1467

281   피고인이 피해자를 살해하려고 먼저 가격한 이상 피해자의 반격이 있었다
하여 피해자를 살해한 피고인의 소위가 정당방위에 해당한다고 볼 수는 없다고
판결하였다.

③ 대판 1983. 9. 27, 83도1906(구타행위에 맞선 식칼 살해 사건)

282   피해자의 구타행위에 맞서서 7군데나 식칼로 찔러 피해자를 사망케 한 사
안에서, 피고인이 피해자를 7군데나 식칼로 찔러 사망케 한 행위가 피해자의 구
타행위로 말미암아 유발된 범행이었다 하더라도 그와 같은 사정만으로는 위 소
위가 정당방위 또는 과잉방위에 해당된다고 볼 수 없다고 판시하였다.

④ 대판 1984. 6. 12, 84도683(심한 기합에 격분하여 상관을 사살한 사건)

283   상관의 심한 기합에 격분하여 상관을 사살한 사안에서, 전투경찰대원이 상
관의 다소 심한 기합에 격분하여 상관을 사살한 행위는 자신의 신체에 대한 침
해를 방위하기 위한 상당한 방법이었다고 볼 수 없다고 판시하면서, 피고인의
정당방위 주장을 받아들이지 아니하였다.

⑤ 대판 1992. 12. 22, 92도2540(의붓아버지 살해 사건)[232]

284   의붓아버지의 강간행위에 의하여 정조를 유린당한 후 계속적으로 성관계를

---

[232] 이 판결에 대한 평석은 안성조, "정당방위의 성립요건으로서 침해의 현재성", 형법판례 150선
(3판), 박영사(2021), 54-55; 이용식, "정당방위와 긴급피난의 몇 가지 요건", 형사판례연구 〔3〕,
한국형사판례연구회, 박영사(1995) 81-130.

강요받아 온 피고인이 A와 사전에 공모하여 범행을 준비하고 의붓아버지가 제대로 반항할 수 없는 상태에서 식칼로 심장을 찔러 살해한 사안에서, 피고인이 약 12살 때부터 의붓아버지인 피해자의 강간행위에 의하여 정조를 유린당한 후 계속적으로 이 사건 범행무렵까지 피해자와의 성관계를 강요받아 왔고, 그 밖에 피해자로부터 행동의 자유를 간섭받아 왔으며, 또한 그러한 침해행위가 그 후에도 반복하여 계속될 염려가 있었다면, 피고인들의 이 사건 범행 당시 피고인의 신체나 자유 등에 대한 현재의 부당한 침해상태가 있었다고 볼 여지가 없는 것은 아니나, 피고인들이 사전에 공모하여 범행을 준비하고, 술에 취하여 잠들어 있는 피해자의 양팔을 눌러 꼼짝 못하게 한 후 피해자를 깨워 피해자가 제대로 반항할 수 없는 상태에서 식칼로 피해자의 심장을 찔러 살해한다는 것은, 당시의 상황에 비추어도 사회통념상 상당성을 인정하기가 어렵다고 하지 않을 수 없고, 피고인들의 범행의 동기나 목적을 참작하여도 원심이 피고인들의 판시 행위가 정당방위에 해당한다거나 야간 기타 불안스러운 상태하에서 공포, 경악, 흥분 또는 당황으로 인하여 그 정도를 초과한 경우에 해당한다는 피고인들의 주장을 배척한 조처도 정당하다고 판시하였다.

⑥ 대판 1996. 5. 10, 96도638

안방에서 잠을 자고 있는 아버지인 피해자의 얼굴을 수건으로 덮은 다음 칼로 피해자의 목을 1회 찔러 살해하였다는 공소사실에 대하여, 피고인은 위 범행 당시 피해자의 피고인 가족에 대한 구타나 학대를 저지하기 위하여는 피해자를 죽이는 수 밖에 없다고 생각하여 위 범행에 이르게 되었으므로 이는 오상방위 내지 과잉방위라는 취지로 주장하였다. **285**

항소심[233]은 가사 피고인이 위 범행 당시 자신의 행위가 정당방위가 되는 것으로 생각하였다 하더라도 위 범행결과를 피고인이 주장하는 바와 같은, 피해자의 침해행위에 의하여 침해되는 피고인 가족의 법익의 정도나 침해행위의 급박성의 정도 등과 비교하여 보면 그와 같이 생각한 데에 상당한 이유가 있다거나 그 형을 감면할 정도에 해당한다고는 볼 수 없다고 판단하였으며, 대법원은 항소심의 판단을 수긍하였다. **286**

---

[233] 서울고판 1996. 2. 9, 95노3141.

⑦ 대판 2001. 5. 15, 2001도1089(이혼소송 중인 남편 상해치사 사건)[234]

287   공소사실의 요지는, 피고인은 이혼소송 중인 남편이 찾아와 가위로 폭행하고 변태적 성행위를 강요하는 데에 격분하여 침대 밑에 숨겨두었던 칼(길이 34 cm, 칼날길이 21cm)로 남편의 복부 명치 부분을 1회 찔러 복부자창을 가하고, 이로 인하여 피해자로 하여금 장간막 및 복대동맥 관통에 의한 실혈로 인하여 그 자리에서 사망에 이르게 하였다는 내용이다.

288   대법원은 피해자의 폭행·협박의 정도에 비추어 피고인이 칼로 피해자를 찔러 즉사하게 한 행위는 피해자의 폭력으로부터 자신을 보호하기 위한 방위행위로서의 한도를 넘어선 것이라고 하지 않을 수 없고, 이러한 방위행위는 사회통념상 용인될 수 없는 것이므로, 자기의 법익에 대한 현재의 부당한 침해를 방어하기 위한 행위로서 상당한 이유가 있는 경우라거나, 방위행위가 그 정도를 초과한 경우에 해당한다고 할 수 없다고 판시하면서, 피고인의 정당방위 또는 과잉방위 주장을 받아들이지 아니하였다.

⑧ 대판 2007. 4. 26, 2007도1794

289   공소사실의 요지는, 피고인이 피해자와 말다툼을 하다가 건초더미에 있던 낫을 들고 반항하는 피해자로부터 낫을 빼앗아 그 낫으로 피해자의 가슴, 배, 등, 뒤통수, 목, 왼쪽 허벅지 부위 등을 10여 차례 찔러 피해자로 하여금 다발성 자상에 의한 기흉 등으로 사망케 하였다는 내용이다.

290   대법원은 피해자가 피고인에게 한 가해의 수단 및 정도, 그에 비교되는 피고인의 행위의 수단, 방법과 행위의 결과 등 제반 사정에 비추어, 피고인의 위 범행행위가 피해자의 피고인에 대한 현재의 부당한 침해를 방위하거나 그러한 침해를 예방하기 위한 행위로 상당한 이유가 있는 경우에 해당한다고 볼 수 없고, 또 피고인의 위 범행행위는 방위행위가 그 정도를 초과한 때에 해당하거나 정도를 초과한 방위행위가 야간 기타 불안스러운 상태하에서 공포, 경악, 흥분 또는 당황으로 인한 때에 해당한다고 볼 수도 없다고 판단한 원심의 판결은 정

---

234 이 판결에 대한 평석으로는 김준호, "방위행위의 상당성", 형법판례 150선(3판), 박영사(2021), 58-59; 박강우, "정당방위의 사회윤리적 제한-부부 사이의 정당방위의 제한", 형사판례연구 〔10〕, 박영사, 81-96; 이재상, "정당방위의 사회윤리적 제한", 형법기본판례 총론, 157-168; 최석윤, 정당방위의 상당성과 사회윤리적 제한, 비교형사법연구 4-1, 한국비교형사법학회(2002), 417-435.

당하다고 판결하였다.

　⑨ 대판 2015. 2. 12, 2014도15131

　피고인이 지속적으로 피해자가 휘두르는 심한 가정폭력에 시달려 왔고, 이
사건이 발생하기 며칠 전에는 피고인이 피해자와 상의하지 않은 채 전세금의
일부를 월세로 돌려 딸의 학원비에 사용한 일로 인하여 살해 위협을 당하고 있
었으며, 실제로 피해자가 피고인의 목에 칼을 들이대기도 하고 노끈으로 피고인
의 목을 조르기도 하였던 점, 이 사건 범행이 있던 날 오전에는 피해자가 큰 망
치를 책상 위에 놓아두고 일이 끝나면 망치로 피고인의 머리통을 부수어버리겠
다고 말하고 책상 위에 있던 스탠드를 엎어버리기도 한 점 등에 비추어 보면,
이 사건 당시 피고인의 생명, 신체 등에 대한 부당한 침해상태가 있었다고 볼
여지가 없는 것은 아니나, 피해자의 위와 같은 행위는 피고인을 괴롭히기 위한
수단으로 행하여진 것이고 피해자가 피고인을 실제로 살해할 것을 기도하였다
고 단정하기는 어려운 점, 피고인이 이 사건 범행 당시 피해자로부터 구체적인
살해 위협을 받고 있었다고 하더라도 마음만 먹으면 작업장으로부터 도망칠 수
있었을 것으로 보이는 점, 이 사건 범행 당시 피고인이 피해자와 상의 없이 전
세금을 월세로 돌려 딸의 학원비로 사용한 일로 피해자와 심하게 다투었고 이
로 인하여 피해자가 매우 격앙되어 있는 상황이었으므로 피고인이 일시적으로
그 자리를 회피하고 나중에 해결하고자 하였다면 큰 사고 없이 상황을 종결할
가능성이 있는데도, 피고인이 그렇게 하지 아니하고 피해자를 살해한 것은 사회
통념상 받아들일 수 있는 합리적 선택이라고 보기 어려운 점, 피고인이 의자에
앉아 작업을 하고 있는 피해자의 뒤로 다가가 노끈으로 목을 졸랐고, 그 과정에
서 피해자가 탁자 옆으로 엎드린 채 넘어진 뒤에도 계속하여 목을 졸라 결국 피
해자를 사망에 이르게 한 범행 방법에 비추어 보더라도 피고인의 행위는 자신
의 생명 또는 신체에 대한 현재의 부당한 침해를 방위하기 위한 행위로서 사회
통념상 상당성을 인정하기는 어려운 점 등을 종합해 보면, 피고인이 피해자를
살해한 행위가 피해자의 가정폭력으로부터 자신을 보호하기 위한 정당방위에
해당한다거나 사회상규에 반하지 않는 행위라고 보기는 어렵다고 판단하였다.
또한 피해자가 피고인을 살해하겠다고 위협하기는 하였으나 피해자는 작업실에
있는 의자에 앉아서 작업을 하고 있었고, 피고인은 주방에 가서 작업에 필요한

뚜껑을 가지고 오다가 노끈을 우연히 발견하고 이를 이용하여 피해자의 뒤로 다가가 피해자의 목을 조른 것이므로, 당시의 상황이 제21조 제3항에서 정한 '야간 기타 불안스러운 상태하에서 공포, 경악, 흥분 또는 당황으로 인한 때'에 해당한다고 보기도 어렵다고 판단한 항소심의 판결을 긍정하였다.

⑩ 대판 2018. 6. 28, 2018도6304(폭행 남편 살해 사건)

292   피고인이 아무런 연락도 없이 집에 늦게 들어왔다는 이유로 자신을 폭행하던 남편의 머리를 장식장에 있던 돌로 십여 차례 내리쳐 살해하였다는 공소사실에 대하여, 피고인은 피해자로부터 37년간에 걸쳐 고위험의 가정폭력을 당하였으며, 사건 당일에도 생명의 위협을 느껴 자신의 신체와 생명을 방위하기 위해 저항한 것이므로 정당방위에 해당하고, 그렇지 않다고 하더라도 불가불적 과잉방위에 해당한다고 주장하였다.

293   대법원은 피해자가 베란다 쪽 거실에 서 있는 상태에서 피고인으로부터 돌로 가격을 당하였고(낙하 혈흔), 이후 피해자가 넘어진 상태에서 일어나거나 피고인을 바닥으로 밀쳐내지 못한 채 계속하여 피고인으로부터 머리 부위를 가격당한 것으로 보이는 점, 최초에 피해자가 피고인을 손으로 때렸고 피고인이 이를 방어하기 위하여 돌로 피해자를 가격하였을 가능성은 있으나, 이후 십수 차례 계속된 피고인의 가격 당시에는 피고인이 일방적으로 피를 흘리고 쓰러진 피해자의 몸 위에서 피해자의 얼굴을 수차례 가격하였고, 피해자가 일어나지 못한 상태에서 팔로 피고인의 공격을 방어하거나 도망가려 하기도 하였으나 방어력이 상실한 이후에도 피고인이 계속하여 피해자의 머리 부위를 가격한 것으로 보이는 점 등에 비추어 피고인의 범행이 자기의 법익에 대한 현재의 부당한 침해를 방어하기 위한 행위로서 상당한 이유가 있는 행위라거나, 방위행위가 그 정도를 초과한 경우에 해당한다고 볼 수 없다는 항소심 판단이 정당하다고 판시하면서, 피고인의 주장을 받아들이지 아니하였다.

(3) 정당행위

294   정당행위라 함은 법령에 의한 행위 또는 업무로 인한 행위 기타 사회상규에 위배되지 아니하는 행위를 말하며, 제20조에 따라 벌하지 아니한다.

295   정당한 행위로서 위법성이 조각되는지 여부는 그 구체적 행위에 따라 합목적적·합리적으로 가려져야 할 것인바, 정당행위를 인정하려면 ① 그 행위의 동

기나 목적의 정당성,[235] ② 행위의 수단이나 방법의 상당성, ③ 보호이익과 침해이익과의 법익균형성, ④ 긴급성, ⑤ 그 행위 외에 다른 수단이나 방법이 없다는 보충성 등의 요건을 갖추어야 한다.[236]

따라서 상관의 적법한 직무상 명령에 따른 행위는 정당행위로서 위법성이 296 조각된다고 할 것이나, 상관의 위법한 명령에 따라 범죄행위를 한 경우에는 상관의 명령에 따랐다고 하여 부하가 한 범죄행위의 위법성이 조각될 수는 없으며,[237] 범죄혐의자들에 대한 폭행과 가혹행위는 직권을 남용한 과도한 물리력의 행사로서 사회통념상 용인될 수 있는 정당행위에 해당한다고 볼 수 없다.[238]

(가) 군인의 전투 중 적 사살행위

군인의 전투 중 적 사살행위는 대표적인 법령에 의한 정당행위 사안이라는 297 것이 통설이다. 이와 관련하여 우리 헌법은 국제법존중주의를 채택하여 일반적으로 승인된 국제법규, 즉 전쟁법의 일반원리에 대하여도 국내법과 동일한 효력을 인정하고 있기 때문에 전쟁이라고 하여 사람을 살해하는 행위가 언제나 적법하게 되는 것은 아니다. 즉, 전투와 관계없는 사람이나 포로를 살해하는 경우에는 위법성이 조각되지 않는다는 견해가 있다.[239]

그런데 군인의 전투 중 적 사살행위에는 그 개념상으로 전투와 관련 없는 298

---

235 대판 1997. 11. 14, 97도2118. 이 사건은 백범 김구 주석의 암살범을 살해한 사건으로, 대법원은 피고인의 범행의 동기나 목적은 주관적으로는 정당성을 가진다고 하더라도 우리 법질서 전체의 관점에서는 사회적으로 용인될 수 있을 만한 정당성을 가진다고 볼 수 없고, 나아가 피고인은 그 처단의 방법으로 살인을 선택하였으나 우리나라의 현재 상황이 위 암살범을 살해하여야 할 만큼 긴박한 상황이라고 볼 수 없을 뿐만 아니라, 민족정기를 세우기 위하여서는 위 암살범을 살해하지 아니하면 안 된다는 필연성이 있다고 받아들이기도 어려우므로, 결국 피고인의 범행이 사회상규에 위배되지 아니하는 행위로서 정당행위에 해당한다고 볼 수 없다고 판결하였다.
236 대판 1984. 5. 22, 84도39. 이 사건은 중공(중화인민공화국)의 정치, 사회현실에 불만을 품고 자유중국으로 망명하고자 민항기를 납치한 사건으로, 대법원은 그 수단이나 방법에 있어 민간 항공기를 납치한 행위는 상당하다 할 수 없고, 피고인들이 보호하려는 이익은 피고인들의 자유였음에 반하여 피고인들의 행위로 침해되는 법익은 승객 등 불특정다수인의 생명, 신체의 위험과 항공여행의 수단인 항공기의 안전에 대한 세계인의 신뢰에 대한 침해인 점에 비추어 현저히 균형을 잃었다 할 것이며, 그 당시의 상황에 비추어 항공기 납치행위가 긴급, 부득이한 것이라고 인정하기 어려우므로, 피고인들의 행위를 사회상규에 위배되지 아니한 행위로서 위법성이 조각되는 행위라고 할 수 없다고 판결하였다.
237 대판 1997. 4. 17, 96도3376(전).
238 대판 2005. 5. 26, 2005도945.
239 김신규, 34; 박강우, 9; 손동권·김재윤, §2/19; 이재상·장영민·강동범, §2/25; 정성근·박광민, 49; 진계호·이존걸, 36.

민간인 또는 포로를 살해하는 것은 포함되지 아니한다고 해석함이 상당하므로,
전쟁 중 민간인이나 포로를 살해한 경우에는 그 자체가 본죄에 해당할 뿐 위법
성조각 여부가 논의될 이유가 없다고 판단된다.

(나) 교도관의 사형집행행위

299   사형은 교정시설의 사형장에서 교수(絞首)하여 집행한다(§66, 형집§91①). 다
만, 군인이나 군무원 등 군인에 준하는 사람에 대한 사형은 소속 군참모총장 또
는 군사법원의 관할관이 지정한 장소에서 총살로써 집행한다(군형§3).

300   교도관의 사형집행행위에 대하여는 법령에 의한 정당행위라는 견해[240]가
통설이지만, 사형제도를 위헌으로 보는 관점에서는 찬성할 수 없으며 사형제도
와 사형집행이 그 정당성을 확보하기 위하여는 국방의 의무와 같은 생명침해에
대한 헌법의 독자적인 가치평가를 필요로 한다는 견해[241]도 있다.

(다) 경찰관의 무기사용행위

301   경찰관은 범인의 체포, 범인의 도주 방지, 자신이나 다른 사람의 생명·신체
의 방어 및 보호, 공무집행에 대한 항거의 제지를 위하여 필요하다고 인정되는
상당한 이유가 있을 때에는 그 사태를 합리적으로 판단하여 필요한 한도에서
무기(사람의 생명이나 신체에 위해를 끼칠 수 있도록 제작된 권총·소총·도검 등)를 사용
할 수 있다(경집§10의4① 본문). 다만, ① 형법에 규정된 정당방위와 긴급피난[242]
에 해당할 때, ② ⓐ 사형·무기 또는 장기 3년 이상의 징역이나 금고에 해당하
는 죄를 범하거나 범하였다고 의심할 만한 충분한 이유가 있는 사람이 경찰관
의 직무집행에 항거하거나 도주하려고 할 때, ⓑ 체포·구속영장과 압수·수색
영장을 집행하는 과정에서 경찰관의 직무집행에 항거하거나 도주하려고 할 때,
ⓒ 제3자가 위 2가지 경우에 해당하는 사람을 도주시키려고 경찰관에게 항거할
때, ⓓ 범인이나 소요를 일으킨 사람이 무기·흉기 등 위험한 물건을 지니고 경
찰관으로부터 3회 이상 물건을 버리라는 명령이나 항복하라는 명령을 받고도

---

240 김선복, 33; 김성돈, 61; 김일수·서보학, 17; 배종대, §10/12; 백형구, 22; 신동운, 541; 오영근,
    22; 임웅, 23; 정성근·박광민, 49; 정웅석·최창호, 293; 진계호·이존걸, 36.
241 이정원·류석준, 16.
242 이와 관련하여, 긴급피난상황은 적법한 사람에 대한 행위이므로 이 조항에 의해서도 사람의 생
    명을 침해하는 무기사용은 허용되지 않는 것으로 해석하여야 한다는 견해가 있다(손동권·김재
    윤, §2/18).

                                        〔김 영 태〕

따르지 아니하면서 계속 항거할 때에 그 행위를 방지하거나 그 행위자를 체포하기 위하여 무기를 사용하지 아니하고는 다른 수단이 없다고 인정되는 상당한 이유가 있을 때, ③ 대간첩 작전 수행 과정에서 무장간첩이 항복하라는 경찰관의 명령을 받고도 따르지 아니할 때를 제외하고는 사람에게 위해를 끼쳐서는 아니된다(경집 §10의4① 단서).

경찰관의 무기사용행위에 대해서는, ① 경찰관의 무기사용에 따른 경우에는 정당행위로 해석하는 견해,[243] ② 경찰관 직무집행법이 허용하는 정당방위 상황에서의 무기사용은 정당방위에 의한 위법성 조각과 정당행위(법령에 의한 행위)로서의 위법성 조각이 모두 다 인정될 수 있다는 견해,[244] ③ 인명을 손상하는 경찰관의 무기사용행위는 정당방위나 긴급피난의 요건이 구비되지 않는 한 비례성의 원칙하에 보충적으로만 허용된다는 견해,[245] ④ 경찰관의 무기사용은 범인의 체포·도주의 방지, 자신이나 다른 사람의 생명·신체의 방어 및 보호 또는 공무집행에 대한 항거의 제지를 위하여 허용되는 것이므로 경찰관 직무집행법에 의하여 살인행위의 위법성까지 조각된다고 할 수 없으며, 정당방위의 요건을 충족한 때에 한하여 위법성이 조각된다는 견해,[246] ⑤ 경찰관 직무집행법에 따른 요건뿐만 아니라 경찰법상의 비례성원칙에 의한 엄격한 구속을 받아야 한다는 견해[247] 등이 있다. 살피건대, 경찰관의 무기사용행위는 이를 정당행위로 해석하는 위 ①의 견해가 타당하며, 이러한 견해가 다수설이다.

경찰관의 무기사용행위가 정당행위에 해당하는지 여부가 다루어진 판례로는 대판 2004. 3. 25, 2003도3842[248]가 있다.

총기를 소지한 경찰관이 총기를 사용하기 이전의 사전조치를 먼저 취하지 아니하고 바로 대퇴부 이하를 제대로 조준하지 못하고 권총을 발사하여 탄환이 피

302

303

304

243 김성돈, 63. 다만, 이 경우는 정당방위상황을 전제로 하고 있으므로 정당방위로 위법성조각을 인정할 수도 있다고 한다.
244 손동권·김재윤, §2/19.
245 배종대, §10/12; 신동운, 541.
246 김신규, 34; 박강우, 9; 이재상·장영민·강동범, §2/24; 이정원·류석준, 16.
247 심재무, 14.
248 이 판결에 대한 평석으로는 김태명, "경찰관의 무기사용에 대한 정당방위의 성립여부", 형사판례연구 [15], 한국형사판례연구회, 박영사(2007), 54-97; 안성훈, "오상방위와 오상과잉방위의 성립범위", 형법판례 150선(3판), 박영사(2021), 60-61.

해자의 흉부를 관통하게 하여 사망하게 한 사안에서 대법원은, 파출소 근무자로부터 "피해자가 술집에서 맥주병을 깨 다른 사람의 목을 찌르고 현재 자기 집으로 도주하여 칼로 아들을 위협하고 있다."는 상황을 고지받고 현장에 도착한 경찰관으로서는 피해자가 칼을 소지하고 있는 것으로 믿었고, 또 그렇게 믿은 데에 정당한 이유가 있었다고 할 것이므로, 피고인과 같은 경찰관인 A가 피해자와의 몸싸움에 밀려 함께 넘어진 상태에서 칼을 소지한 것으로 믿고 있었던 피해자와 다시 몸싸움을 벌인다는 것은 피고인 자신의 생명 또는 신체에 위해를 가져올 수도 있는 위험한 행동이라고 판단할 수밖에 없을 것이고, 따라서 피고인이 공포탄 1발을 발사하여 경고를 하였음에도 불구하고 피해자가 A의 몸 위에 올라탄 채 계속하여 A를 폭행하고 있었고, 또 그가 언제 소지하고 있었을 칼을 꺼내어 A나 피고인을 공격할지 알 수 없다고 생각하고 있던 급박한 상황에서 A를 구출하기 위하여 피해자를 향하여 권총을 발사한 것이므로, 이러한 피고인의 권총 사용이 경찰관 직무집행법 제10조의4 제1항의 허용범위를 벗어난 위법한 행위라거나 피고인에게 업무상과실치사의 죄책[249]을 지울 만한 행위라고 선뜻 단정할 수는 없다고 판시하여, 정당행위에 해당하지 않는다고 판단한 원심판결을 파기하였다.

    (라) 뇌사자의 장기이식의 경우

305   1999년 2월 8일 장기이식법이 제정되기 이전에, 뇌사상태에 이른 환자로부터 심장, 간, 폐 등 장기를 떼어내서 다른 환자에게 이식수술을 하여 그로 인하여 환자를 사망하게 한 행위에 대하여, 뇌사의 명백성, 승낙의 명시성, 이식의 필요성이 있는 경우에는 제20조의 사회상규에 위배되지 아니하는 행위로 파악하는 견해[250]가 있었다.

306   그러나 장기이식법이 제정된 이후에는 장기이식법에서 규정하고 있는 요건과 절차에 따른 뇌사자의 장기이식의 경우에는 법령에 의한 정당행위라고 할 것이다.[251]

---

249 경찰관으로서는 구체적인 사태를 합리적으로 판단하여 가급적 총기사용을 자제하여야 할 뿐만 아니라 가사 총기를 사용하더라도 그 상대방의 대퇴부 이하를 조준하여 발사하여야 할 업무상 주의의무가 있다[대판 2008. 2. 1, 2006다6713 및 경찰 물리력 행사의 기준과 방법에 관한 규칙 (경찰청 예규 제550호, 2019. 7. 18., 일부개정) 참조].
250 백형구, 22.
251 김성돈, 63; 박찬걸, 8.

한편, 뇌사설에 따른다면 뇌사판정 시 사람은 사망한 것이므로 그 이후에　307
이루어지는 장기적출은 사람이 아닌 시체로부터 장기를 적출하는 경우라고 할
것이다.

(마) 연명의료중단결정에 의한 사망의 경우

연명의료중단결정에 의한 사망의 경우도 호스피스·완화의료 및 임종과정　308
에 있는 환자의 연명의료결정에 관한 법률(이하, 연명의료결정법이라 한다.)에 의한
정당행위(법령에 의한 행위)에 해당한다.[252] 다만, 본죄에 대한 위법성조각사유라
는 견해[253]와 촉탁·승낙살인죄에 대한 위법성조각사유라는 견해[254]로 나뉜다.

살피건대, 연명의료중단결정은 원칙적으로 환자의 의사(意思)에 의하여 이루　309
어진 것이므로 촉탁·승낙살인에 대한 위법성조각사유로 파악함이 상당할 것이
다. 다만, 환자의 의사를 확인할 수 없고 환자가 의사표현을 할 수 없는 의학적
상태에서의 연명의료중단결정은 본죄에 대한 위법성조각사유에 해당할 것이다.

(바) 이른바 '해결할 수 없는 정당화적 의무충돌'의 경우

이른바 '해결할 수 없는 정당화적 의무충돌'의 경우 즉, 의사가 한 대밖에　310
없는 인공심폐기를 두 사람의 중환자 중 1인에게만 부착함으로써 다른 사람이
죽게 되는 경우,[255] 또는 바다에 빠진 두 명의 자녀 가운데 하나의 구명조끼로
한 명만을 구조한 결과 나머지 한 명이 사망한 경우[256]에도 위법성이 조각된다.

5. 책 임

(1) 일반론

본죄가 성립하기 위하여는 행위자에게 책임능력이 있어야 하며, 위법성의　311
인식가능성 및 적법행위의 기대가능성이 있어야 한다.

(2) 책임능력

(가) 심신장애

심신장애로 인하여 책임능력이 없거나 미약한 경우에는 벌하지 아니하거나　312

---

252 김성돈, 63; 신동운, 544.
253 이영란, 30.
254 박찬걸, 8.
255 김일수·서보학, 17.
256 박찬걸, 15.

그 형을 감경할 수 있다(§ 10①, ②). 책임능력이 없거나 미약한 심신장애자는 치료감호 등에 관한 법률에서 규정하는 치료감호대상자(§ 2①(i))이다.

313 　　한편 제10조에서 말하는 사물을 변별(辨別)할 능력 또는 의사를 결정할 능력은 자유의사를 전제로 한 의사결정의 능력에 관한 것으로서, 그 능력의 유무와 정도는 감정사항에 속하는 사실문제라 할지라도 그 능력에 관한 확정된 사실이 심신상실 또는 심신미약에 해당하는 여부는 법률문제에 속하는 것이다.[257]

　　(나) 심신장애의 유형 및 인정

314 　　정신건강증진 및 정신질환자 복지서비스 지원에 관한 법률(이하, 정신건강복지법이라 한다.)에 의하면 정신질환자와 정신건강상 문제가 있는 사람 중 대통령령으로 정하는 사람을 '정신질환자 등'으로 규정하고 있는 바(§ 3(vii)), 정신질환자란 '망상, 환각, 사고(思考)나 기분의 장애 등으로 인하여 독립적으로 일상생활을 영위하는데 중대한 제약이 있는 사람을 말하며(§ 3(i)), 정신건강상 문제가 있는 사람 중 대통령령으로 정하는 사람이란 (i) 기질성 정신장애, (ii) 알코올 또는 약물 중독에 따른 정신장애, (iii) 조현병 또는 망상장애, (iv) 기분장애, (v) 정서장애, 불안장애 또는 강박장애, (vi) 그 밖에 (i)부터 (v)까지의 장애에 준하는 장애로서 보건복지부장관이 정하여 고시하는 장애를 가진 사람을 말한다(정신건강복지법 시행령 § 2).

315 　　한편 판례[258] 등에 의하면, 심신장애 판단에 있어 그 생물학적 유형을 ① 정신병(뇌손상으로 인한 정신병, 정신분열병, 편집장애, 정동장애, 신경증, 간질 등), ② 정신박약(정신지체, 지능박약증), ③ 비정상적 정신상태(충동조절장애, 소아기호증 등 정신성적 장애, 생리도벽, 병적 인격장애), ④ 알코올 등 물질 습벽으로 구분하고 있다.[259]

316 　　심신장애를 인정할 수 있는지 여부는 일률적으로 말하기 어렵고, 구체적인 상황을 고려하여 판단할 수 있다. 심신장애의 여부는 사건기록에 나타난 제반자

---

257 대판 1968. 4. 30, 68도400; 대판 1994. 5. 13, 94도581; 대판 1997. 7. 25, 97도1142(페스카마호 선상살인 사건); 대판 1999. 8. 24, 99도1194.
258 대판 1995. 2. 24, 94도3163; 대판 1999. 4. 27, 99도693, 99감도17; 대판 2007. 2. 8, 2006도7900.
259 주석형법 [각칙(3)](5판), 250(김승주). 한편, 김진환, "책임능력과 심신장애의 판단기준", 형법판례 150선(3판), 박영사(2021), 77은 정신장애의 종류를 ① 정신병[정신분열병, 망상장애, 기분장애(조울증), 기질적 정신병] ② 정신지체(정신박약), ③ 신경증적 장애, ④ 정신병질적 장애(인격장애), ⑤ 알코올 및 습벽 있는 물질 장애, ⑥ 소아기호증 등 기타 이에 준하는 중한 정신장애로 구분한다.

료와 공판정에서의 피고인의 태도 등을 종합하여 판단하여도 무방하다.[260]

자신의 충동을 억제하지 못하는 성격적 결함(정신의학상으로는 정신병질이라는   317
용어로 표현하기도 한다.)으로 인하여 범행에 이르게 된 경우에, 자신의 충동을 억
제하지 못하여 범죄를 저지르게 되는 현상은 정상인에게서도 얼마든지 찾아볼
수 있는 일로서 이는 정도의 문제에 불과하고, 따라서 특단의 사정이 없는 한
위와 같은 성격적 결함을 가진 사람에 대하여 자신의 충동을 억제하고 법을 준
수하도록 요구하는 것이 기대할 수 없는 행위를 요구하는 것이라고는 할 수 없
으므로, 원칙적으로는 충동조절장애와 같은 성격적 결함은 형의 감면사유인 심
신장애에 해당하지 않는다.[261] 그러나 그 이상으로 사물을 변별할 수 있는 능력
에 장애를 가져오는 원래의 의미의 정신병이 범죄의 원인이라거나 혹은 범죄의
원인이 충동조절장애와 같은 성격적 결함이라 할지라도 그것이 매우 심각하여
원래의 의미의 정신병을 가진 사람과 동등하다고 평가할 수 있는 경우에는, 그
로 인한 범행은 심신장애로 인한 범행으로 보아야 한다.[262]

(a) 심신장애를 인정한 경우

① 대판 1994. 5. 13, 94도581(심신미약)

피고인이 전 남편인 피해자의 술잔에 메소밀 농약을 넣어 피해자로 하여금   318
이를 마시게 하여 사망케 한 사안에서, 대법원은 피고인이 범행 당시 피해망상
을 주증상으로 하는 편집형 정신분열증으로 말미암아 심신상실의 상태에 있었
다는 감정인 작성의 감정서의 기재 및 동인에 대한 사실조회 회보서의 기재를
배척하면서, 범행의 동기와 범행방법, 범행 후의 정황 등 피고인의 일련의 행위
가 정상적인 사람의 행동범위를 크게 벗어나지 아니하고, 피고인의 의식과 지남
력(指南力)(시간과 장소, 상황이나 환경 따위를 올바로 인식하는 능력), 기억력, 지식, 지
능이 모두 정상이며, 착각이나 환각 같은 지각장애가 없는 점 등을 종합하면,
피고인은 범행 당시 사물의 선악과 시비를 합리적으로 판단하여 구별할 수 있
는 능력이나 사물을 변별한 바에 따라 의지를 정하여 자기의 행위를 통제할 수

---

260 대판 1984. 5. 22, 84도545; 대판 2006. 11. 10, 2006도5974.
261 대판 1995. 2. 24, 94도3163. 이 판결에 대한 평석은 신양균, "책임능력과 감정", 형사판례연구
    [5], 한국형사판례연구회, 박영사(1997), 41-69.
262 대판 1999. 4. 27, 99도693 등.

있는 능력이 미약한 상태에 있었다고 봄이 상당하고, 사물의 변별력이나 의사결정능력을 상실한 상태에까지 이른 것이라고는 볼 수 없다고 판결한 원심의 인정과 판단은 정당하다고 판결하였다. 즉, 피고인이 편집형 정신분열증환자로서 심신상실의 상태에 있었다는 감정인의 의견을 배척하고, 제반 사정을 종합하여 심신미약으로만 인정하였다.

② 대판 2002. 11. 8, 2002도5109(심신장애 심리미진)

대법원은, 피고인의 수사기관에서의 일부 주장에 의하면, 피고인은 범행 전날인 2002. 3. 9. 퇴근 이후 계속 혼자서 술을 마시기 시작하여 소주 5병 정도를 마시고 난 후 만취 상태에서 심한 성적 충동에 사로잡힌 나머지 길가는 아무 여자나 만나면 강간이라도 해 볼 작정으로 무작정 밤길을 헤매고 돌아다니다가 사건 당일인 같은 달 10. 04:00경에 이르러 일행들과 헤어진 다음 혼자 귀가 중이던 피해자를 발견하고 약 100m 정도를 뒤따라 가다가 범행 현장 골목길 어귀에 다다랐을 때 마침 주변에 인적이 없는 틈을 이용하여 피해자에 달려들어 피해자를 쓰러뜨린 후 이 사건 범행을 저지르기에 이르렀음을 알 수 있으므로 이처럼 피고인이 범행에 이르기까지 보인 태도에 비추어 볼 때, 위 범행은 특별한 사전 계획 없이 충동적으로 극히 단순, 무모하게 이루어진 것이라고 판단되는 점, 또한 일면식도 없어 달리 악감정을 가질 이유도 전혀 없었던 피해자를 단지 반항을 억압하여 빨리 자신의 목적을 이루어야겠다는 생각에만 사로잡힌 나머지 비정하고 무참하게 손과 발로 무수히 때리고 짓밟아 결국 피해자를 속발성 쇼크에 빠뜨려 살해하였을 뿐더러, 피고인의 이러한 폭행으로 인하여 피해자가 얼굴도 분간할 수 없을 정도로 일그러지고 전신에 유혈이 낭자하여 외견상 끔찍하고도 처참한 상태에 처하게 되었음에도 성욕을 참지 못하고 계속 강간의 범행으로 나아간 피고인의 위 엽기적인 범행은 평범한 인간이라면 가질 수 있는 최소한의 자기 통제력도 찾아 볼 수 없을 정도로 지극히 비정상적인 행태로 일관하였던 것이라고 보이며, 피고인이 근 15분간에 걸쳐 자신도 옷을 다 벗고 강간범행을 자행한 장소도 비록 어둡고 외진 골목길이기는 하였으나 경우에 따라 주민들이 피해자의 비명소리를 듣거나 그 부근을 왕래하는 사람들이 그 범행을 용이하게 목격할 가능성도 있는 주택가 및 상가 한가운데의 골목길 또는 타인의 주택 대문 앞이었던 점에 비추어 볼 때, 그 당시 피고인에게 과연 일말의 이성적인 사리분별력이 있었던 것인지도 의심되는 점, 나아가 피고인은 이 사건 범행을 마친 다음 범행현장을 빠져나와 인근 동네를 헤매다가 피고인의 옷, 바지, 신발이 피투성이가 된 것을 발견한 A가 그 연유를 묻자 술을 먹다가 집단구타를 당하였다고 둘러대면서 마침 강간과정에서 무릎에 찰과상을 입어 통증을 느끼고 있던 터라 같은 날 04:40경 자신의 휴대폰으로 119 구급대를 불러 같은 날 04:55경 병원에 가서 치료를 받았고 그 과정에서 자신의 성명과 보호자의 연락처를 순순히 사실대로 진술해 줌으로써(다만, 피고인은 정확하게 자신의 이름을 알려주었지만 피고인의 발음 때문에 구급활동일지나 진료기록에는 그 이름이 잘못 기재되어 있다.), 경찰의 탐문과정에서 이루어진 위 A의 제보가 단서가 되어 119 구급대 출동지령서, 구급활동일지, 진료기록과 휴대폰 통화기록 등에 남아 있던 피고인의 인적 사항과 연고지가 드러나게 되었고 추적 끝에 결국 범행 하루만에 검거되기에 이르게 되었는데, 이러한 피고인의 범행 후의 행적 역시 이 사건과 같은 중한 범행을 저지른 사람이 자신의 범행을 은폐하기 위하여 통상 취할 것으로 예상되는 태도와는 다른 것임을 알 수 있고, 이 점에 미루어 피고인이 자신이 저지른 범행의 내용이 어느 정도로 중한 것인지를 스스로 미처 인식하지 못하고 있었던 것은 아닌가 의심되는 등 정상적인 사람으로서는 이해하기 어려운 피고인의 범행 동기나 수법, 범행의 전후 과정에서 보인 태도, 이 사건 당시 음주정도 등에 더하여 피고인의 성장배경·학력·가정환경·사회경력 등을 통하여 추단되는 피고인의 지능정도와 인성 등에 비추어 볼 때, 피고인이 위 범행을 저지를 당시 자기 통제력이나 판단력, 사리분별력이 저하된 어떤 심신장애의 상태가 있었던 것은 아닌가 하는 의심도 드는 데다가, 피고인 측에서 항소이유로 위 범행 당시 술에 만취되어 있었다는 것 외에 그 범행의 의미 등을 제대로 알지 못할 정도로 지능이 저하되어 있었다는 주장을 하고 있는 바라면, 원심으로서는 전문가에게 피고인의 정신상태를 감정시키는 등의 방법으로 과연 위 범행 당시 피고인의 정신상태에 어떤 장애는 없었던 것인지 여부, 즉 자신이 하는 행위의 옳고 그름과 사리를 변별하고 그 변별에 따라 행동을 제어하는 능력을 상실하였거나 그와 같은 능력이 미약해진 상태에 있었는지 여부를 확실히 가려 보아야 하였을 터임에도 이러한 조치를 취하지 아니한 채 단지 주취정도만을 따져본 다음, 피고인의 심신장애에 관한 주장을 가벼이 배척하고 만 것은

〔김 영 태〕 **117**

필요한 심리를 다하지 아니하고, 심신장애에 관한 법리를 오해함으로써 판결 결과에 영향을 미친 위법을 저지른 경우에 해당한다고 판결하였다.

(b) 심신장애를 인정하지 아니한 경우

① 대판 1984. 5. 22, 84도545

320   공소사실의 요지는, 피고인은 피해자가 피고인의 무질서한 사생활을 폭로하자 이제까지 쌓아놓은 자신의 위신이 추락하게 될 것을 염려한 나머지 격분하여 피해자를 돌로 때리고 상처난 피해자의 머리를 시멘트 바닥에 찧어서 외상성 경뇌막하출혈로 피해자를 살해하였다는 내용이다.

321   대법원은 피고인의 심신장애의 여부는 기록에 나타난 제반자료와 공판정에서의 피고인의 태도 등을 종합하여 판단하여도 무방하고, 기록에 비추어 보아도 피고인의 위 범행 과정에서 심신장애 상태였는지를 의심할 만한 아무런 자료도 없으므로 더 나아가 그에 대한 심리 없이 피고인의 위 범행을 심신장애자의 행위로 보지 아니한 원심의 조치는 정당하다고 판결하였다

② 대판 1996. 5. 10, 96도638

322   공소사실의 요지는, 피고인은 안방에서 잠을 자고 있는 아버지인 피해자의 얼굴을 수건으로 덮은 다음 칼로 피해자의 목을 1회 찔러 살해하였다는 내용이고, 피고인은 제1심 및 항소심에서 위 범행 당시 중증의 우울증과 알콜중독으로 인하여 사물을 변별하거나 의사를 결정할 능력을 상실하였거나 그러한 능력이 미약한 상태에 있었다는 취지로 주장하였으나 받아들여지지 아니하자 대법원에 상고하였다.

323   대법원은 피고인은 범행 당일까지 교수로서 연구와 강의를 하는 외에도 회사를 경영하는 등 사회생활과 가정생활을 정상적으로 영위하여 왔고, 범행 이틀 전부터 치밀하게 범행을 계획·준비하여 실행에 옮겼으며, 특히 범행 직전에는 타인이 출입한 것처럼 가장하기 위하여 범행장소인 피고인의 집 5층과 6층 사이에 설치된 철제 출입문을 미리 열어 놓았고, 범행 후에는 범행에 사용한 칼과 범행 당시 입었던 옷과 이를 담은 가방 등을 주도면밀하게 내다 버리는 등 죄증의 인멸을 기도한 사실에 비추어, 범행 당시 심신장애로 인하여 사물을 변별할 능력이나 의사를 결정할 능력이 없거나 미약한 상태에 있었다고 볼 수는 없다고 판결하였다.

③ 대판 1997. 7. 25, 97도1142(페스카마호 선상살인 사건)

324

피고인들은 한국인 선원들로부터 작업이 미숙하다는 이유로 폭행을 당하는 등 가혹한 대우를 받다가 하선조치를 당하게 되고, 그로 인하여 경제적으로도 파탄에 이르게 된다고 생각한 나머지 약간의 음주 끝에 한국인 선원들에 대한 적개심과 절망감이 폭발하여 고도의 흥분상태에서 이 사건 범행을 저질렀으나, 범행 직전 한국인 선원 중 1등 항해사인 피해자를 선박 강취 후 선박 운항을 위하여 살려두고, 나머지 한국인 선원들은 피고인 甲이 침실에서 1명씩 조타실로 불러내어 각자 정해진 위치에서 대기하고 있던 나머지 피고인들이 합세하여 살해하기로 하는 등 범행을 치밀하게 모의하였고, 甲의 지시에 따라 역할을 분담하여 한국인 선원 7명을 차례로 1명씩 용의주도하게 살해하였음을 알 수 있는바, 이러한 사정에 비추어 볼 때 피고인들이 이 사건 범행 당시 사물을 변별할 능력이나 의사를 결정할 능력이 없었다거나 그러한 능력이 미약한 상태에 있었다고 보기는 어렵다고 판결하였다.

④ 대판 2007. 4. 26, 2007도1794

공소사실의 요지는, 피고인이 피해자와 말다툼을 하다가 건초더미에 있던 325 낫을 들고 반항하는 피해자로부터 낫을 빼앗아 그 낫으로 피해자의 가슴, 배, 등, 뒤통수, 목, 왼쪽 허벅지 부위 등을 10여 차례 찔러 피해자로 하여금 다발성 자상에 의한 기흉 등으로 사망하게 하였다는 내용이다.

대법원은 범행의 경위와 과정, 수단과 방법, 범행을 전후한 피고인의 행동 326 등에 비추어, 피고인이 그로 인하여 극도의 공포감과 흥분 등으로 이성을 잃어 사물을 변별하거나 의사를 결정할 능력이 없거나 미약한 상태에 있었다고 보이지 않는다는 이유로 피고인의 심신장애의 주장을 배척한 원심의 조치는 정당하다고 판결하였다.

⑤ 대판 2009. 2. 26, 2008도9867

공소사실의 요지는, 피고인은 2004. 7. 16.경 피해자(여, 43세)가 화대를 비 327 싸게 요구한다는 이유로 시비 중 주먹으로 피해자를 때려 숨지게 하고(살인죄로 기소되었으나, 상해치사죄로 인정되고 살인죄는 이유무죄) 이를 은폐하기 위하여 시체를 토막내어 은닉하고, 2007. 12. 25.경 길을 지나가던 어린이 2명(여, 10세, 8세)을 유인하여 강제추행, 살해하고 이를 은폐하기 위하여 시체를 토막내어 은닉하였다는 내용이며, 피고인은 이와 같은 범행은 충동조절장애로 인한 것으로서 심신장애에 해당한다는 취지로 주장하였다.

328   이에 대하여 대법원은, 자신의 충동을 억제하지 못하여 범죄를 저지르게 되는 현상은 정상인에게서도 얼마든지 찾아볼 수 있는 일로서, 특단의 사정이 없는 한 성격적 결함을 가진 사람에 대하여 자신이 충동을 억제하고 법을 준수하도록 요구하는 것이 기대할 수 없는 행위를 요구하는 것이라고 할 수 없으므로, 원칙적으로 충동조절장애와 같은 성격적 결함은 그것이 매우 심각하여 본래의 의미의 정신병과 동등하다고 평가될 수 있는 경우가 아닌 한, 형의 감면사유인 심신장애에 해당하지 않는다고 판결하였다.

        ⑥ 대판 2019. 1. 31, 2018도18389

329   공소사실의 요지는, 피고인의 주거지에서 선배로부터 소개받은 피해자와 술을 마시다 피해자가 반말을 하고 피해자로부터 뺨을 2회 맞자 주방 싱크대 도마 밑에 놓여 있던 부엌칼을 들고 피해자의 목 부위를 향해 3회 휘두르고 쓰러진 피해자의 왼쪽 후두부를 향하여 3회 부엌칼을 휘둘러 피해자를 살해하려고 하였으나 미수에 그쳤다는 내용이다.

330   대법원은 피고인이 군입대 전 신체검사에서 우울증, 충동조절장애, 뇌전증(간질) 판정을 받고 군 면제가 되었고 그 이후부터 관련 처방약을 복용하고 있으며, 피고인이 충동조절장애로 쉽게 흥분하고 감정 억제를 잘 하지 못한다고 하여도, 피고인이 사물을 변별하거나 의사를 결정할 능력이 미약하지는 않다고 판결하였다.

        ⑦ 대판 2023. 4. 13, 2023도1277

331   공소사실의 요지는, 피고인(남, 41세)(스포츠센터 운영)은 2021. 12. 31. 새벽 위 스포츠센터에서 직원인 피해자(남, 26세)와 술을 마시던 중 피해자를 수차례 폭행하여 쓰러지게 한 뒤, 피해자의 하의를 벗기고 자신의 손과 발을 이용하여 피해자의 항문 안쪽으로 운동용 봉을 강하게 밀어 넣어 그 봉이 피해자의 심장까지 이르게 하여 피해자를 흉복부 둔기 관통상으로 사망하게 하였다는 내용이다.

332   대법원은 피고인이 범행 약 20일 전부터 금연보조제를 복용한 것은 사실이고, 위 보조제에 대한 의약품 제품정보 중 사용상 주의사항에 '정신병, 공격적 행동, 환각, 편집증, 망상, 살인관념' 등의 증상에 관한 기재가 있으며, 관련한 연구결과도 존재하고, 피고인이 사건 당시 만취 상태에 있었던 것도 사실이지

만, 피고인은 출동한 경찰관이 "어떤 남자가 누나를 때린다."는 신고내역에 관하여 묻자 "처음부터 여자는 없었다."고 정상적으로 답변하였고, 누워 있는 피해자에 대하여도 "피해자는 술에 취해서 자고 있을 뿐이다."는 취지로 말하였으며, 누군가 침입하였다면 사건 접수를 하라는 취지의 경찰관의 안내에도 "경찰이랑은 해결이 안된다. CCTV가 있으니 나중에 고소하겠다."라고 말하여 범행을 숨기고 경찰을 돌려보냈고, 경찰이 돌아간 뒤 피해자의 목에 손을 대 보고 맥박을 확인하기도 하였으며, 위 보조제의 부작용 중 하나인 공격성은 투약자 중 0.1-1%에게만 나타나는 것이고, 피고인이 범행 당시 이러한 부작용을 겪은 것으로 보이지 않는 점에 비추어, 피고인이 범행 당시 사물을 변별할 능력이나 의사를 결정할 능력이 미약한 상태에 있었다고 볼 수 없다고 판결하였다.

(3) 위법성인식가능성 및 적법행위 기대가능성

저항할 수 없는 폭력이나 자기 또는 친족의 생명, 신체에 대한 위해를 방어할 능력이 없는 협박에 의하여 강요된 행위(§12), 행위자에게 위법성의 인식이 없는 경우(§16) 또는 적법행위의 기대가능성이 없는 경우에도 행위자의 책임을 인정하기 어렵다.　　333

① 대판 1980. 5. 20, 80도306(전)(중앙정보부장 내란목적 살인 사건)

공무원은 직무를 수행함에 있어서 소속 상관의 명백히 위법한 명령에 대해서까지 복종할 의무는 없을 뿐만 아니라, 중앙정보부 직원은 상관의 명령에 절대 복종하여야 한다는 것이 불문율로 되어 있다는 점만으로는 이 사건에서와 같이 중대하고 명백한 위법명령에 따른 범법행위까지 강요된 행위이거나 적법행위에 대한 기대가능성이 없는 경우에 해당한다고는 도저히 볼 수 없다고 판결하였다.　　334

② 대판 1988. 2. 23, 87도2358(대학생 고문치사 사건)[263]

공무원이 그 직무를 수행함에 있어 상관은 하관에 대하여 범죄행위 등 위법한 행위를 하도록 명령할 직권이 없는 것이고, 하관은 소속 상관의 적법한 명령에 복종할 의무는 있으나 그 명령이 참고인으로 소환된 사람에게 가혹행위를 가하라는 등과 같이 명백한 위법 내지 불법한 명령인 때에는 이는 벌써 직무상　　335

---

263 이 판결에 대한 평석으로는 이용식, "상관의 위법한 명령에 따른 행위", 형사판례연구 [4], 한국형사판례연구회, 박영사(1996), 41-55.

의 지시명령이라 할 수 없으므로 이에 따라야 할 의무는 없으며, 설령 대공수사
단 직원은 상관의 명령에 절대복종하여야 한다는 것이 불문률로 되어 있다 할
지라도 국민의 기본권인 신체의 자유를 침해하는 고문행위 등이 금지되어 있는
우리의 국법질서에 비추어 볼 때, 그와 같은 불문률이 있다는 것만으로는 고문
치사와 같이 중대하고도 명백한 위법명령에 따른 행위가 정당한 행위에 해당하
거나 강요된 행위로서 적법행위에 대한 기대가능성이 없는 경우에 해당하게 되
는 것이라고는 볼 수 없다고 판결하였다.

③ 대판 1990. 3. 27, 89도1670(KAL기 폭파 사건)

336   귀국 중이었던 다수의 해외근로자와 항공기 승무원 등 115명의 인명이 탑
승한 국제민간항공기를 폭파시켜 살해한 사안에서, 제12조에서 말하는 강요된
행위는 저항할 수 없는 폭력이나 생명, 신체에 위해를 가하겠다는 협박 등 다른
사람의 강요행위에 의하여 이루어진 행위를 의미하는 것이지 어떤 사람의 성장
교육과정을 통하여 형성된 내재적인 관념 내지 확신으로 인하여 행위자 스스로
의 의사결정이 사실상 강제되는 결과를 낳게 하는 경우까지 의미한다고 볼 수
없다고 판결하였다.

(4) 원인에 있어서 자유로운 행위

337   원인에 있어서 자유로운 행위(actio libera in causa)란 심신장애를 야기하는 원
인행위는 책임능력이 있는 상태에서 자의 또는 고의·과실로 이루어졌지만 실행
행위는 책임능력이 없는 상태에서 이루어진 경우에 그 실행행위를 말한다.[264]
위험의 발생을 예견하고 자의로 심신장애를 야기한 사람의 행위에 대하여는 제
10조 제1항(심신상실), 제2항(심신미약)의 규정을 적용하지 아니하고,[265] 오히려 책
임능력자로 인정된다.

338   본죄의 경우, 원인에 있어서 자유로운 행위의 형태로 이루어지는 경우가 실제
로 많지는 않지만 있다.[266]

264 김일수·서보학, 새로쓴 형법총론(11판), 382; 신동운, 형법총론(10판), 385; 이재상·장영민·강
   동범, 형법총론(11판), §23/29; 이주원, 형법총론(2판), 228.
265 대판 1992. 7. 28, 92도999; 대판 1994. 2. 8, 93도2400; 대판 1995. 6. 13, 95도826; 대판 1996.
   6. 11, 96도857; 대판 2007. 7. 27, 2007도4484.
266 일본 판례 중에는 살인의 실행행위 도중부터 흥분하여 정동성(情動性) 몽롱상태에 빠져 심신미
   약 상태에서 살해한 사안에서, 일본형법 제39조 제2항의 심신미약 규정의 적용을 부정한 사례가

① 대판 1996. 6. 11, 96도857[267]

피고인 甲, 乙, 丙은 대마초 상습흡연자들로서 살인 범행 당시에도 대마초를 흡연하여 그로 인하여 심신이 다소 미약한 상태에 있었는데, 피해자 A를 살해할 의사를 가지고 범행을 공모한 후에 대마초를 흡연하고 A를 범행 장소로 유인하여 잔인한 방법으로 살해하여 매장한 다음, 곧이어 위 살인범행을 숨기기 위하여 A의 애인으로서 그 행방을 찾고 있던 피해자 B에게 A의 거처로 데려다 준다고 속여 최초의 범행 장소 부근으로 유인하여 참혹하게 살해하여 매장한 사안에서, 상습적으로 대마초를 흡연하는 피고인들이 살인 범행 당시에도 대마초를 흡연하여 그로 인하여 심신이 다소 미약한 상태에 있었음은 인정되나, 이는 피고인들이 피해자들을 살해할 의사를 가지고 범행을 공모한 후에 대마초를 흡연하고, 위 각 범행에 이른 것으로 대마초 흡연 시에 이미 범행을 예견하고도 자의로 위와 같은 심신장애를 야기한 경우에 해당하므로, 제10조 제3항에 의하여 심신장애로 인한 감경 등을 할 수 없다고 판결한 원심의 판단은 정당하다고 판결하였다.

② 대판 2008. 3. 27, 2008도1094, 2008감도4

살인 범행 당시 필로폰 투약으로 인하여 심신미약의 상태에 있었음은 인정되나, 피고인은 살인 범행 이전에도 필로폰 투약으로 인한 환각상태에서 심한 폭력성향을 보여 왔고, 그로 인하여 형사처벌을 받기까지 하였으며, 피고인 스스로도 환각상태에서 폭력적인 행동을 반복하고 있는 사실을 잘 알고 있어, 필로폰 투약으로 인한 환각상태에서 흉기를 휘두르는 등으로 인해 주변 사람의 생명에 위해를 가할 수 있다는 점을 예견하고도 스스로 심신미약 상태를 야기한 후 살인의 범행을 저지른 이상, 제10조 제3항에 의하여 심신장애로 인한 감경을 할 수 없다고 한 원심판결이 정당하다고 하였다.

339

340

있다[東京高判 昭和 54(1979). 5. 15. 判時 937·123].

267 이 판결에 대한 평석으로는 김성돈, "원인에 있어서 자유로운 행위 - 고의범", 형법판례 150선 (3판), 박영사(2021), 74-75; 이재상, "원인에 있어서 자유로운 행위", 형법기본판례 총론, 169-184; 한상훈, "고의의 원인에 있어서 자유로운 행위", 형사판례연구 [10], 한국형사판례연구회, 박영사(2002), 137-171.

6. 공 범

(1) 공동정범

(가) 의의 및 성립요건

341   2인 이상이 공동하여 본죄를 범한 때에는 본죄의 공동정범이 성립하고, 각 자를 본죄의 정범으로 처벌한다(§ 30). '공동하여 본죄를 범한다'라 함은 주관적으로 2인 이상의 관여자들 사이에 살해에 대한 의사연락 즉, 공동가공의 의사가 있고, 객관적으로 살해행위의 분담 즉, 공동의사에 기한 기능적 행위지배가 있어야 한다.[268]

342   공동가공의 의사는 타인의 범행을 인식하면서도 이를 제지하지 아니하고 용인하는 것만으로는 부족하고, 공동의 의사로 특정한 범죄행위를 하기 위하여 일체가 되어 서로 다른 사람의 행위를 이용하여 자기의 의사를 실행에 옮기는 것을 내용으로 하여야 한다.[269] 한편, 공동정범이 성립하기 위하여 반드시 공범자 사이에 사전 모의가 있어야 하는 것은 아니며, 암묵리에 서로 협력하여 공동의 범의를 실현하려는 의사가 상통하면 공모가 있다 할 것이다.[270]

343   또한, 기능적이라 함은 전체 범죄의 실현이라는 목표를 향하여 도움이 되는 수단으로 쓰인다는 것을 의미한다.[271] 이 경우 범죄의 수단과 태양, 가담하는 인원과 그 성향, 범행 시간과 장소의 특성, 범행과정에서 타인과의 접촉가능성과 예상되는 반응 등 제반 상황에 비추어, 공모자들이 공모한 범행을 수행하거나 목적 달성을 위하여 나아가는 도중에 부수적인 다른 범죄가 파생되리라고 예상하였거나 충분히 예상할 수 있었음에도 이를 방지하기에 충분한 합리적인 조치를 취하지 아니하고 공모한 범행에 나아갔다면, 비록 그 파생적인 범행 하나하나에 대하여 개별적인 의사의 연락이 없었다고 하더라도 그 범행 전부에 대하여 암묵적인 공모는 물론 그에 대한 기능적 행위지배가 존재한다고 볼 수

---

268 대판 2004. 6. 24, 2002도995; 대판 2010. 7. 15, 2010도3544; 대판 2011. 9. 29, 2009도2821; 대판 2013. 1. 10, 2012도12732; 대판 2015. 10. 29, 2015도5355; 대판 2017. 1. 12, 2016도15470; 대판 2018. 4. 19, 2017도14322(전) 등.
269 대판 2007. 4. 26, 2007도235; 대판 2008. 4. 10, 2008도1274; 대판 2015. 10. 29, 2015도5355; 대판 2018. 9. 13, 2018도7658 등.
270 대판 1982. 10. 26, 82도1818; 대판 1987. 10. 13, 87도1240(룸살롱 살인 사건); 대판 1987. 11. 24, 87도2011; 대판 1990. 6. 22, 90도767 등.
271 신동운, 형법총론(10판), 582.

있다.[272]

(나) 공동정범의 유형

(a) 승계적 공동정범

승계적 공동정범이란 일부 행위자에 의한 실행의 착수가 있고 실행행위가 344
어느 정도 진행되었으나 아직 범죄가 완성되기 전의 단계에서 의사연락을 이루
면서 참여한 공동정범을 말한다.

승계적 공동정범의 인정 여부에 대하여는 ① 긍정설[273]과 ② 부정설[274]로 345
견해가 나뉘는데, 판례[275]는 공동가공의 의사에 기한 기능적 행위지배를 인정할
수 없으므로 승계적 공동정범이 성립할 수 없다는 견해이다. 살피건대, 형법의
자기책임원칙 등에 비추어 위 ②의 부정설이 타당하다.

일본 하급심 판례 중에는 甲이 살의를 가지고 칼로 피해자 A의 경부 등을 346
여러 차례 찌르는 것을 보고 乙이 이에 가세하여 A에게 공격을 가해 A가 죽어
도 어쩔 수 없다고 생각하여 서로 의사를 통한 뒤, 甲이 칼로 A를 찌르려고 할
때 乙이 A를 넘어뜨려 A의 머리를 양주병이나 의자로 여러 차례 구타하였으나,
A는 乙의 가담 전에 甲이 가한 상처로 실혈사(失血死)함으로써 乙의 개입 후의
폭행과 사망 사이에는 인과관계가 없었던 사안에서, "살인죄와 같이 단순일죄인
범죄에서는 실행의 착수로부터 결과의 실현에 이르기까지 오랜 시간이 걸리고,
또한 선행행위자의 실행의 착수와 후행행위자의 실행개입까지 사이에도 특히
시간적 간격이 있는 경우나 후행행위자가 선행행위자가 행한 실행의 내용을 알
지 못하여 이를 이용하여 스스로 실행에 옮긴다는 의사가 명확하지 않은 경우
를 제외하고는, 공모의 성립 전에 행한 선행행위자에 의한 실행을 포함하여 결
과의 실현을 향한 각 행위자의 모든 실행행위에 관하여 행위자의 전원이 공동
정범의 책임을 져야 하는 것으로 해석함이 상당하다."고 판시하여, 甲, 乙 모두
에게 본죄를 인정한 것이 있다.[276]

---

272 대판 2007. 4. 26, 2007도428; 대판 2011. 4. 28, 2011도284 등.

273 정영석, 형법총론(5전정판), 253; 황산덕, 형법총론(7정판), 266.

274 김일수·서보학, 새로쓴 형법총론(11판), 597; 신동운, 형법총론(10판), 587; 이재상·장영민·강
　　동범, 형법총론(11판), § 33/20 .

275 대판 1982. 6. 8, 82도884; 대판 2014. 5. 16, 2012도3676 등.

276 大阪高判 昭和 45(1970). 10. 27. 判時 621·95.

〔김 영 태〕　　　　　　　　　　　　　　　　　　　　　　**125**

(b) 공모공동정범

347   공모공동정범이란 공동의 의사연락은 있으나 범죄의 실행행위에 직접 가담하지 아니한 사람을 말한다. 판례[277]에 의하여 실행행위의 분담이 없음에도 불구하고 공동정범으로 인정되고 있다.

(다) 공동정범에 대한 증명

348   공동정범의 성립 여부는 범죄 실행의 전 과정을 통하여 각자의 지위와 역할, 공범에 대한 권유내용 등을 구체적으로 검토하고 이를 종합하여 위와 같은 상호이용의 관계가 합리적인 의심을 할 여지가 없을 정도로 증명되어야 하고, 그와 같은 증명이 없다면 설령 피고인에게 유죄의 의심이 간다고 하더라도 피고인의 이익으로 판단할 수밖에 없다.[278]

(a) 공동정범이 인정된 경우

① 대판 1979. 9. 25, 79도1698

349   공소사실의 요지는, 피고인은 A와 함께 B로부터 피해자에 대한 가해 협조의 요청을 받고 이를 승낙하여 B는 식도 한자루를, 피고인과 A는 각기 각목 1개씩을 휴대하여 범행장소에 임하고, B와 피해자 사이에 시비가 벌어져 B가 피해자의 좌우대퇴부를 3회 가량 찌를 때 이를 전후하여 피고인과 A는 소지한 각목으로 피해자의 머리와 어깨 등을 2, 3회씩 내리쳐서 피해자로 하여금 뇌좌상 및 급성실혈로 인하여 사망케 하였다는 내용이다.

350   대법원은 피해자에게 가해할 것을 사전에 합의한 다음 식칼과 각목을 휴대하고 가해를 하여 피해자가 사망하였다면 살해에 대한 미필적 고의가 있었다고 할 것이며, 또 그 점에 대한 묵시의 연락이 있었다고 할 것이라고 판시하면서, 피고인을 공동정범으로 의율한 원심 판단은 정당하다고 판결하였다.

② 대판 1982. 10. 26, 82도1818

351   공소사실의 요지는, 피고인 甲이 피고인 乙과 강간을 모의한 후 피해자 A를 강간하고 있는 동안에 乙이 위 강간으로 항거불능 상태에 있는 A를 넥타이로 팔을 묶고 동녀의 딸 피해자 B를 살해하고, 甲이 강간행위를 끝내고 마루로

---

277 대판 1980. 5. 27, 80도907; 대판 1988. 9. 13, 88도1114; 대판 2004. 3. 12, 2004도126; 대판 2011. 12. 22, 2011도12927 등.
278 대판 2005. 3. 11, 2002도5112; 대판 2015. 10. 29, 2015도5355; 대판 2018. 9. 13, 2018도7658 등.

나가 망을 보고 있는 사이에 乙은 후환이 두려워 증거를 남기지 않기 위하여 커피포트의 전선을 끊어 A의 팔, 다리를 묶고 기저귀로 목을 묶어 움직이지 못하게 한 후 이불 등을 씌우고 석유곤로의 석유를 쏟아 뿌린 뒤 불을 놓아 현주건조물을 방화하고, 이로 인하여 A를 일산화탄소 중독으로 사망케 하여 살해하였다는 내용이다.

대법원은 피고인 甲은 위 강간 이후의 범행에 대하여도 乙과 암묵적인 의사의 연락이 있었다고 보여지며, 甲은 망을 보는 등의 일련의 협력관계에서 저질러진 본죄 및 현주건조물방화죄에 대하여도 그 죄책을 면할 수 없다 할 것이므로 甲의 소위를 공동정범으로 의율한 원심의 조치는 정당하다고 판결하였다. 352

③ **대판 1987. 10. 13, 87도1240(룸살롱 살인 사건)**

부하들이 흉기를 들고 싸움을 하고 있는 도중에 폭력단체의 두목급 우두머리의 지위에 있는 피고인이 그 현장에 모습을 나타내고, 더욱이 부하들이 흉기들을 소지하고 있어 살상의 결과를 초래할 것을 예견하면서도 전부 죽이라는 고함을 친 행위는, 부하들의 행위에 큰 영향을 미치는 것으로서 피고인은 이로써 위 싸움에 가세한 것이라고 보지 아니할 수 없고, 나아가 부하들이 칼, 야구방망이 등으로 피해자들을 난타·난자하여 사망케 한 것이라면, 피고인은 본죄의 공동정범으로서의 죄책을 면할 수 없다고 판결하였다. 353

④ **대판 2004. 3. 12, 2004도126**

공소사실의 요지는, 피고인 甲과 乙이 A와 함께 피해자를 밀감과수원 관리사로 끌고 가 관리사 내부가 피해자의 피로 물들 정도로 피해자를 폭행하였고, 피해자가 실신하면 다시 깨워서 재차 폭행하여 결국 피해자로 하여금 완전히 의식을 상실하도록 하였으며, 피해자가 목숨을 잃은 것으로 오인하고 땅속에 매장하려다가 피해자가 깨어나 살려달라고 애원하자 甲이 위 A에게 삽을 건네주어 A가 삽날 부분으로 피해자를 여러 차례 내려쳐 피해자를 살해하였다는 내용이다. 354

대법원은 비록 피고인들이 처음부터 A와 피해자를 살해하기로 공모하지는 아니하였다 하더라도 A와 함께 피해자를 폭행할 당시에는 이로 인하여 피해자가 사망할지도 모른다는 점을 인식하고 있었다고 보이므로, A와 암묵적으로 상통하여 피해자를 살해하기로 공모하였다고 인정되고, 피고인들이 직접 삽으로 355

피해자를 내려쳐 살해하지 아니하였다는 것만으로는 위 A의 행위에 대하여 공동정범으로서의 책임을 면하지 못한다고 판단하였다.

　　　⑤ 대판 2004. 5. 27, 2004도1555

356　　　공소사실의 요지는, 피고인 甲, 乙(甲의 친조카), 丙(乙의 고교동기)은 피해자를 납치하여 살해하기로 순차 공모하여 피고인 乙, 丙이 피해자를 납치하여 공기총으로 살해하였다는 내용으로서, 피고인 甲은 乙, 丙에게 살해지시를 한 사실이 없다고 극구 부인하고 있음에 반하여, 피고인 乙, 丙은 범행사실을 인정하였다.

357　　　제1심[279]은 피고인 甲의 부인에도 불구하고 乙, 丙과 공모공동하여 피해자를 살해하였다는 점 등에 대하여 유죄를 인정한 후 무기징역을 선고하였으며, 피고인 乙, 丙에 대하여는 각 징역 20년을 선고하였으나, 항소심[280]은 제1심 판결을 파기한 다음 피고인 甲, 乙, 丙 모두에 대하여 무기징역형을 선고하였다. 특히, 항소심은 피고인 乙, 丙에 대하여 피해자를 무참히 살해하고 진실의 일부를 숨기고 있을 뿐만 아니라 피해자에 대하여 상당한 가혹행위를 하였을 것으로 보이고, 살해행위에 직접 나아간 피고인 乙, 丙의 책임이 배후에서 공모한 피고인 甲보다 결코 가볍지 않다고 양형이유를 판시하였으며, 대법원은 피고인들의 상고(사실오인 및 양형부당)를 모두 기각하였다.[281]

　　　⑥ 대판 2007. 7. 26, 2007도3687

358　　　공소사실의 요지는, 피고인 甲, 乙, 丙은 피해자(피고인 甲의 남편)에 대한 청부살인업자가 계속적으로 돈만 요구할 뿐 청부살인이 제대로 실행되지 않는 상황에 이르자 순차 공모하여, 피해자의 주거지 안방에서 피해자가 술을 마시고 취기가 있는 틈을 이용하여 甲은 수면안정진정제 아론 70여 정을 불상의 방법으로 피해자로 하여금 먹게 하였으나 피해자가 사망하지 않자 그 상황을 乙에게 알리고, 乙은 "넥타이로 목을 졸라 죽여라. 넥타이로 목을 조르면 흔적이 남

---

[279] 수원지법 성남지판 2003. 10. 8, 2003고합67.

[280] 서울고판 2004. 1. 28, 2003노2812, 2003노2951(병합).

[281] 한편, 위 살인 등 사건이 확정된 이후 甲의 고소제기 및 재정신청(공소제기명령)으로 인하여 乙, 丙이 위증죄로 기소(공소사실의 요지는 甲으로부터 乙은 피해자를 살해할 것으로 지시받거나, 乙, 丙은 甲으로부터 살해 댓가로 일정 금원을 지급받기로 합의한 사실이 없음에도 불구하고 위 살인 등 사건에서 위증하였다는 취지)되었으며, 乙, 丙이 위 살인 등 사건에서의 진술내용을 번복하였음에도 불구하고 甲의 진술 및 乙, 丙의 번복 진술은 신빙성이 없다는 이유로 무죄판결이 선고되었다(청주지판 2010. 2. 18, 2008고합314 참조).

지 않는다. 혼자 못하면 丙을 불러 함께 해라."는 취지로 甲에게 조언하고, 甲은 丙에게 "같이 가서 도와주지 않으면 전에 빌린 돈 2,700만 원은 못 준다."라고 하면서 丙을 설득하여 함께 피해자의 등을 밟고 넥타이를 잡아당기는 방법으로 피해자의 목을 졸라 피해자를 경부압박에 의한 질식으로 살해하였다는 내용이다.

대법원은 피고인 乙을 본죄의 공동정범으로 판단한 것은 사실심 법관의 합 **359** 리적인 자유심증에 따른 것으로서 정당하다고 판결하였다.

⑦ 대판 2011. 12. 22, 2011도12927(소말리아 해적 사건)

공소사실의 요지는, 소말리아 해적인 피고인들이 공모하여 아라비아해 인 **360** 근 공해상에서 대한민국 해운회사가 운항 중인 선박 '삼호주얼리호'를 납치하여 대한민국 국민인 선원 등에게 해상강도 등 범행을 저질렀다는 내용이다.

대법원은, "원심은 해적들의 공모내용에는 납치한 이 사건 선박을 소말리아 **361** 로 끌고 가는 과정에서 이를 회복하려는 행위를 총격 등 무력으로 저지하는 것도 포함되고 당시 해군의 리브 보트를 향하여 총격을 가한 것은 위 공모내용에 부합하는 행위이므로, 이 부분 범행에 관하여 해적들 사이에는 암묵적인 공모가 존재한다고 보았다. 나아가 원심은 당시 리브 보트를 향하여 기관총으로 사격을 한 피고인 甲은 위와 같은 공모에 따라 살해의 고의로 군인들을 향하여 총격을 가하였으므로 당연히 공동정범으로서 책임을 지고, 피고인 乙 또한 당시 사격행위에 가담하였는지 여부와 관계없이 공동정범으로서의 책임을 부담한다. 특히 乙은 해적들 내부의 업무분담에 따라 조타실 내에서 통신장비를 감시하는 역할을 하는 한편 소총을 소지한 채 외부 경계활동에도 가담하였음을 알 수 있고, 위와 같은 전체 범행의 경위 및 공모내용, 해적행위에 가담한 사람들의 전체적인 역할 분담 내용을 종합하여 보면, 乙이 이 부분 범행에 관한 실행행위를 직접 분담하지 아니하였다고 하더라도 이에 대한 본질적 기여를 통하여 위 해상 강도살인행위에 대하여 기능적 행위지배를 한 공모자라고 보아야 할 것이다."라고 판시하면서, 원심의 판단은 정당하다고 긍정하였다.

(b) 공동정범이 부정된 경우

① 대판 1984. 10. 5, 84도1544

공소사실의 요지는, 피고인 甲은 피해자 A가 법원의 주지직무집행 방해금 **362** 지가처분결정에 따른 집달관의 강제집행에 의하여 신흥사의 주지로 부임하기 위하여 그 수행원을 대동하고 법원 소속집달관과 함께 신흥사 사천왕문을 향하여 걸어오다가 乙(원심 공동피고인)의 제지를 받고 옥신각신 다투는 것을 보고 A와 그 일행을 살해하기로 마음먹고 A 일행에게 달려들어 소지하고 있었던 식칼로 A와 그 일행인 피해자 B 내지 F 등의 목과 가슴 등을 마구 찔러 피해자 B를 살해하고 나머지 피해자들에게 2주 내지 4개월간의 치료를 요하는 상해를 가하였다는 내용이다.

363   이에 대하여 대법원은 나머지 피고인 등은 가벼운 상해 또는 폭행 등의 범의만 있었으나 甲의 소위로 살인의 결과가 발생한 것으로, 나머지 피고인 등이 상해 또는 폭행죄 등과 결과적 가중범의 관계에 있는 상해치사 또는 폭행치사 등의 죄책은 이를 면할 수 없다고 하더라도, 甲의 살인 등 소위는 피고인 등이 전연 예기치 않은 바로서 甲의 살인 등 소위에 대하여 피고인 등에게 그 책임을 물을 수는 없다고 판결하였다.

      ② 대판 1991. 5. 14, 91도580

364   피고인이 공범들과 공동하여 피해자의 신체를 상해하거나 폭행을 가하는 기회에 공범 중 1인이 고의로 피해자를 살해한 사안에서, 피고인이 살인행위를 공모하거나 공범의 살인행위에 관여하지 아니하였기 때문에 본죄의 죄책은 지지 아니한다고 하더라도, 상해나 폭행행위에 관하여는 서로 인식이 있었고 예견이 가능한 공범의 가해행위로 사망의 결과가 초래된 이상, 상해치사죄의 죄책은 면할 수 없다고 판결하였다.

      ③ 대판 1991. 11. 12, 91도2156[282]

365   강도의 공범자 중 1인이 강도의 기회에 피해자에게 폭행 또는 상해를 가하여 살해한 사안에서, 강도살인죄는 고의범이고 강도치사죄는 이른바 결과적 가중범으로서 살인의 고의까지 요하는 것이 아니므로, 수인이 합동하여 강도를 한 경우 그중 1인이 사람을 살해하는 행위를 하였다면, 그 범인은 강도살인죄의 기수 또는 미수의 죄책을 지는 것이고, 다른 공범자도 살해행위에 관한 고의의 공동이 있었으면 그 또한 강도살인죄의 기수 또는 미수의 죄책을 지는 것이 당연하다 하겠으나, 고의의 공동이 없었으면 피해자가 사망한 경우에는 강도치사의,

---

282 이 판결에 대한 평석은 박상기, "결과적 가중범의 공동정범", 형법판례 150선(3판), 박영사(2021), 42-43.

강도살인이 미수에 그치고 피해자가 상해만 입은 경우에는 강도상해 또는 치상의, 피해자가 아무런 상해를 입지 아니한 경우에는 강도의 죄책만 진다고 보아야 할 것이라고 판결하였다.

④ 대판 1992. 12. 22, 92도2462

강도의 공범자 중 1인이 강도의 기회에 피해자의 신체에 대하여 폭행을 가하거나 피해자의 신체를 상해하여 피해자를 살해한 사안에서, 다른 공범자에게도 재물을 강취하는 수단으로 폭행이나 상해가 가하여질 것이라는 점에 관하여 상호 의사의 연락이 있었던 것으로 보아야 하므로, 구체적으로 살인에 관하여까지는 공모하지 않았다고 하더라도 폭행이나 상해로 생긴 결과에 대하여 공범으로서의 책임(강도치사)을 져야 한다고 판결하였다.

⑤ 대판 2004. 6. 24, 2002도995(보라매병원 사건)

보호자가 의학적 권고에도 불구하고 치료를 요하는 환자의 퇴원을 간청하여 담당 전문의와 주치의가 치료중단 및 퇴원을 허용하는 조치를 취함으로써 환자를 사망에 이르게 한 행위에 대하여 보호자, 담당 전문의 및 주치의가 부작위에 의한 살인죄의 공동정범으로 기소된 사안에서, 담당 전문의와 주치의에게 환자의 사망이라는 결과 발생에 대한 정범의 고의는 인정되나 환자의 사망이라는 결과나 그에 이르는 사태의 핵심적 경과를 계획적으로 조종하거나 저지·촉진하는 등으로 지배하고 있었다고 보기는 어려워 공동정범의 객관적 요건인 이른바 기능적 행위지배가 흠결되어 있다는 이유로 작위에 의한 살인방조죄만 성립한다고 판결한 항소심 판결을 긍정하였다.

⑥ 대판 2018. 9. 13, 2018도7658, 2018전도54, 55, 2018보도6, 2018모2593

공소사실의 요지는 피고인 甲과 乙은 공모하여 13세 미만의 미성년자(여, 7세)를 유인하여 살해하였다는 내용이다.

제1심[283]은 乙의 범행의 동기와 목적이 특정 신체 부위인 손가락과 폐 등을 구하여 甲에게 제공하기 위한 것인 점, 乙의 진술은 시간이 지날수록 점차 구체화되고 그에 따른 甲의 관여 정도가 점점 높아지기는 하나, 자신에게도 불리할 수 있는 범행 내용을 진술하거나 甲과의 관계 등에 비추어 진술 번복의 동

366

367

368

369

---

[283] 인천지판 2017. 9. 22, 2017고합241 등.

〔김 영 태〕　　　　　　　　　　　　　　**131**

기나 경위를 수긍할 수 있는 등 신빙성이 있는 점, 반면 甲의 진술은 이 사건 범행 이전 및 범행 당일 乙과의 통화내용, 당일 저녁 乙로부터 피해자의 사체 일부를 건네받은 이후 헤어질 때까지의 대화내용 등 이 사건의 핵심을 구성하는 사실관계에 대해 일관성이 없거나 불분명하고 그 변소나 언행이 상식적으로 납득하기 어려운 면이 있어 신빙성이 없으므로 피고인들 사이의 공모사실 내지 甲의 이 사건 범행에 대한 본질적 기여를 인정할 수 있다고 보아 피고인 甲, 乙의 살인범행을 유죄로 판단하였다.

370   그러나 항소심[284]은 "범행에 대한 공모는 2인 이상의 사람이 현실에서 특정한 범죄행위를 하기 위한 것이므로, 공모의 내용은 적어도 현실 세계에서 범행이 실행될 수 있을 만큼의 구체성을 가질 것을 요한다. 그러나 1심과 항소심이 적법하게 채택하여 조사한 증거들에 의하여 인정되는 여러 사정에 비추어 보면, 검사가 제출한 증거만으로는 피고인 甲이 피고인 乙과 이 사건 범행을 구체적으로 공모하였다거나 범행을 지시하였다고 인정하기에 부족하고, 달리 이를 인정할 증거가 없다. 다만, 피고인 甲은 피고인 乙이 '사냥'을 나간다고 하면서 셀프카메라 방식으로 촬영한 변장사진을 보낸 시점 이후부터는 피고인 乙이 실제로 살인행위를 한다는 것을 미필적으로나마 인식하면서 피고인 乙이 살인 범행 대상을 용이하게 선정하도록 하고 살인 범행의 결의를 강화하거나 유지할 수 있도록 정신적으로 돕는 행위를 하였을 뿐이다."라고 판시하면서, 甲에 대하여 공소장변경 없이 살인방조죄에 대하여만 유죄로 인정하였다.

371   대법원은 항소심의 판결에는 논리와 경험의 법칙을 위반하여 자유심증주의의 한계를 벗어나거나 공모공동정범에 관한 법리를 오해한 잘못이 없으며, 甲에 대하여도 공동정범으로 인정하여야 한다는 취지의 乙의 주장은 양형부당에 관한 주장과 다르지 않다고 판시하면서 항소심의 판단을 긍정하였다.

(라) 공모관계에서의 이탈

372   공모공동정범에 있어서 공모자 중의 1인이 다른 공모자가 실행행위에 이르기 전에 그 공모관계에서 이탈한 때에는 그 이후의 다른 공모자의 행위에 관하여는 공동정범으로서의 책임은 지지 않는다 할 것이다.[285] 또한, 공모관계 이탈

---

284 서울고판 2018. 4. 30, 2017노2950, 2951 등.
285 대판 1996. 1. 26, 94도2654; 대판 2015. 2. 16, 2014도14843.

의 표시는 반드시 명시적임을 요하지 않는다.[286]

그러나 공모관계에서의 이탈은 공모자가 공모에 의하여 담당한 기능적 행 [373]
위지배를 해소하는 것이 필요하므로, 공모자가 공모에 주도적으로 참여하여 다
른 공모자의 실행에 영향을 미친 때에는, 범행을 저지하기 위하여 적극적으로
노력하는 등 실행에 미친 영향력을 제거하지 아니하는 한 공모관계에서 이탈하
였다고 할 수 없다.[287]

(a) 공모관계에서의 이탈을 긍정한 경우

① 대판 1986. 1. 21, 85도2371[288]

구체적인 살해방법이 확정되어 피고인을 제외한 나머지 공범들이 피해자의 [374]
팔, 다리를 묶어 저수지 안으로 던지는 순간에 피해자에 대한 살인행위의 실행
의 착수가 있다 할 것이고, 따라서 피고인은 살해모의에는 가담하였으나 다른
공모자들이 실행행위에 이르기 전에 그 공모관계에서 이탈하였다 할 것이고, 그
렇다면 피고인이 위 공모관계에서 이탈한 이후의 다른 공모자의 행위에 관하여
는 공동정범으로서의 책임을 지지 않는다고 판결하였다.

② 대판 1996. 1. 26, 94도2654[289]

공소사실의 요지는, 피고인은 폭행, 공갈 등을 목적으로 하는 범죄단체조직 [375]
에 조직원으로 가입하여 활동하던 사람으로서 甲, 원심 공동피고인 乙, 丙 등
같은 조직원들과 공모 공동하여, 반대파 조직원으로부터 피고인 소속 조직원인
丙, 丁이 칼에 찔려 피해를 입자 이에 대한 보복을 하기 위하여 집결지에 집결
한 후 반대파 조직원들을 공격하여 상해를 가하거나 살해할 것을 결의하고, 피
고인 소속 조직원들과 공동하여 생선회칼, 손도끼, 낫 등 흉기를 들고 8대 차량
에 분승하여 반대파 조직원을 찾았으나 없자 종업원 피해자 A를 폭행하고, 반
대파 조직원들을 찾았으나 보이지 않자 반대파 두목인 피해자 B 및 C를 살해하

---

286 대판 1986. 1. 21, 85도2371.
287 대판 2008. 4. 10, 2008도1274; 대판 2010. 9. 9, 2010도6924; 대판 2015. 2. 16, 2014도14843.
288 이 판결에 대한 평석은 조준현, "공범관계에서의 해소에 관한 사례연구", 형사판례연구 [5], 한
국형사판례연구회, 박영사(1997), 129-154.
289 이 판결에 대한 평석은 류전철, "공모관계의 이탈 (1) - 실행의 착수 전", 형법판례 150선(3판),
박영사(2021), 132-133; 이용식, "공동자 중 1인의 실행착수 이전 범행이탈 - 공동정범의 처벌한
계", 형사판례연구 [11], 한국형사판례연구회, 박영사(2003), 81-111.

기로 결의하고, 피고인과 丙, 丁 등은 밖에서 망을 보고 다른 공범자들은 흉기를 소지하고 잠자는 피해자 B를 깨워 무차별 찔러 흉부자창으로 인한 실혈사로 사망케 하였다는 내용이다.

376 　　대법원은 피고인은 甲 등과 같이 술을 마시고 있다가 같은 조직원으로부터 연락을 받고 집결지에 가서 반대파에게 보복을 하러 간다는 말을 듣고 다른 조직원들이 여러 대의 차에 분승하여 출발하려고 할 때 사태의 심각성을 실감하고 범행에 휘말리기 싫어서 그곳에서 택시를 타고 집에 왔으므로, 피해자 A에 대한 폭력행위등처벌에관한법률위반 및 피해자 B에 대한 살인의 점에 대하여 다른 조직원들과의 사이에 반대파 조직원들을 공격하여 상해를 가하거나 살해하기로 하는 모의가 있었다고 보기 어렵고, 가사 피고인에게도 그 범행에 가담하려는 의사가 있어 공모관계가 인정된다 하더라도, 다른 조직원들이 각 이 사건 범행에 이르기 전에 그 공모관계에서 이탈한 것이라 할 것이므로 피고인은 위 공모관계에서 이탈한 이후의 행위에 대하여는 공동정범으로의 책임을 지지 않는다고 판결하였다.

　　(b) 공모관계에서의 이탈을 부정한 경우

377 　　공모관계에서의 이탈을 부정한 판례로는 대판 2011. 12. 22, 2011도12927(소말리아 해적 사건)이 있다.

378 　　공소사실의 요지는, 소말리아 해적인 피고인들이 공모하여 아라비아해 인근 공해상에서 대한민국 해운회사가 운항 중인 선박 '삼호주얼리호'를 납치하여 대한민국 국민인 선원 등에게 해상강도 등 범행을 저질렀다는 내용이다.

379 　　대법원은 대한민국 해군의 제1차 구출작전 이후 이 사건 해적들 두목은 모든 해적들에게 해군의 공격이 또다시 시작되면 인질로 억류하고 있는 선원들을 윙브리지로 내몰아 세우라고 지시한 사실, 이에 따라 해군의 제2차 구출작전이 시작되자 해적들 중 한 명이 피해자 A 등 선원들을 윙브리지로 내몰아 세웠고, 당시 윙브리지로는 해군의 위협사격에 의하여 총알이 빗발치는 상황에서 선원들을 윙브리지로 내몰 경우 선원들이 사망할 수 있다는 점을 당연히 예견하고 나아가 이를 용인하였다고 할 것이므로 선원들을 윙브리지로 내몰았을 때 살해행위의 실행에 착수한 것으로 볼 수 있고, 위와 같은 행위는 사전 공모에 따른 것으로서 피고인 甲, 乙 및 丙이 당시 총을 버리고 도망갔다고 하더라도 그것만

134　　　　　　　　　〔김 영 태〕

으로는 공모관계에서 이탈한 것으로 볼 수 없다고 판단한 원심의 판결은 정당하다고 판결하였다.

(마) 공동정범의 책임

공동정범에 대하여는 각자를 그 죄의 정범으로 처벌한다(§30).   380

(2) 교사범

(가) 살인교사죄의 의의와 처벌

살해의사가 없는 사람을 교사하여 살해를 결의하게 하고 피교사자가 살해   381
행위를 한 경우에는 살인교사죄가 성립하며, 본죄를 실행한 사람과 동일한 형으로 처벌한다(§31①).

또한 피교사자가 살인을 승낙하지 아니하거나, 승낙하기는 하였지만 실행   382
의 착수에 이르지 아니한 경우에 교사자는 살인예비·음모죄에 준하여 처벌한다(§31①, ③).

(나) 살인교사행위의 방법과 증명

교사자의 교사행위는 정범에게 범죄의 결의를 가지게 하는 것을 말하는 것   383
으로서, 그 범죄를 결의하게 할 수 있는 것이면 그 수단에는 아무런 제한이 없고, 반드시 명시적·직접적 방법에 의할 것을 요하지도 않는다. 교사범에서의 교사사실은 범죄사실을 구성하는 것이므로 이를 인정하기 위하여는 엄격한 증명이 요구되지만, 피고인이 교사사실을 부인하고 있는 경우에는 사물의 성질상 그와 상당한 관련성이 있는 간접사실을 증명하는 방법에 의하여 이를 입증할 수도 있고, 이러한 경우 무엇이 상당한 관련성이 있는 간접사실에 해당할 것인가는 정상적인 경험칙에 바탕을 두고 치밀한 관찰력이나 분석력에 의하여 사실의 연결상태를 합리적으로 판단하는 방법에 의하여야 한다.[290]

또한 피교사자가 범죄의 실행에 착수한 경우, 그 범행결의가 교사자의 교사   384
행위에 의하여 생긴 것인지는 교사자와 피교사자의 관계, 교사행위의 내용 및 정도, 피교사자가 범행에 이르게 된 과정, 교사자의 교사행위가 없더라도 피교사자가 범행을 저지를 다른 원인의 존부 등 제반 사정을 종합적으로 고려하여 사건의 전체적 경과를 객관적으로 판단하는 방법에 의하여야 하고, 이러한 판단

---

290 대판 2000. 2. 25, 99도1252.

방법에 의할 때 피교사자가 교사자의 교사행위 당시에는 일응 범행을 승낙하지 아니한 것으로 보여진다 하더라도 이후 그 교사행위에 의하여 범행을 결의한 것으로 인정되는 이상 교사범의 성립에는 영향이 없다.[291]

① 대판 2014. 1. 23. 2013도13295(교사 인정)

385   공소사실의 요지는, 피고인 甲이 자신의 사업에 방해가 된다는 이유로 피고인 乙에게 피해자의 거주지, 차량, 귀가시간 등 정보와 함께 전자충격기를 건네주면서 피해자를 살해하라고 지시하고, 乙은 다시 A에게 이를 실행하라고 순차 지시함으로써, A와 B가 그 지시에 따라 전자충격기를 사용하여 피해자를 살해하였다는 내용이며, 피고인들은 상해교사에 대해서만 인정하고 살해교사에 대하여는 부인하였다.

386   대법원은 甲에게 공사진행에 장애가 되는 피해자를 제거할 동기가 있었음이 충분히 인정되는 점, 乙과 A는 甲이 토지 개발 전문가로 생각하고 C가 투자한 토지 개발의 성패가 甲에게 달려 있는 것으로 여겼기 때문에 그가 계획한 범행에 가담할 동기가 있었던 점, 범행의 정범(A와 B)은 피해자의 처가 현장에 있었음에도 주저하지 않고 피해자에게 달려들어 공격을 시작하였고, 피해자를 완전히 제압한 이후에도 손도끼를 사용하여 치명상을 입을 수 있는 머리 부위를 여러 차례에 걸쳐 집중적으로 가격하였으며, 피해자의 처가 현장을 빠져나가 자신들의 도주로 확보가 다급해졌을 것임에도 정문 밖으로 나가다가 다시 돌아와 피해자를 재차 가격하는 등 피해자를 확실하게 살해하고자 하는 목적수행의식이 뚜렷하였던 점 등을 종합하면, 피고인들이 공소사실 기재와 같이 피해자에 대한 살인을 교사한 사실을 인정할 수 있다고 판결하였다.

② 대판 2015. 8. 19. 2015도6747(시의원 살인교사 사건)(교사 인정)

387   공소사실의 요지는 피고인(시의원)은 乙에게 전기충격기와 손도끼를 교부하면서 피해자(피고인의 후원자)를 살해하도록 교사하고, 乙은 피고인의 교사에 따라 위 전기충격기와 손도끼를 이용하여 피해자를 살해하였다는 내용으로서, 피고인은 살인교사에 대하여 부인하였으나, 乙은 피고인의 교사에 따라 피해자를 살해하였음을 인정하였다.

---

291 대판 2013. 9. 12. 2012도2744.

제1심[292]은 국민참여재판을 통해 피고인에 대하여 무기징역을 선고하였으며(유죄의견 9명, 배심원 만장일치), 이에 대하여 피고인은 '원심 국민참여재판은 배심원들이 외부 언론 등에 의해 유죄의 심증을 갖게 되는 등 문제점이 있었으며, 피해자는 피고인의 중요한 후원자로서 살해할 동기가 없다, 乙의 진술은 신빙성이 없다, 이 사건은 乙이 경제적인 어려움을 타개하고자 강도범행을 저지르다가 우발적으로 피해자를 살해한 것이다, 피고인이 유치장에서 乙에게 교부한 쪽지는 충분한 증거가 되지 못한다'는 취지로 항소하였으나 항소심[293]은 피고인의 주장을 받아들이지 아니하였고, 대법원도 항소심의 판단은 정당하며 심리를 다하지 아니한 채 논리와 경험의 법칙에 반하여 자유심증주의의 한계를 벗어나거나 관련 법리를 오해한 잘못이 없으며, 형의 양정도 심히 부당하다고 보이지 아니하다고 판시하면서 피고인의 상고를 기각하였다.

(다) 교사내용과 결과가 상이한 경우

(a) 교사내용에 비하여 결과가 가벼운 경우

교사자가 피교사자에게 살인을 교사하였는데 피교사자가 상해행위만 한 경우, 교사자는 피교사자가 실행한 범위 내에서 책임을 부담하기 때문에 상해교사죄가 성립한다. 또한, 교사자는 제31조 제2항의 '교사의 미수'에도 해당하므로 상해교사죄와 살인예비·음모죄와 상상적 경합관계가 되어 형이 더 무거운 살인예비·음모죄로 처벌하여야 한다.[294]

(b) 교사내용에 비하여 결과가 무거운 경우

교사자가 피교사자에게 상해 또는 중상해를 교사하였는데 피교사자가 살인을 실행한 경우, 일반적으로 교사자는 상해죄 또는 중상해죄에 대한 교사범이 된다. 다만 교사자에게 피해자의 사망이라는 결과에 대하여 과실 내지 예견가능성이 있는 때에는, 상해치사죄의 교사범으로서의 죄책을 지울 수 있다.[295] 그러나 이에 대하여는 상해교사죄와 과실치사죄의 상상적 경합으로 인정하여야 한다는 견해[296]가 있다.

388

389

390

---

292 서울남부지판 2014. 10. 27, 2014고합290.
293 서울고판 2015. 4. 30, 2014노3431.
294 주석형법 [각칙(3)](5판), 216(김승주).
295 대판 1993. 10. 8, 93도1873; 대판 1997. 6. 24, 97도1075; 대판 2002. 10. 25, 2002도4089.
296 오영근, 26 주 1).

① 대판 1993. 10. 8, 93도1873[297]

391

피고인이 자신의 영업에 관하여 사사건건 방해를 하면서 협박을 해 오던 피해자를 보복하기 위하여 피해자의 경호원으로 있다가 사이가 나빠진 A를 소개받아 착수금 명목으로 500만 원을 제공하면서 A로 하여금 피해자에게 중상해를 가해 활동을 못하도록 교사하였는데, A는 피해자의 온몸을 칼로 찔러 살해한 사안에서, 그 당시 상황으로 보아 피고인은 중상해를 가하면 피해자가 죽을 수도 있다는 점을 예견할 가능성이 있었던 사실을 인정한 다음, 피고인을 상해치사죄의 교사범으로 처단한 항소심의 조치를 수긍하였다.

② 대판 1997. 6. 24, 97도1075[298]

392

피고인이 A와 불륜관계를 맺어오던 중 A으로부터 피해자(A의 남편)에게 심하게 구타를 당했다는 하소연을 듣자 A에게 "너가 근무하는 업소에서 힘쓰는 애들 있을 테니 그 사람들을 시켜 남편을 때려 주라. 피해자 같은 사람은 맞아야 정신을 차린다."라고 말을 하고, 같은 날 오후 사람들을 구하였다는 A의 연락을 받고 "남편의 사진과 돈을 준비해가라. 오늘 전출회식에 피해자도 참석하니 중간에 이동장소를 알려 주겠다."라고 말을 하여 상해를 교사하였으며, 한편 A는 당시 부부 생활에 염증을 느껴 피해자를 살해하고자 결심하고, B 등에게 피해자의 사진을 보여주고 죽여달라고 지시하여 B 등이 피해자를 살해한 사안에서, 피해자의 술버릇을 고쳐주기 위하여 A에게 힘깨나 쓰는 사람들을 찾아 혼내주라는 말과 피해자가 이동하는 회식장소를 알려주겠다라는 말을 전화로 한 이후에는 일체의 연락이 없었던 피고인으로서는, 피해자의 사망의 결과를 예측하였다거나 또는 피해자의 사망의 결과에 대하여 과실이 있었다고 인정하기가 쉽지 아니할 뿐만 아니라, B 등의 상해(살해)의 수단과 경우도 피고인이 의욕하고 예견한 바와 유사하다고 보기는 어려우므로 피고인에게 피해자의 사망의 결과에 대한 책임까지 지울 수 없음에도 불구하고 피고인에 대하여 유죄를 인정한 원심판결을 파기하였다.

---

297 이 판결에 대한 평석은 김성규, "공범과 착오 - 피교사자의 초과실행", 형법판례 150선(3판), 박영사(2021), 124-125.

298 이 판결에 대한 평석은 조상제, "결과적 가중범의 공범 인정 여부 - 상해치사죄의 교사범", 형사판례연구 [12], 한국형사판례연구회, 박영사(2004), 107-121.

③ 대판 2002. 10. 25, 2002도4089

피고인 甲이 공동피고인 丙, 丁, 戊 및 원심 공동피고인 乙에게 甲과 사업 393
관계로 다툼이 있었던 피해자를 혼내 주되, 평생 후회하면서 살도록 허리 아래
부분을 찌르고, 특히 허벅지나 종아리를 찔러 병신을 만들라는 취지로 이야기하
면서 차량과 칼 구입비 명목으로 경비 90만 원 정도를 주어 범행에 이르게 하였
으며, 피고인 乙은 위와 같이 甲이 丙, 丁에게 범행을 지시할 때 그들에게 연락
하여 모이도록 하였고, "甲을 좀 도와주어라." 등의 말을 하였고, 그 결과 丙
등이 피해자의 종아리 부위 등을 20여 회나 칼로 찔러 살해하였다는 사안에서,
그 당시 상황으로 보아 乙 역시 공모관계에 있고, 甲과 乙은 피해자가 죽을 수
도 있다는 점을 예견할 가능성이 있었다고 판단하여, 상해치사죄로 의율한 원심
의 조치는 정당하다고 판결하였다.

(3) 방조범

(가) 살인방조죄의 의의와 처벌

살인방조죄는 본죄의 정범이 범행을 한다는 사정을 알면서 그 실행행위를 394
용이하게 하는 행위를 하는 경우에 성립하며(§ 32①), 살인방조죄의 형은 본죄의
형보다 감경한다(§ 32②).

(나) 살인방조죄에 있어서 행위

형법상 방조행위는 정범이 범행을 한다는 사정을 알면서 그 실행행위를 용 395
이하게 하는 직접·간접의 행위로서 유형적·물질적인 방조(예를 들면, 살인할 것을
알고 그에 소요되는 비용을 제공하는 행위 등)뿐만 아니라 정범에게 범행의 결의를 강
화하도록 하는 것과 같은 무형적·정신적 방조행위까지도 이에 해당한다. 또한
방조범은 정범의 실행행위 중에 이를 방조하는 경우뿐만 아니라, 실행의 착수
이전에 장래의 실행행위를 예상하고 이를 용이하게 하는 행위를 하여 방조한
경우에도 성립한다.[299]

(다) 살인방조죄의 고의와 증명

방조범은 정범의 실행행위를 방조한다는 이른바 방조의 고의와 정범의 행 396
위가 구성요건에 해당하는 행위인 점에 대한 정범의 고의가 있어야 한다. 이때

---

299 대판 2004. 6. 24, 2002도995.

고의는 내심적 사실이므로 피고인이 이를 부정하는 경우에는, 사물의 성질상 고의와 상당한 관련성이 있는 간접사실을 증명하는 방법에 의하여 증명할 수밖에 없다. 이때 무엇이 상당한 관련성이 있는 간접사실에 해당할 것인가는 정상적인 경험칙에 바탕을 두고 치밀한 관찰력이나 분석력에 의하여 사실의 연결상태를 합리적으로 판단하여야 하고, 방조범에서 요구되는 정범의 고의는 정범에 의하여 실현되는 범죄의 구체적 내용을 인식할 것을 요하는 것은 아니고 미필적 인식이나 예견으로 충분하다.[300]

① 대판 2004. 6. 24, 2002도995(보라매병원 사건)

397   보호자가 의학적 권고에도 불구하고 치료를 요하는 환자의 퇴원을 간청하여 담당 전문의와 주치의가 치료중단 및 퇴원을 허용하는 조치를 취함으로써 환자를 사망에 이르게 한 행위에 대하여 보호자, 담당 전문의 및 주치의가 부작위에 의한 살인죄의 공동정범으로 기소된 사안에서, 피고인 甲(병원 신경외과 전담의사, 주치의), 乙(병원 신경외과 3년차 수련의)이 피고인 丙(병원 1년차 수련의)으로 하여금 피고인 丁(환자 보호자, 피해자의 처)과 함께 피해자를 집까지 데리고 간 다음 인공호흡보조장치와 기관삽관을 제거하도록 지시하였으며 그에 따른 丁의 조치로 피해자가 사망하였다면, 乙이 신경외과 전문의가 되기 위한 수련과정을 밟고 있는 전공의로서 퇴원이나 치료 중단을 결정할 권한이 없고, 또 실제로 퇴원을 지시한 사실이 없다 하여도, 乙은 피해자가 처음 응급실로 왔을 때부터 퇴원에 이르기까지 피해자의 치료를 담당하여 피해자의 상태를 누구보다도 잘 알고 있었고, 나아가 피해자가 퇴원하면 丁이 피해자에게 적절한 치료를 베풀지 아니하여 사망에 이르게 할 가능성이 크다는 사정까지 알면서도 丁의 범행을 방조하였다고 인정한 항소심의 판단은 정당하다고 판결하였다.

② 대판 2018. 9. 13, 2018도7658, 2018전도54, 55, 2018보도6, 2018모2593

398   피고인 甲, 乙이 공모하여 미성년자인 피해자(여, 7세)를 유인하여 살해하였다는 사안에서, 甲은 乙이 '사냥'을 나간다고 하면서 셀프카메라 방식으로 촬영한 변장사진을 보낸 시점 이후부터는 乙이 실제로 살인행위를 한다는 것을 미

---

300 대판 2004. 6. 24, 2002도995; 대판 2005. 4. 29, 2003도6056; 대판 2018. 9. 13, 2018도7658.

필적으로나마 인식하면서 乙이 살인 범행 대상을 용이하게 선정하도록 하고 살인범행의 결의를 강화하거나 유지할 수 있도록 정신적으로 돕는 행위를 하였다고 보아, 甲에 대하여 공소장변경 없이 살인방조죄를 유죄로 인정한 원심의 판결이 정당하다고 하였다.

7. 죄수 및 다른 죄와의 관계

(1) 죄수

본죄의 보호법익인 사람의 생명은 전속적 법익이다. 따라서 피해자의 수에 따라 본죄의 죄수가 결정된다. **399**

(가) 1개의 살해행위로 여러 명을 살해한 경우

1개의 살해행위로 여러 명을 살해한 경우에는 수개의 본죄가 성립하고, 각 죄는 상상적 경합관계에 있다.[301] 1개의 행위로 정범에 대하여 수개의 살인을 교사한 경우에도 마찬가지이다.[302] **400**

(나) 동일한 장소에서 동일한 방법으로 시간적으로 접착된 상태에서 여러 명을 살해한 경우

동일한 장소에서 동일한 방법으로 시간적으로 접착된 상태에서 여러 명을 살해한 경우에는 수개의 본죄가 성립하고, 실체적 경합관계에 있다. **401**

① 대판 1969. 12. 30, 69도2062

피고인의 자택에서 잠을 자고 있는 처(30세)와 장녀(5세), 장남(11세)의 머리를 쇠망치로 서너 차례씩 강타하여 각 그들로 하여금 두개골파열 및 뇌수일탈 등으로 즉사케 한 경우, 피해법익이 다르고, 각 피해자를 살해하려는 의사가 각각 성립한 것이어서 단일한 범의하의 행위라고 할 수 없으므로, 동일한 장소에서 동일한 방법에 의하여 시간적으로 접착된 행위라고 하더라도 이를 포괄적인 1죄라고는 할 수 없으며 경합범이다. **402**

② 대판 1991. 8. 27, 91도1637

피고인이 휴대하고 있던 권총에 실탄 6발을 장전하여 처와 자식들의 머리에 각기 1발씩 순차로 발사하여 살해한 경우, 피고인이 단일한 범의로 동일한 **403**

---

301 大判 大正 6(1917). 11. 9. 刑錄 23·1261.
302 大判 明治 44(1911). 11. 10. 刑錄 17·1865.

장소에서 동일한 방법으로 시간적으로 접착된 상황에서 처와 자식들을 살해하였다고 하더라도 피해자들의 수에 따라 수개의 본죄를 구성한다.

(다) 동일인에 대한 수개의 행위

404   동일인에 대한 살인기수죄 이전에 이루어진 살인예비 및 살인미수죄는 법조경합(보충관계)의 관계에 있으므로 살인기수죄만 성립한다. 그러나 살인예비 내지 살인미수죄와 살인기수죄 사이에 범의의 갱신이 있는 경우에는, 실체적 경합관계로 의율하여야 할 것이다.

① 대판 1965. 9. 28, 65도695

405   피고인이 甲과 공모하여 甲의 형인 A를 살해할 목적으로 1964. 8. 29. 및 같은 해 9. 30 두 차례에 걸쳐 그 예비행위를 하고 드디어 같은 해 10. 2. 동인을 살해한 사안에서, 살해의 목적으로 동일인에게 일시·장소를 달리하고 수차에 걸쳐 단순한 예비행위를 하거나 또는 공격을 가하였으나 미수에 그치다가 드디어 그 목적을 달성한 경우에 그 예비행위 내지 공격행위가 동일한 의사발동에서 나왔고, 그 사이에 범의의 갱신이 없는 한 각 행위가 같은 일시 장소에서 행하여졌거나 또는 다른 장소에서 행하여졌거나를 막론하고 또 그 방법이 동일하거나 여부를 가릴 것 없이 그 살해의 목적을 달성할 때까지의 행위는 모두 실행행위의 일부로서 이를 포괄적으로 보고 단순한 한 개의 살인기수죄로 처단할 것이지, 살인예비 내지 살인미수죄와 살인기수죄의 경합죄로 처단할 수 없는 것이라고 판결하였다.

② 대판 1983. 1. 18, 82도2761

406   피고인이 미성년자를 유인하여 금원을 취득할 마음을 먹고 甲으로 하여금 피해자를 유인토록 하였으나 甲의 거절로 미수에 그치고, 같은 달 2차에 걸쳐 다시 피해자를 유인하였으나 마음이 약해져 각 실행을 중지하여 미수에 그치고, 다음 달 드디어 피해자를 인치, 살해하고 금원을 요구하는 내용의 협박편지를 피해자의 집 마루에 갖다 놓고 피해자의 안전을 염려하는 부모로부터 재물을 취득하려 한 사안에서, 피고인은 당초의 범의를 철회 내지 방기하였다가 다시 범의를 일으켜 위 마지막의 약취유인 살해에 이른 것이라고 하지 않을 수 없으니, 그간에 범의의 갱신이 있어 그간의 범행이 단일한 의사발동에 인한 것이라고는 할 수 없으므로 위 각 미수죄와 기수죄를 경합범으로 의율한 원심판단은

정당하다고 판결하였다.[303]

위 사안에서 피고인은 동일한 법익에 속하는 범죄를 일시 장소를 달리하여 수차에 걸쳐 실행하였으나 미수에 그치다가 그 목적을 달성한 경우에, 그 일련의 행위가 단일한 의사발동에서 나왔고 그 사이에 범의의 갱신이 없는 한 각 행위가 동일 또는 다른 일시 장소에서 행하여졌거나, 방법의 동일 여부에 관계없이 기수에 이를 때까지의 행위는 모두 실행행위의 일부로서 이를 포괄적으로 보아 1죄로 처단할 것이지 경합범으로 처단할 수 없다는 이유로 상고를 제기하였으나, 대법원은 피고인의 상고를 받아들이지 아니하였다. **407**

(2) 다른 형법상 범죄와의 관계

(가) 살인행위에 따른 의복 손괴

살인행위에 따른 의복 손괴는 불가벌적 수반행위로서 재물손괴죄는 본죄에 흡수된다. 이에 대해서는 적어도 재물이 살인 피해자의 소유임을 전제로 한 것이지만, 당연히 흡수된다는 것에 대해서는 의문이라는 견해도 있다.[304] **408**

(나) 상해죄와의 관계

동일인에 대한 살인기수죄와 그 이전에 이루어진 상해죄는 법조경합(보충관계)의 관계에 있으므로 살인기수죄만 성립한다. **409**

(다) 시체유기죄와의 관계

사람을 살해하고 그 시체를 다른 장소로 옮겨 유기하였을 때에는 본죄 외에 별도로 시체유기죄(§161)가 성립한다. **410**

대법원은 피고인이 피해자를 살해하고 그 소유의 재물을 강취하기로 마음먹고 미리 준비한 쇠망치로 피해자의 후두부 등을 여러 차례 내려쳐 살해하고 피해자 소유의 현금 및 가재도구 등을 강취한 다음, 피해자의 시체를 그의 방과 연결된 마루의 연탄아궁이 덮개를 열고 마루 밑으로 떨어뜨리고 다시 마루 밑 안쪽 깊숙이 밀어 넣은 다음 그 덮개를 닫아 시체를 유기한 경우에, 강도살인죄와 시체유기죄는 실체적 경합관계에 있다고 판결하였고,[305] 피해자를 칼로 찔러 **411**

303 다만, 피고인의 양형부당 상고이유를 받아들여 원심판결(무기징역형 선고)을 파기하고 징역 15년을 선고하였다.
304 大塚 外, 大コン(3版)(10), 340(金築誠志).
305 대판 1984. 11. 27, 84도2263.

경동맥파열로 인한 급속실혈로 사망하게 한 이후 그 시체를 바다에 투기한 경
우에도, 시체유기를 불가벌적 사후행위로 볼 수 없다고 판결하였다.[306]

412   그러나 결과적으로 시체의 발견이 현저하게 곤란하게 되었다고 하여도 시
체를 그대로 둔 채 다른 장소로 옮기지 아니하였다면 시체유기죄는 성립하지
아니한다. 대법원[307]은 강도의 목적을 가진 피고인이 산 중턱에서 살해한 피해
자의 시체를 방치한 채 그대로 하산한 사안에서, 살인·강도살인 등의 목적으로
사람을 살해한 자가 그 살해의 목적을 수행함에 있어 사후 시체의 발견이 불가
능 또는 심히 곤란하게 하려는 의사로 인적이 드문 장소로 피해자를 유인하거
나 실신한 피해자를 끌고 가서 그곳에서 살해하고 시체를 그대로 둔 채 도주한
경우에는, 비록 결과적으로 시체의 발견이 현저하게 곤란을 받게 되는 사정이
있다 하더라도 강도살인죄 이외에 별도로 시체은닉죄가 성립되지 아니한다고
판결하였다.[308]

    (라) 내란목적살인죄와의 관계

413   내란목적으로 사람을 살해한 경우에는 본죄가 아닌 내란목적살인죄(§ 88)가
성립한다.

414   대법원[309]은 대통령 및 경호원들을 살해하고 내란을 기도하였다가 미수에
그쳤다는 내용으로 기소된 사안에서, 내란목적살인과 내란미수를 상상적 경합
으로 의율한 원심의 조치는 정당하다고 긍정하였다.

415   한편 대법원[310]은 이른바 12·12 군사반란과 5·18 내란 등 사건에서, "내
란목적살인죄는 국헌을 문란할 목적을 가지고 직접적인 수단으로 사람을 살해

306 대판 1997. 7. 25, 97도1142(페스카마 15호 선상살인 사건).
307 대판 1986. 6. 24, 86도891.
308 제1심 법원은 시체유기죄에 대하여 유죄판결을 선고하였으나, 항소심 법원은 시체유기죄에 대하
여 무죄판결을 선고한 후 공소사실이 동일성 범위 내라는 이유로 공소장변경 절차 없이 직권으
로 시체은닉죄로 의율하여 유죄판결을 선고하였다.
309 대판 1980. 5. 20, 80도306(전)(중앙정보부장 내란목적 살인 사건). 이러한 다수의견에 대하여,
① 피고인들의 행위가 제87조 소정의 폭동을 하기에 족한 다수인이라고 가정하더라도 피고인들
이 살인을 한 이상 제88조의 내란목적살인의 1죄만 구성될 뿐 제87조의 내란미수죄에는 해당한
다고 볼 수 없다는 취지의 소수의견과 ② 내란목적에서 사람을 살해한 경우라고 하더라도 이것
이 폭동과정에서 이루어졌다면 내란죄에 흡수되어 제87조의 내란죄만이 성립되는 것이고, 폭동
에 의하지 않고 사람을 살해한 경우라면 내란목적살인죄의 단순일죄로서 제88조만이 적용된다
고 보아야 한다는 취지의 소수의견이 있다.
310 대판 1997. 4. 17, 96도3376(전).

〔김 영 태〕

함으로써 성립하는 범죄라 할 것이므로, 국헌문란의 목적을 달성함에 있어 내란죄가 '폭동'을 그 수단으로 함에 비하여 내란목적살인죄는 '살인'을 그 수단으로 하는 점에서 두 죄는 엄격히 구별된다. 따라서 내란의 실행과정에서 폭동행위에 수반하여 개별적으로 발생한 살인행위는 내란행위의 한 구성요소를 이루는 것이므로 내란행위에 흡수되어 내란목적살인의 별죄를 구성하지 아니하나, 특정인 또는 일정한 범위 내의 한정된 집단에 대한 살해가 내란의 와중에 폭동에 수반하여 일어난 것이 아니라 그것 자체가 의도적으로 실행된 경우에는 이러한 살인행위는 내란에 흡수될 수 없고 내란목적살인의 별죄를 구성한다."고 판결하였는바, 이 사건(광주재진입작전 수행으로 인하여 피해자들을 사망하게 한 부분)에서 피고인들의 변호인은 내란목적살인죄는 내란죄에 흡수된다는 주장을 하였다.

(마) 현주건조물방화치사죄와의 관계

① 대판 1983. 1. 18, 82도2341[311]

현주건조물을 방화한 후 그 집에서 빠져나오려는 피해자들을 막아 소사하 **416**
게 한 사안에서, 이는 1개의 행위가 수개의 죄에 해당하는 경우라고 볼 수 없고, 방화행위와 살인행위는 법률상 별개의 범의에 의해 별개의 법익을 해하는 별개의 행위이므로, 본죄와 현주건조물방화죄(§164①)와의 실체적 경합관계에 있다고 판결하였다.

② 대판 1996. 4. 26, 96도485 판결[312]

공소사실의 요지는, 피고인은 피고인 집 안방에서 잠을 자고 있는 아버지 **417**
(피해자 A)와 동생(피해자 B)을 살해하기 위하여 그곳에 있던 두루마리 화장지를 말아 장롱 뒷면에 나 있는 구멍을 통하여 장롱 안으로 집어넣은 다음, 평소 소지하고 다니던 1회용 라이터로 화장지에 불을 붙여 장롱으로 불이 번지자 그곳을 빠져나옴으로써 직계존속인 A와 동생인 B를 연기로 인하여 질식사하도록 하여 이들을 살해하고, 위 피해자들이 현존하는 건조물을 불태워 사망에 이르게

---

311 이 판결에 대한 평석은 안성수, "방화죄의 기수시기", 형법판례 150선(3판), 박영사(2021), 304-305.
312 이 판결에 대한 평석은 김성룡, "부진정결과적 가중범의 성립범위와 죄수", 형법판례 150선(3판), 박영사(2021), 44-45.

하였다는 내용이다.

418   대법원은 사람을 살해할 목적으로 현주건조물에 방화하여 피고인의 아버지와 동생을 각 사망에 이르게 한 경우, 동생을 살해한 점에 대하여는 현주건조물방화치사죄로 의율하여야 하고 본죄와의 상상적 경합관계가 아니며, 아버지를 살해한 존속살해죄와 현주건조물방화치사죄는 상상적 경합관계이고, 법정형이 무거운 존속살해죄[313]로 의율함이 상당하다고 판결하였다.

    ③ 대판 1998. 12. 8, 98도3416

419   피고인들이 피해자들의 재물을 강취한 후 그들을 살해할 목적으로 현주건조물에 방화하여 피해자들을 사망에 이르게 한 사안에서, 강도살인죄와 현주건조물방화치사죄가 모두 성립하고, 두 죄는 상상적 경합관계에 있다고 판결하였다.

    ④ 대판 2019. 4. 3, 2019도499

420   피고인이 피고인의 자녀들 3명(4세, 2세, 15개월)이 자고 있는 방에 방화·전소하게 하여 피해자들을 일산화탄소나 유독가스 중독 등으로 사망하게 한 것이라는 공소사실에 대하여, 대법원은 현주건조물방화치사죄의 상상적 경합관계로 의율하여 범정이 더 무거운 피해자(4세)에 대한 현주건조물방화치사죄에 정한 형으로 처벌한 제1심[314] 및 항소심[315]의 판결은 정당하다고 판결하였다.

    (바) 강간살인죄와의 관계

421   강간범이 살해의 미필적 고의를 가지고 피해자를 강간한 후 살해한 경우, 피해자를 강간하여 상해를 가한 사람이 피해자를 살해한 경우 또는 강간이 미수에 그친 후 피해자를 살해한 경우에 모두 강간살인죄(§ 301의2)가 성립하고, 별도로 본죄는 성립하지 않는다.[316]

    (사) 강도살인죄와의 관계

422   채무를 면탈할 의사로 채권자를 살해하였으나 일시적으로 채권자 측의 추급을 면한 것에 불과한 경우, 강도살인죄(§ 338)가 성립하는지 여부에 관하여, 대

---

313 위 범행 당시의 존속살해죄의 법정형은 '사형 또는 무기징역'으로, 법정형이 '사형, 무기 또는 7년 이상의 징역'인 현주건조물방화치사죄보다 무거웠다. 그러나 1995년 12월 29일 형법개정으로 존속살해죄의 법정형이 현주건조물방화치사죄와 같게 '사형, 무기 또는 7년 이상의 징역'으로 하향 조정되었다.
314 광주지판 2018. 7. 13, 2018고합30.
315 광주고판 2018. 12. 13, 2018노316.
316 오영근, 27.

법원[317]은 강도살인죄가 성립하려면 먼저 강도죄의 성립이 인정되어야 하고, 강도죄가 성립하려면 불법영득(또는 불법이득)의 의사가 있어야 하며, 제333조 후단 소정의 이른바 강제이득죄의 성립요건인 '재산상 이익의 취득'을 인정하기 위하여서는 재산상 이익이 사실상 피해자에 대하여 불이익하게 범인 또는 제3자 앞으로 이전되었다고 볼 만한 상태가 이루어져야 하는데, 채무의 존재가 명백할 뿐만 아니라 채권자의 상속인이 존재하고 그 상속인에게 채권의 존재를 확인할 방법이 확보되어 있는 경우에는 비록 그 채무를 면탈할 의사로 채권자를 살해하더라도 일시적으로 채권자 측의 추급을 면한 것에 불과하여 재산상 이익의 지배가 채권자 측으로부터 범인 앞으로 이전되었다고 보기는 어려운 경우에는, 강도살인죄가 성립할 수 없다고 판결하였다.

(3) 특별법위반의 죄와의 관계

(가) 특정범죄 가중처벌 등에 관한 법률

(a) 약취 또는 유인한 13세 미만의 미성년자 살해

13세 미만의 미성년자에 대하여 제287조(미성년자의 약취, 유인)의 죄를 범한 자가 약취 또는 유인한 미성년자를 살해한 경우에는 사형 또는 무기징역에 처한다(특가 §5의2②(ii)) **423**

본 규정은 원래 미성년자 유괴범을 가중 처벌하기 위하여 1973년 2월 24일 법률 제2550호로 특정범죄 가중처벌 등에 관한 법률(이하, 특정범죄가중법이라 한다.)을 일부 개정하면서 신설되었는데, 그 당시에는 '13세 미만의 미성년자'라는 행위의 객체의 제한이 없었다. 그런데 2016년 1월 6일 법률 제13717호로 일부 개정하면서 '13세 미만의 미성년자'라는 내용이 추가되었다. 그 이유는 헌법재판소에서 특정범죄가중법 중 마약수입죄 가중처벌(§11①),[318] 국내통용 통화위조 및 행사죄 가중처벌(§10),[319] 상습절도 장물취득죄 가중처벌(§5의4①·④)[320] 규정에 대하여 형법과 같은 기본법과 동일한 구성요건을 규정하면서 법정형만 상향한 규정은 형벌체계상의 정당성과 균형을 잃어 헌법의 기본원리에 위배되고 평등의 원칙에 위반된다는 이유로 각각 위헌결정을 함에 따라, 그 결정 취지 **424**

---

317 대판 2010. 9. 30, 2010도7405. 다만, 살인죄에 대하여는 유죄판결이 선고되었다.
318 헌재 2014. 4. 24, 2011헌바2.
319 헌재 2014. 11. 27, 2014헌바224.
320 헌재 2015. 2. 26, 2014헌가14, 2014헌가19, 2014헌가23.

를 존중하여 위헌결정 대상조항 및 위헌결정 대상조항과 유사한 문제를 지닌 조항을 정비한 것이다. 즉, '미성년자 약취·유인죄의 가중처벌' 규정을 '13세 미만 미성년자 약취·유인죄의 가중처벌' 규정으로 개정한 것이다.

425 　본죄는 약취 또는 유인의 목적을 달성하지 못하였다고 하여도 약취 또는 유인한 13세 미만의 미성년자를 살해함으로써 기수에 해당한다.

426 　대법원은, ① 피고인이 미성년자를 유인하여 금원을 취득할 마음을 먹고 甲으로 하여금 피해자를 유인토록 하였으나 동인의 거절로 미수에 그치고, 같은 달 2차에 걸쳐 다시 피해자를 유인하였으나 마음이 약해져 각 실행을 중지하여 미수에 그치고, 다음 달 드디어 피해자를 인치, 살해하고 금원을 요구하는 내용의 협박편지를 피해자의 마루에 갖다 놓고 피해자의 안전을 염려하는 부모로부터 재물을 취득하려 했다면, 피고인은 당초의 범의를 철회 내지 방기하였다가 다시 범의를 일으켜 위 마지막의 약취유인 살해에 이른 것이라고 하지 않을 수 없으니, 그간에 범의의 갱신이 있어 그간의 범행이 단일한 의사발동에 인한 것이라고는 할 수 없으므로 위 각 미수죄와 기수죄를 경합범으로 의율한 원심판단은 정당하다고 판결하였으며,[321] ② 16세의 소년을 살해, 암장하고서도 안전하게 보호하고 있는 것처럼 가장하여 그의 석방을 미끼로 9일 동안 10여 회에 걸쳐서 그의 가족들에게 거액의 돈을 요구한 유인미성년자 살해의 특정범죄가중법위반(미성년자약취·유인)죄에 관하여 사형을 선고한 원심의 양형이 정당하다고 판결하였다.[322]

　(b) 보복 목적 살인

427 　자기 또는 타인의 형사사건의 수사 또는 재판과 관련하여 고소·고발 등 수사단서의 제공, 진술, 증언 또는 자료제출에 대한 보복의 목적으로, 또는 고소·고발 등 수사단서의 제공, 진술, 증언 또는 자료제출을 하지 못하게 하거나 고소·고발을 취소하게 하거나 거짓으로 진술·증언·자료제출을 하게 할 목적으로 제250조 제1항(살인)의 죄를 범한 사람은 사형, 무기 또는 10년 이상의 징역에 처한다(특가 § 5의9①).

428 　특정범죄가중법위반(보복살인등)죄(이하, 보복살인죄라고 한다.)가 성립하려면 고의 외에 보복의 목적이 있어야 한다. 따라서 강도범행 후 범행은폐 목적으로

---

321 대판 1983. 1. 18, 82도2761.
322 대판 1993. 6. 8, 93도1021.

피해자를 살해한 경우는 보복살인죄가 아니라 강도살인죄(§ 338)가 성립한다.[323]
그러나 그 목적은 적극적 의욕이나 확정적 인식임을 요하지 아니하고 미필적
인식이면 충분하다.[324]

　　또한 보복살인죄가 성립하려면 범행 이전에 발생한 '자기 또는 타인의 형사　　**429**
사건'이 보복살인죄와 다른 범죄로 평가될 수 있어야 하고, 그 평가기준은 ① 이
전 범죄와의 사이에 시간적·사항적 간극이 있어야 하며, ② 이전 범죄와 각각
다른 방향의 법익을 침해하여야 하고, ③ 이전 범죄는 물론 보복살인죄가 모두
즉흥적이지 않고 법적대적 의사에 따라서 행하여져야 한다.[325]

　　보복 목적이 있었는지 여부는 피해자와의 인적 관계, 수사단서의 제공 등　　**430**
보복의 대상이 된 피해자의 행위(이하, '수사단서의 제공 등'이라 한다.)에 대한 피고
인의 반응과 이후 수사 또는 재판과정에서의 태도 변화, 수사단서의 제공 등으
로 피고인이 입게 된 불이익의 내용과 정도, 피고인과 피해자가 범행 시점에 만
나게 된 경위, 범행 시각과 장소 등 주변환경, 흉기 등 범행도구의 사용 여부를
비롯한 범행의 수단·방법, 범행의 내용과 태양, 수사단서의 제공 등 이후 범행
에 이르기까지의 피고인과 피해자의 언행, 피고인의 성행과 평소 행동특성, 범
행의 예견가능성, 범행 전후의 정황 등과 같은 여러 객관적인 사정을 종합적으
로 고려하여 판단하여야 한다.[326]

　　보복살인죄를 인정한 대법원의 판결로는 대판 2014. 9. 26, 2014도9030이　　**431**
있다.

　　사건의 개요를 살펴보면, 피고인은 피해자로부터 경찰에 진정을 당하여 조　　**432**
사를 받았는데, 위 경찰서 민원실에서 피해자에게 계속 사과를 하며 용서를 구
하였으나 피해자로부터 거절당하였고, 경찰에서 사실대로 진술하였으나 합의를
해주지 않자 피해자에 대하여 강한 불만을 품고 있던 중 피해자가 동네 주민 여
러 사람이 들을 수 있는 상황에서 피고인을 가리키며 "이 사람이 나이트에서 나
를 만났다고 거짓말을 하고 다닌다."라고 말하여 망신을 당했다고 생각하고 있

---

323 심재무, 22; 정성근·박광민, 50.
324 박상기·전지연·한상훈, 형사특별법(3판), 91; 이동희·류부곤, 특별형법(5판), 160; 이주원, 특별
　　형법(8판), 369.
325 심재무, 22-23.
326 대판 2013. 6. 14, 2009도12055; 대판 2014. 9. 26, 2014도9030.

다가 만취한 상태에서 칼 2개를 들고 피해자를 찾아가 피해자의 가슴 부분 가운데 2곳을 힘껏 찔러 그 칼 중 1개가 피해자의 오른쪽 제4번 및 제5번 늑간을 지나 심낭을 뚫고 대동맥 기시부(起始部)를 스치면서 우심방을 찔러 심장에 도달하게 하고, 이어서 위 칼 2개를 두 손에 들고 피해자의 가슴 부분 왼쪽 윗부분 1곳, 가슴 부분 왼쪽 아랫부분 1곳, 목 부분 왼쪽 1곳, 목 부분 오른쪽 1곳을 각각 찌르고, 피해자의 얼굴 부분 3곳을 베어, 피해자를 다발성 자창으로 인한 출혈성 쇼크로 사망하게 하였다는 내용이다. 검사는 피고인을 본죄로 공소제기하였으며, 제1심에서 유죄판결(징역 20년)이 선고되자 피고인과 검사 모두 항소하였고, 항소심에서 보복살인죄로 공소장이 변경되었다.

433
　이에 대하여 항소심은, ① 피해자는 모르는 사람으로부터 감시받는 듯한 불안감을 느끼고 경찰에 피고인을 진정하게 되었고, 이로써 피고인은 2013. 9. 3.경 경찰서에서 조사를 받게 되었던 점, ② 피고인은 위 경찰서 민원실에서 피해자를 처음으로 대면한 자리에서 피해자에게 계속 사과를 하며 용서를 구하였으나 피해자로부터 거절당하였던 점, ③ 피고인은 경찰에서 처음 조사를 받을 때 나이트클럽에서 만난 피해자로부터 전화번호를 받은 것처럼 거짓 진술하였다가 피해자로부터 사실대로 진술해 주면 합의를 해주겠다는 취지의 말을 듣고 사실대로 진술하였으나 합의를 해주지 않자 피해자에 대하여 좋지 않은 감정을 갖게 되었던 점, ④ 피고인의 변소대로라면 피고인은 동네 주민이 여러 명 있는 가운데 피해자로부터 망신을 당하였다는 것 외에는 별다른 범행 동기를 찾아볼 수 없다 할 것인데, 피해자로부터 망신을 당한데 대한 분노만으로 피해자를 살해한 것으로 보기에는 범행 수법이 잔혹한 이유를 설명하기 어려운 점, ⑤ 피고인은 수사기관에서의 '피해자 집에 과도를 가지고 간 이유에 대하여 피해자를 위협하려고 하였다. 그동안 감정이 안 좋아서 술도 마신 김에 위협을 하고, 겁을 주고 나한테 그러지 말라고 하려고 하였다', '그동안 있었던 좋은 감정이 안 좋은 감정으로 바뀌면서 피해자를 위협하려고 갔다'고 진술하고 있는 점 등에 비추어 보면, 피고인이 피해자를 살해한 것은 피해자가 경찰서에 진정서를 제출하여 수사단서를 제공하고 피해 진술을 한 것에 대한 보복의 목적으로 한 것이라고 판결하였으며(병합하여 징역 23년), 대법원은 항소심 판결을 긍정하였다.

(나) 성폭력범죄의 처벌 등에 관한 특례법

성폭력범죄의 처벌 등에 관한 특례법(이하, 성폭력처벌법이라 한다.) 제3조(특수 434
강도강간 등), 제4조(특수강간 등), 제5조(친족관계에 의한 강간 등), 제6조(장애인에 대한
강간·강제추행 등), 제7조(13세 미만의 미성년자에 대한 강간·강제추행 등)의 죄 내지 그
미수범, 또는 형법 제297조(강간), 제297조의2(유사강간) 및 제298조(강제추행)부터
제300조(미수범)까지의 죄를 범한 사람이 다른 사람을 살해한 때에는 사형 또는
무기징역에 처한다(성폭력처벌 § 9①).

성폭력처벌법위반(강간등살인)죄는 강간 등의 죄와 본죄의 결합범이다.[327] 435

(다) 아동·청소년의 성보호에 관한 법률

아동·청소년의 성보호에 관한 법률(이하, 청소년성보호법이라 한다.) 제7조의 436
죄를 범한 사람[328]이 다른 사람을 살해한 때에는 사형 또는 무기징역에 처한다
(아청 § 10①).

본 규정은 2012년 12월 18일 청소년성보호법이 법률 제11572호로 전부 개 437
정되면서 신설되었다. 본 규정의 범죄주체는 13세 이상 19세 미만의 아동 청소
년에 대하여 강간 등의 죄를 범한 사람이며, 13세 미만자를 대상으로 한 경우에
는 본 규정이 아니라 성폭력처벌법 제9조(강간 등 살인·치사)가 적용된다.

대법원은 미성년자인 피해자를 약취한 후에 강간을 목적으로 피해자에게 438
가혹한 행위 및 상해를 가하고 나아가 그 피해자에 대한 강간 및 살인미수를 범
하였다면, 이에 대하여는 약취한 미성년자에 대한 상해 등으로 인한 특정범죄가
중법위반죄(약취·유인) 및 미성년자인 피해자에 대한 강간 및 살인미수행위로
인한 성폭력처벌법위반죄(강간등살인)가 각 성립하고, 설령 상해의 결과가 피해
자에 대한 강간 및 살인미수행위 과정에서 발생한 것이라 하더라도 위 각 죄는
실체적 경합관계에 있다고 판결하였다.[329]

---

327 박상기·전지연·한상훈, 특별형사법(3판), 209; 이주원, 특별형법(8판), 488.
328 폭행·협박으로 아동·청소년을 강간하거나, 아동·청소년에 대하여 폭행·협박으로 구강·항문
   등 신체(성기는 제외한다)의 내부에 성기를 넣는 행위 또는 성기·항문에 손가락 등 신체(성기는
   제외한다)의 일부나 도구를 넣는 행위를 하거나, 아동·청소년에 대하여 형법 제298조(강제추행)
   또는 제299조(준강간, 준강제추행)의 죄를 범하거나, 위계 또는 위력으로써 아동·청소년을 간음
   하거나 아동·청소년을 추행한 자 또는 그 미수범을 말한다.
329 대판 2014. 2. 27, 2013도12301, 2013전도252, 2013치도2.

(라) 군형법

439   상관을 살해한 사람은 사형 또는 무기징역에 처한다(군형 § 53①). 상관살해
죄는 원래 사형만이 유일한 법정형이었다. 그런데 헌법재판소[330]는 법정형의 종
류와 범위를 정하는 것이 기본적으로 입법자의 권한에 속하는 것이라고 하더라
도, 형벌은 죄질과 책임에 상응하도록 적절한 비례성이 지켜져야 하는바, 군대
내 명령체계유지 및 국가방위라는 이유만으로 가해자와 상관 사이에 명령복종
관계가 있는지 여부를 불문하고 전시와 평시를 구분하지 아니한 채 다양한 동
기와 행위태양의 범죄를 동일하게 평가하여 사형만을 유일한 법정형으로 규정
하고 있는 군형법(1962. 1. 20. 법률 제1003호로 제정된 것) 제53조 제1항은, 범죄의
중대성 정도에 비하여 심각하게 불균형적인 과중한 형벌을 규정함으로써 죄질
과 그에 따른 행위자의 책임 사이에 비례관계가 준수되지 않아 인간의 존엄과
가치를 존중하고 보호하려는 실질적 법치국가의 이념에 어긋나고, 형벌체계상
정당성을 상실한 것으로서 헌법에 위반된다고 결정하였다.[331] 그에 따라 2009
년 11월 2일 군형법이 법률 제9820호로 개정되어 제53조 제1항의 법정형에 무
기징역이 추가되었다.

---

330 헌재 2007. 11. 29, 2006헌가13. 이에 대하여는 ① 이 사건 법률조항은 군대의 지휘계통과 명령
     계통을 확립하여 국가방위라는 특수사명의 달성에 이바지하려는 것이므로 그 입법목적은 정당
     하다고 할 것이나, 피살자가 명령권을 가진 상관인 경우와 명령복종관계가 없는 상계급자나 상
     서열자인 경우를 구분하지 않고, 상관 살해가 적전에서 이루어진 경우와 그렇지 않은 경우를 구
     분하지도 아니한 채, 모두 "상관 살해"에 포괄시켜 사형으로 처벌하도록 규정하고 있는바, 이는
     입법목적의 달성에 필요한 정도를 구분하지 않고 획일적으로 최고형으로 처벌하도록 하는 것이
     어서, 범죄의 책임과 형벌은 비례되어야 한다는 원칙에 맞지 아니하고, 기본권의 제한은 필요한
     최소한도에 그쳐야 한다는 원칙에 어긋난다는 취지의 헌법불합치 의견과 ② 제청법원의 제청이
     유 요지는 상관살해죄 자체가 위헌이라는 것이 아니고 법정형이 사형밖에 없어 사형선고를 피
     할 수 없다는 데 있다. 그러나 제청법원이 원심법원의 사형선고가 정당하다고 판단한다면 위헌
     제청한 법률이 위헌으로 결정되더라도 적용될 법률조항만을 달리하여 여전히 사형선고를 유지
     할 것이고, 사형선고가 부당하다고 판단한다면 법률의 위헌제청 없이도 원심판결을 파기하고 사
     형이 선고되지 않도록 할 수 있으므로 이 사건 위헌제청은 심판의 이익이 없어 부적법하므로 각
     하하여야 할 것이다는 취지의 각하의견이 있다.
331 이 사건 결정의 의의는 남북분단의 현실상 여전히 북한의 군사적 위협이 상존하고 있으며 21세
     기에 들어 격동하는 국제정세를 감안하건대 군의 사기 진작과 규율 유지를 위해 엄격한 군형법
     이 요구됨은 물론이나, 민간 분야뿐만 아니라 군부대 내에도 인권의 보장과 민주화를 요청하는
     시대적인 요구에 따라 군형법도 변화를 수용할 필요가 있는데, 그러한 국민의 요구를 담아내는
     한편 군사분야에서도 기본권이 보장됨을 확인한 것이라고 한다[최창호, "군형법 제53조 제1항
     위헌제청", 헌법재판소결정해설집 2007, 헌법재판소(2008), 430-431].

상관을 살해할 목적으로 예비 또는 음모를 한 사람은 1년 이상의 유기징역 **440**
에 처하며(§53②), 상관살해미수범은 처벌된다(§63).

대법원은 피고인이 상관인 그 소속 중대장을 살해 보복할 목적으로 수류탄 **441**
의 안전핀을 빼고 그 사무실로 들어갔다면, 이는 상관에 대한 협박이나 모욕이
아닌 상관살인미수죄에 해당한다고 판결하였다.[332]

그 이외에 독성이 있는 음식물을 군에 공급한 죄를 범하여 사람을 사망에 **442**
이르게 한 사람은 사형, 무기 또는 5년 이상의 징역에 처한다(군형 §42②, ①).

(마) 국가보안법

반국가단체의 구성원 또는 그 지령을 받은 자가 그 목적 수행을 위하여 형 **443**
법 제250조 제1항(살인), 제252조(촉탁·승낙살인) 또는 제253조(위계에 의한 촉탁 살
인 등)에 규정된 행위를 한 때에는 사형·무기 또는 10년 이상의 징역에 처한다
(국보 §4①(iii)).

(바) 선박 및 해양구조물에 대한 위해행위의 처벌 등에 관한 법률

운항 중인 선박 및 해상구조물에 대한 위해행위(危害行爲)를 방지함으로써 선 **444**
박의 안전한 운항과 해상구조물의 안전을 보호함을 목적으로 하기 위하여 2003
년 5월 27일 법률 제6880호로 선박 및 해양구조물에 대한 위해행위의 처벌 등
에 관한 법률(이하, 선박위해처벌법이라 한다.)이 제정되었다.

운항 중인 선박 또는 해상구조물의 안전을 위험하게 할 목적으로 그 선박 또 **445**
는 해상구조물에 있는 사람을 살해한 사람은 사형, 무기 또는 7년 이상의 징역에
처하며(§5①), 그 미수범은 처벌한다(§11). 또한, 제5조 제1항의 죄를 범할 목적으
로 예비하거나 음모한 사람은 10년 이하의 징역에 처한다. 다만, 그 목적한 죄의
실행에 착수하기 전에 자수한 사람은 그 형을 감경하거나 면제한다(§5③).

제6조 제1항의 죄 또는 그 미수죄를 범하여 사람을 살해한 사람은 사형, 무 **446**
기 또는 10년 이상의 징역에 처하고(§12①), 제5조 제1항·제2항, 제7조의 죄 또
는 그 미수죄(§5②의 경우 폭행은 제외)를 범하여 사람을 살해한 사람은 사형, 무
기 또는 7년 이상의 징역에 처하며(§12②), 제8조부터 제10조까지의 죄 또는 그
미수죄를 범하여 사람을 살해한 사람은 사형, 무기 또는 5년 이상의 징역에 처

---

332 대판 1970. 6. 30, 70도861.

하며(§12③), 제1항부터 제3항까지에 규정된 죄의 미수범은 처벌한다(§12④).

447   한편, 선박위해처벌법은 내국인뿐만 아니라, ① 대한민국 영역 밖에서 대한민국 선박에 대하여 제5조부터 제13조까지의 죄를 범한 외국인, ② 대한민국 영역 밖에서 대한민국 대륙붕에 있는 해상구조물에 대하여 또는 그 해상구조물에서 제5조부터 제13조까지의 죄를 범한 외국인, ③ 대한민국 영역 밖에서 제5조부터 제13조까지의 죄를 범하고 대한민국 영역 안에 있는 외국인에게도 적용한다(§5③).

      (사) 지뢰 등 특정재래식 무기사용 및 이전의 규제에 관한 법률

448   「과도한 상해 또는 무차별적 효과를 초래할 수 있는 특정 재래식무기의 사용 금지 및 제한에 관한 협약」에 딸린 개정 제2의정서를 시행하기 위하여 지뢰, 부비트랩 및 그 밖의 장치 등 특정 재래식무기의 사용과 이전의 규제에 필요한 사항을 규정함을 목적으로 하기 위하여 2001년 5월 24일 법률 제6476호로 지뢰 등 특정재래식 무기사용 및 이전의 규제에 관한 법률(이하, 재래식무기법이라 한다.)이 제정되었다.

449   재래식무기법 제3조에 따라 사용이 금지되는 무기를 사용하거나 제4조 또는 제5조를 위반하여 사람을 살해한 사람은 사형, 무기 또는 7년 이상의 징역에 처한다(§10①(i)).

      (아) 건축법

450   건축법 제23조(건축물의 설계), 제24조(건축시공) 제1항, 제24조의2(건축자재의 제조 및 유통관리) 제1항, 제25조(건축물의 공사감리) 제3항 및 제35조(건축물의 유지관리)를 위반하여 설계·시공·공사감리 및 유지·관리와 건축자재의 제조 및 유통을 함으로써 건축물이 부실하게 되어 착공 후 건설산업기본법 제28조에 따른 하자담보책임 기간에 건축물의 기초와 주요구조부에 중대한 손괴를 일으켜 일반인을 위험에 처하게 하여 사람을 죽게 한 자는 무기징역이나 3년 이상의 징역에 처한다(§106①, ②).[333]

---

333 이 규정은 건축물의 설계·시공이나 공사감리를 부실하게 하여 공중의 위험을 발생하게 한 자에 대한 처벌을 고의에 의한 경우와 업무상과실에 의한 경우로 구분하여 정하고, 이로 인하여 사상자가 발생한 경우에는 형을 가중하도록 하여 공중의 안전을 확보하고 건축공사가 건실하게 이루어지도록 하기 위하여 1995년 12월 30일 법률 제5139호로 건축법 일부 개정 시 제77조의2 제2항으로 신설되었다가, 그 후 2008년 3월 21일 법률 제8974호로 전면 개정되면서 제106조로 변

8. 처 벌

(1) 법정형

사형, 무기 또는 5년 이상의 징역형에 처한다.   451

본죄의 미수범은 처벌한다(§ 254). 다만, 기수범 보다 감경할 수 있다(§ 25②).   452
본죄를 범할 목적으로 예비 또는 음모한 자는 10년 이하의 징역에 처한다(§ 255).

본죄를 범한 자에 대하여 유기징역에 처할 때에는 10년 이하의 자격정지를   453
병과할 수 있다(§ 256).

(2) 양형과 양형기준

(가) 양형기준의 의의와 연혁

양형이란 구체적인 피고인에게 형의 종류와 양을 특정하여 선고하는 선고   454
형을 둘러싼 형의 양정과정을 말한다.[334] 적절한 양형은 사실심 법관에게 부여
된 가장 중요하고 어려운 책무 중 하나이다. 특히 본죄는 다른 범죄에 비하여
발생건수가 상대적으로 미미하지만, 사람의 생명을 빼앗아가는 극악한 범죄일
뿐만 아니라, 범죄 피해를 되돌릴 수 없다는 점에서 극한 형벌이 부과되어야 하
는 범죄이므로 살인범죄 양형기준은 다른 모든 범죄의 양형기준 설정을 위한
하나의 기준점이 될 수 있다.[335]

따라서 형(刑)을 정할 때 국민의 건전한 상식을 반영하고 국민이 신뢰할 수   455
있는 공정하고 객관적인 양형을 실현하기 위하여 대법원에 양형위원회를 설치
하는 내용의 법원조직법 개정법률(법률 제8270호)이 2007년 1월 26일 공포되어
2007년 4월 27일 시행됨에 따라 양형위원회가 출범하였다. 제1기 양형위원회는
2009년 7월 1일 '살인범죄'를 비롯한 총 7개 범죄에 관하여 양형기준을 수립·시
행하였다.

살인범죄 양형기준은 그 후 2차례에 걸쳐 수정되었다. 2011년 4월 15일부   456
터 시행된 제1차 수정 양형기준에는 중대범죄인 성범죄, 강도범죄가 결합된 살
인 및 극단적 인명경시 살인이 새로운 유형으로 추가되었고, 권고형량도 상향조
정되었으며, 2013년 5월 15일부터 시행된 제2차 수정 양형기준에는 일부 유형

경되었다.
334 신동운, 형법총론(10판), 823.
335 이재방, "살인범죄 양형기준 고찰", 홍익법학 18-4(2017), 229.

의 권고 형량범위 상향조정과 성범죄 관련 법령의 개정 내용이 반영되었으며,[336] 합의관련 양형요소 정비에 따라 2023년 7월 1일부터 제4차 수정 양형기준이 시행되고 있다.

(나) 양형기준의 내용

457

2009년 7월 1일 수립된 최초 양형기준에 의한 살인범죄의 유형은 제1유형, 제2유형 및 제3유형으로 구분되었다. 그런데 2022년 3월 1일부터 시행·적용되는 살인범죄의 유형은 제1유형(참작동기 살인), 제2유형(보통동기 살인), 제3유형(비난동기 살인), 제4유형(중대범죄 결합 살인) 및 제5유형(극단적 인명경시 살인)으로 구분된다. ① 제1유형(참작동기 살인)은 동기에 있어서 특히 참작할 만한 사유가 있는 살인범행으로서, 피해자의 귀책사유 있는 살인, 정상적인 판단력이 현저히 결여된 상태에서의 가족 살인 또는 그밖에 이에 준하는 경우 중 하나 이상에 해당하는 경우를 말하며, 기본영역의 형량은 4년에서 6년이다. ② 제2유형(보통동기 살인)은 보통의 동기에 의한 살인범행으로서 원한관계에 기인한 살인, 가정불화로 인한 살인, 채권채무관계에서 비롯된 불만으로 인한 살인 또는 그 밖에 이에 준하는 경우 중 하나 이상에 해당하거나, 제1, 3, 4, 5유형에 속하지 않는 살인범행을 말하며, 기본영역의 형량은 10년에서 16년이다. ③ 제3유형(비난동기 살인)은 동기에 있어서 특히 비난할 사유가 있는 살인범행으로서 특정범죄가중법상 보복살인, 금전·불륜·조직이익목적 살인, 다른 범죄 실행·범죄발각방지 목적 살인, 별다른 이유 없는 무작위 살인, 불특정 다수를 향한 무차별(무작위) 살인 또는 그 밖에 이에 준하는 경우 중 하나 이상에 해당하는 경우를 말하며, 기본영역의 형량은 15년에서 20년이다. ④ 제4유형(중대범죄 결합 살인)은 중대범죄와 결합된 살인범행으로서 강간살인·유사강간살인·강제추행살인, 약취·유인 미성년자살해, 인질살해, 강도살인 중 하나 이상에 해당하는 경우를 말하며, 기본영역의 형량은 20년 이상 또는 무기징역이다. ⑤ 제5유형(극단적 인명경시 살인)은 인명경시 성향이 극단적으로 표출된 살인범행으로서, 불특정 다수를 향한 무차별(무작위) 살인으로서 2인 이상을 살해한 경우, 살해욕의 발로·충족으로서 2인 이상을 살해한 경우 또는 그 밖에 이에 준하는 경우 중 하나 이상에 해당하

---

336 양형위원회, 2018 연간보고서(2019), 212.

는 경우를 말하며, 기본영역의 형량은 23년 이상 또는 무기징역이다.[337]

(다) 양형기준의 효력

양형기준은 법적 구속력을 갖지 아니한다(법조 §81의7① 단서). 그러나, 법관 은 형의 종류를 선택하고 형량을 정할 때 양형기준을 존중하여야 하며(법조 §81 조의7① 본문), 법원이 양형기준을 벗어난 판결을 하는 경우에는 판결서에 양형의 이유를 적어야 한다(법조 §81의7②). **458**

대법원은 대법원 양형위원회의 양형기준은 법관이 합리적인 양형을 정하는 데 참고할 수 있는 구체적이고 객관적인 기준으로 마련된 것으로서, 법적 구속 력을 가지지 아니하고, 단지 위와 같은 취지로 마련되어 그 내용의 타당성에 의 하여 일반적인 설득력을 가지는 것으로 예정되어 있으므로 법관의 양형에 있어 서 그 존중이 요구되는 것일 뿐이라고 판결하였다.[338] 또한 대법원은 양형부당 을 이유로 항소된 경우 항소심 판결서에 제1심 양형의 이유가 부당한지 여부에 관한 판단을 구체적으로 설시하였다면, 항소심이 제1심 판결을 파기하고 양형 기준을 벗어난 판결을 하면서 같은 내용의 양형의 이유를 중복하여 설시하지 않았다고 하여 위법하다고 할 수 없다고 판결하였다.[339] **459**

(라) 사형의 선고 조건

(a) 사형제도의 합헌성

우리나라는 1998년 이후 현재까지 장기간 사형집행이 이루어지지 않고 있 어 사실상 사형제 폐지국이라는 평가를 받고 있지만,[340] 대법원[341]이나 헌법재 판소[342]는 일관되게 사형제도는 우리 헌법에 반하지 아니한다고 판결하고 있으 며, 중대하고 극악무도한 살인 범죄자에 대하여는 현재도 사형이 선고[343]·확정 되고 있다.[344] **460**

---

337 양형위원회, 2023 양형기준, 2-16 참조.
338 대판 2009. 12. 10, 2009도11448.
339 대판 2010. 12. 9, 2010도7410.
340 일본의 경우, 판례는 사형을 정한 형법규정은 합헌이라고 판결하였고[最判 昭和 23(1948). 3. 12. 刑集 2·3·191], 최근에도 2021년에 3명, 2022년에 1명을 사형집행하였다.
341 대판 1967. 9. 19, 67도988; 대판 1987. 9. 8, 87도1458; 대판 1990. 4. 24, 90도319; 대판 1991. 2. 26, 90도2906; 대판 1994. 12. 19, 94초123.
342 헌재 1996. 11. 28, 95헌바1; 헌재 2010. 2. 25, 2008헌가23.
343 인천지판 2022. 6. 23, 2021고합1052, 2022전고8, 2022보고8(인천 연쇄살인 사건).
344 2023년 3월 현재 민간 사형수는 55명이다.

(b) 사형선고에 대한 양형판단

461   양형판단은 사실심 법관의 재량의 영역에 속하는 사항이다. 그러나 법관의 자유재량이 아니라, 형법의 기초인 형사정책적 양형기준에 따라 합리적으로 판단해야 하는 법적으로 구속된 재량이다.[345] 따라서 형의 양정이 부당하다고 인정할 사유가 있는 때에는 항소이유가 성립되며, 대법원은 사형, 무기 또는 10년 이상의 징역이나 금고가 선고된 사건에 있어서 형의 양정이 심히 부당하다고 인정할 현저한 사유가 있는 때에는 예외적으로 하급법원의 양형판단에 대하여 심사할 수 있다. 형사소송은 피고인의 권익보호를 통한 실체적 진실 발견으로 정의를 실현하는 절차이어서 적정한 형의 양정도 그 정의실현의 한가지 귀결이라 할 것인바, 형의 양정은 사실심 법관의 전권사항이므로 통상의 경우 양형의 이유를 명시하는 일이 요구되지 아니하며 그 양형에 대하여 상고할 수 없는 것이지만, 형사소송법 제383조 제4호가 사형, 무기 또는 10년 이상의 징역이나 금고형이 선고된 사건에 있어서 형의 양정이 심히 부당하다고 인정할 현저한 사유가 있는 경우를 피고인만의 상고사유로 규정함으로써 그러한 사건에서의 양형참작사유는 사실심의 필요적 심판대상이 되는 것이고, 양형에서의 필요적 참작사유를 열거한 형법 제51조에는 범죄행위에 관련된 사유들과 더불어 범죄행위자인 피고인에 관련된 사유들이 더 많이 열거되어 있다는 점은 양형의 심리·판단 단계에서 주목되어야 할 부면이다.[346]

462   특히, 사형은 인간의 생명 자체를 영원히 박탈하는 냉엄한 궁극의 형벌로서 문명국가의 이성적인 사법제도가 상정할 수 있는 극히 예외적인 형벌이라는 점을 감안할 때, 사형의 선고는 범행에 대한 책임의 정도와 형벌의 목적에 비추어 그것이 정당화될 수 있는 특별한 사정이 있다고 누구라도 인정할 만한 객관적인 사정이 분명히 있는 경우에만 허용되어야 하고, 따라서 사형을 선고함에 있어서는 형법 제51조가 규정한 사항을 중심으로 한 범인의 연령, 직업과 경력, 성행, 지능, 교육정도, 성장과정, 가족관계, 전과의 유무, 피해자와의 관계, 범행의 동기, 사전계획의 유무, 준비의 정도, 수단과 방법, 잔인하고 포악한 정도, 결

345 김일수·서보학, 새로쓴 형법총론(11판), 749; 신동운, 형법총론(10판), 823; 이주원, 형법총론(2판), 511.
346 대판 2002. 10. 25, 2002도4298.

과의 중대성, 피해자의 수와 피해감정, 범행 후의 심정과 태도, 반성과 가책의 유무, 피해회복의 정도, 재범의 우려 등 양형의 조건이 되는 모든 사항을 철저히 심리하여 위와 같은 특별한 사정이 있음을 명확하게 밝힌 후 비로소 사형의 선택 여부를 결정하여야 한다.[347]

그에 따라 법원으로서는 사형의 선택 여부를 결정하기 위하여 마땅히 기록에 나타난 양형조건들을 평면적으로만 참작하는 것에서 더 나아가, 피고인의 주관적인 양형요소인 성행과 환경, 지능, 재범의 위험성, 개선교화 가능성 등을 심사할 수 있는 객관적인 자료를 확보하여 이를 통하여 사형선택 여부를 심사하여야 할 것은 물론이고, 피고인이 범행을 결의하고 준비하며 실행할 당시를 전후한 피고인의 정신상태나 심리상태의 변화 등에 대하여서도 정신의학이나 심리학 등 관련 분야의 전문적인 의견을 들어 보는 등 깊이 있게 심리하여야 한다.[348] 따라서 법원은 양형의 조건이 되는 사항들 중 피고인에게 유리한 정상과 불리한 정상을 충분히 심사하여야 하고, 나아가 구체적인 양형요소가 피고인에게 불리한 정상과 유리한 정상을 모두 포함하는 경우 양 쪽을 구체적으로 비교 확인한 결과를 종합하여 양형에 나아가야 한다.[349]

아래에서는 원심의 사형선고를 파기한 사례와 수긍한 사례를 1개씩 소개한다.

① 대판 2001. 3. 9, 2000도5736(원심 파기)

공소사실의 요지는, 피고인은 자신이 사귀던 A의 가족들이 피고인과의 교제를 반대하고 그녀(A)도 자신을 멀리하게 되자 피해자들의 집에 위 A는 없고 그 가족들만 있는 것을 알고 미리 준비한 정육작업용 칼과 장갑을 끼고 침입한 다음 방에 들어가 누워 있던 그녀의 어머니인 피해자 B에게 수십 차례 칼을 휘둘러 목과 복부를 찔러 살해하였으며, 거실로 나오다가 다른 방에 오빠가 있는

463
464
465

---

347 대판 1987. 10. 13, 87도1240; 대판 2003. 6. 13, 2003도924; 대판 2005. 8. 25, 2005도4178; 대판 2006. 3. 24, 2006도354; 대판 2015. 8. 27, 2015도5785; 대판 2016. 2. 19, 2015도12980(전); 대판 2017. 4. 28, 2017도2188; 대판 2023. 7. 13, 2023도2043.
348 대판 1999. 6. 11, 99도763; 대판 2003. 6. 13, 2003도924; 대판 2023. 7. 13, 2023도2043.
349 대판 2023. 7. 13, 2023도2043(위 법리에 따라 무기징역형으로 교도소에 수감되어 있던 피고인이 다른 재소자들인 공동피고인들과 공모하여 같은 방 재소자인 피해자를 때려 살해하였다고 기소된 사안에서, 사형을 선택한 것은 형의 양정이 심히 부당하다고 인정할 현저한 사유가 있는 때에 해당한다는 이유로 원심판결을 파기환송한 사례).

것을 알고 그 방으로 달려가 오빠 그리고 그 부인의 목과 흉부, 복부를 수회 찔러 오빠인 피해자 C는 피고인에 대항하다가 피하여 죽음은 모면하였으나 그 부인인 피해자 D를 살해하였고, 특히 오빠의 부인은 임신 5개월이었고 피고인도 그러한 사실을 알고 있었음에도 태아마저 사망케 하였다는 내용이다.

466　　　　제1심은 이에 대하여 피고인에 대하여 무기징역을 선고하였으나, 항소심은 위 피해자 B는 우측으로 누워 있거나 쪼그려 앉아 있는 상태에서 자창이 실행되었고, 위 피해자 D 역시 누워 있거나 쪼그려 앉은 상태 또는 등을 굽은 상태로서 피고인에게 대항하지 못하는 상태에서 칼로 찔리게 된 것으로 보이고, 피고인은 이 사건 범행 후 피고인을 피하여 밖으로 도피하였던 위 피해자 C의 주위에 있던 사람들이 그의 도움 요청에 반응이 없는 것을 확인하고 태연히 걸어 자신이 타고 온 승용차를 운전하여 도주한 후 위 A에게 가족들을 죽였으며 평생을 고통 속에 살게 하겠다는 내용의 전화를 하였으며, 이 사건으로 구속된 이후 피해자 가족들에게 사죄하려고 썼다는 편지에서마저 이 사건에 대한 모든 책임을 위 A에게 떠넘기려는 태도를 보이면서 자신은 많이 살아야 15년이고 잘 생활해서 12년으로 감형받아 나가면 너와 살겠으니 결혼하지 말고 이사도 하지 말고 이사한다고 해도 반드시 찾겠다고 하며 자신을 왜 면회오지 않았느냐며 비난하고 면회와 재판 방청을 오라고 하는 내용을 적어 이 사건 범행을 뉘우치지 않는 것으로 보이는 점 등에 비추어 보면, 피고인에 대하여 무기징역을 선고한 제1심의 양형은 너무 가볍다고 판단하여, 제1심 판결을 파기하고 피고인에 대하여 사형을 선고하였다.

467　　　　그러나 대법원은 피고인은 이 사건 범행 당시 22세 6월의 젊은 나이로서 이 사건 범행 이전에 아무런 형사처벌을 받은 사실이 없고, 농사일을 하는 부모와 함께 위로 누나 6명을 두고 막내로 자라면서 화목한 가정환경 속에 고등학교 2학년을 중퇴하고 사회생활을 시작하여 2년간 백화점 직원으로 근무하였으며, 군복무를 마치고 바로 취직하여 이 사건 범행 당시까지 9개월여 동안 대형할인매장 정육부 직원으로 월 120만 원의 보수를 받으면서 직장에서도 성실하고 정직하며 업무능력이 뛰어나고 성격도 원만하다는 평가를 받으며 근무하였고, 피고인의 아버지와 누나들 모두 피고인에게 다시 한 번의 기회가 주어지면 피고인의 교화에 모든 정성을 다하겠다고 호소하고 있는 점 등을 고려하면, 피고인은 그 나이, 성장과정, 성행, 가정환경, 경력 등에 비추어 볼 때 아직은 교화개선의 여지는 있어

보이는 데다가, 피고인이 피해자들을 살해하게 된 것도 처음부터 계획하고 의도한 것이 아니라 자신이 사랑하고 결혼까지 약속한 위 공소외인과의 관계가 끊어질 처지에 이르러 그녀를 한 번 더 만나 설득하려고 3일 동안 노력하다가 실패하자 이러한 처지가 그녀의 가족들 때문에 일어난 것이라고 잘못 생각한 나머지 순간적인 적개심에 흥분된 상태에서 우발적이고 연쇄적으로 저지른 것으로 보여지며, 피고인은 이 사건 범행 후 자살을 결심하고 자포자기한 심정에서 위 공소외인에게 전화하여 심한 말을 하였지만 그녀에게 자신의 범행을 모두 알렸고, 이 사건으로 범행 당일 체포되어 수사와 재판을 받는 과정에서도 이 사건 범행 모두를 시인하면서 한결같이 용서를 빌고 참회하고 있으며, 비록 피고인이 구속 중 위 공소외인에게 보낸 편지에서 군데군데 심한 말을 쓰기는 하였지만 그 편지의 주된 내용은 아직도 그녀를 사랑하므로 사형을 당하거나 형을 살고 나오더라도 그녀를 찾을 것이며 그녀의 면회를 간절히 바란다는 것으로 그녀와 가족들에 대하여 협박할 의도로 쓴 편지라고는 보기 어려운바, 비록 원심이 설시하고 있는 바와 같이 여러 가지 점에서 피고인을 중한 형으로 처단하여야 할 사정이 있음은 충분히 인정되지만, 앞에서 설시한 사형의 형벌로서의 특수성이나 다른 유사사건에서의 일반적 양형과의 균형면에 비추어 볼 때, 원심이 피고인에게 사형을 선고한 것은 형의 양정이 심히 부당하다는 이유로 원심을 파기하였다.

② 대판 2016. 2. 19, 2015도12980(전)(원심 수긍)

군인인 피고인이 소속 부대의 간부나 동료 병사들의 피고인에 대한 태도를 따돌림 내지 괴롭힘이라고 생각하던 중 초소 순찰일지에서 자신의 외모를 희화화하고 모욕하는 표현이 들어있는 그림과 낙서를 보고 충격을 받아 소초원들을 모두 살해할 의도로 수류탄을 폭발시키거나 소총을 발사하고 도주함으로써 상관 및 동료 병사들을 살해하고 중상을 가하였으며, 군용물손괴·군용물절도·군무이탈 행위를 하였다는 내용으로 기소된 사안에서, 피고인에게 사형을 선고한 제1심 판결을 유지한 항소심의 판결을 수긍하였다.[350] 결국, 피고인에 대한 사

468

---

350 이에 대하여는, ① 범행 수단과 방법의 잔인함과 포악함이 피고인 본성의 발현이라고 여겨질 정도로 범행 동기에 참작할 사정이 없음이 명백하다고 볼 수 없고, 생명을 박탈하여 피고인을 사회에서 영원히 격리시키는 것만이 유일한 선택임을 누구라도 납득할 수 있을 정도로 피고인에 대한 사형 선고를 긍정하는 요건의 존재가 합리적 의심의 여지 없이 증명되지 않았으며, 범행 결과가 매우 중하다 하여 사회적 파장과 형벌의 일반예방적 목적 등을 내세워 피고인에게 사형

형판결이 확정되었다.

9. 특례 규정

(1) 공소시효의 적용 배제

469   본죄 및 본죄의 미수범에 대하여는 형사소송법 제253조의2에 따라 형사소
송법 제249조 부터 제253조 까지 규정된 공소시효를 적용하지 아니한다. 형사
소송법 제253조의2 조항은 형사소송법 부칙 제2조에 의하여 개정 형사소송법
시행 전에 범한 범죄로서 아직 공소시효가 완성되지 아니한 범죄에 대하여도 적
용된다.[351]

(2) 특별법에서의 특례 규정

(가) 특정강력범죄의 처벌에 관한 특례법

470   본죄 및 본죄의 미수범은 특정강력범죄의 처벌에 관한 특례법(이하, 특정강력
범죄법이라 한다.)에서 규정하는 특정강력범죄로서, 특정강력범죄법에서 정한 요건
에 따라 ① 누범 가중에 대한 특례, ② 소년에 대한 특례, ③ 집행유예 결격기
간에 대한 특례, ④ 보석 및 구속집행정지에 대한 특례, ⑤ 피의자의 얼굴 등
공개, ⑥ 판결선고에 대한 특례가 적용된다.

471   한편, 특정강력범죄법 제3조(누범의 형)[352]의 위헌성과 관련하여, 대법원과

을 선고하는 것이 정당하다고 할 수 없고, 범행의 책임을 오로지 피고인에게 돌려 사형 선고를
통하여 피고인의 생명을 영원히 박탈하는 것이 합당한지 의문이므로, 원심이 피고인에게 사형을
선고한 제1심 판결을 유지한 것은 형의 양정이 심히 부당하다고 인정할 현저한 사유가 있는 때
에 해당한다는 취지의 반대의견과 ② 피고인의 범행으로 5명의 군인이 사망하고 7명의 군인이
부상을 당하는 등 결과가 너무도 중대하다는 점에 대해서는 의문의 여지가 없으나, 피고인에 대
하여 사형이라는 극형을 선택할 수밖에 없는 예외적이고도 특별한 사정이 있는지 여부, 즉 피고
인의 생명권을 박탈하는 결과를 감수하면서까지도 막아야 하는 일반 국민의 생명 보호나 이에
준하는 매우 중대한 공익에 대한 현재의 급박하고도 실질적인 위협이 있는지, 중대한 결과의 발
생을 피고인만의 책임으로 돌릴 수 있는지 등에 대해서 심리하지 아니한 채 사형을 선고한 제1
심을 유지한 원심판결에는, 사형의 양정에 관한 법리를 오해하여 필요한 심리를 다하지 아니한
위법이 있다는 취지의 반대의견이 있다.
351 형사소송법 부칙 제2조는 '부진정소급효 규정'에 해당하지만 법치국가원리에 따른 이익형량 측
면에 비추어보면 타당한 입법이라는 견해가 있다[홍찬기, "살인의 공소시효 폐지에 관한 평가와
과제", 형사법연구 27-3, 한국형사법학회(3015), 220].
352 특정강력범죄법 제3조(누범의 형)는 종래 "특정강력범죄로 형을 선고받고 그 집행이 끝나거나
면제된 후 3년 이내에 다시 특정강력범죄를 범한 경우에는 그 죄에 대하여 정하여진 형의 장기
및 단기의 2배까지 가중한다."로 규정되어 있었는데, 2014년 1월 7일 "특정강력범죄로 형을 선

헌법재판소는 헌법에 위반되지 아니한다고 판단하였다.

① 대판 2006. 5. 26, 2006도1640 472

대법원은 특정강력범죄법 제3조(누범의 형)의 위헌성과 관련하여, 기본적 윤리와 사회질서를 침해하는 특정강력범죄에 대한 처벌과 그 절차에 관한 특례를 규정함으로써 국민의 생명과 신체의 안전을 보장하고 범죄로부터 사회를 방위함을 목적으로 하는 특정강력범죄법의 입법목적과 특정강력범죄법 제2조에서 살인, 약취·유인, 강간, 강도, 단체범죄 등 죄질이 불량하고 범행에 대한 비난가능성이 크며 피해가 중한 반인륜적이고 반사회적인 범죄만을 특정강력범죄법이 적용되는 특정강력범죄로 제한한 점 및 누범을 가중처벌하는 것은 전범에 대한 형벌의 경고적 기능을 무시하고 다시 범죄를 저질렀다는 점에서 초범에 비하여 비난가능성·반사회성 및 책임이 더 크고, 사회방위, 범죄의 특별예방 및 일반예방, 더 나아가 사회의 질서유지의 목적을 달성하기 위한 하나의 수단이기도 한 점 등을 고려하면, 위 특정강력범죄법에서 정한 특정강력범죄로 형을 받아 그 집행을 종료하거나 면제받은 후 비교적 짧은 기간이라 할 수 있는 3년 이내에 다시 특정강력범죄를 범한 경우 그 죄에 정한 형의 장기 및 단기의 2배까지 가중하여 처벌하도록 규정한 특정강력범죄법 제3조의 규정이 위 입법목적에 비하여 비례의 원칙에 반할 정도로 합리적인 입법재량의 범위를 일탈하였다고 볼 수는 없다고 판결하였다.353

② 헌재 2010. 2. 25, 2008헌가20 473

헌법재판소는 반인륜적이고 반사회적인 흉악범죄인 특정강력범죄를 단기간 내에 재범한 경우에는 국민의 생명, 신체 등 법익을 심각하게 침해할 가능성이 높고 사회질서에 대한 혼란을 야기할 수도 있으므로 특정강력범죄의 특별예방 및 일반예방, 더 나아가 사회방위 및 사회의 질서유지라는 목적 달성을 위하여 특별한 수단이 요구되는 점, 특정강력범죄법 제2조에서 살인, 약취·유인, 강간, 강도, 단체범죄 등 죄질이 불량하고 범행에 대한 비난가능성이 크며 피해가 중

고받고 그 집행이 끝나거나 면제된 후 3년 이내에 다시 특정강력범죄를 범한 경우(「형법」 제337조의 죄 및 그 미수의 죄를 범하여 「특정범죄 가중처벌 등에 관한 법률」 제5조의5에 따라 가중처벌되는 경우는 제외한다)에는 그 죄에 대하여 정하여진 형의 장기 및 단기의 2배까지 가중한다."로 개정되었다.
353 같은 취지로는 대판 2005. 4. 14, 2005도1258; 대판 2009. 5. 14, 2009도1947.

한 반인륜적이고 반사회적인 범죄만을 특정강력범죄법이 적용되는 특정강력범죄로 제한하고 있는 점, 특정강력범죄인 성폭력처벌법 제9조 제1항의 야간주거침입강제추행치상죄 등' 및 '성폭력처벌법 제5조 제2항의 특수강도강간죄 등'이 국민의 생명, 신체 등 법익을 심각하게 침해할 가능성이 높고 가정과 사회질서에 대한 혼란을 야기할 수 있는 점 및 제1 내지 제5 심판대상[354]에 관한 특정강력범죄법 제3조 부분에서 가중처벌되는 누범은 전범에 대한 형벌의 경고적 기능을 무시하고 다시 범죄를 저질렀다는 점에서 비난가능성·반사회성 및 책임이 더 크고, 그에 대한 가중처벌은 사회방위, 범죄의 특별예방 및 일반예방, 더 나아가 가정과 사회의 질서유지의 목적을 달성하기 위한 하나의 수단이기도 한 점 등을 고려하면, 제1 내지 제5 심판대상에 관한 특정강력범죄법 제3조가 그 법정형의 단기까지 2배 가중하는 것이 합리적인 입법재량의 범위를 일탈하였다고 볼 수는 없는 것이고, 따라서 제1 내지 제5 심판대상에 관한 특정강력범죄법 제3조가 특정강력범죄로 형을 선고받아 그 집행을 종료하거나 면제받은 후 비교적 짧은 기간이라 할 수 있는 3년 이내에 다시 특정강력범죄인 '성폭력처벌법 제9조 제1항의 야간주거침입강제추행치상죄 등' 또는 '성폭력처벌법 제5조 제2항의 특수강도강간죄 등'을 범하여 성폭력처벌법 제9조 제1항, 성폭력처벌법 제5조 제2항 등에 의하여 처벌되는 경우에 그 죄에 정한 형의 장기뿐만 아니라 단기의 2배까지 가중하여 처벌하도록 규정하였다 하여 이를 두고 범죄와 형벌사이에 적정한 비례관계가 있어야 한다는 책임원칙에 반하는 과잉형벌이라 단정할 수는 없다고 결정하였다.

(나) 전자장치부착 등에 관한 법률

474   본죄 및 본죄의 미수범, 예비·음모죄는 전자장치부착 등에 관한 법률(이하, 전자장치부착법이라 한다.)에서 규정하고 있는 특정범죄(§ 2(i), (iii의2))로서, 전자장치부착법에서 정한 요건(§ 5③)[355]에 따라 전자장치부착명령대상이다.

---

354 ① '성폭력처벌법 제12조, 제5조 제1항의 야간주거침입강간미수죄를 범한 때', ② '제6조 제1항의 흉기휴대강간죄를 범한 때', ③ '제9조 제1항의 야간주거침입강제추행치상죄를 범한 때', ④ '제5조 제2항의 특수강도강간죄를 범한 때' 및 ⑤ '제12조, 제5조 제2항의 특수강도강간미수죄를 범한 때'에는 그 죄에 정한 형의 장기 및 단기의 2배까지 가중한다는 부분.

355 전자장치부착법 제5조(전자장치 부착명령의 청구) ③ 검사는 살인범죄를 저지른 사람으로서 살인범죄를 다시 범할 위험성이 있다고 인정되는 사람에 대하여 부착명령을 법원에 청구할 수 있다. 다만, 살인범죄로 징역형의 실형 이상의 형을 선고받아 그 집행이 종료 또는 면제된 후 다

① 대판 2012. 5. 10, 2012도2289, 2012감도5, 2012전도51

우울증에 빠져 자살을 시도하는 과정에서 독서실에 불을 놓아 여러 사람을 475
살해하려 하였다는 내용으로 기소된 피고인에 대하여 살인범죄를 다시 범할 위
험성이 있다는 이유로 부착명령이 청구되어 제1심에서 부착명령이 내려지고,
이후 항소심에서 치료감호청구가 추가된 사안에서, 대법원은 피고인의 범행이
내재된 폭력성이나 악성보다는 우울증에 기인한 것으로 보이는 점 등 제반 사
정을 종합할 때, 치료감호에 의하여 장기간 치료를 마친 후에도 피부착명령청구
자가 우울증으로 다시 범죄를 저지를 가능성을 배제할 수 없다는 추상적인 재
범가능성에서 더 나아가 다시 살인범죄를 범할 상당한 개연성이 있다고 단정하
기 어렵다고 판결하였다.

② 대판 2018. 9. 13, 2018도7658, 2018전도54, 55, 2018보도6, 2018모
　　2593

다른 피고인의 살인 범행에 공동 범행으로 가담하지 않았고 정신적으로 방 476
조하는 것에 그쳐 직접 사람을 죽이는 행위로 나아갈 위험성까지 갖추고 있다
고 보기 어려우며, 이 사건 외에 폭력적 범죄에 연루되거나 폭력적인 성향을 보
인 적이 없었던 피고인에 대하여 살인범죄를 다시 범할 위험성이 있다고 인정
할 수 없다고 보아, 피고인에 대한 부착명령청구를 기각한 항소심의 판결을 긍
정하였다.

(다) 디엔에이신원확인정보의 이용 및 보호에 관한 법률

본죄 및 본죄의 미수범은 디엔에이신원확인정보의 이용 및 보호에 관한 법 477
률(이하, 디엔에이법이라 한다.)에서 정한 요건에 따른 디엔에이감식시료채취 대상
이다. 따라서 검사 또는 사법경찰관은 디엔에이법에서 규정하는 요건과 절차에
따라 수형인 또는 구속피의자 등으로부터 디엔에이감식시료를 채취할 수 있다.

헌법재판소는 디엔에이감식시료 채취에 관한 제5조 제1항[356]에 대해서는 478

시 살인범죄를 저지른 경우에는 부착명령을 청구하여야 한다.
[356] 디엔에이법 제5조(수형인등으로부터의 디엔에이감식시료 채취) ① 검사(군검사를 포함한다. 이
하 같다)는 다음 각 호의 어느 하나에 해당하는 죄 또는 이와 경합된 죄에 대하여 형의 선고,
「형법」 제59조의2에 따른 보호관찰명령, 「치료감호법」에 따른 치료감호선고, 「소년법」 제32조
제1항제9호 또는 제10호에 해당하는 보호처분결정을 받아 확정된 사람(이하 "수형인등"이라 한
다)으로부터 디엔에이감식시료를 채취할 수 있다. 다만, 제6조에 따라 디엔에이감식시료를 채취
하여 디엔에이신원확인정보가 이미 수록되어 있는 경우는 제외한다.

〔김 영 태〕　　　　**165**

합헌결정[357]을 하였으나, 디엔에이감식시료 채취영장에 관한 제8조[358]에 대해서는 과잉금지원칙을 위반하여 재판청구권을 침해한다는 이유로 헌법불합치결정[359]을 하였다. 즉 헌법재판소는 ① 위 채취조항은 특정범죄를 저지른 사람의 디엔에이신원확인정보를 확보하여 데이터베이스로 관리함으로써, 범죄 수사 및 예방의 효과를 높이기 위한 것으로 입법목적의 정당성 및 수단의 적합성이 인정되고, ② (중략: 대상범죄인 제320조의 특수주거침입죄에 관하여) 침해의 최소성 요건을 충족하며, ③ 위 채취조항에 의하여 제한되는 신체의 자유의 정도가 범죄수사 및 범죄예방 등에 기여하고자 하는 공익에 비하여 크다고 할 수 없으므로, 법익의 균형성도 인정되므로, 위 채취조항은 과잉금지원칙을 위반하여 신체의 자유를 침해한다고 볼 수 없다고 합헌결정하였다.

(라) 범죄수익은닉의 규제 및 처벌 등에 관한 법률

479   본죄 및 본죄의 미수범, 예비·음모죄는 범죄수익은닉의 규제 및 처벌 등에

---

357 헌재 2018. 8. 30, 2016헌마344, 2017헌마670. 다만, 이에 대하여는 이 사건 채취 조항은 행위자의 재범의 위험성 요건에 대하여 전혀 규정하지 않고 특정 범죄를 범한 수형인등에 대하여 획일적으로 디엔에이감식시료를 채취할 수 있게 한다는 점에서 침해최소성 원칙에 어긋나고, 재범의 위험성 요건에 관한 규정이 없는 이 사건 채취 조항으로 인하여 받게 되는 채취대상자의 불이익이 이 사건 채취 조항을 통해 달성하고자 하는 공익에 비해 결코 작지 아니하므로 법익균형성 원칙에도 어긋나므로 청구인들의 신체의 자유를 침해하여 헌법에 위반된다는 취지의 반대의견이 있다.

358 2020년 1월 21일 법률 제16866호에 의하여 2018년 8월 30일 헌법재판소에서 헌법불합치된 위 조문을 개정하였다.

359 헌재 2018. 8. 30, 2016헌마344, 2017헌마670. 「(1) 이 사건 영장절차 조항은 이와 같이 신체의 자유를 제한하는 디엔에이감식시료 채취 과정에서 중립적인 법관이 구체적 판단을 거쳐 발부한 영장에 의하도록 함으로써 법관의 사법적 통제가 가능하도록 한 것이므로, 그 목적의 정당성 및 수단의 적합성은 인정된다. (2) 디엔에이감식시료채취영장 발부 여부는 채취대상자에게 자신의 디엔에이감식시료가 강제로 채취당하고 그 정보가 영구히 보관·관리됨으로써 자신의 신체의 자유, 개인정보자기결정권 등의 기본권이 제한될 것인지 여부가 결정되는 중대한 문제이다. 그럼에도 불구하고 이 사건 영장절차 조항은 채취대상자에게 디엔에이감식시료채취영장 발부 과정에서 자신의 의견을 진술할 수 있는 기회를 절차적으로 보장하고 있지 않을 뿐만 아니라, 발부 후 그 영장 발부에 대하여 불복할 수 있는 기회를 주거나 채취행위의 위법성 확인을 청구할 수 있도록 하는 구제절차마저 마련하고 있지 않다. 위와 같은 입법상의 불비가 있는 이 사건 영장절차 조항은 채취대상자인 청구인들의 재판청구권을 과도하게 제한하므로, 침해의 최소성 원칙에 위반된다. (3) 이 사건 영장절차 조항에 따라 발부된 영장에 의하여 디엔에이신원확인정보를 확보할 수 있고, 이로써 장래 범죄수사 및 범죄예방 등에 기여하는 공익적 측면이 있으나, 이 사건 영장절차 조항의 불완전·불충분한 입법으로 인하여 채취대상자의 재판청구권이 형해화되고 채취대상자가 범죄수사 및 범죄예방의 객체로만 취급받게 된다는 점에서, 양자 사이에 법익의 균형성이 인정된다고 볼 수도 없다. (4) 따라서 이 사건 영장절차 조항은 과잉금지원칙을 위반하여 청구인들의 재판청구권을 침해한다.」

관한 법률(이하, 범죄수익은닉규제법 이라 한다.)에서 규정하고 있는 특정범죄(§ 2(i)) 이다. 따라서 범죄수익은닉규제법에서 정한 요건과 절차에 따라 본죄 및 본죄의 미수범, 예비·음모의 죄의 범죄수익, 범죄수익에서 유래한 재산 및 이들 재산과 그 외의 재산이 합쳐진 재산, 즉 '범죄수익등'(§ 2(iv))을 은닉 및 가장하거나(§ 3) 수수하는(§ 4) 행위를 처벌하고, 이를 몰수·추징할 수 있다(§§ 8-10의3).

II. 존속살해죄(제2항)

1. 개 설

(1) 의의와 법적 성격

본죄(존속살해죄)는 고의로 자기 또는 배우자의 직계존속을 살해함으로써 성 립하는 범죄이다. 행위주체가 비속이라는 신분에 의하여 살인죄보다 형이 가중 되는 부진정신분범이다. 또한 본죄는 살인죄에 대한 특별규정이며, 본죄가 성립 할 때에는 법조경합에 의하여 살인죄의 적용은 배제된다.   480

(2) 입법례

존속살해에 대하여는 각국의 역사적 배경이나 사회·문화적 차이에 따라 다 양한 입법례가 있다.   481

먼저, 커먼로(Commom Law)를 중심으로 발달하여 온 영미법계의 국가들에 서는 존속살해 등 존속관련 범죄를 가중처벌하는 예가 없었으며, 중국형법에도 존속살해에 대한 가중처벌 규정이 없다.   482

이에 반하여 프랑스형법은 대상이 존속인 경우에 보통살인(§ 221-1)에 비하 여 가중처벌하고 있다.360 한편, 독일의 구 형법(§ 217)은 살해대상이 존속인 경 우에 가중처벌하였으나 1941년 형법 개정 시 이를 삭제하여 현재는 존속살해에 대한 가중처벌을 규정하고 있지 않다.   483

---

360 프랑스형법(§ 221-4)은 '피해자가 법률상 또는 사실상의 직계존속이거나 양부 또는 양모의 경우'
    (제2호)뿐만 아니라 '피해자가 15세 미만의 미성년자인 경우'(제1호), '피해자의 연령, 질병, 신체
    및 정신적 장애 또는 임신으로 인하여 자활능력이 미약함이 명백하거나 행위자가 알면서 행위
    를 한 경우'(제3호) 등 총 9가지의 경우 보통살인(§ 221-1)에 비하여 형을 가중처벌하고 있다〔법
    무부, 프랑스형법(2008), 93-94〕.

484　　일본형법에서는 형법상 존속관련범죄로서 존속상해치사(§ 205②) 외에 존속살(尊屬殺)(§ 200), 존속유기(§ 218②), 존속체포·감금(§ 220②) 등의 죄가 있었으나, 1973년 4월 4일 최고재판소가 존속살 규정이 일본헌법 제14조 제1항[361]에 위반되어 위헌이라고 판결한[362] 이후, 1995년 5월 12일 형법개정 시 존속살 규정뿐만 아니라 존속관련 다른 가중처벌 규정들도 모두 함께 삭제되었다.

(3) 우리 형법의 태도

485　　조선시대에는 존속살인을 십악(十惡)[363]의 하나로 규정하여 참형, 능지처사형(凌遲處死刑) 등 중형을 부과하여 엄벌하였다. 서양법이 계수되면서 1905(광무 9년)년 4월 29일 제정된 대한제국 형법대전에도 제498조에 친속존장(親屬尊長) 살해죄가 규정되었으며, 기수범의 경우 교형(絞刑)에 처하도록 하였다.[364]

486　　일제 강점기에는 조선형사령에 의하여 일본 구 형법 제200조(존속살)가 적용되었는데, 동조는 자기 또는 배우자의 직계존속을 살해한 자는 사형 또는 무기징역형에 처하도록 규정하였다.

487　　1953년 9월 18일 우리 형법이 제정된 이후에도 의용형법과 마찬가지로 제250조 제2항에 존속살해죄를 규정하면서 법정형으로 사형 또는 무기징역만 규정하였으나, 1995년 12월 29일 형법 개정 시 제250조 제2항의 법정형에 '7년 이상의 징역'을 추가하여 형벌을 다소 완화하였다. 이는 개정 이전의 법정형이 살인죄에 비하여 현저히 무거웠기 때문에 평등의 원칙과 비례의 원칙에 반한다는 위헌의 문제를 입법적으로 보완한 것이다.[365] 그러나 개정 이후에도 본죄의 위헌성에 대한 논란이 계속되고 있다.

---

361 일본헌법 제14조 제1항은 "모든 국민은 법 아래에서 평등하여 인종, 신조, 성별, 사회적 신분 또는 문벌(門地)에 의하여 정치적, 경제적 또는 사회적 관계에 있어서 차별받지 아니한다."라고 규정하고 있다.
362 最判 昭和 48(1973). 4. 4. 刑集 4·10·2126.
363 십악(十惡)은 중국의 형법 특히, 당율(唐律)과 명률(明律) 중에서 가장 중하게 처벌한 10가지 범죄를 말하는 바, 모반(謀反), 모대역(謀大逆), 모반(謀叛), 악역(惡逆), 부도(不道), 대불경(大不敬), 불효(不孝), 불목(不睦), 불의(不義), 내란(內亂)을 말한다. 자세한 내용은 진희권, "십악을 통해서 본 유교의 형벌관", 법철학연구 5-1, 한국법철학회(2002), 286-288 참조.
364 한말근대법령자료집 IV, 서울대학교 출판부(1971), 197-198.
365 박찬걸, 23.

2. 보호법익, 가중처벌의 근거 및 위헌성

(1) 보호법익

본죄는 사람의 생명을 주된 보호법익으로 하지만, 가족 질서 내에서의 효를 **488** 중심으로 한 인륜관계도 부차적 보호법익이다.[366]

(2) 가중처벌의 근거

본죄를 살인죄에 비하여 가중처벌하는 근거와 관련하여 책임가중설과 불법 **489** 가중설의 대립이 있다. 책임이 가중·감경되는 구성요건과 불법이 가중·감경되는 구성요건을 구별하는 실익은 공범에 대한 처벌규정을 판단함에 있다.[367]

(가) 책임가중설(통설)[368]

본죄를 살인죄에 비하여 가중처벌하는 것은 직계존속의 생명을 두텁게 보 **490** 호하기 위함이 아니라 존속에 대한 숭앙(崇仰)의 도덕을 형법이 강행하고자 하는 것으로서, 행위자의 패륜적인 심정반가치성 때문에 비난가능성의 증대, 즉 책임이 가중된다는 것이다.

(나) 불법가중설[369]

본죄에서 중요한 평가대상은 자기 또는 배우자의 직계존속을 살해하였다는 **491** 객관적인 신분적 사실이고, 존속범죄의 많은 경우에 비속의 패륜성보다는 존속의 폭력 내지 학대가 원인을 제공한다는 점에서 존속범죄를 일률적으로 책임가중요건으로 보는 것은 사실에 부합하지 않으며, 생명침해에 추가적으로 패륜성이라는 사회적 가치에 대한 침해가 결합함으로써 중한 불법이 인정되는 가중적 구성요건으로 해석하여야 한다는 것이다.

(다) 판례

헌법재판소는 본죄의 입법취지에 대하여 범죄의 객체가 자기 또는 배우자 **492** 의 직계존속이라는 특수한 신분관계에 해당하는 경우 가해자인 비속의 패륜성

---

[366] 김일수·서보학, 20.

[367] 즉, 책임이 가중·감경되는 구성요건의 정범에 가담하는 공범은 책임개별화원칙에 따라 제33조에 의하여 처벌되지만, 불법이 가중·감경되는 구성요건의 정범에 가담하는 공범은 위법(불법)연대의 원칙에 따라 정범과 같이 처벌된다(조현욱, 25-26).

[368] 김선복, 35; 김혜정·박미숙·안경옥·원혜욱·이인영, 15; 도중진·박광섭·정대관, 43; 박강우, 4; 손동권·김재윤, §2/27; 이형국·김혜경, 22; 임웅, 31; 정성근·박광민, 50; 정웅석·최창호, 298; 조준현, 41; 진계호·이존걸, 39; 최호진, 10.

[369] 권오걸, 11; 김성돈, 68; 김일수·서보학, 20; 이정원·류석준, 22.

에 대한 고도의 사회적 비난가능성을 이유로 형을 가중하고자 하는 것이라고 판시하고 있다.[370]

(라) 결어

493   살피건대, 위 (가)의 책임가중설이 타당하다.

(3) 가중처벌의 위헌성

494   본죄의 형을 살인죄보다 가중한 것이 직계비속이라는 신분을 이유로 차별한 것으로서 헌법 제11조 제1항[371]에 반하는 위헌규정인지 여부가 문제된다.

(가) 위헌이라는 견해[372]

495   위헌론의 근거는 효라는 가치를 위한 가중처벌은 봉건론적 잔재로서 법과 도덕을 준별하는 이성적 형법의 입장에서 정당화될 수 없다거나,[373] 살인죄의 불법내용은 패륜성에 의한 사회질서의 파괴행위에 대한 반가치가 그 속에 충분히 용해될 만큼 중대하므로 본죄와 살인죄는 본질적으로 동일하며, 따라서 본죄는 본질적으로 동등한 것을 자의적으로 차별하여 취급하는 것이므로 평등원칙에 반하고, 살인죄의 처벌규정으로도 얼마든지 존속살해의 불법에 대한 비난이 충분히 가능하며, 본죄의 경우에 불법이나 책임의 양이 살인죄에 비하여 가벼운 경우가 존재하는데 이 때 형법의 책임주의 및 헌법상 비례의 원칙의 관점에서 의문이 제기된다거나,[374] 반인륜성에 있어서는 동일함에도 불구하고 형법은 '비속'살해죄에 대하여는 가중처벌규정을 규정하고 있지 아니함에도 불구하고 '존속'살해죄의 가중처벌규정을 특별히 규정하고 있는 것은 직계존속의 도덕적 의무는 도외시하고 직계비속의 효만을 강행하려는 점에서 평등한 도덕관에 기초

---

370 헌재 2002. 3. 28, 2000헌바53.
371 헌법 제11조 제1항은 "모든 국민은 법앞에 평등하다. 누구든지 성별·종교 또는 사회적 신분에 의하여 정치적·경제적·사회적·문화적 생활의 모든 영역에 있어서 차별을 받지 아니한다."라고 규정하고 있다.
372 강구진, 34; 박강우, 12; 유기천, 32; 이정원·류석준, 23; 임웅, 34; 조국, "존속살해죄 비판", 절제의 형법학(2판), 박영사(2015), 61(존속살해죄 폐지론은 한국사회를 '서구화' 하자거나 또는 한국 사회의 문화적 전통을 포기하자는 주장이 아니며, 도덕 증진의 명분아래 형법이 시민의 사생활에 과도하게 개입하는 것을 막고, '전통'을 현대 민주주의의 관점에서 해체·재구성하려는 주장이며, 또한 직계존속의 중대한 학대의 희생자였던 직계비속의 반격행위로 발생한 존속살해범죄의 경우 피고인에게 집행유예의 선고를 가능하게 해주기 위한 입론이다).
373 박강우, 12.
374 이정원·류석준, 23.

한 것이 아니라 '일방적이고 불평등한 유교적 도덕관'에서 유래한 것이라고 밖에 볼 수 없다[375]고 주장한다.

(나) 합헌이라는 견해[376]

헌법에서 말하는 법앞의 평등은 불합리한 차별을 금지하여야 한다는 의미이므로 직계존속을 살해하는 행위에 대해 보통의 경우보다 가중처벌하는 것이 타당하다고 보는 현재 우리나라의 일반적 법의식을 고려할 때 직계비속이 직계존속을 살해하는 경우를 가중처벌하는 것은 위헌이라고 볼 수 없다거나,[377] 법과 도덕이 구별된다고 하더라도 사회도덕의 유지를 위한 형법의 역할을 무시할 수 없으며 헌법상 평등원칙은 합리적인 근거에 의한 차별을 금지하는 것이 아니고 법과 도덕이 구별된다고 하여 책임 판단에 있어서 윤리적인 요소를 완전히 배제할 수 있는 것은 아니므로 비속의 패륜성에 근거하여 책임가중을 하는 것은 합리적인 근거가 있다거나,[378] 평등은 상대적 평등을 의미하는 것이며 효는 인륜의 대본이며 사회적 윤리의 구성부분이기 때문에 위헌이라고 볼 수 없다[379]고 주장한다.

(다) 위헌은 아니지만 폐지(또는 삭제)하여야 한다는 견해[380]

존속살해를 가중처벌하는 규정이 위헌은 아니지만 입법의 추세와 형사정책적 견지에서, 또는 존속친의 실태를 보면 비속의 패륜성보다도 존속에게 무도가

496

497

---

375 임웅, 34.
376 김선복, 36; 김성천·김형준, 22; 김신규, 44; 남흥우, 형법강의(각론), 23(다만, 살인죄 이외에 기타 범죄에까지 가중규정을 확대하는 것은 의문이 있다); 박찬걸, 23(다만, 존속살해죄의 합헌성을 인정하는 것이 곧바로 존속살해죄의 존치가 필요하다는 입장으로 연결되는 것은 아니다); 백형구, 27; 손동권·김재윤, § 2/29(다만, 본 규정을 계속 존속시킬 것인가의 여부는 입법정책적 결단의 문제이지만, 헌법재판소의 위헌결정으로 소급무효가 되는 것은 바람직하지 않다); 이형국, 26(다만, 살인죄의 법정형이 사형, 무기 또는 5년 이상의 징역이라는 무거운 형벌로 되어 있으므로 이보다 더 중한 법정형을 지닌 존속살해죄를 별도로 규정할 필요는 없다); 정창운, 32; 조준현, 43(존속살인을 가중처벌하는 것 자체는 문제될 것이 없으며, 다만 피해자의 신분에 따라 행위자의 책임비난의 정도가 지나치게 불균형을 이루어서는 아니되는 데, 개정형법의 내용으로 위헌론은 해소되었다); 한남현, 10; 황산덕, 165.
377 김성천·김형준, 22.
378 김신규, 44.
379 한남현, 10.
380 김성돈, 69; 김종원, 40; 도중진·박광섭·정대관, 43-44; 배종대, § 11/16; 서일교, 23; 심재무, 19; 이형국·김혜경, 24; 정성근·박광민, 53; 정영석, 221; 정웅석·최창호, 298-299; 진계호·이존걸, 40; 하태훈, 388; 이형국, "살인죄의 문제점과 개선방향 - 형법개정과 관련하여 -", 동암 형법논문선, 삼우사(2008), 393-394(존속살해죄를 꼭 존치시켜야 한다면 그 법정형을 조절하여 형을 감경할 경우 그 하한이 집행유예가 가능하도록 함이 바람직하다).

혹한 행상이 많고 인륜에 반하는 점은 비속살도 같으므로 처벌의 균형상 비속살에 대한 가중처벌규정도 있어야 할 것이며, 작량감경을 하더라도 3년 6개월 이상의 징역에 처해지기 때문에 집행유예를 선고할 수 없게 되어 불합리하게 과도한 형벌이라는 문제의 소지는 여전히 남아 있고, 비속의 패륜성에 대한 가중처벌은 법관의 재량여지가 넓은 살인죄로도 가능하며, 형법은 개념적으로 중립적이고 냉정해야 하고 어느 누구의 법익도 침해하지 않는 행위를 도덕적 비난을 근거로 처벌 또는 가중처벌하는 일이 있어서는 아니되므로 입법론적으로 폐지하는 것이 타당하다는 것이다.

  (라) 입법부의 재량이라는 견해[381]

498   존속살인의 가중처벌 여부는 합헌과 위헌의 문제가 아니라 입법자가 형법정책적 결단으로 정할 수 있는 사항(입법자의 형성 자유)일 뿐이고, 입법자의 가치결정에 반대하는 법관은 양형에서 개별사안의 특수성을 반영할 수 있다고 한다.

  (마) 판례

499   헌법재판소는 존속상해치사죄(§ 259②)에 대하여, ① 비속의 직계존속에 대한 존경과 사랑은 봉건적 가족제도의 유산이라기보다는 우리 사회윤리의 본질적 구성부분을 이루고 있는 가치질서로서, 특히 유교적 사상을 기반으로 전통적 문화를 계승·발전시켜 온 우리나라의 경우는 더욱 그러한 것이 현실인 이상, '비속'이라는 지위에 의한 가중처벌의 이유와 그 정도의 타당성 등에 비추어 그 차별적 취급에는 합리적 근거가 있으므로 이 사건 법률조항이 헌법 제11조 제1항의 평등원칙에 반한다고 할 수 없으며, ② 존속상해치사죄와 같은 범죄행위가 헌법상 보호되는 사생활의 영역에 속한다고 볼 수 없을 뿐만 아니라, 이 사건 법률조항의 입법목적이 정당하고 그 형의 가중에 합리적 이유가 있으며 직계존속이 아닌 통상인에 대한 상해치사죄도 형사상 처벌되고 있는 이상, 그 가중처벌에 의하여 가족관계상 비속의 사생활이 왜곡된다거나 존속에 대한 효의 강요나 개인 윤리문제에의 개입 등 외부로부터 부당한 간섭이 있는 것이라고는 말할 수 없으므로, 이 사건 법률조항은 헌법 제17조의 사생활의 자유를 침해하지 아니하며, 또한 ③ 위 가중처벌에 의하여 가족 개개인의 존엄성 및 양성의 평등이 훼손되거나

---

381 이상돈, 421.

인간다운 생활을 보장받지 못하게 되리라는 사정은 찾아볼 수 없고, 오히려 패륜적·반도덕적 행위의 가중처벌을 통하여 친족 내지 가족에 있어서의 자연적·보편적 윤리를 형법상 보호함으로써 개인의 존엄과 가치를 더욱 보장하고 이를 통하여 올바른 사회질서가 형성될 수 있다고 보아야 할 것이므로, 이 사건 법률조항은 혼인제도와 가족제도에 관한 헌법 제36조 제1항에 위배되거나 인간으로서의 존엄과 가치 또는 행복추구권도 침해하지 아니한다고 결정하였다.[382]

　　또한 헌법재판소는 본죄에 대해서도, ① 조선시대 이래 현재에 이르기까지 본죄에 대한 가중처벌은 계속되어 왔고, 그러한 입법의 배경에는 우리 사회의 효를 강조하는 유교적 관념 내지 전통사상이 자리 잡고 있는 점, ② 존속살해는 그 패륜성에 비추어 일반 살인죄에 비하여 고도의 사회적 비난을 받아야 할 이유가 충분한 점, ③ 이 사건 법률조항의 법정형이 종래의 '사형 또는 무기징역'에서 '사형, 무기 또는 7년 이상의 징역'으로 개정되어 기존에 제기되었던 양형에 있어서의 구체적 불균형의 문제도 해소된 점을 고려할 때, 이 사건 법률조항이 형벌체계상 균형을 잃은 자의적 입법으로서 평등원칙에 위반된다고 볼 수 없다고 결정하였다.[383] 500

　　(바) 결어

　　살피건대, 현행법 해석론으로는 합헌이라는 견해가 타당하지만 입법론적으로는 폐지에 대하여도 검토할 필요가 있다. 501

3. 객관적 구성요건

(1) 주체

본죄의 주체는 행위의 객체인 사람에 대하여 직계비속이거나 그 배우자인 502

---

382 헌재 2002. 3. 28, 2000헌바53.
383 헌재 2013. 7. 25, 2011헌바267. 이에 대하여는 "이 사건 법률조항은, 배우자나 직계비속을 살해하는 경우, 또는 법적인 신분관계는 없으나 가해자와 특별한 은인관계에 있는 사람을 살해하는 경우 등은 일반 살인죄로 처벌하고, 심지어 직계존속이 치욕 은폐 등의 동기로 영아를 살해하는 경우는 처벌을 감경하는 것과는 달리, 직계존속을 살해하는 경우 양육이나 보호 여부, 애착관계의 형성 등을 묻지 아니하고 그 형식적 신분관계만으로 가중 처벌하는 것이다. 이는 헌법이 보장하는 민주적인 가족관계와 조화된다고 보기 어렵고, 범행동기 등을 감안하지 않고 일률적으로 형의 하한을 높여 합리적인 양형을 어렵게 하며, 비교법적으로도 그 예를 찾기 어려운 것으로서 차별의 합리성을 인정할 수 없으므로 평등의 원칙에 위반된다."는 반대의견이 있다.

〔김 영 태〕　　　　**173**

관계에 있는 사람이다.

503   본죄는 신분범으로서, 그 신분관계로 인하여 형이 가중되고 있으므로 부진정
신분범이다. 따라서 신분관계 없는 사람도 공범으로 관여한 경우에는 처벌된다.

(2) 객체

504   본죄의 객체는 자기 또는 배우자의 직계존속이다.

(가) 자기의 직계존속

(a) 직계존속의 의의

505   직계존속이란 혈통이 상하로 직통하는 친족관계에서 특정인을 기본으로 그
부모 이상의 항렬(行列)에 속하는 친족을 말하며, 부계(父系)뿐만 아니라 모계(母系)
도 포함한다.

506   직계존속은 법률상의 개념으로서 사실상의 직계존속은 포함하지 않는다.
따라서 사실상 혈족관계가 있는 부모관계일지라도 법적으로 인지절차를 완료하
지 아니하면 직계존속이 아니고, 아무런 관계가 없는 타인 사이라도 합법적으로
입양이 이루어진 후에는 직계존속이다.[384]

(b) 직계존속의 구분

1) 혼인 외의 출생자와 생모, 생부와의 관계

507   혼인 외의 출생자와 생모 사이에는 생모의 인지나 출생신고를 기다리지 않
고 자(子)의 출생으로 당연히 법률상의 친족관계가 생긴다.[385] 따라서 혼인 외의
출생자가 그의 생모를 살해한 경우에는 본죄가 성립한다.[386]

508   그러나 혼인 외의 출생자와 생부와의 관계는 인지절차를 거치지 않는 한
당연히 친족관계가 발생하는 것이 아니다. 따라서 혼인 외의 출생자가 그의 생
부를 살해한 경우에는, 본죄는 성립하지 아니하고 살인죄가 성립한다.[387] 그러
나 이에 대하여 유전자 감식 등을 통해 친생관계를 정확하게 알 수 있는 수단이
있으므로 생부의 경우에도 입증자료를 통해 친부임이 확인되거나, 행위 시 이후
라도 인지가 이루어지면 본죄로 인정하는 것이 타당하다는 견해[388]도 있다.

---

384 대판 1981. 10. 13, 81도2466.
385 대판 1967. 10. 4, 67다1791(손해배상); 대판 1986. 11. 11, 86도1982.
386 대판 1980. 9. 9, 80도1731.
387 대판 1970. 3. 10, 69도2285.
388 김성천·김형준, 24. 친족상도례에서 인지의 소급효가 미친다는 것을 대판 1997. 1. 24, 96도

2) 입양으로 인한 양부모 및 그 직계존속과의 관계

입양으로 인하여 양부모 및 그 직계존속과 양자 및 그 직계비속 사이에 직 **509**
계존·비속의 친족관계가 만들어진다. 따라서 입양 이후 그 양부모를 살해한 경
우에는 본죄가 성립한다.

3) 양자로 입양된 사람과 실부모(實父母)와의 관계

양자로 입양된 사람이 실부모를 살해한 경우에는 견해가 나뉜다. 2008년 **510**
1월 1일 민법이 개정되어 친양자제도(민 §908의3)가 신설되기 이전에는 긍정설
(본죄가 성립한다는 견해)[389]과 부정설(살인죄가 성립한다는 견해)[390]이 있었으며, 타가
에 입양한 경우에도 실부모와의 친자관계는 그대로 존속된다고 봄이 상당하므
로 긍정설이 타당하였고, 판례[391]도 긍정설의 입장이었다.

그런데 친양자제도의 도입 이후에도 ① 긍정설[392]과 ② 부정설[393]이 계속 **511**
나뉘고 있다. 즉, 위 ①의 긍정설에 의하면 형법이 민법상의 친족관계 종료에
반드시 따라야 하는 것은 아니므로 다른 집에 입양하더라도 실부모와의 친자관
계는 그대로 존재하는 것으로 보아야 한다는 것이고, ②의 부정설에 의하면 친
양자제도에 의하여 입양된 양자는 원칙적으로 양친과의 친족관계만 인정되고
종전의 친족관계가 종료되므로 친양자제도 시행 이후 일반 양자는 본죄가 성립
하지만, 친양자의 경우에는 살인죄가 성립한다는 것이다.

살피건대, 입양으로 인하여 존속의 범위가 확장될 뿐이고 친부모와의 친자 **512**
관계가 해소되는 것은 아니며, 친양자와 친양자가 아닌 경우를 구별하여 형법상

1731에서 명시적으로 인정하고 있다고 설명하고 있다. 그러나 96도1731 판결은 인지의 소급효
로 인하여 피고인에게 유리한 형면제 판결을 한 것인데, 인지의 소급효로 인하여 피고인에게 불
리한 본죄를 인정할 수 있는 것으로 유추적용할 수는 없다고 판단된다.
389 강구진, 31; 남흥우, 21; 백형구, 25; 이형국, 27; 조준현, 42.
390 서일교, 22; 정영석, 219-220; 황산덕, 166.
391 대판 1967. 1. 31, 66도1483. 이 판결은 특수절도 사건에 대한 것이지만, 피고인이나 피해자가 타
가의 양자로 입양된 사실이 있다 할지라도 생가를 중심으로 하는 종전의 친족관계는 소멸되는 것
이 아니라는 취지로 판시하면서, 친족관계가 소멸한다는 검사의 상고를 받아들이지 아니하였다.
392 권오걸, 12; 김성천·김형준, 25; 김신규, 39; 박강우, 13; 배종대, §11/20; 심재무, 20-21; 원형
식, 19; 이정원·류석준, 24; 임웅, 35; 조현욱, 47; 진계호·이존걸, 40; 하태훈, 389.
393 김선복, 37; 김성돈, 70; 김태명, 18; 김혜정·박미숙·안경옥·원혜욱·이인영, 17; 도중진·박광섭·
정대관, 45; 박상기·전지연, 400-401; 박찬걸, 25; 손동권·김재윤, §2/31(민법 제908조의2에 의
한 친양자제도가 적용되는 경우에는 양친만이 존속이 될 수 있을 것이라고 기술하고 있는 점에
비추어 부정설로 판단된다); 정성근·박광민, 54 주 47); 정웅석·최창호, 300; 최호진, 11.

직계존속인지 여부를 다르게 판단하는 것은 상당하지 아니하므로, 이 경우 모두 실부모를 직계존속으로 해석하는 위 ①의 긍정설이 타당하다.

4) 계부모(繼父母), 서부모(庶父母)와 적자(嫡子)의 관계

513   전부소생자(前夫所生子) 또는 계자(繼子)와 계부모의 관계, 서부모와 적자의 관계는 민법상 직계존·비속 관계가 아니므로 본죄의 행위의 객체에서 제외된다. 다만, 계모와 관련하여 1958년 2월 22일 민법 제정 시부터 1990년 1월 13일 법률 제4199호로 일부 개정되기 전까지 민법 제773조는 "전처의 출생자와 계모 및 그 혈족, 인척사이의 친계와 촌수는 출생자와 동일한 것으로 본다.'" 규정하여 계모와 적자의 관계를 혈족(직계존·비속)으로 규정하고 있었으므로 계모를 살해하는 경우에는 본죄가 성립하였다.[394] 그러나 1990년 1월 13일 민법 개정으로 인하여 제773조가 삭제되었으므로 계모와 적자도 더 이상 직계존·비속의 관계가 아닌 것으로 변경되었다.[395]

(c) 직계존속의 판단

514   직계존·비속이라는 사실은 기본적으로 가족관계등록부 등 공부(公簿)의 기재내용에 따라 판단되지만, 공부의 기재내용에 전적으로 좌우되는 것은 아니다. 즉, 공부에 출생자로 기재되어 있다고 하더라도 법률상 친자관계가 없으면 직계존속이 아니다.[396]

515   그러나 당사자 사이에 양·친자관계를 창설하려는 명백한 의사가 있고, 나아가 그 밖의 입양 성립요건이 모두 구비된 경우에 입양신고 대신 친생자 출생신고가 있다면, 형식에 다소 잘못이 있더라도 입양의 효력이 있으므로,[397] 이러한 경우에는 당사자들을 상대로 양·친자관계를 창설하려는 명백한 의사가 있는지 여부를 살펴보아야 할 것이다.

---

394 서울고판 1975. 5. 27, 75노334. 이 사건 판결요지는 존속살인에 있어 존속이라는 점에 대한 인식은 계모인 사실을 알고 있었던 것으로 충분하고 호적상 계모로 등재되어 있는 사실까지 알고 있음을 요건으로 한다고 볼 수 없다는 내용이다.

395 의정부지판 2011. 4. 1, 2010고합300. 피고인이 '계모이지만 친모로 알고 자란 피해자'와 '피고인의 직계존속인 할아버지'를 살해한 사안에서, 계모인 피해자 살해의 점에 대하여는 살인죄로, 할아버지 살해의 점에 대하여는 본죄로 의율하였다.

396 대판 1983. 6. 28, 83도996. 존속상해죄에 대한 판결이지만, 본죄에 대하여도 마찬가지로 적용된다고 할 것이다.

397 대판 1977. 7. 26, 77다492(전)(소유권이전등기말소등); 대판 2001. 5. 24, 2000므1493(전); 대판 2011. 9. 8, 2009므2321; 대판 2018. 5. 15, 2014므4963 등.

① 대판 1981. 10. 13, 81도2466(부정)

개구멍받이를 친생자로 출생신고하여 양육한 사실상의 모(母)가 존속인지의 516
여부에 관하여, 피살자(여)가 그의 문전에 버려진 영아인 피고인을 주어다 기르고 그 부와의 친생자인 것처럼 출생신고를 하였으나 입양요건을 갖추지 아니하였다면 피고인과의 사이에 모자관계가 성립될 리 없으므로, 피고인이 동녀를 살해하였다고 하여도 본죄로 처벌할 수 없다고 판시하면서, 이 부분에 대한 심리가 부족하다는 이유로 항소심398 판결을 파기환송하였다.

한편 파기환송심399은, "제1심은 피해자가 피고인의 어머니라는 이유로 제250 517
조 제 2항을 적용하여 피고인을 본죄로 처단하였는바, 증인(피고인의 사실상의 부이며 피해자의 남편)의 수사기관 및 당심에서의 진술에 의하면 피고인은 위 증인과 그 처인 피해자와의 사이에서 출생한 자식이 아니고 증인의 집 문전에 버려진 생후 몇 시간밖에 되지 아니한 영아를 주어다 길러 호적에는 친자식으로 입적시켰으나 법률상 요구되는 입양절차를 밟은 사실도 없다는 것인바, 그렇다면 피고인은 피해자의 친생자도 양자도 아님이 명백함에도 불구하고 제1심이 피해자가 피고인의 직계존속임을 전제로 하여 피고인의 이 사건 소위를 존속살인죄로 처단한 것은 위법하다."고 판결한 다음, 피고인에 대하여 살인죄로 의율하여 유죄판결하였다.

② 대판 2007. 11. 29, 2007도8333, 2007감도22(긍정)

피고인이 입양의 의사로 친생자 출생신고를 하고 자신을 계속 양육하여 온 518
사람(피해자)을 살해한 사안에서, 피해자는 그의 남편인 A와 함께 피고인을 입양할 의사로 1978. 3. 16. 피고인을 친생자로 출생신고를 하고 피고인을 양육하여 오다가 A가 1984년경 사망한 후에도 계속하여 피고인을 양육하여 온 사실을 알 수 있는바, 그렇다면 민법(1977. 12. 31. 법률 제3051호로 개정되기 전의 것) 제874조 제1항의 법률규정과 당사자가 입양의 의사로 친생자 출생신고를 하고 거기에 입양의 실질적 요건이 구비되어 있다면 그 형식에 다소 잘못이 있더라도 입양의 효력이 발생하고, 이 경우의 허위의 친생자 출생신고는 법률상의 친자관계인 양친자관계를 공시하는 입양신고의 기능을 하게 되는 법리400에 비추어 피고인

---

398 서울고판 1981. 7. 29, 81노1528. 피고인의 양형부당 항소를 받아들여 징역 10년을 선고하였다.
399 서울고판 1982. 2. 16, 81노2953. 피고인에 대하여 징역 단기 3년 장기 5년을 선고하였다.
400 대판 2000. 6. 9, 99므1633, 1640; 대판 2004. 11. 11, 2004므1484 등 참조.

을 친생자로 한 출생신고는 피해자와 피고인 사이에서도 입양신고로서 효력이 있으므로 피고인은 피해자의 양자라고 할 것이고, 피고인이 피해자를 살해한 경우 본죄가 성립한다고 판결하였다.

(나) 배우자

519　　　배우자란 혼인으로 결합된 부부의 한쪽 상대방을 다른 쪽 상대방이 부르는 말이다. 배우자는 법률상 배우자를 말하며,[401] 사실상 배우자는 제외된다. 따라서 혼인신고를 하지 않은 사실혼 관계는 배우자라고 할 수 없다.

520　　　한편 사망한 배우자의 직계존속을 살해한 경우에 그 행위자의 죄책과 관련하여, ① 살인죄가 성립한다는 견해(존속살해 부정설)(통설)[402]와 ② 부부 일방이 사망하여도 친족관계는 당연히 소멸되지 않고 생존 배우자가 재혼한 때에 한하여 소멸한다[403]는 이유로 본죄가 성립한다는 견해(존속살해 긍정설)[404]가 있지만, 살인죄가 성립한다는 위 ①의 견해가 타당하다.

521　　　즉 배우자는 현재의 생존 배우자를 말하며, 배우자이었던 사람, 사망한 배우자 또는 배우자가 될 사람은 해당하지 않는다. 다만 배우자와 배우자의 직계존속을 같은 기회에 살해하면서 배우자를 먼저 살해한 경우에 배우자와 그 직계존속을 모두 살해한다는 의도하에 살해행위를 시작하였다면, 그 전체적인 행위를 시작할 때 이미 직계존속에 대한 살해행위도 실행에 착수한 것으로 보아야 할 것이고, 실행에 착수했을 때 배우자가 직계비속이라는 신분을 가지고 있었으면 본죄가 인정된다고 할 것이다(통설).[405]

401　이와 관련하여, 별거해온 법률상 배우자는 실질적으로 배우자가 아니므로 그 직계존속의 살인은 존속살해에 해당하지 않는다는 견해가 있다(이상돈, 422-423).

402　강구진, 31; 권오걸, 12; 김성돈, 70; 김신규, 39; 김혜정·박미숙·안경옥·원혜욱·이인영, 16; 남흥우, 21; 박상기·전지연, 401; 배종대, § 11/21; 백형구, 25; 서일교, 22; 손동권·김재윤, § 2/32; 심재무, 21; 원형식, 20; 유기천, 31; 이상돈, 423; 이영란, 33; 이재상·장영민·강동범, § 2/36; 이정원·류석준, 25; 이형국, 형법각론, 27; 임웅, 35; 정성근·박광민, 54; 정영석, 220; 정영일, 7; 정웅석·최창호, 299; 조현욱, 48; 진계호·이존걸, 41; 최호진, 12; 황산덕, 166; 천주현, 시민과 형법, 657.

403　민법 제775조 제2항은 "부부의 일방이 사망한 경우 생존 배우자가 재혼한 때에는 인척관계가 종료한다"라고 규정하고 있다.

404　김선복, 38; 김일수·서보학, 22; 도중진·박광섭·정대관, 46; 박찬걸, 26; 전경근, "형법에 있어서의 친족의 범위", 경찰법연구 9-1, 한국경찰법학회(2011), 199.

405　강구진, 31; 권오걸, 12; 김선복, 38; 김성돈, 70; 김성천·김형준, 23; 김신규, 40; 김일수·서보학, 22; 김혜정·박미숙·안경옥·원혜욱·이인영, 16; 남흥우, 21-22; 박상기·전지연, 401; 배종대,

(3) 행위

본죄의 행위는 자기 또는 배우자의 직계존속을 '살해'하는 것이다. '살해'의   522
의미는 **살인죄(§ 250①)에서의 '살해'** 의미와 같다.

4. 주관적 구성요건

(1) 고의

본죄가 성립하기 위하여는 자기 또는 배우자의 직계존속을 살해한다는 고   523
의가 있어야 한다. 즉 살해대상이 자기 또는 배우자의 직계존속이라는 사실, 그
의 생명을 자연적인 사기(死期)에 앞서 단절시키려는 인식, 인용이 있어야 한다.
따라서 자기 또는 배우자의 직계존속에 대한 인식이 없으면, 본죄가 아닌 살인
죄가 성립한다.

이와 관련하여, 분에 이기지 못하고 식도를 휘두르는 피고인을 말리거나 그   524
식도를 뺏으려고 한 피해자들을 닥치는 대로 찌르는 무차별 횡포를 부리던 중
피고인의 아버지인 피해자 A가 나타나 꾸중을 하면서 피고인의 뺨을 때리고 욕
을 하자 식도로 A의 좌전흉부를 1회 찔러 사망케 한 사안에서, 대법원은 피고인
이 A를 살해하기로 결의할만한 동기나 이유를 찾아볼 수 없고, 비록 피고인이
칼에 찔려 쓰러진 A를 부축해 데리고 나가지 못하도록 한 일이 있다고 하여 아
버지를 살해할 의사로 식도로 찔러 살해하였다는 사실을 인정하기는 어렵다고
판시하면서, 심리미진 및 이유불비 사유로 원심판결을 파기하였다.[406]

(2) 고의와 착오

(가) 직계존속임을 인식하지 못하고 살해한 경우

살해의 대상이 자기 또는 배우자의 직계존속임을 알지 못한 경우에는 제15   525

---

§ 11/21; 서일교, 22; 손동권·김재윤, § 2/32; 심재무, 21; 유기천, 31; 이상돈, 423; 이정원·류석
준, 25; 정영석, 220; 정웅석·최창호, 299; 조준현, 44; 조현욱, 48; 최호진, 12.

406 대판 1977. 1. 11, 76도3871. 이 판결은 피고인이 A가 피고인의 직계존속임을 알지 못하였다는
것이 아니라, A를 살해할 의사가 있었는지에 대한 심리미진 및 이유불비를 지적한 판결로 판단
된다. 왜냐하면, 판결이유에 의하면 "1심의 법령적용에 있어서 피고인이 식도를 휘둘러 그의 모
B에게 자상의 상해를 가한 점에 대하여는 존속상해죄를, 그 밖의 피해자들을 식도로 찌르거나
때려서 자창이나 절창을 가한 점에 대하여는 각 상해죄를 적용하였음에 그쳤음을 보면 A를 찔
러 사망케 한 행위만을 존속살해죄로 의률한 것은 이유에 서로 맞지 아니한 점이 있다고 보여진
다."고 적시되어 있기 때문이다.

조 제1항에 의하여 본죄가 아닌 살인죄가 성립한다.[407]

526   한편 객체와 방법의 착오를 구별하여 방법의 착오의 경우에 구체적 부합
설을 취하면 살인미수죄와 과실치사죄의 상상적 경합이 되어야 한다는 견
해,[408] 그리고 방법의 착오인 경우에 법정적 부합설에 의하면 발생한 사실인
본죄의 기수가 인정되지만 제15조 제1항에 의하여 살인죄로 처벌되고, 구체적
부합설에 따르면 살인미수죄와 과실치사죄의 상상적 경합이 된다는 견해[409]가
있다.

527   대법원은 직계존속임을 인식하지 못하고 살해한 경우는 제15조 제1항 소
정의 특히 무거운 죄가 되는 사실을 인식하지 못한 행위에 해당한다고 판결하
였다.[410]

        (나) 직계존속인 것으로 알고 살해하였으나 직계존속이 아닌 경우(이른바 객체의 착오의
            경우)

528   이에 대해서는, ① 무거운 불법의 고의로 가벼운 불법을 실현하였기 때문
에 본죄의 불능미수와 살인죄 기수의 상상적 경합이 성립한다는 견해,[411] ② 착
오의 일반원리인 법정적 부합설 또는 구체적 부합설에 따라 본죄의 불능미수와
살인죄의 기수죄의 상상적 경합이 성립한다는 견해,[412] ③ 살인죄의 기수가 성
립한다는 견해,[413] ④ 법정적 부합설에 따르더라도 살인죄의 기수가 성립한다
는 견해[414] 등이 있다.

529   생각건대 본죄의 불능미수와 살인죄의 기수가 성립하고, 두 죄는 상상적 경
합이라는 위 ①의 견해가 타당하다.

---

407 김일수·서보학, 22.
408 배종대, § 11/22.
409 박찬걸, 27.
410 대판 1960. 10. 31, 4293형상494.
411 김선복, 39; 김성천·김형준, 26; 김일수·서보학, 22; 박상기·전지연, 401; 손동권·김재윤, § 2/34;
    이영란, 34; 이정원·류석준, 26; 이형국, 28; 임웅, 36.
412 배종대, § 11/23. 존속살해미수가 상상적 경합으로 등장하는 이유는 인식한 사실이 불법가중적
    구성요건에 해당되기 때문이라고 한다.
413 강구진, 35; 정영일, 8; 조현욱, 49; 진계호·이존걸, 42.
414 심재무, 21; 정성근·박광민, 55.

                                            〔김 영 태〕

(다) 직계존속을 살해하려고 하였으나 다른 사람을 살해한 경우(이른바 방법의 착오 또
　　는 타격의 착오의 경우)

이에 대해서는, ① 제15조 제1항의 적용대상이 아니므로 착오의 일반원리 　　530
인 법정적 부합설에 따라 살인죄의 고의 기수와 본죄의 장애미수가 되고 두 죄
는 상상적 경합이 된다는 견해, ② 착오의 일반원리인 구체적 부합설에 따라 존
속살해의 장애미수와 과실치사죄가 성립하고 두 죄는 상상적 경합이라는 견
해,[415] ③ 착오의 일반원리인 법정적 부합설에 의하면 본죄의 장애미수와 살인
죄 기수의 상상적 경합이 성립하고, 구체적 부합설에 의하면 존속살해미수죄와
과실치사죄의 상상적 경합이 성립한다는 견해[416] 등이 있다.

살피건대, 구체적 부합설에 따라 본죄의 장애미수와 과실치사죄가 성립하 　　531
고, 두 죄는 상상적 경합이라는 위 ②의 견해가 타당하다.

5. 공 범

(1) 공동정범

신분 없는 사람이 신분자와 공동으로 본죄를 범한 경우에, ① 신분 없는 사 　　532
람은 살인죄의 공동정범이라는 견해(다만, 그 근거에 대하여 제33조 단서를 적용하는
견해[417]와 제33조 단서가 적용될 여지가 없다는 견해[418]가 있음)와 ② 신분 없는 사람도
본죄의 공동정범이지만 살인죄로 처벌된다는 견해[419]로 나뉜다.

살피건대, 제33조의 단서를 적용하여 신분 없는 사람은 살인죄의 공범으로 　　533
처벌하는 위 ①의 견해가 타당하다.

이에 대하여 판례는 위 ②의 견해와 같은 입장이다. 즉 대법원은, ⓐ 피고 　　534
인 甲(여)이 아들 乙과 공모하여 甲의 배우자이며 乙의 직계존속인 피해자 A(남)

---

415 김성천·김형준, 26; 김일수·서보학, 22; 백형구, 26; 이정원·류석준, 26.
416 박종걸, 26; 배종대, §11/23(존속살해미수가 상상적 경합으로 등장하는 이유는 인식한 사실이
　　불법가중적 구성요건에 해당되기 때문이다); 손동권·김재윤, §2/34.
417 강구진, 36; 김선복, 39; 김성천·김형준, 27; 김일수·서보학, 22-23; 배종대, §11/24; 손동권·김
　　재윤, §2/36; 이상돈, 423; 이정원·류석준, 26-27; 이형국, 28-29; 임웅, 36; 정성근·박광민, 55;
　　정웅석·최창호, 300; 조준현, 43; 최호진, 13; 하태훈, 389.
418 백형구, 24; 이정원·류석준, 26-27; 임웅, 36
419 박찬걸, 27. 이에 의하면, 본죄는 신분범에 해당하기 때문에 신분 없는 사람이 단독정범의 형태
　　로 범할 수 없지만, 신분자와 공동정범의 형태로는 범할 수 있으며, 이러한 경우에는 본죄의 성
　　립을 인정하는 것이 타당하다고 한다.

를 살해한 사안에서, 甲과 乙에 대하여 본죄의 공동정범을 인정하였다.[420] 또한,
ⓑ 피고인 甲(남)이 딸인 피고인 乙과 공모하여 甲의 배우자이며 乙의 직계존속
인 피해자 A(여)로 하여금 청산염(일명 청산가리)이 들어있는 막걸리 병을 A의 일
터로 가지고 가게 한 다음, A와 직장동료인 피해자 B, C, D로 하여금 위 막걸
리를 나누어 마시게 함으로써 A와 B를 청산염 중독에 의한 심폐정지로 살해하
고, C와 D는 막걸리를 마시다가 바로 토해내는 바람에 사망에 이르지 않아 미
수에 그쳤다는 사안에서, 피고인 甲에 대하여는 살인죄 등으로 징역 20년, 乙에
대하여는 본죄 등으로 무기징역을 각 선고한 항소심[421] 판결에 대한 피고인들
의 상고를 모두 기각하면서 항소심 판결을 긍정하였다.[422]

(2) 교사·방조범인 경우

535   신분 없는 사람이 신분자를 교사·방조하여 신분자로 하여금 신분자 또는
배우자의 직계존속을 살해하게 한 경우, 신분자는 본죄(정범)가 성립하고, 신분
없는 사람은 제33조 단서가 적용되어 살인죄의 교사·방조범이 성립한다.[423]

536   다음으로 신분자가 신분 없는 사람을 교사·방조하여 신분자 또는 신분자의
배우자의 직계존속을 살해한 경우, ① 신분자는 본죄의 교사·방조범이 성립하
고, 신분 없는 사람은 제33조 단서에 따라 살인죄(정범)가 성립한다는 견해[424]와
② 신분자가 고의 있는 신분 없는 도구를 이용하여 범죄를 범하는 간접정범이
므로 공범의 성립은 문제가 되지 아니한다는 견해[425]가 있다. 생각건대 위 ①의
견해가 타당하다.

---

420 대판 1961. 8. 2, 4294형상284.
421 광주고판 2011. 11. 10, 2010노93. 다만 항소심 판결은 피해자 A의 배우자인 피고인 甲에 대하
    여 법령을 적용함에 있어서는, 본죄에 대하여 A의 직계비속인 乙과의 공동정범(§ 250②, § 30)을
    인정한 다음, 甲에게는 직계비속의 신분이 없으므로 제33조 단서에 의하여 본죄 제1항(살인죄)
    에 정한 형으로 처벌한다고 판시하고 있다〔법령의 적용 1. 범죄사실에 대한 해당법조 나. 피고
    인 乙 ○ 피해자 A에 대한 살인의 점: 형법 제250조 제2항, 제30조(피고인 乙에게는 직계비속의
    신분이 없으므로 형법 제33조 단서에 의하여 형법 제250조 제1항에 정한 형으로 처벌)〕.
422 대판 2012. 3. 15, 2011도16091.
423 김선복, 39; 김성천·김형준, 27; 김일수·서보학, 23; 이정원·류석준, 26; 정성근·박광민, 55; 정
    웅석·최창호, 300.
424 김선복, 39: 김성천·김형준, 27; 정성근·박광민, 55; 정웅석·최창호, 300.
425 이정원·류석준, 26.

6. 죄　수

(1) 살인죄와의 관계

본죄와 살인죄(§250①)는 법조경합(특별관계)이므로, 본죄가 성립하면 살인죄 537
는 별도로 성립하지 아니한다.

(2) 강도살인죄와의 관계

자기 또는 배우자의 직계존속을 상대로 강도를 하면서 그 기회에 직계존속 538
을 살해한 경우, 본죄와 강도살인죄(§338)가 성립하고, 두 죄는 상상적 경합관계
에 있다.[426] 따라서 본죄보다 법정형이 무거운 강도살인죄로 처벌된다.

(3) 현주건조물방화치사죄와의 관계

현주건조물을 방화하여 직계존속을 살해한 경우, 본죄와 현주건조물방화치 539
사죄(§164② 후단)와의 죄수가 문제된다.

이에 대한 판결로는, 1995년 12월 29일 형법이 개정되어 본죄와 현주건조 540
물방화치사죄의 법정형이 같아지게 되기 전에 본죄의 법정형이 더 무거웠던 때
의 범행에 대한 대판 1996. 4. 26, 96도485[427]가 있다.

공소사실의 요지는, 피고인은 피고인 집 안방에서 잠을 자고 있는 아버지인 541
피해자 A와 동생인 B를 살해하기 위하여 그곳에 있던 두루마리 화장지를 말아
장롱 뒷면에 나 있는 구멍을 통하여 장롱 안으로 집어넣은 다음, 평소 소지하고
다니던 1회용 라이터로 화장지에 불을 붙여 장롱으로 불이 번지자 그곳을 빠져
나옴으로써 직계존속인 A와 동생인 B를 연기로 인하여 질식사하도록 하여 이들
을 살해하고, 위 피해자들이 현존하는 건조물을 불태워 사망에 이르게 하였다는
내용이다.

대법원은 현주건조물방화치사상죄는 그 전단이 규정하는 죄에 대한 일종의 542
가중처벌 규정으로서 과실이 있는 경우뿐만 아니라, 고의가 있는 경우도 포함된
다고 볼 것이므로 사람을 살해할 목적으로 현주건조물에 방화하여 사망에 이르
게 한 경우에는 현주건조물방화치사죄로 의율하여야 하고 이와 더불어 살인죄
와의 상상적 경합범으로 의율할 것은 아니며, 다만 본죄와 현주건조물방화치사

---

[426] 김신규, 44; 백형구, 26.
[427] 이 판결에 대한 평석은 김성룡, "부진정결과적 가중범의 성립범위와 죄수", 형법판례 150선(3판),
　　　박영사(2021), 44-45.

죄는 상상적 경합관계에 있으므로 법정형이 무거운 본죄로 의율함이 타당하다고 판결하였다.

543   그러나 위 형법개정 이후에는 더 이상 위 96도485 판결의 취지가 그대로 적용되지 않게 되었다.[428] 왜냐하면 위와 같이 법정형이 같은 경우에는, 고의범(본죄)에 대하여 특별관계에 있는 부진정결과적 가중범(현주건조물방화치사죄)만이 성립하고, 이와 법조경합관계에 있는 고의범은 별도로 성립하지 않는다는 취지의 대법원판결[429]이 있기 때문이다. 따라서 위와 같은 사례의 범행이 지금 저질러졌다면, 위 96도485 판결과 같이 본죄와 현주건조물방화치사죄의 상상적 경합이 되는 것이 아니라 현주건조물방화치사죄만이 성립하는 것이다.[430]

544   그러나 위 형법개정 이후에도 하급심 판결 중에는 현주건조물방화치사죄와 본죄를 상상적 경합관계로 판단하여 그중 죄질이 더 무거운 본죄로 의율한 판결[431]과 두 죄의 법정형이 같으므로 현주건조물방화치사죄만 성립하고 본죄는 별도로 성립하지 아니한다고 의율한 판결[432]도 있다. 또한 현주건조물에 방화하여 존속을 살해한 경우에는, 현주건조물방화죄와 본죄의 상상적 경합범이 성립하고, 무거운 죄인 본죄로 처벌되어야 한다는 견해[433]도 있다.

7. 처 벌

545   사형, 무기징역 또는 7년 이상의 징역에 처한다.

546   본죄의 미수범은 처벌한다(§254). 다만, 기수범보다 감경할 수 있다(§25②). 본죄를 범할 목적으로 예비·음모한 자는 10년 이하의 징역에 처한다(§255).

---

428 주석형법 [각칙(3)](5판), 256(김승주).
429 부진정결과적 가중범인 특수공무집행방해치상죄에 관한 대판 2008. 11. 27, 2008도7311.
430 형의 경중(§50)은 법정형을 기준으로 비교하는 것으로(대판 1992. 11. 13, 92도2194), 본죄와 현주건조물방화치사죄는 법정형이 모두 '사형, 무기징역 또는 7년 이상의 징역'으로 같다. 다만 본죄의 경우, '유기징역에 처할 때에는 10년 이하의 자격정지'를 병과할 수 있으나, 이때의 자격정지는 법정형으로서의 자격정지가 아니라 일단 유기징역형을 처단형으로 정한 이후의 임의적 병과형에 해당한다.
431 광주고법 제주재판부판 2015. 4. 29, 2015노27; 서울고판 2015. 3. 19, 2014노351; 대전고법 청주재판부판 2009. 9. 17, 2009노 52; 광주고판 2006. 7. 13, 2006노171. 상세는 주석형법 [각칙(3)](5판), 257(김승주) 참조.
432 서울고판 2010. 6. 3, 2010노252.
433 오영근, 31 주 1).

본죄를 범한 자에 대하여 유기징역에 처할 때에는 10년 이상의 자격정지를   547
병과할 수 있다(§ 256).

8. 특례 규정

본죄에 대한 공소시효의 적용 배제 및 특별법에서의 특례 규정에 대해서는   548
[총설] 및 살인죄(§ 250①) 부분에서 살펴본 바와 같다.

〔김 영 태〕

제251조(영아살해)[1]

직계존속이 치욕을 은폐하기 위하거나 양육할 수 없음을 예상하거나 특히 참작할 만한 동기로 인하여 분만 중 또는 분만 직후의 영아를 살해한 때에는 10년 이하의 징역에 처한다.

Ⅰ. 서 설

1. 의 의

1　　　본죄(영아살해죄)(Kindertötung)는 직계존속이 치욕을 은폐하기 위하거나 양육할 수 없음을 예상하거나 특히 참작할 만한 동기로 인하여 분만 중 또는 분만 직후의 영아를 살해함으로써 성립하는 범죄이다.[2]

2　　　본죄는 살인죄의 감경적 구성요건이며, 본죄의 주체는 영아의 직계존속에

1　본조의 영아살해죄에 대해서는, 존속살해는 무겁게 처벌하면서 영아살해를 가볍게 처벌하는 것은 헌법상 평등의 원칙에 반할 가능성이 있으며, 영아의 생명권을 부당하게 경시한다는 비판을 받을 수 있다는 문제점을 안고 있었는데, 2023년 7월에 드러난 이른바 '수원 영아살해 사건'(친모가 2018년 11월과 2019년 11월 각각 아기를 출산하고 곧바로 살해한 뒤 자신이 살고 있는 아파트 세대 내 냉장고에 시신을 보관해 오다가 발각된 사건)을 계기로 이를 폐지해야 한다는 여론이 높아지자, 국회는 저항 능력이 없거나 현저히 부족한 사회적 약자인 영아를 범죄로부터 두텁게 보호하기 위하여 2023년 8월 8일 형법을 개정하여 이를 폐지하였다[국회 법제사법위원회의 형법 일부개정법률안(대안) 제안이유(2023. 7) 참조]. 개정된 형법은 2024년 2월 9일 시행 예정이다.
2　[관련 규정] 형법 제250조(살인, 존속살해), 제254조(미수범), 전자장치 부착 등에 관한 법률 제5조(전자장치 부착명령의 청구) 제3항 등.

한하므로 신분범이고, 신분관계로 인하여 법정형이 감경되는 범죄이므로 부진
정신분범에 해당한다.[3] 또한, 본죄는 타인을 이용한 간접정범이 성립될 수 있으
므로 자수범(自手犯)이 아니다.[4]

본죄의 보호법익은 분만 중 또는 분만 직후의 영아의 생명이고, 보호의 정   3
도는 침해범이다.

2. 연혁 및 입법례

본죄는 고대 로마법에서는 근친살(近親殺)(Parricidium)[5]의 일종으로 규정되었   4
으며, 중세 독일법은 교회법의 영향으로 인하여 살인죄보다 가중처벌하였다. 그
러나 자연법사상의 영향을 받게 된 18세기 이후부터는 살인죄보다 가볍게 처벌
하기 시작하였다.[6]

현재 스위스형법[7]과 오스트리아형법[8]은 감경구성요건으로서 본죄를 규정하   5
고 있음에 반하여, 일본형법 그리고 중국형법에는 본죄를 별도로 규정하고 있지
아니하다. 독일의 구 형법은 제217조에서 본죄를 규정하고 있었으나, 1998년 형
법개정 시 본죄의 주체를 생모(生母)(Mutter)에 한정하고 행위객체를 사생아(私生
兒)(nichteheliches Kind)에 국한하는 규정은 사생아의 생명보호를 소홀히 한다는
인식을 줄 우려가 있으며, 영아를 살해한 산모에 대해서는 살인죄의 감경적 구
성요건인 제213조(경한 고살)[9]에 따라 책임감경을 할 수 있다는 이유로 삭제하

---

3 배종대, 형법각론(14판), §12/1; 이형국·김혜경, 형법각론(3판), 28; 주호노, 형법각론, 49.
4 한상훈·안성조, 형법개론(3판), 397; 황산덕, 형법각론(6증판), 167.
5 고대 로마법에서 존속살해(parricidium)는 그 어원상 '부(父)(pater)를 살해하다(caedere)'의 합성
  어에서 유래하였으나 근친살해를 포함한 넓은 의미로 사용되었다고 한다[조규창, 로마형법, 고
  려대학교 출판부(1998), 155].
6 이재상·장영민·강동범, 형법각론(13판), §2/39.
7 스위스형법 제116조는 "모(Mutter)가 분만 중 또는 분만과정의 영향하에서 그의 영아를 살해한
  때에는 3년 이하의 자유형 또는 벌금에 처한다."라고 규정하고 있다[한국형사정책연구원, 스위
  스 형법전(2009), 73].
8 오스트리아형법 제79조는 "분만 중 또는 분만의 영향이 남아 있는 중에 영아를 살해한 산모
  (Mutter)는 1년 이상 5년 이하의 자유형에 처한다."라고 규정하고 있다[법무부, 오스트리아 형법
  (2009), 56].
9 독일형법 제213조는 "고살자가 자기의 책임 없이 피살자에 의하여 자기 또는 친족에게 가하여진
  학대 또는 심한 모욕을 통해 격분하여 우발적으로 범행하였거나 또는 기타 중하지 아니한 경우
  가 존재하는 경우에는 1년 이상 10년 이하의 자유형에 처한다."라고 규정하고 있다[법무부, 독
  일형법(2008), 164].

였다.[10] 한편, 프랑스형법(§ 221-4)은 '피해자가 15세 미만인 경우'(제1호) 보통살인 죄(§ 221-1)에 비하여 형을 가중처벌하고 있을 뿐, 본죄에 대하여 별도로 규정하고 있지 않다.[11]

3. 우리 형법의 태도

6   우리나라의 전통적 형법에서는 영아살해를 처벌한 것으로 보이지 않으며,[12] 일제 강점기에 조선형사령에 의하여 의용된 의용형법에도 본죄에 대한 규정이 없었으나, 1953년 9월 18일 형법을 제정하면서 본죄를 신설하였다.[13] 그 이후 아무런 개정 없이 현재까지 시행하고 있다.

7   본죄에 대해서는 직계존속의 명예와 체면이 영아의 생명보다 중하다는 봉건적·가족주의적 사상의 잔재이며, 존속살해죄와 마찬가지로 존·비속을 차별하는 것은 부당하고, 본죄의 형벌감경을 적절하게 설명하기 어려우며, 참작할 만한 동기 등은 양형에서 참작하면 되기 때문에 본죄는 폐지하여야 한다는 주장[14]이 제기되어 왔고, 마침내 2023년 8월 8일 폐지되기에 이르렀다(2024. 2. 9. 시행).

4. 법적 성격

8   본죄는 살인죄에 비하여 형벌이 낮은 감경적 구성요건이다. 그런데 사람의 생명이 살해되었으며 그 생명의 가치는 영아나 성인이나 차이가 없이 평등함에도 불구하고 영아살해의 경우에 성인살해의 경우보다 형벌을 감경하는 근거에 대하여 책임감경설 및 불법감경설로 그 견해가 나뉜다.

---

10 임웅, 형법각론(10정판), 37.

11 법무부, 프랑스형법(2008), 93-94.

12 이형국, 형법각론, 30.

13 신설 취지에 대하여는 엄상섭, "우리 형법전에 나타난 형법민주화의 조항", 신동운·허일태 편, 효당 엄상섭 형법논집, 서울대학교 출판부(2004), 86 참조.

14 김성돈, 형법각론(7판), 72; 김신규, 형법각론, 47; 박상기·전지연, 형법학(총론·각론 강의)(4판), 402; 박찬걸, 형법각론, 33; 오영근, 형법각론(4판), 33; 이정원·류석준, 형법각론, 28; 임웅, 38; 변종필, "영아범죄에 대한 입법론적 검토", 비교형사법연구 10-2, 한국비교형사법학회(2008), 121-14;

(1) 책임감경설[15]

　　행위의 객체의 가치 즉, 영아의 생명을 낮게 평가한 것이 아니라 행위자의
책임이 감경된다는 견해이다(통설). 이에 따르더라도 책임의 구체적 감경 이유
에 대하여는, ① 범죄주체가 갖는 특별한 주관적 정상이나 참작할 만한 동기
때문에 책임이 감경된다는 견해,[16] ② 행위자의 특별한 동기, 행위상황으로 책
임이 감경된다는 견해,[17] ③ 출산으로 인하여 비정상적인 심리상태에 있으면서
참작할 만한 행위동기에서 행위한 경우이기 때문에 책임이 감경된다는 견해,[18]
④ 직계존속의 범행 동기에 특히 참작할 만한 사유가 있기 때문에 책임이 감경
된다는 견해,[19] ⑤ 일정한 동기와 상황으로 직계존속에게 적법행위의 기대가능
성이 작기 때문에 책임이 감경된다는 견해,[20] ⑥ 출산으로 인하여 심신의 균형
이 상실된 비정상적인 정신상태로 말미암아 영아를 살해하였기 때문에 책임이
감경된다는 견해,[21] ⑦ 특히 참작할 만한 정황 내지 행위동기 때문에 행위자에
대한 책임비난이 감소되기 때문이라는 견해,[22] ⑧ 직계존속의 명예구제라는 점
에 착안하여 널리 직계존속의 책임이 감경된다는 견해[23] 등이 있다.

9

---

15 강구진, 형법강의 각론 I(중판), 36; 권오걸, 스마트 형법각론, 13; 김선복, 신형법각론, 39; 김성
　천·김형준, 형법각론(6판), 27; 김신규, 46; 김일수·서보학, 새로쓴 형법각론(9판), 23; 김혜정·
　박미숙·안경옥·원혜욱·이인영, 19; 남흥우, 형법강의(각론), 23; 박강우, 로스쿨 형법각론(2판),
　5; 박상기·전지연, 401; 박찬걸, 32-33; 배종대, §12/2; 서일교, 형법각론, 24; 손동권·김재윤,
　새로운 형법각론, §2/37; 심재무, 형법각론강의 I, 23; 원형식, 형법각론(상), 21; 유기천, 형법
　학(각론강의 상)(전정신판), 38; 이건호, 형법각론, 210; 이영란, 형법학 각론강의(3판), 34; 이재
　상·장영민·강동범, §2/39; 이정원·류석준, 27; 이형국, 30; 임웅, 37; 정성근·박광민, 형법각
　론(전정2판), 55; 정성근·정준섭, 형법강의 각론(2판), 14; 정영일, 형법강의(각론)(3판), 9; 정웅
　석·최창호, 형법각론, 301; 정창운, 형법학(각론), 33; 조준현, 형법각론(개정판), 44; 주호노, 52;
　진계호·이존걸, 형법각론(6판), 43; 최호진, 형법각론 강의, 13; 하태훈, 사례판례중심 형법강의,
　390; 홍영기, 형법(총론과 각론), §53/2.
16 김일수·서보학, 23.
17 배종대, §12/2.
18 김신규, 46; 손동권·김재윤, §2/37.
19 신동운, 형법각론(2판), 554.
20 오영근, 32.
21 이건호, 210; 이재상·장영민·강동범, §2/39; 이정원·류석준, 27.
22 이형국, 30; 정웅석·최창호, 301.
23 정영석, 형법각론(5전정판), 221 주 6). 독일형법 제217조는 행위의 주체를 모(母)로 한정시키고 있
　는데, 이것은 모의 정신상태이상에 따른 책임저감을 고려하고 있는 것이며, 우리 형법은 이와 달리
　친족의 명예구제라는 점에 착안하여 널리 직계존속을 행위의 주체로 하고 있는 것이라고 한다.

(2) 불법감경설[24]

10   본죄의 행위의 주체가 갖추어야 할 특별한 주관적 동기를 본죄의 특별한
초과주관적 구성요건요소로 파악하는 한, 이 초과주관적 구성요건요소가 본죄
의 불법을 약화시키는 기능을 하는 것이라고 해석하는 것이 이론적으로 타당하
다는 견해이다.

(3) 검토

11   범죄주체가 갖는 특별한 사정(범행동기, 범행 시의 비정상적인 심리상태 등 심정반
가치) 때문에 그 책임이 감경되는 경우를 유형화하여 형벌을 감경하는 것으로
보는 위 (1)의 책임감경설이 타당하다.

II. 객관적 구성요건

1. 주 체

12   본죄의 주체는 영아의 '직계존속'이다.

(1) 직계존속의 의의

13   직계존속에 대해서는, ① 법률상의 직계존속뿐만 아니라 사실상의 직계존속
도 포함하여야 한다는 견해(포함설)[25]와 ② 법률상의 직계존속에 한정된다는 견해
(제외설)[26]가 있다.

14   대법원[27]은 사실상 동거관계에 있는 남녀 사이에 영아를 분만하자 남자가

---

24 김성돈, 72.

25 강구진, 37; 권오걸, 14; 김성돈, 72; 김신규, 48; 김일수·서보학, 24; 김종원, 형법각론(상)(3정판),
40; 김혜정·박미숙·안경옥·원혜욱·이인영, 20; 남흥우, 24; 도중진·박광섭·정대관, 형법각론,
49; 박강우, 14; 박상기·전지연, 402; 박찬걸, 34; 배종대, § 12/3; 백형구, 형법각론, 28; 서일교,
24; 손동권·김재윤, § 2/38; 원형식, 22; 원혜욱, 형법각론, 13; 이건호, 210; 이상돈, 형법강론
(3판), 424; 이재상·장영민·강동범, § 2/40; 이형국, 31; 임웅, 38; 정성근·박광민, 56; 정영일,
9; 정웅석·최창호, 301; 정창운, 33; 진계호·이존걸, 43; 하태훈, 390; 홍영기, § 53/3; 황산덕,
167; 전경근, "형법에 있어서의 친족의 범위", 경찰법연구 9-1, 한국경찰법학회(2011), 199-200
(이러한 해석은 생부에 대한 살해가 존속살해가 되지 않는다는 것과 상충된다. 즉, 생부를 살해
한 경우에는 부자관계가 인정되지 않음에 반하여 생부가 영아를 살해하면 부자관계가 인정되기
때문이다).

26 김성천·김형준, 28; 신동운, 555; 심재무, 24; 조준현, 45.

27 대판 1970. 3. 10, 69도2285.

영아를 살해한 사안에서, 그 남자와 영아와의 사이에 법률상 직계존속, 비속의 관계가 있다 할 수 없으므로 보통살인죄에 해당한다고 판결하였다(위 ②의 입장).

살피건대, 사실상의 직계존속까지 포함하는 경우에는 사생아인 영아의 부 및 조부모, 외조부모도 모두 행위주체가 된다. 이럴 경우 영아의 생명보호를 사실상 포기하는 것과 같으며, 직계존속의 의미를 존속살해죄와 통일적으로 해석할 필요가 있는 점 등을 종합하면, 본죄에서의 직계존속은 법률상의 직계존속으로 한정하는 위 ②의 견해가 타당하다.

한편, 혼인 외의 출생자와 생모 사이에는 그 인지나 출생신고를 기다리지 않고 자식의 출생으로 당연히 법률상의 친족관계가 생기므로[28] 생모가 영아를 살해한 경우에는 본죄가 성립한다.

(2) 직계존속의 구체적 범위

직계존속의 구체적 범위에 대하여, ① 산모에 한정하여야 한다는 견해[29]와 ② 산모를 포함한 모든 직계존속이라는 견해[30]로 나뉜다.

살피건대, 형벌법규의 해석에 있어서 법규정 문언의 가능한 의미를 벗어나는 경우에는 유추해석으로서 죄형법정주의에 위반하게 된다. 그리고 유추해석금지의 원칙은 모든 형벌법규의 구성요건과 가벌성에 관한 규정에 준용된다. 위법성 및 책임의 조각사유나 소추조건, 또는 처벌조각사유인 형면제 사유에 관하여 그 범위를 제한적으로 유추적용하게 되면 행위자의 가벌성의 범위는 확대되어 행위자에게 불리하게 되는데, 이는 가능한 문언의 의미를 넘어 범죄구성요건을 유추적용하는 것과 같은 결과가 초래되므로 죄형법정주의의 파생원칙인 유추해석금지의 원칙에 위반하여 허용될 수 없다.[31]

15

16

17

18

---

28 대판 1967. 10. 4, 67다1791(손해배상); 대판 1980. 9. 9, 80도1731; 대판 1986. 11. 11, 86도1982.
29 김선복, 40; 배종대, §12/4; 신동운, 555; 유기천, 39(본조의 직계존속은 '입법의 과오'이다); 이영란, 35-36(생명가치의 극대화를 위해서도 제한적으로 해석하는 것이 바람직하다); 이용식, 형법각론, 89(입법론적으로 바람직하다); 이재상·장영민·강동범, §2/40; 이정원·류석원, 28; 하태훈, 390.
30 권오걸, 14(다만, 입법론적으로는 행위주체를 생모에 제한시키는 것이 타당하다); 김성돈, 72; 김성천·김형준, 28; 김일수·서보학, 24; 김태명, 19(다만, 입법론적으로는 본죄의 주체를 생모에 국한하는 것에 대하여 고려해볼 여지가 있다); 김혜정·박미숙·안경옥·원혜욱·이인영, 19; 도중진·박광섭·정대관, 49; 박찬걸, 33; 백형구, 28; 오영근, 33; 이상돈, 424; 이형국, 31; 정영일, 9; 정웅석·최창호, 301; 조준현, 44; 진계호·이존걸, 43; 최호진, 14; 홍영기, §53/4.
31 대판 1997. 3. 20, 96도1167(전).

〔김 영 태〕 **191**

19   따라서 법률상 직계존속이라고 규정되어 있는 것을 산모로 한정하는 것은
피고인에게 유리한 규정을 축소해석함으로써 그 처벌범위를 실정법 이상으로
확대하는 것으로서 유추해석금지의 원칙에 반하므로 본죄의 직계존속은 산모를
포함한 모든 직계존속이라고 해석하는 위 ②의 견해가 타당하며, 이러한 해석
이 본죄의 입법취지[32]에도 부합되는 것으로 보인다.

20   다만 입법론으로는 직계존속의 범위를 산모로 한정할 필요가 있으며, 1992
년 형법개정 논의 시에도 본죄의 주체를 생모로 한정하려고 하였으나[33] 실제
형법개정에는 반영되지 못하였다.

2. 객 체

21   행위의 객체는 분만 중 또는 분만 직후의 영아이다.

(1) 분만 중 또는 분만 직후

(가) 분만 중

22   '분만 중'이란 분만을 개시한 때(개구진통 시[34])로부터 분만이 완료된 때(전부
노출 시)까지를 의미한다.

(나) 분만 직후

23   '분만 직후'란 분만으로 인하여 생긴 흥분상태 또는 비정상적인 심리상태가
지속되는 동안을 의미한다.[35] 이는 심리적 개념이므로 객관적으로 확정할 수 없

---

32 법전편찬위원회의 형법안 기초(起草)에서부터 국회 본회의 심의까지의 전(全) 과정에 참여하였
   던 효당 엄상섭은 "우리 형법전에 나타난 형법민주화의 조항"이라는 글에서, "여성을 보호하는
   조문이 많이 신설되었는 바, 민주주의의 기본정신은 인도주의이기 때문에 억강부약(抑强扶弱:
   강자를 누르고 약자를 도와줌)하기에 노력하여야 하며 아직도 여성이 약자의 지위에 있음을 부
   정치 못하는 현실에 비추어 이러한 조문의 증거는 형법의 민주화에의 전진인 것이다. 제251조의
   영아살해죄와 제272조의 영아유기죄에 있어서 '직계존속이 치욕을 은폐하기 위하거나 양육할 수
   없음을 예상하거나 특히 참작할 만한 동기로 인한 때'에는 형을 아주 경하게 하였고 여성이 흔
   히 범할 수 있는 낙태죄의 형도 경하게 규정하였거니와 이들의 조문에서의 '직계존속'은 거개(擧
   皆: 거의 대부분) 그 생모일 것이고, …"라고 적고 있다[엄상섭(주 13), 86].
33 법무부, 형법개정법률안 제안이유서(1992. 10), 121.
34 다만, 진통설 중 압박진통 시를 분만개시로 해석하는 견해에 의하면 개구진통이 아닌 압박진통
   시를 의미한다(조준현, 45).
35 이에 반하여 '분만 직후'란 '분만종료 직후' 또는 '분만 후 상당한 일수가 경과한 경우'까지 포함
   한다고 해석함이 목적론적 의미에서 타당하다는 견해(이건호, 211)와 '분만 완료 후 분만으로 인
   한 비정상적인 심리상태가 계속되는 동안뿐만 아니라 사회통념상 적법행위를 기대하기 어려운
   시점까지'라고 해석하는 견해(박찬걸, 34)가 있다.

으며, 구체적인 상황을 고려하여 분만 직후인지 여부를 판단하여야 한다.[36] 다만, 생후 15일[37] 또는 생후 2개월[38]이 경과한 경우에는 본죄의 대상인 영아가 아니라고 판단된다.

(2) 영아

영아(嬰兒)란 태아의 단계를 지나고, 유아(乳兒, 젖먹이 아기)보다 더 어린 개념으로서 갓난아기를 의미한다.[39] 영아는 생존능력 여부를 불문한다. 분만 중 또는 분만 직후의 영아로 한정하고 있으므로 영아유기죄(§272)[40]에서의 영아와는 그 범위가 다르다.

24

또한, 영아가 반드시 사생아(私生兒)일 필요도 없다.[41]

25

3. 행 위

본죄의 행위는 살해이다. 살해의 의미는 **살인죄(§250①)에서의 살해**의 의미와 같다.

26

한편, 본죄는 부작위로써도 가능하다. 유기치사죄(§275①, §272)와는 살해 고의 유무에 따라 구별이 될 것이다.

27

---

36 이와 관련하여, 독일 판례는 분만 후 1시간이 지난 경우에 본죄의 성립을 인정하고 있으며, 노르웨이형법은 분만 후 24시간 이내라고 규정하고 있다고 한다(강구진, 37). 또한, 독일 판례는 분만 후 1시간 반 이내에 행한 경우, 또는 산후 집안에서 일을 한 후라도 반시간 밖에 경과되지 않은 경우 등을 분만직후란 개념에 해당하는 것으로 본다고 한다(유기천, 39).

37 대전고판 2013. 4. 10, 2013노49. 제1심은 피고인에 대하여 5년을 선고하였으나, 항소심은 피고인의 양형부당 항소를 받아들여 제1심 판결을 파기한 다음 징역 3년을 선고하였다.

38 대구고판 1968. 3. 26, 67노317. 이 사건 공소사실의 요지는 산모인 피고인이 끼니를 이어갈 수 없어 아이에게 젖을 먹이지 못한 탓으로 영양실조에 걸려 다죽어 가는 아이를 보다 못하여 차라리 아이를 죽이고 온가족을 살려야겠다는 망상에서 부득이 생후 2개월인 아이의 목을 졸라 살해하였다는 내용으로서, 제1심에서 피고인에 대하여 살인죄로 의율하여 유죄판결을 선고하자 피고인이 본죄로 의율하여야 한다는 취지로 항소하였다. 이에 대하여 대구고등법원은 영아살해의 객체가 되는 것은 산모의 분만 중 또는 분만 직후의 생존아를 말하는 것이므로 생후 2개월을 경과한 때에는 형법에 규정된 영아라고 인정할 수 없다고 판시하면서, 피고인의 항소를 기각하였다.

39 박찬걸, 34; 오영근, 33.

40 영아유기가 유기죄의 전형적인 모습임을 감안하면 일반 유기죄에 비해 형을 감경할 합리적인 이유를 찾기 어려운 측면이 있음을 고려하여, 2023년 8월 8일 형법 개정(2024. 2. 9. 시행)을 통하여 저항 능력이 없거나 현저히 부족한 사회적 약자인 영아를 범죄로부터 두텁게 보호하기 위하여 본죄와 함께 영아유기죄를 폐지하였다[국회 법제사법위원회의 형법 일부개정법률안(대안) 제안이유(2023. 7) 참조].

41 1998년 삭제된 독일 구 형법 제217조는 본죄의 대상을 사생아로 규정하였다.

〔김 영 태〕

Ⅲ. 주관적 구성요건

1. 고 의

28   본죄가 성립하기 위하여는 분만 중 또는 분만 직후의 영아를 살해한다는 고의가 있어야 한다. 따라서 분만 중 또는 분만 직후의 영아임을 인식, 인용한 경우에만 본죄가 성립한다.

29   비록 영아살해가 분만으로 인한 극도의 충동이나 흥분상태에서 실행되었다고 하여도 분만 중 또는 분만 직후의 영아임을 인식하였다면, 고의 성립에 지장이 없다.[42]

2. 특별한 동기

30   본죄가 성립하기 위하여는 특별한 동기가 필요하다. 즉, 치욕을 은폐하기 위하거나 양육할 수 없음을 예상하거나 특히 참작할 만한 동기로 인한 것이어야 한다.

(1) 특별한 동기의 법적 성격

31   특별한 동기의 법적 성격에 대하여, ① 이를 초과주관적 구성요건요소로 이해하는 견해,[43] ② 책임감경을 인정할 수 있는 책임구성요건 요소(또는 특별한 책임표지)로 이해하는 견해,[44] ③ 불법 구성요건요소(또는 양형요소)로 이해하는 견해[45]로 나뉜다. 살피건대, 본죄의 특별한 동기는 책임구성요건 요소로 이해하는 위 ②의 견해가 타당하다. 이에 따르면 특별한 동기는 고의의 대상이 아니다.

(2) 특별한 동기의 구체적 내용

(가) 치욕을 은폐하기 위한 경우

32   치욕을 은폐하기 위한 경우란 영아의 분만이 개인이나 가문의 명예에 치욕으로 인정될 수 있는 때에 그 명예를 지키기 위한 경우를 말한다.[46] 예를 들면,

---

42 김일수·서보학, 24.
43 김성돈, 73; 도중진·박광섭·정대관, 50; 박찬걸, 34; 오영근, 33; 조현욱, 54.
44 김일수·서보학, 24-25; 박상기·전지연, 31; 이정원·류석준, 29; 정성근·박광민, 57; 정웅석·최창호, 302; 진계호·이존걸, 44; 최호진, 15.
45 이상돈, 424.
46 당초 형법 정부초안에는 '가문(家門)의 치욕'이라고 규정되어 있었으나, '가문의'라는 것을 사용하면 봉건사회에서 말하는 가문의 느낌을 가지니 이 '가문의'라는 석자를 삭제하자는 법제사법위원

근친상간, 강간으로 임신한 경우, 간통으로 임신한 경우 또는 과부나 미혼모가 사생아를 출산하는 경우이다. 그러나 태아에 대한 사회·경제적 사유를 원인으로 한 낙태가 허용되지 아니하는 상황에서 사람에 대한 사회적·경제적 사유를 원인으로 한 살인이 허용되는 것은 모순이기 때문에, 과부나 미혼모의 출산에 대하여는 본 사유에 해당하지 아니한다는 견해[47]가 있다.

(나) 양육할 수 없음을 예상한 경우

양육할 수 없음을 예상한 경우에 대하여, ① 가정의 경제 사정 때문에 영아를 양육할 경제적 능력이 없는 경우로 해석하는 견해,[48] ② 가정의 경제 사정뿐만 아니라 사회적 사정으로 양육할 수 없는 경우로 해석하는 견해,[49] ③ 병환, 불구, 기형 등의 사유로 생육의 가능성이 없는 경우도 포함한다고 보는 견해[50]가 있다.

33

살피건대, 경제 사정으로 한정하여 해석하는 위 ①의 견해가 타당하다. 그러나 경제 사정으로 한정하여 해석한다고 하여도 사회적 사정이나 병환, 불구, 기형 등의 사유로 생육의 가능성이 없는 경우는 '기타 특히 참작할 만한 동기'로 인한 경우에 포함될 것으로 보이므로 논의의 실익은 없다.[51]

34

(다) 기타 특히 참작할 만한 동기

기타 특히 참작할 만한 동기로 인한 때란, 예를 들면 조산(早産)으로 인해 생육할 가능성이 없거나, 기형아나 장애아를 출산한 경우를 말한다. 특히 참작할 만한 동기라는 일반조항에 의하여 본죄의 성립범위를 넓게 인정한다고 볼 수 있는데, 구체적으로 참작할 만한 동기가 있는지 여부는 건전한 사회통념에 따라 판단할 수 밖에 없을 것이다. 아들을 선호하는 가족계획은 당연히 기타 참작할 만한 동기에 해당하지 않는다.[52]

35

한편 본죄에서 규정하는 특별한 동기와 관련하여, 모자보건법에서 규정하

36

회의 수정안이 발의되어 국회 논의과정에서 수정안이 통과되었다[한국형사정책연구원, 형법제정자료집(재판), 1991, 445].

47 박찬걸, 34.
48 김성돈, 73; 김신규, 48; 배종대, §12/8; 백형구, 29; 조준현, 45; 최호진, 15.
49 오영근, 34; 조현욱, 54.
50 이건호, 211; 이영란, 36; 정영석, 222; 정웅석·최창호, 302.
51 강구진, 38; 김일수·서보학, 25(질환, 불구, 기형, 조산 등으로 생육의 가망이 별로 없는 경우는 기타 특히 참작할 만한 동기로 인한 경우이다).
52 손동권·김재윤, §2/40.

고 있는 인공임신중절사유와 대동소이하게 인정되어야 하며, 특히 사회적·경제
적 사유로 인한 동기는 엄격히 배제하여야 한다는 견해[53]가 있다.

3. 동기의 착오

37   특별한 동기는 고의의 인식대상이 아니므로 제13조(범의)나 제15조(사실의 착
오) 제1항이 적용되지 아니한다. 동기는 외부의 사정에 의하여 정해지는 것이
아니며, 행위자의 내심의 상태에 따라 정해지기 때문이다. 또한, 그 동기가 생
긴 이유는 불문한다.

38   먼저, 본죄의 동기의 착오가 있는 경우(책임감경사유의 적극적 착오), 즉 직계존
속이 적출(嫡出)로 출산한 영아를 사생아로 오인하고 치욕을 은폐하기 위하여 살
해한 경우에는, 그 행위자가 주관적으로 가졌던 동기에 따라 본죄가 성립한다.[54]

39   다음으로, 직계존속이 객관적으로 사생아인 영아를 사생아가 아니라고 오
해한 뒤 그 영아를 살해한 경우(책임감경사유의 소극적 착오)에는, 행위자가 인식한
표상에 따라 살인죄가 성립한다.[55]

4. 정상참작감경과의 관계

40   범죄의 정상에 참작할 만한 사유가 있는 때에는 정상을 참작하여 그 형을
감경할 수 있는데(§ 53), 법률상 감경사유가 있을 때에는 정상참작감경보다 우선
해서 하여야 한다. 정상참작감경은 이와 같은 법률상 감경을 다하고도 그 처단
형의 범위를 완화하여 그보다 낮은 형을 선고하고자 할 때에 하는 것이 옳다.[56]

41   한편 본죄의 동기가 정상참작감경의 사유에 해당하는지 여부에 대하여,
① 긍정설(허용설, 또는 적극설),[57] ② 부정설(불허설, 또는 소극설),[58] 그리고 ③ 절

---

53 박찬걸, 34.
54 김성돈, 73; 김일수·서보학, 25; 도중진·박광섭·정대관, 50; 오영근, 34; 이상돈, 424; 임웅, 39;
    정성근·박광민, 57; 정웅석·최창호, 303; 진계호·이존걸, 45.
55 김성돈, 73; 김일수·서보학, 25; 도중진·박광섭·정대관, 50; 임웅, 39; 정성근·박광민, 57; 정웅
    석·최창호, 303; 진계호·이존걸, 45.
56 대판 1991. 6. 11, 91도985.
57 강구진, 38; 김성돈, 73; 김성천·김형준, 30; 김신규, 49; 김혜정·박미숙·안경옥·원혜욱·이인
    영, 22; 도중진·박광섭·정대관, 5면; 박강우, 14; 배종대, § 12/8; 백형구, 30; 심재무, 26; 이재
    상·장영민·강동범, § 2/42; 이정원·류석준, 31; 정성근·박광민, 57; 진계호·이존걸, 45.
58 권오걸, 15; 김선복, 41; 박상기·전지연, 403; 신동운, 556; 오영근, 34; 유기천, 38; 이상돈, 424.

충설[59]로 견해가 나뉜다.

위 ①의 긍정설(또는 적극설)에 의하면, 본죄의 책임감경사유와 제53조의 정 **42**
상참작감경의 사유는 그 성질과 내용이 일치하는 것이 아니므로 정상참작감경
이 가능하다는 것이며, ②의 부정설(또는 소극설)에 의하면 동일한 사유가 이중으
로 평가되어서는 아니되고, 본죄의 형벌이 살인죄의 형벌에 비해 현저히 낮기
때문에 본죄의 처단형을 정할 때 제53조는 적용되지 않는다는 것이다. 그리고
위 ③의 절충설에 의하면 본조에서 평가된 사유라면 일반규정인 제53조에서 또
다시 검토할 필요가 없지만, 본조에서 평가될 수 없었던 사유라면 일반규정인
제53조에서 또다시 정상참작감경의 인정 여부를 검토하는 것이 타당하다는 것
이다.

살피건대, 동일한 사유가 이중으로 평가되어서는 아니되지만, 본죄의 감경 **43**
사유인 특별한 동기와 정상참작감경 사유가 항상 일치하는 것은 아니며, 본죄는
하나의 책임감경 사유로도 충분하므로 수개의 사유가 있는 경우에는 제53조에
의한 정상참작감경을 할 수 있다고 해석하는 위 ③의 절충설이 타당하다.

IV. 공범과 신분

1. 정범이 실행의 착수에 이른 경우

본죄에 신분 없는 사람이 교사·방조범 또는 공동정범으로 가담한 경우에, **44**
① 신분 없는 사람에 대하여 살인죄가 성립한다는 견해(다만, 그 근거에 대하여 제
33조 단서를 적용하는 견해[60]와 제33조 단서가 적용될 여지가 없다는 견해[61]가 있음)와

---

59 박찬걸, 34-35; 손동권·김재윤, §2/43(본죄의 성립에 참작된 동기는 정상참작감경규정에 의해
  이중으로 감경되어서는 아니되지만, 본죄의 성립에 참작되지 않은 추가적인 동기가 있다면 그
  동기에 대해서는 제53조의 적용이 부정될 이유는 없다고 설명하고 있어 부정설과는 차원이 다
  른 것으로 보인다); 임웅, 40(본죄의 동기는 제53조의 정상참작감경사유이지만 본죄의 동기가
  이중·삼중으로 얽혀 있을 수 있으므로 일정한 동기를 본죄의 성립사유로 인정하는 외에 '또 다
  른 동기'는 정상참작감경의 사유로 보아야 한다. 다만, 동일한 동기를 본죄의 성립사유와 정상참
  작감경사유로 고려하는 것은 '이중평가금지의 원칙'에 비추어 부당하다); 정웅석·최창호, 303.
60 김선복, 42; 김신규, 50; 김일수·서보학, 26; 박상기·전지연, 402; 배종대, §12/9; 백형구, 29;
  손동권·김재윤, §2/44; 원형식, 21; 유기천, 39; 이재상·장영민·강동범, §2/43; 정성근·박광민,
  57; 정영일, 9; 정웅석·최창호, 303; 조준현, 45; 최호진, 15.
61 이정원·류석준, 31; 임웅, 39-40; 조준현, 46.

② 제33조 단서는 무거운 형으로 벌하지 아니한다'라고 규정하고 있으므로 신분 없는 사람은 본죄가 성립한다는 견해[62]로 나뉜다. 살피건대, 본죄는 행위자의 특수한 사정에 의하여 그 책임을 감경하는 것이므로 그 특수한 사정이 없는 공범에 대하여는 '책임개별화의 원칙'에 따라 살인죄의 공범으로 처벌하여야 한다는 위 ①의 견해가 타당하며, 다수설이다.

45   또한 신분자인 산모가 신분 없는 사람의 교사·방조범 또는 공동정범으로 가담한 경우에도, 신분자는 본죄의 교사·방조범 또는 공동정범이, 신분 없는 사람은 살인죄의 정범이 성립한다.

46   한편 직계존속은 간접정범에 의하여 본죄를 범할 수 있지만, 제3자는 본죄의 간접정범이 될 수 없고 살인죄에 의하여 처벌된다.[63]

2. 정범이 실행의 착수에 이르지 아니한 경우

47   정범이 실행의 착수를 하지 아니한 경우, 즉 신분 없는 사람이 산모를 교사·방조하여 영아를 살해하도록 하였으나 산모가 실행의 착수에 이르지 않은 경우, 신분 없는 사람은 살인예비·음모죄로 처벌되지만, 본죄의 예비·음모는 처벌되지 아니하므로 산모는 처벌되지 아니한다.[64]

48   또한, 신분자인 산모가 신분 없는 사람을 교사·방조하여 영아를 살해하도록 하였으나 신분 없는 사람이 실행의 착수에 이르지 않은 경우에도, 신분 없는 사람은 살인예비·음모죄로 처벌되지만, 본죄의 예비·음모는 처벌되지 아니하므로 신분자인 산모는 처벌되지 아니한다.

V. 처 벌

49   10년 이하의 징역에 처한다.

50   본죄의 미수범은 처벌한다(§254). 다만, 기수범보다 감경할 수 있다(§25②).

---

62 박찬걸, 35; 오영근, 34; 진계호·이존걸, 45.
63 김선복, 42; 이재상·장영민·강동범, §2/43.
64 정웅석·최창호, 304.

198   〔김 영 태〕

Ⅵ. 특례 규정

본죄 및 본죄의 미수범은 전자장치 부착 등에 관한 법률에서 규정하고 있 **51**
는 특정범죄(§2(i), (iii의2))로서, 같은 법에서 정한 요건(§5③)에 따른 전자장치부
착명령대상이고, 범죄수익은닉의 규제 및 처벌 등에 관한 법률에서 규정하고 있
는 특정범죄(§2(i))로서, 동법에서 정한 요건과 절차에 따라 '범죄수익등'(§2(iv))
을 은닉 및 가장하거나(§3) 수수하는(§4) 행위를 처벌하고, 이를 몰수·추징할
수 있다(§§8-10의3).

〔김 영 태〕

제252조(촉탁, 승낙에 의한 살인 등)
① 사람의 촉탁이나 승낙을 받아 그를 살해한 자는 1년 이상 10년 이하의 징역에 처한다.
② 사람을 교사하거나 방조하여 자살하게 한 자도 제1항의 형에 처한다.
[전문개정 2020. 12. 8.]

구 조문
제252조(촉탁, 승낙에 의한 살인등) ① 사람의 <u>촉탁 또는</u> 승낙을 <u>받어</u> 그를 살해한 자는 1년 이상 10년 이하의 징역에 처한다.
② 사람을 <u>교사 또는</u> 방조하여 자살하게 한 자도 <u>전항의 형과 같다</u>.

Ⅰ. 촉탁·승낙살인죄(제1항)

1. 서 설

(1) 의의

1　　본죄(촉탁·승낙살인죄)는 사람의 촉탁이나 승낙을 받아 그를 살해하는 범죄이다.[1] 촉탁살인죄와 승낙살인죄로 나눌 수 있으나, 모두 동의가 있었다는 점에서

---

1 [관련 규정] 형법 제24조(피해자의 승낙), 제250조(살인, 존속살해), 제253조(위계 등에 의한 촉탁살인 등), 제254조(미수범), 제256조(자격정지의 병과), 국가보안법 제4조(목적수행) 제1항, 전자장치 부착 등에 관한 법률 제5조(전자장치 부착명령의 청구) 제3항, 호스피스·완화의료 및 임종과정에 있는 환자의 연명의료결정에 관한 법률(이하, 연명의료결정법이라 한다.) 제2조 제5호(연

동의살인죄라고도 한다. 살인죄에 비하여 형이 감경된 감경적 구성요건이다.[2]

　　형법이 촉탁과 승낙에 의한 살인을 처벌하는 것은 다른 사람의 생명을 보　　　　2
호하는 것이 형법으로서는 결코 포기할 수 없는 기본원리(절대적 생명보호의 원칙)
임을 명백히 하는 것이다.[3] 다만, 본인의 의사에 반하지 않는 생명의 침해라는
점에서 자살교사·방조죄(제2항)와 그 성질이 같다.[4]

(2) 연혁과 입법례

　　고대 로마법[5]과 프랑스형법, 그리고 영미 커먼로(Common law)에서는 촉탁　　　　3
이나 승낙에 의한 살인을 살인죄와 동일하게 처벌하고 있으며, 중국형법도 이와
동일하다. 이에 반하여, 독일형법[6]이나 스위스형법,[7] 오스트리아형법[8]은 촉탁에
의한 살인을 감경적 구성요건으로 규정하고 있다.

　　한편, 일본형법[9]은 촉탁을 받은 경우뿐만 아니라 승낙을 얻은 경우에도 살　　　　4
인죄에 비하여 감경하여 처벌하고 있다.

(3) 우리 형법의 태도

　　우리나라는 일제 강점기 조선형사령에 의하여 일본 구 형법 제202조가 적　　　　5
용되었는데, 일본 구 형법 제202조는 현행 일본형법 제202조와 마찬가지로 "사

　　명의료중단등결정의 정의), 제17조(환자의 의사 확인), 제18조(환자의 의사를 확인할 수 없는 경
　　우의 연명의료중단등결정), 제40조(벌칙), 제41조(자격정지의 병과).
2　이에 반하여, 본죄를 살인죄에 대한 감경적 구성요건이 아닌 독립적 구성요건으로 보는 견해가
　　있다[박상기·전지연, 형법학(총론·각론 강의)(4판), 403].
3　이와 관련하여, 본조를 형법상 자기결정권의 제한 근거로 설명하는 견해가 있다[이용식, "연명치
　　료중단행위와 자기결정권의 범죄체계론적 검토", 한국형사법학의 이론과 실무(정암 정성진 박사
　　고희기념논문집), 박영사(2010), 203].
4　이재상·장영민·강동범, 형법각론(13판), §2/44.
5　피해자의 동의는 살인죄의 성립에 아무런 영향을 미치지 않았으며 양형경감사유로 참작되었다
　　고 한다[조규창, 로마형법, 고려대학교 출판부(1998), 200].
6　독일형법 제216조(촉탁살인)는 "피살자의 명시적이고 진지한 촉탁을 통해서 살인을 결의한 자는
　　6월 이상 5년 이하의 자유형에 처한다. 미수범은 처벌한다."라고 규정하고 있다[법무부, 독일형
　　법(2008). 165].
7　스위스형법 제114조(촉탁에 의한 살인)는 "존경할 만한 동기, 예컨대 연민으로, 진정하고 급박한
　　촉탁을 받아 사람을 살해한 자는 3년 이하의 자유형 또는 벌금에 처한다."라고 규정하고 있다
　　[한국형사정책연구원, 스위스 형법전(2009), 73].
8　오스트리아형법 제77조(촉탁살인)는 "진지하고 명시적인 타인의 촉탁에 따라 그를 살해한 자는
　　6월 이상 5년 이하의 자유형에 처한다."라고 규정하고 있다[법무부, 오스트리아 형법(2009), 56].
9　일본형법 제202조(자살관여 및 동의살인)는 "사람을 교사 또는 방조하여 자살하게 하거나, 사람
　　을 그 촉탁을 받거나 승낙을 얻어 살해한 자는 6월 이상 7년 이하의 징역 또는 금고에 처한다."
　　라고 규정하고 있다[법무부, 일본 형법(2007), 81].

람을 교사 또는 방조하여 자살하게 하거나, 사람을 그 촉탁을받거나 승낙을 얻어 이를 살해한 자는 6월 이상 7년 이하의 징역 또는 금고에 처한다."라고 규정하여, 촉탁뿐만 아니라 승낙에 의한 살인도 함께 규정하고 이를 자살교사·방조와 동일하게 처벌하였다.

6   1953년 9월 18일 제정된 우리 형법은 본조 제1항으로 촉탁·승낙살인죄를 규정하면서 의용형법에 비하여 법정형만 상향(1년 이상 10년 이하)하였을 뿐 구성요건은 의용형법과 동일하게 규정하였으며, 2020년 12월 8일 일부 용어가 알기 쉽게 바뀌었을 뿐 특별한 개정 없이 현재까지 시행되고 있다.

7   그런데 촉탁살인과 승낙살인을 동일시하여 규정하고 있는 형법의 입법에는 문제가 있다는 견해[10]가 있다. 즉, ① 촉탁살인죄의 법정형이나 승낙살인죄의 법정형을 모두 낮추는 것이 입법론적으로 타당하다거나,[11] ② 이미 살해의 고의를 가지고 있는 사람이 피해자의 승낙을 얻었다는 이유만으로 형감경구성요건으로 적용하는 것은 타당하지 않으며, 독일형법과 같이 촉탁에 의한 경우에만 형감경구성요건을 설정하고, 승낙에 의한 살인의 경우에는 살인죄의 구성요건을 적용하면서 양형에서 고려하는 것이 바람직하다[12]는 것이다. 입법론적으로 검토할 만한 견해이다.

(4) 법적 성격

8   살인죄에 비하여 본죄의 법정형을 감경하는 근거에 대하여 책임감경설, 불법감경설 그리고 불법·책임감경설로 그 견해가 나뉜다.

(가) 책임감경설[13]

9   이 견해에 의하면, 절대적 생명보호의 원칙에 의해 생명은 어떤 경우에도 포기되어서는 안 되며, 타인이 그 포기행위에 협력해서도 안 되고, 자유로운 의사결정보다 생명보호가 우선해야 하기 때문에 촉탁·승낙이 있다 하더라도 불법이 감경될 수 없으며 책임이 감경될 뿐이고,[14] 자살에 유사한 촉탁·승낙이 있

---

10 박찬걸, 형법각론, 36; 손동권·김재윤, 새로운 형법각론, § 2/46; 이정원·류석준, 형법각론, 33; 이형국, 형법각론, 42.
11 이정원·류석준, 형법각론, 33; 이형국, 형법각론, 42.
12 손동권·김재윤, § 2/46.
13 배종대, 형법각론(14판), § 12/11.
14 배종대, § 12/11.

는 경우에는 책임을 감경하는 상황으로 볼 수밖에 없기 때문에, 살인죄에 비하여 본죄의 법정형을 감경하는 것이라고 한다.

(나) 불법감경설(통설)[15]

이 견해에 의하면, ① 피해자의 진지한 촉탁·승낙이 있는 경우에는 동정(同情)이나 구조(救助)라는 동기 때문에 책임감경에 그치는 것이 아니라, 형법이 처벌하지 아니하는 자살과 유사하므로 불법이 감경되거나,[16] ② 의사에 반한 생명침해와 의사에 의한 생명침해는 그 불법이 동일하지 않기 때문이거나,[17] ③ 피해자의 자기결정권에 근거한 생명포기와 피해자의 의사에 반하지 않는 생명침해이기 때문[18]이거나, ④ 본래 피해자의 승낙은 위법성 조각사유이지만 생명의 경우에는 매우 중요한 법익이므로 법익주체 스스로도 이를 처분할 수 없으나, 일반적인 살인의 경우와 불법이 같다고 하기는 곤란하므로 위법성이 조각되지는 않지만 감경되기 때문에[19], 살인죄에 비하여 본죄의 법정형을 감경하는 것이라고 한다.

10

(다) 불법·책임감경설(또는 절충설)[20]

이 견해에 의하면, ① 자살을 처벌하지 않는 상황에서 타인을 이용한 자살행위(자살방조)와 유사하며, 피해자가 스스로 생명을 포기하기로 하였으므로 불법성이 감경됨과 동시에 피해자의 촉탁과 승낙에 의한 살인은 행위자가 피해자를 돕는다는 의식과 살인행위 사이에서 심리적 갈등을 겪은 결과라는 점에서 책임 역시 감경되기 때문이거나,[21] ② 사람의 생명은 처분할 수 없는 절대적 법

11

---

15 강구진, 형법강의 각론 I(중판), 39; 김선복, 신형법각론, 43; 김성돈, 형법각론(7판), 74; 김성천·김형준, 형법각론(6판), 31; 김신규, 형법각론, 51; 김일수·서보학, 새로쓴 형법각론(9판), 26; 도중진·박광섭·정대관, 형법각론, 52; 박강우, 로스쿨 형법각론, 5; 박찬걸, 35; 백형구, 형법각론, 32; 손동권·김재윤, §2/45; 신동운, 형법각론(2판), 556; 오영근, 형법각론(4판), 35; 원형식, 형법각론(상), 22; 유기천, 형법학(각론강의 상)(전정신판), 40; 이상돈, 형법강론(4판), 367; 이영란, 형법학 각론강의(3판), 38; 이정원·류석준, 32; 이재상·장영민·강동범, §2/44; 임웅, 형법각론(10정판), 41; 정성근·박광민, 형법각론(전정2판), 58; 정성근·정준섭, 형법강의 각론(2판), 16; 조준현, 형법각론(개정판), 46-47; 진계호·이존걸, 형법각론(6판), 46.
16 이재상·장영민·강동범, §2/44.
17 이정원·류석준, 32; 진계호·이존걸, 46.
18 김성돈, 74; 정성근·박광민, 58.
19 김성천·김형준, 30-31; 손동권·김재윤, §2/45.
20 김혜정·박미숙·안경옥·원혜욱·이인영, 형법각론, 23; 박상기·전지연, 403; 심재무, 형법각론강의 I, 27; 이형국, 38; 정영일, 형법강의(각론)(3판), 10; 정웅석·최창호, 304.
21 박상기·전지연, 403.

익이므로 피해자의 촉탁·승낙이 있었다고 하여 위법성을 조각시킬 수는 없다고 하더라도 통상 살인죄에 비하여 불법이 감소되는 것은 부인할 수 없으며, 또한 정황에 비추어 행위자에게 책임감경적으로 작용하다는 점도 간과할 수 없기 때문[22]에 살인죄에 비하여 본죄의 법정형을 감경하는 것이라고 한다.

(라) 검토

12   의사에 반한 생명침해와 의사에 의한 생명침해는 그 불법의 정도가 다르다고 할 것이므로 위 (나)의 불법감경설이 타당하다.

2. 객관적 구성요건

(1) 주체

13   본죄의 주체는 사람이다. 즉, 자연인이면 모두 본죄의 주체가 될 수 있다.

(2) 객체

14   본죄의 행위의 객체(바꾸어 말하면 촉탁·승낙의 주체)는 촉탁·승낙을 한 다른 사람이다. 이와 관련하여, ① 죽음과 촉탁·승낙의 의미를 알고 그에 따라 의사결정을 할 능력이 있는 사람만이 본죄의 객체에 해당하는 사람이라는 견해[23]와 ② '사람'으로서의 속성만 가지고 있으면 달리 제한이 없다는 견해[24]가 있다. 살펴건대, 죽음과 촉탁·승낙의 의미를 알고 그에 따라 의사결정을 할 능력이 있는 사람만이 본죄의 객체에 해당한다는 위 ①의 견해가 타당하며, 통설이다. 그

---

22 정웅석·최창호, 304.

23 강구진, 39-40; 권오걸, 스마트 형법각론, 18; 김선복, 43; 김성돈, 74; 김신규, 52; 김일수·서보학, 26-27; 김종원, 형법각론(상)(3정판), 46; 김태명, 판례형법각론(2판), 20; 남흥우, 형법강의(각론), 25; 도중진·박광섭·정대관, 52; 박상기·전지연, 404; 박찬걸, 36; 배종대, §12/12; 백형구, 31; 손동권·김재윤, §2/47; 신동운, 557; 심재무, 27; 오영근, 35; 원형식, 23; 유기천, 40; 이건호, 형법각론, 211; 이상돈, 368; 이영란, 38; 이형국, 38; 임웅, 41; 정성근·박광민, 59; 정영석, 형법각론(5전정판), 223; 정영일, 10; 정웅석·최창호, 305; 정창운, 형법학(각론), 33-35; 조준현, 47; 조현욱, 형법각론강의 (I), 56; 진계호·이존걸, 46; 최호진, 형법각론 강의, 16; 황산덕, 형법각론(6정판), 170.

24 김성천·김형준, 31. 정신병자의 경우 항상 심신상실 상태가 아니라 정상상태로 있을 때도 있는데 그때 생을 비관해서 제발 죽여달라고 부탁을 하는 경우가 있을 수 있으며, 이 경우에는 유효한 촉탁이라고 보아야 할 것인 바, 정신병자의 경우를 아예 행위객체에서 제외하는 것은 옳지 못하고, 일반인의 경우에도 명정상태인가 아닌가에 따라 행위객체에 속할 수도 있고 제외될 수도 있다고 해석하는 것 또한 타당하지 않으며, 현재 행위객체를 제한하여야 한다는 취지의 판례도 찾아볼 수 없기 때문에, 촉탁·승낙에 의한 살인의 행위객체는 제252조 제1항이 규정하고 있듯이 그저 '사람'으로서의 속성만 가지고 있으면 달리 제한이 없다고 보는 것이 타당하다고 한다.

러나 이러한 능력이 책임능력을 의미하는 것은 아니다.

따라서 죽음과 촉탁·승낙의 의미를 알지 못하는 사람으로부터 촉탁·승낙 15
을 받아 그를 살해한 경우에는 본죄가 아닌 살인죄가 성립한다.

한편 촉탁·승낙에 의하여 자기 또는 배우자의 직계존속을 살해한 경우에도 16
본죄만 성립하며, 이를 가중하여 처벌하는 규정이 없다. 양형자료로 고려될 뿐
이다.

(3) 행위

본죄의 행위는 촉탁이나 승낙을 받아 그 촉탁자 또는 승낙자를 살해하는 17
것이다.

(가) 촉탁과 승낙

(a) 촉탁과 승낙의 의미

촉탁(囑託)(Verlangen)이란 이미 죽음을 결의한 피해자의 요구에 의하여 살해 18
의 결의를 하는 것, 또는 이미 죽음을 결의한 피해자로부터 그 실행을 위탁받는
것[25]을 말하고, 승낙(承諾)(Einwilligung)이란 살해의 결의를 한 사람이 피해자로부
터 살해에 대한 동의를 받는 것을 말한다.

살해의 결의를 한 시점과 관련하여, ① 행위자가 이미 살해의 결의를 하고 19
있는 경우에는 피해자로부터 명시적이고 진지한 살해 부탁을 받더라도 이는 촉
탁이 아니라는 견해[26]와 ② 촉탁은 피해자의 직접적이고 명시적인 살해 부탁을
의미하며 행위자가 살해를 결의하는 시점과는 무관하므로 촉탁에 해당한다는
견해[27]가 있는데, 위 ①의 견해가 타당하고 통설이다.

한편 위 ①의 견해에 의하는 경우의 죄책에 대하여, 이 경우는 촉탁이 아닌 20
승낙에 해당하므로 승낙살인죄가 성립한다는 견해[28]와 보통살인죄가 성립한다
는 견해[29]로 나뉜다.

---

25 신동운, 557; 정웅석·최창호, 305.
26 강구진, 40; 권오걸, 17; 김선복, 44; 김성돈, 75; 김성천·김형준, 32; 김신규, 52; 김일수·서보
   학, 27; 김종원, 46; 김혜정·박미숙·안경옥·원혜욱·이인영, 23-24; 박상기·전지연, 404; 백형
   구, 30-31; 이영란, 38; 이형국, 39; 임웅, 42; 정성근·박광민, 59; 정영석, 222; 조준현, 47; 한상
   훈·안성조, 형법개론(3판), 398; 황산덕, 170.
27 이정원·류석준, 34.
28 김성돈, 75; 권오걸, 17; 임웅, 42; 정성근·박광민, 59.
29 백형구, 30-31.

21   의사표시의 강도에 있어서 촉탁은 승낙보다 그 정도가 높다. 촉탁은 피해
자가 자신에 대한 살해를 행위자에게 교사하는 것과 실제적으로 동일하다. 이에
비하여 승낙은 피해자가 자신에 대한 행위자의 살해를 방조하는 것과 실제적으
로 동일하며, 단순한 양해의 정도를 넘는 것이어야 한다.[30]

(b) 촉탁과 승낙의 요건

22   1) 촉탁과 승낙은 피해자 자신이 다른 사람에게 직접 행한 것이어야 한다.
따라서 피해자의 대리인에 의한 촉탁 또는 승낙에 의한 살해는 본죄가 아닌 살
인죄가 성립한다.

23   2) 촉탁과 승낙은 피해자의 자유로운 의사결정에 따른 것이어야 한다. 따라
서 강박에 의한 촉탁과 승낙은 위력에 의한 살인죄를 구성한다.

24   3) 촉탁과 승낙은 피해자의 진의(眞意)에 의한 것이어야 한다.[31] 따라서 기
망에 의한 촉탁과 승낙은 위계에 의한 살인죄를 구성한다.

25   4) 촉탁과 승낙은 진지하여야 한다.[32] 진지한 촉탁과 승낙이라고 하기 위하
여는 생명의 가치와 반가치(反價値)를 판단할 수 있는 능력이 있는 사람에 의한
촉탁이나 승낙이어야 하며, 일시적 기분에 의한 것이어서는 아니된다. 따라서

---

30 김일수·서보학, 27.

31 촉탁의 진의성과 관련하여, 일본 하급심 판례 중에는 ① 소위 성적 가학행위(SM)를 즐기는 피해
자로부터 이른바 최고경지의 행위로서 하복부를 칼로 찔러 달라는 부탁을 받고 칼로 찔러 사망
케 한 사안에서, 피해자가 죽음의 결과를 바라지는 않았지만 죽을 수도 있다는 것을 충분히 인
식하면서 의뢰한 것인 이상, 진의에 기한 촉탁이라는 이유로 촉탁살인죄의 성립을 인정한 것이
있다[大阪高判 平成 10(1998). 7. 16. 判時 1647·156]. 반면에, ② 폭력단(야쿠자) 조직원에게
"상부의 명령이니 죽을 수밖에 없다."고 말하자 아무런 저항 없이 "알았습니다. 감사합니다."고
하여 살해한 경우, 진의에 기한 촉탁이라고 할 수 없다고 한 것이 있다[広島地判 昭和 34(1959).
4. 7. 下刑集 1·4·954].

32 주거지를 떠나 여행하면서 함께 자살하자는 이야기를 나누고 여행을 하면서 자살방법을 논의하
였지만 구체적인 자살 시도를 하지 못하고 있다가 주거지로 돌아가다가 모텔에 투숙하여 피고인
과 함께 술을 마시던 중, 피해자가 홀로 압박붕대를 이용하여 화장실 벽걸이에 목을 매어 자살
을 시도하는 것을 발견하고 벽걸이의 위치가 낮아 피해자가 쉽게 죽지 못할 것으로 생각하고 과
도를 이용하여 압박붕대를 잘라 피해자를 내려 욕조 안에 눕힌 다음 베개로 피해자의 얼굴을 누
르고 과도로 목 부위를 3회 찔러 살해하였다는 내용으로 공소제기된 사안에서, 피고인은 피해자
가 자살하는 것을 도와준 것으로 자살방조에 해당하거나, 피해자의 부탁에 의한 것이었으므로
촉탁살인죄에 해당한다는 취지로 주장하였으나, 대전지판 2012. 11. 13, 2012고합380은 자살방
조가 아닌 적극적인 살해행위로 판단되고, 또한 피해자가 피고인에게 자신을 살해해달라는 진지
한 의사를 표명하였다고 볼 수 없다는 이유로 피고인의 주장을 배척하고 살인죄로 의율하였으며
(배심원 5명 유죄, 2명 촉탁살인 의견), 대전고판 2013. 1. 23, 2012노508은 제1심 판결에 대한
피고인의 항소를 기각하였다.

연소자나 중환자,[33] 정신병자의 의사표시, 그리고 농담이나 취중에 이루어지는 의사표시는 진지한 것이 아니다.

5) 촉탁은 반드시 명시적으로 이루어져야 하며,[34] 명시적이란 분명하고 오해의 여지가 없는 것을 말한다.[35] 그러나 승낙은 반드시 명시적일 필요는 없으며 묵시적 승낙도 가능하다는 견해(통설)[36]와 묵시적 승낙은 가능하지 않다는 견해[37]로 나뉘는데, 피해자의 진지한 승낙이라면 명시적 승낙과 묵시적 승낙의 질적인 차이가 없으므로 묵시적 승낙도 가능하다는 견해가 타당하다.   26

한편 승낙을 얻고자 하는 행위자 즉, 가해자는 자신의 살해의사를 피해자에게 반드시 명시적으로 표명하여야 하며, 묵시적으로 표명하여서는 아니된다.[38]   27

6) 촉탁과 승낙은 살해행위 이전에 있어야 하며,[39] 언제나 취소할 수 있다. 따라서 살인이 미수에 그친 후 받은 승낙은 본죄의 승낙이라 할 수 없으며, 살인미수죄가 성립할 뿐이다.   28

7) 촉탁과 승낙의 상대방이 특정되어 있을 필요는 없다. 다만 특정한 상대방에게만 촉탁·승낙한 경우, 그 상대방 이외의 사람이 피해자를 살해한 경우에는 본죄가 성립하지 아니한다.   29

8) 본인의 의사나 조건충족 여부를 명확하게 파악하기 어려운 조건부촉탁·승낙은 원칙적으로 인정되지 아니한다.[40]   30

---

33 東京高判 昭和 33(1958). 1. 23. 裁特 5121(정신적 능력이 떨어지고 뇌출혈로 좌반신 불수가 되어 입원 중인 피해자가 죽고 싶다고 한 것은 진의가 아니라고 인정한 사례).

34 강구진, 39; 권오걸, 17; 김선복, 44; 김성돈, 75; 김성천·김형준, 32; 김신규, 52; 김일수·서보학, 27; 김종원, 47; 남흥우, 24; 박상기·전지연, 404; 박찬걸, 36; 배종대, §12/13; 백형구, 30-31; 서일교, 25; 손동권·김재윤, §2/46; 신동운, 557; 심재무, 28; 오영근, 35; 이건호, 211; 이상돈, 367; 이정원·류석준, 33; 이재상·장영민·강동범, §2/45; 이형국, 39; 임웅, 42; 정성근·박광민, 59; 정영일, 11; 정웅석·최창호, 305; 정창운, 34; 조준현, 47; 조현욱, 56; 진계호·이존걸, 47; 최호진, 16; 황산덕, 170.

35 이형국, 39.

36 강구진, 39; 김선복, 44; 김성돈, 75; 김성천·김형준, 32; 김일수·서보학, 27; 김종원, 47; 남흥우, 25; 서일교, 25; 이건호, 211; 이영란, 39; 이정원·류석준, 34; 이형국, 40; 임웅, 42; 정성근·박광민, 60; 정창운, 35; 조준현, 47; 조현욱, 56; 황산덕, 170.

37 권오걸, 17; 김신규, 53; 김혜정·박미숙·안경옥·원혜욱·이인영, 24; 박상기·전지연, 404; 박찬걸, 36; 백형구, 30-31; 심재무, 28; 오영근, 35; 이상돈, 367; 정영석, 223; 진계호·이존걸, 47; 최호진, 16.

38 임웅, 42.

39 大阪高判 昭和 29(1954). 7. 30. 裁特 1·6·218.

40 권오걸, 18(불법의 핵심은 자살의 방조에 있으므로 자살방조죄가 타당하다); 박상기·전지연, 404.

〔김 영 태〕   **207**

(나) 살해

(a) 살해의 의의

31   살해의 의미는 **살인죄(§ 250①)에서의 살해**의 의미와 동일하다.

(b) 살해의 방법 및 살해의 인정 여부

32   살해의 방법 및 살해의 인정 여부는 **살인죄**에서의 해당 부분에서 설명한 바와 같다.

33   다만 부작위에 의하여 촉탁살인죄의 성립이 가능한지 여부에 대하여, ① 긍정설[41]과 ② 부정설[42]로 견해가 나뉜다. 위 ①의 긍정설에 의하면, 예를 들어 부부 중 처가 자살을 준비하면서 남편에게 진지하고 분명한 의사표시로 자신을 구하지 말 것을 요청하고 구조의무가 있는 남편이 이에 응하여 구조행위를 하지 않아 결국 사망한 경우에는, 자살관여죄가 아닌 촉탁살인죄가 성립한다고 한다. 반면에 위 ②의 부정설에 의하면, 배우자는 자살자의 사망을 방지해야 할 보증인적 지위에 있지만 자살자가 자기 의사와 자기 지배하에 자살한 것이고, 보증인의 부작위는 사망의 직접 원인도 아니며, 처벌되지 아니하는 자살행위를 방치한 데 불과하므로 부작위에 의한 촉탁살인이 아니라 자살방조죄에 해당한다는 것이다.

34   생각건대, 피해자의 진지하고 분명한 촉탁 의사표시에 따라 구조의무를 불이행하는 것은 자살을 방조하는 것 이상의 법적 의미가 있다고 판단되므로 위 ①의 긍정설이 타당하다.

(c) 실행의 착수

35   본죄의 실행의 착수시기와 관련하여, ① 촉탁·승낙의 시점으로 판단해야 한다는 견해, ② 촉탁·승낙의 시점이 아닌 살해행위를 기준으로 판단해야 한다는 견해,[43] ③ 촉탁과 승낙을 구별하는 견해[44] 등이 있다. 위 ②의 살해행위를

---

41 김일수·서보학, 28.
42 권오걸, 18; 정성근·박광민, 60[독일 연방대법원 판결(BGHSt 32, 368 이하) 및 통설도 부정설의 입장이라고 한다].
43 김성돈, 75; 김신규, 53; 김일수·서보학, 28; 도중진·박광섭·정대관, 53; 신동운, 558; 이형국, 40; 정성근·박광민, 60; 정영일, 11; 정웅석·최창호, 305; 조현욱, 56; 진계호·이존걸, 47; 최호진, 16.
44 박찬걸, 36.

기준으로 해야 한다는 견해에 따르면, 촉탁·승낙만으로는 불가벌적 예비행위로서 처벌되지 아니하며, 촉탁과 승낙을 구별하는 견해에 의하면 살해의 촉탁을 얻은 경우는 불가벌적 예비단계이지만 살해의 승낙을 받은 경우에는 예비의 단계를 넘어 미수의 영역으로 들어간 것이라고 한다.

살피건대, 촉탁을 받거나 승낙을 얻는 단계에서는 생명침해에 대한 유형적 　36
인 인과가능성 및 현실적 위험성이 없기 때문에 살해행위 시를 기준으로 실행의 착수 여부를 판단하는 위 ②의 견해가 타당하다.

(d) 사망의 결과 발생 및 인과관계

촉탁자 또는 승낙자를 살해함으로써 본죄의 기수가 된다. 촉탁·승낙에 의 　37
한 살해행위와 피해자의 사망 사이는 인과관계가 인정되어야 하며, 그렇지 않은 경우에는 미수죄가 성립한다.

3. 주관적 구성요건

(1) 고의

본죄가 성립하기 위하여는 촉탁이나 승낙에 의하여 사람을 살해한다는 고 　38
의(인식, 인용)가 있어야 한다.

특별한 동기 또는 목적은 필요하지 않다. 따라서 행위자 자신의 이익을 위 　39
한 경우이건, 피해자의 이익을 위한 경우이건 본죄의 성립에는 아무런 지장이 없다.

(2) 착오

(가) 촉탁·승낙이 없음에도 있다고 착오하고 살해한 경우

이에 대하여는, ① 가벼운 죄의 고의로 무거운 죄를 범한 경우이기 때문에 　40
제15조 제1항의 취지에 따라 본죄가 성립한다는 견해(통설)[45]와 ② 불법감경사유가 존재하지 않는 행위대상에 대하여 고의 기수를 인정하는 것은 타당하지 않으며 형의 가중사유에 관한 착오의 경우와 동일하게 객체와 방법의 착오를 구별하여 법정적 부합설에 따라 양자 모두 촉탁·승낙살인기수가 성립한다는 견

---

[45] 김선복, 44; 김성돈, 76; 김성천·김형준, 33; 김일수·서보학, 28; 백형구, 31; 이상돈, 368; 이정원·류석준, 35; 이재상·장영민·강동범, §2/47; 임웅, 42; 정성근·박광민, 61; 정웅석·최창호, 305; 조준현, 48; 진계호·이존걸, 47; 최호진, 17.

해, ③ 구체적 부합설에 따라 방법의 착오에 있어서는 촉탁·승낙살인미수죄와 과실치사죄의 상상적 경합이 되어 결국 본죄의 미수죄로 처벌해야 한다는 견해[46]가 있으나, 본죄가 성립한다는 위 ①의 견해가 타당하다.[47]

　　　(나) 촉탁·승낙이 있음에도 없다고 착오하고 살해한 경우

41　　　이에 대하여는 ① 본죄가 성립한다는 견해,[48] ② 살인죄가 성립한다는 견해,[49] ③ 본죄의 기수와 살인죄의 미수범(또는 불능미수)의 상상적 경합에 해당한다는 견해,[50] ④ 형의 가중 사유에 관한 착오의 경우와 동일하게 객체와 방법의 착오를 구별하여 판단하는 견해,[51] ⑤ 살인죄의 불능미수가 성립한다는 견해[52] 등이 있다.

42　　　먼저 본죄가 성립한다는 위 ①의 견해에 의하면, 객관적으로 본죄의 구성요건에 해당하기 때문에,[53] 살인죄의 고의가 있으므로 살인죄의 불능미수가 문제되고, 살인죄가 불능범이 될 경우에는 '대는 소를 겸한다'는 원칙에 따라 본죄가 성립한다[54]는 것이다.[55]

43　　　살인죄가 성립한다는 위 ②의 견해에 의하면, 본죄는 촉탁·승낙이 있음을 인식한 때에만 성립하는 것이기 때문에 촉탁·승낙이 없다고 인식한 경우에는 불법과 책임이 감경되지 아니하기 때문에,[56] 본죄는 촉탁·승낙의 존재가 고의의 인식대상이므로 이를 인식하지 못한 때에는 살인죄를 인정하는 것이 타당하므로[57] 본죄가 아닌 살인죄가 성립한다고 한다.

44　　　본죄의 기수와 살인죄의 미수범(또는 불능미수)의 상상적 경합에 해당한다는

---

46 배종대, §12/15; 심재무, 28.
47 大判 明治 43(1910). 4. 28. 刑録 16·760.
48 강구진, 41; 백형구, 31-32; 오영근, 36; 주호노, 형법각론, 56.
49 김선복, 45; 김성천·김형준, 33; 박상기·전지연, 404; 이영란, 39; 이재상·장영민·강동범, §2/47; 정성근·박광민, 61; 정웅석·최창호, 305; 진계호·이존걸, 48; 한상훈·안성조, 398; 황산덕, 171.
50 권오걸, 20; 김성돈, 76; 김신규, 54; 김일수·서보학, 28; 박찬걸, 37; 이정원·류석준, 35; 이형국, 41; 임웅, 42.
51 배종대, §12/15.
52 도중진·박광섭·정대관, 53 ; 이상돈, 426.
53 강구진, 41.
54 오영근, 36.
55 일본의 통설이다[大塚 外, 大コン(3版)(10), 370(金築誠志)].
56 김선복, 45; 정성근·박광민, 61; 진계호·이존걸, 48.
57 정웅석·최창호, 305.

위 ③의 견해에 의하면 무거운 죄의 고의로 가벼운 죄를 범한 경우로서 큰 고의(살인의 고의)에는 작은 고의(촉탁·승낙살인의 고의)가 포함되어 있으므로 제15조 제1항의 취지에 따라 가벼운 범죄의 고의 기수와 무거운 범죄의 미수의 상상적 경합에 해당한다는 것이다.

형의 가중 사유에 관한 착오의 경우와 동일하게 객체와 방법의 착오를 구별하여 판단하는 위 ④의 견해도 법정적 부합설에 따라 객체와 방법의 착오 모두 본죄의 기수와 살인미수죄의 상상적 경합이 된다는 견해와, 구체적 부합설에 따라 방법의 착오는 살인미수죄와 과실치사죄의 상상적 경합이 성립한다는 견해[58]로 나뉜다. **45**

살피건대, 촉탁·승낙이 있음에도 없다고 착오하고 살해한 경우에는 촉탁·승낙에 대한 인식이 없었으므로 살인죄와 달리 취급할 이유가 전혀 없기 때문에 살인죄가 성립한다고 해석하는 위 ②의 견해가 타당하다. 다만, 양형에서 참작할 수 있을 것이다. **46**

4. 위법성

(1) 피해자의 승낙에 의한 행위

제24조는 "처분할 수 있는 자의 승낙에 의하여 그 법익을 훼손한 행위는 법률에 특별한 규정이 없는 한 벌하지 아니한다."라고 규정하여 피해자의 승낙을 일반적 위법성조각사유로 인정하고 있는데, 본조를 제24조에서 규정하고 있는 '법률의 특별한 규정'으로 해석하는 견해[59]가 통설이다. 그러나 사람의 생명은 처분할 수 있는 법익이 아니므로 본조의 규정이 없다고 하여도 그 행위자를 처벌할 수 있으므로 본조는 제24조에서 규정하고 있는 '법률의 특별한 규정'이 아니라 피해자의 촉탁·승낙이 있는 경우 그 형을 '감경하기 위한 특별규정'으로 해석함이 상당하다. **47**

(2) 일반적 위법성조각사유

살인죄(§250①)에서의 위법성조각사유의 부분에서 서술한 바와 같다. **48**

---

58 배종대, §12/15.
59 강구진, 39; 권오걸, 16; 김성돈, 74; 도중진·박광섭·정대관, 51; 박상기·전지연, 403; 박찬걸, 36; 배종대, §12/10; 신동운, 557; 정영일, 10; 정성근·박광민, 58; 황산덕, 169.

(3) 안락사

49   안락사의 경우 강학상 살인죄에 대한 위법성조각사유로 설명하고 있지만,
살인죄가 아닌 본죄에 대한 위법성조각사유로 파악함이 타당하다고 판단된다.
그러나 안락사의 경우에도 피해자의 명시적 또는 묵시적 촉탁·승낙이 아닌 피
해자의 가족을 비롯한 제3자의 촉탁·승낙에 의한 경우는 위법성조각사유에 해
당하지 아니할 뿐만 아니라 본죄가 아닌 살인죄가 성립한다.

(가) 안락사의 의의

50   안락사(安樂死) 또는 '안사술'(安死術)의 개념은 확정된 것은 아니며, 그 개념
정의가 다양하다. 즉, '사기가 목전에 절박(切迫)한 환자에 대하여 고통을 감소시
키는 방법으로서 자연의 사기(死期)에 앞서 사망의 시기를 단축시키는 처치',[60]
'맹목적으로 의료에 집착하기보다는 죽음에 합리적으로 개입하여 어떤 개체의
죽음을 인위적으로 조정하는 행위',[61] '격렬한 육체적 고통에 허덕이는 불치(不
治) 또는 빈사(瀕死)의 병자에 대하여 그 고통을 감경 내지 제거하기 위하여 그
사기를 앞당기는 처치를 실시하는 것',[62] '심한 육체적 고통에 시달리는 불치 또
는 빈사의 환자에 대해 그 고통을 덜어주기 위한 목적으로 사기를 앞당기는 의
학적 조치',[63] '심한 육체적 고통을 겪고 있고 죽음이 임박한 불치 또는 빈사의
환자에게 고통을 제거 또는 완화시키기 위하여 생명을 단축시키는 의료적 조
치',[64] '회복할 수 없는 죽음의 단계에 들어선 중환자의 고통을 덜어주기 위해
치료를 중단하거나 약물을 투여하는 등의 방법으로 생명의 종기를 인위적으로
앞당기는 의사의 행위',[65] '죽음의 고통에 시달리는 환자에게 고통을 제거하거나
덜어주는 방법으로 생명을 단축시키는 조치',[66] '죽음에 임한 환자의 고통을 덜
어주기 위한 방법으로서 생명을 단축시켜 사망하게 하는 것',[67] '회복할 수 없는
죽음에 임박한 중환자의 고통을 덜어주기 위하여 그 환자의 생명을 단축시켜

---

60 남흥우, 20.
61 권오걸, 9.
62 강구진, 41.
63 이영란, 30.
64 김선복, 33; 심재무, 14.
65 김성돈, 63.
66 김일수·서보학, 17.
67 박상기·전지연, 397.

사망케 하는 것',[68] '임종 시에 고통을 겪지 않고 편안하게 죽음을 맞이하도록 하는 행위',[69] '심한 육체적 고통에 시달리는 불치 또는 빈사의 환자에 대해 그 고통을 덜어주기 위한 목적으로 사기를 앞당기는 의학적 조치',[70] '사기가 임박하고 현대 의학상 회생이 불가능한 환자가 극심한 육체적 고통을 겪고 있는 경우에 그 환자의 육체적 고통을 제거하기 위하여 그 환자를 살해하는 것',[71] '격렬한 고통에 허덕이는 불치 또는 빈사의 환자에게 그 고통을 제거 또는 감경하기 위하여 그를 살해하는 것',[72] '불치 또는 빈사의 환자에게 그 고통을 제거하여 편안한 죽음을 맞이할 수 있도록 하는 의학적 조치',[73] '심한 육체적 고통에 시달리며 사기가 임박한 불치 또는 난치의 환자의 촉탁·승낙을 받아 그 고통을 제거하거나 완화하기 위한 의료적 조처가 생명의 단축을 가져오는 경우',[74] '죽음에 임박해 있는 환자의 고통을 덜어주기 위하여 행해지는 살해행위',[75] '사기에 임박하여 불치의 질병으로 고통받고 있는 환자의 생명의 종기를 인위적으로 앞당기거나 생명유지를 위한 조치를 중단하는 것',[76] '죽음의 고통에 시달리는 불치 또는 빈사 상태의 환자에 대하여 그의 고통을 제거하여 편안한 죽음을 맞이할 수 있도록 하는 의학적 조치'[77] 등이다.

　　이와 같은 개념 정의에서 공통적으로 도출되는 요소들은 ① 환자가 사기에 임박해 있을 것(사기 임박 또는 임종 과정), ② 불치 또는 난치의 질병에 걸린 환자일 것(불치 또는 난치의 질병), ③ 환자가 극심한 육체적 고통에 처해 있을 것(육체적 고통), ④ 시행 목적이 육체적 고통의 제거 또는 완화에 있을 것(고통 제거 또는 완화 목적), ⑤ 안락사에 대한 환자 본인의 명시적인 촉탁·승낙의사 또는 추정적 의사가 있을 것(본인의 촉탁·승낙), ⑥ 안락사의 시행으로 환자의 생명이 단축될 것(생명 단축), ⑦ 의학적 조치일 것(의료행위) 등이다.

51

---

68 손동권·김재윤, §2/20.
69 신동운, 541.
70 류전철, 형법입문(각론편), 23; 배종대, §10/14.
71 백형구, 22.
72 이재상·장영민·강동범, §2/26.
73 이정원·류석준, 16.
74 임웅, 23.
75 정영일, 11.
76 정웅석·최창호, 294.
77 주석형법 〔각칙(3)〕(5판), 200(김승주).

(나) 안락사의 유형

52   안락사의 유형에 대하여는 학자들에 따라 다양하게 구별되고 있지만, 아래에서는 ① 생명의 단축이 있었는지, ② 생명 단축의 결과발생을 직접적인 목적으로 하였는지, ③ 생명 단축의 조치가 적극적으로 이루어졌는지 여부에 따라 그 유형을 분류하고자 한다.[78]

(a) 진정안락사와 부진정안락사

53   생명의 단축이 있었는지에 따라 진정안락사(또는 순수한 안락사)와 부진정안락사로 구분된다.

54   진정안락사는 생명의 단축 없이 진통제 등을 투여하여 편안하게 자연사(自然死)(Natural death)를 맞이할 수 있도록 하는 의학적 조치로서, 말기환자 또는 임종과정에 있는 환자와 그 가족에게 통증과 증상의 완화 등을 포함한 신체적·심리사회적·영적 영역에 대한 종합적인 평가와 치료를 목적으로 하는 호스피스·완화의료가 이에 해당하고,[79] 부진정안락사는 환자의 고통을 제거하거나 줄이는 과정에서 생명의 단축이 이루어지는 안락사를 말한다.

(b) 직접적 안락사와 간접적 안락사

55   생명 단축의 결과발생을 직접적인 목적으로 하였는지에 따라 직접적 안락사(또는 원래의 의미의 안락사)와 간접적 안락사(또는 협의의 안락사)로 구분된다.

56   직접적 안락사는 생명 단축의 결과발생을 직접적으로 의도한 것이고, 간접적 안락사는 생명 단축의 결과발생을 예상하면서도 고통을 완화시킬 목적으로 처치를 했던 결과 예상된 부작용으로 자연적 사망시기를 앞당긴 경우이다. 직접적 안락사의 경우는 고의에 의한 살인죄의 성립 여부가, 간접적 안락사의 경우는 미필적 고의에 의한 살인죄나 업무상과실치사죄의 성립 여부가 문제될 것이다.

(c) 적극적 안락사와 소극적 안락사

57   생명 단축의 조치가 적극적으로 이루어지는지에 따라 적극적 안락사와 소극적 안락사로 구분된다.

---

78 이외에도 대상자(또는 환자)의 의사 여부에 따라 자발적(또는 자의적) 안락사와 반자발적 안락사, 비자발적 안락사로 구분하기도 한다[구영모, 안락사의 개념과 분류, 의료법학 6-1, 대한의료법학회(2005), 63-77; 김학태, 현대의학에 있어서 생명의 시간과 인간의 존엄, 집문당(2015), 262; 이준일, 인권법(8판), 홍문사(2019), 35-36 등 참조].

79 신동운, 541.

적극적 안락사란 '고통 제거의 수단으로 적극적인 생명단절의 수단을 사용   58
하는 경우',[80] '사경의 고통을 제거하는 방법으로 아예 목숨을 끊어버리는 것'[81]
또는 '처음부터 죽음에 임박한 환자의 극심한 고통을 덜어주기 위하여 적극적인
방법으로 그 환자의 생명을 단축시키는 경우'[82]를 말하며, 소극적 안락사는 '의
사가 환자의 생명유지에 필요한 의료적 조치를 취하지 않아 환자가 사망하는
경우',[83] '치료 중단 등 생명연장을 위한 더 이상의 조치를 취하지 않음으로써
예상 보다 빨리 죽음에 이르도록 하는 경우'[84] 또는 '빈사상태에 빠진 고통스러
운 환자에게 적극적인 생명연장의 조치(인공호흡장치 내지 영양공급튜브)를 취하지
않고 환자가 그대로 사망하도록 방치하는 행위',[85] '불치나 빈사의 사람이 자연
사에 이르도록 소극적으로 생명유지조치를 취하지 않는 것',[86] '소생의 가능성이
없는 불치의 환자를 고통으로부터 해방시키기 위하여 자연적으로 죽을 수 있도
록 생명유지장치를 제거하거나 치료를 중단하는 것'[87]을 말한다.

적극적 안락사는 작위에 의한 살인죄의 성립 여부가 문제될 것이며, 소극적   59
안락사는 부작위에 의한 살인죄의 성립 여부가 문제될 것이다.

(다) 안락사의 허용 여부

안락사의 허용 여부에 관하여 생명의 단축이 없는 진정안락사는 일종의 치   60
료행위로써 살인죄의 구성요건해당성이 없으므로 논의의 대상이 될 수 없으
며,[88] 생명의 단축이 있는 부진정안락사의 경우에 그 허용 여부가 문제된다.

생명을 단축시키는 안락사의 경우에는 어떠한 경우라도 위법성이 조각되지   61
아니한다는 견해[89]도 있지만, 대부분의 학설은 안락사의 유형에 따라 위법성의

---

80 심재무, 15.
81 김일수·서보학, 18.
82 정웅석·최창호, 295.
83 김성돈, 63.
84 김일수·서보학, 18.
85 정웅석·최창호, 295.
86 이정원·류석준, 19.
87 심재무, 15.
88 김성돈, 63; 배종대, §10/14〔생명단축을 수반하지 않는 고통제거나 완화의 수단(예컨대 진통제)을
   사용하는 것은 안락사의 범주에 들어가지 않는다〕; 백형구, 23; 신동운, 541; 이재상·장영민·강동
   범, §2/26; 이정원·류석준, 17; 임웅, 25; 진계호·이존걸, 37; 하태훈, 166(환자의 명시적 승낙이
   나 추정적 승낙이 있는 한 법적으로 제한없이 허용된다).
89 황산덕, 165. 안락사와 동일한 개념으로 안사술(安死術)이라는 용어를 사용하면서, 의사 측의 끈

조각 여부를 달리 이해하고 있으므로 아래에서는 안락사의 유형에 따라 그 허용 여부 및 근거를 살펴본다.

(a) 간접적 안락사

62   간접적 안락사에 대하여는 허용할 수 있다는 견해[90]가 다수설이지만, 그 허용근거에 대하여는 견해가 나뉜다. 즉, '사회상규에 위배되지 아니하는 정당행위로서 위법성이 조각된다'는 견해,[91] '피해자의 승낙 또는 추정적 승낙에 의하여 허용되는 것으로 보아야 한다'는 견해,[92] '사망의 위험을 각오한 수술'의 경우와 동일한 관점에서 허용된 위험의 법리에 의하여 파악하는 것이 타당하다는 견해,[93] 고통을 수반한 생명을 유지할 것인지 아니면 진통제로 고통을 감경시키면서 조금 더 단축된 생명을 선택할 것인지의 이익형량이 중심에 선다는 견해,[94] 구성요건해당성이 없거나 위법성이 조각된다는 견해[95]도 도 있다.

(b) 소극적 안락사

63   소극적 안락사에 대하여는 사회상규에 위배되지 아니하는 정당행위로서 위법성이 조각된다는 견해[96]가 다수설이지만, 일종의 치료행위로서 위법성이 조각될 수 있다는 견해,[97] '환자 자신의 명시적 승낙 또는 추정적 승낙, 즉 환

질긴 주장도 있으므로, 일정한 요건을 구비한 안사술이면 그 위법성을 조각시키자는 견해가 주로 일본과 한국의 형법학자들 사이에서 주장되고 있으나, 의사의 입장과 법률가의 입장은 같을 수가 없으므로, 소위 생명을 단축시키는 안사술의 경우에는 위법성이 조각되지 않는다고 한다.

90 권오걸, 9; 심재무, 15; 진계호·이존걸, 37; 하태훈, 167(다만, 불치의 병으로 사기에 임박할 것, 환자의 고통이 극심할 것, 환자의 명시적이고 진지한 촉탁 또는 승낙이 있어야 한다); 이석배, "형법상 절대적 생명보호원칙", 한국형법학의 새로운 지평(심온 김일수 교수 화갑기념논문집), 김일수 교수 화갑기념논문집 발간위원회(2006), 684.

91 김신규, 36; 김일수·서보학, 18; 이재상·장영민·강동범, § 2/26; 진계호·이존걸, 37.

92 김선복, 34; 배종대, § 10/15; 심재무, 15.

93 이정원·류석준, 19.

94 이석배(주 91), 684.

95 오영근, 36-37.

96 권오걸, 9; 김성돈, 64(다만, 이 경우 의사의 행위가 위법성이 조각되기 위해서는 '첫째 환자가 감내할 수 없는 육체적 고통에 시달리고 있을 것, 둘째 의학적 견지에서 불치의 질병으로 죽음의 시기가 임박하였을 것, 셋째 원칙적으로 환자의 진지한 촉탁 또는 승낙이 있을 것, 넷째 의사의 치료중단이 환자의 육체적 고통을 제거하거나 경감하기 위한 목적하에서 이루어질 것 등'의 조건을 갖추어야 한다); 김성천·김형준, 18; 진계호·이존걸, 37.

97 정성근·박광민, 49; 하태훈, 166-167[정당행위(업무로 인한 행위) 부분에서 소극적 안락사의 정당화 근거에 대하여 '회생가능성이 없는 죽음의 단계에 접어든, 의식 없는 환자의 가지결정권을 존중한 의사의 치료중단이나 생명 연장조치의 제거로 사망의 결과가 초래되더라도 의사에게 형법적 책임을 물을 수는 없을 것이다'라고 설명한다].

자의 자기결정권에서만 위법성조각의 근거가 나올 수 있다'는 견해,[98] '환자의
의사에 따라서 생명연장의 적극적 수단을 취하지 않으면 환자의 진료거부권행
사로서 허용하여야 하며, 환자가 회복할 수 없는 의식불명상태에 빠져서 명시
적인 진료거부의사표시를 할 수 없는 경우에는 의학적으로 전혀 소생가망이 없
다고 판단될 경우에는 의사의 생명유지의무가 끝난다고 보아야 하므로 허용되
어야 한다'는 견해[99]도 있다. 이에 반하여, 소극적 안락사는 사안에 따라 개별
적으로 판단해야 한다는 견해[100]와 소극적 안락사는 구성요건해당성이 없다는
견해[101]도 있다.

소극적 안락사에 대하여는 후술하는 연명의료중단결정으로 입법화되었다.   64

(c) **직접적 안락사**(또는 적극적 안락사, 직접적·적극적 안락사)

직접적 안락사에 대하여는 허용할 수 없다는 견해[102]가 다수설이지만, 직접   65
적 안락사도 허용하여야 한다는 견해[103]가 있다. 직접적 안락사의 허용근거에
대하여 본인의 명시적인 의사에 기한 경우에는 '사회상규에 위배되지 아니하는
행위'(§20)로서 촉탁·승낙살인죄의 위법성이 조각되며, 본인이 의사를 표명할
수 없는 경우에는 추정적 승낙의 법리에 의하여 위법성이 조각될 수 있거나,[104]
'고통에 의한 죽음'인가 '고통에서 해방된 죽음'인가를 선택한다는 관점에서 고통

98 손동권·김재윤, §2/23.
99 배종대, §10/17(종래에는 이론·실무적으로 많은 문제가 있었으나, 연명의료결정법 제정 이후에
는 연명의료결정법의 요건을 구비한 연명의료중단은 법령에 의한 정당행위가 되며 환자의 의사
를 확인할 수 없는 경우에도 미성년자인 환자의 법정대리인의 동의, 환자가족 전원의 합의가 있
으면 연명의료중단결정을 할 수 있다); 심재무, 16.
100 김일수·서보학, 18. 이 견해에 따르면, 먼저 환자가 죽음의 연기를 원하였음에도 불구하고 의사
가 생명연장조치를 취하지 않았을 때는 부작위에 의한 살인죄의 불법비난을 면할 수 없으며, 그
밖에 뇌사상태에 있는 환자에 대해서는 더 이상의 치료가 불필요할 뿐만 아니라 반드시 요구되
는 것도 아니기 때문에, 치료를 담당했던 의사에게는 보증인 의무가 없으므로 이러한 치료중단
은 부작위에 의한 살인죄의 구성요건에 해당하지 않는다고 한다.
101 정웅석·최창호, 295.
102 권오걸, 10; 김선복, 34; 김성천·김형준, 18; 김신규, 36; 김일수·서보학, 18; 박강우, 10; 박상기·전
지연, 398; 배종대, §10/19; 손동권·김재윤, §2/22; 신동운, 544; 심재무, 15; 이재상·장영민·
강동범, §2/26; 하태훈, 167; 천주헌, 시민과 형법, 박영사(2019), 683; 정현미, "적극적 안락사와
관련한 법적 논쟁", 형사법과 형사정책의 현대적 과제(약천 정해창 선생 고희기념논문집), 한국
형사정책연구원(2007), 156.
103 김성돈, 65; 임웅, 26; 정성근·박광민, 49; 정영일, 12.
104 김성돈, 65(다른 조건이 소극적 안락사의 경우와 동일하다면 적극적 안락사도 사회상규불위배행
위로서 위법성이 조각되는 것으로 보는 것이 타당하다); 임웅, 26.

을 제거해 주는 일종의 치료행위로 취급하여 엄격한 요건하에서만 위법성이 조
각된다거나,[105] '환자가 불치의 병으로 사기에 임박해 있고, 그의 고통이 극심하
며, 환자의 의식이 명료한 때에 환자의 진지한 촉탁·승낙이 있고, 의사가 의술
에 합치하는 방법으로 환자의 고통을 덜어주기 위한 목적으로 행한 때에 한하
여 위법성이 조각되는 것으로 보는 것이 타당하다'[106]라고 설명하고 있다.

66　　　　살피건대, 직접적 안락사는 절대적 생명보호의 원칙에 반할 뿐만 아니라 남
용될 우려가 있으므로 허용해서는 안 된다. 또한, 그 목적이 아무리 선하다고
할지라도 그 목적을 위해 투입되는 수단이 적합성·필요성·균형성이 없으면 목
적과 수단의 비례성을 요구하는 법치국가형법의 원칙상 정당성을 가질 수 없는
바, 고통제거의 목적과 적극적 생명단절이라는 수단이 비례관계에 있지 않기 때
문이다.[107] 따라서 환자의 촉탁이나 승낙이 있는 경우에는 촉탁승낙에 의한 살
인죄에 해당하고, 그렇지 아니한 경우에는 살인죄가 성립한다.

67　　　　대법원도 오랜 정신병으로 신체가 극도로 쇠약하고 고생이 많다고 하여 친
부를 음독케 하여 살해한 것은 안락사가 되지 않는다고 판결하였다.[108]

　　(라) 존엄사와 자비사

68　　　　안락사와 유사한 개념으로서 존엄사와 자비사가 있다.

　　(a) 존엄사

69　　　　존엄사란 '의식회복의 가망이 없는 식물상태의 인간에 대하여 그에 부착된
생명유지장치를 제거하여 인간으로서의 존엄을 유지하면서 죽음을 맞게 하는
것'[109] 또는 '임종과정에 있는 환자에 대해 연명의료를 시행하지 아니하거나 중
단함으로써 생명연장에 관한 환자의 자기결정권을 존중하여 인간으로서 최소한
의 품위와 가치를 가진 죽음에 이르게 하는 것',[110] '죽음의 말기증상을 노정한

105　정성근·박광민, 49.
106　정영일, 12.
107　배종대, § 10/19.
108　대판 1957. 7. 26, 4290형상126. 이 판결의 판결이유는 김기두·이수성, 판례교재 형법(각론), 307
　　참조.
109　정웅석·최창호, 296.
110　김성돈, 65. 이에 따르면 안락사는 아직 임종과정에 있는 상태에는 이르지 않은 환자가 느끼는
　　고통을 종식시키기 위해 특정 치료행위를 중단하거나 적극적인 작위를 통해 죽음의 시기를 인
　　위적으로 앞당기는 경우를 가리키는 반면, 존엄사는 회생불가능하고 치료가 무의미한 환자에게
　　치료 효과 없이 임종과정의 기간만을 연장하는 의학적 시술을 중단하기 때문에 자연적인 죽음

병자의 정상적인 의사를 받들어 품위 있는 죽음(death with dignity)을 맞이하도록 하기 위하여 생명유지치료를 중지하는 것',[111] '식물인간상태에 있는 환자로부터 인공적 생명연장장치를 제거하여 그 환자를 사망에 이르게 하는 것'[112]을 말한다. 또한, 소극적 안락사를 존엄사와 같은 개념으로 보는 견해[113]도 있다.

  그런데 이와는 달리 존엄사를 '임박한 죽음의 고통에 시달리는 불치 또는   **70** 난치의 환자가 생명연장을 위한 고통스러운 싸움을 포기하고 차라리 품위 있게 죽기를 바랄 경우에 치명적인 의약품을 제공함으로써 환자 스스로 고통 없는 방법으로 이르게 하는 자살원조행위'라고 설명하는 견해[114]가 있는데, 이에 따르면 적극적인 안락사와 마찬가지로 존엄사도 위법성이 조각되지 않는다는 견해[115]와 위법성이 조각된다는 견해[116]로 나뉜다.

  존엄사를 품위 있는 죽음으로 이해하는 견해에 의하면, 안락사는 편안하게   **71** 죽을 것을 목적으로 함에 반하여, 존엄사는 품위 있는 죽음을 목적으로 하기 때문에 질적으로 차이가 있다고 한다.[117]

  (b) 자비사

  자비사(慈悲死)(mercy killing)란 단지 생명유지장치에 의해 인공적으로 연명할   **72** 뿐 다시 소생할 가망 없는 혼수상태나 뇌사상태의 환자가 차라리 죽음에 이를 수 있도록 생명유지장치를 제거하여 생명을 단축시키는 행위를 말한다.[118] 이에 따르면 자비사는 환자의 고통이 없으며, 환자 자신의 결정권 행사가 없으므로 안락사 또는 존엄사와 구별된다.

  자비사가 허용될 것인지 여부에 관하여, 비록 윤리적인 동기에서는 자비사   **73**

  에 이르게 하는 경우로서 차이가 있으며, 존엄사의 경우는 대판 2009. 5. 21, 2009다17417(전) 이후 다양한 사회적 논의를 거쳐 2016년 2월 3일 제정된 연명의료결정법에서 그 요건과 절차가 규정되었다고 한다.
111 강구진, 29.
112 백형구, 23
113 김선복, 33-34; 박상기·전지연, 398; 배종대, § 10/16(무의미한 연명치료중단도 같은 개념이다); 심재무, 15; 이영란, 30; 조현욱, 41.
114 김일수·서보학, 19.
115 김일수·서보학, 19.
116 김신규, 37.
117 강구진, 29.
118 김신규, 36; 김일수·서보학, 18.

의 개념을 수긍할 수 있지만 절대적 생명보호의 원칙에서 인간생명의 존엄성을 명맥히 침해하므로 위법성이 조각되지 않는다.

(4) 연명의료중단

(가) 연명의료중단결정과 자기결정권

74   연명의료란 임종과정에 있는 환자에게 하는 심폐소생술, 혈액 투석, 항암제 투여, 인공호흡기 착용의 의학적 시술로서 치료 효과 없이 임종과정의 기간만을 연장하는 조치를 말한다.[119]

75   한편, 자기결정권이란 일반적으로 '개인이 자신의 삶에 관한 중대한 사항에 대하여 스스로 자유롭게 결정하고 그 결정에 따라 행동할 수 있는 권리',[120] '개인의 인격발현에 관한 사항을 공권력의 개입 없이 각자가 자율적으로 선택하고 결정할 수 있는 권리',[121] '개인이 일정한 사적 사항에 관하여 공권력으로부터 간섭 내지 침해 없이 스스로 자유롭게 결정하여 자신의 사적 영역을 형성할 수 있는 권리',[122] '개인이 자유의지에 의하여 자유롭게 자기의 운명을 결정할 수 있는 권리',[123] '개인이 자신의 중요한 사적인 사안이나 사항에 대해 어떠한 행위를 할 것인지, 하지 않을 것인지 등에 대하여 자신의 판단에 따라 자율적으로 의사를 정할 수 있는 권리',[124] '개인은 그 사적 영역에 관해서 국가나 사회 또는 다른 개인으로부터 간섭이나 침해를 받지 아니하고 사적 사항을 스스로 결정하여 자신의 생활영역을 자유로이 형성할 수 있는 권리'[125]라고 정의하고 있는데, 그 내용에는 자신의 생명·신체의 처분에 대한 결정권, 생활스타일에 대한 결정권, 가족의 형성 유지에 관한 결정권과 성행위 여부 및 그 상대방을 결정할 수

---

119 정응석·최창호, 294. 연명의료결정법 제2조 제4호는 '연명의료'를 '임종과정에 있는 환자에게 하는 심폐소생술, 혈액 투석, 항암제 투여, 인공호흡기 착용 및 그 밖에 대통령령으로 정하는 의학적 시술로서 치료효과 없이 임종과정의 기간만을 연장하는 것'이라고 규정하고 있으며, 연명의료결정법시행령 제2조는 동법 제2조 제4호에서 규정하는 대통령령으로 정하는 의학적 시술을 '체외생명유지술(ECLS), 수혈, 혈압상승제 투여, 그 밖에 담당의사가 환자의 최선의 이익을 보장하기 위해 시행하지 않거나 중단할 필요가 있다고 의학적으로 판단하는 시술'이라고 규정하고 있다.

120 성낙인, 헌법학(19판), 법문사(2019), 1020.

121 양건, 헌법강의(8판), 법문사(2019), 372.

122 이인영, "품위있는 죽음", 현대 한국의 범죄와 형벌 - 형사사법입문, 박영사(2017), 384; 주호노, 의사법학론, 법문사(2017), 46.

123 정종섭, 헌법학원론(12판), 박영사(2018), 420.

124 정재황, 신헌법입문(11판), 박영사(2021), 345.

125 김강운, "헌법상 자기결정권의 의의", 법학연구 20, 한국법학회(2005), 161.

있는 성적 자기결정권 등이 포함되어 있다. 또한, 자기결정권은 본질적인 자유
권으로서 원칙적으로는 국가에 대한 부작위청구권이지만 국가에 대한 소극적·
방어적 성격을 넘어서서 다른 사람에게도 간접적인 효력을 미친다.[126]

그런데 자기결정권에 기한 연명의료중단결정이 가능한지가 문제이다.[127]   76

① 대판 2009. 5. 21, 2009다17417(전)(무의미한 연명치료장치 제거 등 사건)[128]

치료 중 혼수상태에 빠진 환자의 가족이 환자를 대리하여 병원을 상대로   77
환자에 대한 생명연장장치의 제거를 요청하는 사안에서 대법원은, ⓐ '회복불가
능한 사망의 단계'에서 이루어지는 '연명치료'를 환자에게 강요하는 것이 오히려
인간의 존엄과 가치를 해하게 되므로, 이와 같은 예외적인 상황에서 죽음을 맞
이하려는 환자의 의사결정을 존중하여 환자의 인간으로서의 존엄과 가치 및 행
복추구권을 보호하는 것이 사회상규에 부합되고 헌법정신에도 어긋나지 아니하
므로, 회복불가능한 사망의 단계에 이른 후에 환자가 인간으로서의 존엄과 가치
및 행복추구권에 기초하여 자기결정권을 행사하는 것으로 인정되는 경우에는
특별한 사정이 없는 한 연명치료의 중단이 허용될 수 있으며, ⓑ 환자가 회복불
가능한 사망의 단계에 이르렀을 경우에 대비하여 미리 의료인에게 사전의료지
시를 한 경우에는, 비록 진료 중단 시점에서 자기결정권을 행사한 것은 아니지
만 사전의료지시를 한 후 환자의 의사가 바뀌었다고 볼 만한 특별한 사정이 없
는 한 사전의료지시에 의하여 자기결정권을 행사한 것으로 인정할 수 있고, ⓒ
환자의 사전의료지시가 없는 상태에서 회복불가능한 사망의 단계에 진입한 경
우에는 환자에게 의식의 회복가능성이 없으므로 더 이상 환자 자신이 자기결정

---

126 유승룡, "생명권과 자기결정권, 그리고 의사의 진료의무", 의료법학 9-2, 대한의료법학회(2008), 23.
127 독일 연방대법원은 치료의 중지에 의한 임종원조에 관하여, 이미 개시된 의학적 치료를 그만두
   거나 제한하거나 종료함으로써 임종을 원조하는 것은, 그것이 환자의 명시적 의사나 추정적 의
   사에 합치하고, 사망에 이르는 질병의 진행을 자연에 맡기기 위해 이용되는 것인 경우에는 정당
   화된다고 보았다. 그런데 그와 같은 치료의 중지와는 관련이 없는, 인간의 생명에 대한 의도적
   인 침습(侵襲)은 승낙에 의해 정당화되지 않는다고 보았다. 한편, 그와 같은 치료의 중지는 부작
   위에 의해서도 작위에 의해서도 가능하다고 보았다(BGH, 25.06.2010 - 2 StR 454/09).
128 이 판결에 대한 평석은 김장한, "'김할머니' 사례로 살펴본 가정적 연명의료결정에 관한 연구 -
   호스피스·완화의료 및 임종과정에 있는 환자의 연명의료결정에 관한 법률과 관련하여 - ", 의료
   법학 17-2, 대한의료법학회(2016), 257-279; 석희태, "연명의료의 중단", 의료법학 10-1, 대한의료
   법학회(2009), 263-302; 안성준, "무의미한 연명치료중단의 형사법적 의의", 형사판례연구〔18〕,
   한국형사판례연구회, 박영사(2010), 1-34; 이인영, "인공호흡기제거 청구사건 판결의 형사법적
   시사점", 비교형사법연구 11-1, 한국비교형사법학회(2009), 409-458;

〔김 영 태〕   **221**

권을 행사하여 진료행위의 내용 변경이나 중단을 요구하는 의사를 표시할 것을 기대할 수 없으나, 환자의 평소 가치관이나 신념 등에 비추어 연명치료를 중단하는 것이 객관적으로 환자의 최선의 이익에 부합한다고 인정되어 환자에게 자기결정권을 행사할 수 있는 기회가 주어지더라도 연명치료의 중단을 선택하였을 것이라고 볼 수 있는 경우에는, 그 연명치료 중단에 관한 환자의 의사를 추정할 수 있다고 인정하는 것이 합리적이고 사회상규에 부합되며, ⓓ 환자 측이 직접 법원에 소를 제기한 경우가 아니라면, 환자가 회복불가능한 사망의 단계에 이르렀는지 여부에 관하여는 전문의사 등으로 구성된 위원회 등의 판단을 거치는 것이 바람직하다고 판시하면서,[129] 병원은 환자에 대한 생명유지장치 제거를 하라고 판결하였으며, 그에 따라 환자에 대한 생명유지장치가 제거되었고 환자는 그 후 사망하였다.

② 대판 2014. 6. 26, 2009도14407(업무상과실치사 사건)[130]

78   공소사실의 요지는, 정형외과 의사인 피고인은 'A 종교단체' 신도로서 우측 고관절 부위에 결핵성 관절염을 앓아 1974년경 골반과 대퇴골의 유합수술을 시술받았던 피해자(여, 62세)에게 수혈을 하지 않고도 우측 고관절을 인공고관절로 대치하는 수술을 하는 것이 가능한지에 관하여 업무상과실로 만연히 수혈을 하지 않고도 수술을 할 수 있다고 판단하였으며, 그에 따라 피해자에 대하여 우측 고관절 인공고관절 치환 수술을 시술하던 중 많은 양의 출혈이 생겼고, 혈관외과 전문의인 B가 혈관봉합술을 하였음에도 지혈이 되지 않고 계속 출혈이 생기므로 수술을 중단하고, 15:05경 중환자실로 피해자를 옮겼는데, 이때까지 피해

---

129 이 판결의 다수의견에 대해서는, ① "이미 삽입 또는 장착되어 있는 생명유지장치의 제거 또는 그 장치에 의한 치료를 중단하라는 환자의 요구는 특별한 사정이 없는 한 자살로 평가되어야 하고, 환자의 요구에 응하여 생명유지장치를 제거하고 치료를 중단하는 것은 자살에 관여하는 것으로서 원칙적으로 허용되지 않는다. 다만, 생명유지장치가 삽입, 장착되어 있는 상태에서도 환자가 몇 시간 또는 며칠 내와 같이 비교적 아주 짧은 기간 내에 사망할 것으로 예측, 판단되는 경우에는, 생명유지장치를 제거하고 치료를 중단하는 것이 허용된다."는 반대의견과, ② "환자의 사전의료지시가 없는 상태에서 회복불가능한 사망의 단계에 이른 경우에, 민법 제947조 제2항을 유추적용하여 후견인은 의료인에게 연명치료의 중단을 요구하는 것이 금치산자의 자기결정권을 실질적으로 보장할 수 있는 최선의 판단인지 여부에 관하여 법원의 허가를 받아야 한다."는 별개의견이 있다.
130 이 판결에 대한 평석은 김영태, "의료행위와 환자의 자기결정권에 관한 고찰", 의료법학 15-2, 대한의료법학회(2014), 3-26.

자의 출혈양이 약 3,600ml 이상이었고, 중환자실로 옮길 당시 피해자의 최고 혈압이 약 70mmHg에 불과하였으며, 15:56 피해자의 혈액 응고에 관한 검사 결과 모든 사항에 'Nocoagulation(응고 불가)' 결과가 나왔으므로, 이러한 경우 위 환자의 수술 등 치료에 종사하는 사람으로서는 위 수술 중 과다출혈 즉시 중환자실로 옮기고 피해자에게 수혈하여 피해자의 생명 또는 신체에 대한 위험을 미리 방지하여야 함에도 불구하고, 위와 같은 수혈을 하지 않은 업무상과실로, 피해자로 하여금 같은 날 21:35경 위 병원 중환자실에서 다량 실혈로 인한 폐부종으로 사망에 이르게 하였다는 내용이다.

제1심[131]은 피고인이 타가수혈을 하지 않은 과실이 있고 피고인의 과실과 피해자의 사망 사이에 인과관계가 있다고 하더라도, 피해자는 수술 직전에 의사들로부터 직접 무수혈 방식에 의하여 수술하는 경우 대량출혈로 인하여 사망할 수도 있다는 점을 비롯하여 수술의 위험성 등에 관하여 충분한 의학적 정보를 제공받은 후 자신의 종교적 신념에 따라 진지하게 판단하여 타가수혈을 거부하고 자가수혈만을 받기로 결정하였다고 할 것이므로, 피고인이 피해자의 결정을 존중하여 타가수혈을 하지 않은 행위는 제24조 소정의 피해자의 승낙에 해당하여 범죄로 되지 않는다는 이유로 무죄판결을 선고하였으며, 항소심[132]은 검사의 항소를 기각하였다.

대법원은 환자의 명시적인 수혈 거부 의사가 존재하여 수혈하지 아니함을 전제로 환자의 승낙(동의)을 받아 수술하였는데 수술 과정에서 수혈을 하지 않으면 생명에 위험이 발생할 수 있는 응급상태에 이른 경우에, 환자의 생명을 보존하기 위해 불가피한 수혈 방법의 선택을 고려함이 원칙이라 할 수 있지만, 한편으로 환자의 생명보호에 못지않게 환자의 자기결정권을 존중하여야 할 의무가 대등한 가치를 가지는 것으로 평가되는 때에는 이를 고려하여 진료행위를 하여야 하는 바, 의사가 자신의 직업적 양심에 따라 환자의 양립할 수 없는 두 개의 가치 중 어느 하나를 존중하는 방향으로 행위하였다면, 이러한 행위는 처벌할 수 없다고 판결하였다.

<table>
<tr><td></td><td>79</td></tr>
<tr><td></td><td>80</td></tr>
</table>

---

131 광주지판 2009. 6. 26, 2008고단2679.
132 광주지판 2009. 12. 2, 2009노1622. 이 판결에 대한 평석으로는 허일태, "무수혈과 관련된 의료과실치사죄", 형사판례연구 [21], 한국형사판례연구회, 박영사(2013), 103-132.

(나) 호스피스·완화의료 및 환자의 연명의료결정에 관한 법률

81   연명의료결정법은 2016년 2월 3일 법률 제14013호로 제정되어 2017년 8월 4일부터 시행되었다. 다만, 연명의료결정법 제9조부터 제20조까지, 제25조 제1항(의료기관 중 요양병원에 관한 사항에 한정한다), 제31조, 제33조, 제36조, 제37조, 제39조 제1호·제2호, 제40조, 제43조 제1항 및 같은 조 제2항 제1호·제3항 제2호는 2018년 2월 4일부터 시행되었다.[133]

82   연명의료결정법의 목적은 호스피스·완화의료와 임종과정에 있는 환자의 연명의료와 연명의료중단등결정 및 그 이행에 필요한 사항을 규정함으로써 환자의 최선의 이익을 보장하고 자기결정을 존중하여 인간으로서의 존엄과 가치를 보호하기 위함이다(§ 1).

83   연명의료결정법에 의하면 말기환자 등의 의사에 따라 담당의사가 작성한 연명의료계획서(§ 10), 환자가 자신의 연명의료중단등결정에 관한 의사를 직접 문서로 작성한 사전연명의료의향서(§ 12) 또는 환자 가족과 담당의사·해당 분야의 전문의의 확인을 거친 연명의료중단등결정(§§ 15-18)에 의하여 회생의 가능성이 없고, 치료에도 불구하고 회복되지 않으며, 급속도로 증상이 악화되어 사망에 임박한 상태(임종상태)에 있는 환자에게 심폐소생술, 혈액 투석, 항암제 투여, 인공호흡기 착용 등의 의학적 시술로서 치료효과 없이 임종과정의 기간만을 연장하는 연명치료를 중단할 수 있으나(§ 19①), 연명의료중단등결정 이행 시 통증완화를 위한 의료행위와 영양분 공급, 물공급, 산소의 단순 공급은 시행하지 아니하거나 중단되어서는 아니된다(§ 19②).

84   한편, 임종과정에 있는 환자에 대하여 연명의료결정법 제17조에 따른 환자의 의사 또는 제18조에 따른 연명의료중단등결정에 반하여 연명의료를 시행하지 아니하거나 중단한 자에 대하여는 1년 이하의 징역 또는 1천 만원 이하의 벌

---

133 2018년 2월 1일부터 2019년 1월 31일까지 건강보험공단 청구 데이터 중 암사망자(총 54,635명), 2018년 2월 4일부터 2019년 1월 31일까지 연명의료정보시스템에 등록된 데이터를 바탕으로 연명의료 현황을 분석한 결과, 전체 암사망자의 26.4%(14,438명)에서 연명의료결정법에 따른 연명의료결정의 절차를 진행하였으며, 암환자의 경우는 환자가 직접의사를 표명한 경우가 약 1/2 정도이었으나, 비암환자의 경우에는 가족이 결정한 경우가 80%를 상회하였다. 구체적인 내용은 권정혜·김도연·신성준·박종연·이현정, 연명의료중단현황 파악 및 한국형 의사 - 환자 공유의 사결정 모델 탐색, 한국보건의료연구원(2019) 참조.

금에 처하며(§ 40①(ii)),[134] 연명의료결정법을 위반한 자에 대하여 유기징역을 처할 경우에는 7년 이하의 자격정지를 병과할 수 있다(§ 41).

5. 책 임

이에 대하여는 **살인죄**(§ 250①)의 해당 부분 참조. 　　　　85

6. 공 범

본죄는 신분범이 아니다. 따라서 본죄의 공범에 대하여는 그 고의의 내용 　86
에 따라 본죄 또는 살인죄가 성립한다. 예컨대 일방은 촉탁·승낙을 받고 일방
은 받지 못한 상태에서 행위한 경우, 촉탁·승낙을 받은 사람에 대하여는 본죄
가, 그렇지 못한 사람에 대하여는 살인죄가 각 성립한다.

7. 죄수 및 다른 죄와의 관계

(1) 죄수

행위자가 하나의 행위로 촉탁·승낙자뿐만 아니라 다른 사람도 살해하였다 　87
면 본죄와 살인죄의 상상적 경합이 성립한다.

촉탁·승낙자를 살해하려고 발사한 총탄이 그 사람과 동시에 다른 사람까지 　88
도 사망케 한 경우에는, 본죄와 과실치사죄와의 상상적 경합이 성립한다.[135]

(2) 다른 죄와의 관계

(가) 촉탁살인죄와 자살교사죄의 관계

다른 사람을 교사하여 자살을 결의하게 하고 더 나아가 그 촉탁을 받아 살 　89
해한 경우에는 견해가 나뉘는 바, ① 자살교사죄(§ 252②)와 촉탁살인죄의 실체

---

134 연명의료결정법 제정 시에는 제39조 제1항 제1호에서 제15조(연명의료중단등결정 이행의 대상)
를 위반하여 연명의료중단등결정 이행의 대상이 아닌 사람에게 연명의료중단등 결정 이행을 한
자에 대하여는 3년 이하의 징역 또는 3천 만원 이하의 벌금에 처한다고 규정하고 있었으나,
2018년 3월 27일 연명의료결정법 일부 개정 시 현행과 같이 변경되었다. 그 이유는 제도 정착
이전에 이러한 벌칙 부과의 가능성은 의료인 등에게 과도한 부담이 될 수 있다는 지적이 있기에
대상이 아닌 환자에 대한 연명의료를 유보·중단한 자에 대한 벌칙을 '3년 이하의 징역 또는 3천
만 원 이하의 벌금'에서 '1년 이하의 징역 또는 1천만 원 이하의 벌금'으로 개정함으로써 환자의
자기결정권이 존중되고 의료 현실에 부합될 수 있도록 보완하려는 것이라고 한다(법제처, 국가
법령정보센터, 제정·개정 이유 참조).
135 이형국, 42.

적 경합이라는 견해,[136] ② 촉탁살인죄만 성립한다는 견해(이에 대하여도 자살교사죄와 촉탁살인죄의 법조경합, 즉 보충관계로 보아 결국 촉탁살인죄만 성립한다는 견해[137]와 자살행위의 실행의 착수가 없기 때문에 촉탁살인죄만 성립한다는 견해[138]가 있음), ③ 자살교사죄의 독자성을 인정하는 한 효과 없는 교사에 준하는 자살교사미수죄와 촉탁살인죄의 실체적 경합으로 보아야 한다는 견해[139]가 있다.

90 살피건대, 피해자의 사망이라는 일련의 과정에서 발생한 자살교사죄와 촉탁살인죄의 법조경합으로서 자살교사죄는 촉탁살인죄에 흡수되어 결국 촉탁살인죄만 성립한다는 위 ②의 견해가 타당하며, 다수설이다.

(나) 촉탁살인죄와 자살방조죄의 관계

91 촉탁살인죄와 자살방조죄(§ 252②)는 촉탁자 또는 자살자가 이미 죽음을 결의하고 있다는 점에서 공통된다. 우리 형법은 촉탁살인죄와 자살방조죄를 동일한 형으로 처벌하고 있으므로 양자의 구별실익은 적다.[140] 그러나 이론상 촉탁살인죄와 자살방조죄는 행위자가 다른 사람의 사망에 관여하는 내용 및 정도에 있어서 상이하므로 양자를 어떠한 기준으로 구분하여야 하는지에 관하여 논의가 있으며, ① 행위(또는 범행)지배기준설[141]과 ② 주도적 역할기준설(또는 주관적 행위수행기준설)[142]로 견해가 나뉜다.[143]

---

136 강구진, 51; 황산덕, 173.
137 김성돈, 78; 김신규, 58; 도중진·박광섭·정대관, 57; 박상기·전지연, 408; 박찬걸, 41; 이정원·류석준, 40; 이형국, 42; 임웅, 47; 정성근·박광민, 63; 정웅석·최창호, 309; 진계호·이존걸, 50.
138 백형구, 36.
139 김일수·서보학, 31.
140 우리나라와 달리 독일형법은 자살방조는 기본적으로 불가벌이기 때문에 자살방조와 촉탁살인의 구별은 매우 중요하다.
141 김선복, 48; 김성천·김형준, 37; 김신규, 58; 도중진·박광섭·정대관, 57; 배종대, § 12/23; 박찬걸, 41; 심재무, 31; 원형식, 25(다만, 자살의 최후 순간에 자살자에게 자유로운 의사결정이 있었는가에 의하여 행위지배가 있었는지 여부를 구별한다); 이재상·장영민·강동범, § 2/55; 이형국, 39; 임웅, 46[구별기준과 관련하여, 주도적인 지위에 서서 살해행위 및 죽음을 최종적으로 좌우(지배)한 사람이 누구인가에 의하여 판단된다고 하여 주도적 역할기준설인 것으로도 해석될 수 있으나, 한편으로 구별기준은 죽음에 이르는 과정에 대한 행위지배가 누구에게 있느냐에 따라 구별된다고 강조하고 있는 점에 비추어 행위지배설을 취하는 것으로 보인다]; 정웅석·최창호, 307-308; 진계호·이존걸, 50.
142 김성돈, 78; 김일수·서보학, 30; 정성근·박광민, 63; 정영일, 12; 황산덕, 173.
143 한편, 행위수행의 주도적 역할을 누가 담당하는지에 따라 행위수행기준설, 범행지배가 누구에게 있는지에 따라 범행지배기준설로 구분한 다음 자살방조죄와 촉탁승낙살인죄는 모두 독립적인 구성요건에 해당하고, 두 죄 모두 행위자와 피해자가 공동으로 범행을 지배하는 경우에 성립한

위 ①의 행위지배기준설에 의하면, 촉탁살인에서 피해자가 죽음을 참고 받 **92**
아들이는 것도 주도적 역할이므로 그 개념이 모호한 '주도적 역할'보다는 행위
결단을 누가 내리고 그 실현에 객관적으로 기여한 사람이 누구인가에 따라 행
위자에게 행위지배가 있으면 촉탁살인이고, 자살자에게 행위지배가 있으면 자
살방조라는 것이다. 이와는 달리 위 ②의 주도적 역할기준설에 의하면, 자살의
주도적 역할을 행위자가 담당하면 촉탁살인죄이고, 자살자가 담당하면 자살방
조죄라는 것이다.

살피건대, 위 ①의 행위지배기준설은 원래 정범과 공범을 구별하는 기준으 **93**
로서 자살방조죄는 공범이 아닌 정범이므로 이에 따라 자살방조죄와 촉탁살인죄
를 구별하는 것은 적절하지 아니하며, 주도적 지위에서 죽음을 최종적으로 지배
한 사람이 누구인지에 따라 구별하는 위 ②의 주도적 역할기준설이 타당하다.

(다) 상해치사죄와의 관계

피해자 자신이 자살할 목적으로 피고인에게 "자살을 가장하려고 한다. 언제 **94**
라도 구조 준비는 되어 있다."고 거짓말하여 이에 속은 살해의 고의 없는 피고
인이 끈으로 피해자의 목을 조르고 호텔 욕조의 물속으로 얼굴을 집어넣어 사
망에 이르게 한 경우, 촉탁살인죄에 해당하는지 상해치사죄(§ 259①)에 해당하는
지가 문제된다. 위 사안에 대해서는 일본 판례가 있는데, 제1심은 "촉탁에 의한
상해치사의 유형은 문리상 제202조(자살관여 및 동의살인. 6월 이상 7년 이하의 징역)
의 '사람을 그 촉탁을 받아 살해한' 경우에 해당하므로 동조가 적용된다. '살해
한다'라는 문언은 일상용례에 비추어 살의가 없는 경우도 포함된다."고 판시하
여 촉탁살인죄의 성립을 인정하였다. 이에 대하여 항소심은 살해의 고의가 없는
경우에 촉탁살인죄가 성립한다고 할 수 없다며 상해치사죄(일형 § 205. 3년 이상 징
역)가 성립한다고 판시하였고, 최고재판소도 이를 시인하였다.[144]

다는 점에서 단순히 범행지배기준설만으로는 두 죄를 구별하는 기준이 될 수 없으며, 피해자의
사망을 가져오는 직접적인 행위를 누가 하는가에 따라 구별하여야 할 것이라는 견해도 있다(박
상기·전지연, 407).
144 最決 平成 27(2015). 1. 21. LEX/DB 25509125.

8. 처 벌

95   1년 이상 10년 이하의 징역에 처한다.

96   본죄의 미수범은 처벌한다(§ 254). 다만, 기수보다 감경할 수 있다(§ 25②).

97   본죄를 범한 사람에 대하여 유기징역형을 선고하는 경우에는 10년 이하의
자격정지를 병과할 수 있다(§ 256).

9. 특례 규정

98   본죄 및 본죄의 미수범은 전자장치 부착 등에 관한 법률에서 규정하고 있
는 특정범죄(§ 2(i), (iii의2))로서, 같은 법에서 정한 요건(§ 5③)에 따른 전자장치부
착명령대상이고, 범죄수익은닉의 규제 및 처벌 등에 관한 법률에서 규정하고 있
는 특정범죄(§ 2(i))로서, 동법에서 정한 요건과 절차에 따라 '범죄수익등'(§ 2(iv))
을 은닉 및 가장하거나(§ 3) 수수하는(§ 4) 행위를 처벌하고, 이를 몰수·추징할
수 있다(§§ 8-10의3).

II. 자살교사·방조죄(제2항)

1. 서 설

(1) 의의

99   본죄(자살교사·방조죄)는 사람을 교사하거나 방조하여 자살하게 함으로써 성
립하는 범죄이며,[145] 자살에 관여하였다고 하여 자살관여죄라고도 한다.

100   본죄를 살인죄의 감경적 구성요건으로 이해하는 견해[146]가 다수설이지만, 본
죄는 살인죄의 기본적 구성요건을 포함하지 않기 때문에 살인죄의 변형구성요건
에 해당하지 않으며, 살인죄와는 다른 독립적 구성요건이라고 해석하는 견해[147]

---

[145] [관련 규정] 형법 제31조(교사범), 제32조(방조범), 제250조(살인, 존속살해), 제253조(위계 등에
    의한 촉탁살인 등), 제254조(미수범), 제256조(자격정지형의 병과), 국가보안법 제4조(목적수행)
    제1항, 전자장치 부착 등에 관한 법률 제5조(전자장치 부착명령의 청구) 제3항, 자살예방 및 생
    명존중문화 조성을 위한 법률 제19조(자살유발정보예방체계의 구축) 제1항, 제25조(벌칙) 등.
[146] 도중진·박광섭·정대관, 54; 배종대, § 12/16; 심재무, 29; 진계호·이존걸, 48.
[147] 김선복, 45; 김혜정·박미숙·안경옥·원혜욱·이인영, 25; 이상돈, 368; 이정원·류석준, 36; 정영
    일, 12.

가 타당하다.

본죄는 자살자의 의사에 반하지 않는 생명침해라는 점에서 촉탁·승낙에 의   101
한 살인죄와 유사하므로 동일한 조문에서 규정하고 있으며, 동일한 법정형으로
처벌된다. 그러나 본죄는 피해자 본인이 살해행위를 주도하는 점에서 피해자 본
인이 아닌 타인이 살해행위를 주도하는 촉탁·승낙살인죄와 구별된다.

(2) 연혁과 입법례

고대 로마에서 자살은 널리 인정되었지만, 군무(軍務)를 회피하기 위한 병사   102
의 자살이나 형벌을 모면하기 위한 피소된 범인의 자살은 범죄로서 금지되었고,
이를 위반한 경우에 자살을 기도한 병사는 사형, 자살자의 소유재산은 국고몰
수[148] 등으로 처벌하였으며,[149] 게르만법에서도 재산몰수의 형벌을 피하기 위한
미결수의 자살은 처벌하였다.[150]

중세 때는 기독교의 영향으로 자살은 육체뿐만 아니라 영혼까지 죽이는 행   103
위로서, 살인 중에서도 가장 반기독교적이고 최악의 것으로 생각되었으며, 그
결과 자살은 범죄로 인정되었고, 교회는 자살자에 대한 미사 집행을 거절하고
자살자의 사체를 교회묘지에 매장하는 것을 거절하는 등 자살자에 대한 제재가
이루어졌다.[151] 그러나 르네상스 등으로 개인의 주체성이 강조된 근대 이후에는
자살에 의한 자기 자신의 생명포기는 법적인 간섭의 대상이 아니라고 일반화되
었으며, 자살 그 자체에 대하여는 범죄로서 벌하지 아니하게 되었고, 더 나아가
개인은 자살할 권리가 있다는 주장도 제기되었으며,[152] 영국에서는 1961년 자살
법(Suicide Act)에 의하여 자살과 자살미수는 더 이상 처벌되지 아니하게[153] 되는

---

148 재산몰수형이 병과되는 사형이나 추방형으로 제재될 범죄로 피소된 피고의 자살은 범죄로 인한
    양심의 가책과 범죄자백의 명백한 표시로 간주되어 피고의 자살과 동시에 그의 모든 재산은 국
    고에 귀속되도록 하였으나, 상속인은 자살자의 무죄를 증명함으로써 몰수된 재산을 다시 회복할
    수 있었다(조규창, 로마 형법, 442-443).
149 강구진, 45; 조규창, 로마 형법, 441.
150 이재상·장영민·강동범, § 2/49 주 1).
151 프랑스 아를(Arles)에서 452년에 열렸던 종교회의는 자살을 범죄로 선언하고 자살은 오직 악마적
    인 광포에 의해서만 일어날 수 있다고 규정하였으며, 563년에 개최된 프라하회의에서는 자살에
    형벌적인 규제를 하도록 하였고, 그에 따라 민간의 법령이 제정되고 종교적인 형벌에 실질적인
    형벌(재산 몰수 등)이 추가되었다[에밀 뒤르켐 /김충선 옮김, 자살론, 청아출판사(1994), 351].
152 강구진, 46.
153 다만 자살교사방조행위만을 따로 가벼운 범죄로 처벌하는 규정을 신설하였고(자살법 § 2), 이후
    2009년 검시관 및 사법법(또는 검시관 및 형사사법개혁법)(Coroners and Justice Act)을 제정하

[김 영 태]   **229**

등 오늘날 자살 그 자체를 범죄로 처벌하는 입법례를 찾아보기 어렵다.

104   다음으로, 자살을 교사·방조하는 행위를 처벌하는지 여부와 관련하여 우리

나라와 일본(§ 202), 오스트리아(§ 78)[154]는 이를 범죄로 규정하여 처벌하고 있으

며, 이에 반하여 스위스(§ 115),[155] 독일(§ 217),[156] 프랑스(§ 223-13)[157]는 일정한 경

우에만 이를 범죄로 규정하여 처벌하고 있고, 중국은 이에 대한 규정을 하고 있

지 않다.

105   한편 미국 오레곤주에서는 1994년 주민투표(51%의 찬성)를 통하여 의사 조

력자살을 허용하는 존엄사법(The Death with Dignity Act)[158]이 제정되었데, 동법에

의하면 의사조력자살이 허용되었다. 의사조력자살의 형태로 이루어지는 의사의

면서 인터넷상의 자살교사방조행위도 처벌하는 규정을 신설하였다(동법 § 59). 이에 대한 상세
는 최민영 외 9인, Global Standard 마련을 위한 쟁점별 주요국 형사법령 비교연구(II-2), 한국형
사정책연구원(2020), 371-372 참조.

154 오스트리아형법 제78조는 "타인이 자살을 결의하게 하거나 자살을 원조한 자는 6년 이상 5년 이
하의 자유형에 처한다."라고 규정하고 있다[법무부, 오스트리아 형법(2009), 56].

155 스위스형법 제115조는 "이기적인 동기로 사람을 자살하도록 유인하거나 또는 자살에 조력을 제
공한 자는, 자살이 실행되거나 미수에 그치는 경우, 5년 이하의 자유형 또는 벌금에 처한다."라
고 규정하고 있다[한국형사정책연구원, 스위스형법전(2009), 73]. 이와 관련하여, 위 규정의 반
대해석에 의하여 '비(非)이기적인 동기로 자살을 권유하거나 방조하는 경우는 불가벌인 것으로
이해되고 있으며, 스위스에서는 이와 같은 경우를 '자살자의 배웅(Freitodbegleitung)'이라고 부
르며 자살을 조력하는 단체도 존재하며 2007년의 경우 자살 조력 단체의 조력을 받아 행해진
자살 건수가 400건에 이르는 것으로 보고되었다고 한다[김성규, '업무로서 행해지는 자살방조'의
범죄화, 강원법학 51, 강원대 비교법학연구소(2017. 6), 6].

156 독일은 2015년 12월 3일 형법 개정 시 '업무로서 행해지는 자살방조(geschäftsmäßige Förderung
der Selbsttötung)'를 처벌하는 규정(§ 217)(제1항: 타인의 자살을 방조할 의도로, 업무로서 그것
을 위한 기회를 제공하거나 주선하거나 중개한 자는 3년 이하의 자유형 또는 벌금형에 처한다.
제2항: 전항의 타인과 가족관계 또는 친밀한 관계에 있는 자로서 자살방조를 업무로서 행하지
않는 자는 공범으로 벌하지 아니한다)을 신설하였으나[김성규(주 155), 1-32 참조], 2020년 2월
26일 독일 연방헌법재판소는 위 217은 일반적 인격권을 규정한 독일 기본법 제2조 제1항(모든
사람은, 다른 사람의 권리를 침해하지 않고 헌법질서나 도덕률에 반하지 않은 한, 자신의 인격
을 자유로이 실현할 권리를 갖는다.) 등에 위배된다고 판결하였다[BVerfG, Urteil des Zweiten
Senats vom 26. Februar 2020 - 2 BvR 2347/15 -, Rn. (1-343). http:www.bvefg.de/e/rs2
0200226_ 2bvr234715.html. 참조].

157 프랑스형법 제223-13조 제1항은 "사람으로 하여금 자살하도록 교사하여 자살에 이르게 하거나
자살행위에 착수하게 한 때에는 3년의 구금형 및 45,000유로의 벌금에 처한다."라고, 제2항은
"전항의 경우 피해자가 15세미만인 때에는 5년의 구금형 및 75,000유로의 벌금에 처한다."라고
규정하고 있다[법무부, 프랑스형법(2008), 135].

158 안락사 논쟁에서 대부분의 학자들이 사용하는 존엄사라는 용어 자체는 같지만 그 내용은 전혀
다르다. 따라서 미국 오레곤주 법률의 취지와 내용을 살려 법률명을 번역한다면 「의사조력자살
법」으로 번역함이 상당할 것이다.

말기처치가 형사책임을 면하기 위해서는, ① 존엄한 죽음을 위한 투약에 대한 서면 요청이 있고, ② 적격 환자의 요건이 구비되어 있어야 하며, ③ 담당 의사의 투약 처방이 있고, ④ 의료 제공자의 책임면제규정이 있어야 한다. 여기서 '적격 환자'란 오레곤주에 거주하면서 말기질병(terminal illness)(합리적인 의학적 판단으로 6개월 이내에 사망에 이르게 되는 의학적으로 확인된 회복 불능의 질병)으로 고통받고 있으며, 의사능력이 있고, 죽음에 이르고자 하는 자발적 의사표시를 한 18세 이상의 성인을 말한다.[159] 실제 1998년 3월 24일 80대 중반의 말기 유방암 여성환자가 이 법에 따라 바르비투르산염(진정·수면제 일종. 일명 '러미라')을 처방받아 자살하였다.[160] 그 이후, 미국 워싱턴주(2008년), 버몬트주(2013년), 캘리포니아주(2016년), 콜로라도주(2016년), 워싱턴 D.C.(2017년), 하와이주(2018년), 뉴저지주(2019년) 및 메인주(2019년)에서도 존엄사법이 각 제정·시행되었다.[161]

(3) 우리 형법의 태도

우리 형법은 자살이나 자살미수에 대해서는 처벌하지 않는데, 처벌하지 아니하는 근거에 대하여 구성요건해당성이 없다는 견해[162]가 통설이다.[163] 그러나 자살 자체는 처벌할 수 없어도 사람의 생명이 가지는 존엄성과 사회적 의미 등을 고려할 때 자살에 관여하는 행위는 처벌할 필요가 있으며 그에 따라 본조가 규정되었다.

106

(4) 법적 성격

범죄가 아닌 자살에 교사·방조의 형태로 관여하는 공범의 행위를 처벌하는 근거 및 본죄의 법적 성격이 무엇인지에 대하여 견해가 나뉜다.

107

---

159 이인영, 생명의 시작과 죽음: 윤리논쟁과 법 현실, 삼우사(2009), 492.
160 최재천·박영호·홍영균, 의료형법, 육법사(2003), 233-234.
161 그 밖에 의사조력사망을 인정하는 나라로는 네덜란드, 벨기에, 스위스, 캐나다 등이 있다. 이에 대한 최신 입법 동향에 관해서는 국회도서관, 의사조력관련 해외 입법례, 최신외국입법정보 2022-21(2022. 8) 참조.
162 김선복, 45; 김일수·서보학, 29; 도중진·박광섭·정대관, 54; 이형국, 44-45; 정성근·박광민, 61.
163 이에 반하여, 생명은 개인이 자유로이 처분할 수 있는 법익으로서 기본적으로 자살에 대한 자기결정권(자살권)이 인정되므로 자살은 실질적으로 또한 기본적으로 범죄가 아니지만, 법률이 개인에 대한 후견적 지위(법률후견주의)에서 자살의 자유에 대하여 일정한 정책적 제한이 가능하다는 견해가 있다(임웅, 45).

(가) 공범독립성설[164]

108　　이 견해에 의하면, 정범의 실행행위가 없어도 교사행위 또는 방조행위 그 자체가 반사회성을 드러내는 독자적인 범죄이므로 자살 교사·방조의 가벌성은 당연히 인정되며, 본조 제2항은 공범의 독립성에 기초한 당연한 규정이라는 것이다.

(나) 공범종속성설(통설)[165]

109　　이 견해에 의하면, 본죄는 피해자의 자살을 이용하여 타인의 생명을 침해하는 행위를 특별히 독립된 범죄로 규정한 것으로 총칙상의 공범규정에 대한 특별규정이라는 것이다.

(다) 가벌성인정설[166]

110　　이 견해에 의하면, 본죄가 총칙상의 공범규정에 대한 특별규정이기는 하지만, 이는 형법이 타인의 생명단축행위를 교사하거나 방조하는 행위의 가벌성을 인정하여 정범으로 처벌하는 것이므로 공범독립성설이나 공범종속성설의 입장에 입각한 것은 아니라는 견해이다.

(라) 검토

111　　사람의 생명을 존중하는 살인죄의 입법목적에 비추어 다른 사람의 자살을 교사 또는 방조하는 행위는 이미 절대적 생명보호의 원칙을 침해한 것이기 때문에 총칙상의 공범규정에 대한 특별규정으로 본죄를 규정하였다고 해석하는 위 (나)의 공범종속성설이 타당하다. 따라서 자살을 교사하거나 방조하는 행위는 타인의 불법에 가담하는 협의의 공범행위가 아니라, 그 자체가 정범행위이다.

2. 객관적 구성요건

(1) 주체

112　　자연인이면 모두 주체가 될 수 있다. 자살자의 직계존속이나 직계비속도 주체가 될 수 있다.

---

164 이영란, 40.
165 강구진, 48; 권오걸, 20; 김선복, 46; 김성돈, 76; 김종원, 48; 김태명, 21; 김혜정·박미숙·안경옥·원혜욱·이인영, 25; 남흥우, 26; 박강우, 14; 박찬걸, 38; 배종대, §12/19; 백형구, 33; 신동운, 559; 심재무, 29; 원형식, 24; 이용식, 91; 이형국, 45; 임웅, 43; 정성근·박광민, 62; 정웅석·최창호, 306; 진계호·이존걸, 48; 최호진, 17; 하태훈, 390; 황산덕, 172.
166 류전철, 28(타인에 대한 침해를 고의적으로 유발·촉진하였다는 점에서 자살교사·방조의 가벌성을 찾을 수 있다); 박상기·전지연, 405.

〔김 영 태〕

자살자 본인은 본죄의 필요적 공범이지만, 자살 자체에 대하여는 구성요건   113
해당성이 없기 때문에 처벌되지 아니한다. 또한 자살자가 다른 사람에게 자기를
살해하여 달라고 교사한 경우에도, 그 교사는 촉탁살인죄에서의 촉탁에 해당할
뿐 자살의 교사에 해당하지 아니한다.

(2) 객체

본죄의 객체는 행위자 이외의 다른 사람이다. 자기 또는 배우자의 직계존   114
속도 본죄의 객체에 해당한다.

자살은 죽음의 의미를 이해할 능력이 있는 사람이 자신의 자유로운 의사결   115
정에 의하여 스스로 생명을 단절하는 행위이고,[167] 자기책임의 원리가 작용하는
영역에 있다.[168]

따라서 본죄의 객체는 자살의 의미를 이해할 수 있는 사람이어야 한다. 자   116
살의 의미를 이해할 수 있는 능력이 없는 사람(정신병자, 유아 등)을 교사·방조하
여 자살하게 한 경우에는 본죄가 아닌 살인죄가 성립한다. 이 경우 살인죄의 간
접정범이 성립한다는 견해[169]와 살인죄의 직접정범(또는 단순정범)이 성립한다는
견해[170]로 나뉘는 바, 살피건대 자살자를 범행의 도구로 사용한 것이 아니므로
살인죄의 직접정범(또는 단순 정범)이 성립한다는 견해가 타당하다.

대법원은 7세, 3세 남짓된 어린자식들에게 함께 죽자고 권유하여 익사하게   117
한 사안에서, 비록 피해자들을 물속에 직접 밀어서 빠뜨리지는 않았다고 하더라
도 자살의 의미를 이해할 능력이 없고 피고인의 말이라면 무엇이나 복종하는
어린 자식들을 권유하여 익사하게 한 이상 살인죄의 범의는 있었음이 분명하다
고 판시하면서, 살인죄로 의율한 항소심 판단이 정당하다고 판결하였다.[171]

한편 자살의 의미를 이해할 수 있는 사람이라고 하더라도 자살을 결의한   118
경위가 위계·위력에 의한 것이면, 본죄가 아닌 위계·위력에 의한 살인죄(§ 253)
가 성립한다.

---

167 신동운, 559.
168 이정원·류석준, 36 주 107).
169 김신규, 60; 김일수·서보학, 29; 김태명, 21; 도중진·박광섭·정대관, 55; 원형식, 24; 이형국,
    46; 정성근·박광민, 62; 정영일, 13; 조준현, 49-50; 조현욱, 58; 진계호·이존걸, 49; 최호진, 18.
170 권오걸, 21; 김성돈, 76; 박찬걸, 38; 백형구, 33; 이상돈, 369.
171 대판 1987. 1. 20, 86도2395.

(3) 행위

119   본죄의 행위는 사람을 교사하거나 방조하여 자살하게 하는 것이다.

(가) 자살의 교사와 방조

(a) 교사와 방조의 의미

120   교사와 방조의 의미에 관하여는, 형법총칙상의 교사 또는 방조를 의미하는 것이 아니라 널리 타인의 자살행위에 관여하는 일체의 행위를 포함한다는 견해[172]와 총칙상의 의미로 해석하여야 한다는 견해(통설)[173]로 있다.

121   살피건대, 전자의 견해에 따르면 주변인물의 관여행위는 큰 의미가 없음에도 불구하고 본죄가 적용될 위험성이 있는 등 죄형법정주의에 반할 수 있는 점 등을 감안하면, 총칙상의 의미로 해석하는 후자의 견해가 타당하다.

(b) 자살의 교사

122   자살의 교사는 자살할 의사가 없는 사람에게 자살을 결심하게 하는 것을 말한다. 교사의 수단과 방법에는 아무런 제한이 없다. 즉, 권유, 종용, 애원, 간청, 이익의 제공, 기망, 명령, 지휘, 지시 등이다. 다만, 위계·위력에 해당하는 경우에는 본죄가 아닌 위계 등에 의한 살인죄(§ 253)가 성립한다.

123   자살의 교사는 명시적인 방법뿐만 아니라 묵시적 방법도 포함된다. 부작위에 의한 교사에 대하여는 이를 부정하는 견해[174]와 긍정하는 견해[175]가 있는데, 부작위에 의해서 자살을 결의하게 하는 것은 불가능하므로 부정설이 타당하다. 부정설에 따르면 만약 부작위에 의한 교사가 자살자에 대한 구조의무불이행으로 판단되는 경우에는, 자살교사죄가 아닌 부작위에 의한 살인죄가 성립된다.[176]

---

172 강구진, 48; 유기천, 43; 이상돈, 369. 한편 본죄의 교사·방조는 이론상 총론상의 교사·방조와 구별되어야 하지만, 실제에 있어서는 대체로 총론상의 교사·방조에 준하여 해석할 수 있다는 견해도 있다(황산덕, 173).

173 김선복, 46; 김성돈, 77; 김성천·김형준, 35; 박상기·전지연, 406; 심재무, 30; 이건호, 213; 이재상·장영민·강동범, § 2/53; 이형국, 46; 정성근·박광민, 62; 조준현, 50; 하태훈, 390. 한편, 자살관여죄는 독립된 범죄유형이지만 구조상으로는 일반적인 교사범이나 방조범의 구조를 가지고 있으므로 다른 사람의 자살행위에 관여하는 일체의 행위를 처벌대상에 포함하는 것은 아니라는 견해도 있다(신동운, 559).

174 김선복, 46; 류전철, 28; 이형국, 46; 최호진, 18; 이정원, "자살관여행위와 정범·공범이론의 한계", 비교형사법연구 5-1, 한국비교형사법학회(2003), 239.

175 오영근, 39; 이상돈, 369(대판 1987. 1. 20, 86도2395에서 피고인은 부작위에 의한 살인죄가 성립한다).

176 부작위에 의한 방조에 대해서도 마찬가지 논의가 적용될 것이다. 배우자의 일방이 자의로 자살하

한편 이미 자살할 결심을 한 사람을 교사한 경우에는, 자살교사죄가 아닌 124
자살방조죄가 성립한다.[177]

(c) 자살의 방조

자살의 방조는 이미 자살을 결심하고 있는 사람에게 그 자살행위를 원조하 125
여 자살을 가능하게 하거나 이를 용이하게 하는 것을 말한다. 방조의 수단과 방
법에는 아무런 제한이 없다. 자살도구인 총, 칼 등을 빌려주거나[178] 독약을 만
들어 주거나, 조언 또는 격려를 하거나 그 밖의 적극적·소극적, 물질적·정신적
방법이 모두 포함된다. 다만, 위계·위력에 해당하는 경우에는 본죄가 아닌 위
계 등에 의한 살인죄(§253)가 성립한다.

대법원은 분신자살할 것을 알고 유서를 대필해준 행위[179] 및 '죽고 싶다' 또 126
는 '같이 죽자'고 하며 기름을 사오라고 하자 휘발유 1병을 사다 준 행위[180]는
자살방조행위에 해당한다고 판결하였다.

한편, 자살방조죄가 성립하기 위하여는 상대방의 구체적인 자살의 실행을 127
원조하여 이를 용이하게 하는 행위 또는 자살 실현의 기회를 현실적으로 증대
시키는 행위가 존재하여야 하며, 그 점에 대한 행위자의 인식이 있어야 한다.
이와 관련하여, 대법원[181]은 인터넷 사이트 내 자살 관련 카페(동호회) 게시판에
청산염 등 자살용 유독물의 일반적 효능 소개를 곁들인 판매 광고용 글을 게재
하고 구입자와 상담용 이메일을 주고 받고 통화하다가 구입자 등이 실제 자살
한 사안에서, 피고인들이 인터넷 게시판에 청산염 등 자살용 유독물의 판매광고
를 한 행위는 단지 금원 편취 목적의 사기 행각의 일원으로 이루어졌고, 변사자

___

려는 것을 보고 이를 제지할 수 있었음에도 그대로 두어 자살한 경우는, 부작위에 의한 살인죄가
성립한다는 것이 독일 판례의 기본적 태도라고 한다[大塚 外, 大コン(3版)(10), 361(金築誠志)].
177 도중진·박광섭·정대관, 56; 박찬걸, 38; 오영근, 39.
178 大判 大正 11(1922). 4. 27. 刑集 1·239(자살의 기구수단 제공).
179 대판 1992. 7. 24, 92도1148(유서대필 사건). 이 판결에 대한 평석은 임정호, "자살방조죄의 성
립범위", 형사판례연구 [17], 한국형사판례연구회, 박영사(2009), 234-261. 이 사건에 대하여는
재심이 이루어져 피고인의 자살방조의 점에 대하여 무죄판결이 선고·확정되었으나(대판 2015.
5. 14, 2014도2946), 유서대필행위가 자살방조에 해당하지 않는다는 것이 아니라, 피고인이 유
서를 대필한 것이 아니기 때문에 무죄라는 취지이므로 기존 대법원의 판단은 그대로 유지된다
(최호진, 19).
180 대판 2010. 4. 29, 2010도2328.
181 대판 2005. 6. 10, 2005도1373(청산염 판매 광고 사건). 이 판결에 대한 평석은 임정호(주 179),
234-261.

들이 다른 경로로 입수한 청산염을 이용하여 자살하였으며, 청산염의 효능에 대
하여는 자살 관련 카페의 회원들 사이에서는 이미 주지의 사실이었던 사정에
비추어, 피고인들의 판매광고 등 행위는 변사자들의 자살행위를 원조하여 이를
용이하게 한 방조행위에 해당하지 아니한다고 판결하였다.

128   그런데 서울고등법원[182]은 위 대법원의 판결과 유사한 사안에서 자살방조
죄를 인정하였다. 즉, 인터넷 비공개 사이트로 자살카페를 개설한 후 자살에 관
한 글을 게시한 작성자들에게 카페에 초대하는 글을 보내서 회원으로 가입시키
고, 회원으로 가입한 피해자들에게 자살에 관한 정보를 제공하는 쪽지를 보내거
나 피해자들로 하여금 자살 의지를 강화하게 하는 내용의 자살에 관한 글을 게
시하는 등 자살카페를 개설하여 활동하던 중 회원이던 피해자 9명이 자살을 시
도하여 그중 7명이 사망한 사안에서, 피고인에 대하여 자살방조 및 자살방조미
수죄로 징역 1년을 선고한 제1심 판결은 정당하다고 판시하였고, 위 판결은 상
고취하 및 상고기간 경과로 인하여 확정되었다.

129   한편 다른 사람의 자살 실행에 직접 손을 쓰는 행위는 방조에 해당하지 않
고, 만일 촉탁·승낙이 있는 경우에는 촉탁·승낙살인죄가 성립하고, 촉탁·승낙
이 없는 경우에는 살인죄가 성립한다. 대법원도 다른 사람(피고인의 배우자)의 자
살 실행 도중에 그 실행에 가담하여 살해의 목적을 달성한 사안에서, 본죄가 아
닌 살인죄의 성립을 긍정하였다.[183]

        (나) 자살

130   자살이란 피해자 스스로가 자신의 생명을 그 자연적인 사기(死期)에 앞서
인위적으로 단절시키는 것(스스로 목숨을 끊는 것)을 말한다. 그 수단·방법에는 제
한이 없다.

        (다) 실행의 착수시기

131   본죄의 실행의 착수시기에 관하여는 교사·방조기준설, 자살자기준설, 절충
설 그리고 이분설[184]로 견해가 나뉜다.

---

182 서울고판 2009. 9. 25, 2009노1952.
183 대판 1948. 5. 14, 4281형상38.
184 박찬걸, 40; 손동권·김재윤, § 2/57.

〔김 영 태〕

(a) 교사·방조기준설(또는 적극설)185

이 견해에 의하면, 자살관여자가 자살을 교사·방조한 때가 실행의 착수 시　132
기이며, 자살을 교사·방조하였으나 자살하지 않은 경우에는 본죄의 미수죄가
성립한다는 것이다.

(b) 자살자기준설(자살행위시설 또는 소극설)186

이 견해에 의하면, 자살자의 자살행위가 개시될 때 실행의 착수를 인정하는　133
것이다. 따라서 자살교사·방조하였으나 피교사·방조자가 자살하지 아니한 경우
는, 기도된 교사로서 예비·음모에 준하여 처벌되는 것이 원칙이지만(§31②187),
본죄에 대한 예비·음모는 처벌하지 아니하므로 불문에 붙이게 되는데, 이러한
해석이 살인죄의 교사·방조에서 교사·방조가 미수에 그친 경우와의 처벌의 균
형상 타당하다고 한다.188

(c) 절충설189

이 견해에 의하면, 자살자의 행위가 범행계획에 비추어 볼 때 더 이상 장애　134
요소가 없어서 구성요건을 실현하기 위한 행위를 직접 시작한 것으로 볼 수 있
을 때를 실행의 착수로 보는 것이다.

(d) 이분설

이 견해에 의하면, 자살의 교사의 경우에는 피해자의 자살의 착수 여부를　135
불문하고 자살교사 시에 실행의 착수가 인정되지만, 자살방조의 경우에는 살인
죄의 기도된 방조가 불가벌인 것과의 균형상 피해자가 자살에 착수했을 때 실
행의 착수가 인정된다고 한다.

---

185 강구진, 49; 권오걸, 23-24; 김선복, 47; 김성돈, 78; 김신규, 59; 김일수·서보학, 29; 김종원, 49;
　　김태명, 21; 김혜정·박미숙·안경옥·원혜욱·이인영, 27; 남흥우, 27; 도중진·박광섭·정대관,
　　56; 박상기·전지연, 408; 배종대, §12/22; 서일교, 26; 심재무, 30; 오영근, 40; 유기천, 43; 이상
　　돈, 369-370; 이영란, 42; 이용식, 92; 이재상·장영민·강동범, §2/56; 임웅, 46; 정성근·박광민,
　　63; 정영일, 13; 정창운, 38; 조준현, 51; 진계호·이존걸, 50.
186 백형구, 35; 신동운, 560; 이정원·류석준, 39; 이형국, 48; 정웅석·최창호, 308.
187 제37조 제2항은 "교사를 받은 자가 범죄의 실행을 승낙하고 실행의 착수에 이르지 아니한 때에
　　는 교사자와 피교사자를 음모 또는 예비에 준하여 처벌한다."라고 규정하고 있다.
188 황산덕, 174.
189 김성천·김형준, 38. 다만, 자살방조의 미수에 대하여는 처벌할 수 없다고 설명하고 있어 이분설
　　의 견해와 일치하는 것으로 판단된다.

(e) 검토

136   살피건대, 교사·방조를 통하여 피해자를 자살하게 할 위험성이 있어 총칙
상의 공범 유형이 아닌 자살관여죄라는 독립된 범죄유형으로 규정하여 처벌하
고 있는 입법취지 등을 고려하면 위 (a)의 교사·방조기준설이 타당하며, 다수설
이다. 다만, 입법론적으로는 형의 불균형 문제에 대하여 검토가 필요하다고 판
단된다.

(라) 사망의 결과발생과의 인과관계

137   본죄의 구성요건적 결과는 피교사자·피방조자의 자살에 의한 사망이다. 따
라서 자살자의 사망에 의하여 본죄는 기수에 이르게 된다.

138   자살자의 사망은 자살행위와 인과관계가 있어야 하며, 자살행위는 자살교
사·방조와 인과관계가 있어야 한다.

139   한편 자살자가 자살행위를 하였으나 사망하지 아니한 경우 또는 자살행위
와 사망과의 인과관계가 단절된 경우, 예를 들면 음독으로 자살을 기도한 사람
이 병원으로 후송되는 도중에 교통사고로 사망하거나, 병원에서 발생한 화재로
사망한 경우에는 본죄의 미수에 해당한다.

3. 주관적 구성요건

140   본죄의 고의는 다른 사람에게 자살을 교사·방조하고, 그로 인하여 다른 사
람이 자살한다는 사실에 대한 인식, 인용이다. 따라서 피교사자가 사망에 이르
기 전에 구조할 의도(즉, 미수의 고의)로 자살을 교사하는 경우에는, 본죄의 고의
가 있다고 할 수 없다.[190] 본죄의 고의는 미필적으로도 가능하다.

141   자살을 교사·방조하는 동기나 목적은 본죄의 고의의 대상이 아니다.

142   대법원은 자녀 문제와 고부갈등, 그리고 경제적 어려움 등으로 인하여 가정
불화를 겪고 있는 피해자와 말다툼을 하던 중 피해자가 '죽고 싶다' 또는 '같이
죽자'고 하며 기름을 사오라는 말을 하기에 휘발유 1병을 사다주었는데, 그 직
후에 피해자가 몸에 휘발유를 뿌리고 불을 붙여 자살한 사안에서, 피해자에게
휘발유를 사다주면 이를 이용하여 자살할 수도 있다는 것을 충분히 예상할 수

---

190 이정원·류석준, 39.

있었음에도 피해자에게 휘발유를 사다 주었기 때문에 자살방조의 고의가 인정된다고 판결하였다.[191]

4. 위법성과 책임

이에 대하여는 **살인죄**(§250①)에서의 해당 부분 참조.   143

5. 공 범

(1) 공동정범

본죄에 대하여 공동정범이 성립할 수 있으며, 그에 대하여는 이견이 없다.   144

(2) 교사·방조범

본죄에 대하여 교사·방조범이 성립할 수 있는지에 대하여, ① 긍정설과 ②   145
부정설[192]로 견해가 나뉜다. 예를 들면, 피고인이 피교사자에게 제3자의 자살을
교사하도록 교사한 '교사의 교사'의 경우에, 위 ①의 긍정설에 의하면 본죄는 교
사·방조행위를 특별히 실행행위로 규정한 것이기 때문에 본죄를 교사한 경우
교사의 교사가 아니라 본죄의 교사범이 성립한다는 것이고, ②의 부정설에 의
하면 교사·방조에 대한 교사·방조는 인정되지 아니한다는 총칙의 원리에 따라
피고인에 대하여는 제3자 자살교사죄만 성립한다는 것이다.

생각건대, 교사·방조에 대한 교사·방조는 인정되지 아니한다고 판단되므   146
로 제3자 자살교사죄만 성립한다는 위 ②의 부정설이 타당하다.

6. 죄수 및 다른 죄와의 관계

(1) 죄수

자살을 교사하고 더 나아가 자살을 방조까지 한 경우에는 포괄적 일죄로   147
자살교사죄만이 성립하고, 자살방조죄는 자살교사죄에 흡수된다.

피고인이 여러 사람의 자살행위를 방조한 경우에는, 일련의 자살방조행위   148

---

191 대판 2010. 4. 29, 2010도2328. 이 사건은 처음에 현주건조물방화치사죄로 기소되었으나 제1심
   에서 무죄판결이 선고된 후 항소심에서 예비적으로 자살방조죄가 추가된 후 자살방조죄에 대하
   여 유죄판결이 선고되었으며, 자살방조의 유죄판결에 대하여 피고인이 상고하였으나 받아들여지
   지 아니하였다.
192 오영근, 40.

로서 상상적 경합에 해당한다.[193]

(2) 합의동사

149   합의동사(合意同死)는 합의에 의한 공동자살(suicide pact, Doppelselbstmord)을 말하며, 동반자살 또는 정사(情死)라고도 부른다.

150   합의동사를 시도하였으나 그중 일부 사람은 사망하고 다른 사람은 살아난 경우에, 살아난 사람의 형사책임에 대하여 견해가 나뉜다. ① 단독의 자살실패가 처벌되지 아니하므로 공동자살도 처벌되지 않는다고 이해하는 것이 타당하므로 합의동사는 처벌할 수 없다는 견해,[194] ② 자살방조죄가 성립한다는 견해,[195] ③ 살아난 사람이 사망한 사람의 죽음에 구체적으로 어떠한 행위기여를 하였는지에 따라 죄의 성립을 달리하는 견해(통설)[196] 등이 있다.

151   생각건대, 합의동사는 일반적으로 자살시도자들 사이에 심리적 의존관계가 있으며 이는 일종의 정신적 방조에 해당한다 할 것이므로 자살방조죄가 성립할 것으로 보이지만, 구체적인 행위기여에 따라 죄의 성립을 달리 판단할 수도 있을 것이다.

152   따라서 사망한 사람의 자살을 교사·방조함이 없이 함께 자살을 시도한 경우에는 범죄가 성립하지 않으며, 사망한 사람의 자살을 교사·방조한 경우에는 본죄가 성립하고, 사망한 사람의 촉탁·승낙을 받아 그를 살해한 경우에는 촉탁·승낙에 의한 살인죄가 성립하며, 자신은 자살할 생각이 없음에도 같이 자살하자고 하여 동인으로 하여금 자살하게 한 경우[197]에는 본죄가 아닌 위계에 의한 살인죄가 성립한다.

(3) 다른 죄와의 관계

(가) 촉탁살인죄의 관계

153   본죄와 촉탁살인죄와의 관계에 대해서는, **촉탁·승낙살인죄**의 부분 참조.

---

[193] 서울고판 2009. 9. 25, 2009노1952. 이 판결은 상고취하 및 상고기간 경과로 인하여 확정되었다.
[194] 정창운, 37. 다만, 이에 의하여도 정사(情死)가 아닌 일가집단자살의 실패에까지 동일한 평가를 할 수는 없다고 설명한다.
[195] 박상기·전지연, 408; 신동운, 557면; 황산덕, 175.
[196] 강구진, 50; 김성돈, 79; 김성천·김형준, 38; 김신규, 59-60; 류전철, 29; 배종대, §12/24; 박찬걸, 41; 백형구, 35; 심재무, 31; 오영근, 40-41; 유기천, 42; 이상돈, 370; 이정원·류석준, 41; 이형국, 49; 임웅, 47; 정성근·박광민, 64; 조준현, 51; 진계호·이존걸, 51.
[197] 이러한 경우를 '강제정사(强制情死)라고도 한다(서일교, 27; 황산덕, 175).

(나) 위계·위력에 의한 살인죄와의 관계

자살교사·방조자가 우월한 의사지배를 할 수 있는 위치에서 다른 사람의 자 **154**
살행위를 지배·조종한 경우에는, 본죄가 아닌 위계·위력에 의한 살인죄(§ 253)가
성립한다.[198]

한편 심신상실 상태에 있는 사람이나 연소자(어린아이)를 시켜서 또는 부추 **155**
겨서 자살하게 하는 등 그 지배·조종의 정도가 매우 심한 경우에는, ① 살인죄
의 간접정범이 성립한다는 견해[199]와 ② 위계·위력에 의한 살인죄가 성립한다
는 견해[200]가 있다. 살피건대, 자살자 의사의 지배·조정의 정도가 매우 심한 경
우에는 자살자의 의사결정 자체가 없는 것과 마찬가지이므로 살인죄가 성립한
다는 위 ①의 견해가 타당하다.

(다) 자살예방및생명존중문화조성을위한법률위반죄와의 관계

자살예방 및 생명존중문화 조성을 위한 법률(이하, 자살예방법이라 한다.)은 누 **156**
구든지 정보통신망 이용촉진 및 정보보호 등에 관한 법률 제2조 제1호에 따른
정보통신망을 통하여 자살유발정보를 유통하여서는 아니되며(§ 19①), 이를 위반
한 경우에는 2년 이하의 징역 또는 2천만 원 이하의 벌금에 처하도록(§ 25③) 규
정하고 있다.[201]

여기서 '자살유발정보'란 자살을 적극적으로 부추기거나 자살행위를 돕는 **157**
데 활용되는 정보 즉, 자살동반자 모집정보, 자살에 대한 구체적인 방법을 제시
하는 정보, 자살을 실행하거나 유도하는 내용을 담은 문서, 사진 또는 동영상
등의 정보, 자살위해물건의 판매 또는 활용에 관한 정보 또는 그 밖에 이에 준
하는 정보로서 명백히 자살 유발을 목적으로 하는 정보(§ 2의2(iii))를 말하고, 위
'자살위해물건'이란 자살 수단으로 빈번하게 사용되고 있거나 가까운 장래에 자
살 수단으로 빈번하게 사용될 위험이 상당한 것으로서 자살예방정책위원회의

---

198 김일수·서보학, 29.
199 김성천·김형준, 36; 손동권·김재윤, § 2/54; 정성근·박광민, 62.
200 임웅, 48. 위계·위력의 정도는 상대방의 의사결정의 자유를 억압할 만한 것이어야 하는데, 이
　　정도에 못미친다면 살인죄가 성립할 따름이고, 저항할 수 없는 위력(폭력·협박)을 행사하여 자
　　살하게 한 경우에는, 살인죄의 간접정범이 아니라 본죄의 직접 정범에 해당한다고 한다.
201 프랑스형법 제223-14조도 "방법여하를 불문하고 사망을 초래하는 수단으로서 추천된 제품, 물품
　　또는 방법을 선전하거나 광고한 자는 3년의 구금형 및 45,000유로의 벌금에 처한다."라고 규정
　　하고 있다[법무부, 프랑스형법 (2008), 135].

심의를 거쳐 보건복지부장관이 고시하는 물건(§ 2의2(iv))을 말한다.

158   위 자살예방법위반죄(자살유발정보유통금지위반죄)는 다른 사람의 자살을 교사·방조하는 경우뿐만 아니라 그러한 고의가 없는 경우까지도 상정하고 있는 것으로 판단되므로, 그 처벌범위는 본죄의 처벌범위보다는 넓다고 하겠다. 어느 행위가 본죄와 위 자살예방법위반죄에 모두 해당하는 경우에는, 위 자살예방법 위반죄는 형이 무거운 본죄에 흡수되어 본죄만 성립한다고 할 것이다.

7. 처 벌

(1) 규정

159   1년 이상 10년 이하의 징역에 처한다.

160   본죄의 미수범은 처벌한다(§ 254) 다만, 기수범보다 감경할 수 있다(§ 25②).

161   본죄를 범한 사람에 대하여 유기징역형을 선고하는 경우에는 10년 이하의 자격정지를 병과할 수 있다(§ 254).

(2) 입법론

162   자살교사·방조를 일반 교사범·방조범의 법정형과 마찬가지로 양자를 차별하여 자살교사를 자살방조보다 무겁게 처벌해야 한다는 견해[202]가 있다. 입법론으로 검토할 필요가 있다.

8. 특례 규정

163   본죄 및 본죄의 미수범은 전자장치 부착 등에 관한 법률에서 규정하고 있는 특정범죄(§ 2(i), (iii)의2))로서, 같은 법에서 정한 요건(§ 5③)에 따른 전자장치부착명령대상에 해당하고, 범죄수익은닉의 규제 및 처벌 등에 관한 법률에서 규정하고 있는 특정범죄(§ 2(i))로서, 동법에서 정한 요건과 절차에 따라 '범죄수익등'(§ 2(iv))을 은닉 및 가장하거나(§ 3) 수수하는(§ 4) 행위를 처벌하고, 이를 몰수·추징할 수 있다(§§ 8-10의3).

〔김 영 태〕

---

202 박상기·전지연, 408; 박찬걸, 38.

제253조(위계 등에 의한 촉탁살인 등)

전조의 경우에 위계 또는 위력으로써 촉탁 또는 승낙하게 하거나 자살을 결의하게 한 때에는 제250조의 예에 의한다.

Ⅰ. 서 설

1. 의 의

본죄는 위계·위력으로써 사람의 촉탁 또는 승낙을 받아 그를 살해하거나 (§ 252①)〔(위계·위력)(촉탁·승낙)살인죄〕, 자살을 결의하게 하여 그로 하여금 자살하게 하는(§ 252②)〔(위계·위력)자살결의죄〕 범죄이다.[1]   **1**

본죄는 위계·위력을 수단으로 사용하므로 자유로운 의사결정을 전제로 하는 촉탁·승낙살인죄 및 자살교사·방조죄와 그 성질이 본질적으로 다르고, 살인죄와 유사하다. 따라서 본죄에 대하여는 살인죄의 형으로 처벌한다.   **2**

한편 본조의 죄명과 관련하여, 법문상 '위계·위력에 의한 촉탁살인'이라고 규정되었지만 본죄는 살인죄의 일종이므로 '위계·위력 살인'이라고 함이 정확하다는 견해[2]와 본죄는 위계 또는 위력에 의해서 사람을 살해하는 범죄가 아니라 위계 또는 위력에 의해서 살인을 촉탁 또는 승낙하게 하거나 자살을 결의하게   **3**

---

1 〔관련 규정〕 형법 제252조(촉탁, 승낙에 의한 살인 등), 제250조(살인, 존속살해), 제254조(미수범), 국가보안법 제4조(목적수행) 제1항, 특정강력범죄의 처벌에 관한 특례법 제2조(적용 범위) 제1항 제1호, 전자장치 부착 등에 관한 법률 제5조(전자장치 부착명령의 청구) 제3항, 디엔에이신원확인정보의 이용 및 보호에 관한 법률 제5조(수형인등으로부터의 디엔에이감식시료 채취) 제1항 제2호, 제6조(구속피의자등으로부터의 디엔에이감식시료 채취) 등.
2 유기천, 형법학(각론강의 상)(전정신판), 43.

한 범죄로서, 위계의 방법으로 사람을 살해한 경우에는 본죄가 아니라 살인죄가 성립하고, 위력에 의해서 사람을 살해하는 것이 불가능하다는 점 등을 감안하면, 본조의 죄명을 '위계·위력에 의한 살인죄'라고 하는 것은 적절하지 않으며 '위계·위력에 의한 촉탁살인 등'이라고 함이 타당하다는 견해[3]가 있다.

2. 연혁 및 입법취지

4   본 규정은 1953년 9월 18일 형법이 제정되면서 신설되었다. 형법이 제정되기 이전에 적용되었던 의용형법에서는 본 규정의 행위에 대한 처벌규정이 없었으므로 위계·위력에 의하여 촉탁·승낙에 의한 살인죄나 자살교사·방조죄를 범한 경우에, 살인죄가 성립한다는 견해와 의사의 자유를 구속할 정도의 협박을 가하여 자살하게 한 때에는 살인죄가 성립하지만 자살의 성질을 잃지 아니한 때에는 사기나 협박을 수단으로 하였더라도 자살교사·방조죄가 성립한다는 견해의 대립이 있었다.

5   이와 관련하여, 우리 형법은 본죄를 규정함으로써 위와 같은 문제는 입법적으로 해결하였다는 견해[4]와 종래 해석상 제250조의 살인죄에 포함시켜 이해하였던 것인데 현행 형법은 본조를 두어 그 개념을 명백히 한 것에 불과하다는 견해[5]가 있다. 생각건대, 입법적으로 해결하였다는 견해가 타당하다. 일본형법에는 아직도 본조와 같은 규정이 없다.[6]

II. 객관적 구성요건

1. 주 체

6   본죄의 주체는 자연인인 사람이다.

---

3 백형구, 형법각론, 36.
4 배종대, 형법각론(14판), § 13/1; 이재상·장영민·강동범, 형법각론(13판), § 2/58.
5 유기천, 42; 정영석, 형법각론(5전정판), 225.
6 일본 판례는 위력에 의한 경우[広島高判 昭和 29(1954). 6. 30. 高刑集 7·6·944]는 물론 위계 (기망)에 의한 경우[最判 昭和 33(1958). 11. 21. 刑集 12·15·3519(따라 죽을 생각이 없음에도 불구하고 피해자로 하여금 따라 죽는 것으로 오신케 하여 자살토록 한 사례]에도 살인죄가 성립한다고 판시하고 있다.

2. 객 체

본죄의 객체는 생명있는 자연인으로서 자기 또는 배우자의 직계존속도 본 [7]
죄의 객체에 해당한다.

본죄의 객체인 사람은 살인 또는 자살행위의 의미를 이해할 수 있는 사람이 [8]
다. 따라서 살인 또는 자살행위의 의미를 이해할 수 없는 어린이[7]나 정신병자에
게 같이 죽자고 하여 익사하게 한 경우에는 본죄가 아닌 살인죄가 성립한다.[8]

3. 행 위

법문상으로는 구성요건적 행위가 '촉탁·승낙하게 하거나' 또는 '자살을 결 [9]
의하게 한 때'라고 규정되어 있으나, '촉탁·승낙을 받아 그 촉탁·승낙자를 살해
하거나' 또는 '자살을 결의하게 하여 그로 하여금 자살하게 한 때'로 해석하여야
할 것이다.[9]

따라서 본죄의 행위는 위계 또는 위력으로써 사람의 촉탁 또는 승낙을 받 [10]
아 사람을 살해하거나 자살하게 하는 것이다. 살해의 의미는 **살인죄(§250①)에**
서의 살해의 의미와 같고, 자살의 의미는 **자살교사·방조죄(§252②)에서의 자살**
의 의미와 같다.

(1) 위계와 위력

(가) 위계

위계란 진실의 은폐, 기망 등을 통해 상대방의 부지(不知)나 착오를 이용하 [11]
는 행위를 말하며, 기망뿐만 아니라 유혹도 포함된다. 예컨대, 정사(情死)의 의사
가 없음에도 불구하고 정사할 것처럼 가장하여 상대방을 자살하게 한 경우(위장
정사)가 이에 해당한다.

위계는 작위뿐만 아니라 부작위에 의해서도 가능하다. [12]

(나) 위력

위력이란 사람의 의사를 제압할 수 있는 유형·무형의 힘을 사용하는 것을 [13]
말한다. 폭행·협박은 물론 사회적·경제적 지위를 이용하는 경우도 여기에 해

---

7 대판 1987. 1. 20, 86도2395.
8 김신규, 형법각론, 61; 하태훈, 사례판례중심 형법강의, 391.
9 김일수·서보학, 새로쓴 형법각론(9판), 32.

〔김 영 태〕

당한다.10

14   위력자살결의죄에 있어서 위력의 여부는 행위자와 피해자, 행위상황 등을 종합적으로 고려하여 사회통념에 의하여 판단한다.

15   피고인의 처와 정을 통한 피해자를 여러 날에 걸쳐 폭행·협박하고 심하게 책임추궁을 하여 피해자가 죄책감에 괴로워하던 끝에 자살한 사안에 대하여, 제1심은 유죄판결을 선고하였으나, 항소심11은 위력자살결의죄는 자살의 의사가 없는 사람으로 하여금 위력을 이용하여 자살하도록 결의하게 함으로써 성립되는 것인데, 피고인은 시종 범의를 부인하고, 피해자는 절친한 친구인 피고인의 처와 고의적으로 강압에 의해 통정하고 나서 양심의 가책을 느끼고 있다가 피고인에게 발각되어 심한 책임추궁을 받게 되자 죄책감에 괴로워하던 끝에 스스로 자살을 결의하였던 것이라고 봄이 상당하고, 피고인의 추궁이 그 자살결의에 이르게 된 커다란 동기가 되었다고는 할 수 있을지언정 이것만으로 피고인의 행위가 살인에 버금갈 정도의(위력자살결의의 법정형은 살인죄에 준한다고 규정되어 있음에 비추어) 죄책을 질 정도라고는 보여지지 아니한다는 이유로 제1심 판결을 파기하고 위력자살결의죄에 대하여 무죄판결을 선고하였으며, 위 판결은 확정되었다.

16   한편 저항할 수 없는 정도의 위력을 사용하여 본인으로 하여금 자살하도록 한 경우, ① 본죄의 직접 정범에 해당한다는 견해12와 ② 본죄가 아니라 살인죄의 간접정범이 성립한다는 견해13가 있다.

        (다) 촉탁·승낙과 자살의 결의

17   위계·위력의 행사와 촉탁·승낙 또는 자살의 결의 사이에는 인과관계가 있어야 한다. 인과관계가 없는 경우에는 본죄의 미수가 성립한다.

18   따라서 이미 자살을 결의한 사람의 자살을 위계 또는 위력으로 방조한 경

---

10 이상돈, 형법강론(4판), 370. 한편 우리나라가 소위 IMF 관리체제하에 있던 1998년에 변제불능의 채무자로 하여금 고액의 생명보험을 들게 한 후 사고사를 가장한 자살을 하게 함으로써 수령하는 보험금으로 채무변제에 충당시키고자, 채권자 측에서 위력을 행사하여 채무자로 하여금 자살하게 한 사례들이 있었다고 한다[임웅, 형법각론(10정판), 법문사, 48, 주 107)].

11 서울고판 1989. 2. 24, 88노3543.

12 권오걸, 스마트 형법각론, 25; 박상기·전지연, 형법학(총론·각론 강의)(4판), 409; 임웅, 48; 조준현, 형법각론(개정판), 52.

13 이정원·류석준, 형법각론, 42.

우에는, 본죄가 아닌 자살방조죄에 해당한다.[14]

(2) 결과의 발생과 미수

본죄의 실행의 착수시기는 상대방에게 위계 또는 위력을 행사한 때이다.[15] 19

본죄의 구성요건적 결과는 촉탁·승낙자 또는 자살결의자의 사망이다. 행위 20
자가 위계·위력으로 촉탁·승낙을 받으려고 하였으나 피해자가 불응한 경우, 피
해자의 촉탁·승낙을 받아 살해하려고 하였으나 사망의 결과가 발생하지 아니한
경우, 또는 피해자가 자살을 시도하였으나 사망에 이르지 못한 경우는 본죄의
미수범에 해당한다.

Ⅲ. 주관적 구성요건

본죄의 고의는 다른 사람에게 위계·위력을 행사한다는 사실, 그의 촉탁·승 21
낙을 받아 그를 살해한다는 사실 또는 그로 하여금 자살을 결의하게 하고 자살
하게 한다는 사실, 자살로 인한 사망의 결과 야기 등에 대한 인식, 인용이다. 이
들 객관적 요소 중 어느 하나에 대한 인식이 결여된 경우는 사실의 착오에 해당
한다. 본죄의 고의는 미필적 고의로도 가능하다.

Ⅳ. 죄수 및 다른 죄와의 관계

1. 죄 수

위계·위력을 동시에 또는 다른 시기에 연속적으로 행사한 경우에는 포괄하 22
여 1죄를 구성한다.

2. 촉탁·승낙살인과의 관계

위계·위력에 의한 피해자의 자살과 촉탁·승낙살해가 중첩한 경우에는 전 23
체로서 포괄하여 위계·위력에 의한 살인죄가 성립한다.[16] 판례도 공소제기된

---

14 박찬걸, 형법각론, 42.
15 정웅석·최창호, 형법각론, 311.
16 김성돈, 형법각론(7판), 81; 김일수·서보학, 32; 정성근·박광민, 형법각론(전정2판), 65.

위력자살결의의 범죄사실 중에는 자살교사의 범죄사실이 포함되어 있으므로, 공소장변경절차를 거치지 아니하고 직권으로 위력자살결의죄와 1죄의 관계에 있는 자살교사죄를 유죄로 인정할 수 있다고 한다.[17]

V. 처 벌

24   본죄에 해당하는 때에는 제250조의 예에 의한다.

25   '제250조의 예에 의한다'라는 의미에 대하여, 살인죄(§ 250①)로 처벌한다는 의미라는 견해[18]도 있으나, 촉탁·승낙살인 및 자살관여 행위도 위계·위력을 사용한 경우에는 살인죄를 실행한 것과 동일하게 취급한다는 취지이므로 피해자(즉, 행위객체)에 따라 살인죄 또는 존속살해죄로 처벌하여야 한다는 견해(통설)[19]가 타당하다.[20]

26   따라서 본죄의 피해자가 자기 또는 배우자의 직계존속인 때에는 존속살해죄의 형인 사형, 무기 또는 7년 이상의 형으로, 그 밖의 사람인 경우에는 살인죄의 형인 사형, 무기 또는 5년 이상의 징역으로 처벌받는다.

27   본죄의 미수범은 처벌하고(§ 254), 본죄를 범할 목적으로 예비·음모한 자는 10년 이하의 징역에 처한다(§ 255).

28   본죄를 범한 사람에 대하여 유기징역형을 선고하는 경우에는 10년 이하의 자격정지를 병과할 수 있다(§ 256).

---

17 대판 2005. 9. 28, 2005도5775[위력자살결의(인정된 죄명: 자살교사)].

18 권오걸, 24; 남흥우, 형법강의(각론), 28; 서일교, 형법각론, 28; 이건호, 형법각론, 214; 정영석, 형법각론(5전정판), 225; 정창운, 형법학(각론), 38.

19 강구진, 형법강의 각론 I(중판), 52; 김선복, 신형법각론, 50; 김성돈, 81; 김성천·김형준, 형법각론(6판), 소진, 39-40; 김신규, 형법각론, 61; 김일수·서보학, 33; 김종원, 형법각론(상)(3정판), 53; 김혜정·박미숙·안경옥·원혜욱·이인영, 형법각론, 29; 도중진·박광섭·정대관, 형법각론, 59; 박상기·전지연, 409; 박찬걸, 42; 배종대, § 13/3; 백형구, 37; 심재무, 형법각론강의 I, 33; 이영란, 형법학 각론강의(3판), 44; 이용식, 형법각론, 92; 이재상·장영민·강동범, § 2/60; 이형국, 형법각론, 51; 임웅, 48; 정성근·박광민, 65-66; 정웅석·최창호, 311; 조현욱, 형법각론강의(I), 63; 진계호·이존걸, 형법각론(6판), 53; 최호진, 형법각론강의, 22.

20 이와 관련하여, '예(例)에 의한다'는 문언은 그 해석론적 논쟁보다는 그 문언의 불명확성이 더 큰 문제라는 견해가 있다[권오걸, "例에 의한다"는 문언의 명확성과 해석의 범위", 비교형사법연구 9-1, 한국비교형사법학회(2007), 413-431].

VI. 특례 규정[21]

1. 공소시효의 적용 배제

본죄 및 본죄의 미수범에 대하여는 형사소송법 제253조의2에 따라 형사소　　29
송법 제249조부터 제253조까지에 규정된 공소시효를 적용하지 아니한다.

2. 특별법에서의 특례 규정

(1) 특정강력범죄의 처벌에 관한 특례법

본죄 및 본죄의 미수범은 특정강력범죄의 처벌에 관한 특례법(이하, 특정강력　　30
범죄법이라 한다.)에서 규정하는 특정강력범죄(§ 2①(i))로서, 특정강력범죄법에서
정한 요건에 따라 특례가 적용된다.

(2) 전자장치 부착 등에 관한 법률

본죄 및 본죄의 미수범은 전자장치 부착 등에 관한 법률(이하, 전자장치부착법　　31
이라 한다.)에서 규정하고 있는 특정범죄(§ 2(i), (iii의2))로서, 전자장치부착법에서
정한 요건(§ 5③)에 따라 전자장치부착명령대상이다.

(3) 디엔에이신원확인정보의 이용 및 보호에 관한 법률

본죄 및 본죄의 미수범은 디엔에이신원확인정보의 이용 및 보호에 관한 법　　32
률(§ 5, § 6)에서 정한 요건에 따른 디엔에이감식시료 채취대상이다.

(4) 범죄수익은닉의 규제 및 처벌 등에 관한 법률

본죄 및 본죄의 미수범은 범죄수익은닉의 규제 및 처벌 등에 관한 법률(이　　33
하, 범죄수익은닉규제법이라 한다.)에서 규정하고 있는 특정범죄(§ 2(i))로서, 범죄수익
은닉규제법에서 정한 요건과 절차에 따라 '범죄수익등'(§ 2(iv))을 은닉 및 가장하
거나(§ 3) 수수하는(§ 4) 행위를 처벌하고, 이를 몰수·추징할 수 있다(§§ 8-10의3).

〔김 영 태〕

---

21 이에 대한 상세는 **총설 및 살인죄**(§ 250①)의 해당 부분 참조.

제254조(미수범)[1]
전4조의 미수범은 처벌한다.

Ⅰ. 입법 취지

1   살인의 죄는 중대한 법익인 사람의 생명을 침해하는 범죄이므로 미수단계
에서도 이를 처벌하기 위한 조항이다.[2]

Ⅱ. 처벌 대상과 공소시효

1. 처벌 대상

2   본조의 처벌대상인 미수범은 살인(§ 250①), 존속살해(§ 250§ ②), 영아살해(§ 251),[3]
촉탁·승낙살인(§ 252①), 자살교사·방조(§ 252②) 및 위계 등에 의한 촉탁살인 등
(§ 253)의 각 미수범이다.

---

1 2023년 8월 8일 형법 개정으로 영아살해죄가 폐지됨에 따라, 본조는 "제254조(미수범) 제250조,
  제252조 및 제253조의 미수범은 처벌한다."로 개정되었다(2024. 2. 9. 시행).
2 [관련 규정] 형법 제25조(미수범), 제250조(살인, 존속살해), 제251조(영아살해), 제252조(촉탁,
  승낙에 의한 살인 등), 제253조(위계 등에 의한 촉탁살인 등), 특정강력범죄의 처벌에 관한 특례
  법 제2조(적용 범위) 제1항 제1호(다만, 제251조 및 제252조의 미수범은 제외), 전자장치 부착
  등에 관한 법률 제5조(전자장치 부착명령의 청구) 제3항, 디엔에이신원확인정보의 이용 및 보호
  에 관한 법률 제5조(수형인등으로부터의 디엔에이감식시료 채취) 제1항 제2호(다만, 제251조 및
  제252조의 미수범은 제외), 제6조(구속피의자등으로부터의 디엔에이감식시료 채취, 다만, 제251
  조 및 제252조의 미수범은 제외), 범죄수익의 은닉 규제 및 처벌 등에 관한 법률 제8조(범죄수
  익등의 몰수), 제10조(추징) 등.
3 2023년 8월 8일 형법 개정으로 영아살해죄는 폐지되었다(2024. 2. 9. 시행).

2. 공소시효

공소시효는 범죄행위가 종료한 때부터 진행한다(형소 § 252①). 한편 미수범   3
은 범죄의 실행에 착수하여 행위를 종료하지 못하였거나 결과가 발생하지 아니
한 때에 처벌받게 되므로(§ 25①), 미수범의 범죄행위는 행위를 종료하지 못하였
거나 결과가 발생하지 아니하여 더 이상 범죄가 진행될 수 없는 때에 종료하고,
그때부터 미수범의 공소시효가 진행한다.

Ⅲ. 처 벌

미수범은 기수범보다 감경할 수 있다(§ 25②).   4

Ⅳ. 특례 규정[4]

1. 공소시효의 적용 배제

미수범 중 제250조(살인, 존속살해), 제253조(위계 등에 의한 촉탁살인 등) 죄의   5
미수범에 대하여는 형사소송법 제253조의2에 따라 형사소송법 제249조부터 제
253조까지에 규정된 공소시효를 적용하지 아니한다.

2. 특별법에서의 특례 규정

(1) 특정강력범죄의 처벌에 관한 특례법

미수범 중 제250조(살인, 존속살해), 제253조(위계 등에 의한 촉탁살인 등) 죄의 미   6
수범은 특정강력범죄의 처벌에 관한 특례법에서 규정하는 특정강력범죄(§ 2①(i))로
서, 동법에서 정한 요건에 따라 일정한 특례가 적용된다.

(2) 전자장치 부착 등에 관한 법률

미수범은 전자장치 부착 등에 관한 법률에서 규정하고 있는 특정범죄(§ 2(i),   7
(iii의2))로서, 동법에서 정한 요건(§ 5③)에 따라 전자장치부착명령대상이다.

---

4 이에 대한 상세는 [총설] 및 살인죄(§ 250①)의 해당 부분 참조.

〔김 영 태〕   **251**

(3) 디엔에이신원확인정보의 이용 및 보호에 관한 법률

8　　미수범은 디엔에이신원확인정보의 이용 및 보호에 관한 법률(§5, §6)에서 정한 요건에 따른 디엔에이감식시료 채취대상이다.

(4) 범죄수익은닉의 규제 및 처벌 등에 관한 법률

9　　미수범은 범죄수익은닉의 규제 및 처벌 등에 관한 법률에서 규정하고 있는 특정범죄(§2(i))로서, 동법에서 정한 요건과 절차에 따라 '범죄수익등'(§2(iv))을 은닉 및 가장하거나(§3) 수수하는(§4) 행위를 처벌하고, 이를 몰수·추징할 수 있다(§§8-10의3).

〔김 영 태〕

제255조(예비, 음모)

**제250조와 제253조의 죄를 범할 목적으로 예비 또는 음모한 자는 10년 이하의
징역에 처한다.**

Ⅰ. 서 설

1. 의 의

본죄는 살인죄, 존속살해죄, 위계·위력에 의한 살인죄를 범할 목적으로 예　　**1**
비·음모함으로써 성립한다.[1][2]

형법은 예비·음모를 원칙적으로 처벌하지 않는다(§28). 그 자체는 범죄행위　　**2**
가 아니고 기수와 상당한 거리가 있기 때문이다. 그러나 법률에 특별한 규정이
있는 경우에는 예외적으로 처벌할 수 있는데, 특별한 위험성, 즉 살인죄로 빚어
질 법익침해의 중대성과 행위의 위험성이 있기 때문이다.[3]

2. 목적범

목적범이란 고의 이외에 일정한 결과를 달성하려는 내심의 목적이 필요한　　**3**

---

[1] [관련 규정] 형법 제28조(예비, 음모), 제250조(살인, 존속살해), 제253조(위계 등에 의한 촉탁살
　인 등), 전자장치 부착 등에 관한 법률 제5조(전자장치 부착명령의 청구) 제3항, 범죄수익은닉의
　규제 및 처벌 등에 관한 법률 제8조(범죄수익등의 몰수) 제10조(추징) 등.
[2] 일본형법 제201조는 살인예비죄만을 규정하고, 살인음모죄에 관한 규정은 없다.
[3] 진계호·이존걸, 형법각론(6판), 53.

범죄를 말한다.[4] 한편 목적범은 목적의 달성을 의욕하는 범죄이지만, 그 목적을 반드시 달성하지 아니하여도 구성요건해당성이 인정된다.[5]

4   본죄가 목적범인지 여부에 대하여 ① 긍정설(통설)[6]과 ② 부정설[7]이 있다. 위 ②의 부정설에 의하면, 예비의 고의에는 기본범죄를 실행할 목적이 포함되어 있으므로 기본범죄를 실행하고 예비행위를 하면 예비죄가 성립하기 때문에 목적 범이 아니라는 것이다. 그러나 목적범으로 이해하는 위 ①의 긍정설이 타당하다.

II. 객관적 구성요건

1. 예 비

5   예비란 범죄실행을 위한 준비행위로서 실행의 착수에 이르지 않은 일체의 행위를 말한다. 예비의 수단·방법에는 아무런 제한이 없지만, 단순히 범죄를 실행할 의사나 계획만으로는 부족하고, 객관적으로 실행행위를 가능하게 하거 나 용이하게 하는 준비행위가 있어야 한다.[8] 그러나, 반드시 물적 준비에 그치 는 것이 아니고, 요긴한 기술습득 등 정신적 준비도 그것이 외부적 행위로서 확 인될 수 있는 한 충분하다.[9]

6   따라서 타인을 살해하고자 실탄 3발이 장전된 권총을 주머니 속에 휴대하 고 판자울타리 밑에 숨어서 그 사람이 나타나기를 기다리고 있었다면 살인예비 죄에 해당하지만,[10] 살해에 쓰려고 흉기를 준비하였더라도 그 흉기로 살해할 대 상자가 특정되지 않았다면 살인예비죄는 성립할 수 없다.[11]

---

4 이주원, 형법총론, 46.

5 신동운, 형법총론(10판), 185.

6 김성돈, 형법각론(7판), 82; 김일수·서보학, 새로쓴 형법각론(9판), 33; 박상기·전지연, 형법학 (총론·각론 강의)(4판), 410; 신동운, 형법각론(2판), 547; 이상돈, 형법강론(3판), 429; 임웅, 형 법각론(10정판), 49; 조준현, 형법각론(개정판), 53; 진계호·이존걸, 53; 하태훈, 사례판례중심 형법강의, 391.

7 김선복, 신형법각론, 51; 이형국, 형법각론, 52[본죄의 목적은 기본범죄를 범할 강도 높은 고의, 즉 직접적 고의로서 의도적 고의(Absicht)를 의미하는 것으로 볼 수 있다]; 정성근·박광민, 형법 각론(전정2판), 66.

8 김성돈, 82; 이재상·장영민·강동범, 형법각론(13판), § 2/61.

9 김일수·서보학, 33.

10 서울고판 1959. 10. 15, 4292형공1375.

11 대판 1959. 7. 31, 59도308.

〔김 영 태〕

판례도 피고인이 피해자를 살해하기 위하여 다른 사람 2명을 고용하면서   7
그들에게 대가의 지급을 약속한 사안에서, 살인예비죄가 성립하기 위하여는 살
인죄를 범할 목적 외에도 살인의 준비에 관한 고의가 있어야 하며, 나아가 실행
의 착수까지에는 이르지 아니하는 살인죄의 실현을 위한 준비행위가 있어야 하
는데, 여기서의 준비행위는 물적인 것에 한정되지 아니하며 특별한 정형이 있는
것도 아니지만, 단순히 범행의 의사 또는 계획만으로는 그것이 있다고 할 수 없
고 객관적으로 보아서 살인죄의 실현에 실질적으로 기여할 수 있는 외적 행위
를 필요로 한다고 판시하면서 살인예비죄의 성립을 인정하였다.[12]

한편, 예비는 범죄실행을 위한 준비행위이므로 이를 초과하여 구성요건을   8
직접 실현한 경우에는 예비가 아니라 기수범 또는 미수범에 해당한다. 대법원은
피고인이 격분하여 피해자 A를 살해하기로 마음먹고 밖으로 나가 윗방 마루 밑
못 그릇에 놓여있던 낫을 들고 들어오려고 하였으나 피해자 B 등이 이를 제지
하자 그 틈을 타서 A가 뒷문으로 도망가는 바람에 살인의 목적을 이루지 못한
사안에서, 피고인이 낫을 들고 피해자에게 접근함으로써 살인의 실행행위에 착
수하였다고 할 것이므로 이는 살인미수에 해당한다고 판시하면서, 예비죄에 해
당한다는 취지의 피고인의 상고를 받아들이지 아니하였다.[13]

2. 음 모

음모란 2인 이상의 사람 사이에 성립하는 범죄실행의 합의를 말한다. 합   9
의 자체는 행위로 표출되지 않은 합의 당사자들 사이의 의사표시에 불과한 만
큼 실행행위로서의 정형이 없고, 따라서 합의의 모습 및 구체성의 정도도 매
우 다양하게 나타날 수밖에 없다. 그런데 어떤 범죄를 실행하기로 막연하게
합의한 경우나 특정한 범죄와 관련하여 단순히 의견을 교환한 경우까지 모두
범죄실행의 합의가 있는 것으로 보아 음모죄가 성립한다고 한다면, 음모죄의
성립범위가 과도하게 확대되어 국민의 기본권인 사상과 표현의 자유가 위축되
거나 그 본질이 침해되는 등 죄형법정주의 원칙이 형해화될 우려가 있으므로,
음모죄의 성립범위도 이러한 확대해석의 위험성을 고려하여 엄격하게 제한하

---

12 대판 2009. 10. 20, 2009도7150.
13 대판 1986. 2. 25, 85도2773.

여야 한다.[14]

10   또한, 2인 이상의 합의가 아닌 단순한 범죄의사의 표명이나 교환으로는 음모라고 할 수 없다.

III. 주관적 구성요건

1. 목 적

11   본죄가 성립하기 위하여는 본죄의 고의 이외에 기본범죄인 살인죄, 존속살해죄 및 위계·위력에 의한 살인죄를 범할 목적이 있어야 한다.

12   미필의 목적이 가능한지와 관련하여, 본죄의 성질상 부족하다는 견해(통설)[15]와 미필의 목적도 가능하다는 견해[16]가 있는데, 전자의 견해가 타당하다.[17]

13   한편, 상대방의 태도에 따라 살해행위를 준비하려는 경우와 같이 살해를 일정한 사태의 발생과 연관시키는 이른바 조건부 목적이라도 무방하다.[18]

2. 고 의

14   본죄가 성립하기 위하여는 살인의 목적 외에 살인의 예비, 음모에 관한 고의가 있어야 한다.[19] 따라서 비록 시기는 정해지지 아니하였다고 하여도 최소한 살해대상이 누구인지는 구체적으로 확정된 상태에서의 준비행위만이 살인예비에 해당할 수 있다.[20]

---

14 대판 2015. 1. 22, 2014도10978(전)(내란음모죄).

15 김신규, 형법각론, 61; 도중진·박광섭·정대관, 형법각론, 60; 배종대, 형법각론(14판), § 13/6; 손동권·김재윤, 새로운 형법각론, § 2/64; 정성근·박광민, 66; 심재무, 형법각론강의 I, 34; 진계호·이존걸, 53.

16 강구진, 형법강의 각론 I(중판), 53; 김성돈, 82; 김성천·김형준, 형법각론(6판), 40.

17 일본 하급심 판례 중에는 미필의 목적이라도 무방하다고 한 것[大阪高判 昭和 39(1964). 4. 14. 高刑集 17·2·219]과 미필의 목적으로는 부족하다고 한 것[大阪地判 昭和 34(1959). 2. 4. 下刑集 1·2·319]이 있다.

18 배종대, § 13/6. 일본 판례도 조건부 목적을 인정하고 있다[最決 昭和 56(1981). 12. 21. 刑集 35·9·911].

19 대판 2009. 10. 20, 2009도7150.

20 김일수·서보학, 33.

IV. 예비·음모의 중지

살인을 예비·음모한 사람이 실행의 착수 이전에 자발적으로 중지하거나 실행의 착수를 포기한 경우, 중지미수의 필요적 감면규정이 적용되는지 여부에 대하여 다양한 견해가 있다.

즉, ① 예비란 실행의 착수 이전의 단계를 말하는 것이므로 실행의 착수를 전제로 하는 중지미수의 규정을 적용할 수 없다는 견해(소극설),[21] ② 이를 긍정하는 견해(적극설)(통설),[22] ③ 예비의 형이 중지미수의 형보다 무거울 때 형의 균형을 위해서 중지미수 규정을 준용하여야 한다는 견해,[23] ④ 행위자가 자수에 이르렀거나 적어도 능동적 후회에 이르렀다고 볼 수 있는 성질의 행위를 실제 외부적으로 표현했을 때 예비죄 자수에 대한 필요적 감면규정을 유추적용하여 그 한도에서 처벌의 불균형을 시정하여야 한다는 견해,[24] ⑤ 예비중지는 형이 면제되어야 한다는 견해[25] 등이 있다. 살피건대, 처벌의 불균형 문제를 시정하기 위하여 제26조의 규정을 준용해야 한다는 위 ②의 긍정설이 타당하다.

이에 대하여 판례는 비록 살인예비·음모에 관한 사안은 아니지만, "중지범은 범죄의 실행에 착수한 후 자의로 그 행위를 중지한 때를 말하는 것이고, 실행의 착수가 있기 전인 예비·음모의 행위를 처벌하는 경우에 있어서는 중지범의 관념은 이를 인정할 수 없다."고 판시하여,[26] 위 ①의 부정설의 입장이다.[27]

15

16

17

21 김성돈, 82; 도중진·박광섭·정대관, 61; 하태훈, 392.
22 강구진, 54; 남흥우, 형법강의(각론), 29; 박강우, 로스쿨 형법각론(2판), 18; 박상기·전지연, 410; 박찬걸, 형법각론, 16; 백형구, 형법각론, 40(다만, 제26조를 유추적용하여야 한다는 견해이다); 서일교, 형법각론, 28; 심재무, 34; 유기천, 형법학(각론강의 상)(전정신판), 44; 임웅, 49(부정설에 의하면 '처벌의 불균형'이 발생한다고 설명하고 있는 점에 비추어 긍정설인 것으로 판단된다); 정창운, 형법학(각론), 39; 조준현, 54; 진계호·이존걸, 54.
23 김신규, 63; 배종대, §13/7(예비의 중지에 관한 형의 필요적 감면규정을 신설할 때까지 예비의 형이 중지미수의 형보다 무거울 때 형의 균형을 위해서 중지미수의 규정을 준용하자고 한다); 정성근·박광민, 67; 문채규, "예비죄의 공범 및 중지", 비교형사법연구 4-1, 한국비교형사법학회 (2002), 55.
24 김일수·서보학, 34.
25 김선복, 51.
26 대판 1966. 4. 21, 66도152(전); 대판 1966. 7. 12, 66도617; 대판 1991. 6. 25, 91도436; 대판 1999. 4. 9, 99도424. 위 91도436 판결에 대한 평석은 김재윤, "예비의 중지", 형법판례 150선 (3판), 박영사(2021), 94-95; 손동권, "중지(미수)범의 특수문제 - 특히 예비단계에서의 중지 -", 형사판례연구 [5], 한국형사판례연구회, 박영사(1997), 70-103.
27 일본 판례도 예비죄는 성질상 일종의 거동범으로서, 예비행위가 있으면 바로 죄가 성립하므로

V. 공 범

1. 살인예비죄의 공동정범

18   살인예비죄의 공동정범이 가능한지 여부에 대하여, ① 예비죄의 실행행위성을 부정하여 공동정범의 성립을 부정하는 견해[28]와 ② 예비죄의 실행행위성을 긍정하여 공동정범의 성립을 긍정하는 견해(통설)[29]가 있다. 살피건대, 살인예비의 준비행위에도 기능적인 역할분담이 가능하므로 살인예비죄의 공동정범 성립을 긍정하는 위 ②의 견해가 타당하다. 다만, 긍정설에 의하더라도 실제로는 예비의 공동정범자 사이에 범행을 공동실행한다는 합의가 당연히 존재할 것이므로 직접 살인'음모'죄로의 처벌이 가능하다.[30]

19   판례는 비록 살인예비죄의 공동정범에 관한 사안은 아니지만, 정범이 실행의 착수에 이르지 아니하고 예비단계에 그친 경우에는, 이에 가공한다고 하더라도 예비의 공동정범이 되는 때를 제외하고는 종범으로 처벌할 수 없다고 판시하고[31] 있는 점에 비추어, 예비의 공동정범의 성립을 긍정하고 있는 것으로 판단된다. 일본 판례도 피고인이 집안 형인 甲으로부터 甲이 전부터 불륜관계에 있던 여성의 남편인 피해자 A를 살해하기 위한 방법 등에 관하여 상담을 받고 청산가리의 입수방법을 의뢰받아 이를 승낙한 다음 이를 구하여 甲에게 교부하였는데, 甲은 이를 사용하지 않고 정부와 공모하여 A에게 수면약을 먹인 다음 교살한 사안에서, 살인예비죄의 공동정범의 성립을 인정하였다.[32]

중지미수라는 관념이 허용될 여지는 없다는 이유로 부정설의 입장이다[最判 昭和 24(1949). 5. 17. 裁判集(刑事) 10·177].

28 박강우, 19.

29 김선복, 52; 김성돈, 83; 김성천·김형준, 41; 도중진·박광섭·정대관, 61; 임웅, 50; 진계호·이존걸, 54.

30 임웅, 50.

31 대판 1976. 5. 25, 75도1549(강도예비방조). 이 판결에 대한 평석은 박형관, "예비죄의 방조범", 형법판례 150선(3판), 박영사(2021), 100-101.

32 最決 昭和 37(1962). 11. 8. 刑集 16·11·1522. 제1심은 살인예비방조죄의 성립을 인정하였으나, 항소심은 예비의 방조를 인정할 경우 처벌범위가 현저하게 넓어지는 등 문제가 있다면 살인예비죄의 공동정범을 인정하였고, 최고재판소는 예비의 방조에 대해서는 언급함이 없이 항소심의 판단이 정당하다고 판시하였다.

2. 살인예비교사·방조범

살인예비죄에 대한 교사범에 대하여는 피교사자가 살인예비에 그치면 이른 20
바 효과 없는 교사로서 제31조 제2항에 따라 교사자와 피교사자 모두 살인예비
죄에 준하여 처벌하게 된다.

한편, 살인예비죄에 대한 방조범의 성립 여부에 대하여 ① 긍정설[33]과 ② 21
부정설(통설)[34]로 견해가 나뉜다. 위 ①의 긍정설은 공범종속성설의 입장에서 정
범이 처벌되면 그에 따라 종범도 처벌되는 것이 당연하며, 예비도 하나의 실행
행위이고, 예비단계인지 미수단계인지는 공범 성립과 무관하다는 견해이고, ②
의 부정설은 예비죄에는 미수와 같은 실행행위가 없으며, 방조의 방법에는 제한
이 없고 예비도 정형성이 없기 때문에 예비의 방조가 처벌되면 처벌이 부당하
게 확대될 수 있고, 예비의 방조를 처벌하는 것은 법감정에 반한다는 견해이다.
살피건대, 예비죄의 방조범을 부정하는 위 ②의 부정설이 타당하다.

판례도 비록 살인예비죄에 대한 판결은 아니지만 예비죄의 방조범 성립을 22
부정하고 있다.[35]

---

33 김일수·서보학, 새로쓴 형법총론(11판), 554. 예비죄의 공동정범을 인정하면서 방조범 성립만
부인하면 대부분의 방조행위가 공동정범으로 낙인찍힐 우려가 있으며, 방조범은 총칙상 처벌이
완화되어 있으므로 처벌범위 확장 염려는 지나친 기우라고 한다.
34 김성돈, 83; 김성천·김형준, 41(타인예비를 처벌하지 않듯이 예비방조도 처벌하지 않는 것이 합
당하다); 김신규, 63; 도중진·박광섭·정대관, 61면; 배종대, §13/8(예비죄의 종범은 매우 낮은
정도의 불법성을 갖고 있기 때문에 처벌되지 않는 것으로 보아도 무방하다); 박찬걸, 16; 백형
구, 39-40; 손동권·김재윤, 새로운 형법각론, §2/66; 신동운, 형법총론(10판), 564; 이재상·장영
민·강동범, 형법총론(11판), §30/23(예비의 종범을 인정하는 것은 형법이 방조의 미수에 관한
규정을 두지 않은 취지에도 반한다); 임웅, 50(공범종속성설에서 방조범이 성립하려면 정범의 실
행행위가 있어야 하지만, 정범의 예비행위는 아직 실행행위성이 없으므로 이에 대한 방조범이
성립될 수 없고, 예비행위는 구성요건적 정형성을 갖추지 못하므로 예비에 대한 방조를 처벌하
면 처벌의 범위가 부당하게 확대될 위험이 있으며, '기도된 교사'와 달리 '기도된 방조'를 처벌하
지 않는 형법의 취지 등을 고려하여, 살인예비의 방조를 처벌할 수 없다고 해석하는 것이 타당
하다); 진계호·이존걸, 54(정범이 실행에 착수하지 아니한 때에는 구성요건적 불법이 실현되었
다고 볼 수 없으므로 예비죄의 방조범은 부정함이 타당하다).
35 대판 1976. 5. 25, 75도1549(강도예비방조); 대판 1979. 5. 22, 79도552(밀항단속법위반); 대판
1978. 2. 28, 77도3406(밀항단속법위반); 대판 1979. 11. 27, 79도2201(특정범죄가중처벌등에관
한법률위반).

Ⅵ. 죄 수

23   수개의 예비행위가 있었으나 1개의 살인범죄 실행을 위한 것이라면 수개의 예비행위는 상호 보완되어 전체로서 하나의 준비행위로 평가되기 때문에 1개의 예비죄만 성립한다.

24   살인예비·음모가 발전하여 미수 또는 기수에 이른 경우에는 본죄는 이에 흡수되어 별도로 성립하지 않는다.[36] 법조경합, 즉 보충관계에 있기 때문이다.

25   대법원은 살해의 목적으로 동일인에게 일시 장소를 달리하여 수차에 걸쳐 단순한 예비행위를 하거나 공격을 가하였으나 미수에 그치다가 드디어 그 목적을 달성한 사안에서, 예비행위 내지 공격행위가 동일한 의사발동에서 나왔고, 그 사이에 범의의 갱신이 없는 한 각 행위가 같은 일시 장소에서 행하여졌거나 또는 다른 장소에서 행하여졌거나를 막론하고, 또 그 방법이 동일하거나 여부를 가릴 것 없이 그 살해의 목적을 달성할 때까지의 행위는 모두 실행행위의 일부로서 이를 포괄적으로 보고 단순한 한 개의 살인기수죄로 처단할 것이지 살인예비 내지 미수죄와 동 기수죄의 경합죄로 처단할 수 없다고 판시하였다.[37]

26   한편, 검사가 살인미수죄로 공소하였다면 그 공소의 효력은 살인의 예비·음모죄의 구성요건사실에는 미치지 않았다고 할 것이다.[38]

Ⅶ. 처 벌

27   10년 이하의 징역에 처한다.

Ⅷ. 특례 규정[39]

28   예비·음모는 전자장치 부착 등에 관한 법률에서 규정하고 있는 특정범죄(§ 2(i), (iii의2))로서 동법에서 정한 요건(§ 5③)에 따라 전자장치부착명령대상이고, 범죄

---

36 大判 昭和 7(1932). 11. 30. 刑集 11·1750.
37 대판 1965. 9. 28, 65도695(살인·살인미수).
38 대판 1968. 9. 30, 68도1031.
39 이에 대한 상세는 **총설 및 살인죄(§ 250①)**의 해당 부분 참조.

〔김 영 태〕

수익은닉의 규제 및 처벌 등에 관한 법률에서 규정하고 있는 특정범죄(§2(i))로서, 동법에서 정한 요건과 절차에 따라 '범죄수익등'(§2(iv))을 은닉 및 가장하거나(§3) 수수하는(§4) 행위를 처벌하고, 이를 몰수·추징할 수 있다(§§8-10의3).

〔김 영 태〕

제256조(자격정지의 병과)

제250조, 제252조 또는 제253조의 경우에 유기징역에 처할 때에는 10년 이하의 자격정지를 병과할 수 있다.

Ⅰ. 자격정지형의 병과

1   본장의 죄 중 제250조(살인, 존속살해), 제252조(촉탁, 승낙에 의한 살인 등) 또는 제253조(위계 등에 의한 촉탁살인 등)에 규정된 죄에 해당하여 유기징역형으로 처벌할 경우에는, 각 죄목에 정한 유기징역형 이외에 10년 이하의 범위 내에서 자격정지를 병과할 수 있다.[1]

2   다만 위 규정은 임의적 병과규정이므로, 반드시 유기징역형과 자격정지형을 함께 선고하여야 하는 것은 아니다.

Ⅱ. 자격정지형의 병과와 불이익변경금지원칙

1. 피고인만이 항소한 항소심에서 징역형은 감경되었으나 자격정지형이 추가된 경우

3   위와 같은 경우에 불이익변경금지의 원칙에 위반되는지 여부에 관한 판결로는 대판 1985. 6. 11, 84도1958이 있다.

---

1 [관련 규정] 형법 제44조(자격정지), 제250조(살인, 존속살해), 제252조(촉탁, 승낙에 의한 살인 등), 제253조(위계 등에 의한 촉탁살인 등)

피고인이 촉탁에 의한 낙태수술로 배출된 태아를 사망케 하였다는 내용으 **4**
로 기소된 사안으로, 제1심에서 살인미수죄로 징역 3년에 5년간 집행유예 판결
을 선고받았다. 이에 피고인만이 항소하였고, 항소심에서 예비적으로 변경된 공
소사실인 업무상촉탁낙태죄만이 유죄로 인정되어 징역 8월에 1년간 집행유예,
자격정지 1년을 선고받았고, 이에 피고인이 대법원에 상고하였다.

대법원은 피고인만이 항소한 항소심에서 예비적으로 추가된 범죄사실이 유 **5**
죄로 인정되어 징역형 외에 자격정지형이 필요적으로 병과되어야 하는 경우라
도, 항소심에서 선고되는 형이 징역형은 제1심보다 감경되었으나 이에 자격정
지형이 추가로 병과되었다면, 제1심보다 무거운 형이 선고되는 불이익변경이
있다고 판결하였다.[2]

2. 검사의 상고가 받아들여져 환송 전 원심판결 전부가 파기되어 환송 후 원심이 피고인에 대한 형량 전체를 새로 정해야 하는 경우

위와 같은 경우에 관한 판결로는 대판 2007. 6. 28, 2005도7473(재상고심)이 **6**
있다.

공소사실의 요지는, 산부인과 의사인 피고인은 ① 2001. 2. 22.경 A(23세)가 **7**
건강에 아무런 이상이 없고 태아도 유전적 질환 등이 없어 정상이라는 사실을
알면서도 낙태시술을 의뢰받고 이를 승낙한 다음 그녀로 하여금 임신 28주의
태아를 낙태하게 한 후, 낙태된 아이가 울음을 터뜨리자 미리 준비하여 두었던
용량 미상의 염화칼륨이 든 주사기를 아이의 심장에 꽂는 방법으로 염화칼륨을
주입하여 A의 아이를 살해하고, ② 영리의 목적으로, 1999. 4. 2.경부터 2001.
7. 초순경까지 산부인과 인터넷 홈페이지의 상담 게시판을 통해 약 33회에 걸
쳐 낙태를 원하는 B(17세, 임신 5개월) 등을 상대로 낙태 상담을 하면서 낙태하러
오라고 유인하고, ③ 1999. 4. 28.경부터 2001. 7. 5.까지 C(19세, 임신 28주) 등
57명으로부터 낙태를 촉탁받아 낙태하게 하였다는 내용이다.

제1심[3]은 피고인에 대하여 살인죄와 업무상촉탁낙태죄(§270①) 및 의료법위 **8**

---

2 같은 취지로는 대판 1966. 9. 6, 66도1005; 대판 1980. 3. 25, 79도2105.
3 서울지판 2001. 11. 13, 2001고합845.

반(영리 목적 환자유인)죄를 모두 유죄로 인정하여 징역 3년과 집행유예 4년 및 '자격정지 3년'의 형을 선고하였고, 항소심[4]은 살인죄와 업무상촉탁낙태죄 부분만 유죄로 인정하고 의료법위반(영리 목적 환자유인)의 점은 무죄로 판단하여 징역 2년 6월과 집행유예 3년 및 '자격정지 1년'을 선고하였다.

9   이에 항소심 판결 중 유죄 부분에 대하여는 피고인이, 무죄 부분에 대하여는 검사가 각 상고하였는데, 대법원[5]은 피고인의 상고는 이유 없다고 판단하고 검사의 상고만 받아들여 무죄 부분을 유죄의 취지로 파기환송하였으며, 파기환송심[6]은 공소사실 전부를 유죄로 인정하면서 피고인에 대하여 징역 3년과 집행유예 4년 및 '자격정지 2년'을 선고하였다.

10   피고인은 파기환송심 판결에 대하여 다시 상고하면서, 업무상촉탁낙태죄에 관해서는 대법원이 피고인의 상고를 기각함으로써 확정되어서 파기환송심이 자격정지형의 선고형량을 높일 수는 없으므로 파기환송심과 같은 형의 선고는 불이익변경금지의 원칙에 반하는 것이라고 주장하였다.

11   이에 대하여 대법원은 업무상촉탁낙태죄에 대해서는 징역형과 자격정지형을 필요적으로 병과하도록 정해져 있는데, 이 사건은 피고인과 검사 쌍방이 상고하여 그중 검사의 상고가 받아들여져 항소심 판결 전부가 파기되었으므로, 파기환송심으로서는 피고인에 대한 형량 전체를 새로 정해야 하는 경우로서 불이익변경금지의 원칙이 적용될 경우가 아니라고 판결하였다.

Ⅲ. 입법론

12   살인의 죄에 자격정지형이 규정된 것과 관련하여, 자격정지형이 선고된 사례를 찾아볼 수 없는 등 규정의 실효성에 대한 의문이 제기되므로 이에 대한 삭

---

4 서울고판 2003. 5. 1, 2001노2997.
5 대판 2005. 4. 15, 2003도2780. 이 판결에 대한 평석으로는 전지연, "낙태와 살인", 형사판례연구 〔14〕, 한국형사판례연구회, 박영사(2006), 45-70; 최동렬, "인터넷 홈페이지의 상담게시판을 이용한 낙태 관련 상담과 구 의료법 제25조 제3항의 '유인' 해당 여부", 형사판례연구 〔14〕, 한국형사판례연구회, 박영사(2006), 379-424.
6 서울고판 2005. 9. 16, 2005노828.

제 여부를 검토할[7] 필요성이 있다.[8]

〔김 영 태〕

---

7 1992년의 형법개정법률안에서는 비록 살인의 죄를 범한 경우라 할지라도 유기징역의 집행을 종료한 후에 공법상의 자격을 특별히 정지해야 할 필요가 없고, 자격정지는 피고인의 사회복귀에 역효과를 가져올 뿐이라는 점을 고려하여 본조를 삭제하였다〔법무부, 형법개정법률안 제안이유서(1992. 10), 118〕.
8 한편, 명예형은 전과자에 대한 사회적 차별을 제도화한 것으로 범죄인의 재사회화이념과 배치되고, 특히 자격상실의 경우에는 형의 일종으로 되어 있으나 선고될 수 있는 것이 아니고 형의 부수효과일 뿐이기 때문에 형벌의 종류에서 삭제하는 것이 바람직하다는 의견이 있다〔김성돈, 형법총론(7판), 827〕.

제25장 상해와 폭행의 죄

〔총 설〕

I. 규 정

1. 형법 규정

본장은 상해와 폭행의 죄에 관하여 규정하고 있다. 구체적으로는 상해·존속 **1**
상해(§ 257), 중상해·존속중상해(§ 258), 특수상해(§ 258의2), 상해치사(§ 259), 폭행·
존속폭행(§ 260), 폭행치사상(§ 261)을 규정하고 있고, 동시범(§ 263), 상습범(§ 264),
자격정지(§ 265)에 관한 규정을 두고 있다. 상해죄의 미수는 처벌한다(§ 257③).

상해의 죄에 관한 기본적 구성요건은 단순상해죄(§ 257①)이고, 존속상해죄 **2**
(§ 257②), 중상해죄·존속중상해죄(§ 258), 특수상해죄(§ 258조의2), 상해치사죄(§ 259)
및 상습상해죄(§ 264)는 상해죄의 가중적 구성요건이다. 존속상해죄는 신분으로
인하여, 상습상해죄는 상습성으로 인하여 책임이 가중되는 가중적 구성요건이
고, 특수상해죄는 행위방법의 위험성으로 인하여 불법이 가중되는 가중적 구성
요건이다. 중상해죄와 상해치사죄는 결과적 가중범에 관한 규정으로서 결과로
인하여 불법이 가중되는 가중적 구성요건이며, 존속중상해죄는 신분관계로 중

〔한 지 형〕 **267**

상해죄에 대하여 책임이 가중되는 경우이다.

3   폭행의 죄에 관한 기본적 구성요건은 단순폭행죄(§ 260①)이다. 폭행죄에 대한 가중적 구성요건으로는 존속폭행죄(§ 260②), 상습폭행죄(§ 264), 특수폭행죄(§ 261) 및 폭행치사상죄(§ 262)가 있다. 존속폭행죄는 신분으로 인하여, 상습폭행죄는 상습성으로 인하여 책임이 가중되는 가중적 구성요건이고, 특수폭행죄는 행위방법의 위험성으로 인하여 불법이 가중되고 폭행치사상죄는 결과적 가중범으로서 불법이 가중되는 가중적 구성요건이다.

4   본장의 조문 구성은 아래 [표 1]과 같다.

[표 1] 제25장 조문 구성

조 문		제 목	구성요건	죄 명	공소시효
§ 257	①	상해, 존속상해	ⓐ 사람의 신체를 ⓑ 상해	상해	7년
	②		ⓐ 자기 또는 배우자의 직계존속에 대하여 ⓑ ①의 행위	존속상해	10년
	③		①, ②의 미수	(제1항, 제2항 각 죄명) 미수	
§ 258	①	중상해, 중존속상해	ⓐ 사람의 신체를 ⓑ 상해하여 ⓒ 생명에 대한 위험을 발생하게 함	중상해	10년
	②		ⓐ 신체의 상해로 인하여 ⓑ 불치나 난치의 질병에 이르게 함		
	③		ⓐ 자기 또는 배우자의 직계존속에 대하여 ⓑ ①, ②의 행위	중존속상해	
§ 258 의2	①	특수상해	ⓐ 단체 또는 다중의 위력을 보이거나 위험한 물건을 휴대 ⓑ § 257①, ②의 행위	특수 (§ 257①, ② 각 죄명)	10년
	②		ⓐ 단체 또는 다중의 위력을 보이거나 위험한 물건을 휴대 ⓑ § 258의 행위	특수(§ 258 각 죄명)	
	③		①의 미수	(§ 258의2① 죄명)미수	

조 문		제 목	구성요건	죄 명	공소시효
§259	①	상해치사	ⓐ 사람의 신체를 ⓑ 상해하여 ⓒ 사망에 이르게 함	상해치사	10년
	②		ⓐ 자기 또는 배우자의 직계존속에 대하여 ⓑ ①의 행위	존속상해치사	15년
§260	①	폭행, 존속폭행	ⓐ 사람의 신체에 대하여 ⓑ 폭행을 가함	폭행	5년
	②		ⓐ 자기 또는 배우자의 직계존속에 대하여 ⓑ ①의 행위	존속폭행	7년
	③		반의사불벌		
§261		특수폭행	ⓐ 단체 또는 다중의 위력을 보이거나 위험한 물건을 휴대 ⓑ §260①, ②의 행위	특수(§260 각 죄명)	7년
§262		폭행치사상	ⓐ §260, §261의 죄를 지어 ⓑ 사람을 사망이나 상해에 이르게 함	(§260, §261 각 죄명) (치사, 치상)	§257- §259의 예1
§263		동시범	ⓐ 독립행위가 경합 ⓑ 상해의 결과 발생 ⓒ 원인된 행위가 판명되지 아니함		
§264		상습범	상습으로 §257, §258, §258의2, §260, §261의 행위	상습(§257, §258, §258의2, §260, §261 각 죄명)	2분의 1 가중
§265		자격정지의 병과	§257②, §258, §258의2, §260②, §261, §264의 경우 10년 이하 자격정지 병과(임의적)		

2. 폭력행위 등 처벌에 관한 법률과의 관계

폭력행위 등 처벌에 관한 법률(이하, '폭력행위처벌법'이라 한다.)은 상해와 폭행   5
의 죄를 가중처벌하는 대표적인 특별형법이다.

폭력행위처벌법은 2명 이상이 공동하여 폭행·존속폭행 또는 상해·존속상해   6
의 죄를 범한 사람을 형법 각 해당 조항에서 정한 형의 2분의 1까지 가중하도록

---

1 (폭행·특수폭행)치상 7년, 존속(폭행·특수폭행)치상 10년, (폭행·특수폭행)치사 10년, 존속(폭행·특수폭행)치사 15년.

하고 있다(폭처 §2②). 판례는 "2명 이상이 공동하여 상해 또는 폭행의 죄를 범하였다고 함은 그 수인 사이에 공범관계가 존재하는 것을 요건으로 하는데, 이들이 같은 장소에서 같은 기회에 서로 다른 사람의 범행을 인식하고 이를 이용하여 범행을 한 경우라야 한다."라고 해석하여 제30조의 공동정범과 이를 구별한다.[2]

7   과거에는 흉기 기타 위험한 물건을 휴대하여 형법상 폭행죄, 협박죄, 재물손괴죄를 범한 사람도 가중처벌의 대상이 되었는데 헌법재판소는 2015년 9월 24일 해당 규정 부분[3]이 형법과 같은 기본법과 동일한 구성요건을 규정하면서도 법정형만 상향한 것은 형벌체계의 정당성과 균형을 잃어 헌법의 기본원리에 위배되고 평등의 원칙에 위반된다는 이유로 위헌결정을 내렸다.[4] 이러한 헌법재판소의 위헌결정 취지에 따라 2016년 1월 6일 법률 제13718호로 폭력행위처벌법이 일부 개정되어 같은 날 시행되었는데, 주요 내용은 상습폭행 등 상습폭력범죄에 대한 가중처벌 규정(구 폭처 §2①)과, 흉기휴대폭행 등 특수폭력범죄에 대한 가중처벌 규정(구 폭처 §3①, ③)을 각 삭제하고, 이러한 삭제에 따라 공동폭력범죄의 가중처벌 규정과 누범 가중처벌 규정(구 폭처 §2②, ③, §3④)을 정비하는 것이었고, 이로써 기존의 집단 또는 상습 및 특수폭력범죄 등은 기본법인 형법의 각 해당 조항으로만 처벌될 뿐, 더 이상 폭력행위처벌법에 따라 처벌할 수 없게 되었다. 위 개정 전에 행한 범행인 경우에도 마찬가지이다.[5]

8   한편, 폭력행위처벌법 제7조는 "정당한 이유 없이 이 법에 규정된 범죄에

---

2 대판 1970. 3. 10, 70도163; 대판 1982. 1. 26, 81도1934; 대판 1986. 6. 10, 85도119.

3 구 폭력행위처벌법(2006. 3. 24. 법률 제7891호로 개정되고, 2014. 12. 30. 법률 제12896호로 개정되기 전의 것) 제3조 제1항 중 '흉기 기타 위험한 물건을 휴대하여 형법 제260조 제1항(폭행), 제283조 제1항(협박), 제366조(재물손괴등)의 죄를 범한 자'에 관한 부분과 구 폭력행위처벌법 (2014. 12. 30. 법률 제12896호로 개정된 것) 제3조 제1항 중 '흉기 기타 위험한 물건을 휴대하여 형법 제260조 제1항(폭행), 제283조 제1항(협박), 제366조(재물손괴등)의 죄를 범한 자'에 관한 부분.

4 헌재 2015. 9. 24, 2014헌바154 등(병합).

5 폭력행위처벌법 개정 직후에는 신설된 형법 제258조의2 제1항과 행위 시 법률인 구 폭력행위처벌법 제3조 제1항 중 어느 것이 적용되어야 하는지 논란이 되었다. 이 논란은 대법원이 "형법 제257조 제1항의 가중적 구성요건을 규정하고 있던 구 폭력행위처벌법 제3조 제1항을 삭제하는 대신에 위와 같은 구성요건을 형법 제258조의2 제1항에 신설하면서 그 법정형을 구 폭력행위처벌법 제3조 제1항보다 낮게 규정한 것은, 위 가중적 구성요건의 표지가 가지는 일반적인 위험성을 고려하더라도 개별 범죄의 범행경위, 구체적인 행위태양과 법익침해의 정도 등이 매우 다양함에도 일률적으로 3년 이상의 유기징역으로 가중 처벌하도록 한 종전의 형벌규정이 과중하다는 데에서 나온 반성적 조치라고 보아야 하므로, 이는 형법 제1조 제2항의 '범죄 후 법률의 변경에 의하여 형이 구법보다 경한 때'에 해당한다."라고 판시(대판 2016. 1. 28, 2015도17907)함으로써 일단락되었다.

공용될 우려가 있는 흉기나 그 밖의 위험한 물건을 휴대하거나 제공 또는 알선한 사람은 3년 이하의 징역 또는 300만 원 이하의 벌금에 처한다."라고 규정하고 있다. 위 조항은 집단 또는 상습 및 특수폭력범죄 등을 저지를 우려가 있는 사람을 처벌함으로써 공공의 안녕과 질서를 유지하기 위한 규정으로 법률 제정 시부터 현재까지 실질적인 내용의 변경 없이 그대로 유지되어 왔고, 이러한 폭력행위처벌법위반(우범자)죄는 대상범죄인 '이 법에 규정된 범죄', 즉 폭력행위처벌법에 규정된 범죄의 예비죄로서의 성격을 지니고 있다.[6]

3. 특정범죄 가중처벌 등에 관한 법률과의 관계

(1) 보복범죄

특정범죄 가중처벌 등에 관한 법률(이하, '특정범죄가중법'이라 한다.) 제5조의9[7] 제2항은 자기 또는 타인의 형사사건의 수사 또는 재판과 관련하여 고소·고발 등 수사단서의 제공, 진술, 증언 또는 자료제출에 대한 보복의 목적으로 상해 (§ 257①) 또는 폭행(§ 260①)의 죄를 범한 사람은 1년 이상의 유기징역에 처하고, 제3항은 상해 또는 폭행의 죄를 범하여 사람을 사망에 이르게 한 경우에는 무기 또는 3년 이상의 징역을 처한다고 규정하여 가중처벌하고 있다.

여기서 '보복의 목적'이 있는지는 행위자의 나이, 직업 등 개인적인 요소, 범행의 동기 및 경위와 수단·방법, 행위의 내용과 태양, 피해자와의 인적 관계,

9

10

---

6 대판 2017. 9. 21, 2017도7687(그러한 이유에서, 검사는 폭력행위처벌법 중 어떠한 범죄에 사용할 의도로 흉기나 그 밖의 위험한 물건을 휴대하였다는 것인지 특정하고 이를 증명하여야 한다고 판단한 사례).

7 특정범죄가중법 제5조의9(보복범죄의 가중처벌 등) ① 자기 또는 타인의 형사사건의 수사 또는 재판과 관련하여 고소·고발 등 수사단서의 제공, 진술, 증언 또는 자료제출에 대한 보복의 목적으로「형법」제250조제1항의 죄를 범한 사람은 사형, 무기 또는 10년 이상의 징역에 처한다. 고소·고발 등 수사단서의 제공, 진술, 증언 또는 자료제출을 하지 못하게 하거나 고소·고발을 취소하게 하거나 거짓으로 진술·증언·자료제출을 하게 할 목적인 경우에도 또한 같다.
② 제1항과 같은 목적으로「형법」제257조제1항·제260조제1항·제276조제1항 또는 제283조제1항의 죄를 범한 사람은 1년 이상의 유기징역에 처한다.
③ 제2항의 죄 중「형법」제257조제1항·제260조제1항 또는 제276조제1항의 죄를 범하여 사람을 사망에 이르게 한 경우에는 무기 또는 3년 이상의 징역에 처한다.
④ 자기 또는 타인의 형사사건의 수사 또는 재판과 관련하여 필요한 사실을 알고 있는 사람 또는 그 친족에게 정당한 사유 없이 면담을 강요하거나 위력(威力)을 행사한 사람은 3년 이하의 징역 또는 300만원 이하의 벌금에 처한다.

범행 전후의 정황 등 여러 사정을 종합하여 사회통념에 비추어 합리적으로 판
단하여야 한다.[8]

11   한편 형법상 폭행죄는 반의사불벌죄(§260③)로 되어 있으나, 특정범죄가중
법위반(보복폭행등)죄에 대해서는 그 규정이 적용되지 않는다.[9]

(2) 운전자폭행 등의 가중처벌

12   특정범죄가중법 제5조의10[10]은 버스나 택시 등을 운행 중인 자동차의 운전
자를 폭행한 사람은 5년 이하의 징역 또는 2천만 원 이하의 벌금에 처하고(제1
항), 그 폭행으로 상해에 이르게 된 경우는 3년 이상의 유기징역을, 사망에 이르
게 한 경우에는 무기 또는 5년 이상의 징역에 처하는(제2항) 가중처벌규정을 두
고 있다. 특정범죄가중법위반(운전자폭행등)죄는 제1항 및 제2항 모두 운행 중
인 자동차의 운전자를 대상으로 하는 범행이 교통질서와 시민의 안전 등 공공
의 안전에 대한 위험을 초래할 수 있다고 보아 이를 가중처벌하는 이른바 추상
적 위험범에 해당하고, 그중 제2항은 결과적 가중범 규정으로 해석할 수 있다.[11]

(가) 제1항의 죄

13   본죄(제1항의 죄)의 객체는 '운행 중'인 자동차[12]의 운전자이다. 여기서 '운행
중'은 본죄가 가중적 구성요건임을 감안할 때, 특별한 사정이 없는 한 자동차가
실제 운행 중인 때, 즉 주행 중이거나 주행의도하에서의 신호대기나 승·하차를
위한 일시 정지의 경우로 제한해석된다.[13] 마찬가지로 본죄의 행위인 '폭행 또

---

8 대판 2013. 6. 14, 2009도12055.

9 대판 1998. 5. 8, 98도631[특정범죄가중처벌등에관한법률 제5조의9 제2항에 해당하는 범죄에 대
하여 형법 제283조 제3항(반의사불벌규정)이 적용되는지 않는다고 한 사례].

10 특정범죄가중법 제5조의10(운행 중인 자동차 운전자에 대한 폭행 등의 가중처벌) ① 운행 중
(「여객자동차 운수사업법」 제2조제3호에 따른 여객자동차운송사업을 위하여 사용되는 자동차를
운행하는 중 운전자가 여객의 승차·하차 등을 위하여 일시 정차한 경우를 포함한다)인 자동차
의 운전자를 폭행하거나 협박한 사람은 5년 이하의 징역 또는 2천만원 이하의 벌금에 처한다.
② 제1항의 죄를 범하여 사람을 상해에 이르게 한 경우에는 3년 이상의 유기징역에 처하고, 사
망에 이르게 한 경우에는 무기 또는 5년 이상의 징역에 처한다.

11 대판 2015. 3. 26, 2014도13345. 본 판결 해설과 평석은 김영훈, "「특정범죄 가중처벌 등에 관한
법률」 제5조의10 제2항의 적용 범위," 해설 104, 법원도서관(2015), 511-531; 황성욱, "특정범죄
가중처벌법상 운전자폭행치상죄의 적용 범위", 특별형법 판례100선, 한국형사판례연구회·대법
원 형사법연구회, 박영사(2022), 161-164.

12 여기서의 '자동차'는 도로교통법 제2조 제18호의 '자동차'를 의미하고 도로교통법상 원동기장치자
전거는 '자동차'에 포함되지 않는다[대판 2022. 4. 28, 2022도1013(오토바이)].

13 구체적인 사례에 대해서는 이주원, 특별형법(8판), 269-270 참조.

272   〔한 지 형〕

는 협박'도 자동차의 안전한 운행을 저해하여 타인의 생명·신체를 위태롭게 할
정도로 제한해석하여야 할 것이다.[14]

본죄는 조문규정과 입법취지에 비추어 반의사불벌죄가 아닌 것으로 해석
된다.[15]

(나) 제2항의 죄

본죄(제2항의 죄)의 객체는 운행 중인 자동차의 운전자에 한정되지 않고, '운전
자나 승객 또는 보행자 등'이 포함된다.[16] 본죄 가운데 치상죄는 법정형이 3년 이
상으로 상해죄의 법정형보다 무거운 점에서 부진정결과적 가중범이라고 할 것이
다.[17] 따라서 상해의 결과에 대하여 고의가 있는 경우에는, 결과적 가중범인 본죄
만 성립하고 이와 법조경합의 관계에 있는 상해죄는 별도로 성립하지 아니한다.[18]

4. 그 밖의 특별형법

본장의 죄 중 제257조(상해, 존속상해), 제258조(중상해, 존속중상해), 제258조의
2(특수상해), 제260조(폭행, 존속폭행) 제1항·제2항, 제261조(특수폭행) 및 제264조
(상습범)의 죄는 가정폭력범죄의 처벌 등에 관한 특례법상의 '가정폭력범죄'
(§ 2(iii) 가목)에, 제257조(상해) 제1항·제3항, 제258조의2(특수상해) 제1항(제257조
제1항의 죄에만 해당한다)·제3항(제1항 중 제257조 제1항의 죄에만 해당한다), 제260조
(폭행) 제1항, 제261조(특수폭행) 및 제262조(폭행치사상)(상해에 이르게 한 때에만 해당
한다)의 죄는 아동학대범죄의 처벌 등에 관한 특례법상의 '아동학대범죄'(§ 2(iv)
가목)에, 제257조(상해, 존속상해), 제258조(중상해, 존속중상해), 제260조(폭행, 존속폭
행) 제1항·제2항, 제261조(특수폭행) 및 제264조(상습범)의 죄는 노인복지법상의
'노인학대관련범죄'(§ 1의2(v) 가목)에 각 해당되어 특별히 규율된다.

그 밖에 상해(예컨대, 응급의료에 관한 법률 제60조 등)나 폭행행위(예컨대, 선박 및
해상구조물에 대한 위해행위의 처벌 등에 관한 법률 제5조 등)를 가중처벌하는 다수의
특별법이 있다.

14

15

16

17

---

14 이주원, 특별형법(8판), 271.
15 이주원, 특별형법(8판), 271.
16 대판 2015. 3. 26, 2014도13345.
17 김정환·김슬기, 특별형법(2판), 361; 이주원, 특별형법(8판), 272.
18 부진정결과적 가중범인 특수공무집행방해치상죄(§ 144② 전단)에 관한 대판 2008. 11. 27, 2008
   도7311.

Ⅱ. 입법례

18   로마법에서는 상해죄에 대한 독립된 구성요건을 두지 않고, 신체상해를 명
예훼손이나 모욕을 포함하여 타인의 인격을 해하는 죄를 총칭하는 injuria로 파
악하고 있었다. 상해죄를 신체를 침해하는 독립된 범죄로 이해한 것은 19세기에
이르러 지배적 지위를 차지하고 있던 독일법학의 영향이며, 상해죄는 1803년 오
스트리아형법, 1810년 프랑스형법 및 1813년 바이에른형법에 의하여 비로소 신
체의 불가침성을 보호하기 위한 범죄로 규정되었다.

19   대부분의 입법례에서 상해죄는 상해와 폭행을 구별하지 않고 양자를 포함
하여 같이 처벌하고 있다.[19]

20   대표적으로 독일은 형법 제17절(신체의 완전성에 대한 죄) 제223조 내지 제231
조에서 '신체침해죄'를 규정하고 있다. 기본적 구성요건으로서 사람의 신체를 학
대하거나 건강을 훼손하는 행위를 처벌(§ 223)하고 있고, ① 독물 기타 건강을 해
하는 물질을 복용시킴으로써, ② 무기 또는 다른 위험한 물건을 사용하여, ③ 비
열한 기습의 방법으로, ④ 수인이 공동하여 또는 ⑤ 생명에 위협이 되는 침해
방법으로 신체침해죄를 범하는 경우를 위험한 신체침해죄로 가중처벌(§ 224)하고
있다. 중상해의 결과를 야기한 경우(§ 226)와 사망의 결과를 초래한 경우(§ 227)
등에 관한 규정도 두고 있다. 이처럼 독일형법에서는 기본적으로 신체학대행위
와 건강침해행위를 신체침해행위로 규정하고 있는데, 독일형법상 신체침해죄는
형법상 상해죄와 폭행죄를 모두 포괄하고, 그 밖에 일반적인 신체학대행위까지
포함하고 있는 것으로 이해된다.[20]

21   한편 일본형법은 제27장 제204조 내지 제208조의3에서 상해에 관한 죄를
규정하고 있다.[21] 제204조에서 상해죄를, 제208조에서 폭행죄를 각 규정하고,

---

19 영국, 미국, 프랑스, 독일, 일본에서의 상해와 폭행의 죄의 비교에 관하여는, 최민영 외 9인, Global
   Standard 마련을 위한 쟁점별 주요국 형사법령 비교연구(Ⅱ-2), 한국형사정책연구원(2020), 471-566
   참조.

20 이정원, "상해와 폭행의 죄의 구조와 문제점-독일 형법 신체침해죄와의 비교를 중심으로", 성균
   관법학 21-1(2009), 320.

21 참고로 2022년 6월 17일 일본형법 개정(법률 제67호)으로 징역형과 금고형이 '구금형'으로 단일
   화되어 형법전의 '징역', '구금', '징역 또는 구금'은 모두 '구금형'으로 개정되었고, 부칙에 의하여
   공포일로부터 3년 이내에 정령으로 정하는 날에 시행 예정이다. 그러나 현재 정령이 제정되지
   않아 시행일은 미정이므로, 본장에서 일본형법 조문을 인용할 때는 현행 조문의 '징역' 등의 용

결과적 가중범으로서 상해치사죄(§ 205)와 위험운전치사상죄(§ 208의2)를 규정하고
있다. 한편, 상해의 준비에 해당하는 흉기준비 집합 및 결집죄(§ 208의3)도 규정
하고 있다. 상해죄와 폭행죄를 별도의 규정으로 두고 있어 형법과 마찬가지로
양자를 구분하는 입법례로 보는 것이 일반적이다.[22] 한편 일본형법은 상해미수
죄와 폭행치상죄를 두지 않고, '폭행을 가한 자가 사람을 상해하는 데 이르지 못
한 때'에 폭행죄로 처벌하고 있는 점에서 우리 형법과는 차이가 있다.

　　스위스형법도 제123조에서 신체침해죄를 처벌하면서 제126조에서 사람의　　**22**
신체나 건강에 대한 훼손 결과를 야기하지 아니하는 폭력행위를 폭행죄로 규정
하고 있다.

　　우리 형법은 일본과 스위스형법의 영향을 받은 것으로 보인다.　　　　　　**23**

III. 상해와 폭행

1. 상해죄와 폭행죄의 관계

　　상해와 폭행의 죄는 사람의 신체에 대한 침해를 내용으로 하는 범죄이다.　　**24**
구법하에서는 상해죄를 폭행죄의 결과적 가중범으로 해석하였으나, 형법은 폭
행죄의 결과적 가중범으로 폭행치상죄(§ 262)를 규정하는 한편 상해죄의 미수범
을 처벌하여(§ 257③) 상해죄와 폭행죄를 구별하고 있다.

　　상해죄와 폭행죄의 관계를 어떻게 이해할 것인가에 대하여 견해가 대립한　　**25**
다. 보호법익을 기준으로 ① 상해죄와 폭행죄는 모두 신체의 완전성을 보호법
익으로 하는 범죄이지만 폭행죄가 형식적으로는 사람에 대하여 유형력을 행사
하는 행위 자체를 범죄로 본 것인데 반하여, 상해죄는 그 내용의 침해를 말하는
것이며, 따라서 상해죄가 침해범이고 폭행죄는 형식범(거동범)이라는 점에서 두
죄가 구별된다는 견해[23]도 있다. 그러나 ② 통설은 상해죄는 신체의 건강을 보
호하려는 것임에 대하여 폭행죄는 신체의 건재를 보호법익으로 하므로 두 죄는

　　어를 그대로 사용한다.

22　이재상·장영민·강동범, 형법각론(13판), § 3/2. 반면, 일본형법 제208조는 그 실질이 상해미수
　　죄인 것으로 보이므로 형법의 체계와는 다르다는 견해도 있다[이정원(주 20), 324].

23　박상기, 형법각론(8판), 37; 배종대, 형법각론(14판), § 14/4.

그 보호법익을 달리하며, 상해죄는 생리적 기능을 침해하는 행위를 말하고, 폭행은 유형력을 행사함으로써 신체의 완전성을 침해하는 행위를 말하는 것으로 본다(보호의 정도에 대한 견해 대립은 개별범죄에서 후술).[24] 앞서 본 형법 체계상 위 ②의 통설이 타당하다.

2. 상해의 의미

26   상해의 의미에 대해서는 견해의 대립이 있다. 상해와 폭행을 엄격히 구별하고 있는 형법 해석상 통설은 ① 상해는 생리적 기능을 훼손하는 행위를 의미한다고 해석한다(생리적 기능훼손설)(통설).[25] 상해를 ② 신체의 완전성에 대한 침해라고 해석하는 견해(신체의 완전성 침해설)[26]도 있으나, 이는 상해와 폭행을 구별하지 않는 독일의 통설로서 양자를 구별하는 우리 형법에서 신체의 완전성을 상해죄의 보호법익이라고 할 수는 없고, 소량의 모발이나 손톱·발톱을 깎는 경우에도 상해죄에 해당하게 되어 불합리하다는 비판이 있다. 한편 상해를 ③ 생리적 기능의 훼손과 함께 신체 외모에 대한 중대한 변화라고 해석하는 견해(절충설 또는 외관중요변경설)[27]도 있으나, 신체를 훼손하는 행위를 상해라고 하면서 생리적 기능의 훼손과는 달리 신체 외관의 변경을 초래하는 경우에만 중대성을 요구하는 이유가 명백하지 아니할 뿐만 아니라, 신체 외관의 변경이 중대한지는 폭행죄에 해당하는지의 판단기준이 될 뿐 상해죄와 폭행죄를 구별하는 한계가 되는 것은 아니라고 해야 한다는 비판이 있다.

27   판례는 상해죄에서의 상해는 "피해자의 신체의 완전성을 훼손하거나 생리적 기능에 장애를 초래하는 것을 의미한다."라거나[28] "피해자 신체의 건강상태

---

24 김성돈, 형법각론(5판), 67; 김신규, 형법각론 강의, 48; 김일수·서보학, 새로쓴 형법각론(9판), 49; 김혜정·박미숙·안경옥·원혜욱·이인영, 형법각론(3판), 34; 박찬걸, 형법각론(2판), 45; 손동권·김재윤, 새로운 형법각론(2판), 33; 오영근, 형법각론(8판), 43; 이재상·장영민·강동범, §3/3; 이형국·김혜경, 형법각론(3판), 50; 임웅, 형법각론(9정판), 54; 정성근·박광민, 형법각론(전정2판), 72; 정영일, 형법각론(3판), 31; 주호노, 형법각론, 73.

25 김성돈, 67; 김일수·서보학, 49; 박상기, 41; 오영근, 45; 이재상·장영민·강동범, §3/12; 임웅, 60; 정성근·박광민, 72; 정영일, 31.

26 유기천, 형법학(각론강의 상)(전정신판), 47.

27 강구진, 형법강의 각론 I, 61; 배종대, §15/5. 다만, 배종대 교수는 판례의 태도를 절충설로 파악하고 있다.

28 대판 1999. 1. 26, 98도3732; 대판 2000. 2. 25, 99도4305.

가 불량하게 변경되고 생활기능에 장애가 초래되는 것을 말한다."라고[29] 설시하
고 있다. 일부 판례에서 '신체의 완전성'이라는 용어를 사용하고 있기는 하나,
실무상 그 의미가 이른바 '신체의 완전성설'에서의 그것과 같은 것으로 해석·적
용되지는 않는다. 오히려 판례는 '피해자의 신체의 완전성을 훼손하거나 생리적
기능에 장애를 초래하는 것'과 '피해자의 건강상태가 불량하게 변경되고 생활기
능에 장애가 초래되는 것'을 같은 의미로 파악하는 것으로 이해된다.[30] 결국 판
례는 위 ①의 통설과 궤를 같이하는 것으로 보인다.

　　일본 판례도 일찍이 칼로 머리카락을 빡빡 밀은 행위에 대하여 상해죄(일형　　**28**
§204)의 성립을 부정하고 폭행죄(§208)를 인정하면서, 상해죄는 '생활기능의 훼
손, 즉 건강상태의 불량 변경을 야기하는 것'이라고 판시한[31] 이래, 위 ①설의
입장을 유지하고 있다.[32]

3. 폭행의 의미

　　형법상 폭행은 대상과 정도에 따라 4가지(최광의·광의·협의·최협의)로 구분하　　**29**
는 것이 일반적인데, 폭행죄에서의 폭행은 ① '사람의 신체에 대한 유형력의 행
사', 즉 협의의 폭행을 의미한다. 이런 점에서 폭행죄에서의 폭행은 ② 폭행대
상을 불문하고 모든 종류의 유형력을 포함하는 최광의의 폭행[소요죄(§115), 다중
불해산죄(§116) 등], ③ 사람에 대한 직접·간접의 유형력 행사를 말하는 광의의
폭행[공무집행방해죄(§136), 강요죄(§324) 등], ④ 상대방의 반항을 불가능하게 하거
나 현저히 곤란하게 할 정도의 강력한 유형력을 행사를 말하는 최협의의 폭행
[강간죄(§297), 강도죄(§333) 등]과는 구별된다.

　　유형력의 범위는 넓은 개념으로, 사람의 오관에 직접·간접적으로 작용하여　　**30**
육체적·정신적으로 고통을 가하는 일체의 힘 또는 신체에 대한 일체의 역학적·화

---

29 대판 2000. 3. 23, 99도3099.
30 대판 2017. 6. 29, 2017도3196. '신체적 완전성'의 용어를 사용한 기존 판례(대판 2008. 5. 29,
　2007도3936 등)를 원용하면서도 "강간치상죄나 강제추행치상죄에 있어서의 상해는 '피해자의 신
　체의 완전성을 훼손하거나 생리적 기능에 장애를 초래하는 것, 즉 피해자의 건강상태가 불량하
　게 변경되고 생활기능에 장애가 초래되는 것'을 말하는 것"이라고 설시하고 있다.
31 大判 明治 45(1912). 6. 20. 刑録 18·896.
32 最決 平成 24(2012). 1. 30. 刑集 66·1·36(건강상태를 불량하게 변경하여 그 생활기능의 장해
　를 야기하는 것).

학적 또는 생리적 작용을 말한다고 해석하는 것이 일반적이다.[33]

31   판례는 종전부터 '폭행'은 사람의 신체에 대한 유형력의 행사를 의미하고,[34] 그 유형력의 행사는 신체적 고통을 주는 물리력의 작용을 의미한다[35]고 하였고, 최근에도 폭행죄에서 말하는 폭행이란 '사람의 신체에 대하여 육체적·정신적으로 고통을 주는 유형력을 행사함을 뜻하는 것'이라고 설시한 바 있다.[36]

4. 상해죄와 폭행죄의 양형

32   상해죄, 폭행죄 등 폭력범죄와 관련하여서는 법원조직법에 따른 양형기준이 마련되어 있다(법조 §81조의6). 법적 구속력을 갖지 않는 권고적 기준이지만 법관은 양형 과정에서 양형기준을 존중하여야 하며, 양형기준을 벗어난 판결을 하는 경우에는 판결서에 양형의 이유를 기재하여야 한다(법조 §81의7). 실제 실무상으로도 양형기준이 많이 활용되고 있다.

33   폭력범죄에 관한 양형기준은 상해, 특수상해와 누범상해, 폭행 등으로 크게 구분되어 있다.[37] 상해는 다시 일반상해, 중상해, 사망의 결과가 발생한 경우, 보복목적 상해로 구분되는데, 일반상해의 경우 징역 4개월에서 징역 1년 6개월을 기본 영역으로 한다. 이때 경미한 상해의 경우 감경요소로, 중한 상해의 경우 가중요소로 기능한다. 여기에서 경미한 상해는 치료기간이 2주 이하로 상해부위가 부분적이고, 일상적인 생활에 크게 지장을 초래하지 아니하며, 회복을 위하여 봉합수술 등 특별한 의료적 처치를 필요로 하지 않는 상해를 의미한다. 반면 중한 상해는 치료기간이 약 4주-5주 이상인 경우를 기준으로 하는데, 후유장애 또는 심한 추상장애가 남거나 위험한 부위의 상해에 해당하거나 추가 상해가 예상되는 경우를 의미한다. 한편, 양형기준에서는 처벌불원(실질적 피해 회복 포함)을 주요 감경사유로 하고 있다. 폭행의 경우 일반폭행, 폭행치상, 사망의 결과가 발생한 경우, 운전자 폭행치상, 운전자 폭행치사, 누범·특수폭행, 보복목적 폭행으로 구분된다. 일반폭행의 경우, 징역 2개월에서 징역 10개

---

33 강구진, 77; 김일수·서보학, 65; 이재상·장영민·강동범, §3/43; 정성근·박광민, 65.
34 대판 1991. 1. 29, 90도2153.
35 대판 2003. 1. 10, 2000도5716.
36 대판 2016. 10. 27, 2016도9302.
37 이에 대한 상세는 양형위원회, 2023 양형기준, 311-327 참조.

월을 기본 영역으로 한다. 폭행의 정도(또는 상해의 정도)가 경미한 경우에는 감경요소가 된다.

〔한 지 형〕

제257조(상해, 존속상해)

① 사람의 신체를 상해한 자는 7년 이하의 징역, 10년 이하의 자격정지 또는 1천
만 원 이하의 벌금에 처한다. 〈개정 1995. 12. 29.〉
② 자기 또는 배우자의 직계존속에 대하여 제1항의 죄를 범한 때에는 10년 이하
의 징역 또는 1천 500만 원 이하의 벌금에 처한다. 〈개정 1995. 12. 29.〉
③ 전 2항의 미수범은 처벌한다.

Ⅰ. 취 지

1　　　본조는 사람의 신체를 상해하거나(제1항), 그중에서 자기 또는 배우자의 직
계존속의 신체를 상해한(제2항) 사람을 처벌하는 조항이다. 전자는 상해죄이고,
후자는 존속상해죄로서 상해죄의 가중규정이다. 상해죄는 사람의 신체를 상해
하는 행위를 처벌함으로써 신체의 생리적 기능 내지 건강을 보호하는 범죄이다.
보호법익이 어느 정도 침해되어야 하는지와 관련하여 견해의 대립은 있으나, 침
해범으로 보는 것이 일반적이다(통설[1] 및 판례[2]).

---

1 김성돈, 형법각론(5판), 83; 김혜정·박미숙·안경옥·원혜욱·이인영, 형법각론(3판), 36; 손동권·
　김재윤, 새로운 형법각론(2판), 33; 오영근, 형법각론(8판), 44; 이상돈, 형법강론(4판), 372; 이형
　국·김혜경, 형법각론(3판), 52; 정성근·정준섭, 형법강의 각론(2판), 23; 최호진, 형법각론, 39;
　홍영기, 형법(총론과 각론), §55/1; 주석형법 〔각칙(3)〕(5판), 295(최환).
2 대판 1982. 12. 28, 82도2588. 「상해죄의 성립에는 상해의 고의와 신체의 완전성을 해하는 행위
　및 이로 인하여 발생하는 인과관계 있는 상해의 결과가 있어야 하므로 상해죄에 있어서는 신체
　의 완전성을 해하는 행위와 그로 인한 상해의 부위와 정도가 증거에 의하여 명백하게 확정되어
　야 하고, 상해부위의 판시 없는 상해죄의 인정은 위법하다.」

II. 상해죄(제1항)

1. 객 체

　　본죄(상해죄)의 객체는 '타인의 신체'이다. 법인은 신체를 지닌 자연인이 아　　**2**
니므로 본죄의 객체에 포함되지 않고, 동물은 사람이 아니므로 본죄의 객체에
포함되지 않는다.[3]

　　출생 전의 태아는 낙태죄의 보호를 받는 행위의 객체일 뿐 본죄의 행위의　　**3**
객체인 사람의 개념에는 포함되지 않는다고 보는 것이 통설이다.[4] 이와 관련하
여, 독일에서 1960년대에 임신 중의 태아에게 약물 등으로 상해를 가하여 태아
에게 악영향을 미치고 그 결과 장애를 가진 채 태어난 아이에 대하여 상해죄의
성립 여부가 문제된 바 있다[1957년 독일 그뤼넨탈사에서 발매한 위 약물 이름을 따서
콘테르간(Contergan) 사건이라 함]. 당시 독일 법원은 이를 사람에 대한 상해죄로
인정하였으나,[5] 독일에서도 그 성립을 부정하는 견해가 다수설이다. 우리나라에
서도 태아상태에서의 침해행위가 출생 이후에도 작용하여 상해의 결과를 발생
시킨 경우에는 상해죄가 성립할 수 있다는 견해가 있으나,[6] 이를 부정하는 견해
가 통설이다.[7] 이 경우 태아를 모체의 일부로 보아 임부에 대한 상해죄는 성립
할 수 있다는 견해[8]도 있다. 그러나 우리 형법이 낙태죄 규정을 통해 태아를 임
부와는 독립된 별개의 법익주체(보호대상)로 규정하고 있는 점 등을 고려하여 그
성립을 부정하는 견해가 통설이다.[9]

　　일본 판례 중에는 태아가 낙태죄의 경우를 제외하고는 모체의 일부를 구성　　**4**
하는 것으로 취급된다는 것을 전제로, 태아 단계에 발생한 병변으로 인하여 출
생 후 바로 사망한 경우는, 사람에게 병변을 발생시켜 태아가 사람이 된 뒤에

3　다만, 동물에게 상해를 입히는 등 학대행위를 하는 경우에는 동물보호법위반죄로 처벌된다(동법
　　§46②(i), §8②).
4　김일수·서보학, 새로쓴 형법각론(9판), 47; 이재상·장영민·강동범, 형법각론(13판), §3/7.
5　BGHSt 31, 348, 352.
6　이정원, 형법각론, 63.
7　김성돈, 69; 김일수·서보학, 48; 박상기, 형법각론(8판), 40; 배종대, 형법각론(14판), §15/4; 오
　　영근, 45; 이재상·장영민·강동범, §3/7; 임웅, 형법각론(9정판), 59; 정영일, 형법각론(3판), 31.
8　강구진, 형법강의 각론 I, 83.
9　김성돈 66, 김일수·서보학, 48; 오영근, 45; 임웅 59; 정성근·박광민, 형법각론(전정2판), 70.

사망한 것이므로 업무상과실치사죄가 성립한다고 판시한 것이 있다(미나마타병
사건).[10]

5   타인의 신체를 행위의 객체로 하기 때문에 자상(自傷)은 특별법에 의하여
처벌되는 경우는 별론으로(병역법 §86,[11] 군형법 §41① 등) 하고, 본죄의 구성요건
에는 해당하지 않는다. 피해자를 기망하거나 그 의사에 반하여 자상하게 한 경
우에는 본죄의 간접정범이 될 수 있다.[12]

2. 행 위

(1) 상해

(가) 상해의 의의

6   앞에서 본 바와 같이 상해는 피해자의 신체의 완전성을 훼손하거나 생리적
기능에 장애를 초래하는 것, 즉 피해자의 건강상태가 불량하게 변경되고 생활기
능에 장애가 초래되는 것을 말한다.[13]

7   여기서의 생리적 기능에는 육체적 기능뿐만 아니라 정신적 기능도 포함된
다.[14] 피해자가 범행으로 인해 외상 후 스트레스 장애(PTSD)[15] 등을 겪게 된 경
우, 정신적 기능 장애로서 상해에 해당할 수 있다.[16] 한편 수면제와 같은 약물

---

10 最決 昭和 63(1988). 2. 29. 刑集 42·2·314.

11 병역법 제86조(도망·신체손상 등)는 "병역의무를 기피하거나 감면받을 목적으로 도망가거나 행
  방을 감춘 경우 또는 신체를 손상하거나 속임수를 쓴 사람은 1년 이상 5년 이하의 징역에 처한
  다."고 규정하고 있는데, 여기서 '신체손상'이란 신체의 완전성을 해하거나 생리적 기능에 장애를
  초래하는 '상해'의 개념과 일치되어야 하는 것은 아니며, 병역의무의 기피 또는 감면사유에 해당
  되도록 신체의 변화를 인위적으로 조작하는 행위까지를 포함하는 개념이다(대판 2004. 3. 25,
  2003도8247. 문신은 신체손상에 해당한다고 한 사례).

12 대판 1970. 9. 22. 선고 70도1638(피해자에 대한 협박의 정도가 그의 의사결정의 자유를 상실케
  함에 족한 것인 이상 피해자 자신이 면도칼로 자기 콧등을 길이 2.5센티미터 깊이 0.56센티미터
  절단함으로써 안면부 불구가 된 경우, 그 협박자에게 중상해죄를 인정해야 한다고 한 사례).

13 대판 2000. 2. 25, 99도4305; 대판 2000. 3. 23, 99도3099; 대판 2017. 6. 29, 2017도3196.

14 대판 1996. 12. 10, 96도2529(협박과 폭행으로 실신한 경우 상해에 해당한다고 한 사례); 대판
  1999. 1. 26, 98도3732.

15 특히 성폭력범죄로 인한 정신적 고통을 호소하는 피해자가 많고 피해자의 외상 후 스트레스 장
  애 등을 상해로 구성하여 기소하는 사례가 많다. 관련 판례로는 대판 1999. 1. 26, 98도3732; 대
  판 2011. 12. 8, 2011도7928 등(한편, 위 판례들에서는 피해자가 겪게 된 정신적 장애가 피해자
  가 필연적으로 겪는 정도의 증상을 넘어서는 것이라고 판단하였다).

16 일본 판례는 PTSD[最決 平成 24(2012). 4. 24. 刑集 66·8·709], 정신쇠약증[東京地判 昭和
  54(1979). 8. 10. 判時 943·121], 불안 및 우울증[名古屋地判 平成 6(1994). 1. 18. 判タ 858·

을 투약하여 피해자를 일시적으로 수면 또는 의식불명 상태에 이르게 한 경우에도 약물로 인하여 피해자의 건강상태가 불량하게 변경되고 생활기능에 장애가 초래되었다면, 자연적으로 의식을 회복하거나 외부적으로 드러난 상처가 없었더라도 상해에 해당한다고 본 판례도 있다.[17]

(나) 상해의 정도

(a) 경미한 상해의 경우

상해의 요건이 충족되면 치료일수 미상의 경미한 상해라 하더라도 본죄가 성립하는 것은 물론이다.[18] 다만 판례는 '상처가 극히 경미하여 굳이 치료할 필요가 없고, 치료를 받지 아니하더라도 일상생활을 하는 데 아무런 지장이 없으며, 시일이 경과함에 따라 자연적으로 치유될 수 있는 것'은 신체의 건강상태가 불량하게 변경되었다거나 생활기능에 장애를 초래한 것으로 보기 어렵다는 이유로 상해에 해당하지 않는다고 본다.[19]

그런데 어느 정도가 되어야 피해자 신체의 건강상태를 나쁘게 변경하고 생활기능에 장애를 초래한 것으로서 본죄에서 말하는 상해에 해당하는지는 전적으로 해석에 맡겨져 있다. 이와 관련하여 판례도, "객관적, 일률적으로 판단될 것이 아니라 피해자의 연령, 성별, 체격 등 신체, 정신상의 구체적 상태를 기준으로 판단되어야 한다."[20]라고 추상적인 기준을 설시하고 있을 뿐이다. 실무상 일상생활에서 흔히 발생할 수 있는 상처인지 여부, 일상생활 가부 및 별도의 치료 요부, 피해자가 의사의 진단을 받게 된 경위, 상해의 발견 경위, 실체 치료 여부 및 내용 등을 함께 고려하여 판단한다.

8

9

272]을 상해로 인정하고 있다.

17 대판 2017. 6. 29, 2017도3196(피해자에게 발생한 의식장애나 기억상실의 정도를 고려하여 약물 투약으로 인해 항거가 불가능하거나 현저히 곤란해진 데에서 더 나아가 건강상태가 나쁘게 변경되고 생활기능에 장애가 초래되는 피해를 입었다고 본 사례); 대판 2017. 7. 11, 2015도3939(의식이 저하된 정도나 수면시간 등을 종합하여 생활기능 장애가 초래되었다고 본 사례).

18 대판 1990. 4. 13. 선고 90도154(치료기간 2일); 대판 1996. 11. 22. 선고 96도1395(발열과 외음부 경도 염증).

19 대판 1996. 12. 23, 96도2673(상해. 좌측팔 부분에 1주간의 치료를 요하는 동전 크기의 멍이 들었던 사례); 대판 1994. 11. 4, 94도1311(강간치상); 대판 2000. 2. 25, 99도3910(도주차량); 대판 2003. 4. 25, 2002도6182(도주차량); 대판 2003. 7. 11, 2003도2313(강도상해); 대판 2002. 7. 9, 2002도1150(상해. 새끼손가락 찰과상을 입었으나 치료도 받지 않고 진단서도 발급받지 않았던 사례).

20 대판 2003. 9. 26, 2003도4606.

10   일본에서도 하급심 판결 중에는 경미한 상해에 대하여 본죄의 성립을 부정
한 것들이 있는데, '경미한 상해와 폭행'의 한계에 관하여, ① 일상생활에 지장
을 주지 아니할 것, ② 상해로서 의식되지 않거나 일상생활에서 '간과될 정도'일
것, ③ 의료행위를 특별히 필요로 하지 아니할 것이라는 세 가지 요건을 갖춘
경우에는 형법상의 상해가 아니라 폭행이라고 판시한 것이 있다.[21]

      (b) 상해 개념의 상대성 여부

11   강도, 강간이나 강제추행 등을 기본범죄로 하는 상해 또는 치상죄의 경우에
는 상해 인정 여부에 따라 형벌이 크게 달라지므로 실무상 쟁점이 되는 경우가
많다. 이러한 범죄의 경우 기본범죄의 행위 자체에 수반하여 경미한 상해가 발
생할 가능성이 높은데 비해 그 법정형이 과도하므로 상해의 정도를 엄격하게
보아야 한다는 견해[22]도 있으나, 그 정도를 달리 보지 않는 것이 다수설이다.
판례도 이를 구분하지 아니하되, 구체적인 사안에 따라 상해 인정 여부를 판단
하고 있다.

12   일본의 경우, 하급심 판결 중에는 "(강도상해죄가 중형인 법의 취지에 의하면) 강
도상해죄의 상해란 의학상 인정되는 병변 또는 창상 중에서 적어도 어느 정도
의 생활기능의 훼손을 수반하는 것일 필요가 있다고 생각되므로, 일상생활에서
일반적으로 간과될 정도의 훼손, 예컨대 본인이 거의 통증을 느끼지 못하는 아
주 가벼운 표피박탈, 종장(腫脹) 또는 단기간에 자연 치유되는 동통(疼痛)과 같은
것은, 의학상 이를 창상이나 병변이라고 부르기는 하지만 법률상 강도상해죄의
상해로 논할 수는 없다."고 판시하여[23] 상해 개념의 상대성을 인정한 판례들이
있으나, 최고재판소는 강간치상죄[24]나 강도치상죄[25]에서 모두 상해 개념에 차이
는 없다고 판시하였다.

---

21 名古屋高裁金沢支判 昭和 40(1965). 10. 14. 高刑集 18·6·691(위 세 요건을 갖춘 찰과상, 타박
   상에 관하여 상해를 인정하지 않고 강도치상죄의 성립을 부정한 사례).
22 그러한 경우 상해의 개념 설정이 중요하다는 취지로, 오영근, 45.
23 東京地判 昭和 31(1956). 7. 27. 判時 83·27.
24 最決 昭和 38(1963). 6. 25. 裁判集(刑事) 147·507.
25 最決 昭和 37(1962). 8. 21. 裁判集(刑事) 144·13.

1) 성폭력범죄의 경우

가) 상해를 인정한 사례

강간으로 인하여 보행불능, 수면장해, 식욕감퇴 등이 야기된 사안,[26] 강간으로 10일간의 가료를 요하는 전환반응(히스테리)증이 야기된 사안,[27] 강간으로 10일간의 치료를 요하는 회음부 찰과상을 입힌 사안,[28] 강간미수 과정에서 1주간의 치료를 요하는 좌둔부 찰과상을 입게 한 사안,[29] 강간으로 피해자(14세 6개월)의 음부가 찢어져 피가 나고 1주일 동안 통증을 느끼게 한 사안,[30] 강제추행(질 속에 손가락을 넣어 만지는 행위)으로 피해자(7세 1개월)의 음순 내부에 피멍이 든 사안,[31] 강간 과정에서 피해자의 얼굴을 때려 코피를 흘리고 콧등이 부은 사안,[32] 강간 피해자가 성경험을 가진 여자였는데 특이체질로 인해 새로 형성된 처녀막이 파열된 사안,[33] 강제추행(음부에 손가락을 넣고 만지는 행위)으로 피해자(8세)에게 8일간의 치료를 요하는 외음부 염증을 입게 한 사안,[34] 강간으로 2주간의 치료를 요하는 외음부 좌상을 입힌 사안,[35] 강제추행 과정에서 피해자가 젖가슴에 약 10일 치료를 요하는 좌상을 입혀 압통과 종창을 치료하기 위하여 주사를 맞고 3일간 투약한 사안,[36] 강제추행의 피해자가 충격으로 급성 스트레스 반응과 우울장애의 증세를 보여 1개월 이상의 정신과적 치료를 요한다는 진단을 받고 실제로 그 후 정신과적 치료를 받은 사안,[37] 강간으로 성병에 감염된 사안,[38] 강제추행으로 음부에 출혈이 있었고 통증을 느끼다 병원을 찾아 요도염 의증의 진료소견서를 받은 사안,[39]

13

---

26 대판 1969. 3. 11, 69도161.
27 대판 1970. 2. 10, 69도2213.
28 대판 1983. 7. 12, 83도1258.
29 대판 1984. 7. 24, 84도1209.
30 대판 1989. 12. 22, 89도1079.
31 대판 1990. 4. 13, 90도154(치료에 필요한 기간이 2일에 불과하더라도 상해에 해당한다고 본 사례).
32 대판 1991. 10. 22, 91도1832(병원에서 치료를 받지 않았더라도 강간치상죄의 상해에 해당한다고 본 사례).
33 대판 1995. 7. 25, 94도1351.
34 대판 1996. 11. 22, 96도1395(약간의 발적과 경도의 염증이 수반된 정도였음에도 상해에 해당한다고 본 사례).
35 대판 1999. 4. 9, 99도519.
36 대판 2000. 2. 11, 99도4794.
37 대판 2002. 3. 15, 2001도7053.
38 대판 2003. 3. 28, 2002도6250.
39 대판 2003. 9. 26, 2003도917.

강제추행 이후 출근하지 못하고 병원에 가서 손가락 X선 촬영을 하였고, 무릎에 멍이 들고 손가락이 부어 3일치 소염진통제의 처방을 받아 약을 복용하고 연고와 붕대를 바른 사안,[40] 강간으로 5일간의 치료를 요하는 외음부 찰과상 및 외음부 습진을 입힌 사안,[41] 강간 과정에서 고령의 할머니인 피해자의 입을 세게 막아 코와 이마 부위에 약 2주간의 치료를 요하는 표재성(表在性) 손상을 입힌 사안,[42] 강간 과정에서 2주간의 치료를 요하는 슬관절 찰과상 및 타박상, 주관절 찰과상 등을 입게 한 사안,[43] 강제추행 과정에서 피해자의 목을 잡아당기고 오른손을 잡아 비틀고 손목을 수차례 꼬집어 피해자가 경추부 동통, 우측 손목 부위 및 수부 찰과상, 우측 수관절 찰과상 등의 상해를 입었고, 오른쪽 손목의 인대가 늘어나 입원치료까지 받게 한 사안,[44] 강제추행 과정에서 피해자를 넘어뜨려 머리를 부딪치게 하고, 넘어진 피해자를 위에서 누르고 피해자의 반항을 억압하면서 피해자의 옷을 벗기려고 하는 과정에서 피해자의 얼굴을 밀치고 때림으로써, 피해자가 얼굴 부위의 좌상 및 경추, 요추 등의 통증으로 적어도 10일 이상 통원하면서 약물치료 및 물리치료를 받게 한 사안,[45] 강간 과정에서 피해자의 얼굴을 때리고 발로 몸을 발로 밟아, 피해자의 왼쪽 뺨 부위에 멍이 들고 코 윗부분 및 오른쪽 눈 아래 부위에 약 1cm 정도씩 긁힌 상처가 났으며, 왼쪽 귀에 약간의 멍이 들고 아랫입술 왼쪽 안쪽에 약 0.5cm 정도가 찢어지는 상처가 난 사안,[46] 강간으로 피해자(65세)에게 3주간의 치료가 필요한 흉추부 염좌, 6개월간의 치료가 필요한 급성 스트레스장애 등의 상해를 입게 한 사안,[47] 피해자가 강간 범행으로부터 벗어나기 위하여 차량 문을 열고 도망가다가 그 문에 오른쪽 무릎 부위를 부딪침으로써 피부의 연부조직이나 근육 등이 손상된 결과인 부종과 함께 상당한 크기의 다발성 피하점상출혈 및 피하반상출혈이 발생하였고, 피하출혈의 상처는 3주가량 지속되었던 사안[48] 등에서는 상해를 인정하였다.

40 대판 2004. 8. 16, 2004도3350.
41 대판 2005. 7. 28, 2005도3071.
42 대판 2005. 3. 10, 2005도259.
43 대판 2005. 5. 26, 2005도1039.
44 대판 2007. 1. 11, 2006도7476.
45 대판 2008. 5. 29, 2007도3936.
46 대판 2008. 6. 12, 2008도3115.
47 대판 2011. 12. 8, 2011도7928.
48 대판 2012. 4. 13, 2011도17721.

나) 상해를 부정한 사례

강간 도중 흥분하여 피해자의 어깨를 입으로 빨아서 생긴 동전 크기 정도의 반상출혈상을 입힌 사안,[49] 강간미수 과정에서 피해자의 손바닥에 약 2센티미터 정도 긁힌 가벼운 상처가 발생한 사안,[50] 강간 과정에서 3, 4일간의 가료를 요하는 외음부 충혈과 양 상박부 근육통을 입었으나 병원에 가서 치료를 받지 않더라도 일상생활을 하는 데 지장이 없다고 한 사안,[51] 강간 과정에서 좌전경부 흡입상을 입힌 사안,[52] 강간미수 과정에서 7일간 치료를 요하는 경부 및 전흉부에 동전 크기의 피하출혈을 입게 한 사안,[53] 강간 피해자의 왼쪽주관절 좌상 이외의 상처는 외관상 확인되지 않고, 사건 뒤 치료받은 사실이 없었던 사안,[54] 피해자의 음모 모근 부분을 남기고 모간(毛幹) 부분만을 일부 잘라냄으로써 음모의 전체적인 외관에 변형만이 생겼던 사안,[55] 강간 피해자에게 상완부 좌상과 압통, 유두부 교상 등으로 전치 2주의 진단서가 발급되었으나, 진단서 발급 시 특별한 치료를 받지 않았고 투약한 사실도 없으며 그 후 치료나 진료를 받은 적도 없었던 사안,[56] 강간 피해자의 허벅지 안쪽과 다리 부위에 푸르거나 붉은 약간의 멍이 들었지만 피해자가 따로 치료를 받지 않았고, 일상생활을 하는 데 아무런 지장이 없었으며, 자연적으로 치유된 사안,[57] 강간 피해자의 오른쪽 팔뚝 부분에 직경 2cm 크기의 멍이 생겼고, 상해진단서에도 '약 2주간의 치료를 요하는 우측 전박부 타박상'이라고 기재되어 있지만, 피해자가 위 상처에

---

49 대판 1986. 7. 8, 85도2042(피해자는 별다른 통증이나 자각증상을 느끼지 못하였으나 의사가 진찰을 하던 과정에서 반상출혈상을 발견한 사례).
50 대판 1987. 10. 26, 87도1880.
51 대판 1989. 1. 31, 88도831.
52 대판 1991. 11. 8, 91도2188.
53 대판 1994. 11. 4, 94도1311(첫날 조사경찰관이 육안으로 확인할 때에 외상이 없었고, 경찰관의 권유로 정확한 진단을 위하여 병원에 갔을 때에 피해자가 한사코 진료를 거부하여 그대로 돌아간 후 그 다음날 피해자가 진단서를 발급받아 제출한 사안에서, 신체의 완전성이 손상되거나 생활기능 및 건강상태가 불량하게 변경되었다고 보기 어렵다는 취지로 판단한 사례). 본 판결 평석은 김상희, "강간치상죄에 있어서의 상해의 인정범위", 형사판례연구 [4], 한국형사판례연구회, 박영사(1996), 213-224; 오영근, "강간치상죄에서 상해의 개념", 형사판례연구 [3], 한국형사판례연구회, 박영사(1995), 144-156.
54 대판 2002. 5. 28, 2002도918.
55 대판 2000. 3. 23, 99도3099.
56 대판 2004. 1. 27, 2003도6256.
57 대판 2004. 3. 11, 2004도483.

대해 따로 치료를 받지도 않았고, 일상생활을 하는 데 지장이 없었으며, 시일이 경과함에 따라 자연적으로 치유된 사안,[58] 강제추행 과정에서 가슴부 좌상·찰과상·열상이 발생하였는데, 피해자는 가슴부 좌상 등에 대하여 별도로 치료받은 바 없고, 일상생활에도 지장이 없어서 시일이 경과함에 따라 자연적으로 치유된 사안[59] 등에서는 상해를 부정하였다.

   2) 강도죄의 경우
   가) 상해를 인정한 사례

절도범이 체포 면탈 과정에서 피해자에게 18일간의 치료를 요하는 좌안 측 두부 뇌좌상, 안면부 피하출혈 및 부종상을 가한 사안,[60] 강도 과정에서 구둣발로 발등을 밟혀 지름이 약 7-8cm 정도로 멍이 들고 부어올랐으며 약 5cm가량 찰과상을 입고, 다음날 전치 2주의 족배부 좌상 및 찰과상의 진단서를 받은 사안,[61] 강도 과정에서 머리를 때리고 넘어뜨려 14일간의 치료를 요하는 우측 두부, 두정부 및 우측 발목부분 타박상을 입힌 사안,[62] 강도 과정에서 땅바닥에 쓰러지면서 이마 부분이 까지고 피가 났고, 병원에서 소염제 주사를 맞고 약국에서 2일분의 먹는 약과 연고를 산 후 약을 먹고 일주일 동안 연고를 발라 상처가 나은 사안,[63] 강도 과정에서 우측 팔 및 손에 찰과상 및 좌측 무릎에 타박상을 입은 사안,[64] 강도 과정에서 피해자를 회칼로 위협하면서 이리저리 끌고 다녀 양쪽 팔에 다발성 타박 및 피하울혈로 멍이 들고 압통이 있었으며, 목 인대가 늘어나서 목을 움직이기 어렵게 한 사안,[65] 강도 과정에서 피해자의 목을 감아 손바닥으로 입을 막고 칼을 피해자의 목에 들이대면서 피해자를 방안으로 끌고 들어가 소파 위에 넘어뜨려 3주간의 치료를 요하는 경추 염좌, 다발성좌상을 가한 사안[66] 등에서는 상해를 인정하였다.

---

58 대판 2007. 2. 22, 2006도8035.
59 대판 2009. 7. 23, 2009도1934.
60 대판 2001. 2. 9, 2000도5320.
61 대판 2001. 12. 24, 2001도5658(자가 치료 외에 특별한 치료를 받지 않았음에도 상해로 본 사례).
62 대판 2002. 1. 11, 2001도5925.
63 대판 2004. 5. 27, 2004도1726.
64 대판 2004. 6. 11, 2004도1853(한차례 병원치료를 받고 더 이상의 치료를 받지 아니하여 자연치유가 되었음에도 상해로 본 사례).
65 대판 2009. 9. 24, 2009도7153.
66 대판 2014. 4. 10, 2014도1726.

나) 상해를 부정한 사례

강도 과정에서 폭행을 당하여 얼굴과 팔다리에 멍이 생겼으나, 피해를 당한   16
후에도 계속하여 직장에 나가 정상적으로 근무하였고, 병원에서 치료를 받거나 진
단서를 발급받은 사실도 없었던 사안[67]에서는 상해를 부정하였다.

(다) 상해의 증명

상해사실을 인정함에 있어서는 상해의 부위와 정도가 증거에 의하여 명백   17
히 확정되어야 하고, 상해부위의 판시 없는 본죄의 인정은 위법하다.[68] 상해진
단서는 피해자의 진술과 함께 상해의 부위와 정도를 증명하는 유력한 증거가
될 수 있으므로 합리적인 근거 없이 그 증명력을 함부로 배척할 수 없다.[69] 물
론, 상해진단서는 일반적으로 의사가 당해 피해자의 진술을 토대로 상해의 원인
을 파악한 후 의학적 전문지식을 동원하여 관찰·판단한 상해의 부위와 정도 등
을 기재한 것으로서, 거기에 기재된 상해가 곧 피고인의 범죄행위로 인하여 발
생한 것이라는 사실을 직접 증명하는 증거가 되기에 부족한 것이기는 하다. 그
러나 그 상해에 대한 진단일자 및 상해진단서 작성일자가 상해 발생시점과 시
간상으로 근접하고, 상해진단서 발급 경위에 특별히 신빙성을 의심할 만한 사정
이 없으며, 거기에 기재된 상해 부위와 정도가 피해자가 주장하는 상해의 원인
내지 경위와 일치하는 경우에는, 그 무렵 피해자가 제3자로부터 폭행을 당하는
등으로 달리 상해를 입을 만한 정황이 발견되거나 의사가 허위로 진단서를 작
성한 사실이 밝혀지는 등의 특별한 사정이 없는 한, 그 상해진단서는 피해자의
진술과 더불어 피고인의 상해 사실에 대한 유력한 증거가 되고, 합리적인 근거
없이 그 증명력을 함부로 배척할 수 없다는 것이 판례이다.[70]

그러나 상해 사실의 존재 및 인과관계 역시 합리적인 의심이 없는 정도의   18
증명에 이르러야 인정할 수 있으므로, 상해진단서의 객관성과 신빙성을 의심할
만한 사정이 있는 때에는 증명력을 판단하는 데 매우 신중하여야 한다. 특히 상
해진단서가 주로 통증이 있다는 피해자의 주관적인 호소 등에 의존하여 의학적
인 가능성만으로 발급된 때에는, 진단일자 및 진단서 작성일자가 상해 발생 시

---

67 대판 2003. 7. 11, 2003도2313.
68 대판 2002. 11. 8, 2002도5016.
69 대판 2007. 5. 10, 2007도136; 대판 2011. 1. 27, 2010도12728.
70 대판 2007. 5. 10, 2007도136; 대판 2011. 1. 27, 2010도12728.

점과 시간상으로 근접하고 상해진단서 발급 경위에 특별히 신빙성을 의심할 만
한 사정은 없는지, 상해진단서에 기재된 상해 부위 및 정도가 피해자가 주장하
는 상해의 원인 내지 경위와 일치하는지, 피해자가 호소하는 불편이 기왕에 존
재하던 신체 이상과 무관한 새로운 원인으로 생겼다고 단정할 수 있는지, 의사
가 상해진단서를 발급한 근거 등을 두루 살피는 외에도 피해자가 상해 사건 이
후 진료를 받은 시점, 진료를 받게 된 동기와 경위, 그 이후의 진료 경과 등을
면밀히 살펴 논리와 경험법칙에 따라 증명력을 판단하여야 한다는 것이 판례의
입장이다.[71]

(2) 상해의 수단 및 방법

19   상해의 수단·방법에는 제한이 없다. 유형적 방법(신체에 대한 직접적인 가해)
에 의하거나 무형적 방법(폭언·협박[72] 등 정신적[73] 피해수단, 소음,[74] 약물사용,[75] 성병
감염[76] 등)이건 불문한다. 행위자 자신의 동작에 의하여 직접 행하건, 자연력·기
계·동물[77] 또는 타인을 도구로 이용하여 간접정범으로 행하건[78] 불문한다. 반

---

71 대판 2016. 11. 25, 2016도15018〔싸움이 있었던 날로부터 7개월이 지나 고소를 하였고 그 직전
   에 진단서를 발급받은 것으로 보이는데 그 진단서에 기재된 발행일은 범행 바로 다음 날로 기재
   되어 있는 점, 대체로 문진(피해자의 호소)에 따라 진단서가 발급되었고 별다른 치료를 받거나
   처방을 받지도 않았던 점 등을 들어 진단서의 증명력을 배척한 사례〕.

72 大阪高判 昭和 60(1985). 2. 6. 判時 1148·165(강도범인이 미니바이크에 타고 있던 피해자에게
   '넘어져'라고 협박하여 넘어지게 함으로써 상해를 입힌 사례).

73 東京地判 平成 16(2004). 4. 20. 判時 1877·154(무언 전화 등을 반복하여 PTSD를 입힌 사례).

74 전주지판 2018. 3. 8, 2014고단770(인근에서 장기간에 걸쳐 집회를 하면서 고성능 확성기 등을
   사용하여 큰 음향으로 장송곡 등을 반복적으로 재생·방송함으로써 피해자에게 급성스트레스반
   응, 이명 등의 상해를 가한 사례); 最決 平成 17(2005). 3. 29. 刑集 59·2·54(인가에서 라디오
   음성이나 시계 알람을 반복적으로 울리게 하여 정신적 스트레스, 수면장해, 이명 두통 등의 증
   상을 생기게 한 사례).

75 대판 2017. 6. 29, 2017도3196(성인 권장용량의 1.5배 내지 2배 정도에 해당하는 졸피뎀 성분의
   수면제가 섞인 커피를 받아 마신 다음, 곧바로 정신을 잃고 깊이 잠들었다가 약 4시간 뒤에 깨
   어난 사례); 最決 平成 24(2012). 1. 30. 刑集 66·36(수면약 등을 먹게 하여 약 6시간 내지 약
   2시간 의식장해 및 근육이완작용을 수반한 급성약물중독 증상을 생기게 한 사례). 이와는 달리,
   약물을 탄 오렌지를 먹자마자 정신이 혼미해지고 그 후 기억을 잃었다는 것은 강도죄에 있어서
   항거불능 상태를 말하는 것은 될지언정, 이것만으로는 약물중독 상해로 인정하기는 부족하다고
   한 판례가 있다(대판 1984. 12. 11, 84도2324).

76 대판 2003. 3. 28, 2002도6250.

77 橫浜地判 昭和 57(1985). 8. 6. 判タ 477·216(기르던 개를 통행 중인 여성에게 덤벼들어 물게
   한 사례).

78 대판 1970. 9. 22. 선고 70도1638(피해자를 도구로 중상해죄를 가한 사례); 鹿児島地判 昭和
   59(1984). 5. 31. 刑月 16·5=6·437(피해자를 도구로 상해를 가한 사례).

드시 작위에 한하지 아니하고 부작위에 의하여 본죄를 범할 수도 있다. 예컨대, 보호의무자가 물에 빠진 아이를 방임하거나 영양을 공급하지 아니하여 상해를 입게 한 경우가 여기에 해당한다.[79]

3. 고 의

본죄가 성립하기 위한 주관적 구성요건으로는 상해의 고의가 있어야 한 다.[80] 상해의 고의란 사람의 생리적 기능을 훼손한다는 인식과 의사를 말한다. 미필적 고의로도 충분하다.   20

폭행에 의한 상해의 경우에 폭행의 고의로 충분한지 상해의 고의까지 있어 야 하는지 문제된다. 상해미수죄와 폭행치상죄를 두지 않고, '폭행을 가한 자가 사람을 상해하는 데 이르지 못한 때'에 폭행죄로 처벌함으로써 상해죄를 고의범 이면서 폭행죄의 결과적 가중범으로 이해하고 있는[81] 일본의 경우, 최고재판소 는 "폭행의 의사로 폭행을 가하여 상해의 결과가 생긴 이상, 예컨대 상해의 의 사가 없는 경우라도 상해죄가 성립한다."고 판시하여,[82] 폭행의 고의로 충분하 다고 한다.   21

일본형법과는 달리 상해미수죄와 폭행치사죄를 두고 있음에도 판례는, "상 해죄는 결과범이므로 그 성립에는 상해의 원인인 폭행에 대한 인식이 있으면 충분하고 상해를 가할 의사의 존재까지는 필요하지 않다."라고 판시하고 있 다.[83] 이러한 판례의 태도에 대해서는, ① 상해와 폭행을 구분하는 형법의 구성 상 받아들일 수 없는 이론이라고 비판하는 견해[84]도 있고, ② 위 판결들이 오로 지 폭행의 고의가 인정되기만 하면 곧 상해죄를 인정할 수 있다는 취지라기보 다는, 상해의 고의는 미필적 고의로도 충분하므로 비록 상해의 결과를 의욕하지 아니하였더라도 그 결과의 발생을 감수하고 폭행을 감행하였다면 폭행치상죄와   22

---

79 김일수·서보학, 49; 이재상·장영민·강동범, § 3/14.
80 김혜정·박미숙·안경옥·원혜욱·이인영, 39; 배종대, § 15/11; 오영근, 46; 이재상·장영민·강동 범, § 3/15; 이형국·김혜경, 57; 주호노, 형법각론, 79.
81 最判 昭和 27(1952). 6. 6. 刑集 6·6·795.
82 最判 昭和 22(1947). 12. 15. 刑集 1·80.
83 대판 1983. 3. 22, 83도231; 대판 2000. 7. 4, 99도4341.
84 김성돈, 71; 김신규, 53; 박찬걸, 형법각론(2판), 49; 이재상·장영민·강동범, § 3/15; 최호진, 44; 한상훈·안성조, 형법개론(3판), 402.

구별되어 본죄가 성립한다는 취지로 이해할 수 있다고 보인다는 견해[85]도 있다.

23   본죄에 대한 착오에 대해서는 착오의 일반이론이 적용되고, 특수한 문제는 없다.

4. 인과관계

24   상해의 고의가 있는 행위, 즉 사람의 건강상태가 불량하게 변경되고 생활기능에 장애를 초래하려는 행위와 이로 인하여 발생하는 상해의 결과 사이에는 인과관계가 있어야 한다.[86] 판례는 상당인과관계를 요구하고 있고,[87] 통설은 상해행위와 결과 사이의 합법칙적 조건관계가 있고, 상해결과를 상해행위에 객관적으로 귀속시킬 수 있어야 한다는 입장이다.[88]

25   앞서 살펴본 대로 유형력의 행사로 인한 상해의 경우에, 앞서 본 판례의 태도에 의하면, 인과관계가 문제될 일은 비교적 적을 것이다.[89] 판례에서 인과관계가 부정된 것으로는, ① 왜소한 중년부인이 거구의 남자 뺨을 2회 때렸는데 치아가 탈구된 사안,[90] ② 싸우는 과정에서 좌상완 신경총 손상을 입었으나 외부 가격에 의한 것이라기보다는 말리던 사람이 팔을 잡아당기는 과정에서 발생하였을 가능성이 커 보인다고 한 사안[91] 등이 있다.

5. 위법성

26   본죄의 위법성은 위법성조각사유의 존재에 의하여 조각될 수 있다. 주로 문제되는 것은 피해자의 승낙, 정당행위 중 치료행위와 징계·체벌, 정당방위 등이다.

---

85 주석형법 〔각칙(3)〕(5판), 321(최환).
86 대판 1993. 5. 11, 93도711.
87 상해치사죄에 관한 대판 1996. 5. 10, 96도529 등.
88 이재상·장영민·강동범, 형법총론(11판), §11/36.
89 주석형법 〔각칙(3)〕(5판), 321(최환). 일본 판례 중에는 시정된 침실 문을 두드리고 발로 차면서 문을 부수고 안으로 들어가려고 한 행위와 이를 피하기 위하여 2층 창에서 뛰어내려 입은 상해 사이에는 인과관계가 있다고 판시한 것이 있다〔東京高判 昭和 39(1964). 5. 4. 高検速報 1188〕.
90 대판 1983. 4. 12, 82도2081. 「피고인은 46세의 왜소한 부인이고 피해자는 키 171센티미터, 몸무게 85키로그램의 55세의 건강한 거구를 지닌 남자이고, 서로 얽혀 있는 상태에서 피고인이 피해자의 뺨을 2회 구타하였다 하여 곧바로 치아가 탈구된다는 것은 그 힘의 차이로 보아 쉽사리 수긍이 되지 아니하므로 원래 병약한 상태의 치아이었다는 등 특별한 사정이 없는 한 피해자의 상해가 피고인의 구타로 인한 것이라고 단정하기 어렵다.」
91 대판 2004. 5. 14, 2004도313.

(1) 피해자의 승낙

신체도 법익주체가 처분할 수 있는 법익이므로 본죄도 피해자의 승낙이 있   **27**
으면 원칙적으로 위법성이 조각될 수 있다. 물론 그 승낙은 승낙의 의미를 이해
할 능력이 있는 피해자의 자유로운 의사에 의한 것이어야 한다.

독일형법 제228조는 피해자의 승낙에 의한 상해라 하더라도 그것이 사회상   **28**
규에 반할 때에는 위법하다고 규정하고 있는 반면, 우리 형법은 본죄에서 피해
자 승낙에 관한 특별한 규정을 두고 있지는 않다. 이러한 점을 들어 형법의 해
석에 있어서는 피해자의 승낙이 있으면 언제나 위법성이 조각된다는 견해도 있
으나,[92] 사람의 신체는 생명의 기초가 되는 중요한 법익임을 고려할 때 법익주
체의 승낙이 있었는지 여부만으로는 그 위법 여부를 판단할 수 없고, 승낙이 있
어도 사회상규 또는 선량한 풍속에 반하지 않는 행위인 경우에 한하여 적법하
다고 보는 견해가 통설[93]이다.

판례도 제24조의 규정에 의하여 위법성이 조각되는 피해자의 승낙은 개인   **29**
적 법익을 훼손하는 경우에 법률상 이를 처분할 수 있는 사람의 승낙을 말할 뿐
만 아니라, 그 승낙이 윤리적·도덕적으로 사회상규에 반하는 것이 아니어야 한
다고 설시하여 통설과 궤를 같이 한다.[94] 이러한 입장에서 판례는, ① 잡귀를
물리친다면서 뺨 등을 때리고 팔과 다리를 붙잡고 배와 가슴을 손과 무릎으로 힘
껏 누르고 밟는 등 하여 A로 하여금 우측간 저면파열, 복강내출혈로 사망에 이
르게 한 사안에서, 피해자의 승낙이 사회상규에 위반된다고 판시하였고,[95] ②
교통사고를 가장하여 보험금을 편취할 목적으로 피해자의 승낙을 얻어 상해를
가한 사안에서 본죄의 성립을 인정하였다.[96] 한편 일본 판례는 일반론으로서 피
해자가 신체상해를 승낙한 경우에 본죄가 성립하는지 여부는, 단순히 승낙이 있

---

92 강구진, 62.

93 김성돈, 71; 김일수·서보학, 50; 박상기, 43; 배종대, §15/13; 이재상·장영민·강동범, §3/17; 임
   웅 62; 정성근·박광민, 73.

94 대판 1985. 12. 10, 85도1892(잡귀를 물리친다는 명목으로 폭행하여 사망에 이르게 한 사례); 대
   판 2008. 12. 11, 2008도9606(보험사기를 위해 피해자와 공모하여 피해자에게 상해를 가한 사
   례). 위 각 판결 평석은 황태정, "불법적·반윤리적 목적의 승낙과 상해", 형사판례연구 〔19〕, 한
   국형사판례연구회, 박영사(2011), 74-106.

95 대판 1985. 12. 10, 85도1892.

96 대판 2008. 12. 11, 2008도9606.

었다는 사실만이 아니라, 승낙을 얻게 된 동기, 목적, 신체상해의 수단, 방법, 손
상의 부위, 정도 등 제반 사정에 종합하여 결정하여야 한다고 판시하면서, 교통
사고를 가장한 보험금 사기 사건에서 본죄의 성립을 인정하였다.[97]

30   여기서 사회상규에 반하는가의 기준은 승낙이 아니라 상해행위 그 자체라
고 보는 것이 일반적이다.[98] 즉 승낙에 의한 행위가 사회상규에 위배되었다고
하기 위해서는 법익침해행위 자체가 사회상규에 반할 것을 요하고, 승낙이 사회
상규에 반한다는 것은 문제되지 아니한다는 것이다.[99]

31   피해자의 승낙이 위법성을 조각할 수 있는 경우로 운동경기에 의한 상해,
자동차 동승자의 사고에 의한 상해 및 의사의 치료행위 등을 들 수 있다. 복싱·레
슬링·유도 등과 같이 신체의 상해를 예견할 수 있는 운동경기의 경우에 규칙을
지키고 경기를 하는 이상 이에 수반된 상해는 피해자의 승낙에 의하여 위법성
이 조각된다고 할 수 있다.[100] 또한 자동차에 동승하였다는 사실만으로 그 자동
차의 사고로 인한 상해를 승낙하였다고 볼 수는 없지만, 예컨대 운전자가 운전
을 할 줄 모른다거나 음주한 사실을 알면서 동승하는 등 운전에 대한 위험성을
감수하고 동승한 경우에는 과실에 의한 상해에 대하여 피해자의 승낙으로 위법
성이 조각될 수 있다.[101]

(2) 치료행위

32   의사가 치료의 목적으로 의술의 법칙에 따라 행한 치료행위가 신체를 침해
한 경우에 문제된다.[102] 치료행위에 대해서는 ① 주관적인 치료목적과 객관적

---

97 最決 昭和 55(1980). 11. 13. 刑集 34·6·396.

98 이재상·장영민·강동범, § 3/17.

99 독일 판례 가운데에는, 합의에 의해 행해진 가학적 성행위(sadomasochistische Praktiken)는 그
    것에 의해 상해의 결과가 생기더라도 그 자체로서는 독일형법 제228조에서 말하는 사회상규
    (gute Sitten)에 반하는 것이 아니지만, 그와 같은 행위에 동의한 사람에게 구체적인 사망의 위험
    이 생길 것이 객관적으로 예견될 수 있는 경우에는 그 행위는 사회상규에 반하는 것이라고 본
    것이 있다(BGH, 26.05.2004 - 2 StR 505/03). 또한, 합의에 의한 헤로인 사용과 상해치사죄(독
    형 § 227)의 성부에 관해서도, 상대방의 동의에 의한 비합법적인 마약의 양도는 관련 법률에 위
    반하는 행위로서 가벌적인 것이라는 이유만으로 독일형법 제228조에서 말하는 사회상규에 반하
    는 것이 아니라, 건강에 대한 위험 내지 중독의 위험 여하가 그 기준이 된다고 본 것이 있다
    (BGH, 11.12.2003 - 3 StR 120/03).

100 오영근, 47.

101 이재상·장영민·강동범, § /18.

102 의사가 아닌 사람이 영리를 목적으로 치료행위를 하는 경우에는 의료법위반죄가 성립할 수 있다.

인 의술의 법칙에 합치하는 한 업무로 인한 정당행위 내지 사회상규에 반하지 않는 행위로서 정당행위이므로 위법성이 조각된다는 견해,[103] ② 피해자의 승낙 또는 추정적 승낙에 의해 위법성이 조각된다는 견해,[104] ③ 성공한 치료행위의 경우 상해의 개념에 해당하지 않고 실패한 치료행위의 경우 상해의 고의를 인정할 수 없으므로 구성요건해당성이 조각된다는 견해[105] 등이 대립한다. 판례는 정당행위로서 위법성이 조각된다고 본 것[106]과 피해자의 진정한 승낙이 있으면 위법성이 조각될 수 있다고 본 것[107]이 있다.[108]

　　한편 성형수술, 불임수술, 거세수술 등 치료유사행위는 피해자의 승낙에 의하여 위법성이 조작될 수 있다.[109]　　　　　　　　　　　　　　　　　　33

(3) 징계와 체벌

　　징계권자의 징계행위는 객관적으로 징계의 목적을 달성하는 데 불가피하고　　34
주관적으로는 교육의 목적을 달성하기 위하여 행한 때에 위법성이 조각된다. 그러나 징계권 행사의 범위는 교육목적을 달성하는 데 필요하고 적절한 정도에 그쳐야 하므로 징계권의 행사로 사람의 신체를 상해하는 것은 징계권의 범위를 넘었다고 보아야 하기 때문에 원칙적으로 본죄의 위법성을 조각한다고 할 수 없다.[110]

103　강구진, 61; 배종대, §15/15; 유기천, 형법학(각론강의 상)(전정신판), 193.
104　박상기, 44; 손동권·김재윤, 40; 오영근, 48; 임웅, 64; 정성근·박광민, 73; 정영일, 34.
105　김일수·서보학, 51; 이재상·장영민·강동범, §3/19.
106　대판 1976. 6. 8, 76도144(태반의 일부를 떼어낸 사례); 대판 1978. 11. 14, 78도2388(인공분만
　　　기 석션 과정에서 상해를 입힌 사례).
107　대판 1993. 7. 27, 92도2345(자궁 외 임신을 자궁근종으로 오진하여 자궁을 적출한 사안에서 자
　　　궁 외 임신에 관한 설명을 제대로 받지 못한 피해자로부터 승낙을 받은 것은 위법성을 조각하는
　　　유효한 승낙이라고 볼 수 없다고 한 사례).
108　독일 판례 가운데에는, 의학적 기준(lege artis)에 반해서 행해진 의료침습에 관해 환자의 가정적
　　　(假定的) 동의(hypothetische Einwilligung)가 인정되지 않는다고 본 것이 있다. 즉, 환자에 대한
　　　설명 없이 외과수술이 행해진바, 규칙에 따른 설명이 행해졌다면 환자가 그 수술에 동의했을 것
　　　이라고 생각되는 경우에는, 가정적(假定的) 동의가 인정됨으로써, 구성요건에 해당하는 상해의
　　　위법성이 부정될 수 있는데, 가정적(假定的) 동의가 인정되는 것은 그 의료행위가 의학적 기준
　　　(lege artis)에 따라, 즉 의학적 지견의 수준에 합치하게 행해진 경우에 한정된다고 본 것이다.
　　　그와 같은 관점에서, 기술적으로 적정하게 행해진 첫 번째의 수술에 관해 동의가 있었더라도 그
　　　것에 의해, 의학적 기준(lege artis)에 반해서 행해진 두 번째의 수술에 관해서도 동의가 있었을
　　　것이라고 추론될 수는 없다는 것이다(BGH, 05.07.2007 - 4 StR 549/06).
109　배종대, §15/18; 주석형법 〔각칙(3)〕(5판), 330(최환).
110　이재상·장영민·강동범, §3/21.

35   징계권자의 징계행위 중 주로 문제되는 것은 체벌인데, 주로 친권자의 체벌과 학교에서의 체벌이 허용되는지 논란이 있다.[111] 과거 친권자의 경우 친권자는 그 자(子)를 보호 또는 교양하기 위하여 필요한 징계를 할 수 있었으나[구 민 (2021. 1. 26. 개정 전) §915)] 2021년 1월 26일 민법 개정으로 친권자의 징계권 규정은 삭제되었다. 또한 아동복지법은 친권자 등 보호자가 아동(18세 미만인 사람을 의미한다.)에게 신체적 폭력이나 가혹행위를 하는 것을 아동학대로 정의하고(아동복지법 §3②), 누구든지 아동의 신체에 손상을 주거나 신체의 건강 및 발달을 해치는 신체적 학대행위를 하여서는 아니 된다고 규정하면서(아동복지법 §17(iii)), 이를 위반한 경우를 처벌하는 규정을 두고 있으므로(아동복지법 §71① (ii)), 아동에 대한 체벌이 정당한 징계행위로서 위법성이 조각된다고 보기는 어렵다.[112]

36   한편 학교장이나 교사의 경우에는, 아동복지법뿐만 아니라 초·중등교육법 제18조 제1항[113] 및 초·중등교육법 시행령 제31조 제8항[114]에 따라 학생의 신체에 고통을 가하는 방법으로는 학생을 징계할 수 없다.[115]

---

111 그 밖에 군인인 경우에도 체벌이 문제되는데, 군인의 지위 및 복무에 관한 기본법 제26조(사적 제재 및 직권남용의 금지)는 "군인은 어떠한 경우에도 구타, 폭언, 가혹행위 및 집단 따돌림 등 사적 제재를 하거나 직권을 남용하여서는 아니 된다."고 규정하고 있으므로, 법령에 의한 정당행위로서 위법성이 조각될 수는 없으나, 사회상규에 위배되지 아니하는 행위로 위법성이 조각될 여지는 있다(대판 2006. 4. 27, 2003도4151 참조).

112 과거 친권자의 폭행행위가 징계권의 범위에 속하여 위법성이 조각될 수 있다고 본 판례(대판 1986. 7. 8, 84도2922)도 있으나, 이는 민법의 징계권 규정이 삭제되고 아동복지법에 신체학대 등에 대한 정의규정이 도입되기 전의 것이어서 현재 이를 그대로 따르기에는 무리가 있다. 한편 현재 실무례는 아동에 대하여 상해 또는 폭행이 가해진 경우 대부분 아동복지법위반죄로 기소되고 있다.

113 초·중등교육법 제18조(학생의 징계) ① 학교의 장은 교육상 필요한 경우에는 법령 및 학칙이 정하는 바에 따라 학생을 징계하거나 그 밖의 방법으로 지도할 수 있다. 다만, 의무교육을 받고 있는 학생은 퇴학시킬 수 없다.

114 초·중등교육법 시행령(학생의 징계 등) 제31조 ⑧ 학교의 장은 법 제18조 제1항 본문에 따라 지도를 할 때에는 학칙으로 정한 바에 따라 훈육·훈계 등의 방법으로 하되, 도구, 신체 등을 이용하여 학생의 신체에 고통을 가하는 방법을 사용해서는 아니 된다.

115 초·중등교육법이 제정·시행되기 전의 판례로 위 시행령 개정 전의 판례로 구 교육법상 교사의 징계권 속에 일정한 체벌권이 포함되는 것으로 보거나 교사의 업무상 행위로 보아, 교육상의 필요에 의해서 그 체벌의 방법과 정도가 사회상규에 벗어나지 않으면 정당행위로 보되(대판 1976. 4. 27, 75도115; 대판 1980. 9. 9, 80도762; 대판 1990. 10. 30, 90도1456; 대판 1991. 5. 14, 91도513; 대판 1997. 11. 14, 97도2422), 상해에 이른 경우에는 일반적으로 용인되는 교육업무상의 정당한 행위를 벗어나 위법하다고 본 것(대판 1978. 3. 14, 78도203; 대판 1980. 9. 9, 80도762;

(4) 정당방위

정당방위의 요건이 충족된 때에는 상해행위는 위법하다고 할 수 없다. 예   37
컨대, 경찰관이 적법절차를 준수하지 않은 채 실력으로 피의자를 체포하려고 하
였다면 불법체포에 해당하고, 그 체포를 면하려고 반항하는 과정에서 경찰관에
게 상해를 가한 것은 불법체포로 인한 신체에 대한 현재의 부당한 침해에서 벗
어나기 위한 행위로서 정당방위에 해당하여 위법성이 조각된다.[116]

통상 상해의 원인이 되는 싸움에 대하여 판례는, ① "쟁투자 쌍방이 공격방   38
어를 반복하는 일단의 연속적 쟁투행위이고 이에는 정당방위의 관념을 용납할
여지가 없다"거나,[117] ② "그 투쟁행위는 상대방에 대하여 방어행위인 동시에
공격행위를 구성하며 그 상대방의 행위를 부당한 침해라고 하고 피고인의 행위
만을 방어행위라고는 해할 수 없다"거나,[118] ③ "그 구타행위는 일련의 상호쟁
투 중에 이루어진 행위로서 서로 상대방의 폭력행위를 유발한 것이다."[119]라고
하여 원칙적으로 정당방위를 인정하지 않고 있다. 위 ①, ②는 '공격·방어행위'
를 이유로(방위의사의 측면 강조), ③은 '공격행위 유발'을 이유로(자초침해의 측면 강
조) 들고 있다.

그러나 판례는 싸움에 대하여 일률적으로 정당방위를 부정하는 것은 아니   39
다. ① 일방이 싸움을 중지하였거나,[120] ② 싸움에서 당연히 예상할 수 있는 범
위를 넘는 공격이 있거나,[121] ③ 외관상 싸움을 하는 것으로 보이지만 한쪽 당
사자가 일방적으로 불법한 공격을 가하고 상대방은 이러한 불법한 공격으로부터

대판 1990. 10. 30, 90도1456; 대판 1991. 5. 14, 91도513; 대판 1997. 11. 14, 97도2422)이 있고,
위 시행령 개정 전의 판례로 "교사가 학생을 징계 아닌 방법으로 지도하는 경우에도 징계의 경우
와 마찬가지로 교육상 필요가 있어야 하며, 특히 학생에 대한 폭행, 욕설에 해당되는 지도행위는
교육상 불가피한 때, 즉 학생의 잘못된 언행을 교정하려는 목적에서 다른 교육적 수단으로는 교
정이 불가능하였던 경우에만 허용되고, 그 방법과 정도에서도 사회통념상 용인될 수 있을 만한
객관적 타당성을 갖추었던 경우에만 법령에 의한 정당행위로 볼 수 있다"라고 판시한 예(대판
2004. 6. 10, 2001도5380)가 있으나, 이는 당시 시행령에서는 '불가피한 경우를 제외하고' 체벌을
할 수 없도록 규정하고 있었던 점을 고려해 볼 때, 현재 이를 따르기에는 무리가 있다.

116 대판 2000. 7. 4, 99도4341; 대판 2011. 5. 26, 2011도3682; 대판 2017. 9. 21, 2017도10866.
117 대판 1960. 2. 17, 4292형상860.
118 대판 1984. 5. 22, 83도3020; 대판 2000. 3. 28, 2000도228; 대판 2011. 5. 13, 2010도16970.
119 대판 1986. 12. 23, 86도1491.
120 대판 1957. 3. 8, 4290형상18.
121 대판 1968. 5. 7, 68도370.

자신을 보호하고 이를 벗어나기 위한 저항수단으로 '적극적인 반격'[122]이 아니라 '소극적인 방어'의 한도를 벗어나지 않는 유형력을 행사한 경우[123]에는 정당방위를 인정하여, 싸움의 실질을 중시하고 있다. 앞서 정당행위 부분에서 살펴보았 듯이, 판례에 따라서는 위 ③의 경우는 정당행위를 인정하기도 한다. 한편 일본 판례는 '방위의사와 병존할 수 있는 정도의 공격의사'이면 오로지 공격의사로 한 것은 아니라고 판시하여,[124] 방위의사가 우월적으로 지배하고 있는 경우에는 공격의사가 병존하고 있어도 방위의사를 인정하고 있다.

6. 책임능력

40   실무상 본죄 등에 대하여 제10조 제1항, 제2항에 따른 심신상실 또는 심신 미약 상태를 주장하는 경우가 많다. 이와 관련하여서는, "피고인의 성행이나 습 성, 가족관계, 성장환경, 범죄전력, 정신질환 등 치료전력, 범행의 동기 내지 경 위와 태양, 범행 과정 또는 그 전후에 나타난 피고인의 행태 등 정황, 수사기관 및 법정에서 보인 피고인의 태도와 그 진술 및 제출한 서면의 내용, 그 밖에 기 록이나 공판과정에서 나타난 제반사정들에 비추어 범행 당시 피고인의 의식상 태가 정상인과 같지 않다거나 범행의 충동을 억제하지 못한 것이 정신질환 등 으로 인하여 행위통제능력이 상실되거나 현저히 저하된 것으로 의심할 만한 정 황이 드러난 경우에는 법원은 피고인의 범행이 심신장애로 인하여 사물을 변별 하거나 의사를 결정할 능력이 없거나 미약한 상태에서 이루어진 것인지 여부에 대하여 직권으로라도 관련 자료를 조사·심리하여 진지하게 판단하여야 한다." 라는 것이 판례의 입장이다.[125]

---

122 대판 1984. 9. 11, 84도1440; 대판 1999. 10. 12, 99도3377; 대판 2010. 2. 11, 2009도12958(남 편이 피고인과 바람났다며 따지러 찾아와 싸운 사례).

123 대판 1992. 3. 10, 92도37; 대판 1992. 3. 27, 91도2831; 대판 1995. 2. 28, 94도2746(분쟁이 있던 옆집 사람이 야간에 만취한 채 시비를 하며 거실로 들어오려 하므로 이를 제지하며 밀어내는 과정 에서 2주 상해를 입히게 된 사례); 대판 1995. 8. 22, 95도936; 대판 1996. 5. 27, 96도979(넥타이 를 잡고 늘어져 목이 졸리게 된 피고인이 피해자를 떼어놓기 위해 왼손으로 자신의 목 부근 넥타 이를 잡은 상태에서 오른손으로 피해자의 손을 잡아 비틀면서 서로 밀고 당기고 하였던 사례).

124 最判 昭和 60(1985). 9. 12. 刑集 39·6·275.

125 대판 2013. 3. 14, 2012도15991(양극성 정동장애의 정신질환 등으로 범행충동의 억제능력이 저 하됨으로써 심신장애의 상태에서 각 범행을 저질렀을 가능성이 있음을 의심해 볼 사정이 충분 함에도 그에 관한 심리를 하지 아니한 채 곧바로 심신미약에 관한 항소이유 주장을 배척하였음

7. 죄수 및 다른 죄와의 관계

(1) 죄수

같은 피해자에 대한 상해는 동일한 의사에 의한 것인 한 수개의 거동이 있 [41]
더라도 1개의 본죄가 성립한다.[126] 그러나 상해는 사람의 신체에 대한 침해범이
므로 동일한 기회의 상해이더라도 피해자의 수만큼의 본죄가 성립하고, 각 죄는
실체적 경합관계이다.[127] 하나의 상해행위로 여러 사람에게 상해의 결과를 생기
게 한 경우에는, 수개의 본죄가 성립하고, 각 죄는 상상적 경합관계이다.[128]

(2) 다른 죄와의 관계

(가) 공무집행방해죄와의 관계

직무를 집행하는 공무원을 폭행하여 공무집행을 방해하고 그 공무원에게 [42]
상해를 가한 경우에는 본죄와 공무집행방해죄(§ 136①)가 성립하고, 두 죄는 상
상적 경합관계이다.[129]

(나) 살인죄와의 관계

상해 후 살인한 경우, 상해는 살인의 수반행위로서 본죄는 살인죄와 법조경 [43]
합관계로서 살인죄(§ 250①)만 성립한다.[130]

(다) 협박죄와의 관계

같은 시간, 같은 장소에서 같은 피해자를 상해하면서 협박한 경우, 특별한 [44]
사정이 없는 한, 협박은 상해의 단일한 고의 아래 이루어진 하나의 폭언에 불과
하여 협박죄(§ 283①)는 본죄에 흡수된다.[131] 이에 대해서는 본죄 외에 협박죄가

을 이유로 원심을 파기한 사례).

126 大判 大正 5(1916). 7. 11. 刑録 22·1237.

127 대판 1983. 4. 26, 83도524.

128 最判 昭和 26(1951). 9. 25. 裁判集(刑事) 53·313.

129 대판 2006. 2. 10, 2005도7158; 대판 2014. 11. 13, 2014도10193.

130 대판 1984. 12. 26, 84도1573(전). 「예컨대 살인을 하면서 피해자의 신체에 상해를 가한 경우를
생각해 볼 때 상해행위는 살인죄에 흡수되어 별개의 죄를 구성하지 않는 것이나, 만일 상해행위
만이 상해죄로 기소되어 확정판결을 받은 경우에 그 판결의 기판력이 살인죄에까지 미친다고
본다면 불합리하게 여겨지는 것은 이 사건의 경우와 다를 바 없을 것이다. 결국 소수의견이 지
적하는 불합리한 결과는 흡수관계의 포괄 1죄에 있어서 피흡수행위에 대한 확정판결의 효력이
흡수한 죄에까지 미친다고 보기 때문에 생기는 것이므로 기판력의 객관적 범위에 관한 문제로
서 거론될 성질의 것이고, 위와 같은 불합리한 결과를 피하기 위하여 흡수관계를 실체적 경합관
계로 보아야 한다는 주장은 수긍하기 어려운 입론이라고 생각된다.」

131 대판 1976. 12, 14, 76도3375(소주병으로 피해자의 머리를 1회 쳐서 상해를 가하고 또 흉기인

성립하고, 두 죄는 실체적 경합관계라는 견해도 있다.[132]

(라) 공갈죄와의 관계

45   폭행이 금원갈취의 수단으로 사용되고, 이로 인하여 상해도 가한 경우에는, 본죄와 공갈죄(§350①)가 성립하고, 두 죄는 상상적 경합관계이다.[133]

(마) 재물손괴죄와의 관계

46   안경을 끼고 있는 사람의 얼굴을 때려 상해를 가하고 안경도 깨뜨린 경우, 본죄와 별도로 재물손괴죄(§366)가 성립(상상적 경합관계)하는 것이 아니라 재물손괴죄는 본죄에 흡수된다.[134]

III. 존속상해죄(제2항)

47   본죄(존속상해죄)는 자기 또는 배우자의 직계존속의 신체를 상해함으로써 성립하는 범죄이다. 상해죄에 대하여 신분관계로 인하여 책임이 가중되는 부진정신분범이다.[135] 위헌론이 있으나 존속을 상해한 비속의 패륜성으로 인하여 책임을 가중한 것이므로 평등원칙 등에 반하지 않는다고 보는 것이 통설이다.[136] 헌법재판소도 존속상해치사(§259②) 규정에 관하여 합헌결정을 한 바 있다(후술).[137]

48   본죄에서 말하는 배우자, 직계존속은 법률상의 개념으로, 사실상의 배우자나 직계존속은 포함되지 않는다.[138] 배우자, 직계존속에 관해서는 **존속살해죄**(§250②) 부분에서, 상해에 관해서는 **상해죄**(§250①) 부분에서 살펴본 바와 같다.

가위로써 동 피해자를 찔러 죽인다고 협박을 한 사례).

132 東京高判 昭和 28(1953). 11. 10. 高刑集 6·12·1665(손으로 구타하여 상해를 가한 후, 소지하고 있는 칼을 들려고 하는 태도를 보이면서 막 찌르겠다고 협박한 사례). 순서를 달리하여 주머니에 흉기를 소지하고 있다고 협박하여 위험을 느낀 피해자가 손을 잡자 손을 깨물어 상해를 가한 사안에서, 두 죄가 성립하고, 실체적 경합관계라고 한 판례도 있다[大判 昭和 6(1931). 12. 14. 刑集 10·763].

133 最判 昭和 23(1948). 7. 29. 刑集 2·9·1063(칼로 상대방을 찔러 겁을 먹게 하고 돈을 교부받은 사례).

134 東京地判 平成 7(1995). 1. 31. 判時 1559·152.

135 배종대, §15/26.

136 이재상·장영민·강동범, §3/22.

137 헌재 2002. 3. 28, 2000헌바53.

138 대판 1983. 6. 28, 83도996.

Ⅳ. 처 벌

본조 제1항의 상해죄는 7년 이하의 징역, 10년 이하의 자격정지 또는 1천　　**49**
만 원 이하의 벌금에, 제2항의 존속상해죄는 10년 이하의 징역 또는 1천500만
원 이하의 벌금에 각 처한다.

각 죄의 미수범은 처벌한다(제3항).　　**50**

상습범인 경우에는 그 죄에 정한 형의 2분의 1까지 가중하고(§ 264), 존속상　　**51**
해죄의 경우에는 10년 이하의 자격정지를 병과할 수 있다(§ 265).

〔한 지 형〕

제258조(중상해, 존속중상해)

① 사람의 신체를 상해하여 생명에 대한 위험을 발생하게 한 자는 1년 이상 10년 이하의 징역에 처한다.

② 신체의 상해로 인하여 불구 또는 불치나 난치의 질병에 이르게 한 자도 전항의 형과 같다.

③ 자기 또는 배우자의 직계존속에 대하여 전2항의 죄를 범한 때에는 2년 이상 15년 이하의 징역에 처한다. 〈개정 2016. 1. 6.〉

Ⅰ. 취 지

1   중상해죄는 사람의 신체를 상해하여 생명에 대한 위험을 발생하게 하거나 (제1항), 불구 또는 불치나 난치의 질병에 이르게 함으로써(제2항) 성립한다. 존속 중상해죄는 자기 또는 배우자의 직계존속에 대하여 중상해죄를 범함으로써(제3 항) 신분관계로 인하여 책임이 가중되는 가중적 구성요건이다. 중상해죄를 가중 처벌하는 이유는 피해자가 상해로 인하여 지속적으로 크게 피해를 받는 중대한 결과가 발생하였다는 데에 있다.[1]

2   중상해죄는 상해의 결과에 대하여 범죄태양을 구별하는 입법례, 예컨대 독 일형법 제226조,[2] 스위스형법 제123조 제1항 등을 따른 것으로, 일본형법은 중 상해죄에 관한 규정이 없다.[3]

---

1 이재상·장영민·강동범, 형법각론(13판), § 3/23.
2 이에 대한 상세는 이정원, "중상해죄의 구조와 개선방안 - 독일 형법 제226조 중신체침해죄와의 비교를 중심으로 -", 형사정책 17-2, 한국형사정책학회(2015) 참조.
3 다만, 개정형법초안은 제261조에 중상해죄(사람의 신체를 상해하여 그 결과 사망의 위험을 생기

2016년 1월 6일의 형법 개정으로 존속중상해죄의 법정형을 '2년 이상의 유 　　　3
기징역'에서 '2년 이상 15년 이하의 징역'으로 하향 조정하였다.

II. 법적 성격

본죄(중상해·존속중상해죄)의 법적 성격에 관하여는, ① 결과로 인하여 형이 　　　4
가중되는 경우이기는 하지만 여기의 중한 결과도 역시 상해의 개념에 들어가므
로 결과적 가중범이 아니라 고의범이라는 견해도 있으나,[4] ② 통설은 부진정결
과적 가중범이라고 해석한다.[5] 형법은 중상해죄의 미수범을 별도로 처벌하지
아니할 뿐만 아니라, 중상해죄가 단순히 상해의 고의가 있으면 성립한다고 해
석하는 것은 결과책임을 인정하는 것이 되므로, 중상해죄는 결과적 가중범을
규정한 것이지만 중한 결과를 과실로 발생시킨 경우뿐만 아니라 중한 결과에
대하여 고의가 있는 경우에도 성립하는 부진정결과적 가중범이라고 해석하는
것이다.

따라서 중상해죄가 성립하기 위해서는 기본범죄인 상해죄를 범하고 중한 　　　5
결과에 대한 고의가 있거나, 중한 결과에 대하여 과실이 있는 때에는 상해와 중
한 결과 사이에 인과관계가 있고 중한 결과는 예견가능하여야 한다(§15②).

III. 중한 결과

본죄는 사람(존속중상해죄의 경우, 자기 또는 배우자의 직계존속. 이하, 본죄의 객체는 　　　6
'사람'이라고만 한다.)의 신체를 상해하여 ① 생명에 대한 위험을 발생하게 하거나
(제1항), ② 불구 또는 ③ 불치나 난치의 질병에 이르게 함으로써 성립한다(제2
항). 행위의 주체와 객체, 행위 등은 **제257조**(**상해, 존속상해**)에서와 같다. 상해행

게 한 자는 1년 이상 10년 이하의 징역에 처한다. 사람을 불구로 만들거나 그 밖의 신체에 중대
한 손상을 하거나 영속적인 기능장해 또는 질병에 걸리도록 한 자도 같다)를 규정하고 있다.
4 백형구, 형법각론(개정판), 49.
5 김성돈, 형법각론(5판), 73; 김일수·서보학, 새로쓴 형법각론(9판), 53; 김혜경·박미숙·안경옥·원
혜옥·이인영, 형법각론(3판), 44; 박상기, 형법각론(8판), 47; 배종대, 형법각론(14판), §15/28; 오
영근, 형법각론(8판), 52; 이재상·장영민·강동범, §3/24; 이형국·김형국, 형법각론(3판), 64; 임
웅, 형법각론(9정판), 67; 정성근·박광민, 형법각론(전정2판), 75; 정영일, 형법각론(3판), 36.

위는 피해자를 도구로 이용하는 간접정범의 형태로도 가능하다.[6]

1. 생명에 대한 위험 발생

7 　'생명에 대한 위험'을 발생하게 한다는 것은 생명에 대한 구체적 위험을 의미하며, 보통 치명상을 가한 경우를 말한다.[7] 피해자를 사망에 이르게 한 경우에는 상해치사죄의 성립이 문제될 뿐, 본죄를 성립될 수 없다.

8 　생명에 대한 위험 발생 여부는 의학적 판단을 기초로 하면서도 최종적으로는 규범적으로 판단하여야 한다.[8]

2. 불 구

9 　'불구'란 신체의 전체 조직 중 고유한 기능을 가지고 있는 중요부분의 상실을 말한다. 신체 내부의 장기 상실도 불구에 해당한다는 견해[9]도 있으나 외형적 부분에 한한다는 것이 다수설[10]이다. 신체의 어느 부분이 중요한 부분인가를 판단할 때에는 피해자의 개인적 사정을 고려하지 않고 신체조직상 기능을 객관적으로 판단하여야 한다(객관설).[11]

---

6 대판 1970. 9. 22, 70도1638. 「피해자인 A 여인에게 피고인을 탈영병이라고 헌병대에 신고한 이유와 다른 남자와 정을 통한 사실들을 추궁한바, 이를 부인하자 하숙집 뒷산으로 데리고 가 계속 부정을 추궁하면서 상대 남자를 말하자 대답을 하지 못하고 당황하던 A 여인에게 소지 중인 면도칼 1개를 주면서 "네가 네 코를 자르지 않을 때는 돌로서 죽인다"는 등 위협을 가해 자신의 생명에 위험을 느낀 A 여인은 자신의 생명을 보존하기 위하여 위 면도칼로 콧등을 길이 2.5센티, 깊이 0.56센티 절단함으로써 A 여인에게 전치 3개월을 요하는 상처를 입혀 안면부 불구가 되게 하였다는 것으로서, 이와 같이 피고인에게 피해자 A 여인의 상해 결과에 대한 인식이 있고, 또 그 여인에게 대한 협박 정도가 그의 의사결정의 자유를 상실케 함에 족한 것인 이상, 피고인에게 중상해 사실을 인정하고 피해자 여인의 자상행위로 인정하지 아니한 원판결 판단에 소론 위법이 있다는 논지는 이유 없다.」

7 배종대, § 15/29; 이재상·장영민·강동범, § 3/26; 주호노, 형법각론, 90.

8 배종대, § 15/29; 주석형법 〔각칙(3)〕(5판), 336(최환).

9 김성돈, 74; 박상기, 48; 배종대, § 15/30; 임웅, 68; 정영일, 38.

10 김일수·서보학, 54(불치 또는 난치의 질병에 해당한다고 본다); 이재상·장영민·강동범, § 3/26; 정성근·박광민, 75.

11 김성돈, 74; 김일수·서보학, 54; 박상기, 48; 배종대, § 15/31; 오영근, 52; 이상돈, 형법강론(4판), 375; 이재상·장영민·강동범, § 3/26; 임웅, 68; 정성근·박광민, 76; 정영일, 38.

3. 불치 또는 난치의 질병

'불치 또는 난치의 질병'이란 치료의 가능성이 없거나 희박한 질병을 말한 10
다. 치료의 가능성은 의학적 표준에서 판단되어야 한다.[12] 치료율이 낮은 에이
즈 감염이나 중증의 정신병, 마비, 내부장기의 현저한 손상이나 기능상실 등이
여기에 해당한다.[13]

법원은 상해의 정도와 수술 등 치료 상황, 판단 당시의 장애 상태와 그 장 11
애의 잔존 가능성 등을 고려하여 중상해에 해당하는지 여부를 판단한다.

4. 판례의 검토

(1) 중상해를 긍정한 사례

중상해를 긍정한 사례로는, ① 안부에 폭력을 가하여 실명하게 한 사안,[14] 12
② 면도칼로 콧등을 길이 2.5cm, 깊이 0.56cm 절단하여 전치 3개월을 요하는
상처를 입혀 안면부 불구가 되게 한 사안,[15] ③ 피고인이 피해자의 혀를 깨물어
혀 앞부분이 2cm가량 절단된 사안,[16] ④ 피해자의 하체에 산탄총을 발포하여
무릎, 허벅지, 발뒤꿈치 등에 총상을 입게 하였고 여러 차례 수술을 받았으나
관절운동장애와 기능장애가 남게 된 사안,[17] ⑤ 우산으로 눈을 찔러 안구파열
등 상해를 가하고 실명의 불구에 이르게 한 사안,[18] ⑥ 광대뼈, 코뼈 등 얼굴뼈
대부분이 골절되었고 뇌출혈이 발생하여 의식을 잃었으며, 이로 인해 자칫 사망
에 이를 위험이 있었을 뿐만 아니라, 양측 전두엽 세포가 손상되어 정신장애가
나타나기도 하였던 사안[19] 등이 있다.

---

12 범죄로 인하여 40% 정도의 노동능력 상실이 있으면 중상해의 결과라고 하는 독일 판례가 있다
　　(BGH MDR/D 68, 17).
13 문헌마다 조금씩 다르게 예시되고 있으나, 배종대, §15/31; 이재상·장영민·강동범, §3/27; 주석
　　형법 [각칙(3)](5판), 339(최환) 등 참조.
14 대판 1960. 4. 6, 4292형상395.
15 대판 1970. 9. 22, 70도1638.
16 대판 2015. 10. 29, 2014도17023.
17 대판 2017. 12. 13, 2017도16588.
18 서울고판 2018. 9. 5, 2017노3548.
19 서울고판 2019. 7. 25, 2019노971.

(2) 중상해를 부정한 사례

13 중상해를 부정한 사례로는 ① 하구치 2개가 탈락하였다는 사안,[20] ② 1-2 개월 동안 입원할 정도로 다리가 부러진 상해 또는 3주간 치료를 요하는 우측 흉부자상을 입은 사안[21] 등이 있다.

Ⅳ. 고의 또는 예견가능성

1. 개 설

14 중상해죄가 성립하기 위해서는 상해의 고의가 있어야 하고, 중한 결과인 중 상해를 과실 또는 고의로 야기하여야 한다. 실무상 피고인이 중상해의 고의가 없었다거나, (상해의 고의가 있었더라도) 중한 결과에 대한 예견가능성이 없다고 주 장하는 경우가 많다.

15 최근의 하급심 판례 중에는 ① 차량 근처에서 피해자를 밀어 넘어뜨려 피 해자가 차량 휀더에 머리를 부딪쳐 외상성 경막하출혈 등을 입고 장기간 의식 불명 상태에 있었던 사안,[22] ② 만취한 피해자를 밀고 때려 피해자가 바닥에 있 는 턱에 걸려 넘어지면서 뒤쪽 벽에 머리를 부딪쳐서 뇌출혈로 인한 좌측편마 비증상이 발생한 사안[23] 등에서 예견가능성이 인정되었다.

2. 폭행의 고의로 중상해를 야기한 경우

16 폭행의 고의로 중상해를 야기한 경우에도 중상해죄가 성립할 수 있는지 문 제된다. 이에 대해서는, ① 제262조(폭행치사상)가 명문으로 제258조도 포함시킨 이상 본죄는 상해의 의사를 가지고 무거운 결과를 낸 경우뿐 아니라 폭행의 의 사를 가지고 상해하여 그로 인하여 중대한 결과를 발생케 한 경우에도 동일한 원리가 적용된다는 견해,[24] ② 본죄의 성립에는 상해의 고의를 요하며 폭행의

---

20 대판 1960. 2. 29, 4292형상413(원심은 하구치 2개의 탈락을 인정하지 않았는데, 설사 인정하였 다 하더라도 중상해에 해당하지 않는다고 한 사례). 한편, 하구치 2개 탈락도 불구에 해당한다 는 견해도 있다(이형국·김혜경, 65).
21 대판 2015. 12. 9, 2005도7527.
22 서울고판 2019. 3. 29, 2018노3167.
23 서울고판 2019. 4. 11, 2018노3562.
24 유기천, 형법학(각론강의 상)(전정신판), 52.

고의를 가지고 중상해의 결과를 발생시킨 경우에는 폭행치상죄가 문제될 뿐이라는 견해(통설)[25]가 대립한다.

생각건대 상해죄와 폭행죄의 고의가 동일하다고 볼 수 없고, 제262조가 별도의 규정으로 '폭행치상'의 제목 아래 처벌은 중상해의 예에 따른다고 규정하고 있는 취지와 그 문언에 비추어 보면 통설이 타당하다. **17**

V. 처 벌

1. 법정형 등

중상해죄는 1년 이상 10년 이하의 징역에 처하고(제1·2항), 존속중상해죄는 2년 이상 15년 이하의 징역에 처한다(제3항). **18**

본죄의 상습범인 경우에는 그 죄에 정한 형의 2분의 1까지 가중하고(§ 264), 본죄에 대해서는 10년 이하의 자격정지를 병과할 수 있다(§ 265). **19**

2. 미수범

본죄의 미수범에 대한 별도의 처벌규정은 없다. 본죄는 결과적 가중범인데, 결과적 가중범의 미수는 부정하는 것이 일반적인 견해이다.[26] 그러나 본죄의 미수는 (존속)상해미수로 처벌해야 한다는 데는 별다른 이견이 없다. 즉 본죄의 고의로 상해행위를 하였으나 중상해의 결과가 발생하지 않고 단순상해의 결과가 발생한 경우에는 (존속)상해의 기수로, 단순상해의 결과도 발생하지 않은 경우에는 (존속)상해의 미수로 처벌된다.[27] **20**

〔한 지 형〕

---

25 김일수·서보학, 54; 김혜정·박미숙·안경옥·원혜욱·이인영, 46; 박상기, 49; 배종대, § 15/32; 이상돈, 376; 이재상·장영민·강동범, § 3/28; 이형국·김혜경, 67; 임웅, 69; 정성근·박광민, 77.
26 이재상·장영민·강동범, 형법총론(11판), § 27/47.
27 김성돈, 75; 오영근, 54; 이형국·김혜경, 67; 정웅석·최창호, 형법각론, 317-318; 주석형법 〔각칙(3)〕(5판), 340(최환).

제258조의2(특수상해)

① 단체 또는 다중의 위력을 보이거나 위험한 물건을 휴대하여 제257조 제1항 또는 제2항의 죄를 범한 때에는 1년 이상 10년 이하의 징역에 처한다.
② 단체 또는 다중의 위력을 보이거나 위험한 물건을 휴대하여 제258조의 죄를 범한 때에는 2년 이상 20년 이하의 징역에 처한다.
③ 제1항의 미수범은 처벌한다.
[본조신설 2016. 1. 6.]

Ⅰ. 의 의

1　본죄는 단체 또는 다중의 위력을 보이거나 위험한 물건을 휴대하여 제257조 제1항(상해)·제2항(존속상해)의 죄를 범하거나(제1항)[특수(상해·존속상해)죄], 제258조(중상해·존속중상해)의 죄를 범함으로써(제2항)[특수(중상해·중존속상해)죄] 성립하는 범죄이다. 본죄는 행위방법의 위험성 때문에 가중된 구성요건이다.

2　종래 본죄는 구 폭력행위 등 처벌에 관한 법률(이하, 폭력행위처벌법이라 한다.) 제3조 제1항에 따라 가중처벌되었으나, 위 조항 중 폭행죄에 관한 부분이 형벌체계상 균형을 상실하여 헌법상의 평등원칙에 위배된다는 헌법재판소의 위헌결정[1] 이후 2016년 1월 16일 동 조항이 삭제되고 형법에 본조가 신설되게 되었다. 본조를 신설하면서 법정형을 구 폭력행위처벌법 제3조 제1항보다 낮게 규정하였는데, 이는 가중적 구성요건의 표지가 가지는 일반적인 위험성을 고려하더라도 개별 범죄의 범행경위, 구체적인 행위태양과 법익침해의 정도 등이 매우 다양함에도 일률적으로 3년 이상의 유기징역으로 가중처벌하도록 한 종전의 형벌규정이 과중하

---

[1] 헌재 2015. 9. 24, 2015헌가17.

다는 데에서 나온 반성적 조치로서 제1조 제2항의 '범죄 후 법률이 변경되어 형이 구법보다 가벼워진 경우'에 해당한다.[2] 따라서 구 폭력행위처벌법 시행 당시에 위험한 물건을 이용하여 상해를 가한 경우, 구 폭력행위처벌법 제3조 제1항의 삭제를 형의 폐지로 보아 피고인에 대하여 면소를 선고할 것이 아니라 신설된 본조 제1항을 적용하여 그에 따른 형을 선고하면 될 것이다.[3]

본죄는 결과범이자 침해범이다.[4]

3

II. 객관적 구성요건

본죄의 행위의 주체와 객체는 **제257조**(상해, 존속상해) **및 제258조**(중상해, 존속중상해)에서 살펴본 바와 같다. 본죄의 행위는 ① 단체 또는 다중의 위력을 보이거나, ② 위험한 물건을 휴대하여 ③ 상해하는 것이다.[5]

4

1. 단체 또는 다중의 위력

(1) 단체 및 다중

단체란 공동 목적을 가진 다수인의 계속적·조직적인 결합체를 말한다. 공동 목적은 반드시 불법할 것을 요하지 않는다. 따라서 범죄를 목적으로 하는 단체뿐만 아니라 법인·노동조합·정당 그 밖의 사회단체도 여기에 포함된다. 단체의 구성원은 그 위력을 보일 정도로 다수이어야 한다. 단체의 구성원이 같은 곳에 집결되어 있을 필요는 없고, 소집 또는 연락에 의하여 집합할 가능성이 있으면 충분하다. 일반적으로 시위를 할 목적으로 조직된 결합체도 단체에 해당한다는 견해가 있으나,[6] 어느 정도의 시간적 계속성과 조직성을 갖추어야 한다는

5

---

2 대판 2017. 12. 28, 2015도5854. 제1조 제2항의 적용을 둘러싼 이러한 해석, 즉 동기설에 입각한 판결들은 대판 2022. 11. 22, 2020도16420(전)에 의하여 모두 변경되었다.

3 주석형법 [각칙(3)](5판), 342(최환).

4 이형국·김혜경, 형법각론(3판), 68.

5 형법에 특수폭행죄(§261)는 종전부터 규정되어 있었음에 비하여 본죄는 2016년 1월 16일 신설되었기 때문에, 대부분의 교과서나 주석형법 [각칙(3)](5판)에서는 위 ①과 ②에 대하여 특수폭행죄 부분에서 설명하고 있으나, 본서에서는 조문 순서상 본죄에서 살펴본다(이와 관련하여, 본서에서 '상해'로 된 것은 인용 문헌에서는 '폭행'으로 되어 있는 점 유의).

6 유기천, 형법학(각론강의 상)(전정신판), 59.

견해가 일반적이다.[7]

6   한편 다중이란 단체를 이루지 못한 다수인의 집합을 말하는 것으로, 이는 결국 집단적 위력을 보일 정도의 다수 혹은 그에 의해 압력을 느끼게 해 불안을 줄 정도의 다수를 의미한다.[8] 집합자 사이에 공동목적이 있거나, 그 목적이 적법하거나, 계속적인 조직체로 구성되어 있음을 요하지 않는다. 다만, 일시적 결합체인 경우에는 다수인이 같은 곳에 집결되어 있을 것이 요구된다. 소요죄(§ 115)의 다중의 폭행 등과 같이 일정한 지방의 평온을 해할 정도에 이를 필요는 없다.

(2) 위력

7   단체 또는 다중의 위력이란 단체 또는 다중의 형태로 사람의 의사를 제압하기에 충분한 세력을 일컫는다. 상대방의 의사가 현실적으로 제압될 것을 요하지는 않지만, 상대방의 의사를 제압할 만한 세력을 인식시킬 정도는 되어야 한다.[9]

8   어떤 집단이나 조직의 힘을 배경으로 하는 경우 불과 수 명만이 모인 경우라도 구체적 상황에 따라 다중의 위력을 행사한 것으로 볼 수 있다.[10] 결국, 행위 당시의 여러 사정을 참작하여 결정하여야 할 것이다.[11]

9   판례는 피고인이 건장한 6명의 남자들을 피해자 업소 건물 입구에 배치해 둔 후 이를 고지하면서 피해자를 폭행한 사안,[12] 피고인을 비롯한 조직원 11명이 공동하여 피해자에게 상해를 가한 사안[13]에서 다중의 위력을 인정하였으나, 피고인을 비롯한 3명이 파출소에 연행되어 경찰에게 폭행을 가한 경우에 어떤 집단의 힘을 발판 또는 배경으로 한다는 것이 인정되지 않는 한 다중에 해당한다고 볼 수 없다고 하였다.[14]

10   위력을 보이기 위하여 ① 단체 또는 다중이 현장에 있을 것을 요한다는 견해(적극설)도 있고,[15] ② 단체의 경우 계속적 결사체이므로 반드시 현장에 구성

---

7 배종대, 형법각론(14판), § 16/20; 이재상·장영민·강동범, 형법각론(13판), § 3/50; 주호노, 형법각론, 94.
8 대판 2006. 2. 10, 2005도174.
9 대판 2006. 2. 10, 2005도174; 대판 2008. 7. 10, 2007도9885.
10 대판 1961. 1. 18, 4293형상896.
11 대판 2006. 2. 10, 2005도174.
12 대판 2001. 6. 12, 2001도1910.
13 대판 2004. 3. 26, 2004도234.
14 대판 1971. 12. 21, 71도1930.
15 백형구, 형법각론(개정판), 64.

원들이 몰려 있을 필요가 없으나, 다수인의 일시적 집합에 불과한 다중의 경우에는 현장이나 이에 근접한 장소에 집결하고 있어야 한다는 견해(절충설·구별설)도 있다.[16] 그러나 ③ 본죄는 단체 또는 다중 자체를 보이는 것이 아니라, 단체 또는 다중의 위력을 보이는 것이고, 단체 또는 다중이 합동하여 상해함으로써 성립하는 범죄는 아니므로 합동범과 구별하여야 하며, 단체의 구성원은 같은 장소에 집합하고 있음을 요하지 아니하므로, 상해의 현장에 단체 또는 다중이 현존할 필요는 없다는 견해(소극설)가 통설이다.[17]

다만 단체 또는 다중은 실제로 존재하여야 하고, 존재하지 않는 단체나 다 중을 가장하는 것은 본죄에 해당하지 아니한다.[18] 구 폭력행위처벌법 제3조 제1 항은 '단체나 다중의 위력을 보이는 것' 외에 '단체나 집단을 가장하여 위력을 보이는 것'도 구성요건으로 규정하고 있었으나, 본조에서는 이 부분이 삭제되었 으므로 단체나 다중을 가장하여 위력을 보였다 하더라도 본죄로 처벌할 수는 없다고 할 것이다.[19]

2. 위험한 물건의 휴대

(1) 위험한 물건

(가) 의의

위험한 물건이란 사람의 생명, 신체에 해를 가하는 데 사용할 수 있는 일체 의 물건을 포함한다. 본래 살상용·파괴용으로 만들어진 것뿐만 아니라 다른 목 적으로 만들어진 칼·가위·유리병·각종 공구·자동차 등은 물론 화학약품 또는 사주된 동물 등도 그것이 사람의 생명·신체에 해를 가하는 데 사용되었다면, 본조의 위험한 물건이라 할 수 있다.[20]

11

12

〔한 지 형〕 **311**

(나) 흉기와의 관계

13 형법상 특수범[21] 중에 본죄를 비롯하여 특수공무집행방해죄(§ 144), 특수폭행죄(§ 261), 특수체포 · 감금죄(§ 278), 특수협박죄(§ 284), 특수주거침입죄(§ 320), 특수강요죄(§ 324①), 특수공갈죄(§ 350의2), 특수손괴죄(§ 369①)은 '위험한 물건의 휴대'를 구성요건으로 하고 있는 반면에, 특수절도죄(§ 331②)와 특수강도죄(§ 334②)에서는 '흉기의 휴대'를 구성요건으로 하고 있어, 그 의미가 서로 다른 것인지 여부가 문제된다.

14 이에 대해서는, ① 흉기는 특별히 그 성질상 본래 인명 살상용으로 제작된 것이지만 위험한 물건 모두가 흉기가 되는 것은 아니므로 흉기는 위험한 물건의 한 예시로서 양자는 내용적으로 구분된다는 견해(통설)[22]와 ② 흉기는 사람의 살상이나 재물의 손괴를 목적으로 제작되고 또 그 목적을 달성하는 데 적합한 물건임에 대하여 위험한 물건은 그 제조 목적을 불문하는 것으로서 흉기는 위험한 물건의 하나에 지나지 않지만, 특수절도죄나 특수강도죄에서의 흉기도 반드시 엄격한 의미에서의 무기에 제한되는 것이 아니라 널리 위험한 물건과 같은 뜻으로 해석되므로, 양자는 동의어에 불과하다는 견해[23]가 대립된다.

15 판례는 "형법은 흉기와 위험한 물건을 분명하게 구분하여 규정하고 있는바, 형벌법규는 문언에 따라 엄격하게 해석 · 적용하여야 하고 피고인에게 불리한 방향으로 지나치게 확장해석하거나 유추해석해서는 아니 된다. 그리고 형법 제331조 제2항에서 '흉기를 휴대하여 타인의 재물을 절취한' 행위를 특수절도죄로 가중하여 처벌하는 것은 흉기의 휴대로 인하여 피해자 등에 대한 위해의 위험이 커진다는 점 등을 고려한 것으로 볼 수 있다. 이에 비추어 위 형법 조항에서 규정한 흉기는 본래 살상용 · 파괴용으로 만들어진 것이거나 이에 준할 정도의 위험성을 가진 것으로 봄이 상당하고,[24] 그러한 위험성을 가진 물건에 해당하는

---

21 특수범 중에 특수도주죄(§ 146)만은 다른 특수범과 달리 '수용설비 또는 기구를 손괴하거나 사람에게 폭행 또는 협박을 가하거나 2인 이상이 합동하는 것'을 구성요건으로 규정하고 있다.

22 김일수 · 서보학, 70; 배종대, § 16/27; 정성근 · 박광민, 93.

23 이재상 · 장영민 · 강동범, § 3/53.

24 일본형법 제208조의3은 흉기준비 집합 및 결집죄를 규정하고 있는데, 여기서의 '흉기'에 대하여 판례는 "본래의 성질상 사람을 살상하기 위하여 만들어진 것은 아니지만 용법에 따라서는 사람의 생명, 신체 또는 재산에 해를 가하기에 충분한 기물"이라고 하면서, 길이 1미터 전후의 각목이 흉기에 해당한다고 판시하였다[最決 昭和 45(1970). 12. 3. 刑集 24 · 13 · 1707]. 이러한 판례

지 여부는 그 물건의 본래의 용도, 크기와 모양, 개조 여부, 구체적 범행 과정에
서 그 물건을 사용한 방법 등 제반 사정에 비추어 사회통념에 따라 객관적으로
판단할 것이다"라고 판시하여,[25] 통설인 위 ①의 견해와 같은 입장이다.[26]

　(다) 위험성의 판단

　어떠한 물건의 위험성 여부는 구체적인 사안에 따라서 사회통념에 비추어
그 물건을 사용하면 상대방이나 제3자가 곧 생명 또는 신체에 위험을 느낄 수
있는지에 따라 판단하여야 한다.[27] 따라서 ① 쇠파이프(길이 2m, 직경 5cm)로 머
리를 구타당하면서 이에 대항하여 그곳에 있던 각목(길이 1m, 직경 5cm)으로 상대
방의 허리를 구타한 경우,[28] ② 피해자가 먼저 식칼을 들고 나와 피고인을 찌르
려다가 피고인이 이를 저지하기 위하여 칼을 뺏은 다음 피해자를 훈계하면서
그 칼자루 부분으로 피해자의 머리를 가볍게 친 경우,[29] ③ 경륜장 사무실에서
술에 취해 소란을 피우면서 소화기를 집어던졌지만 특정인을 겨냥하여 던진 것
이 아닌 경우,[30] ④ 이혼 분쟁 과정에서 자신의 아들을 승낙 없이 자동차에 태
우고 떠나려는 피해자들 일행을 상대로 급하게 추격 또는 제지하는 과정에서
자신의 소형자동차로 막 출발하려는 피해자들의 중형자동차를 가볍게 충격한
경우[31] 등은 위험한 물건에 해당하지 않는다.

16

───────────────

　의 태도는 위 ②의 견해에 보다 가까운 것으로 보인다.

25　대판 2012. 6. 14, 2012도4175. 「원심은, 피고인이 이 사건 절도 범행을 함에 있어서 택시 운전
　　석 창문을 파손하는 데 사용한 이 사건 드라이버가 흉기에 해당한다고 보아 피고인이 형법 제
　　331조 제2항의 특수절도죄를 범하였다고 본 제1심판결을 그 판시와 같은 이유를 들어 그대로
　　유지하였다. 그러나 앞서 본 형법 제331조 제2항의 취지와 기록에 의하여 살펴보면, 피고인이
　　사용한 이 사건 드라이버는 일반적인 드라이버와 동일한 것으로 특별히 개조된 바는 없는 것으
　　로 보이고, 그 크기와 모양 등 제반 사정에 비추어 보더라도 피고인의 이 사건 범행이 흉기를
　　휴대하여 타인의 재물을 절취한 경우에 해당한다고 보기는 어렵다고 보인다.」

26　헌법재판소는 "(형법조항들의) '위험한 물건'에는 '흉기'가 포함된다고 보거나, '위험한 물건'과 '흉
　　기'가 동일하다고 보는 견해가 일반적인 견해"라고 하면서, 구 폭력행위처벌법 제3조 제1항의
　　'흉기 기타 위험한 물건'과 형법상 '위험한 물건'은 그 의미가 동일하다고 한 바 있다(헌재 2015.
　　9. 24, 2014헌바154 등).

27　대판 1961. 1. 18, 4293형상896; 대판 1981. 7. 28, 81도1046.
28　대판 1981. 7. 28, 81도1046.
29　대판 1989. 12. 22, 89도1570.
30　대판 2010. 4. 29, 2010도930.
31　대판 2009. 3. 26, 2007도3520.

(라) 해당 범위

17　　본죄가 '위험한 물건을 휴대하여'라고 규정한 취지에 비추어 볼 때 여기의 물건은 동산(動産)에 한한다고 해석하는 것이 통설이다.[32] 따라서 사람의 머리를 벽이나 바위에 부딪히게 한 때에는 여기에 해당하지 않는다. 사람의 신체는 '물건'이 아니므로 치아나 주먹, 발 등 신체의 일부는 위험한 물건이라고 할 수 없다. 다만 의수(義手)를 착용하거나, 군화, 스키나 스케이트 신발 등을 신고 범행할 때는 구체적인 상황에 따라 위험한 물건에 해당할 수 있다.[33]

18　　한편, 헌법재판소는 구 폭력행위처벌법 제3조 제2항 제2호의 '위험한 물건'의 의미가 지나치게 광범위하고 불명확하여 죄형법정주의의 명확성 원칙에 위배되지는 않는다고 결정한 바 있다.[34]

(a) 위험한 물건 인정 사례

19　　대법원이 구체적인 사안에서 위험한 물건에 해당한다고 인정한 것으로는, 파리약 유리병,[35] 안전면도용 칼날,[36] 면도칼,[37] 쪽가위,[38] 드라이버,[39] 마요네즈병,[40] 땅바닥에 때려 깨뜨린 소주병 조각,[41] 시멘트 벽돌,[42] 곡괭이 자루,[43] 깨진

---

32 배종대, §16/26; 오영근, 56; 이재상·장영민·강동범, §3/53; 이형국·김혜경, 74.

33 주석형법 〔각칙(3)〕(5판), 369(최환).

34 헌재 2006. 4. 27, 2005헌바36. 「(2) (중략) '위험한 물건'이냐 여부는 물건의 객관적 성질과 그 사용방법을 종합하여 구체적인 경우에 사회통념에 따라 판단될 수 있다고 할 것이다. 그리고 어떤 물건이 그 성질과 사용방법에 따라 사람을 살상할 수 있는지 여부는 건전한 상식과 통상적인 법감정을 가진 사람이라면 일의적으로 파악할 수 있다고 할 것이다. (3) 평균인이라면 총포·도검류와 같은 본래의 성질상 위험한 물건은 물론이고, 쇠망치, 방망이, 유리병 등도 용법에 따라서는 살상을 위하여 사용될 수 있는 위험한 물건이라는 점을 쉽게 알 수 있다. 더욱이 이 사건 법률조항은 "흉기 기타 위험한 물건"이라고 흉기와 위험한 물건을 묶어서 규정하고 있어 여기서 말하는 위험성이 단순히 추상적인 의미의 모든 위험성을 의미하는 것이 아니라 흉기와 같은 물건이 내포하고 있는 위험성, 즉 신체의 완전성을 해할 위험성을 의미한다는 점을 어렵지 않게 알 수 있다. 이는 위험한 물건의 휴대로 인하여 가중처벌되는 형법 본조의 각 죄가 주로 신체의 완전성과 관련된 폭행죄, 상해죄, 체포죄, 감금죄 등이라는 점에서도 논리적인 일관성을 유지하고 있다. '위험한 물건'이라는 구성요건이 명확성의 원칙에 반한다고 할 수 없다.」

35 대판 1961. 1. 18, 4293형상896.

36 대판 1971. 4. 30, 71도430.

37 대판 1978. 10. 10, 78도2027.

38 대판 1984. 1. 17, 83도2900.

39 대판 1984. 2. 14, 83도3165, 83감도526.

40 대판 1984. 6. 12, 84도647.

41 대판 1986. 6. 24, 86도947.

42 대판 1990. 1. 23, 89도2273.

43 대판 1990. 1. 25, 89도2245.

맥주병·항아리 조각·부러뜨린 걸레자루,[44] 맥주병,[45] 직경 10cm가량의 돌,[46] 의자와 당구 큐대,[47] 빈 양주병,[48] 쇠파이프(길이 150cm, 지름 7cm)와 각목(길이 100cm, 굵기 4cm 내지 5cm),[49] 농약과 당구 큐대,[50] 실탄을 장전하지 않은 공기총,[51] 화훼용 가위,[52] 전자충격기,[53] 최루탄과 최루탄분말,[54] 접이식 칼(총 길이 20cm, 칼날 길이 9cm),[55] 회칼,[56] 길이 140cm, 지름 4cm인 대나무[57] 등이 있다.

(b) 위험한 물건 부정 사례

대법원이 구체적인 사안에서 위험한 물건에 해당하지 않는다고 한 것으로 20 는, ① 피해자의 머리 부위를 3-4회 가볍게 톡톡 때리는 데 사용된 길이 50-60cm 정도의 당구 큐대,[58] ② 피해자의 머리를 톡톡 건드리는 데 사용된 당구공,[59] ③ 경륜장 사무실에서 술에 취해 소란을 피우면서 특정인을 겨냥하지 않은 채 집어던진 소화기[60] 등이 있다.

---

44 대판 1990. 6. 12, 90도859.
45 대판 1991. 12. 27, 91도2527; 대판 2016. 3. 24, 2016도1131.
46 대판 1995. 11. 24, 95도2282.
47 대판 1997. 2. 25, 96도3346.
48 대판 1997. 2. 25, 96도3411.
49 대판 1999. 11. 9, 99도4146.
50 대판 2002. 9. 6, 2002도2812.
51 대판 2002. 11. 26, 2002도4586.
52 대판 2007. 3. 30, 2007도914.
53 대판 2008. 4. 24, 2007도10058.
54 대판 2014. 6. 12, 2014도1894.
55 대판 2016. 12. 15, 2016도6427.
56 대판 2017. 3. 30, 2017도771.
57 대판 2017. 12. 28, 2015도5854.
58 대판 2004. 5. 14, 2004도176. 「피해자에게 어떠한 상해가 발생하였다는 흔적도 없으며, 피해자도 위 폭행에 별다른 저항을 하지 아니한 사정, 피고인과 피해자는 나이 차이가 두 살 차이에 불과하고 이 사건 전후에도 함께 어울리며 지낸 사정 등을 알 수 있는바, 위와 같은 사정 아래에서는 피고인의 위와 같은 폭행으로 인하여 사회통념상 피해자나 제3자가 생명 또는 신체에 위험성을 느꼈으리라고 보여지지는 아니한다.」
59 대판 2008. 1. 17, 2007도9624.
60 대판 2010. 4. 29, 2010도930. 「피고인이 술에 취하여 경륜장 매표소에서 행패를 부리자 피해자들을 비롯한 다수의 경륜장 직원들이 피고인을 제지하였고 이에 피고인이 경륜장 사무실로 들어가자 위 직원들이 따라 들어간 점, 피고인은 사무실 안에서도 위 직원들 5-6명이 있는 상태에서 소화기들을 던지며 소란을 피웠는데 특정인을 겨냥하여 던진 것으로는 보이지 아니하는 점, 피해자들이 상해를 입지 않은 점 등의 여러 사정을 종합하면, 피고인이 위 소화기들을 던진 행위로 인하여 사회통념상 피해자들이나 제3자가 생명 또는 신체에 위험을 느꼈던 것으로는 보기 어렵다.」

(2) 휴대

21   휴대한다는 것은 소지, 즉 몸에 지니는 것을 의미한다. 반드시 범행 전부터 몸에 지니고 있어야 할 필요는 없고, 범행현장에서 범행에 사용하려는 의도 아래 소지하거나 몸에 지니는 경우도 포함한다.[61]

22   범행현장에서 몸 또는 몸 가까이 소지하는 것을 말하므로, 청산염 2그램 정도를 협박편지에 동봉 우송하여 피해자에게 도달하게 한 것이나,[62] 장검 등 위험한 물건을 주거지 등에 보관하였던 것만으로는 휴대라고 할 수 없다.[63] 그리고 범행에 '사용하려는 의도' 아래 소지하여야 하므로, 그 범행과는 전혀 무관하게 우연히 이를 소지하게 된 경우에도 휴대에 포함되지 아니한다.[64]

23   위험한 물건의 휴대를 상대방에게 인식시킬 필요가 있는지에 대하여, ① 상대방이 인식할 수 있는 상태로 몸에 지니고 있어야 한다는 견해도 있으나,[65] ② 물건의 존재를 상대방에게 인식시킬 필요가 없다는 견해가 통설이다.[66] 판례도 통설과 마찬가지로 범행현장에서 범행에 사용하려는 의도 아래 흉기 등 위험한 물건을 소지하거나 몸에 지닌 이상 그 사실을 피해자가 인식하거나 실제로 범행에 사용하였을 것까지 요구되는 것은 아니라고 한다.[67] 예컨대 과도를 범행현장에서 호주머니 속에 지니고만 있었던 사안,[68] 부엌칼을 들고 들어가 피해자를 강간하였는데 실제로는 운동화 끈으로 피해자의 손목을 묶고 부엌칼은

---

61 대판 1982. 2. 23, 81도3074(현장에 깨어져 있는 유리조각을 들고 피해자의 얼굴에 던진 사례); 대판 2007. 3. 30, 2007도914(현장인 꽃 농원에 있던 화훼용 가위를 피해자에게 휘두른 사례).

62 대판 1985. 10. 8, 85도1851(특수협박). 이에 대해서는 협박의 실행의 착수 시, 즉 동봉하여 우송하는 때에 휴대하였으므로 특수협박죄가 성립한다고 볼 여지도 있다.

63 대판 1990. 11. 13, 90도2170(장칼을 아파트에 보관하고 있던 사례); 대판 1991. 4. 9, 91도427(장검 1개를 집에 보관하고 있던 사례); 대판 1992. 5. 12, 92도381(곡괭이자루 1개, 몽둥이 1개, 조각도 3개를 방에 보관하여 두었던 사례).

64 대판 1990. 4. 24, 90도401(버섯을 채취하러 산에 가면서 휴대하였던 칼을 소지하고 있었을 뿐인 사안).

65 정성근·박광민, 94.

66 배종대, §16/29; 이재상·장영민·강동범, §3/54.

67 대판 1984. 4. 10, 84도353(과도를 범행현장에서 호주머니 속에 지니고 있었던 사례); 대판 2003. 1. 24, 2002도5783(자동차를 이용하여 다른 사람의 자동차를 손괴하였는데, 그 자동차의 소유자가 실제 해를 입을 만한 위치에 있지는 않았던 사례); 대판 2004. 6. 11, 2004도2018(부엌칼을 들고 들어가 피해자를 강간하였는데 실제 부엌칼을 사용하지는 아니하였던 사례).

68 대판 1984. 4. 10, 84도353.

사용하지 아니하여 피해자가 알지 못했던 사안[69]에서 휴대를 인정하였다.

(3) 자동차의 경우

판례는 자동차도 사람의 생명 또는 신체에 위해를 가하거나 다른 사람의 24
재물을 손괴하는 데 사용되었다면 위험한 물건에 해당한다고 본다. 예컨대 자동
차 보닛 위에 경찰관을 매단 채 진행하다가 떨어뜨려 상해를 입게 한 사안,[70]
견인료납부를 요구하는 직원을 승용차 앞 범퍼 부분으로 들이받아 폭행한 사
안,[71] 자동차를 이용하여 다른 사람의 자동차 2대를 손괴한 사안,[72] 시비가 있
었던 피해자에게 겁을 주기 위하여 자동차를 후진하여 피해자의 차동차를 충격
한 사안[73] 등에서 위험한 물건에 해당한다고 판시하였다.

이러한 판례에 대해서는 ① 본조의 '휴대'란 소지, 즉 몸에 지니는 것을 의 25
미한다고 제한적으로 해석하여 사회통념상 휴대할 수 있는 물건으로 볼 수 없
는 자동차의 이용행위나 사용행위를 휴대에 포함하는 것은 유추해석이나 확장
해석으로 죄형법정주의 원칙상 허용되지 아니한다고 한다는 비판이 있다.[74] 그
러나 반면에, ② 행위방법의 위험성으로 인하여 불법이 가중되는 법규정의 객
관적 의미와 목적, 특별한 보호기능을 종합적으로 고려하여야 하므로, 문리적
해석에 얽매여 휴대를 반드시 몸에 지니는 것으로 한정할 필요는 없고, 위험한
물건을 위험한 방법으로 사람의 신체에 대한 침해 위험성을 증가시키는 정도,
즉 몸 또는 몸 가까이에 두어 손으로 지배할 수 있는 정도이면 무방하므로, 자
동차를 손으로 조작하는 것도 위험한 물건을 휴대하여 범행한 것으로 볼 수 있

---

69 대판 2004. 6. 11, 2004도2018.
70 대판 1984. 10. 23, 84도2001.
71 대판 1997. 5. 30, 97도597.
72 대판 2003. 1. 24, 2002도5783. 원심은 피해자 중 A가 피고인의 범행을 보고 자동차에 타지 못
  한 사정 등이 인정되지만, 당시 손괴된 자동차에 타고 있던 사람이 없었고, 손괴 범행으로 실제
  로 위해를 입거나 위해를 입을 만한 위치에 있는 사람이 있었다고 볼 자료가 없는 이상, A가 옆
  에서 손괴 범행을 지켜보고 있었다는 사정만으로는 피고인의 손괴 범행으로 A나 제3자가 자신
  들의 생명이나 신체에 대하여 구체적인 위험성을 느낄 수 있었다고 인정할 수 없으므로, 구 폭
  력행위처벌법 제3조 제1항을 적용할 수는 없고 형법 제366조의 재물손괴죄가 성립할 뿐이라고
  판단하였으나, 대법원은 피고인이 위험한 물건인 자동차를 이용하여 다른 사람의 자동차 2대를
  손괴한 이상, 그 자동차의 소유자 등이 실제로 해를 입거나 해를 입을 만한 위치에 있지 아니하
  였다고 하더라도 구 폭력행위처벌법 제3조 제1항 위반죄가 성립한다고 판시하였다.
73 대판 2010. 11. 11, 2010도10256.
74 오영근, 56; 임웅, 89.

다고 해석하는 긍정설도 있다.[75]

3. 상 해

26   본죄의 행위는 상해이다. 그 의미는 **제257조** 부분에서 살펴본 내용과 같다. 이미 위 부분에서 살펴본 바와 같이 상해죄에서의 상해는 부작위로도 가능하다.[76] 마찬가지로 본죄에서도 부작위에 의한 상해가 가능한지가 문제된다.

27   이에 대해서는 ① 위험한 물건을 제3자 옆에 갖다 놓은 사람이 제3자가 그 것을 사용하여 폭행하는 것을 방지하여야 할 의무가 있음에도 불구하고 방지하 지 않은 경우에는 본죄와의 동가치성을 인정할 수 있으므로 부작위에 의한 상 해도 가능하다는 견해[77]와 ② 보증인이 제3자가 단체 또는 다중의 위력을 보이 거나 위험한 물건을 휴대하여 폭행하는 것을 방지하지 아니하였다고 하여 본죄 의 불법이 실현되었다고 할 수 없어 행위정형의 동가치성을 인정할 수 없으므 로 부작위로 본죄를 실행할 수는 없다는 견해(통설)[78]가 대립한다.

Ⅲ. 주관적 구성요건

28   단체 또는 다중의 위력을 보이거나 위험한 물건을 휴대하고 상해한다는 데 대한 고의가 있어야 한다.[79] 미필적 고의로도 충분하다. 행위자가 비록 위험한 물건을 휴대하였더라도 그 사실을 인식하지 못한 때에는 고의가 조각되어 본죄 가 성립하지 않고, 상해죄나 존속상해죄만 성립한다.

Ⅳ. 다른 죄와의 관계

29   구 폭력행위처벌법위반(집단·흉기등상해)죄가 폐지되고 본죄가 신설되면서 특수상해죄의 법정형이 '3년 이상의 징역'에서 '1년 이상 10년 이하의 징역'으로

---

75 김일수·서보학, 70; 박상기, 63.
76 이재상·장영민·강동범, § 3/14.
77 오영근, 56.
78 배종대, § 16/30; 이재상·장영민·강동범, § 3/55.
79 이재상·장영민·강동범, § 3/56.

하향 조정되었음은 앞에서 이미 언급하였다. 이와 관련하여, '단체 또는 다중의 위력을 보이거나 위험한 물건을 휴대하여', '2명 이상이 공동하여' 상해한 경우에, 어떻게 처벌해야 하는지가 문제된다.

본죄의 신설 전에는, 위 행위는 구 폭력행위처벌법위반(공동상해)죄(상해죄의 법정형 상한인 7년 이하의 징역에 2분의 1 가중)와 구 폭력행위처벌법위반(집단·흉기등상해)죄(3년 이상의 징역)의 구성요건 모두를 충족하지만, 후자의 법정형이 더 무겁기 때문에 포괄하여 후자의 죄만이 성립하여 그 죄로 처벌하였다. 그러나 본죄가 신설된 이후에는, 위 행위는 폭력행위처벌법위반(공동상해)죄(상해죄의 법정형 상한인 7년 이하의 징역에 2분의 1 가중)와 특수상해죄(1년 이상 10년 이하 징역)에 해당되는데, 전자의 법정형 상한이 특수상해죄보다도 높아 이전처럼 처리하는 것은 형의 균형상 불합리하게 되었다. 따라서 두 죄가 모두 성립하고, 두 죄는 상상적 경합관계가 된다고 보아야 할 것이다. 그 경우 제40조에 따라 상한·하한 모두 무거운 형으로 처벌해야 하기 때문에,[80] '1년 이상 10년 6월 이하의 징역'의 처단형 범위에서 선고형을 정하면 될 것이다.

30

V. 처 벌

본조 제1항의 죄는 1년 이상 10년 이하의 징역에 처하고, 제2항의 죄는 2년 이상 20년 이하의 징역에 처한다.

31

본죄의 상습범은 위 형의 2분의 1까지 가중처벌하고(§ 264). 미수범은 처벌한다(§ 258조의2③). 또한, 10년 이하의 자격정지를 병과할 수 있다(§ 265).

32

일정한 요건을 충족한 특수상해의 누범은 폭력행위처벌법 제3조 제4항에 의하여 가중처벌된다.

33

〔한 지 형〕

---

80 대판 2008. 12. 24, 2008도9169.

제259조(상해치사)

① 사람의 신체를 상해하여 사망에 이르게 한 자는 3년 이상의 유기징역에 처한다. 〈개정 1995. 12. 29.〉

② 자기 또는 배우자의 직계존속에 대하여 전항의 죄를 범한 때에는 무기 또는 5년 이상의 징역에 처한다.

Ⅰ. 의 의

1   본조 제1항의 상해치사죄는 사람의 신체를 상해하여 사망에 이르게 함으로써 성립한다. 상해에 대하여는 고의가 있었으나 사망의 결과가 고의 없이 발생한 경우로서, 상해죄에 대한 결과적 가중범이다. 사망의 결과에 대하여 고의가 있는 때에는 본죄가 성립하지 아니하고 살인죄가 성립할 뿐이다(진정결과적 가중범). 폭행의 고의만 있고 사망의 결과로 결과적 가중범이 되는 경우에는 폭행치사죄가 되고, 폭행이나 상해의 고의가 없이 사망의 결과가 발생한 경우에는 과실치사죄가 성립할 뿐이다.

2   본조 제2항의 존속상해치사죄는 객체가 자기 또는 배우자의 직계존속인 경우의 가중규정으로서, 신분관계로 인하여 형이 가중되는 부진정신분범이다.

3   헌법재판소는 제2항의 존속상해치사죄에 대하여 합헌결정을 하였다.[1] 즉 헌법재판소는, ① 비속의 직계존속에 대한 존경과 사랑은 봉건적 가족제도의 유산이라기보다는 우리 사회윤리의 본질적 구성부분을 이루고 있는 가치질서로서, 특히 유교적 사상을 기반으로 전통적 문화를 계승·발전시켜 온 우리나라의

---

1 헌재 2002. 3. 28, 2000헌바53.

경우는 더욱 그러한 것이 현실인 이상, '비속'이라는 지위에 의한 가중처벌의 이유와 그 정도의 타당성 등에 비추어 그 차별적 취급에는 합리적 근거가 있어 평등의 원칙에 반하지 아니하고, ② 존속상해치사죄와 같은 범죄행위가 헌법상 보호되는 사생활의 영역에 속한다고 볼 수 없을 뿐만 아니라, 이 사건 법률조항의 입법목적이 정당하고 그 형의 가중에 합리적 이유가 있으며 직계존속이 아닌 통상인에 대한 상해치사죄도 형사상 처벌되고 있는 이상, 그 가중처벌에 의하여 가족관계상 비속의 사생활이 왜곡된다거나 존속에 대한 효의 강요나 개인윤리문제에의 개입 등 외부로부터 부당한 간섭이 있는 것이라고는 말할 수 없으므로, 헌법 제17조의 사생활의 자유를 침해하지 아니하며, ③ 위 가중처벌에 의하여 가족 개개인의 존엄성 및 양성의 평등이 훼손되거나 인간다운 생활을 보장받지 못하게 되리라는 사정은 찾아볼 수 없고, 오히려 패륜적·반도덕적 행위의 가중처벌을 통하여 친족 내지 가족에 있어서의 자연적·보편적 윤리를 형법상 보호함으로써 개인의 존엄과 가치를 더욱 보장하고 이를 통하여 올바른 사회질서가 형성될 수 있다고 보아야 할 것이므로, 혼인제도와 가족제도에 관한 헌법 제36조 제1항에 위배되거나 인간으로서의 존엄과 가치 또는 행복추구권도 침해하지 아니한다고 판단하였다.[2]

II. 구성요건

1. 인과관계와 예견가능성

본죄(상해치사·존속상해치사죄)가 성립하기 위하여는 결과적 가중범의 일반원리에 따라 상해와 사망의 결과 사이에 인과관계가 있어야 하고, 사망의 결과에

                                                                        4

---

2 일본 구 형법에도 존속상해치사죄(§ 205②)가 있었는데, 최고재판소는 "존속에 대한 존중보은은 사회생활상의 기본적 도의로서 그와 같은 보편적 윤리의 유지는 형법상 보호될만하므로 존속에 대한 상해치사를 통상의 상해치사보다도 중하게 처벌하는 규정을 두었다고 하더라도 그러한 차별적 취급을 가지고 바로 합리적 근거를 결하였다고 단정할 수 없으므로, 헌법 제14조 제1항에 위반한다고도 할 수 없다는 것이 본 재판소의 판례[最判 昭和 48(1973). 4. 4. 刑集 27·3·265 (존속살인죄에 대한 위헌판결)]의 취지에 비추어 보아 명백하다."고 판시하여 합헌판결을 하였다[最判 昭和 49(1974). 9. 26. 刑集 28·6·329]. 그러나 1995년 형법 개정으로 존속살인죄 규정을 삭제하면서 위 조항도 삭제되었다.

대한 예견가능성 즉 과실이 있어야 한다.

(1) 인과관계

5   상해와 사망의 결과 사이에 인과관계가 있어야 한다. 인과관계에 대하여
판례는 일관되게 상당인과관계가 필요하다는 상당인과관계설의 입장[3]임에 대하
여, 통설은 합법칙적 조건에 따라 인과관계가 인정된 결과를 행위에 객관적으로
귀속되어야 법적인 책임을 지게 된다는 합법칙적 조건설 및 객관적 귀속론[4]의
입장이다.

6   인과관계가 인정되기 위해서는 피고인의 행위가 피해자를 사망에 이르게
한 유일하거나 직접적 원인이어야 하는 것은 아니다. 판례도 피고인의 행위가
"피해자를 사망하게 한 직접적 원인은 아니었다 하더라도 이로부터 발생된 다른
간접적 원인이 결합되어 사망의 결과를 발생하게 한 경우 그 행위와 사망 사이
에는 인과관계가 있다."고 판시하거나,[5] "피해자의 사상이라는 결과를 발생하게
한 유일하거나 직접적인 원인이 된 경우뿐만 아니라, 그 행위와 결과 사이에 제
3자의 행위가 일부 기여하였다고 할지라도 기본범죄의 행위로 초래된 위험이
그대로 또는 그 일부가 사상이라는 결과로 현실화된 경우라면 상당인과관계를
인정할 수 있다."고 판시하고[6] 있다.[7]

7   판례에서 상해치사죄의 인과관계를 인정한 것으로는, ① 피고인의 강타로
인하여 임신 7개월의 피해자가 지상에 넘어져서 4일 후에 낙태하고 위 낙태로
유발된 심근경색증으로 죽음에 이르게 된 사안,[8] ② 피해자가 자상을 입은 후

---

3 대판 2011. 4. 14, 2010도10104 등. 판례와 같이 상당인과관계설을 따르는 견해도 있다[배종대,
　형법각론(14판), §15/35(객관적 상당인과관계설)].

4 이재상·장영민·강동범, 형법각론(13판), §3/30.

5 대판 2007. 6. 14, 2007도2245; 대판 2012. 3. 15, 2011도17648.

6 대판 2015. 11. 12, 2015도6809(전)(세월호 사건).

7 독일형법 제227조는 상해치사죄(Körperverletzung mit Todesfolge)를 규정하고 있는바, 판례에
　따르면, 그 죄가 성립하기 위해서는 상해행위와 사망의 결과 사이에는 '구성요건적으로 전형적
　인 위험관련성(tatbestandsspezifischer Gefahrzusammenhang)'이 요구된다. 판례 가운데에는, 그
　규정은 피해자가 사망에 이르는 전형적인 위험을 지닌 상해행위만을 포착하고 있는 점에서, 직
　접적으로는 사망에 이른 원인이 피해자의 행위였던 경우에도, 피해자가 패닉상태에서 죽음의 공
　포에 의해 도주하고자 한 경우와 같이, 자상적(自傷的) 행위가 그 범죄에 전형적으로 당연한 반
　응인 한에서는, 구성요건적으로 전형적인 위험이 피해자의 사망으로 실현된 것이라고 할 수 있
　다고 본 것이 있다(BGH, 10.01.2008 - 5 StR 435/07).

8 대판 1972. 3. 28, 72도296.

1개월이 지난 후에 위 패혈증 등으로 사망하였다 하더라도 그 패혈증이 위 자창(刺創)으로 인한 과다한 출혈과 상처의 감염 등에 연유한 것이었던 사안,[9] ③ 상해행위를 피하려고 하다가 차량에 치어 사망한 사안,[10] ④ 피고인이 주먹으로 피해자의 복부를 강타하여 복막염 등으로 사망케 한 경우로 비록 수술지연 등 과실이 피해자의 사망의 공동원인이 되었다 하더라도 피고인의 행위가 사망의 결과에 대한 유력한 원인이 된 사안,[11] ⑤ 피해자가 구타로 넘어져 병원에서 입원치료를 받던 중 합병증인 폐렴으로 사망한 사안[12] 등이 있다.

한편, 인과관계의 착오는 현실로 진행된 인과관계가 예견된 인과의 진행과 본질적인 차이가 있는 경우에만 사실의 착오가 된다는 것이 통설이다.[13] 그런데 예컨대 피고인이 피해자 A에게 상해를 가하여 A가 정신을 잃고 빈사상태에 빠지자 죽은 것으로 오인하고 A가 자살한 것으로 가장하기 위하여 베란다로 옮긴 후 베란다 밑 약 13미터 아래 바닥으로 떨어뜨려 두부골절 등으로 사망에 이르게 한 경우와 같은 이른바 개괄적 고의의 사례에서, 사망의 결과에 대한 인과관계가 인정되는지 문제된다. 이에 대하여 인과관계를 부정하여 상해죄 또는 중상해죄와 과실치사죄의 실체적 경합이라는 견해도 있으나,[14] 판례는 피고인의 행위는 포괄하여 단일의 상해치사죄에 해당한다고 판시하여[15] 인과관계를 인정하였다.[16]

8

(2) 예견가능성

행위자는 사망의 결과를 예견할 수 있어야 한다.[17] 통설은 결과에 대한 예

9

---

9 대판 1982. 12. 28, 82도2525.
10 대판 1996. 5. 10, 96도529.
11 대판 2000. 7. 4, 2000도2154.
12 대판 2012. 3. 15, 2011도17648.
13 이재상·장영민·강동범, 형법총론(11판), §13/24.
14 오영근, 형법각론(5판), 58.
15 대판 1994. 11. 4, 94도2361. 본 판결 해설은 길기봉, "개괄적 고의와 결과적 가중범", 해설 22, 법원행정처(1995), 648-653.
16 일본 판례도 후처가 전처의 자식을 살해하려고 끈으로 잠자는 자식의 목을 졸라 움직이지 않자 죽은 것으로 생각하고 범행발각을 방지할 목적으로 바닷가 모래 위로 운반하여 방치한 채 귀가하였는데, 자식이 모래를 흡입하여 사망한 사안에서, 사회생활상의 보통 관념에 비추어 제1의 행위와 제2의 행위와 사이에 인과관계가 인정된다고 판시하였다[大判 大正 12(1923). 4. 30. 刑集 2·378.].
17 대판 1984. 12. 11, 84도2183 등. 이와는 달리 일본 판례는 상해치사죄의 성립에 있어 인과관계 외

견가능성을 과실과 같은 의미로 해석한다.[18]

10   판례에 의하여 예견가능성이 긍정된 사례로는, ① 사람의 안면은 사람의 가장 중요한 곳이고 이에 대한 강한 타격은 생리적으로 두부에 중대한 영향을 주어 정신적 흥분과 혈압의 항진 등으로 인하여 뇌출혈을 일으켜 사망에 이르게 할 수도 있다는 것은 통상인이라면 누구나 예견할 수 있는 것이라고 한 사례,[19] ② 피고인이 피해자의 뺨을 1회 때리고 오른손으로 피해자의 목을 쳐 피해자로 하여금 그대로 뒤로 넘어지면서 머리를 땅바닥에 부딪치게 하여 피해자에게 두개골 골절, 외상성 지주막하 출혈, 외상성 경막하출혈 등의 상해를 가하였다면 사망의 결과에 대한 예견가능성이 있다고 한 사례,[20] ③ 존속상해치사 사건에서 피고인이 피해자의 건강상태가 좋지 아니하였음을 알고 있었던 점, 피고인이 단소로 피해자를 때린 횟수가 20여 회에 이르는 점, 피해자의 사체사진의 영상에 나타난 피해자의 상해 부위의 손상 정도에 비추어 피고인이 피해자를 가격한 정도가 상당히 강하였을 것으로 보이는 점 등을 종합하여 그 예견가능성을 인정한 사례[21] 등이 있다.

11   반면에 예견가능성이 부정된 사례로는, 피고인이 피해자의 비뇨기과 수술 사실과 거동이 불편한 사실을 알고 있었다고 하더라도 피해자를 밀어 넘어뜨리고 좌측 허벅지를 2회 밟아 대퇴부좌상 등의 상해를 가한 것만으로 40일 뒤 심근경색으로 사망할 것을 예견할 수 있었다고 보기 어렵다고 한 사례[22]가 있다.

2. 고 의

12   폭행에 의한 상해의 경우에 고의에 대하여 판례는, "상해의 원인인 폭행에 대한 인식이 있으면 충분하고 상해를 가할 의사의 존재까지는 필요하지 않다."

<hr>

에 사망에 대한 예견가능성은 필요하지 않다는 입장이다[最判 昭和 26(1951). 9. 20. 刑集 5·10·1937].
18 김성돈, 형법각론(5판), 77; 김일수·서보학, 새로쓴 형법각론(9판), 57; 배종대, § 15/36; 오영근, 57; 이재상·장영민·강동범, § 3/31; 임웅, 형법각론(9정판), 71; 정성근·박광민, 형법각론(전정2판), 78; 주호노, 형법각론, 97.
19 대판 1981. 3. 10, 80도3321.
20 대판 2012. 3. 15, 2011도17648.
21 대판 2007. 6. 14, 2007도2245.
22 대판 2014. 6. 12, 2014도3880.

라고 판시하고 있는데,[23] 본죄의 고의도 마찬가지 입장으로 보아야 할 것이다. 한편 실무에서는 피고인이 살인의 고의(특히, 미필적 고의)를 부인할 경우, 살인의 고의인지 상해의 고의인지를 인정하기가 쉽지 않은 사례도 있어 주위적으로 살인죄, 예비적으로 상해치사죄로 기소하거나 공소장변경을 하는 경우도 없지 않다. 이는 결국 살인의 고의 인정 문제가 되는데, 판례는 "피고인에게 범행 당시 살인의 고의가 있었는지는 피고인이 범행에 이르게 된 경위, 범행의 동기, 준비된 흉기의 유무·종류·용법, 공격의 부위와 반복성, 사망의 결과발생 가능성 정도, 범행 후 결과 회피행동의 유무 등 범행 전후의 객관적인 사정을 종합하여 판단할 수밖에 없다."고 한다.[24]

III. 위법성

상해죄에서와 마찬가지로 본죄의 경우에도 정당행위, 정당방위, 피해자의 승낙에 의한 행위인 때에는 위법성이 조각된다.   13

정당방위와 관련하여 판례 중에는, ① 타인이 보는 자리에서 자식으로부터   14
인륜상 용납할 수 없는 폭언과 함께 폭행을 가하려는 피해자를 1회 구타한 행위는 피고인의 신체에 대한 법익뿐만 아니라 아버지로서의 신분에 대한, 법익에 대한 현재의 부당한 침해를 방위하기 위한 행위로써 정황에 비추어 볼 때 피고인으로서는 피해자에게 일격을 가하지 아니할 수 없는 상당한 이유가 있는 행위로써 정당방위에 해당한다고 한 사례[25]가 있는가 하면, ② 이혼소송 중인 남편이 찾아와 가위로 폭행하고 변태적 성행위를 강요하는 데에 격분하여 처가 칼로 남편의 복부를 찔러 사망에 이르게 한 경우, 그 행위는 방위행위로서의 한도를 넘어선 것으로 사회통념상 용인될 수 없다는 이유로 정당방위나 과잉방위에 해당하지 않는다고 본 사례[26]도 있다.

---

23 대판 1983. 3. 22, 83도231; 대판 2000. 7. 4, 99도4341.
24 대판 2015. 10. 29, 2015도5355(무차별적인 폭행으로 인한 사망사건에서 살인의 미필적 고의를 인정한 사례).
25 대판 1974. 5. 14, 73도2401.
26 대판 2001. 5. 15, 2001도1089. 본 판결 평석은 박강우, "정당방위의 사회윤리적 제한: 부부 사이의 정당방위의 제한", 형사판례연구 〔10〕, 한국형사판례연구회, 박영사(2002), 81-96.

IV. 공범관계

1. 공동정범

15   결과적 가중범의 공동정범이 가능한지에 대하여 견해가 대립하는 것과 마찬가지로, 본죄의 공동정범이 가능한지에 대해서도 견해가 대립한다. 즉, ① 기본범죄인 상해에 대하여 공동가담의 의사가 있고, 무거운 결과에 대한 예견가능성이 있으면 본죄의 공동정범이 성립한다는 긍정설[27]과 ② 과실범의 공동정범은 부정되므로 본죄의 공동정범은 부정되고 상해죄에 대한 공동정범 각자가 사망의 결과에 대하여 과실이 있는 경우에, 상해죄의 공동정범과 상해치사죄의 동시범이 된다는 부정설(통설)[28]이 있다.

16   이에 대하여 판례는 결과적 가중범인 본죄의 공동정범은 폭행이나 그 밖의 신체침해 행위를 공동으로 할 의사가 있으면 성립되고, 결과를 공동으로 할 의사는 필요가 없다는 입장이다.[29] 다만 판례는, "여러 사람이 상해의 범의로 범행 중 한 사람이 중한 상해를 가하여 피해자가 사망에 이르게 된 경우 나머지 사람들은 사망의 결과를 예견할 수 없는 때가 아닌 한 상해치사죄의 죄책을 면할 수 없다."라고 설시하고 있는데,[30] 사망의 결과에 대한 예견가능성을 요건으로 하는 것으로 이해된다.

17   일본 판례도 본죄의 공동정범을 인정하고 있다. 즉 공모에 명시한 합의를 요하지 않으며,[31] 순차 공모로도 충분하고,[32] 실행행위를 하지 아니하거나[33] 치사의 원인이 된 폭행을 하지 아니한[34] 사람도 모두 치사의 책임을 진다고 한다.

---

27 백형구, 형법각론(개정판), 57; 이재상·장영민·강동범, § 3/32.

28 배종대, § 15/39; 이형국·김혜경, 형법각론(2판), 84.

29 대판 1978. 1. 17, 77도2193; 대판 1993. 8. 24, 93도1674; 대판 1997. 10. 10, 97도1720; 대판 2000. 5. 12, 2000도745.

30 대판 1984. 10. 5, 84도1544; 대판 1991. 5. 14, 91도580; 대판 1993. 8. 24, 93도1674; 대판 2000. 5. 12, 2000도745; 대판 2013. 4. 26, 2013도1222.

31 最判 昭和 23(1948). 11. 30. 裁判集(刑事) 5·525.

32 最判 昭和 33(1958). 6. 17. 刑集 12·10·2142.

33 最判 昭和 23(1948). 5. 8. 刑集 2·5·480.

34 最判 昭和 23(1948). 6. 1. 裁判集(刑事) 2·253.

2. 교사범 및 방조범

상해를 교사·방조하였는데 상해치사나 살인의 결과가 발생한 경우에는 교 **18**
사·방조한 범위 안에서 책임을 진다. 그런데 사망의 결과에 대하여 교사·방조
자에게도 과실이 있는 경우에 본죄의 교사·방조범이 성립하는지 문제된다.

이에 대해서는, ① 본죄의 교사·방조범이 성립한다는 견해(통설)[35]와 ② 상 **19**
해교사죄와 과실치사죄가 성립한다는 견해[36]가 있다. 판례는 상해를 교사하였
는데 피교사자가 살인을 실행한 경우에도 본죄의 교사범이 성립한다고 판시하
여,[37] 통설인 위 ①의 견해와 같다. 일본 판례도 같다.[38]

V. 죄수 및 다른 죄와의 관계

1. 죄 수

여러 사람을 상해하여 사망에 이르게 한 경우 피해자의 수만큼 본죄가 성 **20**
립하고, 각 죄는 실체적 경합관계이다. 예컨대 두 사람에게 각각 상해를 가하여
1인은 사망에 이르게 하고, 1인은 상해만을 입게 한 경우, 상해치사죄와 상해죄
가 각 성립하고, 두 죄는 실체적 경합관계이다.[39] 그러나 메틸알코올이 든 캔을
팔아 이를 마신 여러 사람이 사망하거나 상해를 입은 경우, 사람 수만큼의 상해
치사죄와 상해죄가 각 성립하고, 각 죄는 상상적 경합관계이다.[40]

2. 다른 죄와의 관계

다른 죄와의 관계는 **제257조** 부분에서 살펴본 바와 같이 보면 될 것이다. **21**
하나만 살펴보면, 본죄와 시체유기죄는 실체적 경합이다.[41]

---

35 이재상·장영민·강동범, §3/33.
36 오영근, 58.
37 대판 1993. 10. 8, 93도1873; 대판 1997. 6. 24, 97도1075; 대판 2002. 10. 25, 2002도4089.
38 大判 昭和 6(1931). 10. 22. 刑集 10·470(교사범); 最判 昭和 25(1950). 10. 10. 刑集 4·10·
   1965(방조범).
39 대판 1981. 5. 26, 81도811.
40 最判 昭和 26(1951). 9. 25. 裁判集(刑事) 53·313.
41 最決 昭和 34(1959). 2. 19. 刑集 13·2·161.

Ⅵ. 처 벌

22   본조 제1항의 상해치사죄는 3년 이상의 유기징역에, 제2항의 존속상해치사
죄는 무기 또는 5년 이상의 징역에 처한다.

〔한 지 형〕

제260조(폭행, 존속폭행)

① 사람의 신체에 대하여 폭행을 가한 자는 2년 이하의 징역, 500만원 이하의 벌금, 구류 또는 과료에 처한다. 〈개정 1995. 12. 29.〉

② 자기 또는 배우자의 직계존속에 대하여 제1항의 죄를 범한 때에는 5년 이하의 징역 또는 700만원 이하의 벌금에 처한다. 〈개정 1995. 12. 29.〉

③ 제1항 및 제2항의 죄는 피해자의 명시한 의사에 반하여 공소를 제기할 수 없다. 〈개정 1995. 12. 29.〉

Ⅰ. 의 의

본조 제1항의 죄(폭행죄)는 사람의 신체에 폭행을 가함으로써 성립하고, 제2항의 죄(존속폭행죄)는 자기 또는 배우자의 직계존속의 신체에 폭행을 가함으로써 성립한다. 상해죄와 구별되는 범죄인 점은 **[총설]** 부분에서 본 바와 같다. 폭행이라는 행위는 거동만으로 성립하고 신체의 완전성에 대한 침해나 구체적 위험이라는 결과 발생을 요하지 아니하므로, 본죄(폭행·존속폭행죄)는 거동범(형식범)[1]인 동시에 추상적 위험범[2]이다(통설).

폭행죄에 대하여 일본형법은 비친고죄로 하고 있는데, 우리 형법은 반의사불벌죄로 규정하고 있고, 미수범 처벌규정은 없다. 다만, 2인 이상이 공동하여 폭행을 하는 경우는 폭력행위등처벌에관한법률위반(공동폭행)죄에 해당하여 반

1

2

---

1 배종대, 형법각론(14판), §16/1; 김혜정·박미숙·안경옥·원혜욱·이인영, 형법각론(3판), 59.
2 오영근, 형법각론(8판), 64; 주호노, 형법각론, 102.

의사불벌죄가 아니고, 미수범도 처벌된다(폭처 § 2④, § 6).

3   한편, 특별법에서 폭행의 장소,[3] 주체 및 객체[4] 등에 따라 별도로 처벌하는
규정이 다수 있다.

II. 객 체

4   본죄의 객체는 사람(존속폭행죄의 경우에는 자기 또는 배우자의 직계존속. 이하, 본
죄에서는 단지 '사람'이라고 한다.)의 신체이다.

5   여기서 사람이란 자연인인 타인을 의미한다(**상해죄의 객체**에 관한 부분 참조).
따라서 단순히 물건에 대하여 유형력을 행사하는 것은 폭행이라 할 수 없다. 예
컨대, 타인의 집 마당에 인분을 던진 행위,[5] 시정된 방문을 걷어찬 행위,[6] 피해
자 집 대문을 발로 찬 행위[7] 등은 폭행에 해당하지 않는다.

6   한편, 외국의 원수나 사절 등에 대한 폭행은 형법상 별도의 규정(§ 107①, § 108
①)으로 처벌된다.

III. 행 위

1. 폭행의 의의

7   **[총설]** 부분에서 본 바와 같이 폭행죄에서 말하는 폭행이란 ① 사람의 신체
에 대하여 ② 육체적 · 정신적으로 고통을 주는 유형력을 ③ 행사함을 뜻하는
것으로,[8] 그 불법성은 행위의 목적과 의도, 행위 당시의 정황, 행위의 태양과 종

---

3 예컨대, 국회 회의장이나 그 부근에서의 폭행(국회법 § 166), 항공기 내에서의 폭행(항공보안법
   § 46②, § 23②) 등.
4 예컨대, 사용자의 근로자에 대한 폭행(근로기준법 § 107, § 8), 채권추심자의 채무자 및 관계자에
   대한 폭행(채권의 공정한 추심에 관한 법률 § 15①, § 9(i)), 운항 중인 선박 또는 해상구조물에
   있는 사람에 대한 폭행(해상구조물에 대한 위해행위의 처벌 등에 관한 법률 § 5②), 당선자 등
   선거관계자(공선 § 237, § 238, § 244) 등.
5 대판 1977. 2. 8, 75도2673.
6 대판 1984. 2. 14, 83도3186.
7 대판 1991. 1. 29, 90도2153.
8 대판 2003. 1. 10, 2000도5716; 대판 2016. 10. 27, 2016도9302. 한편 판례가 사안에 따라 '사람
   의 신체에 대한 불법한 공격'(대판 1986. 10. 14, 86도1796), '피해자에 대한 불법한 유형력의 행

류, 피해자에게 주는 고통의 유무와 정도 등을 종합하여 판단하여야 한다.[9]

2. 신체에 대한 유형력

사람의 신체에 대한 물리적 유형력의 행사이면 충분하고 반드시 신체에 접
촉할 필요는 없다(신체접촉불요설). 따라서 피해자에게 근접하여 때릴 듯이 손발
이나 물건을 휘두르거나 던지는 행위,[10] 피해자의 신체에 공간적으로 근접한 상
황에서 철제 젓가락을 던진 행위,[11] 자신의 차를 가로막는 피해자를 부딪칠 듯
이 차를 조금씩 전진시키는 것을 반복한 행위[12]는 폭행에 해당한다.

8

일본 판례 중에는 좁은 실내에서 피해자인 내연의 처를 위협하기 위하여
일본도를 칼집에서 꺼내어 몇 차례 흔들어댄 행위,[13] 욕설을 하면서 주먹 크기
의 기와 파편을 던진 행위,[14] 피해자의 몇 걸음 앞을 겨냥하여 돌을 던진 행
위,[15] 주차장에서 마주 서 있는 피해자에게 바짝 다가가자 피해자가 뒷걸음치는
데도 계속 다가가 뒤로 넘어지게 한 행위[16]는 폭행에 해당한다고 한 것이 있다.

9

사' (대판 2009. 9. 24, 2009도6800) 등의 용어를 사용하여 '불법성'을 별도의 요건으로 삼는 것
처럼 보이기도 한다. 그러나 위 2016도9302 판결의 설시 문구상 이를 별도의 요건으로 보고 있
는 것으로 해석되지는 않는다.

9 대판 2009. 9. 24, 2009도6800; 대판 2016. 10. 27, 2016도9302.

10 대판 1990. 2. 13, 89도1406. 실제 본 사안에서는 공소사실 중에 때릴 듯이 위세 또는 위력을
보인 구체적인 행위내용이 적시되어 있지 않았는데, 대법원은 이는 결국 욕설을 함으로써 위세
또는 위력을 보였다는 취지로 해석할 수밖에 없고, 이와 같이 욕설을 한 것 외에 별다른 행위를
한 적이 없다면 이는 유형력의 행사라고 보기 어려울 것이라고 판시하였다.

11 대판 2008. 7. 24, 2008도4126.

12 대판 2016. 10. 27, 2016도9302.

13 最決 昭和 39(1964). 1. 31. 刑集 18·1·31(결과적으로 손에 힘이 들어가 일본도로 피해자의 배
를 찔러 사망에 이르게 한 사례). 본건에서는 물리력이 현실적으로 피해자의 신체에 접촉하고
있으나, 피고인이 신체적 접촉을 할 의도가 없었기 때문에 신체접촉불요설의 주요 선례로 평가
되고 있다. 그러나 단순히 일본도를 꺼내 보이면서 상대방에게 공포심을 생기게 한 때에는 협박
에 해당하므로 폭행과 협박의 한계가 미묘하다는 지적이 있다[大塚 外, 大コン(3版)(10), 535(渡
辺咲子)].

14 最判 昭和 25(1950). 11. 9. 刑集 4·11·2239.

15 東京高判 昭和 25(1950). 6. 10. 高刑集 3·2·222(결과적으로는 피해자가 돌에 맞아 상해를 입
은 사례).

16 大阪高判 平成 24(2012). 3. 13. 判タ 1387·376. 「피해자는 후방을 확인할 시간적·정신적 여유
도 없이 어쩔 수 없이 위 속도로 뒷걸음질을 친 것으로, 위 속도로 후방 확인도 하지 못하고 뒷
걸음질 치는 행위의 불안정성과 시간적·정신적 여유가 없는 점 등에 비추어보면, 피고인의 본
건 행위는 노면이 경사져 있는지 여부나 점자 블록이 있었는지 여부를 불문하고, 피해자에 대하
여 노면에 발이 걸려 넘어지거나 균형을 잃어버리는 등의 원인에 의하여 바닥에 넘어지게 하여

3. 유형력의 범위

10   폭행은 사람의 신체에 대한 '유형력'의 행사이다. 따라서 무형적 방법에 의한 신체의 공격은 폭행이 아니다. 이런 점에서 신체적·정신적 건강을 해치는 상해와는 구별되고, 진정한 무형력 행사에 의하여 정신적인 공포심을 일으키는 협박과 구별된다.[17] 어디까지가 '유형력'의 범위에 속하는지에 대하여, 다수설은 대체로 넓게 해석하여 사람의 오관에 직접·간접으로 작용하여 육체적·정신적으로 고통을 가하는 일체의 힘, 또는 신체에 대한 일체의 역학적·화학적 또는 생리적 작용이라고 해석한다.[18]

(1) 역학적·물리적 작용

11   폭행의 전형적인 형태는 때리거나 차는 등의 신체적 접촉에 의한 역학적·물리적 작용이다. 사람을 꼼짝 못하게 붙잡거나, 잡아당기거나, 잡아 넘어뜨리거나, 몸 위에 올라타는 행위, 모발이나 수염을 자르는 행위, 손에 액상세제(液狀洗劑)를 확 부은 행위,[19] 소금을 뿌리는 행위, 얼굴 등에 붓으로 풀을 묻히는 행위 등이 여기에 해당할 것이다.[20]

12   다만, 지나치게 불법성의 정도가 경미한 공격인 경우에는 본죄를 구성하지 않는다고 할 것이다. 따라서 뺨을 꼬집고 주먹으로 쥐어박으며 덤벼드는 상대방을 부둥켜안은 행위,[21] 시비를 만류하면서 조용히 얘기나 하자며 팔을 2, 3회 잡아끈 행위[22]는 폭행에 해당하지 않는다. 폭행에 해당하지 않는 경미한 행위라도 사안에 따라서는 경범죄 처벌법상의 경범죄(§ 3①)[23]에는 해당될 수 있다.

상처를 입게 할 위험이 있다고 할 것이므로, 직접의 신체접촉은 없지만 상해죄의 실행행위인 폭행에 해당한다고 인정하는 것이 상당하다.」

17 주석형법 〔각칙(3)〕(5판), 354(최환).

18 김성돈, 형법각론(5판), 85; 김신규, 형법각론 강의, 73; 김일수·서보학, 새로쓴 형법각론(9판), 65; 박상기, 형법각론(8판), 59; 손동권·김재윤, 새로운 형법각론(2판), 59; 이재상·장영민·강동범, 형법각론(13판), § 3/43; 정성근·박광민, 형법각론(전정2판), 87; 정영일, 형법각론(3판), 48.

19 대판 2009. 9. 24, 2009도6800.

20 대부분 일본 판례의 사안들이다. 이에 대한 상세는 大塚 外, 大コン(3版)(10), 533-535(渡辺咲子) 참조.

21 대판 1977. 2. 8, 76도3758.

22 대판 1986. 10. 14, 86도1796.

23 경범죄 처벌법 제3조(경범죄의 종류) ① 다음 각 호의 어느 하나에 해당하는 사람은 10만원 이하의 벌금, 구류 또는 과료(科料)의 형으로 처벌한다.
    19. (불안감조성) 정당한 이유 없이 길을 막거나 시비를 걸거나 주위에 모여들거나 뒤따르거나

(2) 화학적·생리적 작용

육체적·정신적으로 고통을 가하는 화학적·생리적 작용도 유형력에 해당한   **13** 다는 데는 의문이 없다. 따라서 음향의 작용,[24] 빛, 열, 전기 등의 에너지 작용, 병원균, 독물, 부패물, 마취약 등에 의한 화학적·생리적 작용도 유형력의 행사 로 볼 수 있다.

나아가 다수설은 ① 소음을 내거나 ② 계속 전화를 걸어 벨을 울리는 경우,   **14** ③ 심한 욕설·폭언을 수차 반복하는 경우, ④ 거짓 소식을 전하거나 ⑤ 고함을 질러 사람을 놀라게 하는 경우, ⑥ 최면술을 걸거나 ⑦ 약물을 사용하여 의식 을 몽롱하게 한 경우도 유형력의 행사로 폭행에 해당한다고 한다. 이에 대하여 유형력의 범위를 좁게 보는 소수설의 입장에서는, 위 ①행위인 소음은 신체의 안전 내지 건재를 해할 음파라고 하는 물리력으로 파악될 수 있으므로 고함을 쳐서 상대방의 고막을 멍멍하게 만드는 것과 같이 물리력으로 행사되는 한 폭 행에 해당될 수 있지만, 공포심이나 정신적 고통을 주는 심리적 폭행은 유형력 의 행사라고 볼 수 없으므로, 위 ②행위와 같은 심리적 폭행은 폭행에서 제외된 다고 보는 견해,[25] 폭행은 유형력의 행사에 한정해야 하므로 위 ①·②·④·⑦ 행위는 폭행에 해당하지 않는다는 견해,[26] 위 ③행위 등은 신체에 대한 유형력 의 행사가 아니라는 이유로 폭행에 포함될 수 없다는 견해[27] 등이 있다.

판례는 신체의 청각기관을 직접적으로 자극하는 음향이 본죄에서의 유형력   **15** 에 해당하는지 여부가 문제된 사안에서, "피해자의 신체에 공간적으로 근접하여 고성으로 폭언이나 욕설을 하거나 동시에 손발이나 물건을 휘두르거나 던지는

몹시 거칠게 겁을 주는 말이나 행동으로 다른 사람을 불안하게 하거나 귀찮고 불쾌하게 한 사람 또는 여러 사람이 이용하거나 다니는 도로·공원 등 공공장소에서 고의로 험악한 문신 을 드러내어 다른 사람에게 혐오감을 준 사람

20. (음주소란 등) 공회당·극장·음식점 등 여러 사람이 모이거나 다니는 곳 또는 여러 사람이 타는 기차·자동차·배 등에서 몹시 거친 말이나 행동으로 주위를 시끄럽게 하거나 술에 취 하여 이유 없이 다른 사람에게 주정한 사람

24 最判 昭和 29(1954). 8. 20. 刑集 8·8·1277(실내에서 피해자의 신체 가까이에서 큰 북, 징 등을 연속 두들겨 두뇌의 감각을 무디게 하거나 의식을 몽롱하게 하고, 뇌빈혈을 일으키게 하는 행 위); 大阪地判 昭和 42(1967). 5. 13. 下刑集 9·5·681(휴대용 확성기를 귀에 대고 큰 소리를 내 는 행위).

25 임웅, 형법각론(9정판), 82.

26 오영근, 65.

27 백형구, 형법각론(개정판), 60.

행위는 직접 피해자의 신체에 접촉하지 아니하였다 하더라도 피해자에 대한 불법한 유형력의 행사로서 폭행에 해당될 수 있는 것이지만, 거리상 멀리 떨어져 있는 사람에게 전화기를 이용하여 전화하면서 고성을 내거나 그 전화 대화를 녹음 후 듣게 하는 경우에는 특수한 방법으로 수화자의 청각기관을 자극하여 그 수화자로 하여금 고통스럽게 느끼게 할 정도의 음향을 이용하였다는 등의 특별한 사정이 없는 한 신체에 대한 유형력의 행사를 한 것으로 보기 어렵다."고 판시하여,[28] 다소 제한적으로 해석하고 있다. 이때 어느 기준에 의하여 '폭행'에 해당하는지 여부를 판단할 것인지가 문제되는데, 판례는 공무집행방해죄에서의 폭행에 관한 사안에서, "공무원의 직무 수행에 대한 비판이나 시정 등을 요구하는 집회·시위 과정에서 일시적으로 상당한 소음이 발생하였다는 사정만으로는 이를 공무집행방해죄에서의 음향으로 인한 폭행이 있었다고 할 수는 없다. 그러나 의사전달수단으로서 합리적 범위를 넘어서 상대방에게 고통을 줄 의도로 음향을 이용하였다면 이를 폭행으로 인정할 수 있을 것인바, 구체적인 상황에서 공무집행방해죄에서의 음향으로 인한 폭행에 해당하는지 여부는 음량의 크기나 음의 높이, 음향의 지속시간, 종류, 음향발생 행위자의 의도, 음향발생원과 직무를 집행 중인 공무원과의 거리, 음향발생 당시의 주변 상황을 종합적으로 고려하여 판단하여야 한다."고 판시하고 있다.[29]

16   한편, 판례는 욕설[30]이나 폭언[31]을 한 것만으로는 폭행에 해당하지 않는다고 한다.

4. 유형력의 행사

17   사람의 신체에 대한 유형력 행사의 수단과 방법에는 제한이 없다. 직접·간접, 작위·부작위를 불문한다.

---

28 대판 2003. 1. 10, 2000도5716. 다만, 이 사안은 거리상 멀리 떨어져 있는 사람에게 전화기를 이용하여 전화하면서 고성을 내거나 그 전화 대화를 녹음 후 듣게 한 경우로서, 특수한 방법으로 수화자의 청각기관을 자극하여 그 수화자로 하여금 고통스럽게 느끼게 할 정도의 음향을 이용하였다는 등의 특별한 사정이 없는 한 신체에 대한 유형력의 행사를 한 것으로 보기 어렵다고 판시하였다.

29 대판 2009. 10. 29, 2007도3584.

30 대판 1990. 2. 13, 89도1406.

31 대판 1984. 2. 14, 83도3186, 83감도535(폭언을 하면 시정된 방문을 발로 찬 행위).

Ⅳ. 고 의

본죄가 성립하기 위해서는 폭행의 고의, 즉 사람의 신체에 대한 유형력을 [18]
행사한다는 의욕 또는 인용이 있어야 한다. 구 형법의 해석으로는 본죄의 고의
도 폭행의 의사인가 상해의 의사인가를 묻지 않았으므로, 상해의 고의로 폭행하
여 폭행의 정도에 그쳤을 때에도 본죄가 성립한다고 하였다. 그러나 상해와 폭
행을 구별하고 있는 형법의 해석으로는 이러한 경우에는 상해미수죄가 성립한
다고 보아야 한다.[32] 폭행의 고의로 상해의 결과가 발생한 때에는 폭행치상죄가
성립한다.

Ⅴ. 위법성

본죄도 정당행위, 정당방위, 피해자의 승낙 등의 위법성조각사유가 있는 경 [19]
우에는 위법성이 조각된다. 본죄와 관련해서는 정당행위로 인한 위법성조각 여
부가 주로 문제된다.

먼저, 상대방의 부당한 침해를 제지하거나 벗어나기 위하여 본능적으로 행하 [20]
는 저항행위인 소극적 방어행위가 정당행위로서 위법성이 조각되는지 문제된다.[33]

판례가 소극적 방어행위로서 정당행위로 인정한 사안으로는, ① 피해자가 [21]
피고인을 따라다니면서 귀찮게 싸움을 걸어오는 것을 막으려고 피해자의 멱살
을 잡고 밀어 넘어뜨린 사안,[34] ② 피해자가 폭언을 하면서 손가락을 물어뜯으
므로 이를 피하려고 손을 뿌리치면서 피해자의 양 어깨를 누른 사안,[35] ③ 회사
동료들과 술을 마시다 먼저 귀가하려고 밖으로 나오는데 피해자가 따라와 욕설
을 하면서 앞가슴을 잡고 못 가도록 하자, 왼손으로 자신을 잡고 있던 피해자의
오른손을 확 물리치면서 얼굴을 1회 때린 사안,[36] ④ 피해자가 술에 취해 피고

32　배종대, §16/11; 오영근, 66; 이재상·장영민·강동범, §3/45; 주석형법 [각칙(3)](5판), 360(최환).
33　이 경우, 정당행위는 보충적 위법성조각사유에 해당하는 것이므로 정당방위도 함께 문제되는 사
　　안에서는 정당방위 여부를 먼저 판단할 필요가 있다.
34　대판 1983. 5. 24, 83도942.
35　대판 1984. 4. 24, 84도242.
36　대판 1987. 10. 26, 87도464.

인 경영의 다방에 들어와 행패를 부리며 주먹으로 피고인의 얼굴을 2회 때려
넘어뜨리는 등 폭행하자 화가 나 피해자의 뺨을 2회 때린 사안,[37] ⑤ 택시운전
사인 피고인이 승객 요구로 택시를 출발시키려고 할 때, 부부싸움 끝에 도망 나
온 피해자가 승객을 강제로 끌어내리려고 택시 안으로 몸을 들이밀면서 양손으
로 운전사의 멱살을 세게 잡아 상의 단추가 떨어질 정도로 흔들자, 피해자의 손
을 뿌리치면서 택시를 출발시킨 사안,[38] ⑥ 아무 이유 없이 뒤통수를 맞은 피고
인이 순간적으로 피해자의 얼굴을 1회 때리고, 이때 피해자가 다시 주먹으로 피
고인의 눈을 강하게 때리므로 더 이상 때리는 것을 제지하려고 피해자를 붙잡
은 사안,[39] ⑦ 술에 취한 피해자가 가정주부인 피고인의 집 앞에서 욕설을 하면
서 갖은 행패를 부리는 것을 참지 못하고 빨리 가라면서 잡고 있던 왼손으로 피
해자의 오른쪽 어깨 부위를 밀친 사안,[40] ⑧ 비좁은 여자 화장실 내에 주저앉아
있는데 남자인 피해자가 무리하게 쇼핑백을 빼앗으려 다가오자, 이를 저지하기
위하여 피해자의 어깨를 순간적으로 민 사안,[41] ⑨ 피해자로부터 며칠간 집요한
괴롭힘을 당해 온 데다가 피해자가 피고인이 교수로 재직하고 있는 대학교 강
의실 출입구에서 진로를 막아서면서 물리적으로 제지하자, 이에 벗어나기 위하
여 피해자의 팔을 뿌리친 사안,[42] ⑩ 피해자가 양손으로 피고인의 넥타이를 잡
고 늘어져 후경부 피하출혈상을 입을 정도로 목이 졸리게 되자, 피해자를 떼어

37 대판 1989. 5. 23, 88도1376.
38 대판 1989. 11. 14, 89도1426.
39 대판 1991. 1. 15, 89도2239(피고인의 행위의 결과로 인하여 피해자가 원발성 쇼크로 사망하였
   다 하더라도 피고인의 폭행행위는 소극적 방어행위에 지나지 않아 위법성이 없다고 한 사례).
40 대판 1992. 3. 10, 92도37. 「가정주부인 甲으로서는 예기치 않게 A와 맞닥드리게 되어 위와 같
   은 행패와 엉뚱한 요구를 당하는가 하면 상스러운 욕설을 듣고 매우 당황하였으리라고 보여지
   고, 이에 화도 나고 그 행패에서 벗어나려고 전후 사려 없이 A를 왼손으로 밀게 된 것으로 인정
   되며, 그 민 정도 역시 그다지 센 정도에 이르지 아니한 것으로 인정되므로, 甲의 위와 같은 행
   위는 A의 부당한 행패를 저지하기 위한 본능적인 소극적 방어행위에 지나지 아니하여 사회통념
   상 용인될 수 있는 정도의 상당성이 있어 위험성이 없다고 봄이 상당하고, A가 비록 술에 취하
   여 비틀거리고는 있었지만 甲의 위 행위가 정당행위인 이상 A가 술에 취한 나머지 여자인 甲이
   A의 어깨를 미는 정도의 행위로 인하여 넘어져 앞으로 고꾸라져 그 곳 시멘트가 돌처럼 솟아
   있는 곳에 이마부위를 부딪히게 되고 이로 인한 1차성 쇼크로 사망하게 되었다 하더라도 그 사
   망의 결과에 대하여 甲에게 형식적 책임을 지울 수는 없다고 봄이 상당하다는 원심의 판단은 정
   당하다고 보아야 할 것이다.」
41 대판 1992. 3. 27, 91도2831.
42 대판 1995. 8. 22, 95도936.

놓기 위하여 왼손으로 자신의 목 부근 넥타이를 잡은 상태에서 오른손으로 피해자의 손을 잡아 비틀면서 서로 밀고 당기고 한 사안[43] 등이 있다.

반면에 피고인들의 상경 집회 참석을 위법하게 제지하는 경찰관들에게 대 **22** 항하는 과정에 진압방패와 채증장비를 빼앗고, 경찰관들과 밀고 당기고 하는 등 몸싸움을 한 사안에서, "(위와 같은) 폭행행위를 한 것은 소극적인 방어행위를 넘어서 공격의 의사를 포함하여 이루어진 것으로서 그 수단과 방법에 있어서 상당성이 인정된다고 보기 어려우며 긴급하고 불가피한 수단이었다고 볼 수도 없으므로, 이를 사회상규에 위배되지 아니하는 정당행위나 현재의 부당한 침해를 방어하기 위한 정당방위에 해당한다고 볼 수 없다."고 판시하였다.[44]

다음으로, 안수기도 목적의 폭행이 정당행위나 피해자의 승낙에 의한 행위 **23** 로 위법성이 조각되는지 문제된다.

이에 대하여 판례는 "종교적 기도행위의 일환으로서 기도자의 기도에 의한 **24** 염원 내지 의사가 상대방에게 심리적 또는 영적으로 전달되는 데 도움이 된다고 인정될 수 있는 한도 내에서 상대방의 신체의 일부에 가볍게 손을 얹거나 약간 누르면서 병의 치유를 간절히 기도하는 행위는 그 목적과 수단면에 있어서 정당성이 인정된다고 볼 수 있을 것이지만, 그러한 종교적 기도행위를 마치 의료적으로 효과가 있는 치료행위인 양 내세워 환자를 끌어들인 다음, 통상의 일반적인 안수기도의 방식과 정도를 벗어나 환자의 신체에 비정상적이거나 과도한 유형력을 행사하고 신체의 자유를 과도하게 제압하여 그 결과 환자의 신체에 상해까지 입힌 경우라면, 그러한 유형력의 행사가 비록 안수기도의 명목과 방법으로 이루어졌다 해도 사회상규상 용인되는 정당행위라고 볼 수 없음은 물론이고, 이를 치료행위로 오인한 피해자 측의 승낙이 있었다 하여 달리 볼 수도 없다."고 판시하였다.[45]

---

43 대판 1996. 5. 28, 96도979.
44 대판 2009. 6. 11, 2009도2114.
45 대판 2008. 8. 21, 2008도2695(정당행위 부정)(피해자를 눕혀 머리를 피고인의 무릎 사이에 끼우고 불상의 신도들로 하여금 피해자의 팔과 다리를 붙잡아 움직이지 못하게 한 뒤, 수회에 걸쳐 손가락으로 피해자의 눈 부위를 세게 누르고 뺨을 때리는 등으로 폭행). 같은 취지로는 대판 1994. 8. 23, 94도1484(정당행위 부정)(가슴과 배를 반복하여 누르거나 때려 그로 인하여 사망에 이른 것과 같은 정도의 폭행).

VI. 죄수 및 다른 죄와의 관계

1. 죄 수

25   폭행죄 자체의 죄수는 상해죄에서 살펴본 바와 같이 이해하면 될 것이다.
즉, 같은 피해자에 대한 폭행은 동일한 의사에 의한 것인 한 수개의 거동이 있
더라도 1개의 본죄가 성립하고, 동일한 기회의 폭행이더라도 피해자가 여러 명
이면 피해자의 수만큼의 본죄가 성립하고(실체적 경합관계),[46] 하나의 행위로 여러
사람에게 폭행을 가한 때에도 수개의 본죄가 성립한다(상상적 경합관계).[47]

2. 다른 죄와의 관계

(1) 폭력범죄 일반

26   폭행을 구성요건요소로 하는 이른바 폭력성 범죄, 예컨대 소요죄(§ 115), 공
무집행방해죄(§ 136),[48] 강간죄(§ 297),[49] 강도죄(§ 333) 등에서는 폭행은 법조경합
에 해당되어 그 범죄에 흡수된다.

(2) 감금죄와의 관계

27   폭행이 감금의 수단인 경우에는 감금죄(§ 276①)만 성립한다.[50] 그러나 감금
한 후에 폭행한 때에는 중감금죄(§ 277①)가 성립할 것이다.

(3) 협박죄와의 관계

28   폭행죄와 협박죄(§ 283①)와의 관계는 협박행위의 내용이 폭행에 대하여 독립
적인 의미를 가지는지 여부에 따라 달리 살펴볼 필요가 있다. 폭행을 가할 뜻을
고지하여 구타한 경우, 협박은 불가벌적 수반행위로 폭행죄에 흡수된다는 견해[51]

---

46 最決 昭和 53(1978). 2. 16. 刑集 32·1·47.
47 주석형법 [각칙(3)](5판), 363(최환).
48 대판 1967. 2. 7, 66도1695.
49 대판 2002. 2. 7, 2002도51(전). 본 판결 해설은 여상원, "강간죄에 대한 고소 없이 고소기간이
   도과되었음에도 그 수단인 폭행·협박을 별도로 폭력행위등처벌에관한법률위반(상습폭력)죄로
   기소한 경우의 조치", 해설 41, 법원도서관(2002), 546-564.
50 판례는 감금을 하기 위한 수단으로서 행사된 단순한 협박행위는 감금죄에 흡수되어 따로 협박죄
   를 구성하지 아니한다고 판시하고 있는데(대판 1982. 6. 22, 82도705), 폭행의 경우에도 마찬가
   지라고 할 것이다.
51 정성근·박광민, 89; 주석형법 [각칙(3)](5판), 363(최환). 일본 판례 중에도 폭행을 가한 후 계속
   하여 같은 내용의 폭행을 가하겠다고 협박한 사안에서, 협박행위는 폭행죄에 흡수된다고 판시한

나 실체적 경합이 된다는 견해[52]도 있으나, 협박죄의 법정형(3년 이하의 징역)이 본죄(2년 이하 징역)보다 높은 점에 비추어 포괄하여 하나의 협박죄가 성립한다고 할 것이다.

한편 협박의 내용이 폭행과 다른 때, 예컨대 막대기로 폭행한 다음 죽이겠 29 다고 하면서 총으로 협박한 경우나 죽기겠다고 한 다음 죽일 의사 없이 폭행한 경우에는, 두 죄가 모두 성립하고 실체적 경합범이 될 것이다.[53]

(4) 업무방해죄와의 관계

폭행죄와 업무방해죄(§314①)는 구성요건과 보호법익을 달리하고 있고, 업 30 무방해죄의 성립에 일반적·전형적으로 사람에 대한 폭행행위를 수반하는 것은 아니며, 폭행행위가 업무방해죄에 비하여 별도로 고려되지 않을 만큼 경미한 것 이라고 할 수도 없으므로, 설령 피해자에 대한 폭행행위가 동일한 피해자에 대 한 업무방해죄의 수단이 되었다고 하더라도 그러한 폭행행위가 이른바 '불가벌 적 수반행위'에 해당하여 업무방해죄에 대하여 흡수관계에 있다고 볼 수는 없 고, 폭행죄가 별도로 성립하며, 두 죄는 상상적 경합관계이다.[54]

VII. 존속폭행죄(제2항)

본죄(존속폭행죄)는 자기 또는 배우자의 직계존속을 폭행함으로써 성립하는 31 범죄로서, 폭행죄에 대하여 신분관계로 인하여 책임이 가중되는 부진정신분범 이다.

존속상해죄(§257②)에서와 마찬가지로 본죄에서 말하는 배우자, 직계존속은 32 법률상의 개념으로, 사실상의 배우자나 직계존속은 포함되지 않는다.

것이 있는데〔東京高判 平成 7(1995). 9. 26. 판시 1560·145〕, 일본은 폭행죄(§208)의 법정형은 2년 이하의 징역, 30만 엔 이하의 벌금이나 구류 또는 과료이고, 협박죄(§222①)의 법정형은 2 년 이하의 징역 또는 30만 엔 이하의 벌금인 점에서 우리 형법과 차이가 있다.
52 백형구, 60.
53 정성근·박광민, 89; 주석형법 〔각칙(3)〕(5판), 363(최환). 일본 판례도 같은 취지이다〔大判 明治 44(1911). 11. 13. 刑錄 17·1875〕
54 대판 2012. 10. 11, 2012도1895.

Ⅷ. 처 벌

1. 법정형

33   본조 제1항의 폭행죄는 2년 이하의 징역, 500만 원 이하의 벌금, 구류 또는
과료에 처한다. 제2항의 존속폭행죄는 5년 이하의 징역 또는 700만 원 이하의
벌금에 처한다.

34   상습범인 경우에는 그 죄에 정한 형의 2분의 1까지 가중하고(§ 264), 존속폭
행죄의 경우에는 10년 이하의 자격정지를 병과할 수 있다(§ 265).

2. 반의사불벌죄

35   본죄는 피해자의 명시한 의사에 반하여 공소를 제기할 수 없다(§ 260③). 따
라서 처벌을 희망하는 의사표시가 없어도 공소를 제기할 수 있으나, 처벌을 희
망하지 아니하는 의사표시가 있거나 처벌을 희망하는 의사표시를 철회하였을
때에는 공소를 제기할 수 없고, 이미 공소를 제기한 때에는 공소기각의 판결을
선고하여야 한다(형소 § 327(ii)).

36   그러나 본죄의 행위가 폭력행위처벌법위반죄를 구성하는 경우, 즉 공동폭
행의 경우(폭처 § 2②)나 폭력행위의 누범의 경우(폭처 § 2③)에는 반의사불벌죄가
되지 않는다(폭처 § 2④). 마찬가지로 폭력행위의 특수누범(폭처 § 3④)의 경우도
반의사불벌죄가 아니라고 할 것이다.[55]

〔한 지 형〕

---

[55] 특수협박죄에 관한 대판 2008. 7. 24, 2008도4685. 「형법 제283조 제3항은 피해자의 명시한 의
사에 반하여 공소를 제기할 수 없는 대상범죄로서 같은 조 제1항 및 제2항에 규정된 형법상 단
순협박죄와 존속협박죄만을 규정하고 있을 뿐이므로, 형법 제284조에서 규정하는 단체 또는 다
중의 위력을 보이거나 위험한 물건을 휴대한 특수협박의 경우에는 형법 제283조 제3항이 적
용될 수 없으며, 피고인의 이 사건 협박행위에 적용되는 폭력행위 등 처벌에 관한 법률 제3조
제1항에 있어서도 단체나 다중의 위력으로써 또는 단체나 집단을 가장하여 위력을 보임으로써
위 법률 제2조 제1항에 열거된 죄를 범한 자 또는 흉기 기타 위험한 물건을 휴대하여 그 죄를
범한 자를 가중처벌 하도록 규정하고 있을 뿐 형법 제283조 제3항의 적용에 관하여 아무런 규정
을 두고 있지 아니하므로 형법 제283조 제3항이 적용될 여지는 없다고 해석된다.」

제261조(특수폭행)

단체 또는 다중의 위력을 보이거나 위험한 물건을 휴대하여 제260조제1항 또는 제2항의 죄를 범한 때에는 5년 이하의 징역 또는 1천만원 이하의 벌금에 처한다. 〈개정 1995. 12. 29.〉

Ⅰ. 의 의

본죄[특수(폭행·존속폭행)죄]는 단체 또는 다중의 위력을 보이거나 위험한 물 건을 휴대하여 사람의 신체에 대하여 폭행을 가함으로써 성립하는 범죄이다. 본 죄는 폭행죄에 대하여 행위방법의 위험성 때문에 불법이 가중되는 가중적 구성 요건이다. 즉, 가중의 근거는 결과 때문이 아니라 행위의 수단과 방법이 피해자 에게 중대한 침해를 야기할 위험이 있고 피해자의 방어기회를 없게 한다는 점 에 있다.   1

종래 본죄는 구 폭력행위 등 처벌에 관한 법률(이하, 폭력행위처벌법이라 한다.) 제3조 제1항에 따라 가중처벌되었고, 그 범위에서 본조가 적용될 여지가 없었 다. 그러나 위 조항이 형벌체계상 균형을 상실하여 평등원칙에 위배됨을 이유로 한 헌법재판소의 결정[1] 이후 2016년 1월 16일 위 조항이 삭제됨에 따라 본조가 다시 적용되게 되었다.   2

Ⅱ. 객관적 구성요건

단체 또는 다중의 위력, 위험한 물건의 휴대, 행위의 의미 등에 대해서는 **제258조의2 특수상해죄** 및 **[특별법] 폭력행위처벌법** 부분 참조.   3

---

1 헌재 2015. 9. 24, 2015헌가17.

III. 주관적 구성요건

4   단체 또는 다중의 위력을 보이거나 위험한 물건을 휴대한다는 것은 본죄의 구성요건요소이다. 따라서 행위자는 이러한 가중사유와 사람을 폭행한다는 고의를 가지지 않으면 안 된다. 미필적 고의로도 충분하다. 행위자가 비록 위험한 물건을 휴대하였다 할지라도 그 사실을 인식하지 못한 때에는 본죄는 성립하지 않고 폭행죄 또는 존속폭행죄만 성립한다.

IV. 처 벌

5   5년 이하의 징역 또는 1천만 원 이하의 벌금에 처한다.

6   본죄의 상습범은 위 형의 2분의 1까지 가중처벌하고(§264), 10년 이하의 자격정지를 병과할 수 있다(§265). 미수범 처벌규정은 없다.

7   일정한 요건을 충족한 특수폭행의 누범은 폭력행위처벌법 제3조 제4항에 의하여 가중처벌된다.

〔한 지 형〕

제262조(폭행치사상)
전2조의 죄를 범하여 사람을 사상에 이르게 한때에는 제257조 내지 제259조의 예에 의한다.

Ⅰ. 의 의

본죄〔(폭행·존속폭행·특수폭행·특수존속폭행)(치사·치상)죄〕는 폭행죄·존속폭행죄 1 또는 특수폭행죄·특수존속폭행죄를 범하여 사람을 사상에 이르게 함으로써 성립하는 결과적 가중범이다. 폭행 등의 고의가 있을 때에 한하여 성립하고, 상해의 고의가 있을 때에는 본죄가 성립하지 않는다.

Ⅱ. 구성요건

본죄가 성립하기 위해서는 결과적 가중범의 일반원리에 의하여 폭행행위와 2 사상의 결과 사이에는 인과관계가 있어야 하고, 사상의 결과는 예견할 수 있는 것이어야 한다.

1. 인과관계

사상의 결과가 폭행으로 인하여 발생하여야 한다. 다만 지병이 사망의 결 3 과에 영향을 주었거나, 의사의 수술 지연이 공동원인으로 개입되었다고 하더라도 인과관계가 부정되는 것은 아니다. 직접적인 폭행뿐만 아니라 피해자가 폭행을 피하는 과정에서 실족하여 사망한 경우에도 인과관계가 인정될 수 있다. 판례상 인과관계를 부정한 것도 일부 있으나, 대체로 판례는 폭행과 사망 사이의 인과관계를 폭넓게 인정하고 있다.

(1) 인과관계를 부정한 사례

4   ① 행위 시 특이체질 등 특수한 사정이 있더라도 대부분 인과관계를 인정하고 있으나(후술), 고등학교 교사가 제자의 잘못을 징계하는 차원에서 왼쪽 뺨을 때렸는데 뒤로 넘어지면서 사망에 이르게 한 사안에서, 위 피해자가 비정상적인 얇은 두개골을 가진 뇌수종 환자였던 점이 사망의 원인이 되었음을 이유로 인과관계를 부정하였다.[1]

5   ② 뇌진탕은 두부(頭部)의 타격으로 발생하는 만큼, 요부, 흉부 등에 대한 폭행과 뇌진탕 사이의 인과관계를 부정하였다.[2]

6   ③ 피고인이 피해자를 전도시켰는데 그 자리에서 사망한 사안에서, 감정서에는 신체상 외상은 없고 감정의 격동으로 인한 쇼크사로 사료된다는 취지가 기재되어 있을 뿐인데 과음 등이 쇼크의 원인이 될 수 있다는 점 외에 피해자가 위 전도로 쇼크에 빠지게 되었음을 인정할 증거가 없다는 이유로 인과관계를 부정하였다.[3]

(2) 인과관계를 인정한 사례

7   첫째, 판례는 기본행위인 폭행으로 인하여 지면에 넘어뜨리고 폭행 또는 넘어질 때의 충격으로 결국 사망에 이른 경우에는, 비록 피해자에게 특이체질이 있는 경우에도 폭행과 치사 사이에 상당인과관계가 있다고 한다(아래 ① 내지 ⑤ 사례). 판례에 따라서는 폭행으로 인하여 나쁜 상황을 더욱 악화시킨 경우, 즉 위험을 증대시켜 결과를 발생토록 한 경우에 상당인과관계를 인정한 것도 있다(아래 ⑤사례).

8   ① 평소부터 고혈압 증세에 있는 피해자가 피고인의 폭행행위로 땅에 넘어질 때의 자극에 의하여 뇌출혈을 일으켜서 사망한 사안에서, 상당인과관계를 긍정하였다.[4]

9   ② 피고인의 폭행 이후 머리에 통증이 있었고 그 후 병세가 악화되어 뇌손

---

1 대판 1978. 11. 28, 78도1961.

2 대판 1960. 4. 6, 4292형상395.

3 대판 1965. 4. 6, 65도151.

4 대판 1967. 2. 28, 67도45.

상(뇌좌상)으로 사망에 이르게 된 사안에서, 피해자에게 고혈압과 선천성혈관기형 증세가 있었고, 그러한 지병 또한 사망결과에 영향을 주었다고 하여 폭행과 사망 사이의 상당인과관계가 없다고 할 수 없다고 하였다.[5]

③ 피해자를 2회에 걸쳐 두 손으로 힘껏 밀어 땅바닥에 넘어뜨리는 폭행을 가함으로써 그 충격으로 인한 쇼크성 심장마비로 사망케 하였다면, 비록 위 피해자에게 그 당시 심관성동맥경화 및 심근섬유화 증세 등의 심장질환의 지병이 있었고, 음주로 만취된 상태였으며, 그것이 피해자가 사망함에 있어 영향을 주었다고 해서, 피고인의 폭행과 피해자의 사망 간에 상당인과관계가 없다고 할 수 없다고 하였다.[6] **10**

④ 피해자가 평소 병약한 상태에 있었고, 피고인의 폭행으로 그가 사망함에 있어서 지병이 또한 사망 결과에 영향을 주었더라도 폭행과 사망 간에 인과관계를 인정하였다.[7] **11**

⑤ 피고인이 피해자의 멱살을 잡아 흔들고 주먹으로 가슴과 얼굴을 1회씩 구타하고 멱살을 붙들고 넘어뜨리는 등 신체 여러 부위에 표피박탈, 피하출혈 등의 외상이 생길 정도로 심하게 폭행을 가함으로써 평소에 오른쪽 관상동맥폐쇄 및 심실의 허혈성심근섬유화증세 등의 심장질환을 앓고 있던 피해자의 심장에 더욱 부담을 주어 나쁜 영향을 초래하도록 하였다면, 비록 피해자가 관상동맥부전과 허혈성심근경색 등으로 사망하였더라도, 피고인의 폭행의 방법, 부위나 정도 등에 비추어 피고인의 폭행과 피해자의 사망과 사이에 상당인과관계를 인정하였다.[8] **12**

둘째, 행위 후의 사정으로 제3자의 과실행위(아래 ⑥사례)나 피해자의 행위, 특히 피해자의 과실행위(아래 ⑦사례)가 중간에 개재된 경우에도, 대부분의 사례에서 상당인과관계를 인정하고 있다.[9] **13**

---

5 대판 1983. 1. 18, 82도697.
6 대판 1986. 9. 9, 85도2433.
7 대판 1979. 10. 10, 79도2040.
8 대판 1989. 10. 13, 89도556.
9 결과적 가중범의 결과귀속에 직접성을 요구하는 입장에서는, 도망행위가 기본범죄행위 또는 그 실행행위로 인한 때에는 직접성이 인정되지만, 새로운 행위를 피하기 위한 경우(예컨대, 아래 ⑦사례)에는 직접성이 인정되지 않아 결과적 가중범이 성립되지 않는다고 한다[이재상·장영민·강동범, 형법총론(11판), §15/11].

〔한 지 형〕 **345**

14   ⑥ 피고인이 주먹으로 피해자의 복부를 1회 강타하여 장파열로 인한 복막염으로 사망케 하였다면, 비록 의사의 수술지연 등 과실이 피해자의 사망의 공동원인이 되었다 하더라도 피고인의 행위가 사망의 결과에 대한 유력한 원인이 된 이상, 그 폭력행위와 치사의 결과 사이에는 인과관계가 있다고 하였다.[10]

15   ⑦ 피고인들로부터 폭행을 당하고 당구장 3층 화장실에 숨어 있던 피해자가 다시 피고인들로부터 폭행당하지 않으려고 창문 밖으로 숨으려다가 실족하여 사망한 경우에, 인과관계를 인정하였다.[11]

16   그 밖에 판례는, ⑧ 어린아이를 업은 사람을 밀어 넘어뜨려 그 결과 어린아이가 사망한 사안,[12] ⑨ 피해자와 다투는 과정에서 휴대용 가스레인지로 피해자의 머리를 때려 머리에 어느 정도 부상을 입은 상태에서 2층에서 피해자를 밀어 2층과 1층 사이의 계단 바닥으로 떨어지게 하여 피해자가 사망한 사안,[13] ⑩ 구타행위와 사망과의 사이에 20여 시간이 경과하였으나 그 사이에 다른 사망원인을 발견할 수 없는 사안[14] 등에서 인과관계를 인정하였다.

2. 예견가능성

17   본죄는 결과적 가중범이므로 본죄가 인정되려면 인과관계 외에 결과에 대한 예견가능성도 요구된다. 만연히 예견가능성의 범위를 확대해석하는 것은 제15조 제2항이 결과적 가중범에 책임주의의 원칙을 조화시킨 취지를 몰각하여 과실책임의 한계를 벗어나 형사처벌을 확대하는 일이 될 수 있으므로, 이러한 예견가능성 유무는 폭행의 정도와 피해자의 대응상태 등 구체적 상황을 살펴서 엄격하게 가려야 한다는 것이 판례이다.[15] 판례는 구체적인 사안에 따라 결론을 달리한다.

(1) 예견가능성을 인정한 사례

18   판례는 ① 각종의 장기와 신경이 밀집되어 있어 인체의 가장 중요한 부위

---

10 대판 1984. 6. 26, 84도831, 84감도129.
11 대판 1990. 10. 16, 90도1786.
12 대판 1972. 11. 28, 72도2201.
13 대판 2012. 5. 24, 2010도5948.
14 대판 1984. 12. 11, 84도2347.
15 대판 1990. 9. 25, 90도1596.

를 점하고 있는 흉부에 대한 강도의 타격은 생리적으로 중대한 영향을 줄 뿐만 아니라 신경에 자극을 줌으로써 이에 따른 쇼크로 인해 피해자를 사망에 이르게 할 수 있고, 그 가격으로 급소를 맞을 때에는 더욱 그러할 것인데, 피할만한 여유도 없는 좁은 장소와 상급자인 피고인이 하급자인 피해자로부터 아프게 반격을 받을 정도의 상황에서 신체가 보다 더 건강한 피고인이 피해자에게 약 1분 이상 가슴과 배를 때린 사안,[16] ② 주먹으로 때려 피해자로 하여금 넘어지면서 시멘트 바닥에 머리를 부딪히게 한 사안[17] 등에서 예견가능성을 인정하였다.

(2) 예견가능성을 부정한 사례

판례는 ① 고혈압 환자인 피해자가 피고인의 폭행으로 뇌실질내 혈종의 상해를 입은 사안,[18] ② 피해자의 뺨을 2회 때리고 두손으로 어깨를 잡아 땅바닥에 넘어뜨리고 머리를 시멘트벽에 부딪치게 하여 뇌손상으로 사망한 사안,[19] ③ 특수체질자(관상동맥경화 및 협착증세)였기 때문에 가벼운 폭행으로 인한 충격으로 사망한 사안,[20] ④ 공장에서 동료 사이에 말다툼을 하던 중 피고인이 삿대질하는 것을 피하고자 피해자 자신이 두어 걸음 뒷걸음치다가 회전 중이던 기계에 걸려 넘어지면서 머리를 바닥에 부딪쳐 두개골절로 사망한 사안,[21] ⑤ 주먹으로 배를 1회 때리고 멱살을 잡아 흔드는 든 폭행을 가하였는데 심비대 및 심관상동맥경화 등 심장의 병변이 있던 피해자가 허혈성 심장질환으로 사망한 사안,[22] ⑥ 이른바 '생일빵'을 한다는 명목하에 장난치듯 피해자를 주먹과 무릎 등으로 폭행하여 피해자의 호흡곤란 및 심장박동 정지를 유발함으로써 피해자가 신경원성 쇼크로 사망한 사안,[23] ⑦ 멱살을 잡고 다투었는데 피해자가 계단에서 굴러떨어져 바닥에 머리를 부딪쳐 사망한 사안[24] 등에서 예견가능성을 부정하였다.

19

---

16 대판 1989. 11. 28, 89도201.
17 대판 2005. 3. 25, 2005도186.
18 대판 1982. 1. 12, 81도1811.
19 대판 1983. 1. 18, 82도697.
20 대판 1985. 4. 3, 85도303.
21 대판 1990. 9. 25, 90도1596.
22 대판 2004. 5. 28, 2004도1658.
23 대판 2010. 5. 27, 2010도2680.
24 대판 2012. 9. 13, 2012도5512.

III. 처 벌

1. 법정형

20   본죄에 해당하는 때에는 제257조 내지 제259조의 예에 의한다. 따라서 그 결과에 따라 상해의 경우에는 제257조, 중상해의 경우에는 제258조, 사망의 경우에는 제259조의 예에 준하여 처벌하는 것으로 해석된다.

21   발생한 결과에 따라 상해죄·존속상해죄·중상해죄·존속중상해죄 및 상해치사죄에 정한 형으로 처벌된다. 다만, 본죄의 경우에 제257조 제3항의 미수범규정은 적용될 여지가 없다. 결과적 가중범의 미수범은 인정되지 않기 때문이다.

2. 특수폭행치상죄의 경우

22   특수폭행치상죄의 경우, ① 특수상해죄(§ 258의2)에 정한 형으로 처벌하여야 하는지, ② 상해죄(§ 257①)에 정한 형으로 처벌하여야 하는지 문제된다. 특수폭행치상죄의 해당규정인 본조 및 제261조는 형법 제정 당시부터 존재하였는데, 2016년 1월 6일 형법 개정에 따라 제258조의2 특수상해죄가 신설되기 이전에는 특수폭행치상죄의 경우 법정형은 제257조 제1항에 의하여 '7년 이하의 징역, 10년 이하의 자격정지 또는 1천만 원 이하의 벌금'이었다. 그런데 형법 개정으로 특수상해죄가 제258조의2로 신설됨에 따라 문언상으로 본조의 '제257조 내지 제259조의 예에 의한다'는 규정에 제258조의2가 포함되어 특수폭행치상의 경우 특수상해인 제258조의2 제1항의 예에 의하여 처벌하여야 하는 것으로 해석될 여지가 생기게 되었다. 이러한 해석을 따를 경우, 특수폭행치상죄의 법정형이 제258조의2 제1항이 정한 '1년 이상 10년 이하의 징역'이 되어 종래와 같이 제257조 제1항의 예에 의하는 것보다 크게 상향되는 결과가 발생하게 되기 때문이다.

23   이에 대하여 대법원은 "형벌규정 해석에 관한 법리와 폭력행위 등 처벌에 관한 법률의 개정 경과 및 형법 제258조의2의 신설 경위와 내용, 그 목적, 형법 제262조의 연혁, 문언과 체계 등을 고려할 때, 특수폭행치상의 경우 형법 제258조의2의 신설에도 불구하고 종전과 같이 형법 제257조 제1항의 예에 의하여 처벌하는 것으로 해석함이 타당하다."고 판시하여,[25] 위 ②의 입장을 명백히 하였다.

---

25 대판 2018. 7. 24, 2018도3443. 「(3) (중략) 2016. 1. 6. 형법 개정 과정에서 특수폭행치상죄의

그런데 위 대법원 판결 바로 이튿 후에 헌법재판소는 위 ①의 입장을 전제로, 위험한 물건을 휴대하여 폭행의 죄를 범하여 사람을 상해에 이르게 한 때에는 1년 이상 10년 이하의 징역에 처한다고 규정한 제262조 중 '제261조 가운데 위험한 물건을 휴대하여 제260조 제1항의 죄를 범하여 사람을 상해에 이르게 한 때에는 제258조의2 제1항의 예에 의한다'는 부분은 책임과 형벌 간의 비례원칙에 위배되지 않는다며 합헌결정을 하였다.[26]

〔한 지 형〕

법정형을 상향시켜야할 만한 사회적 상황의 변경이 있었다고 보기 힘들다. (4) 이러한 상황에서, 형법 제258조의2 특수상해죄의 신설로 형법 제262조, 제261조의 특수폭행치상죄에 대하여 그 문언상 특수상해죄의 예에 의하여 처벌하는 것이 가능하게 되었다는 이유만으로 형법 제258조의2 제1항의 예에 따라 처벌할 수 있다고 한다면, 그 법정형의 차이로 인하여 종래에 벌금형을 선택할 수 있었던 경미한 사안에 대하여도 일률적으로 징역형을 선고해야 하므로 형벌체계상의 정당성과 균형을 갖추기 위함이라는 위 법 개정의 취지와 목적에 맞지 않는다. 또한 형의 경중과 행위자의 책임, 즉 형벌 사이에 비례성을 갖추어야 한다는 형사법상의 책임원칙에 반할 우려도 있으며, 법원이 해석으로 특수폭행치상에 대한 가중규정을 신설한 것과 같은 결과가 되어 죄형법정주의원칙에도 반하는 결과가 된다.」

26 헌재 2018. 7. 26, 2018헌바5. 「심판대상조항은 신체의 완전성 내지 신체의 불가침성을 보호하기 위한 것으로서 목적의 정당성 및 수단의 적합성이 인정된다. 한편, 위험한 물건을 휴대하고 폭행죄를 범하여 사람을 상해에 이르게 한 경우에는 이미 그 행위 자체에 내재되어 있는 불법의 정도가 크고, 중대한 법익침해를 야기할 가능성이 높다고 할 것이어서, 그 구체적인 행위의 결과가 어떠하든지 간에 이미 그 책임이 무겁다. 특수폭행치상에서 상해의 결과는 폭행 과정에서 우연히 발생한 결과가 아니라 폭행행위에 내재되어 있는 전형적인 위험성이 실현된 것이므로, 비록 상해 자체에 대한 고의는 없다 하더라도 이를 상해의 고의가 있는 경우에 준하여 무겁게 처벌할 필요가 있다. 심판대상조항에 의할 경우 비록 벌금형을 선택할 수는 없으나, 법정형의 하한이 징역 1년으로 그다지 높지 않고, 작량감경을 하지 않더라도 집행유예 결격사유가 없는 한 징역형의 선고유예나 집행유예를 선고할 수 있다. 따라서 심판대상조항은 형벌과 책임 간의 비례원칙에 위배되지 않는다.」

제263조(동시범)

독립행위가 경합하여 상해의 결과를 발생하게 한 경우에 있어서 원인된 행위가 판명되지 아니한 때에는 공동정범의 예에 의한다.

Ⅰ. 의 의

1　　　제정 형법부터 독립행위의 경합에 대해 "동시 또는 이시의 독립행위가 경합한 경우에 그 결과발생의 원인된 행위가 판명되지 아니한 때에는 각 행위를 미수범으로 처벌한다."라고 규정(§19)하면서, 본장에 이에 대한 특례규정을 두었다. 이후 현재까지 그대로 유지되고 있다.

2　　　본조에 대해서는 상해의 결과에 대하여 책임이 없는 사람에게 그 책임을 묻는 셈이 되어 책임주의원칙에 반하는 것은 아닌지 문제된다. 이에 대하여 헌법재판소는 책임주의에 위반되지 아니한다고 합헌결정을 하였다. 즉, "신체에 대한 가해행위는 그 자체로 상해의 결과를 발생시킬 위험을 내포하고 있으므로, 독립한 가행행위가 경합하여 상해가 발생한 경우 상해의 발생 또는 악화에 전혀 기여하지 않은 가해행위의 존재라는 것은 상정하기 어렵고, 각 가해행위가 상해의 발생 또는 악화에 어느 정도 기여하였는지를 계량화할 수 있는 것도 아니다. 이에 입법자는 피해자의 법익 보호와 일반예방적 효과를 높일 필요성을 고려하여 다른 독립행위가 경합하는 경우와 구분하여 심판대상조항(형법 제263조)을 마련한 것이다. (중략) 이러한 점을 종합하여 보면, 심판대상조항은 책임주의 원칙에 반한다고 볼 수 없다."고 하였다.[1]

---

1 헌재 2018. 3. 29, 2017헌가10. 본 결정에 대해서는 ① "심판대상조항은 독립행위가 경합하여 상해의 결과가 발생한 경우에는 원인행위가 밝혀지지 아니한 불이익을 피고인이 부담하도록 함으

본조에 대해서는 책임주의 등 형사소송의 기본원칙에 위배되므로 폐지하는 것이 바람직하고,[2] 존치되더라도 최소한으로 제한하여 적용될 필요가 있다는 견해가 있다.[3]

II. 법적 성질

상해죄에 대하여 동시범의 특례를 인정한 본조의 법적 성질에 대하여는 견해가 대립된다.

즉, ① 피고인에게 자기의 행위로 상해의 결과가 발생하지 않았음을 증명할 거증(입증)책임을 지운 것이라는 거증(입증)책임전환설,[4] ② 증명의 어려움을 구제하기 위하여 각 행위자의 행위가 결과발생의 원인인 것으로 추정하고 따라서 각자가 법률상으로 공동정범의 책임을 지는 것으로 추정한다는 법률상 추정설,[5] ③ 상해의 증명이 불가능한 경우를 해결하기 위하여 공동정범이 아닌 것(복수의

3

4

5

로써 인과관계에 관한 입증책임을 피고인에게 전가하고 있다. 수사권을 가진 검사도 입증할 수 없는 상황에서 수사권도 없는 피고인에게 인과관계를 입증하여 상해의 결과에 대한 책임에서 벗어나라고 하는 것은 사실상 불가능한 것을 요구하는 것이다. 이에 따라 독립행위가 경합하여 상해의 결과가 발생하기만 하면 가해행위자는 사실상 상해의 결과에 대하여 책임을 부담하게 될 위험이 있고, 이는 상해의 결과에 대해 책임이 없는 사람도 원인행위가 판명되지 않는다는 이유로 자신의 행위에 대한 책임 이상의 처벌을 받게 되는 것을 의미한다. 이러한 점을 모두 고려하여 보면, 심판대상조항은 법치주의와 헌법 제10조의 취지로부터 도출되는 책임주의원칙에 반한다."는 재판관 5명의 반대의견과 ② "심판대상조항이 형법 제19조와 달리 형법 각칙에 위치하고 있는 것은, 엄격한 책임주의가 적용되어야 할 형사법 체계에서 일반원칙과 다른 특칙을 규정하였기 때문이고, 심판대상조항은 엄연히 각칙에 규정된 별도의 범죄 구성요건으로 보는 것이 타당하다. 심판대상조항은 구성요건을 보다 분명하게 개정하는 것이 바람직하기는 하나, 위헌 선언을 해야 할 만큼 '과도하게' 불명확하게 구성요건을 규정하였다고 보기는 어렵다."는 재판관 1명의 보충의견이 있다.

2 박찬걸, 형법각론(2판), 66; 오영근, 형법각론(8판) 64; 이형국·김혜경, 형법각론(3판), 60.
3 홍영기, 형법(총론과 각론), §56/27.
4 김신규, 형법강의 각론, 67; 김혜정·박미숙·안경옥·원혜욱·이인영, 형법각론(3판), 56; 박상기, 형법각론(8판), 53; 이재상·장영민·강동범, 형법각론(13판), §3/35; 이형국·김혜경, 60; 임웅, 형법각론(9정판), 75; 정영일, 형법각론(3판), 42. 여기에도 ① 제19조에 의할 때 부득이 생기는 처벌의 흠결을 피하기 위해 과실부분에 한하여 거증책임전환의 성격을 갖는다는 제한적 거증책임전환설을 주장하는 견해[김일수·서보학, 새로쓴 형법각론(9판), 59], ② 피고인이 자신의 행위로 인해 결과가 발생하지 않았음을 증명하는 일응의 증거를 제출할 책임을 규정한 것이라는 영미법상 증거제출책임설이 본조의 취지에 가장 부합한다는 견해(오영근, 62)가 있다.
5 강구진, 형법강의 각론 I, 70; 이상돈, 형법강론(4판), 378.

단독범)을 공동정범으로 의제한 규정으로 이해하는 법률상 의제설,[6] ④ 소송법상으로는 상해의 결과 발생에 대한 거증책임을 피고인에게 전환시킨 것인 동시에 실체법상으로는 공동정범의 범위를 확장시키는 일종의 의제를 정한 것이라는 이원설[7]이 있다. 거증책임의 전환으로 보는 위 ①의 견해가 다수설이다. 일본형법 제207조[8]도 동시상해의 특례에 관하여 규정하고 있는데, 일본에서도 우리와 마찬가지로 위 ①의 거증책임전환설이 통설이다.[9]

III. 특례의 적용요건

1. 적용요건

(1) 독립행위의 경합

6 독립행위가 경합하여야 한다. 독립행위가 경합한다는 것은 2개 이상의 행위가 서로 의사의 연락 없이 같은 객체에 대하여 행하여지는 것을 말한다.

(가) 2개 이상의 행위

7 2개 이상의 행위, 즉 2인 이상 각기 행한 2개 이상의 행위가 같은 객체에 대하여 행해져야 한다. 따라서 가해행위 내지 폭행을 한 것 자체가 분명하지 않은 경우에는 본조가 적용될 여지가 없다.[10]

---

6 김성돈, 형법각론(5판), 796.

7 정성근·박광민, 형법각론(전정2판), 81; 정성근·정준섭, 형법강의 각론(2판), 39; 주호노, 형법각론, 127.

8 일본형법 제207조(동시상해의 특례) 2인 이상이 폭행을 가하여 사람을 상해한 경우에 각각의 폭행의 의한 상해의 경중을 알 수 없거나 그 상해를 발생하게 한 자를 알 수 없는 때에는 공동하여 실행한 자가 아니더라도 공범의 예에 의한다.

9 일본에는 ① 피고인 자신의 폭행과 상해결과 사이의 인과관계의 부존재에 대하여 피고인 자신에게 입증책임을 지우는 거증책임의 전환규정이라는 거증책임전환설(통설), ② 2인 이상이 폭행을 가하였다고 하는 전제사실에 대한 검찰 측의 입증에 의하여 피고인들 사이의 의사연락(공범관계)이 추정된다고 하는 의사연락추정설, ③ 피고인들 각자의 상해결과에 대한 인과관계가 추정된다고 하는 인과관계추정설, ④ 상해죄와는 별개의 실체법상의 구성요건을 규정한 것으로 보아 동시폭행에 의한 상해를 폭행죄의 가중유형으로 보는 가중폭행죄설 등이 있다[이에 대한 상세는 大塚 外, 大コン(3版)(10), 514-519(渡辺咲子)].

10 대판 1984. 5. 15, 84도488; 대판 2007. 12. 13, 2006도429; 대판 2010. 9, 9, 2010도5852. 위 판결들은 모두 피해자 진술 등 검사가 제출한 증거만으로는 피고인들의 폭행행위 또는 상해행위 자체를 인정할 수 없다고 판단하면서 그러한 경우 본조가 적용될 수도 없다고 판단한 사례들이다.

독립행위는 상해의 결과를 발생시킬 수 있는 행위, 즉 신체에 대한 가해   8
행위를 말한다. 폭행, 상해(존속상해 포함) 등의 행위가 각각 경합한 경우는 물
론, 상해와 폭행이 경합한 경우도 포함된다. 신체에 대한 가해행위는 그 자체
로 상해의 결과를 발생시킬 위험을 내포하고 있다는 것을 전제로 본조가 마련
된 것이므로,[11] 독립행위는 상해의 결과를 발생시킬 위험성을 갖는 행위여야
한다.[12]

(나) 의사연락의 부존재

범인들 사이에 의사연락이 없어야 하므로 의사연락이 있어 공동정범이 성   9
립하는 경우에는, 본조의 적용문제는 생기지 않는다.[13]

한편, 일본에서는 범인들 사이에 일부 의사연락이 인정되는 경우(승계적 공   10
동정범의 사례 또는 공범관계로부터의 이탈 사례[14])에도 동시상해의 특례가 적용되는
지 여부에 대하여 논의가 있다. 예컨대 상해가 후행자의 공모, 즉 의사의 연락
에 의한 가담 전후의 어느 폭행으로부터 생긴 것인지 판명되지 않는 경우(승계적
공동정범[15]의 사례), 동시상해의 특례규정(일형 §207)을 적용하여 후행자에게 상해
책임을 물을 수 있는지가 문제된다. 이에 대하여, ① 적극설은 선행자·후행자
의 공범관계가 없는 경우에는 특례규정이 적용됨에도 공범관계가 있어 보다 무
거운 경우에 적용되지 않음으로써 후행자가 상해에 대해서만 책임을 지는 것은
균형에 맞지 않는다고 한다. 반면에, ② 소극설은 특례규정은 누구에게도 상해
의 책임을 묻지 않는 불합리를 피하기 위한 예외규정인데, 선행자는 상해의 책
임을 지게 되므로 후행자에게는 이를 적용할 필요가 없고, 선행자가 상해를 발

---

11 헌재 2018. 3. 29, 2017헌가10.
12 일본 판례는 甲과 乙이 피해자를 구타하는 도중에 丙이 공모가담하여 이후 함께 피해자를 구타하여
   ① 공모가담 전의 상해(우경부·죄협부 절창상), ② 공모가담 후의 상해(대퇴부 자창상 및 우소지절
   창상), ③ 어느 단계에서 생긴 상해인지 알 수 없으나 丙의 폭행으로 생길 위험성이 인정되는 상해
   (제6늑골 골절상), ④ 어느 단계에서 생긴 상해인지 알 수 없고 丙의 폭행으로 생길 위험성이 인정
   되지 않는 상해(상구순부 절창상)를 가한 경우, 위 ②와 ③에 대해서는 동시상해의 특례규정이 적용
   되지만 ④에 대해서는 적용되지 않는다고 판시하였다[最決 令和 2(2020). 9. 30. 刑集 74·6·669].
13 대판 1985. 12. 10, 85도1892; 대판 1997. 11. 28, 97도1740. 위 97도1740 판결 평석은 이용식,
   "과실범의 공동정범", 형사판례연구〔7〕, 한국형사판례연구회, 박영사(1999), 81-108.
14 공범관계의 해소를 긍정한 후에 제207조의 동시상해의 특례를 적용한 판결로는 名古屋高判 平
   成 14(2002). 8. 29. 判時 1831·158 참조.
15 일본 판례는 상해죄에서 승계적 공동정범을 부정하고 있다[最決 平成 24(2012). 11. 6. 刑集 66·
   11·1281].

생시킨 것은 명백하므로 '상해를 발생하게 한 자를 알 수 없는 때'에는 해당하지 않는다고 한다.[16]

11   최고재판소 판결은 위 ①의 적극설의 입장이다. 즉 특례규정의 전제가 되는 사실관계가 증명된 경우, 나아가 도중에 행위자 사이에 공모가 성립한 사실이 인정된다고 하여 특례규정이 적용되지 않는다고 할 이유가 없고, 특례규정을 적용하지 않는다고 하면 공모관계가 인정되지 않는 때와의 균형을 잃어 불합리하다는 이유로, "다른 선행자가 선행하여 피해자에게 폭행을 가하고, 그와 동일한 기회에 후행자가 도중에 공모가담하였는데, 피해자의 상해가 공모성립 후의 폭행에 의해 생긴 것이라는 점까지는 인정되지 않더라도, 그 상해를 생기게 한 사람을 알수 없는 경우, 특례규정의 적용에 의하여 후행자가 그 상해에 대한 책임을 면할 수 없다고 해석하는 것이 상당하다."고 판시하였다.[17]

(다) 장소적·시간적 근접성의 요부

12   독립행위의 장소가 반드시 근접할 필요는 없지만, 시간적으로는 근접해야 하는지, 즉 시간적 차이가 있는 독립행위가 경합한 경우에도 본조가 적용되는지가 문제된다.

13   이에 대하여, ① 독립행위는 적어도 공동정범으로 보일만한 외관적 상황이 있어야 하므로 시간적으로 근접하여 적어도 동일기회라고 할 수 있는 정도이어야 한다는 견해[18]도 있으나 ② 이시(異時)라도 무방하다는 견해[19]가 통설이다. 판례도 "시간적 차이가 있는 독립된 상해행위나 폭행행위가 경합하여 사망의 결과가 일어나고 그 사망의 원인 된 행위가 판명되지 않은 경우에는 공동정범의 예에 의하여 처벌할 것이다."라고 하여 이시의 독립행위가 경합한 사안에서 본조의 적용을 긍정하였다. 다만 판례가 본조를 적용한 사안도 시간적 간격이 그리 길지 않은 사안[20]이므로, 어느 설에 따르더라도 차이는 크지 않을 것으로 보인다.

16 이에 대한 상세는 豊田兼彦, "共犯の因果性 - 承継的共犯の問題を中心に", 刑事法ジャーナル Vol. 44(2015), 8-9.
17 最決 令和 2(2020). 9. 30. 刑集 74·6·669.
18 김성돈, 80; 박상기, 54; 임웅, 76; 정성근·박광민, 83.
19 김일수·서보학, 59; 오영근, 62; 이재상·장영민·강동범, §3/36; 정영일, 43.
20 대판 1981. 3. 10, 80도3321(3시간 남짓한 시간적 간격); 대판 2000. 7. 28, 2000도2466(2시간 남짓한 시간적 간격).

이러한 우리 통설·판례와는 달리 일본의 통설[21]·판례[22]는 장소적·시간적 　　14
근접성, 즉 '기회의 동일성'이 있어야 한다는 입장이다. 즉, 일본 판례는 동시상
해의 특례는 "검사가 각 폭행이 해당 상해를 발생시킬 수 있는 위험성을 가지
고, 또한 각 폭행이 외형적으로는 공동폭행이나 다름없다고 평가될 수 있는 상
황에서 행하여졌다는 것, 즉 동일한 기회에 행하여진 것이라는 증명을 요한다고
할 것이고, 그것이 증명된 경우, 각 행위자는 자신이 관여한 폭행이 그 상해를
발생시키지 아니하였다는 것을 입증하지 아니하는 한, 상해에 관한 책임을 면할
수 없다고 할 것이다."고 판시하여,[23] '기회의 동일성'을 요구하고 있다.

(2) 상해의 결과

상해의 결과가 발생하여야 한다. 폭행에 그쳤을 뿐 상해에 이르지 않았을 　　15
때에는 적용될 여지가 없다. 그러나 상해의 결과가 발생하면 충분하므로 상해의
결과는 상해의 고의에 의한 것인지, 폭행의 고의에 의한 것인지 묻지 않는다.

(3) 원인된 행위의 불판명(不判明)

원인된 행위가 판명되지 않아야 한다. 원인된 행위가 판명된 때에는 각자가 　　16
자기의 행위로부터 발생한 결과에 대하여 책임을 지게 되고, 본조가 적용되지 않
는다. 또한 상해가 수인의 행위자 중 특정인의 폭행에 의한 것이 아니라는 점이
적극적으로 증명된 경우에도, 그 특정인에 대하여는 본조가 적용될 수 없다.

2. 주장 및 판단

본조를 적용하기 위하여 검사는 실제로 발생한 상해를 야기할 수 있는 구 　　17
체적인 위험성을 가진 가해행위의 존재를 입증하여야 하므로, 이를 통하여 상해
의 결과에 대하여 아무런 책임이 없는 피고인이 본조로 처벌되는 것을 막을 수
있다. 피고인도 자신의 행위와 상해의 결과 사이에 개별 인과관계가 존재하지
않음을 입증하여 상해의 결과에 대한 책임에서 벗어날 수 있다. 또한, 법원은
피고인이 가해행위에 이르게 된 동기, 가해행위의 태양과 폭력성의 정도, 피해

21　大塚 外, 大コン(3版)(10), 521(渡辺咲子).
22　大判 昭和 12(1937). 9. 10. 刑集 16·1251.
23　最決 平成 28(2016). 3. 24. 刑集 70·3·1(동일 점포, 40분 간격의 제1, 제2 폭행에 대하여 기회
　　의 동일성을 긍정한 사례).

회복을 위한 피고인의 노력 정도 등을 모두 참작하여 피고인의 행위에 상응하는 형을 선고하게 된다.[24]

Ⅳ. 특례의 적용범위

18   문언 및 조문의 위치에 비추어 볼 때 본조가 상해죄와 폭행치상죄에 대하여 적용된다는 점에는 이론이 없다. 그러나 다음의 경우에는 그 적용 여부가 문제된다.

1. 과실치사·상죄

19   과실치상죄에 본조가 적용되는지에 대해서는, ① 입법취지상 상해결과의 발생은 반드시 상해의 고의행위에 의할 필요가 없으므로 본조가 적용된다는 긍정설[25]과 ② 집단상해나 집단폭행을 방지하고자 하는 입법취지에 비추어 적용되지 않는다는 부정설[26]이 대립한다. 입법취지에 비추어 위 ②의 부정설이 타당하다. 과실치사죄에서도 마찬가지이다.[27]

2. 폭행치사죄 및 상해치사죄

(1) 판례

(가) 폭행치사죄

20   피고인 甲과 乙 등(원심 공동피고인)이 각기 폭행을 가하고 그로 인하여 평소

---

24 헌재 2018. 3. 29, 2017헌가10.

25 정성근·박광민, 82.

26 백형구, 53; 주석형법 [각칙(3)](5판), 384(최환).

27 대판 2007. 10. 26, 2005도8822는 "선행 교통사고와 후행 교통사고 중 어느 쪽이 원인이 되어 피해자가 사망에 이르게 되었는지 밝혀지지 않은 경우, 후행 교통사고를 일으킨 사람의 과실과 피해자의 사망 사이에 인과관계가 인정되기 위해서는 후행 교통사고를 일으킨 사람이 주의의무를 게을리하지 않았다면 피해자가 사망에 이르지 않았을 것이라는 사실이 증명되어야 하고, 그 증명책임은 검사에게 있다."고 판시하였는데, 이는 업무상과실치사죄의 경우 동시범의 특례가 적용되지 아니함을 전제로 한 판결로 보인다는 견해가 있다[주석형법 [각칙(3)](5판), 384(최환)].
   본 판결 해설은 박이규, "선행 교통사고와 후행 교통사고 중 어느 쪽이 원인이 되어 피해자가 사망하였는지가 분명하지 않은 경우, 후행 교통사고와 피해자의 사망 사이에 인과관계를 인정하기 위한 요건", 해설 74, 법원도서관(2008), 346-365.

고혈압 중세가 심한 피해자 A가 흥분에 따른 혈압의 상승으로 뇌내출혈을 일으
켜 사망한 사안에서, 본조를 적용하여 공동정범의 예에 의하여 처단하였다.[28]

(나) 상해치사죄

乙(원심 공동피고인)은 술에 취해 있던 피해자 A의 어깨를 주먹으로 1회 때리   21
고 쇠스랑 자루로 머리를 2회 강타하고 가슴을 1회 밀어 땅에 넘어뜨렸고, 그
후 3시간가량 지나서 피고인 甲이 A의 멱살을 잡아 평상에 앉혀놓고 A의 얼굴
을 2회 때리고 손으로 2-3회 가슴을 밀어 땅에 넘어뜨린 다음, 나일론 슬리퍼로
얼굴을 수회 때려 A가 그로부터 6일 후에 뇌출혈을 일으켜 사망한 사안에서, 본
조를 적용하였다.[29] 이는 이시(異時) 행위에 의한 동시범을 인정한 것이다.

일본 판례도 상해치사죄에도 동시상해의 특례가 적용된다는 입장이다.[30]   22
나아가 판례는 각 폭행 중 어느 하나의 폭행과 사망 사이에 인과관계가 긍정되
더라도 이와 달리 해석할 이유는 없으므로 마찬가지로 적용된다고 한다.[31]

(다) 상해와 폭행이 경합한 경우

피고인 甲이 이미 타인의 행위로 부상을 당하여(상해) 의자에 누워있는 피   23
해자 A를 밀어 땅바닥에 떨어지게 함으로써(폭행) A로 하여금 사망에 이르게 한
사안에서, 2시간 남짓한 시간적 간격을 두고 甲이 두번째의 가해행위를 한 후에
피해자가 사망하였고 그 사망의 원인을 알 수 없다고 보아 甲을 폭행치사죄의
동시범으로 처벌하였다.[32]

(2) 검토

본조의 입법취지와 법적 성격에 비추어 판례의 입장이 타당하다.[33] 이에 대   24

---

28 대판 1970. 6. 30, 70도991(폭행치사).
29 대판 1981. 3. 10, 80도3321(상해치사).
30 最決 昭和 26(1951). 9. 20. 刑集 5·10·1937.
31 最決 平成 28(2016). 3. 24. 刑集 70·3·319. 피고인 甲과 乙이 공모하여 A의 안면·두부 등을
    폭행한 후, 공모관계가 아닌 피고인 丙이 다시 같은 부위를 폭행하여 사망한 사안에서, 제1심은
    丙의 폭행이 심하여 A의 사망과의 사이에 인과관계가 인정된다는 이유로 甲과 乙에 대해서는
    상해죄를, 丙에 대해서는 상해치사죄를 적용하였으나, 제2심은 인과관계가 불명하다며 상해치사
    죄의 공범으로 인정하였고, 최고재판소는 제1심을 파기환송한 제2심이 정당하다고 하면서 위와
    같이 판시하였다.
32 대판 2000. 7. 28, 2000도2466(폭행치사).
33 이를 결과적 가중범의 공동정범이 가능한지의 문제로 보아, 사망의 결과에 대하여 인과관계가 있고,
    예견가능성이 있는 때에는 상해치사죄의 공동정범을 인정하는 견해도 있다(정성근·박광민, 82).

하여 통설은 상해치사죄의 경우에 본조의 적용을 긍정한 판례에 대해서는, 본조
가 동시범에 대한 예외규정이고, 상해의 결과를 발생케 한 경우라고 규정하고
있음에도 불구하고 사망의 결과가 발생한 경우에도 적용하는 것은 유추해석금
지의 원칙에 반한다는 이유로 비판한다.[34] 폭행치사죄의 경우에도 본조의 적용
을 인정하는 견해도 있으나,[35] 통설은 그 적용을 부정한다.[36]

3. 강도치사 · 상죄 등

25　　본조는 상해와 폭행의 죄에 관한 특례규정이므로 상해 또는 폭행치상의 요
소를 포함하더라도 그 보호법익을 달리하는 강간치상죄와 강도치상죄에는 적용
될 수 없다고 보는 것이 통설[37]이고, 판례[38]이다. 기본범죄형이 다른 체포 · 감금
치상, 현주건조물방화치상 등에도 마찬가지로 이 규정을 적용할 수 없다.

V. 효 과

26　　공동정범(§ 30)의 예에 의한다.

27　　'공동정범의 예에 의한다'는 의미에 대해서는, ① 공동정범이 성립하지는
않지만 '부분실행 전체책임'이라는 공동정범의 처벌원리에 따른다는 것, 즉 경합
된 행위가 상해인 경우에는 상해기수죄, 폭행인 경우에는 폭행치상죄가 된다는
견해(통설),[39] ② 본조는 공동정범의 일반이론 및 성립요건을 입법적으로 수정하
여 확대적용하는 것으로 공동정범이 아닌 것을 공동정범으로 만드는 규정이므
로 각자를 공동정범으로 보아야 한다는 견해[40]가 대립된다.

28　　참고로 일본형법 제207조는 '공범의 예에 의한다'고 규정하고 있는데, 그 의

---

34 김성돈, 81; 김일수 · 서보학, 61; 박상기, 55; 배종대, § 15/55; 오영근, 63; 임웅, 77.

35 정성근 · 박광민, 82.

36 다만 그 이유에 관하여는, 상해의 결과가 발생하지 아니하였음을 이유로 하는 견해(이재상 · 장영
민 · 강동범, § 3/37; 정영일, 45)와 상해치사죄의 경우와 마찬가지로 유추해석임을 이유로 하는 견
해(김성돈, 81; 김일수 · 서보학, 61; 박상기, 55; 배종대, § 15/55; 오영근, 63; 임웅, 77)로 나뉜다.

37 배종대, 15/56; 오영근, 63; 이재상 · 장영민 · 강동범, § 3/38,

38 대판 1984. 4. 24, 84도372(강간치상); 서울고판 1990. 12. 6, 90노3345(강간치상).

39 오영근, 63; 정성근 · 박광민, 83; 주석형법 〔각칙(3)〕(5판), 386(최환). 각자를 그 죄의 정범(동시
범)으로 처벌해야 한다는 견해도 같은 취지이다(김일수 · 서보학, 60).

40 김성돈, 81.

미에 대해서는 각자가 단독정범이 되는 것이 아니라 상해죄의 공범(구체적으로는 공동정범)이라고 법적으로 의제하여 처벌한다는 견해가 통설이다(위 ②의 견해와 같은 취지).41

〔한 지 형〕

---

41 杉本一敏, "同時傷害と共同正犯", 刑事法ジャーナル Vol. 29(2011), 49-50. 그 이유에 대하여 상해가 1개 밖에 없음에도 여러 사람을 상해의 '단독 동시정범'이라고 하면, '누구인가는 오판임이 확실함에도 누구라도 처벌한다'는 불합리가 표면화되기 때문에, 형법은 1개의 상해에 대하여 '공동정범'이라는 법적 구성을 채택한 것이라고 한다.

제264조(상습범)

상습으로 제257조, 제258조, 제258조의2, 제260조 또는 제261조의 죄를 범한 때에는 그 죄에 정한 형의 2분의 1까지 가중한다. 〈개정 2016. 1. 6.〉

Ⅰ. 의 의

1   본죄〔상습(상해·존속상해·중상해·존속중상해·특수상해·폭행·존속폭행·특수폭행) 죄〕는 상습으로 상해죄, 존속상해죄, 중상해죄, 존속중상해죄, 특수상해죄, 폭행죄, 존속폭행죄, 특수폭행죄를 범한 때에 성립한다.

2   본죄는 행위자의 상습성, 즉 상해의 습벽으로 인해 책임이 가중되는 부진정신분범이다.[1] 그러나 상습성을 이유로 책임을 가중하는 것은 책임주의와 일치되지 않으므로 가중처벌을 반대하는 견해도 유력하다.[2]

Ⅱ. 상습성

1. 의 의

3   상습이란 동종의 행위를 반복하여 행하는 행위자의 습벽을 말하는 것으로, 행위의 본질을 이루는 성질이 아니라 행위자의 특성을 이루는 성질이다.[3]

---

1 김일수·서보학, 새로쓴 형법각론(9판), 62; 오영근, 형법각론(8판), 59; 이형국·김혜경, 형법각론(2판), 84.
2 김성돈, 형법각론(5판), 82; 박상기, 형법각론(8판), 55; 오영근, 60; 이재상·장영민·강동범, 형법각론(13판), § 3/59.
3 대판 1972. 6. 27, 72도594; 2006. 5. 11, 2004도6176; 대판 2007. 8. 23, 2007도3820, 2007감도8.

2. 판단기준

상습성이 있는지 여부에 대하여, 판례는 행위자의 연령·성격·직업·환경· 4
전과, 범행의 동기·수단·방법 및 장소, 전에 범한 범죄와의 시간적 간격, 그 범행의 내용과 유사성 등 여러 사정을 종합하여 판단하여야 한다고 판시하고 있다.[4] 특히, 폭행의 상습성은 동종 전과의 유무와 그 사건 범행의 횟수, 기간, 동기 및 수단과 방법 등을 종합적으로 고려하여 판단하여야 한다고 판시하여,[5] '동종 전과의 유무', '범죄의 횟수'를 중요한 판단요소의 하나로 꼽고 있다. 그러나 상해의 전과가 없더라도 상습성을 인정할 수 있고,[6] 1회의 범행만으로도 상습성을 인정할 수 있다.[7]

구 폭력행위 등 처벌에 관한 법률(이하, 구 폭력행위처벌법이라 한다.) 제2조 제 5
1항(2016. 1. 6. 법률 제13718호로 삭제)의 상습성에 대하여, 판례는 "같은 항 각 호에 열거된 각 범죄행위 상호 간의 상습성만을 의미하는 것이 아니라 같은 항 각 호에 열거된 모든 범죄행위를 포괄한 폭력행위의 습벽을 의미하는 것이다. 따라서 위와 같은 습벽을 가진 자가 폭력행위 등 처벌에 관한 법률 제2조 제1항 각 호에 열거된 형법 각 조에서 정하는 다른 수종의 죄를 범하였다면 그 각 행위는 그 각 호 중 가장 중한 법정형의 상습폭력범죄의 포괄일죄에 해당한다."고 판시한 바 있다.[8]

이러한 판례의 취지를 본조의 상습성의 판단에도 준용할 수 있을지 문제된 6
다. 즉, 본죄의 상습성은 상해나 폭행의 습벽 외에 구 폭력행위처벌법 제2조 제1항에 규정된 범죄인 협박, 주거침입·퇴거불응, 재물손괴, 체포·감금, 강요, 공갈의 습벽을 포괄한 상습성을 의미하는지가 문제된다. 생각건대, 구 폭력행위처벌법 제2조 제1항의 상습상해는 형법 제264조의 상습상해죄와는 서로 다른 구성요건을 가지는 것으로 해석함이 타당하고, 구 폭력행위처벌법에 관한 위와 같은 판례의 태도가 형법의 해석에 당연히 적용될 수는 없다고 할 것이다.[9] 판례

4 대판 2006. 5. 11, 2004도6176(폭력범죄); 대판 2007. 8. 23, 2007도3820, 2007감도8(절도).
5 대판 2018. 4. 24, 2017도10956.
6 대판 1995. 7. 11, 95도955(도박); 대판 2000. 11. 10, 2000도3483(사기).
7 김일수·서보학, 62.
8 대판 2008. 8. 21, 2008도3657; 대판 2012. 8. 17, 2012도6815.
9 주석형법 〔각칙(3)〕(5판), 388(최환).

도 본조는 "상습으로 제257조, 제258조, 제258조의2, 제260조 또는 제261조의 죄를 범한 때에는 그 죄에 정한 형의 2분의 1까지 가중한다."라고 규정하고 있으므로, 여기서의 '상습'이란 위 규정에 열거된 상해 내지 폭행행위의 습벽을 말하는 것이므로, 위 규정에 열거되지 아니한 다른 유형의 범죄까지 고려하여 상습성의 유무를 결정하여서는 아니 된다고 판시하고 있다.[10] 따라서 위 판례의 취지에 따르면, 상습상해죄에서의 상습성은 상해 외에 폭행을 고려하여, 상습폭행죄의 상습성은 폭행 외에 상해를 고려하여 판단할 수 있지만, 종래의 다른 폭력범죄는 고려해서는 아니 된다고 할 것이다.

7 　　이런 점에서, 상습폭행의 전과가 있는 피고인이 상해죄를 범한 경우는 상해의 상습성이 인정되지 아니하면 특별한 사정이 없는 한 상습상해죄로 처벌할 수는 없으나, 폭행의 경우 다른 범죄의 구성요건요소 내지 수단이 되는 특성을 고려하면, 상습상해의 전과가 있는 피고인이 상습 여부를 불문하고 상해죄와 폭행죄를 범한 경우는 상습상해죄만이 성립한다고 볼 수 있을 것이다.[11]

Ⅲ. 공 범

8 　　본죄는 부진정신분범이므로 제33조에 따라 공범관계를 판단하면 될 것이다. 예컨대 상해의 상습성이 있는 甲과 상습성이 없는 乙이 공동하여 상해행위를 한 경우, 공범과 신분에 관한 판례[12]의 입장에 따르면, 甲과 乙 모두 상습상해죄의 공동정범이 성립하고, 甲은 상습상해죄의 형으로, 乙은 폭력행위처벌법위반(공동폭행)죄의 형으로 각 처벌받게 된다.[13] 乙이 甲을 교사하여 상습상해죄를 범하게 한 경우에는, 乙은 제33조 본문에 의하여 상습상해교사죄가 성립하지만, 제33조 단서에 의하여 상해교사죄로 처벌된다. 한편 甲이 乙을 교사하여 상해죄를 범하게 한 경우, 乙은 상해죄가 성립하지만, 甲은 상습상해교사죄로 처벌된다.[14]

---

10 대판 2018. 4. 24, 2017도21663.
11 주석형법 [각칙(3)](5판), 388(최환).
12 대판 1977. 12. 26, 97도2609 등.
13 다만, 상습상해죄도 상해죄에 정한 형의 2분의 1까지 가중하고, 폭력행위처벌법위반(공동상해)죄도 상해죄에 정한 형의 2분의 1까지 가중하여(폭처 § 2②(iii)) 그 법정형은 같다.
14 대판 1994. 12. 23, 93도1002(모해위증교사) 참조.

Ⅳ. 죄 수

상습범은 집합범에 해당하므로 본죄에 해당하는 때에는 포괄일죄의 관계가   9
된다는 것이 통설[15]이지만, 상습성만을 이유로 수죄를 일죄로 할 수는 없고 상
습범에게 특혜를 주는 셈이므로 경합범으로 보아야 한다는 견해[16]도 있다. 판례
는 통설과 궤를 같이 한다.[17]

　판례는 단순폭행, 존속폭행 등의 범행이 동일한 폭행 습벽의 발현에 의한   10
것으로 인정되는 경우, 그중 법정형이 더 무거운 상습존속폭행죄에 나머지 행위
를 포괄하여 하나의 죄만 성립한다고 한 바 있다.[18]

Ⅴ. 처 벌

제257조, 제258조, 제258조의2, 제260조 또는 제261조의 죄에 정한 형의 2   11
분의 1까지 가중한다.

　상습범은 범죄학상의 개념인 점에서 누범과는 성질을 달리한다. 따라서 상   12
습범이 누범에 해당하는 때에는 상습범 가중뿐만 아니라 제35조에 의하여 누범
가중을 해야 한다.

　그리고 상습폭행죄나 상습존속폭행죄는 폭행죄나 존속폭행죄와는 달리 반의   13
사불벌죄가 아니므로 피해자의 명시한 의사에 반하여도 공소를 제기할 수 있다.[19]

〔한 지 형〕

---

15 김일수·서보학, 62; 오영근 59; 임웅, 형법각론(9정판), 78; 정성근·박광민, 형법각론(전정2판), 85.
16 김성돈, 83; 박상기, 56; 이재상·장영민·강동범, §3/60.
17 대판 2018. 4. 24, 2017도10956.
18 대판 2018. 4. 24, 2017도10956(피고인이 상습으로 A를 폭행하고, 어머니 B를 존속폭행하였다
　　는 내용으로 기소된 사안에서, 피고인에게 폭행 범행을 반복하여 저지르는 습벽이 있고 이러한
　　습벽에 의하여 단순폭행, 존속폭행 범행을 저지른 사실이 인정된다면 단순폭행, 존속폭행의 각
　　죄별로 상습성을 판단할 것이 아니라 포괄하여 그중 법정형이 가장 무거운 상습존속폭행죄만 성
　　립할 여지가 있는데도, 이와 달리 보아 일부 공소사실에 대하여 공소기각을 선고한 원심판결에
　　제264조, 폭행죄의 상습성, 죄수 등에 관한 법리오해의 잘못이 있다고 한 사례).
19 대판 1965. 1. 26, 64도687; 대판 2018. 4. 24, 2017도10956.

제265조(자격정지의 병과)

제257조 제2항, 제258조, 제258조의2, 제260조 제2항, 제261조 또는 전조의 경우에는 10년 이하의 자격정지를 병과할 수 있다. 〈개정 1995. 12. 29.〉

1   존속상해죄, 중상해죄, 존속중상해죄, 특수상해죄, 존속폭행죄, 특수폭행죄, 상습상해죄, 상습존속상해죄, 상습중상해죄, 상습존속중상해죄, 상습특수상해죄, 상습폭행죄, 상습존속폭행죄 그리고 상습특수폭행죄의 경우에는 10년 이하의 자격정지를 병과할 수 있다.

〔한 지 형〕

[특별법] 폭력행위 등 처벌에 관한 법률

[총 설]

Ⅰ. 규 정

　폭력행위 등 처벌에 관한 법률(이하, [특별법] 부분에서 '폭력행위처벌법'이라 한다.) 　　1
은 집단적 또는 상습적으로 폭력행위 등을 범하거나 흉기 또는 그 밖의 위험한
물건을 휴대하여 폭력행위 등을 범한 사람 등을 처벌함을 목적으로 한다(§1).

　폭력행위처벌법은 제1조부터 제10조까지 총 10개의 조문으로 구성되어 있 　　2
는데, 제1조는 목적 규정, 제2조부터 제7조는 폭력행위와 관련된 형사책임 규
정, 제8조는 정당방위에 관한 규정, 제9조는 사법경찰관리의 직무유기로 인한
형사책임 규정, 제10조는 사법경찰관리의 수사에 관한 직무 해태로 인한 행정책
임 규정이다. 여기서는 형사책임 규정에 해당하는 제2조부터 제7조, 제9조를 중
점적으로 다룬다.

　폭력행위처벌법의 처벌 관련 조문 구성은 [표 1]과 같다. 　　3

[표 1] 폭력행위처벌법 처벌 관련 조문 구성

조 문		제 목	구성요건		죄 명	공소시효
§2	①	폭행 등	삭제			
	②		ⓐ 2명 이상이 공동하여 ⓑ 각 호의 죄를 범함	(i) 형법 §260①(폭행), §283①(협박), §319(주거침입, 퇴거불응), §366(재물손괴 등)	죄명1	5년
				(ii) 형법 §260②(존속폭행), §276①(체포, 감금), §283②(존속협박), §324①(강요)		7년
				(iii) 형법 §257①(상해)·②(존속상해), §276②(존속체포, 존속감금), §350(공갈)		10년
	③		ⓐ 이 법(각 해당 조항의 상습범, 특수범, 상습특수범, 각 해당 조항의 상습범의 미수범, 특수범의 미수범, 상습특수범의 미수범 포함)을 위반하여 2회 이상 징역형을 받은 사람이 ⓑ 다시 ② 각 호에 규정된 죄를 범하여 ⓒ 누범으로 처벌할 경우	(i) ②(i)에 규정된 죄를 범함	죄명2	7년
				(ii) ②(ii)에 규정된 죄를 범함		10년
				(iii) ②(iii)에 규정된 죄를 범함		10년
	④		②, ③의 경우 형법 §260③, §283③ 불적용			
§3	① - ③	집단적 폭행 등	삭제			

---

1 폭력행위처벌법위반[공동(폭행, 협박, 주거침입, 퇴거불응, 재물손괴등, 존속폭행, 체포, 감금, 존속협박, 강요, 상해, 존속상해, 존속체포, 존속감금, 공갈)].
2 폭력행위처벌법위반[상습(폭행, 협박, 주거침입, 퇴거불응, 재물손괴등, 존속폭행, 체포, 감금, 존속협박, 강요, 상해, 존속상해, 존속체포, 존속감금, 공갈)재범].

조 문		제 목	구성요건			죄 명	공소시효
§3	④	집단적 폭행 등	ⓐ 이 법(각 해당 조항의 상습범, 특수범, 상습특수범, 각 해당 조항의 상습범의 미수범, 특수범의 미수범, 상습특수범의 미수범 포함)을 위반하여 2회 이상 징역형을 받은 사람이 ⓑ 다시 다음 각 호의 죄를 범하여 ⓒ 누범으로 처벌할 경우	(i) 형법 §261(특수폭행)(제260① 경우에 한정), §284(특수협박)(§283① 경우에 한정), §320 (특수주거침입), §369 ①(특수손괴)		죄명3	10년
				(ii) 형법 §261(특수폭행)(§260② 경우에 한정), §278(특수체포, 특수감금)(§276① 경우에 한정), §284(특수협박)(§283②의 경우에 한정), §324②(강요)			
				(iii) 형법 §258의2①(특수상해), §278(특수체포, 특수감금)(§276 ② 경우에 한정), §350의2 (특수공갈)			
§4	①	단체 등의 구성·활동	ⓐ 이 법에 규정된 범죄를 목적으로 하는 단체 또는 집단을 구성하거나 ⓑ 그러한 단체 또는 집단에 가입하거나 그 구성원으로 활동	(i) 수괴(首魁)		폭력행위처벌법 위반(단체등의 구성·활동)	25년
				(ii) 간부			15년
				(iii) 수괴·간부 외의 사람			10년
	②		ⓐ ①의 단체 또는 집단을 구성하거나 그러한 단체 또는 집단에 가입한 사람이 ⓑ 단체 또는 집단의 위력을 과시하거나 단체 또는 집단의 존속·유지를 위하여	(i)	가. 형법 §136(공무집행방해), §141 (공용서류 등의 무효, 공용물의 파괴)	죄명4	§141② (10년), 그 외 (7년)
					나. 형법 §250①(살인), §252(촉탁, 승낙에 의한 살인 등), §253(위계 등에 의한 촉탁살인 등), §255 (예비, 음모)		§250① (25년), 그 외 (10년)

---

3 폭력행위처벌법위반[상습특수(폭행, 협박, 주거침입, 퇴거불응, 재물손괴등, 존속폭행, 체포, 감금, 존속협박, 강요, 상해, 존속상해, 존속체포, 존속감금, 공갈)재범].
4 폭력행위처벌법위반[단체등의[공무집행방해, 공용(서류, 물건, 전자기록등)(손상, 은닉, 무효), 공

조 문		제 목	구성요건		죄 명	공소시효
§4	②	단체 등의 구성·활동		다. 형법 §314(업무방해), §315(경매, 입찰의 방해)		§314 (7년), §315(5년)
				라. 형법 §333(강도), §334(특수강도), §335(준강도), §336(인질강도), §337(강도상해, 치상), §339(강도강간), §340①(해상강도)·②(해상강도상해 또는 치상), §341(상습범), §343(예비, 음모)		§333·§335·§336·§343 (10년), §334·§335·§337·§339·§340①·②, §341 (15년)
			(ii) §2 또는 §3의 죄(각 해당 조항의 상습범, 특수범, 상습특수범 포함)		죄명5	7-25년
	③		ⓐ 타인에게 ①의 단체 또는 집단에 가입할 것을 ⓑ 강요하거나 권유			10년
	④		ⓐ ①의 단체 또는 집단을 구성하거나 그러한 단체 또는 집단에 가입하여 ⓑ 그 단체 또는 집단의 존속·유지를 위하여 ⓒ 금품을 모집			10년
§5	①	단체 등의 이용·지원	ⓐ §4①의 단체 또는 집단을 이용하여 ⓑ 이 법이나 그 밖의 형벌 법규에 규정된 죄를 범하게 함		폭력행위처벌법위반(단체등의 이용·지원)	7-25년
	②		ⓐ §4①의 단체 또는 집단을 구성하거나 그러한 단체 또는 집단에 가입하지 아니한 사람이 ⓑ 그러한 단체 또는 집단의 구성·유지를 위하여 ⓒ 자금을 제공			10년

용(건조물, 선박, 기차, 항공기)파괴, 살인, (촉탁, 승낙)살인, (위계, 위력)(촉탁, 승낙)살인, (위계, 위력)자살결의, (살인, 위계촉탁살인, 위계승낙살인, 위력촉탁살인, 위력승낙살인, 위계자살결의, 위력자살결의)(예비, 음모), 업무방해, (컴퓨터등손괴, 전자기록등손괴, 컴퓨터등장애)업무방해, (경매, 입찰)방해, 강도, 특수강도, 준강도, 준특수강도, 인질강도, 강도(상해, 치상), 강도강간, 해상강도, 해상강도(상해, 치상), 상습(강도, 특수강도, 인질강도, 해상강도), 강도(예비, 음모)】.

5 폭력행위등처벌에관한법률위반【단체등의((상습, 공동, 상습특수)(폭행, 협박, 주거침입, 퇴거불응, 재물손괴등, 존속폭행, 체포, 감금, 존속협박, 강요, 상해, 존속상해, 존속체포, 존속감금, 공갈)】.

〔홍진영〕

조 문		제 목	구성요건		죄 명	공소시효
§6		미수범	§2, §3, §4②(일부 제외), §5의 미수		죄명6	
§7		우범자	ⓐ 정당한 이유 없이 ⓑ 이 법에 규정된 범죄에 공용될 우려가 있는 흉기나 그 밖의 위험한 물건을 ⓒ 휴대, 제공 또는 알선		폭력행위처벌법위반(우범자)	5년
§9	①	사법경찰관리의 직무유기	사법경찰관리로서	ⓐ 이 법에 규정된 죄를 범한 사람을 수사하지 아니하거나 범인을 알면서 체포하지 아니하거나 ⓑ 수사상 정보를 누설하여 범인의 도주를 용이하게 함	폭력행위처벌법위반(직무유기)	10년
	②		ⓐ 뇌물을 수수, 요구 또는 약속하고 ⓑ ①의 죄를 범함			

II. 연 혁7

폭력행위처벌법은 5·16 군사혁명 이후 설치된 국가재건최고회의에 의하여 "폭력행위 등을 자행하여 사회질서를 문란하게 하고 사회적 불안을 조성하는 자 등을 처벌함"을 목적으로 1961년 6월 20일 법률 제625호로 제정 및 공포되어 같은 날 시행되었다.8 이 법은 일본의 폭력행위 등 처벌에 관한 법률(1926. 4. 10 법률 제60호)9을 참조하여 제정되었다. 제정 당시 폭력행위에 관한 형사책임 규

4

---

6 해당 기수죄명 다음에 '미수' 표시하지 아니한다.

7 폭력행위처벌법의 제정 당시부터 2006년에 이르기까지의 연혁에 관한 상세한 설명은, 박상기·신동운·손동권·신양균·오영근·전지연(이하, [특별법] 부분에서는 박상기 외 5인), 형사특별법론(개정판), 50-62; 신양균, 형사특별법 정비방안(5) - 폭력행위등처벌에관한법률, 한국형사정책연구원(2008), 21-40; 장영민 편, 5대 형사특별법 제·개정 자료집, 한국형사정책연구원(2009), 1279-1395 참조.

8 폭력행위처벌법의 절차적 정당성 결여로 인한 태생적 한계를 지적하는 문헌으로, 이기헌, "폭력행위등처벌에관한법률의 정비방안", 형사정책 17-2, 한국형사정책학회(2005), 59. 또한, 폭력행위처벌법 제정의 배후에는 군사정부가 가지는 정통성의 문제를 희석시키고 국민의 사회적 관심을 사회불안 세력의 척결 쪽으로 돌리려는 의도가 컸다는 지적으로, 박상기 외 5인, 형사특별법론(개정판), 71.

9 이 법은 제1차 세계대전 후의 사회적·경제적 불안하에서 협박꾼, 깡패 등에 의한 집단적인 폭력행위가 빈발하자 이에 대처하기 위하여 제정되었으나, 실제로는 노동자, 농민 등의 대중 저항운동이나 학생운동에도 폭넓게 적용되었다고 평가되고 있으며, 일본국에서 시행되기 한 해 전인

정에는 ① 형법상 상해죄, 폭행죄, 체포·감금죄, 협박죄, 주거침입·퇴거불응죄, 강요죄(제정 당시의 명칭은 폭행에 의한 권리행사방해죄), 공갈죄, 재물손괴죄의 8개 범죄(이하, '가중처벌 대상범죄'라 한다.)를 야간에 또는 상습적으로 범한 경우 1년 이상의 유기징역에 처하도록 하는 규정(§2), ② 가중처벌 대상범죄를 단체나 다중의 위력을 보이거나 흉기 기타 위험한 물건을 휴대하거나 또는 수인이 공동하여 범한 경우 2년 이상의 유기징역에(§3①), 야간에 또는 상습적으로 범한 경우 3년 이상의 유기징역에(§3②) 처하도록 하는 규정, ③ 폭력행위처벌법에 규정된 범죄를 목적으로 단체 또는 집단을 구성한 자(§4) 및 그 단체 또는 집단을 이용하여 폭력행위처벌법 또는 기타 형벌법규에 규정된 죄를 범하게 한 자(§5)에 대한 처벌 규정, ④ 미수범에 관한 처벌 규정(§6)이 포함되어 있었다.

5　　　폭력행위처벌법은 제정 이후 9차례의 개정을 거쳐서 오늘날에 이르렀는데, 2004년 1월 20일의 타법개정에 따른 제6차 개정을 제외한 다른 개정법률의 주요 내용은 아래와 같다.

1. 제1차 개정

6　　　1962년 7월 14일 제1차 개정(법률 제1108호)에서는 제1조의 목적 규정의 내용을 변경하였다. 제정 당시의 목적 규정에서는 처벌 대상을 "폭력행위 등을 자행하여 사회질서를 문란하게 하고 사회적 불안을 조성하는 자 등"으로 규정하고 있었음은 앞서 언급한 바와 같다. 이에 위 조항을 근거로 폭력행위로 인하여 사회질서의 문란과 사회적 불안을 조성한 경우에만 이 법을 적용할 수 있다는 취지의 제한 해석을 해야 한다는 주장이 제기될 수 있었고, 실제로 대법원에서 그러한 취지의 판결을 선고하기도 하였다.[10] 이에 입법자는 위 내용을 삭제하고 "집단적, 상습적 또는 야간에 폭력행위 등을 자행하는 자 등을 처벌"하는 것으로 그 목적을 변경함으로써 제한 해석의 가능성을 차단하고자 하였다.[11] 또한,

---

1925년에 식민지 조선, 대만, 사할린에 먼저 적용됨으로써 특히 항일운동의 억압 수단으로 악용된 것으로 알려져 있다. 이 법은 광복 후 미군정기에 즉시 폐지되지 아니하고 군정법령 제21호 제1조에 의하여 그 효력이 존속하였으나, 1953년 현행 형법 제정과 더불어 부칙 제10조에 의하여 폐지되었다[김정환·김슬기, 특별형법(2판), 3; 이동희·류부곤, 특별형법(5판), 70; 이주원, 특별형법(8판), 553].

10 대판 1962. 5. 10, 62오20.

11 위 개정 이후에 대법원은 "현행 폭력행위 등 처벌에 관한 법률 제1조는 '이 법은 집단적, 상습적

제2조 제2항을 신설하여 야간 또는 2인 이상이 공동하여 가중처벌 대상범죄를 범한 경우에는 형법 해당 조항에 정한 형의 2분의 1까지 가중하도록 하였다.

2. 제2차 개정

10·26 사건 후 비상계엄 체제하에서 국가보위입법회의에 의하여 가결된 1980년 12월 18일 제2차 개정(법률 제3279호)에서는 그 개정 이유를 "오늘날 폭력사범이 양적으로 증가할 뿐 아니라 질적으로 흉폭화, 집단화됨으로써 사회불안을 조성하고 있음에 비추어 사회정화차원에서 상습적이고 조직적인 폭력배에 대해서는 중형으로 엄단하여 장기간 사회에서 격리시킴으로써 국민이 안심하고 살 수 있는 사회를 이룩할 수 있도록 하는 것"이라고 밝히고 있다.[12] 이에 따라 ① 상습적으로 제3조 제1항의 죄를 범한 경우 종전에는 3년 이상의 유기징역에 처하던 것을 무기 또는 5년 이상의 유기징역에 처하도록 형을 가중하였고(§3③), ② 폭력행위처벌법 위반 범죄 또는 형법상의 가중처벌 대상범죄(이하, '폭력행위등'이라 한다.)로 3회 이상 징역형을 받은 자로서 폭력행위등의 죄를 범하여 누범으로 처벌받는 자는 무기 또는 5년 이상의 유기징역에 처하도록 하는 규정(§3④)을 신설하였다.

3. 제3차 개정

1990년 12월 31일 제3차 개정(법률 제4294호)은 이른바 '범죄와의 전쟁'[13]이라는 기치 아래 "조직폭력사범, 상습폭력사범, 집단폭력사범 및 흉기사용폭력사

또는 야간에 폭력행위 등을 자행하는 자 등을 처벌함을 목적으로 한다.'고 규정하고 있으므로, 같은 법 제2조 제2항의 규정은 같은 조 제1항에 열거된 죄의 하나를 야간에 범하거나 2인 이상이 공동으로 범한 경우에 적용되고, 또한 같은 법 제3조 제1항은 단체나 다중의 위력으로써 또는 단체나 집단을 가장하여 위력을 보임으로써 또는 흉기 기타 위험한 물건을 휴대하고 같은 법 제2조 제1항에 열거된 죄의 하나를 범한 경우에 적용되는바, 위와 같은 범죄로 인하여 사회질서를 문란하게 하거나 사회적 불안을 조성하는 것은 그 요건이 아니다."라고 판시하였다(대판 2000. 9. 29, 2000도2953).

12 이러한 목적은 표면적인 것에 불과하고, 실제로는 중벌주의를 이용하여 시민의 자유를 통제함으로써 신군부정권의 안정을 꾀하는 데에 폭력행위처벌법을 이용한 것이라는 비판으로는, 김치정, "「폭력행위 등 처벌에 관한 법률」에 대한 비판적 고찰", 강원법학 55(2018), 547-548.

13 노태우 전 대통령이 1990년 10월 13일 범죄와 폭력에 대한 전쟁을 선포한 10·13 특별선언에서 내건 표어이다.

범을 엄벌하여 민생치안확립에 이바지하려는" 취지로 이루어졌다.

9　　　　이에 따라 ① 상습적으로 가중처벌 대상범죄를 범한 경우 종전에는 1년 이상의 유기징역에 처하던 것을 3년 이상의 유기징역에 처하도록 형을 가중하였고(§2①), ② 폭력행위등으로 인하여 2회 이상 징역형을 받은 자로서 폭력행위등의 죄를 범하여 누범으로 처벌받는 자는 3년 이상의 유기징역에 처하도록 하는 규정(§2③)을 신설하였으며, ③ 제3조 제1항의 형을 2년 이상의 유기징역에서 3년 이상의 유기징역으로, 제3조 제2항의 형을 3년 이상의 유기징역에서 5년 이상의 유기징역으로, 제3조 제3항의 형을 무기 또는 5년 이상의 유기징역에서 무기 또는 7년 이상의 유기징역으로 각 가중하였다. 또한, ④ 제3조 제4항의 적용범위를 "폭력행위등으로 2회 이상 징역형을 받은 자로서 폭력행위등의 죄를 범하여 누범으로 처벌받는 자"로 확대하는 한편, 그 형을 무기 또는 5년 이상의 유기징역에서 무기 또는 7년 이상의 유기징역으로 가중하였고, ⑤ 폭력행위등의 죄를 범할 목적으로 구성한 단체 또는 집단의 간부의 형을 무기 또는 5년 이상의 유기징역에서 무기 또는 7년 이상의 유기징역으로 가중하였다(§4(ii)).

4. 제4차 개정

10　　　　1993년 12월 10일 제4차 개정(법률 제4590호)은 그 개정이유를 "범죄단체조직죄가 즉시범으로서 동 단체에 가입한 즉시 공소시효가 진행되는 법리를 범죄단체등의 구성원들이 악용함으로써 처벌을 모면해 온 사례를 가급적 방지하고 그들의 활동을 차단하기 위하여 범죄단체등의 구성·가입행위에 대한 벌칙을 일부 강화하고 범죄단체등의 구성원이 이 법 또는 형법 소정의 죄를 범한 경우에는 가중처벌하도록 하며, 타인에게 가입을 강요 또는 권유하는 행위와 이들 단체 또는 집단의 존속·유지를 위하여 금품을 모집 또는 제공하는 행위에 대한 벌칙규정을 신설함으로써 민생치안의 확보와 국가기강의 확립을 도모하려는 것"이라고 밝히고 있다. 문민정부인 김영삼 정부에서도 국가기강 확립이라는 명목으로 중벌주의를 계속 이어나가고자 한 것이다.[14]

11　　　　구체적으로는, ① 범죄단체조직죄의 구성요건 중 "단체 또는 집단을 구성한

---

14 김치정(주 12), 549.

자"를 "단체 또는 집단을 구성하거나 그러한 단체 또는 집단에 가입한 자"로 개정하여 그 취지를 보다 명확히 하는 동시에, 단순 가입자에 대한 형을 1년 이상의 유기징역에서 2년 이상의 유기징역으로 가중하였고(§ 4①), ② 범죄단체 또는 집단을 구성하거나 가입한 자가 범죄단체 또는 집단의 위력을 과시하거나 단체 또는 집단의 존속·유지를 위하여 공무집행방해·살인·강도 등의 죄를 범하거나 폭력행위처벌법 제2조 또는 제3조의 죄를 범한 경우에는 그 죄에 정한 형의 장기 또는 단기의 2분의 1을 가중하여 처벌하는 규정을 신설하였으며(§ 4②), ③ 타인에게 범죄단체 또는 집단에 가입할 것을 강요하거나 권유한 자를 2년 이상에 유기징역에 처하는 규정(§ 4③)과 범죄단체 또는 집단을 구성하거나 가입한 자로서 이들 단체 또는 집단의 존속·유지를 위하여 금품을 모집한 자(§ 4④)와 범죄단체 또는 집단을 구성하거나 가입하지 아니한 자로서 이들 단체 또는 집단의 구성·유지를 위하여 자금을 제공한 자(§ 5②)를 각 3년 이상의 유기징역에 처하는 규정을 신설하였다.

5. 제5차 개정

폭력행위처벌법 최초로 정부발의가 아닌 의원발의에 의하여 이루어진 2001 년 12월 19일 제5차 개정(법률 제6534호)은 피해자의 의사와 무관하게 단순폭행죄 등 일상적인 범죄를 처벌함으로써 전과자를 양산하는 폐해를 시정하기 위하여 야간에 이루어진 폭행 및 협박행위에 대해서는 반의사불벌죄에 관한 형법 제260조 제3항 및 제283조 제3항을 적용하는 취지로 제2조 제4항을 개정하였다. 이전의 개정은 모두 중벌주의의 기조하에서 이루어졌던 것과는 달리, 5차 개정은 중벌주의를 완화하고 비례의 원칙에 입각한 처벌의 합리화를 꾀한 최초의 개정이었다는 점에서 긍정적인 의의가 있다고 평가된다.[15]

6. 제7차 개정

2006년 3월 24일 제6차 개정(법률 제7891호)은 헌법재판소가 2004년 12월 16일 폭력행위처벌법 제3조 제2항에 대하여 위헌결정[16]을 한 것이 계기가 되었다.

---

15 김치정(주 12), 550.
16 헌재 2004. 12. 16, 2003헌가12.

위 결정에서 헌법재판소는 "형벌이 지나치게 가혹하거나 잔인하면 일시적으로는 범죄 억지력을 발휘할지 모르지만 결국에는 중벌에 대해 면역성과 무감각이 생기게 될 뿐이고, 나아가 범죄예방과 법질서 수호로 이어지는 것이 아니라 법의 권위를 실추시키고 법질서의 영속성과 안정을 저해하는 요인이 될 뿐"이라고 하여 중벌주의의 문제점을 지적하였다. 구체적으로는 폭력행위처벌법 제3조 제2항에 정하여진 가중처벌 대상범죄의 죄질과 행위의 태양 및 그 위험성이 사뭇 다르고, 이에 따라 그 법정형도 구류 또는 과료가 가능한 것부터 10년 이하의 유기징역에 이르기까지 그 경중에 많은 차이가 있음에도 불구하고 그 행위가 야간에 행하여졌다는 이유만으로 일률적으로 5년 이상의 유기징역형에 처하도록 규정한 것은 실질적 법치국가 내지는 사회적 법치국가가 지향하는 죄형법정주의의 취지에 어긋날 뿐만 아니라 기본권을 제한하는 입법을 함에 있어서 지켜야 할 헌법적 한계인 과잉금지의 원칙 내지는 비례의 원칙에도 어긋난다는 것이 위헌 판단의 근거가 되었다.

14   이에 위 개정에서는 헌법재판소의 위와 같은 위헌결정 취지를 받아들여, ① 가중처벌 대상범죄의 법정형·죄질 등을 감안하여 범죄유형을 세 가지로 나누어 제2조 제1항 내지 제3항, 제3조 제1항, 제3항, 제4항의 법정형을 세분화하되[17] 가중처벌 대상범죄에 존속에 대한 폭력범죄를 추가하였고, ② 전기문명의 발달로 야간에 이루어진 폭력범죄를 가중처벌할 합리적 근거 내지 현실적 필요성이 크게 줄어들었다고 판단하여 주·야간 구별에 따른 법정형의 구분을 폐지하였다(§ 2②의 '야간' 부분 및 § 3②의 삭제). 이에 더하여, ③ 범죄단체 조직·가입행위 외에 그 구성원으로 활동하는 경우에도 처벌할 수 있는 근거 조항을 마련하였고(§ 4①), ④ 범죄단체등을 이용하여 폭력행위등을 범하게 한 자에 대한 법정형을 그 죄에 대한 형의 장기 또는 단기의 2분의 1까지 가중하는 것으로 정비하였다(§ 5①).

---

17 가중처벌 대상범죄의 행위태양·죄질·위험성 등을 감안하여 법정형을 세분화하였다는 점에서 바람직한 입법이기는 하지만, 각각의 대상범죄의 불법의 정도를 고려한 세밀한 세분화가 이루어지지 않았다는 점에서 여전히 미흡함을 지적하는 문헌으로, 김경락, "폭력행위 등 처벌에 관한 법률 제2조 제1항의 대상범죄에 관한 문제점 및 개정방향", 법조 62-1, 법조협회(2013), 142.

7. 제8차 개정

2014년 12월 30일 제7차 개정(법률 제12896호)은 "법적 간결성·함축성과 조　15
화를 이루는 범위에서, 법 문장의 표기를 한글화하고, 어려운 용어를 쉬운 우리
말로 풀어쓰며 복잡한 문장은 체계를 정리하여 간결하게 다듬음으로써 쉽게 읽
고 잘 이해할 수 있으며 국민의 언어생활에도 맞는 법률이 되도록 하려는" 취지
에서 이루어진 것으로, 법률의 실질적인 내용에 있어서의 변경은 없었다.

8. 제9차 개정

2016년 1월 6일의 제8차 개정(법률 제13718호)은 헌법재판소가 2015년 9월　16
24일 폭력행위처벌법 제3조 제1항에 대하여 위헌결정[18]을 한 것이 계기가 되었
다. 위 조항의 구성요건인 '흉기 기타 위험한 물건을 휴대하여'는 형법 제261조
(특수폭행), 제284조(특수협박), 제369조(특수재물손괴)의 구성요건인 '위험한 물건을
휴대하여'와 그 의미가 동일한데, 폭력행위처벌법 제3조 제1항에서 위 형법 조
항들과 동일한 내용의 구성요건을 가중적 구성요건 표지를 전혀 추가하지 않고
규정하면서 법정형만을 가중한 것은 형벌체계상의 정당성과 균형을 잃은 것이
고, 인간의 존엄성과 가치를 보장하는 헌법의 기본원리에 위배될 뿐 아니라 그
내용에 있어서도 평등원칙에 위반된다는 것이다. 또한, 위 결정의 보충의견은
심판대상 조항 외에도 폭력행위처벌법에는 형법 조항과 동일한 내용의 구성요
건을 규정하면서 법정형만을 가중한 조항이 다수 존재하고 있으므로, 형법과 폭
력행위처벌법을 정비하는 입법개선이 필요함을 지적하였다.[19]

이에 위 개정에서는 폭력행위처벌법 제3조 제1항뿐만 아니라 이와 유사한　17
형태의 가중처벌 규정을 일괄하여 정비하고자 하였다. 구체적으로는, ① 상습폭
행 등 상습폭력범죄의 가중처벌 규정인 제2조 제1항을 삭제하였고, ② 흉기휴
대폭행 등 특수폭력범죄의 가중처벌 규정인 제3조 제1항과 상습특수폭력범죄의

---

18 헌재 2015. 9. 24, 2014헌바154 등.
19 구체적으로는 폭력행위처벌법 제2조 제1항, 제2항 및 제3조 제1항, 제3항은 형법으로 통합하되 각
　범죄들 간의 법정형에 균형이 맞도록 법정형을 상호조정하고, 범죄단체에 관한 폭력행위처벌법 제
　4조 및 제5조는 여전히 독자적인 존재의의를 갖는다고 볼 수 있으므로 이들 규정은 폭력행위처벌
　법에 존치하고, 폭력행위처벌법 제2조 제3항과 제3조 제4항의 누범 가중처벌 조항은 여전히 엄단
　의 필요가 있으므로 마찬가지로 폭력행위처벌법에 존치하는 것이 바람직하다고 제안하였다.

가중처벌 규정인 제3조 제3항을 삭제하였으며, ③ 위 조항들이 삭제됨에 따라 위 조항의 법정형을 원용하고 있었던 누범에 대한 가중처벌 조항인 제2조 제3항과 제3조 제4항의 내용을 정비하였다.

Ⅲ. 법률 정비 논의

18   폭력행위처벌법은 형법의 공동화(空洞化)를 초래하고, 법규범의 체계적 통일성을 위협하며, 지나친 중벌주의로 인하여 책임원칙에 부합하지 않는다는 비판이 끊임없이 제기되었다.[20]

19   또한 폭력행위처벌법의 제정 당시에는 폭력이 중요한 사회불안요인으로 작용하였던 것이 어느 정도는 객관적 사실에 부합하므로 이에 엄격히 대처한다는 정권의 의지를 천명하고 가중된 형벌을 통해 범죄예방을 도모할 필요가 있었다고 인정한다 하더라도, 오늘날 폭력이 다른 현상과 비교해서 반드시 더 중요한 사회불안요인이라고 보기 어려운 측면이 있고, 폭력행위처벌법도 특수한 행위태양의 폭력행위를 규제대상으로 하기보다는 어느 사회에서나 사회구성원 간의 갈등의 표출로서 일상적으로 나타날 수 있는 폭력을 주된 대상으로 하고 있음을 감안한다면, 이미 상징적 효과도 크게 기대하기 어려운 상황에 이르렀다는 지적이 있었다.[21] 오히려 지나친 중벌주의는 법정형과 동떨어진 선고형을 일상화하여 형법을 안정적, 지속적이고 엄정하게 적용함으로써 얻는 진정한 국가와 법의 권위를 삭감시키는 역효과가 있다는 비판도 존재하였다.[22]

20   헌법재판소의 일련의 위헌결정과 그에 따른 제7차, 제9차 개정은 위헌의 정도에 이르는 중벌주의의 문제점을 대폭 완화하였으므로 폭력행위처벌법에 대하여 지적된 문제점은 상당 부분 해결된 것이라 볼 수도 있다. 그러나 폭력행위처벌법 제1조에서는 집단 또는 상습으로 폭력행위 등을 범하거나 흉기 또는 그

---

20 박상기 외 5인, 형사특별법론(개정판), 173.
21 박상기 외 5인, 형사특별법론(개정판), 173. 같은 취지로, 이기헌(주 8), 76(폭력행위처벌법은 일종의 비상입법으로서 4·19 이후의 불안한 치안상태에서 단기간에 폭력배를 일소하여 질서를 확립하려는 목적으로 한시적으로 운용한 뒤 폐지하여야 했을 법이라고 지적).
22 박기석, "폭력행위등처벌에관한법률의 개정론과 폐지론", 형사정책연구 65, 한국형사정책연구원 (2006), 134.

밖의 위험한 물건을 휴대하여 폭력행위 등을 범한 사람 등을 처벌함을 목적으로 한다고 규정하고 있는데, 집단 또는 상습, 흉기휴대 폭력범죄를 처벌하는 제2조 및 제3조의 제반 조항이 폐지되거나 형법전으로 자리를 옮긴 상황에서 잔존 조항들이 폭력행위처벌법 제1항의 목적을 반영하는 핵심 조항이라고 보기는 어려운 상황이다. 그렇다면 입법자는 궁극적으로는 나머지 조항들도 형법전에 통합하거나 폐지함으로써 폭력행위처벌법을 전면 폐지하는 방안을 고려해 볼 필요가 있다고 여겨진다.

〔홍 진 영〕

제2조(폭행 등)

① 삭제 〈2016. 1. 6.〉

② 2명 이상이 공동하여 다음 각 호의 죄를 범한 사람은 「형법」 각 해당 조항에서 정한 형의 2분의 1까지 가중한다. 〈개정 2016. 1. 6.〉

　　1. 「형법」 제260조 제1항(폭행), 제283조 제1항(협박), 제319조(주거침입, 퇴거불응) 또는 제366조(재물손괴 등)의 죄

　　2. 「형법」 제260조 제2항(존속폭행), 제276조 제1항(체포, 감금), 제283조 제2항(존속협박) 또는 제324조 제1항(강요)의 죄

　　3. 「형법」 제257조 제1항(상해)·제2항(존속상해), 제276조 제2항(존속체포, 존속감금) 또는 제350조(공갈)의 죄

③ 이 법(「형법」 각 해당 조항 및 각 해당 조항의 상습범, 특수범, 상습특수범, 각 해당 조항의 상습범의 미수범, 특수범의 미수범, 상습특수범의 미수범을 포함한다)을 위반하여 2회 이상 징역형을 받은 사람이 다시 제2항 각 호에 규정된 죄를 범하여 누범(累犯)으로 처벌할 경우에는 다음 각 호의 구분에 따라 가중처벌한다. 〈개정 2016. 1. 6.〉

　　1. 제2항 제1호에 규정된 죄를 범한 사람: 7년 이하의 징역

　　2. 제2항 제2호에 규정된 죄를 범한 사람: 1년 이상 12년 이하의 징역

　　3. 제2항 제3호에 규정된 죄를 범한 사람: 2년 이상 20년 이하의 징역

④ 제2항과 제3항의 경우에는 「형법」 제260조 제3항 및 제283조 제3항을 적용하지 아니한다.

[전문개정 2014. 12. 30.]

〔홍 진 영〕

I. 개 요

　　종전의 본조 제1항에서는 상습적으로 8개 유형의 폭력범죄(이하, '가중처벌 대 　1
상범죄'라 한다.)를 범한 경우를 가중처벌하고 있었으나, 헌법재판소가 2015년
9월 24일 폭력행위처벌법 제3조 제1항에 대하여 위헌결정[1]을 한 것을 계기로
유사한 형태의 가중처벌 규정이 일괄하여 정비되면서 2016년 1월 6일 법률 제
13718호로 위 조항도 삭제되었다. 즉, 위 조항을 삭제한 취지는 "그 가중적 구
성요건의 표지로서 같은 항 각 호에 열거된 범죄행위를 포괄한 폭력행위의 습
벽이 가지는 일반적인 위험성을 고려하더라도 개별 범죄의 범행경위, 구체적인
행위태양과 법익침해의 정도 등이 매우 다양함에도 일률적으로 가중처벌하도록
한 종전의 조치가 부당하다는 데에서 나온 반성적 조치"[2]로 이해할 수 있다.

　　본조 제2항에서는 2명 이상이 공동하여 대상범죄를 범한 경우를 가중처벌 　2
하고 있고, 제3항에서는 2회 이상의 징역형을 받은 사람으로서 누범에 해당하는
경우를 가중처벌하고 있다. 한편, 제4항에서는 폭행죄, 존속폭행죄, 협박죄, 존
속협박죄에 대한 형법상 반의사불벌죄 규정의 적용을 배제하고 있다.

II. 공동폭행 등 죄(제2항)

1. 취 지

　　본조 제2항은 '2명 이상이 공동하여' 제2항 각 호의 죄를 범한 때에 적용된다. 　3

---

1 헌재 2015. 9. 14, 2014헌바154 등.
2 대판 2018. 6. 28, 2015도2390. 대법원은 위 조항을 삭제하면서 경과규정을 별도로 두지 않았고,
　본문에 인용한 바와 같이 위 개정은 반성적 고려에 따른 법령의 개폐에 해당하므로, 이는 형법
　제1조 제2항의 '범죄 후 법률의 변경에 의하여 그 행위가 범죄를 구성하지 아니하거나 형이 구
　법보다 경한 때'에 해당한다고 판시하였다. 이처럼 대법원은 종래 형법 제1조 제2항의 '법령의
　개폐'와 관련하여 이른바 '동기설'의 입장이었으나, 최근 판례를 변경하여 "전 법령이 범죄로 정
　하여 처벌한 것이 부당하였다거나 과형이 과중하였다는 반성적 고려에 따라 변경된 것인지 여부
　를 따지지 않고 원칙적으로 형법 제1조 제2항과 형사소송법 제326조 제4호가 적용된다."고 판시
　하고 있다[대판 2022. 12. 22, 2020도16420(전)].

〔홍 진 영〕　　　　**379**

2. '2명 이상이 공동하여'

(1) '공동하여'의 의미 - 공동범과 공동정범의 구별

4   '2명 이상이 공동하여'의 의미에 대해서 판례는 "수인 간에 소위 공범관계가 존재하는 것을 요건으로 하고, 또 수인이 동일 장소에서 동일 기회에 상호 다른 자의 범행을 인식하고 이를 이용하여 범행을 한 경우"[3]로 보고 있다. 이처럼 판례는 위 '공동하여'를 공동정범에 관한 형법 제30조의 '공동하여'와 다른 의미로 해석한다. 제30조의 공동정범은 공동가공의 의사와 그 공동의사에 의한 기능적 행위지배를 통한 범죄 실행이라는 주관적·객관적 요건을 충족함으로써 성립한다.[4] 따라서 폭행의 실행행위를 한 사람과 공모한 사실은 인정되나 범죄의 실행행위를 직접 분담하지 아니한 경우라도 범죄에 대한 본질적인 기여를 통한 기능적 행위지배가 존재하는 한 그 범죄 전체에 관하여 제30조의 공동정범으로서의 책임을 질 수 있지만,[5] 그것만으로 본조 제2항의 '공동하여'의 요건까지 충족되었다고 볼 수는 없다.[6]

5   이러한 판례의 태도는 형법 제331조 제2항 등에서 규정하고 있는 합동범(合同犯)의 '합동하여' 요건에 관하여 대법원이 이른바 현장설[7]의 입장을 취하고 있는 것과 기본적으로 동일한 바,[8] 다음과 같은 근거에서 '공동하여'의 의미를 공

---

3 대판 1970. 3. 10, 70도163; 대판 2000. 2. 25, 99도4305; 대판 2023. 8. 31, 2023도6355. 위 99도4305 판결의 평석은 이주원, "폭처법상 '2명 이상이 공동하여'의 의미", 특별형법 판례100선, 한국형사판례연구회·대법원 형사법연구회, 박영사(2022), 292-295.

4 대판 2018. 4. 19, 2017도14322(전).

5 대판 2018. 4. 19, 2017도14322(전)의 취지.

6 대판 1990. 10. 30, 90도2022.

7 대판 1988. 9. 13, 88도1197. 「형법 제331조 제2항 후단의 2인 이상이 합동하여 타인의 재물을 절취한 경우 특수절도죄가 성립하기 위하여는 주관적 요건으로서의 공모와 객관적 요건으로서의 실행행위의 분담이 있어야 하고 그 실행행위에 있어서는 시간적으로나 장소적으로나 협동관계에 있음을 요한다.」

   본 판결 해설은 박찬주, "형법 §331②후단의 "2인이상이 합동하여"의 의미", 해설 10, 법원행정처(1989), 489-497.

8 김정환·김슬기, 특별형법(2판), 10; 박상기 외 5인, 형사특별법론(개정판), 99; 이동희·류부곤, 특별형법(5판), 82; 이주원, 특별형법(8판), 561-562(다만, 구체적인 형사실무에서는 공동범의 공동관계의 인정범위가 합동범의 합동관계의 인정범위보다 다소 넓게 인정되는 경우가 있는데, 공동범의 성립요건을 제한하여 피고인의 이익을 도모하고자 하는 현장설의 의도에 부합하지 않는 것이므로 반성의 여지가 있는 대목이다); 박주봉, "폭력행위등처벌에 관한 법률 제2조 제2항 소정의 폭력공동범의 공동정범", 재판과 판례 4, 대구판례연구회(1995), 476; 신동운, "합동범의 공동정범", 서울대학교 법학 35-3, 서울대학교 아시아태평양법연구소(1994), 232; 이재상, "합동범

동정범보다 엄격하게 제한하여 해석하는 판례의 입장이 타당하다고 생각된다.[9]

첫째, 본 조항은 단독정범의 법정형을 그대로 따르는 형법 제30조와는 달리 　6
단독정범에 비하여 형을 가중하고 있다. 그런데 각호에 열거된 8가지 유형의 가
중처벌 대상범죄를 공동정범으로 범한 경우에만 단독정범보다 더 무거운 형으
로 처벌하여야 할 합리적인 근거를 찾기가 어렵다.[10]

둘째, 공동정범의 요건을 충족하였다는 이유만으로 본조 제2항에 따라 가중 　7
처벌을 할 수 있다고 보게 된다면, 공동정범으로 가중처벌 대상범죄를 범한 경우
가중적 구성요건 표지가 전혀 없이 형법 조항과 동일한 내용의 구성요건을 규정
하면서 법정형만을 가중한 것이 되어 위헌적이라는 평가를 면하기 어렵게 된다.

셋째, 본 조항의 가중처벌 취지는 집단심리에 의하여 폭력행위의 위험성이 　8
가중된다는 점에서 찾을 수 있는데, 그러한 집단심리가 생기기 위해서는 폭력행
위의 실행행위자들이 시간적으로나 장소적으로 상호 근접해 있을 필요가 있다
는 점[11]에서 현장성은 본 조항의 적용을 그 입법 취지에 부합하는 합리적 범위
내로 제한하는 요건으로서 적절한 개념 표지이다.

넷째, 본조 제2항의 '공동하여'의 의미를 형법 제30조의 '공동하여'보다 좁게 　9
파악하는 것은 피고인에게 유리하게 작용하므로 유추해석 금지원칙에도 반하지
않는다.

(2) 공동범의 요건

공동범이 성립하기 위해서는 위에서 본 바와 같이 ① 수인 사이에 공범관계, 　10

의 공동정범", 법학논집 11-1, 이화여자대학교 법학연구소(2006), 57; 이층상, "범행현장에 가지
아니한 자가 합동절도의 공동정범이 될 수 있는지 - 합동범의 공동정범의 성립가능성 - ", 법조
47-10, 법조협회(1998), 177; 이호중, "합동절도의 공동정범", 형사판례연구 [7], 한국형사판례연
구회, 박영사(2000), 132. 반면, 대법원이 공동범을 합동범보다 더욱 협소하게 파악하고 있다는
견해로는 박찬걸, "형법각칙의 합동범 개념 폐지에 관한 시론", 홍익법학 19-1(2018), 295; 정영
일, "합동범에 관한 판례연구", 형사판례연구 [7], 한국형사판례연구회, 박영사(1999), 123.
9　이와 달리, 형법 제30조의 '공동하여'와 본조 제2항의 '공동하여'를 동일하게 공동정범의 의미로
해석하여야 한다는 견해로는, 박찬걸(주 8), 296; 정영일(주 8), 123.
10　박상기 외 5인, 형사특별법(개정판), 83.
11　이주원, 특별형법(8판), 561. 공모자가 모두 현장에 있을수록 피해자가 맞부딪치는 상대(가해자)
는 더욱 다수가 되고, 그에 따라 피해자의 범행에 대한 저항 의지와 힘이 반비례적으로 약화되
며, 피해도 더 커질 개연성이 높고, 아울러 범죄의 실행이 단체에 의한 범행, 즉 조직범죄의 모
습에 더 근접하기 때문에 협동적 실행이 분업적 실행보다 불법을 더 가중시킨다는 설명으로는,
이상돈, "합동범과 공동범의 해석정책", 저스티스 73, 한국법학원(2003), 105.

즉 공동정범의 관계가 존재하는 것에 더하여, ② 그 수인이 동일 장소에서 동일 기회에 상호 다른 사람의 범행을 인식하고 이를 이용하여 범행을 할 것을 요한다. 따라서 폭력행위의 실행범과 공모사실은 인정되나 그와 공동하여 범행에 가담하였거나 범행장소에 있었다고 인정되지 아니한 경우에는, '공동하여' 죄를 범한 때에 해당하지 아니한다.[12] 현장에 현존하고 있었으나 실행행위의 분담이 없었던 경우에는 공동범으로 처벌되지 않는다.[13] 현장에서 타인의 폭력행위를 단지 만류한 것에 불과한 경우[14]에도 공동관계가 인정되지 아니함은 물론이다.

(3) 공동범의 공동정범 성립 여부

11　　3인 이상이 대상범죄를 공모하고 그중 2인 이상이 현장에서의 실행행위를 분담한 경우 현장에 있지 않았던 사람을 공동범에 대한 공동정범으로 처벌할 수 있는지의 문제가 있다. 위 쟁점 역시 합동범의 공동정범 성립 여부에 관한 논의와 기본 구도를 같이 한다.[15]

12　　대법원은 합동범의 경우와 마찬가지로, "여러 사람이 구 폭력행위처벌법 (1990. 12. 31. 법률 제4294호로 개정되기 전의 것) 제2조 제1항에 열거된 죄를 범하기로 공모한 다음 그 중 2인 이상이 범행장소에서 범죄를 실행한 경우에는, 범행장소에 가지 아니한 자도 같은 법 제2조 제2항에 규정된 죄의 공모공동정범으로 처벌할 수 있다."[16]는 입장을 취하고 있다.

3. 제2항 각 호의 죄를 범한 때

13　　본조 제2항 각 호에 열거된 가중처벌 대상범죄를 범하여야 한다. 이에 대해

---

12 대판 1990. 10. 30, 90도2022; 대판 2023. 8. 31, 2023도6355.
13 대판 1981. 6. 23, 81도1176(피고인이 현장에서 피해자 A에 대하여 폭행을 가한 사실이 있다 하더라도, 피해자 B에 대한 폭행의 실행행위를 분담한 사실이 없는 한 B에 대한 폭행에 대하여 공동범의 죄책을 지는 것은 아니라고 판단한 사례); 대판 1993. 3. 10, 98도70(공동피고인이 피해자의 집 방에 들어가 협박하는 동안 피고인은 대문 밖에 서 있기만 했을 뿐 어떠한 가담행위를 하였는지 알 수 없는 경우 공갈의 공동관계를 인정할 수 없다고 한 사례).
14 대판 1986. 6. 10, 85도119; 대판 1990. 10. 23, 90도1925; 대판 1991. 1. 29, 90도2153.
15 위 쟁점에 관한 상세한 이론적 논의는 **형법주해 XI(각칙 8) 특수절도죄(§ 331)의 합동범** 부분 참조.
16 대판 1994. 4. 12, 94도128(이른바 용팔이 창당방해 사건). 대판 1996. 12. 10, 96도2529; 대판 2023. 8. 31, 2023도6355도 같은 취지. 위 94도128 판결의 평석은 김성룡, "공동범의 공동정범", 특별형법 판례100선, 한국형사판례연구회·대법원 형사법연구회, 박영사(2022), 296-299.

서는 폭력범죄의 범주에 포함될 수 있는 다양한 범죄유형 중에서 8개 유형의 범죄만이 선택된 것에 합리적인 근거를 찾기 어렵다는 비판이 있다.[17] 폭행치상죄는 본조 제2항 각 호에 열거되어 있지 아니하므로 2인 이상이 공동으로 폭행하여 상해의 결과를 야기한 경우 위 조항에 의하여 가중처벌할 수 없고 형법 제262조가 적용될 뿐이다.[18] 2명 이상이 가중처벌 대상범죄를 범한 이상 그 대상범죄가 상습으로 범해졌음을 요하지 아니한다.[19]

4. 다른 죄와의 관계

(1) 2명 이상이 공동하여 한 폭행행위가 업무방해죄의 수단이 된 경우, 폭력행위처벌법위반(공동폭행)죄와 업무방해죄는 상상적 경합관계에 있다.[20]　14

(2) 2명 이상이 공동하여 폭행으로 강간을 한 경우에는, 강간죄(§ 297)에만 해당하고 별도로 본 조항의 죄가 성립하는 것은 아니다.[21]　15

(3) 2명 이상이라도 단체나 다중의 위력을 보여 가중처벌 대상범죄를 범한 경우에는, 특수폭행죄(§ 261) 등 특수범을 가중처벌하는 형법 조항이 적용될 뿐이고 본조 제2항이 적용되지 않는다.[22]　16

5. 처 벌

형법 각 해당 조항에서 정한 형의 2분의 1까지 가중한다.　17

---

17 박상기 외 5인, 형사특별법론(개정판), 75(폭력행위를 억제한다는 점에서 본다면 살인죄, 강도죄, 강간죄가 왜 제외되는지 설득력 있는 근거를 찾기 어렵고, 체포죄, 감금죄를 포함시키면서 불법의 유형이 유사한 유기죄, 학대죄를 제외한 이유도 분명하지 않으며, 협박죄와 재물손괴죄를 포함시키면서 이를 수단으로 삼는 다중불해산죄, 특수도주죄, 사체은닉죄, 교통방해죄 등을 제외한 것은 균형을 상실한 것인 반면, 폭력과는 성격을 달리하는 주거침입죄나 퇴거불응죄, 재물손괴죄 등 상대적으로 경미한 법익침해를 포함시킨 것도 정책적 성격을 지나치게 반영한 결과이다); 이기헌, "폭력행위등처벌에관한법률의 정비방안", 형사정책 17-2, 한국형사정책학회(2005), 65(입법과정에서 범죄에 따른 해악이나 범죄 추이 등을 면밀하게 검토하여 대상범죄를 확정한 것이 아니라, 폭력배들의 단골범죄를 대강 포함시켜 놓은 것이다).
18 대판 1981. 3. 24, 81도415.
19 대판 1985. 10. 22, 85도1926.
20 대판 2012. 10. 11, 2012도1895.
21 대판 1974. 6. 11, 73도2817.
22 박상기 외 5인, 형사특별법론(개정판), 103.

III. 누범(제3항)

1. 취 지

18　　본조 제3항은 ① 이미 폭력행위처벌법위반죄 또는 가중처벌 대상범죄(각 대상범죄의 상습범, 특수범, 상습특수범 및 각 미수범 포함)로 2회 이상 징역형을 받은 사람이 ② 다시 제2항 각 호의 가중처벌 대상범죄를 범하여 ③ 누범으로 처벌할 경우에 적용된다.

19　　본조 제3항은 본래 "법률상 상습범으로 처벌하기 곤란한 경우라 하더라도 폭력행위 등으로 2회 이상 징역형을 받은 전력이 있는 자가 다시 같은 죄를 범하여 누범으로 처벌하여야 할 때에는 이를 상습범과 마찬가지로 인정하여 같은 법정형으로 가중처벌"[23]하고자 하는 취지로 도입되었다. 다만 2016년 1월 6일 폭력행위처벌법 개정 당시 상습범에 관한 가중처벌 조항인 제2조 제1항을 삭제함과 동시에 제1항에 의존하고 있던 본 조항의 법정형을 독자적으로 정함에 따라, 상습범에 준하여 처벌한다는 위와 같은 입법취지는 이제 더 이상 유지될 수 없게 되었다. 상습으로 대상범죄를 범한 경우에는 형법 제264조, 제279조, 제285조, 제351조에 따라 그 죄에 정한 형의 2분의 1까지 가중될 뿐인 반면, 새롭게 정해진 본조 제3항의 법정형은 이전보다는 완화되기는 하였으나 상습범에 비하여는 높은 수준이기 때문이다.[24] 따라서 개정된 본조 제3항의 취지는 2차례에 걸친 전범(前犯)에 대한 형벌의 경고기능을 무시하고 다시 누범기간 내에 동종의 범행을 저지른 그 불법성과 비난가능성을 무겁게 평가하여 징벌의 강도를 높임으로써 이와 같은 범죄를 예방하고자 하는 것이라고 이해하여야 할 것이다.[25]

20　　본조 제3항의 법적 성격과 관련하여, ① 새로운 구성요건을 창설한 것인지(구성요건설), 혹은 ② 형법상 누범가중에 대한 특칙으로서의 성격을 갖는 것인지

23　법제사법위원회, 폭력행위등처벌에관한법률 중 개정법률안 심사보고서(1990).

24　이주원, 특별형법(8판), 568.

25　특정범죄 가중처벌 등에 관한 법률(이하, '특정범죄가중법'이라 한다.) 제5조의4 제5항 제1호의 입법취지에 관한 대판 2020. 3. 12, 2019도17381 참조. 그러나 이미 형법전에 누범가중 규정을 두고 있는 상황에서 징역형의 기간이나 시기와 관계없이 전과의 존재만으로 범죄인에게 불이익을 주는 것은 이전의 판결을 통한 경고기능과 무관하게 형을 가중함으로써 행위책임에 기초한 형의 가중이라는 누범의 가중근거를 벗어난 것이어서 책임주의에 반한다는 비판으로, 박상기 외 5인, 형사특별법론(개정판), 81; 이기헌(주 17), 64.

(누범가중설)에 대하여 견해가 대립한다.

위 ①의 새로운 구성요건을 창설한 것이라는 견해는, 본조 제3항의 조문 21
체계가 일정한 구성요건을 규정하는 형식으로 되어 있고 적용 요건이나 효과도
형법 제35조와 달리 규정하고 있는 점, 만일 이를 형법상 누범가중의 특칙이라
고 본다면, 형식적으로는 본조 제3항의 요건에 해당하지만 행위자의 범죄전력
이나 다시 범한 당해 범행의 내용이 모두 경미한 경우까지 일률적으로 본 조항
을 직권으로 적용하여야 하는데,26 이는 지나치게 가혹한 형으로 인하여 행위책
임 원칙에 반하는 결과를 초래할 수 있는 점을 근거로 든다.27

위 ②의 형법상 누범가중에 대한 특칙이라는 견해는, 폭력행위처벌법상 누 22
범규정을 새로운 구성요건으로 보게 된다면 추가적으로 형법 제35조에 따른 누
범가중이 가능해지므로 이중평가에 해당할 뿐 아니라 처단형의 범위가 넓어지
게 되어 피고인에게 불리한 점, 폭력행위처벌법에서 '누범'에 관하여 별도의 개
념 정의를 하지 않은 이상 본조 제3항의 '누범'은 형법 제35조의 누범을 의미하
는 것이어서 형법 제35조와 본조 제3항을 일반법과 특별법의 관계로 보아야 하
는 점 등을 근거로 든다.28

대법원은 본 조항에 관하여는 직접적으로 입장을 밝힌 바 없으나, 유사한 23
형태의 조문인 구 폭력행위처벌법 제3조 제4항(2014. 12. 30. 법률 제12896호로 개정
되기 이전의 것),29 특정범죄가중법 제5조의430에 대하여 위 ①의 구성요건설의
입장을 취한 바 있다.

생각건대, 본조 제3항을 형법 제35조에 대한 누범가중의 특칙으로 보는 것 24
이 폭력행위처벌법상의 누범에 대하여 상습범과 동일한 법정형을 부과하고자
하였던 당초 입법자의 의사에 부합하고, 문언상으로도 자연스러운 점은 부인할

---

26 대판 1994. 8. 12, 94도1591. 「피고인에게 누범에 해당하는 전과가 있음에도 불구하고 법원이
　　누범가중을 하지 아니한 것은 위법하다.」
27 이주원, 특별형법(8판), 569.
28 김대휘, "특별누범의 처단", 형사판례연구 [16], 한국형사판례연구회, 박영사(2008), 477; 김정환,
　　"형법상 누범규정에 대한 특별관계로서 특별법상 누범규정의 해석", 형사법연구 26-3, 한국형사
　　법학회(2014), 109, 111.
29 대판 2007. 8. 23, 2007도4913.
30 대판 2020. 2. 27, 2019도18891. 본 판결 해설과 평석은 성현창, "특정범죄 가중처벌 등에 관한
　　법률 제5조의4 제5항 제1호의 취지 및 규율 범위", 해설 124, 법원도서관(2020), 637-651; 이호
　　동, "특정범죄 가중처벌 등에 관한 법률 제5조의4 제5항 제1호", 특별형법 판례100선 135-138.

수 없다. 그러나 누범가중설에 따르게 되면, 본조 제3항의 적용이 구체적 사안에 비추어 피고인에게 지나치게 가혹한 경우에 검사가 형법상의 대상범죄 처벌조항을 선택하여 기소할 수 있는 재량이 박탈된다. 반면에 구성요건설에 따르는 경우, 본조 제3항의 법정형에 형법 제35조를 다시 적용하여 장기의 2배를 가중하더라도 단기에는 변경이 없으므로 법관의 양형 재량이 지나치게 제약되거나 피고인에게 과도하게 불리하다고 할 수 없다. 따라서 위 ①의 구성요건설을 취하는 것이 본조 제3항의 본질적 문제로 지적되는 일률적이고 도식적인 형의 가중으로 인한 과잉처벌의 위험을 다소나마 완화하고 구체적 타당성에 입각한 유연성 있는 해결의 여지를 마련해 준다고 할 것이므로, 책임원칙의 관점에서 볼 때 위 ①의 구성요건설을 채택하고 있는 판례의 입장이 결론적으로 타당하다.[31]

2. 요 건

(1) '이 법 위반으로 2회 이상 징역형을 받은 사람'

25　　　본조 제2항의 죄가 성립하기 위한 전제가 되는 전과에는 폭력행위처벌법위반죄는 물론 제2항 각 호의 가중처벌 대상범죄, 그리고 각 대상범죄의 상습범, 특수범, 상습특수범 및 각 미수범이 포함된다. 여기서의 폭력행위처벌법위반죄에는 제2조 위반죄뿐만 아니라 제3조, 제4조, 제5조, 제6조의 위반죄는 물론 폐지된 구 폭력행위처벌법상의 범죄도 모두 포함한다.[32] 문언상 각 대상범죄 자체의 미수범은 전과에 포함되지 않음이 분명하다.[33]

26　　　2회 이상 징역형을 '받은'이란 징역형을 선고받았을 뿐만 아니라 그 형이 확정된 것을 의미한다.[34] 다만, 아래에서 보는 '누범으로 처벌할 경우'의 요건을 충족하는 외에 위 2회 이상 징역형의 집행이 모두 종료되었거나 면제되었을 것을 요하지는 않는다.[35]

---

31 다만, 헌법재판소는 헌재 2002. 10. 31, 2001헌바68에서 구 폭력행위처벌법 제3조 제4항(2006. 3. 24. 법률 제7891호로 개정되기 전의 것)에 대하여 형법 제35조의 누범조항에 대한 특칙이라고 언급한 바, 위 ②의 누범가중설의 입장을 취하고 있는 것으로 보인다.

32 이주원, 특별형법(8판), 570.

33 이주원, 특별형법(8판), 570.

34 김정환·김슬기, 16; 박상기 외 5인, 형사특별법론(개정판), 105; 박상기·전지연, 형사특별법(4판), 7; 이주원, 특별형법(8판), 570.

35 박상기·전지연, 형사특별법(4판), 7; 이주원, 특별형법(8판), 570.

형의 실효 등에 관한 법률(이하, 형실효법이라 한다.) 제7조[36]에 따라 형이 실 27
효된 경우에는 형의 선고에 의한 법적 효과가 장래를 향하여 소멸하므로 형이
실효된 전과가 위 조항에서 말하는 '징역형을 받은 경우'에 해당한다고 할 수 없
다.[37] 형법 제65조[38]에서 '형의 선고가 효력을 잃는다'는 의미도 형의 실효와 마
찬가지로 형의 선고에 의한 법적 효과가 장래를 향하여 소멸한다는 취지이므로,
위 조항에 따라 형의 선고가 효력을 잃는 경우에도 그 전과는 위 조항에서 말하
는 '징역형을 받은 경우'에 해당하지 않는다.[39] 어느 전과의 징역형의 실효기간
이 경과하기 전에 별도의 집행유예 선고가 있었지만 그 집행유예가 실효 또는
취소됨이 없이 유예기간이 경과하였고 그 무렵 집행유예 전에 선고되었던 징역
형도 그 자체의 실효기간이 경과하였다면, 집행유예 이전의 징역형도 역시 실효
되어 본조 제3항에서 말하는 '징역형을 받은 경우'에 해당한다고 할 수 없다.[40]

---

36 형실효법 제7조(형의 실효) ① 수형인이 자격정지 이상의 형을 받지 아니하고 형의 집행을 종료
하거나 그 집행이 면제된 날부터 다음 각 호의 구분에 따른 기간이 경과한 때에 그 형은 실효된
다. 다만, 구류(拘留)와 과료(科料)는 형의 집행을 종료하거나 그 집행이 면제된 때에 그 형이
실효된다.
　1. 3년을 초과하는 징역·금고: 10년
　2. 3년 이하의 징역·금고: 5년
　3. 벌금: 2년
② 하나의 판결로 여러 개의 형이 선고된 경우에는 각 형의 집행을 종료하거나 그 집행이 면제
된 날부터 가장 무거운 형에 대한 제1항의 기간이 경과한 때에 형의 선고는 효력을 잃는다. 다
만, 제1항 제1호 및 제2호를 적용할 때 징역과 금고는 같은 종류의 형으로 보고 각 형기(刑期)
를 합산한다.
37 대판 2016. 6. 23, 2016도5032.
38 제65조(집행유예의 효과) 집행유예의 선고를 받은 후 그 선고의 실효 또는 취소됨이 없이 유예
기간을 경과한 때에는 형의 선고는 효력을 잃는다.
39 대판 2016. 6. 23, 2016도5032.
40 위 사건에서 피고인은 ① 2000. 9. 26. 폭력행위처벌법위반죄로 징역 장기 2년, 단기 1년 6월,
② 2005. 5. 19. 도로교통법위반(음주측정거부)죄 등으로 징역 4월에 집행유예 2년, ③ 2008. 6.
5. 폭력행위처벌법위반(공동상해)죄 등으로 징역 2년에 집행유예 4년을 각 선고받고, ④ 2012.
6. 1. 폭력행위처벌법위반(집단·흉기등상해)죄 등으로 징역 2년을 선고받아 그 판결이 2013. 1.
31. 확정된 바 있다. 대법원은 다음과 같은 이유에서 위 ①, ③ 전과가 위 조항의 '징역형을 받
은 경우'에 해당한다고 볼 수 없다고 하였다. 즉, "① 전과는 3년 이하의 징역형으로 구 형의 실
효 등에 관한 법률(2010. 3. 31. 법률 제10211호로 개정되기 전의 것) 제7조 제1항 제2호에 의
하여 그 실효기간이 형의 집행 종료일 또는 면제일로부터 5년인데, ① 전과의 실효기간이 경과
하기 전에 ② 집행유예의 선고가 있었으나 그 집행유예가 실효 또는 취소되지 않고 유예기간이
경과한 것으로 보이고, ① 전과도 그 무렵 자체의 실효기간 5년이 경과한 것으로 보인다. ② 집
행유예 선고가 실효 또는 취소되었다는 등의 사정이 인정되지 않는 한 ① 전과는 폭력행위처벌
법 제2조 제3항에서 말하는 '징역형을 받은 경우'라고 할 수 없다. ③ 집행유예 전과도 그 선고

〔홍 진 영〕　　　　　　　**387**

(2) '다시 제2항 각 호에 규정된 죄를 범하여'

28   다시 범한 죄가 제2항 각 호에 열거된 대상범죄에 해당하면 되고, 반드시 종전의 '2회 이상의 징역형'을 받은 전과와 동일한 범죄일 필요는 없다. 다시 범한 죄가 상습범인 경우에 본 조항의 적용을 배제할 이유는 없으나,[41] 다시 범한 죄가 특수범 또는 상습특수범인 경우에는 본조 제3항이 아니라 제3조 제4항이 적용된다.

(3) '누범으로 처벌할 경우'

29   본조 제3항을 적용하기 위해서는 다시 범한 죄가 형법 제35조 제1항에 따른 누범의 요건을 갖추어야 한다. 즉, 금고 이상의 형을 받아 그 집행을 종료하거나 면제를 받은 후 3년 이내에 금고 이상에 해당하는 죄를 범하여야 한다.

30   형법 제35조 제1항에 규정된 '금고 이상에 해당하는 죄'는 "유기금고형이나 유기징역형으로 처단할 경우에 해당하는 죄를 의미하는 것으로서 법정형 중 벌금형을 선택한 경우에는 누범가중을 할 수 없다."는 것이 판례의 입장[42]이다. 이와 같은 판례의 입장에 비추어 볼 때, 본조 제3항의 해석과 관련하여 제2항 각 호에 열거된 가중처벌 대상범죄의 법정형에 벌금형이 포함되어 있는 경우 벌금형을 선택함으로써 본조 제3항의 적용에서 벗어나는 것이 가능한지 문제된다. 대법원은 구 폭력행위처벌법 제2조 제3항(2006. 3. 24. 법률 제7891호로 개정되기 전의 것)에 관한 사건에서, "제1항에 열거된 죄에 정한 형에 유기금고보다 가벼운 형이 있어 이를 선택함으로써 누범으로 처벌을 할 수 없는 경우에는 위 제2조 제3항을 적용할 수 없다."[43]고 판시함으로써, 이를 긍정한 바 있다.

31   구 폭력행위처벌법 제2조 제3항과 본 조항은 그 법정형의 규정 형식과 내용만 다를 뿐 구성요건의 규정 형식은 동일하므로 이와 같은 판례의 입장은 본조 제3항에 대하여도 그대로 적용될 수 있다. 본조 제3항에서는 누범으로 '처벌

가 실효되거나 취소되지 않고 유예기간이 경과하였다면 형법 제65조에 따라 형의 선고에 의한 법적 효과가 장래를 향하여 소멸하게 된다. 따라서 ③ 집행유예 선고가 실효 또는 취소되었다는 등의 사정이 인정되지 않는 한 ③ 전과 역시 '징역형을 받은 경우'라고 할 수 없다."고 하였다.
41 이주원, 특별형법(8판), 571.
42 대판 1982. 7. 27, 82도1018; 대판 1982. 9. 14, 82도1702.
43 대판 1997. 4. 11, 95도1637. 본 판결 해설은 임한흠, "폭력행위등처벌에관한법률 제2조 제3항의 해석", 해설 28, 법원도서관(1997), 660-672.

할 경우'를 명시적인 요건으로 삼고 있으므로 누범가중을 할 수 없는 경우조차 본조 제3항의 요건을 충족한다고 보게 된다면 죄형법정주의에 따라 허용할 수 없는 확장해석에 해당할 수 있고, 판례와 같이 해석하더라도 입법 목적을 달성하는 데에 특별한 지장은 없다 할 것이므로,[44] 판례의 입장이 타당하다고 생각된다.[45]

이와 같이 해석할 때, 본조 제3항은 '제2항 각 호에 해당하는 죄'의 기본적 구성요건에 해당하는지 여부 및 그에 관한 양형 판단을 먼저 하여야 본조 제3항의 구성요건 해당 여부가 비로소 판단되는 특이한 구조를 띠게 된다.[46]

3. 처 벌

본조 제3항에서는 제2항 각 호의 범죄유형 분류에 맞추어 법정형을 세분화하고 있다. 즉, 다시 범한 죄가 ① '폭행, 협박, 주거침입, 퇴거불응, 재물손괴 등'인 경우에는 7년 이하의 징역(제1호), ② '존속폭행, 체포, 감금, 존속협박, 강요'인 경우에는 1년 이상 12년 이하의 징역(제2호), ③ '상해, 존속상해, 존속체포, 존속감금, 공갈'인 경우에는 2년 이상 20년 이하의 징역(제3호)에 각 처하게 된다.

앞서 검토한 바와 같이 대법원은 본조 제3항은 누범가중에 관한 특칙이 아니라 형법 제35조의 누범 규정과는 별개의 새로운 구성요건을 창설한 것으로 해석하고 있으므로, 이러한 입장에 따를 때 본조 제3항에 정한 형에 다시 형법 제35조의 누범 가중을 한 형기 범위 내에서 처단형을 정하여야 한다.[47]

검사가 피고인을 제2항 각 호에 열거된 대상범죄의 상습범으로 기소하였으나 상습성이 인정되지 않는 경우, 공소장에 상습성의 근거로 적시된 피고인의 범죄전력이 그대로 본조 제3항의 범죄전력 및 누범가중의 요건을 충족하고 있다 하더라도 법원이 공소장변경절차 없이 본조 제3항을 직권으로 적용할 수는 없다. 본조 제3항의 법정형이 형법의 상습범 조항보다 무거운 이상, 본조 제3

32

33

34

35

---

44 임한흠(주 43), 666.
45 같은 취지로, 박상기 외 5인, 형사특별법론(개정판), 105; 이주원, 특별형법(8판), 572.
46 임한흠(주 43), 667.
47 폭력행위처벌법 제3조 제4항에 대한 대판 2007. 8. 23, 2007도4913 및 특정범죄가중법 제5조의4 제4항 제1호에 대한 대판 2020. 5. 14, 2019도18947 참조.

의 적용은 피고인의 방어에 실질적 불이익을 낳기 때문이다.[48]

36 검사가 피고인을 본조 제3항에 따라 기소하였으나 법원이 벌금형을 선택하기로 한 경우, 공소장변경 없이 축소사실에 해당하는 제2항 각 호에 열거된 대상범죄에 관한 형법 각 해당 조항을 적용하여 벌금형을 선고하는 것은 피고인의 방어에 실질적 불이익을 끼칠 우려가 없어 가능하다고 할 것이다. 나아가 축소사실이 제2조 제2항의 공동범에 해당하는 것이 공소장 자체로 분명하게 기재되어 있고 피고인의 방어에 실질적 불이익을 끼칠 우려가 없는 경우라면, 공소장변경 없이 제2조 제2항을 적용하여 벌금형을 선고하는 것도 가능하다.[49]

Ⅳ. 반의사불벌죄 및 친족상도례의 적용 문제

1. 반의사불벌죄 – 배제(제4항)

37 폭행 및 존속폭행, 협박 및 존속협박의 죄는 형법상 반의사불벌죄에 해당하나(§ 260③, § 283③ 참조), 폭력행위처벌법 제2조 제2항 또는 제3항에 해당하는 경우에는 반의사불벌죄에 관한 위 형법 조항들의 적용이 배제된다.

2. 친족상도례 – 적용

38 폭력행위처벌법 제2조의 가중처벌 대상범죄 중 공갈죄는 재산범죄로서 형법 제354조,[50] 제328조에 따라 친족상도례가 적용되는 범죄이다. 즉, 직계혈족, 배우자, 동거친족, 동거가족 또는 그 배우자 간의 공갈죄는 그 형을 면제하여야 하고, 그 외의 친족 간에는 고소가 있어야 공소를 제기할 수 있다. 그런데 폭행, 협박 등의 범죄에 대하여 형법상 반의사불벌죄에 관한 조항의 적용을 명시적으로 배제하는 것과 달리, 폭력행위처벌법은 친족상도례에 관한 조항의 준용 또는 적용 배제에 대하여 명시적인 언급을 하고 있지 않아 공갈죄를 폭력행위처벌법에 따라 가중처벌할 경우에도 친족상도례에 관한 조항이 그대로 적용되는 것인지에 관하여 해석상의 문제가 있다.

---

48 이주원, 특별형법(8판), 573.
49 대판 1997. 4. 11, 95도1637의 취지 참조.
50 제354조(친족간의 범행, 동력) 제328조와 제346조의 규정은 본장의 죄에 준용한다.

　　대법원은 야간의 공갈 범행에 대하여 구 폭력행위처벌법 제2조 제2항(2006. **39**
3. 24. 법률 제7891호로 개정되기 전의 것)을 적용하여 피고인을 기소한 사안에서,
"공갈죄가 야간에 범하여져 폭력행위처벌법 제2조 제2항에 의해 가중처벌되는
경우에도 형법상 공갈죄의 성질은 그대로 유지되는 것이고, 특별법인 위 법률에
친족상도례에 관한 형법 제354조, 제328조의 적용을 배제한다는 명시적인 규정
이 없으므로, 형법 제354조는 위 특별법 제2조 제2항 위반죄에도 그대로 적용된
다고 보아야 할 것"이라고 판시한 바 있다.[51] 대법원은 피고인이 흉기휴대 공갈
범행으로 인하여 구 폭력행위처벌법 제3조 제1항(2016. 1. 6. 법률 제13718호로 개정
되기 전의 것)에 따라 기소된 사안에서도 마찬가지로 판시하였다.[52] 위와 같은 대
법원의 입장에 비추어 볼 때, 친족을 상대로 한 공갈 범행이 폭력행위처벌법 제
2조 제2항 또는 제3항에 따른 가중처벌의 요건을 충족하는 경우에도 대법원은
동일하게 친족상도례가 그대로 적용한다는 입장을 취할 것으로 보인다.

　　위와 같은 대법원 판례의 입장은 해석론으로서는 타당하다고 하지 않을 수 **40**
없다.[53] 그 이유는 다음과 같다.

　　첫째, 형벌법규에 관한 소추조건이나 처벌조각사유인 형면제 사유에 관하 **41**
여 그 범위를 제한적으로 유추적용하는 것은 죄형법정주의의 파생원칙인 유추
해석금지의 원칙에 위반하여 허용될 수 없다.[54] 형법 제354조의 '본장의 죄'는
형법 제350조를 적용할 수 있는 공갈죄뿐만 아니라, 특별법에 의한 가중처벌의
요건까지 추가적으로 충족시킬 수 있는 경우를 포함하는 것으로 해석하는 것이
문언상 충분히 가능하다. 그럼에도 불구하고 친족상도례의 규정을 배제하는 해

---

51 대판 1994. 5. 27, 94도617.
52 대판 2010. 7. 29, 2010도5795. 피고인은 장애인인 조카사위(피해자)에게 돈을 빌려달라고 요구
　하였으나 거절당하자, 소주병을 깨뜨려 피해자에게 들이대며 돈을 달라는 요구에 응하지 않을
　경우 신체상에 위해를 가할 것처럼 위협하여 이에 겁을 먹은 피해자로부터 15만 원을 교부받았
　다는 공소사실로 기소되었으나, 피해자가 제1심 판결 선고 전에 피고인의 처벌을 바라지 아니하
　는 의사가 표시된 합의서를 법원에 제출하였으므로 제1심 법원(대전지방법원 서산지원 2010. 2.
　18, 2009고단1026)은 형사소송법 제327조 제5호에 따라 공소기각의 판결을 선고하였다.
53 같은 취지로, 김태수, "'흉기휴대 공갈' 친족상도례 적용의 타당성", 형사정책 24-1, 한국형사정책
　학회(2012), 155-156; 이주원, "공갈죄에서 친족특례의 적용", 안암법학 47, 안암법학회(2015),
　317; 최준혁, "특별형법과 소송조건", 형사법의 신동향 33, 대검찰청(2011), 337.
54 대판 2010. 9. 30, 2008도4762. 본 판결 해설은 김양섭, "독점규제 및 공정거래에 관한 법률 제
　71조 제1항이 소추조건으로 명시하고 있는 공정거래위원회의 '고발'에 '고소불가분의 원칙'을 규
　정한 형사소송법 제233조를 유추적용할 수 있는지 여부", 해설 86, 법원도서관(2011), 766-795.

석을 취한다면 유추해석금지의 원칙에 위반하는 결과를 낳을 수 있다.

42   둘째, 입법자가 폭력행위처벌법에서 형법에 규정된 소추조건 및 형면제 사유를 배제하고자 하였다면 폭력행위처벌법 제2조 제4항에서처럼 반의사불벌죄를 명시적으로 배제하는 규정을 두었을 것임에도 불구하고 그와 같은 규정을 두지 않은 것은 친족상도례에 관한 규정을 그대로 적용하고자 하는 취지였다고 추단하는 것이 합리적이다.

43   셋째, 친족상도례에 관한 규정을 적용한다고 하더라도 폭력행위처벌법의 입법 목적을 반드시 해한다고 볼 수는 없고, 설령 그러한 측면이 있다 하더라도 추상적인 입법 목적에 관한 고려가 위와 같은 유추해석금지 원칙 및 형벌법규의 논리적·체계적 해석에 따른 결론을 뛰어넘을 수는 없다.

44   다만, 입법론으로는 공갈죄에 대하여까지도 가족 문제에 대하여는 국가가 개입하지 않는다는 정책적 관점을 동원하여 친족상도례를 적용하는 것은 타당하지 않다는 비판이 설득력이 있게 제기되고 있다.[55] 친족상도례의 존재 이유는 가족 구성원 간에는 재산권의 형법적 보호보다는 가정의 평화를 앞세운다는 데에 있는 것이나, 재산권 침해를 위한 수단으로 폭력행위를 사용하여 피해자의 의사결정의 자유를 침해하는 경우에까지도 가정의 평화를 처벌보다 앞세울 수는 없기 때문이다. 폭력행위처벌법의 가중처벌 요건을 충족시키는 경우에는, 다른 폭력범죄와의 형평의 관점에서 그 불합리함이 더욱 가중된다.[56] 예컨대 행위자가 타인과 공동으로 친족인 피해자를 폭행·협박한 경우에는 친족이 적극적으로 처벌을 원하지 않는 경우라도 반의사불벌죄에 관한 조항의 적용이 배제되어 처벌을 받는 반면, 행위자가 타인과 공동으로 친족인 피해자를 공갈한 경우에는 오히려 불법성이 더 높음에도 불구하고 처벌을 받지 않을 수 있게 된다. 이에 형법상의 공갈죄 전체에 대하여, 혹은 적어도 폭력행위처벌법상 가중처벌되는 공갈죄에 대하여 친족상도례에 관한 조항을 배제하는 입법적 시정이 필요하다고 할 것이다.

〔홍 진 영〕

---

55 모성준, "형법상 친족상도례 규정의 문제점과 바람직한 개정방향", 법학논총 21-2, 조선대학교 법학연구원(2014), 525; 박광현, "형법상 친족상도례의 개선방안에 관한 연구", 홍익법학 14-3(2013), 425-426.

56 김태수(주 53), 156; 이주원(주 53), 318.

제3조(집단적 폭행 등)

① 삭제 〈2016. 1. 6.〉

② 삭제 〈2006. 3. 24.〉

③ 삭제 〈2016. 1. 6.〉

④ 이 법(「형법」 각 해당 조항 및 각 해당 조항의 상습범, 특수범, 상습특수범, 각 해당 조항의 상습범의 미수범, 특수범의 미수범, 상습특수범의 미수범을 포함한다)을 위반하여 2회 이상 징역형을 받은 사람이 다시 다음 각 호의 죄를 범하여 누범으로 처벌할 경우에는 다음 각 호의 구분에 따라 가중처벌한다.

1. 「형법」 제261조(특수폭행)(제260조 제1항의 죄를 범한 경우에 한정한다), 제284조(특수협박)(제283조 제1항의 죄를 범한 경우에 한정한다), 제320조(특수주거침입) 또는 제369조 제1항(특수손괴)의 죄: 1년 이상 12년 이하의 징역

2. 「형법」 제261조(특수폭행)(제260조 제2항의 죄를 범한 경우에 한정한다), 제278조(특수체포, 특수감금)(제276조 제1항의 죄를 범한 경우에 한정한다), 제284조(특수협박)(제283조 제2항의 죄를 범한 경우에 한정한다) 또는 제324조 제2항(강요)의 죄: 2년 이상 20년 이하의 징역

3. 「형법」 제258조의2 제1항(특수상해), 제278조(특수체포, 특수감금)(제276조 제2항의 죄를 범한 경우에 한정한다) 또는 제350조의2(특수공갈)의 죄: 3년 이상 25년 이하의 징역

[전문개정 2014. 12. 30.]

I. 개 요

1   폭력행위처벌법 제3조는 제1항에 폭력범죄의 특수범(단체 또는 다중의 위력을
보이거나 위험한 물건을 휴대하여 범한 경우)을, 제2항에 야간에 저질러진 특수범을,
제3항에 상습성이 있는 특수범을 각 가중하여 처벌하는 조항을 두고 있었다. 제
3조 제2항은 헌법재판소의 위헌결정[1]에 따라 2006년 3월 24일 폭력행위처벌법
제7차 개정(법률 제7891호) 당시 삭제되었고, 제3조 제1항 및 제3항 또한 헌법재
판소의 위헌결정[2]에 따라 2016년 1월 6일 폭력행위처벌법 제9차 개정(법률 제
13718호) 당시 삭제되어 현재는 폭력행위처벌법 제3조 제4항만 존치되어 있는
상태이다.

2   폭력행위처벌법 제3조 제4항은 ① 이미 폭력행위처벌법위반죄 또는 8개 유
형의 가중처벌 대상범죄(각 대상범죄의 상습범, 특수범, 상습특수범 및 각 미수범 포함)
로 2회 이상 징역형을 받은 사람이 ② 다시 제4항 각호의 죄를 범하여 ③ 누범
으로 처벌할 경우에 적용된다. "단체나 다중의 위력으로 또는 흉기 기타 위험한
물건을 휴대하여 폭력행위를 자행한 경우에는 그 행위 자체에 내재되어 있는
폭력성이 심대할 뿐 아니라 그로 인한 법익의 침해가 중대하고, 이에 더하여 전
에 폭력범죄로 2회 이상 징역형을 선고받아 처벌을 받고도 또다시 이러한 집단
적 · 흉기휴대적 폭력범죄를 반복하는 것은 폭력의 악순환을 거듭하고, 폭력범죄
를 확대 · 재생산하는 결과를 초래하게 되므로 그 책임이 더욱 무겁다고 보아 법
정형을 가중"하고자 함이 위 조항의 취지이다.[3]

3   그런데 구 폭력행위처벌법 제3조 제4항(2006. 3. 24. 법률 제7891호로 개정되기
전의 것)은 위와 같은 특수 누범에 대하여 행위태양 · 죄질 · 위험성이 다른 여러
유형의 범죄에 대해서 일률적으로 무기 또는 7년 이상의 징역을 법정형으로 규
정하고 있었으므로, 책임원칙에 반하는 과잉처벌이라는 비판이 강력하였다. 그
러나 헌법재판소는 ① 위 조항이 형법상의 누범과는 달리 이전에 어떠한 범죄
로든 금고 이상의 유죄판결을 받았음에도 다시 범죄를 행한 사람에게 중대한

---

1 헌재 2004. 12. 16, 2003헌가12.
2 헌재 2015. 9. 24, 2014헌바154 등(병합).
3 헌재 2002. 10. 31, 2001헌바68.

〔홍 진 영〕

책임을 지우는 것이 아니라, 이전의 반복된 폭력범죄로 유죄판결을 받고도 죄질이 중한 같은 폭력범죄를 저지른 경우에만 가중처벌을 하고 있으므로 그 요건에서 이미 책임원칙과 조화되도록 하고 있고, ② 폭력전과자들의 반복된 폭력행위, 그것도 조직적·집단적 폭력과 같이 그 위해가 심대하거나 흉기폭력과 같이 생명·신체에 중대한 손상을 초래하는 폭력범죄로부터 건강한 사회를 방위하고, 고질적인 폭력풍토를 시급히 쇄신하여야 할 현실적 필요성에서 제정된 폭력행위처벌법의 입법배경을 고려하면, 구체적 사안에서의 과잉처벌의 문제가 발생할 여지 등 다소의 문제점에도 불구하고 위 조항이 책임원칙에 반하는 과잉형벌이라고 단정하기는 어렵다는 근거로 합헌이라고 판단하였다.[4]

　　다만 위와 같은 합헌결정에도 불구하고 2006년 3월 24일 제7차 폭력행위처벌법 개정에서는 범죄유형을 3개 군으로 나누어 법정형을 세분화하고, 무기징역형을 폐지하고 형의 하한도 낮추는 등 중벌주의에 입각한 형벌의 부과를 다소나마 완화하는 방향으로 위 조항을 개정하였고, 2016년 1월 6일 제9차 폭력행위처벌법 개정에서는 법정형을 다시 현재와 같이 완화하였다.

II. 제4항의 범죄 성립 요건

1. '이 법 위반으로 2회 이상 징역형을 받은 사람'

　　본조 제4항의 죄가 성립하려면 폭력행위처벌법위반죄 또는 가중처벌 대상범죄(각 대상범죄의 상습범, 특수범, 상습특수범 및 각 미수범 포함)로 2회 이상 징역형을 선고받아 그 형이 확정되었을 것을 요한다. 구체적인 것은 **제2조 제3항**에서 살펴본 것과 같다.

4　헌재 2002. 10. 31, 2001헌바68. 위 결정에 대해서는 누범자 중에는 전(前) 판결의 경고에 따라 자신의 행위를 결정할 능력이 없거나 억제할 수 없는 폭력성향 또는 오랜 수형생활로 인한 사회적 부적응으로 말미암아 다시 범죄로 나아간 경우도 있을 수 있는바, 이러한 사유로 인한 누범의 경우에는 그 책임가중의 본질이 행위자의 극복할 수 없는 범죄적 성향이나 사회적 환경에 있는 것이지 누범에 해당하는 범죄 자체에 있는 것은 아니므로, 위 조항과 같이 형의 상한과 하한을 모두 가중하는 것은 책임과 형벌의 비례를 요구하는 책임원칙에 위배되는 것이어서 위헌이라는 재판관 3인의 반대의견이 있었다.

2. '다시 제4항 각 호에 규정된 죄를 범하여'

6   다시 범한 죄가 제4항 각 호에 열거된 죄여야 한다. 여기서 다시 범한 죄는 모두 특수범 또는 상습특수범에 해당하여야 하고, 특수범이 아닌 폭력범죄를 다시 범한 경우에는 제2조 제3항이 적용된다.

3. '누범으로 처벌할 경우'

7   본조 제4항을 적용하기 위해서는 다시 범한 죄가 형법 제35조 제1항에 따른 누범의 요건을 갖추어야 하고, 실제 누범으로 처벌될 것을 요한다. 구체적인 것은 **제2조 제3항**에서 살펴본 것과 같다.

III. 처 벌

8   본조 제4항에서는 법정형을 3단계로 세분화하고 있다. 즉, 다시 범한 죄가 ① '폭행, 협박, 주거침입·퇴거불응, 재물손괴등'의 특수범인 경우에는 1년 이상 12년 이하의 징역, ② '존속폭행, 체포·감금, 존속협박, 강요'의 특수범인 경우에는 2년 이상 20년 이하의 징역, ③ '상해, 존속상해, 존속체포·감금, 공갈'의 특수범인 경우에는 3년 이상 25년 이하의 징역에 처한다.

9   대법원은 앞서 제2조 제3항에서 살펴본 바와 같이 본 조항에 대하여 구성요건설의 입장을 취하여, 본조 제4항으로 처벌하는 경우에도 형법 제35조의 누범가중 규정의 적용은 면할 수 없으며, 형법 제35조를 적용한다 하더라도 그것이 동일한 행위에 대한 이중처벌로서 헌법상 인간의 존엄과 가치, 행복추구권을 침해하는 것이라고는 볼 수 없다고 한다.[5]

IV. 반의사불벌죄 및 친족상도례의 적용 문제

1. 반의사불벌죄 – 배제

10   형법상의 반의사불벌죄에 관한 조항은 협박·존속협박죄(제283조 제3항), 폭

---

5 대판 2007. 8. 23, 2007도4913.

행·존속폭행죄(제260조 제3항)에 대하여만 적용되고 특수협박죄와 특수폭행죄에는 적용되지 아니하므로, 폭력행위처벌법 제3조 제4항에 따라 특수협박, 특수폭행죄를 가중처벌하는 경우에도 당연히 반의사불벌죄에 관한 조항의 적용을 받지 않는다.

2. 친족상도례 - 적용

제2조 제3항에서 살펴본 바와 같이 적용된다.　　　　　　　　　　　　　　11

〔홍 진 영〕

제4조(단체 등의 구성·활동)

① 이 법에 규정된 범죄를 목적으로 하는 단체 또는 집단을 구성하거나 그러한 단체 또는 집단에 가입하거나 그 구성원으로 활동한 사람은 다음 각 호의 구분에 따라 처벌한다.

　1. 수괴(首魁): 사형, 무기 또는 10년 이상의 징역

　2. 간부: 무기 또는 7년 이상의 징역

　3. 수괴·간부 외의 사람: 2년 이상의 유기징역

② 제1항의 단체 또는 집단을 구성하거나 그러한 단체 또는 집단에 가입한 사람이 단체 또는 집단의 위력을 과시하거나 단체 또는 집단의 존속·유지를 위하여 다음 각 호의 어느 하나에 해당하는 죄를 범하였을 때에는 그 죄에 대한 형의 장기(長期) 및 단기(短期)의 2분의 1까지 가중한다. 〈개정 2016. 1. 6.〉

　1. 「형법」에 따른 죄 중 다음 각 목의 죄

　　가. 「형법」 제8장 공무방해에 관한 죄 중 제136조(공무집행방해), 제141조(공용서류 등의 무효, 공용물의 파괴)의 죄

　　나. 「형법」 제24장 살인의 죄 중 제250조 제1항(살인), 제252조(촉탁, 승낙에 의한 살인 등), 제253조(위계 등에 의한 촉탁살인 등), 제255조(예비, 음모)의 죄

　　다. 「형법」 제34장 신용, 업무와 경매에 관한 죄 중 제314조(업무방해), 제315조(경매, 입찰의 방해)의 죄

　　라. 「형법」 제38장 절도와 강도의 죄 중 제333조(강도), 제334조(특수강도), 제335조(준강도), 제336조(인질강도), 제337조(강도상해, 치상), 제339조(강도강간), 제340조 제1항(해상강도)·제2항(해상강도상해 또는 치상), 제341조(상습범), 제343조(예비, 음모)의 죄

　2. 제2조 또는 제3조의 죄(「형법」 각 해당 조항의 상습범, 특수범, 상습특수범을 포함한다)

③ 타인에게 제1항의 단체 또는 집단에 가입할 것을 강요하거나 권유한 사람은 2년 이상의 유기징역에 처한다.

④ 제1항의 단체 또는 집단을 구성하거나 그러한 단체 또는 집단에 가입하여 그 단체 또는 집단의 존속·유지를 위하여 금품을 모집한 사람은 3년 이상의 유기징역에 처한다. [전문개정 2014. 12. 30.]

Ⅰ. 개 요

폭력행위처벌법 제4조는 폭력행위처벌법 소정의 범죄를 목적으로 한 단체   1
(이하, '범죄단체'라 한다.) 또는 집단(이하, 범죄단체와 별도로 지칭할 때에는 '범죄집단'이
라 하고, 범죄단체와 범죄집단을 합쳐서 지칭할 때에는 '범죄단체등'이라 한다.)의 구성·활
동에 관한 형사처벌을 내용으로 한다. 본조는 폭력행위처벌법에 규정된 범죄를
목적으로 한 범죄단체등의 결성과 활동을 전방위적으로 억제하고자 하는 데에
그 취지가 있다. 구체적으로, 제1항에서는 범죄단체등의 구성·가입행위 및 일
반적 활동행위를 처벌하고 있고, 제2항에서는 범죄단체등의 구성원들이 행하는
개별범죄 실행행위를 가중처벌하며, 제3항은 범죄단체등의 계속적인 존속에 필
수적인 구성원 확보 행위를, 제4항은 범죄단체등의 존속에 필요한 재정확보행
위를 각 처벌하도록 규정하고 있다.

한편, 본조는 범죄를 목적으로 하는 단체 또는 집단의 구성, 가입, 활동을   2
처벌한다는 점에서 형법 제114조의 범죄단체등 조직·가입·활동죄[1]와 공통점이
있다. 다만 형법 제114조는 범죄 유형을 막론하고 사형, 무기 또는 장기 4년 이상
의 징역에 해당하는 모든 범죄를 범죄단체등의 목적에 포함시키는 반면, 본조는
폭력행위처벌법상의 범죄만을 포함시키고 있다. 또한 형법 제114조는 목적한 죄
에 정한 형을 법정형(임의적 감경 가능)으로 규정하는 반면, 본조는 단체 또는 집단
내부에서의 역할을 기준으로 법정형을 차등적으로 규정하고 있다.

---

1 제정 형법 제114조 제1항에서는 범죄단체의 조직 및 가입에만 국한하여 처벌 규정을 두고 있었
고, 목적으로 하는 범죄의 범위를 제한하지 않았다. 2013년 4월 5일 법률 제11731호로 개정된
형법에서는 범죄단체 외에 범죄집단도 규율대상에 포함시키고, 조직 및 가입뿐 아니라 활동도
처벌 대상이 되는 행위유형에 포함시키는 한편, 목적으로 하는 범죄를 사형, 무기 또는 장기 4년
이상의 징역에 해당하는 범죄로만 제한하였다.

II. 범죄단체등의 의미

1. 범죄단체

3   대법원은 폭력행위처벌법 제4조의 범죄단체는 폭력행위처벌법에 규정된 범
죄[2]를 행한다는 공동의 목적 아래 특정 다수인에 의하여 이루어진 계속적·조직
적 결합체라는 입장을 취하고 있다.[3] 즉, 범죄단체로 인정되기 위해서는 공동목
적성,[4] 계속성, 조직성의 3요소가 갖추어져 있어야 한다.[5] 이러한 요소를 갖춘
범죄단체는 다양한 형태로 성립·존속할 수 있는 것으로서 정형을 요하지 아니하
므로, 그 구성 또는 가입에 있어 반드시 단체의 명칭이나 강령이 명확하게 존재
하고 단체결성식이나 가입식과 같은 특별한 절차가 있어야만 하는 것은 아니다.[6]

4   폭력행위처벌법 제4조의 범죄단체라고 하려면 단순한 다수인의 집합과는
달리 그 단체의 구성원이 일응 수괴, 간부 및 단순가입자 등으로 구분될 수 있
거나, 그와 같은 단체에 그 단체를 주도하거나 내부의 질서를 유지하는 최소한
의 통솔체제가 갖추어져야 한다. 최소한의 통솔체제가 갖추어지지 않은 친목단
체는 본조의 범죄단체가 아니다.[7] 대법원은 구체적인 사안에서 최소한의 통솔

---

2 폭력행위처벌법 제2조, 제3조의 죄를 말하며, 폭력행위처벌법에 의하여 가중처벌되는 형법상 범
  죄만을 목적으로 한 경우는 제외된다[박상기 외 5인, 형사특별법론(개정판), 136].
3 대판 1989. 4. 25, 89도212; 대판 1995. 8. 22, 95도1323(두목급 수괴 이하 조직원들이 상호 역
  할 분담을 하여, 나이에 따라 서열을 철저히 준수하고 "후배는 선배에게 철저히 복종한다. 조직
  내부의 일을 외부에 누설하지 않는다. 일정지역에 외부 세력이 들어오지 못하게 한다."는 등의
  행동 강령 아래 출입이 규제된 합숙생활 등으로 조직원 상호 간의 결속을 강화하면서 재개발 아
  파트 분양 등 각종 경제적 이익을 폭력적인 방법에 의하여 추구하였다면, 이는 폭력범죄 등을
  목적으로 하는 계속적이고도 조직 내의 통솔 체계를 갖춘 결합체로서 폭력행위처벌법 제4조 소
  정의 범죄단체에 해당한다고 한 사례).
4 특정 다수인에 의하여 이루어진 계속적이고 통솔체제를 갖춘 조직화된 결합체라 하더라도 그 구
  성원이 폭력행위처벌법상 범죄에 대한 공동목적을 갖고 있지 아니하는 한 그 단체를 같은 법 소
  정의 범죄단체로 볼 수는 없다[대판 2004. 7. 8, 2004도2009(사북 지역 출신의 청년들에 의하여
  자생적으로 조직된 사북청년회라는 단체의 일부 회원들이 사북 지역에 내국인 카지노가 들어서
  면서 폭력 범행을 저지르거나 관여하게 되었다고 하여 사북청년회 자체가 폭력행위처벌법상의
  폭력 범행을 목적으로 조직화되었고 사북청년회 자체에서 그러한 폭력 범행을 지시하였거나 의
  도하였다고 보기 어려워 사북청년회가 폭력행위처벌법에서 정한 범죄단체에 해당하지 아니한다
  고 한 사례)]. 폭력행위처벌법상의 범죄 중 구체적으로 어느 범죄를 범하는 것을 목적으로 하는
  가까지 특정될 필요는 없다(대판 1991. 5. 24, 91도551 등).
5 이주원, 특별형법(8판), 594.
6 대판 2007. 11. 29, 2007도7378 등.
7 대판 1991. 12. 10, 91도2569(타인의 자가용 유상운송행위를 제지하고 자신들만이 배타적으로

체제의 존부를 판단함에 있어서, "폭력행위집단은 합법적인 단체와는 달라 범죄
단체의 특성상 단체로서의 계속적인 결집성이 다소 불안정하고 그 통솔체제가
대내외적으로 반드시 명확하지 않은 것처럼 보이더라도 구성원들 간의 관계가
선·후배 혹은 형, 아우로 뭉쳐져 그들 특유의 규율에 따른 통솔이 이루어져 단
체나 집단으로서의 위력을 발휘하는 경우가 많은 점"을 고려하여야 한다고 판시
하고 있다.[8] 또한, 폭력조직의 구성원 간의 위계질서나 행동강령 등이 폭력계에
널리 알려진 대로 일반적인 것으로서 별다른 특색이 없다고 하여 범죄단체의
구성을 부정할 수는 없다.[9]

2. 범죄집단

범죄집단이란 폭력행위처벌법에서 규정하고 있는 폭력 등 범죄의 실행을   5
공동목적으로 한 다수 자연인의 결합체를 의미하는 것으로, 범죄단체와는 달리
계속적일 필요는 없고, 위의 목적 아래 다수자가 동시에 동일 장소에 집합되어

　　운송행위를 하기 위하여 조직한 단체가 자가용 유상운송 및 협박 등을 목적으로 한 범죄단체로
　　서 조직원 사이에 지휘, 명령, 복종체계를 갖춘 결합체를 이룬 것으로 인정하기 어렵고 회원들
　　의 친목단체로서의 성격이 짙다고 본 사례).
8　대판 1991. 5. 28, 91도739(이른바 영천 우정파·소야파 사건)(우두머리, 간부, 행동대원으로 역
　　할분담을 하고 상하관계가 정해진 30여명의 구성원으로 조직되어 확립된 위계질서에 따라 지휘,
　　통솔이 이루어지며 정해진 행동강령과 규율 아래 시내 일대의 유흥가를 폭력으로 지배하여 경제
　　적인 이권을 확보할 것을 목적으로 하여 활동하여 온 두 폭력조직이 시내 일대 유흥가의 주도권
　　을 놓고 쟁탈전을 벌여 양파의 구성원들이 수시로 쇠파이프 등을 사용하면서 집단적으로 폭력을
　　행사하여 온 경우 위 두 폭력조직은 폭력행위처벌법에 규정된 범죄단체에 해당한다고 본 사례);
　　대판 1997. 10. 10, 97도1829(피고인 등이 연주파라는 단체를 결성하기로 하면서 행동강령을 정
　　하여 두목격 수괴, 두목격 고문, 부두목격 간부, 참모, 행동대장격 간부, 행동대원으로 그들 사이
　　의 각 임무분담을 정함과 아울러 단체구성원들 간의 위계질서를 대체로 나이 순서에 따른 서열
　　로 확립하고, 또한 합숙소를 마련하여 단체생활을 함에 있어 합숙소 장롱 안에 쇠파이프 등 흉
　　기를 보관하면서 조직에서 관리하는 유흥업소나 도박장 등지에서 싸움이 붙거나 문제가 발생하
　　면 즉시 현장에 가서 위력을 과시하거나 폭력을 행사하는 소위 '기동타격대'의 역할을 할 수 있
　　도록 하며, 조직원 양성을 위한 훈련을 실시하고 조직에서 이탈하려는 자들에 대하여는 보복을
　　감행하는 등으로 조직의 와해를 방지하고, 조직운영비 등 활동자금은 조직원들을 유흥업소의 영
　　업부장 등의 직책으로 취직시켜 보호비를 징수하거나 아파트 새시공사 등을 통하여 조달한 금품
　　등으로 충당하며, 또 위 연주파에서 이탈한 조직원들에 의하여 구성된 단체를 제압하기 위하여
　　2회에 걸쳐 회칼, 쇠파이프 등 흉기를 사용하여 폭력을 행사하였다면, 위 연주파는 폭력범죄 등
　　을 목적으로 하는 계속적이고 조직 내의 통솔체계를 갖춘 결합체로서 폭력행위처벌법 제4조 소
　　정의 범죄단체에 해당한다고 본 사례).
9　대판 1991. 5. 28, 91도739.

있고 그 조직의 형태가 위 법조에서 정하고 있는 수괴, 간부, 가입자를 구분할 수 있는 정도의 결합체를 이루고 있어야 한다는 것이 판례의 입장이다.[10] 본조에서 수괴, 간부, 가입자에 대한 형을 차등화하고 있는 구성요건의 특성을 고려하여 일정 정도의 조직성을 요구하나,[11] 범죄단체에 요구되는 '최소한의 지휘통솔체제'를 갖출 것까지 요구하는 것은 아니다.

III. 범죄단체등의 구성·가입·활동(제1항)

1. 개 요

6   본조 제1항의 죄[폭력행위처벌법위반(단체등의구성·활동)죄]는 범죄단체등에 의하여 계획적·조직적으로 행하여지는 범죄로 인한 사회적 해악의 정도는 개인의 범죄로 인한 경우보다 훨씬 중대하고, 범죄단체등이 존속·유지되는 한 범죄 실행 또는 실행의 위험성이 지속되므로 범죄의 실행 여부를 불문하고 그 예비·음모의 성격을 갖는 범죄단체등의 생성 및 존속 자체를 막고자 하는 데에 그 입법 취지가 있다.[12]

2. 행위 유형

(1) 구성

7   범죄단체등의 구성이란 단체를 새로이 조직, 창설하는 것을 의미한다. 기존의 범죄단체를 이용하여 새로운 범죄단체를 구성하는 경우는 기존의 범죄단체가 이미 해체 내지 와해된 상태에 있어 그 조직을 재건하는 경우, 기존의 범죄단체에서 분리되어 나와 별도의 범죄단체를 구성하는 경우, 현재 활동 중인 범죄단체가 다른 범죄단체를 흡수하거나, 그와 통합하는 경우 등으로 그 조직이 완전히 변경됨으로써 기존의 범죄단체와 동일성이 없는 별개의 단체로 인정될

10 대판 1991. 1. 15, 90도2301. 반면에 집단은 다수인의 집합이되 목적 달성을 위한 계속성이 있어야 하고, 다만 다수인을 통솔하기 위하여 조직화될 필요까지는 없다는 견해도 있다[임웅, 형법각론(10정판), 617].
11 김민석, "'범죄단체'의 규범적 개념 및 '범죄집단'의 해석론", 법조 68-2, 법조협회(2019), 150.
12 대판 2009. 6. 11, 2009도2337.

수 있을 정도에 이른 경우를 말한다.[13]

　　범죄단체도 유기적인 조직체로서의 단체이므로, 비록 합법적인 단체에 비　　8
하여 계속적인 결집성이 다소 떨어지고 우두머리의 비중이 상대적으로 크다고
하더라도, 이미 단체로 인정될 정도의 실체를 가진 이상 구성원의 증감변동이나
우두머리의 변경 또는 실세의 변동만으로 단체의 동일성이 바뀐다고 볼 수는
없다.[14] 따라서 기존 범죄단체의 두목이 바뀌고 활동 영역과 태양이 변화하였으
나 그 조직이 완전히 변경됨으로써 기존의 범죄단체와 동일성이 없는 별개의
단체로 인정될 수 있을 정도에 이르렀다고 볼 수 없다면 범죄단체의 구성에 해
당하지 않는다.[15] 예컨대, 아직 범죄단체에까지는 이르지 않은 소규모 폭력조직
이나 같은 지역 출신 선후배 건달들의 모임으로서 폭력패거리에 불과하던 수개
의 개별 조직들이 통합하여 결성된 조직은 그 규모 및 인적 구성 등에 비추어
기존의 폭력조직 내지는 폭력패거리와는 전혀 다른 새로운 범죄단체에 해당한
다.[16] 그러나 단순히 폭력 등의 범죄를 예비, 음모하거나 또는 그 범죄의 모의
에 가담하여 실행행위의 분담을 정함에 불과하거나 실행행위를 하였다는 사실
만으로는 범죄단체등을 구성한 것이라고 할 수 없다.[17]

(2) 가입

　　범죄단체등의 가입이란 이미 구성된 범죄단체등에 구성원으로 들어가는 것　　9
을 말한다. 그러나 단순히 조직에 속하는 구성원들의 범죄행위에 가담한 것만으
로는 가입에 해당한다고 볼 수 없다.[18] 가입죄에서 범죄단체등에 가입한 시일은
범죄사실을 특정하는 중요한 요건일 뿐만 아니라 그 범죄에 대한 공소시효가
완성되었는지 여부를 결정짓는 요소이기도 하므로, 피고인이 범죄단체등의 구
성원으로 활동한 사실이 인정된다 하더라도 공소장에 기재된 가입 시일이 아닌
그 이전의 어느 시일을 피고인이 범죄단체등에 가입한 시일로 인정하여 유죄로
처벌하는 것은 허용될 수 없다.[19] 범죄단체등에 가입한 이후에 별개의 범죄단체

---

13 대판 2000. 3. 24, 2000도102 등.
14 대판 2004. 1. 16, 2003도5882.
15 대판 2000. 3. 24, 2000도102.
16 대판 2005. 5. 13, 2005도959.
17 대판 1991. 1. 15, 90도2301.
18 박상기 외 5인, 형사특별법론(개정판), 138; 이주원, 특별형법(8판), 597.
19 대판 1993. 6. 8, 93도999. 한편, 범죄단체의 구성·가입행위 자체는 엄격한 증명을 요하는 범죄

등에 가입하였다는 이유로 추가 기소되었다 하더라도 이를 이중처벌이라 할 수 없다.[20]

(3) 활동

10　　범죄단체등의 구성원으로 활동한다는 것은 이미 구성된 범죄단체등에서 폭력행위처벌법상의 범죄를 목적으로 한 활동에 참여하는 것을 말한다.[21] 폭력행위처벌법 제정 당시에는 범죄단체등의 구성과 가입만을 처벌하고 활동에 대하여는 별도의 처벌 규정을 두지 않았으나, 1993년 12월 10일 제4차 개정 당시 신설된 본조 제3항, 제4항에서 범죄단체등의 존속·유지에 필요불가결하다고 생각되는 가입강요, 금품모집 등의 개별적 활동행위를 처벌 대상에 포함시켰고, 더 나아가 2006년 3월 24일 법률 제7891호로 개정된 본조 제1항에서는 일반적인 활동행위를 처벌하는 내용을 추가하였다.

11　　위와 같은 흐름의 개정은 대법원이 본조 제1항의 범죄단체등 구성·가입죄를 계속범이 아니라 즉시범으로 보는 점[22]에서 기인한다.[23] 즉, 대법원의 입장에 따

의 구성요건이라 하더라도, 그 행위의 성질상 외부에서 알아보기 어려운 상태에서 극비리에 행하여지는 것이 통례이고, 일단 구성원이 된 경우에는 그 탈퇴가 자유롭지 못할 뿐 아니라, 이탈자에 대한 잔학한 보복이 자행되는 경우가 많아서 이에 대한 직접적인 물적 증거나 증인의 존재를 기대하기가 극히 어려우므로, 그 단체의 구성·가입 시기는 특별한 사정이 없는 한 구성원들의 인적관계, 평소의 행동 태양, 구성원들에 의하여 행해진 범법행위의 발전과정 등 여러 가지 간접증거들을 종합하여 정상적인 경험칙에 따라 그 행위가 있었다고 볼 수 있는 시기를 합리적으로 판단하여 이를 인정할 수 있다(대판 2005. 9. 9, 2005도3857).

20 대판 1997. 10. 10, 97도1829.

21 박상기 외 5인, 형사특별법론(개정판). 138; 이주원, 특별형법(8판). 597.

22 대판 1992. 2. 25, 91도3192; 대판 1992. 11. 24, 92도1931; 대판 1993. 6. 8, 93도999; 대판 1995. 1. 20, 94도2752. 위 91도3192 판결 평석은 조영수, "범죄단체조직죄의 성격", 형사판례연구〔2〕, 한국형사판례연구회, 박영사(1996), 222-237.

23 이러한 판례의 태도에 ① 찬성하는 입장으로는, 오영근, 형법각론(5판), 454(계속범설에 의하면 단체를 조직한 자는 설사 그 단체에서 활동하지 않더라도 단체를 탈퇴하거나 단체가 해산되지 않으면 범죄가 종료하지 않게 되므로 즉시범설이 타당하다); 하담미, "보이스피싱 조직의 범죄단체 의율에 관한 제문제 - 대법원 2017. 10. 26. 선고 2017도8600 판결을 중심으로 - ", 형사법의 신동향 58, 대검찰청(2018), 348. 한편 ② 반대하는 견해로는, 김성돈, 형법각론(5판), 525-526(단체를 조직하거나 가입하는 일의 성격상 조직 또는 가입 후에 일정한 시간이 경과할 것이 요구되므로 계속범으로 보는 것이 타당하며, 단체 해산이나 탈퇴 시점부터 공소시효가 진행한다); 김일수·서보학, 새로운 형법각론(9판), 439(형법 제114조의 범죄단체 조직·가입죄를 계속범으로 파악하며, 범죄단체 조직·가입으로 인한 위법상태는 행위자가 활동하는 시점, 즉 단체의 해산이나 단체로부터의 탈퇴 시까지 계속된다); 임웅, 형법각론(10정판), 617(단체는 '계속적' 결합체이므로 단체의 조직과 가입으로 성립한 형법 제114조의 범죄단체 조직·가입죄는 계속범이다).

르면 범죄단체등 구성·가입죄는 범죄단체등을 구성하거나 그에 가입함으로써 즉시 성립하고 그와 동시에 완성되는 이른바 즉시범이므로, 범죄 성립 시인 범죄단체등의 구성·가입 시점으로부터 공소시효가 진행한다.

　이처럼 즉시범으로 보는 결과, 범죄단체등 구성·가입죄의 공소시효가 완성된 경우에는 범죄단체에서 계속 활동하는 사람을 처벌할 수 없는 불합리함이 발생한다. 위 개정 법률은 이러한 불합리를 해결하기 위하여 구성, 가입과는 별도로 범죄단체등 구성원으로서의 활동 일반에 대한 처벌의 근거를 마련하게 된 것이다.[24] 그런데 구성원으로서의 활동에 대하여 일률적으로 과중한 법정형이 부과되어 있는데다가, '활동'이라는 용어가 지나치게 추상적이고 포괄적이므로, 형벌과 책임의 비례 원칙과 명확성의 원칙에 부합하는 방향으로 위 조항을 운용하기 위해서는 무거운 법정형에 상응하는 불법성 내지는 사회적 위험성을 지닌 활동만을 위 조항의 '활동'에 포함하는 것으로 제한하여 해석하여야 할 필요가 제기된다.[25]

　이에 대법원에서는 본조 제1항의 '활동'이라 함은 "범죄단체 또는 집단의 내부 규율 및 통솔체계에 따른 조직적, 집단적 의사 결정에 의하여 행하는 범죄단체 또는 집단의 존속·유지를 지향하는 적극적인 행위로서 그 기여의 정도가 폭력행위처벌법 제4조 제3항, 제4항에 규정된 행위에 준하는 것을 의미"한다[26]는 전제 아래, "특정한 행위가 범죄단체 또는 집단의 구성원으로서의 '활동'에 해당하는지 여부는 당해 행위가 행해진 일시, 장소 및 그 내용, 그 행위가 이루어지

12

13

24 범죄단체등 구성·가입과 별도로 활동 부분을 처벌하는 것이 헌법 제13조 제1항이 정한 이중처벌금지의 원칙에 위배된다고 할 수 없다는 판결로, 대판 2008. 5. 29, 2008도1857.
25 자세한 내용은, 유헌종, "범죄단체 구성원으로서의 활동의 의미", 해설 82, 법원도서관(2009), 883-884. 한편, 대법원은 "폭력행위처벌법에서 규정하고 있는 범죄단체 구성원으로서의 "활동"의 개념이 다소 추상적이고 포괄적인 측면이 있지만, 폭력행위처벌법이 집단적·상습적인 폭력범죄를 엄히 처벌하기 위하여 제정되었고, 특히 위 조항은 범죄단체의 사회적 해악의 중대성에 비추어 범죄의 실행 여부를 불문하고 범죄의 예비·음모의 성격을 갖는 범죄단체의 생성 및 존속 자체를 막으려는 데 그 입법 취지가 있는 점, 범죄단체활동죄는 범죄단체 구성·가입죄가 즉시범으로 공소시효가 완성된 경우에는 이들을 처벌할 수 없다는 불합리한 점을 감안하여 그 처벌의 근거를 마련한 것이라는 점에서 범죄단체의 구성·가입죄와 별도로 범죄단체활동죄를 처벌할 필요성이 있는 점, 어떠한 행위가 위 "활동"에 해당할 수 있는지는 구체적인 사건에 있어서 위 규정의 입법 취지 및 처벌의 정도 등을 고려한 법관의 합리적인 해석과 조리에 의하여 보충될 수 있는 점 등을 종합적으로 판단하면, 이 사건 법률조항 중 "활동" 부분이 죄형법정주의의 명확성의 원칙에 위배된다고 할 수 없다."고 판시한 바 있다(대판 2008. 5. 29, 2008도1857).
26 대판 2009. 9. 10, 2008도10177; 대판 2015. 9. 10, 2015도7081; 대판 2022. 9. 7, 2022도6993.

게 된 동기 및 경위, 목적, 의사 결정자와 실행 행위자 사이의 관계 및 그 의사
의 전달 과정 등의 구체적인 사정을 종합하여 실질적으로 판단하여야 할 것인
바, 다수의 구성원이 관여되었다고 하더라도 범죄단체 또는 집단의 존속·유지
를 목적으로 하는 조직적, 집단적 의사결정에 의한 것이 아니거나, 범죄단체 또
는 집단의 수괴나 간부 등 상위 구성원으로부터 모임에 참가하라는 등의 지시
나 명령을 소극적으로 받고 이에 단순히 응하는데 그친 경우, 구성원 사이의 사
적이고 의례적인 회식이나 경조사 모임 등을 개최하거나 참석하는 경우 등은
'활동'에 해당한다고 볼 수 없다."는 입장을 취하고 있다.[27]

14   예컨대, 다른 폭력조직과의 싸움에 대비하고 조직의 위세를 과시하기 위하
여 비상연락체계에 따라 다른 조직원들과 함께 집결하여 대기한 일련의 행위는
'활동'에 해당한다고 볼 수 있으나, 범죄단체의 간부급 조직원들이 조직생활의
자부심을 심어주고 조직 결속력 강화 및 조직 이탈을 방지하기 위하여 개최한
회식에 참석한 행위나 다른 폭력조직의 조직원 장례식, 결혼식, 돌잔치, 회갑연,
진갑연 등 각종 행사에 참석하여 하부 조직원들이 행사장에 도열하여 상부조직
원들이 도착할 때와 나갈 때 90°로 인사하는 이른바 '병풍' 역할을 하여 조직의
위세를 과시한 행위는 '활동'에 해당한다고 보기 어렵다.[28]

15   범죄단체등을 구성하거나 이에 가입한 사람이 더 나아가 구성원으로 활동
하는 경우, 이는 포괄일죄의 관계에 있다는 것이 대법원의 입장이다.[29] "범죄단
체의 구성이나 가입은 범죄행위의 실행 여부와 관계없이 범죄단체 구성원으로
서의 활동을 예정하는 것이고, 범죄단체 구성원으로서의 활동은 범죄단체의 구

---

27 대판 2009. 9. 10, 2008도10177(범죄단체의 상위 구성원들로부터 조직의 위계질서를 잘 지키라
는 지시를 받으며 속칭 '줄빠따'를 맞고 그에 관하여 입단속을 잘하라는 지시를 받은 피고인들의
행위가, 상위 구성원들로부터 소극적으로 지시나 명령을 받고 폭행을 당한 것에 불과할 뿐 범죄
단체의 존속·유지에 기여하기 위한 행위를 한 것이라고 볼 수 없어, 폭력행위처벌법 제4조 제1
항에 정한 범죄단체 구성원으로서의 '활동'에 해당하지 않는다고 한 사례). 한편, 상위 구성원들
이 하위 구성원들에게 '줄빠따' 등의 기합을 가하는 경우에도 일반적으로도 범죄단체의 존속, 유
지를 위하여 필수불가결한 행위라고 보기 어려우나, 범죄단체 또는 집단의 규율이나 체계가 무
너져서 조직이 와해될 지경에 이르러 조직의 규율과 기강을 세우기 위한 경우에는 범죄단체 구
성원으로서의 활동에 해당한다고 볼 여지가 있다[유현종(주 25), 902].
28 대판 2010. 1. 28, 2009도9484.
29 대판 2015. 9. 10, 2015도7081(포괄일죄의 공소시효는 최종의 범죄행위가 종료한 때로부터 진행
하므로, 피고인의 범죄단체 가입의 점에 대한 공소시효는 이와 포괄일죄 관계에 있는 그 이후의
범죄단체 구성원으로서의 활동의 범죄행위가 종료한 때로부터 진행한다고 판단한 사례).

성이나 가입을 당연한 전제로 하는 것이므로, 양자는 모두 범죄단체의 생성 및 존속·유지를 도모하는, 범죄행위에 대한 일련의 예비·음모 과정에 해당한다는 점에서 그 범의의 단일성과 계속성을 인정할 수 있을 뿐만 아니라 피해법익도 다르지 않다.”는 점을 근거로 한다.[30]

　　한편, 범죄단체를 구성하거나 범죄단체에 가입한 후 목적범죄를 실행한 경우에 있어서 본조 제1항의 죄와 개별적인 목적범죄의 죄수관계가 문제된다. 대법원은 ① 범죄단체등의 구성원으로서 활동하는 행위와 집단감금 또는 집단상해행위는 각각 별개의 범죄구성요건을 충족하는 독립된 행위라고 보아야 할 것이라고 하면서, 양자가 상상적 경합관계에 있다고 본 원심에 대하여 집단감금 또는 집단상해행위가 범죄단체활동에 흡수된다고 보아 양자가 단순일죄의 관계에 해당한다는 상고이유를 받아들이지 아니하였고,[31] ② 범죄단체 등에 소속된 조직원이 저지른 폭력행위처벌법위반(단체등의공동강요)죄 등의 개별적 범행과 폭력행위처벌법위반(단체등의 구성·활동)죄는 범행의 목적이나 행위 등 측면에서 일부 중첩되는 부분이 있더라도, 일반적으로 구성요건을 달리하는 별개의 범죄로서 범행의 상대방, 범행 수단 내지 방법, 결과 등이 다를 뿐만 아니라 그 보호법익이 일치한다고 볼 수 없고, 특별한 사정이 없는 한 법률상 1개의 행위로 평가되는 경우로 보기 어려워 상상적 경합이 아닌 실체적 경합관계에 있다고 보아야 한다고 판시하였다.[32]

3. 처 벌

　　본조 제1항의 죄는 행위의 세부 유형과 관계없이 범죄단체등 내에서의 지위·역할에 따라 법정형을 달리 하고 있다. 수괴[33]는 사형, 무기 또는 10년 이상의 징역에, 간부는 무기 또는 7년 이상의 징역에, 그 외의 사람은 2년 이상의

---

30 대판 2015. 9. 10, 2015도7081.
31 대판 2009. 9. 10, 2008도10177. 형법 제114조의 범죄단체등 가입·활동 행위와 사기행위에 대하여도 마찬가지로 판단한 판례로는, 대판 2017. 10. 26, 2017도8600.
32 대판 2022. 9. 7, 2022도6994(상상적 경합으로 본 원심을 파기). 실체적 경합관계라는 견해로는 김성돈, 형법각론(5판), 528; 김혜경·박미숙·안경옥·원혜욱·이인영, 형법각론(2판), 491.
33 2020년 12월 8일의 알기쉬운 형법 개정에 따라 형법의 내란죄에서의 ‘수괴’(§ 87(i))는 ‘우두머리’로 개정되었다.

유기징역에 처한다.

18   대법원은 범죄단체등의 수괴나 간부는 조직의 배후에서 범행을 지시·명령함으로써 범죄를 유발하는 핵심기능을 한다는 점에서 범죄행위를 직접 실행하는 것보다 그 죄질이 더 무거우므로, 위와 같이 차등적인 법정형을 규정한 입법자의 결단은 수긍할 만한 합리적인 이유가 있어 입법재량의 한계를 벗어나 자의적이라거나 비례의 원칙에 위반되지 않고, 범죄단체등의 간부에 대하여 법정형의 하한을 높게 규정하여 작량감경 이외의 추가적인 감경사유가 없는 한 집행유예의 선고를 할 수 없도록 한 것만으로는 법관의 양형재량권을 침해한 것이라고 할 수 없다고 보았다.[34]

19   '수괴'는 당해 범죄단체등의 우두머리로 단체의 활동을 지휘·통솔하는 사람을 가리키는 것으로서, 전면에서 단체구성원의 통솔을 직접 담당하지 않더라도 배후에서 일체의 조직활동을 지휘하거나 또는 말단 조직원을 지휘·통솔하는 중간 간부를 통하여 조직활동을 지휘하는 사람도 여기에서 말하는 수괴에 해당하고, 이 경우 수괴는 반드시 1인일 필요가 없고 2인 이상의 수괴가 역할을 분담하여 활동할 수도 있다.[35] 범죄단체등의 말단 조직원이 중간 간부로부터 지휘·통솔을 받음으로써 실제 두목이 누구인지 알지 못하는 수도 있고, 설사 두목을 알고 있다 하여도 조직의 생리상 그 사실을 쉽사리 발설하지 않으리라는 점은 추측할 수 있는 일이므로, 범죄단체등의 구성원들이 그 두목인 피고인들을 모르는 것처럼 진술하였다 하더라도 피고인들이 그 범죄단체의 수괴로서 조직 전체를 통솔하고 관리하는 역할을 담당하였다는 사실인정에 장애가 된다고 할 수 없다.[36]

20   '간부'는 수괴의 지휘 등을 받아 말단 조직원을 지휘·통솔하는 사람을 일컫는다.[37]

21   '수괴·간부 외의 사람'이란 수괴나 간부가 아닌 단체의 구성원이나 집단에

---

34 대판 2008. 5. 29, 2008도1857. 범죄단체가 목적하는 범행의 불법유형과 관계없이 조직 내 역할에 따라 처벌을 달리하는 것은 올바른 입법방식이라고 할 수 없다고 비판하는 견해도 있다[박상기 외 5인, 형사특별법론(개정판), 140-141].

35 대판 1992. 6. 23, 92도682.

36 대판 1992. 6. 23, 92도682.

37 대판 2015. 5. 28, 2014도18006.

가입한 사람을 말한다. 통상 행동대원을 의미하지만, 범죄집단의 경우에는 폭력행위처벌법상의 죄를 범할 목적으로 부화수행하거나 단순히 관여하기 위하여 모인 사람도 포함한다.[38]

Ⅳ. 구성원의 각종 범죄행위(제2항)

본조 제2항의 죄는 단체 또는 집단을 구성하거나 가입한 사람이 단체 또는 집단의 위력을 과시하거나 단체 또는 집단의 존속·유지를 위하여 형법상의 공무방해·살인·업무방해·경매방해·강도 등의 죄(제1호) 또는 폭력행위처벌법 제2조 및 제3조의 죄(제2호)를 범한 경우에 성립한다. **22**

본조 제2항의 죄의 범죄단체등을 구성하거나 그에 가입한 사람이므로, 이는 신분범이다. 또한, 범죄단체등의 위력을 과시하거나 범죄단체등의 존속·유지를 위하여 위와 같은 죄를 저지를 것을 요하므로 목적범이다. 여기서 '위력을 과시'하는 것에 해당하기 위하여 현실적으로 위력을 행사할 필요는 없고, 단지 위력을 외부적으로 인식시키는 것만으로도 충분하다.[39] '존속·유지를 위하여'라 함은 구성원 개개인의 이익 또는 이해관계가 아닌 소속된 범죄단체 또는 집단의 존속·유지를 위하는 것을 말한다.[40] 본조 제1항의 범죄단체 활동죄와 마찬가지로, 범죄단체 구성·가입죄와 본조 제2항의 죄는 포괄일죄의 관계에 있다고 보는 것이 타당하다.[41] **23**

본조 제2항의 죄는 범한 죄에 대한 형의 장기 및 단기의 2분의 1까지 가중한다. **24**

Ⅴ. 범죄단체등 가입 강요·권유(제3항)

본조 제3항의 죄는 타인에게 제1항의 범죄단체 또는 집단에 가입할 것을 강요하거나 권유한 경우에 성립한다. '강요'는 상대방의 자유의사에 반하여 그 **25**

38 박상기 외 5인, 형사특별법론(개정판), 140.
39 박상기 외 5인, 형사특별법론(개정판), 142; 이주원, 특별형법(8판), 599.
40 박상기 외 5인, 형사특별법론(개정판), 142; 이주원, 특별형법(8판), 599.
41 박상기·전지연, 형사특별법(4판), 17.

가입을 강제하는 것을 말한다. 폭행 또는 협박에 의한 경우에는 형법의 강요죄 (§ 324)와 상상적 경합관계에 있게 된다.[42] '권유'는 상대방의 자유의사에 의한 가입을 권고하고 유도하는 일체의 활동을 말하고, 설득하거나 회유하는 경우뿐만 아니라 일정한 조건이나 혜택을 내세우거나 각종 편의를 제공하는 경우도 포함한다.[43]

26 　　　법정형은 2년 이상의 유기징역이다.

VI. 범죄단체등을 위한 금품모집(제4항)

27 　　　본조 제4항의 죄는 제1항의 범죄단체등을 구성하거나 그러한 범죄단체등에 가입하여 범죄단체등의 존속·유지를 위하여 금품을 모집한 경우에 성립한다. 그 구성원이 금품을 모집한 경우만 해당하고, 구성원 아닌 사람이 금품모집을 한 경우에는 제5조의 자금제공에 해당하거나 구성원의 금품모집에 대한 공범이 성립할 여지가 있을 뿐이다.[44] '단체 또는 집단의 존속·유지를 위하여'라는 목적을 요하는 목적범이다.

28 　　　법정형은 3년 이상의 유기징역이다.

〔홍 진 영〕

---

42 박상기 외 5인, 형사특별법론(개정판), 144.
43 박상기 외 5인, 형사특별법론(개정판), 144; 박상기·전지연, 형사특별법(4판), 17; 이주원, 특별형법(7판), 587,
44 박상기 외 5인, 형사특별법(개정판), 144.

제5조(단체 등의 이용·지원)

① 제4조 제1항의 단체 또는 집단을 이용하여 이 법이나 그 밖의 형벌 법규에 규정된 죄를 범하게 한 사람은 그 죄에 대한 형의 장기 및 단기의 2분의 1까지 가중한다.
② 제4조 제1항의 단체 또는 집단을 구성하거나 그러한 단체 또는 집단에 가입하지 아니한 사람이 그러한 단체 또는 집단의 구성·유지를 위하여 자금을 제공하였을 때에는 3년 이상의 유기징역에 처한다.
[전문개정 2014. 12. 30.]

Ⅰ. 개　요

본죄[폭력행위처벌법위반(단체등의이용·지원)죄]는 제4조와 함께 범죄단체등의 규율을 목적으로 규정된 것으로, 범죄단체등의 활동을 이용하거나 그 활동을 지원하는 행위를 처벌대상으로 한다. 이에 대해서는 범죄단체등의 구성원 아닌 사람의 행위가 폭력행위처벌법 제2조, 제3조에 저촉되지 않음에도 불구하고 폭력행위처벌법의 직접적인 규율대상으로 삼는 것은 폭력행위처벌법의 본래 취지와 맞지 않다는 비판이 있다.[1]

1

Ⅱ. 범죄단체등의 이용(제1항)

본조 제1항의 죄는 제4조 제1항의 범죄단체등을 이용하여 폭력행위처벌법 또는 그 밖의 형벌법규에 규정된 죄를 범하게 한 경우에 성립한다. 범죄단체등을 이용한 범죄의 배후를 가중처벌하기 위한 규정이다.

2

여기서 '단체 또는 집단을 이용'한다 함은, 범죄단체등의 내부 구성원이 그

3

---

1 박상기 외 5인, 형사특별법론(개정판), 145.

하급자에게 범죄를 지시하는 경우(예컨대, 폭력조직의 우두머리가 부하에게 살인을 지시한 경우)와 외부인이 자신의 범죄를 실현하기 위하여 범죄단체를 이용하는 경우(예컨대, 일반인이 폭력조직을 이용해서 살인을 청부하는 경우)를 모두 포함한다.[2]

4   각 그 죄에 대한 형의 장기 및 단기의 2분의 1을 가중하여 처벌한다.

5   폭력행위처벌법 제정 당시에는 '그 죄에 대한 형 중 가장 중한 형'으로 처벌하도록 되어 있었으나, 정범과 비교할 때 지나치게 과도한 처벌이라는 비판이 있어 2006년 3월 24일 제6차 개정 당시에 현재와 같이 법정형을 정비하였다. 그러나 위와 같은 행위는 형법 제34조 제2항의 특수교사·방조 또는 교사범에 해당하여 장기의 2분의 1을 가중하여 처벌하는 것이 가능함에도 불구하고 다시 단기의 2분의 1까지 가중하도록 한 것은 특별법의 지나친 확대라는 비판이 여전히 존재한다.[3]

III. 범죄단체등을 위한 자금제공(제2항)

6   본조 제2항의 죄는 제4조 제1항의 범죄단체등을 구성하거나 그러한 범죄단체등에 가입하지 아니한 사람으로서 그러한 범죄단체등의 구성·유지를 위하여 자금을 제공한 경우에 성립한다.

7   범죄단체등의 구성원이 아닌 사람이 주체이고, '단체 또는 집단의 구성·유지를 위하여'라는 목적을 요하는 목적범이다. '자금'을 제공한 경우에만 성립하므로 금전 이외의 물품을 제공한 경우에는 처벌할 수 없다.[4]

8   3년 이상의 유기징역으로 처벌한다.

9   범죄단체등의 구성을 위한 자금제공은 전형적인 방조행위에 해당한다고 볼 수 있는데, 범죄단체등의 수괴나 간부 아닌 구성원의 활동에 대하여 2년 이상의 징역으로 처벌하는 것보다 더 무거운 형을 부과하는 것은 균형에 맞지 않는다는 비판이 있다.[5]

〔홍 진 영〕

---

2 박상기 외 5인, 형사특별법론(개정판), 145; 이동희·류부곤, 특별형법(5판), 91; 이주원, 특별형법(8판), 599-600.
3 박상기 외 5인, 형사특별법론(개정판), 145.
4 박상기 외 5인, 형사특별법론(개정판), 146.
5 박상기 외 5인, 형사특별법론(개정판), 146.

제6조(미수범)

제2조, 제3조, 제4조 제2항[「형법」 제136조, 제255조, 제314조, 제315조, 제335조, 제337조(강도치상의 죄에 한정한다), 제340조 제2항(해상강도치상의 죄에 한정한다) 또는 제343조의 죄를 범한 경우는 제외한다] 및 제5조의 미수범은 처벌한다.
[전문개정 2014. 12. 30.]

폭력행위처벌법위반의 미수범 처벌에 관한 근거규정이다. 다만, 제2조, 제3조의 죄 중 폭행·존속폭행죄, 제4조 제3항의 가입 권유는 그 성질상 미수범의 성립이 불가능하다.　　1

제5조 제1항의 경우 강학상 교사의 미수에 해당하는데, 이를 예비·음모에 준하여 처벌하는 것이 아니라 독자적인 미수범으로 처벌하고 있다. 이는 형법 체계에 반하는 문제점이 있다는 지적이 있다.[1]　　2

본조에 따라 처벌되는 미수범의 형은 기수범보다 감경할 수 있다.　　3

〔홍 진 영〕

---

1 박상기 외 5인, 형사특별법론(개정판), 147; 이주원, 특별형법(8판), 601.

제7조(우범자)

정당한 이유 없이 이 법에 규정된 범죄에 공용(供用)될 우려가 있는 흉기나 그 밖의 위험한 물건을 휴대하거나 제공 또는 알선한 사람은 3년 이하의 징역 또는 300만원 이하의 벌금에 처한다.
[전문개정 2014. 12. 30.]

Ⅰ. 개 요

1　　　본죄[폭력행위처벌법위반(우범자)죄]는 정당한 이유 없이 폭력행위처벌법에 규정된 범죄에 공용될 우려가 있는 흉기나 그 밖의 위험한 물건을 휴대하거나 제공 또는 알선한 경우에 성립한다. 본조는 집단 또는 상습 및 특수폭력범죄 등을 저지를 우려가 있는 사람을 처벌함으로써 공공의 안녕과 질서를 유지하기 위하여 마련된 규정으로, 폭력행위처벌법위반의 범죄에 대한 예비죄로서의 성격을 갖고 있다.[1]

2　　　그러나 형법상의 예비죄와는 달리 주관적 구성요건으로서의 목적을 요구하지 않고 객관적으로 흉기 등이 범죄에 공용할 우려가 있으면 성립할 수 있도록 규정하고 있으므로 그 적용대상이 지나치게 넓어질 수 있고,[2] 근본적으로 실행행위성을 인정하기 어려운 행위를 처벌대상으로 삼는다는 점에서 명확성의 원칙에 반한다는 비판이 있다.[3]

---

1 대판 2017. 9. 17, 2017도7687.
2 박상기 외 5인, 형사특별법론(개정판), 148-149.
3 이기헌, "폭력행위등처벌에관한법률의 정비방안", 형사정책 17-2, 한국형사정책학회(2005), 68.

II. 요 건

1. 이 법에 규정된 범죄에 공용될 우려가 있는 흉기 기타 위험한 물건

'이 법에 규정된 범죄'란 폭력행위처벌법에 규정된 범죄만을 의미한다.[4] 헌 ⟨3⟩
법재판소의 헌재 2015. 9. 24, 2014헌바154 등(병합)의 취지에 따라 2016년 1월
6일 법률 제13718호로 개정(제9차 개정)된 폭력행위처벌법에서는 상습폭력범죄에
대한 가중처벌 규정인 제2조 제1항과 특수폭력범죄에 대한 가중처벌 규정인 제
3조 제1항 및 제3항을 각 삭제하였으므로, 기존의 집단 또는 상습 및 특수폭력
범죄 등은 기본법인 형법의 각 해당 조항으로만 처벌될 뿐 더 이상 폭력행위처
벌법에 따라 처벌될 수 없게 되었다. 따라서 이러한 형법상의 폭력범죄에 사용
할 의도로 흉기나 그 밖의 위험한 물건을 소지하였다 하더라도 본죄로 처벌할
수는 없다.[5]

'공용될 우려'란 객관적으로 범죄에 공용될 우려가 있음[6]을 의미하고, 이러 ⟨4⟩
한 우려가 없는 흉기 등을 단순히 휴대한 것은 경범죄 처벌법 제3조 제1항 제1
호[7]의 흉기의 은닉·휴대에 해당할 뿐이다.[8] 단지 흉기나 그 밖의 위험한 물건
을 소지하고 있다는 사실만으로 폭력행위처벌법에 규정된 범죄에 공용할 우려
가 있는 것으로 추정된다고 볼 수는 없다.[9] 피고인이 폭력행위처벌법에 규정된
범죄에 공용될 우려가 있는 흉기나 그 밖의 위험한 물건을 휴대하였다는 점은
검사가 증명하여야 한다.[10]

'흉기나 그 밖의 위험한 물건'은 사람을 살상할 수 있는 특성을 갖춘 총이나 ⟨5⟩

---

4 대판 2017. 9. 21, 2017도7687. 본 판결 평석은 오병두, "폭처법상 '이 법에 규정된 범죄'의 의
　미", 특별형법 판례100선, 한국형사판례연구회·대법원 형사법연구회, 박영사(2022), 300-303.
5 대판 2017. 9. 21, 2017도7687; 대판 2018. 1. 24, 2017도15914.
6 행위자 및 흉기 등의 형상이 통상적이지 않고 범죄에 사용될 가능성이 보이는 경우를 의미한다
　는 견해로는, 박상기·전지연, 형사특별법(4판), 20.
7 경범죄 처벌법 제3조(경범죄의 종류) ① 다음 각 호의 어느 하나에 해당하는 사람은 10만원 이
　하의 벌금, 구류 또는 과료(科料)의 형으로 처벌한다.
　2. (흉기의 은닉휴대) 칼·쇠몽둥이·쇠톱 등 사람의 생명 또는 신체에 중대한 위해를 끼치거나
　　집이나 그 밖의 건조물에 침입하는 데에 사용될 수 있는 연장이나 기구를 정당한 이유 없이
　　숨겨서 지니고 다니는 사람
8 박상기 외 5인, 형사특별법론(개정판), 49.
9 대판 1983. 9. 13, 83도1323; 대판 2017. 9. 21, 2017도7687.
10 대판 2017. 9. 21, 2017도7687.

칼과 같은 것은 물론, 그 밖의 물건이라도 사회통념상 이를 이용하면 상대방이나 제3자가 살상의 위험을 느낄 수 있는 것을 포함한다.[11]

2. 정당한 이유 없는 휴대, 제공 또는 알선

6   본조의 '휴대'라 함은 범죄현장에서 사용할 의도 아래 흉기 그 밖의 위험한 물건을 몸 또는 몸 가까이에 소지하는 것을 말한다.[12] 흉기나 그 밖의 위험한 물건을 자신이 기거하는 장소에 보관하였다는 것만으로는 본조에서 말하는 '휴대'라고 할 수 없다.[13] 정당한 이유 없이 폭력행위처벌법에 규정된 범죄에 공용될 우려가 있는 흉기를 휴대하고 있었다면, 다른 구체적인 범죄행위가 없다고 하더라도 그 휴대행위 자체에 의하여 본죄의 구성요건을 충족하는 것이다.[14]

7   '제공'은 타인이 사용할 수 있도록 건네주는 것을 의미하고, '알선'은 타인이 휴대 또는 제공할 수 있도록 중간에서 주선하는 것을 말한다.[15]

III. 처 벌

8   3년 이하의 징역 또는 300만 원 이하의 벌금에 처한다.

〔홍 진 영〕

---

11 대판 2002. 11. 26, 2002도4586(구 폭력행위처벌법 제3조 제1항의 '흉기 기타 위험한 물건'에 대한 판례).
12 대판 1992. 5. 12, 92도381 등.
13 대판 1990. 11. 13, 90도2170; 대판 1991. 4. 9, 91도427; 대판 1992. 5. 12, 92도381.
14 대판 2007. 6. 28, 2007도2439; 대판 2017. 9. 21, 2017도7687.
15 박상기 외 5인, 형사특별법론(개정판), 149.

제9조(사법경찰관리의 직무유기)

① 사법경찰관리(司法警察官吏)로서 이 법에 규정된 죄를 범한 사람을 수사하지 아니하거나 범인을 알면서 체포하지 아니하거나 수사상 정보를 누설하여 범인의 도주를 용이하게 한 사람은 1년 이상의 유기징역에 처한다.
② 뇌물을 수수(收受), 요구 또는 약속하고 제1항의 죄를 범한 사람은 2년 이상의 유기징역에 처한다.
[전문개정 2014. 12. 30.]

Ⅰ. 개 요

　　본죄[폭력행위처벌법위반(직무유기)죄]는 폭력행위처벌법위반죄에 대한 엄정한 처리를 위하여 사법경찰관리의 직무유기, 범인도피 및 뇌물수수·요구·약속죄를 가중처벌한다. 폭력행위나 폭력조직이 근절되지 못하는 데에는 범죄자뿐만 아니라 이를 단속하는 사법경찰관리의 직무수행에도 문제가 있다는 인식에 따라 폭력행위처벌법에 포함된 것으로 보인다.[1]

1

　　그러나 수사의 관여자 중에서 검사를 제외하고 사법경찰관리에 대하여만 이러한 규정을 둘 이유가 뚜렷하지 않고, 살인이나 강도 등의 강력범죄와 달리 폭력행위처벌법위반죄에 대하여만 이러한 직무상 범죄에 대하여 가중처벌을 하는 근거도 명확하지 않으므로, 위 규정을 삭제하는 것이 타당하다는 주장이 유력하다.[2]

2

---

1 박상기 외 5인, 형사특별법론(개정판), 158.
2 박상기 외 5인, 형사특별법론(개정판), 159; 도중진, "공무원의 직무에 관한 죄의 효율적 개정방안", 법학논총 23-1, 조선대학교 법학연구원(2016), 344; 박기석, "폭력범죄 규정 정비방안", 형사법연구 22, 한국형사법학회(2004), 682; 오병두, "직무유기죄의 성립범위에 관한 연구 - 기존 해석론에 대한 비판과 그 대안", 홍익법학 14-2, 홍익대학교 법학연구소(2013), 551; 이기헌, "폭력

II. 직무유기 및 범인도피(제1항)

1. 직무유기

3   사법경찰관리가 폭력행위처벌법에 규정된 죄를 범한 사람을 수사하지 아니하거나 범인을 알면서 체포하지 않은 경우에 성립하는바, 형법 제122조의 직무유기죄에 대한 특별규정이라고 할 수 있다.[3] 형법상 직무유기죄는 공무원이 법령, 내규 등에 의한 추상적 성실의무를 태만히 하는 일체의 경우에 성립하는 것이 아니라 직장의 무단이탈, 직무의 의식적인 포기 등과 같이 국가의 기능을 저해하고 국민에게 피해를 야기시킬 가능성이 있는 경우를 가리키고, 공무원이 태만·분망 또는 착각 등으로 인하여 직무를 성실히 수행하지 아니한 경우나 형식적으로 또는 소홀히 직무를 수행한 탓으로 적절한 직무수행에 이르지 못한 것에 불과한 경우에도 직무유기죄는 성립하지 아니한다.[4] 위와 같은 직무유기죄의 법리는 본조 제1항을 해석함에 있어서도 그대로 적용되어야 할 것이다. 범인이 누구인지 정확히 알지 못하더라도 수사를 진행하면 알 수 있는 상황에서 수사를 의식적으로 포기한 경우에는 본죄에 해당한다고 볼 수 있다.[5]

4   1년 이상의 유기징역으로 처벌한다.

5   형법 제122조의 직무유기죄가 1년 이하의 징역이나 금고 또는 3년 이하의 자격정지를 법정형으로 하고 있는 것에 비하여 지나치게 형이 무거워 균형이 맞지 않는다는 비판이 있다.[6]

2. 범인도피

6   본조 제1항은 수사상 정보를 누설하여 범인의 도주를 용이하게 한 경우만을 대상으로 하여 1년 이상의 유기징역으로 가중하여 처벌하고 있다. 형법 제127조의 공무상비밀누설죄에 해당하는 특정 유형과 형법 제151조 제1항의 범인도피죄에 해당하는 특정 유형이 결합된 형태의 범죄로 볼 수 있다. 위와 같은

행위등처벌에관한법률의 정비방안", 형사정책 17-2, 한국형사정책학회(2005), 69.
3 박상기 외 5인, 형사특별법론(개정판), 159.
4 대판 2013. 4. 26, 2012도15257 등.
5 박상기·전지연, 형사특별법(3판), 22.
6 박상기 외 5인, 형사특별법론(개정판), 160.

죄에 대해서도 범인도피죄와 공무상비밀누설죄의 실체적 경합범으로 처벌하면 충분한 것이고, 굳이 본조와 같은 가중처벌을 할 필요는 없다는 비판이 있다.[7]

Ⅲ. 뇌물수수, 요구, 약속 후의 직무유기 및 범인도피(제2항)

본조 제2항은 뇌물을 수수, 요구, 약속을 하고 제1항의 죄를 범한 경우를 2년 이상의 유기징역으로 처벌한다. 형법 제131조 제1항의 수뢰후부정처사죄에 대한 특별규정이라고 할 수 있다.

7

〔홍 진 영〕

---

7 박상기 외 5인, 형사특별법론(개정판), 160.

제26장 과실치사상의 죄

〔총 설〕

Ⅰ. 의의 및 규정

1. 의 의

   본장(개정 1995. 12. 29.)의 죄는 정상의 주의를 태만함으로 인하여 죄의 성립 요소인 사실을 인식하지 못한 행위, 즉 과실로 인하여 사람의 생명·신체를 침해한 행위자를 처벌하는 것을 내용으로 한다. 형법은 원칙적으로 고의범만 처벌하고 과실범은 예외적으로 처벌(§14)하고 있으나, 사람의 생명과 신체는 특히 중요한 법익이므로 형법은 과실로 인하여 사람의 생명과 신체를 침해하는 경우를 본장의 죄로 벌하고 있는 것이다.[1] 본장의 죄는 과학기술의 발달과 더불어 사람의 생명 또는 신체에 대해 위해를 가져올 수 있는 잠재적 위험이 도처에 존재하는 환경의 변화로 인해 그 발생빈도나 피해규모 및 중요성에서 고의범을 훨씬 능가하는 경향을 보이고 있다.[2] 이에 따라 과실범의 신속한 처리와 피해배상을 위한 입법장치를 마련하는 한편, 안전을 위협하는 행위를 규제하기 위해

   1

---

1 오영근, 형법각론(8판), 71; 이재상·장영민·강동범, 형법각론(13판), §4/1; 이형국·김혜경, 형법
    각론(3판), 90.
2 김성돈, 형법각론(8판), 112; 배종대, 형법각론(14판), §17/1.

특별법으로 여러 가지 새로운 범죄유형을 규정하고 있다.[3]

2. 규 정

2   본장은 과실치사·상에 관한 죄에 대하여 규정하고 있는데, 구체적으로는 과실치상죄(§266), 과실치사죄(§267), 업무상과실·중과실치사·상죄(§268)가 있다. 본장의 조문 구성은 아래 [표 1]과 같다.

[표 1] 제26장 조문 구성

조 문	제 목	구성요건	죄 명	공소시효
§266	과실치상	ⓐ 과실로 인하여 ⓑ 사람의 신체를 ⓒ 상해에 이르게 함	과실치상	5년
§267	과실치사	ⓐ 과실로 인하여 ⓑ 사람을 ⓒ 사망에 이르게 함	과실치사	5년
§268	업무상과실·중과실 치사상	ⓐ 업무상과실 또는 중대한 과실로 ⓑ 사람을 ⓒ 사망이나 상해에 이르게 함	(업무상, 중)과실 (치사, 치상)	7년

3   본장의 죄는 그 구성요건과 처벌에 비추어 크게 ① 단순 과실에 의한 제266조 및 제267조의 죄와 ② 업무상 부여되는 과실 및 중대한 과실에 의해 가중처벌하는 제268조의 죄로 나누어 볼 수 있다.

4   독일형법은 제222조에서 과실살인죄(Fahrlässige Tötung)를, 제229조에서 과실상해죄(Fahrlässige Körperverletzung)를 규정하고 있다. 과실살인죄의 법정형은 5년 이하의 징역 또는 벌금이고, 과실상해죄는 3년 이하의 징역 또는 벌금이다. 그리고 제230조 제1항에서 "과실상해죄는 고소가 있을 때만 소추된다. 다만, 소추기관이 형사소추에 대한 특별한 공익 때문에 직권으로 소추가 필요하다고 인정하는 경우에는 그러하지 아니하다."라고 규정하여, 기본적으로는 친고죄이지만 예외적으로 고소가 없더라도 소추할 수 있도록 되어 있다.

5   일본형법은 제209조에서 과실치상죄를, 제210조에서 과실치사죄를, 제211

---

3 신동운, 형법각론(2판), 599.

조에서 업무상과실·중과실치사·상죄를 규정하고 있다. 과실치상죄의 법정형은 30만 엔 이하의 벌금 또는 과료이고, 과실치사죄는 50만 엔 이하의 벌금이다. 또한, 업무상과실·중과실치사·상죄는 5년 이하의 징역이나 금고 또는 100만 엔 이하의 벌금에 처하도록 규정하고 있다.[4] 다만, 과실치상죄는 고소가 있어야 공소를 제기할 수 있는 친고죄로 되어 있다(일형 §209②).

　　미국에서의 과실범은 주로 사망의 결과를 야기한 경우에 살인죄의 유형으로 등장한다. 보통법(Common Law)에서 유래한 '살인의 죄(homicide)'의 비고의(非故意) 고살죄(involuntary homicide)와 1961년 미국법조인협회(American Law Institute)가 입안한 모범형법전(Model Penal Code, MPC)의 '살인죄(criminal homicide)' 중 과실치사죄(negligent homicide)가 있다.[5] 비고의 고살죄는 과실로서, 즉 행위를 할 때 적절하게 주의하지 않고 위법한 방식으로 사람을 살해하는 것을 의미한다(MPC §210. 1. Criminal Homicide).[6] 대다수의 판례 등은 비고의 고살죄의 구성요건을 '유책한 과실(culpable negligence)', '형사과실(criminal negligence)', '중과실(gross negligence)' 등으로 표현하고 있지만, 그 의미를 정확하게 정의하고 있지는 않다.[7] 모범형법전은 '무모하게(recklessly) 또는 과실로(negligently)' 타인의 사망을 야기한 사람은 살인죄의 죄책을 진다고 규정하고 있다(MPC §210. 1. Criminal Homicide).

　　현행 형법상 과실범의 규정 형식과 처벌에 관하여는, 복잡다기한 현대사회에 있어서 과실범이 크게 늘어날 뿐만 아니라 그 유형면에서도 다양화하고 있으므로 이에 대한 입법정책이 근본적으로 재검토되어야 함에도 불구하고 아무런 대책이 없음은 부당하고, 화폐가치가 급변하는 현실에 있어서 소액의 고정적

6

7

---

4 참고로 2022년 6월 17일 일본형법 개정(법률 제67호)으로 징역형과 금고형이 '구금형'으로 단일화되어 형법전의 '징역', '구금', '징역 또는 구금'은 모두 '구금형'으로 개정되었고, 부칙에 의하여 공포일로부터 3년 이내에 정령으로 정하는 날에 시행 예정이다. 그러나 현재 정령이 제정되지 않아 시행일은 미정이므로, 본장에서 일본형법 조문을 인용할 때는 현행 조문의 '징역' 등의 용어를 그대로 사용한다.
5 이경재, "미국형법상 살인죄의 유형과 그 내용", 홍익법학 18-1(2017), 33. 미국 모범형법전은 실제로 적용되는 법률이 아니라 각 주에서 법률을 입안할 때 참고자료를 제공하기 위해 만들어 둔 법전이다.
6 이경재(주 5), 44.
7 Joel Samaha, Criminal Law(11th Edition), Wadsworth, Cengage Learning, 2014, 343[이경재(주 5), 44면 재인용]. 비고의 고살죄는 다시 타인의 중상해나 사망의 위험을 초래하는 과실치사와 중죄 이외의 범죄실행 중에 발생한 살해행위로 나뉜다[이경재(주 5), 44].

인 벌금형을 규정하고 있음은 이른바 일수벌금제(Tagessatz)를 채택하고 있는 독일 등 외국의 입법례에 비하여 구태의연한 감이 있으며, 교통사고처리 특례법이 과실치사·상의 죄 중 교통사고에 대해서만 특례를 규정하고 있어 일반 과실범 처벌과 현저하게 균형을 잃고 있다는 지적이 있다.[8] 타당한 지적이고, 입법론적으로 고려되어야 할 사항이다.

Ⅱ. 연 혁

8   1953년 9월 18일 형법을 제정하면서 규정된 본장의 조항에 대해서는 1995년 12월 29일 일부 개정을 통해 문구를 정비하고, 벌금의 단위를 '환'에서 '원'으로 고치고, 그 액수를 상향 조정하였다. 즉, 본장의 명칭을 '과실사상의 죄'에서 '과실치사상의 죄'로 변경하고, 제266조의 표제를 '과실상해'에서 '과실치상'으로, '과실로 인하여 사람의 신체를 상해한 자'를 '과실로 인하여 사람의 신체를 상해에 이르게 한 자'로, 벌금을 '1만5천환 이하'에서 '500만원 이하'로 개정하였다.[9] 제267조는 '사람을 치사한 자'를 '사람을 사망에 이르게 한 자'로, 벌금을 '2만5천환 이하'에서 '700만원 이하'로 개정하였다. 제268조은 문언은 그대로 둔 채 벌금만 '5만환 이하'에서 '2천만원' 이하로 개정하였다.

9   그리고 2020년 12월 8일 알기 쉬운 법령 문장으로 개정하면서(2021. 12. 9. 시행), 첫째, 제268조에서 '인하여'를 삭제하고, 둘째, 제268조의 '사상에'를 '사망이나 상해에'로 고쳤다.

10   한편 성수대교 붕괴 사건 이후, 1995년 12월 30일 구 건설업법 제58조의3 제2항(현 건설산업기본법 §94②)에 업무상과실로 건설공사의 안전에 관한 법령에 위반하여 건설공사를 시공함으로써 교량·터널·철도 등 시설물의 구조상 주요 부분에 중대한 파손을 야기하여 공중의 위험을 발생하게 하고 이로 인하여 사람을 죽거나 다치게 한 자를 처벌하는 규정을 신설하였고, 현행법의 법정형은 10년 이하의 징역이나 금고 또는 1억원 이하의 벌금에 처하도록 규정되어 있다.

---

8 주석형법 [각칙(3)](5판), 391(손기식).
9 제2항은 "전항의 죄는 피해자의 명시한 의사에 반하여 논할 수 없다."에서 "제1항의 죄는 피해자의 명시한 의사에 반하여 공소를 제기할 수 없다."로 규정이 정비되었다.

또한 경북 구미 불산 유출 사고로 23명의 사상자와 대규모 농가 피해가 발   11
생한 이후, 구 유해화학물질관리법이 2013년 6월 4일 화학물질관리법으로 전부
개정되면서 업무상과실 또는 중과실로 화학사고를 일으켜 사람을 사상에 이르게
한 자는 10년 이하의 금고나 2억 원 이하의 벌금에 처하도록 규정하였다(§ 57).

III. 보호법익

본장의 죄의 보호법익은 사람의 생명 또는 신체의 건강이고, 보호법익이 보   12
호받는 정도는 침해범으로서의 보호이다.[10]

IV. 관련문제

1. 과실치사·상죄와 인과관계

본장의 죄는 주의의무에 위반하여 사람을 사망에 이르게 하거나 신체를 상   13
해에 이르게 하여 구성요건적 결과를 실행함으로써 성립한다.[11] 행위자가 주의
의무를 위반하였고 구성요건적 결과가 발생하였다고 하더라도 주의의무를 다한
때에도 같은 결과가 발생하였을 것이라고 인정되는 경우에는 그 책임을 물을
수 없다.

결과범의 객관적 구성요건은 행위자의 행위에 의하여 결과발생이 야기된   14
것으로 확인되고, 나아가 그 결과를 행위에 객관적으로 귀속시킬 수 있는 연관
이 인정되어야 충족된다. 과실치사·상죄는 결과범이므로 객관적 구성요건으로
서 행위(과실)와 결과(사상) 사이의 연관은 인과관계와 객관적 귀속이라는 두 단
계의 판단에 의하여 행해져야 한다는 것이 통설이다.[12]

과실치사·상죄의 인과관계를 판단하기 위해서는, 판례에서 확립된 '합법적   15
대체행위이론'을 적용하여 '과실이 없었더라도 마찬가지의 결과가 발생하였을
것인가'를 물어서 결과발생이 행위자의 과실로 직접 연결된 경우인지를 확인한

---

10 김성돈, 112; 오영근, 71; 이형국·김혜경, 91.
11 이재상·장영민·강동범, § 4/1.
12 이재상·장영민·강동범, 형법총론(11판), § 11/3.

후에 형법상의 인과관계¹³(인과관계 또는 객관적 귀속)에 대한 결론을 내려야 한다
(통설¹⁴ 및 판례¹⁵).

16　　　과실치사·상죄의 인과관계의 인정 여부에 관해서는 판례에 나타난 구체적
인 주의의무를 검토하면서 함께 살펴보도록 한다.¹⁶

2. 과실범의 공동정범

17　　　과실범에 대한 교사범이나 종범 및 과실에 의한 교사범이나 종범이 성립할
수 없다는 데는 이론이 없다.¹⁷ 다만, 과실범의 공동정범의 성립에 대하여는 견
해가 나뉜다. ① 부정설에는 ⓐ 사후적 평가개념인 과실행위에서 공동정범이
요구하는 '행위의 공동'이란 있을 수 없다는 견해,¹⁸ ⓑ 범죄구성요건을 같이 실
현하겠다는 고의가 없는 사람 사이에 타인의 행위에 대해서도 공동책임을 물을

---

13 대법원은 인과관계 판단에 있어 일관되게 상당인과관계설의 입장이라고 할 수 있다. 예컨대 대판
　2015. 6. 24, 2014도11315는 "의사가 설명의무를 위반한 채 의료행위를 하였다가 환자에게 상해 또
　는 사망의 결과가 발생한 경우 의사에게 업무상과실로 인한 형사책임을 지우기 위해서는 의사의 설
　명의무 위반과 환자의 상해 또는 사망 사이에 상당인과관계가 존재하여야 한다."고 판시하고 있다.
　그리고 인과관계는 엄격한 증거에 따라 합리적 의심이 없을 정도로 증명되어야 하고, 과실이 증명
　되었다는 사정만으로 추정되거나 감경되지 않는다(대판 2023. 8. 31, 2021도1833).
14 김성돈, 113.
15 대판 2007. 10. 26, 2005도8822(선행 교통사고와 후행 교통사고 중 어느 쪽이 원인이 되어 피해
　자가 사망에 이르게 되었는지 밝혀지지 않은 경우, 후행 교통사고를 일으킨 사람의 과실과 피해
　자의 사망 사이에 인과관계가 인정되기 위해서는 후행 교통사고를 일으킨 사람이 주의의무를 게
　을리하지 않았다면 피해자가 사망에 이르지 않았을 것이라는 사실이 증명되어야 한다); 대판
　1996. 11. 8, 95도2710(피고인이 농배양을 하지 않은 과실이 피해자의 사망에 기여한 인과관계
　있는 과실이 된다고 하려면, 농배양을 하였더라면 피고인이 투약해 온 항생제와 다른 어떤 항생
　제를 사용하게 되었을 것이라거나 어떤 다른 조치를 취할 수 있었을 것이고, 따라서 피해자가
　사망하지 않았을 것이라는 점을 심리·판단하여야 한다).
16 ① 인과관계를 긍정한 사례: 대판 1990. 5. 22, 90도580; 대판 1986. 7. 8, 86도1048; 대판 1988.
　11. 8, 88도928; 대판 1996. 9. 24, 95도245; 대판 1990. 11. 13, 90도2106; 대판 1997. 1. 24, 96
　도776; 대판 2001. 12. 11, 2001도5005; 대판 2001. 6. 1, 99도5086; 대판 2007. 5. 31, 2006도
　3493; 대판 2009. 7. 23, 2009도3219; 대판 2010. 4. 29, 2009도7070; 대판 1966. 6. 28, 66도758.
　② 주의의무 위반행위가 결과발생의 간접적 원인이 된 때에도 인과관계를 인정한 사례: 대판
　1989. 9. 12, 89도866; 대판 1991. 2. 12, 90도2547.
　③ 인과관계를 부정한 사례: 대판 1977. 3. 8, 76도4174; 대판 1970. 9. 22, 70도1526; 대판 1971.
　9. 28, 71도1082; 대판 1974. 7. 23, 74도778; 대판 1983. 8. 23, 82도3222; 대판 1984. 2. 14,
　83도3086; 대판 1981. 9. 8, 81도53; 대판 1984. 4. 10, 83도3365; 대판 1985. 3. 26, 84도3085;
　대판 1987. 9. 8, 87도1332; 대판 2000. 9. 5, 2000도2671; 대판 2011. 4. 14, 2010도10104.
17 이재상·장영민·강동범, §4/8.
18 배종대, §18/10.

수 없으므로 공동정범이 성립할 수 없고, 각각 동시정범으로 처벌해야 한다는 견해[19] 등이 있다. 한편, ② 긍정설에는 ⓐ 건물이나 교량의 붕괴사고 등과 같이 다수의 과실행위가 상호 연대적이고 보충적인 관계, 즉 누적적 인과관계 속에서 결과발생에 기여한 경우에는 부당한 형사처벌의 흠결을 막기 위해 예외적으로 과실범의 공동정범 성립을 인정할 필요가 있다는 견해,[20] ⓑ 공동정범에 있어서의 공동의 의사는 반드시 결과에 대한 실현의사를 의미하는 것은 아니므로 공동의 행위에 의하여 공동의 주의의무를 위반한 때에는 과실치사·상죄의 공동정범이 성립할 수 있다고 해석하는 것이 타당하다는 견해,[21] ⓒ 공동정범에 관한 범죄공동설에 의하면 본죄의 공동정범은 인정되지 않지만 행위공동설에 의하면 본죄의 공동정범이 인정된다는 견해[22] 등이 있다.

대법원은 행위공동설의 입장에서 2인 이상이 과실행위를 서로의 의사연락 아래 하여 범죄되는 결과를 발생케 한 경우에는 과실범의 공동정범이 성립된다고 판시한[23] 이래, 성수대교 붕괴 사건, 대구지하철 가스 폭발 사건, 삼풍백화점 붕괴 사건, 서울지하철 7호선 침수 사건, 경주 마오나오션 리조트 체육관 붕괴 사건, 판교 공연장 환풍구 붕괴 사건, 가습기살균제 사건 등에서[24] 관련자들에게 과실범의 공동정범을 인정하였다.[25]

18

과실의 공동정범과 구분해야 할 개념으로 과실의 경합이 있다. 광의의 과실의 경합에는 과실의 공동정범도 포함되지만, 협의의 과실의 경합은 복수의 행위자가 서로 의사의 연락이 없이 각각 과실 단독정범의 구성요건을 충족하고, 이것이 동시범으로 존재하는 경우를 말한다. 판례도 담배꽁초를 버린 공동의 과실이 경합되어 공장에 화재가 발생한 경우 적어도 각 과실이 화재 발생에 대해

19

---

19 손동권·김재윤, 새로운 형법각론, §5/14.
20 김일수·서보학, 새로쓴 형법각론(9판), 79.
21 이재상·장영민·강동범, §4/8.
22 오영근, 78.
23 대판 1962. 3. 29, 4292형상598; 대판 1978. 9. 26., 78도2082.
24 **제268조 VIII. 건축물 설치·관리자의 주의의무** 부분 참조.
25 대법원은 민중총궐기 당시 경찰 살수차의 직사살수에 맞아 피해자가 사망한 사안에서, 살수요원, 현장지휘관, 총괄책임자에게 요구되는 주의의무의 태양은 다르지만 시민의 생명·신체·재산을 보호해야 한다는 경찰 전반의 공동목표를 이유로 공동의 의사연락이 있다고 판단하여, 최종지휘권자인 서울지방경찰청장을 업무상과실치사죄의 공동정범으로 인정하였다(대판 2023. 4. 13, 2019도12195).

〔송 규 영〕   **427**

하나의 조건이 된 이상 공동적 원인을 제공한 사람들 각자 실화죄의 책임을 부담한다고 판시하였다.[26]

3. 과실행위와 행정범

20   과실행위는 법률에 특별한 규정이 있는 경우에 한하여 처벌하도록 규정되어 있으나(§14), 과실범 처벌규정을 두고 있지 않은 행정법을 위반하여 사람을 사상에 이르게 한 사람에게 과실책임을 물어 처벌할 수 있는지 여부가 문제된다[이에 대한 상세는 **형법주해 I(총칙 1) §8 부분 참조**].

21   판례는 행정범의 과실행위를 처벌한다는 명문의 규정이 있는 경우뿐만 아니라 관련 행정법규의 해석에 의하여 과실행위도 처벌한다는 뜻이 도출되는 경우에는 과실로 인한 행정범도 처벌된다고 본다.[27] 다만, 이러한 해석은 죄형법정주의, 즉 유추 및 확장해석의 금지원칙에 저촉된다는 비판이 있을 수 있다.

〔송 규 영〕

---

26 대판 2023. 3. 9, 2022도16120. 피고인들이 분리수거장 방향으로 담배꽁초를 던져버리는 한편, 피고인들 각자 본인 및 상대방이 버린 담배꽁초 불씨가 살아 있는지를 확인하고 이를 완전히 제거하는 등 화재를 미리 방지할 주의의무가 있음에도 이를 게을리한 채 만연히 현장을 떠난 과실이 인정되고, 이러한 피고인들 각자의 과실이 경합하여 이 사건 화재를 일으켰다고 판단한 원심에 대하여 대법원은, 피고인들의 행위 모두 위 화재 발생에 공동의 원인이 되었고, 피고인들 각각의 행위와 위 화재 발생 사이에 상당인과관계가 인정된다고 보아 원심의 판단을 수긍하였다.

27 대판 1993. 9. 10, 92도1136.「대기오염으로 인한 국민건강 및 환경상의 위해를 예방하고 대기환경을 적정하게 관리·보전함으로써 모든 국민이 건강하고 쾌적한 환경에서 생활할 수 있게 한다는 행정목적을 달성하기 위하여 제정된 대기환경보전법(1992. 12. 8. 법률 제4535호로서 개정되기 전의 것. 이하 같다)은 제31조 이하에서 대기오염을 초래하는 물질인 자동차 배출가스에 대한 다양한 행정규제를 정하면서, 특히 제36조에서 "자동차를 운행하는 자는 그 자동차에서 배출되는 배출가스가 대통령령이 정하는 운행차 배출가스허용기준에 적합하게 운행하여야 한다"라고 규정하고, 제57조 제6호에서 위 법조에 의한 운행 자동차 배출허용기준을 초과하여 자동차를 운행한 자에 대하여 6월 이하의 징역 또는 200만원 이하의 벌금에 처하도록 벌칙을 정하고, 또 제60조에서 양벌규정으로 법인의 종업원 등이 법인의 업무에 관하여 위와 같은 위반행위를 한 경우 그 법인에 대한 벌칙을 따로 정하고 있다. 위 법의 입법목적이나 제반 관계규정의 취지 등을 고려하면, 위 법 제36조에 위반하는 행위 즉, 법정의 배출허용기준을 초과하는 배출가스를 배출하면서 자동차를 운행하는 행위를 처벌하고자 하는 위 법 제57조 제6호의 규정은 고의범 즉, 자동차의 운행자가 그 자동차에서 배출되는 배출가스가 소정의 운행자동차 배출허용기준을 초과한다는 점을 실제로 인식하면서 운행한 경우는 물론이고, 과실범 즉, 운행자의 과실로 인하여 그러한 내용을 인식하지 못한 경우도 함께 처벌하는 규정이라고 해석함이 상당하다 할 것이다.」

제266조(과실치상)

① 과실로 인하여 사람의 신체를 상해에 이르게 한 자는 500만원 이하의 벌금, 구류 또는 과료에 처한다. 〈개정 1995. 12. 29.〉

② 제1항의 죄는 피해자의 명시한 의사에 반하여 공소를 제기할 수 없다. 〈개정 1995. 12. 29.〉

I. 취 지

본죄(과실치상죄)는 주의의무를 위반하여 사람의 신체를 침해하는 행위를 처벌함으로써 특히 중요한 법익인 신체를 보호하기 위한 범죄이다. 부주의에 의하여 법익을 침해하는 것을 처벌하는 경우에 해당하므로 형벌도 벌금, 구류 또는 과료로 규정하고 있으며, 피해자가 가해자의 처벌을 희망하지 않는다는 의사를 명확히 밝히면 이에 반하여 공소를 제기할 수 없다(반의사불벌죄).

1

II. 구성요건

1. 의 의

본죄의 구성요건에 해당하기 위하여는 ① 주의의무위반, ② 상해의 결과발생, ③ 주의의무위반과 결과발생 사이에 인과관계가 인정되어야 한다.[1] 객관적 귀속론에서는 이에 대하여 결과발생을 주의의무위반에 객관적으로 귀속시킬 수

2

---

[1] 김성돈, 형법각론(8판), 114; 박찬걸, 형법각론(2판), 114; 이재상·장영민·강동범, 형법각론(13판), §4/3; 한상훈·안성조, 형법개론(3판), 412.

있어야 한다.²

2. 과 실

3   본죄에서 주의의무위반은 행위자가 구성요건적 결과발생을 예견할 수 있었
음에도 구체적인 상황에서 결과의 발생을 회피하기 위하여 사회생활상 요구되
는 주의의무를 위반한 것을 의미한다. 과실행위는 부작위도 포함한다.

4   행위자의 주의의무위반 행위가 결과에 대한 유일한 원인이 될 것을 요하지
않으므로, 제3자의 행위가 개입된 경우뿐만 아니라 피해자에게 과실이 있는 때
[이른바 피해자의 기여과실(contributory negligence)]에도 본죄의 성립에는 영향이 없
다.³ 구체적인 사안에서 행위자와 피해자의 과실을 비교형량하여 행위자의 주
의의무위반 행위가 결과발생에 주된 원인이 되었다면 행위자에게 본죄의 책임
을 물을 수 있다.⁴

3. 상해의 발생

5   대법원은 상해죄에 있어서의 상해는 피해자의 신체의 안전성을 훼손하거나
생리적 기능에 장애를 초래하는 것을 의미한다고 판시하였다.⁵ 생리적 기능의
훼손이란 일반적으로 건강의 침해 즉, 육체적·정신적으로 병적인 상태의 야기
와 증가를 말하고, 외관상으로 상처가 없다고 하더라도 실신하거나 보행불능,
수면장애, 식욕감퇴, 트라우마(심리적 외상) 등 신체적 기능장애를 일으킨 때에도
상해에 해당한다.

6   한편 대법원은 의사인 피고인들의 과실로 인하여 32주 상태의 태아가 태반
조기박리로 사망하여 산모에 대한 업무상과실치상죄로 기소된 사안에서, "현행
형법이 사람에 대한 상해 및 과실치사상의 죄에 관한 규정과는 별도로 태아를

2 오영근, 형법각론(7판), 73; 이형국·김혜경, 형법각론(3판), 92; 정성근·정준섭, 형법강의 각론
  (2판), 48.
3 이재상·장영민·강동범, § 4/6.
4 대판 2018. 9. 13, 2018도10989. 위 판결은 스키를 타다가 슬로프에서 충돌한 사안에서, 피고인
  과 피해자의 과실이 경합하여 충돌하였다고 전제하고, 충돌경위 등에 비추어 충돌사고에 대한
  예상가능성이나 회피의무는 피고인에게 더 크다고 판시한 제1심 판결을 유지하였다.
5 대판 2000. 2. 25, 99도4305.

독립된 행위객체로 하는 낙태죄, 부동의 낙태죄, 낙태치상 및 낙태치사의 죄 등에 관한 규정을 두어 포태한 부녀의 자기낙태행위 및 제3자의 부동의 낙태행위, 낙태로 인하여 위 부녀에게 상해 또는 사망에 이르게 한 행위 등에 대하여 처벌하도록 한 점, 과실낙태행위 및 낙태미수행위에 대하여 따로 처벌규정을 두지 아니한 점 등에 비추어보면, 우리 형법은 태아를 임산부 신체의 일부로 보거나 낙태행위가 임산부의 태아양육, 출산 기능의 침해라는 측면에서 낙태죄와는 별개로 임산부에 대한 상해죄를 구성하는 것으로 보지는 않는다고 해석되고, 따라서 태아를 사망에 이르게 하는 행위가 임산부 신체의 일부를 훼손하는 것이라거나 태아의 사망으로 인하여 그 태아를 양육, 출산하는 임산부의 생리적 기능이 침해되어 임산부에 대한 상해가 된다고 볼 수는 없다."고 판시하였다.[6]

4. 인과관계

상해의 결과와 행위 사이에 인과관계가 있어야 하고, 그 결과가 과실로 인 7
한 것인 때에 객관적으로 귀속될 수 있으며, 대법원도 과실이 결과발생의 직접 원인이 될 때에 인과관계를 인정하고 있다.[7]

Ⅲ. 사례에 따른 구체적 주의의무

1. 개 관

본죄에서 주의의무의 형태는 생활관계의 유형에 따라 다양하게 나타나는 8
데, 미성년자 보호자의 주의의무, 유해음식물 취급 시의 주의의무, 위험행위 시의 주의의무, 위험시설 유지·관리 시의 주의의무, 운동경기 참가자의 주의의무, 반려동물 관리자의 주의의무 등은 그 예이다.[8] 아래에서는 운동경기 참가자, 반려동물 관리자의 주의의무에 대해 살펴본다.[9]

---

6 대판 2009. 7. 9, 2009도1025.
7 대판 2007. 10. 26, 2005도8822 등 다수.
8 신동운, 형법각론(2판), 600.
9 그 밖의 사례에 대한 판결로는, ① 대판 2001. 6. 1, 99도5086(임차인이 자신의 비용으로 설치·사용하던 가스설비의 휴즈콕크를 아무런 조치 없이 제거하고 이사를 간 후 가스공급을 개별적으로 차단할 수 있는 주밸브가 열려져 가스가 유입되어 폭발사고가 발생한 경우, 구 액화석유가스의

2. 운동경기 참가자의 주의의무

9   여가활동의 중요성이 강조되면서 다양하고 새로운 취미활동이 늘어나고 있으므로 운동경기 등과 관련한 주의의무위반 사건이 증가할 것으로 예상된다. 대법원은 ① 골프와 같은 개인 운동경기에 참가하는 사람은 자신의 행동으로 인해 다른 사람이 다칠 수도 있으므로, 경기 규칙을 준수하고 주위를 살펴 상해의 결과가 발생하는 것을 미연에 방지해야 할 주의의무가 있고,[10] 이러한 주의의무는 경기보조원에 대하여도 마찬가지라고 밝히고, 운동경기에 참가하는 사람이 경기규칙을 준수하는 중에 또는 그 경기의 성격상 당연히 예상되는 정도의 경미한 규칙위반 속에 상해의 결과를 발생시킨 것으로서 사회적 상당성의 범위를 벗어나지 아니하는 행위라면 본죄가 성립하지 않는다고 할 것이지만, 골프경기를 하던 중 골프공을 쳐서 아무도 예상하지 못한 자신의 등 뒤편으로 보내어 등 뒤에 있던 경기보조원(캐디)에게 상해를 입힌 경우에는 주의의무를 현저히 위반한 사회적 상당성의 범위를 벗어난 행위로서 본죄가 성립한다고 판시하였다.[11]

안전및사업관리법상의 관련 규정 취지와 그 주밸브가 누군가에 의하여 개폐될 가능성을 배제할 수 없다는 점 등에 비추어 그 휴즈콕크를 제거하면서 그 제거부분에 아무런 조치를 하지 않고 방치하면 주밸브가 열리는 경우 유입되는 가스를 막을 아무런 안전장치가 없어 가스 유출로 인한 대형사고의 가능성이 있다는 것은 평균인의 관점에서 객관적으로 볼 때 충분히 예견할 수 있다는 이유로 임차인의 과실과 가스폭발사고 사이의 상당인과관계를 인정한 사례), ② 대판 2017. 12. 5, 2016도16738(3층 건물의 소유자로서 건물 각 층을 임대한 피고인이 건물 2층으로 올라가는 계단참의 전면 벽이 아크릴 소재의 창문 형태로 되어 있고 별도의 고정장치가 없는데도 안전바를 설치하는 등 낙하사고 방지를 위한 관리의무를 소홀히 함으로써, 건물 2층에서 나오던 A가 신발을 신으려고 아크릴 벽면에 기대는 과정에서 벽면이 떨어지고 개방된 결과 약 4m 아래 1층으로 추락하여 상해를 입었다고 하여 업무상과실치상으로 기소된 사안에서, 피고인이 건물에 대한 수선 등의 관리를 비정기적으로 하였으나 그 이상의 안전배려나 안전관리 사무에 계속적으로 종사하였다고 인정하기 어렵다고 보아 업무상과실치상의 공소사실을 이유에서 무죄로 판단하고 축소사실인 과실치상 부분을 유죄로 인정한 원심판결이 정당하다고 한 사례)이 있다.

위 ①의 99도5086 판결 해설은 정형식, "가. 구 액화석유가스의안전및사업관리법 제15조 제1항 및 제29조 제3항의 규정취지, 나. 임차인이 자신의 비용으로 설치·사용하던 가스설비의 휴즈콕크를 아무런 조치 없이 제거하고 이사를 간 후 가스공급을 개별적으로 차단할 수 있는 주밸브가 열려져 가스가 유입되어 폭발사고가 발생한 경우, 임차인의 과실과 가스폭발 사이의 상당인과관계를 인정한 사례", 해설 37, 법원도서관(2001), 521-531.

10 대판 2008. 10. 23, 2008도6940; 대판 2022. 12. 1, 2022도11950.

11 대판 2008. 10. 23, 2008도6940(골프장캐디 치상 사건). 본 판결 평석은 김우진, "운동경기 중 발생한 상해와 형사책임", 형사판례연구 [18], 한국형사판례연구회, 박영사(2010), 39-83.

또한 대법원은, ② 경기보조원이 공의 진행방향 좌측 10-15m 지점에 서 있 던 상황에서 동반자로부터 '볼을 쳐도 좋다'는 신호를 받고 공을 쳐 경기보조원 의 눈을 맞힌 사안에서, 전방에 사람이 있다는 사실을 인식한 이상 전방에 있는 사람들이 볼의 진행방향에서 벗어나는 등 안전이 확보된 상태에서 볼을 치거나 최소한 전방에 있는 사람들에게 볼을 친다는 사실을 알려 대비하도록 함으로써 사고를 미리 방지하여야 할 주의의무가 있었으며, 이와 같은 주의의무는 경기보 조원으로부터 골프채를 건네받았다 하여 면제된다고 볼 수는 없고, 또한 골프실 력이 뛰어난 경우라 하더라도 자신의 의도대로 골프공이 날아가지 않는 경우가 없지는 않으므로 자신의 실력을 과신한 채 필요한 안전조치를 취하지 않고 공 을 친 이상 객관적 주의의무를 위반하였고, 객관적 주의의무 위반을 인식하였다 고 보아야 한다고 판시한 원심판결을 유지하였다.[12]

손해배상책임과 관련하여 대법원은, ③ 운동경기에 참가하는 사람에 대하 여 신의칙상 주의의무인 안전배려의무를 부담한다고 전제한 다음, 다수 선수들 이 한 영역에서 신체적 접촉을 통하여 승부를 이끌어내는 축구나 농구와 같은 형태의 운동경기는 신체접촉에 수반되는 경기 자체에 내재된 부상 위험이 있고, 그 경기에 참가하는 사람은 예상할 수 있는 범위 내에서 위험을 어느 정도 감수 하고 경기에 참가하는 것이므로, 이러한 유형의 운동경기에 참가한 사람이 앞서 본 주의의무를 다하였는지는 해당 경기의 종류와 위험성, 당시 경기진행 상황, 관련 당사자들의 경기규칙 준수 여부, 위반한 경기규칙이 있는 경우 규칙의 성 질과 위반 정도, 부상 부위와 정도 등 제반 사정을 종합적으로 고려하여 판단하 여야 한다고 판시하였고,[13] 본죄로 기소된 사건에서 위 판결 내용을 원용하여 주의의무위반을 판단한 하급심 판결이 있다.[14]

3. 반려동물 관리자의 주의의무

반려동물이 증가하면서 개물림(dog bite) 등 이와 관련한 사건도 늘어나고 있다. 특히 반려견으로 인한 상해 등이 빈번하게 발생하므로 2018년 3월 20일

10

11

12

---

12 대판 2016. 11. 9, 2016도14016.
13 대판 2011. 12. 8, 2011다66849, 66856; 대판 2019. 1. 31, 2017다203596.
14 서울중앙지판 2019. 1. 31, 2018고단4540.

동물보호법¹⁵을 개정하여 맹견¹⁶의 정의를 신설하고, 맹견의 소유자등¹⁷에 대해
외출 시 목줄 및 입마개 등 안전장치 등을 하도록 하며(맹견의 관리의무), 사람에
게 신체적 피해를 주는 경우 소유자 동의 없이 격리조치를 할 수 있는(§ 13의2②)
근거 등을 마련하였다.

13   그리고 맹견의 소유자등이 동물보호법에서 규정하고 있는 관리 및 출입금
지 등의 관리의무를 위반하여¹⁸ 맹견이 사람을 공격하는 등의 방법으로 신체적
피해를 준 경우에는, 동법에 의하여 처벌받게 된다.¹⁹ 동법에서 규정하고 있는

---

15 동물보호법은 2022년 4월 26일 법률 제18853호로 종래 47개 조문이 101개 조문으로 전면 확대
   개정되어 2023년 4월 27일 시행 예정이다.
16 2018년 3월 20일 개정 시에는 맹견을 "도사견, 핏불테리어, 로트와일러 등 사람의 생명이나 신체
   에 위해를 가할 우려가 있는 개로서 농림축산식품부령으로 정하는 개를 말한다."고 정의하였으
   나(§ 2(iii의2)), 2022년 4월 26일 동물보호법을 전부개정(법률 제18853호)하면서 아래와 같이 개
   정하였다.
   동물보호법 제2조(정의) 이 법에서 사용하는 용어의 뜻은 다음과 같다.
   5. "맹견"이란 다음 각 목의 어느 하나에 해당하는 개를 말한다.
      가. 도사견, 핏불테리어, 로트와일러 등 사람의 생명이나 신체 또는 동물에 위해를 가할 우려
          가 있는 개로서 농림축산식품부령으로 정하는 개
      나. 사람의 생명이나 신체 또는 동물에 위해를 가할 우려가 있어 제24조제3항에 따라 시·도
          지사가 맹견으로 지정한 개
17 3. "소유자등"이란 동물의 소유자와 일시적 또는 영구적으로 동물을 사육·관리 또는 보호하는
   사람을 말한다(동물보호법 § 2(iii)).
18 동물보호법의 맹견 등의 관리의무 위반에 고의가 필요한지 여부가 문제되나, 유사한 규정형식을
   취하고 있는 산업안전보건법위반 사건에서 고의범으로 해석하고 있는 판례의 입장(대판 2007.
   3. 29, 2006도8874 등)에 비추어, 고의범이라고 봄이 상당하다[관련행정법규의 해석에 의하여
   과실행위도 처벌한다는 뜻이 도출되는 경우 과실로 인한 행정범도 처벌된다는 판례(대판 1993.
   9. 10, 92도1136)의 입장에 따르면 과실범의 처벌이 가능한 것으로 볼 여지도 있으나 죄형법정
   주의에 따라 제한적으로 해석함]. 따라서 맹견에 대한 관리조치를 하지 않았다거나 사람을 공격
   하는 습성이 있다는 것을 알고 있었음에도 방치한 경우에는 고의가 인정될 수 있을 것이다. 다
   만, 맹견의 위험성 및 일반 대중에의 밀착성 등에 비추어 과실범에 대한 처벌규정 형식으로 규
   정하는 편이 적절할 것이다.
19 종래 맹견 등에 대한 주의의무를 위반하여 개물림 사고가 발생하는 경우 '중과실치사·상'으로 의
   율하여 왔다. 따라서 맹견으로 분류된 핏불테리어 2마리를 키우면서 철창에 넣어두지 않고 녹이
   슬어 풀릴 수 있는 상태의 쇠사슬을 개의 목줄 및 쇠말뚝과 연결해두었다가 목줄이 풀린 핏불테
   리어 1마리가 주거지 앞길을 지나던 피해자의 팔다리와 신체 여러 부위를 물어 상해를 입힌 사안
   [수원지판 2017. 9. 20, 2017고단2688 및 수원지판 2018. 2. 20, 2017노7362(피고인이 양형부당
   으로 항소하였으나 항소기각되어 확정되었다)], 개똥을 치우면서 맹견으로 분류된 로트와일러의
   개줄을 풀고 다시 묶지 않았으며, 약 6일간 집 마당을 돌아다니다가 집을 나갔음에도 경찰서 등
   유관기관에 신고를 하지 아니한 상태에서 인근 초등학교 운동장에서 피해자들을 물어뜯은 사안
   [대구지법 포항지판 2011. 8. 3, 2011고단841 및 대구지판 2012. 6. 14, 2011노2801(피고인이 양
   형부당으로 항소하여 일부 감형되어 확정되었다)] 등에서 개 소유자의 중과실책임을 인정하였다.

〔송 규 영〕

맹견에 해당하지 않거나, 동법에서 요구하는 주의의무를 다하였음에도 불구하고 사고가 발생하였다면 본죄가 성립할 여지가 있다.

　　반려견 관리자의 주의의무위반을 판단하는데 있어 목줄, 입마개, 경고문 부착 등 사고를 방지하기 위하여 적절한 조치를 취하였는지 여부, 반려견의 공격성향 및 동종사고의 발생 유무, 사고를 야기한 피해자의 과실, 보호가치 있는 피해자의 신뢰[20] 등을 고려하여야 한다.　　　　　　　　　　　　　　　14

　　대법원은 소유자의 뒤를 따라 오던 진돗개가 교차하여 지나가던 5세 여아의 엉덩이 부위를 물어 상해를 입힌 사안에서, 산책로에서 개를 데리고 산책함에 있어서는 자신이 관리하는 개의 습성을 파악하고 공공장소에서 발생할 수 있는 상황을 미리 예상하여 목줄 내지 입마개착용 등 적절히 개의 행동을 제지할 수 있는 조치를 취하고 통행하는 중에 개에 대하여 주시를 게을리하지 아니함으로써, 개가 사람들에게 위협 내지 위해를 가하려고 하는 경우 개에게 주의를 주거나 목줄을 짧게 잡는 등의 방법으로 개에 대한 관리를 철저히 하여 사람을 무는 사고를 미연에 방지하여야 할 주의의무를 부담하는 한편, 동물보호법에서 정한 조치를 모두 취하였다고 하여 곧바로 형법상 과실치상죄에 있어 개의 관리자 내지 점유자로서의 과실이 없다고 단정하기는 어렵다고 하면서, 과실치상 책임을 인정한 원심판결[21]을 유지하였다.[22]　　　　　　　　　　　　15

　　반면에 인도 및 잔디가 심어진 보도블록 길에 인접하고 울타리 등이 설치되어 있지 않은 사유지를 지나던 피해자가 그곳에서 기르던 발발이에게 물려 넘어져 상해를 입은 사안에서, 소유자가 개집, 개 그늘막 또는 부착한 경고문으로 사유지를 통과하는 통행인이 미리 대비할 수 있도록 하였으며, 150cm 상당의 목줄을 채워두어 사유지를 벗어나지 못하게 한 이상 그 사고는 길을 잘못 들어 남의 집 마당에 들어서고 부주의하게 개에게 지나치게 접근한 사람의 실수　　16

20　서울서부지판 2018. 12. 20, 2018노951. 개는 원래 소리에 민감하고 흥분하거나 당황하는 상황 등에서 사람을 물 가능성이 충분한 동물이고 개의 이빨 모양 및 구조 등에 비추어 무는 경우 사람에게 상당한 상해를 가할 위험이 있는바, 통상 다수의 사람들이 자유로이 통행하는 공공장소에서 일반 사람들의 입장에서는 개를 데리고 통행하는 자는 자신이 관리하는 개가 사람을 물지 않도록 주의의무를 다할 것을 신뢰하고 통행하는 것이 일반적이고 이러한 안전에 대한 신뢰는 보호되어야 한다고 판시하였다.

21　서울서부지판 2018. 12. 20, 2018노951.

22　대판 2019. 3. 11, 2019도966.

로 발생한 것이라고 보아야 한다는 취지의 원심판결23을 유지한 사례가 있다.24

17   반려견이 피해자를 물거나 할퀴는 등 직접적인 공격으로 인한 상해뿐만 아니라 반려견의 갑작스러운 행동으로 인하여 넘어지거나 부딪혀 상해의 결과가 발생하는 경우에도 관리자는 본조의 책임을 진다.

Ⅳ. 다른 죄와의 관계

18   폭행의 고의로 상해의 결과를 발생케 한 경우에는 폭행치상죄(§ 262)가 성립한다. 본죄는 과실로 인하여 폭행하였거나 폭행에 의하지 않고 과실로 상해의 결과를 발생하게 한 때에만 성립한다.25

19   맹견의 관리자 등이 동물보호법에서 규정된 관리의무를 위반하여 사람을 사망에 이르게 하거나 신체를 상해에 이르게 한 때에는 동법이 본조에 대한 가중적 구성요건에 해당하므로 동물보호법위반죄(고의범)가 성립하지만, 과실에 의한 경우에는 본조가 적용될 수 있다.

V. 처 벌

20   본죄는 500만 원 이하의 벌금, 구류 또는 과료에 처하고(제1항), 반의사불벌죄(제2항)이다.

21   그런데 본죄의 법정형은 독일형법 제229조의 과실상해죄에 대한 법정형인 3년 이하의 자유형 또는 벌금형에 비하여 너무 가볍다는 지적이 있다.26 안전사고로 인한 사상자가 늘어나는 상황이므로 법정형을 상향할 필요가 있고, 본죄는 반의사불벌죄이지만 생명에 대한 위험을 발생하게 하거나 불구 또는 불치나 난치의 질병에 이르게 한 경우는 반의사불벌죄의 예외로 인정하고, 형도 가중하는 입법을 검토해야 할 것으로 보인다.

23 청주지판 2017. 5. 12, 2016노1299.
24 대판 2017. 11. 23, 2017도7873.
25 이재상·장영민·강동범, § 4/4.
26 주석형법 〔각칙(3)〕(5판), 396(손기식).

한편 동물보호법은 맹견에 대한 관리의무 등에 위반하여 사람을 사망에 이   22
르게 한 자는 3년 이하의 징역 또는 3천만 원 이하의 벌금에(§ 46①(ii)), 상해에
이르게 한 때에는 2년 이하의 징역 또는 2천만 원 이하의 벌금에 처한다고 규
정하고 있다(§ 46②(i의3), (i의4)). 또한, 상습범에 대해서는 그 죄에 정한 형의 2분
의 1까지 가중하도록 규정하고 있다(§ 46⑤). 동물보호법위반죄는 반의사불벌죄
가 아니다.

〔송 규 영〕

제267조(과실치사)

과실로 인하여 사람을 사망에 이르게 한 자는 2년 이하의 금고 또는 700만원 이하의 벌금에 처한다. 〈개정 1995. 12. 29.〉

Ⅰ. 취 지

1   본죄(과실치사죄)는 주의의무를 위반하여 사람을 사망에 이르게 함으로써 성립한다. 사망이라는 중한 결과를 야기하였다는 점에서 차이가 있을 뿐 기본적인 구조는 과실치상죄(§266)와 같다. 본조는 반의사불벌죄가 아니다.

Ⅱ. 구성요건

1. 의 의

2   본죄도 제266조의 과실치상죄와 마찬가지로 주의의무위반, 사망의 결과발생 및 주의의무위반과 사망의 결과 사이에 인과관계가 인정되어야 한다. '과실'의 내용은 제266조에서 살펴본 바와 같다.

2. 사망의 결과발생

3   본죄의 객체는 살아 있는 사람이다. 사람의 시기(始期)는 과실에 의한 유산(낙태)이 처벌되지 않는다는 점에서 살인죄의 경우보다 본죄에서 중요한 의미를 갖는다.[1] 사람의 종기(終期), 즉 사망시기와 관련하여 판결이 확정된 이후 상해피

---

1 이재상·장영민·강동범, 형법각론(13판), §4/7.

해자가 사망한 경우 보충소송(Ergänzungsklage) 또는 수정소송(Berichtigungsklage)을 허용할 것인지가 문제되나, 일사부재리의 원칙을 기본권으로 규정하고 있는 헌법정신에 비추어 동일성이 인정되는 공소사실에 대한 보충소송은 허용되지 않는다고 보아야 한다.[2]

3. 인과관계

본죄는 과실로 인하여 사망의 결과가 발생하여야 성립하므로 인과관계가 　　　4
인정되어야 함은 물론이다. 피해자의 과실이 개재되거나 제3자의 과실이 경합하더라도 주의의무위반이 사망의 결과에 대한 유력한 원인이 된 이상 과실과 사망의 결과 사이에 인과관계가 인정된다.

Ⅲ. 판례를 통한 주의의무 사례

1. 방실임대인의 수선의무

종래 임차인 또는 제3자가 방실의 하자에 의하여 사망하는 사고가 종종 　　　5
발생하여 임대인의 형사책임이 문제되었다. 이러한 경우 결과방지의 주의의무가 누구에게 있는가에 따라 책임의 귀속 여부가 결정된다.[3] 임차목적물에 있는 하자가 임차목적물을 사용할 수 없는 정도의 파손상태라거나 아니면 반드시 임대인에게 수선의무가 있는 대규모의 것이 아닌 한 이는 임차인의 통상의 수선 및 관리의무에 속한다고 본다.[4] 이러한 판단을 함에 있어 단순히 하자 자체의 상태만을 고려할 것이 아니라 그 목적물의 구조 및 전반적인 노후화 상태 등을 아울러 참작하여 대규모적인 수선이 요구되는지를 판단하여야 하며, 대규모의 수선 여부가 분명하지 아니한 경우에는 임대차 전후의 임대차 목적물의 상태 내지 하자로 인한 위험성의 징후 여부와 평소 임대인 또는 임차인의 하자 상태의 지실 내지 발견 가능성 여부, 임차인의 수선 요구 여부 및 이에 대한 임대인의 조치 여부 등을 종합적으로 고려하여 임대의 과실 유

---

2 이재상·조균석, 형사소송법(14판), §54/28.
3 배종대, 형법각론(14판), §18/5.
4 대판 1983. 9. 27, 83도2096; 대판 1984. 1. 24, 81도615(중과실치사로 기소된 사례).

무를 판단하여야 한다.[5]

(1) 과실 인정 사례

6   대법원은 무허가로 건립된 지 약 30년이 지난 낡은 한옥이고, 방바닥에는
폭 약 1-3mm, 길이 약 20-30cm의 틈이 여러 갈래로 생겨 있었으며, 사고 발생
전 임차인으로부터 연탄가스 냄새가 많이 나고 두 차례나 연탄가스를 마셔 죽
을 뻔하기까지 했으니 방을 고쳐달라는 요구를 받고도 아무런 조치를 취하지
않아 위 방에서 잠을 자던 임차인의 어머니와 딸이 연탄가스에 중독되어 일산
화탄소 중독으로 사망한 사고가 임대인의 과실로 인하여 발생하였다고 봄이 상
당하다고 판시하였다.[6]

(2) 과실 부정 사례

7   대법원은 ① 임대인이 거주한 사실이 없고 임차인으로부터 문틈과 마루 사
이에 길이 75cm, 너비 약 0.5cm의 틈(그 틈의 우측 끝부분에 너비가 약 3cm인 부분이
6cm가 되는 틈)을 수선해 달라는 요청을 받지 않은 사안,[7] ② 방바닥 중앙에 97
cm, 아궁이 쪽으로 30cm의 실금 형태의 균열이 있는 사안,[8] ③ 방문과 문틈 사
이에 0.4cm 정도의 틈이 있는 사안,[9] ④ 반지하실로서 부엌에서 방으로 통하는
통로가 매우 비좁고, 연탄 아궁이가 방바닥보다 30cm 가량 높은 위치에 있었으
며, 연통이 4번이나 굽어서야 밖으로 연결되어 있었을 뿐만 아니라 방문 상단부
의 문틈과 벽사이에 약 1.2cm 내지 2cm의 틈 및 문틈과 문자체 사이에 0.5cm의
틈이 두 군데 있는 사안,[10] ⑤ 종전 임차인이 거주할 때는 아무런 문제가 없었
고 임대인이 7개월 전에 수리를 하였으며, 방에 약간의 실금 형태로 균열이 가
있고 외벽에 금이 가 있는 사안[11] 등에서 임차인의 통상의 수선 및 관리의무의
범위에 속하는 것으로 보아 임대인의 과실치사책임을 부정하였다.

(3) 인과관계 부정 사례

8   임대인이 연탄 아궁이와 외부 굴뚝 보수공사를 마친 뒤 약 1개월 동안 아

---

5 대판 1993. 9. 10, 93도196.
6 대판 1993. 9. 10, 93도196.
7 대판 1984. 1. 24, 81도615(중과실치사로 기소된 사례).
8 대판 1983. 9. 27, 83도2096.
9 대판 1985. 3. 12, 84도2034.
10 대판 1986. 7. 8, 86도383.
11 대판 1989. 9. 26, 89도703.

무런 이상 없이 사용해오다가 사고 당일에 부엌에서 출입문과 환기창을 모두 달아 놓고 연탄불을 피워 놓은 채 목욕을 하던 중 일산화탄소 중독으로 임차인이 사망한 사안에서, 비록 임대인이 1개월 전에 외부 굴뚝 보수공사를 하면서 연통 이음새로 시멘트가 내부로 흘러 들어가게 하여 연통 내부의 하단 부분을 메우게 한 과실이 있었다 하더라도 임차인의 사망이 임대인의 과실에 기인한 것이라고 보기 어렵다고 하면서 상당인과관계를 부정한 사례도 있다.[12]

2. 그 밖의 주의의무

(1) 과실 인정 사례

판례는 ① 바다에 면한 수직 경사의 암반 위로 바닷물에 씻겨 이끼가 많이 끼어 매우 미끄러우며 당시는 폭풍주의보가 발효 중이어서 평소보다 높은 파도가 치고 있던 상황에서 전역을 앞둔 병사를 헹가래쳐서 바다에 빠트리려고 하다가 발을 붙잡고 있던 피해자가 미끄러져 익사한 경우,[13] ② 함께 술을 마시고 만취되어 의식이 없는 피해자를 방안에 혼자 눕혀놓고 피해자의 발로부터 약 70 내지 80cm 밖에 떨어져 있지 않은 곳에 마분지로 된 양초갑 위에 켜져 있는 촛불을 그냥 두고 나오는 바람에 화재로 인하여 피해자가 사망한 경우,[14] ③ 임차인이 자신의 비용으로 설치·사용하던 가스설비의 휴즈콕크를 아무런 조치 없이 제거하고 이사를 간 후 가스공급을 개별적으로 차단할 수 있는 주밸브가 열려져 가스가 유입되어 폭발사고가 발생한 경우,[15] ④ 무단횡단을 하던 중 술에 취한 피해자가 도로 중앙선에 서 있자 피해자의 팔을 갑자기 잡아끌고 피해자와 함께 도로를 횡단하다가 그곳을 지나가는 차량에 충격당하여 피해자가 사망한 경우[16]에 행위자에게 과실치사의 책임을 인정하였다.[17]

---

12 대판 1985. 3. 26, 84도3085.
13 대판 1990. 11. 13, 90도2106.
14 대판 1994. 8. 26, 94도1291.
15 대판 2001. 6. 1, 99도5086.
16 대판 2002. 8. 23, 2002도2800.
17 여자친구가 변심하자 탁구공 반쪽 크기의 청산가리를 가지고 가서 입에 넣으려고 하던 중 피해자가 이를 빼앗아 입에 넣어 사망한 사안에서, 청산가리가 극도의 위험한 독극물이고 절교선언까지 하였다는 단계에 있었으므로 피해자가 빼앗은 청산가리를 손으로 만지거나 먹어버려 신체 또는 생명에 어떤 위험이 발생되지 않을까 하고 즉시 이를 탈취하여 던져버리는 등 사고를 미연에 방지할 주의의무가 있었으며, 피고인이 야기시킨 위험한 상태 하에서 그 위험발생을 적극 제

(2) 과실 부정 사례

10　　담임교사가 학교방침에 따라 학생들에게 청소를 시켜왔고 유리창을 청소할 때는 교실 안쪽에서 닦을 수 있는 유리창만을 닦도록 지시하였는데도 유독 피해자만이 베란다로 넘어갔다가 추락하여 사망한 경우에 담임교사에게 과실책임을 물을 수 없다고 판시하였다.[18]

Ⅳ. 죄 수

11　　종래 1개의 과실행위로 인하여 수인을 사망에 이르게 한 경우 일죄를 구성한다는 견해[19]도 있지만, 사람의 생명은 전속적 법익이고 같은 구성요건이라고 하여 상상적 경합을 부정해야 할 이유는 없으므로 수개의 죄의 상상적 경합이 된다.[20]

Ⅴ. 다른 죄와의 관계

12　　살인의 고의가 있을 때는 살인죄(§ 250), 상해의 고의가 있을 때는 상해치사죄(§ 259), 폭행의 고의가 있을 때는 폭행치사죄(§ 262)가 성립하므로, 본죄는 살해의 고의는 물론 상해나 폭행의 고의도 없는 때에만 성립한다.[21]

Ⅵ. 처 벌

13　　2년 이하의 금고 또는 7000만 원 이하의 벌금에 처한다.

14　　과실치상죄에서와 마찬가지로 독일형법 제222조가 과실치사죄에 대하여 5년

지하지 못함으로써 발생된 결과(치사)에 대한 책임이 인정된다고 판시한 하급심 판결이 있다(광주고판 1972. 12. 29, 72노298).
18 대판 1989. 3. 28, 89도108.
19 황산덕, 형법각론(6정판), 189.
20 김신규, 형법각론 강의, 90; 김혜정·박미숙·안경옥·원혜욱·이인영, 형법각론(3판), 76; 손동권·김재윤, 새로운 형법각론(2판), 78; 이재상·장영민·강동범, § 4/9; 정성근·정준섭, 형법강의 각론(2판), 48.
21 이재상·장영민·강동범, § 4/4.

이하의 자유형 또는 벌금형에 처한다고 규정하고 있는 데에 비하면 법정형이 가볍다는 지적이 있다.[22] 위험원의 증가로 다중인명피해 사고가 증가하고 있는 추세에 있으므로 법정형의 상향을 검토할 필요가 있다.

〔송 규 영〕

---

[22] 주석형법 〔각칙(3)〕(5판), 396(손기식).

제268조(업무상과실 · 중과실 치사상)

업무상과실 또는 중대한 과실로 사람을 사망이나 상해에 이르게 한 자는 5년 이하의 금고 또는 2천만원 이하의 벌금에 처한다.
[전문개정 2020. 12. 8.]

구 조문

제268조(업무상과실·중과실 치사상) 업무상과실 또는 중대한 과실로 인하여 사람을 사상에 이르게 한 자는 5년 이하의 금고 또는 2천만원 이하의 벌금에 처한다.

I. 취 지

1　　본조의 죄[(업무상 · 중)과실(치사 · 치상)죄]는 업무상 부여되는 주의의무를 위반하거나 중대한 과실로 사람을 사망이나 상해에 이르게 함으로써 성립한다. 과실치사 · 상죄에 대하여 업무자라는 신분관계 또는 과실의 중대성으로 인하여 형이 가중되는 가중적 구성요건이다.[1] 본조의 죄는 반의사불벌죄가 아니다.

---

1 이재상 · 장영민 · 강동범, 형법각론(13판), § 4/10.

2 　중과실의 경우에는 주의의무의 위반 정도가 무거워 형을 가중하여(불법 가중) 처벌하는 것임에 다툼이 없으나, 업무상과실의 경우에는 형을 가중하여 처벌하는 근거에 관하여 견해가 나뉜다. 즉, ① 위험한 업무에 종사하는 사람에게는 고도의 주의의무가 요구되기 때문에 이를 태만히 한 경우 가중처벌된다는 견해(불법가중설),[2] ② 업무자와 일반인의 주의의무는 동일하지만 업무자는 고도의 주의능력이 있으므로 위법성이 크다는 견해,[3] ③ 주의의무는 동일하지만 업무종사자는 일반인과는 다른 전문적 지식이나 기술을 가지고 있으므로 결과발생에 대한 예견가능성이 크다는 견해(책임가중설),[4] ④ 업무자에게는 축적된 경험으로 인한 고도의 주의의무 및 예견가능성이 인정된다는 견해(불법·책임가중설)[5] 등이 있다. 다만, 이와 같은 견해대립은 논의의 실익이 크지 않다는 지적이 있다.[6]

3 　과학기술의 발전과 상용화로 인하여 일반 대중의 생명·신체에 대한 위험원이 증가하고 있으며, 이에 따라 본죄와 관련된 사건이 증가추세에 있다. 자동차·열차·선박·항공기의 운전 및 조종, 의료행위, 건설·토목공사, 위험시설물의 관리, 가스 등 휘발성물질·폭발물 등 위험물의 제조·판매·취급행위, 식품의 제조·판매행위, 유치원·양로원·장애인보호시설의 노약자보호행위[7] 등에서 본조의 적용과 관련한 문제가 자주 등장한다.

4 　한편, 재해로 인한 인명피해가 끊이지 않자 중대재해를 예방하고 시민과 종사자의 안전을 보호하기 위하여 2021년 1월 26일 중대재해 처벌 등에 관한 법률(이하, 중대재해처벌법이라 한다.)이 제정되었다(2022년 1월 27일 시행). 이에 따르면 위 법령에서 규정한 안전 및 보건 확보 의무를 위반하여 중대재해(중대산업재해와

2 김일수·서보학, 새로쓴 형법각론(9판), 81; 박찬걸, 형법각론(2판), 95; 손동권·김재윤, 새로운 형법각론, § 5/20; 신동운, 형법각론(2판), 601; 임웅, 형법각론(9정판), 99; 주석형법〔각칙(3)〕 (5판), 400(손기식).
3 배종대, 형법각론(14판), § 19/1.
4 김성돈, 형법각론(5판), 98; 김혜정·박미숙·안경옥·원혜욱·이인영, 형법각론(3판), 76; 오영근, 형법각론(8판), 74; 이재상·장영민·강동범, § 4/10; 정성근·박광민, 형법각론(전정2판), 101; 정성근·정준섭, 형법강의 각론(2판), 50.
5 김신규, 형법각론 강의, 91; 박상기·전지연, 형법학(총론·각론 강의)(4판), 437; 이형국·김혜경, 형법각론(3판), 93; 정영일, 형법강의 각론(3판), 32; 한상훈·안성조, 형법개론(3판), 412.
6 신동운, 601.
7 임웅, 100.

중대시민재해)[8]를 야기한 사업주, 경영책임자, 중앙행정기관의 장 등을 처벌하고 (§ 6 및 § 10),[9] 법인에게도 벌금을 부과하며(§ 7 및 § 11), 고의 또는 중과실로 위 의무를 위반하여 중대재해를 발생하게 한 경우 손해액의 5배까지 배상책임을 지우고 있다(§ 15).[10]

5   자동차의 운전과 관련하여, 업무상과실 또는 중대한 과실로 교통사고를 일으킨 운전자의 형사처벌 등에 대해서는 교통사고처리 특례법(이하, 교통사고처리법이라 한다.)이 규율하고, 자동차 등의 교통으로 인하여 업무상과실치사·상이나 중과실치사·상의 죄를 범하고 구호 등 조치를 취하지 않고 도주하는 경우에는 특정범죄 가중처벌 등에 관한 법률(이하, 특정범죄가중법이라 한다.) 제5조의3에서 가중처벌하고 있다〔**본장 [특별법] 주해** 부분 참조〕.

Ⅱ. 업무상과실치사·상죄

1. 업무의 개념

6   일반적으로 '업무'라고 함은 '사람이 사회생활상의 지위에 기하여 계속하여 행하는 사무'를 의미한다.[11] 대법원은 본죄(업무상과실치사·상죄)에서의 업무에 대

---

8 중대재해처벌법 제2조(정의) 이 법에서 사용하는 용어의 뜻은 다음과 같다.
   1. "중대재해"란 "중대산업재해"와 "중대시민재해"를 말한다.
   2. "중대산업재해"란 「산업안전보건법」 제2조제1호에 따른 산업재해 중 다음 각 목의 어느 하나에 해당하는 결과를 야기한 재해를 말한다.
      가. 사망자가 1명 이상 발생
      나. 동일한 사고로 6개월 이상 치료가 필요한 부상자가 2명 이상 발생
      다. 동일한 유해요인으로 급성중독 등 대통령령으로 정하는 직업성 질병자가 1년 이내에 3명 이상 발생
   3. "중대시민재해"란 특정 원료 또는 제조물, 공중이용시설 또는 공중교통수단의 설계, 제조, 설치, 관리상의 결함을 원인으로 하여 발생한 재해로서 다음 각 목의 어느 하나에 해당하는 결과를 야기한 재해를 말한다. 다만, 중대산업재해에 해당하는 재해는 제외한다.
      가. 사망자가 1명 이상 발생
      나. 동일한 사고로 2개월 이상 치료가 필요한 부상자가 10명 이상 발생
      다. 동일한 원인으로 3개월 이상 치료가 필요한 질병자가 10명 이상 발생
 9 죄명표상 죄명 중대재해처벌법위반[(산업·시민)재해(치사·치상)죄]이다.
10 중대재해처벌법에 대한 상세는 사법정책연구원, 「중대재해 처벌 등에 관한 법률」의 재판 실무상 쟁점(2022) 참조.
11 이재상·장영민·강동범, § 4/11; 홍영기, 형법(총론과 각론), § 58/6.

하여, "업무상과실치사상죄에 있어서의 업무란 사람이 사회생활면에 있어서의 하나의 지위로서 계속적으로 종사하는 사무를 말하고 반복·계속의 의사 또는 사실이 있는 한 그 사무에 대한 각별한 경험이나 법규상의 면허를 필요로 하지 아니한다."고 판시하고,[12] 나아가 "수행하는 직무 자체가 위험성을 갖기 때문에 안전배려를 의무의 내용으로 하는 경우는 물론 사람의 생명·신체의 위험을 방지하는 것을 의무내용으로 하는 업무도 포함된다."고 판시하고[13] 있다.

　이처럼 우리 판례는 '사람의 생명·신체 등에 대한 침해를 초래할 수 있는 행위'에 한정하고 있지 않음에 비하여, 일본 판례[14]는 '타인의 생명·신체 등에 위해를 가할 위험이 있는 행위'에 한정하고 있다. 생각건대 본죄는 사람의 생명이나 신체를 보호하기 위한 범죄이고 업무자에 대하여 법이 무겁게 벌하는 취지로 보아, 본죄의 업무가 생명·신체에 대한 침해를 초래할 수 있는 업무에 제한된다고 보아야 한다.[15] 면허 내지 자격이 있는지 여부는 본죄의 인정에 아무런 문제가 되지 않으므로 무면허운전자,[16] 법정자격이 없는 광산보안관리책임자,[17] 기술자면허 없이 자가발전기의 작동작업을 담당해온 사람,[18] 원발주자에 의해 임명되지 않았을 뿐만 아니라 건설업법상 요구되는 현장건설기술자 자격이 없는 공사현장감독인[19] 등은 본죄의 업무자에 해당한다.

7

　업무를 행하는 과정에서 사람의 생명·신체를 해하는 결과를 발생하였더라도 그 원인이 일상행위에 의하여 발생된 것으로 평가되는 경우에 본죄의 성립이 부정될 수 있다.[20] 대법원 판례 중에는 식당운영자가 식당 밖에서 당겨 열도록 표시되어 있는 출입문을 열고 음식 배달을 위하여 밖으로 나가던 중 이웃 가

8

---

12 대판 1961. 3. 22, 4294형상5.
13 대판 1988. 10. 11, 88도1273; 대판 2002. 5. 31, 2002도1342; 대판 2007. 5. 31, 2006도3493; 대판 2022. 12. 1, 2022도11950.
14 最判 昭和 33(1958). 4. 18. 刑集 12·6·1090.
15 김신규, 93; 박찬걸, 98; 배종대, § 19/3; 이재상·장영민·강동범, § 4/11; 주호노, 형법각론, 140; 주석형법 〔각칙(3)〕(5판), 403(손기식).
16 대판 1970. 8. 18, 70도820.
17 대판 1970. 6. 30, 70도738.
18 대판 1979. 9. 11, 79도1250.
19 대판 1983. 6. 14, 82도2713.
20 손동권·김재윤, § 5/27. 본죄의 성립을 위해 '주의의무의 업무성'이 추가적으로 요구되는 요건이라고 한다.

게 손님으로 마침 위 식당 출입문 앞쪽 길가에 서 있던 피해자의 발 뒤꿈치 부위를 출입문 모서리 부분으로 충격하여 상해를 입게 한 사안에서, 업무상과실치상죄를 단순 과실치상죄에 비하여 가중처벌하는 것은 "사람의 생명·신체에 대한 위험을 초래할 우려가 있거나 이를 방지할 의무가 있는 업무에 종사하는 자에 대해서는 일반인에 비해 그러한 결과발생에 대한 고도의 주의의무가 부과되거나 그 예견가능성이 크다는 점 등의 사정을 고려한 때문이라 할 것이므로 비록 업무에 속하는 행위라 할지라도 그에 수반되는 타인의 생명·신체에 대한 위험성의 내용 및 정도가 일반인의 일상생활에 있어 그것과 비교하여 무거운 주의의무를 부과하거나 고도의 예견가능성을 기대할 정도에 미치지 못하는 경우에는 본죄에 의하여 무겁게 처벌할 수 없다고 보아야 할 것이다."라고 전제한 뒤, 식당운영자의 행위를 "위 식당의 운영과 관련한 업무상 행위로 볼 수 있다 하더라도, 달리 위 사고가 위 출입문 자체의 설치 혹은 관리상의 하자에 기인하거나 영업자로서 위 사고발생과 관련한 별도의 주의의무를 부과할 만한 사정이 존재하지 않는 이상, 그 업무상 하여야 할 구체적이고도 직접적인 주의의무를 위반한 때에 해당한다고 보기 어렵고, 오히려 위와 같이 출입문을 여닫는 행위는 음식을 배달하기 위한 경우 이외에도 일상생활에서 얼마든지 자연적으로 행하여질 수 있는 일이라는 점에서 단순히 일상 생활상의 주의의무를 위반한 경우에 불과하다."고 하면서, 업무상과실치상죄의 성립을 부정한 것이 있다.[21]

9   본죄의 행위주체로서 업무자는 생명·신체를 침해할 위험성이 높은 사회적 일을 '직접' 행하는 사람에 국한된다.[22]

10   따라서 ① 설치된 기계의 수리, 작업과정에 대한 공원의 훈련 및 감독, 신규 공원의 채용 등 공장운영 전반에 대한 실무적인 감독자가 따로 있는 경우에는, 공장을 임차하여 경영하고 있다고 하더라도 그에게 피해자인 공원에 대한 사전안전교육과 기계조작 및 작업방법 등에 관한 구체적이고 직접적인 감독책임이 있다고 할 수 없다.[23] 그리고 ② 회사대표자에게는 공장 전체의 안전관리책임자인 공장장이나 보일러실과 유류저장탱크의 운용과 보관·보존에 대한 책

---

21 대판 2009. 10. 29, 2009도5753.
22 배종대, § 19/9. '업무'의 요건으로 사회생활상의 지위, 계속성, 사무 및 '직접성'으로 설명하고 있다.
23 대판 1984. 11. 27, 84도2025.

임자인 보일러실 기관장을 임명하고 지휘·감독하는 데 필요한 일반적 주의의무가 있을 뿐이고, 유류저장탱크의 불순물 청소작업 등 구체적인 작업방법 및 작업상 요구되는 안전대책을 강구할 구체적이고 직접적인 주의의무는 없다.[24] 마찬가지로 ③ 호텔을 경영하는 주식회사에 대표이사가 따로 있고 실질적인 책임자로서 업무전반을 총괄하는 전무 밑에 상무, 지배인, 관리부장, 영업부장 등을 따로 두어 각 소관업무를 분담하여 처리하도록 하는 한편, 소방법 소정의 방화관리자까지 선정, 당국에 신고하여 동인으로 하여금 소방훈련 및 화기사용 또는 취급에 관한 지도감독 등을 하도록 하고 있다면, 위 회사의 업무에 전혀 관여하지 않고 있던 회장에게는 직원들에 대한 일반적·추상적 지휘감독의 책임은 있을지언정 호텔 종업원의 부주의와 호텔구조상의 결함으로 발생, 확대된 화재에 대한 구체적이고도 직접적인 주의의무는 없다고 보아야 한다.[25]

2. 업무의 요소

본조의 '업무'에 해당하기 위하여는, ① 사회생활상의 지위에 기할 것, ② 반　　**11**
복·계속할 것, ③ 사무일 것, ④ 위험성을 수반할 것의 요소가 갖추어져야 한다.

(1) 사회생활상의 지위에 기할 것

업무는 사회생활상의 지위에서 행하는 것으로 사람의 사회적 활동으로서　　**12**
의미를 가지는 것이어야 한다.[26] 따라서 사회생활과 관련이 없고 모든 사람에게 공통되는 식사·산책·수면·육아·가사 등 개인적·자연적 생활현상은 업무라고 할 수 없다. 다만 전업주부 역시 사회생활상 지위를 인정해야 하므로 취사·세

---

24 대판 1983. 10. 11, 83도2108.
25 대판 1986. 7. 22, 85도108. 같은 취지로는, 대판 1989. 1. 31, 88도1683(회사관리담당 상무의 지휘 감독을 받는 소속직원들의 작업 중 일어난 안전사고로서 그에 관한 안전관리책임은 안전관리과장이 부담하고 있다면, 공장장이 공장의 모든 일을 통괄하고 있다고 하더라도 직접적인 지휘 감독을 받지 않는 위 직원들이 안전수칙을 위반할지도 모른다고 하여 이에 대비하여 개별작업에 일일이 세부적인 안전대책을 강구하여야만 할 구체적이고 직접적인 주의의무는 없다고 한 사례); 대판 1989. 11. 24, 89도1618(시공회사의 상무이사인 현장소장이 현장에서의 공사감독을 전담하였고 사장은 그와 같은 감독을 하게 되어 있지 않았다면, 사장으로서는 그 공사의 진행에 관하여 직접적인 지휘·감독을 받지 않는 회사직원 혹은 고용한 노무자들이 공사시행상의 안전수칙을 위반하여 사고를 저지를지 모른다고 하여 이에 대비하여 각개의 개별작업에 대하여 일일이 세부적인 안전대책을 강구하여야 하는 구체적이고 직접적인 주의의무가 있다고 하기 어렵다고 한 사례).
26 정성근·박광민, 102.

탁·냉난방·육아 등도 업무에 속하지만, 이러한 업무는 사람의 생명·신체에 위험을 초래할 수 있는 업무라고 할 수 없을 뿐이라는 견해가 있다.[27]

(2) 반복·계속할 것

13　　　업무는 객관적으로 상당한 횟수 반복하여 행하여지거나 반복·계속할 의사로 행하여진 것이어야 한다.[28] 대법원은 "중대부관인 육군중위가 운전병이 검문소로 연행된 사이 차량을 운전한 행위를 가리켜 업무상과실이 있다고 하기 위하여는 적어도 오락을 위하여서 한다 할지라도, 반복적·계속적으로 운전을 한 사실을 필요로 한다 할 것이고, 단 1회의 운전행위만을 대상으로 하여 업무상과실이 있다고 단정한 것은 업무상과실에 관한 법리를 그릇한 위법이 있다."고 판시하였다.[29] 장래 그 행위를 반복하여 행할 의사로 행위를 개시한 이상 단지 1회라도 반복·계속의 의사를 가지고 한 것으로 볼 수 있다.[30]

14　　　반복하여 행한다고 하기 위하여는 반드시 연일 동종행위를 행하고 있는 사실이 있을 필요는 없고, 각각의 행위 사이에 상당한 간격이 있더라도 상관없다.[31] 또한 반복·계속이라고 하기 위하여는 그 행위 자체가 반복하여 행해지고 있는 사실이 있으면 충분하고, 그 행위를 하는 목적·태양을 달리하여도 관계없다.[32]

15　　　대법원은 ① 노후된 전기설비를 방치하여 합선으로 인해 발생한 화재로 피해자가 상해를 입은 사안에서, "안전배려 내지 안전관리 사무에 계속적으로 종사하여 사람의 사회생활면에 있어서의 하나의 지위로서의 계속성을 가지지 아니한 채 단지 건물의 소유자로서 건물을 비정기적으로 수리하거나 건물의 일부분을 임대하였다는 사정만으로 업무상과실치상죄에 있어서의 '업무'로 인정될 수 없다."고 판시하였다.[33] 같은 취지에서, ② 3층 건물의 소유자로서 건물 각 층을 임대하였고, 건물 2층으로 올라가는 계단참의 전면 벽이 아크릴 소재의 창문 형

---

27 오영근, 75.
28 이재상·장영민·강동범, § 4/11.
29 대판 1966. 5. 31, 66도536.
30 배종대, § 19/7; 손동권·김재윤, § 5/30; 이재상·장영민·강동범, § 4/12; 주석형법 〔각칙(3)〕(5판), 406(손기식).
31 주석형법 〔각칙(3)〕(5판), 406(손기식).
32 주석형법 〔각칙(3)〕(5판), 406(손기식).
33 대판 2009. 5. 28, 2009도1040.

태로 되어 있고 별도의 고정장치가 없는데도 안전바를 설치하는 등 낙하사고 방지를 위한 관리의무를 소홀히 함으로써, 건물 2층에서 나오던 피해자가 신발을 신으려고 아크릴 벽면에 기대는 과정에서 벽면이 떨어지고 개방된 결과 약 4m 아래 1층으로 추락하여 상해를 입었다고 하여 업무상과실치상죄로 기소된 사안에서, 업무상과실치상죄가 아닌 과실치상죄의 죄책을 진다고 판단하였다.[34]

(3) 사무일 것

16　　업무는 사회생활을 유지하면서 종사하는 일인 이상 수입을 얻기 위한 직업이나 영업으로서의 일에 국한되지 않는다.[35] 그 사무가 본무이건 겸무이건 부수적 사무이건, 공무이든 사무이든, 영리를 위한 것이든 오락을 위한 것이든 묻지 않는다.[36] 완구상 점원으로서 완구배달을 하기 위하여 자전거를 타고 소매상을 돌아다니는 일을 하고 있었다고 한다면, 그 자전거를 운전하는 업무에 종사하고 있다고 보아야 한다.[37] 본죄의 업무는 적법할 필요도 없으므로 무면허운전자의 운전행위,[38] 골재채취허가를 받지 않고 한 채취행위,[39] 면허 없는 사람의 의료행위 등도 포함된다. 그러나 사회적으로 용인될 수 없는 불법한 일은 형법상 업무에 해당하는 사무가 될 수 없다.[40] 사안의 구체성을 강조하여, 학교교사의 학생 감독은 대체로 초등학생의 경우로 국한되고 중학교 이상 학생지도는 제외해야 한다는 견해가 있다.[41]

(4) 위험성을 수반할 것

17　　업무상의 과실을 무겁게 벌하는 취지가 영업으로 한다는 데에 있는 것이 아니고 행위의 객관적 위험성이 특히 크다는 데에 있으므로 영리의 목적 또는 직업으로서 행하는 행위라 할지라도 이를 모두 본죄의 업무라고는 할 수 없으며, 사람의 생명·신체에 대한 중대한 위협이 되는 것임이 일반적으로 알려진

34　대판 2017. 12. 5, 2016도16738.
35　김성돈, 99.
36　이재상·장영민·강동범, § 4/12.
37　대판 1972. 5. 9, 72도701.
38　대판 1970. 8. 18, 70도820.
39　대판 1985. 6. 11, 84도2527.
40　김성돈, 99; 김신규, 94; 오영근, 75(예를 들어 절도범이 범행 중 과실로 피해자에게 상처를 입힌 경우, 업무상과실치상죄가 아닌 과실치상죄가 성립할 수 있을 뿐이다).
41　배종대, § 19/8.

사회생활상 행위를 반복·계속함에 있어서 요구되는 특별히 신중한 태도를 게을리하였을 때에는 이에 대한 위법성의 평가가 높아지므로 이러한 사무에 대해서만 업무성을 인정하여 무겁게 처벌할 가치가 있다.[42]

18   본죄에서 의미하는 위험성을 수반하는 업무는 그 사람의 행위가 직접 위험을 발생시키는 성질을 가진 경우는 물론, 그 사람이 위험을 발생시키기 쉬운 생활관계에 있어서 예상되는 위험의 발생을 방지하는 것이 기대되는 지위에 있어서 어떤 사무를 하고 있는 경우도 포함한다[43]고 할 것이다.[44]

19   대법원은, ① 알코올중독증세가 매우 심한 상태에서 피해자가 입소하였고, 이전에도 여러 번 금단증상을 보이기도 하였으며, 이러한 사실을 잘 알고 있던 알코올중독시설의 운영자 및 관리인이 피해자를 독방으로 옮겨 방치하였다가 자살에 이른 사안에서, 운영자 및 관리인에게 업무상과실치사죄의 성립을 인정하였다.[45] 마찬가지로 ② "행형법 및 교도관직무규칙의 규정과 구치소라는 수용시설의 특성에 비추어 보면, 공휴일 또는 야간에는 소장을 대리하는 당직간부에게는 구치소에 수용된 수용자들의 생명·신체에 대한 위험을 방지할 법령상 내지 조리상의 의무가 있다."고 전제한 다음, 심각한 이상 징후가 계속 관찰되는 구치소 수용자를 방치하여 사망에 이르게 한 사안에서, 당직교감과 사동감독자에게 업무상과실치사죄가 성립한다고 판시하였다.[46] 나아가, ③ 골프장의 경기보조원이 골프 카트를 급하게 우회전하다가 승객이 떨어져 상해를 입은 사안에서, "골프 카트는 안전벨트나 골프 카트 좌우에 문 등이 없고 개방되어 있어 승객이 떨어져 사고를 당할 위험이 커 골프 카트 운전업무에 종사하는 자로서는 골프 카트 출발 전에는 승객들에게 안전 손잡이를 잡도록 고지하고 승객이 안전 손잡이를 잡은 것을 확인하고 출발하여야 하며 우회전이나 좌회전을 하는 경우에도 골프 카트의 좌우가 개방되어 있어 승객들이 떨어져서 다칠 우려가 있으므로 충분히 서행하면서 안전하게 회전하여야 할 업무상주의의무가 있다."고[47] 판

---

42 주석형법 [각칙(3)](5판), 403(손기식).
43 주석형법 [각칙(3)](5판), 403(손기식).
44 대판 1988. 10. 11, 88도1273; 대판 2002. 5. 31, 2002도1342; 대판 2007. 5. 31, 2006도3493.
45 대판 2005. 3. 24, 2004도8137.
46 대판 2007. 5. 31, 2006도3493.
47 대판 2010. 7. 22, 2010도1911.

시하였다.[48]

업무의 위험성이 이에 미치지 못하는 경우에는, 특히 중대한 주의의무위반 20
이 있는 경우에 중과실치사·상죄로서 무겁게 처벌하면 충분할 것이다.[49]

한편, 개인가정부의 취사행위나 아이 보는 사람의 일 등의 가사,[50] 판례에 21
서 업무로 인정하고 있는 자전거 운전[51] 등은 업무로 볼 만큼 중요한 위험성을
결한 것으로 해석되므로 업무성을 부정해야 한다는 견해가 있다. 그러나 주의의
무위반으로 인한 중한 결과 발생 가능성 등을 고려하면, 자전거의 운전, 전동킥
보드·전동휠·전동스쿠터 등 원동기장치자전거의 운전은 위험성을 수반하는 업
무로 보아야 할 것이다.

3. 업무상과실의 범위(각종 법령의 안전의무와의 관계)

본죄에서 말하는 업무상의 과실은 업무와 관련한 일반적·추상적인 주의의 22
무의위반만으로는 부족하고, 그 업무와 관련하여 다해야 할 구체적·직접적인 주
의의무가 있음에도 과실로 이를 하지 아니한 경우를 뜻한다.[52]

위험성이 인정되는 행위와 관련하여 각종 관계법령에서 행위자 등이 준수 23
해야 하는 안전의무를 규정하고 있고, 이를 준수하지 않으면 형벌 또는 행정벌
을 부과하여 강제력을 확보한다. 예를 들어, 자동차의 운전은 도로교통법 등에,
선박의 운항은 선박안전법 등에, 건축공사 등은 산업안전보건법 및 중대재해처

---

48 같은 취지의 판결로는 대판 2022. 12. 1, 2022도11950.「경기보조원은 그 업무의 내용상 기본적
으로는 골프채의 운반·이동·취급 및 경기에 관한 조언 등으로 골프경기 참가자를 돕는 역할을
수행하면서 아울러 경기 진행 도중 위와 같이 경기 참가자의 행동으로 다른 사람에게 상해의 결
과가 발생할 위험성을 고려해 예상할 수 있는 사고의 위험을 미연에 방지하기 위한 조치를 취함
으로써 경기 참가자들의 안전을 배려하고 그 생명·신체의 위험을 방지할 업무상 주의의무를 부
담한다. (중략) 피고인은 위와 같이 전기자동차에 태운 피해자를 A의 앞쪽에서 하차하도록 정차
시켰을 뿐만 아니라, A의 공을 찾아준 후에는 피해자나 A에게 예상할 수 있는 사고의 위험성에
관한 주의를 촉구하는 등 안전한 경기운영을 위한 아무런 조치도 취하지 않은 것이므로, 경기보
조원으로서의 주의의무를 다하지 않은 업무상과실을 인정할 수 있다.」
49 주석형법 [각칙(3)](5판), 404(손기식).
50 주석형법 [각칙(3)](5판), 405(손기식).
51 배종대, §19/8; 주석형법 [각칙(3)](5판), 405(손기식). 일본에서는 판례상 '타인의 생명·신체
등에 위해를 가할 우려'를 업무의 요건으로 하고 있어, 자전거 운전에 대해서는 실무상 본죄가
아니라 중과실치사·상죄로 처리하고 있으나, 근래 자전거 운전의 위험성에 비추어 본죄를 적용
해야 한다는 견해도 있다[大塚 外, 大コン(3版)(11), 35(和田雅樹)].
52 대판 2002. 4. 12, 2000도3295, 대판 2002. 5. 31, 2002도1342, 대판 2009. 5. 28, 2008도7030 등.

벌법 등에, 위험물은 위험물안전관리법 등에, 식품은 식품안전기본법 등에 각각 관련자가 지켜야 할 구체적인 안전의무를 적시하고 있다.

24   일반적으로 관계법령의 안전의무규정에 위반하여 사람의 생명·신체에 위험을 가하는 결과가 발생한 경우, 해당 규정을 근거로 본죄의 성립과 관련한 행위자의 주의의무위반 여부를 판단하게 된다. 그러나 법령에 규정된 안전의무는 사회생활상 안전유지를 위하여 예상되는 필수적인 최소한의 내용을 규정화한 것이므로 행위자의 주의의무를 법령상의 안전의무에 한정할 필요는 없다. 법령·규칙상의 의무를 완전히 준수하였다고 하더라도 그것만으로 주의의무가 전부 이행되었다고 할 수는 없는 것이다.[53] 대법원도 야간에 소장을 대리하는 구치소의 당직간부에게는 수용자들의 생명·신체에 대한 위험을 방지할 법령상 의무 외에 조리상의 의무가 있다고 판시한 바 있다.[54] 다만 행정법상의 특별법령에서 과한 의무를 해태한 경우라 할지라도 이러한 과실이 반드시 형사상의 과실에 해당한다고 할 수는 없고, 과실의 유무는 구체적 경우에 따라 결정하여야 함에 유의해야 한다.[55]

4. 업무상과실의 제한('허용된 위험'과 '신뢰의 원칙')

25   오늘날의 기술사회(위험사회)에서 예견가능성과 회피가능성에 기반한 일반적인 위험금지를 무제한적으로 적용할 수는 없으므로,[56] 사회적 유용성과 필요성이라는 관점에서 일정한 정도의 위험에 대해서는 사회가 그 위험을 감수하여 주의의무를 이행하지 않았더라도 과실을 인정하지 않아야 할 필요가 있다.[57] 이러한 위험을 '허용된 위험'이라고 한다. '허용된 위험'의 법리에 의하여 과실의 범위가 수정되어야 한다는 점에 대해서는 이론이 없으나, 법원은 그 적용에 신중한 입장인 것으로 보인다.[58]

---

53 주석형법 〔각칙(3)〕(5판), 411(손기식).
54 대판 2007. 5. 31, 2006도3493.
55 대판 1956. 12. 21, 4289형상276.
56 이재상·장영민·강동범, 형법총론(11판), § 14/16.
57 김성돈, 102.
58 대판 2003. 6. 27, 2002도850(하급심은 대구지법 포항지판 2001. 1. 11, 2000고단118 및 대구지판 2002. 1. 17, 2001노364). 조종사의 과실로 활주로를 이탈한 사안에서, 항공사고에 있어서 승무원의 불처벌이라는 보편화된 국제법의 원칙, 위험이 상존하는 교통수단의 이용에 있어서 적용

한편, 허용된 위험의 이론이 적용된 특수한 경우가 독일의 판례에 의하여
확립되어 일본[59]과 우리나라의 판례에도 일부 영향을 미친 교통사고에 관한 '신
뢰의 원칙'이다.[60] 신뢰의 원칙은 사회적으로 필요불가결하면서도 위험을 수반
하고 있는 업무(허용된 위험)에 종사하는 사람이 스스로 주의의무를 다하면서 타
인도 주의의무를 다할 것이라고 신뢰하는 것이 상당한 경우에는, 비록 타인이
주의의무를 준수하지 않음으로 말미암아 법익침해의 결과가 발생하였다고 하더
라도 자신은 그 결과에 대해 책임을 지지 않는 원칙을 말한다.[61] 신뢰의 원칙은
교통사고의 경우뿐만 아니라 외과수술과 같이 다수인의 공동에 의하여 실행되
는 모든 형태의 과실범으로 그 적용범위가 확대되고 있다.[62]

다만 신뢰의 원칙에 의하여 행위자에 대한 과실 책임을 제한하기 위하여는　　27
행위자가 스스로 필요한 주의의무를 다하여야 하므로, ① 스스로 교통규칙이나
의료시술규칙을 위반한 경우,[63] ② 타인의 규칙위반을 인식할 수 있었던 경우,[64]

되는 허용된 위험의 법리라는 항변을 배척하였다.

59 最判 昭和 41(1965). 12. 20. 刑集 20·10·1212.

60 이재상·장영민·강동범, 형법총론(11판), §14/18.

61 김성돈, 102.

62 이재상·장영민·강동범, 형법총론(11판), §14/24.

63 대판 1990. 12. 26, 89도2589(노면이 결빙되고 시계가 20m 이내인 고속도로상을 운전하는 사람
이 단순히 제한속도를 준수하였다는 사실만으로 주의의무를 다하였다 할 수 없고, 피고인의 운
전업무상과실로 고속도로에 정차 중인 차량을 추돌한 경우 피해차량 후방에 사고발생 표지가 설
치되어 있지 아니하였고 피해자들이 노면에 들어와 있었다 하여 피고인의 범죄성립에 영향을 미
치지 않는다고 한 사례); 대판 1999. 1. 15, 98도2605(야간에 눈이 녹으면서 노면이 약간 미끄러
운 상태였음에도 고속도로 제한최고속도 이하로 감속·서행하지 아니하여 선행사고로 인해 전방
에 정차해 있던 승용차와 그 옆에 서 있던 피해자를 충돌한 사안에서, 운전자의 과실을 인정한
사례); 대판 2001. 12. 11, 2001도5005(시속 약 60km의 속도로 선행 차량과 약 30m 가량의 간격
을 유지한 채 진행하다가 선행 차량에 역과된 채 도로상에 누워있는 피해자를 역과한 사안에서,
비탈길의 고개마루를 막 지난 지점이므로 법정 제한속도보다 더 감속하여 서행했어야 함에도 속
도를 줄이지 않고, 적절한 안전거리를 유지하지 않았다는 이유로 후행 차량 운전자의 과실을 인
정한 사례).

64 대판 1972. 12. 26, 71도1401〔고속도로에서 작업 중인 노무자들이 진행하던 차량에서 떨어진 신
문뭉치를 줍기 위해 2차선 방향으로 뛰어들어 충격한 사안에서, 보수 노무자들을 향하여 신문
뭉치가 던져지는 특별한 상황하에서라면 그 물건에 대한 호기심에 이끌린 피해자가 주행선(2차
선) 중앙방향으로 언제 뛰어들지 모르는 사태가 예상되므로, 운전자는 이러한 돌발사태에 대처
한 전방주시 의무, 그 밖의 사고방지 의무를 안고 있으며, 이러한 의무를 다하였다면 80m 후방
에서 신문뭉치가 앞차에서 내동댕이 쳐지는 것을 보았어야 할 것이라고 한 사례); 대판 1981.
3. 24, 80도3305(고속도로를 진행하던 중 제동거리 밖에서 횡단을 시도하던 사람을 발견한 사
례); 대판 1984. 4. 10, 84도79(신뢰의 원칙은 상대방 교통관여자가 도로교통의 제반법규를 지켜

③ 타인의 행동에 대한 보호·감독·지휘·감시자의 지위에 있는 경우,[65] ④ 타인의 신체장애·노약·연소함 때문에 규칙을 준수할 수 없음을 안 경우[66] 등에는 신뢰의 원칙이 적용되지 않는다고 보아야 한다.[67] 그러나 스스로의 규칙위반이 항상 신뢰의 원칙을 배제하는 것은 아니고, 규칙위반이 결과 발생에 결정적인 원인이 아니라면 경우에 따라서 신뢰의 원칙이 적용될 수도 있다.[68]

28   구체적인 적용 사례에 대해서는 아래 개별적인 주의의무 항목에서 자세히 살펴보도록 한다.

Ⅲ. 업무 유형별 주의의무

1. 자동차운전자의 주의의무

(1) 개설

29   자가용, 버스 등의 이동수단이 생활의 일부가 되면서 사람의 생명, 신체뿐만 아니라 재산에 대한 커다란 위험원이 되었다. 실무상 운전자의 업무상주의의무는 가장 빈번하게 등장하는 쟁점 중 하나이다. 자율주행차량의 상용화가 가시

임하리라고 신뢰할 수 없는 특별한 사정이 없는 경우에는 그 적용이 배제된다고 한 사례); 대판 1986. 2. 25, 85도2651(피해자 오토바이를 100m 전방에서 이미 발견하였음에도 속도를 줄여 도로우측으로 피하는 등 사고발생방지에 필요한 조치를 취함이 없이 진행하다가 사고가 발생한 사례); 대판 1995. 12. 26, 95도715(왕복 6차선 도로의 1차선을 따라 진행하던 택시운전자가 무단 횡단하던 보행자가 중앙선 부근에 있다가 마주 오던 차에 충격당하여 택시 앞으로 쓰러지는 것을 피하지 못하고 역과시킨 사안에서, 횡단 도중 여의치 못하여 잠시 중앙선 부근에 머무르고 있는 사람이었던 만큼 틈만 나면 그곳을 벗어나기 위하여 피고인의 진로 앞으로 횡단하려고 시도하리라는 것은 충분히 예상할 수 있다할 것이므로, 이러한 경우에 평균적인 운전자라면 피해자가 스스로이든 아니면 위험지역에 있는 관계상 다른 차량에 의한 외력으로 인한 것이든 간에 자신의 진로상에 들어올 수도 있다는 것을 감안하여 피해자의 행동을 주시하면서 그러한 돌발적인 경우에 대비하여 긴급하게 조치를 취할 수 있도록 제한속도 아래로 감속하여 서행하거나 중앙선쪽으로부터 충분한 거리를 유지하면서 진행하여야 하는 것은 당연하다고 판시한 사례).

65 대판 2005. 3. 24, 2004도8137.
66 대판 1970. 8. 18, 70도1336.
67 김일수·서보학, 86.
68 대판 1970. 2. 24, 70도176. 「같은 방향으로 달려오는 후방차량이 교통법규를 준수하여 진행할 것이라고 신뢰하며 우측전방에 진행 중인 손수레를 피하여 자동차를 진행하는 운전수로서는 위 손수레를 피하기 위하여 중앙선을 약간 침범하였다 하더라도 중앙선을 침범한 점에 관한 책임이 있음은 별론으로 하고 후방에서 오는 차량의 동정을 살펴 그 차량이 무모하게 추월함으로써 야기될지도 모르는 사고를 미연에 방지하여야 할 주의의무까지 있다고는 볼 수 없다.」

화되면서 본조와 관련한 이슈는 더욱 확장될 것으로 예상된다.

일반적으로 자동차운전자에게는 다른 차량과의 충돌이나 보행자 또는 승객   30
에 대한 사상의 결과를 방지할 주의의무가 있다.[69] 이와 관련하여, 도로교통법
은 도로에서 일어나는 교통상의 모든 위험과 장해를 방지하고 제거하여 안전하
고 원활한 교통을 확보하기 위하여 자동차운전자가 준수하여야 할 사항을 규정
하고 있다. 자동차운전자가 도로교통법상 준수사항을 위반하고 이로 인하여 사
고를 야기하면 해당 위반행위가 그대로 주의의무위반을 구성할 것이나,[70] 구체
적인 상황에 따라 관습 또는 조리상 인정되는 안전운전의무를 지키지 않고 사
고를 야기한 경우에도 본죄의 주의의무위반이 될 수 있다. 대법원은 "통행 중에
는 교통신호와 제한속도·안전거리 및 앞지르기 방법 등 교통규칙을 준수해야
할 뿐만 아니라, 전방 좌우를 주시하며 언제나 급제동할 준비를 취하고 전방에
사람이 있을 때에는 경적을 울리고 서행하거나 일단 정차하는 등 사고를 방지
하기 위한 모든 조치를 취하여야 한다."고 판시한 바 있다.[71]

(2) 자동차운전자의 주의의무 제한

스스로 교통규칙을 준수한 운전자는 다른 교통관여자가 교통규칙을 준수할   31
것을 신뢰하면 충분하고, 그가 교통규칙을 위반할 것까지 예견하여 이에 대한
방어조치를 취할 의무는 없다(신뢰의 원칙).[72] 대법원은 현재 자동차와 자동차 또
는 자동차와 자전거의 충돌사고에 대하여는 신뢰의 원칙을 엄격하게 적용하고
있다.[73]

먼저 자동차와 자동차 사이의 관계에서, ① 차선을 따라 정상적으로 진행하   32
는 차량의 운전자는 상대차량이 차선을 침범하여 운행하는 것까지 예상하여 이에
대비할 주의의무가 없고,[74] ② 우선통행권을 가진 자동차의 운전자는 상대방 차

---

69 김성돈, 100.
70 주석형법 [각칙(3)](5판), 412(손기식).
71 대판 1967. 9. 19, 67도1025; 대판 1970. 2. 24, 70도62.
72 이재상·장영민·강동범, §4/15.
73 이재상·장영민·강동범, §4/15.
74 대판 1982. 4. 13, 81도2720(고속도로상에서 운전자가 진행하던 차선쪽의 중앙선은 황색선으로
   추월금지선이고, 반대방향에서 오는 차선쪽의 중앙선은 백색으로 추월선으로 되어 있었더라도
   반대방향에서 진행하던 차량이 중앙선을 침범하는 경우까지 예견할 주의의무는 없다고 한 사
   례); 대판 1984. 2. 14, 83도3086(중앙선 표시가 있는 직선도로에서 대향차선을 진행하던 오토바
   이가 10m 전방에서 중앙선을 침범한 사례); 대판 1984. 4. 24, 84도240(대향차선으로 진행하던

량이 양보할 것을 신뢰하면 충분하고,[75] ③ 진행신호에 따라 진행하는 차는 신호를 무시하고 진행하는 차가 있음을 예상하여 사고의 발생을 방지할 주의의무가 없고,[76] ④ 무모하게 앞지르려는 차를 위하여 서행해야 할 주의의무가 없으며,[77] ⑤ 자동차전용의 고속도로의 주행선상에 아무런 위험표시 없이 노면보수를 위한 모래더미가 있으리라는 것까지는 일반적으로 예견할 수 있는 사정이 아니다.[78]

33   자동차와 자전거의 관계에 관해서는, ① 자전거의 출입이 금지된 도로에

자전거가 갑자기 운전자의 차선을 침범한 사례); 대판 1987. 6. 9, 87도995(왕복 4차로의 직선도로를 진행 중 갑자기 중앙선을 넘어 진행차선으로 진입한 사례); 대판 1990. 4. 24, 89도2547(반대차선에서 진행하던 오토바이가 약 15m 앞에서 갑자기 중앙선을 침범한 사례); 대판 1992. 7. 28, 92도1137(중앙선이 표시되어 있지 않은 비포장도로에서 마주 오는 오토바이의 중대한 과실로 사고가 발생한 사례); 대판 1994. 6. 28, 94도995('ㅓ'자형 교차로에서 차선을 따라 직진으로 진행하던 운전자가 교차로 직전에 일시정지하거나 서행하지 않았다고 하더라도 왼쪽 도로에서 나와 우회전하는 피해자 운전의 오토바이가 핸들을 제대로 조작하지 못하여 운전자의 진행차선 부분으로 넘어와 충돌하였다면 신뢰의 원칙이 적용된다고 한 사례); 대판 1995. 7. 11, 95도382(반대차선에 연결된 소로에서 주도로로 진입하는 차량이 황색중앙선을 침범하여 자기 진행차선으로 진입함으로써 충돌한 사례).

75 대판 1977. 3. 8, 77도409; 대판 1983. 8. 23, 83도1288(주의의무를 다하여 국도에 진입하였으나 상대방 차량의 과실로 충돌한 사례); 대판 1984. 4. 24, 84도185(교차로에 먼저 진입하였으나 과속으로 진행한 택시의 과실로 충돌한 사례); 대판 1992. 8. 18, 92도934(교차로를 사고 없이 통과할 수 있는 상황에서 먼저 진입하였으나 좁은 도로에서 무모하게 교차로에 진입한 상대방 차량과 충돌한 사례).

76 대판 1983. 2. 22, 82도3071(신호에 따라 교차로에 진입하였으나 신호를 위반하여 진행하는 상대차량과 충돌한 사례); 대판 1985. 1. 22, 84도1493(다른 차량이 신호를 위반하고 직진하는 차량의 앞을 가로질러 좌회전하다가 충돌한 사례); 대판 1990. 2. 9, 89도1774(다른 차량이 신호를 위반하고 신호에 따라 직진하는 운전자의 차량 앞을 가로질러 직진하다가 충돌한 사례); 대판 1993. 1. 15, 92도2579(대향차선 위의 다른 차량이 신호를 위반하고 직진하는 자기 차량의 앞을 가로질러 좌회전하다가 충돌한 사례); 대판 1994. 4. 26, 94도548(차량진행신호에 따라 제한속도 이내인 시속 약 60km 속도로 진행하던 중 횡단보도상을 신호를 무시한 채 오토바이를 운전하여 갑자기 무단횡단하던 피해자를 충돌한 사안에서, 운전자의 과실을 부정하였으며, 운전자가 도로의 우측변에서 횡단보도를 횡단하려고 서 있는 오토바이를 미리 발견하였다고 하더라도 다름이 없다고 한 사례); 대판 1998. 9. 22, 98도1854(접속도로에서 진행하여 오던 상대차량이 아예 허용되지 아니하는 좌회전을 감행하여 직진하는 차량과 충돌한 사례); 대판 2007. 4. 26, 2006도9216(편도 5차선 도로의 1차로를 신호에 따라 진행하던 자동차와 도로의 오른쪽에 연결된 소방도로에서 오토바이가 나와 맞은편 쪽으로 가기 위해서 편도 5차선 도로를 대각선 방향으로 가로 질러 진행하다가 충돌한 사례).

77 대판 1970. 2. 24, 70도176(우측전방에 진행 중인 손수레를 피하여 중앙선을 약간 침범하여 진행 중 후방에서 무모하게 추월하던 차량과 사고가 발생한 사례); 대판 1984. 5. 29, 84도483(선행 차량을 추월하기 위하여 2차선과 3차선 사이로 무모하게 진행하다가 사고가 발생한 사례).

78 대판 1971. 5. 24, 71도623. 「모래무더기를 약 40m 앞두고 이를 발견하였다는 것만으로는 그 이전에 위험표지등이 있었음에도 불구하고 이를 발견하지 못하였다는 등의 특단의 사정이 없는 한 미리 장애물을 발견하지 못한 주의의무 태만이 있다고 할 수 없을 것이다.」

자전거를 탄 사람이 갑자기 차도에 나타날 것까지 예견할 필요는 없고,[79] ② 야간에 무등화인 자전거를 타고 차도를 무단횡단하는 경우까지 예상하여 운행할 주의의무가 없다.[80]

한편 대법원은 횡단보도가 아닌 곳에서 일어난 사고에 대하여도 운전자의 과실을 인정하고 있다는 점[81]에서 보행자에 대한 사고에 대하여 신뢰의 원칙을 철저히 적용하고 있지는 않는 것으로 보인다.[82] 다만, ① 고속도로[83]·자동차전용도로[84]·육교 밑[85]을 횡단하는 보행자를 충격한 경우,[86] ② 횡단보도의 신호가 적색

79　대판 1980. 8. 12, 80도1446(자전거의 출입이 금지된 잠수교에서 40km 상당으로 진행하던 운전자가 갑자기 나타난 자전거를 충돌한 사례).

80　대판 1984. 9. 25, 84도1695(야간에 무등화인 자전거를 타고 무단횡단을 하면서 중앙선을 침범하여 진행 중인 차량과 충돌한 사례).

81　대판 1980. 5. 27, 80도842(통행금지시간이 임박하여 통행인들이 도로를 횡단하는 것이 예사인 시점에 버스에서 내려 버스 사이로 뛰어나와 도로를 횡단하려는 보행자를 충격한 사례); 대판 2011. 5. 26, 2010도17506(택시 운전자인 피고인이 심야에 밀집된 주택 사이의 좁은 골목길이자 직각으로 구부러져 가파른 비탈길의 내리막에 누워 있던 피해자의 몸통 부위를 자동차 바퀴로 역과한 사례). 대판 2022. 6. 16, 2022도1401[편도 1차선의 폭이 비교적 좁은 도로로서 양쪽에 상점들이 있어서 횡단보도 부근의 차도 가장자리나 인도에 통행하는 보행자들이 많이 있었고, 횡단보도에는 횡단보행자용 신호기가 설치되어 있지 않아 언제든지 보행자가 횡단할 수 있는 상황에서 횡단하던 피해자(여, 9세)를 충격한 사례].

82　손동권·김재윤, §5/39.

83　대판 1981. 12. 8, 81도1808(고속도로상에서 도로를 횡단하는 5세의 피해자를 충격한 사례); 대판 1977. 6. 28, 77도403(고속도로를 주행하는 운전자는 도로 양측에 휴게소가 있는 경우에도 동 도로상에 보행자가 있음을 예상하여 감속 등 조치를 할 주의의무가 있다고 할 수 없다고 한 사례); 대판 2000. 9. 5, 2000도2671(고속도로를 운행하는 자동차의 운전자로서는 일반적인 경우에 고속도로를 횡단하는 보행자가 있을 것까지 예견하여 보행자와의 충돌사고를 예방하기 위하여 급정차 등의 조치를 취할 수 있도록 대비하면서 운전할 주의의무가 없으나, 고속도로를 무단횡단하는 보행자를 충격하여 사고를 발생시킨 경우라도 운전자가 상당한 거리에서 보행자의 무단횡단을 미리 예상할 수 있는 사정이 있었고, 그에 따라 즉시 감속하거나 급제동하는 등의 조치를 취하였다면 보행자와의 충돌을 피할 수 있었다는 등의 특별한 사정이 인정되는 경우에만 자동차 운전자의 과실이 인정될 수 있다고 한 사례).

84　대판 1989. 2. 28, 88도1689(자동차전용도로인 88올림픽도로에 1차로까지 횡단해오던 피해자를 충돌한 사례); 1989. 3. 28, 88도1484(자동차전용도로인 강변도로를 제한속도 이내로 진행하다가 갑자기 횡단해오던 피해자를 충돌한 사례); 대판 1990. 1. 23, 89도1395.

85　대판 1983. 5. 10, 83도606(야간에 육교부근의 편도 4차선 도로의 1차선상을 시속 40km로 주행하다 5m 전방에서 피해자를 발견하고 급정차하였으나 충격한 사례); 1985. 9. 10, 84도1572(왕복 4차로의 보행자의 횡단이 금지되어 있는 육교밑 차도를 주행하던 운전자가 전방 보도위에 서 있는 피해자를 발견하였으나 차량 앞 2-3m 이내로 갑자기 뛰어들어 충격한 사례).

86　다만, 고속도로를 운행하던 자동차운전자가 횡단하려는 피해자를 제동거리 밖에서 발견하였다면 피해자가 반대 차선의 교행차량 때문에 도로를 완전히 횡단하지 못하고 그 진행차선쪽에서 멈추거나 다시 되돌아 나가는 경우를 예견해야 한다고 판시한 사례가 있다(대판 1981. 3. 24, 80도

인 상태에서 반대차선상에 정지하여 있는 차량의 뒤로 건너오는 보행자를 충격한 경우,[87] ③ 보행자가 갑자기 차도에 뛰어드는 등 통상 예견하기 어려운 이례적인 상황이 발생한 경우,[88] 등에서는 운전자의 과실을 인정하지 않고 있다. 나아가 버스가 발차하는 순간 피해자가 바퀴 밑으로 들어간 것이라면 운전자가 미처 이를 발견하지 못한 점에 과실이 있다고는 할 수 없고,[89] 쓰레기를 줍는 사람들이 접근할 이유와 필요성이 없는 곳이었다면 운전자가 적재함 사이의 차체를 확인하지 않고 덤프기어를 내렸다 하여 그 운전사에게 과실이 있다고는 할 수 없다.[90]

(3) 차량의 정비 · 점검의무

35   자동차운전자는 운행을 개시하기 전에 차체를 정비 · 점검하여 고장 여부를 조사 · 수리해야 할 주의의무가 있고, 차량의 정비만을 담당하는 책임자가 따로 있었다 할지라도 자동차를 운전하는 사람은 항상 자기가 운전하는 차량의 정비에 불비(不備)가 없는지 세심하게 살펴볼 책임이 있다.[91]

(가) 과실을 인정한 사례

36   대법원은 ① 기술을 모르는 차주로부터 기술면에 대하여 전적으로 책임을 지고 수리를 하면서 운행하기로 하고 차를 인도받아 운행하였는데, 그 차를 산 후 다른 곳은 정비를 하였으나 브레이크는 정비를 하지 않고 운행하던 중 휠실린더가 약간 노후한 상태에서 급브레이크를 밟아서 사고가 발생한 사안에서, "기술이 없는 타인으로부터 기술면에 대하여 전적으로 책임을 지고 운행하기로 하고 자동차를 인도받아 운전을 하는 자로서는 의당 그 차를 운전하기에 앞서 우선 그 차의 안전도에 관해서 철저한 조사를 하고 그의 정비에 만전을 기하여야 할 책임이 있다고 할 것이다(이와 같은 책임은 일상 점검의무와 별도의 것으로서 그 차를 운행하기에 앞서서 하여야 할 직무라고 할 것이다)."라고 판시하였다.[92]

3305).

87 대판 1987. 9. 8, 87도1332; 대판 1993. 2. 23, 92도2077.
88 대판 1985. 7. 9, 85도833(왕복 4차로의 산업도로를 진행하던 중 술에 취한 보행자가 도로 중앙선쪽에서 2차선쪽으로 뛰어든 사례); 1983. 9. 13, 83도1537(버스 통과 순간 갑자기 차도쪽으로 쓰러지거나 버스쪽으로 달려든 사례).
89 대판 1984. 7. 10, 84도687.
90 대판 1984. 10. 10, 84도1868.
91 대판 1968. 2. 20, 68도16.
92 대판 1979. 2. 27, 76도2979.

② 차주가 자신의 자동차의 제동장치를 정비한 정비공이 시운전한다는 것　37
을 제지할 수 없었다면 차주는 응당 면허 없는 정비공이 시운전함에 있어서 옆
에 앉아서 감시하는 등 사고발생을 미연에 방지할 업무상주의의무가 있다.[93]

(나) 과실을 부정한 사례

대법원은 관련법에 의한 정기점검을 받고, 매일 운행 개시 전에 회사 소속　38
의 정비관리자에 의한 정비점검에 따라 점검표에 고장이나 이상이 없음을 확인
받은 다음 운행하였으며, 사고 당시 브레이크 파이프가 배력장치의 압력에 의하
여 파열된 것이 아니라 국산제품의 재질불량 등으로 정상적으로 작동하지 않는
한편, 시속 약 8km의 저속으로 서서히 운행하다가 약 5m 전방에서 피해자가 갑
자기 차량으로 뛰어오는 상황에서 운전자가 브레이크를 작동하였으나 고장으로
정차가 되지 못하였고, 즉시 사이드 브레이크를 사용하였으나 이미 늦어서 피해
자를 충돌한 사안에서, 운전자의 과실을 부정하였다.[94]

(4) 보행자에 대한 주의의무

운행하는 차량으로 보행자를 충격한 사고에서는 극히 가벼운 경우를 제외　39
하면 대부분 피해자로 하여금 중한 사상에 이르는 결과를 초래한다. 즉, 자동차
운전의 특성상 보행자의 생명·신체에 대한 위해를 줄 수 있는 위험성이 크기
때문에 자동차운전자에게 높은 수준의 주의의무가 요구된다고 할 것이다.

(가) 횡단보도를 횡단하는 보행자

모든 차의 운전자는 신호기의 지시에 따라 횡단보도를 횡단하는 보행자가　40
있을 때에는 횡단보도에의 진입 선후를 불문하고 일시정지하는 등의 조치를 취
함으로써 보행자의 통행이 방해되지 아니하도록 하여야 한다.[95]

횡단보도의 보행자신호가 녹색신호에서 적색신호로 바뀌는 예비신호 점멸　41
중에도 그 횡단보도를 건너가는 보행자가 흔히 있고, 또 횡단 도중에 녹색신호
가 적색신호로 바뀐 경우에도 그 교통신호에 따라 정지함이 없이 나머지 횡단
보도를 그대로 횡단하는 보행자가 흔히 있는 것 또한 부정할 수 없는 현실이다.
이는 자동차를 운전하는 사람이면 누구든지 쉽게 예상할 수 있는 상황이므로

---

93 대판 1970. 7. 28, 70도1287.
94 대판 1973. 3. 13, 73도50.
95 대판 2017. 3. 15, 2016도17442.

보행자신호가 녹색신호에서 정지신호로 바뀔 무렵 전후에 횡단보도를 통과하는 자동차 운전자는 보행자가 교통신호를 철저히 준수할 것이라는 신뢰만으로 자동차를 운전할 것이 아니라 좌우에서 이미 횡단보도에 진입한 보행자가 있는지 여부를 살펴보고 또한 그의 동태를 두루 살피면서 서행하는 등하여 그와 같은 상황에 있는 보행자의 안전을 위해 어느 때라도 정지할 수 있는 태세를 갖추고 자동차를 운전하여야 할 업무상의 주의의무가 있다.[96] 다만, 자동차가 횡단보도에 먼저 진입한 경우로서 그대로 진행하더라도 보행자의 횡단을 방해하거나 통행에 아무런 위험을 초래하지 아니할 상황이라면 그대로 진행할 수 있다고 보아야 한다.[97]

　　　(나) 도로 횡단 중인 보행자

42　　　① 자동차운전자가 전방만을 보고 좌우에 대한 주시의무를 태만히 하여 도로 좌측에서 우측으로 횡단하려는 보행자를 뒤늦게 발견한 탓으로 사고를 발생케 하였고, 좌우를 살피면서 운행하였더라면 사고를 미연에 방지할 수 있었다면 운전자에게 과실이 있다.[98]

43　　　② 피해자가 도로를 횡단하는 것을 사고지점 10m 전방에서 발견하고 시속 10km로 감속하여 서행하던 중 반대방향에서 운행하던 차가 앞서가는 차를 추월하다가 피해자를 충격하여 피해자가 중앙선을 넘어 서행하는 차의 앞에 넘어지는 것을 보고 급정차하였으나 비가 내려 노면이 미끄러워 피해자를 충격하였다고 하더라도 운전자에게 과실이 있다고는 할 수 없다.[99]

44　　　③ 내리막길에서 버스의 브레이크가 작동되지 아니하여 대형사고를 피하기 위하여 인도 턱에 버스를 부딪혀 정차시키려고 하였으나 버스가 인도 턱을 넘어 돌진하여 보행자를 사망에 이르게 한 사안에서, 사고버스의 운전사가 제동장치를 불필요하게 자주 사용하여 제동력 상실에 대한 과실이 있다고 볼 수 있는 경우가 아니라면 운전사에게 과실을 인정하기 어렵다고 판시하였다.[100]

---

96 대판 1986. 5. 27, 86도549.
97 대판 2017. 3. 15, 2016도17442.
98 대판 1966. 5. 31, 66도548.
99 대판 1971. 8. 31, 71도1114.
100 대판 1996. 7. 9, 96도1198.

(다) 도로 옆에 서있거나 지나가거나 작업 중인 사람

도로 옆에 서있거나 지나가거나 작업 중인 사람이 있는 경우에는, 그 사람과 **45**
접촉·충돌하지 않도록 안전한 간격을 유지하여 통과하여야 하고, 도로상황 등에
비추어 안전한 간격을 유지하기 곤란한 경우에는, 서있는 사람이 어린이나 술 취
한 사람 등이면 상황에 따라 일단 정차하여 안전한 장소로 피난시키거나,[101] 동승
자가 있으면 동승자에게 상황을 주시하면서 유도케 하거나[102] 서행하여야 한다.

또한 자동차운전자가 사람이나 가축의 측면을 통과할 때에는 경적을 울리 **46**
는 등으로 차량의 접근을 보행자에게 경고해야 하고, 보행자의 측면을 무사히
통과할 때까지는 보행자나 가축의 동태를 주시하여 만일의 사고에 언제라도 대
처할 수 있도록 만반의 태세를 갖추고 운행하여야 한다.[103]

(라) 도로 주위에서 갑자기 나타난 보행자

① 차량의 왕래가 특히 희소하지 않은 일반도로상에 있어서는 자동차 등 **47**
차량이 교차함에 있어 상대편 차의 후면으로부터 돌연히 장애물이 나타나는 예
는 일상에서 흔히 경험하는 바이므로, 차량의 운전사로서는 이러한 때에 상시
급정차의 태세로서 임하여야 할 것임은 물론 경우에 따라서는 정차대기로서 사
고를 미연에 방지하는 등 상당한 주의의무가 요구된다.[104]

다만, ② 차량의 운전자로서는 횡단보도의 신호가 적색인 상태에서 정지하 **48**
여 있는 차량 사이로 보행자가 건너오지 않을 것이라고 신뢰하는 것이 당연하
고, 그렇지 아니할 사태까지 예상하여 그에 대한 주의의무를 다하여야 한다고는
할 수 없다.[105]

또한, ③ 인도경계와 약 1m 간격을 두고 서행으로 정류장에 진입한 시내버 **49**
스 운전자에게, 5m 후방에서 볼 때만 하여도 가로수에 구부리고 기대어 있던
성년남자가 버스 통과 순간에 인도상에서 갑자기 차도 쪽으로 쓰러지거나 또는
버스 쪽으로 달려 들어올 것까지 예상하여 인도경계와 그 이상의 간격을 두고
진입하거나 또는 피해자가 기대어 선 가로수의 후방에 버스를 정차시킬 주의의

---

101 東京高判 昭和 29(1954). 12. 2. 裁特 1·12·589.
102 東京高判 昭和 35(1960). 2. 18. 東時 11·2·40.
103 대판 1967. 9. 19, 67도1025.
104 대판 1960. 4. 27, 4292형상968.
105 대판 1993. 2. 23, 92도2077; 대판 2010. 7. 29, 2010도4078.

무를 기대할 수 없다.[106]

50　　　그리고 ④ 야간에 육교를 지나 15m의 편도 4차선의 1차선상의 교통이 복잡하고 대향교차차량이 많은 곳에서 반대차선에서 비추는 전조등을 교차하여 진행하던 운전자로서는, 횡단로가 아닌 그곳을 횡단하는 사람이 있을 것으로 예상함은 특별한 사정이 없는 한 이례에 속한다 할 것이며, 또한 교차차량의 전조등 빛에 상당한 거리에서 전방의 장애물을 발견하기란 좀처럼 어렵다 함은 경험칙상 시인되므로, 이와 같은 상황에서 술에 취해 뛰어든 사람을 5m 전방에 발견하고 급정차하였으나 충격한 경우에는 안전운전의무 위반이라고 단정하기 어렵다.[107]

　　　(마) 고속도로에서의 보행자

51　　　고속도로를 운행하는 자동차의 운전자로서는 일반적인 경우에 고속도로를 횡단하는 보행자가 있을 것까지 예견하여 보행자와의 충돌사고를 예방하기 위하여 급정차 등의 조치를 취할 수 있도록 대비하면서 운전할 주의의무가 없고, 다만 고속도로를 무단횡단하는 보행자를 충격하여 사고를 발생시킨 경우라도 운전자가 상당한 거리에서 보행자의 무단횡단을 미리 예상할 수 있는 사정이 있었고, 그에 따라 즉시 감속하거나 급제동하는 등의 조치를 취하였다면 보행자와의 충돌을 피할 수 있었다는 특별한 사정이 인정되는 경우에만, 자동차 운전자의 과실이 인정될 수 있다.[108]

　　　(바) 아동이나 노약자, 명정자 등 요보호 보행자

52　　　보행자가 어린이 등의 노약자나 명정자(酩酊者)인 경우, 갑작스러운 위험이 닥쳤을 때 냉정하고 신속하게 사고발생을 회피할 능력이 부족하다고 인정되므로 신뢰의 원칙이 인정될 여지가 거의 없다.[109]

53　　　40m 전방 우측 노변에 어린이가 같은 방향으로 걸어가고 있는 것을 발견하

106　대판 1983. 9. 13, 83도1537.
107　대판 1983. 5. 10, 83도606. 같은 취지로는, 대판 1985. 9. 10, 84도1572(각종 차량의 내왕이 번잡하고 보행자의 횡단이 금지되어 있는 육교 밑 차도를 주행하는 자동차운전자가 전방 보도 위에 서있는 피해자를 발견했다 하더라도 육교를 눈앞에 둔 동인이 특히 차도로 뛰어들 거동이나 기색을 보이지 않는 일반적으로 동인이 차도로 뛰어 들어 오리라고 예견하기 어려운 것이므로, 이러한 경우 운전자로서는 일반보행자들이 교통관계법규를 지켜 차도를 횡단하지 아니하고 육교를 이용하여 횡단할 것을 신뢰하여 운행하면 족하다 할 것이고, 불의에 뛰어드는 보행자를 예상하여 이를 사전에 방지해야 할 조치를 취할 업무상주의의무는 없다고 한 사례).
108　대판 1977. 9. 28, 77도2559; 대판 1989. 3. 28, 88도1484; 대판 2000. 9. 5, 2000도2671.
109　주석형법 〔각칙(3)〕(5판), 415(손기식).

였으면, 그 어린이가 버스 앞으로 느닷없이 튀어나오는 수가 있음을 예견하고, 이로 인한 사고를 미리 방지하기 위하여 속력을 줄이고 그 동태를 주시하는 등의 주의의무가 있다.[110]

(사) 음주운전 단속 경찰관

음주운전을 단속하는 경찰관의 정지신호에 불응하면서 도주하는 경우, 경   **54** 찰관은 그 차량의 진로를 가로막고 서거나 차량의 차체 일부를 붙잡아 정차하도록 하거나 정차를 강력히 요구하는 표시로 차체를 두드려 주의를 환기시키거나 경각심을 일으키는 등 차량에 접근하는 행동을 하는 경우가 있을 수 있음은 충분히 예상할 수 있으므로, 정지신호를 보내오고 있는 경찰관을 발견한 운전자로서는 마땅히 차량을 정차시켜야 하고, 만일 계속 진행하더라도 속도를 줄이고 경찰관의 동태를 잘 살펴 안전하게 진행하여야 할 업무상주의의무가 있다.[111]

(5) 탑승자에 대한 주의의무

(가) 출발 및 승·하차 시

① 시내버스의 운전자가 버스정류장에서 승객을 하차시킨 후 통상적으로   **55** 버스를 출발시키던 중 뒤늦게 버스 뒷편 좌석에서 일어나 앞쪽으로 걸어 나오던 피해자가 균형을 잃고 넘어진 경우, 버스운전자로서는 승객이 하차한 후 다른 움직임이 없으면 차를 출발시키는 것이 통례이고, 특별한 사정이 없는 한 착석한 승객 중 더 내릴 손님이 있는지, 출발 도중 넘어질 우려가 있는 승객이 있는지 등의 여부를 일일이 확인하여야 할 주의의무가 없다.[112]

② 버스운전자는 차내의 승차자가 차의 진행 중에 갑자기 문을 열고 하차   **56** 할 것까지 예상하여 승차자의 동정을 주의 깊게 살펴야 할 주의의무가 있다고 볼 수 없을 뿐만 아니라 갑자기 하차하려는 사람을 모르고 차를 운행한데 과실이 있다고도 할 수 없다.[113]

마찬가지로, ③ 피해자의 하차요청에 따라 운전자가 차량을 정차하려는 순   **57** 간 피해자가 갑자기 뛰어 내리다가 지면에 부딪치게 되었다면, 운전자에게 그러

---

110 대판 1970. 8. 18, 70도1336.
111 대판 1994. 10. 14, 94도2165. 본 판결 평석은 이기헌, "특가법 제5조의 3의 도주운전죄", 형사판례연구 [5], 한국형사판례연구회, 박영사(1997), 414-431.
112 대판 1992. 4. 28, 92도56.
113 대판 1977. 6. 28, 77도523.

한 결과발생까지 예상하여 승차자의 동정을 주의깊게 살펴야 할 업무상 주의의
무를 지울 수는 없다.[114]

(나) 조수가 있은 경우

58 　　운전자에게 일반적으로 조수석에서 졸고 가는 조수가 커브지점을 돌 때 몸
이 쏠리면서 문의 중앙 부분에 달린 문여닫이를 붙잡아 문이 열릴 것을 예상하
고 그에 따른 주의를 다하면서 운전하여야 할 주의의무는 없다.[115]

(다) 보호자 등의 동승 여부

59 　　바둑교실을 운영하면서 수강생들의 통학용으로 12인승 스타렉스 승합차를
운행하였고, 수시로 승합차의 운전자에게 특별한 주의를 당부하면서 특히 어린
초등학생들에 대하여는 직접 문을 열고 승·하차시켜 줄 것을 지시하였다면, 바
둑교실 운영자에게 사회상규 또는 조리에 의하여 보호자를 동승하게 할 주의의
무가 있다고 보기는 어렵다.[116]

(라) 동승자에 대한 인식

60 　　운전자가 동승자의 존재를 인식하지 못하고 있었던 경우에도 본죄가 성립
하는지가 문제된다. 일본 판례는 자동차의 운전자가 시속 약 65킬로미터(제한속
도 시속 30킬로미터)로 주행 중에 조향장치 조작을 잘못하여 신호등에 부딪혀 뒷
트렁크에 무단으로 동승하고 있던 사람을 사망에 이르게 한 사안에서, "위와 같
이 무모하다고 할 정도로 자동차를 운전하면 사람의 사상을 동반하는 어떠한
사고라도 일으킬지도 모른다는 것은 당연히 인식할 수 있었다고 할 것이므로,
예컨대 피고인이 자신의 자동차 뒷트렁크에 피해자 2명이 승차하고 있는 사실
을 인식하지 못하였다고 하더라도, 피해자에 대한 업무상과실치사죄가 성립한
다."고 판시하였다.[117]

(6) 운행개시 및 후진 관련 주의의무

(가) 운행 개시 시

61 　　정차상태에서 운행을 개시하는 때에는 사각지대에 어린이나 작업자 등이

---

114 대판 1983. 6. 14, 82도1925.
115 대판 1974. 8. 30, 74도972.
116 대판 2005. 12. 22, 2005도4963.
117 最判 平成 1(1989). 3. 14. 刑集 43·3·262.

466　　　　　　　　　　〔송 규 영〕

있을 가능성이 있으므로 직접 또는 후사경 등을 통해 주위를 살펴 사고의 발생을 미연에 방지할 주의의무가 있다.

경운기운전자는 비록 소음이 크게 나고 또 후사경이 없다 할지라도 특히 **62** 인가가 있는 길을 통과할 때는 어린아이들이 뒤에 매달리는 것을 쉽게 예상할 수 있으므로 항상 주의하여 경운기의 후방에 있는 적재함을 살펴보는 등 만반의 경계를 함으로써 사고를 미연에 방지해야 할 의무가 있다.[118] 다만 화물자동차운전자가 아이들이 차에 매달리는 것을 발견하고 정차하여 주의를 주고 쫓아보낸 다음 후사경으로 좌우 측면을 살펴 다시 매달리지 않았음을 확인한 후 전진하려는 순간 피해자가 시속 8km로 진행하는 차의 우측중앙 부분에 몰래 매달리려다 떨어져 사망한 경우에는, 운전자에게 과실을 인정하기 어렵다.[119]

버스운전사로서는 출발하기에 앞서 버스의 전후좌우를 살펴 버스 주변에 **63** 장애물이 있는지를 확인하고 출발할 의무가 있다. 그러나 버스를 발차하려는 순간에 운전사가 버스가 진행할 전방과 진입할 차도의 좌측을 주시하고 동시에 우측 후사경을 통하여 버스 우측 뒷바퀴 밑 부분까지 주시한다는 것은 사실상 불가능한 일이므로, 피해자가 발차 순간에 바퀴 밑으로 들어간 것이라면, 운전자가 미처 이를 발견하지 못한 점에 과실이 있다고는 할 수 없다.[120]

(나) 후진 시

① 자동차를 후진하는 경우, 시야각이 제한되기 때문에 주변에 있는 사람 **64** 이나 장애물을 발견하기 쉽지 않다. 피해자의 출발신호를 듣고 차량을 진행시킴에 있어서 차량 좌측 뒷바퀴는 쓰레기에 묻혀 있고 그 부근에 피해자 및 폐지수집인 등이 있었던 경우, 피해자의 신호에 따랐다 하더라도 운전자로서는 후사경으로 동인들의 동태를 주시하면서 서서히 진행시켜야 할 주의의무가 있다.[121]

② 대형화물차를 후진하는 경우, 운전석에서는 적재함 후면이 잘 보이지 **65** 아니하므로 조수 등의 도움에 의존하기 마련인데, 후진신호를 하는 사람은 충돌이 되지 않도록 충분한 간격을 두고 정지신호를 하여야 함은 물론 스스로 충돌

118 대판 1970. 11. 3, 70도1910.
119 대판 1971. 4. 30, 71도488.
120 대판 1984. 7. 10, 84도687.
121 대판 1977. 9. 28, 77도1875.

사고가 일어나지 않도록 차체를 비킨 위치에서 신호할 것이 기대되고, 화물차운 전자로서는 후진하여 적절히 정차함에 있어 오로지 피해자의 신호를 신뢰하여 할 수밖에 없는 것이므로 화물차의 운전수는 조수의 손이 상차대(上車臺)와 적재함 사이에 끼이는 경우까지 예상하여야 할 주의의무가 없다.[122]

(7) 운행 중의 주의의무

(가) 앞차를 뒤따라가는 경우

66   ① 앞차를 뒤따라 진행하는 차량의 운전자로서는 앞차에 의하여 전방의 시야가 가리는 관계상 앞차의 어떠한 돌발적인 운전 또는 사고에 의하여서더라도 자기 차량에 연쇄적인 사고가 일어나지 않도록 앞차와의 충분한 안전거리를 유지하고 진로 전방좌우를 잘 살펴 진로의 안전을 확인하면서 진행할 주의의무가 있다.[123]

67   대법원은, ② 충분한 안전거리와 관련하여, 도로교통법 제17조 제1항은 "모든 차는 같은 방향으로 가고 있는 앞차의 뒤를 따르는 때에는 앞차가 갑자기 정지하게 되는 경우에 그 앞차와의 충돌을 피할 만한 거리를 확보하여야 한다."고 규정하고 있는 바, 이는 앞차가 제동기의 제동력에 의하여 정지한 경우뿐만 아니라 제동기 이외의 작용에 의하여 갑자기 정지한 경우도 포함한다고 전제한 다음, 중앙선 침범 차량과의 충돌로 인해 갑자기 정지하게 된 선행 차량을 추돌한 후행 차량 운전자에게 안전거리 미확보의 과실을 인정하였다.[124]

68   그러나 ③ 앞차를 뒤따라 진행하던 뒤차의 운전자가 중앙선을 넘어 들어온 차량에 충돌되어 진행방향의 반대방향으로 밀리는 앞차를 피하지 못하고 추돌하게 된 것이라면, 뒤차 운전자가 안전거리를 확보하지 아니하는 등의 과실로 인하여 앞차를 추돌한 것이라고 보기는 어렵다.[125]

69   또한 대법원은, ④ 선행하는 경운기와 5m의 거리를 유지한 채 비상깜박이를 켜고 서행 중인 후행 차량을 그 뒤를 따라오던 차량이 뒤늦게 발견하고 추돌하여 후행 차량이 앞으로 밀리면서 경운기를 추돌한 사안에서, "선행 차량에 대

---

122 대판 1981. 9. 22, 81도383.
123 대판 2001. 12. 11, 2001도5005. 본 판결 평석은 김성돈, "인과관계판단과 과실판단의 분리", 형사판례연구 [11], 한국형사판례연구회, 박영사(2003), 24-46.
124 대판 1996. 10. 11, 96다30823; 대판 1997. 11. 25, 97다41639.
125 대판 1996. 2. 9, 95다23590.

한 후행 차량의 추돌이 그 후행 차량을 뒤따르던 차량의 추돌 등 외부의 물리력으로 인한 때에는 그와 같은 물리력의 발생에 있어 후행 차량 운전자의 과실이 있다거나 그와 같은 물리력이 없었더라도 추돌사고가 발생하였을 것이라는 등의 특별한 사정이 없는 한 후행 차량 운전자가 안전거리를 확보하지 아니하는 등의 과실로 인하여 앞차를 추돌한 것이라고 볼 수는 없다."고 판시하였다.[126]

(나) 대향차량 등과 교행 시

① 일반적으로 도로상에서 자기 차로를 따라 진행하는 운전자에게 다른 차로를 운행하는 다른 차량과의 관계에서 업무상의 주의의무위반의 과실이 있다고 인정하려면, 구체적인 도로 및 교통상황하에서 다른 차로를 운행하는 타인에게 위험이나 장해를 주는 속도나 방법으로 운전하였다는 점이 인정되어야 할 것이고, 단순히 갑자기 진행차로의 정중앙에서 벗어나 다른 차로와 근접한 위치에서 운전하였다는 것만으로는 다른 차로에서 뒤따라오는 차량과의 관계에서 운전자로서의 업무상의 주의의무를 위반한 과실이 있다고 할 수 없다.[127]

70

또한, ② 자동차를 운전하고 로터리 신축공사로 인하여 개천으로 난 90도 좌곡(左曲)의 임시통행로를 시속 약 10km의 속력으로 전진하다가 8m 전방에서 이쪽으로 달려오는 오토바이를 발견하였는데 거기는 길폭이 좁고 굴곡이 심한 데다 양편에는 인가가 많은 곳인 만큼, 이런 경우 자동차운전자로서는 전방주시의무와 일단 정차 내지 오토바이에게 길을 양보할 의무가 있다.[128]

71

그리고 ③ 반대차선에서 과속으로 진행해 온 오토바이 운전자가 도로변의 돌에 부딪혀 운전자의 차량 앞으로 튀어 들어와 역과한 경우, 이를 예견하여 운전하여야 할 업무상주의의무를 인정할 수 없다.[129]

72

---

126 대판 2000. 5. 26, 2000다4722.
127 대판 1998. 4. 10, 98도297. 「1차로를 통해 제한속도를 초과하여 추월하던 후행 차량이 마침 1차로를 침범하지는 않았으나 1차로에 근접해오는 선행 차량을 보고 왼쪽으로 급히 핸들을 돌리다가 중앙분리대를 충돌한 사안에서, 선행 차량 운전자가 1차로에 근접하여 운전함으로써 후방 1차로에서 질주하여 오던 후행 차량에 어떤 위험이나 장해를 줄 수 있다는 점을 예견할 수 있었다고 인정할 수 있어야만 선행 차량 운전자에게 업무상주의의무를 게을리한 과실이 있다고 할 것이다.」
128 대판 1970. 2. 24, 70도62.
129 대판 1984. 7. 10, 84도813.

(다) 동일 방향 진행차량이 있는 경우

73   ① 트럭이 도로 2차선상으로, 버스가 도로 3차선상으로 거의 병행하여 운행하고 있는 상황에서 버스 뒤를 따라 운행하던 오토바이가 버스를 앞지르기 위해 도로 2차선으로 진입하여 무모하게 트럭과 버스 사이에 끼어들어 이 사이를 빠져나가려고 하다가 사고가 발생한 경우, 선행 차량이 속도를 낮추어 앞지르려는 오토바이를 선행하도록 하여 줄 업무상주의의무가 있다고 할 수 없다.[130]

74   한편, ② 운전자가 좌회전 금지구역에서 좌회전한 것은 잘못이나, 이러한 경우에도 운전자로서는 50m 후방에서 따라오던 후행 차량이 중앙선을 넘어 운전자의 차량 좌측으로 돌진하는 등 극히 비정상적인 방법으로 진행할 것까지를 예상하여 사고발생 방지조치를 취하여야 할 업무상주의의무가 있다고 할 수 없다.[131]

(라) 도로에 사람이 누워 있는 경우

75   야간에 술에 취하는 등의 이유로 도로에 앉아있거나 누워 있는 사람을 역과한 사고의 경우, 전방주시의무 위반 등으로 인한 과실이 인정되는 경우가 많을 것이다.[132]

76   대법원은 사고 당시 01:10경으로서 야간인데다가 비까지 내려 시계가 불량하고 내린 비로 인하여 노면이 다소 젖어있는 상태였으며, 사고지점은 비탈길의 고개마루를 지나 내리막길이 시작되는 곳으로부터 가까운 지점으로서 편도 2차선 도로 중 2차로를 시속 약 60km의 속도로 선행 차량과 약 30m 가량의 간격을 유지한 채 진행하다가 선행 차량에 역과된 채 진행 도로상에 누워있는 피해자를 뒤늦게 발견하고 급제동을 할 겨를도 없이 역과한 사안에서, "운전자에게 사전에 사람이 누워있을 것까지를 예상하여 이에 대비하면서 운전하여야 할 주의의무는 없다고 하더라도, 사고 당시의 도로상황에 맞추어 속도를 줄이고(위 사고지점은 비탈길의 고개마루를 막 지난 지점이므로 운전자로서는 미리 법정 제한속도보다도 더 감속하여 서행했어야 할 것이다) 전방시계의 확보를 위하여 선행 차량과의 적절한 안전거리를 유지한 채 전방 좌우를 잘 살펴 진로의 안전을 확인하면서 운전하는 등 통상의 주의의무를 다하였더라면 사고를 미연에 방지할 수 있었을 것

---

130 대판 1984. 5. 29, 84도483.
131 대판 1996. 5. 28, 95도1200.
132 福岡高判 昭和 44(1969). 8. 14. 高刑集 22·4·560.

이다."라고 판시하였다.[133]

(8) 교차로 통행 시 주의의무

교차로에서는 서로 다른 방향으로 진행하는 다수의 차량이 교행하게 되므
로 충돌의 위험이 크다. 도로교통법은 교차로 통행방법(§25), 회전교차로 통행
방법(§25의2) 및 교통정리가 없는 교차로에서의 양보운전(§26) 규정을 두어 교차
로에서의 안전을 도모하고 있다. 교차로에 신호기가 설치되어 교통정리가 행하
여진다면 그에 따라 진행하면 될 것이므로 그렇지 않은 경우에 특히 문제된다.

대법원은 교통정리가 행하여지고 있지 아니하는 교차로에 들어가려는 모든
차는 그 차가 통행하고 있는 도로의 폭보다 교차하는 도로의 폭이 넓은 경우에
는 서행하여야 하며, 폭이 넓은 도로로부터 교차로에 들어가려고 하는 다른 차
가 있는 때에는 그 차에게 진로를 양보하도록 규정[구 도교법(2005. 5. 31. 법률 제
7545호로 개정되기 전의 것) §22④, ⑥(현 §26②)]하고 있는 점에 비추어 볼 때, 교통
정리가 행하여지고 있지 아니하는 교차로의 넓은 도로를 운행하여 통행의 우선
순위를 가진 차량의 운전사는 이와 교차하는 좁은 도로의 차량이 교통법규에
따라 적절한 행동을 취하리라고 신뢰하고 운전한다고 할 것이므로, 넓은 도로를
따라 교차로에 이미 진입한 운전자로서는 특별한 사정이 없는 한 다른 운전자
가 뒤늦게 교통법규를 무시하고 자신의 진행속도보다 빠른 속도로 무모하게 교
차로에 진입하여 자신이 운전하는 차량과 충격할지 모른다는 것까지 예상하고
대비하여 운전하여야 할 주의의무는 없다고 판시하였다.[134] 같은 취지로, 운전
자가 폭이 좁은 도로에서 그 교차로에 들어가려고 하는 차가 있는지 여부를 잘
살펴 만약 그러한 차가 있는 경우에는 그 차에게 진로를 양보하여야 하는 것이
고, 시간적으로 교차로에 먼저 도착하여 교차로에 먼저 진입할 수 있다고 하더
라도 폭이 넓은 도로에서 교차로에 들어가려고 하는 차보다 우선하여 통행할
수는 없다.[135]

한편 자기 차량이 통행하고 있는 도로의 폭보다 교차하는 도로의 폭이 넓
은지 여부는 통행 우선순위를 결정하는 중요한 기준이 되므로 이를 엄격히 해

77

78

79

---

133 대판 2001. 12. 11, 2001도5005.
134 대판 1998. 2. 27, 97다48241(같은 취지로는, 대판 1977. 3. 8, 77도409 및 대판 1992. 8. 18, 92
도934).
135 대판 1993. 11. 26, 93다1466; 대판 1999. 8. 24, 99다21264.

〔송 규 영〕

석·적용할 것이 요구되는 한편, 차량이 교차로를 통행하는 경우 그 통행하고
있는 도로와 교차하는 도로의 폭의 차가 근소한 때에는 눈의 착각 등에 의하여
그 어느 쪽이 넓은지를 곧바로 식별하기 어려운 경우가 적지 않아 단순히 정지
상태에서의 양 도로폭의 계측상의 비교에 의하여 일률적으로 결정함이 타당하
지 아니한 점 등을 고려하여 보면, 여기서 도교법 소정의 '그 차가 통행하고 있
는 도로의 폭보다 교차하는 도로의 폭이 넓은 경우'〔구 도교 § 22⑥(현 § 26②)〕라고
함은 자동차를 운전 중에 있는 통상의 운전자가 그 판단에 의하여 자기가 통행
하고 있는 도로의 폭이 교차하는 도로의 폭보다도 객관적으로 상당히 넓다고
일견하여 분별할 수 있는 경우를 의미한다고 해석함이 상당하다.[136]

(가) 우선통행권이 있는 경우

80   폭이 넓은 도로에서 진입하여 교차로 통행의 우선순위가 있는 상황에서 진
행하던 도로는 차량의 행렬이 줄이어 계속되고 있었으며 상대방 차량은 교차로
를 가로질러 진행할 수 없었다면, 자동차운전자에게 교차로 진입에 앞서 일시정
지 또는 서행하여 다른 진입로에서 나오는 차량이 있는지의 여부를 확인한 후
에 재출발할 주의의무를 요구할 수는 없다 할 것이다.[137]

(나) 상대차량에 우선통행권이 있는 경우

81   사고지점이 운전자가 진행하고 있던 폭이 좁은 도로인 진입로로부터 상대
차량이 진행하고 있던 폭이 넓은 도로인 국도에 연결되는 곳으로서 도교법상의
우선통행권은 일응 상대차량에 있다고 할 것이나, 운전자가 국도에 좌회전하여
진입하기 전에 일단 정지하며 좌측을 살피고 진행하여 오는 차량이 시계에 나
타나지 않음을 확인한 연후에 좌회전하면서 국도에 진입하고 있는 상태에서는
이미 우선통행권은 오히려 운전자에게 있다 할 것이므로 운전자가 이에 따라
위 국도에 좌회전하여 진입한 이상, 운전자에게 더 이상의 주의의무를 요구할
수는 없고, 상대차량의 진행방향 전방에 횡단보도가 있어 일시 정지한 후 진행

---

136 대판 1997. 6. 27, 97다14187〔본 판결 해설은 고영한, "교차로에서 우선통행권이 있는 '폭이 넓
   은 도로'의 판단기준", 해설 28, 법원도서관(1997), 153-166〕; 대판 1998. 4. 10, 97다39537. 한
   편, 운전자가 자신의 승용차를 운전하고 왕복 2차로의 도로에서 나와 직각으로 교차하는 왕복
   4차로의 도로로 좌회전하여 진입하다가 그 진입방향으로 위 4차로의 도로를 따라 진행해 오던
   사람의 승용차를 그 교차로 내에서 충돌한 사안에서, 구 도교법 제48조(안전운전의 의무) 위반
   죄가 성립한다고 본 사례가 있다(대판 2010. 11. 25, 2010도7009).
137 대판 1973. 10. 10, 73도2236.

하여야 할 뿐만 아니라 점멸등까지 설치되어 있었으므로 마땅히 전방에서 위 국도로 진입하는 차량이 있는지의 여부를 살피면서 서행하여야 할 것임에도 그 대로 진행하여 위와 같은 사고가 발생하였다면 상대차량의 과실로 인한 것이라 고 보아야 한다.[138]

(다) 도로의 폭이 같은 경우

교통정리가 행하여지지 않고 교차하는 도로의 폭이 동일한 상황에서, 교차 로 앞 정지선에서 일단 정지하였다가 교행차량이 없음을 확인한 후 진입하여 교차로 중앙부분을 진행하는 차량운전자로서는, 통행우선순위를 무시하고 교차 로 왼쪽(운전자의 진행방향에서 보아 왼쪽)에서 과속으로 교행하여 오는 차량이 있 을 것을 예상하여 이에 대한 조치를 취할 주의의무가 없다.[139]

82

(라) 상대차량이 법규를 위반하여 진행하는 경우

① 상대차량이 교통법규를 위반하여 진행하여 온다는 것을 쉽게 예상할 수 있는 상황이 아니라면, 신호기 등에 따라 교통법규를 준수하며 운행하는 운전자 에게 상대차량의 위법을 사전에 예견하고 이에 대한 사전 조치를 강구할 것까 지 기대할 수는 없다고 할 것이다.[140]

83

② 신호등에 의하여 교통정리가 행하여지고 있는 'ㅏ'자형 삼거리의 교차 로를 녹색등화에 따라 직진하는 차량의 운전자는 특별한 사정이 없는 한 다른 차량들도 교통법규를 준수하고 충돌을 피하기 위하여 적절한 조치를 취할 것으 로 믿고 운전하면 충분하고, 대향차선 위의 다른 차량이 신호를 위반하고 직진 하는 자기차량의 앞을 가로질러 좌회전할 경우까지 예상하여 그에 따른 사고발 생을 미리 방지하기 위한 특별한 조치까지 강구하여야 할 업무상의 주의의무는 없다.[141]

84

---

138 대판 1983. 8. 23, 83도1288.

139 대판 1983. 2. 8, 82도3070.

140 대판 1972. 2. 22, 71도2354; 대판 1983. 2. 22, 82도3071.

141 대판 1993. 1. 15, 92도2579. 「이러한 경우 직진차량 운전자가 사고지점을 통과할 무렵 제한속 도를 위반하여 과속운전한 잘못이 있었다 하더라도 그러한 잘못과 교통사고 발생과의 사이에 상 당인과관계가 있다고 볼 수 없다.」

　　같은 취지로는, 대판 1990. 2. 9, 89도1774; 대판 1998. 9. 22, 98도1854.

(9) 야간 또는 악천후 시의 주의의무

(가) 야간

85   ① 제한속도 시속 100km로 자동차를 운행할 수 있도록 허용된 고속도로에서의 운전이라 하더라도 주위가 어두운 야간에 가시거리 60m의 전조등을 단 차를 운전하는 특수상황 아래에서는 운전자가 제한속도 시속 100km를 다 내어 운행하는 것은 피해자가 60m 앞에 길 가운데 서 있는 것을 발견하고 급정차조치를 하여도 충돌을 면할 수 없는 과속도가 되므로, 이러한 경우에 운전자는 사고방지의무를 다하지 못한 업무상과실책임을 면치 못한다.[142]

86   ② 야간에 주택이 밀집되어 있는 좁은 골목길이자 도로가 직각으로 구부러져 가파른 비탈길의 내리막으로 이어지는 커브길인 데다가 확보되어 있던 도로의 폭도 좁아서 통행인이나 장애물이 돌연히 진로에 나타날 개연성이 큰 곳이었고, 마침 반대방향에서 교행하던 차량이 없었을 뿐만 아니라 택시의 전조등만으로 진로를 충분히 확인할 수 있었으므로, 자동차운전자로서는 당시의 도로상황에 맞추어 평소보다 더욱 속도를 줄이고 전방좌우를 면밀히 주시하여 안전하게 운전함으로써 사고를 미연에 방지할 주의의무가 있다.[143]

87   ③ 자정이 지난 시각에 한적한 시골의 국도를 운행하면서 사람이 누워있을 것까지 예상하여 이에 대비하면서 운전하여야 할 주의의무는 없다고 하더라도, 자동차운전자에게 통상적으로 요구되는 운전상 주의의무를 다하였더라면 도로 위에 누워있는 피해자를 상당한 거리에서 미리 발견하여 이를 피할 수 있었음에도 불구하고 이를 게을리한 탓으로 미리 발견하지 못한 것이라면 업무상과실이 없다고 할 수 없다.[144]

(나) 야간 및 악천후

88   ① 야간에 비까지 내리고 있다면 그렇지 않은 경우에 비하여 운전자의 가시거리가 제한되는 반면 차량의 제동거리는 늘어나게 되고 진행방향 전방에 사고가 발생하여 차로에 장애물이 있을 가능성도 훨씬 커지게 되는 것이므로, 이러한 경우 화물차량운전자로서는 평소보다 전방을 더욱 면밀히 주시하면서 시

---

142 대판 1975. 9. 23, 74도231.
143 대판 2011. 5. 26, 2010도17506.
144 대판 1991. 5. 28, 91도840.

계가 불량한 경우 제한최고속도보다 더욱 감속하여(적절한 운행 속도는 운행 당시의 시각이나 일기, 운행지점의 도로상황, 차량의 상태 등에 따라 달라지는 것이므로 제한최고속도를 지킨 것만으로 당연히 운전업무상의 주의의무를 다하였다고 볼 수는 없다.) 안전하게 운전함으로써 사고를 미연에 방지할 의무를 지게 되는 것이지, 그로 인하여 운전자의 전방주시의무나 안전운전의무가 감경되는 것으로는 볼 수 없다.[145]

② 사고지점 노면이 결빙된 데다가 짙은 안개로 시계가 20m 정도 이내였다면 고속도로의 제한속도에 관계없이 장애물 발견 즉시 제동정지할 수 있을 정도로 속도를 줄이는 등의 조치를 취하여야 한다.[146]   **89**

(10) 화물적재 시의 주의의무

(가) 과실을 인정한 사례

① 화물자동차에 철재교각 3개를 적재함 좌우로 각 90cm씩이나 나오게 한 채 야간에 국도를 통행 중인 운전자는 다른 차량과의 교행 시에 생기는 충돌사고를 미연에 방지하기 위하여 위 돌출부에 전등을 달고 도로 우측으로 서서히 운행하고, 또한 조명등의 조작으로 반대쪽에서 오는 차량에게 그 차의 차폭을 알려주는 등의 주의의무가 있다.[147]   **90**

② 화물의 운반을 의뢰하는 사람의 주의의무와 관련하여, 무게가 무겁거나 날카로운 형상을 가지고 있는 등 상·하차 과정이나 운반 과정에 위험을 초래할 우려가 있는 물품을 출고하여 운반을 의뢰함에 있어서는 그 물품의 특성에 맞게 적절한 단위로 서로 단단히 묶거나 포장하여 운반 과정 등에 장애를 발생시키지 않도록 할 주의의무가 있다 할 것이고, 그러한 주의의무를 게을리함으로써 물품의 묶음이나 포장이 쉽게 풀어지거나 파손되게 하여 물품의 상·하차 과정에서 당해 물품이 추락하는 사고가 발생하였다면, 그 사고와 위 주의의무위반과 사이에는 상당인과관계가 있다 할 것이다.[148]   **91**

(나) 과실을 부정한 사례

대법원은, ① 구조물을 적재한 화물자동차를 운전하여 육교 아래를 통과하   **92**

---

145 대판 2005. 2. 18, 2003도965. 같은 취지로는, 대판 1999. 1. 15, 98도2605.
146 대판 1990. 12. 26, 89도2589.
147 대판 1971. 1. 26, 70도2609.
148 대판 2009. 7. 23, 2009도3219.

다가 구조물이 육교 하단을 충격하여 육교를 붕괴시킨 사안에서, 사고지점에 이르기 전에 차높이 제한표지가 4.4m로 표시된 육교 1개를 포함하여 4.5m로 기재된 육교 등 도로시설물 7곳을 아무런 장애 없이 통과한 사실이 인정된다고 전제한 다음, "차높이 제한표지를 설치하고 관리할 책임이 있는 행정관청은 차량의 통행에 장애가 없을 정도로 충분한 여유고를 두고 그 높이 표시를 하여야 할 의무가 있으므로, 차높이 제한표지가 설치되어 있는 지점을 통과하는 운전자들은 그 표지판이 차량의 통행에 장애가 없을 정도의 여유고를 계산하여 설치된 것이라고 믿고 운행하면 되는 것이고, 구조물의 실제 높이와 제한표지상의 높이와의 차이가 전혀 없어졌을 가능성을 예견하여 차량을 일시 정차시키고 그 충돌 위험성이 있는지 여부까지 확인한 후 운행하여야 할 주의의무가 있다고 보기 어렵다."고 판시하였다.[149]

93　　　　② 덤프트럭의 운전석과 적재함 사이에 유리가 있어 후방주시가 가능하다고 하더라도 사고장소인 쓰레기하치장에 다른 주울 만한 쓰레기도 없었고, 사고지점이 95cm 높이의 차체 위로서 고의로 뛰어오르기 전에는 위 차량과 관계없이 쓰레기를 줍는 사람들이 접근할 이유와 필요성이 없는 곳이었다면, 피해자가 위 차체와 적재함 사이에 끼어들어 사고가 발생하리라고 예견하기 어렵다 할 것이므로, 그와 같은 적재함 사이의 차체를 확인하지 않고 덤프기어를 내렸다 하여 운전자에게 업무상주의의무를 태만히한 과실이 있다고 할 수 없다.[150]

(11) 교행 시의 주의의무

(가) 과실을 인정한 사례

94　　　　① 침범금지의 황색중앙선이 설치된 도로에서 자기차선을 따라 운행하는 자동차운전자는 반대방향에서 오는 차량도 그쪽 차선에 따라 운행하리라고 신뢰하는 것이 보통이고 중앙선을 침범하여 이쪽 차선에 돌입할 경우까지 예견하여 운전할 주의의무는 없으나, 다만 반대방향에서 오는 차량이 이미 중앙선을 침범하여 비정상적인 운행을 하고 있음을 목격한 경우에는 자기의 진행전방에 돌입할 가능성을 예견하여 그 차량의 동태를 주의깊게 살피면서 속도를 줄여 피행하는 등 적절한 조치를 취함으로써 사고발생을 미연에 방지할 업무상주의

---

149 대판 1997. 1. 24, 95도2125.
150 대판 1984. 10. 10, 84도1868.

의무가 있다.[151]

따라서 ② 자동차운전자가 커브길을 돌면서 중앙선을 침범하여 비정상적인 95
운행을 하고 있는 오토바이를 약 100m 전방에서 이미 발견하였으면서도 만연
히 교행이 가능하리라고 경신하여 속도를 줄여 도로우측으로 피하는 등 사고발
생방지에 필요한 조치를 하지 않았다면 과실이 인정된다.[152]

③ 오르막 경사가 있고 왼쪽으로 굽은 편도 1차선 도로 중 일부 구간이 마 96
을 진입로를 위해 중앙선이 지워져 있는 지점에서 야간에 승용차와 교행하게
된 화물트럭 운전자로서는, 상대방 차량이 도로 중앙 부위를 넘어서 운행할 가
능성이 있으므로, 이에 대비하여 상대방 차량의 동태를 예의주시하면서 경음기
를 울리거나 차량 전조등을 깜박거려 상대방 차량 운전사에게 경고를 보내고
속도를 줄이면서 최대한 도로의 우측 가장자리로 진행하는 등 사고발생 방지에
필요한 조치를 취할 주의의무가 있다.[153]

④ 운전자가 위험한 곡로(曲路)에서 도로 우측이 아닌 도로 중앙선을 제한속 97
도를 초과한 과속으로 운전하다가 반대차로에서 정상적으로 진행하던 택시의 전면
좌측부분을 충돌하였다면, 이는 오로지 자신의 과실로 인하여 발생한 것이다.[154]

(나) 과실을 부정한 사례

① 자동차운전자는 특별한 사정이 없는 상황에서는 반대방향에서 운행하여 98
오는 차량이 교통법규를 어기고 중앙선을 침범하여 자기가 운전하는 차량 전방
에 진입할 것까지를 예견하고 감속을 하는 등 충돌을 사전에 방지할 조치를 강
구하지 않으면 안 될 업무상 주의의무가 있는 것은 아니므로, 상대방 차량이 교
통법규를 어기고 중앙선을 넘어 자기가 운전하는 차량의 진행전방으로 돌입하지
않으리라고 믿고 운행하다가 상대방 차량이 중앙선을 침범함으로써 충돌 등 사
고가 발생하였을 경우에는 위 자동차운전자에게 충돌의 책임을 물을 수 없다.[155]

② 중앙선이 표시되어 있지 아니한 비포장도로라고 하더라도 승용차가 넉 99
넉히 서로 마주 보고 진행할 수 있는 정도의 너비가 되는 도로를 정상적으로 진

---

151 대판 1986. 2. 25, 85도2651.
152 대판 1986. 2. 25, 85도2651.
153 대판 1994. 12. 2, 94도814.
154 대판 1973. 6. 12, 73다280.
155 대판 1976. 1. 13, 74도2314.

행하고 있는 자동차의 운전자로서는, 특별한 사정이 없는 한 마주 오는 차도 교통법규를 지켜 도로의 중앙으로부터 우측부분을 통행할 것으로 신뢰하는 것이 보통이므로, 마주 오는 차가 도로의 중앙이나 좌측부분으로 진행하여 올 것까지 예상하여 특별한 조치를 강구하여야 할 업무상주의의무는 없는 것이 원칙이고, 다만 마주 오는 차가 이미 비정상적으로 도로의 중앙이나 좌측부분으로 진행하여 오고 있는 것을 목격한 경우에는, 그 차가 그대로 도로의 중앙이나 좌측부분으로 진행하여 옴으로써 진로를 방해할 것에 대비하여 그 차의 동태에 충분한 주의를 기울여 경음기를 울리고 속도를 줄이면서 도로의 우측 가장자리로 진행하거나 일단 정지하여 마주 오는 차가 통과한 다음에 진행하는 등 자기의 차와 마주 오는 차와의 접촉충돌에 의한 위험의 발생을 미연에 방지할 수 있는 적절한 조치를 취하여야 할 업무상주의의무가 있다고 할 것이지만, 그와 같은 경우에도 자동차의 운전자가 업무상 요구되는 적절한 조치를 취하였음에도 불구하고 마주 오는 차의 운전자의 중대한 과실로 인하여 충돌사고의 발생을 방지할 수 없었던 것으로 인정되는 때에는 자동차의 운전자에게 과실이 있다고 할 수 없다.[156]

100   ③ 운전하는 차량 반대방향 전방의 좌회전 금지지점에서 좌회전하려고 정지하고 있는 차량이 있는 것을 보았다고 하여도 운전자의 차량이 완전히 통과한 후가 아니면 위 좌회전하려는 차량은 의도한 대로 좌회전을 할 수 없을 것이므로, 운전자가 이를 본 후에 속력을 줄이지 않았다고 하여 운전자로서의 의무에 해태가 있다고 볼 수 없다.[157]

101   ④ 상대 오토바이가 술에 취한 나머지 흔들거리면서 중앙선을 50cm쯤 침범하여 방향표시 깜박등도 켜지 않은 채 진행해 오는 것을 그 반대방향에서 차선을 따라 자동차를 운행하던 운전자가 35m 내지 40m 앞에서 보았다면, 자동차 운전자로서는 그 오토바이의 진행방향을 가늠할 수 없어 급정차하는 외에는 다른 방어조치를 취할 수 없다 할 것이므로, 이와 같은 상황에서 급정차한 자동차를 위 오토바이가 충격하여 일어난 사고에 관하여는 자동차운전자에게 어떤 과실책임을 물을 수 없다.[158]

---

156 대판 1992. 7. 28, 92도1137.
157 대판 1974. 10. 22, 74도2411.
158 대판 1989. 3. 14, 88도2527.

(12) 자전거 운전과 관련된 주의의무

(가) 과실을 인정한 사례

자전거는 도로교통법상 '차'에 해당하므로 관련 규정을 준수하여 안전하게 　　**102**
운행하여야 한다. 자전거도로를 운행하는 자전거의 운전자가 진로를 변경하고
자 하는 경우에 다른 자전거의 정상적인 통행에 장애를 줄 우려가 있는 때에는
진로를 변경하여서는 아니되고, 그 운전자 주위에 다른 자전거의 운전자가 근접
하여 운행하고 있는 때에는 손이나 적절한 신호방법으로 진로를 변경한다는 것
을 표시할 주의의무가 있다.[159]

자전거는 경량이고 또 진퇴도 자동차에 비하여 현저히 용이하며,[160] 사고 발 　　**103**
생 시 중한 결과를 야기할 가능성이 높으므로 이러한 특성을 감안하여 자전거와
충돌한 자동차운전자의 주의의무를 판단할 필요가 있다. 사고지점이 노폭 약
10m의 편도 1차선 직선도로이며 진행방향 좌측으로 부락으로 들어가는 소로가
정(丁)자형으로 이어져 있는 곳이고, 당시 짐받이에 생선상자를 적재하고 자전거
가 앞서서 진행하고 있었다면, 자전거를 추월하고자 하는 자동차운전사는 자전
거와 간격을 넓힌 것만으로는 부족하고 경적을 울려서 주의를 환기시키거나 속
도를 줄이고 그의 동태를 주시하면서 추월하였어야 할 주의의무가 있다.[161]

(나) 과실을 부정한 사례

① 자동차운전자에게 야간에 무등화(無燈火)인 자전거를 타고 차도를 무단 　　**104**
횡단하는 경우까지를 예상하여 제한속력을 감속하고 잘 보이지 않는 반대차선
상의 동태까지 살피면서 서행운행할 주의의무가 있다고 할 수 없다.[162]

② 서울시 소재 잠수교 노상은 자전거의 출입이 금지된 곳이므로 자동차의 　　**105**
운전수로서는 거기에 자전거를 탄 피해자가 갑자기 차도상에 나타나리라고는
예견할 수 없다.[163]

③ 오토바이를 운전하고 자기차선을 진행하다가 대향차선상에서 근접한 거 　　**106**
리(약 6m 전방, 버스 1대가 먼저 통과하였기 때문에 근접한 거리에서 발견된 것임)에서 자

---

159 대판 2010. 2. 11, 2009다94278.
160 주석형법 〔각칙(3)〕(5판), 405(손기식).
161 대판 1984. 4. 10, 84도79.
162 대판 1984. 9. 25, 84도1695.
163 대판 1980. 8. 12, 80도1446.

전거를 타고 비탈길을 내려오는 자전거를 발견하였는데, 자전거운전자가 방향조작을 잘못하여 오토바이운전자의 차선으로 침범하여 들어왔다면, 오토바이운전자에게 자전거가 운행차선 전방으로 진입해 들어올 것까지를 예견해서 감속하는 등 충돌을 방지할 주의의무를 위반하였다고 할 수 없다.[164]

107   마찬가지로, ④ 사고지점의 도로는 노폭이 14m로서 중앙선표시가 없고 이중 포장부분의 폭은 8m이며 제한시속은 30km인데, 자동차운전자가 제한속도로 도로 우측 포장부분을 진행하다가 맞은 편에서 도로포장 좌측변을 따라 자전거를 타고 오던 자전거운전자가 불과 5, 6m 정도로 근접하는 순간 갑자기 도로를 횡단하려고 자전거의 핸들을 꺾다가 눈이 내린 노면 중앙부분에서 넘어진 것을 발견하고 급정거조치를 취하였으나 차량이 미끄러지면서 충돌하였다면, 자동차운전자에게 자전거가 5, 6m 정도의 근접한 거리에서 갑자기 도로를 횡단하여 진행 중인 도로의 좌측부분으로 진입할 것을 예상하고 감속하거나 일단 정지를 하는 등의 주의의무가 있다고 보기 어렵다.[165]

108   ⑤ 불조심 강조기간 선전 및 가두방송을 하면서 각자의 간격을 5m로 하고 시속 16km로 질서정연하고 조심성 있게 행진하는 소방자동차대열에 반대방향에서 오는 시내버스의 뒤쪽에서 함석 20장을 싣고 오던 자전거가 위 대열 중 다섯 번째 자동차 앞에 갑자기 뛰어들면서 좌회전하려고 하였다면, 소방차운전자로서는 이를 도저히 피할 방도가 없었다고 해야 한다.[166]

(13) 주·정차 시의 주의의무

(가) 주차

109   운전자가 차를 세워 시동을 끄고 1단 기어가 들어가 있는 상태에서 시동열쇠를 끼워놓은 채 11세 남짓한 어린이를 조수석에 남겨두고 차에서 내린 동안 위 어린이가 시동열쇠를 돌리면서 가속페달을 밟아 차량이 진행하여 사고가 발생한 경우, 비록 어린이의 행위가 사고의 직접적인 원인이었다고 할 지라도, 그 경우 운전자로서는 위 어린이를 먼저 하차시키던가 운전기기를 만지지 않도록 주의를 주거나 주차브레이크를 채운 뒤 시동열쇠를 빼는 등 사고를 미리 막을

---

164 대판 1984. 4. 24, 84도240.
165 대판 1983. 2. 8, 82도2617.
166 대판 1968. 6. 25, 68도676.

수 있는 제반조치를 취할 업무상주의의무가 있다.[167]

(나) 정차

① 교통이 빈번한 시가지에서 신호를 기다리기 위하여 정차한 자동차의 뒷   110
좌석에서 동승자인 처가 내리려고 할 때, 차량과 우측 보도 사이에 약 1.7미터
의 통행 여지가 있었으나 잠깐 좌측 후사경을 보았을 뿐 뒤에서 접근해 오는 차
량이 없는 것으로 생각하고 처에게 내리라고 하여, 처가 뒷좌석 문을 여는 순간
뒤에서 진행하던 원동기장치자전차와 충돌한 경우, 자동차운전자로서는 동승자
가 하차함에 있어 후사경 등을 통하여 후방의 안전을 확인한 후에 문을 열도록
지시하는 등 적절한 조치를 취할 주의의무가 있다.[168]

② 가시거리가 약 5-6m 정도밖에 되지 않는 야간에 가로등이 설치되어 있   111
지 않고 차량통행이 빈번한 편도 2차선의 도로상에 적재한 원목 끝부분이 적재
함으로부터 약 3-6m 돌출되어 있는 트럭을 정차할 경우, 운전자로서는 비상등
을 켜고 차량 후방에 위험표지판을 설치한 후 뒤따라오는 차량에게 위험신호를
하여 주는 등으로 사고발생을 사전에 방지하여야 할 업무상주의의무가 있다고
할 것이고, 단지 비상등만 켜놓은 채 그대로 정차하여 두었다면 업무상의 주의
의무를 게을리하였다고 볼 것이다.[169]

2. 열차 운행 관계자의 주의의무

(1) 개설

철도사고는 열차의 충돌 또는 탈선 등에 의해 사상자나 재산상 피해가 발   112
생하는 것을 의미한다. 철도사고를 고의적으로 유발하는 경우는 매우 드물고 과
실에 의한 사고가 대부분을 차지한다. 철도사고는 유형별로 열차의 충돌·추돌
사고, 열차 전복·파괴 사고, 열차 대 자동차 사고, 열차 대 사람 사고 등으로
분류할 수 있다. 다수의 승객이 탑승하는 여객열차 사고의 경우, 자칫 대형 인
명 피해를 유발할 수 있고, 열차의 고속화 및 중량화에 따라 철도사고에 의한
피해규모도 커지고 있으며, 1차 철도사고가 다른 열차 및 시설물에까지 피해가

---

167 대판 1986. 7. 8, 86도1048.
168 最決 平成 5(1993). 10. 12. 刑集 47·8·48.
169 대판 1987. 2. 10, 86도2514.

확대되는 경우가 많다. 열차의 운행은 선로, 차량, 보안, 운전 등 각 분야의 관련자들이 유기적으로 협업하여 이루어지기 때문에 사고가 발생하면 책임자가 다수이고, 그 책임 소재의 판단도 쉽지 않다. 아울러 열차는 복잡하고 많은 부품과 설비로 이루어져 있어, 정확한 사고원인을 밝히려면 기술적인 분석과 판단이 필요하다.

113   열차의 운행과 관련하여 철도안전법, 철도건설법, 철도사업법 등의 법률이 있고, 그중 철도안전법은 제39조에서 철도차량의 안전운행에 필요한 사항을 하위 법령으로 위임하고 있으며, 이에 따라 한국철도공사 등에서 제정한 운전취급규정 및 운전취급세칙에 구체적인 주의의무를 규정하고 있다.[170]

114   판례에 있어서 철도사고에 관한 기관사·승무원·관제사 등 관계자의 과실책임에 대한 일반적 경향을 보면, 1차 사고를 초래한 관계자뿐만 아니라 관계직원 중에 병발사고(倂發事故)를 방지할 수 있는 지위에 있는 사람은 각자의 입장에서 사고방지를 위하여 가장 합리적으로 필요한 조치를 강구할 주의의무가 있으며, 그 내용은 각자의 상황에 맞도록 특정된다.[171]

(2) 열차 운행 관계자의 종류와 역할

115   기관사·기장[172]은 여객 및 화물을 실은 열차를 목적지까지 안전하게 동력차를 운전하여 수송하는 역할을 수행하며, 각종 신호, 전호 및 표지를 정확하게 인식, 주시하여 주의운전을 하여야 한다.

116   열차승무원은 열차에 탑승하여 차내 질서 유지 안내방송 및 고객관리 등 열차 내 업무를 담당하는 사람을 의미한다. 고속열차 승무원을 '열차팀장', 그외 일반열차(무궁화호, 새마을호 등) 승무원을 '여객전무'라고 호칭한다. 열차팀장의 업무는 열차감시 및 열차 승강문 안전 취급 업무, 차내방송시스템 취급 및 방송(지연 등 이례사항 발생 시), 차체 제어안전장치 등 열차안전운행 관련장치 취급 및 응급조치, 특실서비스 물품의 인계·인수 및 확인, 운전취급 및 안전 관련 업무, 사고 등 이례사항 발생 시 조치 및 열차 내 총괄 지휘 등이 있다. 여객전무는

---

170 도시철도의 안전에 관하여도 철도안전법이 적용된다(도시철도법 § 4).
171 주석형법 〔각칙(3)〕(5판), 440(손기식).
172 일반열차(새마을호, 무궁화호 등)는 '기관사'가 운행하며, 고속열차(KTX, SRT)는 '기장'이 운행하지만, 기관사와 기장의 임무와 역할은 동일하다(철도차량 운전면허 종류별 운전이 가능한 철도차량은 철도안전법 시행규칙 〔별표 1의2〕 참조).

탑승하는 열차의 종류에 따라 구체적인 업무에 차이가 있으나,[173] 공통업무로는 차내 질서유지 및 이례사항 발생 시 사상자 구호, 안내방송 등 고객안전을 위한 안전관리, 지시를 받았을 경우 역에서 시행하는 열차의 조성 또는 철도차량의 입환(入換)[174] 업무도 담당한다.

철도교통관제센터는 전국 모든 열차의 통제권을 보유하고, 로컬관제원에게 117 열차 대피 지시 업무 등을 담당하는 곳이다. 이곳에 근무하는 관제사는 열차 운행을 집중 제어하고, 통제·감시하는 업무에 종사하며, 철도차량 등의 운행정보의 제공, 철도차량 등에 대한 운행통제, 적법운행 여부에 대한 지도·감독, 사고 발생 시 사고복구 지시 등 철도교통의 안전과 질서를 유지하기 위하여 필요한 조치를 담당한다. 정상적인 운행계획에 의해 열차가 운행되는 경우에는 시·종착역 및 중간역 운행에 관여하지 않으나 열차가 계획된 시간에 운행하지 못하면 운전정리를 통해 열차 소통을 원활히 해야 한다.[175]

로컬관제원은 철도교통관제센터의 업무를 위임받아 역 내에서 열차 통제권 118 을 보유하고, 열차 운행을 집중 제어, 통제·감시하는 업무에 종사한다. 열차의 도착·출발·통과 기타 운전취급에 관한 업무, 철도차량의 입환과 신호기·전철기 및 폐색기(閉塞器)[176]의 취급에 관한 업무를 담당하고, 운전취급업무에 관하여 역장(역무팀장 포함)을 대행한다.

역장은 역의 책임자로서, 부역장은 역장을 보좌하는 사람으로서 역 운영 및 119 일반 역무를 총괄한다. 역무팀장은 역 운영 및 일반 역무에 관하여 역장이나 부역장의 지시를 받아 업무를 처리하는 중간 관리자이고, 역무원은 역에서 상사의

---

173 새마을호 열차 승무인 경우, 운전취급 등 제규정에 의한 업무, 운행 중 발전차의 감시 및 응급처치, 열차 안전운행을 위한 각종 설비의 관리 업무를 담당한다. 무궁화호 열차 승무인 경우에는, 운전취급 등 제규정에 의한 업무, 운행 중 발전차의 감시 및 응급처치, 열차 안전운행을 위한 각종 설비의 관리, 여객의 취급, 객차 내의 정리, 객실 유실물 취급 및 화물수송 등 기타 제반업무, 차내 수입금 정산 및 마감 업무를 담당한다. ITX청춘 열차 승무인 경우, 여객의 취급, 객차 내의 정리, 객실 유실물 취급 등 기타 제반업무, 차내 수입금 정산 및 마감 업무를 담당한다.
174 입환(入換)은 주요한 역이나 조차장 등지에서 철도 차량을 이동시키거나 열차를 연결하고 분리하는 작업 일체를 지칭하는데, 이러한 과정에 사용하는 기관차가 입환용 기관차이다.
175 사고에 따른 지장선로를 통보받은 관제사는 선로 운행열차 기관사에게 시속 45km 이하로 저속 운행하도록 하는 등 운행 정리 조치를 하여야 한다.
176 철도에서 폐색(閉塞) 구간에 하나의 열차가 있을 때에는 다른 열차를 그 구간에 진입하지 못하게 하기 위한 장치이다.

지시를 받아 업무를 처리하는 사람을 말한다.

120　　차량관리원은 철도차량정비단 소속으로 철도차량의 정비·수리 업무를 담당하는 사람으로서 철도차량의 제작·수리, 개량 및 현품관리에 관한 업무와 철도차량의 검수용기계의 정비·수리 및 조작에 관한 업무를 맡는다.

121　　시설관리원은 고속철도시설사무소 또는 지역본부의 시설사업소에 소속되어 선로 및 선로구조물과 건널목 및 건널목 설비의 유지·보수에 관한 작업 등을 담당하는 사람이다.

(3) 기관사·기장의 주의의무

122　　기관사·기장은 열차 출발 시에는 로컬관제원의 출발신호 취급에 따라 열차 승무원과 응답전호 후 출발신호기를 확인한 후 출발해야 하며, 도착 시에는 도착역에 대한 시간표 확인 및 도착역 진입을 위한 장내신호기를 확인한 후 진로에 대한 제한속도를 준수하여 열차정지위치에 정차하여야 한다. 경유역에 정차 시에는 계획된 운행스케줄에 따라 기관사가 시간표에 정차역을 확인하고, 장내신호기 신호 현시(現示)에 따라 속도제한 및 진로를 확인하고 열차정지위치에 정차하여야 한다. 열차 운행 시에는 선로의 전방을 주시하여야 하고, 전방 또는 궤도 부근에 사람이 있는 것으로 보이는 때에는 경적을 울리거나 감속 또는 비상제동을 하는 등 적절한 조치를 취하여야 한다.

(가) 과실을 인정한 사례

123　　① 열차기관사는 운전개시 전 차장으로부터 차장실의 공기압력계 점검결과 등을 무전으로 수신하는 등으로 열차의 제동장치 이상 유무를 확인하여야 할 업무상주의의무가 있다.[177]

124　　② 전용선로상을 진행하는 기차일지라도 횡단하는 사람을 발견한 경우에는, 기관사로서는 구체적 사정에 따라 정차하거나 경적을 울리는 등 횡단인에 대한 사고를 미연에 방지하여야 할 업무상의 주의의무가 있고, 횡단인이 열차 진행 사실을 알았는지 여부는 기관사의 과실에 영향이 없다.[178]

---

177 대판 1991. 11. 12, 91도1278.
178 대판 1955. 4. 8, 4286형상155. 같은 취지로는, 서울고판 1967. 4. 6, 66나1113(건널목을 지나는 열차로서는 경적을 울려서 건널목으로 철로를 횡단하는 사람이나 차량에 주의를 환기시키는 것을 요구할 수 있으나 불의의 경우에 급정거조치를 취할 수 있는 정도로 속도를 감축할 것을 요구할 수는 없다 할 것이고, 반면에 기동성을 발휘할 수 있는 자동차는 건널목을 지남에 있어서 일

③ 열차의 기관사는 선행열차의 운행상황 등을 확인하거나 선행열차와의 **125**
교신 등을 시도하여 거리관계 등을 확인할 업무상주의의무가 있고, 더욱이 선행
열차가 정해진 대피역에서 정차하지 아니하고 계속하여 운행하고 있음을 알고
있었다면 더욱 전방을 예의 주시하여야 할 의무가 있다.[179]

④ 전등 대신에 유등(油燈)을 전조등으로 사용할 것을 허용하였다면 이는 행 **126**
정 당국에서 유등의 전조만으로도 사고 없이 능히 야간열차 운행이 가능하였기
때문에 이를 허용하였다고 봄이 타당하므로, 기관사는 유등의 전조 한계 내에서
전방을 주시하여야 할 주의의무가 있고, 유등은 전등의 전조 한계보다 그 광이
약할 것이므로 약한 전조 광력한계와 보조를 맞추어 운행속력을 조절하여 특히
사람의 통행을 예측할 수 있는 역구내와 같은 선로상에 있어서는 더욱 전방의
장애물의 유무를 주시함은 물론 만일 이를 발견하였을 때는 기관차를 급정차하
여 사고발생을 면할 수 있는 저속력으로 운행할 업무상주의의무가 있다.[180]

⑤ 열차의 기관사 등은 사고의 방지를 위하여 열차 주변을 고루 살피는 것 **127**
은 물론, 일반사람의 승차가 금지된 화물차에 사람이 매달리거나 타지 못하게
하여야 하며, 사람이 열차나 그 부근에서 위험한 형태로 있을 때는 그 위험을
미리 제거하여 열차가 운행하도록 하는 등 안전운행을 위한 조치를 할 업무상
의 임무가 있다.[181]

대법원은, ⑥ 기관사가 전방선로의 우측 약 1m 가량 떨어진 지점에 3세의 **128**
어린이가 있음을 발견하였으나 그대로 진행하다가 횡단하는 위 어린이를 충격
한 사안에서, "기관차가 통과할 때까지 위 어린이가 선로를 횡단하지 않으리라
고 경신하였을 뿐만 아니라 변별능력이 없는 유아에 대해서는 위험한 구역으로
부터 완전히 이탈할 때까지는 일단정차하는 등의 조치를 취하여야 한다."고 판
시하여, 기관사의 업무상과실책임을 긍정하였다.[182]

(나) 과실을 부정한 사례

① 기관사가 열차 운행 중 사고지점 부근이 좌우진동이 심하다는 다른 열 **129**

단 정지하여 지나가는 열차가 없음을 확인한 후에 선로를 횡단할 의무가 요구된다고 한 사례).
179 대판 1980. 9. 9, 78도1876.
180 대판 1958. 2. 28, 58도16.
181 서울고판 1969. 5. 30, 69나355.
182 대판 1998. 5. 22, 97다57528.

차로부터의 연락이 있으니 주의운전을 바란다는 무전만 받고 시속 약 85km로 운행하던 중 사고지점 약 50m 앞에서 궤도가 창출되어 있는 것을 발견하고 비상제동을 걸었으나 미치지 못하여 열차가 일부 탈선한 경우, 열차는 미리 지정된 속도로 진행하고 특별한 사정이 없는 한 마음대로 속력을 가감할 수 없는데, 육안으로 궤도창출을 발견하려면 상당히 가까이 가야만 가능하며 그 지점에 이르기 전에 시속 약 20km 내지 30km로 감속하여야만 열차를 정지시킬 수 있었던 점 및 위 사고는 기온의 급상승으로 인한 철로창출이 그 직접적인 원인이 된 점 등에 비추어 보면, 이와 같은 상황에서 기관사에게 위 사고를 예상하고 충분히 감속하여 즉시 정차해야 할 주의의무가 있다고 할 수 없다.[183]

130   대법원은, ② 사고 지점이 철도용지상에 설치된 선로횡단로 건널목이고, 그곳은 역업무수행에 관계되는 차량과 직원들만이 통행할 수 있고, 일반인의 출입은 금지된 장소라고 전제한 다음, 이 사건 건널목에는 경광등이 설치되어 있는 이상 주위 건물이 시야를 가려 통행자가 열차의 접근상태를 확인하기 곤란하다고 하더라도 열차에서 잘 보이는 곳에 따로 기적울림표를 설치하여 그에 따라 기관사가 기적을 울림으로써 이중으로 경보조치를 취할 필요는 없다고 할 것이므로, 열차의 기관사가 건널목에 접근하면서 기적을 울리지 않았다고 하더라도 그에게 열차 운전상의 과실이 있다고 할 수 없다고 판시하였다.[184]

131   ③ 피해자가 진행 중인 기관차의 좌측으로부터 탑승을 시도한 관계로 기관차 우측에 앉아있던 기관사가 피해자를 목격할 수 없었던 경우의 사고는 피해자의 과실로 인하여 발생한 것이며, 기관사의 업무상과실에 기인한 것이라 할 수 없다.[185]

(4) 관제사 등의 주의의무

132   ① 열차의 운행과 대피 등을 조정·지령하는 직무를 수행하는 관제사는 선행하는 완행열차가 정차역에서 1, 2분씩 초과 정차할 사정이 엿보이고, 위 완행열차와 후행하는 사고열차인 특급열차의 운행시간 보고가 1, 2분씩 증감하고 있었다면, 이러한 사정 등을 감안해서 두 열차가 추돌사고가 없도록 시간조정을

---

183 대판 1955. 7. 8, 4288형상163.
184 대판 1998. 5. 22, 97다57528.
185 대판 1957. 2. 22, 4289형상330.

하여 중간역에서 대피 교차할 수 있도록 열차의 진행을 조정 지령해야 할 업무
상의 주의의무가 있다.[186]

② 열차운전정리업무를 수행 중인 관제사가 1개 역 사이에 2개의 열차를   133
동시에 운행시킨 경우에는, 역구간 내에서의 위 두 열차의 충돌사고에 대하여
관제사에게도 과실이 있다.[187]

(5) 열차승무원의 주의의무

열차승무원은 시·종착역에서 출발 시에는 뒷표지, 여객의 타고 내림, 출발   134
신호기의 현시상태, 출발시각 등 출발준비가 완료된 것을 확인한 후 승강문을
닫고 기관사에게 출발전호(出發傳號)를 시행하여야 하고, 뒷표지, 승강문 열림,
여객 하차 등을 확인한 후 종착지 여객 하차 확인을 위하여 객실 내 점검을 하
여야 한다. 경유역에서는 정차 시에 정지위치, 뒷표지, 승강문 열림, 여객 하차
등을 확인하여야 하고, 출발시각 등 출발준비가 완료된 것을 확인한 후 출입문
을 닫고 기관사에게 출발전호를 시행하여야 한다.

(가) 과실을 인정한 사례

① 일반적으로 철도에 의한 여객의 운송에 있어서 운송인은 승객이 열차에   135
들어가고 출입문을 닫은 후에 열차를 출발하게 하여 승객이 운송 도중 추락되
는 등의 사고가 발생하지 않도록 조치할 주의의무가 있다.[188]

② 열차의 승강구 출입문은 기관사가 기계조작에 의하여 자동으로 개폐할   136
수 있도록 장치되어 있었으므로 그 개폐업무 자체가 기관사 아닌 열차승무원의
업무에 속하는 것은 아니라고 할 것이지만, 당시의 열차는 소풍객으로 만원상태
였으므로 승무원으로서는 마땅히 객차의 승강구 출입문이 열려있지 아니한가를
확인점검하여 출입문이 열려있는 사실이 확인되면 그것을 닫고 열차를 운행토
록 하는 조치를 강구해야 할 업무상주의의무가 있다.[189]

(나) 과실을 부정한 사례

① 역에 도착한 열차의 정차시간이 2분인데 3분이 초과한 5분간이나 정차   137

---

186 대판 1980. 9. 9, 78도1876.
187 대판 1970. 3. 24, 70도101.
188 대판 1980. 1. 15, 79다1966.
189 대판 1983. 9. 27, 82도267.

[송 규 영]   **487**

하였다가 발차하였다면, 동 열차의 승객이 그 역을 종착역으로 오인하고 열차가 발차하기 시작할 때에 뒤늦게 그 열차에서 하차하다가 넘어져서 부상을 입은 경우, 열차운행업무를 담당하는 공무원의 업무상과실을 인정할 수 없다.[190]

138   같은 취지에서, ② 열차가 역에 정차하여 대부분의 승객들이 승·하차한 후 다시 출발하여 약 100m 가량 진행하고 있는 상태에서 뒤늦게 출입문으로 내리다가 미끄러져 그 열차 바퀴에 치여 승객이 상해를 입은데 대하여 그 열차의 승무원은 승객이 안전하게 승·하차할 수 있도록 필요한 조치를 다하였다고 보아 업무상과실치상죄의 성립을 부정한 하급심 판례가 있다.[191]

139   또한, ③ 친구를 전송하기 위하여 열차에 올라타 있다가 열차가 출발하여 진행 중 뛰어내리다가 열차 밑으로 떨어지면서 두 다리가 열차의 바퀴에 깔려 절단된 사안에서, 열차 내의 전송객과 승객은 외관상 구별할 수 없고, 1회에 수백 명씩 운송하는 대량여객운송 수단인 여객열차의 경우 1, 2명의 승무원만으로는 전송객을 일일이 확인하여 하차시킨 후 출발시키는 것과 같은 사무처리는 기대할 수 없으며, 특급열차가 정시에 출발한다는 사실도 널리 알려져 전송객이 잘 알 수 있으므로, 여객열차의 승무원으로서는 출발안내방송과 출발벨을 울린 다음 외견상 승객 및 전송객의 승·하차가 완료되었다고 인정되는 때 출발신호를 함으로써 충분하다고 판시한 사례도 있다.[192]

(6) 역무원 등의 주의의무

(가) 역무원

140   ① 열차운전취급규정의 각 규정에 의하면 특급열차의 기관사는 정위치에서의 예고된 진행수신호가 없는 한 역 장내신호기의 정지신호에 따라 반드시 동 열차를 정지시키도록 되어 있고, 나아가 특급열차에는 자동제어장치가 설치되어 상치신호기의 정지신호에 따라 자동으로 열차가 정지되도록 장치되어 있다면, 역무원으로서는 특급열차가 장내신호기의 정지신호를 무시한 채 역구내로 계속 진입하여 올 것을 예견하여 동 특급열차를 향하여 정지수신호를 현시(現示)할 업무상주의의무가 있다고 할 수 없다.[193]

---

190 대판 1971. 11. 23, 71도1765.
191 대구지판 1995. 12. 13, 96노44.
192 서울고판 1973. 2. 22, 72나1491.
193 대판 1986. 11. 25, 85도597.

488   〔송 규 영〕

② 지하철 2호선 '구의역' 내선 승강장 선로 내에서 2인 1조로 작업해야 하는 상황이었음에도 혼자 출동하여 스크린도어 수리작업을 하던 중 역사 내부로 진입하는 열차와 충돌하여 피해자가 사망한 사건에서, 구의역 부역장 및 과장인 피고인들은 피해자로 하여금 역사작업신청일지를 사전에 작성하게 함으로써 그 작업내용을 명확히 하여 사전에 선로측 작업이 1인으로 이루어지지 않도록 예방함으로써 사고발생을 미연에 방지하여야 할 업무상주의의무가 있다고 판시하였다.[194]

(나) 건널목 간수

건널목의 통행을 관리하는 건널목 간수의 주의의무와 관련하여, ① 열차운행시간상 상행열차 통과 직후 하행열차가 통과하게 되어 있고, 사고발생 당일은 장날이어서 건널목 양측에 60여 명의 사람들이 기다리고 있으면서 그곳에 설치된 차단기는 양편 어느 쪽에서나 누구라도 올릴 수 있어 간수가 안전하다고 인정하여 올리기 이전에 차단기를 올려서 횡단하려는 전례가 있었다면, 이러한 경우 건널목 간수로서는 차단기 옆에서 대기 중인 사람들 중 다른 열차가 오는 것을 모르고 차단기를 임의로 들어올리거나 또는 그 밑을 통하여 건널목을 건너는 사람도 있으리라는 것을 예견할 수 있었을 것이었으므로, 사전에 대기 중인 사람들에게 또 다른 열차가 곧이어 통과한다는 사실을 큰소리로 경고하는 등의 조치를 취하여 사고를 방지하여야 할 업무상주의의무가 있다.[195]

---

194 서울동부지판 2018. 6. 8, 2017고단1506 및 서울동부지판 2019. 8. 22. 2018노831(구의역 스크린도어 정비원 사망 사건). 다만 "'영업분야 비상대응현장조치행동 매뉴얼'에 의하면, 종합관제소에서 역무실에 장애통보를 할 경우 역무실 직원은 상황을 확인하여 전자운영실에 장애를 신고하거나 열림·닫힘 불량 시 경광봉을 설치하거나 정비원 도착 전까지 안전요원을 배치할 주의의무가 있으나, 이러한 업무는 스크린도어 장애 자체로 인해 발생한 위험을 예방하거나 제거하기 위한 역무실 직원의 업무일 뿐이고, 장애 발생 후 정비원이 출동하여 그 작업을 하는 과정에서 새로이 생겨난 위험을 방지하기 위한 업무는 아니다. 이 사건 사고는 스크린도어 장애 자체로 인해 발생한 위험이 현실화되어 발생한 사고가 아니라, 스크린도어를 수리하는 작업 자체로 인하여 새로이 생겨난 위험으로 인한 사고이므로, 이 사건 사고에 관하여 피고인들이 장애상황을 제대로 확인하지 않았다는 등의 잘못이 있더라도 피고인들이 이 사건 사고에 관하여 주의의무 위반이 있다거나, 피고인들의 과실과 피해자 사망 사이에 상당한 인과관계가 있다고 볼 수 없다. 또한 마스터키 보관함의 관리주체는 전자사업소인 사실을 인정할 수 있는바, 특별안전대책에 미흡한 점이 있더라도 특별안전대책의 수립에 관여하지 않은 피고인들이 특별안전대책의 내용대로 업무를 진행하였다고 하여 이를 탓할 수는 없으므로, 검사가 제출한 증거들만으로는 피고인들에게 이 부분 과실 내지는 이 사건 사고 발생 사이의 인과관계를 인정할 수 없다."라고 판단하였다.

195 대판 1973. 1. 30, 72도2530.

143   반면에, ② 건널목 간수가 자동경보기의 경보에 따라 차단기를 내리고 통행인을 막고 장애물이 없음을 확인하고 백색기를 들어 안전신호를 하는 순간 9세 여아인 피해자가 갑자기 차단기 밑으로 빠져나와 진행 중인 열차에 치어 즉사한 경우에는, 건널목 간수에게 과실이 있다고 할 수 없다.[196]

(7) 철도·시설관리원 등의 주의의무

144   철도 및 시설관리원 등은 관련 지침 및 규정에 따라 열차를 정비·수리하거나 선로와 설비를 유지·보수하여 결함 등으로 인한 사고 발생을 방지할 주의의무가 있다.

145   역내에 진입하기 전에 설치된 신호기 2개의 고장으로 인하여 원래는 '주의, 정지, 정지' 순으로 현시되어야 함에도, 사고 당일은 '진행, 진행, 정지' 순으로 잘못 표시된 것이 원인이 되어, 서울 지하철 2호선 상왕십리역을 출발하려고 하던 선행 2258호 열차의 후미를 후행 2260호 열차가 추돌하여 승객 237명과 기관사 1명 총 238명이 상해를 입고, 열차 13량이 파괴되는 등 수리비 총 28억 2,600만원 상당의 손해를 야기한 '서울 지하철 2호선 상왕십리역 추돌 사고(2014년 5월 2일 발생)'에 대하여, 신호기 유지·보수 관계자 및 관제사의 업무상과실책임을 인정하였다.[197]

(8) 병발사고 방지 관련 주의의무 - 대구 지하철 방화 사건의 경우

146   열차의 탈선·전복과 같은 사고가 발생하였을 경우, 교통이 빈번한 노선구간에서는 후속열차에 의한 추돌사고, 반대방향에서 오는 열차와 정면충돌사고와 같은 제2사고가 병발할 가능성이 다분하다.[198] 따라서 사고 열차에 탑승하고 있던 관계자뿐만 아니라 사고의 발생을 인지한 열차 운행 관계자들은 승객을 신속히 대피시키고 부상자를 후송시키는 한편, 인근을 운행하고 있는 열차에 대한 통제 등을 통하여 병발사고(倂發事故)를 저지하기 위한 최선의 조치를 취해야 할 주의의무가 있다.

147   2003년 2월 18일 방화범이 대구 도시철도 1호선 중앙로역에 정차 중이던

---

196 대판 1972. 2. 29, 72도273.
197 서울동부지판 2016. 8. 31, 2015고단224 및 서울동부지판 2017. 8. 17, 2016노1399(대판 2021. 9. 16, 2017도14707호로 상고기각되어 확정).
198 주석형법 〔각칙(3)〕(5판), 454(손기식).

490   〔송 규 영〕

1079호 열차 1호차 객실에서 미리 준비한 휘발유가 담긴 플라스틱 통에 라이터로 불을 붙여 1079호 열차와 마침 교행을 위해 중앙로역에 진입한 1080호 열차에 불길이 옮겨 붙으면서 열차가 소훼되어 탑승객 192명 사망, 140명 상해 및 517억 원의 물적 손해를 입히는 '대구 지하철 방화 사건'이 발생하였다. 이 사건에서 최초 화재가 발생한 1079호 열차의 기관사는 화재 진압을 위한 조치를 취하다가 여의치 않자 운전사령에게 화재 발생 보고를 하지 않고 대피하였다. 기계설비사령은 일부 장비가 작동되지 않고 있는 상태에서 모니터의 감시를 소홀히 하여 운전사령에 화재 사실을 알리지 못하고, 역무원은 화재 발생 원인과 규모에 대해 운전사령에 제대로 보고하지 아니하여 운전사령실에서는 화재 보고를 받고도 안이하게 대처함으로써 1080호 열차를 중앙로역에 진입하도록 하였다. 한편, 1080호 열차의 기관사는 화재가 발생한 사실을 알면서도 중앙로역에 진입하여 정차하고 마스터컨트롤러키(Master Controller Key)를 소지한 채 탈출하여 출입문이 폐쇄되게 함으로써 승객의 탈출을 곤란하게 하였다.

(가) 1079호 열차 기관사

위 사건에서 대법원[199]은 1079호 기관사의 주의의무위반에 관하여, 열차화재가 발생한 경우 기관사는 승객의 유도대피 및 소화에 노력하고, 운전사령에 급보하는 등 상황에 알맞은 조치를 하여야 하는바, 1079호의 기관사인 피고인은 사고 당일 1079호 열차를 중앙로역 승강장에 정차시킨 후 기관사실 우측 승강장에 설치된 대형 후사경을 통하여 승객들이 소란스러운 것을 보고 기관사실 밖으로 나가 1호 객차에서 불길이 솟아오르는 것을 발견한 후 기관사실에 다시 들어가 소화기를 가지고 나와 소화기로 1호 객차에 붙은 불을 진화하려고 하였으나 소화액을 전부 뿌렸음에도 화재가 진정될 기미가 보이지 아니할 뿐만 아니라 오히려 불길이 거세지면서 2호 객차로 불길이 번지고 있어 더 이상 화재를 진압하기 어렵다고 판단하고 대피한 사실을 인정한 다음, "위 피고인으로서는 적어도 화재진압을 시도하다가 화재진압이 불가능하다고 판단한 후에라도 즉시 화재사실을 운전사령실에 보고하였어야 함에도 이를 이행하지 아니한 잘못이 인정되고, 위 피고인이 즉시 이 사건 화재의 위치나 규모 등에 대하여 운

148

---

199 대판 2004. 4. 16, 2003도8073(하급심 판결 대구지판 2003. 8. 6, 2003고합141, 대구고판 2003.
    12. 4, 2003노465).

전사령실에 구체적으로 보고하였더라면, 운전사령실에서는 충분히 중앙로역에 진입 예정인 1080호 열차에 대하여 진입을 정지시키는 등의 적절한 조치를 취할 수 있었다고 보여지는 만큼 위 잘못과 이 사건 피해의 확대 사이에 인과관계도 있다.”고 판단하였다.

(나) 1080호 열차 기관사

149
1080호 기관사의 과실과 관련하여서는, ① 비상정차나 무정차통과를 할 수 있었는지 여부에 대해 “위 피고인으로서는 중앙로역 전방 약 200m 지점을 지날 무렵에는 구체적인 화재발생의 원인까지는 아니더라도 중앙로역 승강장에 심각한 화재가 발생하였다는 것을 인식하였거나 인식할 수 있었다 할 것이고, 따라서 그 시점에서 위 피고인으로서는 시간상으로나 거리상으로 중앙로역 진입 이전에 비상정차를 할 수 있는 여유가 있었다고 보임에도 불구하고 비상정차를 하지 아니하고 만연이 별다른 화재가 아닐 것이라고 판단하고 중앙로역에 진입하였고, 설령 위 피고인이 전방주시의무를 소홀히 하여 화재상황을 뒤늦게 인식하여 비상정차가 여의치 아니하였으면 스킵스톱(skip-stop)버튼을 조작하여 중앙로역을 무정차통과할 수 있었음에도 무정차통과하지 아니한 잘못이 인정된다.”고 하였다. 다음으로 ② 마스터콘트롤러키를 뺀 부분에 대해, “비록 위 피고인이 2003. 2. 18. 10:03경 열차 내 안내방송을 통하여 2회 정도 승객들에게 대피할 것을 방송하면서 우측 출입문을 개방한 후 약 7, 8분 정도 경과한 같은 날 10:11경 마스터컨트롤러키를 빼고 탈출하였다 하더라도, 위 피고인이 대피하지 못한 승객이 있는지 여부를 확인하지 아니하고 마스터컨트롤러키를 뺀 것은 잘못이라고 할 것이고, 나아가 이러한 잘못과 1080호 열차의 객차 승객의 사망과의 사이에 인과관계도 인정할 수 있다.”고 판단하였다.

(다) 종합사령실 운전사령

150
종합사령실 운전사령의 과실책임에 관하여, ① 종합사령실에 함께 근무하는 운전사령들에게 CCTV 모니터를 제대로 감시하지 않은 과실을 인정할 수 있는지 여부에 대해, 운전사령실 전면 벽에 22대의 CCTV가 설치되어 있다는 사정 등을 인정한 다음, “당시 운전사령실의 CCTV 모니터만 제대로 주시하였더라도 1079호 열차의 화재사실을 조기에 발견할 수 있었음에도 불구하고 이를 제대로 주시하지 못한 잘못으로 열차화재 사실을 조기에 발견하지 못하여 이 사건 피해가 확대되었다."는 취지로 판단한 원심 판단을 긍정하였다. ② 상급자인 주사령의 모니터 감시의무에 관해, 주사령의 자리는 모니터 전체를 주시할 수 있게 배치되어 있으며, 선사령의 업무에 주사령이 관여할 수 있는 점 등을 인정한 다음, 주사령에게도 모니터 감시의무가 있다고 판단하였다. ③ 운전사령들이 1080호 열차의 진입을 막지 못한 점에 관하여, "운전사령이 역무원으로부터 구체적인 화재발생 위치와 규모 등에 대한 보고가 아니더라도 중앙로역에서 발생한 화재의 심각성에 대한 보고를 받았다고 할 것임에도 중앙로역으로 진입하는 열차가 있는지를 확인하고 정차시키는 등의 조치를 취하거나 재차 중앙로역에 연락하여 구체적인 화재발생 위치와 규모 등을 확인하는 등의 조치를 취하지 아니하고 만연이 별다른 화재가 아닐 것이라고 생각한 채, 무전으로 전 열차 기관사들에게 주의운전을 할 것만을 통보함으로써 결국 1080호 열차의 진입을 막지 못하고, 다른 운전사령들도 위 운전사령을 통하여 중앙로역 화재사실을 전해 듣고도 중앙로역에 진입예정인 열차가 있는지를 확인하고 진입금지를 지시하는 등 적절한 조치를 취하지 않았을 뿐만 아니라 위 운전사령의 위와 같은 지시를 듣고도 아무런 시정조치를 취하지 아니한 잘못이 인정되며, 또한 운전사령들에게 CCTV 모니터를 제대로 주시하지 아니한 잘못이 인정되는 이상, 이 사건 사고 당시 위 피고인들이 취하였다는 조치들만으로는 위 피고인들에 대한 이 사건 범죄의 성립에 영향이 없다."고 판시하였다.

(라) 종합사령실 기계사령

종합사령실의 기계사령의 주의의무위반과 관련하여, 화재발생 시 운전사령실에 통보의무 유무에 대하여, "이 사건 화재는 열차 내에서 발생한 화재이기는 하나 역구내에서 정차 중 발생한 것으로서 승강장 화재의 성격도 아울러 가지고 있다고 볼 수 있으므로, 이 사건 화재 당시 중앙로역 우측 승강장에 화재가 발생하였다는 사실이 주컴퓨터 모니터에 나타나고 있었고, 당시 승강장 화재의 경우 기계설비사령실에서 운전사령실로 이를 통보하도록 되어 있었던 바, 승강장 화재의 경우 당연히 열차운행에 장애를 초래할 수 있는 사정이므로 마땅히 관련 부서인 운전사령실에 이를 통보할 의무가 있다."고 판단하였다. 151

(마) 역무원

역무원의 주의의무에 관하여는, ① 모니터 감시업무자인 담당직원이 역무 152

실에 있는 승차권 창고에서 수입금계산을 하느라 CCTV 모니터를 볼 수 없는 상황이었다면, 당무책임자인 피고인이 그를 대신하여 열차가 진입해 있을 때는 CCTV를 주시할 의무가 있고, ② 피고인은 당시 화재수신반에서 화재가 발생한 대략의 위치를 알았고 그곳은 모니터가 설치된 곳이므로, 감시모니터를 보고 실제 화재가 발생한 여부, 화재 규모 등을 파악하여 즉시 그에 상응한 조치를 취하는 것이 순서라고 할 것인데도 감시모니터를 보지 않고 다른 직원을 보내어 현장 확인을 하게 함으로써 그만큼 운전사령실에의 보고가 지체되었다고 할 것이며,[200] ③ 중앙로역 역무실 내에는 중앙로역을 기준으로 전·후역인 대구역과 반월당역 사이에 있는 열차의 운행상황을 확인할 수 있는 장치인 열차운행상황표시판이 설치되어 있고, 승강장 화재가 열차의 진입에 장애가 될 수 있다는 것을 쉽게 예견할 수 있는 만큼 역무원으로서는 운전사령실에 대한 보고와는 별도로 열차운행상황표시판을 통하여 역에 진입하는 열차가 있는지 확인하고 해당 열차의 기관사에게 통보하여 적절한 조치를 취할 수 있도록 하여야 할 의무가 있다[201]고 판시하였다.

3. 선박 운항 관계자의 주의의무

(1) 개설

153

선박의 운항에 의한 사고는 해양 및 내수면에서 선박의 구조·설비 또는 운용과 관련하여 사망·실종·부상 등 인명피해의 발생, 육상시설·해상시설의 손상, 선박의 멸실·유기·행방불명 및 충돌·좌초·전복·침몰, 해양오염 피해가 발생하는 것을 의미한다.[202] 철도사고와 마찬가지로 고의에 의한 해양사고는 매우 드물고 과실에 의한 사고가 대부분이다. 해양사고는 항구나 근해에서 발생하기도 하지만 육지에서 멀리 떨어진 바다나 외국의 영해에서 발생하는 경우가 빈번하고, 초대형 유조선, 대형 크루즈 여객선 등 선박의 대형화, 기술고도화 경향에

---

200 위와 같이 설시하면서 실제화재인지 여부를 현장 확인하고 보고하여야 한다는 피고인의 주장을 배척하였다.
201 위와 같이 설시하면서 역무원은 열차기관사에 대한 지시의무나 진행 중인 열차에 대한 화재사실 통보의무가 없다는 피고인의 주장을 배척하였다.
202 해양사고의 조사 및 심판에 관한 법률 제2조(정의)와 「해양사고의 조사 및 심판에 관한 법률 사무처리 요령」 제13조(사고의 종류)에서 상세히 규정하고 있다.

따라 사고 발생 시 그로 인한 인적·물적 피해가 광범위해지는 경향이 있다.

　　선박의 운항과 관련한 법률로는, 선박의 안전운항을 위한 안전관리체계와 154 선박항행방법 등을 규정한 해사안전법,[203] 선박의 감항성(堪航性) 유지 및 안전 운항에 필요한 사항을 규정한 선박안전법, 선박의 국적에 관한 사항과 선박톤수 의 측정 및 등록에 관한 사항을 규정한 선박법, 선원의 직무, 복무, 근로조건의 기준, 직업안정, 복지 및 교육훈련에 관한 사항을 규정한 선원법, 선박직원으로 서 선박에 승무할 사람의 자격을 정한 선박직원법, 무역항의 수상구역 등에서의 선박의 입항·출항에 대한 지원과 선박운항의 안전 및 질서 유지에 필요한 사항 을 규정한 선박의 입항 및 출항 등에 관한 법률 등이 있다.

　　해양사고가 일어났을 때에는 승객·선원 등 다수의 인명 피해 및 운송 중인 155 다량의 화물을 잃을 염려뿐만 아니라 해양오염이 뒤따를 가능성이 높고, 이들의 생명 및 재산권의 안전을 선장 등 항해관계자에게 의탁한 처지이므로, 선박을 운항할 때의 주의의무의 인정에 관하여는 허용된 위험의 법리·위험분배의 원칙 이 적용될 여지는 적으며, 충돌사고 시 어느 일방에게 중대한 과실이 있었어도 타방의 선박 항행책임자 측에도 사고회피의 조치를 취할 수 있었다고 인정되는 한 결과회피를 위하여 최선을 다할 의무가 있으며, 과실책임을 면할 수 없는 것 으로 해석해야 할 것이다.[204]

　　따라서 농무(濃霧), 즉 짙은 안개로 시정이 10미터 정도로 극히 제한된 상태 156 에서는 상대선을 발견하고 기관전속 후진과 급전타(急轉舵)(선박이 방향키 각도를 급격히 바꿈)로서는 두 선박의 성능으로 보아 충돌은 불가피한 것이므로 안개 중 안전속력을 지키지 않고 안개 중 좌전타 금지조항을 지키지 않은 선박과 안개 중 안전속력을 지키지 않은 선박이 충돌하였다 해도 이는 선장 쌍방의 운항에 관한 직무상 과실로 인한 것이라고 할 것이다.[205]

　　한편 선박의 교통으로 인하여 본죄를 범한 해당 선박의 선장 또는 승무원이 157

203　해사안전법은 2023년 7월 25일 전면 개정에 따라 해사안전기본법[2024. 1. 26. 시행. 다만, § 16 (안전투자공시) 및 관련 벌칙규정인 § 33①은 2025. 7. 26. 시행]과 해상교통안전법[2024. 1. 26. 시행. 다만, § 101(주의환기신호)③, ④은 2024. 7. 26. 시행]으로 분리되었는데, 선박의 운 항에 관한 사항은 해상교통안전법에 규정되어 있다.
204　주석형법 [각칙(3)](5판), 455(손기식).
205　대판 1983. 9. 13, 81추2.

피해자를 구호하는 등 조치를 하지 아니하고 도주한 경우에는, 특정범죄가중법 제5조의12[206]에 의하여 가중처벌된다(이에 대한 상세는 **본장 [특별법 II]** 부분 참조).

(2) 선박 운항에 관한 일반적 주의의무

158　　선장은 해원(海員)을 지휘·감독하며 선박의 운항관리에 관하여 책임을 지는 선원을 말한다. 선장은 선내에 있는 사람에게 직무를 수행하기 위하여 필요한 명령을 할 수 있고(선원법 §6), 해원을 징계할 수 있을 뿐만 아니라(동법 §22) 해원이나 선박에 있는 사람이 인명이나 선박에 위해를 줄 우려가 있는 행위를 하려고 할 때에는 그 위해를 방지하는데 필요한 조치를 할 수 있으며(강제권)(동법 §23③), 선내 질서의 유지를 위하여 행정기관에 필요한 원조를 요청할 수 있다(동법 §24). 한편 선장은 선박운항의 책임자로서, 출항 전의 검사·보고의무(동법 §7), 선장의 직접 지휘(동법 §9), 재선의무(동법 §10), 선박 위험 시의 조치(동법 §11), 선박 충돌 시의 조치(동법 §12), 조난선박 등의 구조(동법 §13), 비상배치표 및 훈련(동법 §15), 안전한 수준의 승선정원 유지 등 안전운항과 관련된 의무가 있다.

159　　① 야간에 상용항로의 교차해역을 항해하는 선박의 선장은 야간등화 즉 방위거리, 등화의 진행방향을 자선의 변침전에 세밀히 살펴 신침로 방향에 대하여 미리 견시를 엄중히 함으로써 변침 도중이나 변침 후에 다른 선박과 충돌할 위험이 조성되지 않도록 할 의무와 특히 자선의 조종능력을 고려하여 만일의 경우에도 상대선을 완전히 피할 수 있도록 할 주의의무가 있다.[207]

160　　② 좁은 수로를 통과하는 선박은 반대방향에서 달려오는 상대방 선박과 서로 비켜 지나는데 지장이 없을 정도의 상당한 거리를 유지하면서 각 상대 선박의 좌현 쪽을 통과할 수 있도록 하고, 선장은 갑판상에서 이를 지휘하여야 하며, 또 상대선박과 마주치게 될 근거리에서는 관련 법령에 정하여진 방법에 따

---

206 특정범죄가중법 제5조의12(도주선박의 선장 또는 승무원에 대한 가중처벌) 「해사안전법」 제2조〔주: 2023. 7. 25. 해사안전기본법 제3조제2호로 개정(2024. 1. 26. 시행)〕에 따른 선박의 교통으로 인하여 「형법」 제268조의 죄를 범한 해당 선박의 선장 또는 승무원이 피해자를 구호하는 등 「수상에서의 수색·구조 등에 관한 법률」 제18조제1항 단서에 따른 조치를 하지 아니하고 도주한 경우에는 다음 각 호의 구분에 따라 가중 처벌한다.
　　1. 피해자를 사망에 이르게 하고 도주하거나, 도주 후에 피해자가 사망한 경우에는 무기 또는 5년 이상의 징역에 처한다.
　　2. 피해자를 상해에 이르게 한 경우에는 1년 이상의 유기징역 또는 1천만원 이상 1억원 이하의 벌금에 처한다.
207 서울고판 1970. 7. 18, 68나252.

라 등화 외에 염화(炎火)를 표시하거나 신호로 오인받지 않을 음향에 의하여 주
의를 환기시킴과 동시에 자신의 위치를 알리고 응답이 없을 때에는 서로가 충
돌할 염려가 많으니 기적으로 변침신호를 하고 급히 침로를 변경하여 법에 정
하여진 정상진로를 운행하던지 그럴 여가조차 없을 정도로 위급할 경우에는 속
력을 감하거나 후퇴함으로써 사고를 방지해야 할 주의의무가 있다.[208]

　　대법원은, ③ 대량의 나프타를 적재한 유조선이 부두로 접안하기 위하여 운　　**161**
항 중 미확인 수중암초에 부딪힌 사고로 인하여 선저의 일부가 파공되면서 적재
하고 있던 다량의 나프타가 흘러나와 부근 해양을 오염시킴과 동시에 휘발하면
서 부근 주민들로 하여금 액화가스 중독증 등의 상해를 입게 하고 선박이 파괴
된 사안에서, 선장의 주의의무와 관련하여, "선장이 강제도선구에서의 도선사의
조선지휘사항에 일일이 간섭할 수는 없다 하더라도, 도선사의 운항로 선택 등 조
선지휘상황이 통상의 예에서 벗어난 위험한 것임을 알았음에도 조기에 이를 시
정토록 촉구하여 안전한 운항로선택 및 안전운항조치를 취하도록 적극적인 조치
를 취하지 아니한 것은 잘못이다."고 판단하였고, 도선사의 주의의무에 대해서
는, "도선사는 법률에 의하여 상당히 고도의 주의의무가 부과되어, 해도에 표시
된 장애물 뿐 아니라 해도에 표시되어 있지 않고 외관상 쉽게 발견되지 않는 위
험물을 포함하여 지방수역에 관한 지식을 가지고 있어야 하며 이를 활용할 의무
가 있고, 더욱이 강제도선사는 전문지식이 있다고 판단하여 선임된 자이기 때문
에 선박이 임의로 승선시킨 도선사보다 고도의 주의의무를 부담하고 있는 점을
고려하여 볼 때, 강제도선사인 피고인이 선택한 항로로 운항 중이던 유조선의 수
중암초 충돌로 인한 업무상과실치상 및 해양오염방지법위반 사건에 관하여 피고
인이 해도를 믿고 항행을 하였다고 하여 면책될 수 없다."고 판시하였다.[209]

　　또한, ④ 선장의 지휘권과 항해사의 과실책임과 관련하여, 3등항해사인 피　　**162**
고인의 업무상과실이 인정되는 이상 해사 법규상 선장의 지휘권 유무는 피고인
의 과실에 의한 범죄의 성립에 영향이 없다.[210]

　　⑤ 짙은 안개로 시계가 제한된 수역에서 예인선에 끌려가던 부선(艀船)이　　**163**

208　대구고판 1969. 12. 23, 68나55.
209　대판 1995. 4. 11, 94도3302.
210　대판 1955. 4. 22, 4288형상46.

다른 선박과 충돌한 사안에서, 부선 측에서 구 해상교통안전법(2007. 4. 11. 법률 제8380호로 전부 개정되기 전의 것)상의 음향신호와 등화신호를 제대로 하였더라면 다른 선박 측에서 부선의 존재를 알아채고 사전에 감속하거나 방향을 변경하여 충돌사고를 방지하였을 개연성이 상당하므로, 음향신호와 등화신호를 하지 아니한 부선 측의 과실도 충돌사고 발생의 한 원인이다.[211]

164   ⑥ 사고 당시의 상황이 구 선원법(1977. 12. 16. 제3011호로 개정되기 전의 것) 제10조(갑판상의 지휘)(현 §9①)에서 말하는 선장이 직접 갑판상에서 선박을 지휘하여야 할 경우라고는 보여지지 아니하고, 당직사관이 선박을 지휘하는 중에 위험성이 있다고 인정할 때에는 선장에게 보고하여야 하는 것은 평소 근무수칙으로 정해져 있어 구태여 선장이 선박 지휘를 맡고 있는 당직 사관에게 별도로 위와 같은 취지를 지시할 의무가 있는 것이 아니므로, 선장이 당직사관에게 당직사관의 임무를 명하면서 위와 같은 지시를 특별히 한 바 없다 할지라도 선장으로서의 주의의무를 게을리하였다고 할 수 없다.[212]

(3) 황천(荒天) 시 운항에 관한 주의의무

165   선박은 약정된 항해에서 통상 예견되는 황천항해(荒天航海)(폭풍과 태풍 등의 악천후 속에서 항해)나 그 밖의 기상이변에 대비하여 더한층 안전확보에 유의할 필요가 있다. 판례 중에는 해당 항로를 항해하는 선박이 통상 예견할 수 있는 정도의 돌풍이나 삼각파도에 의하여 선체 자체의 손상이나 인명피해 없이 화물창구 덮개의 일부만이 파손되었다면, 발항(發港) 당시 선박이 불감항(不堪航)의 상태에 있었고, 선주 또는 그 선박사용인이 발항 전 상당한 주의로써 선체의 각 부분을 면밀히 점검 조사하여 감항능력의 유무를 확인하여 화물창구 덮개의 노후 등 하자를 발견하여 안전성을 확보할 주의의무가 있다고 판시한[213] 것이 있다.

166   선장은 항구를 출입할 때, 좁은 수로를 지나갈 때, 선박의 충돌·침몰 등 해양사고가 빈발하는 해역을 통과할 때, 그 밖에 선박에 위험이 발생할 우려가 있는 때에는 선박의 조종을 직접 지휘하여야 한다(선원법 §9①).

167   이와 관련하여 대법원은, ① 사고 당시 인근 지역 전역에 폭풍주의보가 내려

---

211 대판 2010. 1. 28, 2008다65686.
212 대판 1977. 9. 13, 77도951.
213 대판 1998. 2. 10, 96다45054. 같은 취지로는, 대판 1976. 10. 29, 76다1237; 대판 1985. 5. 28, 84다카966.

초속 15m 내지 20m 가량의 강풍이 불고 파도는 약 5m 가량이고, 폭우가 오고 있었고, 더우기 암야이어서 전방주시가 쉽지 않았으며, 동 연안 홍도, 국도 부근은 장어잡이 어장으로 주로 야간에 소형어선들이 작업을 하고 있는 해상인데 당시 설치된 레이더도 작동치 아니하고, 선두견시(船頭見視)도 없이 그 견시의무를 태만하여 장어잡이를 하는 어선을 충돌한 사안에서, "이러한 상황에서 선박의 항해는 선박이 항구를 출입할 때나 협소한 수로를 항해할 때보다 더욱 위험성이 있는 것이 명백하고 이러한 위험 있는 항해에는 타 선박과의 충돌의 위험도 포함된다 할 것이므로, 선장은 위와 같은 경우에는 선박의 갑판상에서 직접 선박을 지휘하여 사고를 미연에 방지할 업무상의 주의의무가 있다."고 판시하였다.[214]

또한 대법원은, ② 농무로 인한 어두운 밤에 태풍으로 풍랑이 심한 해상을 항해하는 선박의 선장은 완전한 항로를 유지하기 위하여 선장 자신이 항시 조타 운항하여야 하고, 부득이한 사정으로 인하여 조타실을 이거하려 할 때에는 항로에 경험이 있고 또 조타술이 능숙한 사람으로 하여금 대신 조타 운항케 하는 조치를 강구하여야 하고, 이러한 조치가 불가능할 때에는 일시항해를 정지하는 등 적절한 조치를 취하여 선박으로 하여금 암초에 충돌하여 침몰케 하는 사고가 발생하지 아니하도록 미연에 이를 방지할 것을 업무상 주의의무가 있다 할 것이라고 전제한 뒤, 사고 발생일로부터 불과 15일 전에 갑판원으로 승선하게 된 경우라면 그가 해군제대병이더라도 그 조타술에 의심을 두지 않을 수 없는 정도이고, 선장으로부터 항해방향을 지시받고 조타한 결과 사고를 야기한 것으로 볼지라도 그 기술이 능숙치 못한 자임을 능히 인지할 수 있으므로 용변차 선장실을 떠난 선장으로서는 업무상주의의무를 다하였다고 볼 수 없다고 판시하였다.[215]

한편, ③ 선박을 정박할 당시에는 아직 태풍이 도래하지 아니하였고, 선장 및 선원들이 정박 지점으로부터 약 400미터 지점에 진주 양식장이 위치한 사실을 알고 있었다면, 소형선박들이 뒤섞여 정박하고 있으면 강풍과 풍랑으로 인하여 선박들의 닻줄 등이 위 선박의 스크류에 잠기어 그 작동이 멈추게 되고 기동력을 상실한 후 양식장으로 표류하여 갈 수 있음을 예견할 수 있었을 것이므로, 선박을 안정한 위치에 정박시킬 수 없었는지, 부득이한 사정으로 소형선박들과

168

169

---

214 대판 1973. 9. 29, 73도2037.
215 대판 1960. 2. 29, 4292형상894.

함께 정박할 수밖에 없었다면 스크류의 작동이 정지된 경우 밧줄로 다른 선박과 연결하는 등의 조치로 표류를 막을 수는 없었는지 등을 심리하여 보지 않고서는 이 사건 사고를 불가항력적인 것이었다고 단정할 수 없다고 판시한 사례도 있다.[216]

(4) 승객 구조와 관련된 주의의무

170   조난사고로 승객이나 다른 승무원들이 스스로 생명에 대한 위협에 대처할 수 없는 급박한 상황에서 선장이나 선원들의 부작위가 작위에 의한 살인행위와 동등한 형법적 가치를 가지는 경우에는 미필적 고의에 의한 살인죄가 성립할 것이나, 이러한 정도에까지 미치지 못한다면 선장이나 선원들에게는 부조를 필요로 하는 승객을 보호할 법률상 또는 계약상 의무가 있으므로 유기치사·상죄가 성립한다고 보아야 할 것이다.[217]

171   다만 대법원은 '세월호 사건'에서 구조를 위하여 출동한 해경 소형 경비정 정장의 업무상과실책임과 관련하여, "해양조난사고 시 구조 활동에 투입된 해경 등 구조업무 담당자의 구조 활동상 과실의 유무를 판단할 때에는 그러한 업무와 직종에 종사하는 일반적 보통인의 주의 정도를 표준으로 하고, 해경 등이 구조 활동과 관련하여 받는 훈련내용, 관련 규정 및 매뉴얼에서 정한 행동수칙, 구조 환경 및 조건, 사고의 경위와 특성, 상황의 긴급성 등을 종합적으로 고려하여야 한다."고 전제한 다음, "피고인에게 ① 2014. 4. 16. 09:30경 123정이 세월호 사고 현장에 도착하기까지 '세월호와의 교신 유지, 상황 파악, 승조원 임무 배치 등에 대한 조치'를 소홀히 한 과실, ② 위 09:30경 이후 '세월호 선장 또는 선원과의 교신을 통한 승객 퇴선 유도', '123정의 방송장비를 이용한 승객 퇴선 유도', '123정 승조원에 의한 갑판에서의 승객 퇴선 유도'의 각 조치를 소홀히 한 과실이 인정되나, '123정 승조원 등에 의한 세월호 방송장비 이용 승객 퇴선 유도', '헬기 인명구조사에 의한 승객 퇴선 유도', '2014. 4. 16. 09:51경 이후 마이크 또는 육성을 이용한 승객 퇴선 유도'의 각 조치를 소홀히 하거나 불이행한 과실은 인정되지 않는다."고 판단하였다.[218]

---

216 대판 1991. 1. 29, 90다12588.
217 대판 2015. 11. 12, 2015도6809(전)(세월호 사건).
218 대판 2015. 11. 27, 2015도11610.

4. 항공종사자의 주의의무

(1) 개설

항공기사고는 사람이 비행을 목적으로 항공기에 탑승하였을 때부터 탑승한　　172
모든 사람이 항공기에서 내릴 때까지[사람이 탑승하지 아니하고 원격조종 등의 방법으
로 비행하는 항공기(무인항공기)의 경우에는 비행을 목적으로 움직이는 순간부터 비행이 종
료되어 발동기가 정지되는 순간까지를 말함] 항공기의 운항과 관련하여 사망, 중상 또
는 행방불명 등 인적 피해, 항공기의 파손 또는 구조적 손상, 항공기의 위치를
확인할 수 없거나 항공기에 접근이 불가능한 경우 등이 발생하는 것을 의미한
다(항공안전법 § 2(vi)).[219]

철도·선박사고와 마찬가지로 고의에 의한 항공기사고는 극히 드물고 과실　　173
에 의한 사고가 대부분이다. 안전한 항공기의 운항은 조종사의 조종뿐만 아니라
관제탑, 날씨, 항공기 정비, 비행 관리 등의 유기적이고 종합적인 조화가 전제되
어야 가능하고, 여러 가지 힘의 균형이 무너지면 추락할 위험을 항상 지니고 있
으며, 사고가 발생할 경우 추락한 장소를 중심으로 넓은 범위에 걸쳐 대규모의
인적·물적 피해가 발생한다.[220]

항공기의 안전운항과 관련한 법률로는 항공기 등이 안전하게 항행하기 위　　174
한 방법을 규정한 항공안전법, 공항시설, 항행안전시설 및 항공기 내에서의 불
법행위를 방지하고 민간항공의 보안을 확보하기 위한 기준·절차 및 의무사항
등을 규정한 항공보안법, 항공기 소유자 및 항공종사자 등이 준수하여야 할 최
소의 안전기준을 정한 「운항기술기준(국토교통부 고시)」 등이 있으며, 위 규정들
은 국제민간항공조약 및 그 부속서에서 채택된 표준과 방식을 따르고 있다. 항공
안전법은 항행 중 항공기 위험 발생의 죄(항공안전법 § 138) 및 이로 인한 치사·치
상의 죄(동법 § 139), 항공상 위험 발생 등의 죄(동법 § 140), 기장의 항공기 이탈의
죄(동법 § 143) 등 별도의 처벌 규정을 두고 있으며, 과실에 따른 항공상 위험 발

---

219 '항공기준사고(航空機準事故)'는 항공안전에 중대한 위해를 끼쳐 항공기사고로 이어질 수 있었던
　　것으로서(항공안전법 § 2(ix)), 항공기의 위치, 속도 및 거리가 다른 항공기와 충돌 위험이 있었
　　던 것으로 판단되는 근접 비행이 발생한 경우, 항공기가 이·착륙 중 활주로 옆으로 이탈한 경우
　　등을 말한다(동법 시행규칙 § 9 및 별표 2).
220 임석원, "항공기사고의 형사책임 - 한국과 일본의 판례를 중심으로", 성균관법학 19-3 (2007), 439.

생 등의 죄(동법 § 149)[221]도 처벌하고 있다. 고의로 항공기사고를 일으킨 경우가 아니라면, 과실범 처벌규정의 적용 여부가 주로 문제될 것이다.

175   과실에 의한 사고는 원인별로 조종사 과실에 의한 사고, 관제사 과실에 의한 사고, 기체 결함으로 인한 사고, 공항 시설 결함으로 인한 사고, 기체 정비 불량으로 인한 사고, 기상 불량으로 인한 사고 등으로 구분할 수 있다. 다만, 대부분의 항공기사고에서는 여러 과실이 복합적으로 작용하여 사고가 발생할 것이다.

(2) 항공종사자의 종류와 역할

176   항공기 기장은 항공기의 비행 안전에 대하여 책임을 지는 사람으로서 그 항공기의 승무원을 지휘·감독한다(항공안전법 § 62①). 또한 기장은 항공기나 여객에 위난이 발생하였거나 발생할 우려가 있다고 인정될 때에는, 항공기에 있는 여객에게 피난 방법과 그 밖에 안전에 관하여 필요한 사항을 명할 수 있다(동법 § 62③). 아울러 항공기의 안전을 해치는 행위, 인명이나 재산에 위해를 주는 행위, 항공기 내의 질서를 어지럽히거나 규율을 위반하는 행위를 하려는 사람에 대하여 그 행위를 저지하기 위한 필요한 조치를 할 수 있고, 항공기 내에 있는 사람에게 이러한 조치에 관하여 지원을 요청할 수 있다(항공보안법 § 22).

177   항공교통관제사는 항공교통 업무기관에서 항공교통관제 업무, 비행정보 업무 및 경보업무를 담당하고, 계류장관제사는 계류장 내에서 이동하는 항공기, 인원, 차량, 장비 등의 안전과 효율성, 원활한 이동을 위하여 계류장만을 담당하며, 비행정보원은 관할 공항 및 지역의 각 비행 정보 관련 부서에서 항공기의 운항에 필요한 사항 즉 비행 계획서의 접수 및 처리, 비정상 운항에 대한 보고, 항공 고시보(NOTAM. Notice to Airmen)의 발송 및 수신, 계류장 및 이동 지역의 안전 상태 점검 등을 담당한다.[222]

---

221 항공안전법 제149조(과실에 따른 항공상 위험 발생 등의 죄) ① 과실로 항공기·경량항공기·초경량비행장치·비행장·이착륙장·공항시설 또는 항행안전시설을 파손하거나, 그 밖의 방법으로 항공상의 위험을 발생시키거나 항행 중인 항공기를 추락 또는 전복시키거나 파괴한 사람은 1년 이하의 징역 또는 1천만원 이하의 벌금에 처한다.
② 업무상 과실 또는 중대한 과실로 제1항의 죄를 지은 경우에는 3년 이하의 징역 또는 5천만원 이하의 벌금에 처한다.

222 함세훈, "항공 운항에서의 조종사 및 관제사의 주의의무에 관한 연구 - 항공기 사고판례를 중심으로", 한국항공대학교 박사학위논문(2012), 38.

(3) 항공종사자의 주의의무

기장·부기장 등 조종사는 비행 전 해당 비행의 항로 또는 비행경로, 항공 **178**
고시보, 기상 예보와 같은 비행 정보 등을 숙지하고(항공안전법 시행규칙 §161), 항
공기 감항성, 연료 및 오일의 탑재량과 품질, 해당 항공기와 그 장비품의 정비
및 정비결과, 해당 항공기의 운항을 고려한 승객 및 화물 적재 상태 등의 비행
전 확인 사항 등을 점검해야 한다(동법 시행규칙 §136). 운항 중에는 최저비행고
도 아래에서 비행해서는 아니되며, 물건의 투하 또는 살포, 낙하산 강하, 곡예비
행, 무인항공기의 비행, 그 밖에 사람과 재산에 위해를 끼치거나 위해를 끼칠
우려가 있는 비행 또는 행위를 하여서는 아니된다(동법 §68). 복잡한 운항 장치
의 특성상 항공기의 조종사에게 난이도가 높은 운행 기술을 요하며, 자동장치
등의 장비에 전면적으로 의존할 수 없고, 오히려 조종사의 조종기술이나 순간
판단력이 강하게 요구되고 있다.[223]

항공교통관제사의 제일 중요한 업무는 간격 분리로서 관제 지역 내의 모든 **179**
항공기에 대해 주의를 기울여야 하고, 항공안전법 또는 항공관제 교범 등에 규
정된 수평적 및 수직적 간격 범주에 맞게 담당 업무 내의 항공기에 관제 지시를
하여야 한다. 항공기 기종, 기상 상황, 교통량, 이륙 여부, 조종사 능력, 항공기
비상 여부 등을 감안하여 관제사의 주의의무를 판단해야 한다.

또한, 항공종사자는 업무에 종사하는 동안 주류, 마약류 또는 환각물질 등 **180**
등을 섭취하거나 사용해서는 아니 된다(동법 §57).

조종사의 조종상 과실이 인정된다고 하더라도 이를 이유로 형사책임까지 **181**
묻는 것은 항공사고에 있어서 승무원의 불처벌이라는 국제법의 원칙, 위험이 상
존하는 교통수단의 이용에 있어서 적용되는 허용된 위험의 법리에 반하는 것이
아닌지 문제된다. 이와 관련하여 대법원은, "우리나라가 국제민간항공조약에 가
입하여 위 조약이 국내법과 동일한 효력을 갖게 되었다고 하더라도 위 조약의
부속서는 위 조약의 이사회가 항공기의 안전 등에 관계가 있다고 인정되는 사
항에 관하여 국제표준 및 권고 관행을 수시로 채택, 개정하여 이를 각 체약국에
통보하는 것으로서 위 조약의 본 규정과는 달리 체약국이 부속서의 내용에 따

---

223 임석원(주 220), 440.

를 것을 강제하는 법률상의 효력은 없고, 다만 권고적인 효력을 갖는데 불과하다고 할 뿐 아니라 우리나라 관계법령에서 항공사고조사기록의 비공개에 관한 권고 관행을 수용하여 항공기 승무원에 대한 형사처벌을 제한하는 규정을 두고 있지도 아니하므로 원심이 이와 같은 취지에서 피고인에게 이 사건 사고에 관하여 업무상의 과실이 인정된다고 하더라도 위 조약 부속서의 조항에 비추어 피고인을 처벌할 수 없다는 주장을 배척한 조치는 정당하다."고 판시하였다.[224]

182   한편 항공기사고에 있어서의 신뢰의 원칙과 관련하여, 기장은 부기장에게 임무를 지시하였다고 하여도 본연의 임무가 없어지는 것이 아니므로 신뢰의 원칙의 대상이 되지 않고, 부기장은 기장의 경험과 영향을 받는 위치에 있기는 하지만 민간항공기의 운항 자격을 갖고 있는 조종사로서의 기본적인 책임을 수행해야 하므로 신뢰의 원칙이 적용되지 않는다고 보아야 한다.[225]

(4) 항공기의 안전운항에 관한 주의의무

(가) 항공기조종사

183   대법원은, ① 헬리콥터에 조종사 본인을 포함한 승무원 3명과 승객 16명을 태우고 이륙하여 운항하다가 제1번 엔진오일압력이 '0'으로 떨어져 계속 비행은 불가능하다고 판단하고 회항하는 과정에서 추락한 사안에서, "당시 출력을 제대로 낼 수 없는 제1번 엔진도 가동하여 전속력을 내게 함으로써 고장나지 않은 제2번 엔진까지 무리가 가서 제출력을 내지 못하게 하였을 뿐만 아니라 고도유지가 오히려 어려워지고 제1번 엔진에 화재위험까지 불러일으켜 안전운항을 곤란케 하였으며, 사고항공기에 실려 있던 배낭 등 승객들의 화물과 고장난 무전기 등을 해상에 투하하여 엔진의 부담을 덜고 항공기의 침하속도를 늦추는 등의 조처를 취하지 않았고, 또한 적절한 비상착수시점을 포착하여 최대한 속도를 줄이고 기체의 균형을 유지하는 등의 방법으로 충격을 줄여서 안전하게 비상착수를 하여야 함에도 이를 게을리하고 결국 위 항공기를 긴급 시의 항법으로서 정해진 절차에 따라 운항하지 못하였다."고 판시하여 조종사의 과실을 인정하였다.[226]

---

224 대판 2003. 6. 27, 2002도850(하급심은 대구지법 포항지판 2001. 1. 11, 2000고단118 및 대구지판 2002. 1. 17, 2001노364. 허용된 위험의 법리에 대한 판단은 항소심 판결 참조).
225 함세훈(주 222), 85.
226 대판 1990. 9. 11, 90도1486.

또한 대법원은, ② 1989년 7월 27일 리비아 트리폴리공항에서 대한항공 여 **184**
객기가 시정상태가 불량한 상황에서 고장 난 계기착륙장치(ILS. Instrument Landing
System)의 최저결심고도에 맞춰 강하하던 중 활주로를 식별하지 못하고 추락하
여 승객 등 80명이 사망한 사안에서, 기장의 과실책임에 대하여, "부기장에게
자세한 기상정보 파악 및 계기판 주시를, 항공기 기관사에게 강하 시 정확한 고
도를 불러줄 것을 지시하고, 무지향성 무선표지(NDB. Non-Directional Beacon)의
최저결심고도(357피트)에 이르러도 활주로를 식별할 수 없을 경우에는 회항을 해
야 함에도 고장 난 계기착륙장치의 최저결심고도인 200피트 상공까지 강하하여
활주로가 보이면 착륙하겠다는 생각으로 강하하던 중 고도계 등 계기판을 주시
하지 않아 항공기가 급강하하고 있다는 사실 및 최저결심고도를 통과하는 사실
을 인지하지 못하여 복행기회를 놓친 과실이 있다."고 판단한 원심의 결정을 긍
정하였다.[227] 한편 이 사건의 하급심은 부기장에 대하여, "관제소로부터 무지향
성 무선표지 접근 허가를 받았으므로 기장에게 교신내용을 확인시켜야 함에도
이를 이행하지 않았고, 계기판을 주시하지 않아 급강하 사실을 파악하지 못하였
으며, 최저결심고도에 이르러도 활주로가 보이지 않으면 기장에게 복행하도록
건의하여야 함에도 미이행한 과실"이 있으며, 항공기관사에 대해 "접지까지의
고도를 정확히 불러주어 기장 등으로 하여금 무지향성 무선표지의 최저결심고
도를 통과하는지 여부를 사전에 인식하여 기장에게 복행하도록 하여 추락사고
를 미리 방지하여야 함에도, 1,000피트를 지나 지상에 추락할 때까지 고도를 불
러주지 않은 과실이 있다."고 판단하였다.[228]

대법원은 ③ 1999년 3월 15일 대한항공 항공기가 착륙이 불가능한 시속 20 **185**
노트의 배풍(背風)(항공기의 진행방향으로 부는 바람)이 불 가능성이 있는 상태에서
비로 인하여 젖어 있는 포항공항 활주로에 1차 착륙 시도 실패 후 2차 착륙을
시도하던 중 활주로를 이탈하여 승객 88명이 상해를 입은 사안에서, 기장에 대
하여, "사고기종을 오랜 기간 조종한 경험으로 측풍에 상당히 취약한 사고 기
종의 특성을 잘 파악하고 있어 측풍의 위험성을 고려하지 않은 채 착륙을 시도
한 것은 적절한 판단이라고 보기 어렵고, 강하율을 지나치게 크게 조작하여 지

---

227 대판 1993. 10. 12, 92도373.
228 서울고판 1992. 1. 13, 91노907(제1심 판결은 서울형사지판 1990. 12. 20, 90고합645).

상충돌경보장치에서 경보음이 연이어 발령되었고, 위 경보음에 따라 항공기 강하각을 감소시키기 위하여 엔진 출력을 증가시킴으로써 항공기 속도가 운항 규정에 따른 접근 속도보다 높은 속도를 나타내고 있었으며, 포항공항처럼 활주로 길이가 짧은 공항에서는 기상조건에 관계없이 엔진역추력장치를 가동하여야만 안전한 착륙이 가능하다는 것을 경험적으로 잘 알고 있고 당시 기상조건이나 접근속도에 비추어 보면 평상시보다 더 많은 제동거리를 요한다는 것을 충분히 예상할 수 있어 엔진역추진장치를 가동하고, 바퀴브레이크를 최대 조작하는 등 활주거리를 줄이기 위해 유효한 항공기 제동장치를 선택·조작하여야 함에도 착륙속도에 맞는 제동장치의 조작을 적절히 하지 못하였다."고 하면서 기장의 과실을 인정하였다.[229] 한편, 하급심은 위 사건의 부조종사에게 "항공기 조종 보조업무에 종사하는 자로서는 기장의 기상조건에 대한 판단, 강하각과 접근속도유지, 제동장치의 선택과 조작이 미흡하였으므로 기장에게 부적절한 계기조작사실을 지적하여 시정 건의하여야 함에도 이를 태만히 한 과실이 있다."고 판단하였다.[230]

또한, ④ 1998년 9월 30일 울산공항에서 대한항공 항공기가 비로 인하여 젖어 있는 활주로에서 착륙을 시도하던 중 활주로를 이탈하여 3명이 상해를 입은 사안에서, 조종사에 대하여는 즉시 복행하여 재착륙하거나 그대로 착륙하는 경우에도 착륙 속도와 착륙 지점을 제대로 조절하고 제동장치를 제대로 조작하여야 할 업무상주의의무가 있고, 승무원 및 승객들에게 안전한 탈출방법을 지시하거나 안내하지 아니한 과실을, 부조종사에게는 착륙 상태를 제대로 알려주고 기장의 잘못된 조종에 대하여는 시정 건의를 하여야 할 업무상주의의무가 있으며, 기장의 탈출방법 지시 및 안내 불이행에 대하여 시정건의를 하지 아니한 과실을, 객실사무장에 대하여는 기장의 지휘를 받지 아니하고 임의로 급박한 비상사태라고 판단하여 승객들에게 "폭발할지 모르니 빨리 대피하라."고 소리쳐 승객들의 혼란을 발생시키고 슬라이딩매트가 설치되어 있지 아니한 좌측중간탈출구를 통제하지 아니한 과실이 각각 인정된다고 판단한 하급심 판례가 있다.[231]

---

229 대판 2003. 6. 27, 2002도850.
230 대구지법 포항지판 2004. 4. 14, 2003고정303.
231 울산지판 2000. 6. 13, 99고단283.

(나) 관제사

일본 판례 중에는 비행 중인 A 비행기와 B 비행기가 매우 근접하여 두 비행기의 충돌을 피하기 위하여 급강하한 A 비행기의 승객 등이 부상한 사안에서, 훈련 중인 항공관제관 甲이 두 비행기가 비정상적으로 접근하는 것을 알리는 경보를 인지하고 순항 중인 B 비행기를 강하토록 할 의도를 가지고 편명을 잘못 말하여 상승 중인 A 비행기에 강하하도록 지시하고, 甲의 지도감독관인 관제관 乙이 이를 알아채지 못하고 바로 시정하지 못한 행위는, 거의 같은 고도에서 A 비행기가 위 지시에 따라 강하함과 동시에 B 비행기도 항공기충돌방지장치에 의하여 발령된 강하지시에 따라 강하하여 두 비행기의 접촉, 충돌 등을 불러일으키는 고도의 위험성을 갖는 행위로서, 위 행위와 위 사고 사이에 인과관계가 인정되고, 또한 甲과 乙에 대하여 두 비행기가 함께 강하를 계속하여 비정상적으로 접근함으로써 두 비행기의 기장이 접촉·충돌을 회피하기 위하여 급강하를 포함한 어떠한 조치를 부득이하게 취할 것임을 예견할 수 있었으므로 과실이 인정된다고 한 것이 있다.[232]

5. 의료종사자의 주의의무

(1) 개설

의료행위는 환자의 생명·신체에 중대한 결과를 초래할 수 있고, 환자로서는 치료의 당부를 판단할 수 없으며, 의료진의 판단과 조치에 전적으로 의존한다는 점에 비추어 보면, 의사 등에 대하여도 엄격한 주의의무가 주어진다.[233] 이러한 경우에 구체적인 결과의 원인을 분명히 밝히고, 그 인과관계의 진행을 좌우하고 사고발생을 방지할 수 있는 사람을 발견하여 그 사람에 대하여 제각기 결과를 예견할 가능성과 기대가능한 결과회피조치를 특정함으로써 의사 등의 주의의무가 정해진다는 점은 다른 경우와 다르지 않다.[234] 다만 의학상 여전히 미지의 분야가 많고 환자의 개별적인 특성으로 인한 생체반응이 복잡·다양하기 때문에 의사 등의 과실 유무를 확인하기가 어렵고, 과실이 인정되더라도

187

188

---

232 最決 平成 22(2010). 10. 26. 刑集 64·7·1019.
233 이재상·장영민·강동범, §4/16.
234 주석형법 〔각칙(3)〕(5판), 458(손기식).

의료처치와 생체반응의 메커니즘이 과학적으로 완전히 규명되지 않아 의료행위와 결과 사이의 인과관계를 판단하기가 쉽지 않다.

189　　　의료법은 의료인의 임무와 자격, 금지행위 등 국민의료에 필요한 기본적인 사항을 규정하고 있으며, 특히 의료법 제15조에서 의료인 또는 의료기관 개설자는 진료나 조산 요청을 받으면 정당한 사유 없이 거부하지 못한다고 하는 한편, 의료인으로 하여금 응급환자에게 최선의 처치를 할 의무를 부여하고 있다.

190　　　의료행위의 법적 성질과 관련하여, 대법원은 소파수술이 피해자의 자궁외임신을 오진한 피고인의 과실에 기인된 것이라 하더라도 사회적 상당성이 인정되는 의사의 통상적인 진료행위에 지나지 않는다고 하여, 정당행위에 해당한다고 판시한 사례가 있다.[235] 한편, 피해자의 승낙에 의하여 위법성이 조각되는 것으로 보는 듯한 판례도 있다.[236]

191　　　의료사고로 인한 피해를 신속·공정하게 구제하고 보건의료인의 안정적인 진료환경을 조성하기 위하여, 의료사고 피해구제 및 의료분쟁 조정 등에 관한 법률(이하, 의료분쟁조정법이라 한다.)이 시행되고 있다. 의료사고로 인하여 업무상과실치상죄를 범한 보건의료인에 대하여는 의료분쟁조정법에 따른 조정(§ 51①)이나 중재(§ 51②)가 성립한 경우에, 피해자의 명시한 의사에 반하여 공소를 제기할 수 없다. 다만, 피해자가 신체의 상해로 인하여 생명에 대한 위험이 발생하거나 장애 또는 불치나 난치의 질병에 이르게 된 경우에는 반의사불벌죄가 아니다(§ 51① 단서).

---

235 대판 1974. 4. 23, 74도714. 「의사가 정상적인 진찰행위의 일환으로서 검사용으로 태반에서 육편을 떼어 냈다고 하여 이것이 태반기타 모체에 지장을 주는 것이 아닌 한 이것이 상해행위에 속하는 것이라고는 볼 수 없을 것이다. 그렇다면 원심으로서는 피고인이 피해자의 태반에서 가위로 육편을 떼어낸 행위가 정당행위인지의 여부를 심리하고 여기에 대한 판단을 명시하였어야 할 것이다.」

　　같은 취지의 판결로는, 대판 1986. 6. 10, 85도2133(피고인이 행한 제2차 소파수술이 피해자의 자궁외임신을 오진한 피고인의 과실에 기인된 것이라 하더라도 이는 사회적 상당성이 인정되는 의사의 통상적인 진료행위에 지나지 않는다는 이유로 업무상과실치상죄의 성립을 부정한 사례).

236 대판 1993. 7. 27, 92도2345. 「피해자의 병증이 자궁외 임신인지, 자궁근종인지를 판별하기 위한 정밀한 진단방법을 실시하지 아니한 채 피해자의 병명을 자궁근종으로 오진하고 이에 근거하여 의학에 대한 전문지식이 없는 피해자에게 자궁적출술의 불가피성만을 강조하였을 뿐 위와 같은 진단상의 과오가 없었으면 당연히 설명받았을 자궁외 임신에 관한 내용을 설명받지 못한 피해자로부터 수술승낙을 받았다면 위 승낙은 부정확 또는 불충분한 설명을 근거로 이루어진 것으로서 수술의 위법성을 조각할 유효한 승낙이라고 볼 수 없다.」

한편 형사상 과실 인정의 기준은 가벌성 및 예방효과의 유무가 그 기준이　　**192**
됨에 반하여, 민사상으로는 이미 발생한 피해에 대하여 공평의 원칙에 입각하여
손해를 누구에게 어느 정도 부담시킬 것인지가 기준이 되기 때문에, 동일한 의
료사고 사안에 있어서 민사상 손해배상 청구는 인용하면서도 형사절차에서는
의사 등에게 무죄가 선고되기도 한다.

(2) 의료행위의 개념

의료행위의 개념은 본조와 일반 과실치사·상죄 및 상해죄 등을 구별하는　　**193**
기준이 된다. 판례에 따르면, 의료행위라 함은 의학적 전문지식을 기초로 하는
경험과 기능으로 진찰, 검안, 처방, 투약 또는 외과적 시술을 시행하여 하는 질
병의 예방 또는 치료행위 및 그 밖에 의료인이 행하지 아니하면 보건위생상 위
해가 생길 우려가 있는 행위를 의미하고, 여기서 '의료인이 행하지 아니하면 보
건위생상 위해가 생길 우려'는 추상적 위험으로도 충분하므로 구체적으로 환자
에게 위험이 발생하지 아니하였다고 해서 보건위생상의 위해가 없다고 할 수는
없다.[237] 한편 대법원은, 미용성형수술에 관하여 의료행위의 범위를 '질병의 예
방과 치료행위'에 한정하여 해석함으로써 곰보수술, 눈쌍꺼풀, 콧날세우기 등
미용수술은 의료행위가 아니라고 한 적이 있으나,[238] 전원합의체 판결을 통하
여 "코높이기 수술인 미용성형수술이 의료기술의 시행방법으로 행하여 지고 또
코의 절개과정이나 연골의 삽입봉합과정에서 미균이 침입할 위험성을 내포하
고 있는 것이어서 이러한 코높이기 성형수술의 방법 및 행위의 태양을 함께 감
안하면 코높이기 성형수술행위도 질병의 치료 행위의 범주에 넣어 의료행위가
되는 것으로 해석함이 타당하다."고 입장을 변경한 후, 그에 따르고 있다.[239]

---

237 대판 1989. 9. 29, 88도2190; 대판 1992. 5. 22, 91도3219; 대판 2012. 5. 10, 2010도5964; 대판
　　2018. 6. 19, 2017도19422 등 다수. 종래 "의료행위라고 함은 질병의 예방이나 치료행위를 말하
　　는 것으로 의학의 전문지식을 기초로 하는 경험과 기능으로써 진찰, 검안, 처방, 투약 또는 외과
　　수술 등의 행위를 말하고, 여기에서 진찰이라 함은, 환자의 용태를 듣고 관찰하여 병상 및 병명
　　을 규명·판단하는 것으로서 그 진단방법으로는 문진, 시진, 청진, 타진 촉진 기타 각종의 과학적
　　방법을 써서 검사하는 등 여러 가지가 있고, 위와 같은 작용에 의하여 밝혀진 질병에 적당한 약
　　품을 처방조제, 공여하거나 시술하는 것이 치료행위에 속한다."라고 판시하여(대판 1993. 8. 27,
　　93도153) 왔으나, 위와 같이 보건위생상 위해 발생의 우려 있는 행위도 의료행위로 보아 그 범위
　　를 넓히는 경향을 보이고 있다.
238 대판 1972. 3. 28, 72도342.
239 대판 1974. 11. 26, 74도1114(전).

194   대법원은 의료행위 여부가 문제된 사안에서, ① 활법원에서 척추질환자들에게 용태를 물어 그 증세를 판단하고, 척추, 골반, 다리 등을 손으로 압박하는 시술을 반복한 경우,[240] ② 의약품인 필링 포뮬러를 사용하여 피부박피술을 시행한 경우,[241] ③ 기공술을 시행하는 외에 척추 등에 질병이 있는 환자의 환부를 손으로 두드리는 방법으로 치료행위를 하는 경우,[242] ④ 침술행위,[243] ⑤ 돌 등이 들어있는 스테인레스 용기를 천과 가죽으로 덮은 찜질기구를 가열하여 암 등 난치성 질환을 앓는 환자들에게 건네주어 환부에 갖다 대도록 한 행위,[244] ⑥ 관절염 환자에게 벌침을 시술한 경우,[245] ⑦ 시력을 회복시킨다고 가압식 미용기로 눈주위 근육을 마사지한 경우,[246] ⑧ 정신신경질환이나 언어장애 등이 있는 환자에게 암시, 최면, 호흡, 정신안정 및 약물투여 등의 치료행위를 한 경우,[247] ⑨ 의료기기인 체지방측정기로 측정한 후 건강보조식품을 판매한 경우,[248] ⑩ 크리스탈 필링기를 이용하여 피부박피술을 행한 경우,[249] ⑪ 부항 및 부항침 시술행위,[250] ⑫ 암환자 등을 상대로 통증부위 등에 홍화기름을 바른 후 물소뿔 등으로 피부를 문지르는 괄사요법 유사의 시술행위를 한 경우,[251] ⑬ 보험회사와 방문검진 위탁계약을 체결한 후 고용된 간호사들로 하여금 보헙가입자들의 주거에 방문하여 의사의 지도·감독 없이 문진, 신체계측 등을 하게 한 뒤 건강검진결과서를 작성하여 보험회사에 통보한 경우,[252] ⑭ 눈썹이나 입술 등에 미용문신을 하는 행위[253] 등을 의료행위로 인정하였다.

195   반면에, ① 환자에게 질병을 낫게 해 달라고 기도를 하게 하고 손으로 환부

---

240 대판 1995. 4. 7, 94도1325.
241 대판 1994. 5. 10, 93도2544.
242 대판 1993. 7. 27, 93도1352.
243 대판 1999. 3. 26, 98도2481.
244 대판 2000. 9. 8, 2000도432.
245 대판 1994. 4. 29, 94도89.
246 대판 1989. 9. 29, 88도2190.
247 대판 1981. 7. 28, 81도835.
248 대판 2001. 12. 28, 2001도6130.
249 대판 2003. 9. 5, 2003도2903.
250 대판 2004. 10. 28, 2004도3405.
251 대판 2010. 5. 27, 2006도9083.
252 대판 2012. 5. 10, 2010도5964.
253 서울고판 1990. 11. 30, 90노2672.

510   〔송 규 영〕

를 쓰다듬거나 만져주는 행위를 한 경우,[254] ② 뱀가루를 판매하면서 증상에 대하여 듣고 손바닥을 펴보게 하거나 혀를 내보이게 한 후 뱀가루를 복용할 것을 권유하였을 뿐 병명을 진단하거나 설명한 바가 없는 경우,[255] ③ 지압서비스업소에서 근육통을 호소하는 손님들에게 엄지손가락과 팔꿈치 등을 사용하여 근육이 뭉쳐진 허리와 어깨 등의 부위를 누르는 방법으로 근육통을 완화시켜 준 행위[256] 등은 의료행위에 해당하지 않는다고 판단하였다.

다만 수지침 시술행위도 위와 같은 침술행위의 일종으로서 의료법에서 금지하고 있는 의료행위에 해당하며, 이러한 수지침 시술행위가 광범위하고 보편화된 민간요법이고, 그 시술로 인한 위험성이 적다는 사정만으로 그것이 바로 사회상규에 위배되지 아니하는 행위에 해당한다고 보기는 어렵다고 할 것이나, 수지침은 시술부위나 시술방법 등에 있어서 예로부터 동양의학으로 전래되어 내려오는 체침의 경우와 현저한 차이가 있고, 일반인들의 인식도 이에 대한 관용의 입장에 기울어져 있으므로, 이러한 사정과 함께 시술자의 시술의 동기, 목적, 방법, 횟수, 시술에 대한 지식수준, 시술경력, 피시술자의 나이, 체질, 건강상태, 시술행위로 인한 부작용 내지 위험발생 가능성 등을 종합적으로 고려하여 구체적인 경우에 있어서 개별적으로 보아 법질서 전체의 정신이나 그 배후에 놓여 있는 사회윤리 내지 사회통념에 비추어 용인될 수 있는 행위에 해당한다고 인정되는 경우에는 제20조 소정의 사회상규에 위배되지 아니하는 행위로서 위법성이 조각된다고 할 것이다.[257] 그러나 부항 시술행위는 정당행위에 해당하지 않는다고 한 판례가 있다.[258]

196

---

254 대판 1992. 3. 10, 91도3340.
255 대판 2001. 7. 13, 99도2328.
256 대판 2000. 2. 22, 99도4541.
257 대판 2000. 4. 25, 98도2389. 수지침의 전문가로서 고려수지요법학회 춘천시지회를 운영하면서 일반인들에게 수지침요법을 보급하고, 수지침을 통한 무료의료봉사활동을 하여 왔고, 환자가 스스로 수지침 한 봉지를 사 가지고 피고인을 찾아와서 수지침 시술을 부탁하므로, 피고인은 아무런 대가를 받지 아니하고 이 사건 시술행위를 한 사안에서 정당행위에 해당한다고 판시한 원심을 긍정하였다.
258 대판 2004. 10. 28, 2004도3405. 「피고인이 한의사 자격이나 이에 관한 어떠한 면허도 없이 영리를 목적으로 위와 같은 치료행위를 한 것이고, 단순히 수지침 정도의 수준에 그치지 아니하고 부항침과 부항을 이용하여 체내의 혈액을 밖으로 배출되도록 한 것이므로, 이러한 피고인의 시술행위는 의료법을 포함한 법질서 전체의 정신이나 사회통념에 비추어 용인될 수 있는 행위에 해당한다고 볼 수는 없다.」

(3) '허용된 위험'의 법리와 '신뢰의 원칙'에 의한 과실의 제한

197　　　의료종사자의 업무상과실을 제한하기 위한 원리로서 '허용된 위험'의 법리와 '신뢰의 원칙' 적용 여부가 문제된다.

(가) 허용된 위험의 법리

198　　　치료행위로 인해 부작용이나 나쁜 결과 등의 발생이 예상된다고 하더라도 더 큰 위해를 방지 또는 저지하기 위해 필요하고, 그 방법이 상당한 경우에는 '허용된 위험'에 해당한다. 불치병 환자에게 감염 · 조직거부반응 등의 위험이 있다고 하더라도 장기를 이식하거나 수혈 등을 실시하였다면, 이는 법률상 허용된 행위라고 보아야 할 것이다. 그러나 '허용된 위험'의 법리가 의사의 처벌범위를 보다 한정해야 한다고 하는 논거로서 사용될 우려가 있고, 이러한 경우 개인의 생명 · 신체의 보호가 약화될 수 있으므로 구체적 사건에 있어서 당해 의료행위의 위험성과 질병의 치유가능성을 비교형량하여 그 허용될 수 있는 한계를 엄격히 검토해야 한다.[259] 법원도 위 법리의 적용에 있어 신중한 입장을 취하고 있는 것으로 보인다.

(나) 신뢰의 원칙

199　　　의료행위에 있어 '신뢰의 원칙'은 공동으로 치료행위를 하거나 다른 의사의 치료를 받은 환자를 이어서 치료하는 경우에 의사 등이 다른 의사 또는 간호사 등이 적정하게 치료행위를 하였을 것으로 신뢰하고 자신의 치료행위를 하였다면 자신의 과실에 의한 부작용 · 악결과 등에 대해서만 책임을 지고, 다른 의사가 적정한 조치를 취하지 못하여 발생하는 사고에 대해서는 책임이 없다는 것을 의미한다.

(a) 의사 사이의 협진 – 수평적 분업

200　　　다른 의사와의 협진과 같은 수평적 분업의 관계에 있어서는 많은 경우 신뢰의 원칙이 받아들여지고 있다. 따라서 의사가 환자에 대하여 주된 의사의 지위에서 진료하는 경우라도, 자신은 환자의 수술이나 시술에 전념하고 마취과 의사로 하여금 마취와 환자 감시 등을 담당토록 하거나, 특정 의료영역에 관한 진료 도중 환자에게 나타난 문제점이 자신이 맡은 의료영역 내지 전공과목에 관

---

259 주석형법 [각칙(3)](5판), 459(손기식).

한 것이 아니라 그에 선행하거나 병행하여 이루어진 다른 의사의 의료영역 내지 전공과목에 속하는 등의 사유로 다른 의사에게 그 관련된 협의진료를 의뢰한 경우처럼 서로 대등한 지위에서 각자의 의료영역을 나누어 환자 진료의 일부를 분담하였다면, 진료를 분담받은 다른 의사의 전적인 과실로 환자에게 발생한 결과에 대하여는 책임을 인정할 수 없다.[260]

① 내과의사가 신경과 전문의와 협의진료한 결과 피해자의 증세와 관련하여 신경과 영역에서 이상이 없다는 회신을 받았고, 그 회신 전후의 진료 경과에 비추어 그 회신 내용에 의문을 품을 만한 사정이 있다고 보이지 않자 그 회신을 신뢰하여 뇌혈관계통 질환의 가능성을 염두에 두지 않고 내과 영역의 진료행위를 계속하다가 피해자의 증세가 호전되기에 이르자 퇴원하도록 조치한 경우, 피해자의 지주막하출혈을 발견하지 못한 데 대하여 내과의사의 업무상과실을 인정할 수 없다.[261]

② 乙 의사의 초빙을 받은 甲 의사가 乙이 처리 중인 임부에 대하여 분만수술을 마치고 수술의 다른 증세가 없음을 확인하고 乙에게 인계한 이상, 그때의 환자에 대한 관리와 조치의 책임은 乙에게 있다.[262]

(b) 수련의 등과의 관계 - 수직적 분업

수련의나 의료보조자에 대한 지도·감독과 같은 수직적 분업의 관계에 있어서는 특별한 사정이 없는 한 신뢰의 원칙이 받아들여지지 않는다.[263]

① 주치의와 수련의와의 관계에 대하여, 의사는 전문적 지식과 기능을 가지고 환자의 전적인 신뢰하에서 환자의 생명과 건강을 보호하는 것을 업으로 하는 사람으로서 그 의료행위를 시술하는 기회에 환자에게 위해가 미치는 것을 방지하기 위하여 최선의 조치를 취할 의무를 지고 있으므로, 의사가 다른 의사와 의료행위를 분담하는 경우에도 자신이 환자에 대하여 주된 의사의 지위에 있거나 다른 의사를 사실상 지휘·감독하는 지위에 있다면, 그 의료행위의 영역이 자신의 전공과목이 아니라 다른 의사의 전공과목에 전적으로 속하거나 다른

201

202

203

204

---

260 대판 2003. 1. 10, 2001도3292; 대판 2022. 12. 1, 2022도1499.
261 대판 2003. 1. 10, 2001도3292.
262 대판 1970. 2. 10, 69도2190.
263 정영일, 34.

의사에게 전적으로 위임된 것이 아닌 이상, 의사는 자신이 주로 담당하는 환자에 대하여 다른 의사가 하는 의료행위의 내용이 적정한 것인지 여부를 확인하고 감독하여야 할 업무상주의의무가 있고, 만약 의사가 이와 같은 업무상주의의무를 소홀히 하여 환자에게 위해가 발생하였다면, 의사는 그에 대한 과실책임을 면할 수 없다.[264]

205   ② 주치의와 야간당직의사와의 관계에 대하여, 환자의 혈압상승을 위하여 포도당액을 주사하게 되었으면 그 과정에서 환자의 전해질이상 유무를 확인하고 투여하여야 함에도 의사에게 요구되는 이러한 일련의 조치를 취하지 아니한 과실이 있다면, 그러한 과실로 환자가 전해질이상·빈혈·저알부민증 등으로 인한 쇼크로 사망하였음을 인정할 수 있고, 그 치료 과정에서 야간당직의사의 과실이 일부 개입하였다고 하더라도 그의 주치의사 및 환자와의 관계에 비추어 볼 때 환자의 주치의사는 업무상과실치사죄의 책임을 면할 수는 없다.[265]

(c) 간호사 등 의료보조자 등과의 관계

206   간호사 등 의료보조자에 대한 관계에 대하여 대법원은, "간호사가 '진료의 보조'를 함에 있어서는 모든 행위 하나하나마다 항상 의사가 현장에 입회하여 일일이 지도·감독하여야 한다고 할 수는 없고, 경우에 따라서는 의사가 진료의 보조행위 현장에 입회할 필요 없이 일반적인 지도·감독을 하는 것으로 족한 경우도 있을 수 있다 할 것인데, 여기에 해당하는 보조행위인지 여부는 보조행위의 유형에 따라 일률적으로 결정할 수는 없고 구체적인 경우에 있어서 그 행위의 객관적인 특성상 위험이 따르거나 부작용 혹은 후유증이 있을 수 있는지, 당시의 환자 상태가 어떠한지, 간호사의 자질과 숙련도는 어느 정도인지 등의 여러 사정을 참작하여 개별적으로 결정하여야 한다."라고 판시하였다.[266]

207   구체적으로 대법원은, ① 간호사가 혈액봉지를 오인하여 수혈함으로써 환자

---

264 대판 2007. 2. 22, 2005도9229[피고인은 피해자의 주치의 겸 병원 정형외과 전공의로서, 같은 과의 수련의가 피고인의 담당 환자인 피해자에 대하여 한 처방이 적절한 것인지 여부를 확인하고 감독하여야 할 업무상주의의무가 있음에도 불구하고(이는 위 수련의가 성형외과 영역과 관련한 처방에 대하여 위 병원 성형외과 전공의의 지시를 받았다고 하여 달리 볼 것이 아님) 위 의무를 소홀히 한 나머지, 피해자가 위 수련의의 잘못된 처방으로 인하여 상해를 입게된 사례]; 대판 2022. 12. 1, 2022도1499.
265 대판 1994. 12. 9, 93도2524.
266 대판 2003. 8. 19, 2001도3667.

가 사망한 사안에서, "의사는 전문적 지식과 기능을 가지고 환자의 전적인 신뢰
하에서 환자의 생명과 건강을 보호하는 것을 업으로 하는 자로서, 그 의료행위를
시술하는 기회에 환자에게 위해가 미치는 것을 방지하기 위하여 최선의 조치를
취할 의무를 지고 있고, 간호사로 하여금 의료행위에 관여하게 하는 경우에도 그
의료행위는 의사의 책임하에 이루어지는 것이고 간호사는 그 보조자에 불과하므
로, 의사는 당해 의료행위가 환자에게 위해가 미칠 위험이 있는 이상 간호사가
과오를 범하지 않도록 충분히 지도·감독을 하여 사고의 발생을 미연에 방지하여
야 할 주의의무가 있고, 이를 소홀히 한 채 만연히 간호사를 신뢰하여 간호사에
게 당해 의료행위를 일임함으로써 간호사의 과오로 환자에게 위해가 발생하였다
면 의사는 그에 대한 과실책임을 면할 수 없다."고 판단하였다.[267]

또한, ② 산부인과의사인 피고인이 피해자에 대한 임신중절수술을 시행하 **208**
기 위하여 마취주사를 시주(施注)함에 있어 피고인이 직접 주사하지 아니하고,
만연히 간호조무사로 하여금 직접방법에 의하여 에폰톨 500밀리그램이 함유된
마취주사를 피해자의 우측 팔에 놓게 하여 피해자에게 상해를 입혔다면, 의사로
서의 주의의무를 다하지 아니한 과실이 있다.[268]

③ 피고인이 간호사들에게 진료 보조행위에 해당하는 자궁의 수축상태 및 **209**
질출혈의 정도를 관찰하도록 위임하는 것 자체가 과실이라고 볼 수는 없으나(피고
인은 간호사로부터 출혈량이 많다는 보고를 받으면 즉시 환자를 살펴 수혈 또는 전원 여부
등을 판단하면 될 것임), 피고인으로서는 태반조기박리 등으로 인한 대량출혈의 위
험성이 높다는 것을 예견하였거나 이를 예견할 수 있었으므로 간호사가 위임받은
업무를 제대로 수행하고 있는지 평소보다 더 주의 깊게 감독하여야 한다.[269]

그러나 ④ 야간 당직간호사가 담당 환자의 심근경색 증상을 당직의사에게 **210**
제대로 보고하지 않음으로써 당직의사가 필요한 조치를 취하지 못한 채 환자가

267　대판 1998. 2. 27, 97도2812. 이에 더하여, 피고인이 근무하는 병원에서는 인턴의 수가 부족하
　　여 수혈의 경우 두 번째 이후의 혈액봉지는 인턴 대신 간호사가 교체하는 관행이 있었다고 하더
　　라도, 위와 같이 혈액봉지가 바뀔 위험이 있는 상황에서 피고인이 그에 대한 아무런 조치도 취
　　함이 없이 간호사에게 혈액봉지의 교체를 일임한 것이 관행에 따른 것이라는 이유만으로 정당화
　　될 수는 없다고 판시하였다.
268　대판 1990. 5. 22, 90도579.
269　대판 2010. 4. 29, 2009도7070.

사망한 경우, 병원의 야간당직 운영체계상 당직간호사에게 환자의 사망을 예견하거나 회피하지 못한 업무상과실이 있고, 당직의사에게는 업무상과실을 인정하기 어렵다.[270]

211   또한 대법원은, ⑤ 의사의 처방과 지시에 따라 수술 직후부터 계속하여 항생제, 진통소염제 등의 주사액이 간호사들에 의하여 피해자의 대퇴부 정맥에 연결된 튜브를 통하여 투여되어 왔으므로 사고 당일 주사행위 자체에 특별한 위험성이 있었다고 볼 수 없는 사안에서, 간호사가 의사의 처방에 의한 정맥주사(side injection 방식)를 의사의 입회 없이 간호실습생에게 실시하도록 하여 뇌실외배액관을 대퇴부정맥에 연결된 튜브로 착각함으로써 그곳에 주사액을 투입하여 발생한 의료사고에 대해 의사의 과실을 부정하였다.[271]

        (d) 의사와 환자 사이

212   의사와 환자 사이에서는, 피해자가 의사로부터 다른 병원에서 절개수술까지 권유받았으나 경제적인 이유로 이에 불응하고 퇴원하여 민간요법치료를 하다가 피고인의 진찰을 받고 일단 종합병원에 가서 진단과 치료를 받을 것을 권고받았으나 경제적 사정을 호소하면서 피고인의 치료를 요구하여 피고인이 우측슬하부 절개수술을 하였으나 밤톨만한 응고된 혈괴만이 검출되어 혈관질환에 의한 증상으로 판단하고 세균감염에 대비한 조치를 취하고, 아울러 즉시 혈관촬영이 가능하고 수술시설이 갖추어진 종합병원으로 갈 것을 강력히 제시하고 괴사의 위험성이 있음을 경고하였으나, 피해자는 이에 불응하고 민간요법으로 치료를 계속하다가 타병원에서 괴사로 진행되고 있는 우측하지를 절단받기에 이른 경우라면, 의사에게 치료시술상 요구되는 주의의무를 해태하였다고 볼 수 없다.[272]

        (e) 약사의 경우

213   약사가 의약품을 판매하거나 조제함에 있어서 그 의약품의 표시 포장상의 내용을 신뢰하고 이를 사용한 경우에는, 업무상주의의무를 위반하였다고 할 수 없다.[273]

---

270 대판 2007. 9. 20, 2006도294.
271 대판 2003. 8. 19, 2001도3667.
272 대판 1983. 5. 24, 82도289.
273 대판 1976. 2. 10, 74도2046.

(4) 의료종사자의 업무상과실과 결과 발생의 인과관계

의료행위는 고도의 전문적·기술적 성격을 띠고 있어 일반인이 갖는 경험칙 **214** 만으로는 의료행위와 환자에게 생긴 결과 사이에 인과관계의 존부를 판단하기 가 쉽지 않다. 실무적으로도 의료사고로 인한 본조 위반 사건에 있어서 과실과 인과관계의 문제가 함께 다투어지는 것이 일반적이다.

통상 의사 등에게 과실, 즉 주의의무위반이 없었다면 그러한 결과가 발생 **215** 하지 않았으리라고 증명되는 경우에는 상당인과관계가 인정되고,[274] 의사 등의 과실 유무와 관계없이 같은 결과가 발생할 경우에는 인과관계가 부정된다고 할 것이다.

따라서 혈청에 의한 간기능검사를 시행하지 않거나 이를 확인하지 않은 피 **216** 고인들의 과실과 피해자의 사망 간에 인과관계가 있다고 하려면, 피고인들이 수 술 전에 피해자에 대한 간기능검사를 하였더라면 피해자가 사망하지 않았을 것 이라는 점, 즉 피해자의 간기능에 이상이 있었다는 검사결과가 나왔으리라는 점 이 증명되어야 할 것이다.[275] 또한 피고인이 농배양을 하지 않은 과실이 피해자 의 사망에 기여한 인과관계 있는 과실이 된다고 하려면, 농배양을 하였더라면 피고인이 투약해 온 항생제와 다른 어떤 항생제를 사용하게 되었을 것이라거나 어떤 다른 조치를 취할 수 있었을 것이고, 따라서 피해자가 사망하지 않았을 것 이라는 점을 판단하여야 한다.[276]

---

274 대판 2023. 1. 12, 2022도11163〔피고인의 주사치료와 피해자의 상해 발생 사이에 인과관계가 인정된다는 등의 사정만을 이유로 피고인의 업무상과실(주사 과정에서의 비위생적 조치)은 물론 그것과 피해자의 상해 사이의 인과관계까지도 인정한 원심판결은 잘못이라고 판단한 사례〕. 「의 료사고에서 의사의 과실과 결과 발생 사이에 인과관계를 인정하기 위해서는, 주의의무 위반이 없었더라면 그러한 결과가 발생하지 않았을 것임이 증명되어야 한다. 그러므로 의사에게 의료행 위로 인한 업무상과실치사상죄를 인정하기 위해서는, 의료행위 과정에서 공소사실에 기재된 업 무상과실의 존재는 물론 그러한 업무상과실로 인하여 환자에게 상해·사망 등 결과가 발생한 점 에 대하여도 엄격한 증거에 따라 합리적 의심의 여지가 없을 정도로 증명이 이루어져야 한다. 설령, 의료행위와 환자에게 발생한 상해·사망 등 결과 사이에 인과관계가 인정되는 경우에도, 검사가 공소사실에 기재한 바와 같은 업무상과실로 평가할 수 있는 행위의 존재 또는 그 업무상 과실의 내용을 구체적으로 증명하지 못하였다면, 의료행위로 인하여 환자에게 상해·사망 등 결 과가 발생하였다는 사정만으로 의사의 업무상과실을 추정하거나 단순한 가능성·개연성 등 막연 한 사정을 근거로 함부로 이를 인정할 수는 없다.」
275 대판 1990. 12. 11, 90도694. 본 판결 평석은 신양균, "과실범에 있어서 의무위반과 결과의 관 련", 형사판례연구〔1〕, 한국형사판례연구회, 박영사(1993), 62-82.
276 대판 1996. 11. 8, 95도2710. 본 판결 평석은 박상기, "의료과실과 과실인정조건", 형사판례연구

217   그리고 의료사고의 인과관계는 결과가 의료행위로 인해 발생하였다는 점이
명백한 때에 인정되고, 추정이나 개연성만으로는 부족하다.

(가) 인과관계가 인정된 사례

218   ① 의사의 수술 후 복막염에 대한 진단과 처치 지연 등의 과실로 피해자가
제때 필요한 조치를 받지 못하였다면 피해자의 사망과 피고인의 과실 사이에는
인과관계가 인정되고, 비록 피해자가 의사의 지시를 일부 따르지 않았거나 퇴원
한 적이 있더라도, 그러한 사정만으로는 피고인의 과실과 피해자의 사망 사이에
인과관계가 단절된다고 볼 수 없다.[277]

219   ② 피고인의 전원(轉院) 지체 등의 과실로 피해자에 대한 신속한 수혈 등의
조치가 지연된 이상 피해자의 사망과 피고인의 과실 사이에는 인과관계를 부정
하기 어렵고, A 병원 의료진의 조치가 다소 미흡하여 피해자가 A 병원 응급실
에 도착한 지 약 1시간 20분이 지나 수혈이 시작되었다는 사정만으로 피고인의
과실과 피해자 사망 사이에 인과관계가 단절된다고 볼 수 없다.[278]

220   ③ 일산화탄소 중독 환자에게 병명을 알려주고 이에 대한 주의사항으로 피
해장소인 방의 수선이나 환자에 대한 요양방법이나 그 밖의 건강관리에 필요한
사항을 지도하여 줄 요양방법의 지도의무가 있는 것이므로 이를 태만히 한 것으로
서 의사로서의 업무상과실이 있고, 이 과실과 재차의 일산화탄소 중독과의 사이
에 인과관계가 있다고 보아야 한다.[279]

221   ④ 피해자가 다른 병원으로 전원할 당시 이미 후복막에 농양이 광범위하게
형성되어 있었고, 췌장이나 십이지장과 같은 후복막 내 장기 등 조직의 괴사가
진행되어 이미 회복하기 어려운 상태에 빠져 있었다면, 피해자가 다른 병원으로
전원하여 진료를 받던 중 사망하였다는 사실 때문에 피고인의 진료상의 과실과

---

〔7〕, 한국형사판례연구회, 박영사(1999), 38-59; 정규원, "의료과실과 분업적 의료행위", 형사재
판의 제문제(4권), 박영사(2003), 6-36.

277 대판 2018. 5. 11, 2018도2844.

278 대판 2010. 4. 29, 2009도7070. 본 판결 평석은 황만성, "환자의 전원(전원)에 있어서의 의료과
실", 형사판례연구 〔19〕, 한국형사판례연구회, 박영사(2011), 574-605.

279 대판 1991. 2. 12, 90도2547. 다만, 본 판례에 대해서는 상당인과관계설을 취한다 할 지라도 일
상의 경험칙상 결과발생에 대한 예견가능성이 부인되어 상당인과관계의 존재를 부인하는 것이
옳고, 객관적 귀속 이론에 따르면 '주의규범의 보호목적'에 비추어 결과귀속이 부인되어야 할 것
이라는 의견이 있다(김일수·서보학, 77).

〔송 규 영〕

피해자의 사망과의 사이의 인과관계가 단절된다고 볼 수는 없다.[280]

(나) 인과관계가 부정된 사례

대법원은, ① 출산 후 이완성 자궁출혈로 저혈량성 쇼크상태에 빠진 산모　**222**
에게 진료담당 의사가 필요한 수액과 혈액을 투여한 후 폐부종이 발병하여 산
모가 사망한 사안에서, 산부인과에서 폐부종이 올 수 있는 경우는 매우 다양하
고 복합적인 원인으로 생기는 경우가 많으나, 보통 임신중독증, 자간증, 임신 전
의 고혈압이 임신으로 인해 악화된 경우 등에 잘 발병하지만, 출혈이 심하여 수
혈을 받은 것으로 인하여서는 폐부종이 잘 발생하지 않고 산후출혈 없이 임신
중독증 자체만으로도 폐부종이 발생할 수 있으므로, 의사의 수혈과 수액공급이
환자의 사망의 원인이 되었다고 볼 수 없다고 판시하였다.[281]

② 신생아에 대한 호흡곤란 및 청색증이 발견된 후 종합병원에 신생아를　**223**
입원시키기까지 사이에 산부인과 의사인 피고인의 잘못으로 적절한 진료를 하
지 못하였다고 하더라도, 그것이 신생아의 상태를 치명적으로 악화시킨 것으로
보기는 어려울 뿐 아니라 사망한 신생아에 대한 호흡곤란을 일으킨 기흉 등의
발생원인이 의학적으로 규명되어 있지 아니한 점을 감안하면, 피고인의 출산 후
대처 잘못으로 신생아가 사망하였다고 단정하기는 어렵다.[282]

대법원은 ③ 한의사인 피고인이 피해자에게 문진하여 과거 봉침(蜂針)을 맞　**224**
고도 별다른 이상반응이 없었다는 답변을 듣고 부작용에 대한 충분한 사전 설
명 없이 환부인 목 부위에 봉침시술을 하였는데 피해자가 위 시술 직후 쇼크반
응을 나타내는 등 상해를 입은 사안에서, "제반 사정에 비추어 피고인이 봉침시
술에 앞서 설명의무를 다하였더라도 피해자가 반드시 봉침시술을 거부하였을
것이라고 볼 수 없어, 피고인의 설명의무 위반과 피해자의 상해 사이에 상당인
과관계를 인정하기 어렵다."고 판시하였다.[283]

---

280 대판 1996. 9. 24, 95도245.
281 대판 1997. 10. 10, 97도1678.
282 대판 1996. 12. 23, 95도2012.
283 대판 2011. 4. 14, 2010도10104. 본 판결 평석은 김성돈, "의사의 설명의무위반의 효과와 가정적
　　승낙의 법리", 형사판례연구 [21], 한국형사판례연구회, 박영사(2013), 27-64; 이용식, "형사판례
　　법리로서 가정적 승낙의 논리구조 비판: 설명의무위반과 결과와의 관계/ 주의의무위반과 결과와
　　의 관계, 요건 - 효과의 관계/원인 - 결과의 관계, 가정적 승낙은 없다", 형사판례연구 [25], 한
　　국형사판례연구회, 박영사(2017), 155-196.

(5) 의료종사자의 일반적 주의의무

(가) 의사 또는 한의사

225   의사나 한의사가 진찰·치료 등의 의료행위를 할 때에는 사람의 생명·신체·건강을 관리하는 업무의 성질에 비추어 환자의 구체적 증상이나 상황에 따라 위험을 방지하기 위하여 요구되는 최선의 조치를 취하여야 하고, 환자에게 적절한 치료를 하거나 그러한 조치를 취하기 어려운 사정이 있다면 신속히 전문적인 치료를 할 수 있는 다른 병원으로 옮기는 조치 등을 취하여야 한다.[284]

226   대법원은 의료사고에 있어서 의사의 과실을 인정하기 위해서는 의사가 결과발생을 예견할 수 있었음에도 불구하고 그 결과발생을 예견하지 못하였고, 그 결과발생을 회피할 수 있었음에도 불구하고 그 결과발생을 회피하지 못한 과실이 검토되어야 하고, 그 과실의 유무를 판단함에는 같은 업무와 직무에 종사하는 일반적 보통인의 주의정도를 표준으로 하여야 하며, 이에는 사고 당시의 일반적인 의학의 수준과 의료환경 및 조건, 의료행위의 특수성 등이 고려되어야 하고,[285] 이러한 법리는 한의사의 경우에도 마찬가지라고 판시한다.[286] 한편, 과실 유무 판단의 기준은 "의료행위를 할 당시 의료기관 등 임상의학 분야에서 실천되고 있는 의료행위의 수준"이라고 한다.[287] 일본 판례도 주의의무의 기준은 "진료 당시의 이른바 임상의학의 실천에 있어서의 의료수준"이라고 하고,[288] 단지 의료관행에 따라 의료행위를 하였다는 것만으로 바로 의료수준에 따른 주의의무를 다하였다고 할 수 없다고 한다.[289]

227   무릇 의사는 진료를 행함에 있어 환자의 상황과 당시의 의료 수준 그리고 자기의 전문적인 지식과 경험에 따라 생각할 수 있는 몇 가지의 조치 중에서 적절하다고 판단되는 진료방법을 선택할 수 있고, 그것이 합리적인 재량의 범위를

---

284 대판 2015. 3. 12, 2012다117492; 대판 2006. 12. 21, 2005도9213; 대판 2017. 10. 26, 2014도4570; 대판 2018. 5. 11, 2018도2844.

285 대판 1984. 6. 12, 82도3199; 대판 1992. 12. 10, 99도3711; 대판 1996. 11. 8, 95도2710; 대판 2003. 1. 10, 2001도3292; 대판 2023. 1. 12, 2022도11163.

286 대판 2011. 4. 14, 2010도10104; 대판 2014. 7. 24, 2013도16101. 위 2013도16101 판결 해설은 박영호, "한의사가 당뇨병 환자에게 침, 사혈 등의 행위를 한 것이 형사상 업무상 과실 행위인지 여부", 해설 102, 법원도서관(2015), 445-461.

287 대판 2022. 12. 1, 2022도1499.

288 最判 平成 7(1995). 6. 23. 民集 49·6·1499.

289 最判 平成 8(1996). 1. 23. 民集 50·1·1.

벗어난 것이 아닌 한 진료의 결과를 놓고 그중 어느 하나만이 정당하고 그와 다른 조치를 취한 것에 과실이 있다고 말할 수는 없으므로, 의사가 환자 내지 그 가족에게 상처 부위의 조직괴사에 대응하기 위하여 필요한 검사 내지 치료를 할 수 있는 병원으로는 종합병원밖에 없다고 설명하면서 종합병원으로 전원할 것을 권유하였다면, 그것으로 의사로서의 진료상의 의무를 다하였다 할 것이고, 거기서 나아가 그 환자나 가족들이 개인의원으로 전원하는 것을 만류, 제지하거나 그 환자를 직접 종합병원으로 전원하여야 할 의무까지 있다고 할 수는 없다.[290] 또한 정신병 전문의사가 평소 상당한 주의를 하였었고, 망상형 정신분열 환자의 자상 내지 자살과 같은 자해행위는 의학상 이례에 속한 예측을 기대하지 못하는 것인데, 피해자가 감시 소홀한 틈을 타서 자살하였다면, 그에게 사고 발생의 원인이 된 과실이 있었다고 할 수 없다.[291]

응급환자를 전원하는 의사는 전원받는 병원 의료진이 적시에 응급처치를 할 수 있도록 합리적인 범위 내에서 환자의 주요 증상 및 징후, 시행한 검사의 결과 및 기초진단명, 시행한 응급처치의 내용 및 응급처치 전후의 환자상태, 전원의 이유, 필요한 응급검사 및 응급처치, 긴급성의 정도 등 응급환자의 진료에 필요한 정보를 전원받는 병원 의료진에게 제공할 의무가 있다.[292] **228**

미용성형을 시술하는 의사로서는 고도의 전문적 지식에 입각하여 시술 여부, 시술의 시기, 방법, 범위 등을 충분히 검토한 후 그 미용성형 시술의 의뢰자에게 생리적, 기능적 장해가 남지 않도록 신중을 기하여야 할 뿐 아니라, 회복 **229**

---

290 대판 1996. 6. 25, 94다13046. 같은 취지로는, 대판 1984. 6. 12, 82도3199.
291 대판 1970. 12. 22, 70도2304.
292 대판 2010. 4. 29, 2009도7070. 「정상혈압환자는 제왕절개수술 후 통상적인 출혈만으로 90/60 mmhg의 저혈압이 되기도 하지만, 고혈압환자가 제왕절개수술 후 같은 정도의 저혈압이 되는 것은 비정상적인 경우로서 대량출혈을 의심할 수 있는 사실, 피고인은 15:15경 피해자 상태를 확인한 후 전원조치에 앞서 A 병원 산부인과 당직의사에게 전화하여 "조기태반박리 증상을 보이는 환자가 있는데 현재는 아무 이상이 없으나, 혹시 수혈이 필요할지도 모르니 후송을 해도 되겠느냐'고 물었고, 이어 전원 당시 A 병원 산부인과 당직의사에게 '오후 3시경부터 출혈경향이 있고, 90/60mmhg 정도의 저혈압이 있었다'는 취지로 말하였을 뿐 피해자가 고혈압환자이고, 수술 후 대량출혈이 있었던 사정을 설명하지 않은 사실을 알 수 있는바, 사정이 이와 같다면 A 병원 의료진은 피고인의 위와 같은 설명의무 해태로 인하여 피해자의 저혈압 및 출혈량에 대한 평가를 잘못하고 나아가 수혈의 긴급성 판단을 그르쳤다고 할 것이므로, 피고인에게는 전원과정에서 A 병원 의료진에게 피해자의 상태 및 응급조치의 긴급성에 관하여 충분히 설명하지 않은 과실이 있다 할 것이다.」

이 어려운 후유증이 발생할 개연성이 높은 경우 그 미용성형 시술을 거부 내지는 중단하여야 할 의무가 있다.[293]

230   비록 비전문의일지라도 전문의 계통의 진료를 행할 때에는 전문의의 주의의무를 기준으로 과실 여부를 판단할 필요가 있다. 또한 일반적인 조산술로는 분만이 어려워 개업의사가 감당하기 어려운 상황이었다면 시설이 좋은 종합병원에 이송해야 할 것임에도, 장시간에 걸쳐 일반적인 조산술로 분만시키려다 산모를 사망에 이르게 하였다면 의사에게 과실을 인정할 수 있다.[294]

231   야간에 당직을 서는 수련의가 응급환자를 치료하다가 의료사고가 발생한 경우, 전문의의 도움을 요청하기 어려운 긴급한 상황이었다면 일반적인 전문의 수준에서는 의료과오로 인정될 사안일지라도 수련의의 책임은 부정된다고 보아야 할 것이다.

232   병원 인턴인 피고인이 응급실로 이송되어 온 익수(溺水)환자를 담당의사의 지시에 따라 구급차에 태워 다른 병원으로 이송하던 중 산소통의 산소잔량을 체크하지 않은 과실로 산소 공급이 중단된 결과 환자를 폐부종 등으로 사망에 이르게 하였다는 내용으로 기소된 사안에서, 대법원은 담당의사로부터 이송 도중 환자에 대한 앰부 배깅(ambubagging)과 진정제 투여 업무만을 지시받은 피고인에게 일반적으로 구급차 탑승 전 또는 이송 도중 구급차에 비치되어 있는 산소통의 산소잔량을 확인할 주의의무가 있다고 보기는 어렵고, 다만 피고인이 환자에 대한 앰부 배깅 도중 산소 공급 이상을 발견하고도 구급차에 동승한 의료인에게 기대되는 적절한 조치를 취하지 아니하였다면 업무상과실이 있다고 판시하였다.[295]

       (나) 간호사 등 의료종사인
       (a) 간호사

233   간호사의 업무는 환자의 요양상의 간호와 의사의 진료 보조행위로 나눌 수 있는데, 후자의 경우 그 주의의무는 의사를 기준으로 해야 할 것이다. 또한 의료법은 제2조에서 의사는 의료에 종사하고, 간호사는 의사·치과의사·한의사의

---

293 대판 2007. 5. 31, 2007도1977.
294 대판 1967. 7. 11, 67다848.
295 대판 2011. 9. 8, 2009도13959.

지도하에 시행하는 진료를 보조한다고 규정하고 있으므로, 간호사가 의사의 진료를 보조할 경우에는 특별한 사정이 없는 한 의사의 지시에 따라 진료를 보조할 의무가 있다.[296]

한편 피해자를 감시하도록 업무를 인계받지 않은 간호사가 자기 환자의 회　　**234**
복처치에 전념하고 있었다면, 회복실에 다른 간호사가 남아 있지 않은 경우에도 다른 환자의 이상증세가 인식될 수 있는 상황에서라야 이에 대한 조치를 할 의무가 있다고 보일 뿐, 회복실 내의 모든 환자에 대하여 적극적·계속적으로 주시·점검할 의무가 있다고 할 수 없다.[297]

정신병동에 입원 중인 환자가 완전감금병동의 화장실 창문을 열고 탈출하　　**235**
려다가 떨어져 죽은 사고에 있어서, 위 병동의 당직간호사에게 당시 위 창문의 시정 여부를 확인하는 것을 넘어 이를 설치·관리하는 일까지 간호사의 업무로 보기는 어렵고, 또한 피해자가 화장실에 가는 시간을 기록하여 두고 10여 분 후에 간호보조사로부터 피해자가 병실 침대에 없다는 보고를 받은 즉시 그를 찾아 나섰다면, 그것을 가리켜 환자동태관찰의무를 게을리한 것이라고 단정할 수 없다.[298]

(b) 조산원

조산원이 분만 중인 태아를 질식사에 이르게 한 경우에는 업무상과실치사　　**236**
죄가 성립한다.[299]

(c) 침술사

구급환자에 대하여 의료인은 즉시 진단하고 최선의 처치를 행한 후 당해　　**237**
의료기관의 능력으로는 그 환자에 대한 충분한 치료를 할 수 없다고 판단될 때

---

[296] 대판 2010. 10. 28, 2008도8606(간호사가 수술 직후의 환자에 대한 진료를 보조하면서 1시간 간격으로 4회 활력징후를 측정하라는 담당 의사의 지시에 따르지 아니하였고 그 후 위 환자가 과다출혈로 사망한 사안에서, 간호사에게 업무상과실이 있다고 한 사례). 같은 취지로는, 대판 1994. 12. 22, 93도3030[갑상선아전(亞全)절제술 및 전경부임파절청소술을 받은 환자가 기도부종으로 인한 호흡장애로 뇌기능 부분손상 상태(식물인간 상태)에 이르게 된 경우, 환자의 호흡곤란을 알고도 00:30경부터 09:00경까지 환자의 상태를 확인하지 아니한 주치의 겸 당직의사와 그의 활력체크지시를 제대로 이행하지 아니하고 의사를 불러 달라는 환자 보호자의 요청을 듣지 아니한 담당간호사들을 업무상과실치상죄로 처벌한 사례].

[297] 대판 1994. 4. 26, 92도3283.

[298] 대판 1992. 4. 28, 91도1346.

[299] 대판 1982. 10. 12, 81도2621.

에는 충분한 치료를 할 수 있는 의료기관으로 이송하여야 할 의무가 있으나, 이러한 의무는 의료법 소정의 의료인에게 부과된 의무임이 위 규정상 명백하여 의료인이 아닌 침술사에게 그와 같은 의무가 있다고 할 수 없다.[300]

(6) 진단에 관한 주의의무

238   의사에게 진단상 과실이 있는지를 판단할 때는 의사가 비록 완전무결하게 임상진단을 할 수는 없을지라도 적어도 임상의학 분야에서 실천되고 있는 진단 수준의 범위에서 전문직업인으로서 요구되는 의료상의 윤리, 의학지식과 경험에 기초하여 신중히 환자를 진찰하고 정확히 진단함으로써 위험한 결과 발생을 예견하고 이를 회피하는 데에 필요한 최선의 주의의무를 다하였는지를 따져 보아야 한다.[301]

(가) 산부인과 의사

239   ① 산부인과 과장으로서는 당초 환자에게 출혈을 동반한 자궁경부염의 증세가 있었으나, 단순한 지혈 치료만으로도 그 출혈이 거의 멈춘 상태로서 위 환자에게 다른 특별한 소견도 발견되지 아니하여 그 당시 긴급한 치료행위가 필요한 상태가 아니었으므로, 자궁경부염의 치료로서 전자궁적출술이 근본적인 치료방법이라 하더라도 섣불리 위 환자의 인체에 위험을 가하는 수술행위 등을 시행할 것이 아니라, 먼저 각종 검사를 통하여 그 출혈 원인을 규명한 후 약물 치료 등 인체에 그다지 큰 위험을 수반하지 않는 비수술적 요법으로도 완치 가능성이 있는지의 여부를 가려보아, 비수술적 치료만으로는 그 치료가 어렵다고 판단될 경우 그 때 가서 수술적 치료방법을 선택하는 등 신중히 대처해야 할 주의의무가 있다.[302]

240   ② 임신중절을 위한 소파수술을 하였으나 자궁 내에서 아무 내용물이 나오

---

300 대판 1982. 4. 27, 81도2151.
301 대판 2018. 5. 11, 2018도2844.
302 부산고판 1996. 7. 18, 95나7345(당초 단순한 출혈을 동반한 자궁경부염의 증세를 보이던 환자에 대하여 비수술적 요법에 의한 완치 가능성 여부를 가려 보지 않고 바로 자궁적출술의 치료방법을 택하였고, 그 수술 과정에서 난소와 난관에 부종과 물혹, 자궁 후벽과 직장의 유착 등을 발견하고 이를 직장암으로 판단하여 다시 직장을 절제하는 수술로 치료방법을 변경하면서, 그 병변이 직장암인지 여부에 대하여 동결절편검사와 이와 병행하여 환자의 병력검사, CT촬영 등 각종 정밀검사를 거치지 아니하고, 또한 환자 본인 또는 가족들에게 질병의 증상, 치료방법의 내용, 예상되는 위험 등 당시의 의료 수준에 비추어 상당하다고 생각되는 사항을 설명하지 아니하였다는 등의 이유로, 의사의 손해배상 책임을 인정한 사례).

지 않은 점으로 보아 산부인과 전문의인 피고인으로서는 자궁외 임신이 아닌가 하는 판단을 내려 자궁외 임신 여부를 세심히 진찰하던가, 피고인으로서 그 진찰에 자신이 없다면 의료시설이 완비된 종합병원의 진찰을 권유할 업무상주의의무가 있다.[303]

③ 산부인과 전문의 수련과정 2년차의 의사로서 환자의 복부에서 만져지는 혹을 제거하기 위한 개복수술을 하려고 하였으면 진료경험이나 산부인과적 전문지식이 비교적 부족한 상태이므로 산부인과 전문의 지도를 받는다던지 자문을 구하고, 위 환자의 진료에 필요한 모든 검사를 면밀히 실시하여 병명을 확인하고 수술에 착수하여야 하고 개복 후에도 개복 전의 진단병명은 정확하며 혹시 다른 질환은 아닌지를 세밀히 검토하여 필요한 범위 내에서 수술을 시행하여야 할 업무상 주의의무가 있다.[304] 　241

④ 개업의로서 산모가 계속적인 고통을 호소하였고 진통시간이 과다한 경우, 산모나 태아에 이상이 있는가 여부를 규명했어야 하고, 그렇게 했었다면 태아의 머리가 산모의 골반에 비하여 지나치게 커서 순산할 수 없고, 결국 제왕절개수술을 하여야 할 정도로 머리가 컸다면 능히 이를 사전에 알아차릴 수 있었는데도 불구하고 적절한 조치를 취하지 않았다면, 과실로 환자를 사망하게 한 것이다.[305] 　242

(나) 그 밖의 의사

① 일반외과 전문의인 피고인이 피해자의 후복막 전체에 형성된 혈종을 발견한 지 14일이 지나도록 전산화단층촬영 등 후복막 내의 장기 손상이나 종양 형성 여부를 확인하기에 적절한 진단방법을 시행하지 않은 채, 피해자가 보인 　243

---

303 대판 1967. 8. 29, 66도1197.
304 대판 1993. 7. 27, 92도2345(환자를 진찰한 결과 복부에 혹이 만져지고 하혈을 하고 있어 자궁외 임신일 가능성도 생각하였으나 피해자가 10년간 임신경험이 없고 경유병원에서의 진단소견이 자궁근종 또는 자궁체부암으로 되어 있자, 자궁외 임신인지를 판별하기 위한 수술전 검사법인 특수호르몬검사, 초음파검사, 복강경검사, 소변임신반응검사 등을 전혀 실시하지 않고 자궁근종을 확인하는 의미에서의 촉진 및 시진을 통하여 자궁외 임신환자인 A의 병명을 자궁근종으로 오진하였고, 수술단계에서도 냉동절편에 의한 조직검사 등을 거치지 아니한 상태에서 자궁근종으로 속단하고 일반외과 전문의와 함께 병명조차 정확히 확인하지 못한 채 자궁적출술을 시행하여 현대의학상 자궁적출술을 반드시 필요로 하지 않음에도 환자의 자궁을 적출함으로써 A를 상해에 이르게 한 사례).
305 대판 1967. 7. 11, 67다848.

염증 증상의 원인을 단순히 장간막 봉합수술에 따른 후유증 정도로만 생각하고
필요한 적절한 진단 및 치료조치를 취하지 아니한 것은 진단 및 치료상의 주의
의무를 다하지 아니한 것으로서 과실이 있다.[306]

244   ② 패혈증을 의심할 만한 심한 고열, 항문 주위의 동통 및 피부의 괴사가
나타났으므로, 이러한 경우 피해자의 치료를 전담하고 있던 의사로서는, 직장염
이나 녹농균 등의 병원균 감염에 의한 패혈증 발병을 의심하고 위와 같은 증세
의 정확한 원인을 밝히기 위하여 혈액검사·항문 부위 염증 및 피부괴사의 원인
균 배양을 실시하여 평소 사용하던 항생제감수성 측정 결과에 따른 항생제 교
체 내지 투여량 증가 등의 조치를 취하여야 할 업무상주의의무가 있다.[307]

245   ③ 피해자의 과거 병력에 대한 문진에서 나아가 피해자의 임신 여부 등에
대하여도 검진하지 않은 것이 피고인의 과실이라고 하려면, 봉와직염(蜂窩織炎)
(세균이 피부의 진피와 피하 조직을 침범하여 생기는 염증 반응)에 감염된 여자환자라면
19세로서 미혼이라고 하여도 그 임신 여부 검사를 하는 것이 보편적임에도 불
구하고 피고인이 그 검사를 하지 않았다거나 그와 같은 여자환자가 증세가 호
전되지 않는 경우 임신에 의한 면역기능 저하를 당연히 의심하여 대처하여야
함에도 불구하고 피고인이 그러한 통상적인 예견과 판단도 하지 못한 것이라는
점이 밝혀져야 한다.[308]

246   ④ 의사로서 환자가 연탄가스 중독으로 판명된 경우 환자가 그 원인사실을
모르고 병명을 문의하는 경우에는, 그 병명을 알려주고 이에 대한 주의사항으로
서 피해장소인 방의 수선이나 환자에 대한 요양의 방법이나 그 밖의 건강관리
에 필요한 사항을 지도하여 줄 요양방법의 지도의무가 있는 것이며(의료법 § 22
참조), 이를 태만하였다면 의사로서의 업무상과실이 있는 경우라 할 것이다.[309]

247   반면에, ⑤ 외상성 장파열과 장폐색증은 초기감별이 어려울 뿐 아니라 복
부통증을 호소하는 피해자에 대한 초기진단에 나타난 모든 자료, 특히 엑스선
촬영결과에 특기할 만한 점이 없으며, 복벽강직증상과 반사통을 호소하지 아니
하므로 피해자를 일단 급성 위확장 및 마비성 장폐색증으로 진단하고 이에 대

---

306 대판 1996. 9. 24, 95도245.
307 대판 1998. 7. 24, 98다12270.
308 대판 1996. 11. 8, 95도2710.
309 대판 1991. 2. 12, 90도2547.

526   〔송 규 영〕

한 대증요법을 시행하면서 확진을 위하여 계속 외과적 관찰을 하여 온 피고인의 소위는, 통상 의사에게 요구되는 진단방법과 그 증상에 대한 통상의 치료방법을 사용하였다 할 것이어서, 피고인에게 과실이 있다고 단정하기 어렵다.[310]

⑥ 일반외과전문의가 환자의 증상을 통상의 혈행장애로 판단하고 그에 상응한 치료를 한 것에 잘못이 없는 경우에는, 즉시 환자를 종합병원에 넘기지 않았다 하여 그것만으로 의료상의 처치과정에 잘못이 있다고 할 수 없다.[311]

(7) 주사 등 침습(侵襲)행위에 관한 주의의무

주사에 관한 과오는 ① 약제의 종류에 관한 잘못, ② 약제의 양에 관한 잘못, ③ 주사의 부위·방법에 관한 잘못으로 대별되는데, 위 ①과 ②는 과실의 태양이 명백한 단순 잘못에 속하는 것이 많은 반면에, ③은 의사의 지식·능력, 치료법 선택의 적정 여부 등 의료행위의 내용과 관련하여 곤란한 사례도 포함되어 있다.[312]

(가) 과실이 인정된 사례

① 페니실린 반응검사 후에 호스타마이신 40만 단위(페니실린 40만 단위 스트렙트마이신 0.5그램으로 구성된 항생제)를 환자에게 시주(施注)하는 의사가 환자의 보호자로부터 전날 페니실린주사를 맞고 가렵고 발진이 있어서 부작용을 일으킨 것 같다는 말을 들은 경우에는, 전날 페니실린 시주 후 환자의 증세가 어떠하였는가에 대하여 더 엄밀히 문진이나 그 밖의 가능한 방법에 의하여 조사를 하고 전날 주사 후 있었다는 발진과 가려움증이 페니실린의 부작용이 아니었다는 확실한 진단이 있기 전에는 함부로 동 약재를 시주하는 행위는 이를 삼가하여야 하고, 위 주사를 시주할 시에는 시주 후 부작용이 있을 것을 상정하고 사전조치를 준비함은 물론, 시주한 후에는 의학적으로 기대되는 적절한 사후치료조치를 다할 주의의무가 있다고 할 것인데, 단지 쇼크에 대한 처치시설이 갖추어진 도립병원에서 초일 반응검사 후에 항생제를 시주함에 있어서 다시 사전 반응검사를 하여야 할 주의의무가 요구된다고 할 수 없다는 이유만으로 의사로서 요구되는 업무상주의의무를 다하였다고 할 수 없다.[313]

---

310 대판 1984. 4. 24, 82도1882.
311 대판 1989. 11. 14, 89도1568.
312 大塚 外, 大コン(3版)(11), 76-77(飯田英男).
313 대판 1976. 12. 28, 74도816.

〔송 규 영〕

251   ② 정신과질환인 조증으로 입원한 환자의 주치의사는 환자의 건강상태를 사전에 면밀히 살펴서 그 상태에 맞도록 조증치료제인 클로르프로마진을 가감하면서 투여하여야 하고, 클로르프로마진의 과다투여로 인하여 환자에게 기립성저혈압이 발생하게 되었고, 당시 환자의 건강상태가 갑자기 나빠지기 시작하였다면, 좀 더 정확한 진찰과 치료를 위하여 내과전문병원 등으로 전원조치를 하여야 할 것이고, 그러지 못하고 환자의 혈압상승을 위하여 포도당액을 주사하게 되었으면 그 과정에서 환자의 전해질이상 유무를 확인하고 투여하여야 함에도 의사에게 요구되는 이러한 일련의 조치를 취하지 아니한 과실이 있다면, 그러한 과실로 환자가 전해질이상·빈혈·저알부민증 등으로 인한 쇼크로 사망하였음을 인정할 수 있고, 그 치료 과정에서 야간당직의사의 과실이 일부 개입하였다고 하더라도 그의 주치의사 및 환자와의 관계에 비추어 볼 때, 환자의 주치의사는 업무상과실치사죄의 책임을 면할 수 없다.[314]

252   ③ 환자가 산후출혈로 인한 양측성 폐부종증상이 있어 수혈이 절대로 필요하다고 의사가 확인하고도 수혈을 해 주던가 그런 조치를 하도록 조언을 하지 않고 산후 빈혈증으로 진단한 후 무자격 간호원으로 하여금 산후빈혈증치료제를 주사케 하여 병세를 악화케 하고, 병세가 가라 앉기는 커녕 더욱 악화한다는 호소에 귀를 기울이지 않고 그대로 방치하여 사망케 하였다면, 의사로서의 업무상과실이 인정된다.[315]

253   ④ 염화카리를 주사하기 전에 환자의 혈액검사를 하여 보충되어야 할 염화카리의 양을 측정하지 않고, 점적(點滴)형식의 주사방법에 의하지 않았으며, 의사가 주사하거나 입회하지도 않고 간호원으로 하여금 주사하게 하는 한편, 간호원의 주사 중 부작용 반응이 나타났음에도 주사를 중단하지 아니하였다면, 의사의 과실로 인하여 환자가 사망하였다고 보아야 한다.[316]

254   ⑤ 의사가 개에게 물린 환자에게 광견병 예방주사인 백신 주사를 함에 있어서는, 개를 계속 관찰하여 개의 건강에 이상이 없고 광견병 보유정황이 보이지 아니하고 환자에게 부작용의 증세가 보일 때에는 즉시 이를 중지하여 부작용을

---

314 대판 1994. 12. 9, 93도2524.
315 대판 1974. 12. 1, 73다1405.
316 대판 1981. 6. 23, 81다413.

방지할 업무상주의의무가 있다 할 것인바, 환자를 문 개는 평소 건강하고 광견병 예방접종까지 하여 광견병이 발병할 위험이 없었던 것으로서 환자 측이 의사에게 이를 알렸고, 환자는 백신 주사를 맞는 도중 주사에 못 이겨 열과 두통 등의 병세가 생겨 의사에게 호소하였음에도 백신 주사를 계속 실시하여 그 부작용으로 뇌척수염을 발병케 하였다면 업무상의 주의의무에 위배한 것이다.[317]

(나) 과실을 부정한 사례

① 대한의사협회에 대한 사실조회결과 등에 의하면, 당뇨 병력이 있는 환　　255
자나 당뇨병성 족병변에 대하여 침을 놓거나 사혈(瀉血)을 하는 것이 금지되어
있지는 않고, 다만 시술 전에 소독을 철저히 하고 자침(刺針) 시에 너무 강하게
찌르거나 너무 깊게 찔러서 상처를 필요 이상으로 크게 하거나 기타 조직을 손
상하는 일이 없도록 주의를 기울여야 한다고 되어 있으므로, 피고인과 같은 업
무와 직종에 종사하는 일반적인 한의사의 주의 정도를 표준으로 하였을 때 당
뇨 병력이 있는 피해자에게 침을 놓거나 사혈을 한 행위 자체만으로 어떠한 과
실이 있다고 단정할 수는 없다.[318]

② 환자가 간경화증 소화성위궤양 등 증세로 병원에 입원하여 링겔주사를　　256
맞는 경우, 담당간호원으로서 환자의 호소나 요구에 따라 적절한 처치를 하면서
환자의 용태 및 주사의 상황을 수시로 파악해야 할 의무는 있다고 하겠으나, 환
자가 주사를 꽂은 채 주사병을 들고 밖으로 나오다가 넘어질 경우까지를 예상
하여 환자 옆에 꼭 붙어 지켜서서 환자의 일거일동을 관찰·감호해야 할 의무까
지는 있다고 할 수 없으며, 보호자가 입원에 필요한 준비물을 가지러 귀가한 경
우에도 그 주의의무의 내용과 정도에는 소장이 있을 수 없다.[319]

(8) 수술 등에 관한 주의의무

(가) 설명의무에 관한 잘못

일반적으로 의사는 환자에게 수술 등 침습을 가하는 과정 및 그 후에 나쁜　　257
결과 발생의 개연성이 있는 의료행위를 하는 경우 또는 사망 등의 중대한 결과
발생이 예측되는 의료행위를 하는 경우에 있어서 진료계약상의 의무 내지 침습

---

317 대판 1975. 12. 9, 75다1028.
318 대판 2014. 7. 24, 2013도16101.
319 서울고판 1978. 8. 31, 78나916.

등에 대한 승낙을 얻기 위한 전제로서 당해 환자나 그 법정대리인에게 질병의 증상, 치료방법의 내용 및 필요성, 발생이 예상되는 위험 등에 관하여 당시의 의료수준에 비추어 상당하다고 생각되는 사항을 설명하여 당해 환자가 그 필요성이나 위험성을 충분히 비교해 보고 그 의료행위를 받을 것인가의 여부를 선택할 수 있도록 할 의무가 있는 것이지만, 의사에게 당해 의료행위로 인하여 예상되는 위험이 아니거나 당시의 의료수준에 비추어 예견할 수 없는 위험에 대한 설명의무까지 부담하게 할 수는 없으며, 설명의무의 주체는 원칙적으로 당해 처치의사라 할 것이나 특별한 사정이 없는 한 처치의사가 아닌 주치의 또는 다른 의사를 통한 설명으로도 충분하다.[320]

258   ① 안과수술 후 갑자기 나타난 예측불가능한 시신경염으로 환자의 시력이 상실된 경우, 수술 전에 그 수술의 필요성, 방법, 합병증에 대하여 자세히 설명하였고 수술 전후에 걸쳐 환자의 기왕병력인 신경섬유종의 변화 유무를 관찰하였으나 아무런 변화가 없었으며, 수술 부위가 시신경과는 무관한 안검 부위로서 시신경염으로 인한 시력상실은 통상적으로 예견되는 후유증이 아니므로 그에 대한 의사의 설명의무위반 및 의료과실이 인정된다고 보기 어렵다.[321]

259   ② 정상혈압환자는 제왕절개수술 후 통상적인 출혈만으로 90/60mmhg의 저혈압이 되기도 하지만, 고혈압환자가 제왕절개수술 후 같은 정도의 저혈압이 되는 것은 비정상적인 경우로서 대량출혈을 의심할 수 있었음에도, 담당의사인 피고인은 15:15경 피해자 상태를 확인한 후 전원조치에 앞서 A 병원 산부인과 당직의사에게 전화하여 "조기태반박리 증상을 보이는 환자가 있는데 현재는 아무 이상이 없으나, 혹시 수혈이 필요할지도 모르니 후송을 해도 되겠느냐."고 물었고, 이어 전원 당시 A 병원 산부인과 당직의사에게 '오후 3시경부터 출혈경향이 있고, 90/60mmhg 정도의 저혈압이 있었다'는 취지로 말하였을 뿐 피해자가 고혈압환자이고, 수술 후 대량출혈이 있었던 사정을 설명하지 않은 사실이 인정되는 경우, 사정이 이와 같다면 A 병원 의료진은 피고인의 위와 같은 설명의무 해태로 인하여 피해자의 저혈압 및 출혈량에 대한 평가를 잘못하고 나아가 수혈의 긴급성 판단을 그르쳤다고 할 것이므로, 피고인에게는 전원과정에서 A 병원 의

---

320 대판 1999. 9. 3, 99다10479.
321 대판 1999. 9. 3, 99다10479.

료진에게 피해자의 상태 및 응급조치의 긴급성에 관하여 충분히 설명하지 않은 과실이 있다 할 것이다.[322]

(나) 수술 전 검사나 준비상의 잘못

① 갑상선비대증이나 심장병환자에 대하여는 편도선 절제수술이 금기사항으로 되어 있으므로 의사로서는 환자를 진찰한 결과 환자의 갑성선과 심장이 보통 사람의 그것에 비하여 많이 비대해져 있음을 발견하였으면, 마땅히 정밀검사를 통하여 그 발병원인을 밝혀 보고 나아가 그 질환의 정도가 편도선 절제수술을 감내할 수 있는지의 여부를 확인한 연후에 편도선 절제수술을 시행하였어야 할 터임에도, 사전에 이에 대한 정밀검사를 실시하지 아니한 과실로 환자가 갑상선수양암 및 관상동맥경화증 환자임을 알지 못한 채 동인의 편도선 절제수술을 감행함으로써 동인으로 하여금 수술을 마친 후 약 40분 후에 심장마비로 사망케 하였다면, 업무상과실치사의 책임이 있다.[323]

② 임신·출산이 폐색전증 발병의 위험인자 중의 하나이고 호흡곤란이나 현기증 등은 폐색전증의 증상과 징후의 하나인 것도 사실이나, 이러한 호흡곤란이나 현기증 등은 수술 후 나타날 수 있는 흔한 증상 중의 하나이기도 하여 제왕절개술로 분만한 산모에게서 수술 후 발생할 수 있는 호흡곤란이나 현기증 등만으로 폐색전증을 예상하여 이를 진단하는 것은 지극히 어려울 뿐만 아니라, 심전도·흉부방사선사진·동맥혈가스분석검사 등으로는 폐색전증을 확진하기 어렵고 폐혈관조영술을 실시하면 폐색전증을 확진할 수 있지만 이는 침습적인 검사이고 그 자체로 색전을 유발할 가능성이 있으며, 한편 폐색전증의 가능성은 고령·제왕절개술의 출산 후 증가하지만 전체 임산부 중 폐색전증의 발생 가능성 자체는 극히 낮다는 것이므로, 고령자의 출산과 제왕절개술이 보편화된 실정에 비추어 볼 때, 제왕절개술로 출산한 30대 중반의 산모에게 발열·호흡곤란과 같이 비특이적인 증상·징후가 나타났다는 사정만을 가지고 담당의사가 폐색전증을 예견하지 못한 것에 어떠한 잘못이 있었다고 볼 수 없고, 따라서 이와 같이 폐색전증을 의심하기 어려운 상황에서 폐색전증을 확진하기 위하여 폐혈관

260

261

---

[322] 대판 2010. 4. 29, 2009도7070. 본 판결 평석은 황만성, "환자의 전원(轉院)에 있어서의 의료과실", 형사판례연구 [19], 한국형사판례연구회, 박영사(2011), 574-605.
[323] 대판 1986. 10. 14, 85도1789.

조영술을 일반적으로 실시하여야 할 의무가 있다고 단정할 수도 없다고 할 것이다.[324]

262   ③ 산부인과 개업의들이 매 분만마다 수혈용 혈액을 준비한다 하더라도 이를 사용하지 아니한 경우(대부분의 분만에서 사용하지 아니함)에는 혈액원에 반납할 수 없고, 산부인과 의원에서는 이를 보관하였다가 다른 산모에게 사용할 수도 없기 때문에 결국 사용하지 못한 혈액은 폐기하여야 하고, 헌혈 부족으로 충분한 혈액을 확보하지 못하고 있는 우리나라의 실정상 만약 산부인과 개업의들이 매 분만마다 수혈용 혈액을 미리 준비하고, 이를 폐기한다면 혈액 부족이 심화될 우려가 있음을 알 수 있는바, 제왕절개분만을 함에 있어서 산모에게 수혈을 할 필요가 있을 것이라고 예상할 수 있었다는 사정이 보이지 않는 한, 산후과다출혈에 대비하여 제왕절개수술을 시행하기 전에 미리 혈액을 준비할 업무상주의의무가 있다고 보기 어렵다.[325]

263   ④ 산부인과 의사가 산모의 태반조기박리에 대한 대응조치로서 응급 제왕절개수술을 시행하기로 결정하였다면, 이러한 경우에는 적어도 제왕절개수술 시행 결정과 아울러 산모에게 수혈을 할 필요가 있을 것이라고 예상되는 특별한 사정이 있어 미리 혈액을 준비하여야 할 업무상주의의무가 있다.[326]

        (다) 수술상의 잘못

264   대법원은 ① 소아외과 의사가 5세의 급성 림프구성 백혈병 환자의 항암치료를 위하여 쇄골하 정맥에 중심정맥도관을 삽입하는 수술을 하는 과정에서 환자의 우측 쇄골하 부위를 주사바늘로 10여 차례 찔러 환자가 우측 쇄골하 혈관 및 흉막 관통상에 기인한 외상성 혈흉으로 인한 순환혈액량 감소성 쇼크로 사망한 사안에서, "이 사건 수술이 반드시 필요하였고, 당시 피해자의 전신상태가 매우 좋지 아니하였으며, 간수치가 높아 전신마취로 인한 간기능저하 및 경우에 따라서는 간괴사가 발생할 가능성이 있어 수술을 중단한 후에 다시 전신마취를 하여 수술을 시도하는 것이 매우 어려운 상태였음을 알 수 있고, 한편 이 사건 수술 외에 달리 피하혈관을 확보할 수 있는 방법이 있다고 볼 자료를 기록상 찾

---

324 대판 2006. 10. 26, 2004도486.
325 대판 1997. 4. 8, 96도3082.
326 대판 2000. 1. 14, 99도3621.

아볼 수 없으며, 쇄골하 정맥에 중심정맥도관을 삽입하기 위하여 쇄골하 부위에 과연 몇 번 주사바늘을 찔러야 하는지에 대하여 의학적인 기준이 확립되어 있지 아니하고, 이 사건 수술을 중단하게 될 경우 항암치료의 지속이 어려워 결국 피해자에게 백혈병 악화로 인한 중대한 위험이 예상된다면, 의사가 이 사건 수술을 중단하지 아니하고 중심정맥을 찾기 위하여 10회 정도 쇄골하 부위를 주사바늘로 찔렀고 이 과정에서 수술시간이 다소 지연되었다고 하여 의사의 그와 같은 진료방법의 선택이 합리적인 재량의 범위를 벗어난 것이라고 단정할 수는 없다."라고 판시하였다.[327]

② 침투태반에 의한 출혈이라 하여도 개업한 산부인과 전문의로서는 우선은 보존적인 요법을 시행하여 지혈이 되기를 기대하면서 관찰을 하여 보고, 그로써 지혈이 될 수 없다는 판단이 서게 되면 그때에 지체 없이 자궁적출술을 시행하여야 할 것이지, 침투태반에 의한 출혈이라 하여 보존적인 요법을 거치지도 않고 우선 자궁적출술부터 시행할 주의의무가 있다고 보기는 어렵다.[328]

③ 요추 척추후궁절제 수술 도중에 수술용 메스가 부러지자 담당의사가 부러진 메스조각(3×5㎜)을 찾아 제거하기 위한 최선의 노력을 다하였으나 찾지 못하여 부러진 메스조각을 그대로 둔 채 수술부위를 봉합한 경우, 같은 수술과정에서 메스 끝이 부러지는 일이 흔히 있고, 부러진 메스가 쉽게 발견되지 않을 경우 수술과정에서 무리하게 제거하려고 하면 부가적인 손상을 줄 우려가 있어 일단 봉합한 후에 재수술을 통하여 제거하거나 그대로 두는 경우가 있는 점에 비추어 담당의사의 과실을 인정할 수 없다.[329]

(라) 수술 후 관리상의 잘못

① 갑상선아전절제술 및 전경부임파절청소술을 받은 환자가 기도부종으로 인한 호흡장애로 뇌기능 부분손상 상태(식물인간 상태)에 이르게 된 경우, 환자의 호흡 곤란을 알고도 00:30경부터 09:00경까지 환자의 상태를 확인하지 아니한 주치의 겸 당직의사와 그의 활력체크지시를 제대로 이행하지 아니하고 의사를 불러달라는 환자 보호자의 요청을 듣지 아니한 담당간호사들은 업무상과실치상

265
266
267

---

327 대판 2008. 8. 11, 2008도3090.
328 대판 1997. 4. 8, 96도3082.
329 대판 1999. 12. 10, 99도3711.

죄의 책임을 진다.[330]

268　　　② 낙태수술을 하고 태아를 낙태시킨 순간부터 심한 하출혈을 하는 것을 보고 자궁수축제와 지혈제를 주사하고 압박 담봉을 하였으나 아무런 효험이 없이 여전히 출혈이 계속되었을 경우, 위 출혈상태로 보아 '이완성 자궁'으로 인한 출혈이라는 것을 예견하였거나 예견할 수 있었을 것이므로, 의사로서는 출혈의 근원을 제거하기 위하여 환자로 하여금 자궁절개수술을 받도록 조치를 위하여 그 출혈로 인한 사망을 예방하여야 할 주의의무가 있다.[331]

269　　　③ 환자의 치료 및 개복수술의 집도를 담당한 주치의로서 환자의 영양상태가 극히 불량하였고, 당뇨가 심하여 개복수술 후 그 봉합부위가 제대로 아물지 않을 위험이 있는데다가 말기 췌장암 환자인 경우 복수가 찰 위험이 큼에 따라 절개부위가 터져 탈장이 될 위험이 많았음에도 불구하고, 퇴원 시 환자나 보호자 등에게 그와 같은 위험의 발생가능성 및 그와 같이 복수가 찰 때 취하여야 할 제반조치, 즉 복수가 찰 때의 증상 및 그러한 증상이 나타날 때 즉시 인근 병원에 연락하여 복수천자술(腹水穿刺術)을 받아야 할 것이라는 등의 설명을 하지 아니하였을 뿐만 아니라, 그와 같은 위험성을 전혀 예상하지 못한 나머지 만연히 퇴원시킨 과실이 인정된다.[332]

270　　　④ 의사가 환자의 골절상을 수술치료함에 있어서 적어도 70일을 경과하지 아니하면 접합판의 제거수술을 할 수 없음에도 환자가 요청한다 하여 45일만에 접합판을 제거해야 할 급박한 사정도 없으면서 별일 없을 것이라고 가볍게 믿은 나머지 이를 제거하였고, 더욱이 일단 제거수술을 하였다 하여도 골절된 부분을 기브스로 완전 고정시켜 만곡이나 전위(轉位)를 방지하여야 할 업무상주의의무가 있음에도 엑스 광선의 투시결과가 골형성이 다소간 진행된 것이 엿보인다 하여 아무런 조처도 취하지 아니한 채 퇴원시킴으로써 피해자에게 전치 약 1년간의 입원가료를 요하는 상처를 입혔다면 의사에게 과실이 있다.[333]

271　　　⑤ 피고인이 간호사들에게 진료 보조행위에 해당하는 자궁의 수축상태 및

---

330 대판 1994. 12. 22, 93도3030.
331 대판 1971. 8. 31, 71도1254.
332 서울고판 1997. 5. 27, 96나45544.
333 대판 1969. 10. 14, 69도991.

질출혈의 정도를 관찰하도록 위임하는 것 자체가 과실이라고 볼 수는 없으나(피고인은 간호사로부터 출혈량이 많다는 보고를 받으면 즉시 환자를 살펴 수혈 또는 전원 여부 등을 판단하면 될 것임), 피고인으로서는 태반조기박리 등으로 인한 대량출혈의 위험성이 높다는 것을 예견하였거나 이를 예견할 수 있었으므로 간호사가 위임받은 업무를 제대로 수행하고 있는지 평소보다 더 주의 깊게 감독하여 피해자의 출혈량이 많을 경우 신속히 수혈을 하거나 수혈이 가능한 병원으로 전원시킬 의무가 있다고 할 것인데, 이를 게을리하여 피해자의 대량출혈 증상을 조기에 발견하지 못하고, 전원을 지체하여 피해자로 하여금 신속한 수혈 등의 조치를 받지 못하게 한 과실이 있다고 할 것이다.[334]

⑥ 장 유착 상태가 심하고 주변 장기들도 많이 약해져 있는 경우에 유착박 　272
리술 이후 지연성 천공은 예상되는 합병증이므로 그 발생 가능성을 염두에 두고 계속 피해자의 경과를 관찰하는 등의 조치를 할 주의의무가 있는 바, 수술을 담당한 의사인 피고인은 피해자가 수술 후 보인 증상을 통상적인 통증으로 안일하게 판단하여 피해자에게 지연성 천공 등 예상되는 합병증에 대한 위험을 제대로 고지·설명하지 않았고, 퇴원 조건을 갖추지 못한 피해자에 대한 퇴원을 허락하였으며, 나아가 피고인은 피해자가 재차 병원을 방문하였을 때에도 복막염이 아니라고 속단한 채 피해자에게 필요한 적절한 검사나 치료를 하지 않고 피해자가 마지막으로 병원에 온 이후에도 허혈성 심질환으로만 의심하여 이에 대한 조치만 취하였을 뿐이어서, 그 결과 심장 전문의 등과의 협진을 통한 정확한 원인 규명과 이에 따른 필요한 처치나 전원을 지체하는 등으로 피해자로 하여금 제때에 필요한 조치를 받지 못하게 한 과실이 있다.[335]

(9) 투약에 관한 주의의무

(가) 의사

환자에 대한 니조랄 처방 이후 반복적인 흉통, 발작, 일시적 혼수상태 등을 　273
나타냈으므로, 이러한 경우 마땅히 그 원인을 규명하여 그것이 니조랄과 관련이 있는 것이라면 투약을 즉각 중단시키고, 니조랄과 관련이 없는 것이라면 심장계통 등의 이상을 의심하여 이에 적절히 대처하는 등 조치를 취하였어야 함에도

---

334 대판 2010. 4. 29, 2009도7070.
335 대판 2018. 5. 11, 2018도2844.

불구하고, 아무런 조치도 취하지 아니한 채 만연히 이를 방치하였을 뿐만 아니라, 나아가 위와 같이 반복되는 징후에 따라 예상되는 만약의 긴급사태에 대한 대비 또한 소홀히 하였다면 과실이 있다고 할 것이다.[336]

(나) 간호사

274　　　경력이 오래된 간호사라 하더라도 단지 잘 모르는 약제가 처방되었다는 등의 사유만으로 그 처방의 적정성을 의심하여 의사에게 이를 확인하여야 할 주의의무까지 있다고 보기는 어렵다 할 것이지만, 환자에 대한 투약 과정 및 그 이후의 경과를 관찰·보고하고 환자의 요양에 필요한 간호를 수행함을 그 직무로 하고 있는 종합병원의 간호사로서는 그 직무 수행을 위하여 처방 약제의 투약 전에 미리 그 기본적인 약효나 부작용 및 주사 투약에 따르는 주의사항 등을 확인·숙지하여야 할 의무가 있다 할 것인바, 처방의 경위와 위 처방 약제인 베크로니움의 특수한 용도 및 그 오용의 치명적 결과 등을 감안할 때, 만일 베크로니움이라는 약제가 수술 후 회복과정에 있는 환자에게는 사용할 수 없는 성질이며 특히 인공호흡의 준비 없이 투여되어서는 아니 된다는 등의 약효와 주의사항 및 그 오용의 치명적 결과를 미리 확인하였다면 위 처방이 너무나 엉뚱한 약제를 투약하라는 내용이어서 필시 착오 또는 실수에 기인한 것이라고 의심할 만한 사정이 있음을 쉽게 인식할 수 있었다 할 것이고, 그러한 사정이 있다면 간호사에게는 그 처방을 기계적으로 실행하기에 앞서 당해 처방의 경위와 내용을 관련자에게 재확인함으로써 그 실행으로 인한 위험을 방지할 주의의무가 있다고 봄이 상당하다.[337]

---

336 대판 1999. 2. 12, 98다10472.

337 대판 2009. 12. 24, 2005도8980〔정형외과 수련의가 정형외과 전공의의 지시를 받아 종양제거 및 피부이식수술을 받고 회복 중에 있던 피해자에 대한 처방을 함에 있어 근이완제인 베크로니움 브로마이드(vecuronium bromide)(이하 '베크로니움'이라 한다.)를 투약하도록 처방하였는데, 위 베크로니움은 전신근육을 이완시켜 수술을 쉽게 하는 작용을 가진 마취보조제로서 수술 후 회복과정에 있는 환자에게는 사용되지 않는 약제일 뿐 아니라 호흡근을 마비시키는 작용을 하기 때문에 환자에 대한 인공호흡 준비를 갖추지 않은 상태에서는 사용할 수 없고 인공호흡 준비 없이 투약할 경우 피해자에게 치명적인 결과를 초래하는 약품이고, 위 베크로니움은 그 이틀 전에 있었던 피해자의 수술에 사용되었던 약품으로서, 수술 시에 투약된 실제 사용량과 수술 당일 전산 입력된 사용량(착오로 실제 사용량보다 적게 입력됨)의 차이를 메우기 위한 편법으로 마취과 의사가 약제과와의 협의 아래 실제 투약함이 없이 수술 다음 날의 처방 약품에 형식적으로만 포함시켜 둔 것인데, 전공의가 수술 이틀 후의 처방을 함에 있어 이와 같은 사정을 알지 못하고 단순히 전날과 동일한 내용으로 처방할 것을 수련의에게 지시하고, 이에 따라 수련의는 전산장

(다) 약사

약사가 의약품을 판매하거나 조제함에 있어서 약사로서는 그 의약품이 그 　　275
표시포장상에 약사법 소정의 검인, 합격품이고 또한 부패·변질·변색되지 아니
하고 유효기간이 경과되지 아니함을 확인하고 조제판매한 경우에는, 우연히 그
내용에 불순물 또는 표시된 의약품과는 다른 성분의 약품이 포함되어 있어 이
를 사용하는 등 사고가 발생하였다면, 특히 그 제품에 불순물 또는 다른 약품이
포함된 것을 간단한 주의를 하면 인식할 수 있고 또는 이미 제품에 의한 사고가
발생된 것이 널리 알려져 그 의약품의 사용을 피할 수 있었던 특별한 사정이 없
는 한 관능시험 및 기기시험까지 하여야 할 주의의무가 있다 할 수 없고, 따라
서 그 표시를 신뢰하고 그 약을 사용한 점에 과실이 있었다고는 볼 수 없다고
할 것이다.[338]

(10) 수혈에 관한 주의의무

의사가 환자에게 일반적으로 널리 사용되는 투약 또는 치료방법을 사용할 　　276
때와는 달라서 흔히 부작용을 일으키는 수가 있는 수혈을 함에 있어서는, 혈액
형의 일치 여부는 물론 수혈용 혈액의 완전성 여부를 확인하고, 수혈 도중에도
처음에는 의사가 직접 입회하여 극소량으로부터 서서히 사용하는 등 세심한 주
의를 하여 환자의 반응을 감시하여 부작용이 있는지 여부를 확인하는 등 조치
를 하고 불의의 위험에 대한 임기응변의 조치를 취할 준비를 갖추는 등의 업무
상의 주의의무가 있다.[339]

대법원은, ① 자간증(子癇症)환자에게 의학상 반드시 수혈을 하여야만 하는 것 　　277
인지를 확인하지 아니한 채 다만 수혈을 할 수도 있다는 일반적인 사실만 들어 그
구체적인 사정하에서 필요 여부를 심리 판단하지 않은 채 수혈을 하지 않은 것에
업무상주의의무를 해태한 과실이 있다고 판단한 것은 잘못이라고 하였다.[340]

치를 이용하여 전자처방을 내리는 과정에서 전날의 처방에 포함되어 있던 베크로니움을 후속 처
방에 그대로 이기함으로써 잘못 처방이 되었으며, 간호사인 피고인은 위 약제를 인수한 후 그
약효나 부작용을 전혀 알지 못하였음에도 불구하고 그에 관해 아무 확인도 하지 아니한 채 정
맥주사의 방법으로 피해자에게 이를 투약함으로써 그 즉시 피해자가 의식불명의 상태에 빠지는
상해를 입게 된 사례].

338 대판 1976. 2. 10, 74도2046.
339 대판 1964. 6. 2, 63다804; 대판 1998. 2. 27, 97도2812.
340 대판 1970. 12. 22, 70도1787.

278   또한, ② 혈액원 소속의 검사자들이 채혈한 혈액의 검사를 잘못한 상태에
서 부적격 혈액들을 출고하여 이를 수혈받은 피해자들로 하여금 C형 간염 등이
감염되는 상해를 입게 한 경우, 혈액원장에게 업무상과실치상의 죄책을 인정하
였다.[341]

(11) 마취에 관한 주의의무

279   ① 마취제를 정맥주사할 경우, 의사로서는 스스로 주사를 놓든가 부득이
간호사나 간호조무사에게 주사케 하는 경우에도 주사할 위치와 방법 등에 관한
적절하고 상세한 지시를 함과 함께 스스로 그 장소에 입회하여 주사시행 과정
에서의 환자의 징후 등을 계속 주시하면서 주사가 잘못 없이 끝나도록 조치하
여야 할 주의의무가 있다.[342]

280   ② 마취환자의 마취회복 업무를 담당한 의사로서는 마취환자가 수술 도중
특별한 이상이 있었는지를 확인하여 특별한 이상이 있었던 경우에는 보통 환자
보다 더욱 감시를 철저히 하고, 또한 마취환자가 의식이 회복되기 전에는 호흡
이 정지될 가능성이 적지 않으므로 의식이 완전히 회복될 때까지 주위에서 관
찰하거나 적어도 환자를 떠날 때는 담당하는 간호사를 특정하여 그로 하여금
환자의 상태를 계속 주시하도록 하여 만일 이상이 발생한 경우에는 즉시 응급
조치가 가능하도록 할 의무가 있다.[343]

281   ③ 전신마취에 의한 개복수술은 간부전을 일으키고 간성혼수에 빠지게 하기
도 하는데, 특히 급만성간염이나 간경변 등 간기능에 이상이 있는 경우에는 90%
이상이 간기능이 중악화하고, 심한 경우에는 사망에 이르게 하는 것으로 알려져
있어 개복수술 전에 간의 이상 유무를 검사하는 것은 필수적이고, 피해자의 수술
시에 사용된 마취제 할로테인은 드물게는 간에 해독을 끼치고, 특히 이미 간장애
가 있는 경우에는 간장애를 격화시킬 위험이 있으므로 이러한 환자에 대하여는
그 사용을 주의 또는 회피하여야 한다고 의료계에 주지되어 있으며, 이 사건 사
고 당시 의료계에서는 개복수술 환자의 경우 긴급한 상황이 아닌 때에는 혈청의
생화학적 반응에 의한 간기능검사를 하는 것이 보편적이었다면, 응급환자가 아

---

341 대판 2007. 5. 10, 2006도6178.
342 대판 1990. 5. 22, 90도579.
343 대판 1994. 4. 26, 92도3283.

닌 난소종양환자의 경우에 있어서 수술주관 의사 또는 마취담당 의사인 피고인들로서는 난소종양절제수술에 앞서 혈청의 생화학적 반응에 의한 검사 등으로 종합적인 간기능검사를 철저히 하여 피해자가 간손상 상태에 있는지의 여부를 확인한 후에 마취 및 수술을 시행하였어야 할 터인데, 피고인들은 시진, 문진 등의 검사결과와 정확성이 떨어지는 소변에 의한 간검사 결과만을 믿고 피해자의 간상태를 정확히 파악하지 아니한 채 할로테인으로 전신마취를 실시한 다음 이 사건 개복수술을 감행한 결과 수술 후 22일만에 환자가 급성전격성간염으로 인하여 사망한 경우에는, 피고인들에게 업무상과실이 있다 할 것이다.[344]

(12) 신생아 관련 주의의무

282

산후조리원의 주된 업무는 입소한 산모들에게 적절한 음식과 운동방법 등을 제공하여 몸을 회복할 수 있도록 하고, 산모가 대동한 신생아를 대신 관리하여 줌으로써 산모가 산후조리에 집중할 수 있도록 도와주는 것이고, 산모와 신생아의 집단관리는 산후조리서비스 제공에 필연적으로 부수되는 업무로서 그 자체가 치료행위는 아니지만 면역력이 취약하여 다른 사람과 접촉이 바람직하지 아니한 신생아를 집단으로 수용하여 관리함으로써 질병의 감염으로 인한 생명·신체에 대한 위해가능성이 높아지는 특성상 보건분야 업무로서의 성격을 갖고 있으므로, 일반인에 의해 제공되는 산후조리 업무와는 달리 신생아의 집단관리 업무를 책임지는 사람으로서는, 신생아의 건강관리나 이상증상에 관하여 일반인보다 높은 수준의 지식을 갖추어 신생아를 위생적으로 관리하고 건강상태를 면밀히 살펴 이상증세가 보이면 의사나 한의사 등 전문가에게 진료를 받도록 하는 등 적절한 조치를 취하여야 할 업무상주의의무가 있다고 할 것인 바, 산후조리원에 입소한 신생아가 출생 후 10일 이상이 경과하도록 계속하여 수유량 및 체중이 지나치게 감소하고 잦은 설사 등의 이상증세를 보임에도 불구하고, 산후조리원의 신생아 집단관리를 맡은 책임자가 의사나 한의사 등의 진찰을 받도록 하지 않아 신생아가 탈수 내지 괴사성 장염으로 사망하였다면, 위 집단관리 책임자가 산모에게 신생아의 이상증세를 즉시 알리고 적절한 조치를 구하여 산모의 지시를 따른 것만으로는 업무상주의의무를 다하였다고 볼 수 없다.[345]

---

344 대판 1990. 12. 11, 90도694.
345 대판 2007. 11. 16, 2005도1796.

(13) 환자의 자기결정권 관련 주의의무346

283   환자의 명시적인 수혈 거부 의사가 존재하여 수혈하지 아니함을 전제로 환자의 승낙(동의)을 받아 수술하였는데, 수술 과정에서 수혈을 하지 않으면 생명에 위험이 발생할 수 있는 응급상태에 이른 경우에, 환자의 생명을 보존하기 위해 불가피한 수혈 방법의 선택을 고려함이 원칙이라 할 수 있지만, 한편으로 환자의 생명 보호에 못지않게 환자의 자기결정권을 존중하여야 할 의무가 대등한 가치를 가지는 것으로 평가되는 때에는 이를 고려하여 진료행위를 하여야 한다.

284   어느 경우에 수혈을 거부하는 환자의 자기결정권이 생명과 대등한 가치가 있다고 평가될 것인지는 환자의 나이, 지적 능력, 가족관계, 수혈 거부라는 자기결정권을 행사하게 된 배경과 경위 및 목적, 수혈 거부 의사가 일시적인 것인지 아니면 상당한 기간 동안 지속되어 온 확고한 종교적 또는 양심적 신념에 기초한 것인지, 환자가 수혈을 거부하는 것이 실질적으로 자살을 목적으로 하는 것으로 평가될 수 있는지 및 수혈을 거부하는 것이 다른 제3자의 이익을 침해할 여지는 없는 것인지 등 제반 사정을 종합적으로 고려하여 판단하여야 한다. 다만 환자의 생명과 자기결정권을 비교형량하기 어려운 특별한 사정이 있다고 인정되는 경우에 의사가 자신의 직업적 양심에 따라 환자의 양립할 수 없는 두 개의 가치 중 어느 하나를 존중하는 방향으로 행위하였다면 이러한 행위는 처벌할 수 없다.

285   그렇지만 이러한 판단을 위해서는 환자가 거부하는 치료방법, 즉 수혈 및 이를 대체할 수 있는 치료방법의 가능성과 안정성 등에 관한 의사의 설명의무 이행과 이에 따른 환자의 자기결정권 행사에 어떠한 하자도 개입되지 않아야 한다는 점이 전제되어야 한다. 즉 환자는 치료행위 과정에서의 수혈의 필요성 내지 수혈을 하지 아니할 경우에 야기될 수 있는 생명 등에 대한 위험성, 수혈을 대체할 수 있는 의료방법의 효용성 및 한계 등에 관하여 의사로부터 충분한 설명을 듣고, 이러한 의사의 설명을 이해한 후 진지한 의사결정을 하여야 하고,

---

346 대판 2014. 6. 26, 2009도14407〔대학병원 소속 정형외과 의사인 피고인이 자신의 직업적 양심에 따라 여호와의 증인 신도인 피해자(사망)의 자기결정권을 존중하여 피해자에게 타가수혈을 하지 아니하고 인공고관절 수술을 시행한 행위에 대하여 업무상과실치사죄의 성립을 부정한 사례〕. 본 판결 평석은 원형식, "환자의 수혈거부와 자기결정권의 한계: 대법원 2014. 6. 26. 선고 2009 도14407 판결을 중심으로", 형사법연구 28-1, 한국형사법학회(2016), 199-220.

그 설명 및 자기결정권 행사 과정에서 예상한 범위 내의 상황이 발생되어야 하며, 또한 의사는 실제로 발생된 상황 아래에서 환자가 수혈거부를 철회할 의사가 없는지 재확인하여야 한다.

특히 의사는 수술과정 등에서 발생되는 출혈로 인하여 환자의 생명이 위험에 빠지지 않도록 하기 위하여 환자에게 수혈하는 것이 통상적인 진료방법이고, 또한 수혈을 통하여 출혈로 인한 사망의 위험을 상당한 정도로 낮출 수 있음에도 환자의 의사결정에 따라 수혈을 포기하고 이를 대체할 수 있는 수술 방법을 택하는 것인데, 그 대체수술 방법이 수혈을 완전히 대체할 수 있을 정도의 출혈 방지효과를 가지지 못한다면 그만큼 수술과정에서 환자가 과다출혈로 인한 사망에 이를 위험이 증가할 수 있으므로, 그럼에도 불구하고 수술을 할 필요성이 있는지에 관하여 통상적인 경우보다 더욱 세심하게 주의를 기울임으로써 과연 수술을 하는 것이 환자를 위한 최선의 진료방법인지 신중히 판단할 주의의무가 있다. **286**

그리고 수술을 하는 경우라 하더라도 수혈 대체 의료 방법과 함께 당시의 의료 수준에 따라 출혈로 인한 위험을 최대한 줄일 수 있는 사전준비나 시술방법을 시행함으로써 위와 같은 위험 발생 가능성을 줄이도록 노력하여야 하며, 또한 수술 과정에서 예상과 달리 다량의 출혈이 발생될 수 있는 사정이 드러남으로써 위와 같은 위험 발생 가능성이 현실화되었다면 과연 위험을 무릅쓰고 수술을 계속하는 것이 환자를 위한 최선의 진료방법인지 다시 판단하여야 한다. **287**

환자가 수혈 대체 의료 방법을 선택하였다고 하더라도 이는 생명에 대한 위험이 현실화되지 아니할 것이라는 전제 내지 기대 아래에서의 결정일 가능성이 크므로, 위험 발생 가능성이 현실화된 상태에서 위험을 무릅쓰고 수술을 계속하는 것이 환자의 자기결정권에 기초한 진료라고 쉽게 단정하여서는 아니 된다. **288**

따라서 피고인의 무수혈 방식의 수술 및 그 위험성에 관한 수술 전의 설명 내용, 망인의 나이, 가족관계, 망인이 이 사건 수술에 이르게 된 경위, 망인이 타가수혈거부라는 자기결정권을 행사하게 된 배경, 수혈 거부에 대한 망인의 확고한 종교적 신념, 책임면제각서를 통한 망인의 진지한 의사결정, 수술 도중 타가수혈이 필요한 상황에서의 가족 등의 의사 재확인 등에 관한 사정들을 종합적으로 고려하여 보면, 이 사건에서는 망인의 생명과 자기결정권을 비교형량하기 어려운 특별한 사정이 있으므로, 타가수혈하지 아니한 사정만을 가지고 피고 **289**

〔송 규 영〕   **541**

인이 의사로서 진료상의 주의의무를 다하지 아니하였다고 할 수 없다.

6. 건축물 설치·관리자의 주의의무

(1) 개설

290   건축물사고는 건물, 도로, 교량 등 인공구조물과 관련하여 시공부터 사용, 관리하는 과정에서 붕괴·화재발생·자연재해 등으로 인하여 사상자나 재산상 피해가 발생하는 것을 의미한다. 건축물사고는 테러 등 고의에 의한 경우도 있으나 매우 드물고 대부분 과실에 의해 발생하지만, 원인 제공자의 행위가 고의에 따른 것이라고 하더라도 피해 확산 과정에서 건축물 설계, 시공 등의 하자가 추가 피해를 야기하는 경우도 있을 수 있다. 건축물사고는 단일 사고만으로 사망, 부상 등 인명 피해가 수백 명에 달하기도 하는 등 피해가 심각한 경우가 많다.

291   대부분의 건축물은 ① 설계의 확정 → ② 설계에 따른 시공(施工) → ③ 준공(竣工) → ④ 사용 및 관리의 절차를 거쳐 완성된다. 이러한 과정에서 시공업체에 자재를 공급하는 업체와 공사시공의 적정성을 점검하는 감리업체가 관여하게 된다. 따라서 건축물사고가 발생하게 되면 원인을 확정한 다음 해당 건축물에 대한 부실한 공사와 관리에 대한 책임 소재를 위 단계별로 검토하여야 할 것이므로 사고가 설계상의 잘못으로 인한 것인지, 시공상의 잘못으로 인한 것인지, 자재공급이나 감리과정에서 과오가 있었는지, 관리를 태만히 하였는지 등을 따져 보아야 한다.

292   건축물 관련 규정은 여러 법령에 산재되어 있고, 법 및 시행령, 시행규칙뿐만 아니라 위임규정에 따라 관련 부처의 예규 등에 구체적인 의무의 내용이 상세하고 세부적으로 규정되어 있는 경우가 많으므로, 사고의 원인과 관계된 사람들의 주의의무위반을 특정하기 위해서는 관련 법령상의 의무 준수 여부를 먼저 확인해야 한다. 따라서 건축물사고 관계자의 주의의무위반을 판단하려면 법령상 의무의 존부, 의무위반의 내용, 의무위반으로 인한 사고발생 등을 검토해 나가야 한다. 또한, 공사가 진행 중인 공사현장에서의 사고와 준공되어 사용·관리 중인 건축물에서의 사고는 그 성격에 따라 달리 접근해야 한다. 공사가 진행 중인 현장의 경우 근로현장의 성격을 갖기 때문에 산업안전보건법 등 근로관계 법령이 적용될 것이고, 완성된 건축물의 경우 법령에 따른 점검·유지·보수 등 건축물

관리과정에서의 하자가 사고에 기여한 경우가 있을 수 있으므로 설계, 시공, 감리자 이외에 건축물 관리자의 책임도 검토해야 할 필요가 있다.

건축물의 안전과 관련하여, 건축물의 대지·구조·설비 기준 및 용도 등을 규정하는 건축법, 건설공사의 조사·설계·시공·감리·유지관리·기술관리 등에 관한 기본적인 사항을 규정하는 건설산업기본법, 산업안전·보건에 관한 기준을 확립하고 책임의 소재를 명확하게 하여 산업재해를 예방하고 쾌적한 작업환경을 조성함으로써 근로자의 안전과 보건을 유지·증진하기 위한 산업안전보건법 및 중대재해처벌법 등이 있다. 이외에도 건축 관련 법령은 다수의 개별법에 산재되어 있으며, 기술의 복잡성 등으로 인하여 관련 지침 등 하위규정에 구체적인 주의의무를 두고 있는 경우가 많다. **293**

건축물사고는 대부분 다수 관계자의 과실이 결합하여 발생하므로 과실범의 공동정범 성립 여부가 쟁점이 된다. 대법원은 이에 관하여, "성수대교와 같은 교량이 그 수명을 유지하기 위하여는 건설업자의 완벽한 시공, 감독공무원들의 철저한 제작시공상의 감독 및 유지·관리를 담당하고 있는 공무원들의 철저한 유지·관리라는 조건이 합치되어야 하는 것이므로, 위 각 단계에서의 과실 그것만으로 붕괴원인이 되지 못한다고 하더라도 그것이 합쳐지면 교량이 붕괴될 수 있다는 점은 쉽게 예상할 수 있고, 따라서 위 각 단계에 관여한 자는 전혀 과실이 없다거나 과실이 있다고 하여도 교량붕괴의 원인이 되지 않았다는 등의 특별한 사정이 있는 경우를 제외하고는 붕괴에 대한 공동책임을 면할 수 없다."라고 판시하고 있다.[347] **294**

한편, 대규모 회사의 경우 위험성을 내포한 공사를 통해 막대한 이익을 취하면서 안전관리 업무와는 분리되어 있다는 이유로 회사의 경영진 등이 대형 안전사고에 대한 책임을 지지 않을 수 있다. 안전관리와 관련된 보고를 받으며 주의를 기울인 경우보다 보고를 제대로 받지 않거나 해당 업무분야의 문외한이어서 관리감독을 해태한 경우 오히려 직접적이고 구체적인 주의의무 자체가 인정되지 않아 책임을 면하게 되는 것이다. 따라서 가능한 범위에서 반드시 이행되어야 할 최소한의 감독의무조차 다하지 않고 안전관리에 관한 전권을 안전관리를 담당하는 중간관리자에게 위임한 채 업무수행의 안전 여부에 관한 일체의 **295**

---

347 대판 1997. 11. 28, 97도1740.

관리감독을 방기하면, 그 자체가 최고경영자의 관리감독상 과실에 해당하는 것으로 관련 법규를 정비할 필요가 있다.[348]

296   아래에서는 성수대교 붕괴 사건,[349] 대구지하철 가스 폭발 사건,[350] 삼풍백화점 붕괴 사건,[351] 서울지하철 7호선 침수 사건,[352] 경주 마오나오션 리조트 체육관 붕괴 사건,[353] 판교 공연장 환풍구 붕괴 사건[354] 등 큰 피해를 야기한 건

---

[348] 참고로 2023년 4월 6일 의정부지방법원 고양지원은 요양병원 건설공사 현장에서 하청업체 근로자가 사망한 사건에서 원청업체 대표이사에 대하여 중대재해처벌법위반(산업재해치사)죄로 징역 1년 6개월에 집행유예 3년의 형을 선고하였고[의정부지법 고양지판 2023. 4. 6, 2022고단3254(확정)], 의정부지방검찰청은 2023년 3월 31일 경기 양주 채석장 붕괴사고와 관련하여 대표이사가 아닌 그룹의 회장을 기업의 경영책임자라고 판단하여 중대재해처벌법위반(산업재해치사)죄로 기소하였다.

[349] 【성수대교 붕괴 사건】 1994. 10. 21. 07:38경 ① 연결핀 수직재의 용접불량, 제작결함 등 시공상의 과실, ② 부실한 일일·정기검점으로 인한 균열 및 부식 미발견과 그에 따른 대응조치 미실시 등 유지·관리상의 과실, ③ 건설된 지 20년이 되지 않았다는 이유로 정밀안전진단을 받을 수 있는 중점관리대상 및 안전진단대상 선정건의를 묵살하는 등 사후관리상의 과실이 경합하여, 성수대교 제10번과 제11번 교각 사이의 상부 S트러스 48m가 붕괴되면서 그 위를 지나가던 자동차 6대가 한강으로 추락하여 승객 32명 사망, 17명 상해(관련 사건은 서울지판 1995. 4. 20, 94고단8274, 8280, 서울지판 1997. 6. 11, 95노3004, 대판 1997. 11. 28, 97도1741 및 서울지판 1995. 4. 20, 94고단8478, 서울지판 1997. 6. 11, 95노2918, 대판 1997. 11. 28, 97도1740).

[350] 【대구지하철 가스 폭발 사건】 1995. 4. 28. 07:52경 대구지하철 1호선 상인역 공사장 근처의 백화점 신축 공사장에서 지반변위 방지조치, 도로점용허가 등 필요한 조치를 취하지 아니한 채 그라우팅 천공작업 중 지하에 매설되어 있던 지름 100mm의 가스관이 파손되어 새어 나온 가스가 하수관을 타고 지하철 공사장으로 흘러들어 괴어 있던 중 폭발하여 101명 사망, 202명 상해, 지하철 공사장 400m 구간이 내려앉아 차량 152대, 건물 346채 등 약 600억 원 상당의 손해 발생(관련 사건은 대구지판 1995. 10. 30, 95고합386, 대구고판 1996. 2. 14, 95노692, 대판 1997. 1. 24, 96도776).

[351] 【삼풍백화점 붕괴 사건】 1995. 6. 29. 17:55경 서울 서초구 서초동에 위치한 삼풍백화점 A동 건물이 지하층 부분까지 완전히 붕괴되어 백화점에 있던 고객 및 종업원 505명 사망, 933명 상해(관련 사건은 서울지판 1995. 12. 27, 95고합764, 서울고판 1996. 4. 26, 96노118, 대판 1996. 8. 23, 96도1231).

[352] 【서울지하철 7호선 침수 사건】 1998. 5. 2. 06:40경 전날부터 내린 집중호우로 인하여 중랑천이 범람하였고, 이 물은 서울 지하철 6호선 공사장을 통해 지하철 7호선 태릉입구역으로 밀려들어 주변의 마들역 등 11개역이 침수됨으로써 역무자동화시스템 등 시설이 손상되어 485억 상당의 재산적 피해와 일부 부상자 발생(관련 사건은 서울지법 북부지판 2001. 2. 1. 98고합245, 서울고판 2002. 10. 24, 2001노517, 대판 2004. 3. 25, 2002도6452).

[353] 【경주 마오나오션 리조트 체육관 붕괴 사건】 2014. 2. 17. 19:00경 경주 마오나오션 리조트 체육관에서 부실 설계·시공·감리 및 현장 관리 소홀 등으로 인하여 부산외대 학생 등 약 560명 오리엔테이션 행사 중 수일 동안 내린 눈의 무게를 이기지 못하고 체육관 천장이 붕괴되어 학생 등 10명 사망 및 204명 상해(관련 사건은 대구지법 경주지판 2014. 9. 5, 2014고합23, 대구고판 2015. 4. 2, 2014노517, 대판 2015. 7. 9, 2015도5512).

[354] 【판교 공연장 환풍구 붕괴 사건】 2014. 10. 17. 17:58경 성남시 분당구 삼평동 유스페이스 II 건

축물 사고를 중심으로 관계자의 주의의무에 대해 살펴보도록 한다.

(2) 교량 등 구조물 관련 주의의무 - 성수대교 붕괴 사건

대법원은 '성수대교 붕괴 사건'에서 관계자들의 주의의무위반을 판단함에　297
있어, "이 사건 교량은 교각 위에 앵커트러스(anchor truss)를 설치한 후 앵커트러스에 캔틸레버트러스(cantilever truss)(이하, 씨트러스라고만 한다.)를 가설하고 양 교각의 씨트러스 사이에 서스펜디드트러스(suspended truss)(이하, 에스트러스라고만 한다.)를 달아매는 방식으로 가설하는 이른바 게르버트러스(gerber truss) 공법을 사용한 교량이다. 이러한 게르버트러스공법에 의한 교량은 이른바 단재하경로 구조(single-load-path structure. 수직재나 핀 등 중요 부재 중의 하나라도 파단되는 경우 바로 붕괴로 이어지는 구조)로서, 하중이 용접과 볼트, 핀 등에 의하여 연결되는 철강재로 지탱되는 특성이 있어 트러스를 구성하는 각 부재의 용접이나 부재 상호간의 연결의 적정 여부가 교량의 역학구조에 결정적인 영향을 미칠 뿐만 아니라 특히 교량에 부과되는 하중이 에스트러스의 수직재에 집중되기 때문에 수직재를 설계도면과 특별시방서에 따라 정밀하게 제작하고 시공하는 것이 중요하다."라는 기술적인 특성을 고려하였다.[355]

(가) 업무상과실과 인과관계

(a) 건설회사의 기술담당 상무이사와 철구부장

시공 과정에서 교량의 시공을 맡은 건설회사의 기술담당 상무이사와 철구　298
부장 C의 주의의무위반에 관하여, "이 사건 트러스를 설계도대로 정밀하게 제작하도록 지휘·감독할 직접적이고 구체적인 업무상의 주의의무가 있음에도 불구하고, 설계도면상으로는 수직재 하부에만 엑스(x)자형 용접으로 표시되어 있으나 그 상부에 엑스표시를 하지 않았다고 하더라도 상부와 하부는 구조가 동일하고 트러스 제작 당시 적용되었던 특별시방서에 완전 용접을 하도록 요구하고

물 앞 야외공연장에서 제1회 판교테크노밸리 축제 공연 중 ① 행사 개최 관계자들의 시설물 점검 및 안전요원 배치 등과 관련된 안전관리상 과실, ② 건설사 현장소장, 하도급업체 등의 환풍구 시공 상태 감독 부실, 상세 시공도면과 다르게 임의 시공 등 시공·감리상 과실로 인하여 인근 지하주차장 환풍구 위에 있던 관람객 27명이 약 20m 아래 6층 높이 주차장 환풍구 바닥으로 추락하여 16명 사망, 11명 상해(관련 사건은 수원지법 성남지판 2016. 1. 11, 2015고단367, 수원지판 2016. 8. 26, 2016노650, 대판 2016. 12. 15, 2016도14836).

355 대판 1997. 11. 28, 97도1740. 본 판결 평석은 이용식, "과실범의 공동정범", 형사판례연구 〔7〕, 한국형사판례연구회, 박영사(1999), 81-108.

있고 건설부의 용접강도 표준시방서에도 응집력이 집중되는 용접 부위는 당연히 각 용접 부분을 브이(v)자형으로 개선한 후 이를 맞대어 완전 용접하도록 되어 있으므로 수직재의 용접 부위를 엑스자형 용접으로 개선하여 용접하게 하는 등 트러스의 제작에 참여하는 자들을 제대로 지휘·감독하지 못함으로써, 아이(i)자형 용접을 하면서 용접도 양쪽을 각 1회씩만 하고 이를 충분히 하지 않아 용입부족 등으로 용접불량이 되게 하였고, 더욱이 당시 부평공장에는 용접공이 부족하여 일부를 외부 용접공에 하도급주어 트러스 제작에 투입하였는바, 일반적으로 외부 용접공의 기량이 부평공장의 용접공에 비하여 떨어지는 경우가 있음에도 이들에 대해 무리하게 트러스 제작 공기 단축을 독려하고 감독을 소홀히 하여 위와 같은 부실용접을 방치하였으며, 핀플레이트(pin plate) 강판(상현재와 핀으로 연결하는 부분)을 절삭함에 있어서도 설계도대로 1:10으로 완만하게 절삭하지 아니하고 1:2.5 내지 1:3 정도의 급경사로 제작하여 추가적인 응력집중현상을 초래하게 하였으며, 트러스의 유재나 가로보, 브레이싱(bracing) 등 각 부재도 설계도대로 정밀하게 제작되지 아니한 채 부재의 볼트구멍의 위치나 크기, 간격을 규격에 맞지 않게 제작하였으며, 제작 후에는 시공상태와 같은 모양으로 가조립을 하지 아니하고 트러스를 출고되게 한 과실이 있다.”고 판단하였다.[356]

　　(b) 건설회사의 현장소장

299　　　　건설회사의 현장소장은 C의 주의의무에 관하여, “당시 기술사 자격이 있는 사람이 현장대리인으로 선임되어 있기는 하였으나 그는 성수대교 시공현장에 거의 나타나지 아니하여 행정적인 업무뿐만 아니라 공사에 관한 기술적 지휘·감독을 하지 않았는 바, 시공하는 교량의 공법과 구조 등을 숙지하여 공사를 지휘하고 시공에 사용되는 자재의 재질이나 규격이 설계도대로 제작되어 정확한지 여부 등을 최종적으로 확인·점검할 의무가 있고 또한 현장소장에게 요구되는 통상의 주의를 기울였다면 이 사건 트러스의 제작상의 잘못을 발견할 수 있었음에도 불구하고, 핀플레이트 강판을 설계도대로 절삭하지 아니하고 급경사를 이루도록 제작된 것을 발견하지 못하고 이를 교량가설에 사용토록 하였고, 브레이싱과 가로보 등 트러스 일부 부재의 볼트의 구멍의 위치가 일치하지 않아 허

---

356 대판 1997. 11. 28, 97도1740.

용오차를 초과하여 볼트구멍을 다시 천공하거나 확장하거나 일부 연결부에는 설계도보다 적은 2개 내지 4개의 볼트만을 체결하여 시공되게 하였으며 가로보 끝 부분에 철근을 덧대어 용접하는 등의 시공상의 잘못을 방치하게 하였다.”고 판시하였다.[357]

(c) 시공 현장감독 공무원

발주청인 서울특별시의 현장감독 공무원의 주의의무에 관하여 “이 사건 교　　300
량이 국내 최초로 건설하는 게르버트러스공법에 의하여 건설되는 것이고 위 공법의 핵심은 트러스의 제작 및 가설이고 트러스의 제작에 있어서는 설계도에 따른 강재의 정밀한 절단 및 용접, 가설시에는 각 부재의 정확한 조립 및 연결이 요구되므로, 트러스를 제작함에 있어 특별시방서상 요구되는 자격을 갖춘 용접공이 용접을 실시하는지 여부, 각 트러스가 설계도면 및 특별시방서대로 용접, 제작, 조립되는지 여부 등을 확인하되 특히 에스트러스의 수직재를 제작함에 있어 핀플레이트 강판 접합 부분이 1:10의 완만한 경사로 깎아졌는지, 용접 부분을 엑스형으로 개선하고 용접하였는지 여부 등을 육안 및 방사선검사 등을 통하여 확인하고, 트러스의 제작완료 후에는 가조립을 실시하였는지 여부를 확인하는 등 현장감독을 철저히 할 구체적인 주의의무가 있음에도 불구하고 용접공의 자격확인, 방사선검사 등을 통한 용접공사, 가조립공사, 시공과정에서의 철저한 현장확인 등을 하지 아니하였다.”고 하여 과실책임을 인정하였다.[358]

(d) 유지·관리 공무원

교량의 유지·관리 책임을 맡고 있던 서울시 도로국 및 산하 동부건설사업　　301
소 소속 공무원들의 책임과 관련하여, “이 사건 교량은 완공 이후에 씨트러스와 에스트러스의 접속 부분 상판에 설치되어 있는 신축이음장치(expansion joint)가 1990. 이후 50여 회나 파손되어 보수한 적이 있으며 1993. 4. 27. 강남쪽에서 강북쪽으로 두 번째 에스트러스 북단 신축이음장치의 아랫부분(이 사건 사고로 붕괴된 지점)에 있는 크로스빔(cross beam)이 이탈되고 브라켓(bracket)(까치발)이 파손되는 등 사고가 빈발하여 교량의 구조적 하자를 감지할 수 있었으며, 따라서 이러한 하자로 인한 교량 자체의 붕괴위험성을 충분히 예견할 수 있었을 뿐만 아

---

357 대판 1997. 11. 28, 97도1740.
358 대판 1997. 11. 28, 97도1740.

니라 실제로 위 에스트러스의 북단 씨트러스와의 접속 부분에 있는 수직재 3개의 에이치빔과 핀플레이트를 연결하는 용접 부분이 시공 당시의 용접불량, 부식 및 설계표준하중(dl 18)을 초과하는 차량의 반복적 통행으로 인한 피로누적으로 한강상류쪽 수직재로부터 차례로 균열이 발생하여 성장하고 있었다."라고 전제한 다음, "위 교량의 유지·관리 및 보수를 담당하고 있던 서울특별시 도로국 산하 동부건설사업소장, 위 사업소 보수1과장(당시 보수2과장 겸직), 보수2과 시설1계장(시설2계장의 업무 겸직), 보수2과 시설2계 직원, 보수2과 시설2계장 등의 일일점검 및 정기점검을 철저히 시행하지 아니한 과실로 위 교량의 균열 및 부식진행상태를 발견하지 못하고 지나쳐 버리고, 1994. 1/4분기 정기점검시 신출이음장치의 파손으로 인하여 트러스 힌지(hinge)부에 중차량의 충격이 집중되고 있고, 방치시에는 트러스 및 교량상판 슬라브의 피로누적으로 인한 파손이 증대되어 사고가 발생할 우려가 있음을 발견하고도 서울특별시에 안전진단을 요청하지 아니하였으며 설계표준하중을 초과하는 차량의 통행제한을 서울특별시에 요청하는 등 필요한 조치를 취하지 아니하였다."고 판시하였다.[359]

302   또한, "서울특별시 도로국 도로시설과장, 도로시설과 시설계장은 1993. 6. 1. 위 동부건설사업소로부터 성수대교를 정밀안전진단을 받을 수 있는 중점관리대상으로 선정해 달라는 건의공문을 받고도 이를 받아들이지 아니하였고, 후임 도로시설과장은 1994. 4. 12. 위 동부건설사업소로부터 성수대교를 안전진단대상교량으로 선정하여 달라는 건의를 받고도 이를 받아들이지 아니하였다."라고 하면서 이들의 과실책임을 인정하였다.[360]

      (나) 예견가능성 및 기대가능성

303   위 교량의 시공·유지·관리 관계자들의 교량 붕괴에 대한 예견가능성 및 사고발생 방지조치에 대한 기대가능성에 대하여는, "이 사건 성수대교는 소위 게르버트러스 공법에 의해 시공된 교량으로서 교량에 부과되는 하중이 이 사건 에스트러스에 집중이 되고 수직재나 핀 등 중요 부재 중의 하나가 끊어지는 경우 바로 붕괴로 이어지는 특성이 있다는 것이고, 설사 피고인들이 이러한 특징을 알지 못하였다고 하더라도 피고인들의 직위, 학력 및 경력 등에 비추어 보면 트러스교

---

359 대판 1997. 11. 28, 97도1741.
360 대판 1997. 11. 28, 97도1741.

는 일반적으로 교량의 하중이 용접과 용접볼트, 핀 등에 의하여 연결되는 각 부재로 지탱되는 특성이 있는 이상 트러스를 구성하는 각 부재의 용접이나 부재상호 간의 연결의 적정 여부가 교량의 구조에 결정적인 영향을 미친다는 것은 충분히 알 수 있거나 필요한 경우에는 스스로 지식을 습득하거나 전문가의 도움을 받을 수 있는 것으로 보여지고, 여기에 피고인들의 제작, 시공, 감독상 및 교량의 유지·관리상의 주의의무 위반행위를 보태어 보면, 피고인들의 트러스의 제작, 시공 및 감독상의 과실은 이 사건 성수대교의 유지·관리상의 과실과 합쳐져서 결과적으로 교량의 붕괴원인이 될 수 있다는 것은 충분히 예상할 수 있었고, 당시 이 사건 사고발생의 방지조치에 대한 기대가능성도 있었던 것으로 인정할 수 있다고 할 것이다."라고 판단하였다.[361]

(3) 건설현장 관련 주의의무 - 대구지하철 가스 폭발 사건

'대구지하철 가스 폭발 사건'에서 관계자들의 주의의무위반 판단기준에 관하여, 항소심 법원은 "이 사건 소방도로 지하에는 중압 및 저압의 도시가스관이 2개 매설되어 있다는 도시가스관로 표시가 도로상에 설치되어 있고 도시가스관 매설시 생긴 도로절개흔적이 선명히 나타나 있으며 A 아파트와 상가가 밀집되어 있는 사실을 인정할 수 있는데, 이와 같은 도로상황에 비추어 볼 때 이 사건 공사현장에 상주하고 있는 작업자들은 누구라도 이 사건 소방도로 지하에 2개의 도시가스관이 매설되어 있다는 점을 쉽게 인식할 수 있는 만큼 이 사건 소방도로 지하를 천공기로 굴착하는 경우에는 그 작업 도중 도시가스관을 파손할 위험성이 있고, 또한 고압의 도시가스가 유출되면 그로 인한 대규모의 폭발사고가 발생하리라고 쉽게 예상할 수 있으므로 이러한 곳의 지하를 굴착함에 있어서는, ① 미리 이 사건 소방도로를 관리하는 대구 달서구청이나 대구도시가스 주식회사 등 관리청에 지하매설물의 유무 및 상태 등을 조회, 확인함과 동시에 도로상황을 잘 살펴 정확한 지하매설물 현황도면을 작성한 다음, ② 도로포장 덧씌우기공사 및 지형변경에 따라 매설물의 실제 위치나 깊이가 변형되어 있을 가능성을 감안하여 매설물의 실제 위치 및 상황을 육안으로 식별할 수 있을 정도로 시굴착을 함으로써 이를 명확히 확인하고, ③ 가스감지기를 비치한 상태

304

---

361 대판 1997. 11. 28, 97도1740; 대판 1997. 11. 28, 97도1741.

에서 대구도시가스 주식회사 직원의 입회 아래 도시가스관 등 매설물을 완전히 노출시킨 후 안전하게 그 공사를 실시함으로써 사고발생을 사전에 방지하는 등 제반 안전조치를 취하여야만 한다. 따라서 이 사건 폭발사고에 있어서의 과실을 인정하기 위하여는 이 사건 소방도로 지하에 도시가스관이 매설되어 있다는 사실을 알고 있었거나 그 가능성을 인식할 수 있었음에도 위와 같은 제반 안전조치 없이 이 사건 소방도로 지하를 굴착하거나 굴착을 하도록 지시를 하였다는 점이 필요하다할 것이고, 한편 현장에서 상주하지 아니하는 경우에는 작업자에게 그러한 공사를 할 경우에 있어서의 필요한 제반 안전조치를 취하도록 구체적이고 실질적인 지휘·감독을 할 법률상 또는 사실상 책임과 권한이 있어야만 할 것이다."라고 설시하였다.[362]

(가) 공사 하도급업체 관계자

305   위 판단기준에 따라, 실제 공사업무를 담당한 하도급업체 관계자의 주의의무위반과 관련하여, "사고발생의 위험성이 있는 이 사건 소방도로상에서 그라우팅공사를 할 경우 앞에서 본 바와 같은 제반 안전조치를 취하여야 할 주의의무가 있음에도 이 사건 토공사 및 흙막이공사장의 현장소장, 그라우팅 작업자들을 동원하는 공사실무자는 그러한 조치 없이 성급하게 그 공사를 감행한 잘못이 있고, 실무자들의 지휘·감독 아래 천공기를 직접 조종하여 천공작업을 담당하는 자도 그러한 조치를 취할 것을 요구하지 아니한 채 아무런 안전대책 없이 만연히 작업하다가 이 사건 중압도시가스관을 파손하였을 뿐만 아니라 즉시 들어올린 천공기 비트를 다시 내려 파열된 구멍을 막는 등의 방법으로 응급조치를 취하지 아니한 잘못이 있으며 이러한 잘못은 이 사건 사고의 원인이 되었다고 할 것이다."라고 판단하였다.[363]

(나) 원도급업체의 현장소장

306   발주처로부터 공사를 도급받은 원도급업체의 현장소장의 과실책임에 관하여, "피고인은 이 사건 공사현장에 상주하여 이 사건 소방도로상의 그라우팅공사에 사실상 관여하여 왔는 바, 하도급업체측의 공사진행과정 전반에 대하여 사실상 구체적이고 실질적인 공정감독을 하여 왔으므로 하도급업체의 현장소장과 협력하

---

362 대구고판 1996. 2. 14, 95노692.
363 대구고판 1996. 2. 14, 95노692.

여 제반 안전조치를 취하도록 하거나 공사중단의 요구 등 필요하고도 적절한 공사감독권을 행사하여야 할 주의의무가 있음에도 상호 공모하여 이러한 제반 안전조치를 취하지 아니한 채 공사를 감행하도록 방치한 잘못이 있다 할 것이고 이러한 잘못은 이 사건 사고의 원인이 되었다 할 것이다."라고 판시하였다.[364]

(다) 하도급업체 경영자

하도급업체 경영자의 과실책임에 관하여, "피고인은 하도급업체의 경영자로서 신규사업계획, 공사수주, 자본관리, 조직 및 인사관리 등 경영상의 중요한 사항만을 결정하고 공사현장의 공정문제에 관하여는 공사관리부가, 기술적인 문제에 관하여는 엔지니어링사업부가, 자재문제에 관하여는 총무부가 각 현장소장들의 보고를 받아 세부적인 지휘·감독을 하는 등 시공방법, 안전대책에 대한 전문적, 기술적인 사항은 각 부의 임원들과 현장소장들에게 일임되어 있으며, 매주 월요일 개최되는 임원회의에서 임원들이 간략하게 주요 업무만 보고하였을 뿐이므로 피고인에게는 위 회사의 직원들에 대한 일반적·추상적인 지휘·감독책임은 있을지언정 더 나아가 이 사건 공사현장을 포함한 36곳의 모든 공사현장에 대하여 제반 안전조치를 취하여야 할 구체적이고 직접적인 주의의무는 없다고 할 것이며, 한편 이 사건 소방도로상에 그라우팅공사를 실시하겠다는 보고를 받은 적이 있다는 점만으로는 그러한 구체적이고 직접적인 주의의무가 발생한다고 보기 어렵다."고 하였으나, 공사현장 대리인을 이 사건 공사현장에 파견하지 아니한 점에 대해서는 "하도급업체 경영자로서 이 사건 토공사 및 흙막이공사의 감리업무까지 수행하기로 약정하였음에도 이에 위반하여 실질적인 감리업무를 수행할 수 있는 사람을 감리자로 파견하지 않은 상태에서, 위 건설업법 소정의 건설기술자를 현장에 배치할 의무를 위반하여 건설기술자조차 현장에 배치하지 아니한 과실은 이 사건 폭발사고와 상당한 인과관계가 있다고 봄이 상당할 것이다."라고 판시하였음에 유의할 필요가 있다.[365]

307

---

364 대구고판 1996. 2. 14, 95노692.
365 대판 1997. 1. 24, 96도776. 이 사건에서 지질조사, 토공사 및 흙막이공사의 감리업무는 위 하도급업체에서 담당하기로 하였으나, 건축공사에 대한 설계와 감리업무는 별도의 감리회사에서 맡았다.

(라) 공사 발주처 관계자

308   발주처 관계자의 주의의무와 관련하여, "이 사건 발주처에서 전국 각지의
공사현장 관련 업무를 효율적으로 관리하기 위해 건축총괄본부를 설치하였는
바, 건축총괄본부장 및 건축팀장(원도급업체에서 파견)은 이 사건 토공사 및 흙막
이공사에 관하여 그 시공방법, 안전대책 등의 세부사항을 일일이 검토한 다음
직접 구체적인 지휘·감독을 할 수 있는 책임과 능력이 없었고, 다만 앞으로 시
행할 백화점신축공사와 관련하여 공사의 공정을 조정하고 공사의 운영 및 시공
의 정도가 설계도 또는 시방서대로 시행되고 있는가를 확인·점검하며 공사비를
정산할 목적으로 감리적인 관리·감독을 하였을 뿐이므로 위 피고인들에게는 발
주처 및 원도급업체 직원들에 대한 일반적·추상적인 지휘·감독책임은 있을지
언정 더 나아가 하도급업체의 현장소장이나 원도급업체의 현장소장에 대하여
앞서 본 바와 같은 제반 안전조치를 취하도록 할 구체적이고 직접적인 주의의
무는 없다고 할 것이며, 한편 이 사건 소방도로의 지반변위과정과 그라우팅공사
상황을 보고받거나 협의하였다는 점 및 하도급업체와 원도급업체 사이에 체결
된 하도급계약서의 내용, 이 사건 백화점 신축공사에 대한 건축허가서의 조건내
용만으로는 그러한 구체적이고 직접적인 주의의무가 발생한다고 보기 어렵다."
고 판단하였다.[366]

(마) 공사감리 보조자

309   발주처로부터 이 사건 백화점 신축공사에 대한 설계 및 감리업무를 도급받
을 당시 지질조사, 터파기 및 흙막이공사 등 토공사부분에 대한 설계와 감리를
제외한 나머지 건축공사에 대한 설계와 감리업무만을 도급받아 건축사보 자격을
가지고 현장에 상주하며 공사감리를 보조한 사람의 주의의무 위반에 관하여, "관
련 규정 내용과 건축법 및 건축사법의 전체 취지에 비추어 볼 때 상주공사감리
자 지정을 강제하고 있는 것은 건축사라는 전문인으로 하여금 건축물의 시공과
정을 지도·감독하게 함으로써 불법 및 부실 건축물을 사전에 방지하고 건축물의
안전과 질적 향상을 도모하려는 데에 그 목적이 있는 것이지 이 사건과 같이 건
축물 자체의 구조상 안전 및 위험방지와는 관련이 없는 공사장주변의 지하매설

366 대판 1997. 1. 24, 96도776.

물을 파손할 위험성을 방지하고자 하는 데에 그 목적이 있는 것은 아니며, 또한 위 피고인이 건축법 제21조 제2항 소정의 시정조치를 취하였다고 하더라도 그라우팅공사 작업자들이 앞에서 본 바와 같은 제반 안전조치를 취하지 않는 한 이 사건과 같은 가스관의 파손이라는 위험성은 상존하는 것이므로 그러한 시정조치 등을 취할 의무는 이 사건 폭발사고의 발생과는 상당인과관계가 있다고 할 수 없을 뿐만 아니라 건축공사부분에 한하여 감리업무를 보조하고 있던 위 피고인이 그러한 조치를 취할 책임과 권한이 있다고도 보기 어렵다.”고 판시하였다.[367]

(4) 건물 붕괴 관련 주의의무 - 삼풍백화점 붕괴 사건

대법원은 '삼풍백화점 붕괴 사건'에서 관계자들의 주의의무위반 판단기준에 관하여, “이 사건 삼풍백화점 에이(A)동은 대형유통시설로서 건물의 기둥과 기둥 사이에 보를 설치하는 대신 통상의 라멘조 건물보다 슬래브를 두껍게 시공하고 기둥 주변의 슬래브를 지판(drop panel)으로 보강하는 방식으로 지어진 플랫슬래브(flat slab) 구조의 건물인 데다가 내부의 기둥과 기둥 사이 간격(span)이 일반의 건물에서는 보기 드물게 긴 10.8m로서 어느 한 부분이 붕괴될 경우 연쇄적으로 건물 전체가 붕괴될 수 있는 특성을 가지고 있었으므로, 이러한 건물의 구조적 특성상 체계적이고 종합적인 건축계획을 세우고 구조계산을 비롯한 건축설계, 골조 및 마감공사 등 건축공사공정, 건물완공 후의 유지관리 등 일련의 과정에 있어서 건물의 구조안전에 대하여 세심한 주의를 기울일 필요가 있다 할 것이다.”라고 설시하였다.[368]

(가) 설계담당자

위 판단기준에 따라 설계 담당자의 책임과 관련하여, “이 사건 건물 신축 당시 구조계산을 담당했던 자는 지상 5층과 지붕층의 슬래브 구조계산시 설계도상 5열 e행, 5열 f행 기둥의 내력 및 그 기둥 주변을 비롯한 일부 슬래브 단면의 내력을 부족하게 계산하고, 지상 2층부터 5층까지의 바닥 슬래브를 전후면 외곽기둥의 100㎝ 깊이 중 30㎝만 연결하도록 함으로써 그 주변 슬래브에 응력이 집중되게 하고 전단에 저항할 수 있는 유효면적을 감소시켰으며, 건물기본계획상 옥상에 설치하기로 예정된 냉각탑 3개에 대한 구조계산을 누락하였다. 이

310

311

---

367 대구고판 1996. 2. 14, 95노692 및 대판 1997. 1. 24, 96도776.
368 대판 1996. 8. 23, 96도1231.

사건 건물에 대한 설계 및 감리를 담당했던 자는 이 사건 건물에 대한 구조설계
도면 작성시 옥상의 냉각탑 설치에 따라 달라질 구조계산을 설계도면에 반영하
지 아니하고, 운동시설이던 5층을 전문식당가로 용도변경함에 있어서 구조계산
을 의뢰하여 이를 설계도면에 반영하는 조치를 취하지 아니 하였으며, 지붕층
슬래브의 마감공사 시공방법을 명기하지 아니함으로써 시공자로 하여금 구조계
산시에 비하여 고정하중을 초과하여 시공하도록 만들었고, 기초공사시부터 건
물 완공시까지 공사감리를 제대로 하지 아니하였다.”고 판시하였다.[369]

(나) 시공 관계자

312   시공 관계자의 주의의무위반에 관하여, “이 사건 건물신축공사 중 골조공사
를 하도급받은 업체의 현장소장, 공사과장, 건축주임, 건축기사 등은 시공에 참
여하는 인부들을 제대로 지휘·감독하지 못함으로써, 슬래브의 유효두께를 감소
시켜 내력을 심히 떨어뜨렸으며, 지판시공이 누락되도록 하여 그 부분 슬래브의
전단내력을 심히 떨어뜨렸고, 철근을 누락시키는 등의 방법으로 예정된 철근콘
크리트골조의 강도와 내력을 가지지 못하도록 하는 한편, 골조공사 과정에서 위
하도급업체의 철근반장은 철근공들에 대한 지휘·감독을, 형틀반장은 형틀공들
에 대한 지휘·감독을, 원도급업체의 직원은 위 하도급업체 직원들에 대한 지휘·
감독을 제대로 하지 않음으로써 부실공사를 초래하였다.”고 판단하였다.[370]

(다) 원도급업체 임직원

313   원도급업체의 임직원의 과실책임에 대하여, “원도급업체의 대표이사와 전무
는 설계를 의뢰한 후 용도변경을 위하여 20여회에 걸쳐 수시로 구조계산을 추
가하여 설계에 반영하게 하여 건축계획을 무계획적으로 만드는 등 전반적인 부
실시공을 초래하였으며, 설비설계도면조차 없이 골조공사를 완료하여 완성된
골조에 구멍을 뚫어 개구부를 만들 수 밖에 없도록 하는 등 건물의 구조안전에
심각한 손상을 초래하게 하였고, 당초 운동시설이던 5층을 전문식당가로 용도
변경하면서 대형냉장고 등 시설물적치를 고려한 보강공사를 하지 않아 과하중
이 5층 기둥과 바닥 슬래브에 작용하도록 하였으며, 당초 지붕층 슬래브에는 냉
각탑 설치를 위한 설계, 시공이 되어 있지 않았음에도 냉각탑 3개를 설치하여

369 대판 1996. 8. 23, 96도1231.
370 대판 1996. 8. 23, 96도1231.

기둥과 슬래브에 극심한 손상을 가져오게 하였고, 냉각탑을 이전설치하면서 옥상 슬래브 위로 끌고 이동하여 슬래브에 과다한 하중이 작용하도록 하여 손상을 가하였다. 또한 원도급업체의 설비부장, 설비부 직원, 건축부장 등은 위와 같은 냉각탑 이전과 5층 식당공사의 담당자들로, 냉각탑 이전시에 필요한 조치를 취하지 아니하였거나, 5층 식당 주방의 배기덕트 설치를 위하여 내력벽을 절단하고서도 아무런 보강조치를 취하지 아니함으로써 벽체의 내력을 저하시켰다."고 하면서 주의의무위반을 인정하였다.[371]

(라) 위 백화점 회장

이 사건 건물 신축공사 및 유지·관리에 관한 업무를 총괄하는 발주처의 회장이자 원도급업체 공동 대표이사의 주의의무 위반에 관하여는, 위 원도급업체의 임원의 주의의무에 더하여, "직원들로부터 현장 균열진행 상황을 보고받고 그 균열상태가 심각함을 확인하였으므로 백화점 내의 고객 및 직원들을 안내방송 등을 통하여 안전하게 대피시켜 인명피해를 방지하는 조치를 취하여야 하는 등의 업무상주의의무가 있는데도 이를 게을리하였다. 한편 이 사건 건물에 대한 일상적인 점검업무를 담당하는 직원이 따로 있고, 이 사건 붕괴 당일 전문가의 조언에 따라 보강공사를 준비하고 있었다는 사정만으로 이 사건 붕괴에 대하여 피고인의 예견가능성이 없었다고 볼 수는 없다."라고 판시하였음에 유의할 필요가 있다.[372]

(5) 자연재해와 경합된 안전사고의 주의의무

(가) 서울지하철 7호선 침수 사건

'서울지하철 7호선 침수 사건'은 건기의 이례적인 집중호우라는 자연재해와 지하철 6호선 6-12공구(이하, '6-12공구'라고 한다.) 건설공사의 시공·감리자의 과실이 결합하여 태릉입구역 등 11개의 지하철역이 침수되었기 때문에 그 원인이 자연재해인지 관련자들의 과실인지 여부가 주요쟁점이었는데, 법원은 "이 사건 사고 무렵이 통상적인 건기라 하여도 사고 당시의 강우량이 평년의 강우 수준에 비추어 전혀 예상하지 못할 정도의 것이라고 볼 수 없을 뿐만 아니라 설계도에 따른 시공이 있었더라면 그와 같은 강우량 정도 아래서는 중랑천이 필연적

314

315

---

371 대판 1996. 8. 23, 96도1231.
372 대판 1996. 8. 23, 96도1231.

으로 월류될 수 밖에 없었던 상황은 아니었던 것으로 보인다."고 판단함으로써, 자연재해와 시공·감리자의 과실이 경합하여 침수사고가 발생한 것으로 인정하였다.[373]

(a) 시공자

316   위 6-12공구건설공사의 시공자의 책임과 관련하여, "위 6-12공구는 중랑천상에서의 공사가 시행되어야 하는데 특별시방서의 중랑천통과공법에 홍수시 공사용도로 및 축도 위로 월류시킴을 원칙으로 하고 있어서 월류시킬 경우 중랑천상의 공사현장으로 불어난 하천수가 지하철 6호선 공사구간을 따라 위 공사구간에 포함되어 있던 지하철 6호선과 지하철 7호선의 환승역인 태릉입구역으로 유입되어 이미 완공되어 운행 중이던 지하철 7호선이 침수될 우려가 있으므로 이를 막기 위한 차수벽의 설치가 필수적이었고, 중랑천상의 공사현장을 통한 하천수의 유입을 방지하기 위하여 설계도서상 해발표고(이하, '표고'라고 한다.) 117m의 높이로 시트파일(Sheet pile)을 설치하도록 하고 지하구조물이 있어 시트파일의 설치가 불가능한 지역에는 표고 115.7m의 시멘트 콘크리트 토류벽(土留壁)을 설치하도록 되어 있음에도 불구하고 ① 지하철 7호선 태릉입구역에 인접하여 굴착하면서도 자연적인 차수벽 역할을 하던 태릉입구역 중랑천 쪽에 적치되어 있던 토사들을 제거하면서 그 어떤 차수시설도 하지 않았고, ② 석계역 방면 중랑천 통과구간의 공사현장에서는 이미 표고 113.49m로 설치된 시멘트 콘크리트 토류벽 위에 나무로 만든 토류판(土留板)을 1.2m 높이로 설치하고 그 주변에 토사제방을 축조함에 그쳐 설계도면상에 규정된 토류벽 높이를 위반하고, ③ 동부간선도로 상행선방면의 공사현장에서는 동부간선도로옹벽과 시트파일사이의 폭 2.5m공간에 별다른 보강공사 없이 흙이 든 마대를 쌓아두고 엘더블유 그라우팅(L. W. Grouting)을 시공하지 않았고, 시공편의상 시트파일 7개를 표고 112.84m 내지 113.11m로 함부로 절단한 후 방치하여 설계도면상에 규정된 시트파일 높이를 위반하고, ④ 제1단계공사 마무리 작업시 유수단면적(流水斷面積) 확보 등을 위하여 시트파일 17개를 표고 113.94 내지 114.58m 높이로 절단하였음에도 제2단 계공사시 절단된 시트파일을 용접 등의 방법으로 연장시공하여

---

[373] 서울고판 2002. 10. 24, 2001노517 및 대판 2004. 3. 25, 2002도6452.

표고 117m 높이를 유지하도록 하여야 함에도 주위에 토사제방을 성토하는데 그쳤다."라고 시공자의 과실을 인정하였다.[374]

(b) 감리자

위 공사의 감리자의 책임과 관련하여, "현장확인과 점검을 통하여 공사시공자들이 시트파일 등 가물막이시설을 설계도면과 달리 시공하고 있는 것을 발견하였고, 공사시공자들에게 수회의 각종 시정지시를 하였지만 이에 불응하고 있었음에도 발주청과 그 대책을 협의하지 아니하고 재시공명령이나 공사중지명령을 발령하지 아니한 채 방치한 과실이 있다."고 판단하였다.[375]

(c) 발주기관

발주기관의 공사감독책임과 관련하여, "책임감리가 시행되는 공사에 있어서 감리원에 대한 지도·감독을 담당하는 자는 발주기관의 장과 업무담당자인데, 피고인 甲, 乙 모두 발주기관의 장 혹은 업무담당자가 아닌 것이 분명하고 가사 발주기관의 장으로부터 일정한 업무위임을 받았다 하더라도 발주기관의 장으로써 행하는 감리원에 대한 지도·감독은 시공에 관련된 개별적·구체적인 지휘감독이 아닌 일반적·추상적인 것에 그친다 할 것이다. 한편 피고인 丙의 경우 업무담당자로서 감리원에 대한 지도·점검의 책임이 있다 할 것이나 이 경우에 있어서도 건설공사가 설계도서 등에 적합하게 시공되고 있는지를 감리원이 제대로 감독하고 있는지 점검하는 등과 같은 실질적인 공사의 감독에 관한 사정은 배제된 채 모두 감리원의 근태상황점검 및 업무연락과 같이 형식적인 사유에 한정될 뿐이고, 감리원에 대하여 시정지시를 할 수 있는 경우의 예도 위와 같이 모두 형식적인 사정만이 열거되고 있는 이상 丙이 업무담당자로서 가지고 있는 감리원에 대한 지시·감독책임은 모두 일반적·추상적인 것에 그칠 뿐 나아가 감리원을 통하여 이 사건 공사를 구체적이고 실질적으로 지휘·감독할 지위에 있었다고는 볼 수 없다."라는 이유로 무죄를 선고하였다.[376]

(나) 경주 마오나오션 리조트 체육관 붕괴 사건

'경주 마오나오션 리조트 체육관 붕괴 사건'은 폭설이라는 자연재해와 설계·

317

318

319

---

[374] 서울지법 북부지판 2001. 2. 1, 98고합245 및 대판 2004. 3. 25, 2002도6452.
[375] 서울지법 북부지판 2001. 2. 1, 98고합245 및 대판 2004. 3. 25, 2002도6452.
[376] 서울고판 2002. 10. 24, 2001노517 및 대판 2004. 3. 25, 2002도6452.

시공·유지관리자의 과실이 결합하여 발생하였기 때문에 사고발생의 주된 원인과 관련자들의 과실 규명 및 과실과 지붕붕괴의 결과 사이의 인과관계 여부가 쟁점이 되었다.[377]

320　　　항소심 법원은 "이 사건 체육관은 중도리와 지붕 패널을 부실하게 결합한 잘못과 주골조의 부재를 구조계산에 적용한 부재보다 항복강도가 낮은 부재를 사용한 잘못 등으로 인하여 당초의 구조설계에 적용한 자재를 사용하여 적합한 시공방법으로 건축하였다면 지지할 수 있는 하중보다 낮은 하중에도 붕괴되도록 건축된 상태에서, 평년에 비하여 많은 적설량으로 인해 이 사건 체육관의 지붕에 과도한 적설하중이 작용하고 있었음에도 제설작업 등을 하지 않은 잘못이 주된 원인이 되어 붕괴하였음을 인정할 수 있다."고 사고 발생원인을 확정한 다음, 아래와 같이 관계자의 과실에 대하여 판단하였다.[378]

(a) 설계 책임자 겸 감리자

321　　　위 체육관의 설계에 관한 최종 책임자이자 감리자의 과실 책임과 관련하여, "PEB공법에 대한 전문적 지식이 없는 상태에서 철골·구조물 하도급 업체인 乙 회사가 제공한 구조계산서에만 의존하여 이 사건 체육관을 설계한 나머지 구조 안전에 꼭 필요한 사항을 설계도면이나 시방서에 제대로 표시하지 않음으로써 부실한 시공의 원인이 되었고, 형식적인 감리만을 수행하여 설계하중에 미치지 못한 하중에도 붕괴되는 건축물이 완성되게 하였다."라고 판단하였다.[379]

---

377 이 사건에서는 ① 설계·감리를 맡은 건축사, ② 건축물의 구조안전 확인을 맡은 건축구조기술사, ③ 시공을 맡은 원도급업체, ④ 지붕·창호 하도급업체 甲 회사 관계자, ⑤ 철골·구조물 하도급업체 乙 회사 관계자, ⑥ 철골·구조물 재하청업체 丙 회사 관계자, ⑦ 유지·관리를 담당하는 리조트 관계자의 과실이 경합하여 붕괴사고가 발생하였다.
378 대구고판 2015. 4. 2, 2014노517. 「이 사건 체육관은 PEB공법으로 건축된 건축물이다. PEB공법에서 중도리와 지붕 패널이 스크류볼트로 결합되지 않으면 적설 등으로 인하여 패널에 하중이 가해질 때 중도리에 횡좌굴이 발생하여 내하력을 상실하고, 힘의 재분배가 일어나면서 주보가 연쇄적으로 파괴되어 건물 전체의 붕괴로 이어질 수 있으므로, 반드시 모든 중도리가 지붕 패널과 스크류볼트로 결합되어야 한다. 따라서 PEB공법에서 지붕 패널은 마감재이기도 하지만 구조체의 횡좌굴을 막아주는 구조부재이기도 하다. 이 사건 체육관 건축을 위하여 작성된 구조계산서 역시 모든 중도리에 패널이 체결되어 중도리의 횡좌굴이 패널에 의해 충분히 구속될 것을 전제로 구조계산을 하여 작성되었으므로, 이 사건 체육관이 예정된 구조적 안전성을 발휘하려면 중도리와 패널이 모두 체결되어야 한다.」
379 대구고판 2015. 4. 2, 2014노517.

(b) 건축구조기술사

구조안전 등을 담당한 건축구조기술사에 관하여는, "① 이 사건 체육관의   322
구조도면과 설계도면에 구조부재의 강종과 강도가 표시되어 있지 않았기 때문
에 이 사건 철골 구조물의 주골조가 SM490이 아닌 SS400과 SPHC로 제작된
것이 아니라, 甲 회사 측이 이 사건 철골 구조물의 주기둥과 주보 제작에는
'SM490'을 사용하여야 한다는 사실을 알고 있었음에도 공사 기간 내에 공사를
완료하기 위한 자재 구매의 편의 때문에 SM490을 사용하지 않고, SS400, SPHC
를 사용하여 주기둥과 주보를 제작하였음을 알 수 있으므로, 피고인이 구조도면
과 설계도면에 구조부재의 강종과 강도를 표시하지 않은 과실과 이 사건 체육
관 붕괴 사고 사이의 상당인과관계를 인정할 수 없다. ② 그러나 건축구조기술
사는 건축법 시행령 제32조 제1항, 제91조의3 제5항에 따라 구조계산의 주요
전제조건 및 결과가 구조도에 반영되었는지 검토하여 구조계산서 및 설계도서
에 서명날인함으로써 구조안전을 확인할 의무가 있음에도, 피고인은 구조계산
서와 설계도서(시방서 포함)를 제대로 검토하지 않은 채 구조안전확인을 하였고,
결과적으로 지붕·창호 하도급업체인 甲 회사가 임의의 방법으로 지붕 패널과
중도리를 결합함으로써 14개의 중도리가 패널과 체결되지 않은 상태로 시공되
게 하고, 벽가새가 시공되지 아니하게 한 과실이 있고, 이러한 패널과 중도리의
부실한 결합과 벽가새의 미설치가 다른 관계자들의 주의의무 위반과 결합하여
이 사건 체육관 붕괴의 원인이 되었다."라고 판단하였다.[380]

(c) 지붕·창호 하도급업체 관계자

지붕·창호 하도급업체 관계자의 주의의무와 인과관계에 관하여, "건축 관   323
련 법령과 이 사건 체육관의 설계도면, 시방서, 건축공사 표준시방서 등 어디에
도 PEB공법으로 건축되는 건축물의 지붕 패널과 중도리의 결합방법, 결합간격
등에 관한 기재가 없었고, 이 사건 체육관 지붕 패널을 시공하는 과정에 설계
자, 감리자, 현장대리인 등이 그 시공방법에 관하여 구체적인 지시를 한 사실이
없었던 것은 인정되나, 이러한 경우 피고인으로서는 설계자이자 감리자에게 또
는 원도급업체 현장소장 등에게 그 시공방법을 문의하여 그 지시에 따라 패널

---

380 대구고판 2015. 4. 2, 2014노517.

과 중도리를 결합하였어야 하고, 특히 현장소장은 중도리가 있는 곳에는 스크류 볼트를 모두 체결해야 하는 것으로 인식하고 있었으므로, 피고인이 현장소장에 게 그 시공방법을 문의하였더라면 이 사건과 같이 일부 중도리에 패널이 전혀 체결되지 않는 결과를 미리 방지하였을 수도 있음은 앞서 본 바와 같다. 따라서 피고인이 공사현장에서 관행적으로 이루어지고 있던 방법에 따라 패널과 중도리 를 결합하였다는 사정만으로는 패널 시공업에 종사하는 자로서의 주의의무를 다 하였다고 할 수 없다. 나아가 피고인은 이 사건은 적설하중 50kg/㎡를 훨씬 초 과하는 114kg/㎡의 하중이 작용하여 발생한 것이므로 패널과 중도리의 부실한 결합과 이 사건 사고 사이에는 인과관계가 없다고 주장하지만, 피고인이 내세우 는 적설하중 50kg/㎡는 실제 건축물이 지지하여야 하는 하중을 의미하는 것이 아니고, 그것은 건축물의 구조내력의 기준 및 구조계산의 방법과 그에 사용되는 하중 등 구조안전에 필요한 사항을 규정하는 것을 목적으로 제정된 건축물의 구 조기준 등에 관한 규칙에서 구조적으로 안전한 건축물을 건축하기 위하여 하는 건축물의 구조계산에 적용하는 적설하중의 기본값을 정한 것으로서 그러한 적설 하중의 기본값과 그 외에 건축물에 작용하는 하중, 즉 고정하중, 적재하중, 풍하 중, 지진하중, 토압 및 수압, 온도하중, 유체압 등의 기본값을 고려한 하중조합에 따라 구조적으로 안전한 설계하중을 산출하여야 한다는 것을 의미하는 것이다. 따라서 이 사건 체육관이 적설하중 50kg/㎡를 초과하여 114kg/㎡의 하중이 작 용하는 상태에서 붕괴되었다고 하여 패널과 중도리의 결합상의 과실과 이 사건 사고의 인과관계가 인정될 수 없는 것은 아니다."라고 판단하였다.[381]

  (d) 철골·구조물 하도급 업체 관계자

324 ① 철골·구조물 하도급업체 乙 회사 공장장, 영업부 상무, 자재부 과장, 생 산부 차장의 과실책임 및 인과관계에 관하여, "이 사건 체육관 건축의 구조안전 을 위하여 시행한 구조계산에서 주골조의 부재를 SM490으로 사용하는 것을 전 제로 구조계산을 하였고, 그러한 구조계산을 근거로 작성된 구조도면에 따라 시 공도면에도 주골조의 제작에는 SM490 부재를 사용하도록 표시된 사실, 그런데 도 피고인 등이 자재 구매의 편의를 이유로 설계상의 자재인 SM490이 아닌

---

381 대구고판 2015. 4. 2, 2014노517 및 대판 2015. 7. 9, 2015도5512.

SS400과 SPHC를 사용하여 주골조를 제작하여 설치하였고, 이러한 저강도 자재의 사용이 이 사건 체육관 붕괴 사고 발생의 주된 원인 중 하나인 사실은 앞서 본 바와 같다. 한편 시공자는 건축물을 시공함에 있어 설계도면이 지시하는 자재를 사용하여 건축물을 시공할 의무가 있으므로, 설계와 다른 자재를 사용하여 시공한 것이 붕괴 사고의 원인이 되었다면, 그로 인한 책임을 면할 수 없다. 그리고 피고인 등이 이 사건 철골 구조물의 주골조 제작에 사용한 부재가 건축법령에서 요구하는 설계적설하중의 기본값인 0.5kN/㎡와 안전율 1.67을 고려한 하중 100.25kg/㎡를 모두 충족하는 부재라고 하더라도, 이 사건 체육관의 설계 당시부터 주골조 제작에 사용되기로 예정되었던 부재인 SM490이 아닌 SS400과 SPHC를 사용하여 주골조를 제작함으로써 그 주골조의 하중 지지능력이 SM490으로 주골조를 제작하였을 때보다 낮게 되었고, 그러한 하중 지지능력의 감소와 패널과 중도리의 부실 결합에 따른 중도리의 횡지지력 저하 등이 복합적으로 작용하여 이 사건 체육관이 붕괴된 이상, 피고인 등이 저강도 부재를 사용하여 철골 구조물을 제작한 행위는 이 사건 사고와 상당인과관계 있는 과실에 해당한다."고 설시하였다.[382]

② 乙 회사의 대표이사의 주의의무 위반에 관하여는, "피고인은 회장으로서 이 사건 체육관 철골 구조물 제작·설치 공사와 관련하여 계약 수주, 부재 구매, 철골 구조물 제작 및 현장 시공 등 업무를 총괄하는 지위에 있었고, 이 사건 철골 구조물 공사 이전인 2008년경 경쟁력 강화를 위하여 PEB공법으로 건축하는 건축물의 부재를 SM490으로 사용하도록 지시한 바 있어 이 사건 체육관의 주골재 부재도 SM490이 사용되도록 구조계산이 이루어졌음을 충분히 인식할 수 있었으며, 乙 회사는 2004. 2경 자재부를 신설할 무렵부터 이 사건 체육관 시공 당시까지 수주한 공사의 공사 기간이 촉박할 경우 구조계산을 통해 결정된 부재보다 강도가 약하지만 구매하기 신속하고 용이한 부재를 구매하여 사용하는

325

---

[382] 대구고판 2015. 4. 2, 2014노517 및 대판 2015. 7. 9, 2015도5512. 한편, 위 사건에서 乙 회사 임직원인 피고인들은 ① 체육관 내의 행사음향 등 공진현상이 체육관 붕괴의 원인이 되었고, ② 패널의 이음새 사이로 수분이 흡수되어 패널의 무게가 급격하게 증가되었다고 주장하였으나, 위 2014노517 판결은 붕괴 직전 사회자가 사회를 보고 있었을 뿐 앰프나 스피커로 음악이 연주되지 않았고, 학생들이 뛰고 있지도 않았으며, 행사준비작업에 참여하였던 사람들이 바닥에 물이 떨어져 있는 것을 본 사실이 없다고 한다는 이유로 피고인들의 주장을 배척하였다.

방법으로 공기 내에 공사를 완료하는 일이 관행적으로 있었고, 피고인도 그러한 사실을 알고 있었다. 또한 피고인은 영업부 상무인 상피고인으로부터 이 사건 체육관 철골 구조물 제작·설치 공사의 공사기간을 21일로 정하여 수주하였다는 사실을 보고받고도 그대로 진행하라고 하였는데, 당시 SM490 부재를 주문하여 구매하려면 통상 1달 이상의 기간이 필요하였고, 그러한 사실을 피고인도 잘 알고 있었으므로, 공사기간을 맞추기 위해서는 SM490 부재가 아닌 구매가 수월한 SS400이나 SPHC 등 다른 부재를 구매하여 사용할 수밖에 없음을 충분히 예견할 수 있었다고 할 것이므로, 피고인이 설계와 다른 부재를 사용하여 철골 구조물을 제작하여 설치하는 것을 인식하고도 용인하였음을 합리적 의심의 여지없이 인정할 수 있다."고 판시하였다.[383]

(e) 원도급업체 현장소장

326 원도급업체 현장소장의 관리·감독책임에 대하여, "① 乙 회사와의 관계에 있어, 피고인은 2009. 6. 15. 발주처로부터 이 사건 체육관 공사 전체를 도급받아 乙 회사에 철골 구조물 제작, 설치공사를 하도급한 지위에 있었고, 종합건설업면허 보유자만 공사할 수 있도록 제한한 관련 법규정을 스스로 잠탈하여 A종합건설의 명의로 이 사건 체육관 공사를 수급하였으므로, 종합건설업면허를 보유한 원수급인의 현장대리인으로서 乙 회사의 공사를 관리·감독할 업무상주의의무가 있다고 보아야 하고, 乙 회사가 특수한 공법을 사용한다거나 최초 계약시부터 철골 구조물 제작, 설치공사를 하기로 내정되어 있었다는 사정만으로는 乙 회사의 철골 구조물 설치, 제작공사가 하수급업체의 고유업무에 속하는 업무로서 피고인의 관리·감독의무의 범위를 벗어난다고 보기 어렵다. ② 甲 회사와의 관계에 있어, 피고인은 그 자신의 PEB공법 특성에 대한 이해 정도와 관계없이 일반적으로 중도리가 있는 곳에는 스크류볼트를 모두 체결해야 하는 것으로 인식하고 있었으므로, 하수급인 甲 회사의 패널 시공에 대한 관리·감독을 통하여 이 사건과 같이 일부 중도리에 패널이 전혀 체결되지 않는 결과를 미

---

383 대구고판 2015. 4. 2, 2014노517. 「乙 회사의 회장인 피고인은 국내에서 처음으로 로스케 프로그램으로 PEB공법에 따라 건축물을 제작하는 시공법을 도입하여 다년간 건축물을 시공한 경험이 있는 사람이므로 누구보다 PEB공법의 구조안전상의 특성과 위험성을 인식할 수 있는 지위에 있었다.」

리 방지하였어야 한다. 그리고 乙 회사 측의 추천으로 甲 회사와 패널 시공에 관한 하도급계약을 체결하였다는 사정만으로 이 사건 체육관 신축공사 전부를 도급받은 피고인이 甲 회사에 대한 관리·감독책임을 벗어나게 되는 것은 아니다."라고 판시하였다.[384]

(f) 위 리조트 관계자

위 리조트의 고객과 시설안전을 총괄하는 사업본부장 및 시설관리 책임자 327 로서는 그 무렵 폭설로 인하여 인근 지역의 건물 지붕이 붕괴되는 사고가 여러 차례 일어나는 등 안전사고의 위험이 예견되는 상황이었으므로, 안전에 관해 경각심을 가지고 체육관 지붕의 제설작업을 하거나 체육관 출입을 제한하는 조치를 하였더라면 이 사건 체육관 붕괴로 인한 참사는 쉽게 방지할 수 있었음에도, 도로나 골프장의 제설작업만 한 채 수백 명의 학생이 이용하고 있던 체육관 지붕에 대해 안전조치를 할 생각조차 하지 않았고, 결국 그러한 과실이 이 사건 체육관 붕괴 사고의 가장 직접적이고 중요한 원인이 되었다고 판단하였다.[385]

(6) 공연장과 관련된 주의의무

'판교 공연장 환풍구 붕괴 사건'과 같이 대중이 몰리는 공연장에서 붕괴사 328 고 등이 발생하는 경우, 사고 발생의 원인이 확정되었다면 공연장의 시공·감리 관계자들의 과실과 행사 안전관리 관계자들의 과실 규명, 결과 발생과의 인과관계 등이 문제된다.[386] 시공·감리 관계자들의 과실 등에 관하여는 앞서 살펴보았으므로 아래에서는 행사 안전관리와 관련한 관계자들의 주의의무를 중심으로 살펴본다.

일반적으로 대규모의 사람이 모이는 행사를 주최하는 자는 현장 방문 등 사전 329

---

384 대구고판 2015. 4. 2, 2014노517.
385 대구고판 2015. 4. 2, 2014노517.
386 이 사건에서는 행사 안전관리 부분의 ① 공동주최사 A 회사 및 B 회사, ② 행사대행사 C 회사, 환풍구 시공·감리부분의 ③ 시공사 D 회사, ④ 하도급업체 E 회사, ⑤ 재하도급업체 F 회사, ⑥ 설계·감리업체 G 회사 관계자들의 과실이 경합하여 붕괴사고가 발생하였다. 구체적으로 B 회사는 행사의 기획 및 세부내용 확정, 진행사 선정 등을 담당한 행사 주최·주관자, A 회사는 B 회사로부터 공동 개최 제안을 받고 함께 행사를 준비한 공동주최자, C 회사는 B 회사로부터 행사 진행 전반을 의뢰받아 무대설치 등 실제 행사를 진행한 업체였다. 한편 D 회사는 사고 환풍구가 설치된 건물의 시공사이고, E 회사는 D 회사로부터 금속창호공사를 하도급받은 업체이며, F 회사는 E 회사로부터 금속창호공사를 불법으로 재하도급받아 사고 환풍구를 시공한 무등록 업체, G 회사는 이 사건 환풍구의 공사에 관한 설계·감리를 맡은 업체이다.

평가 단계, 안전관리요원 교육 및 배치 단계, 공연·행사장 시설물 안전점검 단계, 안전장치 설치 또는 위험행위 차단 등 단계별로 각 주의·예견의무가 있다.[387]

330   제1심 법원은 위 사건 관계자들의 과실책임 및 인과관계 판단을 위한 기초적인 상황에 관하여, "이 사건 행사는 야외 일반광장에서 이루어지는 행사로 별도의 입장권 교부나 티켓을 판매하지 않는 무료의 길거리 행사였고, 이 사건 광장은 6만 명의 인원이 근무하는 판교테크노밸리 한가운데에 위치한 곳으로서 행사 시각이 금요일 퇴근 시간 무렵이며, 인기 걸 그룹의 공연 등 각종 이벤트가 준비되어 있었고, 행사 계획 전부터 인기 걸그룹 출연 공연, 성남시장 축사, 각종 시민 참여 이벤트 내용 등을 대대적으로 홍보하여 2,000여명 이상의 많은 사람들의 참석을 예상한 반면, 행사 장소는 비교적 협소하기 때문에 인기 연예인 출연 행사의 특성상 무대에서 이루어지는 공연을 관람하기 위해 많은 사람들이 무대 근처로 몰려들고, 무대 근처에 가지 못한 사람들은 관람을 잘 할 수 있는 높은 지대로 연결된 시설물 등에 올라감으로써 인명 사고가 발생할 우려가 농후하였다. 더욱이 공연장소인 광장에 설치된 관람용 의자는 500석에 불과하기 때문에 자리를 잡지 못한 사람은 서서 공연을 관람할 것이 예상되었으므로, 이러한 경우 사람들이 무대를 조금 더 잘 볼 수 있는 계단이나 벤치 등 시설물에 올라가 관람할 것이 쉽게 예상되는 상황이었는데, 유스페이스2 건물 지하 주차장의 환기를 위하여 설치된 이 사건 환풍구의 경우 공연이 열리는 무대에서 약 24m 떨어진 위치에 설치되어 있고, 관람의자 끝부분과 약 4m 정도 밖에 떨어져 있지 않으며, 건물과 광장 사이의 보행자 통로 내에 위치해 있어 사람들의 통행이 잦고, 지상 1m 높이로 그 옆에 화단과 이어져 있어 사람들이 쉽게 그레이팅(덮개) 위로 올라 설 수 있는 구조인데다가 무대보다 약 2m 가량 높아 무대를 바로 내려다 볼 수가 있어 관람하기에 최적의 장소였으므로, 사람들이 환풍구 위로 올라가서 공연을 관람할 것임은 쉽게 예상할 수 있었다. 그런데 이 사건 환풍구는 그레이팅의 면적이 29.8㎡에 달함에도 단지 세로각관(100×50×2.0) 2개만으로 그레이팅의 하중을 지지하고 있었고, 지하 18.55m의 수직낙하통로(가로 2.7m, 세로 2.3m)가 설치되어 있는 구조로서 다수인이 올라갈 경우

---

387 수원지판 2016. 8. 26, 2016노650.

사고발생 위험이 있었다."고 전제한 다음, 아래와 같이 관계자의 주의의무위반 여부를 검토하였다.[388]

(가) 주최 회사(B 회사)의 총괄본부장

이 행사 주최자인 B 회사의 총괄본부장으로 이 사건 행사를 기획하고 행사 331
전체를 총괄하는 책임자의 주의의무위반과 관련하여, ① 행사 준비 시 안전관리 대책 수립 및 감독 소홀의 과실에 대하여, "피고인은 B사의 사업본부장으로 재직하면서 이 사건 행사와 유사한 야외 공연인 '그린리본 마라톤 대회' 등 각종 행사를 주최하여 책임자로서 진행하였던 경험이 있었고, 이 사건 행사와 같은 야외 공연을 할 경우에는 행사장의 무대 배치 계획도, 행사장 무대 배치, 인근 건물의 구조 등을 참조하여 행사 시 관객들의 동선을 예측하고, 행사 전 사전 답사를 통하여 관객들의 진·출입 시 병목현상이 발생하거나, 공연의 관람을 위하여 사람들이 몰릴 수 있는 장소 및 사람들이 올라타거나 이용할 수 있는 시설물의 존재를 파악하고 그러한 장소 및 시설물의 구조와 붕괴 위험 유무 등 안전성을 점검하여 위험성을 확인한 후, 안전선 또는 안전펜스의 설치 내지 충실한 사전 교육 등을 통하여 임무 수행 능력을 가진 충분한 수의 안전요원의 배치 등의 조치를 통하여 행사진행시 발생할 수 있는 안전사고의 요인을 제거하기 위한 일련의 안전관리 대책을 수립·시행해야 할 업무상주의의무가 있었음에도, 이 사건 행사와 비슷한 행사 개최 경험이 전혀 없는 광고사업국장인 상피고인에게 이 사건 행사의 진행을 준비시키면서 "행사 시 안전이 중요하므로 안전에 신경 쓰자."라는 말만 한 채, 스스로가 위와 같은 일련의 안전관리 대책을 수립·시행하거나 위 사람들을 상대로 안전관리 계획이 수립되었는지, 수립된 안전관리 계획이 타당한지, 수립된 계획대로 진행되고 있는지 등에 대한 감독을 전혀 하지 아니하였고, 특히, 행사대행업체인 C 회사 측으로부터 제출받은 견적서상 안전관리 항목 및 비용이 전혀 기재되지 아니한 상황을 발견하였으면서도 이에 대한 확인 및 감독을 전혀 하지 아니하여 결국 아무런 안전관리 조치 없이 이 사건 행사가 진행되게 한 과실이 있다."고 하였으며, ② 행사장에서의 안전관리 조치 실시 여부 미점검 및 감독 소홀의 과실에 대하여, "피고인은 행사일인 2014.

---

388 수원지방법원 성남지판 2016. 1. 11, 2015고단367.

10. 17. 오전부터 무대설치, 행사장 부스 설치 상황 등 행사 준비 과정 전반을 지켜보면서 진행 상황을 감독하였는바, 이 사건 행사를 공동주최하는 B 회사 측 총괄책임자인 피고인으로서는, 행사장의 경계를 표시하는 구획 장치가 설치되어 있는지, 위험 시설물인 이 사건 환풍구 및 담벼락 등에 사람들의 접근을 차단할 수 있는 안전펜스 내지 안전선, 경고판 등이 설치되어 있는지, 사람들을 통제하는 안전요원 등이 적절하게 배치되어 있는지 등에 대하여 스스로 면밀히 점검하거나 광고사업국장인 상피고인 등에게 점검하도록 감독하였어야 함에도, 행사장 안전점검과 관련한 조치를 하지 아니하여 결국 아무런 안전관리 조치 없이 이 사건 행사가 진행되게 한 과실이 있다."고 하는 한편, ③ 행사 진행 시 위험상황에 대한 안전조치 미실시 및 감독소홀의 과실에 관하여, "피고인은 이 사건 행사일인 2014. 10. 17. 17:40경 인기 걸그룹이 행사 축하공연을 시작할 무렵 많은 사람들이 공연을 보고자 이 사건 환풍구 위에 올라가 있었고, 이러한 광경 등을 본 사회자가 관객들에게 '안전이 제일 중요하다'라는 등의 경고성 발언을 수회 하는 상황을 모두 지켜보고 있었다. 이러한 경우 피고인으로서는, 즉시 스스로 또는 실무담당자에게 지시하는 등의 방법으로 이 사건 환풍구 쪽으로 사람을 보내어 환풍구 위에 올라가 있는 사람들을 내려오게 하는 등의 조치를 취하여야 함에도 불구하고, 아무런 조치를 취하지 아니한 과실이 있다."고 판시하였다.[389]

(나) 주최 회사(B 회사)의 광고사업국장

332   이 사건 행사에 관하여 총괄본부장의 지시하에 부하직원들과 함께 세부 내용을 준비하는 B 회사의 광고사업국장의 주의의무위반과 관련하여, ① 행사 준비시 안전관리 대책 미수립 및 감독 소홀의 과실에 대하여, "이 사건 행사와 같이 불특정 다수인을 상대로 한 대규모의 행사를 기획하고 진행을 준비하는 업무를 담당하는 피고인으로서는, 행사진행 시 발생할 수 있는 안전사고의 요인을 제거하기 위한 일련의 안전관리 대책을 수립·시행해야 하고, 만일 이를 타인에게 위임하고자 한다면 그 타인을 상대로 구체적인 과업지시 등을 통하여 안전관리에 관한 세부 계획을 세우도록 한 후, 그와 같은 계획의 타당성 여부 및 시

---

389 수원지방법원 성남지판 2016. 1. 11, 2015고단367.

행 여부를 감독하여야 할 업무상주의의무가 있었음에도, 최초 2억 2,000만 원의 예산으로 행사를 진행하려다가 협찬 금액 부족으로 예산을 8,000만 원으로 줄인바 있었고, 이에 따라 최초 행사를 맡기려던 업체의 견적보다 훨씬 저렴하게 행사를 진행할 수 있는 업체를 찾던 중 C 회사를 접촉하게 되었으며, 접촉과정에서도 C 회사 대표이사가 제시한 금액보다 600만 원 상당을 감액한 금액으로 계약을 체결한 사실이 있으므로 C 회사의 경비 부족으로 인해 안전관리에 소홀할 수 있음을 예상할 수 있었기 때문에, 만일 피고인이 행사 대행업체인 C 회사 측에 이 사건 행사시 안전관리 조치를 위임하려고 하였다면, C 회사 측 관계자를 상대로 구체적인 안전관리 대책을 수립하도록 지시하고 그 타당성 및 시행 여부를 감독하였어야 했다. 그럼에도 피고인은 C 회사 측에서 안전관리를 해 줄 것이라고 막연히 생각한 채, C 회사에서 작성한 견적서상에 안전관리 비용이 전혀 책정되어 있지 아니함에도 아무런 의문을 제기하지 아니하였고, C 회사 측에 이 사건 행사시 안전관리 대책 수립 내지 시행을 위한 구체적인 지시를 하거나 감독을 하지 아니하였고, 달리 스스로 또는 부하직원을 통하여 안전관리 대책을 수립·시행하지 아니하여, 결국 아무런 안전관리 조치 없이 이 사건 행사가 진행되게 한 과실이 있다."고 하였고, ② 행사장에서의 안전관리 소홀의 과실에 대하여, "피고인은 이 사건 행사의 B 회사 측 실무담당자로서 행사일인 2014. 10. 17. 오전부터 무대설치 상황, 행사장 부스 설치 상황 등 행사 준비 과정 전반을 지켜보면서, 행사장의 경계를 표시하는 구획 장치가 설치되어 있지 아니하였고, 위험 시설물인 이 사건 환풍구 및 담벼락 등에 사람들의 접근을 차단할 수 있는 안전펜스 내지 안전선, 경고판 등이 설치되어 있지 아니하였으며, 사람들을 통제하는 안전요원 등이 배치되어 있지 아니하였음을 발견하고도 C 회사 측에 적절한 조치를 요구하거나 스스로 위와 같은 조치를 취하지 아니하였고, 더욱이 행사를 도우러 나온 B 회사 소속 직원들을 안전요원으로 활용할 수 있었음에도 이들을 상대로 아무런 교육을 하지도 않고 '자발적으로 행사장 내를 돌아다니며 행사를 도우라'라는 추상적인 지시만을 하여, 결국 아무런 안전관리 조치 없이 이 사건 행사가 진행되게 한 과실이 있다."고 하였다.[390]

---

390 수원지법 성남지판 2016. 1. 11, 2015고단367.

(다) 공동주최 회사(A 회사)의 본부장

333   공동주최사인 A 회사의 본부장의 과실책임에 대해서는, 이 사건 행사에 관
한 세부적인 사항을 A 회사 및 B 회사 담당자가 긴밀하게 협의하여 결정한 점,
이 사건 행사 전날 작성된 내부문건에는 'A 회사 직원을 통하여 행사장 인근 계
단, 벤치, 시설물 등에 공연을 보기 위해 올라서는 관람객을 제지하는 등 행사
현장 안전사고를 담당한다.'는 내용으로 기재되어 있는 점, A 회사 지원본부 직
원 16명 중 15명의 직원들이 이 사건 행사장에 총동원되어 행사진행을 도운 점
등에 비추어, 공동 주최자로서의 지위 및 업무상주의의무위반이 인정되며, 예견
가능성 및 상당인과관계도 긍정하였다.[391]

(라) 행사 대행업체 총괄이사

334   이 사건 행사를 위한 무대 설치, 진행 등을 용역 받아 수행하는 업무를 담
당한 행사 대행업체의 총괄이사에 대해서는, 이 사건 행사 중 일부만을 용역받
은 사람으로서 그 용역받은 업무는 무대제작과 연출, 진행, 이벤트, 상징조형물
등의 행사진행에 필요한 장비를 준비하는 부분에 국한되었을 뿐, 안전관리 부분
은 포함되지 않았다고 봄이 상당하므로 공소사실 기재와 같은 주의의무가 있다
고 보기 어렵다고 판단하였음에 유의할 필요가 있다.[392]

7. 생활화학제품 등 제조와 관련된 주의의무

335   '가습기살균제 사건'과 같이 유해화학물질이 들어있는 생활화학제품을 제조·
판매하여 다수의 사상자가 발생한 경우, 사고 발생 원인의 확정, 제조와 유통
관계자들의 과실 유무, 예견가능성, 결과발생과의 인과관계 등이 문제된다.[393]

---

391 수원지판 2016. 8. 26, 2016노650 및 대판 2016. 12. 15, 2016도14836.
392 수원지판 2016. 8. 26, 2016노650 및 대판 2016. 12. 15, 2016도14836.
393 가습기살균제 사건은 생활용품 제조·판매 업체에서 화학물질인 PHMG(폴리헥사메틸렌구아니
    딘. Polyhexamethylene guanidine)이 들어있는 가습기살균제를 판매하여 이를 흡입한 사람들에
    게 폐질환이 발생하고, 다수의 사상자가 발생한 사건으로서, ① 해당 제품을 개발한 제조업체
    A 회사의 대표이사, 연구소장, 연구원 및 A 회사로부터 OEM 방식으로 제조를 의뢰받은 B 회사
    의 대표이사, ② 유사 제품을 개발하여 판매한 제조업체 C 회사 대표이사(이상 대판 2018. 1.
    25, 2017도12537), 유통업체이면서 PB제품(Private Brand)으로 유사제품을 개발하여 판매한
    ③ D 회사 임직원, ④ E 회사 임직원 및 E 회사에서 판매하는 가습기살균제 제품의 품질을 검
    사하고 보증하는 업무를 담당하는 F 회사의 담당직원, ⑤ D 회사 및 E 회사에서 가습기살균제
    제품의 제조를 의뢰받아 납품한 G 회사 운영자(이상 대판 2018. 1. 25, 2017도13628) 등이 본죄

(1) 화학약품 제조업자의 주의의무와 예견가능성

(가) 가습기살균제 제조·판매업자

대법원은 가습기살균제를 제조·판매하려는 제조회사의 대표이사의 주의의무에 관하여, 위 화학제품을 공급할 당시의 과학기술 수준으로 그 안전성을 철저히 검증하고, 조사·연구를 통하여 해당 화학제품에 존재하는 결함으로 발생할 가능성이 있는 위험을 제거·최소화하여야 하며, 만약 그 위험이 제대로 제거·최소화되었는지 불분명한 때에는 안전성이 충분히 확보될 정도로 그 위험이 제거·최소화되었다고 확인되기 전에는 위 화학제품을 유통시키지 않아야 할 주의의무를 부담한다고 판단하였다.[394]

아울러 제품이 시판된 이후라도 가습기살균제에 대한 흡입독성시험의 필요성과 해당 제품이 흡입독성시험이 실시되지 않은 상태에서 출시된 사실을 충분히 알고 있었음에도 불구하고, 제품이 출시된 이후 흡입독성시험 등 제품의 안전성을 확인하기 위한 아무런 조치를 취하지 않은 과실이 인정되고, 회사연구소에서 제품에 대한 급성 흡입독성시험을 의뢰하였다가 중단한 사실을 알게 된 이상 회사연구소와의 관계에서 과실범에 관한 신뢰의 원칙은 적용될 여지가 없는 것이며, 위 회사를 인수한 영국 법인의 연구개발부서(Global R&D)에 해당 제품에 관한 연구자료 일체를 송부하였다는 사정만으로는 가습기살균제의 안전성을 확인하여야 할 주의의무가 면제되거나 경감된다고 볼 수 없다고 판단하였다.[395]

또한 라벨에 임의로 권장사용량을 결정하여 기재하고 정확한 사용법과 그 사용 시 위험성을 경고하지 않은 점에 관하여, 가습기살균제를 제조·판매하면서 흡입독성시험 등 과학적 근거에 기초하지 않고 임의로 권장사용량을 결정하였으며, 밀폐된 공간에서 가습기살균제를 장시간 사용할 경우 건강상 위해를 초래할 수 있으므로, 실제 사용 중에도 환기를 시켜 실내의 살균제 농도가 올라가지 않도록 하여야 한다는 등의 정확한 사용법과 그 사용상의 위험성을 경고하지 않은 과실이 인정된다고 하였다.[396]

336

337

338

로 처벌받았다.
394 대판 2018. 1. 25, 2017도12537(가습기살균제 사건).
395 대판 2018. 1. 25, 2017도12537.
396 대판 2018. 1. 25, 2017도12537.

339   한편 제조업체 대표이사의 예견가능성에 관하여, 가습기의 작동원리와 가
습기살균제의 용법에 비추어 가습기살균제의 주된 원료물질로 사용되는 살균제
성분이 공기 중으로 분무될 가능성이 있고, 공기 중으로 분무될 경우 그 살균제
성분이 호흡을 통하여 계속적·반복적으로 인체에 흡입될 것임을 쉽게 알 수 있
었을 뿐만 아니라 화학물질에 기본적으로 용량상관적인 독성이 있다는 점을 고
려할 때, 이와 같이 소비자가 가습기살균제 성분에 계속적·반복적으로 노출될
경우 그 살균제 성분이 체내에서 독성반응을 일으켜 이를 사용한 사람이 호흡
기 등에 상해를 입을 수 있고, 심각한 경우 사망에 이를 수도 있다는 점까지도
예견할 수 있었다고 판시하였다.[397]

        (나) 납품 생산업체 대표이사

340   OEM 방식으로 가습기살균제 제품의 제조를 의뢰받아 납품한 생산업체의
대표이사의 주의의무에 대하여도, PHMG를 새로운 원료물질로 하는 가습기살
균제 제품이 제조·판매되는 과정에서 제품의 결함 유무를 확인하고, 그 안전성
을 검증하였어야 함에도 이를 소홀히 한 업무상과실이 인정된다고 하거나,[398]
자체 역량 부족으로 화학제품의 안전성을 확보할 수 없음에도 만연히 선행제품
을 모방하여 이 사건 각 가습기살균제를 제조·납품함으로써 피해자들의 사상의
결과를 초래한 사실이 인정되고, 가습기살균제 제조 과정에서 요구되는 업무상
의 주의의무를 위반하지 않을 것을 기대할 가능성이 없다고 볼 수는 없다고 판
단하였다.[399]

        (다) 유통업체 임직원

341   유통업체이면서 유사제품으로 PB제품을 개발하여 제조·판매한 경우 유통
업체 임직원의 주의의무에 관하여는, ① 유통회사의 사업본부가 제조를 의뢰하
여 자체 상표로 판매하는 자체 상표(Private Brand)(이하, 'PB'라고 한다.) 상품의 경
우에 유통회사 임직원인 피고인들은 단순한 유통업자로서의 주의의무보다 더
높은 제조업체 상표(National Brand)(이하, 'NB'라고 한다.) 상품을 제조하여 판매하
는 제조업자에 준하는 주의의무를 부담하는 한편, ② 본죄의 보호법익인 사람

---

397 대판 2018. 1. 25, 2017도12537.
398 대판 2018. 1. 25, 2017도12537.
399 대판 2018. 1. 25, 2017도13628.

의 생명·신체도 제조물 책임법의 보호목적에 포함되며, 피해자들의 사상이 유
통회사 측 피고인들이 개발에 관여한 가습기살균제의 성상 및 표시상의 결함에
서 비롯되었으므로, 유통회사 측 피고인들에게 제조물의 개발·제조·판매와 관
련한 주의의무가 인정된다고 판단하였다.[400]

(라) 품질검수 담당자

유통회사와 계약을 체결하고 품질검수를 맡은 회사 담당직원의 주의의무   342
와 관련하여, 품질검수 회사의 품질보증팀(Quality Assurance, QA) 담당자였던 피
고인이 유통회사와 품질검수 회사 사이의 계약 및 품질검수 회사의 내부 업무
분장에 따라 가습기살균제의 안전성을 1차적으로 검토할 업무상 지위에 있었
음에도 OEM 생산업체의 제품생산능력 및 제조업체 현황 등만을 확인하고
OEM 생산업체가 가습기살균제 제조업체로 적정하다는 의견을 제출하였고, 그
결과 후속절차에서 가습기살균제의 안전성 확보를 위한 아무런 절차가 진행되
지 않은 채 제조·판매되기에 이른 사정 등에 기초하여, 주의의무를 위반하였
다고 판단하였다.[401]

(2) 화학약품 제조업자의 주의의무위반과 결과발생의 인과관계

제조물의 결함으로 인하여 사고를 야기하거나 외상이 발생하는 경우에는,   343

---

400 대판 2018. 1. 25, 2017도13628. 이 사건에서 ① 유통업체가 자체 제조·판매하는 PB 상품의 안
   전성 검증은 기본적으로 PB 상품의 품질관리의 일환으로서 PB 상품의 제조·판매 결정권한을
   가진 유통업체 임직원의 책임 범위에 속하고, ② 가습기살균제와 같은 화학제품의 제조·판매
   시 안전성을 검증하고 확보할 수 있는 역량이 유통업체에 없었고, 유통업체와 'PB 상품 개발 관
   련 컨설팅 서비스 계약을 체결한 상품검수업체도 마찬가지였으며, 제조업자 역시 경험 및 시설
   등에 비추어 안전성을 검증하리라고 기대할 수 있는 수준의 제조업자가 아니었으며, ③ 유통업
   체 측 피고인들은 선행업체인 제조사를 모방하여 동일한 성분·함량으로 가습기살균제를 제조·
   판매하는 방식을 택함으로써 직접적인 안전성 검증을 생략하고자 하였으나, 선행제품은 그 원
   료·성분·농도 등의 안전성에 관하여 어떠한 형태로든지 심사 내지 평가를 받은 적이 없고, 선
   행제품의 안전성이 검증되었다고 믿을 만한 객관적인 자료 및 정보도 없었음에도 ④ 유통업체
   팀장은 유통업체 내에서 PB 상품 개발·제조·판매를 최초로 검토하고 결정할 책임이 있는 사람
   으로서, 유통업체 부문장은 PB 상품 개발의 중간결재권자로서, 모방제품의 안전성이 확보되었는
   지 확인하지 않은 채 이를 제조·판매하기로 결정하였고, ⑤ 유통회사 영업본부장 역시 소싱아워
   (Sourcing Hour)의 주재자이자 모방제품의 제조·판매에 관한 최종적인 의사결정권자로서, 모방
   제품의 안전성 검증을 위한 절차가 진행되지 않았음에도 그 제조·판매를 최종결정한 사정 등을
   종합하여 가습기살균제를 제조·판매하기로 결정하면서 최선의 주의를 기울여 결함 유무를 확인
   하고 안전성을 검증하였어야 함에도 이를 소홀히 하였다는 취지로 판시하였다.
401 대판 2018. 1. 25, 2017도13628.

하자와 결과 사이의 인과관계를 인정하기가 비교적 용이하다. 그러나 소량의 화학물질을 장시간에 걸쳐 지속적으로 흡입함으로써 폐질환이 발생하고, 이로 인하여 피해자들이 사망에 이르거나 폐 손상을 입었다면 그 인과관계를 확정하기가 쉽지 않다.

344   대법원은 가습기살균제 사건에서 제조업체 대표이사의 주의의무위반과 사상의 결과 사이의 인과관계에 관하여, "① 피고인이 가습기살균제의 주원료를 변경하는 과정에서 흡입독성이 없는 것으로 확인되는 살균제 성분을 원료물질로 사용하거나, PHMG를 원료물질로 사용하더라도 흡입독성시험을 실시하는 등으로 흡입독성에 관한 객관적 자료를 확인하여 인체에 무해한 농도로 권장사용량을 정하였다면, 가습기살균제를 사용한 피해자들이 폐질환으로 사망하거나 상해를 입는 결과가 발생하지 않았을 것으로 판단되고, ② 가습기살균제의 제조 · 판매가 중단된 이후 안전성평가연구소에서 실시한 PHMG에 대한 급성 흡입독성시험 결과, 고농도 노출군 전부 및 중농도 노출군 중 일부가 사망하고, 폐사한 중농도 · 고농도 노출군의 폐에서 염증세포 병소, 포말대식세포 축적, 기관지상피 변성 · 재생, 섬유증 등의 병변이 관찰된 점, 제조 · 판매가 중단된 이후 피고인의 회사에서 한국건설생활환경시험연구원(KCL)에 의뢰하여 실시된 PHMG를 주성분으로 하는 SKYBIO1125에 대한 급성 흡입독성시험에서도, 고농도 노출군의 대부분이 사망하고, 중농도 · 고농도 노출군에서 시험물질에 의한 폐포벽 비후, 대식세포 탐식, 염증세포 증가 등이 관찰된 점 등에 비추어 볼 때, 피고인이 가습기살균제를 시판할 무렵 또는 그 이후에 급성 흡입독성시험을 실시하였다면, 위와 유사한 결과가 나왔을 것이라고 충분히 인정할 수 있다."고 판시하였다.[402]

345   또한 대법원은 가습기살균제의 개발에 관여한 제조업체의 대표이사와 연구소장의 퇴직 이후 발생한 사상의 결과에 대한 인과관계에 관하여, "피고인들은 특별한 사정이 없는 한 자신들이 회사에서 퇴직하는 등으로 의사결정권자의 지위를 상실하더라도 이와 무관하게 대량 생산 시스템에 의하여 매년 기계적 · 반복적으로 동일한 성분 · 함량과 제품 라벨의 가습기살균제 제품이 제조 · 판매되

402 대판 2018. 1. 25, 2017도12537.

리라는 점을 충분히 예상하고 있었고, 실제로 위 피고인들이 업체에서 퇴직한 이후에도 그 퇴직 이전의 결정에 따라 매년 앞서 본 것과 같은 결함이 있는 가습기살균제가 계속하여 제조·판매되었으며, 위 피고인들이 가습기살균제의 이러한 결함을 제거하거나 해당 제품의 제조·판매를 중단 또는 종료시키지도 않았으므로, 비록 실제 제조 공정이 위 피고인들의 퇴직 이후에 이루어진 것이라고 하더라도 위 피고인들에게는 가습기살균제를 사용한 피해자들의 사상의 결과에 대한 책임이 있다."고 판단한 원심을 유지하였다.[403]

아울러 가습기살균제 제품의 라벨 문구와 결과 사이의 인과관계에 대하여   346
는, "연구소장인 피고인이 가습기살균제의 용기 라벨에 '인체에 안전한 성분을 사용하여 안심하고 사용할 수 있습니다.', '아이에게도 안심'과 같은 문구를 사용하지 못하도록 하거나, '사용 중 반드시 실내를 정기적으로 환기하여야 한다', '밀폐된 공간에서 장시간 사용할 경우 인체에 유해할 수 있다'라는 내용의 표시를 하였다면, 소비자들이 그와 같은 내용을 충분히 고려하여 가습기살균제의 구매 여부를 신중히 결정하였을 것이고, 제품을 구매하여 사용하는 소비자들의 경우에도 사용 환경에 주의를 기울임으로써 PHMG에 노출되는 정도가 감소되었을 것이므로, 사망 또는 상해라는 결과 발생의 위험이 상당히 줄어들었을 것이므로, 위 피고인의 업무상과실행위들로 인해 피해자들이 2009. 6. 1. 이후 사망하거나 상해를 입은 사실을 인정할 수 있다."[404]고 판시하였다.

한편 영국법인이 회사를 인수한 이후 영국법인의 연구개발부서에 가습기   347
살균제에 관한 연구자료 일체를 송부하였다는 사정, 영국법인 본사에서 제품안전보건 자료(Product Safety Data Sheet)를 발행하였다는 사정, 제품의 용기 변경 등만의 사정으로는 퇴직자들의 인과관계가 단절되었다고 볼 수 없다고 판단하였다.[405]

8. 위험물 등 취급자의 주의의무

폭발물·가연성물질·유독물질 등 위험물의 제조·운반·보관 등의 작업임무   348

---

403 대판 2018. 1. 25, 2017도12537(항소심은 서울고판 2017. 7. 26, 2017노242).
404 대판 2018. 1. 25, 2017도12537.
405 대판 2018. 1. 25, 2017도12537.

를 맡은 사람은 폭발·유독·유해물질의 유출·방출 등으로 인한 인신의 사상사
고를 방지하기 위해 특별히 신중한 배려를 해야 할 주의의무를 부담한다.[406]

(1) 화약류 취급자

(가) 화약관리 책임자

349   ① 화약관리 책임자는 소나기와 이에 동반한 낙뢰현상의 발생과 그 낙뢰가
부근에 유도될 수 있다는 위험의 가능성을 예측하고 이에 대비하여,[407] 위 화약
류가 야외에 적치된 채 그곳을 떠나 그 취급에 관한 소양이 부족된 인부들에게
일임하는 일이 없이 본인의 책임하에 이를 안전하게 수거하는 등 대책을 강구
하고, 만일 이와 같은 조치를 취할 수 없는 부득이한 경우였다 할지라도 인부들
에게 특별히 낙뢰에 대비한 안전대책까지도 지시함으로써, 인부들이 본건 사고
경위와 같이 화약을 지니고 쉽게 낙뢰를 유도할 수 있는 철제공드럼통이 적치
된 주위로 접근하여 소나기를 대피함과 같은 무모한 행동을 하는 일이 없도록
방지하였어야 할 업무상주의의무가 있다.[408]

350   ② 화약류를 취급하는 데 필요한 소정의 면허를 받지 못한 사람을 화약류
취급책임자로 선임하여 발파작업에 종사케 함으로써 그 발파작업 중 그 책임자
의 과실로 인하여 사상의 사고가 발생한 경우에는, 위 사상과 그 선임자의 과실
사이에는 상당인과관계가 있어 그 책임을 면하지 못한다.[409]

(나) 화약저장소 설치공사 현장책임자

351   현장소장으로서 공사전반에 걸쳐 관리책임이 있고, 화약류의 저장을 위한
물적 설비인 화약저장소의 설치책임이 있다고 할지라도 화약관리사 면허가 있
는 화약관리 책임자가 별도로 있어 화약류의 취급, 발파작업의 시행 등 일체의
기술적인 업무를 전담하여 왔음이 인정되고, 관계법규상 전문기술이 없는 사람
은 발파작업 등의 업무를 수행할 수도 없으므로 현장소장은 화약관리 책임자에
대하여 그가 취급하고 있는 고유업무인 화약관리업무에 관하여 일반적·추상적

---

406 주석형법 〔각칙(3)〕(5판), 487(손기식).
407 총포·도검·화약류 등의 안전관리에 관한 법률 시행령 제16조(화약류의 취급) ① 법 제18조에
    따라 화약류를 사용하고자 하는 사람이 그 화약류를 사용하는 장소에서 화약류(초유폭약을 제외
    한다)를 취급하는 때에는 다음 각 호에 따라야 한다.
    9. 낙뢰의 위험이 있는 때에는 전기뇌관 및 전기도화선에 관계되는 작업을 하지 아니할 것
408 대판 1979. 2. 13, 78도1416.
409 대판 1966. 6. 28, 66도758.

으로 지휘·감독할 책임이 있음에 불과하고, 더 나아가 본건과 같은 구체적인 발파작업의 수행과 관련하여 일일이 세부적으로 이를 지시·감독할 책임이 있다고 볼 수는 없다.[410]

(2) 가스류 취급자

(가) 도시가스사업자

① 도시가스공급사업은 도시가스의 가연성, 폭발성으로 말미암아 사소한 **352** 잘못으로도 광범위한 지역에 걸쳐서 많은 사람의 신체 및 재산에 큰 위해를 가할 우려가 있는 사업이니만치 그와 같은 사업의 안전업무를 책임지고 있는 도시가스공급사업의 안전관리자들로서는 배관의 안전과 가스압력의 적정유지 등 안전사고의 방지를 위한 기본적 사항의 준수에 총력을 기울여야 할 것이고, 애당초 이 사건 가스공급관의 시설공사를 전문가가 아닌 서울시의 수도국 직원들이 수도관시설공사에 준하여 날림으로 하였고, 배관망도는 부정확하여 믿을 수가 없으며, 배관도 10년 이상 경과되어 노후되어 있었던 데다가 누기(漏気)사고가 빈발하는 등 배관의 안전성을 심히 의심할만한 여러 사정들이 있었고, 또 그와 같은 사정들은 사업을 인계한 서울시의 관계자들이 서울도시가스(주)의 관계자들에게 누누이 고지하여 주어 피고인들도 잘 알고 있었다는 것이므로 서울도시가스(주)의 안전업무를 책임지고 있는 피고인들로서는 원심이 지적하는 모든 방법을 동원하여 배관망도, 배관시설의 안전성 등을 전면적으로 재점검하여 배관의 결함을 찾아내어 그 대책을 세웠어야 할 것이며, 뿐만 아니라 압송기 가동에 있어서는 배관의 취약상태를 고려하여 원심설시의 조치를 취함으로써 송출압력이 급격히 상승하는 일이 없도록 해야 할 업무상의 주의의무가 있다.[411]

아울러 ② 도시가스사업자가 비록 신축 중인 아파트 내 가스시설 설치공사 **353** 의 중요부분을 완성하여 관할관청으로부터 완성검사를 받았더라도 아직 그 아파트공사가 진행 중에 있어서 각 가구의 출입문이 개방된 상태이고, 아파트의 준공검사를 받을 때 가스시설도 그 검사대상이 되는 것이라면 그 준공검사를 마칠 때까지는 도시가스사업법에 따른 시공관리자를 현장에 배치하여야 한다.[412]

---

410 대판 1979. 2. 13, 78도1416.
411 대판 1989. 9. 26, 88도1411.
412 대판 1989. 9. 12, 89도383.

(나) 가스 점검업체

354 　　대법원은 한국가스공사로부터 도급을 받은 업체가 가스누설 점검작업 중 발생한 가스폭발사고에서 한국가스공사 소속 직원들의 과실책임과 관련하여, "한국가스공사 관로사무소의 소장으로서는 첫째 한국가스공사 관로사무소(이하, "위 관로사무소"라고 한다.)가 이 사건 가스누설 점검작업을 가스기술공업 주식회사 수도권사업소에게 도급을 주었다 하더라도, 도시가스사업법과 그 시행령 및 한국가스공사 안전관리규정의 각 관계 규정 취지에 비추어 보면, 위 관로사무소 소장으로서 안전관리총괄자인 피고인은 공사감독원 또는 안전관리자를 반드시 입회시켜 위 작업이 적절하고 안전하게 시행되고 있는지 등에 관하여 철저한 관리 및 감독을 하여야 하고, 또한 밸브의 개폐 등 조작 역시 자격을 갖춘 정규 운전원으로 하여금 조작하도록 하여야 할 주의의무가 있고, 둘째 이 사건 가스누설 점검작업은 위 관로사무소가 그 계획 및 시행을 주관한 것으로서 위 관로사무소의 산하기관인 서울분소는 위 작업에 관하여는 단지 위 관로사무소에 협조하는 관계에 있었을 뿐이므로, 위 작업에 있어서 공사감독원 및 안전관리원을 배치하여 작업의 안전을 도모하여야 할 자는 바로 위 관로사무소의 안전관리총괄자인 피고인이라 할 것이며, 셋째 피고인은 위 관로사무소 소장으로서 안전관리총괄자의 지위에 있었을 뿐만 아니라 이 사건 가스누설 점검작업의 개요라든가 대체적인 시행시기 정도는 알고 있었으므로 피고인에게 이 사건 사고의 발생에 관하여 과실이 있다고 보아야 할 것이다."라고 판시하였다.[413]

355 　　나아가 "한국가스공사 중앙통제소 과장인 피고인으로서는 아현가스공급기지에서 이 사건 가스누설 점검작업 중 가스가 누출되고 있다는 사실을 알 수 있는 상황에 있었으므로, 아현가스공급기지가 지하기지라는 점 및 가스누출이 계속되는 경우 폭발의 위험성이 아주 크다는 점을 감안하여 이 사건 가스누설 점검작업의 구체적인 내용 및 그 작업이 최선의 방법으로 안전하게 실시되고 있는지를 알아보고, 특히 가스누출경보가 사고 당일 14:52경까지 무려 40여 분간 계속되고 있었으므로 작업자들에게 그 원인을 구체적으로 물어보아 이상이 있는 경우에는 일시 작업을 중단시키거나 직통전화 등을 이용하여 위 관로사무소

---

[413] 대판 1996. 1. 26, 95도2263.

에 연락하여 이상이 있음을 알려 그에 필요한 조치를 취할 것을 요구하는 등의 조치를 취하여야 할 주의의무가 있음에도, 위 피고인은 만연히 가스누설 점검작업 중이라는 말만 듣고 고도의 위험성이 도사리고 있는 이 사건 가스누설 점검작업에 대하여 하등의 조치를 취하지 아니하였으니 위 피고인에게 이 사건 사고의 발생에 관하여 과실이 있다."고 판시하였다.[414]

(다) 액화석유가스 판매사업자

대법원은 액화석유가스 판매사업자가 빌라 관리인으로부터 가스철거요청을 받았음에도 "달아줄 때만 달아주고 떼어갈 때에는 알아서 떼어가니 밖에 있는 밸브만 잠그고 안에 있는 본인 것은 알아서 떼어가면 된다."라고 대답하여 종전 세입자가 휴즈콕크까지 함께 떼어 간 상황에서, 새로운 세입자가 보일러 작동을 위해 주밸브를 올린 후 담배를 피우려고 라이터를 켜는 순간 휴즈콕크가 떼어진 부분으로 새어 나온 가스가 폭발한 사안에서, "구 액화석유가스의 안전 및 사업관리법(2003. 9. 29. 법률 제6976호 액화석유가스의 안전관리 및 사업법으로 개정되어 2004. 3. 30. 시행되기 전의 것, 이하 '구법'이라 한다.) 제9조 제1항은 액화석유가스 판매사업자가 액화석유가스를 수요자에게 공급할 때에는 그 수요자의 시설에 대하여 안전점검을 실시하고, 산업자원부령이 정하는 바에 의하여 수요자에게 위해 예방에 필요한 사항을 계도하여야 한다고 정하고 있는 바, 이는 액화석유가스가 인화 폭발하기 쉬운 성질을 가지고 있고 그 폭발 사고로 인한 피해도 심각하여 고도의 위험성을 가지고 있는 반면 일반인이 그 누출 가능성 등을 미리 알기 어려운 사정 등 때문에 액화석유가스 판매업자에게 엄격한 주의의무를 부과한 것이라고 보이므로, 일반 수요자에게 가스를 공급하는 액화석유가스 판매사업자로서는 액화석유가스 공급계약을 체결한 때로부터 그 계약이 해지될 때까지 액화석유가스에 의한 재해가 발생할 위험성이 있는 경우에는 언제든 이를 미리 방지하기 위한 조치를 강구할 업무상의 주의의무가 있다고 할 것이므로, 만연히 전화로 '본인 것은 달아줄 때에만 달아주고 떼어갈 때에는 알아서 떼어간다. 밖에 있는 밸브만 잠그고 안에 있는 본인 것은 알아서 떼어가면 된다'고 말하고 만 것은 구법 제9조 제1항에서 정하고 있는 안전점검의무를 위반한 것

---

[414] 대판 1996. 1. 26, 95도2263.

이고, 이 사건 폭발사고는 피고인이 위와 같은 안전점검의무를 위반하여 휴즈콕
크가 제거된 부분에 배관막음장치를 하지 아니한 과실로 발생한 것이라 할 것
이므로, 비록 피고인의 과실 외에 피해자에 의한 주밸브 무단개봉의 과실이 경
합하여 이 사건 폭발사고가 발생하였다 하더라도 피고인의 과실과 이 사건 가
스폭발 사이의 상당인과관계가 단절된다고 볼 수는 없다."고 판시하였다.[415]

(라) 주택공사 현장책임자

357   아파트의 건축주인 대한주택공사의 현장책임자로서 수급자에 대한 관계에
서는 가스설비공사를 직접 지휘·감독하는 것이 아니고 공사의 진행과 가스설비
에 대한 제반실험이나 그 밖의 모든 것을 수급자가 책임지기로 약정되어 있었
다 하더라도, 위 주택공사와의 입주계약에 따라 입주한 아파트 주민들에 대한
관계에서는 문제의 가스시설을 안전하게 완비하고 관계법이 요구하는 제반 안
전검사까지 마쳐서 인도하게끔 할 업무상의무가 있다고 함은 당연하고, 그럼에
도 불구하고 같은 피고인이 도리어 수급자를 독촉하여 제대로 안전검사의 모든
절차를 밟지도 아니한 채 가스주입과 그 취환(取換)을 명하여 이 사건 문제의 폭
발사고가 난 이상 같은 피고인이 업무상과실의 죄책을 면할 수는 없다.[416]

(3) 유독물질 취급자

358   A 회사가 불화수소산(불산)공급설비에 대한 유지·보수업무를 B 회사로부터
위탁받아 관리하여 오던 중 불산이 누출되어 통제가 어려운 상황이 되자 A 회
사 직원들이 밸브 교체 등의 작업을 하다가 불산 중독으로 1명이 사망하고, 4명
이 상해를 입은 사안에서, 하급심 판결은 아래와 같이 각 회사 관련자들의 과실
을 인정하였다.[417]

359   A 회사 전무인 피고인 甲, 직장 乙, 팀장 丙에 대하여, 불산 등 위험물질이
저장탱크에 다량 저장되어 있고, 배관 등을 통해 강한 압력에 의하여 제조센터
로 공급되도록 설계된 이 사건 CCSS룸에서 불산 공급시설 등의 설비를 점검·

---

415 대판 2006. 5. 12, 2006도819.
416 대판 1979. 10. 30, 79도2075.
417 수원지판 2016. 7. 7, 2014노6828[제1심 하급심 수원지판 2014. 10. 31, 2013고단6589(다만 이
   사건 피해 발생에는 피고인들의 업무상주의의무 위반만이 원인이 된 것으로는 볼 수 없고, 다량
   의 불산 흄이 발생하였음에도 피해자들이 보호구를 제대로 착용하지 아니한 채 작업을 하는 등
   피해자들의 과실도 그 원인으로 작용하였다는 취지로 설시하였다)].

유지·보수하는 업무를 진행하면서도 이 사건 밸브 등 공급시설과 그 부속설비의 접합부 누출 여부 점검, 이상사태 발생 시 응급조치, 누출 방지조치, 수리 및 재가동시 누출 방지 조치 등에 대한 작업수칙 및 계획서 등을 미리 작성하여 소속 근로자들에게 알리지 아니하고(산업안전보건기준에 관한 규칙 §436), 밸브교체 등의 설비 분해 작업 시 작업책임자를 지정하도록 교육하지 아니하였고(위 규칙 §278), 위와 같은 불산 취급 작업 시 반드시 착용하여야 할 안전인증 기준에 적합한 불침투성 보호복 등을 비치하여 사용하도록 하지 아니하였으며(위 규칙 §451), 누출이 발생하여 오염으로 인한 중독 발생의 우려가 있는 경우 작업 중지 및 대피를 하도록 사전 교육을 실시하지 아니함으로써(위 규칙 §438) 주의의무를 게을리한 과실이 인정된다고 판시하였다.

　　나아가 B 회사 케미컬 파트장(부장) 피고인 戊, 담당자(직원) 己, 유독물관리자(직원) 庚의 죄책에 관하여는, ① B 회사가 이 사건 CCSS룸의 불산 취급시설 운영사업 중 설비의 유지·보수부분을 A 회사에게 위탁한 것은, B 회사가 자신의 사업의 일부를 분리하여 도급을 주면서 자신이 사용하는 근로자와 수급인이 사용하는 근로자가 같은 장소에서 작업을 하는 경우에 해당하여 B 회사에게도 산업재해를 예방하기 위한 조치를 하여야 할 의무가 있는 점, ② 戊, 己, 庚은 B 회사의 근로자로서 위와 같이 B 회사가 산업재해를 예방하기 위한 조치를 하여야 할 의무를 이행하여야 하는 점 등에 비추어 보면, 위 피고인들은 수급인인 A 회사가 안전·보건상의 각종 주의의무를 정상적으로 이행하는지 여부를 관리·감독함으로써 B 회사가 도급 사업주로서 이행하여야 하는 산업재해를 예방하기 위한 조치가 이루어질 수 있도록 할 업무상주의의무가 있다고 판단하였다.

(4) 그 밖의 위험물 취급자

　　유조차의 운전사에 불과한 피고인에게 위험물취급주임의 지시 없이도 석유가 제대로 급유되는지, 어떠한 사유로 인하여 급유장애가 발생하는지 여부를 확인하기 위하여 급유가 끝날 때까지 위험물취급주임과 함께 또는 그와 교대로 계속 급유과정을 잘 살펴보고 있다가 만약에 급유호스가 주입구에서 빠지려고 할 때는 즉시 대응조치를 할 수 있는 자세를 갖추어야 할 업무상의 주의의무가 있다고 할 수는 없을 것이고, 실무관행도 유조차의 운전사는 위험물판매취급소에 이르러 석유저장탱크에 석유를 주입하는 경우 반드시 위험물취급주임 또는 위험물취급자의 지시에 따라야 하고 운전사 독단적으로 이를 행할 수 없으며, 위와 같은 급유과정에 있어서의 유조차 운전사의 정위치는 유조차의 운전석인 것이고, 이 사건의 경우에 있어서도 피고인은 위험물취급주임의 지시에 따라 그가 들고 온 급유호스의 한쪽 끝을 위 유조차의 커플링에 연결하고, 그 다른 한쪽 끝을 위험물취급주임이 위 구판점의 지하석유탱크주입구에 집어넣는 것을 확인하고 위험물취급주임의 신호에 따라 위 유조차의 운전석에 앉아서 석유주입펌프기어와 슬로우보턴 등 급유장치를 가동시킨 뒤 위험물취급주임으로부터 별도의 지시가 있을 때까지 위 운전석에 대기하면서 위 석유공급으로 인한 거래명세표를 작성하고 있었다는 것이므로, 이 사건에서 피고인이 위험물취급주임이 위 주입구 부분을 이탈하였음을 보고서도 위 유조차의 운전석에 앉아 다른 일을 보고 있었다고 하여 피고인에게 위 화재발생에 대하여 과실이 있다고 책임을 물을 수는 없다.[418]

9. 노약자·연소자 등의 보호 관련 업무종사자의 주의의무

362   노약자나 연소자는 일반인에 비해 신체적·정신적 능력이 부족하고 돌발상황에 스스로 대처할 능력이 떨어지므로 이들의 안전을 배려하기 위해서는 더 높은 수준의 주의의무가 요구된다 할 것이다.

(1) 노약자

363   요양원 운영자인 피고인 甲과 요양보호사인 피고인 乙이 요양원에 입소한 치매 노인 A가 음식물을 제대로 삼키지 못한 채 사레가 들린 듯 기침을 하는 장면을 목격하고도 식사 현장을 떠나는 등 적정한 조치를 취하지 않아 '이물질에 의한 기도폐색'으로 사망에 이르게 하였다고 하여 업무상과실치사죄로 기소된 사안에서, "A는 폭력성 치매 증상으로 노인전문병원에서 입원치료를 받은 후 혼자 거동을 하거나 식사를 할 수 없고 의사소통도 불가능한 상태에 이르러 요양원에 입소하였고, 사고 발생 약 두 달 전부터 폐렴 증상으로 통원치료를 받을 당시 작성된 진료기록지에 '사레가 자주 들린다고 함, 혼자서는 식사 못한다고 함'이라는 기재가 있으며, 요양원에 입소한 치매 노인의 경우 식사를 할 때 유사한 돌발 상황이

---

418 대판 1990. 11. 13, 90도2011.

자주 발생한다는 것은 요양원 종사자들에게 널리 알려진 사실로서 피고인들은 이를 충분히 예견할 수 있었던 점 등 제반 사정을 종합하면, 피고인들이 업무상주의의무를 위반하여 그 결과 A가 사망에 이르렀다."고 판시한 사례가 있다.[419]

(2) 연소자

(가) 유아원 관계자

(a) 과실을 인정한 사례

피해자 A(여, 3세)는 피고인 甲이 운영하는 어린이집의 원아로서, 어린이집 통학차량 운전기사 피고인 乙과 통학차량에 동승한 인솔교사 피고인 丙이 A의 집 앞에서 보호자로부터 A를 인도받아 통학차량의 우측 맨 뒷좌석에 태운 다음 어린이집 주차장에 도착하였는데, 甲, 乙, 丙 및 담임교사인 피고인 丁이 공동의 과실로 A가 통학차량 내에 잠들어 남아 있는 사실을 발견하지 못하고 여름철에 7시간 14분 동안 고온에 방치되게 함으로써 A를 열사병에 의한 질식으로 사망에 이르게 하였다고 하여 업무상과실치사죄로 기소된 사안에서, "위 사고는 직접 행위자 3명의 과실, 즉 피고인 丙은 통학차량 하차 시 맨 뒷좌석에 있던 A의 안전벨트를 풀어 하차시키지 않은 채 나머지 원아만 하차한 상태에서 차량 문을 닫고 담임교사에게 A의 승하차 상황에 대하여 통보하지 않았고, 피고인 乙은 차량에 원아가 남아 있는지 확인하지 않은 채 차량 문을 잠그고 차량을 떠났으며, 피고인 丁은 A가 사전에 아무런 연락도 없이 결석하였음에도 보호자에게 연락하는 등 A의 소재를 확인하기 위한 조치를 취하지 않은 과실이 경합하여 발생하였는데, 사고 경위를 전체적으로 볼 때 어린이집의 허술한 안전 시스템과 보육교직원들의 안전의식 결여 및 의무 해태가 빚어낸 결과로서, 어린이집 총책임자인 피고인 甲이 소속 보육교직원에 대한 관리·감독의무 등 주의의무를 다하였더라면 인솔교사·운전기사·담임교사 모두가 자신의 의무를 해태하는 일은 결코 일어나지 않았을 것으로 보이는 점, A를 직접 대면하면서 영유아 보육업무를 수행하고 그 업무상주의의무를 부담한 자는 피고인 乙, 丙, 丁이고, 피고인 甲은 피고인 乙, 丙, 丁 등 보육교직원을 총괄하여 관리·감독하여야 할 주의의무를 부담하는 어린이집 원장인데, 피고인 甲이 그 주의의무를 위반하여 피고인

364

---

419 의정부지판 2015. 10. 14, 2014노2767.

乙, 丙, 丁에 대한 주의 내지 관리·감독의무를 다하지 않은 결과 그들 모두가 자신의 주의의무를 현저히 해태하였고, 다시 그 결과 A가 사망하는 결과가 야기되었다면, 피고인 甲의 주의의무위반과 A의 사망이라는 결과 사이에 상당인과관계를 충분히 인정할 수 있는 점 등 여러 사정을 종합하면, 피고인 甲에게는 피고인 乙, 丙, 丁의 통학차량 하차 확인 또는 출결상황 확인에 관한 업무를 항상 주의시키고 관리·감독하여야 할 업무상주의의무가 있고, 피고인 甲이 그 주의의무를 다하지 않아 위 사고가 발생하였다고 봄이 타당하다."는 이유로, 피고인들 모두에게 유죄를 선고한 하급심 판례가 있다.[420]

(b) 과실을 부정한 사례

365   유아원 원장에게 원생의 사고발생에 대한 형사상 과실책임을 묻기 위해서는 그가 영·유아보육책임자로서 사고의 발생을 예견할 수 있었음에도 불구하고 이를 게을리한 과실이 있고, 또한 그 과실이 이 사고발생의 직접 원인이 되었음이 인정되어야 하며, 그 과실의 유무를 판단함에는 유아원 원장과 동종의 업무에 종사하는 일반적 보통인의 주의 정도를 표준으로 하여야 하고, 이에는 사고 당시의 관련 법령에서 요구하는 시설기준, 보육환경 등이 고려되어야 할 것이며, 영·유아보육책임자의 책임 및 보호자적 지위만을 강조한 나머지 과다한 업무상주의의무를 요구할 수는 없는바, 관련 법령에 비추어 볼 때 원장이 업무상주의의무를 위반하였다고 할 수 없을 뿐만 아니라, 원장으로서는 교사가 임의로 가스난로를 옮겨 사용할 것이라는 것까지 예견할 수는 없다고 할 것이므로 원장에게 업무상과실이 있다고 할 수 없다고 판단한 하급심 판결이 있다.[421]

(나) 학교 관계자

(a) 과실을 인정한 사례

366   이전의 체육수업에서 피해자가 준비운동으로서의 달리기를 한 후 체조를 하던 도중에 쓰러지게 된 것을 계기로 피해자에게 폐쇄성 비대성 심장근육병증이라는 질병이 있음을 알게 되었고, 그 후 피해자의 어머니가 학교를 방문하여 체육교사인 피고인에게 피해자가 달리기나 팔벌려뛰기 등의 무리한 운동을 하

420 의정부지판 2018. 11. 21, 2018고단3340. 피고인 乙, 丙, 丁은 양형부당으로 항소하였으나, 모두 기각되었다(의정부지판 2019. 6. 18, 2018노3491).
421 부산지판 2001. 8. 28, 2001노696.

지 않도록 하여 달라는 부탁까지 한데다 피해자는 위 질병으로 인하여 요양호
학생으로 등재되어 있었으므로, 학생들을 친권자 등 법정감독의무자에 대신하
여 감독을 하여야 할 의무가 있는 체육교사인 피고인으로서는 피해자에 대하여
각별한 주의를 하여 피해자에게 부담이 되거나 위험한 운동으로부터 피해자를
배제시켜야 할 의무가 있음에도, 피고인이 이 사건 체육수업을 시작하기 이전에
몸이 좋지 않은 사람은 체육수업에 직접 참가하지 말고 다른 학생들의 수업을
참관만 할 것을 지시하였다고는 하나, 피해자는 당시 12세 남짓의 내성적인 성
격을 가진 중학생으로서, 자신의 병증에 대한 심각성을 충분히 인식하기 어렵
고, 사춘기 시절의 충동과 급우들과의 어울림에 무신경할 수 없을 뿐만 아니라,
중학생에 불과한 피해자가 교사에게 자신의 의사를 뚜렷이 드러낼 것을 기대하
기도 힘든 점에 비추어 보면, 수업시작 전에 아픈 학생은 스스로 앞으로 나와
그 사유를 말하게 하고 그 사유에 따라 수업에서 배제시킬 것인지를 결정하는
소극적인 방식은 결국 달리기 등 수업에 참가할 것인지 여부를 피해자 스스로
몸 상태를 보아가며 결정하게 하는 것에 불과하여 피고인이 피해자에 대한 주
의의무를 다하였다고 하기 어렵고, 나아가 피해자를 구체적으로 지칭하여 수업
에서 제외시킴으로써 피해자가 달리기를 비롯한 그와 동등하거나 더 격한 운동
을 못하도록 주의를 기울였어야 한다.[422]

(b) 과실을 부정한 사례

교사가 징계의 목적으로 회초리로 학생들의 손바닥을 때리기 위해 회초리
를 들어올리는 순간 이를 구경하기 위해 옆으로 고개를 돌려 일어나는 다른 학
생의 눈을 찔러 그로 하여금 우안실명의 상해를 입게 한 경우, 직접 징계를 당
하는 학생의 옆에 있는 다른 학생이 징계를 당하는 것을 구경하기 위하여 고개
를 돌려 뒤에서 다가선다던가 옆자리에서 일어나는 것까지 예견할 수는 없다고
할 것이고, 교사가 교육의 목적으로 학생을 징계하기 위하여 매질하는 경우에
반드시 한 사람씩 불러내어서 해야 할 주의의무가 있다고도 할 수 없어, 위 교
사의 행위를 업무상과실치상죄에 문의할 수는 없다.[423]

367

---

[422] 대구지판 2006. 4. 7, 2005고단7697. 검사가 양형부당으로 항소하였으나, 기각되었다(대구지판
　　　2006. 9. 19, 2006노1179).
[423] 대판 1985. 7. 9, 84도822. 참고로 현재의 초·중등교육법 시행령 제31조 제8항은 "지도를 할 때

(다) 청소년 수련시설 관계자

368   대법원은 청소년 수련시설에서 피워놓은 모기향으로부터 인화된 불이 건물
로 옮겨붙어 대량의 유독가스와 화염이 발생함으로써 그곳에 숙박한 유치원생
등 23명이 사망하고, 4명이 화상을 입은 사안에서, "위 유치원의 원장과 교사로
서 그 소속 유치원생 42명을 인솔하여 여름캠프 활동을 위해 이 사건 건물의
301호실에 유치원생 18명과 그 보호자로서 제1심 공동피고인 甲을 투숙하게 하
고, 302호실에 유치원생 24명과 그 보호자로서 공소외 A, B를 투숙하게 한 후
이를 보호하는 업무에 종사하게 되었으면, 위 어린이들은 5-6세에 불과하여 사
리변별력이 미약하고, 화재 등 돌발상황에 스스로 대처할 능력이 없을 뿐만 아
니라 상호 장난 등으로 인한 화재 등의 돌발상황이 언제든지 발생할 수 있음을
예상할 수 있으므로 이에 대처할 수 있도록 어린이들에게 이에 대한 적절한 사
전교육을 시키고, 항상 어린이들과 함께 있으면서 보호함은 물론, 어린이들만
있는 방에 모기향을 피우려면 안전한 훈증식의 모기향을 사용하거나 부득이 점
화식의 모기향을 피우더라도 전용 받침대를 사용하여 평평하고 안전한 곳에 놓
고 주위의 가연성 물질에 유의해야 하며 수시로 주변의 위험요소를 점검하고,
더욱이 1999. 6. 24.경부터 사고당일인 같은 달 30일까지 화성군 지역에는 계속
하여 비가 내리지 않아 건조(사고당일인 같은 달 29일 21:00경의 습도가 53%, 같은 날
24:00경 55% 정도였다)하여 화재발생의 위험성이 높았으므로 특히 모기향불 등 불
씨가 될 수 있는 주변에는 가연성 물질을 놓지 않는 등 세심한 주의를 함으로써
사고의 발생을 방지해야 할 업무상주의의무가 있음에도 불구하고 이를 게을리
한 채, 원심 공동피고인 乙은 같은 날 19:00경 위 301호실에 일회용 가스라이터
를 사용하여 점화식 모기향 2개를 피운 후 그중 하나는 재떨이형 모기향 받침
대를 이용하여 창틀 위에, 다른 하나는 양철로 된 모기향꽂이에 꽂아 일회용 은
박지 접시 위에 놓은 다음 이를 위 301호실 방안 화장실쪽 벽 밑에 놓여 있는
등나무로 만들어진 길이 50cm, 너비 30cm, 높이 30cm 가량의 소풍용 바구니의
경사진 뚜껑 위에 놓은 후 위와 같이 사용한 일회용 가스라이터를 모기향 밑에
놓고, 제1심 공동피고인 甲은 같은 날 23:00경 위 301호실에서 어린이들을 모두

는 학칙으로 정하는 바에 따라 훈육·훈계 등의 방법으로 하되, 도구, 신체 등을 이용하여 학생
의 신체에 고통을 가하는 방법을 사용해서는 아니 된다."고 규정하고 있다.

재운 다음 방을 정리하면서 점화식의 모기향이 피워진 위 등나무바구니 오른쪽 옆에는 어린이들이 사용한 드레스셔츠 18벌을 약 30㎝ 높이로, 그 왼쪽에는 씨티지를 50㎝ 가량 높이로 쌓아 놓고 그 옆에는 간식봉지 등을 놓은 후, 같은 날 23:30경부터 다음날 01:30경까지 314호실에서 음주와 잡담 등으로 시간을 보내면서 어린이들의 보호를 소홀히 한 잘못이 있다."고 판시하였다.[424]

9. 다중이용시설 관리자의 주의의무

(1) 호텔 관계자

호텔의 사장 또는 영선과장에게는 화재가 발생하면 불이 확대되지 않도록 369 계단과 복도 등을 차단하는 갑종방화문은 항상 자동개폐되도록 하며, 숙박객들이 신속하게 탈출대피할 수 있도록 각 층의 을종방화문(비상문)은 언제라도 내부에서 외부로의 탈출방향으로 밀기만 하면 그대로 열려지도록 설비·관리하고, 화재 시에는 즉시 전층 각 객실에 이를 알리는 감지기, 수신기, 주경종, 지구경종을 완벽하게 정상적으로 작동하도록 시설을 관리하여야 할 업무상의 주의의무가 있음에도, 오보가 잦다는 이유로 자동화재조기탐지 및 경보시설인 수신기의 지구경종스위치를 내려 끈 채 봉하고, 영업상 미관을 해친다는 이유로 각 층에 설치된 갑종방화문을 열어두게 하고 옥외피난계단으로 통하는 을종방화문은 도난방지 등의 이유로 고리를 끼워 피난구로서의 역할을 다하지 못하게 하였다면, 이와 같은 주의의무 해태는 결과적으로 건물의 화재발생 시에 있어서 숙박객 등에게 신속하게 화재를 알릴 수 없게 되고, 발화지점에서의 상하층에의 연소방지를 미흡하게 하고, 또 숙박객 등을 비상구를 통해 신속하게 옥외로 대피시키지 못하게 하는 것임은 경험상 명백하다 할 것이므로, 이 사건 화재로 인한 숙박객 등의 사상이라는 결과는 충분히 예견가능한 것이라고 보아야 한다.[425]

(2) 수영장 관리자

대법원은 파도수영장에서 초등학교 6학년생이 수영장 안에 엎어져 있는 것 370 을 수영장 안전요원이 발견하여 인공호흡을 실시한 뒤 의료기관에 후송하였으나 후송 도중 사망한 사안에서, 수영장 관리책임자의 업무상 주의의무와 관련하여,

---

424 대판 2000. 6. 27, 2000도1858.
425 대판 1984. 2. 28, 83도3007(연속방화범의 호텔 방화 사건).

"먼저 수영장에 배치하여야 할 안전요원의 수에 대하여는 법규상의 규제가 없으므로 파도수영장의 위험성이 어느 정도인가에 따라 그 적정한 수를 결정하여야 한다. 그런데 앞서 본 바와 같이 이 사건 파도수영장에서는 구명조끼를 입지 아니한 사람은 안전선이 설치된 수심 1.1m 이상의 깊은 곳에 들어갈 수 없고 이 사건 사고가 발생한 시간대인 조파장치가 가동되지 아니하는 35분간은 사고 지점의 수심이 80㎝에 불과한 점에 비추어, 그 위험성은 오히려 일반 수영장보다 낮아 보인다. 따라서 이 사건에서 조파장치가 가동되지 아니하는 시간대에 안전요원 1명만이 배치된 점을 들어 입장객 보호의무 위반의 과실이 있었다거나, 이 사건 사고 당시 주변에 있던 학생들조차도 인식하지 못하는 사이에 피해자가 물에 엎어져 있었던 것을 안전요원이 즉시 발견하지 못하였다고 하여 안전요원의 수가 너무 적었다고 단정할 수는 없다. 다음으로, 수영장 시설에 근무하는 간호사라고 하여 항상 응급실에서 대기하고 있어야 하는 것은 아니고 긴급시 즉시 호출에 따를 수 있는 자리에 있기만 하면 충분하다."고 판시하였다.[426]

(3) 목욕시설 관계자

371   술을 마시고 찜질방에 들어온 손님이 찜질방 직원 몰래 후문으로 나가 술을 더 마신 다음 후문으로 다시 들어와 발한실(發汗室)에서 잠을 자다가 사망한 사안에서, 피해자가 처음 찜질방에 들어갈 당시 술에 만취하여 목욕장의 정상적 이용이 곤란한 상태였다고 단정하기 어렵고, 찜질방 직원 및 영업주에게 손님이 몰래 후문으로 나가 술을 더 마시고 들어올 경우까지 예상하여 직원을 추가로 배치하거나 후문으로 출입하는 모든 사람을 통제·관리하여야 할 업무상 주의의무가 있다고 보기 어렵다고 판단한 사례가 있다.[427]

10. 그 밖의 위험공사 등 관계자의 주의의무

372   건조물, 교량 혹은 도로·토지조성, 전기설비 등의 공사 중에는 높은 곳으로부터 추락, 낙하물로 인한 사고, 기중기 등 기계의 오조작으로 인한 사고, 제3자의 위험구역의 출입으로 인한 사고, 토사붕괴로 인한 사고 등 작업자, 일반공중 등 인신에 위험을 일으키는 사건들이 일어나고 있으므로, 공사를 담당하는 작업

---

426 대판 2002. 4. 9, 2001도6601.
427 대판 2010. 2. 11, 2009도9807.

자는 이러한 사고가 발생하지 않도록 신중한 태도로 작업에 임해야 하며, 감독
책임자 역시 그 공사에서 발생할 것이라고 예상되는 위험에 대처해야 하고 작
업자 및 제3자의 안전유지를 위해 주의해야 할 의무를 부담한다.[428]

　　다만 위험한 공사나 작업에 따른 사고에서 구체적이고 직접적인 주의의무 　　373
를 부담하는 안전관리책임자가 있는 경우에는, 지휘·감독의 일반적·추상적 주
의의무를 부담할 뿐인 시공회사의 사장이나 공장장은 형사상 업무상과실책임이
부정되는 경향이 있다.[429]

(1) 직접 사고야기자

(가) 과실을 인정한 사례

　　① 갑류(甲類) 전기기술자만이 할 수 있는 전기공사를 병류(丙類) 전기기술 　　374
자가 현장책임자의 지시라고 하여 자기책임하에 공사를 감행하다가 공사 중인
철탑이 무너져 인명에 피해를 내었다면, 무자격의 병류 기술자가 자기책임아래
공사를 감행한 자체가 형사상의 과실이 된다.[430]

　　② 허술하게 쌓아올린 전주더미를 인수하고 다시 손본 바 없이 그 상태대 　　375
로 놓고 관리하던 중 불완전하게 쌓아 올린 위 더미에서 맨 윗전주가 굴러 떨어
져 해를 입었다면, 처음 잘못 쌓아올린 사람과 이를 인수한 사람이 모두 책임이
있다.[431]

　　③ 반도체를 생산하는 도급인 회사가 하도급 업체를 통해 '유기성분 처리시 　　376
스템 설치 공사'를 진행하던 중 연소실 내부의 공기공급시설이 설치되지 않은 상
태에서 시운전을 하게 되자 공기 대신 임시로 질식의 위험이 있는 질소를 주입
하여 연소실 내부 단열재 점검을 위해 진입한 하청업체 소속 근로자 3명이 질식
으로 사망한 사안에서, 도급인 회사 소속 피고인들은 산소 대신 질소가 공급되고
있음을 인지하고 있었으며 하청업체가 제공한 작업일보 등을 통해 밀폐공간에서
작업이 이루어질 수 있음을 충분히 예측할 수 있었음에도, 질소가 공급되는 사실
을 하도급 업체 근로자들에게 알리지 않고 작업장소를 밀폐공간으로 지정하지

---

428 주석형법 〔각칙(3)〕(5판), 489(손기식).
429 대판 1989. 1. 31, 88도1683; 대판 1989. 11. 24, 89도1618; 대판 2018. 10. 25, 2016도11847.
430 대판 1974. 12. 24, 74도2072.
431 대판 1979. 1. 23, 78도1903.

않았으며, 그 밖의 안전교육 등 재해예방조치를 실시하지 않은 과실이 경합하여 피해자들이 사망하는 결과가 발생하였다고 판시한 사례가 있다.[432]

(나) 과실을 부정한 사례

377   ① 피해자가 추락하여 상처를 입은 장소는 빌딩 내에 자동차승강기를 설치하는 공사를 하면서 깊이 5m 가량 파놓았던 곳으로서 그 설치장소로부터 노폭 5m 가량의 뒷골목까지는 21.6m 정도 떨어져 있고, 그 도로와 승강기 설치장소 사이에 있는 공터에는 승강기설치를 위한 건축자재와 쓰레기가 사람의 왕래를 못하게 할 정도로 쌓여 있었으며, 승강기 설치장소의 입구 중앙의 상단에는 추락주의라는 표지판을 부착해 놓았을 뿐 아니라 사람의 출입을 막기 위하여 각목과 쇠파이프로 입구를 막아 놓았었기 때문에 그 위나 아래로 지나야만 승강기 설치장소에 들어갈 수 있다면, 21.6m나 떨어진 도로를 지나가던 술 취한 피해자가 쉬어 가기 위해 건물 내로 들어가려다 위 승강기 설치공사를 위해 파놓은 곳에 빠져 다친 결과는 공사 시공회사 직원의 주의의무 태만으로 인하여 발생한 것으로 볼 수 없다.[433]

378   ② 포크레인은 작업 당시 요란한 소리를 내면서 거대한 몸체가 움직이고 있어 일반인으로서는 누구나 그 작업반경 내에 들어가면 충격사고의 위험을 예견할 수 있는 것이므로, 중기운전자로서는 작업시작 전에 그 작업반경 내에 장애물이 있는지 여부를 살피고 작업 도중 앞과 양옆을 면밀히 살핀 이상 통상의

---

432 대판 2021. 3. 11, 2018도10353[하급심 판결 수원지법 여주지판 2017. 3. 8, 2016고단3, 수원지판 2018. 6. 11, 2017노1871. 도급인 회사 안전보건총괄책임자(상무), 건설기획팀장(부장), 설비파트장, ES파트장, UT파트장, 설비파트 직원 등 피고인 6명에 대한 업무상과실치사죄가 모두 유죄로 선고되었다].

433 대판 1986. 12. 9, 86도1933(취객이 도로로부터 약 21미터 떨어진 공사장에 파놓은 구덩이에 추락한 사고에 대하여 시공회사 직원에게 과실책임을 물을 수 없다고 판단한 사례). 같은 취지로는, 대판 2014. 4. 10, 2012도11361(지하철 공사구간 현장안전업무 담당자인 피고인이 공사현장에 인접한 기존의 횡단보도 표시선 안쪽으로 돌출된 강철빔 주위에 라바콘 3개를 설치하고 신호수 1명을 배치하였는데, 피해자가 위 횡단보도를 건너면서 강철빔에 부딪혀 상해를 입은 사안에서, 피해자가 통학하면서 공사를 진행하고 있다는 사실을 잘 알고 있었고, 당시 만화책을 보면서 걸어가다가 신호가 임박하자 뛰어가다가 사고가 발생하였으며, 피고인이 관련 법령이나 내부규칙 등에서 정하고 있는 안전조치를 이행하지 않았다고 인정하기 어렵다면 피고인이 안전조치를 취하여야 할 업무상주의의무를 위반하였다고 보기 어렵고, 일부 도로 지점에서 기존의 횡단보도 표시선이 제대로 지워지지 않고 드러나 있었다거나 라바콘을 3개만 설치하고 신호수 1명을 배치하는 외에 별다른 조치를 취하지 아니하였다고 하더라도 그것과 이 사건 사고 발생 사이에 상당인과관계에 있다고 보기도 어렵다고 판시한 사례).

주의의무를 다하였다고 할 것이고, 그밖에 중기운전자가 살필 수 없는 몸체 뒷부분에 사람이 접근할 것을 예견하여 별도로 사람을 배치하여 그 접근을 막을 주의의무까지는 없다.[434]

(2) 현장소장·도급인 등 관리자

위험공사 등과 관련된 본조 위반 사건에서는 사고를 야기한 직접 행위자의 과실책임이 인정될 것임은 의문의 여지가 없으나, 실무상 현장소장·감독, 도급인 등 관리자의 주의의무위반 여부가 주로 문제된다. ⟨379⟩

(가) 현장소장·감독 등

① 도로공사의 현장소장은 지반의 붕괴 등에 의하여 근로자에게 위험을 미칠 우려가 있는 때에는 그 위험을 방지하기 위하여 지반을 안전한 경사로 하고 낙하의 위험이 있는 토석을 제거하거나 옹벽 및 흙막이 지보공(支保工) 등을 설치하여야 할 주의의무가 있고, 이러한 위험방지조치를 취하지 아니하여 근로자를 사망에 이르게 하였다면 그에게 업무상과실책임이 있다.[435] ⟨380⟩

② 현장건축물 시공업무, 임시동력선 배선공사 및 그와 관련된 안전관리를 총괄하는 지위에 있는 현장소장으로서는 그 현장이 직원 6명 정도의 비교적 소규모의 것이었다면, 비록 현장소장 아래 담당기사가 있었다고 하더라도 공사 전반에 걸친 일반적 관리책임은 물론 구체적인 전선설치 작업에 있어서도 전선의 상태를 점검하여 피복이 벗겨진 부분이 발견되면 이를 교체하는 등 필요한 조치를 취하여 감전사고를 미연에 방지하여야 할 주의의무가 있다.[436] ⟨381⟩

③ 자전거 전용통로에 도시가스배관, 철도횡단흉관 압입공사를 하기 위하여 너비 약 3m, 깊이 약 1m, 길이 약 5m의 웅덩이를 파두어 야간에 그곳을 지나던 통행인이 위 웅덩이에 떨어져 상해를 입었다면, 공사현장감독에게는 공사현장의 보안관리를 소홀히 한 주의의무위반이 있다.[437] ⟨382⟩

④ 공사감독관이 당해 건축공사가 불법 하도급되어 무자격자에 의하여 시 ⟨383⟩

---

434 대판 1985. 11. 12, 85도1831(피해자가 안전수칙을 무시한 채 작업 중인 포크레인의 뒷 부분으로 접근한 잘못으로 인하여 발생한 사고에 대하여 포크레인 운전자에게 과실책임을 물을 수 없다고 판단한 사례).
435 대판 1991. 12. 10, 91도2642.
436 대판 1986. 7. 22, 85도2223.
437 대판 1986. 8. 19, 86도915.

공되고 있는 점을 알고도 이를 묵인하였거나 그와 같은 사정을 쉽게 적발할 수
가 있었음에도 직무상의 의무를 태만히 하여 무자격자로 하여금 공사를 계속하
게 함으로써 붕괴사고 등의 재해가 발생한 경우에, 만일 자격있는 사람이 시공
을 하였다면 당해 재해가 발생하지 아니하였거나 재해 발생의 위험이 상당히
줄어들었으리라고 인정된다면, 공사감독관의 그와 같은 직무상의 의무위반과
붕괴사고 등의 재해로 인한 치사·상의 결과 사이에 상당인과관계가 있다.[438]

384   ⑤ 피고인들은 일용직 근로자들을 직접 고용하여 도급사업을 수행하는 A
회사의 현장책임자 및 안전관리자인 점, A 회사에서 맨홀설치작업을 도급받으
면서 작업장 내 안전에 관한 사항을 전적으로 도급사업자인 B 회사에 맡겼다고
볼 만한 아무런 자료도 없는 점, 이 사건 폭발사고 당일 사일로(Silo)에 맨홀설치
를 위하여 구멍을 뚫은 직후부터 용접작업 시까지 사일로 내에서 가연성 물질
인 플러프 분진이 떨어져 내리는 것이 관찰되었던 점, 원청업체의 지시를 따를
의무가 소속 근로자들에 대한 안전배려의무보다 우선한다고 볼 수 없는 점, 피
고인들의 경력과 현장 경험 등을 종합하면, 이 사건 폭발사고 당시 피고인들은
B 회사에서 실시한 퍼지 및 가스측정 작업의 결과를 무조건 신뢰하기에 앞서
사일로 내 화기작업을 실시하는 지역에 플러프가 남아있는지, 남아있다면 그로
인한 폭발사고 발생의 위험성이 어느 정도인지를 확인하여 적절한 안전조치를
취할 의무가 있었음에도 이를 게을리하였다고 봄이 상당하고, 나아가 피고인들
에게 적법행위에 대한 기대가능성 및 예견가능성이 없었다고 볼 수도 없다.[439]

---

438 대판 1995. 9. 15, 95도906. 「아울러, 공사를 발주한 구청 소속의 현장감독 공무원인 피고인이
    A 회사가 전문 건설업 면허를 소지한 B 회사의 명의를 빌려 원수급인인 C 회사로부터 콘크리트
    타설공사를 하도급받아 전문 건설업 면허나 건설기술 자격이 없는 개인인 D에게 재하도급주어
    이 사건 공사를 시공하도록 한 사실을 알았거나 쉽게 알 수 있었음에도 불구하고 그 직무를 유
    기 또는 태만히 하여 D의 시공방법상의 오류와 그 밖의 안전상의 잘못으로 인하여 콘크리트 타
    설작업 중이던 건물이 붕괴되는 사고가 발생할 때까지도 이를 적발하지 아니하였거나 적발하지
    못한 잘못이 있다면, 피고인의 위와 같은 직무상의 의무위반 행위는 이 사건 붕괴사고로 인한
    치사상의 결과에 대하여 상당인과관계가 있다.」
439 광주지판 2014. 2. 19, 2013노2217[제1심 광주지법 순천지판 2013. 9. 30, 2013고단954, 1469
    (병합), 1727(병합). B 회사 소속 근로자들이 사일로 내의 플러프 분진을 제거하지 아니한 상태
    임에도 A 회사 소속 근로자들에게 작업을 지시하였고, 가용접 작업 중 플러프 분진이 폭발하여
    근로자 6명이 사망하고 10명이 상해를 입은 사례].

(나) 도급인 등

원칙적으로 도급인에게는 수급인의 업무와 관련하여 사고방지에 필요한 안　　**385**
전조치를 취할 주의의무가 없으나, 법령에 의하여 도급인에게 수급인의 업무에
관하여 구체적인 관리·감독의무 등이 부여되어 있거나 도급인이 공사의 시공이
나 개별 작업에 관하여 구체적으로 지시·감독하였다는 등의 특별한 사정이 있
는 경우에는, 도급인에게도 수급인의 업무와 관련하여 사고방지에 필요한 안전
조치를 취할 주의의무가 있다.[440]

① 철근공사를 하수급받은 사람이 현장감독을 타인에게 맡긴 경우, 그 공　　**386**
사에 수반되는 현장에서의 위험의 미연방지책을 강구할 주의의무는 하수급자에
게는 없다 할 것이고, 하수급인이 현장감독인에 대하여 이 점에 관한 사전조치
를 취하지 아니한 채 현장감독을 시킨 것이 형사상의 주의의무를 게을리한 것
이라고 볼 수는 없다.[441]

② 주택수리공사에 관하여 전문적인 지식이 없는 도급인이 주택수리공사　　**387**
전문업자에게 주택수리를 의뢰하면서 공사에 관한 관리·감독 업무 또는 공사의
시공에 있어서 분야별 공사업자나 인부들에 대한 구체적인 작업지시 및 감독
업무를 주택수리업자에게 일임한 경우, 도급인이 공사를 관리하고 감독할 지위
에 있다거나 주택수리업자 또는 분야별 공사업자나 인부들에 대하여 공사의 시
공이나 개별 작업에 관하여 구체적으로 지시하고 감독할 지위에 있다고 볼 수
없으므로 도급인에게 공사상 필요한 안전조치를 취할 업무상 주의의무가 있다
고 할 수 없다.[442]

③ 건설회사가 건설공사 중 타워크레인의 설치작업을 전문업자에게 도급주　　**388**
어 타워크레인 설치작업을 하던 중 발생한 사고에 대하여, 타워크레인 설치작업
은 고도의 숙련된 노동을 필요로 하고, 건설회사의 직원들은 그에 대한 경험이
나 전문지식이 부족하여 구체적인 설치작업 과정에는 관여한 바 없다면, 건설회
사의 현장대리인에게 업무상과실치사·상의 죄책을 물을 수 없다.[443]

---

440 대판 2009. 5. 28, 2008도7030; 대판 2020. 6. 25, 2017도1233.
441 대판 1970. 10. 23, 70도1867.
442 대판 2002. 4. 12, 2000도3295.
443 대판 2005. 9. 9, 2005도3108.

389　　④ 공장 토담 밖으로 돌출된 샤프트 부근에 어린이들이 접근하지 않도록 적절한 조치를 하여야 할 주의의무는 공장운영자에게 있는 것이고, 단지 동인에 대한 채권확보를 위해 기계의 매수명의자가 되고 기계가 고장이 난 때 수리를 하여 주기로 한 사람으로서는, 특별한 사정이 있는 경우를 제외하고는 특별히 사고방지를 위한 조치를 할 주의의무는 없다.[444]

390　　한편, ⑤ 지하철 2호선 '구의역' 내선 승강장 선로 내에서 2인 1조로 작업해야 하는 상황이었음에도 혼자 출동하여 스크린도어 수리작업을 하던 중 역사 내부로 진입하는 열차와 충돌하여 하청업체 소속 근로자인 피해자가 사망한 사안에서, 법원은 도급인 회사의 사장 및 안전관리본부장인 피고인들의 주의의무 위반 여부 및 사고 발생과의 인과관계에 관하여, "인력 규모 충원이 불충분하였던 점에 피고인들의 과실이 존재하였다고 단정할 수는 없더라도 그러한 불충분함을 이미 인지하고 있었던 피고인들로서는 실제 작업 현장에서 사고가 발생하지 않도록 현장 상황을 파악하고 필요한 조치를 취할 책임을 여전히 부담하였다. 사고 예방을 위한 유효한 조치가 이루어지지 아니한 점에 대한 책임은 관련 정책 수립에 실질적 권한을 가진 피고인들 역시 부담함이 타당하고, 이를 실무부서나 실무자의 전적인 책임으로 돌릴 수는 없다. (중략) 역사 내 안전관리 업무의 책임자인 피고인 甲, 회사의 업무 전반을 총괄책임을 부담하였던 피고인 乙은 위와 같은 조치를 취할 주의의무를 부담하였고, 주의의무 위반과 사고 사이에 인과관계 역시 인정된다."고 판시하였다.[445]

444　대판 1977. 12. 13, 76도1277.
445　서울동부지판 2018. 6. 8, 2017고단1506 및 서울동부지판 2019. 8. 22, 2018노831[구의역 스크린도어 정비원 사망사건, 또한 도급인 회사의 전자사업소장 및 승강안전문관리팀장인 피고인들의 주의의무위반과 관련하여, 하청업체 정비원에 대한 교육을 실시하지 않고 2인1조 작업 여부를 철저히 확인하지 않아, 강남역 사고 후에도 선로측 1인 작업이 여전히 실시되었고 이에 따른 위험요인이 현실화되어 결국 이사건 사고가 발생하였다고 판단하면서 피고인들의 주장을 배척하였다(다만, 피고인들에 대한 비상복구훈련 및 점검 등 미실시 부분은 공소사실을 인정할 증거가 부족하다고 판단하였다)].

Ⅳ. 중과실치사·상죄

1. 의 의

중대한 과실로 인하여 사람을 사상에 이르게 하면 과실치사·상죄에 비하여 391
가중처벌된다. 불법의 중대성에서 업무상과실치사·상죄와 같은 정도라고 평가
되는 유형의 과실이라는 점에서 업무상과실과 선택적으로 규정되어 있다.446

여기서 중대한 과실이란 주의의무위반의 정도가 현저한 경우, 즉 조금만 주 392
의하였더라면 결과의 발생을 회피할 수 있었음에도 이를 게을리한 경우를 말하
고,447 발생한 결과가 중대하거나 결과가 발행할 가능성이 큰 것임을 요하지 않
는다.448 판례도 중대한 과실이란 통상인에게 요구되는 정도의 상당한 주의를
하지 않더라도 약간의 주의를 한다면 손쉽게 위법·유해한 결과를 예견할 수가
있는 경우임에도 만연히 이를 간과함과 같은 거의 고의에 가까운 주의를 결여
한 상태를 말한다고 한다.449

중과실과 경과실의 구별은 구체적인 경우에 사회통념을 고려하여 결정된다.450 393
따라서 어느 경우에 중과실에 해당하는지 일률적으로 말하기는 어렵고, 개별 사
건에 있어서 특수성을 감안하여 판단해야 할 것이다.

2. 중대한 과실이 인정된 사례

(1) 화재 관련 사고

① 성냥불이 꺼진 것을 확인하지 아니한 채 플라스틱 휴지통에 던진 것은 394
중대한 과실에 해당하고,451 ② 모텔 방에 투숙하여 담배를 피운 후 재떨이에
담배를 끄게 되었으나 담뱃불이 완전히 꺼졌는지 여부를 확인하지 않은 채 불
이 붙기 쉬운 휴지를 재떨이에 버리고 잠을 잔 과실로 담뱃불이 휴지와 침대시
트에 옮겨 붙게 함으로써 화재가 발생하였고, 모텔 주인이나 다른 투숙객들에게

---

446 김일수·서보학, 85.
447 배종대, § 20/2; 이재상·장영민·강동범, § 4/17.
448 東京高判 昭和 57(1982). 8. 10. 刑月 1·7=8·603.
449 대판 1992. 4. 24, 92다2578 등.
450 대판 1980. 10. 14, 79도305.
451 대판 1993. 7. 27, 93도135.

이를 알리지 않고 모텔을 빠져나와 사상의 결과가 발생한 경우는 중과실치사·상의 죄책을 진다.[452]

(2) 사육동물 관련 사고

395   하급심 판례 중에는, ① 맹견으로 분류된 핏불테리어 2마리를 키우면서 철창에 넣어두지 않고 녹이 슬어 풀릴 수 있는 상태의 쇠사슬을 개의 목줄 및 쇠말뚝과 연결해두었다가 목줄이 풀린 핏불테리어 1마리가 주거지 앞길을 지나던 피해자의 팔다리와 신체 여러 부위를 물어 상해를 입힌 사안,[453] ② 개똥을 치우면서 맹견으로 분류된 로트와일러의 개줄을 풀고 다시 묶지 않았으며, 약 6일간 집 마당을 돌아다니다가 집을 나갔음에도 경찰서 등 유관기관에 신고를 하지 아니한 상태에서 인근 초등학교 운동장에서 피해자들을 물어뜯은 사안[454]에서 각각 개 소유자에게 중과실책임을 인정한 판례가 있다.

(3) 안수기도 관련 사고

396   대법원은 피고인이 84세 여자 노인과 11세의 여자 아이를 상대로 안수기도를 함에 있어서 그들을 바닥에 반드시 눕혀 놓고 기도를 한 후 "마귀야 물러가라", "왜 안 나가느냐"는 등 큰 소리를 치면서 한 손 또는 두 손으로 그들의 배와 가슴 부분을 세게 때리고 누르는 등의 행위를 여자 노인에게는 약 20분간, 여자 아이에게는 약 30분간 반복하여 그들을 사망케 한 사안에서, "고령의 여자 노인이나 나이 어린 연약한 여자아이들은 약간의 물리력을 가하더라도 골절이나 타박상을 당하기 쉽고, 더욱이 배나 가슴 등에 그와 같은 상처가 생기면 치명적 결과가 올 수 있다는 것은 피고인 정도의 연령이나 경험 지식을 가진 사람

---

[452] 대판 2010. 1. 14, 2009도12109. 부작위에 의한 현주건조물방화치사 및 현주건조물방화치상죄의 성립 여부에 관하여, 피고인에게 법률상의 소화의무가 인정되는 외에 소화의 가능성 및 용이성이 있었음에도 피고인이 그 소화의무에 위배하여 이미 발생한 화력을 방치함으로써 소훼의 결과를 발생시켜야 하는 것인데, 이 사건 화재가 피고인의 중대한 과실 있는 선행행위로 발생한 이상 피고인에게 이 사건 화재를 소화할 법률상 의무는 있다 할 것이나, 피고인이 이 사건 화재 발생 사실을 안 상태에서 모텔을 빠져나오면서도 모텔 주인이나 다른 투숙객들에게 이를 알리지 아니하였다는 사정만으로는 피고인이 이 사건 화재를 용이하게 소화할 수 있었다고 보기 어렵고, 달리 이를 인정할 만한 증거가 없다는 이유로, 이 부분에 대하여 무죄로 판단하였다.

[453] 수원지판 2017. 9. 20, 2017고단2688. 피고인이 양형부당으로 항소하였으나 항소기각되어 확정되었다(수원지판 2018. 2. 20, 2017노7362).

[454] 대구지법 포항지판 2011. 8. 3, 2011고단841. 피고인이 양형부당으로 항소하여 일부 감형되어 확정되었다(대구지판 2012. 6. 14, 2011노2801).

으로서는 약간의 주의만 하더라도 쉽게 예견할 수 있음에도 그러한 결과에 대하여 주의를 다하지 않아 사람을 죽음으로까지 이르게 한 행위는 중대한 과실에 해당한다."고 판시하였다.[455]

(4) 그 밖의 사례

① 자신이 관리하는 주차장 출입구 문주의 하단부분에 금이 가 있어 무너　　397
질 위험성이 있었다면 건물관리인으로서는 소유자에게 그 보수를 요청하는 외에 그 보수가 있을 때까지 임시적으로라도 받침대를 세우는 등 무너짐을 방지하거나 그 근처에 사람이나 자동차 등의 근접을 막는 등 무너짐으로 인한 인명의 피해를 막도록 조치를 하여야 할 주의의무가 있다 할 것이며, 위 주차장에는 사람이나 자동차의 출입이 빈번하고 근처 거주의 어린아이들이 문주 근방에서 놀이를 하는 사례가 많은데도 불구하고 소유자에게 그 보수를 요구하는데 그쳤다면, 그 주의의무를 심히 게을리한 중대한 과실이 있다고 할 것이다.[456]

② 평소에 신문지에 포장하여 판매하여 온 '중조(重曹)'와 같은 모양으로 농　　398
약을 포장하여 점포선반에 방치하고 가족에게 알리지 아니하여 사고가 발생하였다면, 중과실치사죄의 죄책을 면할 수 없다.[457]

3. 중대한 과실이 부정된 사례

(1) 시설공사 관련 사례

① 호텔오락실의 경영자가 그 오락실 천정에 형광등을 설치하는 공사를 하　　399
면서 그 호텔의 전기보안담당자에게 아무런 통고를 하지 아니한 채 무자격전기기술자로 하여금 전기공사를 하게 하였더라도, 전기에 관한 전문지식이 없는 오락실경영자로서는 시공자가 조인터박스를 설치하지 아니하고 형광등을 천정에 바짝 붙여 부착시키는 등 부실하게 공사를 하였거나 또는 전기보안담당자가 전기공사사실을 통고받지 못하여 전기설비에 이상이 있는지 여부를 점검하지 못함으로써 위와 같은 부실공사가 그대로 방치되고 그로 인하여 전선의 합선에 의한 방화가 발생할 것 등을 쉽게 예견할 수 있었다고 보기는 어려우므로, 위

455 대판 1997. 4. 22, 97도538.
456 대판 1982. 11. 23, 82도2346.
457 대판 1961. 11. 16, 4294형상312.

〔송 규 영〕　　　　　　　　**595**

오락실경영자에게 위와 같은 과실이 있었더라도 사회통념상 이를 화재발생에 관한 중대한 과실이라고 평가하기는 어렵다.[458]

400   ② 회사가 공장지붕스레트 교체작업을 타인에게 도급주어 공사케 한 것이고, 회사의 관리과장으로서 그 공사의 시공업자의 선정, 공사계약의 체결, 공사의 지정 및 공사금의 지급 등만을 담당하였을 뿐이라면, 그에게 위 작업 중의 사고를 방지하는 데 필요한 안전조치를 취할 주의의무가 있다고 보기 어렵다.[459]

(2) 임대인의 임대목적물 관리 관련 사례

401   임차인이 사용하던 방문에 약간의 틈이 있다거나 연통 등 가스배출시설에 결함이 있는 정도의 하자는 임대차 목적물인 위 방을 사용할 수 없을 정도의 파손상태라고 볼 수 없고, 이는 임차인의 통상의 수선 및 관리의무에 속하는 것이므로 임차인이 그 방에서 연탄가스에 중독되어 사망하였더라도, 위 사고는 임차인이 그 의무를 게을리함으로써 발생한 것으로서 임대인에게 중과실치사의 죄책을 물을 수 없다.[460]

(3) 총기 관련 사례

402   경찰관인 피고인들은 동료 경찰관인 A 및 피해자 B와 함께 술을 많이 마셔 취하여 있던 중 갑자기 A가 총을 꺼내 B와 같이 총을 번갈아 자기의 머리에 대고 쏘는 소위 '러시안 룰렛' 게임을 하다가 B가 자신이 쏜 총에 맞아 사망한 경우, 피고인들은 A와 B가 '러시안 룰렛'게임을 함에 있어 A와 어떠한 의사의 연락이 있었다거나 어떠한 원인행위를 공동으로 한 바가 없고, 다만 위 게임을 제지하지 못하였을 뿐인데, 보통사람의 상식으로서는 함께 수차에 걸쳐서 흥겹게 술을 마시고 놀았던 일행이 갑자기 자살행위와 다름없는 위 게임을 하리라고는 쉽게 예상할 수 없는 것이고(신뢰의 원칙), 게다가 이 사건 사고는 피고인들이 "장난치지 말라"며 말로 위 A를 만류하던 중에 순식간에 일어난 사고여서 음주만취하여 주의능력이 상당히 저하된 상태에 있던 피고인들로서는 미처 물리력으로 이를 제지할 여유도 없었던 것이므로, 경찰관이라는 신분상의 조건을 고려하더라도 위와 같은 상황에서 피고인들이 이 사건 '러시안 룰렛'게

---

458 대판 1989. 10. 13, 89도204.
459 대판 1983. 9. 27, 83도1610.
460 대판 1986. 6. 24, 85도2070.

임을 즉시 물리력으로 제지하지 못하였다 한들 그것만으로는 A의 과실과 더불어 중과실치사죄의 형사상 책임을 지울 만한 위법한 주의의무위반이 있었다고 평가할 수 없다.[461]

V. 관련 문제

1. 죄수와 공소시효

(1) 죄수

업무상과실치사·상죄의 보호법익인 생명과 신체는 전속적 법익으로서 그 죄수는 피해자의 수에 따라 결정되어야 한다. 따라서 하나의 업무상과실행위로 인하여 다수의 사상자가 발생한 것으로 평가할 수 있다면, 여러 명의 피해자들에 대한 업무상과실치사·상죄가 성립하고, 각 죄는 상상적 경합관계이다.[462]

업무상과실로 사람을 사상케 하였는데, 그것이 중과실에도 해당하는 경우에는 업무상과실치사·상죄만 성립한다.[463]

(2) 공소시효

공소시효의 기산점에 관하여 규정한 형사소송법 제252조 제1항에 정한 '범죄행위'에는 당해 범죄행위의 결과까지도 포함하는 취지로 해석함이 상당하므로, 본죄의 공소시효도 사고로 인하여 피해자들이 사상에 이른 결과가 발생함으로써 그 범죄행위가 종료한 때로부터 진행한다고 보아야 한다.[464] 즉 업무상과실치상죄의 경우는 상해를 입은 시점부터 진행하고, 치사의 경우는 상해를 입은 때부터 사망에 이르기까지 업무상과실치상죄의 공소시효기간이 경과하였는지를 묻지 않고 사망한 시점부터 진행한다.[465]

한편 1개의 행위가 여러 개의 죄에 해당하는 경우, 제40조는 이를 과형상 일죄로 처벌한다는 것에 지나지 아니하고, 공소시효를 적용함에 있어서는 각 죄

403

404

405

406

---

461 대판 1992. 3. 10, 91도3172.
462 대판 2018. 1. 25, 2017도13628.
463 仙台高判 昭和 30(1955). 11. 16. 裁特 2·23·1204.
464 대판 1997. 11. 23, 97도1740(성수대교 붕괴 사건).
465 最決 昭和 63(1988). 2. 29. 刑集 42·2·314.

마다 따로 따져야 한다.[466] 따라서 동일한 업무상과실행위로 사망의 결과가 시간을 달리하여 발생한 경우에는, 각각의 사망 시점을 기준으로 공소시효 완성 여부를 판단해야 한다.[467]

2. 고의범인 살인죄·상해죄와의 관계 – 미필적 고의와 인식 있는 과실의 경계

(1) 고의범과의 관계

407   행위자에게 사상의 결과에 대한 고의가 인정되면 살인죄, 상해죄 등이 성립함은 당연하다.

408   예컨대 업무상과실로 상해를 입힌 다음 살해의 의사를 가지고 추가로 가해행위를 하여 피해자를 사망케 한 경우에는, 업무상과실치상죄와 살인죄가 성립하고, 두 죄는 실체적 경합관계에 해당한다.[468] 한편 일본 판례 중에는, 과실로 상해를 입힌 다음 상해의 고의를 가지고 추가로 상해를 가하여 사망케 하였으나, 어느 단계의 행위가 원인이 되어 사망한 것인지 판명되지 않은 경우에는, 업무상과실치상죄와 상해죄가 각 성립하고, 두 죄는 실체적 경합관계라고 판시한 것이 있다.[469]

(2) 미필적 고의와 인식 있는 과실의 경계

409   미필적 고의와 인식 있는 과실의 구분에 관하여, 대법원은 "고의의 일종인 미필적 고의는 중대한 과실과는 달리 범죄사실의 발생 가능성에 대한 인식이 있고, 나아가 범죄사실이 발생할 위험을 용인하는 내심의 의사가 있어야 한다. 행위자가 범죄사실이 발생할 가능성을 용인하고 있었는지 여부는, 행위자의 진술에 의존하지 않고, 외부에 나타난 행위의 형태와 행위의 상황 등 구체적인 사

---

466 대판 2006. 12. 8, 2006도6356.
467 대판 2018. 1. 25, 2017도12537(가습기살균제 사건). 이와는 달리 일본 판례는 결과의 발생시기를 달리하는 업무상과실치사·상죄가 상상적 경합관계에 있는 경우, 그 전부를 일체로서 관찰하여야 하므로 최종의 결과가 생긴 때부터 기산하여 동죄의 공소시효기간이 경과하지 않은 이상, 그 전체에 관하여 공소시효는 완성되지 않는다고 한다[最決 昭和 63(1988). 2. 29. 刑集 42·2·314].
468 最決 昭和 53(1978). 3. 22. 刑集 32·2·381. 사람을 곰으로 잘못 알고 엽총을 발사하여 빈사상태의 중상을 입혔는데, 잘못 총을 쏘았다는 것을 알아차린 후에 새롭게 살해를 의사를 가지고 엽총을 한 발 발사하여 흉부에 명중시켜 즉사케 한 사안이다.
469 東京高判 昭和 63(1988). 5. 31. 判時 1277·166.

정을 기초로, 일반인이라면 해당 범죄사실이 발생할 가능성을 어떻게 평가할 것인지를 고려하면서, 행위자의 입장에서 그 심리상태를 추인하여야 한다."라고 만시하고 있다.[470]

따라서 범죄사실의 발생 가능성에 대한 인식이 없는 상태에서 사상의 결과가 발생하였고 이후 행위자가 그러한 상황을 인지하였음에도 행위를 중단하지 않아 추가로 사상자를 야기하였다면, 최초 발생한 사상의 결과에 대해서는 본죄가, 추가 사상자에 대해서는 미필적 고의가 성립하는 범위에서 살인죄 혹은 상해죄가 성립할 것이다. 예를 들어, 가습기살균제로 인하여 사상자가 발생하였고, 그 원인이 가습기살균제에 있음을 미필적으로나마 인식하고도 계속 판매하였다면, 원인을 인식한 시점 이후의 범행에 대해서는 고의범이 성립한다고 보아야 한다. 　　410

3. 다른 죄와의 관계

(1) 다른 과실범과의 관계

본죄와 다른 죄와의 관계는 주로 운전자의 업무상과실책임과 관련하여 도로교통법, 교통사고처리법, 특정범죄가중처벌법 등과의 사이에서 문제된다(이에 대한 상세는 **본장의 [특별법]** 부분 참조). 　　411

그리고 행위자들의 업무상과실로 인하여 교량이 붕괴됨으로써 자동차의 교통을 방해하고, 그 결과 자동차를 추락시켜 사상자가 발생하였다면, 업무상과실치사·상죄, 업무상과실일반교통방해죄(§ 189②, § 186), 업무상과실자동차추락죄(§ 189②, § 187)가 각 성립하고, 각 죄는 상상적 경합 관계에 있다.[471] 　　412

(2) 행정단속법규 위반죄와의 관계

건축공사 등에 관한 산업안전보건법, 위험물 취급 관련 위험물안전관리법 등 각종 관계법령의 안전의무규정을 위반하여 사람의 생명·신체에 위험을 가하는 경우 해당 법률 위반죄와 본죄의 관계가 문제된다. 　　413

법규위반이 주의의무의 내용을 이루거나 일치하는 경우, 관계법령이 보호 　　414

---

470 대판 2017. 1. 12, 2016도15470 등 다수.
471 대판 1997. 11. 28, 97도1740(성수대교 붕괴 사건). 항소심 판결인 서울지판 1997. 6. 11, 95노 2918은 각 죄의 관계를 상상적 경합으로 판단하였고, 대법원에서도 이와 같은 항소심의 결론을 유지하였다).

법익을 달리하고 있는 점 등에 비추어 본죄에 흡수된다고 보기는 어렵고, 1개의 행위가 2개의 죄에 해당하는 상상적 경합관계에 있다고 보는 것이 통설과 판례[472]이다. 다만 법조경합관계로 보아 부작위가 고의에 의한 경우에는 산업안전보건법위반죄 혹은 중대재해처벌법위반죄가 성립하고, 과실에 의한 경우에만 형법을 적용함으로써 고의에 의한 범죄와 과실에 의한 범죄가 동시에 성립한다는 해석은 피해야 한다는 지적이 있다.[473] 양자가 전혀 관계없는 경우에는 별개의 죄가 성립하고, 그 관계는 실체적 경합이 된다고 할 것이다.[474]

415　　　　① 도로공사의 현장소장은 지반의 붕괴 등에 의하여 근로자에게 위험을 미칠 우려가 있는 때에는 그 위험을 방지하기 위하여 지반을 안전한 경사로 하고 낙하의 위험이 있는 토석을 제거하거나 옹벽 및 흙막이 지보공 등을 설치하여야 함에도, 이러한 위험방지조치를 취하지 아니함으로써 산업안전보건법 제23조 제3항의 규정에 위반하였다는 범죄사실과 위와 같은 위험을 방지하기 위하여 필요한 조치를 취하지 아니한 업무상과실로 인하여 위 근로자를 사망에 이르게 하였다는 범죄사실에 있어서, 위의 산업안전보건법상의 위험방지조치의무와 업무상 주의의무가 일치하고 이는 1개의 행위가 2개의 업무상과실치사죄와 산업안전보건법위반죄에 해당하는 경우이다.[475]

416　　　　② 표시·광고의 공정화에 관한 법률 제3조 제1항 제1호에서 금지하고 있는 거짓의 표시행위 그 자체에는 주의의무위반이 포함되어 있지 않으므로, 거짓의 표시행위에 의한 위 법 위반죄와 업무상과실치사·상죄는 각각 구성요건을 달리하는 별개의 범죄로서 서로 행위의 태양이나 보호법익을 달리하고 있어, 두

472　최근 사내 하청 근로자가 작업 중 사망한 사건과 관련하여 원청의 경영책임자 겸 안전보건총괄책임자인 피고인의 죄책에 대하여, 안전조치의무위반치사로 인한 산업안전보건법위반죄와 중대재해처벌법위반(산업재해치사)죄는 상상적 경합관계이고, 나아가 업무상과실치사죄와 중대재해처벌법위반(산업재해치사)죄도 상상적 경합관계라고 판시한 하급심 판결이 있다[창원지법 마산지판 2023. 4. 26, 2022고합95(중대재해처벌법위반죄로 징역 1년의 실형을 선고한 최초의 판결)(항소심 판결인 부산고법 창원재판부판 2023. 8. 23, 2023노167도 원심을 유지하였다)].

473　송인택·안병익·정재욱·김영철·김부권, 중대재해처벌법 해설, 박영사(2021), 62(과실에 의한 업무상과실치사상죄의 행위와 고의에 의한 산업안전보건법위반죄의 행위가 동일한 부작위로서 각각 별개의 범죄가 성립하고 상상적 경합관계에 있다고 보는 입장은 행위론과 법감정에 부합하지 않는 해석이므로 법조경합관계로 보고 부작위가 고의에 의한 것일 때는 중대재해처벌법위반죄로 처벌하고, 과실로 인한 경우에만 형법을 적용함이 상당하다).

474　주석형법 〔각칙(3)〕(5판), 498(손기식).

475　대판 1991. 12. 10, 91도2642.

죄는 상상적 경합관계가 아니라 실체적 경합관계로 봄이 타당하다.[476]

VI. 처 벌

5년 이하의 금고 또는 2천만 원 이하의 벌금에 처한다.　　　　　　　417

즉, 업무상과실이나 중과실에 의한 치사죄와 치상죄의 구분 없이 법정형이　418
같다.

〔송 규 영〕

---

[476] 대판 2018. 1. 25, 2017도12537(가습기살균제 사건).

〔특별법 I〕 교통사고처리 특례법

제3조(처벌의 특례)

① 차의 운전자가 교통사고로 인하여 「형법」 제268조의 죄를 범한 경우에는 5년 이하의 금고 또는 2천만원 이하의 벌금에 처한다.

② 차의 교통으로 제1항의 죄 중 업무상과실치상죄(業務上過失致傷罪) 또는 중과실치상죄(重過失致傷罪)와 「도로교통법」 제151조의 죄를 범한 운전자에 대하여는 피해자의 명시적인 의사에 반하여 공소(公訴)를 제기할 수 없다. 다만, 차의 운전자가 제1항의 죄 중 업무상과실치상죄 또는 중과실치상죄를 범하고도 피해자를 구호(救護)하는 등 「도로교통법」 제54조제1항에 따른 조치를 하지 아니하고 도주하거나 피해자를 사고 장소로부터 옮겨 유기(遺棄)하고 도주한 경우, 같은 죄를 범하고 「도로교통법」 제44조제2항을 위반하여 음주측정 요구에 따르지 아니한 경우(운전자가 채혈 측정을 요청하거나 동의한 경우는 제외한다)와 다음 각 호의 어느 하나에 해당하는 행위로 인하여 같은 죄를 범한 경우에는 그러하지 아니하다. 〈개정 2016. 1. 27., 2016. 12. 2.〉

1. 「도로교통법」 제5조에 따른 신호기가 표시하는 신호 또는 교통정리를 하는 경찰공무원등의 신호를 위반하거나 통행금지 또는 일시정지를 내용으로 하는 안전표지가 표시하는 지시를 위반하여 운전한 경우
2. 「도로교통법」 제13조제3항을 위반하여 중앙선을 침범하거나 같은 법 제62조를 위반하여 횡단, 유턴 또는 후진한 경우
3. 「도로교통법」 제17조제1항 또는 제2항에 따른 제한속도를 시속 20킬로미터 초과하여 운전한 경우
4. 「도로교통법」 제21조제1항, 제22조, 제23조에 따른 앞지르기의 방법·금지시기·금지장소 또는 끼어들기의 금지를 위반하거나 같은 법 제60조제2항에 따른 고속도로에서의 앞지르기 방법을 위반하여 운전한 경우
5. 「도로교통법」 제24조에 따른 철길건널목 통과방법을 위반하여 운전한 경우
6. 「도로교통법」 제27조제1항에 따른 횡단보도에서의 보행자 보호의무를 위반하여 운전한 경우
7. 「도로교통법」 제43조, 「건설기계관리법」 제26조 또는 「도로교통법」 제96조

를 위반하여 운전면허 또는 건설기계조종사면허를 받지 아니하거나 국제운전
면허증을 소지하지 아니하고 운전한 경우. 이 경우 운전면허 또는 건설기계
조종사면허의 효력이 정지 중이거나 운전의 금지 중인 때에는 운전면허 또는
건설기계조종사면허를 받지 아니하거나 국제운전면허증을 소지하지 아니한
것으로 본다.

8. 「도로교통법」 제44조제1항을 위반하여 술에 취한 상태에서 운전을 하거나
   같은 법 제45조를 위반하여 약물의 영향으로 정상적으로 운전하지 못할 우
   려가 있는 상태에서 운전한 경우

9. 「도로교통법」 제13조제1항을 위반하여 보도(步道)가 설치된 도로의 보도를
   침범하거나 같은 법 제13조제2항에 따른 보도 횡단방법을 위반하여 운전한
   경우

10. 「도로교통법」 제39조제3항에 따른 승객의 추락 방지의무를 위반하여 운전
    한 경우

11. 「도로교통법」 제12조제3항에 따른 어린이 보호구역에서 같은 조 제1항에
    따른 조치를 준수하고 어린이의 안전에 유의하면서 운전하여야 할 의무를 위
    반하여 어린이의 신체를 상해(傷害)에 이르게 한 경우

12. 「도로교통법」 제39조제4항을 위반하여 자동차의 화물이 떨어지지 아니하
    도록 필요한 조치를 하지 아니하고 운전한 경우

[전문개정 2011. 4. 12.]

〔신 도 욱〕

Ⅰ. 총 설

1　　교통사고처리 특례법(이하, 교통사고처리법이라 한다.) 제정 이전에는 교통사고를 일으킨 운전자에 대한 형사처벌은 형법 제268조의 업무상과실치사·상죄로 의율하였다. 그러나 과실범인 교통사고 운전자를 모두 형사처벌하여 전과자로 만드는 것이 바람직한 것인가에 대한 비판이 있었다. 그래서 1981년 11월 24일 정부는 교통사고운전자처벌등에관한특례법안을 제출하였고, 법제사법위원회 체계·자구 심사 결과 현행과 같이 교통사고처리법으로 법명칭이 변경되었고, 1981년 12월 17일 본회의에서 가결되어 1982년 1월 1일 시행되었다.

2　　교통사고처리법의 입법취지는 업무상과실 또는 중대한 과실로 교통사고를 일으킨 운전자에 관한 형사처벌 등의 특례를 정함으로써 교통사고로 인한 피해의 신속한 회복을 촉진하고 국민생활의 편익을 증진함을 목적으로 함에 있다(§1). 즉 자동차 보급의 확대와 교통사고의 급증에 따른 사회적 비용을 경감하고, 교통사고로 발생한 형사처벌을 억제하여 전과자 양산을 방지하며, 무한보상제도를 통한 피해자에 대한 손해배상수단의 확보와 보험금 우선지급제도를 통한 피해자 보호를 도모함에 있다.[1] 따라서 교통사고와 관련하여서는 제268조의 특별법 관계에 있다고 할 것이다.

3　　교통사고처리법은 6개 조항과 부칙으로 이루어져 많은 규정이 있는 법은 아니지만, 해석론과 개선 방안과 관련하여 많은 논의가 있는 법이다.

4　　아래에서는 ① 교통사고처리법의 입법 연혁, ② 적용범위, ③ 교통사고처리법 제3조 제2항의 예외사유에 대한 해석, ④ 처벌불원의사표시와 관련된 문제, ⑤ 보험 등에 가입된 경우의 특례에 대하여 서술한 다음, ⑥ 교통사고처리

1　김태명, "교통분야 형벌법규의 현황과 문제점", 비교형사법연구 11-2, 한국비교형사법학회(2009. 4), 449.

법을 둘러싼 개선방안 논의에 대해 간략히 살펴본다.

Ⅱ. 입법 연혁 및 개정 논의

1. 입법 연혁

교통사고처리법 제정 이후 2016년 12년 2일 최종 개정될 때까지 총 14차례   5
의 개정이 있었다. 1984년 8월 4일 제1차 개정을 비롯하여 1995년 1월 5일,
1997년 8월 30일, 2003년 5월 29일, 2005년 5월 31일, 2008년 3월 21일, 2011년
4월 12일, 2011년 6월 8일, 2016년 1월 27일의 각 개정은 타법 개정으로 인한
자구 수정 또는 법령의 한글화 등을 위한 것이었다. 그 밖의 주요한 개정 내용
은 아래와 같다.

첫째, 1993년 6월 11일 제2차 개정은 ① 법적용대상인 차의 범위에 중기를   6
포함시키고, ② 업무상과실치상죄 또는 중과실치상죄에 대하여 공소권을 면제
하는 예외사유에 무면허 중기조종사고·보도침범사고 및 개문발차사고 등 3개
사항을 신설 추가하기 위한 것이었다. 이에 따라 교통사고처리법 제3조 제2항
예외조항이 8개에서 10개로 늘어나게 되었다.

둘째, 1996년 8월 14일 제4차 개정은 교통사고처리법 제5조 제1항의 벌금   7
형 상향 외에는 자구 수정을 위한 것이 주요 내용이었다.

셋째, 2007년 12월 21일 제8차 개정은 어린이 보호구역 내 교통사고가 매   8
년 증가추세에 있으나 어린이 보호구역 내에서의 교통사고에 대한 처벌수준이
미약하여 교통사고가 줄지 않고 있으며, 운전자의 안전의식도 미약하다고 판단
됨에 따라 안전운전의무를 위반하여 어린이의 신체를 상해에 이르게 하는 교통
사고가 난 경우 교통사고처리특례에서 제외하려는 것이었다. 이에 따라 교통사
고처리법 제3조 제2항의 예외조항이 10개에서 11개로 늘어나게 되었다.

넷째, 2010년 1월 25일 제10차 개정은 ① 헌법재판소의 위헌결정 취지를   9
반영하고자 하는 개정이었다. 헌법재판소는 교통사고를 일으킨 차가 종합보험
등에 가입되어 있는 경우에는 업무상과실 또는 중대한 과실로 인한 교통사고로
피해자가 중상해에 이르게 된 때에도 공소를 제기할 수 없도록 규정한 부분에

대하여 재판절차 진술권 및 중상해자와 사망자 사이의 평등권을 침해한다는 이
유로 위헌결정을 하였다.[2] 이에 따라 피해자가 제258조 제1항 또는 제2항의 중
상해에 이르게 된 때에는 공소를 제기할 수 있도록 규정하였다. 즉, 교통사고
피해자가 신체의 상해로 인하여 생명에 대한 위험이 발생하거나 불구(不具) 또는
불치(不治)나 난치(難治)의 질병에 이르게 된 경우에는 검사가 공소를 제기할 수
있도록 하였다(§ 4①). 그리고 ② 교통사고 야기자가 술에 취한 상태에서 자동차
등을 운전하였다고 인정할 만한 상당한 이유가 있음에도 경찰공무원의 음주측
정요구에 불응할 경우 교통사고처리법상 음주운전 교통사고로 처벌할 수 없고
도로교통법(이하, 도교법이라 한다.)의 음주측정거부로 가볍게 처벌할 수밖에 없어
국가의 법집행에 끝까지 불응한 사람이 가벼운 처벌을 받는 불합리한 결과를
초래하므로, 교통사고를 야기한 음주측정 거부자를 음주운전 사고 운전자와 동
일하게 처벌하게 하였다(§ 3② 단서). 마지막으로, ③ 교통사고처리법 제6조의 양
벌규정과 관련하여 영업주가 종업원 등에 대한 관리·감독상 주의의무를 다한
경우에는 처벌을 면하게 함으로써 양벌규정에도 책임주의의 원칙이 관철되도록
하였다.

10   다섯째, 2016년 12월 2일 제14차 개정은 도교법에서 운전 중 자동차의 화
물낙하를 방지하기 위해 필요한 조치를 하도록 규정하고 있음에도 불구하고, 자
동차의 낙화물 발생건수가 고속도로에서만 연간 20만건 이상으로 집계되고 있
으며, 이러한 낙화물은 다수의 교통사고의 원인이 되어 국민의 생명과 재산의
피해를 발생시키고 있는 상황에서 자동차의 화물이 떨어지지 아니하도록 필요
한 조치를 하지 아니하고 운전하여 업무상과실치상죄 또는 중과실치상죄를 범
한 경우에는 피해자의 의사에 상관없이 공소를 제기할 수 있도록 하고자 함이었
다. 위 개정으로 인해 교통사고처리법 제3조 제2항의 예외조항이 11개에서 현행
과 같이 12개로 늘어나게 되었다.

2. 개정 논의

11   최근에는 운전자의 사고 유발 억제 기능이 부족하고 오히려 이러한 교통사

---

2 헌재 2009. 2. 26, 2005헌마764, 2008헌마118(병합).

고처리법이 교통사고 다발의 원인이며, 대부분의 국가들이 우리와 같이 교통사고처리의 특례를 규정한 법이 없으므로 개선 내지 폐지되어야 한다는 논의가 있다.[3] 이러한 견해에 대해서는 교통사고처리법이 전과자 양산을 방지하고 보험가입을 촉진하는 제도상의 유인으로 작용하는 점은 부인할 수 없으므로 양형을 강화하거나 반의사불벌죄의 예외 및 보험 등 가입 특례의 범위의 예외 확대 등의 입법적 보완으로 해결해야 한다는 반론이 있다.[4]

　　한편 위 12개의 예외조항에 대해서는 실제 교통사고에 어떠한 영향을 미치　　**12**
는지를 과학적으로 검토하여 모든 교통참여자가 인정하는 특히 중과실로 볼 수 있는 몇 가지 행위를 열거하거나, 혹은 이러한 열거조항을 두지 않은 채, 교통법규 위반으로 중대한 결과가 발생한 경우를 처벌하는 방향으로 나아가야 한다는 견해도 있다.[5]

III. 적용범위

　　교통사고처리법은 적용범위에 대한 구체적인 별도의 규정을 두고 있지는　　**13**
않지만, ① 차를 운전한 ② 운전자가 ③ 교통사고를 일으킨 경우에 적용된다는 것이 일반적인 견해이다.[6] 각 요건의 구체적 내용에 대해 살펴보겠다.

1. '차'를 운전한

　　교통사고처리법에서 사용하는 용어 중 '차'에 대해서는 규정이 있다. 교통사　　**14**
고처리법 제2조 제1호에는 '차'란 도교법 제2조 제17호 가목에 따른 차(車)와 건설기계관리법 제2조 제1항 제1호에 따른 건설기계를 말한다고 규정하고 있다.

　　우선, 도교법에서 정하는 '차'는 나열식으로 규정되어 있다. 즉, 도교법［일부　　**15**
개정 2023. 4. 18.(법률 제19357호, 시행 2023. 10. 19.). 이하, 같음］ 제2조 제17호 가목

3　김봉수, "교통사고처리특례법의 문제점과 존폐논의에 대한 검토", 형사법연구 25-3, 한국형사법학회(2013), 264-265; 이성남, "교통사고처리특례법 등의 법적·제도적 개선을 통한 교통사고 감소 방안에 관한 연구", 경영법률 29-2, 한국경영법률학회(2019. 4), 25.
4　박상식, "교통사고처리특례법의 문제점과 개선방안에 관한 연구", 법학연구 10-3, 경상대 법학연구소(2012. 10.), 118. 이러한 논의에 관한 자세한 내용은 이성남(주 3), 30-36 참조.
5　박상민, "교통사고와 형법", 비교형사법연구 19-1, 한국비교형사법학회(2017. 4), 104.
6　김정환·김슬기, 형사특별법(2판), 222; 이주원, 특별형법(8판), 122.

은 "'차'란 ① 자동차,[7] ② 건설기계, ③ 원동기장치자전거,[8] ④ 자전거,[9] ⑤ 사람 또는 가축의 힘이나 그 밖의 동력(動力)으로 도로에서 운전되는 것. 다만, 철길이나 가설(架設)된 선을 이용하여 운전되는 것, 유모차, 보행보조용 의자차, 노약자용 보행기, 제21호의3에 따른 실외이동로봇[10] 등 행정안전부령으로 정하는 기구·장치[11]는 제외한다."고 규정하고 있다.

---

7 도교법 제2조(정의) 이 법에서 사용하는 용어의 뜻은 다음과 같다.
　　18. "자동차"란 철길이나 가설된 선을 이용하지 아니하고 원동기를 사용하여 운전되는 차(견인되는 자동차도 자동차의 일부로 본다)로서 다음 각 목의 차를 말한다.
　　　가. 「자동차관리법」 제3조에 따른 다음의 자동차. 다만, 원동기장치자전거는 제외한다. 1) 승용자동차 2) 승합자동차 3) 화물자동차 4) 특수자동차 5) 이륜자동차
　　　나. 「건설기계관리법」 제26조제1항 단서에 따른 건설기계
　　18의 2. "자율주행시스템"이란 「자율주행자동차 상용화 촉진 및 지원에 관한 법률」 제2조제1항 제2호에 따른 자율주행시스템을 말한다. 이 경우 그 종류는 완전 자율주행시스템, 부분 자율주행시스템 등 행정안전부령으로 정하는 바에 따라 세분할 수 있다.
　　18의 3. "자율주행자동차"란 「자동차관리법」 제2조제1호의3에 따른 자율주행자동차로서 자율주행시스템을 갖추고 있는 자동차를 말한다.
8 도교법 제2조(정의) 이 법에서 사용하는 용어의 뜻은 다음과 같다.
　　19. "원동기장치자전거"란 다음 각 목의 어느 하나에 해당하는 차를 말한다.
　　　가. 「자동차관리법」 제3조에 따른 이륜자동차 가운데 배기량 125시시 이하(전기를 동력으로 하는 경우에는 최고정격출력 11킬로와트 이하)의 이륜자동차
　　　나. 그 밖에 배기량 125시시 이하(전기를 동력으로 하는 경우에는 최고정격출력 11킬로와트 이하)의 원동기를 단 차(「자전거 이용 활성화에 관한 법률」 제2조제1호의2에 따른 전기자전거와 제21호의3에 따른 실외이동로봇은 제외한다)
　　19의 2. "개인형 이동장치"란 제19호나목의 원동기장치자전거 중 시속 25킬로미터 이상으로 운행할 경우 전동기가 작동하지 아니하고 차체 중량이 30킬로그램 미만인 것으로서 행정안전부령으로 정하는 것을 말한다.
9 도교법 제2조(정의) 이 법에서 사용하는 용어의 뜻은 다음과 같다.
　　20. "자전거"란 「자전거 이용 활성화에 관한 법률」 제2조제1호 및 제1호의2에 따른 자전거 및 전기자전거를 말한다.
10 2023년 4월 18일 도교법을 개정하여(법률 제19357호, 시행 2023. 10. 19.) 자율주행 로봇 분야의 발전을 위해 도교법에 실외이동로봇의 정의를 규정하고, 해당 로봇을 보행자에 포함하여 보도 통행 및 법정 의무부담 등이 가능하도록 하였으며, 실외이동로봇 운용자에게 해당 로봇에 대한 정확한 조작 및 안전 운용 의무를 부과하고, 그 의무 위반에 대한 처벌 근거 등을 마련하였다. 도교법 제2조(정의) 이 법에서 사용하는 용어의 뜻은 다음과 같다.
　　21의 3. "실외이동로봇"이란 「지능형 로봇 개발 및 보급 촉진법」 제2조제1호에 따른 지능형 로봇 중 행정안전부령으로 정하는 것을 말한다.
　　지능형 로봇 개발 및 보급 촉진법 제2조(정의) 이 법에서 사용하는 용어의 정의는 다음과 같다.
　　1. "지능형 로봇"이란 외부환경을 스스로 인식하고 상황을 판단하여 자율적으로 동작하는 기계장치(기계장치의 작동에 필요한 소프트웨어를 포함한다)를 말한다.
11 도교법 시행규칙 제2조(차마에서 제외하는 기구·장치) 「도로교통법」(이하 "법"이라 한다) 제2조 제10호 및 제17호가목5)에서 "유모차, 보행보조용 의자차, 노약자용 보행기 등 행정안전부령이

다음으로, 건설기계란 건설공사에 사용할 수 있는 기계로서 대통령령으로 정하는 것을 말한다(건설기계관리법 §2①(i)). 건설기계관리법 시행령은 건설기계의 범위에 대하여, 불도저, 굴착기, 로더, 지게차, 스크레이퍼, 덤프트럭, 기중기, 모터그레이더, 롤러, 노상안정기, 콘크리트뱃칭플랜트, 콘크리트피니셔, 콘크리트살포기, 콘크리트믹서트럭, 콘크리트펌프, 아스팔트믹싱플랜트, 아스팔트피니셔, 아스팔트살포기, 골재살포기, 쇄석기, 공기압축기, 천공기, 항타 및 항발기, 자갈채취기, 준설선, 특수건설기계, 타워크레인 등을 나열하고 있다[별표 1. 건설기계의 범위(§2 관련)].

2. 운전자

교통사고처리법은 운전자에게만 적용된다. 도교법 제2조 제26호는 "도로(제27조제6항제3호·제44조·제45조·제54조제1항·제148조·제148조의2 및 제156조제10호의 경우에는 도로 외의 곳을 포함한다)에서 차마 또는 노면전차를 그 본래의 사용방법에 따라 사용하는 것(조종 또는 자율주행시스템을 사용하는 것을 포함한다)"을 '운전'이라고 규정하고 있다. 여기서 자동차를 본래의 사용방법에 따라 사용했다고 하기 위해서는 엔진 시동을 걸고 발진조작을 해야 한다.[12] 따라서 자동차가 애초부터

정하는 기구·장치"란 너비 1미터 이하인 것으로서 다음 각 호의 기구·장치를 말한다.
1. 유모차
2. 보행보조용 의자차(「의료기기법」제19조에 따라 식품의약품안전처장이 정하는 의료기기의 기준규격에 따른 수동휠체어, 전동휠체어 및 의료용 스쿠터를 말한다)
3. 노약자용 보행기
4. 법 제11조제3항에 따른 놀이기구(어린이가 이용하는 것에 한정한다)
5. 동력이 없는 손수레
6. 이륜자동차, 원동기장치자전거 또는 자전거로서 운전자가 내려서 끌거나 들고 통행하는 것
7. 도로의 보수·유지, 도로상의 공사 등 작업에 사용되는 기구·장치(사람이 타거나 화물을 운송하지 않는 것에 한정한다)

12 대판 2020. 12. 30, 2020도9994[피고인이 STOP&GO 기능이 있는 차량에서 내림으로써 그 기능이 해제되어 시동이 완전히 꺼졌으나 이후 이를 인식하지 못한 상태에서 시동을 걸지 못하고 제동장치를 조작하다 차량이 후진하면서 추돌 사고를 야기하여 특정범죄가중처벌등에관한법률위반(위험운전치상)으로 기소된 사안에서, 피고인이 차량을 운전하려는 의도로 제동장치를 조작하여 차량이 뒤로 진행하게 되었다고 해도, 시동이 켜지지 않은 상태였던 이상 자동차를 본래의 사용방법에 따라 사용했다고 보기 어려우므로 무죄를 선고한 원심판단을 정당하다고 한 사례]. 본 판결 평석은 이영진, "도로교통법상 운전의 의미", 특별형법 판례100선, 한국형사판례연구회·대법원 형사법연구회, 박영사(2022), 6-9.

고장이나 결함 등의 원인으로 발진할 수 없었던 상태에 있었다면 '운전'이라고 볼 수 없다.[13]

18　　　위 규정에 의하면, 차를 직접 운전하는 사람, 건설기계를 조종하는 사람, 손수레를 끄는 사람, 우마차를 끄는 사람 등이 운전자에 해당한다. 승객이나 운전석 옆에 동승한 운전조수, 보행자 등은 적용대상이 될 수 없다.

19　　　다만, 운전조수의 경우는 과실범의 공동정범으로 책임을 물을 수 있는지 문제된다. 이에 대하여 대법원은, "피고인이 운전자의 부탁으로 차량의 조수석에 동승한 후, 운전자의 차량운전행위를 살펴보고 잘못된 점이 있으면 이를 지적하여 교정해 주려 했던 것에 그치고 전문적인 운전교습자가 피교습자에 대하여 차량운행에 관해 모든 지시를 하는 경우와 같이 주도적 지위에서 동 차량을 운행할 의도가 있었다거나 실제로 그 같은 운행을 하였다고 보기 어렵다면 그 같은 운행에 야기된 사고에 대하여 과실범의 공동정범의 책임을 물을 수 없다."고 판시하였는데,[14] 교통사고에서도 과실범의 공동정범이 성립할 수 있음을 인정하였다는 점에 의의가 있다.

20　　　그리고 이에 대해 심급별로 다투어진 사례가 있었는데, 그 사실관계는 다음과 같다. 피고인이 회사의 작업팀장으로서 오리의 상하차(上下車) 업무를 담당하면서, 오리농장 내 공터에서 피해자가 사육한 오리를 A가 운전한 트럭 적재함의 오리케이지에 상차하는 작업을 하였는데, 트럭이 경사진 곳에 정차하였음에도 트럭을 안전한 장소로 이동하게 하거나 오리케이지를 고정하는 줄이 풀어지지 않도록 필요한 조치를 하지 아니한 채 작업을 진행하게 한 과실로 사고가 발생하였다는 것이다.

21　　　이에 대해 원심은 피고인이 운전자가 아니라고 하더라도 A가 운전 중에 있었고, 그에 과실이 있었으므로 피고인도 공동으로 책임을 진다고 판시하였다.[15]

22　　　그러나 대법원은, "피고인은 트럭을 운전하지 아니하였을 뿐 아니라 A가 속하지 아니한 회사의 작업팀장으로서 위 트럭의 이동·정차를 비롯한 오리의 상

---

13 대판 2021. 1. 14, 2017도10815. 본 판결 평석은 이영진(주 12), 6-9.
14 대판 1984. 3. 13, 82도3136.
15 광주지판 2016. 11, 29, 2016노741. 그러나 과실범의 공동정범이 성립한다는 명시적인 판시나 논증을 하지는 않았다.

하차 업무 전반을 담당하면서 상하차 작업 과정에서 사고가 발생하지 않도록 필요한 조치를 제대로 하지 아니한 업무상의 과실을 이유로 기소되었으므로, 이러한 공소사실이 인정된다면 피고인이 담당하는 업무 및 그에 따른 주의의무와 과실의 내용이 A의 경우와 달라 피고인은 특례법이 적용되는 운전자라 할 수 없고 형법 제268조에서 정한 업무상과실치상의 죄책을 진다."고 판시하였다.[16] 위 대법원 판례는 피고인과 A의 주의의무 내용이 다르기 때문에 공동정범이 될 수 없다고 인정한 것으로 해석된다. 그러나 이에 대해서는 위 사례의 피고인이 A에 대해 주도적인 지위 또는 협력적인 지위에 있기 때문에 공동정범이 성립할 수 있다는 비판이 있다.[17]

3. 교통사고

교통사고처리법이 적용될 수 있는 교통사고에 대해서는 정의 규정이 있다. 교통사고처리법 제2조 제2호는 "차의 교통으로 인하여 사람을 사상(死傷)하거나 물건을 손괴(損壞)하는 것을 말한다."고 규정하고 있다.

23

이에 대해서는 두 가지 해석상 쟁점이 있다. 첫째, 교통으로 인한 것이 도로교통에서 발생한 사고에 한정되는지 여부에 대한 논의가 있다. 이에 대해서는 ① 교통사고처리법의 입법 연혁과 입법 취지에 비추어 '도로교통에 있어서'의 사고에 한하여 적용되어야 한다는 견해도 있다.[18] 그러나 대법원은, ② 교통사고처리법 소정의 교통사고는 도교법에서 정하는 도로에서 발생한 교통사고의 경우에만 적용되는 것이 아니고, 차의 교통으로 인하여 발생한 모든 경우에 적용되는 것으로 보아야 한다는 입장을 취하고 있다.[19]

24

도교법을 도로에 대하여 "「도로법」에 따른 도로, 「유료도로법」에 따른 유료도로, 「농어촌도로 정비법」에 따른 농어촌도로, 그 밖에 현실적으로 불특정

25

---

16 대판 2017. 5. 31, 2016도21034. 본 판결 평석은 이주원, "교통사고처리 특례법상 처벌특례의 인적 적용범위", 형사판례연구 [26], 한국형사판례연구회, 박영사(2018), 511-555; 동, "교특법상 처벌특례의 인적 적용범위", 특별형법 판례100선, 66-69.

17 최석윤, "교통사고처리 특례법에서 교통사고의 의미와 운전자의 범위 - 대법원 2017. 5. 31. 선고 2016도21034 판결에 대한 평석", 비교형사법연구 19-3, 한국비교형사법학회(2017. 10), 77.

18 주석형법 [각칙(3)](5판), 509(손기식); 손기식, "交通事故處理特例法의 物的, 場所的 適用範圍", 법조 42-8, 법조협회(1993. 8), 18.

19 대판 1987. 11. 10, 87도1727; 대판 1996. 10. 25, 96도1848 등.

다수의 사람 또는 차마(車馬)가 통행할 수 있도록 공개된 장소로서 안전하고
원활한 교통을 확보할 필요가 있는 장소"에 해당하는 곳을 말한다고 규정하고
있는데(§2(i)), 이러한 포괄규정으로 인해 도로인지 여부가 다투어진다. 도로교
통에서 발생한 사고에 한정할 경우, 이러한 해석에 따라 교통사고처리법 적용
여부가 다투어질 수 있어 예측가능성이 떨어진다는 점에서는 판례의 입장이 타
당한 측면이 있다.

26   한편, 교통사고처리법에서는 도교법위반의 점을 전제로 하여 보험가입 등
을 이유로 한 불처벌 특례가 적용되지 않는 경우가 있다. 즉, 중앙선침범, 무면
허운전, 보도돌진 사고 등은 도로에서의 사고가 전제가 되는바, 이러한 경우는
도로교통에서 발생한 사고에 한정될 것이다. 그러나 이러한 해석은 교통사고처
리법 제3조 제2항 각호의 사유가 도교법위반을 전제로 하는 것이기 때문에 논
리 정합적으로 따라오는 것이다. 각 도교법위반이 '도로'에서의 위반행위를 전제
로 할 경우, '도로'에서의 사고가 아닌 경우는 도교법위반에 해당하지 않아 교통
사고처리법 제3조 제2항 각호에 해당하지 않게 되는 것이다.

27   이러한 논의를 종합하면, 결국 교통사고처리법상 적용범위 자체는 도로교
통에 의한 사고에 한정할 필요는 없다고 생각한다.[20]

28   두번째 쟁점은 '차의 교통'으로 인한 사고라는 것이 차의 '운전'으로 인한 교
통으로 한정되어야 하는지 여부이다. 이에 대해서는 ① 차의 운전과 동일하다
는 견해, ② 차의 운전은 물론, 운전과 동일하게 평가할 수 있는 이와 밀접한
행위도 포함된다는 견해, ③ 주행을 위해서 자동차의 문을 열고 내린 후 문을
잠근 때까지라는 견해,[21] ④ 운전 외에 운전과 동일하게 평가할 수 있을 정도
로, 운전에 수반되어 운전과 밀접불가분의 관계에 있는 일체의 행위라는 견해[22]
등이 있다.[23]

---

20 박상기·전지연, 형사특별법(4판), 360; 이주원, 특별형법(8판), 134; 박동률, "교통사고처리 특례
   법상의 '교통'의 의미와 그 범위: 도로교통법상의 '운전'과 자동차손해배상 보장법상의 '운행'과의
   상호관계를 중심으로", 법학논고, 34, 경북대 법학연구원(2010. 10), 179-180.
21 박동률(주 20), 175.
22 이주원, "특정범죄 가중처벌 등에 관한 법률위반(도주차량)죄에서의 '교통'의 의미", 형사법의 신
   동향 33, 대검찰청(2011), 102 이하.
23 구체적 사례에 대한 상세는 이주원, 특별형법(8판), 125-133 참조.

판례는 기본적으로 위 ②와 같은 입장으로 볼 수 있다. 즉, 판례는 피고인 29
이 오리를 상차(上車)하기 위해 트럭을 정차하였는데, 트럭이 경사진 곳에 정차
하였음에도 트럭을 안전한 장소로 이동하게 하거나 오리케이지를 고정하는 줄
이 풀어지지 않도록 필요한 조치를 하지 아니한 채 작업을 진행하게 한 것은
'교통사고'에 해당한다고 하면서,[24] "차의 교통으로 인하여 사람을 사상하거나
물건을 손괴하는 것을 말한다고 규정하고 있는데, 여기서 '차의 교통'은 차량을
운전하는 행위 및 그와 동일하게 평가할 수 있을 정도로 밀접하게 관련된 행위
를 모두 포함한다."고 판시하였다.[25]

이러한 입장에서 판례는 화물차를 주차하고 적재함에 적재된 토마토 상자 30
를 운반하던 중 적재된 상자 일부가 떨어지면서 지나가던 피해자에게 상해를
입힌 사안에서, "교통사고를 일으킨 운전자에 대한 형사처벌의 특례를 정하는
것을 주된 목적으로 하는 교통사고처리법의 입법 취지와 자동차 운행으로 인한
피해자의 보호를 주된 목적으로 하는 자동차손해배상 보장법의 입법 취지가 서
로 다른 점, '교통'이란 원칙적으로 사람 또는 물건의 이동이나 운송을 전제로
하는 용어인 점 등에 비추어 보면, 교통사고처리 특례법 제2조 제2호에 정한
'교통'은 자동차손해배상 보장법 제2조 제2호에 정한 '운행'보다 제한적으로 해
석하여야 한다."고 하면서, 이는 '교통사고'에 해당하지 않아 업무상과실치상죄
가 성립한다고 판시하였다.[26]

Ⅳ. 12가지 예외사유

교통사고처리법은 제3조 제2항 단서 각 호는 피해자의 처벌불원의사가 있 31
거나 보험 등에 가입된 경우라고 하더라도 공소를 제기할 수 있는 사유(12가지

---

24 이 사안은 트럭의 이동과 경사진 곳에 트럭을 정차하는 과정에서 주의의무위반으로 인한 낙화
(落貨)사고이므로, 단순한 상차·하역의 문제는 아니다[이주원, 특별형법(8판), 130 주 5)].

25 대판 2017. 5. 31, 2016도21034.

26 대판 2009. 7. 9, 2009도2390. 또한 판례는 운전자가 차를 세워 시동을 끄고 1단 기어가 들어가
있는 상태에서 시동열쇠를 끼워놓은 채 11세 남짓한 어린이를 조수석에 남겨두고 차에서 내려
온 동안 동인이 시동열쇠를 돌리며 악셀러레이터 페달을 밟아 차량이 진행하여 사고가 발생한
사안에서도, 교통사고처리법위반이 아닌 업무상과실치사·상으로 의율하였다(대판 1986. 7. 8,
86도1048).

예외사유)를 나열하고 있다. 위 사유는 죄형법정주의의 원칙에 비추어 제한적 열거규정으로서,[27] 법적 성격에 대해서는 교통사고처리법위반(치상)죄의 구성요건 요소라는 견해[28]도 있으나 공소제기의 조건에 관한 사유라고 할 것이다(통설[29] 및 판례[30]). 그리고 위 사유의 위반은 ① 반드시 고의에 의해야 한다는 견해(고의설)[31]도 있으나, ② 과실도 포함한다는 것이 통설(과실포함설)[32]이다.[33] 판례는 교통사고처리법 제3조 제2항 단서 제2호의 중앙선 침범과 관련하여, "중앙선을 침범한 때라 함은 차량의 운전자가 고의나 과실에 의하여 도로중앙선을 침범하는 때"라고 하거나,[34] "중앙선을 침범하였을 때라 함은 그 입법취지에 비추어 교통사고의 발생지점이 중앙선을 넘어선 모든 경우를 말하는 것이 아니라, 중앙선을 침범하여 계속적인 침범운행을 한 행위로 인하여 교통사고를 발생케 하였거나 계속적인 침범운행은 없었다 하더라도 부득이한 사유가 없는데도 중앙선을 침범하여 교통사고를 발생케 한 경우를 뜻하는 것이라고 풀이함이 상당하다."고 판시하여,[35] 위 ②의 과실포함설의 입장에서 판시한 것도 있다. 그러나 이와는 반대로, 중앙선 침범과 관련하여, "중앙선을 침범하였을 때라 함은 고의로 중앙선을 침범하여 차량을 운전하는 경우를 말하는 것이고 장애물을 피행하기 위하여 부득이 중앙선을 침범하였을 때나 사고장소가 중앙선을 넘어선 지점인 경우까지를 포함하는 것이 아니다."고 판시하거나,[36] 단서 제7호 무면허운전과 관련하여 고의범인 도교법위반(무면허운전)죄와 마찬가지로 "유효한 운전면허가 없

---

27 김정환·김슬기, 형사특별법(2판), 238; 이동희·류부곤, 특별형법(5판), 418; 이주원, 특별형법(8판), 147.
28 윤형모, "교통사고처리특례법 제3조 제2항 단서 각호에 대한 해석상 고찰", 검찰 93, 대검찰청 (1986), 279.
29 김정환·김슬기, 형사특별법(2판), 238; 박상기·전지연, 형사특별법(4판), 370; 이동희·류부곤, 특별형법(5판), 418; 이주원, 특별형법(8판), 147.
30 대판 2011. 7. 28, 2011도3630. 본 판결 평석은 이상한, "교통사고처리 특례법 제3조 제2항 단서의 법적 성격", 특별형법 판례100선, 78-81.
31 주석형법 〔각칙(3)〕(5판), 515(손기식).
32 김정환·김슬기, 형사특별법(2판), 240; 박상기·전지연, 형사특별법(4판), 372; 이동희·류부곤, 특별형법(5판), 418; 이주원, 특별형법(8판), 150.
33 대판 1986. 9. 9, 86도1142; 대판 1996. 7. 9, 96도1198.
34 대판 1985. 6. 25, 85도784.
35 대판 1985. 9. 10, 85도1407(대법원의 일관된 판시).
36 대판 1986. 3. 11, 86도56.

음을 알면서도 자동차를 운전하는 경우만은 의미한다.”고 판시하여,[37] 위 ①의 고의설의 입장에서 판시한 것도 있다. 이처럼 판례의 입장은 일관되지 않지만, 위 통설은 판례도 통설과 마찬가지로 위 ②의 과실포함설의 입장이라고 한다.[38] 한편 위 사유가 경합하는 경우, 각 사유마다 별개의 죄가 성립하는 것(상상적 경합)이 아니라 하나의 교통사고처리법위반(치상)죄가 성립한다(통설[39] 및 판례[40]).

위 사유에 해당하는지 여부에 따라 교통사고를 발생시키더라도 형사처벌을 받는지 여부가 달라질 수 있으므로, 각 호 사유에 해당하는지 여부에 대해 실무상 많은 다툼이 있다. 아래에서는 각 호의 해석과 판례 등 주요 사례에 대해 살펴본다.

1. 신호 또는 안전표지 위반(제1호)

(1) 개요

교통사고처리법 제3조 제2항 단서 제1호는 도교법 제5조[41]에 따른 신호기가 표시하는 신호 또는 교통정리를 하는 경찰공무원 등의 신호를 위반하거나 통행금지 또는 일시정지를 내용으로 하는 안전표지가 표시하는 지시를 위반하

---

37 대판 2023. 6. 29, 2021도17733(운전면허 취소사실을 알지 못하고 사다리차를 운전하던 중, 전 방주시의무를 위반한 과실로 교통사고를 일으켜 피해차량 탑승자에게 상해를 입힌 사안에서, 예 외사유인 무면허운전에 해당하지 않는다고 한 사례). 참고로 본 판결에 대하여 대법원은, 「대법 원 2023. 6. 29. 선고 중요 판결 요지」(대법원 홈페이지 주요판결란)에 “교통사고처리특례법 제3 조 제2항 단서 각호의 종합보험 가입특례 적용 예외에 해당하기 위해서는 운전자가 위 단서 각 호의 행위를 고의로 행할 것을 요하는지 여부(적극)”이라고 소개하고 있다.

38 김정환·김슬기, 형사특별법(2판), 240; 박상기·전지연, 형사특별법(4판), 372; 이동희·류부곤, 특별형법(5판), 418.

39 주석형법 〔각칙(3)〕(5판), 536(손기식); 이주원, 특별형법(8판), 155.

40 대판 2008. 12. 11, 2008도9182. 본 판결 평석은 노수환, “교통사고 범죄의 죄수관계”, 특별형법 판례100선, 56-59.

41 도교법 제5조(신호 또는 지시에 따를 의무) ① 도로를 통행하는 보행자, 차마 또는 노면전차의 운전자는 교통안전시설이 표시하는 신호 또는 지시와 다음 각 호의 어느 하나에 해당하는 사람 이 하는 신호 또는 지시를 따라야 한다.
　1. 교통정리를 하는 국가경찰공무원(의무경찰을 포함한다. 이하 같다) 및 제주특별자치도의 자치경찰공무원(이하 “자치경찰공무원”이라 한다)
　2. 경찰공무원(자치경찰공무원을 포함한다. 이하 같다)을 보조하는 사람으로서 대통령령으로 정하는 사람(이하 “경찰보조자”라 한다)
② 도로를 통행하는 보행자, 차마 또는 노면전차의 운전자는 제1항에 따른 교통안전시설이 표시 하는 신호 또는 지시와 교통정리를 하는 경찰공무원 또는 경찰보조자(이하 “경찰공무원등”이라 한다)의 신호 또는 지시가 서로 다른 경우에는 경찰공무원등의 신호 또는 지시에 따라야 한다.

〔신 도 욱〕　　　　　　　　　　　　　　　615

여 운전한 경우라고 규정하고 있다.

34　　첫째, '신호기'란 도교법 제2조 제15호에 의하면, '도로교통에서 문자·기호 또는 등화를 사용하여 진행·정지·방향전환·주의 등의 신호를 표시하기 위하여 사람이나 전기의 힘으로 조작하는 장치'를 말한다.[42]

35　　판례는 ① 차량신호기가 비록 교차로 입구로부터 약 29m 떨어진 횡단보도 위에 설치되어 있다고 하더라도, 이는 횡단보도를 통행하는 보행자를 보호하기 위하여 그 횡단보도를 지나는 차량들에 대한 지시를 표시하는 신호기일 뿐 아니라, 교차로를 통과하는 모든 차량들에 관한 지시를 표시하는 신호기라고 보았다.[43] 그리고 ② 횡단보도의 양쪽 끝에 서로 마주 보고 횡단보도의 통행인을 위한 보행자신호등이 각 설치되어 있고, 그 신호등 측면에 차선진행방향을 향하여 종형 (縱形) 이색등신호기가 각각 별도로 설치되어 있다면, 종형 이색등신호기는 교차로를 통과하는 차마에 대한 진행방법을 지시하는 신호기라고 보는 것이 타당하다고 하였다.[44] 또한, ③ 횡형(橫形) 삼색등신호기가 교차로의 대각선 지점에 있지 아니하고 교차로에 연이어 있는 횡단보도상에 보행자 신호기와 함께 설치되어 있을 경우, 위 신호기는 신호체계와 주변상황에 비추어 볼 때 교차로를 통과하는 차마에 대한 진행방법을 지시하는 신호기로 보아야 한다고 판시하였다.[45]

36　　둘째, 수신호를 할 수 있는 '교통정리를 하는 경찰공무원 등'은 경찰공무원 (의무경찰 포함)·자치경찰공무원 또는 경찰보조자로 제한되고(도교 §5①), 경찰보조자는 모범운전자, 군사경찰, 소방공무원으로 제한된다(도교 시행령 §6).

37　　셋째, '안전표지'란 도교법 제2조 제16호에 의하면, 교통안전에 필요한 주의·규제·지시 등을 표시하는 표지판이나 도로의 바닥에 표시하는 기호·문자 또는 선 등을 말한다.

38　　판례는 ① 도로의 바닥에 진입금지를 내용으로 하는 삼각형 모양의 황색사

---

42 신호기의 종류에는 현수식, 측주식종형, 측주식횡령, 중앙주식, 문형식이 있고(도교 시행규칙 별표 1), 신호기가 표시하는 신호는 크게 차량신호등[원형(녹색 등화, 황색 등화·점멸, 적색 등화·점멸)·화살표·사각형 등화], 보행신호(녹색 등화·점멸, 적색 등화), 자전거신호(주행·횡단 신호 등), 버스신호, 노면전차신호 등으로 나뉘어 각기 다양한 종류가 있다(도교 시행규칙 별표 2).
43 대판 1995. 12. 8, 95도1928.
44 대판 1994. 8. 23, 94도1199.
45 대판 1992. 1. 21, 91도2330.

선이 그어져 있다면 위 '안전표지'에 해당하고, 노면상의 표시 이외에 따로 표지판이 세워져 있어야 비로소 위 '안전표지'에 해당하는 것은 아니라고 한다.[46]

　　설치권한이 없는 사람이 설치한 안전표지도 위 안전표지에는 해당하지 않는다. 따라서 ② 군부대장이 인명 및 재산을 보호할 책임이 있는 기지 내의 안전관리를 위하여 그 수명자(受命者)에게 명하는 행정규칙에 근거하여 설치한 보도와 차도를 구분하는 흰색실선은, 도교법상 설치권한이 있거나 위임을 받은 사람이 설치한 것이 아니므로 위 안전표지라고 할 수 없고, 위 흰색 실선이 도교법 시행규칙에 규정된 시, 도지사가 설치하는 안전표지와 동일한 외관을 갖추고 있고, 자동차를 운전 중 이를 침범하여 교통사고를 일으킨 피고인이 소속 군인으로서 이를 준수하여야 할 의무가 있다고 하여 달리 볼 것은 아니다.[47] 그리고 ③ 건설회사가 고속도로 건설공사와 관련하여 지방도의 확장공사를 위하여 우회도로를 개설하면서 기존의 도로와 우회도로가 연결되는 부분에 설치한 황색점선도 도교법상 설치권한이 있거나 그 위임을 받은 사람이 설치한 것이 아니라면, 이것을 가리켜 교통사고처리법에서 규정하는 중앙선이라고 할 수 없을 뿐만 아니라, 건설회사가 임의로 설치한 것에 불과할 뿐 도교법 제64조의 규정에 따라 관할경찰서장의 지시에 따라 설치된 것도 아니고, 황색점선의 설치 후 관할경찰서장의 승인을 얻었다고 인정할 자료도 없다면, 결국 위 황색점선은 위 안전표지라고 할 수 없다.[48]

(2) 신호 위반 여부

(가) 적색등화

　　교차로에서 적색등화 시 우회전 중 발생한 교통사고가 신호위반사고에 해당하는지 문제된다. 우회전에 관한 적생등화는 신호에 따라 진행하는 다른 차마의 교통을 방해하지 아니하고 우회전할 수 있는 것을 의미하므로(도교 시행규칙 별표 2), 횡단보도가 설치되어 있지 않은 교차로에서 적생등화 시 우회전하던 중 교통사고가 발생하더라도 신호위반에 해당하지 않는다.[49] 그러나 횡단보도가

39

40

---

46 대판 1996. 2. 13, 95도2716.
47 대판 1991. 5. 28, 91도159.
48 대판 2003. 6. 27, 2003도1895.
49 대판 2011. 7. 28, 2011도3970. 본 판결 평석은 이창섭, "적색등화에서의 우회전과 교통사고처리
　　특례법상 신호위반 여부", 특별형법 판례100선, 82-85.

연접되어 설치되어 있는 교차로에서 차량용 신호등이 적색등화이거나, 횡단보도의 보행등이 녹색이거나, 보행등 옆에 설치된 차량보조등이 적색인 경우에, 그 신호를 위반하여 우회전하다가 교통사고가 나면 신호위반에 해당한다.[50]

(나) 황색등화

41   차량이 정지선이 있거나 횡단보도가 있는 교차로에 진입하기 전에 황색등화로 바뀐 때에는 차량은 그 직전이나 교차로의 직전에 정지해야 하므로(도교 시행규칙 별표 2), 그대로 진입하여 교통사고가 발생하면 신호위반이 된다. 판례는 차량이 교차로에 진입하기 전에 황색의 등화로 바뀐 경우에는 차량은 정지선이나 '교차로의 직전'에 정지하여야 하며, 차량의 운전자가 정지할 것인지 또는 진행할 것인지 여부를 선택할 수 없다고 하여, 정지선이나 횡단보도가 없는 경우에도 신호위반이라고 한다.[51] 그러나 이미 진입한 후에 황색등화로 바뀐 때에는 신속히 교차로 밖으로 진행하면 되므로(도교 시행규칙 별표 2), 교차로를 빠져나가려다 교통사고가 나더라도 신호위반에 해당하지 않는다.[52]

(다) 녹색등화

42   녹색등화의 경우, 비보호좌회전표지 또는 비보호좌회전표시가 있는 곳에서는 좌회전할 수 있으므로(도교 시행규칙 별표 2), 그러한 표지나 표시가 있는 경우에 좌회전하다가 교통사고가 나더라도 신호위반이 아니다. 그러나 이러한 표지나 표시가 없음에도 좌회전 또는 유턴하다가 사고가 난 경우는 신호위반에 해당한다.[53] 한편 좌회전 진행방향을 표시하는 노면표지가 설치되어 있더라도 이는 좌회전신호가 들어오거나 비보호좌회전 표시가 있는 경우에 그 신호에 따라 진행할 수 있음을 표시한 것이므로, 적색등화 시에 정지선에 정지하여 있지 아니하고 좌회전 또는 유턴하여 진행하였다면 신호위반이 된다.[54]

---

50 대판 2011. 7. 28, 2009도8222. 본 판결 평석은 이창섭(주 49), 82-85.
51 대판 2018. 12. 27, 2018도14262(사고 당시 교차로의 도로 정비 작업이 마무리되지 않아 정지선과 횡단보도가 설치되어 있지 않았음에도 신호위반을 인정한 사례).
52 대판 1986. 8. 19, 86도589.
53 대판 2005. 7. 28, 2004도5848(진행방향 후방차량과의 충돌). 본 판결 해설은 윤병철, "녹색, 황색, 적색의 삼색등 신호기가 설치되어 있고 비보호좌회전 표시나 유턴표시가 없는 교차로에서 차마의 좌회전 또는 유턴이 허용되는지 여부", 해설 59, 법원도서관(2006), 578-592.
54 대판 1996. 5. 31, 95도3093.

〔신 도 욱〕

(라) 횡단보도

도로포장공사 등으로 횡단보도 노면표지가 모두 지워지고 신호등만 남은 43
상태에서, 차량신호를 위반하여 적색신호에 진행하다가 원래의 횡단보도상을
진행하던 보행자를 충격한 경우, 신호위반으로 볼 수 없다.[55] 한편 차량신호기
는 없이 횡단보행자용 신호기만 설치되어 있는 곳에서 보행자 통행신호에 따라
횡단보도 위를 보행하는 사람을 충격한 경우에는, 횡단보도상의 신호기는 횡단
보도를 통행하고자 하는 보행자에 대한 횡단보행자용 신호기이지 차량의 운행
용 신호기라고는 풀이되지 아니함으로 교통사고처리법 제3조 제2항 단서 제6호
의 보행자 보호의무를 위반한 때 해당함은 별문제로 하고, 신호위반에 해당한다
고 할 수는 없다.[56]

(마) 긴급자동차

긴급자동차는 도교법 또는 도교법에 의한 명령의 규정에 의하여 정지하여 44
야 할 경우에도 불구하고 정지하지 않을 수 있다는 것을 규정할 뿐, 도교법이
정하는 모든 의무규정의 적용을 배제하는 것이 아님은 물론, 진행방향에 사람
또는 차량이 통행하고 있음에도 불구하고 정지하지 아니하고 계속 전진할 수
있다는 규정이 아니므로, 원칙적으로 신호위반에 해당될 수 있다.[57]

(3) 안전표지의 지시 위반 여부

통행의 금지 또는 일시정지를 내용으로 하는 안전표지가 표시하는 지시를 45
위반하여 운전하는 경우에 본호에 해당한다.

일방통행도로(도교 시행규칙 별표 6. 지시표지 326번 내지 328번)에서 역행하여 운 46
전하는 행위,[58] 안전지대(위 별표 6 노면표시 531번)를 침범하여 운전하는 행위[59]는
여기에 해당한다.

판례는 ① 정지선표시(위 별표 6 노면표지 530번)는 '운행 중 정지를 해야 할 47
경우 정지해야 할 지점을 표시한 것'한 것으로, 그 자체가 일시 정지의무가 있음
을 표시하는 것이 아니라 운행 중 정지를 해야 할 경우에 그 지점을 표시하는

55 이주원, 특별형법(8판), 170; 교통사범 수사실무, 서울지방검찰청(2003), 180-181.
56 대판 1988. 8. 23, 88도632.
57 대판 1985. 11. 12, 85도1992.
58 대판 1993. 11, 9, 93도2562.
59 이주원, 특별형법(8판), 175.

안전표지에 불과하므로, 정지선표시만 되어 있는 횡단보도에서 일시 정지함이 없이 자동차를 운행한 것은 위 일시 정지를 내용으로 하는 안전표지의 지시를 위반하여 운전한 경우에 해당하지 않는다고 한다.[60] 또한, ② 교차로 진입 직전에 백색실선이 설치되어 있으나, 교차로에서의 진로변경을 금지하는 내용의 진로제한선표시(위 별표 6 노면표지 506)가 개별적으로 설치되어 있지 않은 경우에, 교차로에서 진료변경을 시도하다가 교통사고를 내었더라도 위 안전표지 위반에 해당하지 않는다고 한다.[61]

48   버스전용차로표지(위 별표 6 지시표지 330번)가 있는 버스전용차로에 승용차가 진입하여 진행하던 중 교통사고를 낸 경우에, 위 안전표지를 위반한 경우에 해당하는지 문제된다. 이에 대해서는 '버스전용차로의 통행차만 통행할 수 있음을 알리는 것'을 뜻할 뿐, 통행금지를 내용으로 하는 것은 아니기 때문에 위 안전표지 위반으로 의율할 수는 없다는 견해가 있다.[62] 그러나 버스전용차로에 진입하는 과정에서 교통사고를 낸 경우에는 버스전용차로의 청색실선이 차마가 넘어가면 안 된다는 것을 나타내는 것이므로 안전표지위반으로 의율할 수 있다고 생각한다. 도교법상의 백색실선이 안전표지라고 판시한 판례[63]의 취지도 같다.

(4) 인과관계의 문제

49   교통사고를 야기한 운전자가 신호위반을 하기는 하였지만 신호위반과 사고 발생 사이에 직접적인 인과관계가 인정되지 않는 경우, 이를 신호위반에 해당하여 반의사불벌죄의 예외에 해당한다고 보아야 하는지 여부가 문제된다.

50   이에 대해서는 견해가 나뉜다. ① 인과관계필요설은 사고와 신호위반 사이에 반드시 직접적인 이해관계가 있어야 한다는 입장이다.[64] 주요 논거는 교통사고처리법에 '다음 각 호의 어느 하나에 해당하는 행위로 인하여'라고 규정하였으므로 규정 자체에서 인과관계를 요구한다는 것이다. 이에 반하여, ② 인과관계불요설은 신호위반 도중에 교통사고가 발생하였으면 당연히 신호위반사고로 보아야 한다는 입장이다. 이 견해는 위 규정에도 불구하고 교통사고와 신호위반

---

60 대판 1986. 12. 9, 86도1868(전).
61 대판 2015. 11. 12, 2015도3107.
62 이주원, 특별형법(8판), 175.
63 대판 2004. 4. 28, 2004도1196.
64 이주원, 특별형법(8판), 172.

사이의 직접적인 인과관계는 필요 없고, 최소한의 의무사항인 교통사고처리법 단서 조항을 위반하였다면 처벌하여야 한다고 주장한다.

판례는 "신호기에 의한 신호에 위반하여 운전한 경우라 함은 신호위반행위 가 교통사고 발생의 직접적인 원인이 된 경우를 말한다."고 판시하여,[65] 위 ① 의 인과관계필요설의 입장이다.

　　51

즉 택시 운전자인 피고인이 교통신호를 위반하여 4거리 교차로를 진행한 과실로 교차로 내에서 A가 운전하는 승용차와 충돌하여 A 등으로 하여금 상해 를 입게 하였다고 하여 교통사고처리법위반으로 기소된 사안에서, 피고인의 택 시가 차량 신호등이 적색 등화임에도 횡단보도 앞 정지선 직전에 정지하지 않 고 상당한 속도로 정지선을 넘어 횡단보도에 진입하였고, 횡단보도에 들어선 이 후 차량 신호등이 녹색 등화로 바뀌자 교차로로 계속 직진하여 교차로에 진입 하자마자 교차로를 거의 통과하였던 A의 승용차 오른쪽 뒤 문짝 부분을 피고인 택시 앞 범퍼 부분으로 충돌한 점 등을 종합할 때, 피고인이 적색 등화에 따라 정지선 직전에 정지하였더라면 교통사고는 발생하지 않았을 것임이 분명하여 피고인의 신호위반행위가 교통사고 발생의 직접적인 원인이 되었다고 보아야 하는데도, 이와 달리 보아 공소를 기각한 원심판결에는 신호위반과 교통사고의 인과관계에 관한 법리오해의 위법이 있다고 판시하였다.[66] 판례는 중앙선 침범 사고의 경우에도 마찬가지로 인과관계가 필요하다고 판시하고 있다.[67]

　　52

생각건대, 법해석의 출발은 규정 해석에서 시작되어야 하고, 교통사고처리 법 제3조 제2호는 각 호의 행위로 인한 사고임을 요구하므로 인과관계가 필요 하다고 해석하여야 할 것이다(위 ①의 인과관계필요설).

　　53

한편, 교통사고의 상대방도 법규를 위반한 경우에 신호위반으로 인정될 수 있는지 여부에 대해 논의가 있다. 사고의 피해자가 교통법규를 위반한 경우에는 보호필요성이 없기 때문에 신호위반으로 인한 사고가 아니라는 견해도 있다. 그 러나 신호위반이 원인이 되어 사고가 난 경우에는 상대방의 법규 위반 여부와 는 관계없이 인과관계 여부를 판단하여 교통사고처리법 제3조 제2항 각 호 사

　　54

---

65 대판 2012. 3. 15, 2011도17117.
66 대판 2012. 3. 15, 2011도17117.
67 대판 1985. 5. 14, 85도384.

유에 해당하는지 여부를 판단하는 것이 타당하다고 생각한다.

2. 중앙선 침범(제2호)

(1) 관련 규정

55   교통사고처리법 제3조 제2항 단서 제2호는 도교법 제13조 제3항을 위반하여 중앙선을 침범하거나 도교법 제62조를 위반하여 횡단, 유턴 또는 후진한 경우에 따른 신호기가 표시하는 신호 또는 교통정리를 하는 경찰공무원 등의 신호를 위반하거나 통행금지 또는 일시정지를 내용으로 하는 안전표지가 표시하는 지시를 위반하여 운전한 경우라고 규정하고 있다.

56   도교법 제13조 제3항은 "차마의 운전자는 도로(보도와 차도가 구분된 도로에서는 차도를 말한다)의 중앙(중앙선이 설치되어 있는 경우에는 그 중앙선을 말한다. 이하 같다) 우측 부분을 통행하여야 한다."고 규정하고 있다. 그리고 도교법 제62조는 "자동차의 운전자는 그 차를 운전하여 고속도로등을 횡단하거나 유턴 또는 후진하여서는 아니 된다. 다만, 긴급자동차 또는 도로의 보수·유지 등의 작업을 하는 자동차 가운데 고속도로등에서의 위험을 방지·제거하거나 교통사고에 대한 응급조치작업을 위한 자동차로서 그 목적을 위하여 반드시 필요한 경우에는 그러하지 아니하다."고 규정하고 있다.

(2) 중앙선의 의미

57   중앙선 침범이 성립하기 위해서는 우선 유효한 중앙선이어야 한다. 유효한 중앙선이 되기 위해서는 권한이 있는 지방경찰청장이 도교법 시행규칙 [별표 6](5. 노면표시 501호)에 따른 규격으로 표시하여야 한다(차도폭 6미터 이상의 도로에 설치). 도교법 시행규칙 [별표 6]은 ① 황색실선, ② 황색점선, ③ 황색실선의 복선, ④ 황색점선의 복선, ⑤ 황색실선과 점선의 복선으로 구분되어 있다.

58   황색실선은 자동차가 넘어갈 수 없음을 표시한 것이다. 따라서 중앙선을 침범하여 계속적인 침범운행을 한 행위로 인하여 교통사고를 발생케 하였거나, 계속적인 침범운행은 아니지만 부득이한 사유가 없는데도 중앙선을 침범하여 교통사고를 발생케 한 경우를 말한다.[68] 황색실선의 중앙선이 설치된 곳에서 불법 좌회전 또는 유턴하기 위하여 중앙선을 넘어 반대차로로 들어간 경우에도

---

68 대판 1987. 12. 22, 87도2173.

중앙선 침범이 된다.[69] 판례는 앞서가던 버스가 진행로를 막고 정차(5분을 초과하지 아니한 주차 외의 정지상태)[70]해 있어 이를 추월키 위해 황색실선의 중앙선을 넘은 경우도, '도로의 중앙선을 침범한 경우'에 해당한다고 판시하였다.[71]

　　그러나 황색점선의 경우에는 필요한 경우 넘어설 수 있으므로 황색점선을 　59
넘어 운전하던 중 교통사고가 발생한 경우 이를 중앙선 침범으로 인한 사고인지 문제될 수 있다. 이에 대해 대법원은, "비록 자동차가 도로 양측으로 넘어가는 것이 허용된 황색점선의 중앙선이라고 하더라도, 차의 운전자가 그 중앙선을 침범할 당시의 객관적인 여건으로 보아 장애물을 피하기 위하여 다른 적절한 조치를 취할 겨를이 없는 등의 급박한 사정 때문에 부득이 중앙선을 넘을 필요가 있고, 또 반대방향의 교통에 충분한 주의를 기울이면서 중앙선을 침범하여 반대차선으로 넘어가는 경우가 아닌 한, 교통사고처리 특례법 제3조 제2항 단서 제2호 전단 소정의 '도로교통법 제13조 제2항의 규정에 위반하여 차선이 설치된 도로의 중앙선을 침범한 경우'에 해당하는 것이라고 해석하여야 할 것이다."라고 판시하여,[72] 예외적인 경우에만 면책될 수 있다는 입장을 취하고 있다.

　　한편 횡단보도 표시로 인해 중앙선이 단절된 경우에도 중앙선 침범사고로 　60
볼 수 있는지 문제되는데, 판례는 중앙선이 그어져 있지 않은 횡단보도에서도 중앙선 침범이 인정된다고 보고 있다.[73]

(3) 중앙선 '침범'의 의미

　　차량이 도로의 중앙선을 어느 정도 침범해야 중앙선 침범에 해당하는지 문　61
제되는데, 도로의 중앙선으로부터 우측부분을 통행하여야 한다는 도교법 제13조 제3항의 규정에 비추어, 이를 위반하여 중앙선을 침범하는 것을 의미하고, 차체의 일부가 중앙선의 폭을 조금이라도 넘어간 때를 말한다고 할 것이다.[74]

69　대판 2000. 7. 7, 2000도2116.
70　도교법 제2조 제23호의 정차가 아닌 도교법 제2조 제22호의 주차(운전자 이탈 또는 5분 초과의 정차)의 경우에도 마찬가지로 중앙선 침범사고가 되는지에 대해서는 적극설도 있으나, 도교법 제13조 제4항 제2호의 '장애 등'에 해당하여 중앙선 침범사고로 볼 수 없다고 할 것이다[이주원, 특별형법(8판), 195].
71　대판 1985. 9. 10, 85도1264.
72　대판 1987. 7. 7, 86도2597.
73　대판 2001. 2. 9, 2000도5848; 대판 2012. 2. 9, 2011도12093 등 참조.
74　이주원, 특별형법(8판), 181.

(4) 중앙선 침범사고의 요건

62   중앙선 침범사고가 되기 위해서는 첫째, 중앙선을 침범하는 것 외에, 둘째, 중앙선 침범에 부득이한 사유가 없어야 하는지, 즉 중앙선 침범에 고의나 과실이 있어야 하는지 여부와, 셋째, 중앙선 침범이 사고발생의 직접적인 원인이어야 하는지 여부가 문제된다.

63   먼저, 중앙선 침범이 고의에 의한 것에 한정하여야 하는지 여부에 대해 논란이 있다. ① 고의설은 중앙선 침범의 예외규정이 도교법 제13조 제3항의 규정에 위반하여 중앙선을 침범한 경우라고 규정하고 있어 도교법을 위반하는 것이 전제되는데, 도교법 제13조 제3항 위반은 고의로 위반하는 경우만 처벌하므로 교통사고처리법상 예외도 고의에 의한 중앙선침범에 국한된다고 한다. ② 과실포함설은 교통사고처리법상 각 예외사유는 과실의 한 태양을 규정한 것일 뿐 예외사유에 반드시 고의가 필요하다고 해석할 근거가 없다며 과실도 포함하여야 한다는 견해를 취한다.

64   이에 대해 판례는, "교통사고처리 특례법 제3조 제2항 제2호에 중앙선을 침범한 때라 함은 차량의 운전자가 고의나 과실에 의하여 도로중앙선을 침범한 때를 말하는 것이지 본건과 같이 피고인이 갑자기 진입하는 앞차와의 충돌을 피하기 위한 긴급조치로 도로중앙선을 넘어선 경우에는 이에 해당되지 아니한다."고 판시[75]하는 등, 위 ②설과 같이 과실도 포함한다는 것이 주류를 이루고 있다. 생각건대 교통사고 자체가 과실범죄이고, 중앙선 침범으로 인한 사고임을 요구하므로 고의뿐 아니라 과실로 인한 중앙선 침범으로 인한 사고도 교통사고처리법 제3조 제2항 단서 각 호 사유에 해당한다고 하여야 한다.[76]

65   중앙선 침범이 원인이 된 사고라고 하면 사고 발생 장소가 반드시 중앙선

---

75 대판 1985. 6. 25, 85도784. 유사한 취지로 "도로의 중앙선을 침범하였을 때'라 함은 교통사고의 발생지점이 중앙선을 넘어선 모든 경우를 가리키는 것이 아니라 부득이한 사유가 없이 중앙선을 침범하여 교통사고를 발생케 한 경우를 뜻하며, 그 부득이한 사유라 함은 진행차선에 나타난 장애물을 피하기 위하여 다른 적절한 조치를 취할 겨를이 없었다거나 자기 차선을 지켜 운행하려고 하였으나 운전자가 지배할 수 없는 외부적 여건으로 말미암아 어쩔 수 없이 중앙선을 침범하게 되었다는 등 중앙선침범 자체에는 운전자를 비난할 수 없는 객관적 사정이 있는 경우를 말한다."고 판시한 판례(대판 1991. 10. 11, 91도1783)도 중앙선 침범의 과실이 있다는 것에 대한 해석을 한 것으로 해석된다. 그러나 '도로의 중앙선을 침범하였을 때'란 고의로 중앙선을 침범한 경우를 말한다고 한 판례(대판 1986. 3. 11, 86도56)도 있다.

76 이주원, 특별형법(8판), 184.

을 넘어선 반대차선일 필요는 없다.[77]

좌회전 허용지역의 경우에 중앙선이 끊어지기 전에 차선을 물고 좌회전을 하면서 사고가 발생한 경우, 중앙선 침범으로 인한 사고인지 여부에 대해 견해가 나뉜다. ① 부정설은 반대차선에는 좌회전할 것이 예상되므로 반대차선에서 운행하여서는 안 되므로 중앙선 침범으로 인한 사고가 아니라고 한다. 이에 대하여, ② 긍정설은 좌회전 허용 구역이라고 하더라도 중앙선을 물고 좌회전을 해서는 안 되므로 중앙선 침범으로 인한 사고라고 한다.

66

판례는 "교통사고처리 특례법이 규정하는 중앙선 침범사고는 교통사고가 도로의 중앙선을 침범하여 운전한 행위로 인해 일어난 경우, 즉 중앙선 침범행위가 교통사고 발생의 직접적인 원인이 된 경우를 말하며, 중앙선 침범행위가 교통사고 발생의 직접적인 원인이 아니라면 교통사고가 중앙선 침범운행 중에 일어났다고 하여 이에 포함되는 것은 아니다."라고 판시하여,[78] 위 ①의 부정설의 입장이다. 그러나 "고의로 경계인 그 중앙선을 넘어 들어가 침범당하는 차선의 차량운행자의 신뢰에 어긋난 운행을 하였다면, 그러한 침범운행의 동기가 무엇인가에 따라 책임의 유무가 달라질 수 없는 것이므로 좌회전 또는 유턴을 하려고 하였다 하더라도 중앙선 침범의 죄책을 면할 수 없다."고 판시하여, 위 ②의 긍정설의 입장을 취하는 듯한 판례도 있다.[79] 생각건대, 사고발생자가 중앙선이 끝나는 곳에서 좌회전을 하였다면 사고 발생이 나지 않았을 인과관계가 성립된다면 중앙선 침범으로 인한 사고로 볼 수 있으므로, 일률적으로 판단할 것이 아니라 사고 원인에 따라 달리 판단해야 할 것으로 생각한다.

67

한편, 부득이하게 중앙선을 침범한 경우 이를 중앙선 침범의 영향으로 발생한 사고인지 여부가 문제되는 사례가 많이 있다. 이에 대해 판례는 하나의 판단 기준을 제시하고 있다. 즉, "차선이 설치된 도로의 중앙선을 침범하였을 때라 함은 교통사고의 발생지점이 중앙선을 넘어선 모든 경우를 가리키는 것이 아니라 부득이한 사유가 없이 중앙선을 침범하여 교통사고를 발생케 한 경우를 뜻하며, 이 때의 부득이한 사유라 함은 진행차선에 나타난 장애물을 피하기 위하

68

---

77 대판 1991. 12. 10, 91도1319.
78 대판 1994. 6. 28, 94도1200.
79 대판 2000. 7. 7, 2000도2116.

〔신 도 욱〕　　　　　　　　　　　　　　**625**

여 다른 적절한 조치를 취할 겨를이 없었다거나 자기 차선을 지켜 운행하려고 하였으나 운전자가 지배할 수 없는 외부적 요건으로 말미암아 어쩔 수 없이 중앙선을 침범하게 되었다는 등 중앙선 침범 자체에 대하여는 운전자를 비난할 수 없는 객관적 사정을 말한다."고 하여,[80] '부득이한 사유'를 주요 판단 근거로 하고 있다. 그러나 위 사유에 해당하는지 여부는 구체적 사안에 따라 달리 판단하고 있다.

69　　　우선 좌회전을 위해 중앙선을 넘어가는 경우 중앙선을 침범할 수밖에 없는데, 이 과정에서 사고가 발생한 경우도 중앙선 침범으로 볼 수 있는지 문제된다. 그리고 피고인이 운전하던 차량이 신호등이 설치되어 있지 아니한 횡단보도를 통로로 하여 반대차선으로 넘어 들어가다 충돌사고가 발생한 경우, 그 횡단보도에 황색실선의 중앙선이 곧바로 이어져 좌회전이 금지된 장소인 점 등 사고경위에 비추어 피고인 차량이 넘어간 부분이 횡단보도로서 실제로 중앙선이 그어져 있지 아니하더라도 반대차선에서 오토바이를 운행하던 피해자의 신뢰에 크게 어긋남과 아울러 교통사고의 위험성이 큰 운전행위로서 사고발생의 직접적인 원인이 되었다고 보아 중앙선침범사고에 해당한다고 한 사례도 있다.[81] 이 사례는 실제 중앙선이 없지만 좌회전 금지 구역에서 좌회전을 한 것은 중앙선을 침범한 것으로 보았다.

70　　　자동차 운전사가 좌회전이 금지되지 아니한 곳에서 왼쪽으로 난 길로 들어서기 위하여 반대차선으로 넘어들어 갔다면 객관적으로 보아 중앙선을 넘을 필요가 있었다고 하겠지만, 반대차선에서 오토바이가 진행하여 오고 있는 것을 보고도 좌회전하기 위하여 반대차선으로 넘어들어가다가 미처 반대차선을 완전히 벗어나기도 전에 반대차선에서 진행하여 오던 오토바이와 부딪쳤다면, 다른 특별한 사정이 없는 한 피고인이 반대방향의 교통에 충분한 주의를 기울이면서 중앙선을 침범하여 반대차선으로 넘어 들어갔다고 인정하기는 어려운 것이므로, 단지 운전사가 당시 중앙선을 넘을 필요가 있었고 반대방향의 교통을 살펴보고 충분히 좌회전할 수 있을 것으로 생각하였다는 사유만으로 위 교통사고가

---

80 대판 1988. 3. 22, 87도2171; 대판 1998. 7. 28, 98도832. 위 98도832 판결의 평석은 김태명, "교 특법상 중앙선침범의 의미", 특별형법 판례100선, 86-89.
81 대판 1995. 5. 12, 95도512.

교통사고처리법 제3조 제2항 단서 제2호 전단 소정의 중앙선 침범사고에 해당하지 아니한다고 할 수 없다고 한 사례도 있다.[82]

그리고 판례는 빗길, 눈길 등에 미끄러져 중앙선 침범을 하게 된 경우라도 "노면에 내린 눈이 얼어붙어 있었다고 하더라도 경사로가 아닌 한 과속, 급차선변경 또는 급제동 등 비정상적인 운전조작을 하지 않는 이상 그 진로를 이탈할 정도로 미끄러질 수는 없다 할 것이어서 단순히 빙판길 사고라 하여 운전자가 지배할 수 없는 외부적 여건으로 말미암은 것이라고 단정할 수는 없다 할 것"이라고 판시하면서,[83] 미끄러지게 된 원인을 살펴 운전자의 지배할 수 없는 외부적 요건으로 인한 것인지를 살펴보는 입장이다.

'부득이한 사유'와 관련하여 갑자기 나타난 장애물을 피하기 위한 경우에는 판례는 그 사유를 인정하는 추세이다.

피고인이 진행 차선인 우측차선을 따라 정상운행하던 중, 추월 버스를 피하려고 급제동한 까닭에 차체가 눈길에 미끄러지면서 순간적으로 중앙선을 넘게 가게 되는 경우는 부득이한 사유를 인정하였다.[84]

그리고 차량충돌 사고장소가 편도 1차선의 아스팔트 포장도로이고, 피고인 운전차량이 제한속도(시속 60킬로미터)의 범위 안에서 운행하였으며(시속 40 내지 50킬로미터), 비가 내려 노면이 미끄러운 상태였고, 피고인이 우회전을 하다가 전방에 정차하고 있는 버스를 발견하고 급제동조치를 취하였으나 빗길 때문에 미끄러져 미치지 못하고 중앙선을 침범하기에 이른 것이라면, 피고인이 버스를 피하기 위하여 다른 적절한 조치를 취할 방도가 없는 상황에서 부득히 중앙선을 침범하게 된 것이라고 인정하였다.[85]

(5) 중앙선 침범과 인과관계 문제

신호위반과 마찬가지로 교통사고를 야기한 운전자가 중앙선 침범을 하기는 하였지만 중앙선 침범과 사고 발생 사이에 직접적인 인과관계가 인정되지 않는다면, 이는 중앙선 침범으로 인한 사고에 해당하지 않아 반의사불벌죄의 예외에

71

72

73

74

75

---

82 대판 1990. 10. 26, 90도1656.
83 대판 1997. 5. 23, 95도1232.
84 대판 1985. 3. 26, 85도83.
85 대판 1990. 5. 8, 90도606.

해당한다고 보아야 하는지 여부가 문제된다. 여기서 중앙선 침범이 사고의 '직접적'인 원인이 되어야 한다는 것은 중앙선 침범행위가 교통사고를 발생케 한 주된 과실이라고 해석하여야 한다는 견해가 있다.[86]

(가) 인과관계를 부정한 사례

76   ① 급브레이크를 밟은 과실로 자동차가 미끄러져 중앙선을 넘어 도로 언덕 아래에 굴러 떨어져 전복되게 하여 그 충격으로 치상케 한 경우에는, 위 중앙선 침범행위가 위 사고발생의 직접적 원인이 되었다고는 할 수 없어 비록 위 사고 장소가 중앙선을 넘어선 지점이라 하여도 교통사고처리법 제3조 제2항 단서 제2호를 적용할 수 없다.[87]

77   ② 횡단보도 위에 설치된 안전지대 구조물을 미처 발견하지 못한 채 편도 5차선 중 좌회전 전용차선인 제1차선을 이용하여 만연히 직진하려다 이 사건 사고에 이르른 사실은 인정되지만, 피고인의 차량이 반대차선으로 넘어간 통로에 해당되는 도로부분은 횡단보도로서 실제로 중앙선이 그어져 있지 아니할 뿐 아니라 피고인이 반대차선으로 넘어간 경위가 피고인의 차량 좌측 앞바퀴 부분으로 위 안전지대의 턱을 충격하여 그 바퀴의 타이어가 터지면서 위 안전지대를 타고 올라 갔다가 차체가 반대차선 쪽으로 넘어가자 급제동 조치를 취하였으나 빗길에 미끄러지면서 피해차량을 충격한 것이라면, 피고인의 위 중앙선 침범행위가 이 사건 사고발생의 직접적인 원인이 되었다고 볼 수는 없다.[88]

78   ③ 승합차량 운전자가 황색점선으로 중앙선이 표시되어 있는 편도 1차선 직선도로에서 같은 방향으로 앞서 진행하던 피해자 운전의 자전거를 안전하게 앞지르기 위하여 대향차선에 진행 중인 차량이 없음을 확인한 후 중앙선을 넘어 대향차선에 진입하였는데, 이어서 피해자도 도로를 횡단하기 위하여 중앙선을 넘어 대향차선으로 들어와 충돌한 경우, 중앙선을 침범한 행위가 위 교통사고의 직접적인 원인이 되었다고 볼 수도 없다.[89]

79   ④ 피고인이 1톤 봉고트럭을 운전하여 편도 1차선 도로를 시속 약 76킬로

---

86 최교일, "交通事故處理特例法上의 中央線侵犯事故 (上)", 법조 42-11, 법조협회(1993), 108.
87 대판 1985. 5. 14, 85도384.
88 대판 1991. 5. 14, 91도654.
89 대판 1991. 6. 11, 91도821. 본 판결 평석은 김혜경, "선행차량의 추월과 교특법상 중앙선침범 여부", 특별형법 판례100선, 90-93.

미터로 진행하던 중 전방 50미터 정도에서 도로 중앙부분으로 자전거를 타고가는 피해자를 발견하고 이를 추월하고자 경적을 울리면서 중앙선을 침범하여 30여미터 진행하다가 위 자전거를 추월할 무렵 피해자가 전방 좌측에 나 있는 길쪽으로 좌회전하여 들어오는 바람에 도로 중앙선을 넘은 지점에서 피해자를 충격하였다면, 피고인의 중앙선침범행위가 위 사고발생의 직접적 원인이 되었다고는 할 수 없으니, 사고장소가 중앙선을 넘은 지점이라는 이유만으로 피해자의 명시한 의사에 반하여 공소를 제기할 수 없도록 된 특례의 예외사유인 교통사고처리특례법 제3조 제2항 단서 제2호를 적용할 수는 없다.[90]

⑤ 피고인이 전방 약 100여미터 지점 우측도로변을 같은 방향으로 자전거를 탄채 진행하는 피해자를 발견하고 경음기를 울리면서 동인을 피하기 위하여 중앙선을 침범하면서 진행하였으나 위 자전거를 추월할 무렵 위 피해자가 자전거를 탄채 갑자기 도로중앙부위로 꺾어들어오므로서 사고가 일어난 것이므로, 사고장소가 중앙선을 넘어선 지점이기는 하나 피고인이 중앙선을 침범하여 운전한 행위로 인하여 일어난 것이라고는 할 수 없다.[91]   80

(나) 인과관계를 인정한 사례

인과관계를 인정한 사례로는, "트럭운전사가 진행방향에 정차 중인 버스를   81
추월하기 위하여 황색실선인 중앙선을 침범하여 운행 중 마주오던 카고트럭과의 충돌을 피하기 위하여 급정거 조치를 취하면서 핸들을 오른쪽으로 꺾어 원래의 자기차선으로 들어왔으나 주행탄력으로 계속 진행하면 도로 옆의 인가를 덮칠 염려가 있는데다가 급회전으로 인하여 차체가 불안정해져서 그 균형을 바로잡기 위하여 다시 핸들을 왼쪽으로 꺾는 바람에 자기차선의 앞에서 막 출발하려는 버스를 충격하여 발생한 교통사고는 트럭운전사의 중앙선침범이란 운행상의 과실을 직접적인 원인으로 하여 발생한 것이라 보아야 하므로 교통사고처리특례법 제3조 제2항 단서 제2호의 "중앙선을 침범한 행위"로 인한 교통사고에 해당한다."고 판시한 사례가 있다.[92]

---

90 대판 1990. 4. 10, 89도2218.
91 대판 1985. 6. 11, 84도2923. 본 판결 평석은 김혜경(주 89), 90-93.
92 대판 1990. 9. 25, 90도536. 본 판결 평석은 김태명(주 80), 86-89; 하광룡, "중앙선 침범으로 인한 교통사고", 국민과 사법: 윤관 대법원장 퇴임기념, 박영사(1999), 431-445.

3. 제한속도 초과(제3호)

(1) 관련 규정

82   교통사고처리법 제3조 제2항 단서 제3호는 도교법 제17조 제1항 또는 제2항에 따른 제한속도를 시속 20킬로미터 초과하여 운전한 경우를 예외사유로 규정하고 있다.

83   도교법 제17조 제1항은 자동차등(개인형 이동장치는 제외)과 노면전차의 도로통행 속도는 행정안전부령으로 정한다고 규정하고 있고, 제2항은 경찰청장이나 지방경찰청장은 도로에서 일어나는 위험을 방지하고 교통의 안전과 원활한 소통을 확보하기 위하여 필요하다고 인정하는 경우에는 고속도로의 경우는 경찰청장이, 고속도로를 제외한 도로는 각 지방경찰청장이 구역이나 구간을 지정하여 제1항에 따라 정한 속도를 제한할 수 있다고 규정하고 있다.

84   다만, 긴급자동차의 경우는 도교법 제30조에서 위 속도제한규정의 예외를 허용하고 있다.

(2) 관련 사례

85   실제 사고는 과속으로 인해 발생한 경우가 많을 것이지만, 실무상 제한속도 초과를 이유로 처벌되는 사례는 많지 않다. 그 원인은 제한속도보다 20킬로미터를 초과하여야 하고, 속도를 정확하게 입증하기 어렵기 때문이다.

86   제한속도 초과와 관련된 판례는 많지 않지만, 판례 중에는 "신호에 따라 운행하는 운전자는 제한속도를 지키며 진행하였더라면 피해자가 좌회전하여 진입하는 것을 발견한 후 충돌을 피할 수 있었다는 등의 특별한 사정이 없는 한 제한속도를 초과하여 운전한 과실과 교통사고의 발생 사이에 상당인과관계가 있다고 볼 수 없다."고 판시하여,[93] 제한속도 초과의 원인과 교통사고 사이에 인과관계를 요구하고 있는 판례가 있다.

4. 앞지르기, 끼어들기 금지 위반(제4호)

(1) 관련 규정

87   교통사고처리법 제3조 제2항 단서 제4호는 도교법 제21조 제1항, 제22조,

---

93 대판 1998. 9. 22, 98도1854.

제23조에 따른 앞지르기의 방법·금지시기·금지장소 또는 끼어들기의 금지를 위반하거나 도교법 제60조 제2항에 따른 고속도로에서의 앞지르기 방법을 위반하여 운전한 경우를 예외사유로 규정하고 있다.

　　도교법 제21조 제1항은 모든 차의 운전자는 다른 차를 앞지르려면 앞차의 좌측으로 통행하여야 한다고 규정하고 있다.　　　　　　　　　　　　　　　　88

　　그리고 도교법 제22조는 앞지르기 금지의 시기와 장소에 대해 규정하고 있　　89
다. 제1항은 앞차를 앞지르기 못하는 경우를 나열하고 있다. 즉, 앞차의 좌측에 다른 차가 앞차와 나란히 가고 있는 경우(제1호), 앞차가 다른 차를 앞지르고 있거나 앞지르려고 하는 경우(제2호)이다. 제2항은 앞차를 포함하여 다른 차를 앞지르지 못하는 경우를 나열하고 있다. 즉, 이 법이나 이 법에 따른 명령에 따라 정지하거나 서행하고 있는 차(제1호), 경찰공무원의 지시에 따라 정지하거나 서행하고 있는 차(제2호), 위험을 방지하기 위하여 정지하거나 서행하고 있는 차(제3호)이다. 마지막으로 제3항은 앞지르기가 금지되는 장소를 나열하고 있다. 즉, 교차로(제1호), 터널 안(제2호), 다리 위(제3호), 도로의 구부러진 곳, 비탈길의 고갯마루 부근 또는 가파른 비탈길의 내리막 등 시·도경찰청장이 도로에서의 위험을 방지하고 교통의 안전과 원활한 소통을 확보하기 위하여 필요하다고 인정하는 곳으로서 안전표지로 지정한 곳(제4호)이다.

　　도교법 제23조는 끼어들기 금지 규정을 두고 있는데, 모든 차의 운전자는　　90
도교법 제22조 제2항 각 호에 해당하는 다른 차 앞으로 끼어들지 못한다고 규정하고 있다. 위 도교법 제22조 제2항은 앞의 차를 비롯하여 다른 모든 차를 앞지르지 못하는 경우로 이들 차의 경우는 끼어들기도 하지 못한다는 규정이다.

　　다만, 긴급자동차의 경우는 도교법 제30조에서 위 앞지르기, 끼어들기 금지　　91
규정의 예외를 허용하고 있다.

(2) 관련 사례

　　앞지르기 금지 또는 끼어들기 금지와 관련해서는, 앞차 또는 다른 차가 양　　92
보한 경우에도 위 금지 규정을 적용하여야 하는지에 대해 문제될 수 있다. 이에 대해서는 선행차량이 양보한 경우에는 앞지르기 금지 장소라고 하더라도 허용되어야 한다는 견해[94]가 있을 수 있지만, 대법원은 "도교법은 일정한 장소에서

---

94 대전지판 2004. 11. 5, 2004노2169.

의 앞지르기를 금지하고 있으므로, 같은 조의 각 호에 해당하는 곳에서는 도로
교통법 제18조에 의하여 앞차가 진로를 양보하였다 하더라도 앞지르기를 할 수
없다."고 판시하여,[95] 예외를 허용하고 있지 않는 입장이다.

5. 철길건널목 통행방법 위반(제5호)

(1) 관련 규정

93　　교통사고처리법 제3조 제2항 단서 제5호는 도교법 제24조에 따른 철길건널
목 통과방법을 위반하여 운전한 경우라고 규정하고 있다.

94　　도교법 제24조는 철길 건널목의 통과에 대하여, 제1항은 "모든 차 또는 노
면전차의 운전자는 철길 건널목(이하, "건널목"이라 한다)을 통과하려는 경우에는
철길 건널목 앞에서 일시정지하여 안전한지 확인한 후에 통과하여야 한다. 다
만, 신호기 등이 표시하는 신호에 따르는 경우에는 정지하지 아니하고 통과할
수 있다."라고 규정하고 있다. 그리고 제2항은 "모든 차 또는 노면전차의 운전
자는 건널목의 차단기가 내려져 있거나 내려지려고 하는 경우 또는 건널목의
경보기가 울리고 있는 동안에는 그 건널목으로 들어가서는 아니 된다."고 규정
하고, 제3항은 "모든 차 또는 노면전차의 운전자는 건널목을 통과하다가 고장
등의 사유로 건널목 안에서 차 또는 노면전차를 운행할 수 없게 된 경우에는 즉
시 승객을 대피시키고 비상신호기 등을 사용하거나 그 밖의 방법으로 철도공무
원이나 경찰공무원에게 그 사실을 알려야 한다."고 규정하고 있다.

(2) 관련 사례

95　　철길 건널목 통행방법 위반과 관련한 사례로는, 차량 운전자가 위 통행방법
위반으로 사고를 발생하였으나 피해자가 사고 차량과 직접 충돌하지 않는 경우
에 차량 운전자에게 책임을 물을 수 있는지 문제되었다.

96　　이에 대해 대법원은 인과관계를 중심으로 판단하였는바, "자동차의 운전자
가 그 운전상의 주의의무를 게을리하여 열차건널목을 그대로 건너는 바람에 그
자동차가 열차 좌측 모서리와 충돌하여 20여미터쯤 열차 진행방향으로 끌려가
면서 튕겨 나갔고 피해자는 타고 가던 자전거에서 내려 위 자동차 왼쪽에서 열

---

95 대판 2005. 1. 27, 2004도8062.

차가 지나가기를 기다리고 있다가 위 충돌사고로 놀라 넘어져 상처를 입었다면 비록 위 자동차와 피해자가 직접 충돌하지는 아니하였더라도 자동차운전자의 위 과실과 피해자가 입은 상처 사이에는 상당한 인과관계가 있다."라고 판시하여,[96] 책임을 긍정하였다.

6. 보행자 보호의무 위반(제6호)

(1) 관련 규정

교통사고처리법 제3조 제2항 단서 제6호는 도교법 제27조 제1항에 따른 횡단보도에서의 보행자 보호의무를 위반하여 운전한 경우를 예외사유로 규정하고 있다.

도교법 제27조 제1항은 "모든 차 또는 노면전차의 운전자는 보행자[97](제13조의2 제6항에 따라 자전거등[98]에서 내려서 자전거등을 끌거나 들고 통행하는 자전거등의 운전자를 포함한다)가 횡단보도를 통행하고 있거나 통행하려고 하는 때에는 보행자의 횡단을 방해하거나 위험을 주지 아니하도록 그 횡단보도 앞(정지선이 설치되어 있

97

98

---

96 대판 1989. 9. 12, 89도866.

97 보행자는 유모차, 보행보조용 의자차, 노약자용 보행기 등 행정안전부령으로 정하는 기구·장치를 이용하여 통행하는 사람 및 도교법 제2조 제21호의3에 따른 실외이동로봇을 포함한다(도교 §2(x)). 참고로, 2023년 4월 18일 도교법이 개정되어(법률 제19357호, 시행 2023. 10. 19.) 자율주행 로봇 분야의 발전을 위해 도교법에 실외이동로봇의 정의를 신설하였다.

98 도교법 제2조(정의) 이 법에서 사용하는 용어의 뜻은 다음과 같다.
　19의 2. "개인형 이동장치"란 제19호나목의 원동기장치자전거 중 시속 25킬로미터 이상으로 운행할 경우 전동기가 작동하지 아니하고 차체 중량이 30킬로그램 미만인 것으로서 행정안전부령으로 정하는 것을 말한다.
　20. "자전거"란 「자전거 이용 활성화에 관한 법률」 제2조제1호 및 제1호의2에 따른 자전거 및 전기자전거를 말한다.
　21의 2. "자전거등"이란 자전거와 개인형 이동장치를 말한다.
　자전거 이용 활성화에 관한 법률 제2조(정의) 이 법에서 사용하는 용어의 뜻은 다음과 같다.
　1. "자전거"란 사람의 힘으로 페달이나 손페달을 사용하여 움직이는 구동장치(驅動裝置)와 조향장치(操向裝置) 및 제동장치(制動裝置)가 있는 바퀴가 둘 이상인 차로서 행정안전부령으로 정하는 크기와 구조를 갖춘 것을 말한다.
　1의 2. "전기자전거"란 자전거로서 사람의 힘을 보충하기 위하여 전동기를 장착하고 다음 각 목의 요건을 모두 충족하는 것을 말한다.
　　가. 페달(손페달을 포함한다)과 전동기의 동시 동력으로 움직이며, 전동기만으로는 움직이지 아니할 것
　　나. 시속 25킬로미터 이상으로 움직일 경우 전동기가 작동하지 아니할 것
　　다. 부착된 장치의 무게를 포함한 자전거의 전체 중량이 30킬로그램 미만일 것

〔신 도 욱〕　　　　　　**633**

는 곳에서는 그 정지선을 말한다)에서 일시정지하여야 한다."고 규정하고 있다. 위 규정에서 보는 바와 같이, 위 보행자에는 자전거에서 내려서 자전거를 끌거나 들고 통행하는 자전거 운전자를 포함하도록 되어 있다.

(2) 관련 사례

(가) 횡단보도

99   위 규정이 적용되기 위해서는 우선 도교법상의 횡단보도라는 점이 인정되어 야 한다. 횡단보도의 설치기준에 대해서는 도교법 시행규칙 제11조[99]에서 규정하 고 있다. 그리고 횡단보도는 권한있는 주체가 설치한 것이어야 한다(도교 §10①).

100   그리고 위 규정은 횡단보도를 보행하던 중 횡단보도에서 사고가 난 경우를 전형적으로 예상하고 있지만, 횡단보도 부근에서 사고가 발생한 경우도 포함할 것인지에 대해 문제의 소지가 있다. 법의 엄격 적용 측면에서는 이를 배제하여 야 한다는 견해도 있을 수 있으나, 우리나라의 횡단보도 보행자들의 보행 습관 이나 현실 등에 비추어 횡단보도의 부근에서 횡단보도를 건너기 위한 과정이며 운전자도 이를 예상할 수 있는 경우에는 횡단보도에서의 사고라고 인정하여야 한다고 생각한다.

101   한편 사고의 원인이 횡단보도 보행 중 발생한 것이라면, 그 피해 결과가 횡 단보도 밖에서 발생하더라도 횡단보도상의 사고라고 인정될 수 있다. 상당인과 관계를 중심으로 판단하는 대법원도 이러한 입장에서 판시하고 있다. 즉, 피고

---

99 도교법 시행규칙 제11조(횡단보도의 설치기준) 시·도경찰청장은 법 제10조제1항에 따라 횡단보 도를 설치하려는 경우에는 다음 각 호의 기준에 적합하도록 해야 한다.
  1. 횡단보도에는 별표 6에 따른 횡단보도표시와 횡단보도표지판을 설치할 것
  2. 횡단보도를 설치하고자 하는 장소에 횡단보행자용 신호기가 설치되어 있는 경우에는 횡단보 도표시를 설치할 것
  3. 횡단보도를 설치하고자 하는 도로의 표면이 포장이 되지 아니하여 횡단보도표시를 할 수 없 는 때에는 횡단보도표지판을 설치할 것. 이 경우 그 횡단보도표지판에 횡단보도의 너비를 표 시하는 보조표지를 설치하여야 한다.
  4. 횡단보도는 육교·지하도 및 다른 횡단보도로부터 다음 각 목에 따른 거리 이내에는 설치하지 않을 것. 다만, 법 제12조 또는 제12조의2에 따라 어린이 보호구역, 노인 보호구역 또는 장애 인 보호구역으로 지정된 구간인 경우 또는 보행자의 안전이나 통행을 위하여 특히 필요하다 고 인정되는 경우에는 그렇지 않다.
    가. 법 제2조제1호에 따른 도로로서 「도로의 구조·시설 기준에 관한 규칙」제3조제1항에 따 른 도로 중 집산도로(集散道路) 및 국지도로(局地道路): 100미터
    나. 법 제2조제1호에 따른 도로로서 가목에 따른 도로 외의 도로: 200미터

인이 자동차를 운전하다 횡단보도를 걷던 보행자 A를 들이받아 그 충격으로 횡단보도 밖에서 A와 동행하던 피해자 B가 밀려 넘어져 상해를 입은 사안에서, 위 사고는 피고인이 횡단보도 보행자 A에 대하여 구 도교법(2009. 12. 29. 법률 제9845호로 개정되기 전의 것) 제27조 제1항에 따른 주의의무를 위반하여 운전한 업무상 과실로 야기되었고, B의 상해는 이를 직접적인 원인으로 하여 발생하였다는 이유로, 피고인의 행위가 구 교통사고처리법(2010. 1. 25. 법률 제9941호로 개정되기 전의 것) 제3조 제2항 단서 제6호에서 정한 횡단보도 보행자 보호의무의 위반행위에 해당한다고 판시하였다.[100]

(나) 보행자

위 규정의 피해자는 도교법상의 보행자로 인정되어야 한다. 그리고 도교법 제27조 제1항의 반대해석상 횡단보도상을 자전거를 타고 통행하는 경우 보행자가 아님이 명백하고 자전거 외에도 원동기장치자전거, 오토바이 등을 타고 횡단보도를 보행하는 사람은 보행자로 인정될 수 없다. 최근 개인형 이동장치인 전동킥보드나 전동휠을 타는 인구가 늘어나고 있고, 이로 인한 사고도 급증하고 있다. 위 전동킥보드나 전동휠을 타고 횡단보도를 보행하는 사람을 '보행자'로 보호되어야 하는지 종래 문제될 수 있다. 그런데 2020년 12월 10일 도교법을 개정하여 개인형 이동장치에 관한 규정과 함께 자전거와 개인형 이동장치를 '자전거등'으로 정의하는 규정을 신설하였으므로, 전동킥보드나 전동휠을 타고 횡단보도를 건너는 사람은 보행자로 인정할 수 없게 되었다.[101]

그리고 위 보행자는 횡단보도상을 통행하는 도중에 사고가 발생하여야 한다. 대법원은 "피해자가 사고 당시 횡단보도상에 엎드려 있었다면 횡단보도를 통행하고 있었다고 할 수 없음이 명백하여 그러한 피해자에 대한 관계에 있어서는 횡단보도상의 보행자 보호의무가 있다고 할 수 없다."고 판시하였다.[102] 그리고 판례는 신호기의 보행신호에 따라 횡단보도를 통행하던 중 보행정지 및 차량진행 신호로 바뀌자 도로중앙선 부분에서 횡단보도 통행을 중단하고 차량

102

103

100 대판 2011. 4. 28, 2009도12671.
101 종전에도 보행자로 인정하지 아니한 하급심 판례로는 수원지법 안산지판 2017. 4. 11, 2017고정235.
102 대판 1993. 8. 13, 93도1118.

의 통과를 기다리며 멈춰 서있던 사람도 횡단보도를 통행 중인 보행자라고 보기는 어렵다고 판시하였다.[103]

104   횡단보도 보행자로 인정받기 위해서는 횡단보도 보행상의 보행방법을 준수하여야 한다. 따라서 횡단보도 보행신호가 아님에도 이를 건너는 도중에 사고가 발생한 경우에는 위 규정이 적용되지 않을 것이다.

105   이와 관련하여, 우선 녹생등화가 점멸하고 있는 동안에 횡단보도를 통행하는 보행자가 본호의 보행자에 포함되는지 여부이다. 이에 대해 하급심 판례는 도로교통법상 보행자는 보행신호등의 녹색등화가 점멸할 때는 횡단을 시작하여서는 아니되고, 신속하게 횡단을 완료하거나 횡단을 중지하고 보도로 되돌아와야 한다는 점을 중시하여, "피해자가 보행신호등의 녹색등화 점멸신호 중에 횡단보도를 횡단하기 시작 한 경우에는 녹색등화의 점멸신호에 위반한 것이므로 횡단보도를 통행중인 보행자라고 볼 수 없다."고 판시하였다.[104] 그러나 대법원은, "보행신호등의 녹색등화 점멸신호는 보행자가 준수하여야 할 횡단보도의 통행에 관한 신호일 뿐이어서 보행신호등의 수범자가 아닌 차의 운전자가 부담하는 보행자보호의무의 존부에 관하여 어떠한 영향을 미칠 수 없는 것이고, 이에 더하여 보행자보호의무에 관한 법률규정의 입법 취지가 차를 운전하여 횡단보도를 지나는 운전자의 보행자에 대한 주의의무를 강화하여 횡단보도를 통행하는 보행자의 생명·신체의 안전을 두텁게 보호하려는 데 있는 것임을 감안하면, 보행신호등의 녹색 등화의 점멸신호 전에 횡단을 시작하였는지 여부를 가리지 아니하고 보행신호등의 녹색등화가 점멸하고 있는 동안에 횡단보도를 통행하는 모든 보행자는 도로교통법 제27조 제1항에서 정한 횡단보도에서의 보행자보호의무의 대상이 된다 고 할 것이다."라고 판시하였는데,[105] 이는 녹색등화가 점멸하고 있는 동안에는 횡단보도를 통행하는 모든 보행자를 보호하여야 한다는 취지로 해석된다.

106   다음으로, 횡단보도를 건너는 도중에 신호가 적색의 등화로 변경된 경우 보

---

103 대판 1983. 12. 13, 83도2676.
104 서울서부지판 2007. 11. 1, 2007노1189.
105 대판 2009. 5. 14, 2007도9598(위 2007노1189 판결의 상고심). 본 판결 해설과 평석은 유현종, "횡단보도 보행신호등의 녹색등화 점멸과 보행자보호의무", 해설 80, 법원도서관(2009), 790-816; 허황, "보행등의 녹색점멸신호와 교특법상 횡단보도 여부", 특별형법 판례100선, 94-97.

행자로서 보호해야 할 것인지가 문제된다. 우선 보행자가 녹색 등화가 깜박일 때 횡단을 시작하였는데 보행 도중에 적색 등화로 변경된 경우에 대법원은, "도로를 통행하는 보행자나 차마는 신호기 또는 안전표지가 표시하는 신호 또는 지시 등을 따라야 하는 것이고(도로교통법 제5조), '보행등의 녹색등화의 점멸신호'의 뜻은, 보행자는 횡단을 시작하여서는 아니되고 횡단하고 있는 보행자는 신속하게 횡단을 완료하거나 그 횡단을 중지하고 보도로 되돌아와야 한다는 것인바(도로교통법 시행규칙 제5조 제2항 [별표 3]), 피해자가 보행신호등의 녹색등화가 점멸되고 있는 상태에서 횡단보도를 횡단하기 시작하여 횡단을 완료하기 전에 보행신호등이 적색등화로 변경된 후 차량신호등의 녹색등화에 따라서 직진하던 피고인 운전차량에 충격된 경우에, 피해자는 신호기가 설치된 횡단보도에서 녹색등화의 점멸신호에 위반하여 횡단보도를 통행하고 있었던 것이어서 횡단보도를 통행 중인 보행자라고 보기는 어렵다고 할 것이므로, 피고인에게 운전자로서 사고발생방지에 관한 업무상 주의의무위반의 과실이 있음은 별론으로 하고 도로교통법 제24조 제1항 소정의 보행자보호의무를 위반한 잘못이 있다고는 할 수 없다."고 판시하여,[106] 보행자로 인정하지 않는다.

　위 두 판례를 종합하면, 녹색등화 점멸 중 횡단을 시작한 경우, ① 녹색신호가 점멸 중에 사고가 난 경우는 예외사유에 해당하는 보호받는 보행자이나, ② 녹색신호가 적색으로 바뀐 후 사고가 난 경우는 예외사유에 해당하지 않는 보행자이다. 그리고 위 판례들을 반대해석하면, 보행자가 녹색 등화 시에 횡단을 시작하였는데 보행 도중에 적색 등화로 변경된 경우에는 보행자로 인정될 것이다.

　이러한 판례에 대하여, 보행신호에 따라 공소제기 여부가 바뀌는 것은 타당하지 아니하고 적어도 점멸하는 녹색등화 시 횡단보도에 진입한 보행자는 모두 교통사고처리법상 예외에 해당하는 보행자에 포함되어야 한다는 견해가 있다.[107]

　횡단보행자용 신호기가 있는 횡단보도를 횡단하는 보행자가 있는 때에는,

107

108

109

106 대판 2001. 10. 9, 2001도2939. 본 판결 평석은 이정민, "보행등의 적색신호와 교특법상 횡단보도를 통행 중인 보행자", 특별형법 판례100선, 98-101.
107 이상현, "우리 교통형법에서의 횡단보도상 보행자 보호의무 위반: 미국의 교통형법 및 도로교통에 관한 비엔나협약과의 비교", 고려법학 54(2009. 9), 277-278.

"모든 차의 운전자는 횡단보도에의 진입 선후를 불문하고 일시정지하는 등의 조치를 취함으로써 보행자의 통행이 방해되지 않도록 하여야 하고, 다만 자동차가 횡단보도에 먼저 진입한 경우로서 그대로 진행하더라도 보행자의 횡단을 방해하지 않거나 통행에 위험을 초래하지 않을 상황이라면 그대로 진행할 수 있는 것으로 해석된다."고 판시하였다.[108] 대법원은 최근 이러한 법리는 횡단보행자용 신호기가 설치되어 있지 않은 경우에도 마찬가지라고 하면서, "모든 차의 운전자는 보행자보다 먼저 횡단보행자용 신호기가 설치되지 않은 횡단보도에 진입한 경우에도, 보행자의 횡단을 방해하지 않거나 통행에 위험을 초래하지 않을 상황이 아니고서는, 차를 일시정지하는 등으로 보행자의 통행이 방해되지 않도록 할 의무가 있다."고 판시하였다.[109]

7. 무면허운전(제7호)

(1) 관련 규정

110   교통사고처리법 제3조 제2항 단서 제7호는 도교법 제43조, 건설기계관리법 제26조 또는 도교법 제96조를 위반하여 운전면허 또는 건설기계조종사면허를 받지 아니하거나 국제운전면허증을 소지하지 아니하고 운전한 경우를 예외사유로 규정하고 있다. 그리고 덧붙여 운전면허 또는 건설기계조종사면허의 효력이 정지 중이거나 운전의 금지 중인 때에는 운전면허 또는 건설기계조종사면허를 받지 아니하거나 국제운전면허증을 소지하지 아니한 것으로 본다고 규정하고 있다.

111   도교법 제43조는 누구든지 제80조에 따라 시·도경찰청장으로부터 운전면허를 받지 아니하거나 운전면허의 효력이 정지된 경우에는 자동차등을 운전하여서는 아니된다고 규정하고 있다.

112   그리고 건설기계관리법 제26조 제1항은 "건설기계를 조종하려는 사람은 시장·군수 또는 구청장에게 건설기계조종사면허를 받아야 한다. 다만, 국토교통

---

108 대판 2017. 3. 15, 2016도17442.
109 대판 2020. 12. 24, 2020도8675; 대판 2022. 4. 14, 2020도17724. 위 2020도8675 판결의 평석은 배인영, "보행자용 신호등이 없는 횡단보도에 차량이 보행자보다 먼저 진입한 경우에도 보행자 보행의무가 적용되는지 여부", 특별형법 판례100선, 102-105.

부령으로 정하는 건설기계를 조종하려는 사람은 「도로교통법」 제80조에 따른 운전면허를 받아야 한다."라고 규정하고 있다. 건설기계관리법 시행규칙 제73조 제1항은 도교법 제80조에 따른 운전면허를 받아 조종하는 건설기계 종류에 대해 나열하고 있는데, 덤프트럭, 아스팔트살포기, 노상안정기, 콘크리트믹서트럭, 콘크리트펌프, 천공기(트럭적재식을 말함) 등이 나열되어 있다.

도교법 제96조는 국제운전면허증과 상호인증외국면허증에 대해 규정하고 있다. 동조는 외국의 권한 있는 기관에서 협약, 협정 또는 약정(아래 ① 내지 ③)에 따른 국제운전면허증 또는 상호 인증 협약 등(아래 ④)에 따라 인정되는 상호 인정외국면허증을 발급받은 사람은 '국내에 입국한 날[110]부터 1년 동안'만 그 국제운전면허증 등으로 자동차등을 운전할 수 있다고 하면서, 운전할 수 있는 자동차의 종류는 그 국제운전면허증 등에 기재된 것으로 한정한다고 되어 있다. 동조에서 협약, 협정 또는 약정은 ① 1949년 제네바에서 체결된 도로교통에 관한 협약, ② 1968년 비엔나에서 체결된 도로교통에 관한 협약, ③ 우리나라와 외국 간에 국제운전면허를 상호 인정하는 협약, 협정 또는 약정, ④ 우리나라와 외국 간에 상대방 국가에서 발급한 운전면허증을 상호 인정하는 협약·협정 또는 약정을 나열하고 있다(도교 § 96①). 국제운전면허증 등이 있다고 하더라도 도교법 제82조 제2항에 따른 운전면허 결격사유가 있는 사람은 결격기간 동안 무면허로 취급된다(도교 § 96③).

(2) 관련 사례

위 규정이 적용되기 위해서는 운전면허가 없거나 그 효력이 정지 또는 무효·취소되는 사유가 있어야 한다.

(가) 운전면허의 효력

운전면허의 효력과 관련하여 대법원은, "운전면허의 효력은 면허신청인이

---

110 대판 2017. 10. 31, 2017도9230. 「도로교통법 제96조 제1항의 '국내에 입국한 날'은 출입국관리법에 따라 적법한 입국심사절차를 거쳐 입국한 날을 의미하고, 그러한 적법한 입국심사절차를 거치지 아니하고 불법으로 입국한 경우에는 국제운전면허증을 소지하고 있는 경우라도 도로교통법 제96조 제1항이 예외적으로 허용하는 국제운전면허증에 의한 운전을 한 경우에 해당한다고 볼 수 없다.」
　본 판결 평석은 정문경, "불법입국자의 국제운전면허증에 의한 운전과 무면허운전", 특별형법판례100선, 15-18.

운전면허시험에 합격하기만 하면 발생한다고는 볼 수 없지만 시, 도지사로부터 운전면허증을 현실적으로 교부받아야만 발생하는 것은 아니고, 운전면허증이 작성권자인 시, 도지사에 의하여 작성되어 그 신청인이 이를 교부받을 수 있는 상태가 되었다면 그때 발생한다고 보아야 하고 이 경우 운전면허신청인이 운전면허증을 교부받을 수 있는 상태가 되었는지 여부는 특별한 다른 사정이 없는 한 운전면허증에 기재된 교부일자를 기준으로 결정하는 것이 상당하다."고 판시하였다.[111]

(나) 운전면허의 취소·정지처분

116   유효한 운전면허를 보유하고 있었으나 면허 취소사유가 발생하거나 정지사유가 있는 경우에는 무면허운전으로 보아야 한다. 운전면허의 취소·정지는 침익적 행정처분으로서 처분 절차에 따라 이루어져야 한다.

117   실무상 문제되는 것은 위 취소·정지처분이 적법하게 통지되어야 하는데, 그 통지가 소재불명으로 이루어지지 못한 경우 통지에 갈음하여 경찰관서의 게시판에 14일 간 이를 공고하도록 되어 있다(도교 시행규칙 §93). 대법원은 이러한 공고절차와 관련해서, "피고는 원고에 대한 취소통지서가 수취인불명을 이유로 반송되자 곧바로 공고를 하였으나, 기록에 의하면 원고는 그 당시나 현재까지도 그 주소지에서 거주하고 있는 사정이 엿보이므로 비록 반송된 사유가 수취인불명이라고 하더라도 그것만으로 시행령 제53조 제2항이 규정하는 공고의 요건인 '주소의 변경'이 있는 때에 해당한다고 할 수 없으므로 피고가 한 공고는 위 시행령이 규정하는 요건을 갖추지 못한 것으로서 부적법하다고 할 것이다."라고 판시하여,[112] 절차 위반이 인정되는 경우 면허 취소·정지의 효력이 발생하지 않는다는 입장이다.

118   그런데 이러한 공고절차가 적법하게 이루어져 면허 취소·정지의 효력이 발생한다고 하더라도 당사자에게 이러한 통지가 직접 전달되지 않았다면 무면허운전의 고의를 인정할 수 있는지 문제된다. 교통사고처리법 제3조 제2항 단서 제7호의 도교법 제43조를 위반한 행위는 고의범인 도교법위반(무면허운전)죄와 마찬가지로 유효한 운전면허가 없음을 알면서도 자동차를 운전한 경우만을 의

---

111 대판 1989. 5. 9, 87도2070.
112 대판 1998. 9. 8, 98두9653.

미하기 때문이다.[113] 판례는 "관할 경찰당국이 운전면허취소통지에 갈음하여 적법한 공고를 거쳤다고 하더라도 공고만으로 운전면허가 취소된 사실을 알게 되었다고 볼 수 없다 할 것이므로 피고인에게 무면허운전이라는 점에 대한 고의가 있었다고 할 수 없다."고 판시하여, 고의를 부정하는 입장이다.[114]

한편, 적성검사미필로 면허취소가 된 경우 운전면허증에 유효기간 등이 적혀있으므로 위와 같은 통지가 직접 전달되지 않더라도 적성검사기간이 도과하여 운전한 경우 무면허운전의 고의를 인정할 수 있다는 견해가 있을 수 있다. 그러나 판례는, "운전면허증 앞면에 적성검사기간이 기재되어 있고, 뒷면 하단에 경고 문구가 있다는 점만으로 피고인이 정기적성검사 미필로 면허가 취소된 사실을 미필적으로나마 인식하였다고 추단하기 어렵고, 이 경우 운전자가 그러한 사정을 알았는지는 각각의 사안에서 면허취소의 사유와 취소사유가 된 위법행위의 경중, 같은 사유로 면허취소를 당한 전력의 유무, 면허취소처분 통지를 받지 못한 이유, 면허취소 후 문제된 운전행위까지의 기간의 장단, 운전자가 면허를 보유하는 동안 관련 법령이나 제도가 어떻게 변동하였는지 등을 두루 참작하여 구체적·개별적으로 판단하여야 한다."는 취지로 판시하였다.[115]

이와 관련하여, 이미 적성검사 미필로 면허가 취소된 전력이 있는데도 면허증에 기재된 유효기간이 5년 이상 지나도록 적성검사를 받지 아니한 채 자동차를 운전하였다면, 비록 적성검사 미필로 인한 운전면허 취소사실이 통지되지 아니하고 공고되었다 하더라도 면허취소사실을 알고 있었다고 보아야 한다는 사례도 있다.[116]

(다) 운전면허 취소처분의 취소·철회

운전면허 취소처분을 받았으나 나중에 그 행정처분 자체가 취소 또는 철회된 경우, 그 면허 취소처분은 처분 시에 소급하여 효력을 잃게 되므로 그동안의 운전은 무면허운전에 해당하지 않는다.[117] 그리고 운전면허 취소처분을 받은 사

119

120

121

---

113 대판 2023. 6. 29, 2021도17733. 피고인이 음주운전 취소사실을 고지받았다는 증거가 없다는 이유로 도교법위반(무면허운전)죄에 대하여 무죄를 선고하면서, 교통사고처리법위반(치상)죄의 점에 대하여는 피고인이 운전한 차량이 자동차종합보험에 가입되었다는 이유로 공소기각의 판결을 선고한 원심판결을 수긍하였다.

114 대판 1993. 3. 23, 92도3045.

115 대판 2004. 12. 10, 2004도6480.

116 대판 2002. 10. 22, 2002도4203.

람이 자동차를 운전하였으나 취소처분의 원인이 된 교통사고 또는 법규 위반에 대하여 범죄사실의 증명이 없는 때에 해당한다는 이유로 무죄판결이 확정된 경우에는, 그 취소처분이 취소되지 않았더라도 도교법에 규정된 무면허운전의 죄로 처벌할 수는 없다고 보아야 한다.[118]

8. 음주운전(제8호)

(1) 관련 규정

122　　　　교통사고처리법 제3조 제2항 단서 제8호는 도교법 제44조 제1항을 위반하여 술에 취한 상태에서 운전을 하거나 도교법 제45조를 위반하여 약물의 영향으로 정상적으로 운전하지 못할 우려가 있는 상태에서 운전한 경우를 예외사유로 규정하고 있다.

123　　　　도교법 제44조 제1항은 "누구든지 술에 취한 상태에서 자동차등("건설기계관리법" 제26조제1항 단서에 따른 건설기계 외의 건설기계를 포함한다. 이하 이 조, 제45조, 제47조, 제93조제1항제1호부터 제4호까지 및 제148조의2에서 같다), 노면전차 또는 자전거를 운전하여서는 아니 된다."고 규정하고 있고, 이를 위반한 경우 도교법위반(음주운전)죄로 처벌하고 있다(도교 § 148의2[119]).

---

117 대판 1999. 2. 5, 98도4239(취소); 대판 2008. 1. 31, 2007도9220(철회). 위 2007도9220 판결의 평석은 이경렬, "운전면허 취소처분 철회의 효력과 무면허운전의 법리", 특별형법 판례100선, 10-14.
118 대판 2021. 9. 16, 2019도11826.
119 도교법 제148조의2(벌칙) ① 제44조제1항 또는 제2항을 위반(자동차등 또는 노면전차를 운전한 경우로 한정한다. 다만, 개인형 이동장치를 운전한 경우는 제외한다. 이하 이 조에서 같다)하여 벌금 이상의 형을 선고받고 그 형이 확정된 날부터 10년 내에 다시 같은 조 제1항 또는 제2항을 위반한 사람(형이 실효된 사람도 포함한다)은 다음 각 호의 구분에 따라 처벌한다. 〈개정 2023. 1. 3.〉〈2023. 7. 4. 시행〉
　1. 제44조제2항을 위반한 사람은 1년 이상 6년 이하의 징역이나 500만원 이상 3천만원 이하의 벌금에 처한다.
　2. 제44조제1항을 위반한 사람 중 혈중알코올농도가 0.2퍼센트 이상인 사람은 2년 이상 6년 이하의 징역이나 1천만원 이상 3천만원 이하의 벌금에 처한다.
　3. 제44조제1항을 위반한 사람 중 혈중알코올농도가 0.03퍼센트 이상 0.2퍼센트 미만인 사람은 1년 이상 5년 이하의 징역이나 500만원 이상 2천만원 이하의 벌금에 처한다.
② 술에 취한 상태에 있다고 인정할 만한 상당한 이유가 있는 사람으로서 제44조제2항에 따른 경찰공무원의 측정에 응하지 아니하는 사람(자동차등 또는 노면전차를 운전한 경우로 한정한다)은 1년 이상 5년 이하의 징역이나 500만원 이상 2천만원 이하의 벌금에 처한다. 〈개정 2023. 1. 3.〉
③ 제44조제1항을 위반하여 술에 취한 상태에서 자동차등 또는 노면전차를 운전한 사람은 다음 각 호의 구분에 따라 처벌한다.

음주운전과 관련하여 최근 개정 사항은 도교법 제44조 제4항의 술에 취한 상태의 기준이다. 종전에는 혈중알코올농도가 0.05퍼센트 이상인 경우로 하였으나, 2018년 12월 24일 개정되어 2019년 6월 25일부터 시행된 도교법은 그 기준을 0.03퍼센트 이상으로 규정하여 그 기준을 강화하였다. **124**

도교법 제45조는 "자동차등(개인형 이동장치는 제외한다) 또는 노면전차의 운전자는 제44조에 따른 술에 취한 상태 외에 과로, 질병 또는 약물(마약, 대마 및 향정신성의약품과 그 밖에 행정안전부령으로 정하는 것을 말한다. 이하 같다)의 영향과 그 밖의 사유로 정상적으로 운전하지 못할 우려가 있는 상태에서 자동차등 또는 노면전차를 운전하여서는 아니 된다."고 규정하고 있다. 이와 관련하여 유의할 점은 도교법 제45를 위반하여 운전한 경우 '약물'로 인하여 정상적인 운전을 하지 못할 상태에서 운전한 행위에 대해서는 처벌 규정이 있지만(도교 §148의2③), 과로, 질병으로 인한 경우에는 처벌 규정이 없다. 이와 관련하여, 과로, 질병에 대한 정의 규정이 없어 어떠한 경우에 이에 해당하여 반의사불벌죄의 예외에 해당한다고 볼 것인지 적용상의 어려움이 예상된다. **125**

(2) 관련 사례

위 규정이 적용되기 위해서는 음주의 상태에서 운전한다는 고의가 있어야 한다. 판례 중에는, "어떤 사람이 자동차를 움직이게 할 의도 없이 다른 목적을 위하여 자동차의 원동기(모터)의 시동을 걸었는데, 실수로 기어 등 자동차의 발진에 필요한 장치를 건드려 원동기의 추진력에 의하여 자동차가 움직이거나 또는 불안전한 주차상태나 도로여건 등으로 인하여 자동차가 움직이게 된 경우는 **126**

---

1. 혈중알코올농도가 0.2퍼센트 이상인 사람은 2년 이상 5년 이하의 징역이나 1천만원 이상 2천만원 이하의 벌금
2. 혈중알코올농도가 0.08퍼센트 이상 0.2퍼센트 미만인 사람은 1년 이상 2년 이하의 징역이나 500만원 이상 1천만원 이하의 벌금
3. 혈중알코올농도가 0.03퍼센트 이상 0.08퍼센트 미만인 사람은 1년 이하의 징역이나 500만원 이하의 벌금
④ 제45조를 위반하여 약물로 인하여 정상적으로 운전하지 못할 우려가 있는 상태에서 자동차등 또는 노면전차를 운전한 사람은 3년 이하의 징역이나 1천만원 이하의 벌금에 처한다. [전문개정 2018. 12. 24.] [2023. 1. 3. 법률 제19158호에 의하여 2022. 5. 26. 헌법재판소에서 위헌 결정된 이 조 제1항을 개정함.] [2023. 1. 3. 법률 제19158호에 의하여 2022. 8. 31. 헌법재판소에서 위헌 결정된 이 조 제1항을 개정함.] [2023. 1. 3. 법률 제19158호에 의하여 2021. 11. 25. 헌법재판소에서 위헌 결정된 이 조 제1항을 개정함.]

〔신 도 욱〕

자동차의 운전에 해당하지 아니한다."고 판시한 것이 있는데,[120] 이러한 경우에는 비록 음주를 하였더라도 교통사고처리법 예외사유에 해당하지 않을 것이다.

127   음주운전과 관련하여 실무상 가장 많이 문제되는 것은 혈중알코올농도 측정과 관련하여 위드마크 공식을 적용한 것이다. 위드마크 공식은 1930년대 독일의 위드마크에 의해 제안된 공식으로 운전자가 사고 당시 마신 술의 종류, 음주한 양, 운전자의 체중, 성별 등의 자료를 토대로 운전 당시의 혈중알코올농도를 계산하는 방법으로써 그 요지는 혈액에 흡수된 알콜 총량 및 시간의 경과에 따라 알콜이 분해되어 가는 과정을 연관지어 특정 시점의 혈중알코올농도를 추정하는 수식이다.

128   판례는 위드마크 공식 적용에 대해 다소 신중한 입장인바, "위드마크 공식에 의한 역추산 방식을 이용하여 특정 운전시점으로부터 일정한 시간이 지난 후에 측정한 혈중알코올농도를 기초로 하고 여기에 시간당 혈중알코올의 분해소멸에 따른 감소치에 따라 계산된 운전시점 이후의 혈중알코올분해량을 가산하여 운전시점의 혈중알코올농도를 추정함에 있어서는 피검사자의 평소 음주정도, 체질, 음주속도, 음주 후 신체활동의 정도 등의 다양한 요소들이 시간당 혈중알코올의 감소치에 영향을 미칠 수 있는바, 형사재판에 있어서 유죄의 인정은 법관으로 하여금 합리적인 의심을 할 여지가 없을 정도로 공소사실이 진실한 것이라는 확신을 가지게 할 수 있는 증명이 필요하므로, 위 영향요소들을 적용함에 있어 피고인이 평균인이라고 쉽게 단정하여 평균적인 감소치를 적용하여서는 아니되고, 필요하다면 전문적인 학식이나 경험이 있는 자의 도움을 받아 객관적이고 합리적으로 혈중알코올농도에 영향을 줄 수 있는 요소들을 확정하여야 할 것이고, 위드마크 공식에 의하여 산출한 혈중알코올농도가 법이 허용하는 혈중알코올농도를 상당히 초과하는 것이 아니고 근소하게 초과하는 정도에 불과한 경우라면 위 공식에 의하여 산출된 수치에 따라 범죄의 구성요건 사실을 인정함에 있어서 더욱 신중하게 판단하여야 한다."라고 판시하여,[121] 기준치보다 근소하게 초과하는 경우에는 무죄를 선고하는 경향이 있다.[122] 실무에서도

---

120 대판 2004. 4. 23, 2004도1109(음주운전 사례).
121 대판 2001. 7. 13, 2001도1929.
122 위드마크 공식과 관련하여 판례를 해설·평석한 문헌으로는 김우진, "음주운전죄에 있어서 혈중

〔신 도 욱〕

위드마크 공식에 의해 혈중알코올농도가 기준치를 근소하게 초과하는 것으로 계산된 경우는 통상 기소유예 처분을 활용하고 있다.

9. 보도 침범(제9호)

(1) 관련 규정

교통사고처리법 제3조 제2항 단서 제9호는 도교법 제13조 제1항을 위반하여 보도(步道)가 설치된 도로의 보도를 침범하거나 도교법 제13조 제2항에 따른 보도 횡단방법을 위반하여 운전한 경우를 예외사유로 규정하고 있다.

129

이 규정은 교통사고처리법 제정 시에는 없었으나 앞에서 본 바와 같이 1993년 6월 11일 개정 시에 추가된 부분이다. 본 규정 이전에는 차량이 보도를 침범한 경우 제1호의 안전표시의무 위반으로의 의율 여부가 문제되었지만, 본 규정에 의해 입법적으로 해결되었다.

130

도교법 제13조 제1항은 차마의 운전자는 보도와 차도가 구분된 도로에서는 차도로 통행하여야 한다고 규정하고 있다. 그러나 도로 외의 곳으로 출입할 때에는 보도를 횡단하여 통행할 수 있다고 규정하고 있다. 제2항은 차마의 운전자는 보도를 횡단하기 직전에 일시정지하여 좌측과 우측 부분 등을 살핀 후 보행자의 통행을 방해하지 아니하도록 횡단하여야 한다고 규정하고 있다.

131

보도와 차도의 개념에 대해서는 도교법에서 규정하고 있다. 보도란 연석선(차도와 보도를 구분하는 돌 등으로 이어진 선), 안전표지나 그와 비슷한 인공구조물로 경계를 표시하여 보행자(유모차, 보행보조용 의자차, 노약자용 보행기 등 행정안전부령으로 정하는 기구·장치를 이용하여 통행하는 사람 및 도교법 제2조 제21호의3에 따른 실외이동로봇[123]을 포함)가 통행할 수 있도록 한 도로의 부분을 말한다(도교 § 2(x)). 그리고

132

알코올농도와 위드마크 공식", 형사판례연구 [11], 한국형사판례연구회, 박영사(2003), 464-494(대판 2002. 12. 27, 2002도5524); 류부곤, "혈중알코올농도의 산출을 위한 수정된 위드마크 공식", 특별형법 판례100선 19-22(대판 2000. 11. 10, 99도5541); 이상민, "위드마크 공식에 의한 역추산 방식을 이용한 혈중 알코올농도의 산정에 있어서 주의할 점(특히, 위드마크 공식에 의하여 산출한 혈중 알코올농도가 법이 허용하는 혈중 알코올농도를 근소하게 초과하는 경우", 해설 59, 법원도서관(2006), 593-604(대판 2005. 7. 28, 2005도3904); 이우룡, "음주운전 시점으로부터 상당한 시간이 경과한 후 측정한 혈중알코올농도를 기초로 위드마크 2공식만을 적용하여 산출한 혈중알코올농도 수치가 운전면허취소 등 행정처분의 기준이 될 수 있는지 여부(한정 소극)", 해설 68, 법원도서관(2007), 676-701(대판 2007. 1. 11, 2006두15035).
123 참고로, 2023년 4월 18일 도교법이 개정되어(법률 제19357호, 시행 2023. 10. 19.) 자율주행 로

[신 도 욱]   **645**

차도란 연석선 안전표지 또는 그와 비슷한 인공구조물을 이용하여 경계를 표시하여 모든 차가 통행할 수 있도록 설치된 도로의 부분을 말한다(도교 §2(iv)).

(2) 관련 사례

133   위 규정의 적용과 관련하여 중앙선 침범과 마찬가지로 과실로 보도를 침범한 경우도 포함되는지 여부가 문제될 수 있다.

134   판례는 중앙선 침범에서 살펴본 법리처럼 보도 침범을 하게 된 경위를 중심으로 보도 침범 여부를 판단하는 것으로 보인다. 즉, "제한속도가 시속 40㎞ 지점으로서 위와 같이 노면이 얼어 있는 상황이므로 평상시 제한속도의 반 이하로 줄여 운행하여야 할 것인데도, 피고인은 이러한 도로사정에 유의하지 아니한 채 시속 30㎞ 정도로 과속한 잘못과 얼어붙은 노면에서 운전조작을 제대로 하지 못한 과실로 중앙선을 침범한 사실을 엿볼 수 있으므로, 피고인의 중앙선 침범 및 보도 침범이 운전자가 지배할 수 없는 외부적 여건으로 말미암아 어쩔 수 없었던 것이라고 볼 수는 없다 할 것이다."라고 판시하여,[124] 선행 과실 유무를 중심으로 보도 침범의 불가피성을 판단하였다.

10. 승객추락방지의무 위반(제10호)

(1) 관련 규정

135   교통사고처리법 제3조 제2항 단서 제10호는 도교법 제39조 제3호에 따른 승객의 추락방지의무를 위반하여 운전한 경우를 예외사유로 규정하고 있다.

136   도교법 제39조 제3항은 모든 차 또는 노면전차의 운전자는 운전 중 타고 있는 사람 또는 타고 내리는 사람이 떨어지지 아니하도록 하기 위하여 문을 정확히 여닫는 등 필요한 조치를 하여야 한다고 규정하고 있다.

137   위 규정도 교통사고처리법 제정 시에는 없었으나 1993년 6월 11일 개정 시에 추가되었는데, 승객을 위한 안전 조치를 강화하고자 하는 것이 그 취지이다.

(2) 관련 사례

138   위 규정이 적용되기 위해서는 차량이 운전 중에 정차하여 승객이 안전하게 내리고 탈 때까지 조치를 취하지 못한 경우이어야 한다.

봇 분야의 발전을 위해 도교법 제2조 제21호의3에 실외이동로봇의 정의를 신설하였다.
124 대판 1997. 5. 23, 95도1232.

판례도 "교통사고처리법상 소정의 의무는 그것이 주된 것이든 부수적인 것 139
이든 사람의 운송에 공하는 차의 운전자가 그 승객에 대하여 부담하는 의무라
고 보는 것이 상당하다. 화물차 적재함에서 작업하던 피해자가 차에서 내린 것
을 확인하지 않은 채 출발함으로써 피해자가 추락하여 상해를 입게 된 경우 교
통사고처리법상 소정의 의무를 위반하여 운전한 경우에 해당하지 않는다."고 하
였다.125 이 판례는 승객의 개념을 한정적으로 본 것으로 해석된다.

이에 더하여, 승객이 차에서 내려 도로상에 발을 딛고 선 뒤에 일어난 사고 140
는 승객의 추락방지의무를 위반하여 운전함으로써 일어난 사고에 해당하지 아
니한다고 판시한 사례도 있다.126

11. 어린이 보호구역에서의 보호의무 위반(제11호)

(1) 관련 규정

교통사고처리법 제3조 제2항 단서 제11호는 도교법 제12조 제3항에 따른 141
어린이 보호구역에서 같은 조 제1항에 따른 조치를 준수하고 어린이의 안전에
유의하면서 운전하여야 할 의무를 위반하여 어린이의 신체를 상해에 이르게 한
경우를 예외사유로 규정하고 있다.

위 규정은 2007년 12월 21일 개정 시 도입된 규정으로, 어린이 보호구역 142
내에서의 교통사고에 방지를 위한 취지에서 마련되었다.

도교법 제12조 제3항은 차마 또는 노면전차의 운전자는 어린이 보호구역에 143
서 제1항에 따른 조치를 준수하고 어린이의 안전에 유의하면서 운행하여야 한
다고 규정하고 있다. 도교법 제12조 제1항은 시장등은 교통사고의 위험으로부
터 어린이를 보호하기 위하여 필요하다고 인정하는 경우에는 일정한 시설의 주
변도로 가운데 일정 구간을 어린이 보호구역으로 지정하여 자동차등과 노면전
차의 통행속도를 시속 30킬로미터 이내로 제한할 수 있다고 규정하고 있다. 일
정한 시설에 대해서는, ① 「유아교육법」 제2조에 따른 유치원, 「초·중등교육법」
제38조 및 제55조에 따른 초등학교 또는 특수학교, ② 「영유아보육법」 제10조에
따른 어린이집 가운데 행정안전부령으로 정하는 어린이집, ③ 「학원의 설립·

---

125 대판 2000. 2. 22, 99도3716.
126 대판 1997. 6. 13, 96도3266.

운영 및 과외교습에 관한 법률」 제2조에 따른 학원 가운데 행정안전부령으로 정하는 학원, ④ 「초·중등교육법」 제60조의2 또는 제60조의3에 따른 외국인학교 또는 대안학교, 「제주특별자치도 설치 및 국제자유도시 조성을 위한 특별법」 제223조에 따른 국제학교 및 「경제자유구역 및 제주국제자유도시의 외국교육기관 설립·운영에 관한 특별법」 제2조 제2호에 따른 외국교육기관 중 유치원·초등학교 교과과정이 있는 학교, ⑤ 그 밖에 어린이가 자주 왕래하는 곳으로서 조례로 정하는 시설 또는 장소라고 나열하고 있다.

144   도교법 제2조 제23호는 위 규정에서의 '어린이'는 '만 13세 미만인 사람'을 의미한다고 규정하고 있다.

(2) 관련 사례

145   피고인이 초등학교 후문 부근에서 전방 및 좌우 부주의로 피해자(7세)를 들이받아 피해자에게 중상해를 입힌 사례에서, 제1심에서는 벌금 500만 원이 선고되었으나 양형 부당으로 항소하여 항소심에서는 금고 6월, 집행유예 2년 및 80시간의 사회봉사를 선고한 사례가 있다.[127]

12. 화물추락방지의무 위반(제12호)

(1) 관련 규정

146   교통사고처리법 제3조 제2항 단서 제12호는 도교법 제39조 제4항을 위반하여 자동차의 화물이 떨어지지 아니하도록 필요한 조치를 하지 아니하고 운전한 경우를 예외사유로 규정하고 있다.

147   도교법 제39조 제4항은 모든 차의 운전자는 운전 중 실은 화물이 떨어지지 아니하도록 덮개를 씌우거나 묶는 등 확실하게 고정될 수 있도록 필요한 조치를 하여야 한다고 규정하고 있다.

148   위 규정은 가장 최근인 2016년 12월 2일 추가되었는데, 자동차의 낙화물 발생건수가 늘어나 이를 예방하기 위하여 마련된 규정이다.

(2) 관련 사례

149   피고인이 화물차의 최대적재량 5,400kg을 초과하여 12,000kg(=20kg×600포대)

---

127 서울중앙지판 2010. 10. 21, 2010노3209.

상당의 퇴비 포대를 적재하고도 덮개를 씌우지 아니하는 등 퇴비 포대들을 고정하는 조치를 취하지 않고 진행한 과실로 위 화물차에 실려 있던 퇴비 포대가 도로로 떨어져 때마침 반대 방향에서 진행하던 피해자(65세)가 운전하는 봉고 화물차의 운전석 앞 유리 부분에 부딪쳐 피해자에게 약 16주간의 치료가 필요한 우측 하지 슬하부위 외상성 절단 등의 중상해를 입게 한 사례에서, 제1심에서 금고 10월, 집행유예 2년이 선고된 사례가 있다.[128]

V. 과실 유무 – 신뢰의 원칙을 중심으로

1. 주요 쟁점

교통사고처리법 제3조 제2항 단서가 적용되기 위해서는 앞에서 살펴본 각 호 규정에 해당하는지 여부를 판단하는 것 외에도 형법 제268조의 업무상과실치상죄를 범하였는지 여부가 전제되어야 한다.   150

형법상 위 범죄를 범하였는지 여부를 판단하기 위해서는 업무상 요구되는 주의의무를 위반하여야 한다. 자동차 운전자에게는 기본적으로 사고를 방지하여야 할 의무가 있다. 다만, 판례는 '신뢰의 원칙'이라는 것을 인정하여 그 의무 범위를 줄이고 있다. 아래에서는 사고방지의무와 신뢰의 원칙의 내용에 대해 살펴본다.   151

2. 사고방지의무

자동차 운전자에게는 사고를 방지하여야 할 주의의무가 있다. 이에 대하여 판례는 통행 중에 교통신호와 제한속도 등 교통규칙을 준수하여야 하고, 전방좌우를 주시하여 언제나 급제동할 준비를 취하고 전방에 사람이 있을 때 경적을 울리고 서행하거나 일단 정차하는 등 사고를 방지하기 위한 모든 조치를 취할 의무가 있다고 판시하고 있다.[129]   152

그 밖에도 판례는 운전 전에 차체를 점검하여야 하는 의무,[130] 후진할 경우   153

---

128 대구지판 2019. 4. 11, 2019고단502.
129 대판 1967. 9. 19, 67도1025.
130 대판 1968. 2. 20, 68도16.

후사경으로 후방의 상태를 주시하면서 서행하여야 할 의무,[131] 운행을 종료할 경우 차가 미끄러지지 않도록 안전조치를 취하여야 할 의무[132] 등을 인정하고 있다.

154   한편, 주차된 차량과 관련하여 운전자의 과실을 인정한 사례가 있는데, 대법원은 "이 사건 사고가 일어난 곳이 관계 법령에 따라 주차가 금지된 장소가 아니라고 하더라도, 밤중에 도로의 가장자리에 자동차를 주차하는 피고인으로서는 미등과 차폭등을 켜 두어 다른 차의 운전자가 주차사실을 쉽게 식별할 수 있도록 하여야 함은 물론, 다른 교통에 장해가 되지 아니하도록 주차하여야 할 법령상의 의무가 있다고 할 것이고, 위 사고지점의 도로상황에 비추어 피해자가 심야에 오토바이를 운전하여 진행하다가 사고지점에 이르러 원심력에 의하여 도로 우측으로 진행하면서 1차선이 2차선으로 넓어지기 시작하는 지점의 2차선 상에 주차하여 있는 위 화물차를 미처 발견하지 못하고 위 망인의 우측 몸통이 위 화물차 좌측 후사경을 들이받게 된 것으로 볼 수 있으므로, 원심으로서는 과연 위 사고 당시 사고지점 주위에 설치된 가로등이 켜져 있어 전방의 장애물을 식별하기에 어려움이 없었는지를 더 심리하여 보는 등의 방법으로, 피고인이 미등과 차폭등을 켜지 아니하고 그 밖에 주차사실이 식별될 수 있는 다른 표지도 하지 아니하였기 때문에 위 망인이 위 화물차를 뒤늦게 발견하게 됨으로 말미암아 이 사건 사고가 일어난 것인지의 여부에 관하여 조금 더 상세하게 심리를 하였어야 할 것이다."라고 판시하였다.[133]

3. 신뢰의 원칙

(1) 의의

155   신뢰의 원칙이란 스스로 교통규칙을 준수한 운전자는 다른 교통관여자가 교통규칙을 준수할 것을 신뢰하면 충분하고, 그가 교통규칙을 위반할 것까지 예견하여 이에 대한 방어조치를 취할 의무는 없다는 원칙을 말한다. 신뢰의 원칙이 적용되면 사고에 대해 운전자의 과실이 부정된다.

156   대법원은 "신뢰의 원칙은 상대방 교통관여자가 도로교통의 제반법규를 지

---

131 대판 1977. 9. 28, 77도1875.
132 대판 1970. 10. 30, 70도1711.
133 대판 1996. 12. 20, 96도2030.

켜 자동차의 운행 또는 보행에 임하리라고 신뢰할 수 없는 특별한 사정이 있는 경우에는 그 적용이 배제된다고 할 것"이라고 판시하여,[134] 기본적으로 신뢰의 원칙을 폭넓게 인정하고 있다.

(2) 구체적 사례

(가) 고속도로

고속도로의 경우, 자동차의 운전자로서는 일반적인 경우에 고속도로를 횡단하는 보행자가 있을 것까지 예견하여 보행자와의 충돌사고를 예방하기 위하여 급정차 등의 조치를 취할 수 있도록 대비하면서 운전할 주의의무는 없다.[135]　　157

다만 운전자가 상당한 거리에서 보행자의 무단횡단을 미리 예상할 수 있는 사정이 있었고, 그에 따라 즉시 감속하거나 급제동하는 등의 조치를 취하였다면 보행자와의 충돌을 피할 수 있었다는 등의 특별한 사정이 인정되는 경우에는, 신뢰의 원칙 적용이 배제된다고 판시하였다.[136] 이와 같은 취지로 대법원은, "고속도로를 횡단하려는 피해자를 그 차의 제동거리 밖에서 발견하였다면 피해자가 반대 차선의 교행차량 때문에 도로를 완전히 횡단하지 못하고 그 진행차선 쪽에서 멈추거나 다시 되돌아 나가는 경우를 예견해야 하는 것이다."라고 판시하였다.[137]　　158

(나) 자동차전용도로

자동차전용도로에 대하여 대법원은, "도로교통법상 자동차전용도로는 자동차만이 다닐 수 있도록 설치된 도로로서 보행자 또는 자동차 외의 차마는 통행하거나 횡단하여서는 안되도록 되어 있으므로 자동차전용도로를 운행하는 자동차의 운전자로서는 특별한 사정이 없는 한 무단횡단하는 보행자가 나타날 경우를 미리 예상하여 감속서행할 주의의무는 없다."고 판시하였다.[138]　　159

(다) 교차로

신호등이 있는 교차로에 대하여 대법원은, "신호등에 의하여 교통정리가 행　　160

---

134 대판 1985. 7. 9, 85도833; 대판 2002. 10. 11, 2002도4134; 대판 2010. 7. 29, 2010도4078; 대판 2022. 6. 16, 2022도1401.
135 대판 2000. 9. 5, 2000도2671.
136 대판 2000. 9. 5, 2000도2671.
137 대판 1981. 3. 24, 80도3305.
138 대판 1989. 2. 28, 88도1689.

하여지고 있는 사거리 교차로를 녹색등화에 따라 직진하는 차량의 운전자는 특별한 사정이 없는 한 다른 차량들도 교통법규를 준수하고 충돌을 피하기 위하여 적절한 조치를 취할 것으로 믿고 운전하면 족하고, 다른차량이 신호를 위반하고 직진하는 차량의 앞을 가로질러 직진할 경우까지 예상하여 그에 따른 사고발생을 미연에 방지할 특별한 조치까지 강구할 업무상의 주의의무는 없다."고 판시하였다.[139]

161　　　나아가 판례는, "교차로를 거의 통과할 무렵 직진신호가 주의신호로 바뀐 경우 자동차운전자로서는 계속 진행하여 신속히 교차로를 빠져나가면 되는 것이고 반대편에서 좌회전을 하기 위해 대기하던 차량이 주의신호임에도 미리 좌회전해 올지 모른다는 것을 예상하고 이에 대한 대비조치를 강구하면서까지 운전할 업무상 주의의무는 없다."고 판시하였다.[140]

162　　　다만 고속도로의 경우와 마찬가지로 일정한 경우 신뢰의 원칙 적용을 배제하였는데, "제한시속 70킬로미터의 사고지점을 80킬로미터의 과속으로 차량을 운전타가 50미터 전방 우측도로변에 앉아 있는 피해자를 발견하였다면 비록 그 지점이 사람의 횡단보행을 금지한 자동차 전용도로였다 하더라도 그 피해자의 옆으로 동 차량을 운전하고 지나가야만 할 운전자로서는 피해자를 발견하는 즉시 그의 동태를 주시하면서 감속 서행하는등 피해자가 도로에 들어올 경우에 대비하는 조치를 취할 업무상의 주의의무가 있다."고 판시한 사례가 있다.[141]

163　　　신호등이 없는 교차로에서 우선통행 순서를 위반한 차량에 대한 의무와 관련하여서는, "교통정리가 행하여지지 않는 십자 교차로를 피고인 (트럭운전사)이 먼저 진입하여 교차로의 중앙부분을 상당부분 넘어섰다면, 피고인은 그보다 늦게 오른쪽 도로로부터 교차로에 진입, 교행하여 오는 택시보다 도로교통법 제21조 제3항에 의거하여 우선통행권이 인정된다 할 것이고 이같은 우선권은 트럭이 통행하는 도로의 노폭이 택시가 통행한 도로의 노폭보다 다소 좁았다 하더라도 위와 같이 서행하며 먼저 진입한 트럭의 우선권에는 변동이 없다 할 것이므로 위 택시가 통행의 우선순위를 무시하고 과속으로 교차로에 진입교행하여 올 것을 예상하여 사

139　대판 1990. 2. 9, 89도1774.
140　대판 1986. 8. 19, 86도589.
141　대판 1986. 10. 14, 86도1676.

고발생을 미리 막을 주의의무가 있다 할 수 없으니 그 같은 상황하에서 일어난 차량충돌의 경우에 있어서 피고인에게 운전사로서의 주의의무를 다하지 못한 과실이 있다 할 수 없다."고 판시하여,[142] 신뢰의 원칙이 적용된다고 하였다.

　　다만 교차로를 직진하던 운전다가 반대방향에서 오는 차량이 이미 신호를 위반한 채 좌회전하여 비정상적인 운행을 하고 있음을 목격한 경우에는, 자기의 진행 전방에 돌입할 가능성을 예견하여 그 차량의 동태를 주의깊게 살피면서 속도를 줄여 피양하는 등 적절한 조치를 취함으로써 사고 발생을 미리 방지할 업무상주의의무가 있다고 판시하였다.[143]

164

(라) 횡단보도

　　횡단보도 통과와 관련하여서는, "차량의 운전자로서는 횡단보도의 신호가 적색인 상태에서 반대차선상에 정지하여 있는 차량의 뒤로 보행자가 건너오지 않을 것이라고 신뢰하는 것이 당연하고 그렇지 아니할 사태까지 예상하여 그에 대한 주의의무를 다하여야 한다고는 할 수 없다."고 판시하여,[144] 신뢰의 원칙을 적용한 사례가 있다.

165

　　그러나 횡단보도에서는 이를 신중하게 적용하는 경향을 보인다. 즉, ① "횡단보도의 보행자 신호가 녹색신호에서 적색신호로 바뀌는 예비신호 점멸 중에도 그 횡단보도를 건너가는 보행자가 흔히 있고 또 횡단 도중에 녹색신호가 적색신호로 바뀐 경우에도 그 교통신호에 따라 정지함이 없이 나머지 횡단보도를 그대로 횡단하는 보행자도 있으므로 보행자 신호가 녹색신호에서 정지신호로 바뀔 무렵 전후에 횡단보도를 통과하는 자동차 운전자는 보행자가 교통신호를 철저히 준수할 것이라는 신뢰만으로 자동차를 운전할 것이 아니라 좌우에서 이미 횡단보도에 진입한 보행자가 있는지 여부를 살펴보고 또한 그의 동태를 두루 살피면서 서행하는 등하여 그와 같은 상황에 있는 보행자의 안전을 위해 어느 때라도 정지할 수 있는 태세를 갖추고 자동차를 운전하여야 할 업무상의 주의의무가 있다."고 판시하면서,[145] 신뢰의 원칙을 배제한 사례가 있다.

166

　　또한, ② 피고인이 맑은 날씨의 오후에 트럭을 운전하여 횡단보행자용신호

167

---

142 대판 1984. 4. 24, 84도185.
143 대판 1999. 12. 10, 99도3366.
144 대판 1993. 2. 23, 92도2077.
145 대판 1986. 5. 27, 86도549.

기가 설치되어 있지 않은 횡단보도를 통과한 직후 그 부근에서 도로를 횡단하려는 피해자(만 9세, 여)를 뒤늦게 발견하고 급제동 조치를 취하였으나 피하지 못하고 충격한 사안에서, 피고인으로서는 횡단보도 부근에서 도로를 횡단하려는 보행자가 흔히 있을 수 있음을 충분히 예상할 수 있었으므로, 보행자를 발견한 즉시 안전하게 정차할 수 있도록 제한속도 아래로 속도를 더욱 줄여 서행하고 전방과 좌우를 면밀히 주시하여 안전하게 운전함으로써 사고를 미연에 방지할 업무상 주의의무가 있었음에도 이를 위반하였고, 횡단보도 부근에서 안전하게 서행하였더라면 사고 발생을 충분히 피할 수 있었을 것이므로, 피고인의 업무상 주의의무 위반과 사고 발생 사이의 상당인과관계를 인정한 사례가 있다.[146]

(마) 육교 밑 도로

168   육교 밑의 도로를 통행하는 자동차 운전자와 관련해서는, "사고일시가 한가을의 심야인데다가 그 장소가 육교밑이었으며, 원심이 증거로 한 사법경찰관 사무취급의 교통사고보고서에 의하면 그 도로상황은 편도 4차선(왕복 8차선)의 넓은길 가운데 2차선 지점이었다는 것이므로 그러한 교통상황 아래에서의 자동차 운전자는 무단횡단자가 없을 것으로 믿고 운전해가면 되는 것이지 감히 도로교통법규에 위반하여 자기차의 앞을 횡단하려고 하는 사람이 있을 것까지 예상하여 그 안전까지를 확인해 가면서 운전해야 한다고 볼 수는 없다."고 판시하여, 신뢰의 원칙을 적용한 사례가 있다.[147]

(바) 그 밖의 사례

169   보행자 사고의 경우는 신뢰의 원칙을 배제한 경우가 종종 있다. 선행차량에 이어 피해자를 연속으로 역과한 사례에서 피해자의 사망과의 인과관계를 인정한 사례가 있는데, "피고인은 이 사건 사고차량을 운전하고 편도 2차선 도로 중 2차로를 시속 약 60km의 속도로 선행 차량과 약 30m가량의 간격을 유지한 채 진행하다가 선행차량에 역과된 채 진행 도로상에 누워있는 피해자를 뒤늦게 발견하고 급제동을 할 겨를도 없이 이를 그대로 역과한 사실을 인정할 수 있는바, 이러한 경우 피고인이 사전에 사람이 도로에 누워있을 것까지를 예상하여 이에 대비하면서 운전하여야 할 주의의무는 없다고 하더라도, 사고 당시의 도로

---

146 대판 2022. 6. 16, 2022도1401.
147 대판 1988. 10. 11, 88도1320.

상황에 맞추어 속도를 줄이고(위 사고지점은 비탈길의 고개마루를 막 지난 지점이므로 피고인으로서는 미리 법정 제한속도보다도 더 감속하여 서행하였어야 할 것이다) 전방시계의 확보를 위하여 선행차량과의 적절한 안전거리를 유지한 채 전방 좌우를 잘 살펴 진로의 안전을 확인하면서 운전하는 등 자동차 운전자에게 요구되는 통상의 주의의무를 다하였더라면, 진행 전방 도로에 누워있는 피해자를 상당한 거리에서 미리 발견하고 좌측의 1차로로 피양하는 등 사고를 미연에 방지할 수 있었음에도 불구하고 위와 같은 주의를 게을리 한 탓으로 피해자를 미리 발견하지 못하고 역과한 것이라고 할 것이므로, 이 사건 사고에 관하여 피고인에게 업무상 과실이 없다고 할 수는 없을 것이다."라고 판시하여,[148] 안전거리 유지의무 위반을 이유로 신뢰의 원칙을 배제하였다.

또 하나의 사례도 피해자를 미리 발견할 수 있었던 사정을 이유로 신뢰의 원칙 적용을 배제하였던바, "이 사건 사고지점은 왕복 6차선의 간선도로였음을 알 수 있으므로 그 중앙선 부근은 양쪽으로 많은 차량들이 교행하는 매우 위험한 지역이었던 것으로 짐작이 되는데다가, 피해자는 횡단 도중에 여의치 못하여 잠시 중앙선 부근에 머무르고 있는 자이었던 만큼 틈만 나면 그곳을 벗어나기 위하여 피고인의 진로 앞으로 횡단하려고 시도하리라는 것은 충분히 예상할 수 있다 할 것이므로, 이러한 경우에 평균적인 운전자라면 피해자가 스스로이든 아니면 위험지역에 있는 관계상 다른 차량에 의한 외력으로 인한 것이든 간에 자신의 진로 상에 들어올 수도 있다는 것을 감안하여 피해자의 행동을 주시하면서 그러한 돌발적인 경우에 대비하여 긴급하게 조치를 취할 수 있도록 제한속도 아래로 감속하여(제한속도의 상한까지만 감속하는 것만으로는 충분하지 아니할 것이다) 서행하거나 중앙선쪽으로부터 충분한 거리를 유지하면서 진행하여야 하는 것은 당연하다 할 것이니, 피고인이 이러한 주의의무를 다하면서 진행하였더라면 비록 피해자가 다른 차에 충격당하여 피고인의 진로 상으로 들어왔다 하더라도 피고인이 그것을 발견한 것이 15m 전방이었던 점을 고려할 때 이 사건 결과의 발생은 충분히 피할 수도 있었을 것으로 보여진다."라고 판시하였다.[149]

이외에도 자동차와 자전거 사고에서도 신뢰의 원칙을 인정한 사례가 있는

148 대판 2001. 12. 11, 2001도5005.
149 대판 1995. 12. 26, 95도715.

데, "야간에 무(無)등화인 자전거를 타고 차도를 무단횡단하는 경우까지를 예상하여 제한속력을 감속하고 잘 보이지 않은 반대차선상의 동태까지 살피면서 서행운행할 주의의무가 있다고 할 수 없다 할 것"이라고 판시하였다.[150]

Ⅵ. 처벌불원의사 표시

1. 처벌불원의사의 효과

172   교통사고처리법 제3조 제2항 본문은 차의 교통으로 제1항의 죄 중 업무상과실치상죄 또는 중과실치상죄와 도교법 제151조(업무상과실재물손괴)[151]의 죄를 범한 운전자에 대하여는 피해자의 명시적인 의사에 반하여 공소를 제기할 수 없다고 규정하고 있다.

(1) 원칙

173   위 규정에 대하여 ① 반의사불벌죄를 규정한 것이라고 해석하는 견해(통설)[152]와 ② 공소제기의 요건을 규정하고 있는 것이라는 견해[153]가 나뉘고 있다. 이러한 견해의 대립은 피해자의 처벌불원의사가 있는 경우에 어떠한 재판을 하여야 하는지와 관련되어 있다. 즉 위 ①의 견해는 공소제기 후 처벌불원 의사가 표시된 경우에는 형사소송법 제327조 제6호에 의한 공소기각의 판결을 하여야 한다고 주장하는 반면에, ②의 견해는 공소가 제기될 당시에 처벌불원의사가 표시되지 않으면 유효한 공소가 된 것이므로 이후에 처벌불원의사가 표시되더라도 실체판결을 하여야 한다고 주장한다.

174   판례는 "교통사고처리 특례법 제3조 제2항의 규정은 업무상과실치상죄 또는 중과실치상죄와 도로교통법 제74조의 죄를 이른바 반의사불벌죄로 하여 이들 죄에 대하여는 마치 친고죄에 있어서 고소가 공소제기의 조건인 것과 마찬가지로 처벌을 희망하지 아니하는 의사표시(또는 처벌희망 의사표시의 철회)의 부존

---

150 대판 1984. 9. 25, 84도1695.
151 도교법 제151조(벌칙) 차 또는 노면전차의 운전자가 업무상 필요한 주의를 게을리하거나 중대한 과실로 다른 사람의 건조물이나 그 밖의 재물을 손괴한 경우에는 2년 이하의 금고나 500만원 이하의 벌금에 처한다.
152 주석형법 〔각칙(3)〕(5판), 512(손기식); 이주원, 특별형법(8판), 147; 박상식(주 4), 120-121.
153 원용복, "교통사고처리 특례법에 관한 소고", 검찰 86, 대검찰청(1982), 147.

재를 공소제기의 조건으로 규정한 취지라고 해석함이 타당하므로, 당초부터 위와 같은 처벌을 희망하지 아니하는 의사표시의 부존재라는 조건이 결여되었음에도 불구하고 공소제기가 된 경우에는 형사소송법 제327조 제2호에 의하여 공소기각의 판결을 선고하여야 하고, 공소제기 당시는 위와 같은 소극적 조건이 구비되어 있었으나 그 후 결여되기에 이른 경우 즉 공소제기 후에 처벌을 희망하지 아니하는 의사표시를 하거나 처벌희망의 의사표시를 철회한 경우에는 동법 제327조 제6호에 의하여 공소기각의 판결을 선고하여야 할 것이다."라고 판시하여,[154] 위 ①의 견해를 취하고 있는 것으로 해석된다.

　　생각건대, 교통사고처리법의 취지는 피해자의 보상을 철저히 하고자 하는 입법취지가 있는바, 보험 가입 특례를 규정한 취지 등을 고려할 때 피해자의 의사를 중시하여 입법화한 것으로 봄이 상당하다. 따라서 공소제기 후 처벌불원의 사가 표시된 경우 형사소송법 제327조 제6호에 의한 공소기각의 판결을 선고함이 상당하다. [175]

(2) 예외

　　재판에서 공소기각의 사유와 무죄의 사유가 경합하는 경우, 무죄의 실체판결보다는 공소기각의 형식판결을 우선해야 하는 것이 원칙인데, 이를 형식재판우선의 원칙이라고 한다. 교통사고처리법 제3조 제1항, 제2항 단서, 형법 제268조를 적용하여 공소가 제기된 사건에서, 심리 결과 교통사고처리법 제3조 제2항 단서에서 정한 사유가 없고 같은 법 제3조 제2항 본문이나 제4조 제1항 본문의 사유로 공소를 제기할 수 없는 경우에 해당하는 경우에도 공소기각의 판결을 하는 것이 원칙이다. [176]

　　그러나 사건의 실체에 관한 심리가 이미 완료되어 교통사고처리법 제3조 제2항 단서에서 정한 사유가 없는 것으로 판명되고 달리 피고인이 제1항의 죄를 범하였다고 인정되지 않는 경우, 같은 법 제3조 제2항 본문이나 제4조 제1항 본문의 사유가 있더라도, 사실심법원이 피고인의 이익을 위하여 교통사고처리법위반의 공소사실에 대하여 무죄의 실체판결을 선고하였다면, 이를 위법이라고 볼 수는 없다.[155] [177]

---

154 대판 1983. 2. 8, 82도2860.
155 대판 2015. 5. 14, 2012도11431; 대판 2015. 5. 28, 2013도10958. 위 2012도11431 판결의 평석

2. 처벌불원의사 표시의 요건

(1) 주체

178   처벌불원의사는 피해자 본인이 하여야 한다. 교통사고처리법에는 처벌불원의사의 대리를 허용하는 규정을 두고 있지 않으므로 원칙적으로 그 대리는 허용되지 않는다.[156] 따라서 성년후견인이 의사무능력자인 피해자를 대리하여 처벌불원의사 표시를 할 수 없다.[157] 다만, 판례는 대리인에 의한 의사표시를 비교적 넓게 인정하고 있다. 즉, "사고차량 운전자인 피고인 甲, 乙을 위하여 사용자인 회사가 합의를 하고 그 합의서를 작성함에 있어 일부 피해자들과 사이의 합의서에는 피고인 甲이 가해자로 기재하였고 일부와의 합의서에는 피고인 甲의 소속 회사를 가해자로 기재하였음이 인정된다면, 위의 합의는 회사가 그 피용인인 피고인 甲, 乙을 위하여 합의를 한 것으로서 특단의 사정이 없는 한 피고인 甲, 乙 두 사람에 대하여 모두 합의의 효력이 있다고 함이 상당하다."고 판시하여,[158] 회사가 피고인을 대리하였다는 의사를 넓게 해석하였다. 그러나 피해자 오빠의 제1심 법정에서의 진술 중에서 피고인의 처벌을 불원하는 의사표시를 하였다는 사실만으로는, 달리 피해자의 대리행위라고 인정할 자료가 없는 이상 그 의사표시는 효력이 없다고 판시하였다.[159]

(2) 시기

179   처벌불원의사는 반의사불벌죄를 규정한 것이므로 처벌불원의 의사표시와

과 해설은 고제성, "교특법위반죄에 대한 형식판단 우선의 원칙과 예외", 특별형법 판례100선, 한국형사판례연구회·대법원 형사법연구회, 박영사(2022), 74-77; 민철기, "사건의 실체에 관한 심리가 이미 완료되어 교통사고처리 특례법 제3조 제2항 단서에서 정한 사유가 없는 것으로 판명되고, 달리 피고인이 같은 법 제3조 제1항의 죄를 범하였다고 인정되지 않는 경우 공소기각 사유가 있더라도 무죄판결을 선고할 수 있는지 여부", 해설 104, 법원도서관(2015), 427-451.

156 대판 2023. 7. 17, 2021도11126(전). 피고인이 자전거로 피해자를 들이받아 넘어지게 함으로써 피해자가 뇌손상 등의 중상해를 입어 의사표현이 불가능한 식물인간 상태가 되자, 피해자의 배우자가 성년후견인으로 선임되어 피고인 측으로부터 합의금을 수령한 후 제1심 판결 선고 전에 처벌불원 취지의 서면을 법원에 제출한 사안에서, 성년후견인이 피해자를 대리하여 처벌불원의사를 결정할 수 없다는 취지로 피고인에게 유죄를 선고한 원심의 판단(제1심도 유죄)을 수긍하였다. 다만 대법원은, 성년후견인에 의한 처벌불원의사를 피고인에게 유리한 양형요소로 참작하는 것까지 금지하는 것은 아니라고 한다.

157 대판 2023. 7. 17, 2021도11126(전).

158 대판 1984. 3. 13, 83도3006.

159 대판 1983. 9. 13, 83도1052.

관련된 형사소송법 규정을 따라야 한다. 즉, 제1심 판결선고 전까지 표시되어야 하고, 철회 역시 제1심 판결선고 전까지 되어야 한다(형소 §232). 판례도 "반의사불벌죄에 있어서 처벌을 희망하는 의사표시의 철회는 제1심판결 선고전까지 할 수 있도록 되어 있으므로 그 후에는 철회하더라도 그 효력이 없는 것인 바이니, 교통사고처리특례법위반사건의 피해자가 수사단계에서 피고인의 처벌을 희망하는 의사표시를 하였다가 제1심판결 선고 후에 이르러 피고인과 화해를 하고 처벌희망의 의사표시를 철회한 경우에는 그 철회는 효력이 없다고 할 것이다."라고 판시하였다.[160]

(3) 방식

처벌불원의사는 명시적으로 표시되어야 한다. 판례는 "피의자의 처벌여부에 대한 의견란에 "원치 않습니다"라고 기재되어 있고 진술내용을 더 명백히 하기 위한 문답을 하면서 "운전수가 누군지 모르는데 서로 운이 나쁜일로 생긴 것이므로 처벌까지는 원치 않습니다"라고 답변을 한 것으로 기재되어 있으나, 제2회 진술조서에서 "먼저번 말한대로 처벌을 원치 않습니다"라고 진술을 하였다가 합의되지 아니한 상태에서도 처벌을 원하지 아니하느냐고 피해자의 진정한 의사를 확인하기 위한 사법경찰관의 물음에 대하여 "만일 보상을 해주지 않는다면 처벌을 원합니다"라고 진술하는 것에 그친다면 처벌을 원하지 아니한 피해자의 명시한 의사가 있었다고 할 수 없다."고 판시하였다.[161]

피고인이 피해자와 작성한 합의서를 수사기관에 제출한 경우, 피해자는 그 합의서를 작성·교부함으로써 피고인에게 자신을 대리하여 자신의 처벌불원의사를 수사기관에 표시할 수 있는 권한을 수여하였고, 이에 따라 피고인이 그 합의서를 수사기관에 제출한 이상 피해자의 처벌불원의사가 수사기관에 적법하게 표시되었으며, 이후 피고인이 피해자에게 약속한 치료비 전액을 지급하지 아니한 경우에도 민사상 치료비에 관한 합의금지급채무가 남는 것은 별론으로 하고 처벌불원의사를 철회할 수 없다고 하였다.[162]

180
181

---

160 대판 1983. 2. 8, 82도2860.
161 대판 1986. 9. 23, 84도473.
162 대판 2001. 12. 14, 2001도4283.

(4) 관련문제 – 처벌불원 후 피해자의 사망

182   처벌불원 의사표시를 한 피해자가 공소제기 전에 사망한 경우는, 치사죄로 공소를 제기하면 된다. 치상죄로 공소제기된 후 피해자가 처벌불원의 의사표시를 한 다음 사망한 경우는, 아직 공소기각의 판결 전이면 치사죄로 공소장을 변경하면 되고, 판결이 확정된 후에는 치사죄로 다시 공소제기할 수 있다.[163]

Ⅶ. 보험 및 공제조합 가입

1. 관련 규정

183   교통사고처리법 제4조 제1항 본문은 교통사고를 일으킨 차가 보험업법 제4조, 제126조, 제127조 및 제128조, 여객자동차 운수사업법 제60조, 제61조 또는 화물자동차 운수사업법 제51조에 따른 보험 또는 공제에 가입된 경우에는 교통사고처리법 제3조 제2항 본문에 규정된 죄를 범한 차의 운전자에 대하여 공소를 제기할 수 없다고 규정하고 있다.

184   보험업법 제4조 제1항은 '보험업의 허가'에 관한 규정으로, 보험종목별로 금융위원회의 허가를 받아야 한다고 되어 있다. 그리고 동법 제126조, 제127조 및 제128조는 정관변경을 보고하고 기초서류를 신고하는 등의 요건을 규정하고 있다. 이러한 요건들을 갖춘 보험업자와 체결한 보험만이 교통사고처리법 제4조의 보험에 해당될 수 있다. 여객자동차 운수사업법은 국토교통부장관의 허가를 받아 설립된 조합 및 연합회이어야 한다고 되어 있으며, 이들이 제공하는 공제에 가입하여야 교통사고처리법 제4조의 보험에 해당될 수 있다. 화물자동차 운수사업법도 국토교통부장관의 허가를 받아 설립된 협회이어야 한다고 규정하고 있으며, 이들이 제공하는 공제에 가입하여야 교통사고처리법 제4조의 보험에 해당될 수 있다.

185   교통사고처리법 제4조 제2항은, "제1항에서 '보험 또는 공제'란 교통사고의 경우 보험업법에 따른 보험회사나 여객자동차 운수사업법 또는 화물자동차 운수사업법에 따른 공제조합 또는 공제사업자가 인가된 보험약관 또는 승인된 공

---

163 이주원, 특별형법(8판), 141.

제약관에 따라 피보험자와 피해자 간 또는 공제조합원과 피해자 간의 손해배상에 관한 합의 여부와 상관없이 피보험자나 공제조합원을 갈음하여 피해자의 치료비에 관하여는 통상비용의 전액을, 그 밖의 손해에 관하여는 보험약관이나 공제약관으로 정한 지급기준금액을 대통령령으로 정하는 바에 따라 우선 지급하되, 종국적으로는 확정판결이나 그 밖에 이에 준하는 집행권원상 피보험자 또는 공제조합원의 교통사고로 인한 손해배상금 전액을 보상하는 보험 또는 공제를 말한다."고 규정하고 있다. 교통사고처리법 제4조 제3항은, "제1항의 보험 또는 공제에 가입된 사실은 보험회사, 공제조합 또는 공제사업자가 제2항의 취지를 적은 서면에 의하여 증명되어야 한다."고 규정하고 있다.

판례는 "보험료지급사실을 증명하는 보험료영수증(납입증명서)은 보험계약을 통하여 특정약관의 보험에 가입된 사실을 증명하는 보험가입사실증명서와 그 성질을 달리할 뿐만 아니라 그 내용에 있어서도 교통사고처리특례법 제4조 제2항 소정의 취지가 기재되어 있지 않으므로 위 영수증만으로는 교통사고로 인하여 사람을 살상한 차량이 위 법 소정의 보험에 가입된 여부를 확단할 수 있는 서면이라고 할 수 없어 위 영수증을 위 법 제4조 제3항의 보험에 가입된 사실을 증명하는 서면이라고 인정할 수는 없다."고 판시하여,[164] 가입사실을 증명할 수 있는 서면을 요구하고 있다.

186

2. 예외사유

(1) 제3조 제2항 단서에 해당하는 경우(§ 4①(i))

교통사고처리법 제3조 제2항 단서 및 각 호는 반의사불벌죄의 예외로 규정되어 있다. 이와 형평을 맞추기 위해 보험 등에 가입된 경우에도 교통사고처리법 제3조 제2항 단서 및 각 호에 해당되는 경우에는 반의사불벌죄의 예외로 규정하고 있는 것이다

187

(2) 피해자가 신체의 상해로 인하여 생명에 대한 위험이 발생하거나 불구가 되거나 불치 또는 난치의 질병이 생긴 경우(§ 4①(ii))

이 규정은 2010년 1월 25일 개정 시에 도입되었는데, 교통사고를 일으킨

188

---

164 대판 1985. 6. 11, 84도2012.

차가 종합보험 등에 가입되어 있는 경우에는 업무상과실 또는 중대한 과실로 인한 교통사고로 피해자가 중상해에 이르게 된 때에도 공소를 제기할 수 없도록 규정한 부분에 대하여 헌법재판소가 재판절차 진술권 및 중상해자와 사망자 사이의 평등권을 침해한다는 이유로 위헌결정[165]을 함에 따라, 이 경우 피해자가 중상해(§258①, ②)에 이르게 된 때에는 공소를 제기할 수 있도록 하는 데 그 취지가 있다.

189   종전의 규정은 피해자가 중상해를 입은 경우라고 하더라도 보험 등 공제에 가입된 경우에는 기소를 할 수 없었다. 이에 대해 헌법재판소는, "이 사건 법률조항은 자동차 수의 증가와 자가운전 확대에 즈음하여 운전자들의 종합보험 가입을 유도하여 교통사고 피해자의 손해를 신속하고 적절하게 구제하고, 교통사고로 인한 전과자 양산을 방지하기 위한 것으로 그 목적의 정당성이 인정되며, 그 수단의 적절성도 인정된다. 그러나 교통사고 피해자가 신체의 상해로 인하여 생명에 대한 위험이 발생하거나 불구 또는 불치나 난치의 질병에 이르게 된 경우, 즉 중상해를 입은 경우(형법 제258조 제1항 및 제2항 참조), 사고발생 경위, 피해자의 특이성(노약자 등)과 사고발생에 관련된 피해자의 과실 유무 및 정도 등을 살펴 가해자에 대하여 정식 기소 이외에도 약식기소 또는 기소유예 등 다양한 처분이 가능하고 정식 기소된 경우에는 피해자의 재판절차진술권을 행사할 수 있게 하여야 함에도, 이 사건 법률조항에서 가해차량이 종합보험 등에 가입하였다는 이유로 교통사고처리 특례법 제3조 제2항 단서조항(이하, '단서조항'이라고 한다)에 해당하지 않는 한 무조건 면책되도록 한 것은 기본권침해의 최소성에 위반된다. 한편 우리나라 교통사고율이 OECD 회원국에 비하여 매우 높고, 교통사고를 야기한 차량이 종합보험 등에 가입되어 있다는 이유만으로 그 차량의 운전자에 대하여 공소제기를 하지 못하도록 한 입법례는 선진 각국의 사례에서 찾아보기 힘들며, 가해자는 자칫 사소한 교통법규위반을 대수롭지 않게 생각하여 운전자로서 요구되는 안전운전에 대한 주의의무를 해태하기 쉽고, 교통사고를 내고 피해자가 중상해를 입은 경우에도 보험금 지급 등 사고처리는 보험사에 맡기고 피해자의 실질적 피해회복에 성실히 임하지 않는 풍조가 있는 점 등에 비추어

---

165 헌재 2009. 2. 26, 2005헌마764, 2008헌마118(병합).

보면 이 사건 법률조항에 의하여 중상해를 입은 피해자의 재판절차진술권의 행사가 근본적으로 봉쇄된 것은 교통사고의 신속한 처리 또는 전과자의 양산 방지라는 공익을 위하여 위 피해자의 사익이 현저히 경시된 것이므로 법익의 균형성을 위반하고 있다. 따라서 이 사건 법률조항은 과잉금지원칙에 위반하여 업무상 과실 또는 중대한 과실에 의한 교통사고로 중상해를 입은 피해자의 재판절차진술권을 침해한 것이라 할 것이다."고 판시하면서, 위헌결정을 하였다.[166]

위 위헌결정은 보험 및 공제 가입의 경우에만 위헌결정이 난 것이기 때문에 피해자가 처벌불원의사를 명시적으로 표현한 경우에는 여전히 불기소 처분을 하여야 한다.   190

중상해는 법문의 표현과 같이 상해로 인하여 생명에 대한 위험이 발생하거나 불구가 되거나 불치 또는 난치의 질병이 생긴 경우를 말한다. 생명의 위험이 발생한 경우는 인간의 생명유지에 불가결한 뇌 또는 주요 장기에 대한 중대한 손상이 있는 경우를 말한다. 불구는 사지절단 등 신체 중요부분의 상실·중대변형 또는 시각·청각·언어·생식기능 등 중요 신체기능의 영구적 손실을 말한다. 그리고 불치 또는 난치의 질병은 사고 후유증으로 인한 중증의 정신장애, 하반신 마비 등 완치 가능성이 없거나 희박한 중대질병을 초래한 경우를 말한다. 판례로는 면도칼로 콧등을 길이 2.5센치, 깊이 0.56센치 절단함으로써 전치 3개월을 요하는 상처를 입혀 안면부 불구에 이르게 한 경우 중상해를 인정한 사례[167]가 있다.   191

실무상 중상해는 의학전문가의 의견, 치료 기간 등을 종합적으로 고려하여 개별 사안에 따라 결정하고 있다. 그러나 중상해의 개념이 지나치게 추상적이어서 명확성 원칙에 반할 우려가 있어 '범죄피해자 보호법상'의 신체상해등급 10 등급을 적용하여야 한다는 견해가 있다.[168]   192

---

166 위 결정에 대한 평석으로는 오경식, "교통사고처리특례법 제4조 제1항의 위헌결정에 대한 형사 정책적 검토", 형사판례연구 [18], 한국형사판례연구회, 박영사(2010), 579-612; 이효원, "교통사고처리특례법 제4조 제1항 위헌확인 결정에 대한 비판적 분석", 서울대학교 법학 50-2(2009. 6) 653-679; 정문식 "과잉금지원칙과 과소금지원칙의 관계 - 교통사고처리특례법 제4조 제1항에 대한 헌법재판소 결정(2005헌마764등)과 관련하여", 법과 정책연구 9-1, 한국법정책학회(2009. 6), 197-223.

167 대판 1970. 9. 22, 70도1638.

168 박상식(주 4), 150. 같은 취지로는 이승현, "교통사고처리특례법과 중상해", 법과 정책연구, 9-1,

(3) 보험계약 또는 공제계약이 무효로 되거나 해지되거나 계약상의 면책 규정 등으로 인하여 보험회사, 공제조합 또는 공제사업자의 보험금 또는 공제금 지급의무가 없어진 경우(§ 4①(iii))

193   보험 또는 공제에 가입되었더라도 피해자에게 보상이 되지 않으면 위 규정의 입법취지에 어긋나기 때문에 위와 같은 예외규정을 두었다.

194   이와 관련하여, 보험 또는 공제에 가입된 경우 그 책임 한도를 넘어서 피해금원이 발생한 경우에도 보험 가입 특례가 그대로 적용될 수 있는지 문제될 수 있다. 판례는 "사고차량에 대한 자동차종합보험보통약관에 보험한도로서 대인배상의 경우 비사업용에 있어서는 법률상 손해배상액과 비용을 배상하나 사업용은 자동차종합보험대인배상보험금 지급기준에 의하여 산출한 금액과 비용만을 배상하기로 되어 있다면 사고차량이 사업용인 경우 위 약관에 의한 보험은 교통사고처리특례법 제4조 제2항 소정의 보험에 해당하지 않는다고 볼 여지가 있으므로 위 약관의 내용을 더 심리확정한 다음 공소제기의 적법여부를 가려야 한다."고 판시하여,[169] 보험 또는 공제가 완전한 배상이 되지 않는다면 가입 특례 규정은 적용될 수 없다는 입장이다.

195   또한 26세 이상 가족운전자 한정운전 특약이 붙은 자동차종합보험에 가입된 피보험자동차의 경우에 26세 미만이나 가족 이외의 제3자가 운전한 경우는, "피보험자의 명시적이거나 묵시적인 의사에 기하지 아니한 채 26세 미만의 가족이나 제3자가 피보험자동차를 운전한 때에는 26세 이상 한정운전 특별약관에 정하여진 '피보험자동차를 도난당하였을 경우'에 해당하여 보험회사가 보험금을 지급할 책임을 부담한다고 하더라도 이는 기명피보험자의 배상책임을 보험의 대상으로 하여 피해자와 피보험자를 보호함으로써 보험제도의 실효성을 거두기 위한 것에 불과할 뿐, 당해 운전자의 피해자에 대한 배상책임을 보험의 대상으로 하는 것은 아니므로 그와 같은 운전자는 교통사고처리특례법 제4조 제1항에 정하여진 '당해 차의 운전자'에 해당하지 아니한다고 해석함이 상당하다."고 판시[170]한 사례도 있다.

한국법정책학회(2009. 6) 240-247 참조.
169 대판 1985. 4. 9, 84도2194.
170 대판 2004. 7. 9, 2004도2551.

VIII. 다른 법률들과의 관계

1. 특정범죄 가중처벌 등에 관한 법률 제5조의3

교통사고처리법 제3조 제2항은 차의 운전자가 제1항의 죄 중 업무상과실치　　196
상죄 또는 중과실치상죄를 범하고도 피해자를 구호하는 등 도로교통법 제54조
1항에 따른 조치를 하지 아니하고 도주하거나 피해자를 사고 장소로부터 옮겨
유기하고 도주한 경우에는 반의사불벌죄가 아니라고 규정하고 있다.

그리고 특정범죄 가중처벌 등에 관한 법률(이하, 특정범죄가중법이라 한다.) 제5　　197
조의3 제1항은 도로교통법 제2조에 규정된 자동차·원동기장치자전거 및 건설
기계관리법 제26조 제1항 단서에 따른 건설기계 외의 건설기계의 교통으로 인
하여 형법 제268조의 죄를 범한 해당 차량의 운전자(사고운전자)가 피해자를 구
호하는 등 도로교통법 제54조 제1항에 따른 조치를 하지 아니하고 도주한 경우
에는 가중처벌한다고 규정하고 있다.

따라서 특정범죄가중법은 교통사고처리법위반 범죄를 전제로 하고 있는 특　　198
별법이라고 해야 하기 때문에 특정범죄가중법 제5조의3이 적용되는 경우에는
이에 흡수되어 교통사고처리법이 적용될 여지는 없다고 할 것이다.[171]

2. 도로교통법 제151조

도교법 제151조는 업무상과실 또는 중과실로 인하여 다른 사람의 건조물이　　199
나 그 밖의 재물을 손괴하는 행위를 처벌하는 규정이다. 도교법에는 위와 같이
교통사고로 인한 재물손괴 처벌 규정만 존재한다. 교통사고처리법 제3조 제2항
본문에 의해 피해자의 명시적 처벌불원 의사가 있는 경우 반의사불벌죄가 되는
것이다.

그러나 교통사고처리법 제3조 제2항 단서 및 각 호의 경우에는 사람에 대　　200
한 업무상과실치사·상과 마찬가지로 반의사불벌죄의 예외에 해당되어 교통사
고처리법위반죄와 상상적 경합관계에 있게 된다.[172]

---

171 이주원, 특별형법(8판), 156.
172 이주원, 특별형법(8판), 155.

3. 도로교통법 제162조

201　　도교법은 범칙행위를 한 사람에 대하여 통고처분을 할 수 있다(§ 163 참조). 그러나 도교법 제163조 제2항 제2호는 범칙행위로 교통사고를 일으킨 사람은 통고처분을 할 수 없도록 규정하고 있다. 교통사고처리법에 의한 처벌이 예상되기 때문이다. 그러나 도교법 제163조 제2항 제2호 단서는 교통사고처리법 제3조 제2항 및 제4조에 따라 업무상과실치상죄·중과실치상죄 또는 도교법 제151조의 죄에 대한 벌을 받지 아니하게 된 사람은 제외한다고 규정하면서, 이러한 사람들에게는 통고처분을 할 수 있게 하였다. 교통사고처리법상 처벌은 하지 못하더라도 범칙행위에 대한 처벌은 할 수 있도록 하는 것이 다른 교통사고 야기자들과의 형평에 맞기 때문이다.

202　　이러한 규정 해석에 따르면 처벌불원의사가 표시되거나 보험 또는 공제 가입으로 인해 불기소 처분을 받는 교통사고 야기자는 도교법 제163조에 의해 통고처분을 받게 될 것이다.

203　　그러나 위와 같은 사유로 통고처분을 받은 후에 피해자가 사망에 이르는 등 교통사고처리법상 불처벌 예외사유가 발생하여 형사처벌을 하여야 하는 경우, 종전의 통고처분의 효력(도교 § 164③. 범칙금을 낸 사람은 범칙행위에 대하여 다시 벌 받지 아니한다)에 의해 처벌할 수 없는 것은 아닌지 해석상 논란이 있을 수 있다.[173]

204　　이에 대하여 ① 도교법 제164조 제3항의 규정을 중시하여 처벌할 수 없다는 견해, ② 범칙행위와 교통사고는 실체적 경합관계에 있기 때문에 처벌할 수 있다는 견해, ③ 범칙행위와 교통사고는 흡수관계 또는 상상적 경합관계에 있는 것이 보통이고 둘 사이에 아무런 관련이 없는 예외적인 경우에만 실체적 경합관계에 있지만, 범칙행위로 인하여 야기된 사고를 범죄로서 소추하는 것은 허용된다는 견해[174] 등이 있다.

205　　판례는 "도로교통법 제43조 소정의 안전운전의무 위반행위와 차량운전 중 과실로 인체에 상해를 입히는 업무상과실치상행위는 별개의 것이라 할 것이므

---

173 이에 대한 상세는 주석형법 〔각칙(3)〕(5판), 541-542 참조.
174 주석형법 〔각칙(3)〕(5판), 543(손기식).

로 피고인이 안전운전의무 위반으로 통고처분에 따른 범칙금을 납부하였다 하
여도 피고인을 교통사고처리 특례법 제3조 위반죄(업무상과실치상)로 처벌한다 하
여 이중처벌이라 할 수 없다."고 판시하여,[175] 실체적 경합관계에 있음을 전제
로 하였다. 이후 판례는, "범칙금 납부 통고를 받고 범칙금을 납부한 사람은 그
범칙행위에 대하여 다시 벌받지 아니한다고 규정하고 있는바, 범칙금의 통고 및
납부 등에 관한 같은 법의 규정들의 내용과 취지에 비추어 볼 때 범칙자가 경찰
서장으로부터 범칙행위를 하였음을 이유로 범칙금 통고를 받고 그 범칙금을 납
부한 경우 다시 벌받지 아니하게 되는 행위는 범칙금 통고의 이유에 기재된 당
해 범칙행위 자체 및 그 범칙행위와 동일성이 인정되는 범칙행위에 한정된다고
해석함이 상당하므로, 범칙행위와 같은 때, 같은 곳에서 이루어진 행위라 하더
라도 범칙행위와 별개의 형사범죄행위에 대하여는 범칙금의 납부로 인한 불처
벌의 효력이 미치지 아니한다."고 판시하여,[176] 통고처분과는 별개로 처벌할 수
있다는 입장이다.

〔신 도 욱〕

---

175 대판 1983. 7. 12, 83도1296.
176 대판 2007. 4. 12, 2006도4322.

[특별법 II] 특정범죄 가중처벌 등에 관한 법률

제5조의3(도주차량 운전자의 가중처벌)

① 「도로교통법」 제2조에 규정된 자동차·원동기장치자전거 및 「건설기계관리법」 제26조제1항 단서에 다른 건설기계 외의 건설기계(이하 "자동차등"이라 한다)의 교통으로 인하여 「형법」 제268조의 죄를 범한 해당 차량의 운전자(이하 "사고운전자"라 한다)가 피해자를 구호(구호)하는 등 「도로교통법」 제54조제1항에 따른 조치를 하지 아니하고 도주한 경우에는 다음 각 호의 구분에 따라 가중처벌한다. 〈개정 2022. 12. 7.〉

  1. 피해자를 사망에 이르게 하고 도주하거나, 도주 후에 피해자가 사망한 경우에는 무기 또는 5년 이상의 징역에 처한다.

  2. 피해자를 상해에 이르게 한 경우에는 1년 이상의 유기징역 또는 500만원 이상 3천만원 이하의 벌금에 처한다.

② 사고운전자가 피해자를 사고 장소로부터 옮겨 유기하고 도주한 경우에는 다음 각 호의 구분에 따라 가중처벌한다.

  1. 피해자를 사망에 이르게 하고 도주하거나, 도주 후에 피해자가 사망한 경우에는 사형, 무기 또는 5년 이상의 징역에 처한다.

  2. 피해자를 상해에 이르게 한 경우에는 3년 이상의 유기징역에 처한다.

[전문개정 2010. 3. 31.]

〔신 도 욱〕

I. 총 설

특정범죄 가중처벌 등에 관한 법률(이하, 특정범죄가중법이라 한다.) 제5조의3은   1
죄질이 매우 나쁜 대인(對人) 교통사고 후 도주범죄를 가중처벌하기 위해 1973년
2월 24일 신설되었다. 본조 이전에는 형법상의 유기죄(§ 271)로만 처벌할 수 있
었으나, 본조의 신설로 교통사고를 낸 운전자가 구호조치를 취하지 않는 경우
가중처벌할 수 있게 되었다.

본조의 입법취지에 관하여 헌법재판소는, "위 조항은 1972. 10. 17. 이른바   2
제4공화국 출범 시 유신선언으로 종래의 헌정질서가 중단되고 국회를 해산한
후 유신체제의 확립에 필요한 법률을 제정 또는 개정하는 입법권을 비상국무회
의에서 대행하면서 1973. 2. 24. 법률 제2550호로 신설된 조항으로서 자동차운
전자가 교통사고 후 도주 및 피해자를 적극적으로 유기하는 처사는 강한 윤리
적 비난가능성이 있음을 감안하여 엄히 가중처벌하겠다는 국가형벌권의 의지를
표명하여 자동차운전자들에게 경각심을 갖게 하려는 일반예방적 효과를 기대하
고 제정한 입법이며 아울러 피해자 구호의무 및 사태수습을 확보하려는 보호법
익의 복합성을 입법정책적으로 고려하여 제정한 것이다."라고 판시하였다.[1] 또
한 대법원도, "특정범죄가중법 제5조의3 제1항은 자동차와 교통사고의 급증에
상응하는 건전하고 합리적인 교통질서가 확립되지 못한 현실에서 교통사고를
야기한 운전자가 그 사고로 사상을 당한 피해자를 구호하는 등의 조치를 취하
지 않고 도주하는 행위에 강한 윤리적 비난가능성이 있음을 감안하여 이를 가
중처벌함으로써 교통의 안전이라는 공공의 이익을 보호함과 아울러 교통사고로
사상을 당한 피해자의 생명과 신체의 안전이라는 개인적 법익을 보호하기 위하
여 제정된 것"이라고 판시하였다.[2]

즉, 본조 위반의 죄[3]의 보호법익은 교통의 안전과 교통사고 피해자의 생명   3
과 신체의 안전이고, 보호의 정도는 추상적 위험범이다.[4]

---

1 헌재 1992. 4. 28, 90헌바24.
2 대판 2002. 6. 28, 2002도2001; 대판 2013. 12. 26, 2013도9124; 대판 2014. 2. 27, 2013도15885.
3 죄명표상 죄명은 본조 제1항 위반의 죄의 경우 [특정범죄가중법위반(도주치사·치상)죄], 제2항
  위반의 죄의 경우 [특정범죄가중법위반(유기도주치사·치상)죄]이지만, 아래에서는 전자만을 '본
  죄'라고 하고, 필요할 경우 개별적인 죄명을 사용한다.
4 주석형법 [각칙(3)](5판), 554(손기식); 이주원, 특별형법(8판), 235.

II. 입법 연혁

4　　본조는 1973년 2월 20일 제정되었는데, 제정 당시에는 본조 제1항 제1호의 도주치사는 그 법정형이 무기 또는 5년 이상의 징역, 제1항 제2호의 도주치상은 1년 이상의 유기징역형이었고, 제2항 제1호의 유기 후 도주치사는 그 법정형이 사형·무기 또는 10년 이상의 징역, 제2항 제2호의 유기 후 도주치상에 대해서는 3년 이상의 유기징역형이었다.

5　　그러나 1992년 4월 28일 헌법재판소는 본조 제2항 제1호(유기 후 도주치사)에 대해 지나치게 과중하고 가혹한 법정형을 규정한 것으로서 헌법 제10조의 인간으로서의 존엄과 가치를 보장할 국가의 의무와 헌법 제11조의 법앞의 평등의 원칙에 반하고 헌법상 법치국가의 기본원리인 과잉입법금지의 원칙 및 국민의 기본권의 본질적 내용을 침해할 수 없다는 헌법 제37조 제2항에 위반된다는 이유로 위헌결정을 하였다.[5] 이 결정 이후 1995년 8월 4일 법률개정으로, 현행과 같이 제2항 제1호의 유기 후 도주치사에 대해서는 법정형이 사형·무기 또는 5년 이상의 징역형으로 하향되었다.

6　　이후 2002년 3월 25일 법률개정으로, 종전에는 1년 이상의 유기징역으로만 처벌하도록 되어 있었던 본조 제1항 제1호의 단순 도주치상에 대하여, 1년 이상의 유기징역 또는 500만 원 이상 3천만 원 이하의 벌금형을 선택적으로 부과할 수 있도록 되었는데, 이로써 책임에 상응하는 탄력적인 형벌부과가 가능하게 되었다.

7　　한편 2022년 12월 7일 법률개정으로 본조 및 제5조의 11(위험운전 등 치사상), 제5조의13(어린이 보호구역에서 이린이 치사상의 가중처벌)의 대상인 차량에 종래 도로교통법(이하, 도교법이라 한다.) 제2조에 규정된 자동자·원동기장치자전거 외에 건설기계관리법 제26조 제1항 단서에 따른 건설기계 외의 건설기계(이하, '자동차 등'이라 한다.)를 추가하여(특가 §5의3①, §5의11①, §5의13), 그 범위를 확대하였다. 위 개정은 2022년 7월 평택에 있는 한 초등학교 앞 어린이보호구역에서 발생한 굴착기 운전자에 의한 초등학생 도주치사·상 사건(1명 치사, 1명 치상)이 계기가 되었다. 당시 굴착기와 같은 건설기계의 운전자는 가중처벌 대상에서 빠져있어

---

5 헌재 1992. 4. 28, 90헌바24.

특정범죄가중법상 가중처벌되지 않는 문제가 발생하여, 굴착기와 같은 건설기계의 운전자도 이에 포함시켜 도주차량 운전자 가중처벌, 위험운전치사·상죄 또는 어린이 보호구역 내의 어린이 치사·상죄로 처벌함으로써 교통안전 및 질서의 확립에 기여하기 위하여 위와 같이 개정된 것이다.[6]

본조에 대해서는 사고운전자로 하여금 구조를 촉구하고 도주를 막으려는 원래의 취지와는 달리, 사고운전자로 하여금 중벌에 대한 공포심으로 인하여 오히려 범행을 은폐하기 위하여 피해자를 살해하거나 피해자를 유기하고 도주해 버리는 결과를 초래하게 되었다는 비판이 있다.[7]

8

III. 구성요건

1. 개 요

본죄[특정범죄가중법위반(도주치사·치상)죄]는 형법 제268조(업무상과실·중과실 치사상)의 죄를 범한 사람을 추가적인 구성요건이 성립되는 것을 요건으로 가중처벌하는 범죄이다. 법정형이 높고 실제 처벌 수위도 높아 실무상 많이 다투어지는 범죄 중에 하나이다.

9

아래에서는 각 구성요건에서 다투어지는 쟁점을 중심으로 살펴본다.

10

2. 자동차 등의 교통으로 인하여

(1) 자동차 등

본죄는 도교법 제2조의 자동차, 원동기장치자전거 또는 건설기계관리법 제26조 제1항 단서에 따른 건설기계 외의 건설기계(= 자동차 등)의 교통으로 인한 사고임을 전제하고 있다.

11

(가) '자동차'에 대해서는 도교법 제2조 제18호에서 규정하고 있다. 도교법상 '자동차'는 철길이나 가설된 선을 이용하지 아니하고 원동기를 사용하여 운

12

---

6 법제사법위원회, 특정범죄 가중처벌 등에 관한 법률 일부개정법률안(대안) 제안이유(2022. 12) 참조.
7 김태명, "교통분야 형벌법규의 현황과 문제점", 비교형사법연구 11-2, 한국비교형사법학회(2009. 4.), 452.

전되는 차(견인되는 자동차도 자동차의 일부로 본다)로서, 자동차관리법 제3조에 따른 다음의 자동차(원동기장치자전거는 제외한다.), 즉 ① 승용자동차, ② 승합자동차, ③ 화물자동차, ④ 특수자동차, ⑤ 이륜자동차 및 건설기계관리법 제26조 제1항 단서[8]에 따른 건설기계를 말한다. 위 5개 종류의 자동차의 세부 정의는 자동차관리법 제3조에 규정되어 있다.

13　　(나) '원동기장치자전거'에 대해서는 도교법 제2조 제19호에서 규정하고 있다. 원동기장치자전거란 ① 자동차관리법 제3조에 따른 이륜자동차 가운데 배기량 125시시 이하(전기를 동력으로 하는 경우에는 최고정격출력 11킬로와트 이하)의 이륜자동차와 ② 그 밖에 배기량 125시시 이하(전기를 동력으로 하는 경우에는 최고정격출력 11킬로와트 이하)의 원동기를 단 차(자전거 이용 활성화에 관한 법률 제2조 제1호의2에 따른 전기자전거는 제외한다.)를 말한다. 이륜자동차의 정의는 자동차관리법 제3조에 규정되어 있다. 그리고 전동킥보드와 같은 개인형 이동장치는 그 정의 규정인 도교법 제2조 제19호의2의 문언상 원동기장치자전거와는 다른 별개의 개념이 아니라 원동기장치자전거에 포함된다.[9]

14　　(다) '건설기계관리법 제26조 제1항 단서에 따른 건설기계 외의 건설기계'에 대해서는 건설기계관리법 제2조 제1항 제1호, 제26조 제1항에서 규정하고 있다. '건설기계관리법 제26조 제1항 단서에 따른 건설기계', 즉 건설기계조정면허가 아닌 도교법 제80조에 따른 운전면허를 받아야 하는 건설기계는 이미 도교법 제2조 제18호의 '자동차'에 포함되므로, 2022년 12월 7일 특정범죄가중법 개정으로 추가된 것은 그 외의 '건설기계'이다. 여기서 건설기계는 건설공사에 사용할 수 있는 기계로서 대통령령으로 정하는 것[10]을 말한다(건설기계관리법 §2①(i)).

15　　한편, 교통사고처리 특례법(이하, 교통사고처리법이라 한다.)은 '차'란 도교법 제2조 제17호 (가)목에 따른 '차', 즉 ① 자동차, ② 건설기계, ③ 원동기장치자전

---

8 건설기계관리법 제26조(건설기계조종사면허) ① 건설기계를 조종하려는 사람은 시장·군수 또는 구청장에게 건설기계조종사면허를 받아야 한다. 다만, 국토교통부령으로 정하는 건설기계를 조종하려는 사람은 「도로교통법」 제80조에 따른 운전면허를 받아야 한다.

9 대판 2023. 6. 29, 2022도13430. 다만, 2020년 12월 10일 도교법이 개정되면서 통행방법 등에 관하여 개인형 이동장치를 자전거에 준하여 규율하면서 입법기술상의 편의를 위하여 도교법 제2조 제21의2호에서 이를 '자전거등'으로 분류하였다.

10 건설기계관리법 시행령 [별표 1] 건설기계의 범위에서 정하고 있는 불도저부터 타워크레인까지 모두 27개의 건설기계를 말한다.

거, ④ 자전거, ⑤ 사람 또는 가축의 힘이나 그 밖의 동력으로 도로에서 운전되는 것(다만, 철길이나 가설된 선을 이용하여 운전되는 것, 유모차, 보행보조용 의자차, 노약자용 보행기 등 행정안전부령으로 정하는 기구·장치는 제외한다.)과 건설기계관리법 제2조 제1항 제1호에 따른 건설기계를 말한다고 규정하고(§ 2(i)), '교통사고'란 차의 교통으로 인하여 사람을 사상하거나 물건을 손괴하는 것을 말한다(§ 2(ii))고 규정하고 있다. 따라서 특정범죄가중법과 교통사고처리법을 비교할 때, 교통사고처리법상의 교통사고의 적용범위가 더 넓다. 따라서 교통사고처리법상 교통사고에는 해당하더라도 특정범죄가중법에 규정된 이동 수단 이외의 수단으로 인한 교통사고는 특정범죄가중법이 적용되지 아니한다.

(2) 교통으로 인하여

본죄는 자동차 등의 교통으로 인한 사고임을 요구한다. 여기서 교통사고가 도교법이 정하는 도로, 즉 ① 도로법에 따른 도로, ② 유료도로법에 따른 유료도로, ③ 농어촌도로 정비법에 따른 농어촌도로, ④ 그 밖에 현실적으로 불특정 다수의 사람 또는 차마가 통행할 수 있도록 공개된 장소로서 안전하고 원활한 교통을 확보할 필요가 있는 장소(§ 2(i))에서의 교통사고에 제한하여야 하는지 문제되었다. ⟨16⟩

판례는 도로에서의 사고에 한정되지 않는다는 입장이다. 즉, 판례는 "특정범죄가중처벌등에관한법률 제5조의3 소정의 도주차량운전자에 대한 가중처벌규정은 자신의 과실로 교통사고를 야기한 운전자가 그 사고로 사상을 당한 피해자를 구호하는 등의 조치를 취하지 아니하고 도주하는 행위에 강한 윤리적 비난가능성이 있음을 감안하여 이를 가중처벌함으로써 교통의 안전이라는 공공의 이익의 보호뿐만 아니라 교통사고로 사상을 당한 피해자의 생명·신체의 안전이라는 개인적 법익을 보호하고자 함에도 그 입법 취지와 보호법익이 있다고 보아야 할 것인바, 위와 같은 규정의 입법취지에 비추어 볼 때 여기에서 말하는 차의 교통으로 인한 업무상과실치사·상의 사고를 도로교통법이 정하는 도로에서의 교통사고의 경우로 제한하여 새겨야 할 아무런 근거가 없다."고 판시하여,[11] 교회 주차장에서 사고차량 운전자가 사고차량의 운행 중 피해자에게 상해 ⟨17⟩

---

11 대판 2004. 8. 30, 2004도3600.

를 입히고도 구호조치 없이 도주한 행위에 대하여 특정범죄가중법을 적용한 원심을 정당하다고 하였다.

18　　　　이에 더하여, 위 교통사고가 위 차량의 운행 중에 발생하여야 하는지 여부도 문제된 바 있다. 판례는 도로변에 자동차를 주차한 후 운전석 문을 열다가 후방에서 진행하여 오던 자전거의 핸들 부분을 충격하여 운전자에게 상해를 입히고도 아무런 구호조치 없이 현장에서 이탈한 사안에서, "도주차량 운전자에 대한 가중처벌 규정은 자신의 과실로 교통사고를 야기한 운전자가 그 사고로 사상을 당한 피해자를 구호하는 등의 조치를 취하지 아니하고 도주하는 행위에 강한 윤리적 비난가능성이 있음을 감안하여 이를 가중처벌함으로써 교통의 안전이라는 공공의 이익의 보호뿐만 아니라 교통사고로 사상을 당한 피해자의 생명·신체의 안전이라는 개인적 법익을 보호하고자 함에도 그 입법 취지와 보호법익이 있는 점 등에 비추어 보면 특정범죄가중법상 '도주차량 운전자'에 해당한다."고 판시하였다.[12]

19　　　　교통사고처리법 제3조 제1항에서도 '교통사고'라는 용어를 사용하고 있고,[13] 판례가 교통사고처리법이 적용되는 교통사고를 도로에서의 교통사고로 제한할 이유가 없다고 판시[14]한 점을 고려하면, 특정범죄가중법에서도 피해자 구호를 보호 목적으로 하는 법 취지에 비추어 도로에서 발생한 교통사고로 한정하여 해석할 이유는 없고, 나아가 운전과 동일하게 평가할 수 있을 정도로 밀접하게 관련된 행위도 포함된다고 할 것이다.[15]

3. 형법 제268조의 죄를 범한 해당 차량의 운전자

20　　　　본죄는 형법 제268조의 죄를 범한 해당 차량의 운전자가 구조의무를 하지 않고 도주한 것을 처벌하므로 형법상의 업무상과실치사·상죄 또는 중과실치사·상죄를 범하였음이 전제되어야 한다.

---

12 대판 2010. 4. 29, 2010도1920. 본 판결 평석은 심영주, "교특법상 '교통'의 의미", 특별형법 판례 100선, 한국형사판례연구회·대법원 형사법연구회, 박영사(2022), 70-73.

13 특정범죄가중법상 교통과 교통사고처리법상의 교통의 의미에 대하여 전자를 더욱 제한적으로 해석해야 한다는 견해도 있으나(서울중앙지판 2010. 1. 28, 2009고정5487), 이를 구별할 합리적인 이유가 없으므로 통일적으로 해석해야 할 것이다[이주원, 특별형법(8판), 237].

14 대판 1996. 10. 25, 96도1848(대학구내 길에서의 음주운전).

15 이주원, 특별형법(8판), 236-237.

21

위와 같은 해석에도 불구하고 피해자의 구조를 위한다는 법 취지를 강조하여 과실 유무와 관계없이 교통사고를 발생하고 도주한 운전자도 포함된다는 견해가 있을 수 있다. 그러나 판례는 "특정범죄가중법 제5조의 3 제1항 소정의 '차의 교통으로 인하여 형법 제268조의 죄를 범한 당해 차량의 운전자'란 차의 교통으로 인한 업무상과실 또는 중대한 과실로 인하여 사람을 사상에 이르게 한 자를 가리키는 것이지 과실이 없는 사고운전자까지 포함하는 것은 아니며, 과실없는 사고운전자가 도로교통법 제50조 제1항의 규정에 의한 조치를 취하지 아니하고 도주한 때에는 도로교통법 제106조 위반의 책임을 지는 것은 별론으로 하고 위 특례법에 의한 책임을 물을 수는 없다고 보아야 한다."고 판시하여,[16] 본죄는 업무상과실치사·상죄 또는 중과실치사·상죄가 성립되는 것이 전제되어야 한다는 점을 명확히 하였다.

22

이와 비교하여 도교법은 제148조에서 도교법 제54조 제1항에 따른 교통사고 발생 시의 조치를 하지 아니한 사람을 처벌하는 규정을 두고 있다. 도교법 제54조 제1항은 차 또는 노면전차의 운전 등 교통으로 인하여 사람을 사상하거나 물건을 손괴한 경우에는 그 차 또는 노면전차의 운전자나 그 밖의 승무원은 즉시 정차하여 ① 사상자를 구호하는 등 필요한 조치, ② 피해자에게 인적 사항(성명·전화번호·주소 등을 말한다.) 제공을 하여야 한다고 되어 있다. 그러나 도교법에서 '교통으로 인하여 사람을 사상하거나 물건을 손괴한 경우'에 대하여, 판례는 "도교법이 규정한 교통사고발생 시의 구호조치의무 및 신고의무는 차의 교통으로 인하여 사람을 사상하거나 물건을 손괴한 때에 운전자 등으로 하여금 교통사고로 인한 사상자를 구호하는 등 필요한 조치를 신속히 취하게 하고, 또 속히 경찰관에게 교통사고의 발생을 알려서 피해자의 구호, 교통질서의 회복 등에 관하여 적절한 조치를 취하게 하기 위한 방법으로 부과된 것이므로 교통사고의 결과가 피해자의 구호 및 교통질서의 회복을 위한 조치가 필요한 상황인 이상 그 의무는 교통사고를 발생시킨 당해 차량의 운전자에게 그 사고발생에 있어서 고의·과실 혹은 유책·위법의 유무에 관계없이 부과된 의무라고 해석함이 상당할 것이므로, 당해 사고에 있어 귀책사유가 없는 경우에도 위 의무가 없다 할 수 없고, 또 위 의무는 신고의무

---

16 대판 1991. 5. 28, 91도711.

에만 한정되는 것이 아니므로 타인에게 신고를 부탁하고 현장을 이탈하였다고 하여 위 의무를 다한 것이라고 말할 수는 없다 할 것이다."라고 판시하여,[17] 과실이 없다고 하더라도 도교법 제148조로 처벌할 수 있다고 해석하고 있다.[18]

23   따라서 구호조치를 하지 않고 도주한 책임을 묻는 경우, 교통사고에 대하여 업무상과실 또는 중과실이 인정되는 경우는 본죄의 성부를 물어야 하고, 과실이 없이 사고가 발생한 경우는 도교법 제148조 위반죄의 성부를 확인하여야 한다.

24   한편, 교통사고를 발생시킨 운전자가 아닌 동승자도 도주행위에 가담한 경우 본죄의 죄책을 물을 수 있는지 문제된다. 특정범죄가중법이 '업무상과실치사·상죄 또는 중과실치사·상죄를 범한 해당 차량의 운전자'로 주체를 한정하기 때문에 해석상 논란이 있을 수 있다. 그러나 판례는 "운전자가 아닌 동승자가 교통사고 후 운전자와 공모하여 운전자의 도주행위에 가담하였다 하더라도, 동승자에게 과실범의 공동정범의 책임을 물을 수 있는 특별한 경우가 아닌 한, 특정범죄가중처벌등에관한법률위반(도주차량)죄의 공동정범으로 처벌할 수는 없다."고 판시하여,[19] 도주차량범죄를 업무상과실치사·상죄 또는 중과실치사·상죄를 범한 사람으로 한정하는 신분범으로 해석하여 도주에만 가담한 경우에는 본죄로 처벌할 수 없다고 해석하고 있다.[20]

4. 피해자(사망 또는 상해)

25   본조는 교통사고 발생자가 구호조치를 하지 않은 경우를 처벌하되, 피해자가 사망에 이르거나 상해에 이른 경우를 나누어서 처벌의 경중을 두고 있다.

(1) 상해

26   상해의 개념은 기본적으로 상해죄(§257①)에서의 상해 개념을 따르고 있다. 판례는 "도주운전죄가 성립하려면 피해자에게 사상의 결과가 발생하여야 하고,

---

17 대판 2002. 5. 24, 2000도1731.
18 이러한 판례에 대한 비판은, 김태수, "도로교통법상 무과실 운전자에게 부여된 교통사고발생시 조치의무와 형사처벌의 정당성", 안암법학 41(2013. 5), 58-59.
19 대판 2007. 7. 26, 2007도2919.
20 이러한 판례에 대해서 독일 등 외국의 입법례에 비추어 미조치의 의무를 지는 사람의 범위를 확장하는 것을 검토할 필요가 있다는 견해가 있다[최준혁, "동승자가 특정범죄가중법상 도주차량죄의 공동정범이 될 수 있는가? - 도주차량죄의 구조에 대한 해석론", 비교형사법연구 19-4, 한국비교형사법학회(2018), 45-46].

생명·신체에 대한 단순한 위험에 그치거나 형법 제257조 제1항에 규정된 "상해"로 평가될 수 없을 정도의 극히 하찮은 상처로서 굳이 치료할 필요가 없는 것이어서 그로 인하여 건강상태를 침해하였다고 보기 어려운 경우에는 위 죄가 성립하지 않는다."고 판시하여,[21] 생리적 기능이 훼손될 정도의 상해를 요구한다.

이에 따라 교통사고로 인하여 피해자가 입은 요추부 통증이 굳이 치료할 필요가 없이 자연적으로 치유될 수 있는 것으로서 '상해'에 해당한다고 볼 수 없다고 판시한 사례[22]가 있고, 피해자가 2주간의 치료를 요하는 급성경추염좌의 상해를 입었을 뿐인 경우 사고 운전자가 실제로 피해자를 구호하는 등의 조치를 취하여야 할 필요가 있었다고 보기 어렵다고 한 사례[23]도 있다. **27**

반면, 피해자들이 교통사고로 입은 상해부위에는 압통 등이 있어 일상생활에 지장을 줄 정도이고 사고 다음날부터 13일 동안 병원에 입원하여 약물치료(근육주사, 근이완제, 진통제 등) 및 1일 2회씩의 물리치료를 한 사실이 인정되므로, 이러한 상해를 형법 제257조 제1항에 규정된 '상해'로 평가될 수 없을 정도의 극히 하찮은 상처로서 굳이 치료할 필요가 없는 것이라고 할 수는 없어 상해로 인정한 사례[24]도 있다. **28**

(2) 사망

사망과 관련하여 판례는, "피고인이 피해자를 충격한 직후 피해자가 사망한 것처럼 보였다는 것일 뿐 동인이 사망하였다고 확인된 것은 아니어서 그 때 이미 구호조치의 여지가 없게 되었다고 단정할 수도 없을 뿐 아니라 피해자가 이미 사망하였다면 사체의 안치, 후송 등의 필요가 있으므로 피고인으로서는 피해자에 대한 구호 또는 안치, 후송 등을 위하여 병원 경찰관서에의 연락 또는 신고를 하는 등 그에 따른 필요한 조치를 취하였어야 할 것"이라고 판시하였다.[25] 위 판례는 피해자가 즉사하더라도 시신의 안치, 후송 등 후속 조치가 필요하고, 피해자가 사망한 경우에 필요한 조치를 취하여야 한다는 취지이다. **29**

---

21 대판 2008. 10. 9, 2008도3078.
22 대판 2000. 2. 25, 99도3910.
23 대판 2002. 1. 11, 2001도2869. 본 판결 평석은 이동희, "구호조치 필요성의 제한과 특가법상 도주치상죄 여부", 특별형법 판례100선, 150-153.
24 대판 2005. 9. 30, 2005도2654.
25 대판 1991. 4. 23, 91도52.

30   또한 사고와 사망과의 인과관계에 대해서도 판례는, "치사라고 함은 교통사고를 직접적 원인으로 하는 치사한 경우를 말하고 또 도주 후 피해자의 사망이라 함은 교통사고로 인한 피해자를 구호조치를 취하지 아니하고 그대로 방치한 결과 교통사고의 충격 내지는 상해상태가 타력의 개입 없이 자연적인 경과로 악화되어 사망한 경우를 가리키며 다른 가해로 인한 치사 내지는 사망의 경우는 여기에 해당되지 아니하는 것"이라고 판시하였다.[26] 위 사례에서 대법원은, 피해자의 사망은 피고인 운행차의 후속차에 충돌되어 사망하였음이 분명하며 기록상 피고인이 그 치사에 대한 인식이 있었다거나 인식할 수 있었다고 볼 자료가 없다고 하여 무죄 취지로 파기환송하였다.

5. 피해자를 구호하는 등 도로교통법 제54조 제1항 조치 및 구호조치의 필요성

(1) 구호조치의 의의

31   본죄는 교통사고를 야기한 사람이 피해자를 구호하는 등 도교법 제54조 제1항의 조치를 취하지 않은 행위를 처벌하고 있는데, 구호조치가 무엇인지, 어느 정도의 기준을 충족하여야 하는지 문제된다.

32   우선 도교법 제54조 제1항은 ① 사상자를 구호하는 등 필요한 조치, ② 피해자에게 인적 사항을 제공하는 조치를 하도록 규정하고 있다.

33   판례는 구호조치에 대하여, "도로에서 일어나는 교통상의 위험과 장해를 방지·제거하여 안전하고 원활한 교통을 확보함을 그 목적으로 하는 것인바, 이 경우 운전자가 하여야 할 필요한 조치는 사고의 내용, 피해의 태양과 정도 등 사고현장의 상황에 따라 적절히 강구되어야 할 것이고, 그 정도는 우리의 건전한 양식에 비추어 통상 요구되는 정도의 조치를 말한다."고 판시하고 있다.[27]

(2) 구호조치의 필요성에 대한 판단

34   사고를 발생시켰더라도 구호조치의 필요성이 없다면 위와 같은 구호의무를 다하지 않았더라도 본죄가 성립하지 않는다.

---

26 대판 1985. 9. 10, 85도1462. 본 판결 평석은 이용식, "도주운전자 가중처벌 규정과 인과관계", 특별형법 판례100선, 154-156.
27 대판 2006. 9. 28, 2005도6547.

구호조치의 필요성에 대해서 판례는 상해의 정도를 비롯하여 다양한 요소 35
를 종합하여 판단하고 있다. 즉 구호조치의 필요성과 관련하여 판례는, 사고운
전자가 실제로 피해자를 구호하는 등 도교법 제54조 제1항의 규정에 따른 조치
를 취할 필요가 있었다고 인정되지 아니하는 때에는 사고운전자가 피해자를 구
호하는 등의 조치를 취하지 아니하고 사고 장소를 떠났다고 하더라도 본죄가
성립되지 아니한다고 할 것이나, 실제로 피해자를 구호하는 등의 조치를 취할
필요가 있었는지 여부는 사고의 경위와 내용, 피해자의 나이와 그 상해의 부위
및 정도, 사고 뒤의 정황 등을 종합적으로 고려하여 판단하여야 한다고 판시하
고 있다.[28]

이때 도교법 제54조 제1항이 사고를 야기한 사람에게 응급적인 수습책임 36
을 부여하고 있음에 비추어, 피해자를 구호하는 등의 조치를 취할 필요가 없었
다고 인정하기 위하여는 피해자 측에서 구호조치가 불필요함을 적극적으로 표
명하였다거나 그 밖의 응급적인 조치가 필요 없다는 사정이 사고 직후의 시점
에서 객관적이고 명확히 드러나야 할 것이고, 단지 사고 직후 피해자의 거동에
큰 불편이 없었고 외관에 상처가 없었으며 피해 정도가 비교적 가벼운 것으로
사후에 판명되었다는 등의 사유만으로 가벼이 그러한 필요가 없었다고 단정할
수는 없다.[29]

(3) 구호조치의 필요성에 대한 인식

구호조치와 관련하여, 우선 구호조치의 필요성이 있다는 점을 인식하여야 37
한다. 판례는 "사고운전자가 사고로 인하여 피해자가 사상을 당한 사실을 인식
하였음에도 불구하고 피해자를 구호하는 등 도로교통법 제50조 제1항에 규정된
의무를 이행하기 이전에 사고현장을 이탈하여 사고를 낸 자가 누구인지 확정될
수 없는 상태를 초래하는 경우를 말하고, 여기에서 말하는 사고로 인하여 피해

---

28 대판 2012. 1. 12, 2011도14018; 대판 2021. 2. 10, 2020도15208[2016년 12월 2일 도교법 제54
조 제1항의 필요한 조치에 '피해자에게 인적 사항을 제공(제2호)할 것'이 추가되었음에도 종전
판례와 같이 피해자를 구호하는 등의 조치를 취할 필요가 있었다고 인정되지 않는 때에는, 사고
운전자가 피해자에게 인적 사항을 제공하는 조치를 이행하지 아니하고 사고가 일어난 곳을 떠났
다고 하더라도 본죄가 성립하지 않는다고 한 사례]. 위 2020도15208 판결의 평석은 이완형, "특
가법상 도주치상죄에서 구호조치의 의미", 특별형법 판례100선, 한국형사판례연구회·대법원 형
사법연구회, 박영사(2022), 146-149.
29 대판 2012. 1. 12, 2011도14018. 본 판결 평석은 이동희(주 23), 150-153.

자가 사상을 당한 사실에 대한 인식의 정도는 반드시 확정적임을 요하지 아니하고 미필적으로라도 인식하면 족한바, 사고운전자가 사고 직후 차에서 내려 직접 확인하였더라면 쉽게 사고사실을 확인할 수 있었는데도 그러한 조치를 취하지 아니한 채 별일 아닌 것으로 알고 그대로 사고현장을 이탈하였다면 사고운전자에게는 미필적으로라도 사고의 발생사실을 알고 도주할 의사가 있었다고 볼 것이다."고 판시하여,[30] 구호조치의 필요성에 대한 인식(미필적 인식 포함)을 요구하고 있다.

38   구호조치의 필요성에 대한 미필적 인식과 관련하여 판례는, "운전사가 교통사고 당시 자기의 버스에 피해자가 충격되어 땅바닥에 넘어졌다가 일어난 것을 본 이상 피해자가 위 충격으로 인하여 상해를 입을 수도 있을 것이라는 예견을 할 수 있었다 할 것이므로 이러한 경우 피해자가 상해를 입었는지의 여부를 확인한 후 피해자를 구호할지 여부에 대한 조치를 취해야 함에도 불구하고 이러한 조치를 취함이 없이 피해자가 걸어가는 것을 보고는 그대로 위 버스를 운행해 가버렸다면 이는 특정범죄가중처벌등에관한법률 제5조의3 제1항 소정의 도주의 경우에 해당한다."고 판시한 사례[31]가 있다. 그리고 "차량에 충격되어 횡단보도상에 넘어진 피해자가 스스로 일어나서 도로를 횡단하였다 하더라도 사고차량 운전자로서는 피해자의 상해 여부를 확인하여 병원에 데리고 가는 등 구호조치를 취하여야 함에도 불구하고 이를 이행하지 아니하고 상호 말다툼을 하다가 사고에 대한 원만한 해결이 되지 아니한 상태에서 그냥 가 버렸다면 이는 특정범죄가중처벌등에관한법률 제5조의3 제1항 소정의 "사고 후 구호조치를 취하지 아니하고 도주한 때"에 해당한다."고 판시한 사례[32]에서도 구호조치의 필요성에 대한 인식을 인정하였다.

39   판례는 "피해자에게 외상이 전혀 없었다고 하더라도 교통사고의 경우에는 외상 이외의 상해나 후유증이 있을 수 있는 사정을 고려하여 볼 때, 피고인으로서는 위 피해자가 상처를 입은 사실을 미필적으로나마 인식할 수 있었다고 보아야 할 것이다."라고 판시하여,[33] 미필적 인식에 대해 폭넓게 인정하는 태도를

---

30 대판 2000. 3. 28, 99도5023.
31 대판 1987. 8. 25, 87도1118.
32 대판 1993. 8. 24, 93도1384.
33 대판 1996. 8. 20, 96도1415.

취하고 있다.

한편, 사고 야기자가 이러한 구호조치의 필요성을 인식하여 상해사실을 확　　40
인하였으나 피해자가 이상이 없다고 하여 그냥 가버린 경우, 충분한 구호조치가
있었는지 여부가 다투어지는 사례가 많다. 판례는 기본적으로 "피해자가 사고
후 자신의 신체상태를 살펴본 후 괜찮다고 하여 사고운전자가 아무런 연락처
등을 알려주지 아니한 채 현장을 떠난 경우 도주의 범의가 있다고 인정하기 어
렵다."고 판시하고 있다.[34]

그러나 피해자가 어린 경우에는 도주의 범의를 넓게 인정하고 있다. 즉 판　　41
례는, "피고인이 과실로 교통사고를 일으켜 2세 남짓한 피해자에게 약 2주간 치
료를 요하는 상해를 입힌 사건에서, 피고인 스스로도 처음에는 병원에 데리고
가려 하였으나 피해자가 울음을 그치는 바람에 별일이 없을 것이라고 생각하여
약국에서 소독약과 우황청심환을 사서 치료하였다고 진술하고 있다면, 피해자
가 전혀 사리분별을 할 수 없는 어린아이로서 이 사고로 인하여 땅에 넘어져 피
고인 스스로 소독약을 사서 상처부위를 소독하여야 할 정도로 다친 이상 의학
에 전문지식이 없는 피고인으로서는 의당 피해자를 병원으로 데려가서 있을지
도 모르는 다른 상처 등에 대한 치료를 받게 하여야 할 것이며, 또 사고를 야기
한 사람이 피고인이라는 것을 기억할 수 없는 어린 피해자에게 집으로 혼자 돌
아갈 수 있느냐고 질문하여 "예"라고 대답하였다는 이유로 아무런 보호조치도
없는 상태에서 피해자를 길가에 하차시켰다면 사고의 야기자가 누구인지를 쉽
게 알 수 없도록 하였다 할 것이므로, 피고인의 이와 같은 소위는 특정범죄가중
처벌등에관한법률 제5조의3 제1항 제2호에 해당한다."고 판시하였다.[35]

또한, "피고인이 그가 운전하는 자동차의 우측 앞부분으로 11세 남짓의 국　　42
민학교 4학년 어린이인 피해자의 왼쪽 손부분 등을 들이받아 땅바닥에 넘어뜨
려 약 1주일간의 치료를 요하는 우 제5수지 관절염좌상 등을 가한 이 사건에 있
어서, 전혀 사리분별을 할 수 없지는 않지만 아직 스스로 자기 몸의 상처가 어
느 정도인지 충분히 파악하기에는 나이 어린 피해자가 피고인 운전의 승용차에
부딪쳐 땅에 넘어진 이상, 의학에 전문지식이 없는 피고인으로서는 의당 피해자

---

34 대판 1994. 9. 13, 94도1850.
35 대판 1994. 10. 14, 94도1651.

를 병원으로 데려가서 있을지도 모르는 다른 상처 등에 대한 진단 및 치료를 받게 하여야 할 것이며, 또 어린 피해자에게 집으로 혼자 돌아갈 수 있느냐고 질문하여 "예"라고 대답하였다는 이유만으로 아무런 보호조치도 없는 상태에서 피해자를 그냥 돌아가게 하였다면 사고의 야기자가 누구인지를 쉽게 알 수 없도록 하였다 할 것이므로, 피고인의 이와 같은 소위는 특정범죄가중처벌등에관한법률 제5조의3 제1항 제2호에 해당한다"는 취지로 판단하였다.[36]

43   이러한 판례들을 종합하였을 때, 어린아이인 경우에는 구호조치의 필요성을 인식하였다면, 피해자가 괜찮다고 하여 그대로 가버린 경우에도 충분한 구호조치를 하지 않았다고 평가함을 알 수 있다.

(4) 구호조치의 정도

44   구호조치는 필요한 모든 조치로서, 그 정도는 위에서 살펴본 판례에서와 같이 건전한 양식에 비추어 통상 요구되는 정도를 말한다. 실무상으로는 사고 야기자가 현장을 떠났지만 누군가에게 구호조치를 부탁하였을 경우, 구호조치를 다 하였는지 여부가 다투어지고 있다. 판례는 구체적 사안에 따라 다르게 판단하지만, 위 조항의 취지에 따라 피해자의 피해회복을 위한 실질적인 조치가 이루어졌는지를 기준으로 본죄의 성부를 결정하고 있다.

45   판례는 "사고현장을 떠난 이상 비록 피고인이 부모에게 사고발생을 알려 사후조치를 취하려고 사고현장을 떠난 것이며 도주한 것이 아니라 하더라도 구호 등 조치위반의 죄책을 면할 수 없다."고 판시하여,[37] 부모에게 알린 것만으로는 구호조치를 다하였다고 볼 수 없다는 입장이다. 그리고 "사고 운전자가 사고를 목격한 사람에게 단순히 사고를 처리해 줄 것을 부탁만 하고 실제로 피해자에 대한 병원이송 등 구호조치가 이루어지기 전에 사고현장을 이탈한 경우라면, 특별한 사정이 없는 이상, 사고 운전자는 사고현장을 이탈하기 전에 피해자를 구호하는 등 도로교통법 제50조 제1항에 규정된 조치를 취하였다고 볼 수 없다."고 판시하여,[38] 주변인에게 부탁만 한 경우도 충분한 조치를 취한 것이라고 인정하지 않는다.

---

36 대판 1996. 8. 20, 96도1461.
37 대판 1984. 7. 24, 84도1144.
38 대판 2005. 12. 9, 2005도5981.

46

더 나아가 부탁한 사람에 의해 구호조치가 이루어졌다고 하더라도 구호조치가 이루어지기 전에 사고현장을 이탈하였다면 도주하였다고 인정한 사례도 있다. 즉, "사고 운전자가 그가 일으킨 교통사고로 상해를 입은 피해자에 대한 구호조치의 필요성을 인식하고 부근의 택시 기사에게 피해자를 병원으로 이송하여 줄 것을 요청하였으나 경찰관이 온 후 병원으로 가겠다는 피해자의 거부로 피해자가 병원으로 이송되지 아니한 사이에 피해자의 신고를 받은 경찰관이 사고현장에 도착하였고, 피해자의 병원이송 및 경찰관의 사고현장 도착 이전에 사고 운전자가 사고현장을 이탈하였다면, 비록 그 후 피해자가 택시를 타고 병원에 이송되어 치료를 받았다고 하더라도 운전자는 피해자에 대한 적절한 구호조치를 취하지 않은 채 사고현장을 이탈하였다고 할 것이어서, 설령 운전자가 사고현장을 이탈하기 전에 피해자의 동승자에게 자신의 신원을 알 수 있는 자료를 제공하였다고 하더라도, 피고인의 이러한 행위는 '피해자를 구호하는 등 조치를 취하지 아니하고 도주한 때'에 해당한다고 할 것이다."라고 판시하였다.[39]

47

그러나 "교통사고 시 피고인이 피해자와 사고 여부에 관하여 언쟁하다가 동승했던 아내에게 "네가 알아서 처리해라"며 현장을 이탈하고 그의 아내가 사후처리를 한 경우, 피고인이 피해자를 구호하지 아니하고 사고현장을 이탈하여 사고야기자로서 확정될 수 없는 상태를 초래한 경우에 해당하지 않는다."고 판시하여,[40] 아내를 통해 구호조치를 했다면 필요조치를 한 것이라고 인정한 사례가 있다. 그러나 아내가 현장에 남아 있더라도 구호조치를 인정하지 않은 사례가 있는데, "피고인이 피해자가 교통사고로 인하여 차에 왼쪽 다리가 끼어 빠져나올 수 없어 고함을 지르는 상태에 있었음에도 상처 부위와 정도를 살피는 등의 조치를 취하지 아니함은 물론이고 피해차량 부근에도 가지 아니한 채 집으로 돌아왔고, 그의 처도 현장에 남아있다가 피해자의 친구에게 병원으로 데려가라고 말한 후 집으로 돌아왔고 피고인이나 그 처가 피해자 등에게 인적 사항이나 연락처를 스스로 이야기한 사실도 없다면 피고인이 피해자들의 구호의무를 이행하지 않은 것"이라고 판시하여,[41] 피고인이 현장에 있지도 않고, 피고인 측의 동행자들도

39 대판 2004. 3. 12, 2004도250.
40 대판 1997. 1. 21, 96도2843.
41 대판 1995. 11. 24, 95도1680.

구호조치를 취하지 않았다면 충분한 조치를 취하지 않은 것으로 보았다.

6. 도 주

(1) 도주의 의의

48   본죄로 처벌하기 위해서는 교통사고를 야기한 사람이 구호조치를 취하지 아니한 것뿐 아니라 '도주'한 것으로 인정되어야 한다.

49   '도주'의 의미에 대하여 대법원은, "특정범죄 가중처벌 등에 관한 법률 제5 조의3 제1항에서 정한 '피해자를 구호하는 등 도로교통법 제54조 제1항의 규정 에 의한 조치를 취하지 아니하고 도주한 때'란, 사고 운전자가 사고로 인하여 피 해자가 사상을 당한 사실을 인식하였음에도 피해자를 구호하는 등 도로교통법 제54조 제1항에 규정된 의무를 이행하기 이전에 사고현장을 이탈하여 사고를 낸 자가 누구인지 확정될 수 없는 상태를 초래하는 경우"라고 판시하였다.[42]

50   그리고 '도주'한 것으로 평가되지 않기 위한 조치를 다하였는지 판단 기준 에 대해서는, "사고의 내용과 피해의 정도 등 구체적 상황에 따라 적절히 강구 되어야 하고 그 정도는 건전한 양식에 비추어 통상 요구되는 정도의 것으로서, 여기에는 피해자나 경찰관 등 교통사고와 관계있는 사람에게 사고운전자의 신 원을 밝히는 것도 포함된다 할 것이나, 다만 특정범죄가중처벌 등에 관한 법률 제5조의3 제1항의 규정이 자동차와 교통사고의 격증에 상응하는 건전하고 합리 적인 교통질서가 확립되지 못한 현실에서 자신의 과실로 교통사고를 야기한 운 전자가 그 사고로 사상을 당한 피해자를 구호하는 등의 조치를 취하지 않고 도 주하는 행위에 강한 윤리적 비난가능성이 있음을 감안하여 이를 가중처벌함으 로써 교통의 안전이라는 공공의 이익을 보호함과 아울러 교통사고로 사상을 당 한 피해자의 생명과 신체의 안전이라는 개인적 법익을 보호하기 위하여 제정된 것이라는 그 입법취지와 보호법익에 비추어, 사고 운전자가 피해자를 구호하는 등 도로교통법 제54조 제1항에 정한 의무를 이행하기 전에 도주의 범의로써 사 고현장을 이탈한 것인지 여부를 판정함에 있어서는 그 사고의 경위와 내용, 피해 자의 상해의 부위와 정도, 사고 운전자의 과실 정도, 사고 운전자와 피해자의 나

---

42 대판 2009. 6. 11, 2008도8627; 대판 2015. 5. 28, 2012도9697.

이와 성별, 사고 후의 정황 등을 종합적으로 고려하여야 한다.”고 판시하였다.[43]

이러한 판례를 종합하면, '도주'에 해당하는지 여부를 판단하기 위해서는, 51
① 사고 운전자가 사고로 인해 피해자가 사상을 당한 사실을 인식하여야 하고,
② 구호조치를 취하기 전에 사고현장을 이탈하여야 하고, ③ 사고를 낸 사람이
누구인지 확정될 수 없는 상태를 초래하여야 한다.

아래에서는 위 세 가지 요건과 관련하여 문제되었던 부분을 요건별로 나누 52
어 살펴본다.

(2) 사고에 대한 인식

사고에 대한 인식에 대해서는 앞의 구호조치의 필요성 인식과 관련하여 살 53
펴본 바와 같이 판례는 확정적 인식이 아닌 미필적 인식으로도 충분하다는 입
장이다.[44]

이러한 기준에 따라 판례는, “'사고장소에서 무엇인가 딱딱한 물체를 충돌 54
한 느낌을 받았으나 사람을 충격한 것은 아니라고 생각하고 내일 살펴보지 하
는 생각에 그냥 집으로 갔다'는 피고인의 제1심 법정에서의 진술에 비추어 피고
인에게는 미필적으로나마 사고의 발생사실을 알고 도주할 의사가 있었음을 인
정할 수 있다.”고 한 사례[45]가 있다.

(3) 사고현장 이탈

두 번째 요건은 사고현장을 이탈하였다는 점이다. 이와 관련해서는 실무상 55
사고현장을 떠나긴 하였지만 도주의 의사를 부인하면서 이탈하지 않았다는 취
지로 변명하는 경우가 종종 있다. 사고현장을 떠난 경우의 대부분은 음주운전
또는 무면허운전 등의 사유를 은폐하기 위한 것에 비롯된 것이기 때문에 도주
의 의사를 중심으로 사고현장 이탈 여부를 판단하는 것이 일반적이다.

(가) 긍정 사례

판례는 “교통사고를 낸 피고인이 약 40m 정도를 그대로 지나쳐 정차한 후 56
피해자에 대한 구호조치를 취함이 없이 방관하다가 경찰관에게도 가해자가 아
닌 것처럼 거짓말을 하고 현장을 떠나 자기가 피해자인 양 피해신고를 하러 경

---

43 대판 2002. 6. 28, 2002도2001; 대판 2002. 10. 22, 2002도4452.
44 대판 2001. 1. 5, 2000도2563.
45 대판 2000. 3. 28, 99도5023.

찰서에 간 것은 '도주'로 인정"한 사례[46]가 있다.

(나) 부정 사례

57   불가피한 사정으로 인해 사고현장을 이탈한 경우에는 도주의 의사를 부인한 사례들이 있다. 즉, "자동차운전자가 교통사고 당시 눈이 내려 노면이 미끄러웠으므로 운행속력 때문에 즉시 정차할 수 없었고, 또한 도로공사 중이어서 사고현장에서 정차할 마땅한 장소가 없어 사고지점에서 150미터 내지 200미터쯤 전진하여 정차한 뒤 사고현장 쪽으로 50미터 정도 되돌아 오다가 뒤쫓아 온 공소외인과 마주쳐서 동인과 같이 사고현장에 이르러 피해자를 차에 싣고 병원으로 가 응급조치를 취했다면 도주하였다고 볼 수 없다."고 판시한[47] 사례가 있다. 이와 유사하게 불가피한 사정을 인정한 사례로, "교통사고로 인하여 피고인이 받았을 충격의 정도, 사고 후 불가항력적으로 반대차선으로 밀려 역주행하다가 2차 사고까지 일으키게 된 정황, 정주행 차선으로 돌아온 후에도 후발사고의 위험이 없는 마땅한 주차 공간을 찾기 어려운 도로여건, 피고인이 스스로 정차한 후 개인택시조합 직원에게 사고처리를 부탁하는 전화를 마칠 무렵 경찰관이 도착한 사정 등에 비추어, 피고인이 교통사고 후 비록 가해차량을 운전하여 사고현장으로부터 약 400m 이동하여 정차한 사실은 인정되나 이는 불가피한 것으로 볼 여지가 있다."고 판시한[48] 것도 있다.

58   피해자를 한적한 곳에 유도할 의사로 사고현장을 이탈한 경우, 이를 도주의 의사가 있었다고 보아야 할지 문제되었던 사례가 있다. 이 사례에서 피고인은 앞서 가던 피해차량이 신호대기로 정차하는 것을 뒤늦게 발견하고 급제동하였으나 미흡하여 사고차량 앞 범퍼 부위로 피해차량 뒷 범퍼 부위를 충격하여 피해를 입히고 음주운전한 것이 발각될까봐 다른 사람들의 눈을 피한 뒤 일처리를 할 마음으로 약간 후진한 뒤 다시 앞으로 천천히 진행하면서 한적한 도로를 약 100m를 진행하다 보니 영업용 택시가 뒤따라 와서 앞을 가로막는 바람에 정차하여 신고되었다. 원심은 피고인에 대하여 도주의 의사를 인정하여 유죄판결을 선고하였다.[49] 그러나 대법원은, "경미한 교통사고로서 바로 그 사고현장에

---

46 대판 1991. 10. 22, 91도2134.
47 대판 1981. 10. 13, 81도2175.
48 대판 2006. 9. 28, 2006도3441.
49 서울고판 1994. 1. 21, 93노2905.

서 구호조치등을 취하지 않으면 안 될 정도가 아니고 또는 사고장소가 차량의 왕래가 많은 등 오히려 그 자리에서 어떠한 조치를 취하는 것이 교통에 방해가 되는 등의 사정이 있을 때에는 구태여 사고현장에서 응급조치 등을 취하지 않고 한적한 곳에 인도하여 그 곳에서 필요한 조치를 취할 수도 있다고 보아야 할 것이다. 그리고 만일 이 사건에서 피고인이 그가 변소한 대로 피해자를 한적한 곳에 유도할 의사나 목적을 가지고 깜빡이등을 켜고 시속 10Km의 저속으로 운전하는 등 그가 변소하는 바와 같은 방법으로 자동차를 운전하여 갔다면 특정범죄가중법 제5조의 3이 규정하는 바의 "도주"의 의사가 있다거나 "도주한 때"에 해당한다고 할 수 없을 것이다."라고 판시하면서,[50] 사고현장을 이탈한 것에 대해 도주의사를 인정하지 아니하였다. 피고인이 정차하게 된 경위가 피해자 차량에 의해 진로가 막힌 것이라고 하더라도 피고인이 저속으로 깜박이를 키고 운행한 점을 중시하여 도주의사를 인정하지 않은 것은 타당한 결론이라고 생각한다.

(4) 사고를 낸 사람이 누구인지 확정될 수 없는 상태

본죄를 처벌하는 입법취지는 피해자에게 사고에 따른 적절한 조치가 취해져야 한다는 것이고, 적절한 조치를 민·형사상의 책임자를 확정하는 것도 포함된다. 이러한 것을 불가능하게 한 것은 본죄를 처벌하는 주요 이유이기도 하다.
59

사고를 낸 사람을 특정하기 위해서는 사고 차량 운전자의 인적 사항, 연락처 등을 피해자 측에게 교부하여야 하는 것이 기본요건이다.
60

따라서 판례는, ① "피해자의 상해 여부를 확인하지도 않은 채 자동차등록원부만을 교부하고 임의로 사고현장을 이탈한 경우"는 도주한 것으로 인정하였다.[51]
61

또한, ② "교통사고 야기자가 피해자를 병원에 데려다 준 다음 피해자나 병원 측에 아무런 인적사항을 알리지 않고 병원을 떠났다가 경찰이 피해자가 적어 놓은 차량번호를 조회하여 신원을 확인하고 연락을 취하자 2시간쯤 후에 파출소에 출석한 경우 '도주'에 해당한다."고 판시한 사례[52]도 있다.
62

---

50 대판 1994. 6. 14, 94도460.
51 대판 1996. 8. 20, 96도1415.
52 대판 1999. 12. 7, 99도2869.

63   그리고 ③ "교통사고를 일으킨 후 피해자와 경찰서에 신고하러 가다가 음
주운전이 발각될 것이 두려워 피해자가 경찰서에 들어간 후 그냥 돌아간 경우
피해자에게 피고인의 직업과 이름을 알려 주었다고 하더라도 사고현장을 이탈
하여 도주한 것"이라고 판시한 사례[53]도 있다. 이러한 사례들은 사고 야기자가
불완전하게 자신을 특정할 수 있는 자료를 주었기 때문에 사고를 낸 사람을 확
정할 수 없는 상태를 만들었다고 인정하였다.

64   또한, ④ "피고인은 이 사건 교통사고를 낸 후 피해를 입은 르망승용차로
가서 피해자 2명이 정신을 잃고 의자에 기대어 있는 것을 목격하고는 지병인
고혈압으로 인하여 정신이 멍멍해지고 얼굴이 하얗게 변하는 등 크게 당황하게
되자 이 사건 교통사고로 인하여 차량이 손괴되면서 가벼운 부상을 입은 택시
운전기사 이성길에게 약을 사먹고 올테니 신고하여 달라고 말을 한 후 사고를
낸 차량을 두고 현장을 떠났고, 위 르망승용차에 탄 피해자들은 마침 그 곳을
지나던 다른 택시운전기사들이 이성길의 부탁을 받아 신고를 하여 사고현장에
출동한 경찰관이 구급차를 불러 병원으로 후송하였는데, 피고인은 사고현장에
서 약 2km를 걸어가다가 택시를 타고 유성터미널 근처의 약방에서 약을 사서
먹고 2시간 후에 현장에 왔으나 부상자들은 이미 병원으로 후송되었고 사고차
량의 견인작업도 거의 끝난 것을 보고 집으로 귀가하였을 뿐 아니라 피고인이
스스로 피해자에게 이름과 주소, 전화번호 등을 알려준 것이 아니고 차량등록명
의가 피고인이 대표로 있는 공소외 합자회사로 되어 있어 사고를 야기한 자가
누구인지 쉽게 확인할 수 없는 상태를 초래"하였다고 판시한 사례[54]도 있다.

65   판례는 사고 야기자가 자신이 운전하지 않았다고 하는 등 적극적인 기망행
위 등을 통하여 사고를 낸 사람을 확정할 수 없게 한 경우 '도주'의 의사를 인정
하고 있다.

66   즉, ⑤ "피고인은 판시 교통사고를 일으킨 다음, 사고현장 부근에 정차하였
으나, 출동한 경찰관의 요청으로 파출소에 임의동행하여 사고야기 여부에 관하
여 추궁을 받으면서도 피고인 차량에 충격 흔적이 발견되었다는 지적을 받기까
지는 사고사실을 부인하고, 사고현장에서도 피해자에 대하여 아무런 구호조치

---

53 대판 1996. 4. 9, 96도252.
54 대판 1994. 10. 21, 94도2204.

도 취하지 아니한 채 목격자인 양 행동한 사실이 인정"되는 사안에서, 도주하였다고 판시하였다.[55]

　　그리고 ⑥ 교통사고 야기자가 피해자를 병원에 후송하기는 하였으나 조사 경찰관에게 사고사실을 부인하고 자신을 목격자라고 하면서 참고인 조사를 받고 귀가한 경우도 의 '도주'에 해당한다고 한 사례[56]는 위와 같은 취지에서 비롯된 것이다. 그러나 위 사례와 비교·대조하여 볼 판례가 있는데, ⑦ "피고인이 교통사고현장에서 동승자이던 원심 공동피고인 A로 하여금 이 사건 차량의 운전자인 것처럼 허위로 신고하도록 하였다 하더라도, 피고인은 사고 직후 사고장소를 이탈한 바 없이 피해자의 피해사실을 확인한 후 곧바로 보험회사에 사고접수를 하고, 출동한 경찰관에게 이 사건 차량이 가해차량임을 명백히 밝혔으며, 경찰관의 요구에 따라 위 원심 공동피고인 A와 함께 영등포경찰서로 동행하여 조사를 받은 후 귀가하였다가 이틀 후 자진하여 경찰에 출두, 자수하기까지 한 점 등의 사정에 비추어 보면, 피고인이 피해자를 구호하는 등의 의무를 이행하기 전에 도주의 범의를 가지고 사고현장을 이탈하였다고까지 인정하기에는 부족하다"고 판시한[57] 사례가 있다.

　　위 두 사례는 피고인이 사고 운전자를 확정할 수 없는 기망행위를 하였다는 점, 피해자의 구호조치를 취하였다는 점에서 공통점이 있다. 그러나 도주치상죄를 부정한 위 ⑦의 판례는 이틀 후에 자수를 하였다는 점에서 도주로 인정하지 않은 것으로 보인다. 하지만 이틀 후에 자수한 것으로 고의를 조각시키는 점은 부당한 측면이 있다. 운전자가 허위 신고를 하는 시점에 도주의 행위는 기수에 이른 것으로 볼 수 있다는 점에서 지나치게 기수시점을 뒤로 인정한 것 아닌가 하는 비판이 제기될 수 있다고 생각한다.

　　사고 야기자를 밝혔는지 여부가 문제되었던 또 하나의 사안으로, ⑧ 혈중알코올농도 0.197%의 음주상태에서 차량을 운전하다가 교통사고를 일으켜 피해자에게 상해를 입힌 운전자가, 피해자 병원 이송과 경찰관 사고현장 도착 전에 견

67

68

69

---

55 대판 1999. 11. 12, 99도3781.
56 대판 2003. 3. 25, 2002도5748. 본 판결 해설은 이균용, "특정범죄가중처벌등에관한법률 제5조의 3 제1항에 정하여진 '피해자를 구호하는 등 도로교통법 제50조 제1항의 규정에 의한 조치'의 의미와 상소심에서 필요적 변호사건의 판단기준", 해설 45, 법원도서관(2004), 776-785.
57 대판 2009. 6. 11, 2008도8627.

인차량 기사를 통해 피해자에게 신분증을 교부한 후 피해자의 동의 없이 일방적으로 현장을 이탈하였다가 약 20분 후 되돌아온 사안에서, 원심은 신원확인을 위한 자료를 경찰관에게 교부하였고, 사건 현장을 떠난 후 약 20분 후에 돌아온 점을 중시하여 도주에 해당하지 않는다고 판시하였다.[58] 그러나 대법원은, "피고인은 혈중알코올농도 0.197%의 술에 취한 상태에서 이 사건 교통사고를 야기하고서도 피해자의 동의도 없이 일방적으로 현장을 이탈하였을 뿐만 아니라 피고인이 현장을 떠난 후 피해자가 경찰에 신고하고 병원구급차에 의하여 후송되었다는 것인데, 이러한 사실과 더불어 기록에 의하여 알 수 있는 다음과 같은 사정, 즉 피해자는 사고 직후 피고인에게 아프다는 이야기를 하였고, 피해자의 딸(당시 2세)이 이 사건 사고로 다쳐 울고 있는 상황이었으므로 피고인도 피해자들을 병원으로 급히 호송해야 할 상황임을 잘 알고 있었던 것으로 보이는 점, 실제로 피해자의 딸은 이 사건 사고로 약 2주간의 치료를 요하는 '뇌진탕'의 상해를 입게 되었고, 피해자 부부도 각각 약 2주간의 치료를 요하는 '경추 및 요추 염좌상 등'의 진단을 받아 병원에서 투약 등 치료를 받았으며 피해자의 차량도 약 38만 원의 수리비가 소요될 정도의 물적 피해를 입었던 점, 이미 견인차량이 도착한 상태에서 피고인이 다시 음주운전을 하면서까지 직접 차량을 이동시켜야 할 긴급한 필요가 있었다고 보기 어려운 점, 피고인은 현장에서 이탈한 뒤 약 20분이 지나 사고장소에 되돌아오다가 만난 경찰관에게 자신의 운전사실을 부인하면서 "성명불상의 대리운전기사가 이 사건 사고를 야기한 뒤 도망갔다."는 취지로 진술하였고, 이에 따라 이 사건 사고 당일 작성된 교통사고발생보고서에도 피고인은 위와 같이 자신의 운전사실을 부인하는 취지로 진술한 것으로 기재되어 있는 점 등에 비추어 보면, 원심이 설시한 다른 여러 사정들을 모두 감안하더라도 피고인의 위와 같은 행위를 두고 구 도로교통법 제54조 제1항이 규정하는 '사상자를 구호하는 등 필요한 조치'를 다하였다고 보기는 어렵다. 오히려 피고인은 피해자의 병원 이송 및 경찰관의 사고현장 도착 이전에 사고현장을 이탈하였으므로, 비록 그 후 피해자가 구급차로 호송되어 치료를 받았다고 하더라도 사고운전자인 피고인은 피해자에 대한 적절한 구호조치를 취하지 않은 채 사고현장을 이탈하였다고 할 것이어서, 설령 피고인이 사고현장을 이탈하기 전에 피해자에게

---

58 수원지판 2010. 11. 9, 2010노2521.

자신의 신원을 알 수 있는 주민등록증을 건네주었다고 하더라도 피고인의 이러한 행위는 '피해자를 구호하는 등 조치를 취하지 아니하고 도주한 때'에 해당한다고 할 것이므로 피고인에게 도주의 범의가 없었다고 볼 수 없고, 피고인이 사고현장을 떠날 당시 교통상의 위험과 장해를 방지·제거하여 원활한 교통을 확보하기 위한 더 이상의 조치를 취하여야 할 필요가 없었다고 보기도 어렵다."고 판시하면서,[59] 도주 혐의를 인정하였다. 이 판례에서는 사고 직후 피해자와 피해변상에 대해 이야기를 나누고, 경찰관에게 신분증까지 교부하였기 때문에 종전 판례의 취지에 따르면 사고를 낸 사람이 누구인지 특정할 수 없게 하였다고 보기 어려운 측면이 있다. 그러나 판례는 피고인이 20분 간 사라진 후 경찰관에게 성명불상의 음주운전자를 지목하면서 사고 야기자가 누구인지 혼란을 초래한 점을 중점을 두어 비록 신분증을 교부하였다고 하더라도 후속 조치 과정에서 사고 운전자를 특정하지 못하게 하였다고 인정한 것으로 분석된다.

　　한편, ⑨ 현장을 이탈하였다고 하더라도 위와 같이 차량 사고자의 인적 사항을 특정하게 한 경우에는 도주로 인정하지 않은 사례가 있었다. 즉, "교통사고 운전자가 사고현장에서 다친 곳이 없다고 말한 피해자와 피해 변상에 관한 합의 중 경찰차의 사이렌 소리가 들리자 자신의 음주사실을 숨기기 위해 피해자에게 자신의 운전면허증을 건네주고 가버린 경우, 도주에 해당하지 않는다"고 판시한 사례[60]가 있다. **70**

　　그러나 ⑩ 피해자에게 신원을 확인할 수 있는 자료를 제공해준 경우라도 도주에 해당한다고 판시한 사례가 있다. 즉, "사고 운전자가 사고로 인하여 피해자가 사상을 당한 사실을 인식하였음에도 불구하고 피해자를 구호하는 등 도로교통법 제50조 제1항에 규정된 의무를 이행하기 이전에 사고현장을 이탈하였다면, 사고 운전자가 사고현장을 이탈하기 전에 피해자에 대하여 자신의 신원을 확인할 수 있는 자료를 제공하여 주었다고 하더라도, 여전히 '피해자를 구호하는 등 도로교통법 제50조 제1항의 규정에 의한 조치를 취하지 아니하고 도주한 때'에 해당하는 것"이라고 판시한[61] 사례가 있는데, 구호조치를 다하여야 한다는 **71**

59 대판 2011. 3. 10, 2010도16027.
60 대판 1997. 7. 11, 97도1024.
61 대판 2005. 9. 9, 2005도3244.

요건을 갖추지 못하였기 때문에 사고 야기자를 특정하더라도 본죄가 성립한다는 취지로 해석된다.

72   ⑪ 다방종업원인 운전자가 사고 후 즉시 피해자를 병원으로 후송한 다음 다방으로 돌아와서 주인에게 사고 사실을 알리고 파출소에 교통사고 신고를 한 후 자진 출석하여 조사를 받았고 운전자의 일행이 운전자를 대신하여 그들의 인적사항을 피해자에게 알린 경우, 도주의 의사를 인정하기 어렵다고 한 사례[62]도 구호조치는 피고인의 지인인 다방 여종업원 등에 의하여 이루어졌기 때문에 비록 연락처 등이 피고인에 의하여 직접이 아닌 위 다방여종업원에 의해 이루어졌다고 하더라도 도주의사를 인정하지 않은 것으로 분석된다.

73   구호조치를 취하지 않은 채 신분만 밝힌 경우 충분한 피해회복이 되지 않을 가능성이 있기 때문에 단순히 신분증을 교부하였다고 하여 본죄가 성립하지 않는다는 것은 불합리한 결과를 초래할 가능성이 있다. 이러한 해석은 구호조치와 도주의 요건을 어떻게 해석할 것인가와 관련된 문제인바, 다음 항에서 살펴보는바와 같이 둘 중 하나의 요건만 이루어지지 않더라도 본죄가 성립된다고 해석하는 것이 상당하다고 판단된다.

74   그리고 사고 운전자의 특정은 피해자에게 하는 것이 가장 중요하다. 판례는, ⑫ "사고운전자가 교통사고 후 피해자를 병원으로 후송하여 치료를 받게 하고 병원에서 피해자의 가족들에게 자신의 인적사항을 알려주었다면, 비록 경찰관서에 자신이 사고운전자임을 신고하지 아니하고 동료 운전기사로 하여금 그가 사고운전자인 것으로 신고하게 하였다 하더라도, 피해자를 구호하는 등 도로교통법 제50조 제1항에 규정된 의무를 이행하기 이전에 사고현장을 이탈하여 사고를 낸 자가 누구인지 확정될 수 없는 상태를 초래하였다고 볼 수는 없으므로, 사고운전자가 특정범죄가중처벌등에관한법률 제5조의3 제1항 소정의 피해자를 구호하는 등 도로교통법 제50조 제1항의 규정에 의한 조치를 취하지 아니하고 도주하였다고 볼 수 없다."고 판시하여,[63] 수사기관에 사고 운전자를 특정하는 것과는 별개의 문제로 보고 있다.

75   다만, ⑬ 이미 경찰관이 사고현장을 조사 중이었고 피해자도 병원에 후송

---

62 대판 2000. 5. 12, 2000도1038.
63 대판 2002. 2. 8, 2001도4771.

된 상태에서 피해자 일행에게 자신의 연락처 등을 적어 주고 현장을 이탈한 경우 도주에 해당되지 않는다고 본 사례[64]가 있는바, 피해자 측에게 연락처 등 특정정보를 주는 것도 인정되고 있다.

7. '구호조치를 하지 않을 것' 및 '도주'와의 관계

특정범죄가중법은 '도교법상 구호조치를 취하지 아니하고 도주한 경우'라고　76
규정하고 있어 본죄가 인정되기 위해서는, ① 구호조치를 취하지 아니할 뿐 아니라, ② 도주하여야 한다고 문리적으로 해석될 여지가 있다. 이러한 해석에 따른다면, 둘 중의 하나의 조치만 취하면 본죄가 성립하지 않는다는 결론에 이르게 된다. 그러나 판례는 경우에 따라 달리 해석되는 듯한 판시들을 하고 있는바, 다음의 사례들을 살펴봄으로써 위 두 요건의 관계에 대해 살펴볼 필요가 있다.

우선, 피해자에 대하여 사고 야기자 이외의 다른 사람에 의한 구호조치가　77
있다면 구호조치의 필요성이 없다는 취지로 판시한 사례가 있다. 즉, ⓐ "사고 운전자인 피고인 자신이 부상을 입고 경찰에 의하여 병원에 후송되어 치료를 받던 도중 아무 말 없이 병원에서 나와 경찰에 연락을 취하지 아니하였더라도 그 당시 이미 경찰에 의하여 피해자를 구호하는 등의 조치가 이루어졌다는 이유로, 특정범죄가중처벌등에관한법률 제5조의3 제1항 소정의 '피해자를 구호하는 등 도로교통법 제50조 제1항의 규정에 의한 조치를 취하지 아니하고 도주한 때'에 해당하지 않는다."고 하였다.[65]

이와 유사한 사례로, ⓑ 피고인 자신이 부상을 입고 경찰관의 조치에 따라　78
병원으로 후송되던 도중 경찰에 신고나 연락을 취하지 아니한 채 집으로 가버린 사안에서, 원심은 필요한 구호조치를 취한 것이 아니라고 하여 유죄를 선고하였지만,[66] 대법원은 "그 당시에는 이미 경찰이나 구급차량 등에 의하여 피해자에 대한 구호조치가 이루어진 후이므로, 이를 두고 피고인이 피해자를 구호하는 등 도로교통법 제50조 제1항에 규정된 의무를 이행하기 전에 사고장소를 이탈하여 사

64　대판 1992. 4. 10, 91도1831. 본 판결 해설은 구욱서, "특정범죄가중처벌등에 관한 법률 제5조의3 제1항 위반죄에 있어서의 "도주"의 의미", 해설 17, 법원행정처(1992), 911-919.

65　대판 1999. 4. 13, 98도3315.

66　창원지판 2002. 8. 28, 2002노668.

고야기자로서 확정될 수 없는 상태를 초래한 경우에 해당한다고 볼 수는 없다."고 판시하였다.[67]

79   위 ⓐ, ⓑ의 사례들은 피해자가 이미 구호조치가 이루어졌다는 점을 중시하여 본죄가 성립하지 않는다고 본 판례들이다. 그리고 신원확인 조치 등이 피고인의 적극적인 기망행위 등이 아닌 사유로 발생하였다는 점에 방점이 있다고 해석하는 견해도 있다.[68]

80   그러나 위 사실관계와 유사한 사례에서 구호조치는 이루어졌지만 사고 야기자임을 특정할 수 없는 상태에 이르게 하였다는 이유로 본죄를 인정한 사례가 있다. 즉, ⓒ 대판 1999. 12. 7, 99도2869는 "피고인은 판시 일시, 장소에서 판시 자동차를 시속 약 10km로 운행하다가 보행 중이던 피해자를 충격하여 전치 3주의 좌슬관절염좌상을 입게 하는 사고를 내고, 피해자를 병원 응급실에 데려다 준 다음, 피해자나 병원 측에 아무런 인적사항을 알리지 않고 병원을 떠나 경찰이 피해자가 적어 놓은 차량번호를 조회하여 피고인의 신원을 확인하여 연락을 취하자 2시간쯤 후에 파출소에 출석한 사실이 인정되는바, 이와 같은 사실관계에 의하면, 피고인은 피해자를 병원에 데리고 가기는 하였으나 도로교통법 제50조 제1항이 예정하고 있는 사고야기자로서 취하여야 할 구호의무를 제대로 이행하였다고 할 수 없음은 물론 피해자나 그 밖의 누구에게도 자기의 신원을 밝히지 않고 도주함으로써 사고를 낸 자가 누구인지 확정할 수 없는 상태를 초래케 하였다고 할 것이므로, 위에서 본 법리에 비추어 볼 때 피고인의 행위는 법 제5조의3 제1항 소정의 '피해자를 구호하는 등 필요한 조치를 취하지 아니하

---

67 대판 2002. 11. 26, 2002도4986. 또한, "피고인이 교통사고 야기 후 사고현장에서 다른 사람들과 같이 피해자들을 구급차에 나눠 싣고 자신도 구급차에 동승하여 피해자를 병원 응급실로 후송한 후 간호사가 혈압을 재는 것을 보고 응급실 밖에서 담배를 피우고 있던 중 피고인 자신과 위 피해자가 타고 온 구급차가 다른 곳으로 가는 것을 보고 응급실에 다시 가 본 결과 위 피해자가 보이지 않자 간호사에게 피해자의 행방을 문의하였으나 그녀가 다른 곳으로 후송하였다고만 이야기하여 하는 수 없이 자신의 사무실로 돌아 간 경우, 피고인이 비록 사고현장에서나 그 직후 경찰관서 등에 사고 신고를 하지 않았거나 또는 타인에게 자신이 사고 야기자라고 적극적으로 고지하지 아니하였다고 하더라도 피고인의 행위는 특정범죄가중처벌등에관한법률 제5조의3 제1항 소정의 도주차량에는 해당되지 아니한다."고 판시한 사례(대판 1996. 4. 12, 96도358)도 같은 취지로 해석될 수 있다.
68 김현철, "交通事故患者를 病院으로 후송하고 離脫한 경우 逃走車輛인지 與否", 법조 47-3, 법조협회(1998. 3), 175.

고 도주한 때'에 해당한다고 보아야 할 것이다."고 판시하였다. 위 99도2869 판례는 구호조치가 있었지만 사고 운전자를 특정하지 못하게 한 이유로 유죄를 선고하였으므로 피해자에게 구호조치가 이루어졌다는 이유로 무죄로 판시된 앞서의 사례들과 일견 모순되어 보이는 측면이 있다.

위 99도2869 판례처럼 위 두 요건 중 하나의 요건만을 충족한 경우 본죄로 **81** 인정한 사례로, 피해자에게 신원을 확인할 수 있는 자료를 제공하여준 경우라도 구호조치가 이루어지 않았다면 도주에 해당한다고 판시한 사례가 있다. 즉, ⓓ "사고 운전자가 사고로 인하여 피해자가 사상을 당한 사실을 인식하였음에도 불구하고 피해자를 구호하는 등 도로교통법 제50조 제1항에 규정된 의무를 이행하기 이전에 사고현장을 이탈하였다면, 사고 운전자가 사고현장을 이탈하기 전에 피해자에 대하여 자신의 신원을 확인할 수 있는 자료를 제공하여 주었다고 하더라도, 여전히 '피해자를 구호하는 등 도로교통법 제50조 제1항의 규정에 의한 조치를 취하지 아니하고 도주한 때'에 해당하는 것"이라고 판시하였다.[69] 이는 구호조치를 다하여야 한다는 요건을 갖추지 못하였기 때문에 사고 야기자를 특정하더라도 본죄가 성립한다는 취지로 해석된다.

위와 유사한 사례로, ⓔ "사고 운전자가 그가 일으킨 교통사고로 상해를 입 **82** 은 피해자에 대한 구호조치의 필요성을 인식하고 부근의 택시 기사에게 피해자를 병원으로 이송하여 줄 것을 요청하였으나 경찰관이 온 후 병원으로 가겠다는 피해자의 거부로 피해자가 병원으로 이송되지 아니한 사이에 피해자의 신고를 받은 경찰관이 사고현장에 도착하였고, 피해자의 병원이송 및 경찰관의 사고현장 도착 이전에 사고 운전자가 사고현장을 이탈하였다면, 비록 그 후 피해자가 택시를 타고 병원에 이송되어 치료를 받았다고 하더라도 운전자는 피해자에 대한 적절한 구호조치를 취하지 않은 채 사고현장을 이탈하였다고 할 것이어서, 설령 운전자가 사고현장을 이탈하기 전에 피해자의 동승자에게 자신의 신원을 알 수 있는 자료를 제공하였다고 하더라도, 피고인의 이러한 행위는 '피해자를 구호하는 등 조치를 취하지 아니하고 도주한 때'에 해당한다고 할 것이다."라고 판시한[70] 것도 있다. 이 사례 역시 사고 운전자 특정은 이루어졌지만 구호조치

---

69 대판 2005. 9. 9, 2005도3244.
70 대판 2004. 3. 12, 2004도250. 본 판결 평석은 최준혁, "특가법상 도주치상죄에서의 도주의 의

가 이루어지지 않았기 때문에 본죄가 성립한다는 판례이다. 그러나 이 판례에 대해서는 피고인이 정차의무를 이행하고, 피해자 측이 병원에 가지 않아 조치가 지연되었다는 점에서 도주로 인정해서는 안된다는 비판이 있다.[71]

83   다시 법문으로 돌아가면 특정범죄가중법은 '도교법상 구호조치를 취하지 아니하고 도주한 경우'라고 규정하고 있어 본죄가 성립하기 위해서는 ① 구호조치를 취하지 아니할 뿐 아니라, ② 도주하여야 한다고 해석될 여지가 있다. 이러한 해석에 따른다면, 위 ⓐ, ⓑ의 사례가 법문의 문리적 해석에 따른 것이라고 해석될 여지가 있다. 그러나 교통사고를 야기한 사람은 피해회복을 위해 신원확인 등의 절차와 관련 사건 수사를 위해 연락처 등을 주어야 할 실질적 필요성이 있는바, 선택적 요건이라고 해석한다면 위 99도2869 판례가 타당하다고 해석될 측면도 있다. 앞에서 지적한 바와 같이 구호조치를 취하지 않은 채 신분만 밝힌 경우 충분한 피해회복이 되지 않을 가능성이 있기 때문에, 단순히 신분증을 교부하였다고 하여 본죄가 성립하지 않는다는 것은 불합리한 결과를 초래할 가능성이 있다. 이러한 해석은 구호조치와 도주의 요건을 어떻게 해석할 것인가와 관련된 문제로서, 앞으로 이러한 요건에 대한 보다 명확한 판례 해석이 있어야 한다는 점을 지적한다.

8. 가중처벌 요건 – 피해자를 유기하고 도주한 경우(제2항)

84   본조는 제1항에서 도주차량 운전자를 처벌하는 규정을 두고 있고, 제2항에서 가중처벌 규정을 두고 있다. 가중처벌 요건은 제1항의 도주 전에 '피해자를 사고 장소로부터 옮겨 유기하고' 도주하는 것이다. 이로 인하여 사망에 이른 경우는 '사형, 무기 또는 5년 이상의 징역'에 처하고(제1호), 상해에 이른 경우도 벌금형 규정없이 '3년 이상의 유기징역'에 처할 것(제2호)을 규정하고 있다.

85   여기서 '유기'에 대한 해석에 대해 심급을 달리한 사례가 있다. 피고인이 오토바이를 운행 중 부주의로 당시 도로 중앙선부근을 걸어가던 피해자를 충격하여 땅에 넘어뜨려서 피해자로 하여금 외상성 뇌지주막하출혈상을 입히고도 구

미", 특별형법 판례100선, 142-145.
71 김형준, "구호조치의뢰후 사고운전자의 현장이탈과 도주운전죄", 법학논문집 29-1, 중앙대 법학연구원(2005), 170.

호조치를 취하지 아니하고 인적이 없는 틈을 이용하여 피해자를 그 에서 약 9.4 미터 떨어진 옆 인도로 들어내어 유기한 후 도주함으로써 피해자로 하여금 병원에서 사망에 이르게 한 사안에서, 제1심과 제2심은 본조 제2항의 유기 후 도주한 것으로 인정[72]하였다.

　　그러나 대법원은, "특정범죄가중법 제5조의3 제2항에서 규정하고 있는 "피해자를 사고 장소로부터 옮겨 유기하고 도주한 때"라고 함은, 위 조항에 해당하는 경우에는 단순히 피해자를 구호조치하지 아니하고 방치한 채 도주한 경우에 비하여 그 법정형이 현저하게 가중되어 있는 점에 비추어 볼 때, 사고운전자가 범행을 은폐하거나 죄증을 인멸할 목적으로 사고 장소로부터 피해자를 옮기는 행위를 감행하였고 그 결과 피해자를 단순히 방치하고 도주한 때에 비하여 피해자의 발견과 그 구호, 사고경위의 파악, 범인의 신원파악 등을 더 어렵게 만든 때를 말한다고 봄이 상당하다."라고 판시하여,[73] 유기 후 도주로 인정하지 아니하였다. 본조 제2항의 취지가 범행을 은폐하거나 죄증을 인멸하기 위해 피해자의 발견이나 구호를 어렵게 하는 행위를 가중처벌한다는 점에 비추어, 그 적용범위를 엄격하게 해석하는 위 판례는 타당하다고 생각한다.

9. 고 의

　　본죄가 성립하기 위해서는 '도주의 의사'로 사고현장을 이탈하여야 한다. 판례는 '도주의 의사'를 판단함에 있어 "그 사고의 경위와 내용, 피해자의 상해의 부위와 정도, 사고운전자의 과실 정도, 사고운전자와 피해자의 나이와 성별, 사고 후의 정황 등을 종합적으로 고려하여야 한다."고 판시하고 있다.[74] 피고인이 '도주의 고의'를 부인하는 경우, 다양한 사정을 고려하여 판단하여야 한다.

　　도주의 의사에 관한 위 판례의 사안에서, 원심은 '도주의 고의'를 인정하였다. 즉, "① 피해자가 수사기관에서 "출동경찰관이 와서 피고인이 현장에 없으니 어디 갔는지 찾았고, 차 앞에 있는 연락처로 전화를 하니 정확히 어디서 나타났는지는 모르겠습니다."라고 진술한 점, ② 출동경찰관이 "피고인을 발견할

86

87

88

72 부산고판 1991. 6. 13, 91노213.
73 대판 1991. 9. 10, 91도1737.
74 대판 2012. 7. 12, 2012도1474.

수 없어 피고인의 차량 앞면 유리창에 있던 전화번호로 연락하니 피고인이 '근처에 있으니 금방 가겠다'라며 말을 한 후 약 20여 분 동안 현장에 나타나지 않았다.", "피고인을 찾기 위해 주변을 순찰하고 교통사고현장을 통행이 원활한 상태로 복원하였으나 피고인이 현장에 나타나지 않아 다시 피고인에게 전화하여 주변을 순찰수색 중 현장에서 약 10m 떨어진 인도상에서 남자 1명이 전화통화를 하며 걸어오는 것을 발견하였다."라는 취지의 수사보고를 작성한 점, ③ 피고인은 사고현장을 이탈하기까지 피해자들을 구호하는 등의 아무런 조치를 취하지 아니한 점 등을 종합하여 보면 피고인은 자신이 야기한 교통사고로 인하여 피해자들이 상해를 입은 사실을 인식하였음에도 불구하고 도로교통법 제54조 제1항의 규정에 의한 조치를 취하지 아니하고 도주한 것으로 평가함이 상당하고, 피고인이 경찰관의 전화를 받고 얼마 후 사고현장으로 돌아왔다 하더라도 달리 볼 수 없다."고 판단하였다.[75]

89   그러나 대법원은 이와 달리 고의를 부정하였다. 즉, "① 피고인은 사고 직후 바로 피해자와 대화를 나눈 점, ② 피고인이 피해자와 대화를 나눈 후 사고현장을 잠시 이탈하기는 하였으나 이탈시간은 약 10분-15분에 불과하고 사고현장 부근에 있었던 점(피고인은 사고현장에서 30m 정도 떨어진 곳에서 경찰관인 친구와 전화를 하고 있었고, 견인차가 와서 조치를 취하는 것을 보았다고 진술함), ③ 피해자는 수사기관에서 당시 피고인이 도주하였는지에 관하여 잘 알지 못한다고 진술한 점, ④ 피고인이 사고현장을 잠시 이탈한 이유는 경찰관인 친구와 사고에 관하여 전화로 상의하기 위한 것으로 보이는 점, ⑤ 차량에 피고인의 전화번호가 부착되어 있어 경찰관이 전화를 하자 경찰관과 바로 통화가 되었고 경찰관에게 근처에 있으니 바로 가겠다고 말한 점, ⑥ 경찰관과 통화를 한 후 몇 분 이내에 사고현장으로 돌아와 순순히 운전사실을 인정한 점을 종합해 보면, 피고인에게 도주의 범의가 있었다고 단정할 수는 없다."고 판시하였다.[76]

90   위 사례에서 원심은 피고인이 나중에 현장에 돌아왔다고 하더라도 피해자를 위한 구호조치를 하지 않은 점을 중시하여 도주의 의사를 인정한 것으로 보이고, 대법원은 피고인이 경찰관이 사고현장을 떠나기 전에 다시 사고현장에 돌아와 사

---

75 수원지판 2012. 1. 11, 2011노4727.
76 대판 2012. 7. 12, 2012도1474.

고 운전자를 특정할 수 있는 상태로 만들었으므로 구호조치 전에 이탈한 것으로 인정하지 않은 것으로 보인다.

10. 인과관계

본죄는 업무상과실치사·상죄 또는 중과실치사·상죄를 범한 운전자가 구호 91
조치를 취하지 아니하고 도주한 경우에 상해 또는 사망의 결과에 따라 가중처벌하는 범죄이므로, 과실행위와 사망 또는 상해의 결과 사이에 인과관계가 있어야 한다. 판례도 기본적으로 도주한 사람이 야기한 사고로 인해 발생한 상해 또는 사망의 결과를 요구하고, 다른 가해로 인한 상해 내지는 사망의 경우는 여기에 해당되지 아니한다고 판시하고 있다.[77]

선행차량과 후행차량의 사고로 인해 사망한 경우, 어느 차량의 사고로 인해 92
사망한 것인지 불분명할 경우가 있을 수 있다. 이러한 경우 판례는, "선행차량에 이어 피고인 운전 차량이 피해자를 연속하여 역과하는 과정에서 피해자가 사망한 경우에도 마찬가지로 적용되므로, 피고인이 일으킨 후행 교통사고 당시에 피해자가 생존해 있었다는 증거가 없다면 설령 피고인에게 유죄의 의심이 있다고 하더라도 피고인의 이익으로 판단할 수밖에 없다."고 판시하였다.[78] 이 사안에서 피고인은 후행 사고를 야기하였고, 이로 인해 피해자를 사망에 이르게 하였다는 공소사실로 기소되었다. 원심은 선행 사고로 인해 치명적인 상해를 입었다고 하더라도 불과 8분이 경과한 2차 사고 당시에 피해자가 사망한 상태였다고 보기 어렵다는 이유로 피고인의 유죄를 선고하였다. 그러나 대법원은, "① 의사 A 작성의 사체검안서의 기재에 의하면, 피해자가 병원 도착 당시 이미 사망하였다는 점은 인정할 수 있으나, 그 기재만으로 이송 중에는 생존해 있었다는 점을 인정하기는 어렵고, ② 국립과학수사연구원의 피해자에 대한 부검감정서에는 피해자가 1차 사고에 의하여 치명적인 손상을 입었을 가능성을 배제하기 어렵다고 기재되어 있을 뿐, 1차 사고 이후에도 생존해 있었다는 기재는 보이지 아니하며, ③ 1차 사고 이후 8분 만에 2차 사고가 발생하였거나, 2차 사고 당시의 피고인 운전 차량의 속력이 시속 60-70km로 1차 사고 당시 원심 공

---

77 대판 1985. 9. 10, 85도1462.
78 대판 2014. 6. 12, 2014도3163.

동피고인 1 운전 차량의 속력보다 빠르다는 이유만으로 피해자가 2차 사고로 충격을 받아 사망하였다고 보기는 어려우므로, 위 각 증거들만으로는 피고인 운전 차량이 2차로 피해자를 역과할 당시 아직 피해자가 생존해 있었다고 단정하기에 부족하고, 달리 이를 인정할 증거가 없다."고 판시하면서, 심리 미진을 이유로 파기환송하였다.[79] 이는 인과관계의 유무는 사실 확정의 영역이며, 입증책임은 검사에게 있다는 점이 강조된 판례로 평가된다.

Ⅳ. 위법성조각사유

93   본죄에서도 긴급피난, 정당행위 등 위법성조각사유가 인정될 수 있다. 대법원도 "피고인이 이 사건 사고 후 사고현장에서 이탈한 것은 위 피해자 일행으로부터의 구타, 폭행을 면하기 위한 것이었고 피해자에 대한 구호조치를 취하지 아니한 채 도주한 것이 아니라고 인정"하였는바,[80] 위법성조각사유를 명시하지 않았지만, '자기의 법익에 대한 현재의 위난을 피하기 위한 행위'로 볼 수 있어 긴급피난과 유사한 내용의 위법성조각사유를 인정한 것으로 해석될 수 있다.

Ⅴ. 책임조각사유

94   형법상 규정되어 있는 심신장애인(§9), 강요된 행위(§12), 법률의 착오(§16) 등 책임을 조각하는 사유도 고려될 수 있다. 책임조각사유에 대해서는 판례상 인정되는 경우가 드물기 때문에 많은 사례가 축적되어 있지는 않다.

95   책임조각사유와 관련하여 심급의 결론을 달리하여 다투어진 사례가 있다. 피고인인 사고 야기자가 피해자가 길에 넘어진 사실을 확인하고도 가장 가까운 경찰관서에 위 사고내용을 지체 없이 신고하지 아니한 것이라고 기소된 사안에서, 원심은 "도로교통법 제45조 제2항에 정한 신고의무는 운전자 기타 승무원이 그가 운전 또는 탑승한 차량의 교통상 그들에게 책임을 돌릴 수 있는 사유에 기한 사고로 인하여 타인을 사상하거나 물건을 손괴한 경우에 한하여 인정된다고 봄이

---

79 대판 2014. 6. 12, 2014도3163.
80 대판 1985. 9. 24, 85도1616.

상당하다고 하여 이 사건 사고는 피고인의 귀책사유에 기한 사고라 볼 수 없다."
는 이유로 무죄를 선고하였다.[81] 법률의 착오를 인정하여 자신이 책임을 돌릴 수
없는 사고였기 때문에 신고하지 않았다는 주장을 받아들인 것으로 보인다.

　　그러나 대법원은, "도로교통법은 도로에서 발생하는 교통상의 위해를 방지　　96
제거하여 교통의 안전과 원활을 도모함을 목적으로 하고 있고 위 목적을 달성
하기 위하여 같은 법 제45조는 그 제1항에서 교통사고가 발생할 경우 운전자
등에게 사상자 구호 등 필요한 조치를 취하게 하고, 제2항에서 경찰관이 현장에
있을 때는 그 경찰관에게, 현장에 없을 때에는 가장 가까운 경찰서와 경찰관에
게 사고발생의 장소, 사상자수 및 부상정도 등 및 기타 조치상황을 신고하도록
규정하고 있는바, 이러한 법의 규정취지는 경찰관에게 속히 교통사고의 발생을
알려서 피해자의 구호, 교통질서의 회복 등에 관하여 적절한 만전의 조치를 취
하도록 하기 위한 방법으로 부과된 것이라 할 것이다."라고 판시하면서,[82] 법률
의 착오를 인정하지 않았다.

VI. 죄수 및 다른 법률과의 관계

1. 죄 수

　　본죄는 피해자의 구호조치를 하여 교통사고로 인한 사상의 결과가 더 악화　　97
되는 것을 방지하고자 하는 취지가 있으므로 피해자 별로 범죄가 성립하고, 각
죄는 상상적 경합관계이다.[83]

2. 교통사고처리특례법위반죄와의 관계

　　본죄로 기소된 경우, 교통사고처리법위반죄(§3①)는 전제범죄에 해당하므로　　98
흡수되어 별도로 성립할 여지는 없다.[84] 그러나 본죄로 기소되었으나 구호조치
를 취하였다거나 도주하였다고 평가되지 않는 경우에 교통사고처리법위반죄가

81 서울고판 1980. 11. 19, 79노146.
82 대판 1981. 6. 23, 80도3320.
83 대판 2002. 1. 25, 2001도6408.
84 이주원, 특별형법(8판), 263.

성립한다면, 교통사고처리법위반죄의 유죄판결이 선고될 것이다.

99   판례도 마찬가지이다. 즉, "위의 죄(도주치상죄)로 공소가 제기된 경우에 심리 결과 도주사실이 인정되지 아니한다고 하더라도 업무상과실치사·상의 죄가 인정되면 유죄의 판결을 하고 공소권이 없으면 공소기각의 판결을 하여야 하는 것이지 무죄의 선고를 할 것은 아니다."라고 판시하여,[85] 도주의 점이 인정되지 않더라도 무죄가 아닌 포함관계에 있는 교통사고처리법위반죄의 성부를 판단하여야 한다고 한 것이다.

100   다만, 교통사고처리법위반죄에 있어 과실도 인정되지 않는 경우라고 한다면 무죄의 선고를 하여야 한다. 판례도 "피고인이 좌회전 금지구역에서 좌회전한 행위와 이 사건 사고발생 사이에 상당인과관계가 인정되지 아니한다는 이유로 피고인의 과실로 이 사건 사고가 발생하였음을 전제로 하는 특정범죄가중처벌등에관한법률위반(도주차량)의 점에 관하여 무죄로 판단한 조치는 정당한 것"이라고 판시하였다.[86]

3. 도로교통법위반죄와의 관계

(1) 미조치죄와의 관계

101   도교법 제54조 제1항은 사고발생 시의 조치로서 사상자를 구하거나 인적 사항을 제공하는 것을 요구하고, 이를 위반하면 도교법 제148조에 의하여 처벌된다.

102   하나의 사고로 사람과 차량을 손괴하여 도주한 경우 본죄와 도교법 제148조 위반의 죄(미조치죄)는 상상적 경합관계에 있다고 보아야 한다. 판례도 상상적 경합관계라고 한다.[87]

103   나아가 판례는, "도주치상죄로 업무상과실이 인정되지 아니한 경우에는 도로교통법 제50조(현행 §54) 제1항 위반의 사실이 인정되는 경우라도 범죄사실의 증명이 없는 경우로서 무죄를 선고하여야지, 공소장 변경 없이 도로교통법 제106조(현행 §148), 제50조 제1항을 적용하여 처벌할 수 없다."고 판시하였는데,[88]

---

85 대판 1994. 11. 11, 94도2349.
86 대판 1996. 5. 28, 95도1200.
87 대판 1993. 5. 11, 93도49. 본 판결 평석은 이유정, "교통사고와 죄수", 형사판례연구 〔4〕, 한국형사판례연구회, 박영사(1996), 276-306.
88 대판 1991. 5. 28, 91도711.

마찬가지로 상상적 경합관계를 전제로 업무상과실이 인정되지 않지만 대물사고 후 미조치죄가 인정되는 경우 공소장변경 절차를 거쳐야 처벌할 수 있다는 취지로 해석된다.

(2) 미신고죄와의 관계

도교법 제54조 제2항은 사고 발생 시 신고의무를 부과하고, 이를 이행하지 않은 경우 도교법 제154조 제4호에 의하여 처벌된다.   104

판례는 "특정범죄가중처벌등에관한법률 제5조의3 제1항 위반(도주차량)죄와 도로교통법 제50조 제2항 위반(미신고)죄는 모두 교통사고 이후의 작위의무위반에 대한 것으로서 각 구성요건에서 본 행위의 태양, 시간적, 장소적인 연관성 등을 종합하여 보면 양죄는 실체적 경합관계에 있음이 분명하고, 또한 양범죄사실의 기초가 되는 사회적 사실관계도 상이하므로 위 도로교통법위반죄에 대하여 약식명령이 확정되었다 하여도 그 기판력이 위 특정범죄가중처벌등에관한법률위반죄에 미친다고 할 수 없다."고 판시하여,[89] 실체적 경합관계에 있음을 명확히 하였다.   105

(3) 음주 · 무면허운전죄와의 관계

본죄와 음주운전죄 또는 무면허운전죄는 실체적 경합관계이다.[90]   106

(4) 안전운전의무위반죄와의 관계

도교법 제48조 제1항은 "모든 차 또는 노면전차의 운전자는 차 또는 노면전차의 조향장치와 제동장치, 그 밖의 장치를 정확하게 조작하여야 하며, 도로의 교통상황과 차 또는 노면전차의 구조 및 성능에 따라 다른 사람에게 위험과 장해를 주는 속도나 방법으로 운전하여서는 아니 된다."고 규정하고, 이를 위반한 경우 도교법 제156조 제1호에 의하여 처벌된다.   107

이러한 안전운전의무위반죄와 본죄는 실체적 경합관계에 있다.[91]   108

---

89 대판 1992. 11. 13, 92도1749.
90 대판 1997. 3. 28, 97도447.
91 대판 1993. 5. 11, 93도49.

Ⅶ. 처 벌

109   (1) 사고 운전자가 피해자를 사망에 이르게 하고 도주하거나, 도주 후에 피해자가 사망한 경우에는 무기 또는 5년 이상의 징역에(§5의3①(i)), 피해자를 상해에 이르게 한 경우에는 1년 이상의 유기징역 또는 500만 원 이상 3천만 원 이하의 벌금에(§5의3①(ii)) 각 처한다.

110   (2) 사고 운전자가 피해자를 사고 장소로부터 옮겨 유기하고 도주한 경우에는, 피해자를 사망에 이르게 하고 도주하거나, 도주 후에 피해자가 사망한 경우에는 사형, 무기 또는 5년 이상의 징역에(§5의3②(i)), 피해자를 상해에 이르게 한 경우에는 3년 이상의 유기징역에(§5의3②(ii)) 각 처한다.

〔신 도 욱〕

제5조의11(위험운전 등 치사상)

① 음주 또는 약물의 영향으로 정상적인 운전이 곤란한 상태에서 자동차등을 운전하여 사람을 상해에 이르게 한 사람은 1년 이상 15년 이하의 징역 또는 1천만원 이상 3천만원 이하의 벌금에 처하고, 사망에 이르게 한 사람은 무기 또는 3년 이상의 징역에 처한다. 〈개정 2018. 12. 18., 2020. 2. 4., 2022. 12. 7.〉

② 음주 또는 약물의 영향으로 정상적인 운항이 곤란한 상태에서 운항의 목적으로 「해사안전법」 제41조제1항[1]에 따른 선박의 조타기를 조작, 조작 지시 또는 도선하여 사람을 상해에 이르게 한 사람은 1년 이상 15년 이하의 징역 또는 1천만원 이상 3천만원 이하의 벌금에 처하고, 사망에 이르게 한 사람은 무기 또는 3년 이상의 징역에 처한다. 〈신설 2020. 2. 4.〉

[전문개정 2010. 3. 31.]

[제목개정 2020. 2. 4.]

1　2023년 7월 25일 '「해상교통안전법」 제39조제1항'으로 개정되었으며, 2024년 1월 26부터 시행 예정이다. 참고로, 해사안전법은 2023년 7월 25일 전면 개정에 따라 해사안전기본법〔2024. 1. 26. 시행. 다만, §16(안전투자공시) 및 관련 벌칙규정인 §33①은 2025. 7. 26. 시행]과 해상교통안전법〔2024. 1. 26. 시행. 다만, §101(주의환기신호)③, ④은 2024. 7. 26. 시행]으로 분리되었다.

I. 입법 취지 및 연혁

1. 입법 취지

1   특정범죄 가중처벌 등에 관한 법률(이하, 특정범죄가중법이라 한다.) 제5의11 제 1항은 음주운전으로 인한 교통사고가 급증하는 추세에 있고, 음주운전으로 인 해 사망하거나 부상하는 사람의 수도 늘고 있으나 교통사고처리 특례법(이하, 교 통사고처리법이라 한다.)의 음주운전사고에 대한 처벌규정은 미약하여 음주운전이 줄어들지 않고 있음에 따라, 특정범죄가중법에서 본조 제1항의 죄[특정범죄가중법 위반(위험운전치사·치상)죄]를 신설하여, 음주 또는 약물의 영향으로 정상적인 운 전이 곤란한 상태에서 자동차(원동기장치자전거 포함)를 운전하여 사람을 상해에 이르게 한 사람을 가중처벌하고자 함에 있다.

2   본조 제1항의 제안이유에서는 이미 일본에서도 2001년부터 위험운전치사· 상죄[2]를 신설하여 음주운전 등의 사고운전자에 대한 처벌을 강화하고 있으며, 이후 음주운전사고가 급속히 줄어들고 있어 음주운전 억제효과가 나타나고 있 는 점을 고려하여 위 규정을 신설하게 되었다는 취지도 밝히고 있다.[3]

2. 입법 연혁

3   (1) 본조 제1항은 2006년 12월 27일 음주 또는 약물 복용 상태에서 교통사 고를 일으킨 경우 가중처벌하는 것을 내용으로 하는 교통사고처리법 일부개정 안으로 발의되어 심의 중이었는데, 그 후 2007년 6월 25일 술을 마시거나 마약 류를 복용하여 정상적으로 운전하기 곤란한 상태에서 사고를 일으킨 경우를 특

---

2 2001년의 형법 개정으로 형법 제208조의2에 신설되었으나, 그 후 2013년 공포된 「자동차의 운 전에 의하여 사람을 사상케 한 행위 등의 처벌에 관한 법률」(자동차운전사상행위처벌법)(2013년 11월 27일 법률 제86호)에 독립적으로 규정되게 되었다. 자동차운전사상행위처벌법 제2조는 위 험운전치사상죄(부상의 경우 15년 이하의 징역, 사망의 경우 1년 이상 유기징역)로 명정운전치 사상죄, 제어곤란운전치사상죄, 미숙운전치사상죄, 방해운전치사상죄, 고속도로방해운전치사상 죄, 신호무시운전치사상죄, 통행금지도로운전치사상죄를 규정하고 있고, 제3조는 준위험운전치 사상죄(부상의 경우 12년 이하의 징역, 사망의 경우 15년 이하의 징역)로 준명정운전치사상·준 약물운전치사상죄, 질병운전치사상죄를 규정하고 있다.

3 위 규정 신설 전의 일본의 입법례에 따른 법개정론을 주장한 문헌에 대해서는 손기식, "이른바 악질(惡質) 교통사범(交通事犯)에 대한 일본(日本)의 입법례(立法例)와 우리에 대한 시사점(示唆 點)", 법조 54-10, 법조협회(2005), 188-212 참조.

정범죄가중법에 별도 규정으로 가중처벌하는 것을 내용으로 하는 법안이 발의되어, 이를 함께 심의하여 본 규정을 특정범죄가중법에 신설하게 된 것이다. 위 두 개정안은 법정형에 벌금형을 삭제하고 징역형만을 남겨두는 것이었지만, 통과된 법률은 "상해에 이르게 한 경우 10년 이하의 징역 또는 500만 원 이상 3천만 원이하의 벌금에 처하고, 사망에 이르게 한 경우는 1년 이상 유기징역에 처한다."는 내용이었다.

그러나 2018년 9월 부산 해운대구에서 만취 운전자가 몰던 차량에 의해 군 제대를 앞둔 피해자(22세)가 뇌사상태에 빠진 후 사망에 이른 사건이 터지자, 음주운전으로 인명 피해를 낸 운전자의 처벌 수위를 높여야 한다는 국민적 요구가 커져, 2018년 12월 28일 이를 반영하여 법정형을 현재와 같이 상향하는 방향으로 개정되었다. **4**

(2) 한편 2019년 2월 28일 음주운항으로 러시아 화물선이 부산 광안대교에 충돌하는 사건이 발생하였는데, 이러한 음주운항으로 인한 사고의 위험 및 그 피해가 음주운전에 비하여 결코 작지 않고 오히려 거대한 선박의 특성상 물적 피해는 물론이고 인명피해까지 야기할 수 있는 점에 비추어, 음주운항에 대한 강력한 처벌의 필요성이 제기되었다. 그런데 해사안전법에서는 음주[4]나 **5**

---

4 본조의 「해사안전법」은 2023년 7월 25일 「해상안전교통법」으로 전면 개정되었으므로(2024. 1. 26. 시행), 현행 해사안전법 제41조(술에 취한 상태에서의 조타기 조작 등 금지), 제104조의2(벌칙) 대신에 해상안전교통법의 관련 조문을 인용한다.
　해상교통안전법 제113조(벌칙) ① 제39조제1항을 위반하여 술에 취한 상태에서 「선박직원법」 제2조제1호에 따른 선박(같은 호 각 목의 어느 하나에 해당하는 외국선박 및 시운전선박을 포함한다)의 조타기를 조작하거나 그 조작을 지시한 운항자 또는 도선을 한 사람은 다음 각 호의 구분에 따라 처벌한다.
　1. 혈중알코올농도가 0.2퍼센트 이상인 사람은 2년 이상 5년 이하의 징역이나 2천만원 이상 3천만원 이하의 벌금
　2. 혈중알코올농도가 0.08퍼센트 이상 0.2퍼센트 미만인 사람은 1년 이상 2년 이하의 징역이나 1천만원 이상 2천만원 이하의 벌금
　3. 혈중알코올농도가 0.03퍼센트 이상 0.08퍼센트 미만인 사람은 1년 이하의 징역이나 1천만원 이하의 벌금
　② 제39조제1항을 위반하여 술에 취한 상태에서 「선박직원법」 제2조제1호에 따른 선박(같은 호 각 목의 어느 하나에 해당하는 외국선박 및 시운전선박을 포함한다)의 조타기를 조작하거나 그 조작을 지시한 운항자 또는 도선을 한 사람으로서 벌금 이상의 형을 선고받고 그 형이 확정된 날부터 10년 내에 다시 같은 조 제1항을 위반한 사람(형이 실효된 사람도 포함한다)은 다음 각 호의 구분에 따라 처벌한다.
　1. 혈중알코올농도가 0.2퍼센트 이상인 사람은 2년 이상 6년 이하의 징역이나 2천만원 이상 4천

약물⁵ 운항을 금지하고 위반 시의 벌칙을 규정하고 있으나, 음주운항 등으로 인명사고를 야기한 사람에 대하여는 별도로 가중처벌하는 규정을 두고 있지 아니하여, 특정범죄가중법 제5조의11 제2항에 음주운항으로 사람을 상해 또는 사망에 이르게 한 사람에 대하여 위험운전치사·상죄에 준하여 처벌하는 규정을 신설하였다.⁶ 이처럼 본조 제2항의 죄[특정범죄가중법위반(위험운항치사·상)죄]⁷의 신설에 따라 자동차 사고로 인한 상해 내지 사망에 이른 경우와 처벌에 있어 균형을 갖춘 것으로 평가된다.

만원 이하의 벌금

2. 혈중알코올농도가 0.03퍼센트 이상 0.2퍼센트 미만인 사람은 1년 이상 5년 이하의 징역이나 1천만원 이상 3천만원 이하의 벌금

③ 제39조제2항을 위반하여 해양경찰청 소속 경찰공무원의 측정 요구에 따르지 아니한 「선박직원법」 제2조제1호에 따른 선박(같은 호 각 목의 어느 하나에 해당하는 외국선박 및 시운전선박을 포함한다)의 조타기를 조작하거나 그 조작을 지시한 운항자 또는 도선을 한 사람은 다음 각 호의 구분에 따라 처벌한다.

1. 측정 요구에 1회 따르지 아니한 사람은 3년 이하의 징역이나 3천만원 이하의 벌금
2. 측정 요구에 2회 이상 따르지 아니한 사람은 2년 이상 5년 이하의 징역이나 2천만원 이상 3천만원 이하의 벌금

제39조(술에 취한 상태에서의 조타기 조작 등 금지) ① 술에 취한 상태에 있는 사람은 운항을 하기 위하여 「선박직원법」 제2조제1호에 따른 선박(총톤수 5톤 미만의 선박과 같은 호 나목 및 다목에 해당하는 외국선박 및 시운전선박(국내 조선소에서 건조 또는 개조하여 진수 후 인도 전까지 시운전하는 선박을 말한다)을 포함한다. 이하 이 조 및 제40조에서 같다]의 조타기(操舵機)를 조작하거나 조작할 것을 지시하는 행위 또는 「도선법」 제2조제1호에 따른 도선(이하 "도선"이라 한다)을 하여서는 아니 된다.

④ 제1항에 따른 술에 취한 상태의 기준은 혈중알코올농도 0.03퍼센트 이상으로 한다.

5 현행 해사안전법 제41조의2(약물복용 등의 상태에서 조타기 조작 등 금지), 제104조(벌칙) 대신에 해상안전교통법의 관련 조문을 인용한다.

해상교통안전법 제112조(벌칙) 다음 각 호의 어느 하나에 해당하는 자는 3년 이하의 징역 또는 3천만원 이하의 벌금에 처한다.

1. 제40조를 위반하여 약물·환각물질의 영향으로 인하여 정상적으로 「선박직원법」 제2조제1호에 따른 선박의 조타기를 조작하거나 그 조작을 지시하는 행위 또는 도선을 하지 못할 우려가 있는 상태에서 조타기를 조작하거나 그 조작을 지시한 운항자 또는 도선을 한 자

제40조(약물복용 등의 상태에서 조타기 조작 등 금지) 약물(「마약류 관리에 관한 법률」 제2조제1호에 따른 마약류를 말한다. 이하 같다)·환각물질(「화학물질관리법」 제22조제1항에 따른 환각물질을 말한다. 이하 같다)의 영향으로 인하여 정상적으로 다음 각 호의 행위를 하지 못할 우려가 있는 상태에서는 해당 행위를 하여서는 아니 된다.

1. 「선박직원법」 제2조제1호에 따른 선박의 조타기를 조작하거나 조작할 것을 지시하는 행위
2. 「선박직원법」 제2조제1호에 따른 선박의 도선

6 법제사법위원회, 특정범죄 가중처벌 등에 관한 법률 일부개정법률안 검토보고서(2019. 11) 참조.
7 본조에서는 제1항의 죄와 제2항의 죄를 합하여 '본죄'라고 하고, 개별적으로는 위험운전치사·상죄, 위험운항치사·상죄라고 한다.

(3) 2022년 7월 평택에서 어느 초등학교 앞 어린이 보호구역에서 굴착기 운   6
전자에 의한 초등학생 도주치사·상 사건(1명 치사, 1명 치상)이 발생하였는데, 당
시 굴착기와 같은 건설기계의 운전자는 특정범죄가중처벌법의 가중처벌 대상에
서 빠져있어 문제가 되었다. 이에, 2022년 12월 7일 법률개정으로 굴착기와 같
은 건설기계도 위험운전치사·상죄의 운전 대상에 포함되게 되었다.

II. 위헌 논의 및 적용범위

1. 위헌 논의

본조 제1항은 음주운전으로 인해 피해자를 사상에 이르게 하는 교통사고를   7
낸 사람을 처벌하는 규정이지만, 기존의 교통사고처리법에도 음주운전으로 인
해 사상에 이르게 하는 경우 처벌 규정이 있어 위 법과의 우선 적용 여부 문제
가 명확하지 않고, 음주상태의 기준을 명확하게 정하고 있지 아니하여 도로교통
법상 음주운전의 처벌기준인 혈중알코올농도 0.03% 이상인 경우에만 적용되는
것인지 여부가 불분명하다는 취지로 법원제청으로 위헌심판이 제기되었다.

그러나 헌법재판소는, "알콜이 사람에 미치는 영향은 사람에 따라 다르므로   8
주취의 정도가 어느 정도가 되어야 정상적인 운전조작이 곤란한지를 일률적으
로 규정하는 것은 적절하지 않다. 이 사건 법률조항의 "정상적인 운전이 곤란한
상태"에 해당되는지 여부는 구체적인 교통사고에 관하여 운전자의 주취정도 뿐
만 아니라 알콜 냄새, 말할 때 혀가 꼬부라졌는지 여부, 똑바로 걸을 수 있는지
여부, 교통사고 전후의 행태 등과 같은 운전자의 상태 및 교통사고의 발생 경
위, 교통상황에 대한 주의력·반응속도·운동능력이 저하된 정도, 자동차 운전장
치의 조작을 제대로 조절했는지 여부 등을 종합하여 판단하여야 한다. 그러므로
이 사건 법률조항이 주취의 정도를 명확한 수치로 규정하지 않았다고 하여 형
사처벌요건이 갖추어야 할 명확성의 요건을 충족시키지 못하였다고 보기 어려
우며, "음주의 영향으로 정상적인 운전이 곤란한 상태"라는 개념이 다소 추상적
이고 막연하다고 하더라도, 건전한 상식과 통상적인 법감정을 가진 일반인이 이
사건 법률조항이 금지하고 있는 내용을 알 수 없을 정도로 불명확하다고 보기

어렵고, 체계적인 법률해석능력을 지닌 법관이 구체적인 사실관계가 "음주의 영향으로 정상적인 운전이 곤란한 상태"에 해당되는지 여부를 판단하기 어려울 정도로 불명확하다고 볼 수도 없다."고 판시하면서,[8] 합헌결정을 하였다.

2. 적용범위

9   헌법재판소가 위와 같이 합헌결정을 하였지만, 음주운전 중 교통사고를 발생시켜 사상에 이른 경우 교통사고처리법과 특정범죄가중법의 중복 적용 문제가 해결된 것은 아니다.

10   대검찰청은 2007년 12월 27일 특정범죄가중법상 위험운전치사·상죄 시행과 관련하여, '음주의 영향으로 정상적인 운전이 곤란한 상태'에 대해서는 도로교통법(이하, 도교법이라 한다.)의 음주운전이나 술에 취한 상태에 있다고 인정할만한는 상당한 이유가 있는 운전자로서 운전자가 말하는 태도, 얼굴색, 직립·보행능력 등 운전자의 상태, 교통사고 전후의 운전자 행태 및 교통사고 발생 경위 등을 종합적으로 고려하여 규정 적용하고, '약물의 영향으로 정상적인 운전이 곤란한 상태'에 대해서는 교통사고처리법 제3조 제2항 단서 제8호에서 인용하고 있는 도교법 제45조에 따라 '마약·대마 및 향정신성의약품과 유해화학물질관리법 시행령 제26조에서 규정하고 있는 환각물질' 등을 흡입 또는 취식한 운전자로서 운전자가 말하는 태도, 얼굴색, 직립·보행능력 등 운전자의 상태, 교통사고 전후의 운전자 행태 및 교통사고 발생 경위 등을 종합적으로 고려하여 규정 적용할 것을 지시하는 적용기준을 시달한 바 있다.

11   이러한 기준이 있다고 하더라도 특정범죄가중법상 위험운전치사·상죄가 음주 수치 등 적용범위를 명시하고 있지 않는 등 적용 기준이 명확해진 것은 아니라는 점에 여전히 한계가 있다는 지적이 있다. 특히 피해자가 사망에 이른 경우는, 특정범죄가중법상 위험운전치사·상죄가 있는 이상 교통사고처리법상 처벌 규정을 적용할 경우는 거의 없기 때문에 향후 입법적으로 통합·정리되어야 한다고 생각한다.[9]

---

8 헌재 2009. 5. 28, 2008헌가11.
9 특정범죄가중법상 위험운전치사·상죄를 원인에 있어 자유로운 행위의 각론적 구성요건으로 형법으로 변경하여야 한다는 견해가 있는바, 이에 대해서는 손지선, "위험운전치사·상죄의 형법입법을 위한 제안 - 결과범의 원인에 있어서 자유로운 행위론의 적용", 형사법연구 29-1, 한국형사

III. 구성요건

1. 개 요

본조 제1항은 음주 또는 약물의 영향으로 정상적인 운전이 곤란한 상태에   12
서 자동차 등(특가 §5의3의①)[10]을 운전하여 사람을 사상에 이르게 한 경우에 가
중처벌하고 있는데, 판례를 중심으로 각 구성요건을 살펴본다.[11]

2. 음주 또는 약물의 영향으로 정상적인 운전이 곤란한 상태

'음주의 영향으로 정상적인 운전이 곤란한 상태'란 음주운전으로 처벌하는   13
기준,[12] 즉 혈중알코올농도 0.03% 이상인 상태를 의미한다고 해석하는 견해가
있다. 그러나 위 혈중알코올농도 0.03%라는 것이 하나의 기준이 될 수 있지만
법문의 해석상 위와 같이 해석할 근거는 없으며, 음주수치를 포함하여 운전자의
상태를 종합적으로 판단하여 '정상적인 운전이 곤란한 상태'였는지를 살펴보아
야 할 것이다.

판례도 "음주로 인한 특정범죄가중처벌등에관한법률위반(위험운전치사·상)   14
죄는 도로교통법위반(음주운전)죄의 경우와는 달리 형식적으로 혈중알코올농도
의 법정 최저기준치를 초과하였는지 여부와는 상관없이 운전자가 '음주의 영향으
로 실제 정상적인 운전이 곤란한 상태'에 있어야" 한다고 판시하여,[13] 음주수치를
초과하였는지보다 추가적인 요건으로 이를 심사하고 있는 태도를 취하고 있다.

그리고 이러한 판단기준에 따라 대법원은, "피고인은 친구 1명과 함께 술집   15

법학회(2017), 59-61 참조.

10　전동킥보드와 같은 개인형 이동장치도 원동기장치자전거에 포함되어 '자동차 등'에 해당된다(이
　　에 대한 상세는 **본장 [특별법 II] III. 2. (1) '자동차 등'** 참조). 다만 2020년 12월 10일 도교
　　법이 개정되어 개인형 이동장치에 관한 규정을 신설하면서 통행방법 등에 관하여 개인형 이동장
　　치를 자전거에 준하여 규율하기 위하여 이를 '자동차 등'이 아닌 '자전거 등'으로 분류하였는데,
　　이는 형법 제1조 제2항의 '범죄 후 법률이 변경되어 그 행위가 범죄를 구성하지 아니하게 된 경
　　우'라고 볼 수는 없다[대판 2023. 6. 29, 2022도13430(위 도교법 개정 전에 음주의 영향으로 정
　　상적인 운전이 곤란한 상태에서 전동킥보드를 운전하여 사람을 상해한 사안에서, 특정범죄가중
　　법상 위험운전치상죄의 성립을 인정한 사례)].

11　아래에서는 본조 제1항의 위험운전치사·상죄에 대하여 먼저 살펴보고, 제2항의 죄에 대해서는
　　별도 항목에서 살펴본다.

12　주석형법 [각칙(3)](5판), 587(손기식).

13　대판 2018. 1. 25, 2017도15519.

에서 맥주 1병을 나누어 마신 다음 골목길을 피고인의 차량을 운전하여 직진하다가 골목길과 오패산로가 만나는 지점에서 우회전하여 오패산로에 진입하려 하던 중 골목길을 왼쪽에서 오른쪽으로 건너던 피해자를 피고인 운전 차량 앞 범퍼 부분으로 살짝 들이받게 되었던 사실, 피고인은 차에서 내려 피해자에게 '왜 와서 들이받냐'라는 말을 하기도 한 사실, 피고인은 피해자의 신고로 출동한 경찰관에게 '동네 사람끼리 한번 봐 달라'고 하였지만, 그럴 수는 없으니 경찰서에 가자는 경찰관의 지시에 순순히 응하여 순찰차에 스스로 탑승하여 경찰서까지 갔고, 경찰서에서 조사받으면서 사고 당시 상황에 대한 자신의 주장을 정확하게 진술한 사실, 경찰관이 작성한 주취운전자 정황진술보고서에는 '언행상태' 란에 '발음 약간 부정확', '보행상태'란에 '비틀거림이 없음', '운전자 혈색'란에 '안면 홍조 및 눈 충혈'이라고 기재되어 있는 사실을 알 수 있다. 이러한 사실관계를 앞서 본 법리에 비추어 살펴보면, 피고인이 사고 직전에 비정상적인 주행을 하였다거나 비정상적인 주행 때문에 사고가 발생하였다고 보기 어렵고, 피고인이 보인 사고 직후의 태도와 경찰서까지 가게 된 경위 및 경찰 조사에서의 진술 내용 등에 비추어 사고 당시 피고인의 주의력이나 판단력이 저하되어 있었다고 보기도 어렵다. 또한 주취운전자 정황진술보고서에 따르더라도 피고인의 주취상태가 심하였다고 보기 어렵다. 결국 이 사건 사고 당시 피고인이 '음주의 영향으로 정상적인 운전이 곤란한 상태'에 있었다고 단정하기 어렵다."고 판시하였다.[14] 이에 따라 피고인이 술에 취하여 운전하였다는 사실만으로 유죄를 선고한 원심을 파기하였다.

16   하급심 판례에서도 위와 같이 정상적인 운전이 곤란한 상태를 인정하지 않은 사례가 있다. 즉, "특정범죄가중처벌 등에 관한 법률 위반(위험운전치사·상) 죄는 음주의 영향으로 정상적인 운전이 곤란한 상태에서 자동차를 운전하여 사람을 상해 또는 사망에 이르게 한 경우에 성립하는 것인바, 여기서 '정상적인 운전이 곤란한 상태'라 함은, 도로교통법 제44조 제1항의 규정에 위반하여 주취 중에 운전을 한 모든 경우를 가리키는 것은 아니라고 할 것이고, 또한 술에 취하여 정상적인 운전을 할 수 없는 우려가 있다는 정도만으로는 부족하며, 운전

---

14 대판 2018. 1. 25, 2017도15519.

자가 술에 취하여 전방주시를 하는 것이 곤란하다거나 자신이 의도한대로 조작의 시기 내지 정도를 조절하여 핸들 또는 브레이크를 조작하는 것이 곤란하다는 등의 심신 상태를 의미한다고 할 것이고, 결국 위와 같은 상태에 있었는지 여부는 피고인의 주취 정도, 사고의 발생 경위와 사고 위치, 피해 정도, 사고 전후 피고인의 태도(사고 전에 비정상적인 주행을 하였는지, 사고 전후 비틀거렸는지, 혀가 꼬여 제대로 말을 하지 못하였는지, 횡설수설하였는지, 사고 상황을 제대로 기억하지 못하고 있는지 여부 등) 등을 종합적으로 고려하여 판단할 수밖에 없다고 할 것이다."고 판시하면서,[15] 판단기준을 제시하였다.

    그리고 이 기준을 근거로 정상적인 운전이 곤란한 상태였는지를 판단하였다. 판시가 다소 길기는 하지만, 정상적인 운전이 곤란한 상태였는지에 대한 구체적 사실관계를 설시한 사례로서 위 요건에 관한 판시 부분을 인용하고자 한다. 즉, "① 판시 '유죄의 증거'에 거시된 각 증거에 의하면, 피고인이 이 사건 교통사고 당시 혈중알콜농도 0.114%의 술에 취한 상태에 있었던 점, ② 현장에 출동한 경찰관인 A 작성의 주취운전자정황진술보고서에 적발 당시 피고인의 언행상태가 "약간 더듬거리며 횡설수설함", 보행상태가 "걸음걸이가 느림", 운전자 혈색이 "안면 홍조색을 띰"으로 각 기재되어 있는 점, ③ 피고인이 검찰에서 "술을 먹어서 비틀거렸다"고 진술한 점, ④ 이 사건 사고로 인하여 피해 차량이 수리비 약 200만 원 정도 드는 손상을 입은 점 등에 비추어 보면, 피고인이 이 사건 교통사고 당시 음주의 영향으로 정상적인 운전이 곤란한 상태에서 자동차를 운전한 것이 아닌가 하는 의심이 드는 것은 사실이다. 그러나 한편 ⑤ 마산경찰서 교통조사계 사무실에서 피고인을 음주측정한 경찰관 B 작성의 위험운전 여부 보고서에는 피고인의 언행상황이 "입에서 술 냄새가 나며 음주 측정 및 조사관의 요구에 순순히 응함", 보행상황이 "양호한 편임", 안면부 상황이 "얼굴이 약간 붉음", 태도가 "양호한 편임", 외관 등 행태에 의한 판정으로 "음주운전하였으나 운전은 가능한 상태로 인정됨"으로 기재되어 있고, ⑥ 위 B 작성의 수사보고서에도 "피고인은 앞에 가던 택시가 갑자기 정지하는 바람에 추돌하였다고 주장하는 등 자신의 주장 내용을 말하였고 얼굴은 약간 붉은 기를 띠었으며, 입에서 술 냄새가 났

---

15 창원지판 2009. 5. 21, 2009고정2.

으나 걸음걸이는 흔들리는 느낌을 받지 못하였고, 음주측정을 요구하는 경찰관의 요구에 순순히 응하였으며, 음주측정 후 음주한 장소와 음주량을 묻자 월영동 경남대학교 앞 상호 불상의 수퍼에서 전처를 만나 다시 합치는 문제로 말을 하다가 수퍼에서 구입한 소주를 종이컵 소주잔으로 2잔을 마셨다고 진술하였고, 피의자신문조서작성 때도 같은 양을 진술하였으며, 정상적인 운전이 곤란하였다고 보기 어렵다"는 취지로 기재되어 있으며, ⑦ 또한 위 ②의 A 작성의 수사보고서에도 "피고인은 사고 후 도로 갓길에 서 있었고, 얼굴이 붉고 입에서 술 냄새가 났으나, 횡설수설하거나 비틀거리는 정도는 아니었으며, 사고 경위에 대하여 묻자 1차로에서 좌회전 지시등을 켜지 않은 상태로 정차해 있는 상대방 택시를 자신이 직접 운전하여 뒤에서 들이받았다고 진술하므로 경찰서에 동행하였고, 경장 B에게 인계하여 음주측정을 하면서도 경찰관의 업무에 순순히 협조한 사실이 있다"는 취지로 기재되어 있고, ⑧ 한편 피고인은 검찰에서 "피고인은 당시 약간 비틀거리며 횡설수설하였고, 걸음걸이가 느리고 혈색도 안면 홍조색을 띠었다고 하는데 정상적인 운전이 가능한가요"라는 검사의 질문에 위 ③과 같이 대답한 것이고, 검사의 질문은 피고인이 사고 직후 비틀거렸음을 전제로 하는 것인바, 앞서 본 주취운전자정황진술보고서, 각 수사보고서 등 검사가 제출한 나머지 각 증거 어디에도 피고인이 사고 직후 비틀거렸음이 엿보이지 않는 점, ⑨ 피고인은 사고 후 10일이 지나 경찰에서 조사받으면서 사고 당시의 상황, 사고 전 음주를 하게 된 경위, 음주한 장소와 음주량에 대하여 분명하게 진술하고 있고, 이러한 피고인의 진술은 앞서 본 각 수사보고서상의 경찰관들이 피고인으로부터 들었다는 내용과 일치하는 점, ⑩ 피고인이 이 사건 직전에 비정상적인 주행을 하고 있었다고 볼만한 자료가 없고, 이 사건 사고는 전방주시를 제대로 하지 못하여 일어난 것으로 보이며, 피해자의 상해 정도가 중하지 않은 점 등을 종합하면, 검사가 제출한 각 증거만으로는 피고인이 이 사건 교통사고 당시 음주의 영향으로 정상적인 운전이 곤란한 상태에서 자동차를 운전하였음이 합리적 의심을 배제할 정도로 증명되었다고 보기 어렵다고 할 것이다."고 판시하여,[16] 위험운전치상죄를 인정하지 아니하였다. 혈중알코올농도 0.114%의 상당히 높은 수치임

---

16 창원지판 2009. 5. 21, 2009고정2.

에도 걸음걸이와 피고인의 언행 등을 중심으로 정상적인 운전이 곤란한 상태라고 인정하지 않았다.

실무상 혈중알코올농도가 0.010% 이상이면 위험운전치사·상죄를 의율하 　18
고 있는데, 앞으로 보다 많은 사례 축적으로 명확한 판단기준이 필요하다고 생각한다.

3. 자동차 등을 운전하여

특정범죄가중법 제5조의11은 자동차등(이에 대해서는 **특정범죄가중법 § 5의3 III. 2.** 　19
부분 참조)를 운전하여 사람을 상해 또는 사망에 이르게 한 경우를 처벌한다고 규정하고 있다. '차의 교통으로' 사람을 상해 또는 사망에 이르게 한 경우에 적용되는 교통사고처리법과는 달리 규정되어 있다. 본죄의 입법 과정을 살펴봐도 '차'가 아닌 '자동차'로 규정한 이유는 명시적으로 나타나 있지 않다. 그러나 업무상과실치사·상죄를 범한 운전자가 도주한 경우를 가중처벌하는 특정범죄가중법 제5조의3도 '자동차등의 교통으로 인하여'라고 교통사고처리법보다 적용범위를 한정하는 규정을 하고 있는바, 이와 균형을 맞추기 위한 입법으로 분석된다.

IV. 죄수 및 다른 법률과의 관계

1. 죄　수

위험운전치사·상죄는 교통사고처리법위반죄보다 처벌을 가중하는 데 취지 　20
가 있으므로 피해자 별로 범죄가 성립한다고 보아야 한다. 그리고 하나의 사고로 수명의 피해자가 발생한 경우는, 피해자 별로 죄가 성립하되, 그 죄들은 서로 상상적 경합관계에 있다고 할 것이다.[17]

2. 교통사고처리특례법위반죄와의 관계

위험운전치사·상죄는 교통사고처리법위반죄(§ 3①)의 가중처벌 규정이고, '음 　21
주 또는 약물의 영향으로 정상적인 운전이 곤란한 상태'라는 별도 요건을 두고

---

17 이주원, 특별형법(8판), 278.

있으므로 교통사고처리법위반죄를 포함하는 관계라고 보아야 할 것이다.

22   판례도 같은 입장이다. 즉, "음주로 인한 특정범죄가중처벌등에관한법률위반(위험운전치사·상)죄는 그 입법 취지와 문언에 비추어 볼 때, 주취상태에서의 자동차 운전으로 인한 교통사고가 빈발하고 그로 인한 피해자의 생명·신체에 대한 피해가 중대할 뿐만 아니라 사고발생 전 상태로의 회복이 불가능하거나 쉽지 않은 점 등의 사정을 고려하여, 형법 제268조에서 규정하고 있는 업무상과실치사·상죄의 특례를 규정하여 가중처벌함으로써 피해자의 생명·신체의 안전이라는 개인적 법익을 보호하기 위한 것이므로, 그 죄가 성립되는 때에는 차의 운전자가 형법 제268조의 죄를 범한 것을 내용으로 하는 위 교통사고처리특례법위반죄는 그 죄에 흡수되어 별죄를 구성하지 아니한다고 볼 것이다."라고 판시하였다.[18]

3. 도로교통법위반죄와의 관계

(1) 업무상과실재물손괴죄와의 관계

23   도교법 제151조는 운전 과실로 재물을 손괴하는 경우를 처벌하는 규정이다. 교통사고처리법 제3조 제1항을 범한 운전자가 사람뿐 아니라 재물을 손괴한 경우에는 과실재물손괴죄로 처벌받게 되고, 두 죄는 상상적 경합관계에 있다. 본죄도 교통사고처리법의 가중처벌 규정이므로 기본적으로 하나의 운전행위로 인해 사람을 사상할 뿐 아니라 재물을 손괴한 경우에는, 위 두 죄가 모두 성립하고 상상적 경합관계에 있다고 할 것이다. 판례도 같은 취지의 판시를 한 바 있다.[19]

(2) 음주운전죄와의 관계

24   위험운전치사·상죄는 음주운전을 하는 운전자가 교통사로 사람을 상해 또는 사망에 이른 경우를 처벌하는 규정이므로, 교통사고처리법위반죄가 위험운전치사·상죄에 포함되는 것처럼 음주운전죄도 위험운전치사·상죄에 포함된다

---

18 대판 2008. 12. 11, 2008도9182. 본 판결 평석은 이진국, "위험운전치상죄와 교통사고처리특례법위반죄의 관계", 특별형법 판례100선, 한국형사판례연구회·대법원 형사법연구회, 박영사(2022), 157-160.

19 대판 2010. 1. 14, 2009도10845.

고 볼 여지가 있다.

　　실제 하급심 판례도 음주운전죄가 위험운전치사·상죄에 포함된다고 판시하기도 하였으나,[20] 대법원은 이와는 달리 두 죄는 입법취지와 보호법익 및 적용 영역을 달리하는 별개의 범죄로서 실체적 경합관계에 있다고 판단하였다. 즉 대법원은, "원래 도로교통법은 도로에서 일어나는 교통상의 위험과 장해를 방지하고 제거하여 안전하고 원활한 교통을 확보함을 목적으로 하는 것이어서(도로교통법 제1조), 불특정다수의 사람 또는 차마의 통행을 위한 도로에서의 자동차 운전 등의 통행행위만을 법의 적용대상으로 삼고 도로 이외의 장소에서의 통행행위는 적용대상으로 하지 않고 있다(도로교통법 제2조 제1호, 제24호). 반면, 음주로 인한 특정범죄가중처벌 등에 관한 법률 위반(위험운전치사·상)죄는 입법 취지와 그 문언에 비추어 볼 때, 주취상태에서의 자동차 운전으로 인한 교통사고가 빈발하고 그로 인한 피해자의 생명·신체에 대한 피해가 중대할 뿐만 아니라 사고발생 전 상태로의 회복이 불가능하거나 쉽지 않은 점 등의 사정을 고려하여, 형법 제268조에서 규정하고 있는 업무상과실치사·상죄의 특례를 규정하여 가중처벌함으로써 피해자의 생명·신체의 안전이라는 개인적 법익을 보호하기 위한 것이어서, 그 적용범위가 도로에서의 자동차 운전으로 인한 경우뿐만 아니라 도로 이외 장소에서의 자동차 운전으로 인한 경우도 역시 포함되는 것으로 본다. 한편, 도로교통법위반(음주운전)죄는 술에 취한 상태에서 자동차 등을 운전하는 행위를 처벌하면서, 술에 취한 상태를 인정하는 기준을 운전자의 혈중알코올농도 0.05% 이상이라는 획일적인 수치로 규정하여, 운전자가 혈중알코올농도의 최저기준치를 초과한 주취상태에서 자동차 등을 운전한 경우에는 구체적으로 정상적인 운전이 곤란한지 여부와 상관없이 이를 처벌대상으로 삼고 있는 바, 이는 위와 같은 혈중알코올농도의 주취상태에서의 운전행위로 인하여 추상적으로 도로교통상의 위험이 발생한 것으로 봄으로써 도로에서 주취상태에서의 운전으로 인한 교통상의 위험과 장해를 방지하고 제거하여 안전하고 원활한 교통을 확보하는데 그 목적이 있다. 반면, 음주로 인한 특정범죄가중처벌등에관한법률위반(위험운전치사·상)죄는 도로교통법위반(음주운전)죄의 경우와는 달리 형

---

20 서울북부지판 2008. 7. 22, 2008노577.

식적으로 혈중알코올농도의 법정 최저기준치를 초과하였는지 여부와는 상관없이 운전자가 음주의 영향으로 실제 정상적인 운전이 곤란한 상태에 있어야만 하고, 그러한 상태에서 자동차를 운전하다가 사람을 상해 또는 사망에 이르게 한 행위를 처벌대상으로 하고 있는 바, 이는 음주로 인한 특정범죄가중처벌등에관한법률위반(위험운전치사·상)죄는 업무상과실치사·상죄의 일종으로 구성요건적 행위와 그 결과 발생 사이에 인과관계가 요구되기 때문이다.”고 판시하였다.[21]

4. 특정범죄가중처벌등에관한법률위반(도주치사·상)죄와의 관계

26   위험운전치사·상죄를 범하고 구호조치 없이 도주한 경우, 위험운전치사·상죄 외에 특정범죄가중법위반(도주치사·상)죄가 성립하는데, 두 죄의 죄수가 문제된다.

27   이에 대하여 법조경합설, 상상적 경합설도 있으나, 두 죄는 입법취지와 보호법익 및 그 적용 영역을 달리하고, 구성요건도 서로 다르므로 실체적 경합관계[22]라고 할 것이다.[23]

V. 위험운항치사·상죄(제2항)

28   위험운항치사·상죄는 음주 또는 약물의 영향으로 정상적인 운항이 곤란한 상태에서 운항의 목적으로 해사안전법 제41조 제1항[24]에 따른 선박의 조타기를 조작, 조작 지시 또는 도선하여 사람을 사상에 이르게 한 때에 성립한다.

29   (1) ‘음주 또는 약물의 영향으로 정상적인 운항이 곤란한 상태’는 본조 제1항의 **위험운전치사·상죄**에서 살펴본 바와 같다. 여기서 ‘운항’이란 도로교통법에서의 ‘운전’과 마찬가지로 해로에서 선박을 그 본래의 사용용법에 따라 사용

---

21 대판 2008. 11. 13, 2008도7143.
22 이주원, 특별형법(8판), 279-280.
23 판례 중에는 실체적 경합관계를 인정한 하급심 판결에 대하여 특별한 언급 없이 상고기각한 사례들이 있다(대결 2016. 8. 19, 2016도10523; 대결 2017. 4. 14, 2017도3718 등). 이 밖에 하급심 판결 중에는 상상적 경합을 인정한 사례, 법조경합을 인정한 사례들이 있다[이에 대한 상세는 이주원, 특별형법(8판), 279 주 3)].
24 2023년 7월 25일 해상교통안전법 제39조 제1항으로 개정되었다(2024. 1. 26. 시행).

하는 것을 말한다고 하겠다.

(2) 위험운항치사·상죄의 대상인 '선박'은 해사안전법 제41조 제1항에 규정　**30**
된 선박, 즉 선박직원법 제2조 제1호[25]에 따른 선박[총톤수 5톤 미만의 선박과 같은
호 나목 및 다목에 해당하는 외국선박을 포함하고, 시운전선박(국내 조선소에서 건조 또는 개
조하여 진수 후 인도 전까지 시운전하는 선박을 말한다) 및 이동식 시추선·수상호텔 등 선박안
전법 제2조 제1호에 따라 해양수산부령으로 정하는 부유식 해상구조물은 제외한다)][26]을 말
한다.

(3) 위험운항치사·상죄의 행위는 선박의 조타기를 조작, 조작 지시 또는 도　**31**
선하는 것이다. 조타키는 배의 키를 조종하는 장치를 말하는데, 조타키를 직접
조작하는 것은 물론 조작을 지시하는 것도 이에 포함된다. '도선'은 도선구(導船
區)에서 도선사(導船士)가 선박에 승선하여 그 선박을 안전한 수로로 안내하는
것을 말한다(도선법 § 2(i)).

---

25 선박직원법 제2조(정의) 이 법에서 사용하는 용어의 뜻은 다음 각 호와 같다.
　1. "선박"이란 「선박안전법」 제2조제1호에 따른 선박과 「어선법」 제2조제1호에 따른 어선을 말
　　한다. 다만, 다음 각 목의 어느 하나에 해당하는 선박은 제외한다.
　　가. 총톤수 5톤 미만의 선박. 다만, 총톤수 5톤 미만의 선박이라 하더라도 다음의 어느 하나에
　　　해당하는 선박에 대하여는 이 법을 적용한다. 1) 여객 정원이 13명 이상인 선박 2) 「낚시
　　　관리 및 육성법」 제25조에 따라 낚시어선업을 하기 위하여 신고된 어선 3) 「유선 및 도
　　　선사업법」 제3조에 따라 영업구역을 바다로 하여 면허를 받거나 신고된 유선·도선 4) 수
　　　면비행선박
　　나. 주로 노와 삿대로 운전하는 선박
　　다. 그 밖에 대통령령으로 정하는 선박
　선박안전법 제2조(정의) 이 법에서 사용하는 용어의 정의는 다음과 같다.
　1. "선박"이라 함은 수상(水上) 또는 수중(水中)에서 항해용으로 사용하거나 사용될 수 있는 것
　　(선외기를 장착한 것을 포함한다)과 이동식 시추선·수상호텔 등 해양수산부령으로 정하는 부
　　유식 해상구조물을 말한다.
　어선법 제2조(정의) 이 법에서 사용하는 용어의 뜻은 다음과 같다.
　1. "어선"이란 다음 각 목의 어느 하나에 해당하는 선박을 말한다.
　　가. 어업(「양식산업발전법」에 따른 양식업을 포함한다. 이하 같다), 어획물운반업 또는 수산
　　　물가공업(이하 "수산업"이라 한다)에 종사하는 선박
　　나. 수산업에 관한 시험·조사·지도·단속 또는 교습에 종사하는 선박
　　다. 제8조제1항에 따른 건조허가를 받아 건조 중이거나 건조한 선박
　　라. 제13조제1항에 따라 어선의 등록을 한 선박
26 이와는 달리, 해상교통안전법 제39조 제1항은 조타기 조작 등이 금지된 선박을 "선박직원법 제2
　조 제1호에 따른 선박[총톤수 5톤 미만의 선박과 같은 호 나목 및 다목에 해당하는 외국선박 및
　시운전선박(국내 조선소에서 건조 또는 개조하여 진수 후 인도 전까지 시운전하는 선박을 말한
　다)을 포함한다]"로 규정하고 있다.

〔신 도 욱〕　　　　　　　　**719**

32   (4) 위험운항치사·상죄는 고의 외에 초과주관적 구성요건요소로서 '운항의 목적'이 있어야 성립하는 목적범이다.

VI. 처 벌

33   본조 제1항 및 제2항의 죄 모두 사람을 상해에 이르게 한 사람은 1년 이상 15년 이하의 징역 또는 1천만 원 이상 3천만 원 이하의 벌금에 처하고, 사망에 이르게 한 사람은 무기 또는 3년 이상의 징역에 처한다.

〔신 도 욱〕

제5조의12(도주선박의 선장 또는 승무원에 대한 가중처벌)

「해사안전법」 제2조[1]에 따른 선박의 교통으로 인하여 「형법」 제268조의 죄를 범한 해당 선박의 선장 또는 승무원이 피해자를 구호하는 등 「수상에서의 수색·구조 등에 관한 법률」 제18조제1항 단서에 따른 조치를 하지 아니하고 도주한 경우에는 다음 각 호의 구분에 따라 가중 처벌한다. 〈개정 2015. 7. 24.〉

1. 피해자를 사망에 이르게 하고 도주하거나, 도주 후에 피해자가 사망한 경우에는 무기 또는 5년 이상의 징역에 처한다.

2. 피해자를 상해에 이르게 한 경우에는 1년 이상의 유기징역 또는 1천만원 이상 1억원원 이하의 벌금에 처한다.

[본조신설 2013. 7. 30.]

I. 입법 취지

본조는 해상에서 선박충돌사고 발생 후 피해자에 대한 충분한 구호조치를 이행하지 않고 도주한 행위를 가중처벌하기 위하여 2013년 7월 30일 신설된 규정이다.　　1

본죄는 의원 제안으로 신설된 것인데, 그 제안 이유는 해상교통량의 증가, 선박의 고속화 등 해상교통 환경의 변화로 해상교통사고의 위험성은 날로 증가하고 있으며, 특히 선박충돌사고 발생 후 인명과 선박에 대한 즉각적인 구호조치를 하지 아니하고 현장에서 도주할 경우 대부분 사망, 실종 등 대형사고로 이어질 위험성이 큼에도 불구하고, 구호조치를 이행하지 아니한 선장이나 승무원에 대한 관련법상 법정형이 경미하여 육상교통의 경우 교통사고 후 도주행위를　　2

1　2023년 7월 25일 「해사안전기본법」 제3조제2호'로 개정되었으며, 2024년 1월 26부터 시행 예정이다.

가중처벌하고 있는 것과는 형평이 맞지 아니하므로, 해상에서 선박충돌사고 후
도주한 경우 이를 가중처벌하여 도주심리를 억제하고 충돌사고를 사전에 예방
하는 등 해상교통질서를 확립하려는 데 있다.[2]

3　　　특정범죄 가중처벌 등에 관한 법률(이하, 특정범죄가중법이라 한다.) 제5조의12
도주치사·상죄의 보호법익[3]과 마찬가지로 본죄〔특정범죄가중법위반(선박교통사고도
주)죄〕의 보호법익은 '교통의 안전이라는 공공의 이익의 보호뿐만 아니라 교통사
고로 사상을 당한 피해자의 생명·신체의 안전이라는 개인적 법익'이라고 할 것
이고,[4] 그 보호의 정도는 추상적 위험범이다.

4　　　본죄는 해사안전법 제2조에 따른 선박의 교통으로 인하여 형법 제268조(업무
상과실·중과실 치사상)의 죄를 범한 해당 선박의 선장 또는 승무원이 피해자를 구호
하는 등 수상에서의 수색·구조 등에 관한 법률(이하, 수상구조법이라 한다.)(구 수난구
호법) 제18조 제1항 단서에 따른 조치를 하지 아니하고 도주한 경우에 가중처벌한
다는 점에서, 업무상과실치사·상죄 및 중과실치사·상죄를 기본범죄로 하여 위 수
상구조법 제18조 제1항 단서 위반행위와 도주행위의 결합범이라고 할 수 있다.[5]

II. 구성요건

1. 주　체

5　　　본죄의 주체는 해사안전법 제2조[6]에 따른 선박의 교통으로 인하여 형법 제
268조의 죄를 범한 선장 또는 승무원이다.

(1) 선박의 교통으로

6　　　'선박'이란 물에서 항행수단으로 사용하거나 사용할 수 있는 모든 종류의
배(물 위에서 이동할 수 있는 수상항공기와 수면비행선박을 포함한다)를 말한다(해사안전법

---

2 법제사법위원회, 특정범죄 가중처벌 등에 관한 법률 일부개정법률안 심사보고서(2013. 6) 참조.
3 대판 2004. 8. 30, 2004도3600(도주차량).
4 김정환·김슬기, 특별형법(2판), 371.
5 대판 2015. 11. 12, 2015도6809(전)(세월호 사건). 본 판결 평석은 이정원, "항해안전과 선박직
　원의 상호관계에 관한 검토 - 대법원 2015. 11. 12. 선고 2015도6809 전원합의체판결을 중심으
　로 - ", 저스티스 165, 한국법학원(2018), 321-347.
6 2023년 7월 25일 해사안전기본법 제3조 제2호로 개정되었다(2024. 1. 26. 시행).

§ 2(ii)).[7] '교통'은 특정범죄가중법이나 교통사고처리 특례법에서의 교통의 개념과 마찬가지로, 운전행위는 물론 운전과 동일하게 평가할 수 있을 정도로 밀접하게 관련된 행위를 말한다([특별법 I] III. 3. 교통사고 부분 참조).

(2) 형법 제268조의 죄를 범한

업무상과실 또는 중대한 과실로 인하여 사람을 사상에 이르게 하여야 한다 (§ 268). 여기에는 '선박 간의 충돌사고'나 '조타상에 과실' 등의 경우로 한정되는 것은 아니다.[8]

(3) 선장 또는 승무원[9]

'선장'은 해원(海員)을 지휘·감독하며 선박의 운항관리에 관하여 책임을 지는 선원을 말하는데(선원법 § 2(iii)), 해원은 선박에서 근무하는 선장이 아닌 선원을 말한다(선원법 § 2(iv)). '승무원'에 대하여 선원법, 수상구조법 등 해사 관련 법규에 정의규정은 없으나, 출입국관리법에서의 '승무원'의 정의(§ 2(ix))와 마찬가지로 '선박에서 그 업무를 수행하는 사람'을 말한다고 할 것이다.

2. 행 위

본죄의 행위는 수상구조법 제18조 제1항 단서에 따른 조치를 하지 아니하고 도주하는 것이다.

(1) 수상구조법 제18조 제1항 단서에 따른 구호조치의 불이행

수상구조법 제18조 제1항[10] 단서는 "조난된 선박 또는 조난사고의 원인을 제공한 선박의 선장 및 승무원은 요청이 없더라도 조난된 사람을 신속히 구조하는 데 필요한 조치를 하여야 한다."고 규정하고, 이러한 조치를 이행하지 아

7 이와는 달리, 해사안전기본법 제3조 제2호는 '선박'을 "물에서 항행수단으로 사용하거나 사용할 수 있는 모든 종류의 배로 수상항공기(물 위에서 이동할 수 있는 항공기를 말한다)와 수면비행선박(표면효과 작용을 이용하여 수면 가까이 비행하는 선박을 말한다)을 포함한다."고 규정하고 있다.
8 대판 2015. 11. 12, 2015도6809(전)(세월호 사건).
9 처음 제안법률안에는 본죄의 주체가 '선박운항자'로 되어 있었으나, 수상구조법 제18조 제2항에서 구호의무 부담자로 '선장 또는 승무원'을 규정하고 있어 이를 인용한 것이다(법제사법위원회 삼사보고서 참조).
10 수상구조법 제18조(인근 선박등의 구조지원) 조난현장의 부근에 있는 선박등의 선장·기장 등은 조난된 선박등이나 구조본부의 장 또는 소방관서의 장으로부터 구조요청을 받은 때에는 가능한 한 조난된 사람을 신속히 구조할 수 있도록 최대한 지원을 제공하여야 한다.

니한 경우에 처벌 규정[11]을 두고 있다. 여기서 '조난사고의 원인을 제공한 선박의 선장 및 승무원'에는 조난사고의 원인을 스스로 제공하여 '조난된 선박의 선장 및 승무원'도 포함되므로, 이들도 본죄의 주체가 될 수 있다.[12]

11   그리고 위 '필요한 조치'에는 법률에 제한이 없으므로 조난된 사람의 생명 신체에 대한 급박한 위해를 실질적으로 제거할 수 있는 가능한 조치를 하여야 하고, 그러한 조치의무를 이행하였는지는 여러 조건을 종합적으로 고려하여 판단하여야 한다.[13] 이때, 사고를 낸 선장 또는 승무원이 취하여야 할 조치는 사고의 내용과 피해의 정도 등 구체적 상황에 따라 건전한 양식에 비추어 통상 요구되는 정도로 적절히 강구되어야 한다.[14]

(2) 도주

12   '도주'란 특정범죄가중법위반(도주치사·상)죄와 마찬가지로 사고선박의 선장 또는 승무원이 사고로 인하여 피해자가 조난을 당한 사실을 인식하였음에도 피해자를 구조하는 등 수상구조법 제18조 제1항 단서에 규정된 의무를 이행하기 이전에 사고현장을 이탈하는 경우를 말한다(**특별법 I** III. **3. 교통사고** 부분 참조).[15] 도주 여부를 판정함에 있어서는, 사고의 경위와 내용, 피해자의 생명·신체에 대한 위험의 양상과 정도, 선장 또는 승무원의 과실 정도, 사고 후의 정황 등을 종합적으로 고려하여야 한다.[16]

---

11 수상구조법 제43조(벌칙) ① 다음 각 호의 어느 하나에 해당하는 자는 7년 이하의 징역 또는 7천만원 이하의 벌금에 처한다.
  1. 제15조제1항제4호에 해당하는 자로서 조난사실을 신고하지 아니한 자
  2. 제18조제1항 단서에 위반하여 구조에 필요한 조치를 하지 아니한 자
  ② 제1항의 죄를 범하여 피해자를 죽게 하거나 상해에 이르게 한 경우에는 다음 각 호의 구분에 따라 가중 처벌한다.
  1. 피해자를 사망에 이르게 한 경우에는 무기 또는 3년 이상의 징역에 처한다.
  2. 피해자를 상해에 이르게 한 경우에는 10년 이하의 징역 또는 1억원 이하의 벌금에 처한다.
12 대판 2015. 11. 12, 2015도6809(전)(세월호 사건). 이에 대하여 '조난된 선박의 선장 및 승무원'은 구조의 대상이 되는 '조난된 사람'에 해당할 뿐 본죄의 주체는 될 수 없다는 반대의견이 있다.
13 대판 2015. 11. 12, 2015도6809(전)(세월호 사건).
14 대판 2015. 11. 12, 2015도6809(전)(세월호 사건).
15 대판 2015. 11. 12, 2015도6809(전)(세월호 사건).
16 대판 2015. 11. 12, 2015도6809(전)(세월호 사건).

Ⅲ. 처 벌

피해자를 사망에 이르게 하고 도주하거나, 도주 후에 피해자가 사망한 경 　13
우에는 무기 또는 5년 이상의 징역에(제1호), 피해자를 상해에 이르게 한 경우
에는 1년 이상의 유기징역 또는 1천만 원 이상 1억 원 이하의 벌금에(제2호) 각
처한다.

〔신 도 욱〕

제5조의13(어린이 보호구역에서 어린이 치사상의 가중처벌)

자동차등의 운전자가 「도로교통법」 제12조제3항에 따른 어린이 보호구역에서 같은 조 제1항에 따른 조치를 준수하고 어린이의 안전에 유의하면서 운전하여야 할 의무를 위반하여 어린이(13세 미만인 사람을 말한다. 이하 같다)에게 「교통사고처리 특례법」 제3조제1항의 죄를 범한 경우에는 다음 각 호의 구분에 따라 가중처벌한다. 〈개정 2022. 12. 7.〉

1. 어린이를 사망에 이르게 한 경우에는 무기 또는 3년 이상의 징역에 처한다.
2. 어린이를 상해에 이르게 한 경우에는 1년 이상 15년 이하의 징역 또는 500만원 이상 3천만원 이하의 벌금에 처한다.

[본조신설 2019. 12. 24.]

Ⅰ. 입법 취지

1　　본조는 어린이 보호구역(스쿨 존)에서 자동차(원동기장치자전거 포함)의 교통으로 인하여 어린이를 사망 또는 상해에 이르게 한 경우에는 가중처벌하도록 함으로써 어린이 안전보장을 도모하기 위하여 2019년 12월 24일 특정범죄 가중처벌 등에 관한 법률(이하, 특정범죄가중법이라 한다.)의 개정으로 신설되어, 2020년 3월 25일부터 시행되었다.

2　　본죄[특정범죄가중법위반(어린이보호구역치사·치상)죄]는 2019년 9월 충남 아산 지역의 어린이 보호구역에서 횡단보도를 건너던 9살 학생이 차에 치어 사망한 사건이 계기가 되어 신설되었다. 즉 위 사건을 계기로 운전자가 어린이 안전에 유의하면서 운전하여야 할 의무를 위반함으로써 어린이 보호구역 내 어린이 교통사고에 대한 가중처벌 필요성이 제기되었고, 아울러 교통사고처리 특례법(이하, 교통사고처리법이라 한다.)이 가해자를 과도하게 보호하고 있다는 지적이 있음

을 고려하여 본죄를 신설하게 된 것이다.[1]

한편 2022년 7월 평택에서 어느 초등학교 앞 어린이보호구역에서 굴착기 **3**
운전자에 의한 초등학생 도주치사·상 사건(1명 치사, 1명 치상)이 발생하였는데,
당시 굴착기와 같은 건설기계의 운전자는 특정범죄가중처벌법의 가중처벌 대상
에서 빠져있어 문제가 되었다. 이에, 2022년 12월 7일 법률개정으로 굴착기와
같은 건설기계도 본죄의 운전 대상에 포함되게 되었다.

II. 구성요건

1. 주체 및 객체

본죄의 주체는 자동차 등(이에 대해서는 **특정범죄가중법 § 5의3 III. 2.** 부분 참조) **4**
의 운전자이고, 객체는 어린이, 즉 13세 미만인 사람이다.

2. 행 위

본죄는 운전자가 도로교통법(이하, 도교법이라 한다.) 제12조 제3항에 따른 어 **5**
린이 보호구역에서 같은 조 제1항에 따른 조치를 준수하고 어린이의 안전에 유
의하면서 운전하여야 할 의무를 위반하여 어린이에게 교통사고처리법 제3조 제
1항의 죄를 범한 경우에 성립한다.

도교법 제12조 제1항은 시장 등은 교통사고의 위험으로부터 어린이를 보호 **6**
하기 위하여 필요하다고 인정하는 경우에는 같은 항 제1호 내지 제4호의 어느
하나에 해당하는 시설의 주변도로 가운데 일정 구간을 어린이 보호구역으로 지
정하여 자동차 등과 노면전차의 통행속도를 시속 30킬로미터 이내로 제한할 수
있도록 규정하고, 제3항은 운전자에 대하여 어린이 보호구역에서 제1항에 따른
조치를 준수하고 어린이의 안전에 유의하면서 운행하여야 할 의무를 부과하고
있다. 이러한 규정을 위반하여 어린이보호구역에서 치상사고를 일으킨 경우, 교
통사고처리법 제3조 제2항 단서 제11호는 반의사불벌 특례 적용의 예외사유로
규정하고 있다(**교통사고처리법 § 3① 위반의 죄** 부분 참조).

---

1 특별범죄 가중처벌 등에 관한 법률 일부개정법률안(대안)(2019. 11)의 제안이유 참조.

7   본죄도 교통사고처리법 제3조 제1항의 죄와 마찬가지로 과실범이다. 따라서 어린이 보호구역에서 사고를 내 어린이를 사상에 이르게 했더라도 운전자가 준수 해야 할 안전수칙을 다 지켜 과실을 인정할 수 없다면, 본죄가 성립하지 않는다.

8   최근 하급심 판례 중에 위 규정상의 '어린이 안전에 유의하면서 운전하여야 할 의무'에 대해 엄격해석한 사례가 있어 주목된다. 즉 2020년 4월 전북 전주시 의 어린이 보호구역에서 승용차를 몰고 가다 10세의 어린이를 들이받아 전치 8 주의 상해를 입게 한 사례에서, "이 사건 의무 중 '어린이 안전에 유의하면서 운 전하여야 할 의무'는 나머지 부분인 제한속도(시속 30킬로미터)를 준수할 의무 및 도로교통법에서 규정하고 있는 어린이를 보호하기 위한 일반의무(앞서 본 도로교 통법 제49조 제1항 제2호 가목, 제51조 제2항 등)를 포함하여 그 일반의무의 전제가 되 는, 어린이에 대한 교통사고의 위험 등을 인식하기 위해 도로 및 도로변을 보다 주시하면서 주행할 의무에 준하는 것으로 해석함이 타당하지, 만연히 어린이 보 호구역이라는 이유만으로 어린이의 존재를 전혀 인식할 수 없는 상황임에도 불 구하고 어린이가 보이지 않는 곳에서 갑자기 나올 것까지 예상하면서 시속 30 킬로미터의 제한속도보다 현저히 낮게 서행하여야 한다거나, 어린이가 갑자기 나올 수도 있을, 시야에 제한이 있는 모든 장소마다 일시정지해야 한다는 의무 가 있다고 보긴 어렵다고 할 것이다."라고 판시하면서, 운전자가 피해 아동을 못 보았을 가능성이 있다고 보아 무죄를 선고하였다.[2] 대폭 상향된 법정형에 따 라 법원도 그 규정의 구성요건을 엄격해석한 것으로 보이는바, 향후 위 규정의 해석과 관련한 실무례와 관련 판례의 축적이 필요한 것으로 분석된다.

III. 처 벌

9   어린이를 사망에 이르게 한 경우에는 무기 또는 3년 이상의 징역에 처하고 (제1호), 어린이를 상해에 이르게 한 경우에는 1년 이상 15년 이하의 징역 또는 500만 원 이상 3천만 원 이하의 벌금에 처한다(제2호).

10   본죄는 교통사고처리법위반죄와 비교하여 단지 그 주체, 주의의무의 내용,

---

2 전주지판 2020. 10. 14, 2020고합171.

객체만이 제한된 것임에도, 법정형이 대폭 상향되어 있는데다가 과실범의 구성요건에 대하여 금고형이 아닌 징역형을 부과한다는 점에서 극히 이례적인 입법으로 평가되고 있다.[3]

　그러나 헌법재판소는 본조에 대하여 어린이의 통행이 빈번한 초등학교 인근 등 제한된 구역을 중심으로 어린이 보호구역을 설치하고 엄격한 주의의무를 부과하여 위반자를 엄하게 처벌하는 것은 어린이에 대한 교통사고 예방과 보호를 위해 불가피한 조치로서 과잉금지원칙에 위반되지 않는다며 합헌결정을 하였다.[4]

　　　　　　　　　　　　　　　　　　　　　　　　　〔신 도 욱〕

3 이주원, 주석형법(8판), 282.
4 헌재 2023. 2. 23, 2020헌마460. 「심판대상조항에 의할 때 어린이 상해의 경우 법정형이 징역 1년 이상 15년 이하 또는 500만 원 이상 3천만 원 이하의 벌금으로 규정되어 죄질이 가벼운 위반행위에 대하여 벌금형을 선택한 경우는 작량감경을 통하여, 징역형을 선택한 경우는 작량감경을 하지 않고도 집행유예를 선고할 수 있음은 물론, 선고유예를 하는 것도 가능하다. 어린이 사망의 경우 법정형이 무기 또는 3년 이상의 징역형으로 규정되어 있지만, 법관이 작량감경을 하지 않더라도 징역형의 집행유예를 선고하는 것은 가능하다. 따라서 운전자의 주의의무 위반의 내용 및 정도와 어린이가 입은 피해의 정도가 다양하여 불법성 및 비난가능성에 차이가 있다고 하더라도, 이는 법관의 양형으로 충분히 극복될 수 있는 범위 내의 것이다. 교통정온화 기법이나 불법 주·정차단속을 강화하는 등의 방안들이 제도화된다고 하더라도 운전자가 주의의무를 위반하여 운전한다면 어린이 교통사고는 계속해서 발생할 것이다. 따라서 반드시 비형벌적인 수단이 선행적으로 도입되고 실행된 이후에 그 효과 없음이 입증된 경우에만 형벌의 강화가 정당화된다고 볼 수는 없다. 운전자가 어린이 보호구역에서 높은 주의를 기울여야 하고 운행의 방식을 제한받는 데 따른 불이익보다, 주의의무를 위반한 운전자를 가중처벌하여 어린이가 교통사고의 위험으로부터 벗어나 안전하고 건강한 생활을 영위하도록 함으로써 얻게 되는 공익이 크다. 따라서 심판대상조항은 과잉금지원칙에 위반되어 청구인들의 일반적 행동자유권을 침해한다고 볼 수 없다.」

[부록] 제8권(각칙 5) 조문 구성

I. 제24장 살인의 죄

조 문		제 목	구성요건	죄 명	공소시효
§250	①	살인	ⓐ 사람을 ⓑ 살해	살인	배제
	②	존속살해	ⓐ 자기 또는 배우자의 직계존속을 ⓑ 살해	존속살해	배제
§251		영아살해	ⓐ 직계존속이 ⓑ 치욕 은폐, 양육할 수 없음 예상, 특히 참작할 만한 동기로 인하여 ⓒ 분만 중 또는 분만 직후의 영아를 ⓓ 살해	영아살해	10년
§252	①	촉탁, 승낙에 의한 살인 등	ⓐ 사람의 촉탁·승낙을 받아 ⓑ 그를 살해	(촉탁, 승낙)살인	10년
	②		ⓐ 사람을 교사·방조하여 ⓑ 자살하게 함	자살(교사, 방조)	10년
§253		위계 등에 의한 촉탁살인 등	ⓐ §252의 경우에 ⓑ 위계 또는 위력으로써 ⓒ 촉탁·승낙하게 하거나 자살을 결의하게 함	(위계, 위력) (촉탁, 승낙)살인 (위계, 위력)자살결의	배제 배제
§254		미수범	§250 내지 §253의 미수	(§250 내지 §253 각 죄명)미수	
§255		예비, 음모	ⓐ §250, §253의 죄를 범할 목적으로 ⓑ 예비, 음모	(§250, §253 각 죄명) (예비, 음모)	10년
§256		자격정지의 병과	§250, §252 또는 §253의 경우 유기징역에 처할 때 10년 이하 자격정지 병과(임의적)		

II. 제25장 상해와 폭행의 죄

조 문		제 목	구성요건	죄 명	공소시효
§ 257	①	상해, 존속상해	ⓐ 사람의 신체를 ⓑ 상해	상해	7년
	②		ⓐ 자기 또는 배우자의 직계존속에 대하여 ⓑ ①의 행위	존속상해	10년
	③		①, ②의 미수	(제1항, 제2항 각 죄명) 미수	
§ 258	①	중상해, 중존속상해	ⓐ 사람의 신체를 ⓑ 상해하여 ⓒ 생명에 대한 위험을 발생하게 함	중상해	10년
	②		ⓐ 신체의 상해로 인하여 ⓑ 불치나 난치의 질병에 이르게 함		
	③		ⓐ 자기 또는 배우자의 직계존속에 대하여 ⓑ ①, ②의 행위	중존속상해	
§ 258 의2	①	특수상해	ⓐ 단체 또는 다중의 위력을 보이거나 위험한 물건을 휴대 ⓑ § 257①, ②의 행위	특수 (§ 257①, ② 각 죄명)	10년
	②		ⓐ 단체 또는 다중의 위력을 보이거나 위험한 물건을 휴대 ⓑ § 258의 행위	특수(§ 258 각 죄명)	
	③		①의 미수	(§ 258의2① 죄명)미수	
§ 259	①	상해치사	ⓐ 사람의 신체를 ⓑ 상해하여 ⓒ 사망에 이르게 함	상해치사	10년
	②		ⓐ 자기 또는 배우자의 직계존속에 대하여 ⓑ ①의 행위	존속상해치사	15년
§ 260	①	폭행, 존속폭행	ⓐ 사람의 신체에 대하여 ⓑ 폭행을 가함	폭행	5년
	②		ⓐ 자기 또는 배우자의 직계존속에 대하여 ⓑ ①의 행위	존속폭행	7년
	③		반의사불벌		

조 문	제 목	구성요건	죄 명	공소시효
§ 261	특수폭행	ⓐ 단체 또는 다중의 위력을 보이거나 위험한 물건을 휴대 ⓑ § 260①, ②의 행위	특수(§ 260 각 죄명)	7년
§ 262	폭행치사상	ⓐ § 260, § 261의 죄를 지어 ⓑ 사람을 사망이나 상해에 이르게 함	(§ 260, § 261 각 죄명) (치사, 치상)	§ 257- § 259의 예5
§ 263	동시범	ⓐ 독립행위가 경합 ⓑ 상해의 결과 발생 ⓒ 원인된 행위가 판명되지 아니함		
§ 264	상습범	상습으로 § 257, § 258, § 258의2, § 260, § 261의 행위	상습(§ 257, § 258, § 258의2, § 260, § 261 각 죄명)	2분의 1 가중
§265	자격정지의 병과	§ 257②, § 258, § 258의2, § 260 ②, § 261, § 264의 경우 10년 이하 자격정지 병과(임의적)		

Ⅲ. 제26장 과실치사상의 죄

조 문	제 목	구성요건	죄 명	공소시효
§ 266	과실치상	ⓐ 과실로 인하여 ⓑ 사람의 신체를 ⓒ 상해에 이르게 함	과실치상	5년
§ 267	과실치사	ⓐ 과실로 인하여 ⓑ 사람을 ⓒ 사망에 이르게 함	과실치사	5년
§ 268	업무상과실 · 중과실 치사상	ⓐ 업무상과실 또는 중대한 과실로 ⓑ 사람을 ⓒ 사망이나 상해에 이르게 함	(업무상, 중)과실 (치사, 치상)	7년

---

5 (폭행 · 특수폭행)치상 7년, 존속(폭행 · 특수폭행)치상 10년, (폭행 · 특수폭행)치사 10년, 존속(폭행 · 특수폭행)치사 15년.

사항색인

(용어 옆의 §과 고딕 글자는 용어가 소재한 조문(또는 총설)의 위치를, 옆의 명조 숫자는
방주번호를 나타낸다. 예컨대, [24-총]은 '제24장 [총설]'을, [25-특]은 '제25장 [특별법]'을 나타낸다.)

판례색인

(판례 옆의 §과 고딕 글자는 판례가 소재한 조문(또는 총설)의 위치를, 옆의 명조 숫자는
방주번호를 나타낸다. 예컨대, [24-총]은 '제24장 [총설]'을, [25-특]은 '제25장 [특별법]'을 나타낸다.)

[고등법원]

[지방법원]

[독일 판례]

[일본 판례]

형법주해 VIII - 각칙(5)

초판발행   2023년 10월 25일

편집대표   조균석
펴낸이   안종만 · 안상준

편 집   한두희
기획/마케팅 조성호
표지디자인   이영경
제 작   고철민 · 조영환

펴낸곳   (주) **박영사**
            서울특별시 금천구 가산디지털2로 53, 210호(가산동, 한라시그마밸리)
            등록 1959. 3. 11. 제300-1959-1호(倫)
전 화   02)733-6771
f a x   02)736-4818
e-mail   pys@pybook.co.kr
homepage   www.pybook.co.kr
ISBN   979-11-303-4111-8   94360
            979-11-303-4106-4   94360(세트)

정 가   76,000원

형법주해 [전 12권]